人力资源社会保障政策法规大全

（1951—2017）

第3册　社会保障

《人力资源社会保障政策法规大全》编写组　编

中国民主法制出版社

编写说明

本册是《人力资源社会保障政策法规大全(1951—2017)》的第3册,正文的第六部分,内容为社会保障。包括:综合、养老保险、医疗与生育保险、工伤保险、失业保险、社会保险费征缴、社会保险基金监督和社会保险经办等8项业务。共收录法律、行政法规、规章、地方性法规、政策性文件及相关法规410件。

《人力资源社会保障政策法规大全》编写组

2018年11月

目　录

第六部分　社会保障

一、综合

二、养老保险
（一）职工养老保险
1. 机关事业养老保险

六、社会保险费征缴

七、社会保险基金监督

第六部分

社会保障

一、综合

中华人民共和国社会保险法

（2010 年 10 月 28 日第十一届全国人民代表大会常务委员会第十七次会议通过）

目　录

第一章　总　则

第一条　为了规范社会保险关系，维护公民参加社会保险和享受社会保险待遇的合法权益，使公民共享发展成果，促进社会和谐稳定，根据宪法，制定本法。

第二条　国家建立基本养老保险、基本医疗保险、工伤保险、失业保险、生育保险等社会保险制度，保障公民在年老、疾病、工伤、失业、生育等情况下依法从国家和社会获得物质帮助的权利。

第三条 社会保险制度坚持广覆盖、保基本、多层次、可持续的方针，社会保险水平应当与经济社会发展水平相适应。

第四条 中华人民共和国境内的用人单位和个人依法缴纳社会保险费，有权查询缴费记录、个人权益记录，要求社会保险经办机构提供社会保险咨询等相关服务。

个人依法享受社会保险待遇，有权监督本单位为其缴费情况。

第五条 县级以上人民政府将社会保险事业纳入国民经济和社会发展规划。

国家多渠道筹集社会保险资金。县级以上人民政府对社会保险事业给予必要的经费支持。

国家通过税收优惠政策支持社会保险事业。

第六条 国家对社会保险基金实行严格监管。

国务院和省、自治区、直辖市人民政府建立健全社会保险基金监督管理制度，保障社会保险基金安全、有效运行。

县级以上人民政府采取措施，鼓励和支持社会各方面参与社会保险基金的监督。

第七条 国务院社会保险行政部门负责全国的社会保险管理工作，国务院其他有关部门在各自的职责范围内负责有关的社会保险工作。

县级以上地方人民政府社会保险行政部门负责本行政区域的社会保险管理工作，县级以上地方人民政府其他有关部门在各自的职责范围内负责有关的社会保险工作。

第八条 社会保险经办机构提供社会保险服务，负责社会保险登记、个人权益记录、社会保险待遇支付等工作。

第九条 工会依法维护职工的合法权益，有权参与社会保险重大事项的研究，参加社会保险监督委员会，对与职工社会保险权益有关的事项进行监督。

第二章　基本养老保险

第十条　职工应当参加基本养老保险，由用人单位和职工共同缴纳基本养老保险费。

无雇工的个体工商户、未在用人单位参加基本养老保险的非全日制从业人员以及其他灵活就业人员可以参加基本养老保险，由个人缴纳基本养老保险费。

公务员和参照公务员法管理的工作人员养老保险的办法由国务院规定。

第十一条　基本养老保险实行社会统筹与个人账户相结合。

基本养老保险基金由用人单位和个人缴费以及政府补贴等组成。

第十二条　用人单位应当按照国家规定的本单位职工工资总额的比例缴纳基本养老保险费，记入基本养老保险统筹基金。

职工应当按照国家规定的本人工资的比例缴纳基本养老保险费，记入个人账户。

无雇工的个体工商户、未在用人单位参加基本养老保险的非全日制从业人员以及其他灵活就业人员参加基本养老保险的，应当按照国家规定缴纳基本养老保险费，分别记入基本养老保险统筹基金和个人账户。

第十三条　国有企业、事业单位职工参加基本养老保险前，视同缴费年限期间应当缴纳的基本养老保险费由政府承担。

基本养老保险基金出现支付不足时，政府给予补贴。

第十四条　个人账户不得提前支取，记账利率不得低于银行定期存款利率，免征利息税。个人死亡的，个人账户余额可以继承。

第十五条　基本养老金由统筹养老金和个人账户养老金组成。

基本养老金根据个人累计缴费年限、缴费工资、当地职工平均工资、个人账户金额、城镇人口平均预期寿命等因素确定。

第十六条 参加基本养老保险的个人，达到法定退休年龄时累计缴费满十五年的，按月领取基本养老金。

参加基本养老保险的个人，达到法定退休年龄时累计缴费不足十五年的，可以缴费至满十五年，按月领取基本养老金；也可以转入新型农村社会养老保险或者城镇居民社会养老保险，按照国务院规定享受相应的养老保险待遇。

第十七条 参加基本养老保险的个人，因病或者非因工死亡的，其遗属可以领取丧葬补助金和抚恤金；在未达到法定退休年龄时因病或者非因工致残完全丧失劳动能力的，可以领取病残津贴。所需资金从基本养老保险基金中支付。

第十八条 国家建立基本养老金正常调整机制。根据职工平均工资增长、物价上涨情况，适时提高基本养老保险待遇水平。

第十九条 个人跨统筹地区就业的，其基本养老保险关系随本人转移，缴费年限累计计算。个人达到法定退休年龄时，基本养老金分段计算、统一支付。具体办法由国务院规定。

第二十条 国家建立和完善新型农村社会养老保险制度。

新型农村社会养老保险实行个人缴费、集体补助和政府补贴相结合。

第二十一条 新型农村社会养老保险待遇由基础养老金和个人账户养老金组成。

参加新型农村社会养老保险的农村居民，符合国家规定条件的，按月领取新型农村社会养老保险待遇。

第二十二条 国家建立和完善城镇居民社会养老保险制度。

省、自治区、直辖市人民政府根据实际情况，可以将城镇居民社会养老保险和新型农村社会养老保险合并实施。

第三章　基本医疗保险

第二十三条　职工应当参加职工基本医疗保险，由用人单位和职工按照国家规定共同缴纳基本医疗保险费。

无雇工的个体工商户、未在用人单位参加职工基本医疗保险的非全日制从业人员以及其他灵活就业人员可以参加职工基本医疗保险，由个人按照国家规定缴纳基本医疗保险费。

第二十四条　国家建立和完善新型农村合作医疗制度。

新型农村合作医疗的管理办法，由国务院规定。

第二十五条　国家建立和完善城镇居民基本医疗保险制度。

城镇居民基本医疗保险实行个人缴费和政府补贴相结合。

享受最低生活保障的人、丧失劳动能力的残疾人、低收入家庭六十周岁以上的老年人和未成年人等所需个人缴费部分，由政府给予补贴。

第二十六条　职工基本医疗保险、新型农村合作医疗和城镇居民基本医疗保险的待遇标准按照国家规定执行。

第二十七条　参加职工基本医疗保险的个人，达到法定退休年龄时累计缴费达到国家规定年限的，退休后不再缴纳基本医疗保险费，按照国家规定享受基本医疗保险待遇；未达到国家规定年限的，可以缴费至国家规定年限。

第二十八条　符合基本医疗保险药品目录、诊疗项目、医疗服务设施标准以及急诊、抢救的医疗费用，按照国家规定从基本医疗保险基金中支付。

第二十九条　参保人员医疗费用中应当由基本医疗保险基金支付的部分，由社会保险经办机构与医疗机构、药品经营单位直接结算。

社会保险行政部门和卫生行政部门应当建立异地就医医疗费用结算制度，方便参保人员享受基本医疗保险待遇。

第三十条　下列医疗费用不纳入基本医疗保险基金支付

范围：

（一）应当从工伤保险基金中支付的；

（二）应当由第三人负担的；

（三）应当由公共卫生负担的；

（四）在境外就医的。

医疗费用依法应当由第三人负担，第三人不支付或者无法确定第三人的，由基本医疗保险基金先行支付。基本医疗保险基金先行支付后，有权向第三人追偿。

第三十一条 社会保险经办机构根据管理服务的需要，可以与医疗机构、药品经营单位签订服务协议，规范医疗服务行为。

医疗机构应当为参保人员提供合理、必要的医疗服务。

第三十二条 个人跨统筹地区就业的，其基本医疗保险关系随本人转移，缴费年限累计计算。

第四章 工伤保险

第三十三条 职工应当参加工伤保险，由用人单位缴纳工伤保险费，职工不缴纳工伤保险费。

第三十四条 国家根据不同行业的工伤风险程度确定行业的差别费率，并根据使用工伤保险基金、工伤发生率等情况在每个行业内确定费率档次。行业差别费率和行业内费率档次由国务院社会保险行政部门制定，报国务院批准后公布施行。

社会保险经办机构根据用人单位使用工伤保险基金、工伤发生率和所属行业费率档次等情况，确定用人单位缴费费率。

第三十五条 用人单位应当按照本单位职工工资总额，根据社会保险经办机构确定的费率缴纳工伤保险费。

第三十六条 职工因工作原因受到事故伤害或者患职业病，且经工伤认定的，享受工伤保险待遇；其中，经劳动能力鉴定丧失劳动能力的，享受伤残待遇。

工伤认定和劳动能力鉴定应当简捷、方便。

第三十七条 职工因下列情形之一导致本人在工作中伤亡的，不认定为工伤：

（一）故意犯罪；

（二）醉酒或者吸毒；

（三）自残或者自杀；

（四）法律、行政法规规定的其他情形。

第三十八条 因工伤发生的下列费用，按照国家规定从工伤保险基金中支付：

（一）治疗工伤的医疗费用和康复费用；

（二）住院伙食补助费；

（三）到统筹地区以外就医的交通食宿费；

（四）安装配置伤残辅助器具所需费用；

（五）生活不能自理的，经劳动能力鉴定委员会确认的生活护理费；

（六）一次性伤残补助金和一至四级伤残职工按月领取的伤残津贴；

（七）终止或者解除劳动合同时，应当享受的一次性医疗补助金；

（八）因工死亡的，其遗属领取的丧葬补助金、供养亲属抚恤金和因工死亡补助金；

（九）劳动能力鉴定费。

第三十九条 因工伤发生的下列费用，按照国家规定由用人单位支付：

（一）治疗工伤期间的工资福利；

（二）五级、六级伤残职工按月领取的伤残津贴；

（三）终止或者解除劳动合同时，应当享受的一次性伤残就业补助金。

第四十条 工伤职工符合领取基本养老金条件的，停发伤残津贴，享受基本养老保险待遇。基本养老保险待遇低于伤残津贴的，从工伤保险基金中补足差额。

第四十一条 职工所在用人单位未依法缴纳工伤保险费，发生工伤事故的，由用人单位支付工伤保险待遇。用人单位不支付的，从工伤保险基金中先行支付。

从工伤保险基金中先行支付的工伤保险待遇应当由用人单位偿还。用人单位不偿还的，社会保险经办机构可以依照本法第六十三条的规定追偿。

第四十二条 由于第三人的原因造成工伤，第三人不支付工伤医疗费用或者无法确定第三人的，由工伤保险基金先行支付。工伤保险基金先行支付后，有权向第三人追偿。

第四十三条 工伤职工有下列情形之一的，停止享受工伤保险待遇：

（一）丧失享受待遇条件的；

（二）拒不接受劳动能力鉴定的；

（三）拒绝治疗的。

第五章 失业保险

第四十四条 职工应当参加失业保险，由用人单位和职工按照国家规定共同缴纳失业保险费。

第四十五条 失业人员符合下列条件的，从失业保险基金中领取失业保险金：

（一）失业前用人单位和本人已经缴纳失业保险费满一年的；

（二）非因本人意愿中断就业的；

（三）已经进行失业登记，并有求职要求的。

第四十六条 失业人员失业前用人单位和本人累计缴费满一年不足五年的，领取失业保险金的期限最长为十二个月；累计缴费满五年不足十年的，领取失业保险金的期限最长为十八个月；累计缴费十年以上的，领取失业保险金的期限最长为二十四个月。重新就业后，再次失业的，缴费时间重新计算，领取失业保险金的期限与前次失业应当领取而尚未领取的失业保险金的期限合并计算，最长不超过二十四个月。

第四十七条 失业保险金的标准，由省、自治区、直辖市人民政府确定，不得低于城市居民最低生活保障标准。

第四十八条 失业人员在领取失业保险金期间，参加职工基本医疗保险，享受基本医疗保险待遇。

失业人员应当缴纳的基本医疗保险费从失业保险基金中支付，个人不缴纳基本医疗保险费。

第四十九条 失业人员在领取失业保险金期间死亡的，参照当地对在职职工死亡的规定，向其遗属发给一次性丧葬补助金和抚恤金。所需资金从失业保险基金中支付。

个人死亡同时符合领取基本养老保险丧葬补助金、工伤保险丧葬补助金和失业保险丧葬补助金条件的，其遗属只能选择领取其中的一项。

第五十条 用人单位应当及时为失业人员出具终止或者解除劳动关系的证明，并将失业人员的名单自终止或者解除劳动关系之日起十五日内告知社会保险经办机构。

失业人员应当持本单位为其出具的终止或者解除劳动关系的证明，及时到指定的公共就业服务机构办理失业登记。

失业人员凭失业登记证明和个人身份证明，到社会保险经办机构办理领取失业保险金的手续。失业保险金领取期限自办理失业登记之日起计算。

第五十一条 失业人员在领取失业保险金期间有下列情形之一的，停止领取失业保险金，并同时停止享受其他失业保险待遇：

（一）重新就业的；

（二）应征服兵役的；

（三）移居境外的；

（四）享受基本养老保险待遇的；

（五）无正当理由，拒不接受当地人民政府指定部门或者机构介绍的适当工作或者提供的培训的。

第五十二条 职工跨统筹地区就业的，其失业保险关系随本人转移，缴费年限累计计算。

第六章 生育保险

第五十三条 职工应当参加生育保险，由用人单位按照国家规定缴纳生育保险费，职工不缴纳生育保险费。

第五十四条 用人单位已经缴纳生育保险费的，其职工享受生育保险待遇；职工未就业配偶按照国家规定享受生育医疗费用待遇。所需资金从生育保险基金中支付。

生育保险待遇包括生育医疗费用和生育津贴。

第五十五条 生育医疗费用包括下列各项：

（一）生育的医疗费用；

（二）计划生育的医疗费用；

（三）法律、法规规定的其他项目费用。

第五十六条 职工有下列情形之一的，可以按照国家规定享受生育津贴：

（一）女职工生育享受产假；

（二）享受计划生育手术休假；

（三）法律、法规规定的其他情形。

生育津贴按照职工所在用人单位上年度职工月平均工资计发。

第七章 社会保险费征缴

第五十七条 用人单位应当自成立之日起三十日内凭营业执照、登记证书或者单位印章，向当地社会保险经办机构申请办理社会保险登记。社会保险经办机构应当自收到申请之日起十五日内予以审核，发给社会保险登记证件。

用人单位的社会保险登记事项发生变更或者用人单位依法终止的，应当自变更或者终止之日起三十日内，到社会保险经办机构办理变更或者注销社会保险登记。

工商行政管理部门、民政部门和机构编制管理机关应当及时向社会保险经办机构通报用人单位的成立、终止情况，公安机关应当及时向社会保险经办机构通报个人的出生、死亡以及户口登记、迁移、注销等情况。

第五十八条 用人单位应当自用工之日起三十日内为其职工向社会保险经办机构申请办理社会保险登记。未办理社会保险登记的，由社会保险经办机构核定其应当缴纳的社会保险费。

自愿参加社会保险的无雇工的个体工商户、未在用人单位参加社会保险的非全日制从业人员以及其他灵活就业人员，应当向社会保险经办机构申请办理社会保险登记。

国家建立全国统一的个人社会保障号码。个人社会保障号码为公民身份号码。

第五十九条 县级以上人民政府加强社会保险费的征收工作。

社会保险费实行统一征收，实施步骤和具体办法由国务院规定。

第六十条 用人单位应当自行申报、按时足额缴纳社会保险费，非因不可抗力等法定事由不得缓缴、减免。职工应当缴纳的社会保险费由用人单位代扣代缴，用人单位应当按月将缴纳社会保险费的明细情况告知本人。

无雇工的个体工商户、未在用人单位参加社会保险的非全日制从业人员以及其他灵活就业人员，可以直接向社会保险费征收机构缴纳社会保险费。

第六十一条 社会保险费征收机构应当依法按时足额征收社会保险费，并将缴费情况定期告知用人单位和个人。

第六十二条 用人单位未按规定申报应当缴纳的社会保险费数额的，按照该单位上月缴费额的百分之一百一十确定应当缴纳数额；缴费单位补办申报手续后，由社会保险费征收机构按照规定结算。

第六十三条 用人单位未按时足额缴纳社会保险费的，由社会保险费征收机构责令其限期缴纳或者补足。

用人单位逾期仍未缴纳或者补足社会保险费的，社会保险费征收机构可以向银行和其他金融机构查询其存款账户；并可以申请县级以上有关行政部门作出划拨社会保险费的决定，书面通知其开户银行或者其他金融机构划拨社会保险费。用人单位账户余额少于应当缴纳的社会保险费的，社会保险费征收机构可以要求该用人单位提供担保，签订延期缴费协议。

用人单位未足额缴纳社会保险费且未提供担保的，社会保险费征收机构可以申请人民法院扣押、查封、拍卖其价值相当于应当缴纳社会保险费的财产，以拍卖所得抵缴社会保险费。

第八章 社会保险基金

第六十四条 社会保险基金包括基本养老保险基金、基本医疗保险基金、工伤保险基金、失业保险基金和生育保险基金。各项社会保险基金按照社会保险险种分别建账，分账核算，执行国家统一的会计制度。

社会保险基金专款专用，任何组织和个人不得侵占或者挪用。

基本养老保险基金逐步实行全国统筹，其他社会保险基金逐步实行省级统筹，具体时间、步骤由国务院规定。

第六十五条 社会保险基金通过预算实现收支平衡。

县级以上人民政府在社会保险基金出现支付不足时，给予补贴。

第六十六条 社会保险基金按照统筹层次设立预算。社会保险基金预算按照社会保险项目分别编制。

第六十七条 社会保险基金预算、决算草案的编制、审核和批准，依照法律和国务院规定执行。

第六十八条 社会保险基金存入财政专户，具体管理办法由国务院规定。

第六十九条 社会保险基金在保证安全的前提下，按照国务院规定投资运营实现保值增值。

社会保险基金不得违规投资运营，不得用于平衡其他政府预算，不得用于兴建、改建办公场所和支付人员经费、运行费用、管理费用，或者违反法律、行政法规规定挪作其他用途。

第七十条 社会保险经办机构应当定期向社会公布参加社会保险情况以及社会保险基金的收入、支出、结余和收益情况。

第七十一条 国家设立全国社会保障基金，由中央财政预算拨款以及国务院批准的其他方式筹集的资金构成，用于社会保障支出的补充、调剂。全国社会保障基金由全国社会保障基金管理运营机构负责管理运营，在保证安全的前提下实现保值增值。

全国社会保障基金应当定期向社会公布收支、管理和投资运营的情况。国务院财政部门、社会保险行政部门、审计机关对全国社会保障基金的收支、管理和投资运营情况实施监督。

第九章 社会保险经办

第七十二条 统筹地区设立社会保险经办机构。社会保险经办机构根据工作需要，经所在地的社会保险行政部门和机构编制管理机关批准，可以在本统筹地区设立分支机构和服务网点。

社会保险经办机构的人员经费和经办社会保险发生的基本运行费用、管理费用，由同级财政按照国家规定予以保障。

第七十三条 社会保险经办机构应当建立健全业务、财务、安全和风险管理制度。

社会保险经办机构应当按时足额支付社会保险待遇。

第七十四条 社会保险经办机构通过业务经办、统计、调查获取社会保险工作所需的数据，有关单位和个人应当及时、如实提供。

社会保险经办机构应当及时为用人单位建立档案，完整、准确地记录参加社会保险的人员、缴费等社会保险数据，妥善保管登记、申报的原始凭证和支付结算的会计凭证。

社会保险经办机构应当及时、完整、准确地记录参加社会保险的个人缴费和用人单位为其缴费，以及享受社会保险待遇等个人权益记录，定期将个人权益记录单免费寄送本人。

用人单位和个人可以免费向社会保险经办机构查询、核对其缴费和享受社会保险待遇记录，要求社会保险经办机构提供社会保险咨询等相关服务。

第七十五条 全国社会保险信息系统按照国家统一规划，由县级以上人民政府按照分级负责的原则共同建设。

第十章　社会保险监督

第七十六条 各级人民代表大会常务委员会听取和审议本级人民政府对社会保险基金的收支、管理、投资运营以及监督检查情况的专项工作报告，组织对本法实施情况的执法检查等，依法行使监督职权。

第七十七条 县级以上人民政府社会保险行政部门应当加强对用人单位和个人遵守社会保险法律、法规情况的监督检查。

社会保险行政部门实施监督检查时，被检查的用人单位和个人应当如实提供与社会保险有关的资料，不得拒绝检查或者谎报、瞒报。

第七十八条 财政部门、审计机关按照各自职责，对社会保险基金的收支、管理和投资运营情况实施监督。

第七十九条 社会保险行政部门对社会保险基金的收支、管理和投资运营情况进行监督检查，发现存在问题的，应当提出整改建议，依法作出处理决定或者向有关行政部门提出处理建议。社会保险基金检查结果应当定期向社会公布。

社会保险行政部门对社会保险基金实施监督检查，有权采取下列措施：

（一）查阅、记录、复制与社会保险基金收支、管理和投资运营相关的资料，对可能被转移、隐匿或者灭失的资料予以封存；

（二）询问与调查事项有关的单位和个人，要求其对与调查事项有关的问题作出说明、提供有关证明材料；

（三）对隐匿、转移、侵占、挪用社会保险基金的行为予以制止并责令改正。

第八十条 统筹地区人民政府成立由用人单位代表、参保人员代表，以及工会代表、专家等组成的社会保险监督委员会，掌握、分析社会保险基金的收支、管理和投资运营情况，对社会保险工作提出咨询意见和建议，实施社会监督。

社会保险经办机构应当定期向社会保险监督委员会汇报社会保险基金的收支、管理和投资运营情况。社会保险监督委员会可以聘请会计师事务所对社会保险基金的收支、管理和投资运营情况进行年度审计和专项审计。审计结果应当向社会公开。

社会保险监督委员会发现社会保险基金收支、管理和投资运营中存在问题的，有权提出改正建议；对社会保险经办机构及其工作人员的违法行为，有权向有关部门提出依法处理建议。

第八十一条 社会保险行政部门和其他有关行政部门、社会保险经办机构、社会保险费征收机构及其工作人员，应当依法为用人单位和个人的信息保密，不得以任何形式泄露。

第八十二条 任何组织或者个人有权对违反社会保险法律、法规的行为进行举报、投诉。

社会保险行政部门、卫生行政部门、社会保险经办机构、社会保险费征收机构和财政部门、审计机关对属于本部门、本机构职责范围的举报、投诉，应当依法处理；对不属于本部门、本机构职责范围的，应当书面通知并移交有权处理的部门、机构处理。有权处理的部门、机构应当及时处理，不得推诿。

第八十三条 用人单位或者个人认为社会保险费征收机构的行为侵害自己合法权益的，可以依法申请行政复议或者提起行政诉讼。

用人单位或者个人对社会保险经办机构不依法办理社会保险登记、核定社会保险费、支付社会保险待遇、办理社会保险转移接续手续或者侵害其他社会保险权益的行为，可以依法申请行政复议或者提起行政诉讼。

个人与所在用人单位发生社会保险争议的，可以依法申请调解、仲裁，提起诉讼。用人单位侵害个人社会保险权益的，个人也可以要求社会保险行政部门或者社会保险费征收机构依法处理。

第十一章 法律责任

第八十四条 用人单位不办理社会保险登记的，由社会保险行政部门责令限期改正；逾期不改正的，对用人单位处应缴社会保险费数额一倍以上三倍以下的罚款，对其直接负责的主管人员和其他直接责任人员处五百元以上三千元以下的罚款。

第八十五条 用人单位拒不出具终止或者解除劳动关系证明的，依照《中华人民共和国劳动合同法》的规定处理。

第八十六条 用人单位未按时足额缴纳社会保险费的，由社会保险费征收机构责令限期缴纳或者补足，并自欠缴之日起，按日加收万分之五的滞纳金；逾期仍不缴纳的，由有关行政部门处欠缴数额一倍以上三倍以下的罚款。

第八十七条 社会保险经办机构以及医疗机构、药品经营单位等社会保险服务机构以欺诈、伪造证明材料或者其他手段骗取社会保险基金支出的，由社会保险行政部门责令退回骗取的社会保险金，处骗取金额二倍以上五倍以下的罚款；属于社会保险服务机构的，解除服务协议；直接负责的主管人员和其他直接责任人员有执业资格的，依法吊销其执业资格。

第八十八条 以欺诈、伪造证明材料或者其他手段骗取社会保险待遇的，由社会保险行政部门责令退回骗取的社会保险金，处骗取金额二倍以上五倍以下的罚款。

第八十九条 社会保险经办机构及其工作人员有下列行为之一的，由社会保险行政部门责令改正；给社会保险基金、用人单位或者个人造成损失的，依法承担赔偿责任；对直接负责的主管人员和其他直接责任人员依法给予处分：

（一）未履行社会保险法定职责的；

（二）未将社会保险基金存入财政专户的；

（三）克扣或者拒不按时支付社会保险待遇的；

（四）丢失或者篡改缴费记录、享受社会保险待遇记录等社会保险数据、个人权益记录的；

（五）有违反社会保险法律、法规的其他行为的。

第九十条 社会保险费征收机构擅自更改社会保险费缴费基数、费率，导致少收或者多收社会保险费的，由有关行政部门责令其追缴应当缴纳的社会保险费或者退还不应当缴纳的社会保险费；对直接负责的主管人员和其他直接责任人员依法给予处分。

第九十一条 违反本法规定，隐匿、转移、侵占、挪用社会保险基金或者违规投资运营的，由社会保险行政部门、财政部门、审计机关责令追回；有违法所得的，没收违法所得；对直接负责的主管人员和其他直接责任人员依法给予处分。

第九十二条 社会保险行政部门和其他有关行政部门、社会保险经办机构、社会保险费征收机构及其工作人员泄露用人单位和个人信息的，对直接负责的主管人员和其他直接责任人员依法给予处分；给用人单位或者个人造成损失的，应当承担赔偿责任。

第九十三条 国家工作人员在社会保险管理、监督工作中滥用职权、玩忽职守、徇私舞弊的，依法给予处分。

第九十四条 违反本法规定，构成犯罪的，依法追究刑事责任。

第十二章 附 则

第九十五条 进城务工的农村居民依照本法规定参加社会保险。

第九十六条 征收农村集体所有的土地，应当足额安排被征地农民的社会保险费，按照国务院规定将被征地农民纳入相应的社会保险制度。

第九十七条 外国人在中国境内就业的，参照本法规定参加社会保险。

第九十八条 本法自2011年7月1日起施行。

中华人民共和国劳动保险条例

（1951年2月26日政务院公布，1953年1月2日政务院修正）

第一章 总 则

第一条 为了保护工人职员的健康，减轻其生活中的困难，特依据目前经济条件，制定本条例。

第二条 本条例的实施，采取逐步推广办法，目前的实施范围暂定如下：

甲、有工人职员一百人以上的国营、公私合营、私营及合作社经营的工厂、矿场及其附属单位。

乙、铁路、航运、邮电的各企业单位与附属单位。

丙、工、矿、交通事业的基本建设单位。

丁、国营建筑公司。

关于本条例的实施范围继续推广办法由中央人民政府劳动部根据实际情况随时提出意见，报请中央人民政府政务院决定之。

第三条 不实行本条例的企业及季节性的企业，其有关劳动保险事项，得由各该企业或其所属产业或行业的行政方面或资方与工会组织，根据本条例的原则及本企业、本产业或本行业的实际情况协商，订立集体合同规定之。

第四条 凡在实行劳动保险的企业内工作的工人与职员（包括学徒），不分民族、年龄、性别和国籍，均适用本条例，但被剥夺政治权利者除外。

第五条 凡在实行劳动保险的企业内工作的临时工、季节工与试用人员，其劳动保险待遇在本条例实施细则中另行规定之。

第六条 本条例适用范围内的企业，因经济特殊困难不易维持，或尚未正式开工营业者，经企业行政方面或资方与工会基层委员会双方协商同意，并报请当地人民政府劳动行政机关批准后，可暂缓实行本条例。

第二章　劳动保险金的征集与保管

第七条　本条例所规定之劳动保险的各项费用，全部由实行劳动保险的企业行政方面或资方负担，其中一部分由企业行政方面或资方直接支付，另一部分由企业行政方面或资方缴纳劳动保险金，交工会组织办理。

第八条　凡根据本条例实行劳动保险的企业，其行政方面或资方须按月缴纳相当于各该企业全部工人与职员工资总额的百分之三，作为劳动保险金。此项劳动保险金，不得在工人与职员工资内扣除，并不得向工人与职员另行征收。

第九条　劳动保险金的征集与保管方法如下：

甲、企业行政方面或资方，须按照上月份工资总额计算，于每月一日至十日限期内，一次向中华全国总工会指定代收劳动保险金的国家银行，缴纳每月应缴的劳动保险金。

乙、在开始实行劳动保险的头两个月内，由企业行政方面或资方按月缴纳的劳动保险金，全数存于中华全国总工会户内，作为劳动保险总基金，为举办集体劳动保险事业之用。自开始实行的第三个月起，每月缴纳的劳动保险金，其中百分之三十，存于中华全国总工会户内，作为劳动保险总基金；百分之七十存于各该企业工会基层委员会户内，作为劳动保险基金，为支付工人与职员按照本条例应得的抚恤费、补助费与救济费之用。

第十条　企业行政方面或资方逾期未缴或欠缴劳动保险金时，须每日增交滞纳金，其数额为未缴部分百分之一。如逾期二十日尚未缴纳，对于国营、地方国营、公私合营或合作社经营的企业，由工会基层委员会通知当地国家银行从其经费中扣缴；对于私营企业，由工会基层委员会报告当地人民政府劳动行政机关，对该企业资方追究责任。

第十一条 劳动保险金的保管，由中华全国总工会委托中国人民银行代理之。

第三章 各项劳动保险待遇的规定

第十二条 因工负伤、残废待遇的规定：

甲、工人与职员因工负伤，应在该企业医疗所、医院或特约医院医治。如该企业医疗所、医院或特约医院无法治疗时，应由该企业行政方面或资方转送其他医院医治。其全部诊疗费、药费、住院费、住院时的膳费与就医路费，均由企业行政方面或资方负担。在医疗期间，工资照发。

乙、工人与职员因工负伤确定为残废时，按下列情况，由劳动保险基金项下按月付给因工残废抚恤费或因工残废补助费：

一、完全丧失劳动力不能工作退职后，饮食起居需人扶助者，其因工残废抚恤费的数额为本人工资百分之七十五，付至死亡时止。

二、完全丧失劳动力不能工作退职后，饮食起居不需人扶助者，其因工残废抚恤费的数额为本人工资百分之六十，付至恢复劳动力或死亡时止。劳动力恢复后应由企业行政方面或资方给予适当工作。

三、部分丧失劳动力尚能工作者，应由企业行政方面或资方分配适当工作，并由劳动保险基金项下，按其残废后丧失劳动力的程度，付给因工残废补助费，其数额为残废前本人工资的百分之十至百分之三十，但与残废后复工时的工资合计不得超过残废前本人工资。详细办法在实施细则中规定之。

丙、工人与职员因工负伤而致残废者，其残废状况的确定与变更，由残废审查委员会审定。详细办法在实施细则中规定之。

第十三条 疾病、非因工负伤、残废待遇的规定：

甲、工人与职员疾病或非因工负伤，在该企业医疗所、医院、特约医院或特约中西医师处医治时，其所需诊疗费、手术费、住院费及普通药费均由企业行政方面或资方负担；贵重药费、住院的膳费及就医路费由本人负担，如本人经济状况确有困难，得由劳动保险基金项下酌予补助。患病及非因工负伤的工人职员，应否住院或转院医治及出院时间，应完全由医院决定之。

乙、工人与职员因病或非因工负伤停止工作医疗时，其停止工作医疗期间连续在六个月以内者，按其本企业工龄的长短，由该企业行政方面或资方发给病伤假期工资，其数额为本人工资百分之六十至百分之一百；停止工作连续医疗期间在六个月以上时，改由劳动保险基金项下按月付给疾病或非因工负伤救济费，其数额为本人工资百分之四十至百分之六十，至能工作或确定为残废或死亡时止。详细办法在实施细则中规定之。

丙、工人与职员因病或非因工负伤医疗终结确定为残废，完全丧失劳动力退职后，病伤假期工资或疾病非因工负伤救济费停发，改由劳动保险基金项下发给非因工残废救济费，其数额按下列情况规定之：饮食起居需人扶助者为本人工资百分之五十，饮食起居不需人扶助者为本人工资百分之四十，至恢复劳动力或死亡时止；部分丧失劳动力尚能工作者不予发给。关于残废状况的确定与变更，适用第十二条丙款的规定。

丁、工人与职员疾病或非因工负伤痊愈或非因工残废恢复劳动力后，经负责医疗机关提出证明，该企业行政方面或资方应给予适当工作。

戊、工人与职员供养的直系亲属患病时，得在该企业医疗所、医院、特约医院或特约中西医师处免费诊治，手术费及普通药费，由企业行政方面或资方负担二分之一，贵重药费、就医路费、住院费、住院时的膳费及其他一切费用，均由本人自理。

第十四条 工人与职员及其供养的直系亲属死亡时待遇的规定：

甲、工人与职员因工死亡时，由该企业行政方面或资方发给丧葬费，其数额为该企业全部工人与职员平均工资三个月；另由劳动保险基金项下，按其供养的直系亲属人数，每月付给供养直系亲属抚恤费，其数额为死者本人工资百分之二十五至百分之五十，至受供养者失去受供养的条件时为止。详细办法在实施细则中规定之。

乙、工人与职员因病或非因工负伤死亡时，由劳动保险基金项下付给丧葬补助费，其数额为该企业全部工人与职员平均工资两个月；另由劳动保险基金项下，按其供养直系亲属人数，付给供养直系亲属救济费，其数额为死者本人工资六个月到十二个月。详细办法在实施细则中规定之。

丙、工人与职员因工负伤致成残废完全丧失劳动力退职后死亡时，应按本条甲款的规定，付给丧葬费及供养直系亲属抚恤费。退职养老后死亡时或非因工残废完全丧失劳动力退职后死亡时，应按本条乙款的规定，付给丧葬补助费及供养直系亲属救济费。

丁、工人与职员供养的直系亲属死亡时，由劳动保险基金项下付给供养直系亲属丧葬补助费：死者年龄在十周岁以上者，其数额为该企业全部工人与职员平均工资一个月的二分之一；一周岁至十周岁者，为平均工资一个月的三分之一；不满一周岁者不给。

第十五条 养老待遇的规定：

甲、男工人与男职员年满六十岁，一般工龄满二十五年，本企业工龄满五年者，可退职养老。退职后，由劳动保险基金项下，按其本企业工龄的长短，按月付给退职养老补助费，其数额为本人工资的百分之五十至百分之七十，付至死亡时止。合于养老条件，但因该企业工作的需要，留其继续工作者，除发给原有工资外，应由劳动保险基金项下，按其本企业工龄的长短，每月付给在职养老补助费，其数额为本人工资百分之十至百分之二十。详细办法在实施细则中规定之。

乙、女工人与女职员年满五十岁，一般工龄满二十年，本企业工龄满五年者，得享受本条甲款规定的养老补助费待遇。

丙、井下矿工或固定在三十二度以下的低温工作场所或一百度以上的高温工作场所工作者，男工人与男职员年满五十五岁，女工人与女职员年满四十五岁，均得享受本条甲款规定的养老补助费待遇。计算其一般工龄及本企业工龄时，每在此种场所工作一年，均作一年零三个月计算。

丁、在提炼或制造铅、汞、砒、磷、酸的工业中及其他化学、兵工工业中，直接从事有害身体健康工作者，男工人与男职员年满五十五岁，女工人与女职员年满四十五岁，均得享受本条甲款规定的养老补助费待遇。计算其一般工龄及本企业工龄时，每从事此种工作一年，均作一年零六个月计算。

第十六条 生育待遇的规定：

甲、女工人与女职员生育，产前产后共给假五十六日，产假期间，工资照发。

乙、女工人与女职员怀孕不满七个月小产时，得根据医师的意见给予三十日以内的产假，产假期间，工资照发。

丙、女工人与女职员难产或双生时，增给假期十四日，工资照发。

丁、女工人与女职员怀孕，在该企业医疗所、医院或特约医院检查或分娩时，其检查费与接生费由企业行政方面或资方负担，其他费用均按第十三条甲款的规定处理。

戊、产假期满（不论正产或小产）仍不能工作者，经医院证明后，按第十三条关于疾病待遇的规定处理之。

己、女工人与女职员或男工人与男职员之妻生育时，由劳动保险基金项下发给生育补助费四万元。（注解：系指旧人民币，折合新人民币四元）

第十七条 集体劳动保险事业的规定：

甲、凡在实行劳动保险的企业内工作的工人与职员，均有享受集体劳动保险事业的权利。详细办法由中华全国总工会制定之。

乙、各企业工会基层委员会得根据各该企业的经济情况及工人与职员的需要，与企业行政方面或资方共同办理疗养所、业余疗养所、托儿所等集体劳动保险事业。详细办法在实施细则中规定之。

丙、中华全国总工会可举办或委托各地方或各产业工会组织举办下列各项集体劳动保险事业：

一、疗养所；

二、休养所；

三、养老院；

四、孤儿保育院；

五、残废院；

六、其他。

第十八条 凡在实行劳动保险的企业内工作的工人与职员，未加入工会者，除因工负伤、残废、死亡待遇，生育待遇，因病或非因工负伤治疗待遇，供养直系亲属疾病治疗待遇，均得按本条例的规定享受外，其他各项，如疾病或非因工负伤医疗期间的工资与救济费，非因工残废救济费，供养直系亲属救济费，养老补助费，丧葬补助费，只能领取规定额的半数。

第四章 享受优异劳动保险待遇的规定

第十九条 凡对本企业有特殊贡献的劳动模范及转入本企业工作的战斗英雄，经工会基层委员会提出，并经各省、市工会组织或产业工会全国委员会的批准，得享受下列较优异的劳动保险待遇：

甲、疾病或非因工负伤的贵重药费、就医路费、住院膳费，概由企业行政方面或资方负担。

乙、疾病或非因工负伤医疗期间前六个月工资照发。疾病或非因工负伤救济费及非因工残废救济费，一律付给本人工资百分之六十。因工残废抚恤费为本人工资百分之一百。因工残费补助费为残废前本人工资与残废后复工时本人工资的差额。因工死亡供养直系亲属抚恤费为本人工资百分之三十至百分之六十。退职养老补助费为本人工资百分之六十至百分之八十。在职养老补助费为本人工资百分之百分之二十至百分之三十。详细办法在实施细则中规定之。

丙、有享受集体劳动保险事业的优先权。

第二十条 残废军人转入本企业工作者，疾病或非因工负伤停止工作医疗期间，不计本企业工龄长短，前六个月工资照发；六个月以后，仍按第十三条乙款规定办理。

第五章 劳动保险金的支配

第二十一条 劳动保险金的支配办法如下：

甲、劳动保险总基金由中华全国总工会用以举办集体劳动保险事业。

乙、劳动保险基金由工会基层委员会用以支付各项抚恤费、补助费与救济费及本企业集体劳动保险事业的补助费。每月结算一次，其余额全部转入省、市工会组织或产业工会全国委员会户内，作为劳动保险调剂金（以下简称调剂金）。

丙、调剂金由省、市工会组织或产业工会全国委员会用于对所属各工会基层委员会劳动保险基金不足开支时的补助或举办集体劳动保险事业之用。各产业工会全国委员会得授权其地方机构，掌管调剂金的调用。中华全国总工会对所属各省、市工会组织、各产业工会全国委员会的调剂金，有统筹调用之权，并得用以举办集体劳动保险事业。如省、市工会组织或产业工会全国委员会调剂金不足开支，得申请中华全国总工会调拨调剂金补助之。

第二十二条 劳动保险金，除用于劳动保险事业外，不得移作其他用途。

第二十三条 各企业的会计部门，均须设立劳动保险基金的独立会计，负责办理劳动保险基金的收支事宜。劳动保险基金会计制度，由中央人民政府劳动部会同中华全国总工会制定之。

第二十四条 劳动保险调剂金的收支事宜，由各级工会组织的财务部门根据中华全国总工会的规定办理之。

第六章 劳动保险事业的执行与监督

第二十五条 各工会基层委员会，为执行劳动保险业务的基层单位，其主要工作为：督促劳动保险金的缴纳；决定劳动保险基金的支付；监督本条例所规定由企业行政方面或资方直接支付的各项费用的开支；推动该企业改进集体劳动保险事业及医疗卫生工作；执行一切有关劳动保险的实际业务；每月编造劳动保险基金月报表，每年编造预算、决算、业务计划书及业务报告书，报告省、市工会组织和产业工会全国委员会及当地人民政府劳动行政机关；并向工会全体会员大会或代表大会报告工作。

第二十六条 各工会基层委员会的经费审查委员会，应按月审核劳动保险基金收支账目及本条例所规定的由企业行政方面或资方直接支付的各项费用，并公布之。

第二十七条 各省、市工会组织，各产业工会全国委员会或地区委员会对所属各工会基层委员会的劳动保险业务，负指导督促之责，审核劳动保险基金的收支月报表、预算、决算及劳动保险基金的收支有无错误，接受工人与职员有关劳动保险事件的申诉，每月编造劳动保险基金及调剂金的收支月报表，每年编造预算、决算、业务计划书及业务报告书，并依下列程序报告：

甲、各省、市工会组织向当地人民政府劳动行政机关及大行政区工会组织报告。

乙、各产业工会全国委员会向中华全国总工会及中央人民政府劳动部报告。

第二十八条 各大行政区工会组织对所属各省、市工会组织及其区域内产业工会组织的劳动保险工作，负指导督促之责，审核省、市工会组织劳动保险基金及调剂金的收支月报表、预算、决算、业务计划书及业务报告书，并每三个月编造劳动保险基金收支报告，每年编造预算、决算、业务计划书及业务报告书，报告所在地大行政区人民政府劳动部、中央人民政府劳动部及中华全国总工会。

第二十九条 中华全国总工会为全国劳动保险事业的最高领导机关，统筹全国劳动保险事业的进行，督导所属各地方工会组织、各产业工会组织有关劳动保险事业的执行；审核并汇编劳动保险基金及总基金的收支报告表，每年编造劳动保险金的预算、决算、业务计划书及业务报告书，并送中央人民政府劳动部、财政部备查。

第三十条 各级人民政府劳动行政机关应监督劳动保险金的缴纳，检查劳动保险业务的执行，并处理有关劳动保险事件的申诉。

第三十一条 中央人民政府劳动部为全国劳动保险业务的最高监督机关，负责贯彻劳动保险条例的实施，检查全国劳动保险业务的执行，其检查制度另订之。

第七章 附 则

第三十二条 本条例由中央人民政府政务院通过后发布施行，修改时同。

[编者注：《条例》中有关女工人、女职员生育待遇的规定已被《女职工劳动保护规定》（国务院令第9号）废止]

社会保险登记管理暂行办法

（1999 年 3 月 19 日　劳动和社会保障部令第 1 号）

第一章　总　则

第一条　为加强和规范社会保险登记管理，根据《社会保险费征缴暂行条例》（以下简称条例）的规定，制定本办法。

第二条　凡依据条例第二条、第三条、第二十九条的规定应当缴纳社会保险费的单位，应当按照本办法的规定办理社会保险登记，领取社会保险登记证。

第三条　县级以上劳动保障行政部门的社会保险经办机构（以下简称社会保险经办机构）主管社会保险登记。

第四条　社会保险经办机构应当与有关部门相互配合，加强对社会保险登记的管理。

第二章　登　记

第五条　从事生产经营的缴费单位自领取营业执照之日起 30 日内、非生产经营性单位自成立之日起 30 日内，应当向当地社会保险经办机构申请办理社会保险登记。条例施行前尚未参加社会保险的缴费单位，应当依据条例第八条，持本办法第七条规定的证件和资料到当地社会保险经办机构办理社会保险登记。

条例施行前已经参加社会保险的缴费单位，应当按照前款规定到当地社会保险经办机构补办社会保险登记。

第六条　社会保险登记实行属地管理。

缴费单位具有异地分支机构的，分支机构一般应当作为独立的缴费单位，向其所在地的社会保险经办机构单独申请办理社会保险登记。

跨地区的缴费单位，其社会保险登记地由相关地区协商确定。意见不一致时，由上一级社会保险经办机构确定登记地。

第七条 缴费单位申请办理社会保险登记时，应当填写社会保险登记表，并出示以下证件和资料：

（一）营业执照、批准成立证件或其他核准执业证件；

（二）国家质量技术监督部门颁发的组织机构统一代码证书；

（三）省、自治区、直辖市社会保险经办机构规定的其他有关证件、资料。

第八条 对缴费单位填报的社会保险登记表、提供的证件和资料，社会保险经办机构应当即时受理，并在自受理之日起10个工作日内审核完毕；符合规定的，予以登记，发给社会保险登记证。

第三章 变更登记

第九条 缴费单位的以下社会保险登记事项之一发生变更时，应当依法向原社会保险登记机构申请办理变更社会保险登记：

（一）单位名称；

（二）住所或地址；

（三）法定代表人或负责人；

（四）单位类型；

（五）组织机构统一代码；

（六）主管部门；

（七）隶属关系；

（八）开户银行账号；

（九）省、自治区、直辖市社会保险经办机构规定的其他事项。

第十条 缴费单位应当自工商行政管理机关办理变更登记或有关机关批准或宣布变更之日起30日内，持下列证件和资料到原社会保险登记机构办理变更社会保险登记：

（一）变更社会保险登记申请书；

（二）工商变更登记表和工商执照或有关机关批准或宣布变更证明；

（三）社会保险登记证；

（四）省、自治区、直辖市社会保险经办机构规定的其他资料。

第十一条 申请变更登记单位提交材料齐全的，由社会保险经办机构发给社会保险变更登记表，并由申请变更登记单位依法如实填写，经社会保险经办机构审核后，归入缴费单位社会保险登记档案。

社会保险变更登记的内容涉及社会保险登记证件的内容需作更改的，社会保险经办机构应当收回原社会保险登记证，并按更改后的内容，重新核发社会保险登记证。

第四章 注销登记

第十二条 缴费单位发生解散、破产、撤销、合并以及其他情形，依法终止社会保险缴费义务时，应当及时向原社会保险登记机构申请办理注销社会保险登记。

第十三条 缴费单位应当自工商行政管理机关办理注销登记之日起30日内，向原社会保险登记机构申请办理注销社会保险登记；按照规定不需要在工商行政管理机关办理注销登记的缴费单位，应当自有关机关批准或者宣布终止之日起30日内，向原社会保险登记机构申请办理注销社会保险登记。

缴费单位被工商行政管理机关吊销营业执照的，应当自营业执照被吊销之日起30日内，向原社会保险登记机构申请办理注销登记。

第十四条 缴费单位因住所变动或生产、经营地址变动而涉及改变社会保险登记机构的，应当自上述变动发生之日起30日内，向原社会保险登记机构办理注销社会保险登记，并向迁达地社会保险经办机构办理社会保险登记。

第十五条 缴费单位在办理注销社会保险登记前，应当结清应缴纳的社会保险费、滞纳金、罚款。

缴费单位办理注销社会保险登记时，应当提交注销社会保险登记申请、法律文书或其他有关注销文件，经社会保险经办机构核准，办理注销社会保险登记手续，缴销社会保险登记证件。

第五章 登记证件

第十六条 社会保险登记证的样式由劳动和社会保障部制定。社会保险登记证由省、自治区、直辖市劳动保障行政部门统一印制，必要时可印制副本。

第十七条 社会保险登记证号冠以省、自治区、直辖市简称标识，并在省、自治区、直辖市范围内统一编码。省、自治区、直辖市社会保险经办机构应当将本省、自治区、直辖市的地区编码表报劳动和社会保障部备案。

第十八条 社会保险登记证由缴费单位保管。缴费单位在办理招聘和辞退职工手续时应当出示社会保险登记证。

第十九条 社会保险登记表、登记证填写的相关内容应当真实并且一致。

第二十条 社会保险经办机构对已核发的社会保险登记证件，实行定期验证和换证制度。缴费单位应当在规定的期限内到社会保险经办机构办理验证或换证手续。

第二十一条 社会保险登记证件不得伪造、变造、转让、涂改、买卖和损毁。

遗失社会保险登记证件的，应当及时向原社会保险登记机构报告，并申请补办。

第六章　附　则

第二十二条　省、自治区、直辖市人民政府确定由税务机关征收社会保险费的，社会保险经办机构应当按月向税务机关提供当月缴费单位社会保险登记、变更登记及注销登记的情况。

第二十三条　省、自治区、直辖市劳动保障行政部门可以根据本办法制定实施办法。

第二十四条　本办法自发布之日起施行。

附件：1. 社会保险登记表（样式）

2. 社会保险变更登记表（样式）

3. 社会保险登记证（样式）和印制标准

（附件本书略）

实施《中华人民共和国社会保险法》若干规定

（2011年6月29日　人力资源和社会保障部令第13号）

为了实施《中华人民共和国社会保险法》（以下简称社会保险法），制定本规定。

第一章　关于基本养老保险

第一条　社会保险法第十五条规定的统筹养老金，按照国务院规定的基础养老金计发办法计发。

第二条　参加职工基本养老保险的个人达到法定退休年龄时，累计缴费不足十五年的，可以延长缴费至满十五年。社会保险法实施前参保、延长缴费五年后仍不足十五年的，可以一次性缴费至满十五年。

第三条　参加职工基本养老保险的个人达到法定退休年龄后，累计缴费不足十五年（含依照第二条规定延长缴费）的，可以申请转入户籍所在地新型农村社会养老保险或者城镇居民社会养老保险，享受相应的养老保险待遇。

参加职工基本养老保险的个人达到法定退休年龄后，累计缴费不足十五年（含依照第二条规定延长缴费），且未转入新型农村社会养老保险或者城镇居民社会养老保险的，个人可以书面申请终止职工基本养老保险关系。社会保险经办机构收到申请后，应当书面告知其转入新型农村社会养老保险或者城镇居民社会养老保险的权利以及终止职工基本养老保险关系的后果，经本人书面确认后，终止其职工基本养老保险关系，并将个人账户储存额一次性支付给本人。

第四条 参加职工基本养老保险的个人跨省流动就业，达到法定退休年龄时累计缴费不足十五年的，按照《国务院办公厅关于转发人力资源社会保障部、财政部城镇企业职工基本养老保险关系转移接续暂行办法的通知》（国办发〔2009〕66号）有关待遇领取地的规定确定继续缴费地后，按照本规定第二条办理。

第五条 参加职工基本养老保险的个人跨省流动就业，符合按月领取基本养老金条件时，基本养老金分段计算、统一支付的具体办法，按照《国务院办公厅关于转发人力资源社会保障部财政部城镇企业职工基本养老保险关系转移接续暂行办法的通知》（国办发〔2009〕66号）执行。

第六条 职工基本养老保险个人账户不得提前支取。个人在达到法定的领取基本养老金条件前离境定居的，其个人账户予以保留，达到法定领取条件时，按照国家规定享受相应的养老保险待遇。其中，丧失中华人民共和国国籍的，可以在其离境时或者离境后书面申请终止职工基本养老保险关系。社会保险经办机构收到申请后，应当书面告知其保留个人账户的权利以及终止职工基本养老保险关系的后果，经本人书面确认后，终止其职工基本养老保险关系，并将个人账户储存额一次性支付给本人。

参加职工基本养老保险的个人死亡后，其个人账户中的余额可以全部依法继承。

第二章 关于基本医疗保险

第七条 社会保险法第二十七条规定的退休人员享受基本医疗保险待遇的缴费年限按照各地规定执行。

参加职工基本医疗保险的个人，基本医疗保险关系转移接续时，基本医疗保险缴费年限累计计算。

第八条 参保人员在协议医疗机构发生的医疗费用，符合基本医疗保险药品目录、诊疗项目、医疗服务设施标准的，按照国家规定从基本医疗保险基金中支付。

参保人员确需急诊、抢救的，可以在非协议医疗机构就医；因抢救必须使用的药品可以适当放宽范围。参保人员急诊、抢救的医疗服务具体管理办法由统筹地区根据当地实际情况制定。

第三章　关于工伤保险

第九条　职工（包括非全日制从业人员）在两个或者两个以上用人单位同时就业的，各用人单位应当分别为职工缴纳工伤保险费。职工发生工伤，由职工受到伤害时工作的单位依法承担工伤保险责任。

第十条　社会保险法第三十七条第二项中的醉酒标准，按照《车辆驾驶人员血液、呼气酒精含量阈值与检验》（GB19522-2004）执行。公安机关交通管理部门、医疗机构等有关单位依法出具的检测结论、诊断证明等材料，可以作为认定醉酒的依据。

第十一条　社会保险法第三十八条第八项中的因工死亡补助金是指《工伤保险条例》第三十九条的一次性工亡补助金，标准为工伤发生时上一年度全国城镇居民人均可支配收入的二十倍。

上一年度全国城镇居民人均可支配收入以国家统计局公布的数据为准。

第十二条　社会保险法第三十九条第一项治疗工伤期间的工资福利，按照《工伤保险条例》第三十三条有关职工在停工留薪期内应当享受的工资福利和护理等待遇的规定执行。

第四章　关于失业保险

第十三条　失业人员符合社会保险法第四十五条规定条件的，可以申请领取失业保险金并享受其他失业保险待遇。其中，非因本人意愿中断就业包括下列情形：

（一）依照劳动合同法第四十四条第一项、第四项、第五项规定终止劳动合同的；

（二）由用人单位依照劳动合同法第三十九条、第四十条、第四十一条规定解除劳动合同的；

（三）用人单位依照劳动合同法第三十六条规定向劳动者提出解除劳动合同并与劳动者协商一致解除劳动合同的；

（四）由用人单位提出解除聘用合同或者被用人单位辞退、除名、开除的；

（五）劳动者本人依照劳动合同法第三十八条规定解除劳动合同的；

（六）法律、法规、规章规定的其他情形。

第十四条 失业人员领取失业保险金后重新就业的，再次失业时，缴费时间重新计算。失业人员因当期不符合失业保险金领取条件的，原有缴费时间予以保留，重新就业并参保的，缴费时间累计计算。

第十五条 失业人员在领取失业保险金期间，应当积极求职，接受职业介绍和职业培训。失业人员接受职业介绍、职业培训的补贴由失业保险基金按照规定支付。

第五章 关于基金管理和经办服务

第十六条 社会保险基金预算、决算草案的编制、审核和批准，依照《国务院关于试行社会保险基金预算的意见》（国发〔2010〕2号）的规定执行。

第十七条 社会保险经办机构应当每年至少一次将参保人员个人权益记录单通过邮寄方式寄送本人。同时，社会保险经办机构可以通过手机短信或者电子邮件等方式向参保人员发送个人权益记录。

第十八条 社会保险行政部门、社会保险经办机构及其工作人员应当依法为用人单位和个人的信息保密，不得违法向他人泄露下列信息：

（一）涉及用人单位商业秘密或者公开后可能损害用人单位合法利益的信息；

（二）涉及个人权益的信息。

第六章　关于法律责任

第十九条　用人单位在终止或者解除劳动合同时拒不向职工出具终止或者解除劳动关系证明，导致职工无法享受社会保险待遇的，用人单位应当依法承担赔偿责任。

第二十条　职工应当缴纳的社会保险费由用人单位代扣代缴。用人单位未依法代扣代缴的，由社会保险费征收机构责令用人单位限期代缴，并自欠缴之日起向用人单位按日加收万分之五的滞纳金。用人单位不得要求职工承担滞纳金。

第二十一条　用人单位因不可抗力造成生产经营出现严重困难的，经省级人民政府社会保险行政部门批准后，可以暂缓缴纳一定期限的社会保险费，期限一般不超过一年。暂缓缴费期间，免收滞纳金。到期后，用人单位应当缴纳相应的社会保险费。

第二十二条　用人单位按照社会保险法第六十三条的规定，提供担保并与社会保险费征收机构签订缓缴协议的，免收缓缴期间的滞纳金。

第二十三条　用人单位按照本规定第二十一条、第二十二条缓缴社会保险费期间，不影响其职工依法享受社会保险待遇。

第二十四条　用人单位未按月将缴纳社会保险费的明细情况告知职工本人的，由社会保险行政部门责令改正；逾期不改的，按照《劳动保障监察条例》第三十条的规定处理。

第二十五条　医疗机构、药品经营单位等社会保险服务机构以欺诈、伪造证明材料或者其他手段骗取社会保险基金支出的，由社会保险行政部门责令退回骗取的社会保险金，处骗取金额二倍以上五倍以下的罚款。对与社会保险经办机构签订服务协议的医疗机构、药品经营单位，由社会保险经办机构按照协议追究责任，情节严重的，可以解除与其签订的服务协议。对有执业资格的直接负责的主管人员和其他直接责任人员，由社会保险行政部门建议授予其执业资格的有关主管部门依法吊销其执业资格。

第二十六条 社会保险经办机构、社会保险费征收机构、社会保险基金投资运营机构、开设社会保险基金专户的机构和专户管理银行及其工作人员有下列违法情形的，由社会保险行政部门按照社会保险法第九十一条的规定查处：

（一）将应征和已征的社会保险基金，采取隐藏、非法放置等手段，未按规定征缴、入账的；

（二）违规将社会保险基金转入社会保险基金专户以外的账户的；

（三）侵吞社会保险基金的；

（四）将各项社会保险基金互相挤占或者其他社会保障基金挤占社会保险基金的；

（五）将社会保险基金用于平衡财政预算，兴建、改建办公场所和支付人员经费、运行费用、管理费用的；

（六）违反国家规定的投资运营政策的。

第七章　其　他

第二十七条 职工与所在用人单位发生社会保险争议的，可以依照《中华人民共和国劳动争议调解仲裁法》、《劳动人事争议仲裁办案规则》的规定，申请调解、仲裁，提起诉讼。

职工认为用人单位有未按时足额为其缴纳社会保险费等侵害其社会保险权益行为的，也可以要求社会保险行政部门或者社会保险费征收机构依法处理。社会保险行政部门或者社会保险费征收机构应当按照社会保险法和《劳动保障监察条例》等相关规定处理。在处理过程中，用人单位对双方的劳动关系提出异议的，社会保险行政部门应当依法查明相关事实后继续处理。

第二十八条 在社会保险经办机构征收社会保险费的地区，社会保险行政部门应当依法履行社会保险法第六十三条所规定的有关行政部门的职责。

第二十九条 2011 年 7 月 1 日后对用人单位未按时足额缴纳社会保险费的处理，按照社会保险法和本规定执行；对 2011 年 7 月 1 日前发生的用人单位未按时足额缴纳社会保险费的行为，按照国家和地方人民政府的有关规定执行。

第三十条 本规定自 2011 年 7 月 1 日起施行。

在中国境内就业的外国人参加社会保险暂行办法

（2011年9月6日　人力资源和社会保障部令第16号）

第一条　为了维护在中国境内就业的外国人依法参加社会保险和享受社会保险待遇的合法权益，加强社会保险管理，根据《中华人民共和国社会保险法》（以下简称社会保险法），制定本办法。

第二条　在中国境内就业的外国人，是指依法获得《外国人就业证》、《外国专家证》、《外国常驻记者证》等就业证件和外国人居留证件，以及持有《外国人永久居留证》，在中国境内合法就业的非中国国籍的人员。

第三条　在中国境内依法注册或者登记的企业、事业单位、社会团体、民办非企业单位、基金会、律师事务所、会计师事务所等组织（以下称用人单位）依法招用的外国人，应当依法参加职工基本养老保险、职工基本医疗保险、工伤保险、失业保险和生育保险，由用人单位和本人按照规定缴纳社会保险费。

与境外雇主订立雇用合同后，被派遣到在中国境内注册或者登记的分支机构、代表机构（以下称境内工作单位）工作的外国人，应当依法参加职工基本养老保险、职工基本医疗保险、工伤保险、失业保险和生育保险，由境内工作单位和本人按照规定缴纳社会保险费。

第四条　用人单位招用外国人的，应当自办理就业证件之日起30日内为其办理社会保险登记。

受境外雇主派遣到境内工作单位工作的外国人，应当由境内工作单位按照前款规定为其办理社会保险登记。

依法办理外国人就业证件的机构，应当及时将外国人来华就业的相关信息通报当地社会保险经办机构。社会保险经办机构应当定期向相关机构查询外国人办理就业证件的情况。

第五条 参加社会保险的外国人，符合条件的，依法享受社会保险待遇。

在达到规定的领取养老金年龄前离境的，其社会保险个人账户予以保留，再次来中国就业的，缴费年限累计计算；经本人书面申请终止社会保险关系的，也可以将其社会保险个人账户储存额一次性支付给本人。

第六条 外国人死亡的，其社会保险个人账户余额可以依法继承。

第七条 在中国境外享受按月领取社会保险待遇的外国人，应当至少每年向负责支付其待遇的社会保险经办机构提供一次由中国驻外使、领馆出具的生存证明，或者由居住国有关机构公证、认证并经中国驻外使、领馆认证的生存证明。

外国人合法入境的，可以到社会保险经办机构自行证明其生存状况，不再提供前款规定的生存证明。

第八条 依法参加社会保险的外国人与用人单位或者境内工作单位因社会保险发生争议的，可以依法申请调解、仲裁、提起诉讼。用人单位或者境内工作单位侵害其社会保险权益的，外国人也可以要求社会保险行政部门或者社会保险费征收机构依法处理。

第九条 具有与中国签订社会保险双边或者多边协议国家国籍的人员在中国境内就业的，其参加社会保险的办法按照协议规定办理。

第十条 社会保险经办机构应当根据《外国人社会保障号码编制规则》，为外国人建立社会保障号码，并发放中华人民共和国社会保障卡。

第十一条 社会保险行政部门应当按照社会保险法的规定，对外国人参加社会保险的情况进行监督检查。用人单位或者境内工作单位未依法为招用的外国人办理社会保险登记或者未依法为其缴纳社会保险费的，按照社会保险法、《劳动保障监察条例》等法律、行政法规和有关规章的规定处理。

用人单位招用未依法办理就业证件或者持有《外国人永久居留证》的外国人的，按照《外国人在中国就业管理规定》处理。

第十二条 本办法自2011年10月15日起施行。

附件：外国人社会保障号码编制规则

（附件本书略）

劳动部、审计署关于发布《社会保险审计暂行规定》的通知

(1995年8月24日　劳部发〔1995〕329号)

各省、自治区、直辖市及计划单列市劳动（劳动人事）厅（局），审计厅（局），审计署驻各地派出机构，驻各部委审计局，上海市社会保险局，国务院有关部门：

为了加强社会保险基金审计监督，严肃财经法纪，保证社会保险事业的健康发展，特制定《社会保险审计暂行规定》，现予发布，自1995年10月1日起施行。

社会保险审计暂行规定

第一条　为加强社会保险基金管理，严肃财经法纪，促进社会保险事业的健康发展，根据《中华人民共和国审计法》、《中华人民共和国劳动法》的有关规定，制定本规定。

第二条　各级国家审计机关应当加强对劳动行政部门及社会保险基金经办机构和劳动就业服务机构管理的社会保险基金、资金的财务收支的审计，对其内部审计工作进行指导和监督。

第三条　各级劳动行政部门负责对本级社会保险基金经办机构和劳动就业服务机构的审计监督。

上级社会保险基金经办机构负责对下级社会保险基金经办机构的审计监督；上级劳动就业服务机构负责对下级劳动就业服务机构的审计监督。

地方各级社会保险基金经办机构、劳动就业服务机构和系统

统筹部门的社会保险基金经办机构，负责本地区、本部门管理范围内用人单位的社会保险审计事项。

第四条 社会保险的内部审计监督，在本单位主要负责人的直接领导下实施。

第五条 劳动行政部门及社会保险基金经办机构、劳动就业服务机构依法进行审计监督。其依法作出的审计决定，有关部门和单位必须执行。

第六条 社会保险审计人员应当具备与所从事的审计工作相适应的专业知识和业务能力。

第七条 社会保险审计人员办理审计事项，应依法实行回避制度。

第八条 社会保险审计人员办理审计事项，应实事求是、客观公正、廉洁奉公、保守秘密。

第九条 社会保险审计人员依法行使职权受法律保护。

第十条 本规定第三条第一、二款规定的审计监督包括下列事项：

（一）社会保险基金和管理服务费预算的执行情况和决算；

（二）各项社会保险基金的核定、收缴、支付、上解、下拨、储存、剂及管理服务费和其他专项经费的提取、使用、上解、下拨；

（三）社会保险基金运营的经济效益；

（四）购置固定资产的资金来源、使用、保管及工程预决算的情况；

（五）国家财经法纪的执行情况和其他有关经济活动及会计行为的合法性；

（六）上级社会保险基金经办机构和劳动就业服务机构交办的以及国家审计机关委托的审计事项。

第十一条 社会保险基金经办机构和劳动就业服务机构对用人单位的下列事项进行审计监督：

（一）在职职工和社会保险待遇享受人员的人数及花名册；

（二）工资总额填报的真实性和合法性；

（三）上缴各项社会保险基金的情况；

（四）支付社会保险金和享受社会保险待遇人员的落实情况。

第十二条 上级社会保险基金经办机构和劳动就业服务机构可以将其审计范围内的审计事项授权下级社会保险基金经办机构和劳动就业服务机构进行审计，也可对下级社会保险基金经办机构和劳动就业服务机构审计范围内的重大审计事项直接审计。

第十三条 劳动行政部门及社会保险基金经办机构和劳动就业服务机构具有以下审计权限：

（一）要求被审计单位报送有关的预算、决算、报告、报表和财务会计等资料；

（二）检查被审计单位有关的会计凭证、账簿、报表、资料和资产，参加被审计单位的有关会议；

（三）向有关部门、单位和个人进行调查；

（四）对被审计单位违反法律、法规的行为，有权制止，并由社会保险基金经办机构和劳动就业服务机构建议劳动行政部门给予行政处罚；构成犯罪的，提请司法机关依法追究刑事责任。

第十四条 社会保险审计应按以下程序进行：

（一）向被审计单位发出《审计通知书》；

（二）依据本规定第十三条规定的权限进行调查取证，调查时应当出示审计证件和审计通知书副本；

（三）提出审计报告，并征求被审计单位的意见。被审计单位应当在接到审计报告十日内提出书面意见。未提出书面意见的，视同没有异议；

（四）出具审计意见书和作出审计决定；

（五）审计意见书和审计决定经批准后发送被审计单位；

（六）被审计单位对审计决定如有异议，可以申请审计复议。用人单位对审计复议决定不服的，可以向人民法院提起诉讼。

复议期间，不影响审计决定的执行。

第十五条 社会保险基金经办机构和劳动就业服务机构进行的工作调查，不适用第十四条规定的审计程序。

第十六条 社会保险审计可以采取就地审计、报送审计或与国家审计机关联合审计等方式进行。

第十七条 需要委托审计师事务所或会计师事务所审计时，应当在事前就委托审计事项签订委托业务协议书，并就委托审计事项通知被审计单位。审计终结，由受委托方向委托方提交审计报告，委托方视情况出具审计意见书或作出审计决定，并发送被审计单位。

第十八条 社会保险审计的情况应当向同级国家审计机关、劳动行政部门及上级社会保险基金经办机构和劳动就业服务机构报告。

各级国家审计机关对社会保险基金和管理服务费的审计情况应当向同级劳动行政部门及上级社会保险基金经办机构和劳动就业服务机构通报。

第十九条 已经国家审计机关审计的，在半年内劳动行政部门或社会保险基金经办机构、劳动就业服务机构不得重复审计；已经劳动行政部门或社会保险基金经办机构、劳动就业服务机构审计的，除国家审计机关外，在半年内其他部门不得重复审计。

第二十条 劳动行政部门及社会保险基金经办机构和劳动就业服务机构应按照有关规定建立审计档案。

第二十一条 拒绝、阻挠社会保险审计人员依法执行公务或打击报复社会保险审计人员的，由劳动行政部门或者有关部门给予行政处分；构成犯罪的，依法追究刑事责任。

第二十二条 社会保险审计人员监用职权、玩忽职守、徇私舞弊，构成犯罪的，依法追究刑事责任；不构成犯罪的，给予行政处分。

第二十三条 省、自治区、直辖市劳动行政部门可以根据本规定，结合本地区的实际情况制定实施办法，并报劳动部和国家审计署备案。

第二十四条 本规定由劳动部、国家审计署负责解释。

第二十五条 本规定自一九九五年十月一日起施行。

劳动部关于印发《社会保险审计检查证管理办法》的通知

（1997年10月16日　劳部发〔1997〕300号）

各省、自治区、直辖市及计划单列市、副省级省会城市劳动（劳动人事）厅（局），上海市、广东省、武汉市社会保险管理局，国务院有关部委、直属机构：

为方便社会保险审计人员开展工作，加强社会保险审计队伍建设，提高社会保险审计的权威性，根据《审计法》和《社会保险审计暂行规定》（劳部发〔1995〕329号），并征得审计署同意，我部研究制定了《社会保险审计检查证管理办法》，现印发给你们，请认真执行。

社会保险审计检查证管理办法

第一条　为了保证社会保险审计检查工作的顺利进行，规范社会保险审计检查证的管理，制定本办法。

第二条　社会保险审计检查证（以下简称检查证），是社会保险审计人员从事社会保险审计检查工作的专用证件。检查证由劳动部统一印制，由劳动部社会保险事业管理局进行管理、颁发；省、自治区、直辖市社会保险管理机构组织实施申领工作。

第三条　申领检查证的人员必须接受劳动部社会保险事业管理局组织的审计培训，通过统一考试。

第四条　申领检查证的程序是：社会保险审计人员本人提出申请，经本单位同意和省、自治区、直辖市社会保险管理机构审查后，填写《社会保险审计检查证申请表》一式 2 份，其中 1 份《申请表》报劳动部社会保险事业管理局备案。

第五条 检查证实行年检制度。专职审计人员每年进行的审计检查和审计，不得少于 15 个单位，兼职审计人员不得少于 5 个单位。省、自治区、直辖市社会保险管理机构于每年年初统一组织填报《社会保险审计检查证年检表》，经劳动部社会保险事业管理局年检后，加盖社会保险审计专用章。年检不合格者，发证机关应收回其检查证。需要再次领取检查证的，应重新进行申领。

第六条 检查证由本人妥善保管，遗失后应立即向发证机关报告，并申请补发。

第七条 社会保险审计检查人员不再从事社会保险审计检查工作时，须将检查证交回发证机关。

第八条 社会保险审计检查人员有滥用职权、玩忽职守、徇私舞弊行为，经各级社会保险管理机构核实后，报省、自治区、直辖市社会保险管理机构批准，由发证机关收回其检查证，并取消其重新申领资格。

第九条 检查证的发证机关应建立证件管理档案，记载该证的颁发、遗失、更换和收回等情况。

第十条 本办法自发布之日起施行。

劳动和社会保障部关于印发《〈社会保险费征缴暂行条例〉宣传提纲》和《〈失业保险条例〉宣传提纲》的通知

（1999年3月12日　劳社部发〔1999〕9号）

各省、自治区、直辖市劳动（劳动和社会保障）厅（局）：

今年1月22日，国务院发布了《社会保险费征缴暂行条例》和《失业保险条例》。两个条例的发布实施，是建立和完善适应社会主义市场经济体制要求的社会保障体系的重点步骤，是维护广大职工合法权益的重大举措，为巩固两个确保提供了更有力的保证。为指导各地深入宣传贯彻好两个条例，我们编写了《社会保险费征缴暂行条例宣传提纲》和《失业保险条例宣传提纲》，现印发给你们，请结合实际大力加强两个条例的宣传和学习。

一、要充分认识两个条例发布实施的重要意义，切实加强宣传工作。要通过各种媒体，采用多种宣传形式大张旗鼓地开展宣传活动，使广大劳动者和用人单位充分了解两个条例的基本内容和参加社会保险的重要意义，真正做到广而告之，家喻户晓，促使全社会都来关心社会保险工作。

二、要确定宣传重点，有针对性地开展宣传活动。要突出宣传扩大社会保险覆盖面，加强社会保险费征缴工作的重要意义。要广泛宣传社会保险的强制性、公平性、互济性原则，宣传法律赋予广大职工的社会保险权利，宣传权利和义务对等原则，动员教育缴费义务人自觉履行缴费义务，依法享受相应的权利。要通过宣传，使用人单位及有关人员了解违反条例规定的处罚办法，促使其履行缴费义务；使广大劳动者了解自身的权利和义务，自觉监督用人单位的缴费情况，依法维护自身的合法权益。

三、要通过正反典型事例的宣传报道，充分发挥舆论导向和监督作用。要集中报道一批依法参加社会保险，按时足额缴纳社会保险费的先进单位的典型事迹，同时也要通过新闻媒介曝光一批拖欠社会保险费，甚至拒绝依法参加社会保险的单位，营造出一个依法参加社会保险光荣，拖欠和拒缴社会保险费可耻的社会氛围。

两个条例的学习宣传是一项重要的工作任务，各地要精心组织，务求取得实际效果。各地在宣传贯彻中遇到的问题，望及时报告我部。

《社会保险费征缴暂行条例》宣传提纲

1999 年 1 月 22 日，国务院发布了《社会保险费征缴暂行条例》（以下简称《条例》）。《条例》总结了十多年来社会保险费征缴工作的经验，规范了征缴程序，明确了缴费单位和缴费个人在社会保险费征缴工作中的权利与义务，强化了征缴手段。《条例》的贯彻实施，对于扩大各项社会保险覆盖面，提高社会保险基金收缴率，增强社会保险基金的支撑能力，确保离退休人员养老金按时足额发放和国有企业下岗职工基本生活，维护缴费单位和缴费个人合法权益，进一步健全完善社会保障体系，为国有企业改革和经济结构调整创造良好的外部环境，具有重要意义。

一、《条例》的主要内容

（一）扩大社会保险覆盖范围

《条例》规定，基本养老保险费的征缴范围包括国有企业、城镇集体企业、外商投资企业、城镇私营企业和其他城镇企业及其职工，实行企业化管理的事业单位及其职工；基本医疗保险费的征缴范围包括国有企业、城镇集体企业、外商投资企业、城镇私营企业和其他城镇企业及其职工，国家机关及其工作人员，事业单位及其职工，民办非企业单位及其职工，社会团体及其专职人员；失业保险费的征缴范围包括国有企业、城镇集体企业、外商投资企业、城镇私营企业和其他城镇企业及其职工，事业单位及其职工。职工包括所有与用人单位有劳动关系的个人，即不仅包括正式职工，也包括临时工；不仅包括户籍关系在本地的职工，也包括户籍关系在外地的职工；不仅包括城镇职工，也包括农民工；不仅包括中国籍职工，也包括外国籍职工。

《条例》还授权省、自治区、直辖市人民政府根据当地实际情况，可以规定将城镇个体工商户纳入基本养老保险费、基本医疗保险费的征缴范围，并可以规定将社会团体及其专职人员、民办非企业单位及其职工以及有雇工的城镇个体工商户及其雇工纳入失业保险费的征缴范围。

（二）社会保险费由一个机构负责统一征收

《条例》规定，社会保险费在省、自治区、直辖市的范围内由一个机构征收，具体征收机构由省、自治区、直辖市人民政府根据本地的实际情况确定，既可以由税务机关征收，也可以由劳动保障行政部门按照国务院规定设立的社会保险经办机构征收。但无论由税务机关征收还是由社会保险经办机构征收，在本省、自治区、直辖市范围内都必须是一个机构征收；同时三项社会保险费也要集中统一征收，在征收后，实行分账管理。

（三）建立社会保险登记制度

凡是依法应该参加社会保险，缴纳社会保险费的单位都应该在《条例》规定的期限内到所在地社会保险经办机构进行社会保险登记。缴费单位办理社会保险登记地就是缴费单位缴纳社会保险费的所在地。实行社会保险登记，为扩大社会保险覆盖面提供了有力的手段。

（四）建立缴费申报制度

缴费单位按月主动向社会保险经办机构申报本单位及其从业人员应缴纳的社会保险费，并按时足额缴纳。对于本单位从业人员应缴纳的社会保险费，缴费单位要代扣代缴。建立缴费申报制度有利于树立缴费单位和缴费个人的社会保险意识，强化社会保险费征缴。

（五）改社会保险费差额缴拨为全额缴拨

缴费单位和缴费个人应缴纳的社会保险费以货币形式全额缴纳。禁止任何形式的协议性缴费。任何单位和个人都不能以任何形式减免社会保险费。严禁各级社会保险经办机构直接从缴费单位征收实物。

（六）对违反《条例》规定的单位和个人将给予行政和经济处罚

《条例》对两种违纪行为规定了处罚措施。

其一，缴费单位未按照规定办理社会保险登记、变更登记或者注销登记，或者未按照规定申报应缴纳的社会保险费数额的，由劳动保障行政部门责令限期改正；情节严重的，对直接负责的主管人员和其他直接责任人员可以处1000元以上5000元以下的罚款；情节特别严重的，对直接负责的主管人员和其他直接责任人员可以处5000元以上10000元以下的罚款。

其二，对缴费单位违反有关财务、会计、统计的法律、行政法规和国家有关规定，伪造、变造、故意毁灭有关账册、材料，或者不设账册，致使社会保险费缴费基数无法确定的，除依照法律、行政法规的规定给予行政处罚、纪律处分、刑事处罚外，由社会保险经办机构暂按该单位上月缴费数额的百分之一百一十确定应缴数额（没有上月缴费数额的，由社会保险经办机构暂按该单位的经营状况、职工人数等有关情况确定应缴数额）；迟延缴纳的，由劳动保障行政部门或者税务机关按日加收千分之二的滞纳金，并对直接负责的主管人员及其他直接责任人员处5000元以上20000元以下的罚款。

《条例》还规定，缴费单位逾期拒不缴纳社会保险费、滞纳金的，由劳动保障行政部门或者税务机关申请人民法院强制征缴。

二、贯彻落实《条例》中的几个认识问题

（一）如何认识《条例》颁布实施的重要意义？

首先，《条例》的颁布实施为社会保险费的征缴提供了法律依据。建立适合我国国情的社会保障制度，保障职工年老、患病、失业时的基本生活，是社会主义市场经济体制的内在要求，也是促进国有企业改革的重要措施。党的十五大报告提出，建立社会保障体系，实行社会统筹与个人账户相结合的养老、医疗保险制度，完善失业保险和社会救济制度，提供最基本的社会保障。目前，我国社会保险制度还不健全，规范社会保险制度的法律、法规还不完善，社会保险工作中的突出问题是社会保险费征缴难，一些单位瞒报、漏报社会保险费甚至拒绝按规定缴纳社会保险费，某些地区以改善投资环境为由擅自允许一些企业特别是“三资”企业不参加社会保险，不缴纳社会保险费，直接损害了职工的合法权益。社会保险基金征缴工作不到位，削弱了基金的保障支撑能力，对社会稳定产生了不利影响。《条例》的发布实施，为解决上述问题提供了重要的法律依据。

其次，《条例》的发布实施为扩大社会保险覆盖面，均衡企业负担提供了法律依据。社会保险覆盖范围越广，分散风险的能力就越强。目前我国社会保险还远没有达到全覆盖的程度。以开展最早、比较成熟的基本养老保险为例，到1997年底，除国有企业参加率较高外，只有53.8%的集体企业和32%的其他所有制企业参加了基本养老保险，实行企业化管理的事业单位基本上都没有参加进来。这就导致退休人员多、负担比较重的国有企业在市场竞争中处于劣势。同时，覆盖面窄，不利于统一的劳动力市场的形成，不利于劳动力的合理流动，也不利于促进国有企业减员增效、深化改革。覆盖面难以扩大的一个重要原因是因为没有法律、法规依据。《条例》明确规定了基本养老保险费、基本医疗保险费和失业保险费的征缴范围，为扩大覆盖面提供了法律依据。

第三，《条例》的发布实施为按时足额发放养老金，确保失业人员和国有企业下岗职工基本生活创造了条件。社会保险基金是社会保险制度能够正常运行的物质基础。如果社会保险费征缴不能到位，钱收不上来，不仅离退休人员养老金难以按时足额发放，失业人员和国有企业下岗职工的基本生活保障也会受到影响。而《条例》的发布实施，将有力地推动社会保险费征缴工作，进一步增强社会保险基金支撑能力，为落实“两个确保”提供坚实的物质基础。

第四，《条例》的发布实施为统一和规范各项社会保险基金征缴工作提供了保证。《条例》规定，各项社会保险费由一个机构合并统一征收，改变了过去多个机构向企业收钱，增加企业缴费事务的混乱局面，减轻了企业的社会负担，规范了社会保险经办机构的收费行为。

（二）为什么要实行社会保险登记？

社会保险登记是确保应参加社会保险的单位参加社会保险的重要措施。在办理社会保险登记时，缴费单位要提供营业执照或其他核准执业或成立证件、银行账号证明、国家质量技术监督部门颁发的组织机构统一代码证书、本单位从业人员基础档案资料等证件和资料，以便社会保险经办机构能正确记录缴费单位和个人的缴费情况，为个人建立基本养老保险和基本医疗保险个人账户，并定期向个人发放基本养老保险和基本医疗保险个人账户通知单。通过社会保险登记，可以方便社会保险经办机构和工商、税务等部门核查没有参加社会保险的单位和个人。社会保险登记也是维护职工社会保险权益的重要手段。参加社会保险的单位应向其职工告知本单位已参加社会保险，单位办理招聘职工和辞退职工手续时，也应向应聘人员和被辞退人员出示本单位的社会保险登记证。

（三）为什么要实行缴费申报？

缴费申报是社会保险费征缴的一个重要环节。实行缴费申报有利于树立缴费单位和缴费个人的社会保险意识，促进社会保险费征缴。

（四）社会保险费为什么不得减免？

基本养老保险和基本医疗保险实行社会统筹和个人账户相结合，基本养老保险个人账户和基本医疗保险个人账户是基本养老保险待遇和基本医疗保险待遇的重要组成部分，失业人员的失业保险待遇也要与本人参加失业保险的年限挂钩。所有这些都决定了社会保险费不能减免，也无法减免。如果允许减免社会保险费，个人账户就无法记录，就损害了个人的社会保险权益；同时，如果允许减免社会保险费，就会损害其他缴费单位和缴费个人的权益，等于鼓励其他缴费单位和缴费个人不缴纳社会保险费，因而不利于社会保险费的征缴工作。

（五）为什么要改社会保险费差额缴拨为全额缴拨？

原来实行的社会保险费差额缴拨办法存在以下三个方面的弊端：一是人为地把缴费单位划分为“受益户”和“贡献户”。“贡献户”往往认为参加社会保险、缴纳社会保险费是在做贡献，有损本单位的经济利益，因而不愿参加社会保险，影响了社会保险的国家强制性和严肃性，不利于社会保险事业的健康发展。二是实行差额缴拨无法保证社会保险金的按时足额发放，为一些单位挤占挪用社会保险基金提供了可乘之机。有些单位以优先保证在职人员工资、发展生产为由挪用本应用来发放社会保险金的资金，直接侵犯了受保人的合法权益。三是实行差额缴拨，把社会保险的大量事务性工作都交由用人单位负责，不利于减轻企业的社会负担，也不利于树立社会保险经办机构的良好形象。因此，只有改社会保险费差额缴拨为全额缴拨，才能有效保障参保职工的合法权益，实现社会保险金社会化发放和社会化管理的目标，促进社会保险事业的健康发展。

（六）缴费单位和缴费个人在社会保险费征缴中有哪些权利和义务？

《条例》规定的用人单位和职工必须依法参加社会保险，按规定履行缴费义务。同时，缴费单位和缴费个人有依法参与和行使监督的权利，有查询本单位缴费状况和本人个人账户记录情况的权利，在发现本人个人账户记录有误时，缴费个人可依法要求社会保险经办机构予以更正。如果用人单位未按规定缴费，侵犯职工的社会保险权益，职工有权举报，或提请有关部门处理。

缴费单位在社会保险费征缴工作中有以下义务：向当地社会保险经办机构办理社会保险登记，参加社会保险；按月向社会保险经办机构申报应缴纳的社会保险费数额并在规定的期限内缴纳；履行《条例》规定的代扣代缴义务；自觉接受劳动保障行政部门或者税务机关依法进行的缴费情况检查；每年向本单位职工公布本单位社会保险费缴纳情况，接受职工监督。

缴费个人有自觉缴纳社会保险费的义务，在单位履行代扣代缴义务时，不得干预或拒绝。

（七）社会保险经办机构在征缴工作中的主要职责是什么？

社会保险经办机构承担着社会保险的全部基础性、事务性工作。社会保险经办机构要依法接受缴费单位的缴费申报并予以审核；如果省、自治区、直辖市人民政府规定本地区社会保险费由社会保险经办机构征收，社会保险经办机构要按时征收各项社会保险费。要及时准确地为缴费单位和参保人建立缴费记录并完整保存，每年至少向缴费个人发放一次基本养老保险和基本医疗保险个人账户通知单。要定期向社会公告社会保险费的征收情况。在社会保险费由税务机关征收的地区，社会保险经办机构还要向税务机关及时提供缴费单位社会保险登记、变更登记、注销登记以及缴费申报的情况，并将税务机关提供的缴费单位和缴费个人的缴费情况汇总报告劳动保障行政部门。

按照《条例》规定，社会保险经办机构受劳动保障行政部门的委托，可以进行与社会保险费征缴有关的检查、调查工作。

《失业保险条例》宣传提纲

失业保险制度是国家通过立法强制实施，由政府负责建立失业保险基金，对非因本人意愿中断就业而失去工资收入的劳动者提供一定时期的物质帮助及再就业服务的一项社会保险制度。

我国失业保险制度自1986年建立和实施以来，取得了明显的成效。为进一步做好失业保险工作，1999年1月22日，国务院发布了《失业保险条例》（以下简称《条例》）。《条例》的发布实施，对完善失业保险制度，健全社会保障体系，保障职工合法权益，必将起到十分重要的作用。

一、《条例》的主要内容

（一）失业保险的范围覆盖城镇各类企业事业单位及其职工

《条例》将失业保险的覆盖范围从以前规定的国有企业及其职工扩大到城镇各类企业事业单位及其职工。按照《条例》规定，城镇各类企业事业单位及其职工，无论单位生产经营状况好坏，职工失业风险大小，都必须参加失业保险。这是企业事业单位及其职工的一项义务，同时也是职工失业后享受失业保险待遇权利的前提。

《条例》还规定，省、自治区、直辖市人民政府根据当地实际情况，可以决定本条例适用于本行政区域内的社会团体及其专职人员、民办非企业单位及其职工、有雇工的城镇个体工商户及其雇工。

（二）失业保险费由单位、职工和国家三方共同负担

按照《条例》规定，失业保险基金主要由单位、职工缴纳的失业保险费和财政补贴构成。其中城镇企业事业单位按照本单位工资总额的2%缴纳失业保险费、城镇企业事业单位职工按照

本人工资的1%缴纳失业保险费（城镇企业事业单位招用的农民合同制工人本人不缴费）。在失业保险基金入不敷出时，为保证失业保险金正常支出，财政给予必要补贴。此外，失业保险基金存入银行和购买国债所得利息，也是失业保险基金收入的一部分，必须并入基金。

（三）失业保险基金首先用于保障失业人员的基本生活

按照《条例》规定，失业保险基金首先要用于保障失业人员基本生活的支出，包括支付失业保险金，支付领取失业保险金期间的医疗补助金，支付领取失业保险金期间死亡的失业人员的丧葬补助金和其供养的配偶、直系亲属的抚恤金。失业保险基金在保障失业人员基本生活的同时，可以部分用于职业培训和职业介绍费用补贴。根据中共中央、国务院决定，还应从失业保险基金中调剂部分资金用于保障国有企业下岗职工基本生活和代缴社会保险费。

（四）享受失业保险待遇必须具备一定的条件

《条例》规定，失业人员必须具备以下条件，方可享受失业保险待遇：即按照规定参加失业保险，所在单位及本人履行缴费义务已满1年；非因本人意愿中断就业；已办理失业登记并有求职要求。具备上述条件的失业人员应及时到失业保险经办机构办理失业保险金申领登记，经审核确认后，自办理登记之日起，按规定的数额和享受期限，按月领取失业保险金，并享受其他失业保险待遇。

失业人员享受失业保险待遇的期限，根据失业人员失业前所在单位和本人累计缴费时间长短计算。具体规定为：累计缴费时间满一年不足5年的，领取失业保险金的期限最长为12个月；累计缴费时间满5年不足10年的，领取失业保险金的期限最长为18个月；累计缴费时间10年以上的，领取失业保险金的期限最长为24个月。失业人员重新就业后再次失业的，缴费时间重新计算，但领取失业保险金的期限可以与前次失业应领取而尚未领取的失业保险金的期限合并计算，最长不得超过24个月。

《条例》同时规定，失业人员在领取失业保险金期间符合城市居民最低生活保障条件的，按照规定享受城市居民最低生活保障待遇。国有企业下岗职工与再就业服务中心解除协议后，未实现再就业的，可申请享受失业保险待遇和城市居民最低生活保障待遇。

（五）必须确保失业保险基金安全与完整

失业保险基金是失业保险制度正常发挥作用的重要物质保证。为保证失业保险基金安全与完整，防止挤占、挪用和贪污、浪费失业保险基金现象的发生，《条例》规定，失业保险基金必须存入财政部门在国有商业银行开设的社会保障基金财政专户，实行收支两条线管理。失业保险基金要专款专用，不得挪作他用，不得用于平衡财政收支。同时规定了对管理部门、经办机构、其他单位和个人挪用失业保险基金的处罚措施。为了加强对失业保险基金的管理和监督，《条例》明确由劳动保障行政部门主管失业保险工作，并对失业保险费的征收和失业保险待遇的支付进行监督检查。劳动保障行政部门按照国务院规定设立的经办失业保险业务的社会保险经办机构负责具体承办失业保险工作，财政部门和审计部门依法对失业保险基金的收支、管理情况进行监督。

二、做好失业保险工作的几个认识问题

（一）如何认识《条例》发布实施的重要意义？

首先，《条例》的发布实施，是社会保障法制体系建设的一个重要步骤，为完善失业保险制度、切实保护失业人员的合法权益、维护社会稳定提供了重要的法律依据。

其次，《条例》的发布实施，有利于推动国有企业改革的深化。建立完善的失业保险制度，可以使失业人员和下岗职工的基本生活得到切实保障，同时有利于促进劳动力合理流动，扩大就业渠道，对深化国有企业改革，实施减员增效、下岗分流和三年脱困目标具有重要的推动作用。

第三，《条例》的发布实施，有利于加快建立与社会主义市场经济体制相适应的社会保障体系和就业机制。党中央、国务院明确提出，争取用五年左右的时间初步建立起适应社会主义市场经济体制要求的社会保障体系和就业机制。失业保险既是社会保障体系的重要组成部分，又是建立统一的劳动力市场，形成市场就业机制的重要条件。没有完善的失业保险制度，社会保障体系就不完整；没有完善的失业保险制度，失业人员就难以顺利进入劳动力市场，劳动力合理流动和市场就业机制就难以建立起来。因此，贯彻实施《条例》，使城镇所有企业事业单位职工都能依法获得失业保障，对早日形成完善的社会保障体系和市场就业机制必将产生积极的影响。

（二）失业保险制度建立以来发挥了哪些作用？

我国失业保险制度建立和实施 12 年来，为促进深化改革和维护社会稳定发挥了重要作用。

首先，有效地保障了失业人员的基本生活。通过实施失业保险制度，给付失业保险金，保障了失业人员的基本生活，帮助他们渡过了难关。特别是近几年来，使用失业保险基金每年救助的人员都在 300 万人以上，对维护社会稳定发挥了积极作用。

其次，促进了失业人员再就业。按照有关规定，先后从失业保险基金中支出部分资金，用于失业人员的生产自救、转业训练和职业介绍活动，帮助其中半数以上人员重新走上了就业岗位，实现了再就业。

第三，支持了企业改革。实施失业保险制度，保障了从企业走向社会的失业人员的基本生活，减轻了企业的压力，推动了改革措施的顺利出台和实施。许多地方还运用基金支持“关、停、并、转”企业妥善分流安置富余人员。1998 年以来，各地认真按照财政预算安排三分之一、企业负担三分之一、社会筹集（主要从失业保险基金中调剂）三分之一的“三三制”原则，从失业保险基金中调剂部分资金用于保障国有企业下岗职工的基本生活和代缴社会保险费用，推动了国有企业改革的深化，为实现国有企业 3 年改革和脱困目标创造了有利条件。

（三）为什么要将失业保险覆盖范围扩大到城镇各类企业？

扩大失业保险覆盖范围，不仅是进一步发挥失业保险作用的要求，也是推动企业改革和建立规范、有序、统一的劳动力市场的迫切需要。过去，失业保险主要在国有企业及其职工中施行，而非国有企业职工失业后缺乏应有保障。这不利于企业间的公平竞争和劳动力的合理流动，也不利于广开就业门路，实现多渠道就业。将失业保险覆盖范围扩大到城镇各类企业，不仅可以较好地解决上述问题，而且可以增加失业保险基金的承受能力，增强失业保险的保障功能。

（四）事业单位为什么也要参加失业保险？

随着我国社会主义市场经济体制的建立和逐步完善，事业单位也要调整人员结构，减员增效，降低成本，在市场竞争中求生存、创效益、图发展。因此，深化改革，转换机制，分流富余人员同样是事业单位面临的艰巨任务。为给事业单位改革创造更加有利的条件，必须把所有事业单位都纳入失业保险覆盖范围，以保障职工失业后的基本生活，并帮助他们实现再就业。

（五）为什么要提高失业保险费征缴比例，并实行个人缴费？

随着失业保险覆盖范围的扩大和国有企业改革的逐步深化，具备享受失业救济条件的失业人员数量将会有所增加，特别是今后几年，离开再就业服务中心未能实现再就业的下岗职工将会走向社会，对失业保险基金的需求会有较大幅度的增长。但从目前情况来看，失业保险基金承受能力相对较弱，难以满足实际需要。因此，为增强失业保险基金的承受能力，国家决定提高用人单位失业保险费征缴比例，并实行个人缴费。实行个人缴费是社会保险的普遍原则，体现了权利与义务的对等，可以增强职工个人的保险意识，同时也拓宽了资金来源渠道。

（六）职工失业后有哪些权利和义务？

城镇各类企业事业单位的职工失业以后，凡非因本人意愿中断就业的，只要单位和个人参加了失业保险并按规定履行缴费义务满 1 年，本人应当持本单位为其出具的终止或者解除劳动关系的证明，及时到失业保险经办机构办理失业登记并主动求职。在这种情况下，可以申领失业保险金，并享受其他失业保险待遇，同时获得再就业服务；在领取失业保险金期间患病医疗的，可以申领医疗补助金；死亡的，其家属可以申领丧葬补助金和抚恤金。符合城市居民最低生活保障条件的，按照有关规定还可以享受城市居民最低生活保障待遇，这些都是失业人员及其家属的合法权益。当然，享受失业保险待遇是有一定期限的，失业人员要想从根本上解决生活保障问题，应在政府和社会的帮助下，依靠自己的努力，提高自身职业技能素质，创造就业条件，积极、主动地寻找或开辟新的就业岗位，抓住所有就业机会，尽快实现再就业。

单位招用的农民合同制工人连续工作满 1 年，所在单位已缴纳失业保险费，本人劳动合同期满未续订或者提前解除劳动合同的，可以领取一次性生活补助。

（七）城镇企业事业单位具有哪些权利和义务？

按照《条例》规定，城镇企业事业单位均应参加失业保险，并按规定的缴费标准，履行缴纳失业保险费的义务；城镇企业事业单位在本单位职工失业时，应当及时为他们出具终止或者解除劳动关系的证明，告诉他们按照规定享受失业保险待遇的权利，并将他们的名单自终止或者解除劳动关系之日起，7 日内报失业保险经办机构备案。城镇企业事业单位成建制跨统筹地区转移的，应到征缴失业保险费的机构办理相关手续，随迁失业保险关系。城镇企业事业单位职工失业后，符合规定条件的可以享受失业保险待遇。

(八）失业保险为什么要与促进就业工作紧密结合？

失业保险具有保障生活和促进就业的双重功能，这两项工作必须紧密结合。这是绝大多数建立失业保险制度的国家普遍采取的做法。借鉴国外有益经验，结合我国实际情况，我国自建立和实施失业保险制度以来就遵循了这一原则。《条例》中充分体现了这一精神，失业保险基金在确保失业人员基本生活的同时，还要使用部分资金用于对失业人员开展职业培训和职业介绍，帮助他们尽快实现再就业。贯彻实施《条例》，要继续发挥失业保险的双重功能，将保障生活和促进就业工作相结合，这样才能更有效地解决失业问题。

劳动和社会保障部关于取得国外永久性居民身份证回国工作人员在国内工作期间有关社会保险问题的复函

（2001 年 9 月 10 日　劳社厅函〔2001〕198 号）

北京市劳动和社会保障局：

你局《关于回国高级科技人才中持国外绿卡在国内工作人员有关社会保险问题的函》（京劳社养函〔2001〕59 号）收悉。经研究，现答复如下：

对于取得国外永久性居民身份证的人员回国工作，凡同国内企业建立劳动关系的，应按规定参加企业所在地的社会保险，缴纳社会保险费，并享受相应待遇。这些人员同国内企业解除劳动关系并离境时，社会保险经办机构应当终止其社会保险关系，并根据职工申请，对参加基本养老保险，且不符合领取基本养老金条件的，将其基本养老保险个人账户的储存额一次性支付给本人；参加基本医疗保险的，将其个人账户结余部分一次性退给本人；参加失业保险的，单位和个人此前缴纳的失业保险费不予退还。

劳动和社会保障部办公厅关于实施中德社会保险协定的通知

（2002 年 3 月 22 日　劳社厅发〔2002〕2 号）

各省、自治区、直辖市劳动和社会保障厅（局）：

《中华人民共和国与德意志联邦共和国社会保险协定》（以下简称《协定》），已于 2001 年 7 月 12 日由中国劳动和社会保障部部长、德国劳动和社会事务部部长正式签署。《协定》的目的是在确保中德双方驻外人员参加社会保险的前提下，避免同时承担缔约两国法律规定的参加社会保险的义务。《协定》是建国以来我国政府与外国政府签署的第一部社会保险方面的双边协定，标志着我国社会保险涉外工作开始走向规范化、制度化、国际化，为在加入 WTO 的新形势下按国际惯例和对等原则与其他国家签署类似协议打下了良好的基础，这对加强中德在社会保险领域的友好合作，提高我国的国际地位和影响，维护国家和驻外机构、人员的合法权益，促进人员交流和经贸发展，具有重要的政治、经济意义。2002 年 2 月 18 日，两国有关机构签署了《关于实施中华人民共和国和德意志联邦共和国社会保险协定参保义务规定的行政协议》。双方商定，《协定》于 2002 年 4 月 4 日起正式生效。为确保《协定》的贯彻执行，现就有关问题通知如下：

一、《协定》的有关具体内容

（一）适用相互免除缴纳社会保险费的范围：

法定养老保险费、失业保险（德称“就业促进”）费（以下简称“两费”）。

（二）中方适用免除在德缴纳“两费”的人员：

第一类人员：中资公司、企事业等单位派驻德国办事处、联络机构的工作人员（简称派遣人员）；

第二类人员：中资公司、企事业等单位在德国子公司的工作人员（简称子公司人员）；

第三类人员：在中国国内无雇主人员（简称无雇主人员）；

第四类人员：船员；

第五类人员：中国驻德国外交机构及其工作人员雇用的中方人员（简称外交雇员）。

（三）德方适用免除在中国缴纳“两费”的人员与中方适用人员的条件类同。

（四）免除缴纳“两费”的期限：

第一至四类人员，首次可申请免除缴费期限最长为 60 个日历月（第一类人员在被派往德国工作的头 48 个日历月内自动免除缴费义务，但仍须申请并持经办机构出具的证明）。如工作需要，经批准后免除期限总共可延长至 96 个日历月。在特殊情况下，经批准可给予最后一次免除。

第五类人员，经雇佣双方申请，免除期限不限。

（五）主管机关、联络机构和经办机构：

1. 主管机关：中方为劳动和社会保障部；德方为联邦劳动和社会事务部。

2. 联络处：中方为劳动和社会保障部国际合作司；德方为医疗保险国际联络处。

3. 经办机构：中方为劳动和社会保障部社会保险事业管理中心（以下简称部社保中心）；德方为负责征收养老保险费的医疗保险经办机构以及联邦职员保险局（柏林）。

符合免除缴纳“两费”的人员由经办机构签发《根据中德社会保险协定出具的证明书》（以下简称《证明》，样式附后），由申请人向征缴机构出示。

二、中方在德人员办理免缴“两费”《证明》的程序

已在国内按规定参加基本养老保险和失业保险，并按时足额缴纳保险费的人员，可按以下程序办理申请免除在德缴纳“两费”的《证明》：

（一）申请人填写《办理〈根据中德社会保险协定出具的证明书〉申请表》（以下简称《申请表》，样式附后），并加盖所在单位印章。《申请表》可从部社保中心领取或从部社保中心网页下载，网址：www.molss.gov.cn（进入后点击“直属单位”、再点击“社会保险事业管理中心”）。

（二）申请人或代理人持填写后的《申请表》（一式三份）到参保所在地的社会保险经办机构审核；经办机构在审核参保人员的情况无误后，加盖印章。负责养老保险和失业保险的经办机构若分设，应分别核实盖章，并各留存一份《申请表》备案。

（三）申请人或代理人将盖章后的《申请表》寄至部社保中心。

（四）对一、二类首次申请人员，部社保中心在收到《申请表》的5个工作日内通知申请人并向申请人寄出《证明》，未签发《证明》的应及时通知申请人并说明原因。

（五）对第三类首次申请人员以及申请延长免除期限的人员，部社保中心在收到《申请表》进行审核后，将审核结果报送我部国际合作司；我部国际合作司复核后，通报德国医疗保险国际联络处。我部国际合作司在接到德国医疗保险国际联络处的决定通知后，安排部社保中心向申请人通知结果并视情况出具《证明》。

（六）对第四类申请人员，视其情况分别按派遣人员、子公司人员、无雇主人员申请程序分别办理。

（七）在德工作人员回国后超过6个月再次到德国工作的，需按照第（五）条中申请延长免除期限的程序，重新办理有关免除缴费申请手续。

（八）尚未参加当地基本养老保险的事业单位派出人员填写《申请表》时，只须加盖负责失业保险经办机构的印章，但寄出《申请表》时应附该事业单位法人登记证书（复印件）。

三、对德方在华人员免缴“两费”的管理办法

（一）在《协定》生效后的30日内，德方在华工作人员应向工作所在地社会保险征缴机构出具由德方指定经办机构签发的《证明》，征缴机构可免征社会保险费。

（二）凡不能出具《证明》的在华德国工作人员，征缴机构应按国务院《社会保险费征缴暂行条例》及《协定》的规定，征收基本养老保险费和失业保险费。

以上规定自《协定》生效之日起开始执行。各级劳动和社会保障部门要高度重视此项工作，社会保险经办机构应本着如实、便捷的原则及时办理申请的有关手续，在审核时要认真负责，防止欠费现象发生。各地在执行《协定》中如发现问题，请及时向我部报告。

附件：1. 中华人民共和国与德意志联邦共和国社会保险协定

2. 关于实施中华人民共和国与德意志联邦共和国社会保险协定参保义务规定的行政协议

3. 办理《根据中德社会保险协定出具的证明书》申请表

4. 根据中德社会保险协定出具的证明书（1—4）

（附件本书略）

人力资源和社会保障部办公厅 中国人民银行办公厅关于社会保险信息纳入企业和个人征信系统扩大试点工作的通知

（2008 年 7 月 10 日 人社厅发〔2008〕53 号）

各省、自治区、直辖市人事、劳动和社会保障厅（局）；人民银行上海总部，各分行、营业管理部，各省会（首府）城市中心支行，大连、青岛、宁波、厦门、深圳市中心支行；各政策性银行、国有商业银行、股份制商业银行，中国邮政储蓄银行：

根据《国务院办公厅关于社会信用体系建设的若干意见》（国办发〔2007〕17 号）有关要求，为加快企业和个人征信体系建设，促进企业和个人参保缴费，在已开展 9 个城市信息共享试点工作的基础上，人力资源和社会保障部与中国人民银行决定扩大试点范围。现就有关事项通知如下：

一、巩固和扩大试点成果，进一步促进征信体系建设，提高社会公众参保意识

2006 年 5 月，原劳动和社会保障部与中国人民银行（以下简称人民银行）共同签署了《中国人民银行 劳动和社会保障部信息共享协议》，并下发了《关于开展信息共享试点工作有关事宜的通知》（劳社厅发〔2006〕18 号），在北京、天津、石家庄、大连、南京、长沙、广州、成都和西安 9 个城市开展信息共享试点工作。2006 年底，双方开始正式按季度交换数据，试点工作进展顺利。目前，9 个试点城市的企业和个人养老保险参保缴费数据已纳入全国企业和个人征信系统，并反映在相关企业和个人的信用报告中，供商业银行在审办贷款业务时查询。试点情况表明，企业和个人参保缴费信息在帮助商业银行了解企业遵守劳动法规、履行社会责任情况及控制信贷风险方面作用突出，并有效提高了企业和个人参保意识。同时，人力资源和社会保障系统利用人民银行提供的贷款单位名单生成应参保未参保企业名单，为社会保险扩面征缴工作提供了参考数据。

二、进一步扩大试点范围，增加数据交换频度

从 2008 年 7 月开始，社会保险信息纳入企业和个人征信系统试点地区将扩大到所有省会城市和计划单列市。交换数据仍从人力资源和社会保障部金保工程联网数据中提取，数据交换频度由原来的每季度一次调整为每两月一次，即按双月在部一级进行交换。参保数据和贷款单位信息交换从 2008 年 8 月开始，核准后的应参保未参保企业名单位交换从 2008 年 10 月开始。

信息交换的内容有：人力资源和社会保障部提供养老保险的单位参保和欠费信息、应参保未参保单位名单、个人参保和缴费信息；人民银行提供贷款单位名单等。

三、人力资源和社会保障部门工作要求

（一）各地人力资源和社会保障部门要加强社会保险数据整理工作，努力提高数据质量，特别是要加强组织机构代码和公民身份号码的核对和补录工作，并按时上报养老保险联网数据。同时，要加强劳动保障业务专网的延伸连通工作，尽快将专网连通到辖区内各级社会保险经办机构。

（二）应参保未参保疑似企业名单由人力资源和社会保障部与人民银行企业征信系统核对生成，各地人力资源和社会保障部门要将本地区疑似企业名单的核准工作纳入日常工作，并将核准后的信息反馈给人力资源和社会保障部。具体流程是：人力资源和社会保障部每逢双月中旬（首次时间为 2008 年 8 月）将与人民银行企业征信系统核对生成的应参保未参保疑似企业名单加载到金保工程业务专网中应参未参单位确认系统（http://zxweb. mohrss，以下简称确认系统）；各地应在当月下旬（首次时间为 2008 年 8 月）通过确认系统下载应参保未参保疑似企业名单；各地业务部门在一个月内完成核准工作，并将核准后的应参保未参保企业名单反馈到确认系统中；人力资源和社会保障部于下一个双月的中旬（首次时间为 2008 年 10 月）将核准后的应参保未参保企业名单反馈给人民银行企业征信系统。

（三）各地人力资源和社会保障部门要加大宣传力度，利用与征信系统核对生成的应参保未参保信息促进社会保险扩面征缴，督促企业参保和补缴欠费。

（四）各地人力资源和社会保障部门要积极配合人民银行分支机构做好异议处理工作，即当企业对在企业征信系统中提供的参保缴费状况提出异议时，协助提供缴费情况证明。

四、各地人民银行和商业银行工作要求

（一）人民银行有关分支机构要做好对商业银行使用社保数据的培训和合规检查工作，发现问题，及时解决。

（二）各商业银行要加强内部宣传和培训，确保社保信息的正确使用，商业银行及其工作人员应当为在工作中知悉的社保信息保密，不得违反有关规定非法使用社保信息。由于使用不当而引发的纠纷，由商业银行自行负责。修改查询授权条款，明示信用报告中含有社保等信息。

（三）各商业银行要积极配合人力资源和社会保障部与人民银行进行异议处理，履行对当事人的告知义务，严禁相互推诿。

请人民银行各分支机构将本通知转发至辖区内城市商业银行、农村商业银行、农村合作银行、城乡信用社及外资金融机构。

附件：1. 当前信息交换内容

2. 社保信息异议处理程序

（附件本书略）

人力资源和社会保障部办公厅关于进一步做好在国内就业的华侨参加社会保险有关工作的通知

（2009年9月8日　人社厅发〔2009〕118号）

各省、自治区、直辖市人力资源社会保障（劳动保障）厅（局），新疆生产建设兵团人力资源社会保障局：

随着我国改革开放和社会经济发展，越来越多的华侨回国内就业和发展。按照《社会保险费征缴暂行条例》（国务院令第259号）和《劳动和社会保障部办公厅关于取得国外永久性居民身份证的人员在国内就业期间有关社会保险问题的复函》（劳社厅函〔2001〕198号）有关规定，各地逐步将在国内就业的华侨纳入社会保险覆盖范围。但在实际操作中，部分华侨和地方社会保险经办部门反映，由于华侨没有居民身份证，无法办理参保登记手续，影响了华侨的参保。为进一步做好在国内就业的华侨参加社会保险有关工作，维护他们的社会保险权益，现就有关问题通知如下：

一、聘雇华侨人员的用人单位，可持华侨本人的有效护照等证明材料及时到当地社会保险经办机构为其办理参保登记手续，建立社会保险关系。在国内灵活就业的华侨人员，可持本人有效护照等，按照个体身份人员参保办法到所在地社会保险经办机构办理参保缴费手续。华侨参加社会保险的各项业务办理程序与国内其他参保人员一致。

二、首次参保或已办理终止国内的社会保险关系手续后再次回国就业并参保的华侨人员，社会保险经办机构根据《参保华侨社会保障号码编制规则》（见附件）为其建立社会保障号码，并在信息系统中做专门的参保标识。

三、按规定符合享受社会保险待遇申领条件的华侨参保人员，可持本人有效护照等办理领取社会保险待遇手续。在境外居住的，经向社会保险经办机构申请，其社会保险待遇可委托亲属或他人代领；或应本人要求，由社会保险经办机构将应领取的人民币兑换成本人选择的国内可兑换的外汇币种，汇至华侨实际居住国，相关费用由个人负担。境外居住的华侨应每年向负责支付其养老保险待遇的社会保险经办机构提供一次由我驻外使领馆或居住国主管部门、公证机关出具的健在证明的公证、认证等证明。

四、各级人力资源和社会保障部门要认真落实华侨参保的有关政策，按照规定将符合条件的华侨纳入社会保险覆盖范围，切实维护他们的合法权益。要针对华侨参保的实际，改进管理服务方式，调整和优化经办规程，及时提供业务查询服务，方便华侨办理参保等手续。工作中发现的问题，请及时向我部报告。

附件：参保华侨社会保障号码编制规则

（附件本书略）

人力资源和社会保障部 财政部关于解决未参保集体企业退休人员基本养老保障等遗留问题的意见

（2010年12月23日 人社部发〔2010〕107号）

各省、自治区、直辖市人民政府，新疆生产建设兵团：

根据国务院关于加快解决未参保集体企业退休人员基本养老保障等遗留问题的精神和要求，为切实保障这部分人员的基本生活，经国务院同意，现就有关问题提出以下意见。

一、充分认识解决未参保集体企业退休人员基本养老保障等遗留问题的必要性，增强工作的责任感和紧迫感

加快建立覆盖城乡居民的社会保障体系，实现全体人民老有所养，是全面建设小康社会的重要内容，也是构建社会主义和谐社会的必然要求。近年来，随着企业职工基本养老保险（以下简称基本养老保险）制度的不断完善，基本养老金做到按时足额发放，参保范围不断扩大，待遇水平逐步提高，较好地保障了退休人员的基本生活。但由于种种原因，部分困难集体企业已退休人员等群体没有及时参保或接续养老保险关系，缺乏基本的生活保障，成为影响社会稳定的突出矛盾之一。各地区要从深入贯彻落实科学发展观、着力保障和改善民生的高度，充分认识解决这一历史遗留问题的必要性和紧迫性，切实摆上重要议事日程，明确目标责任，加大工作力度，集中时间，集中人力，确保2011年底前基本解决未参保集体企业退休人员基本养老保障等遗留问题，进一步完善社会保障体系，促进社会和谐稳定。

二、全面做好调查统计工作，严格界定未参保人员范围

近年来，一些地区因地制宜出台了未参保集体企业退休人员纳入基本养老保险的政策，较好地解决了一些突出问题。由于各地工作的基础不同，解决这一问题进度有快有慢。各地区要从实际出发，坚持以人为本，认真做好调查统计工作，科学界定未参保集体企业退休人员的范围，准确掌握应纳入基本养老保险的人员数量；在政策落实中，要明确具体标准，避免引起相互攀比；要制定具体的工作安排，明确完成任务的时限，避免解决历史遗留问题久拖不决。

三、坚持社会统筹和个人账户相结合的制度，保持政策的连续性和稳定性

未参保集体企业退休人员参加基本养老保险，应执行现行制度和政策，坚持权利与义务相对应、公平与效率相结合的原则。凡具有城镇户籍，曾经与城镇集体企业建立劳动关系或形成事实劳动关系、2010 年 12 月 31 日前已达到或超过法定退休年龄的人员，因所在集体企业未参加过基本养老保险，且已经没有生产经营能力、无力缴纳社会保险费，个人可一次性补缴 15 年的基本养老保险费，纳入基本养老保险。2010 年 12 月 31 日尚未达到法定退休年龄的人员，要按规定参保缴费；达到法定退休年龄时累计缴费不足 15 年的，可以缴费至满 15 年。

四、坚持参保缴费的制度和机制，合理核定基本养老金水平

一次性补缴所需费用原则上由个人负担。各地要根据未参保人员的负担能力和参保时的年龄情况，合理确定缴费标准。同时，鼓励具备条件的单位对补缴费用给予适当补助。对于纳入基本养老保险且已达到或超过法定退休年龄的人员，要按照《国务院关于完善企业职工基本养老保险制度的决定》（国发〔2005〕38 号）的规定，结合当地实际情况，合理核定基本养老金水平，并从参保缴费的次月起按月发放。各地要按照国家的统一规定，结合当地实际情况，落实好未参保人员参保后的相关养老保险待遇。

五、认真细致地做好经办工作，提供便捷的服务

认真做好未参保集体企业退休人员的身份认定、费用缴纳和待遇核定工作，基本养老金实行社会化发放，退休人员纳入社会化管理服务。要认真审核参保人员的档案资料和有关证明材料，按照统一要求进行公示。要开辟专门窗口为参保人员提供政策咨询，办理参保缴费手续，简化和规范业务流程，提供方便快捷服务。要改进和完善养老保险信息管理，清晰记录参保缴费和待遇领取情况，并为他们使用社会保障卡查询本人参保信息提供便利。

六、加强基金调剂使用，确保基本养老金按时足额发放

对未参保集体企业退休人员参加基本养老保险后出现的基金收支缺口，由地方政府通过加强养老保险费征收工作、加大基金调剂力度、调整财政支出结构等措施加以解决。中央财政在安排对地方养老保险转移支付资金时予以统筹考虑。

解决未参保集体企业退休人员基本养老保障等遗留问题，关系到职工群众的切身利益，涉及面广，情况复杂，政策性强，时间紧迫。各地要抓紧制定或完善实施办法，广泛进行政策宣传，深入做好政策解释，精心组织实施，切实把好事办好、实事办实。在执行中遇到重大问题，要及时报告。

人力资源和社会保障部办公厅关于做好在我国境内就业的外国人参加社会保险工作有关问题的通知

（2011 年 12 月 2 日　人社厅发〔2011〕113 号）

各省、自治区、直辖市人力资源和社会保障厅（局），新疆生产建设兵团劳动保障局：

根据《中华人民共和国社会保险法》和《在中国境内就业的外国人参加社会保险暂行办法》（人社部令第 16 号，以下简称《暂行办法》）规定，现就做好在中国境内就业的外国人参加社会保险工作有关事宜通知如下：

一、依法将符合规定的外国人纳入参保范围

各地要严格执行社会保险法和《暂行办法》，于 2011 年 12 月 31 日前将符合条件的外国人纳入社会保险覆盖范围，督促用人单位和外国人按照现行法律法规参保并按时足额缴纳社会保险费。2011 年 10 月 15 日之前已经在中国境内就业，且符合参保条件的外国人，统一从 2011 年 10 月 15 日起参保缴费。2011 年 10 月 15 日至 12 月 31 日办理参保缴费手续的，免收其滞纳金。2012 年 1 月 1 日之后办理参保缴费手续的，从 2011 年 10 月 15 日起收取滞纳金。2011 年 10 月 15 日以后在中国境内就业的，从在中国境内就业开始之月起参保缴费。用人单位申报外国人的缴费基数，统一按人民币形式申报。各地要按照有关政策规定，做好社会保险费收缴以及个人权益记录等工作。

二、完善外国人社会保险登记办理程序

各地要完善社会保险登记办理程序，方便用人单位为聘雇的外国人办理参保登记手续。驻华代表机构、外国常驻新闻机构、外国企业常驻代表机构等单位办理社会保险登记手续时，应要求其提供由中国主管部门颁发的批准设立文件及由中国质量技术监督部门颁发的组织机构代码证书等证明文件。

对于首次参保的外国人，应要求用人单位提供其本人有效护照、《外国人就业证》或《外国专家证》、《外国常驻记者证》等就业证件（取得在中国永久居留资格的人员，应提供本人《外国人永久居留证》），以及劳动合同或派遣合同等证明材料，到用人单位参保所在地社保机构办理社会保险登记手续。经审核通过的，社保机构根据《外国人社会保障号码编制规则》，为其建立社会保障号码，发放社会保障卡。

具有与我国签订社会保险缴费双边或多边协议（或协定，以下简称协议）国家国籍的就业人员，在其依法获得在我国境内就业证件3个月内提供协议国出具参保证明的，应按协议规定免除其规定险种在规定期限内的缴费义务。对于依法获得在我国境内就业证件3个月后不能提供协议国出具的参保证明的，应按规定征收社会保险费并收取相应的滞纳金。对于协议之外的险种以及协议规定险种超过规定期限的，应要求其按规定缴纳社会保险费。

三、明确外国人参保的相关政策

在我国就业的外国人领取养老保险待遇的年龄，原则上按照现行退休年龄政策的相关规定执行。

外国人在我国境内发生的生育保险费用，由生育保险基金支付，具体办法由各省、自治区、直辖市确定。

四、优化和改进管理服务工作

各地要针对外国人参保的特点和具体情况，调整和优化业务经办规程和管理办法，改进管理服务方式。外国人就业较多的地区可印制外文版本的政策规定、办事指南等材料，方便用人单位和外国人办理参保和待遇核定等手续，并提供有中英文对照的社会保险权益记录；有条件的地区，可为外国人参保提供外语咨询服务。要统一调整相关用表（相关表格调整指标见附件），及时完善社会保险数据库，尽快在社会保险业务管理系统中实现外国人参保的业务办理。加强基础信息数据的采集与维护，保障参保人员信息的准确和安全。加快社会保障卡发放进度，方便外国人参保缴费和信息查询。建立外国人参保数据定期上报机制，支持查询和分析服务。

社保机构要加强与当地就业部门的业务联系，建立就业与社保信息交换共享机制，通过信息网络第一时间获取外国人就业信息，为督促聘雇外国人的用人单位和外国人办理参保手续提供基础信息。同时，要建立与外国专家局以及公安、文化、民政等部门的协作机制，实现部门间信息共享机制，及时掌握外国人入境、离境和在国内就业等情况。

建立部级外国人参保信息查询系统，各地社保机构可通过人力资源社会保障业务专网查询外国人办理《外国人就业证》、《外国专家证》和其他国家提供的为该国在中国就业人员出具的参保证明以及外国人在中国参保及社会保障号码等信息。

外国人参保数据上报、信息查询的具体内容和系统方案另行制定。

五、加强工作调度和监督检查

各地要建立外国人参保工作的调度制度，按照规定的时间统一上报外国人参保工作进展情况，我部将定期进行通报。要加大对聘雇外国人的用人单位参保缴费情况的监督检查力度，建立经常性检查工作机制，对外国人就业相对集中的企业要进行重点检查，对拒不参保的，依法处理，确保社会保险法的真正落实。

做好在我国境内就业的外国人参加社会保险工作，事关我国法律实施的权威性和严肃性。各级人力资源社会保障部门要从政治和全局的角度予以高度重视，认真组织贯彻落实。要及时收集并重视网络和媒体舆情，坚持正确的舆论导向，通过电视、网络等媒体，运用多种形式，加强对外国人参保政策要点的宣传，公开参保缴费、待遇核定等经办程序，有条件的地区要到外国人就业相对较多的企业进行政策讲解，送政策上门，使参保单位和外国人能够及时准确了解相关政策内容，依法履行参保缴费义务。已经开展外国人参保的地区，要按照社会保险法和《暂行办法》的规定，调整相关政策，做好政策和经办管理的衔接工作。对工作中发现的问题要及时向人力资源社会保障部报告。

附件：在中国境内就业的外国人参保涉及社会保险相关用表及调整指标

（附件本书略）

人力资源和社会保障部办公厅关于实施中韩社会保险协定和议定书的通知

（2012年12月28日　人社厅发〔2012〕120号）

各省、自治区、直辖市及新疆生产建设兵团人力资源和社会保障厅（局）：

2011年7月1日《中华人民共和国社会保险法》实施以来，为有效解决中韩两国在对方国工作的人员双重缴纳社会保险费的问题，中韩两国政府通过多轮谈判于2012年10月29日正式签署了《中华人民共和国政府和大韩民国政府社会保险协定》（以下简称《协定》）和《中华人民共和国政府和大韩民国政府社会保险协定议定书》（以下简称《议定书》）。2012年12月26日，两国有关机构签署了《关于实施中华人民共和国政府和大韩民国政府社会保险协定的行政协议》（以下简称《行政协议》）和《关于实施中华人民共和国政府和大韩民国政府社会保险协定议定书的谅解备忘录》（以下简称《谅解备忘录》）。双方商定，《协定》和《议定书》于2013年1月16日正式生效。为确保《协定》和《议定书》的贯彻执行，现就有关问题通知如下：

一、《协定》主要内容

（一）互免险种范围。

中国为城镇职工基本养老保险、新型农村社会养老保险、城镇居民社会养老保险、失业保险；韩国为国民年金、政府公务员年金、私立学校教职员工年金、雇佣保险。

（二）中方适用免除在韩缴纳相关社会保险费的人员。

1. 派遣人员。指国内企业等单位派遣到该单位在韩国设立的公司或机构（包括该单位的分公司、附属公司或分支机构）的已在国内参保工作人员。

2. 短期就业人员。指中方在韩国被有经营场所的雇主雇佣、雇佣期限不超过5年的已在国内参保人员。

3. 自雇人员和投资者。指中方在韩国临时从事自雇活动和依法注册投资外商独资或合资企业并在韩国居住、在该外商独资企业或合资企业中任职的已在国内参保人员。

4. 在航海船舶和航空器上受雇人员。指在悬挂中国船旗的航海船舶上的受雇人员及通常居住在中国领土上，在船旗为韩国的航海船舶上的受雇人员；受雇企业总部在中国的航空器上受雇的管理人员或机组成员。

5. 外交和领事机构人员。指中国驻韩国外交机构及其工作人员雇用的中方人员（简称外交雇员）。

6. 政府或公共机构受雇人员。指受雇于中国中央政府、地方政府或其他公共机构被派到韩国工作的人员。

（三）韩方适用免除在华缴纳社会保险费的人员与中方适用人员的条件类同。

（四）免除缴纳社会保险费的期限。

首次申请为自动免除，但仍需申请并持经办机构出具的证明。

第一类人员首次可申请免除缴费期限最长为60个日历月。如工作需要，经批准后免除期限可延至120个日历月。在特殊情况下，经批准予以最后一次免除期限的延长，最长不得超过36个日历月。

第二类人员免除期限最长为60个日历月。

（五）主管机关、联络机构和经办机构。

1. 主管机关：中方为人力资源社会保障部；韩方为保健福祉部。

2. 联络机构：中方为人力资源社会保障部国际合作司；韩方为保健福祉部国民年金政策处。

3. 经办机构：中方为人力资源社会保障部社会保险事业管理中心；韩方为国民年金公团。

二、《议定书》主要内容

（一）韩方适用暂时免除在华人员缴纳保险费的险种。

职工基本医疗保险。

（二）韩方适用暂时免除在华缴纳职工基本医疗保险费的人员。

《协定》中规定的派遣人员、短期就业人员、自雇人员和投资者、政府或公共机构受雇人员。

（三）韩方适用暂时免除在华缴纳职工基本医疗保险费的条件。

1. 大韩民国国民在《协定》生效之日前已在中华人民共和国领土上工作并按照《中华人民共和国社会保险法》的规定参保，且已购买了商业健康保险的，中方将暂时免除其在华缴纳职工基本医疗保险费的义务。

2. 如果大韩民国国民在《协定》生效之日前已在中华人民共和国领土上工作，但未购买商业健康保险，则必须按照规定参加中华人民共和国职工基本医疗保险。

（四）韩方适用暂时免除在华缴纳职工基本医疗保险的期限。

1. 免除期限自《协定》生效之日起计算，最长免除期限不得超过2014年12月31日。

2. 若其商业健康保险在2014年12月31日之前到期，则应自其商业健康保险到期之日起开始缴纳职工基本医疗保险费。

3. 2014年12月31日后，所有在华工作的大韩民国国民必须参加中华人民共和国职工基本医疗保险。

（五）中方在韩人员参加韩国国民健康保险情况。

《议定书》不影响在大韩民国领土上工作的中华人民共和国国民参加大韩民国国民健康保险。

（六）《议定书》和《协定》的关系。

《议定书》是《协定》不可分割的组成部分，是仅针对在华的韩方员工有条件地暂时免除缴纳职工基本医疗保险费的临时性措施。

三、依据协定免除养老保险和失业保险费的管理办法

（一）中方在韩人员办理免缴相关社会保险费证明的流程

已在国内按规定参加了城镇职工基本养老保险、新型农村社会养老保险、城镇居民社会养老保险和失业保险，并按时足额缴纳保险费的人员，可以按照以下程序办理申请免除在韩缴纳国民年金、政府公务员年金、私立学校教职员工年金、雇佣保险费的《参保证明》。具体流程如下：

1. 申请人填写《办理根据中韩社会保险协定出具的〈参保证明〉申请表》（以下简称《申请表》，样式附后），并加盖所在单位公章。《申请表》可从部政府网站上下载，网址：www. mohrss. gov. cn（进入后点击："网上办事大厅"中的"表格下载"）。

2. 申请人或代理人持填写后的《申请表》（一式 3 份）交由参保所在地（省、市、县区）的社会保险经办机构审核；经办机构在审核其参保情况无误后，加盖印章。负责城镇职工基本养老保险、新型农村社会养老保险、城镇居民社会养老保险和失业保险的机构若分设，应分别核实盖章，并各留存 1 份《申请表》备案。

3. 申请人或代理人将盖章后的《申请表》挂号（或快递）寄至部社会保险事业管理中心办公室。

地址：北京东城区和平里 5 区 10 号楼，邮编：100013

电话：010-84216422，84229207

4. 对于第一至四类及第六类首次申请人员，部社会保险事业管理中心办公室在收到《申请表》的15个工作日内通知申请人并向申请人寄出《参保证明》；未签发《参保证明》的应及时通知申请人并说明原因。

5. 对于第一类人员申请延长免除期限的人员，部社会保险事业管理中心在收到《申请表》进行审核后，将审核结果报送我部国际合作司；待我部国际合作司复核后，通报大韩民国保健福祉部国民年金政策处。我部国际合作司在接到大韩民国保健福祉部国民年金政策处的决定通知后，安排部社会保险事业管理中心向申请人通知结果并视情况出具《参保证明》。

6. 对于政府或其他公共机构（指全部或部分适用财政性资金的国家机关、事业单位和团体组织）派出的人员即第六类人员填写《申请表》时：

（1）如果是公务员或是参照公务员管理的人员，《申请表》只需加盖其所在政府机关或单位人事部门印章。

（2）如果是政府机关聘用的人员，《申请表》应加盖参保所在地养老保险和失业保险经办机构的印章。

（3）如果是事业单位、团体组织等（不含企业化管理的事业单位）人员，《申请表》须加盖所在单位印章，并附其单位的法人登记证书复印件。

7. 申请人持《参保证明》在免除期限内可以向韩国经办机构申请免缴协定规定的保险费。

（二）韩方在华人员免缴相关社会保险费的管理办法

1. 各地社会保险经办机构受理韩方在华工作人员提交的由韩国经办机构开具的《参保证明》（审核原件，留存复印件备案）。核准信息后，将在申请人提交《参保证明》的次月免除其按《协定》规定的相关社会保险缴费义务。

2. 若申请人是在《协定》生效后来华工作的，则其可以在到华工作之日起3个月内向工作所在地社会保险经办机构提交由韩方经办机构开具的《参保证明》。该地社会保险经办机构核准信息后，将按证明书规定的免缴期限免除其《协定》规定的相关社会保险缴费义务；若其在华工作之日起3个月后提交《参保证明》的，该地社会保险经办机构将自申请人提交《参保证明》的次月起免除其缴费义务，免除期限前该申请人应当从在华工作之日起参保缴费。

3. 各地社会保险经办机构应通过部《外国人参保信息查询系统》查询和确认《协定》生效后韩方免缴人员信息。在办理韩方在华工作人员参保登记业务时，要及时登录《外国人参保信息查询系统》查询核准其免缴信息，对暂无查询结果的或与参保人出示的《参保证明》不符的情况，应在系统中提交信息做进一步核查，并将结果告之本人。（详见《关于做好外国人参保信息查询系统建设和联网指标上报工作的通知》人社部函〔2012〕61号）。

4. 凡不能出具《参保证明》的韩方在华工作人员，各地社会保险经办机构应按《中华人民共和国社会保险法》的规定，督促其参加中国的社会保险。

5. 除《协定》规定的免缴职工基本养老保险和失业保险外，韩方在华工作人员应按《中华人民共和国社会保险法》规定，参加中国其他社会保险险种。

四、依据议定书暂免韩方在华工作人员职工基本医疗保险费的管理办法

1. 各地社会保险经办机构受理申请人提交的由韩国经办机构开具的《商业医疗保险证明》，并审核其暂时免缴职工基本医疗保险费的资格条件。

2. 资格审核通过和信息核准后，各地社会保险经办机构将在申请人提交《商业医疗保险证明》的次月暂时免除其职工基本医疗保险费的缴费义务，同时停止支付暂时免除期间所发生的医疗费用。审核不通过的，申请人仍须参加职工基本医疗保险。

3. 各地社会保险经办机构在部《外国人参保信息查询系统》

查询和确认韩方免缴医疗保险人员信息。

4. 凡不能出具《商业医疗保险证明》的韩方在华工作人员，应按《中华人民共和国社会保险法》规定，参加中国职工基本医疗保险。

以上规定自《协定》和《议定书》生效之日起开始执行，中韩政府于 2003 年 2 月 28 日签订的《关于互免养老保险缴费临时措施协议》即行终止。

各级人力资源社会保障部门要高度重视此项工作，各地社会保险经办机构应本着如实、便捷的原则及时办理申请和核准有关手续，在审核时要认真核对相关信息，防止欠费和虚假现象发生，同时有义务告知申请人在申请的免缴期限内也应在国内按时足额缴纳保险费，以保障自己的权益等相关内容。各地在执行中如发现问题，请及时向我部报告。

附件：1. 中华人民共和国政府和大韩民国政府社会保险协定

2. 中华人民共和国政府和大韩民国政府社会保险协定议定书

3. 关于实施中华人民共和国政府和大韩民国政府社会保险协定的行政协议

附件 3-1：中方参保证明

附件 3-2：韩方参保证明

附件 3-3：中方互勉（延长）人员名单

附件 3-4：韩方互勉（延长）人员名单

4. 关于实施中华人民共和国政府和大韩民国政府社会保险协定议定书的谅解备忘录

附件 4-1：商业医疗保险证明

附件 4-2：中国基本医疗保险免除缴费人员名单

5. 根据中韩社会保险协定出具的《参保证明》申请表

（附件本书略）

人力资源和社会保障部关于印发《社会保险工作人员纪律规定》的通知

（2012年12月31日　人社部发〔2012〕99号）

各省、自治区、直辖市及新疆生产建设兵团人力资源社会保障厅（局）：

近年来，各级人力资源社会保障部门加快推进社会保障体系建设工作，不断加强行政管理、经办服务和基金监管制度建设，落实各项内部监控措施，较好地保障了广大参保人员的社会保险权益，维护了社会保险基金安全。随着社会保险事业的发展，社会保险工作职务犯罪的风险点也在增加，一些社会保险工作人员特别是领导干部和关键岗位人员利用职务便利谋取私利案件时有发生，社会影响恶劣。为进一步加强党风政风建设，规范和制约权力运行，预防和遏制职务犯罪，促进社会保险工作人员廉洁从政，树立勤政为民的良好形象，确保社会保险基金安全完整，推动社会保障事业健康发展，针对社会保险工作特点和易发生腐败问题的重点环节，我们制定了《社会保险工作人员纪律规定》（以下简称《纪律规定》）。现印发你们，并就贯彻执行的有关问题通知如下：

一、切实加强组织领导

《纪律规定》适用于全国人力资源社会保障系统所有从事社会保险工作的人员，包括：养老、医疗、工伤、失业、生育保险行政人员和经办人员，社会保险基金监督人员，信息管理系统相关人员等。各级人力资源社会保障部门要把贯彻执行《纪律规定》作为落实党风廉政建设责任制、加强惩治和预防腐败体系建设的一项重要任务，认真组织落实。要结合本地实际情况，进行充实细化，提出进一步要求。主要负责同志要以身作则，率先垂范，带头执行并贯彻落实好《纪律规定》。

二、广泛开展宣传教育

各级人力资源社会保障部门要将《纪律规定》和本地区、本单位的贯彻办法在门户网站上公布，自觉接受社会监督。要将其作为社会保险工作人员日常教育的一项重要内容，结合正反两方面典型案例，通过岗前培训、在职培训和专项培训等多种方式，使之入脑入心，付诸行动。要在每年的全国性、全省性社会保险专业会议中，专门安排这方面的内容，开展经验交流，做到警钟长鸣。

三、严格实行问责制度

对经举报热线、信访窗口等渠道实名反映和监督检查发现的社会保险工作人员违反《纪律规定》问题，相关部门要认真组织核查，依照有关规定给予批评教育、纪律处分或者行政处理；涉嫌违法犯罪的，移交司法机关处理。要认真执行社会保险基金要情报告制度，对社会保险工作人员职务犯罪问题隐情不报、急情迟报、大情小报，特别是其他部门已经反映或媒体已经披露、而社会保险部门压延不报的，要按规定追究责任。要将《纪律规定》执行情况列入领导干部考核的重要内容，考核结果作为评优、晋级的重要依据。

社会保险工作人员纪律规定

社会保险工作人员要严格遵守国家法律法规和有关政策，严格执行各项制度，不准利用职务便利为自己或他人谋取私利。

一、严格社会保险审批事项。坚持政务公开，按规定的原则、标准和程序办事。

（一）不准违规审批参加基本养老保险职工提前退休；

（二）不准违规决定定点医疗机构、定点零售药店、协议工伤康复机构和协议工伤辅助器具配置机构等资格审查事宜；

（三）不准违规核定社会保险费缴费基数、费率，擅自减免应缴纳的社会保险费或者核销欠缴的社会保险费。

二、严格社会保险标准制定。坚持科学决策、民主决策和集体决策。

（四）不准违反保密规定泄露社会保险事项评审评定专家名单，干预专家评审意见；

（五）不准违规决定基本医疗保险、工伤保险和生育保险药品目录，基本医疗保险、工伤保险诊疗项目范围，工伤保险辅助器具目录等制定调整事宜；

（六）不准违规决定定点医疗机构、定点零售药店、协议工伤康复机构和协议工伤辅助器具配置机构的医疗（康复、辅助器具）费用结算标准。

三、严格社会保险基金管理。坚持专户管理，专款专用。

（七）不准私自或与他人串通，隐匿、转移、侵占、挪用、拆借、套取社会保险基金；

（八）不准违规扩大失业保险基金、工伤保险基金等使用范围；

（九）不准违规干预或插手社会保险补贴资金等专项资金的分配使用。

四、严格社会保险经办管理。坚持落实内控制度，推进逐级授权、逐级审查和分段分岗专人负责制。

（十）不准弄虚作假，违规为超龄、虚假身份等不符合条件人员参加相应的社会保险，办理社会保险登记；

（十一）不准隐匿、滞压社会保险费或将社会保险费存入社会保险基金专户之外的资金账户；

（十二）不准擅自扩大社会保险待遇发放范围，增减社会保险基金支付项目，变更社会保险待遇支付标准，违反审批程序，在手续和资料不全的情况下支付社会保险基金；

（十三）不准虚列、虚报、虚增支付项目，或通过伪造证明材料等欺诈手段骗取或协助他人骗取社会保险基金支出。

五、严格社会保险信息管理。坚持分权制衡原则，科学设置信息系统用户权限，严格执行政府采购流程。

（十四）不准伪造、篡改、擅自销毁参保人社会保险缴费记录、享受社会保险待遇记录、个人权益记录等社会保险数据资料；

（十五）不准违规外泄各类业务信息和重要数据；

（十六）不准在社会保险信息管理政府采购过程中围标串标、明招暗定、以次充好、回避招标或利用其他手段谋取私利。

六、严格社会保险监督管理。坚持依规监督，依法处理。

（十七）不准接收行政相对人的礼品、礼金、有价证券，参加可能影响公正执行公务的宴请及其他活动安排；

（十八）不准违规干预或插手监督检查项目和程序；

（十九）不准隐瞒社会保险违法违规重要情况或案件线索，影响检查实施和问题处理；

（二十）不准擅自改变社会保险基金监督检查结论，违规作出行政处理决定。

人力资源和社会保障部办公厅关于实施中丹社会保障协定的通知

（2014年4月1日　人社厅发〔2014〕42号）

各省、自治区、直辖市及新疆生产建设兵团人力资源和社会保障厅（局）：

2011年7月1日《中华人民共和国社会保险法》（以下简称《社会保险法》）实施以来，为有效解决中丹两国在对方国工作的人员双重缴纳社会保险费的问题，中丹两国政府通过多轮谈判于2013年12月9日正式签署了《中华人民共和国政府和丹麦王国政府社会保障协定》（以下简称《协定》）。同日，两国有关机构签署了《关于实施中华人民共和国政府和丹麦王国政府社会保障协定的行政协议》（以下简称《行政协议》）。双方商定，《协定》于2014年5月14日正式生效。为确保《协定》的贯彻执行，现就有关问题通知如下：

一、《协定》的主要内容

（一）互免险种范围

中国为职工基本养老保险；丹麦为社会养老金、劳动力市场补充养老金（ATP）。

（二）中方适用免除在丹缴纳相关社会保险费的人员

1. 派遣人员。受雇于在中国领土上有经营场所的雇主，被派遣到丹麦领土上为该雇主工作的人员。

2. 在航海船舶和航空器上受雇人员。指在悬挂中国船旗的航海船舶上的受雇人员及通常居住在中国领土上，被派遣到悬挂丹麦国旗的航海船舶上的受雇人员；受雇于企业总部在中国的航空器上的管理人员或机组成员。

3. 外交和领事机构人员。指中国驻丹麦外交和领事机构工作人员（简称外交雇员）。

4. 政府或公共机构受雇人员。指受雇于中国中央政府、地方政府或其他公共机构（指全部或部分适用财政性资金的国家机关、事业单位和团体组织）被派到丹麦工作的人员。

5. 在丹麦领土上受雇的中国国民，且其雇佣期限不超过6个月，或属于培训项目或教育项目类雇佣且不超过18个月。

6. 例外。两国主管机关或经办机构可同意根据特定人员或人群的申请做例外处理，条件是所涉及人员已在一国参保。

（三）丹方适用免除在华缴纳相关社会保险费的人员

1. 派遣人员。受雇于注册地或办公地在丹麦领土内的雇主，被该雇主临时派往中国领土为其工作的丹麦居民。

2. 在航海船舶和航空器上受雇人员。指在悬挂丹麦船旗的航海船舶上的受雇人员及通常居住在丹麦领土上，被派遣到悬挂中国国旗的航海船舶上的受雇人员；受雇于企业总部在丹麦的航空器上的管理人员或机组成员。

3. 外交和领事机构人员。指丹麦驻中国外交和领事机构工作人员（简称外交雇员）。

4. 政府或公共机构受雇人员。指受雇于丹麦中央政府、地方政府或其他公共机构被派到中国工作的人员。

5. 家庭成员。符合（三）中第1、3、4条规定的人员，如果被免除了在华缴纳相关社会保险费，则该人员随行的家庭成员也比照适用相关条款，免除在华缴纳相关社会保险费的义务，除非这些家庭成员本人在中国领土上受雇或自雇。

6. 例外。两国主管机关或经办机构可同意根据特定人员或人群的申请做例外处理，条件是所涉及人员已在一国参保。

（四）中方人员免除缴纳在丹社会保险费的期限

1. 派遣人员首次申请为自动免除，但仍需申请并持经办机构出具的证明。首次申请免除缴费期限最长为5年。

2. 如果派遣人员派遣期限超过5年，经两国主管机关或经办机构同意，可以予以延长，延长免除期限不超过60个日历月。

（五）丹方人员免除缴纳在华社会保险费的期限

派遣人员申请为自动免除，但仍需申请并持经办机构出具的证明。申请免除缴费期限最长为3年。

（六）主管机关、联络机构和经办机构

1. 主管机关：中方为人力资源社会保障部；丹方为社会事务、儿童和融合部。

2. 联络机构：中方为人力资源社会保障部国际合作司；丹方为丹麦年金局。

3. 经办机构：中方为人力资源社会保障部社会保险事业管理中心；丹方为丹麦年金局。

二、依据协定免除养老保险的管理办法

（一）中方在丹人员办理免缴相关社会保险费证明的流程

已在国内按规定参加了职工基本养老保险，并按时足额缴纳保险费的人员，可以按照以下程序办理申请免除在丹缴纳社会养老金、劳动力市场补充养老金（ATP）的《参保证明》。具体流程如下：

1. 申请人填写《根据中丹社会保障协定出具的〈参保证明〉申请表》（以下简称《申请表》，样式附后），并加盖所在单位公章。《申请表》可从部政府网站上下载，网址：www.mohrss.gov.cn（进入后点击："服务园地"中的"表格下载"）。

2. 申请人或代理人持填写后的《申请表》（一式3份）交由参保所在地（省、市、县区）的社会保险经办机构审核；经办机构在审核其参保情况无误后，加盖印章并留存1份《申请表》备案。

3. 申请人或代理人将1份盖章后的《申请表》挂号（或快递）寄至部社会保险事业管理中心办公室。

地址：北京东城区和平里5区10号楼，邮编：100013

电话：010-84216422，84229207

4. 对于派遣人员、在航海船舶和航空器上受雇人员、政府或公共机构受雇人员及例外情况涉及人员的申请，部社会保险事业管理中心办公室在收到《申请表》的15个工作日内通知申请人并向申请人寄出《参保证明》；未签发《参保证明》的要及时通知申请人并说明原因。

5. 对于派遣人员延长免除期限的申请，部社会保险事业管理中心在收到《申请表》进行审核后，将审核结果报送部国际合作司；待部国际合作司复核后，通报丹麦年金局。部国际合作司在接到丹麦年金局的决定通知后，安排部社会保险事业管理中心向申请人通知结果并视情况出具《参保证明》。

6. 政府或其他公共机构派出的人员填写《申请表》时，

（1）如果是公务员或是参照公务员管理的人员，《申请表》只需加盖其所在政府机关或单位人事部门印章。

（2）如果是政府机关聘用的人员，《申请表》应加盖参保所在地养老保险经办机构的印章。

（3）如果是事业单位、团体组织等（不含企业化管理的事业单位）人员，《申请表》须加盖所在单位印章，并附其单位的法人登记证书复印件。

7. 例外情况涉及人员填写《申请表》时，需附个人简要情况及相关说明材料。部社会保险事业管理中心收到《申请表》后，报送部国际合作司；部国际合作司与丹麦年金局共同决定是否同意做例外处理；部国际合作司安排部社会保险事业管理中心向申请人通知结果并视情况出具《参保证明》。

8. 申请人持《参保证明》在免除期限内可以向丹麦经办机构申请免缴《协定》规定的保险费。

（二）丹方在华人员免缴相关社会保险费的管理办法

1. 各地社会保险经办机构受理丹方在华工作人员提交的由丹

麦经办机构开具的《参保证明》(审核原件，留存复印件备案)。

2. 若丹方人员在《协定》生效之前已在中国领土上工作，则其应当在《协定》生效后6个月内向工作所在地社会保险经办机构提交由丹方经办机构开具的《参保证明》。该地经办机构核准信息后，自《协定》生效之日起免除其《协定》规定的相关社会保险缴费义务。《协定》生效6个月后提交《参保证明》的，该地经办机构自提交《参保证明》的次月起免除其缴费义务。

3. 若丹方人员在《协定》生效后来华工作的，则其应当在到华工作之日起6个月内向工作所在地社会保险经办机构提交由丹方经办机构开具的《参保证明》，由该地社会保险经办机构审核信息后，按《参保证明》规定期限免除其《协定》规定的相关社会保险缴费义务。若其在华工作之日起6个月后提交《参保证明》的，该地社会保险经办机构自提交《参保证明》的次月起免除其缴费义务，免除期限前该丹方人员应当自在华工作之日起参保缴费。

4. 凡不能提交《参保证明》的丹方在华工作人员，各地社会保险经办机构应按《中华人民共和国社会保险法》的规定，督促其参加中国的社会保险。

5. 除《协定》规定的免缴职工基本养老保险外，丹方在华工作人员应按《社会保险法》规定，参加中国其他社会保险险种。

三、关于出具中方参保人员上年度职工基本养老保险个人缴费证明的有关事宜

经中丹两国政府谈判商定，在中国参加职工基本养老保险的个人，依据丹麦《纳税评估法案》规定，如提供个人缴费证明，可在丹麦所得税税基中扣除其在中国的个人缴费金额。应个人申请，县级以上社会保险经办机构应核实参保人员参保缴费情况，并出具其上年度社会保险个人权益记录作为个人缴费证明，也可按附件4的样式出具个人缴费证明。

相关人员申请扣减丹麦所得税税基的具体事宜，可向丹麦税务机构SKAT咨询。电话:(+45) 73221818；网址：www.skat.dk。相关人员也可在当地市民服务中心或任何一家丹麦税务中心获得信息和帮助。

以上规定自《协定》生效之日起开始执行。

各级人力资源社会保障部门要高度重视此项工作，各地社会保险经办机构应本着如实、便捷的原则及时办理申请和核准有关手续，在审核时要认真核对相关信息，防止欠费和虚假现象发生，同时有义务告知申请人在申请的免缴期限内也应在国内按时足额缴纳保险费，以保障自己权益等相关内容。各地在执行中如发现问题，请及时向我部报告。

附件：1. 中华人民共和国政府和丹麦王国政府社会保障协定

2. 关于实施中华人民共和国政府和丹麦王国政府社会保障协定的行政协议

附件2-1：丹方参保证明

附件2-2：中方参保证明

3. 根据中丹社会保障协定出具的《参保证明》申请表

4. 上年度职工基本养老保险个人缴费证明

（附件本书略）

人力资源和社会保障部等部门关于加强和改进职业足球俱乐部劳动保障管理的意见

（2016年7月27日　人社部发〔2016〕69号）

各省、自治区、直辖市及新疆生产建设兵团人力资源社会保障厅（局）、教育厅（教委、教育局）、体育局、总工会：

为贯彻落实国务院办公厅印发的《中国足球改革发展总体方案》（国办发〔2015〕11号）的要求，加强和改进职业足球俱乐部（以下简称“俱乐部”）劳动保障管理，维护俱乐部和职业足球运动员、教练员、其他工作人员等劳动者（以下简称“球员等劳动者”）的合法权益，促进中国足球改革发展，现提出如下意见：

一、加强劳动用工管理

各地要指导俱乐部依照劳动合同法等法律法规，探索建立适应职业足球特点的劳动用工、工资分配、工时和休息休假等制度。俱乐部应与球员等劳动者依法签订劳动合同，除劳动合同法要求的必备条款外，俱乐部与球员、教练员可以根据足球行业特点，依法约定其他条款。俱乐部应加强劳动合同履行、变更、解除、终止各环节的日常管理，按劳动合同约定按时足额支付球员等劳动者的劳动报酬，落实其休息休假权益，实现劳动用工管理规范化和制度化。中国足协等行业组织要针对足球运动的特点和行业规则，分类制定规范、简明、实用的劳动合同示范文本，指导俱乐部依法规范劳动用工行为。外籍球员申请入境工作的，各地外国人工作管理部门要依法及时发放工作许可。

二、建立集体协商机制

各地要引导俱乐部依法建立工会组织，积极支持工会组织开展活动，发挥工会在组织动员球员与俱乐部共建和谐劳动关系方面的重要作用。要建立健全俱乐部与工会组织、足球协会与行业工会的协商对话机制，畅通球员等劳动者表达意见建议的渠道，依法开展集体协商签订集体合同，合理确定劳动报酬、保险福利、工作时间、休息休假、履行集体合同发生争议时的协商处理办法等涉及球员等劳动者切身利益的重大事项，引导球员等劳动者依法理性表达意见和诉求。

三、督促依法参加社会保险

各地要指导督促俱乐部依法参加社会保险，确保球员等劳动者享受相应的社会保险待遇。俱乐部应自成立之日起30日内向当地社会保险经办机构申请办理社会保险登记，并按规定缴纳社会保险费。球员等劳动者流动就业时，按《国务院办公厅关于转发人力资源社会保障部、财政部〈城镇企业职工基本养老保险关系转移接续暂行办法〉的通知》（国办发〔2009〕66号）、《关于印发流动就业人员基本医疗保障关系转移接续暂行办法的通知》（人社部发〔2009〕191号）等规定办理社会保险关系转移接续手续。球员等劳动者失业后，符合条件的，按规定领取失业保险金并享受其他失业保险待遇和再就业服务。各地社会保险经办机构要加强社会保险法律法规政策的宣传，提高俱乐部和球员等劳动者参保的意识，做好俱乐部和球员等劳动者参保的服务工作。鼓励有条件的俱乐部为球员等劳动者建立补充保险或者购买商业保险。

四、促进运动员转岗就业

各地要进一步拓宽职业球员再就业渠道，引导和支持退役球员进入高等学校和各类职业学校培训和学习，不断提升综合素质和能力，为球员实现转岗就业提供帮助。学校等事业单位可拿出一定数量的岗位，优先从符合岗位要求的退役球员中公开选聘足球教练员、体育教师。教育部门可通过购买服务、特聘兼职教师及课外辅导员等方式，聘请退役球员、教练员参与校园足球发展。各地足球协会、俱乐部等组织，在同等条件下要优先招用球员从事足球管理和服务工作。鼓励社区、企业设立相应岗位，吸引退役球员、教练员从事社会足球指导工作。鼓励球员通过多种渠道自主就业创业，各级公共就业服务机构要积极提供职业指导、职业介绍等服务；对参加职业技能培训和创业培训的，按规定给予培训费补贴；对自主创业的，按规定落实税费减免、创业担保贷款等扶持政策，提供政策咨询、开业指导、信息服务等创业服务。

五、加强组织领导

各级人力资源社会保障部门、教育部门、体育部门、工会组织以及各级足球协会要高度重视加强和改进职业足球俱乐部劳动保障管理工作，切实加强组织领导，明确职责分工，积极协调配合，形成工作合力。要认真总结推广工作中行之有效的经验做法，按照《中国足球改革发展总体方案》不断完善政策措施，推动相关立法工作，为中国足球改革发展创造良好条件。

人力资源和社会保障部办公厅关于做好企业“五证合一”社会保险登记工作的通知

（2016年8月22日　人社厅发〔2016〕130号）

各省、自治区、直辖市及新疆生产建设兵团人力资源社会保障厅（局）：

为贯彻落实《国务院办公厅关于加快推进“五证合一、一照一码”登记制度改革的通知》（国办发〔2016〕53号）精神和《工商总局等五部门关于贯彻落实〈国务院办公厅关于加快推进“五证合一”登记制度改革的通知〉的通知》（工商企注字〔2016〕150号）要求，切实做好企业“五证合一”社会保险登记工作，现就有关事项通知如下：

一、明确“五证合一”登记制度改革的适用范围

从2016年10月1日起，在工商部门登记的企业和农民专业合作社（以下统称“企业”）按照“五证合一、一照一码”登记制度进行社会保险登记证管理。国家机关、事业单位、社会团体等未纳入“五证合一、一照一码”登记制度管理的单位仍按原办法，到社会保险经办机构办理社会保险登记，由社会保险经办机构核发社会保险登记证，并逐步采用统一社会信用代码进行登记证管理。

二、简化优化企业社会保险登记业务流程

各地要及时建立适合“五证合一、一照一码”登记制度的企业社会保险登记业务流程，为企业提供更加方便快捷的登记服务。新成立的企业在办理工商注册登记时，同步完成企业的社会保险登记。实行“五证合一”制度改革前办理社会保险登记时要求企业提供的银行账号等指标项目，改革后由企业在为职工办理社会保险登记时提供。

企业办理“五证合一”登记后，社会保险经办机构应及时接收工商部门交换的数据，生成企业的《社会保险登记表》，并按规定存档。企业登记信息变更或注销后，社会保险经办机构应依据工商部门的交换数据及时更新企业的社会保险登记信息。其中，已参加社会保险的企业办理工商注销登记后，仍需到社会保险经办机构办理注销登记。社会保险经办机构对工商部门交换数据有疑义的，要及时反馈工商部门。同时做好社会保险登记与就业失业登记、劳动用工备案等其他人力资源和社会保障业务的信息共享和业务协同。

三、做好企业社会保险登记与职工参保登记业务的衔接

社会保险经办机构要充分利用工商部门提供的共享信息，实现企业社会保险登记与职工参保登记业务的有机衔接，切实做好扩面征缴工作。接收工商部门共享的企业社会保险登记信息后，社会保险经办机构要通过公开信、公告、短信等多种方式，提醒、督促已办理“五证合一”营业执照的企业在产生用工后30日内，依法及时到社会保险经办机构为职工办理参保登记手续。逾期仍不办理职工参保登记手续的，经办机构提请有关部门依法要求用人单位履行职工参保缴费义务。

企业为职工办理参保登记手续时，社会保险经办机构应核对“五证合一”营业执照。对于已从工商部门获取数据信息的企业，社会保险经办机构可直接调取该单位基本信息，补充开户银行账号等有关资料，完成职工参保登记。职工参保登记时补充的相关信息发生变更的，由企业向社会保险经办机构办理变更手续。

四、加强信息比对和跟踪管理

登记是社会保险经办管理的重要环节，在简化企业社会保险登记证办理流程、取消社会保险登记证定期验证换证规定后，社会保险经办机构要深化共享登记信息的比对和分析应用，继续做好年度缴费基数的申报和核定，切实加强跟踪管理。原社会保险登记证定期验证时，要求企业填报的参加社会保险人数、缴费工资总额、缴费金额、欠缴社会保险费等情况，纳入企业年度报告，由企业自行向工商部门报告并向社会公示。对于工商部门提供的企业基本信息、年度报告信息、经营异常名录信息和严重违法失信企业名单信息，社会保险经办机构要及时分析，准确掌握企业的存续、经营和履行社会保险缴费义务等情况。对企业年报数据与实际参保缴费数据不一致、企业公示相关情况与参保缴费规模不匹配的，要及时与企业沟通，查找原因，作出处理。

建立健全企业社会保险诚信管理制度，规范企业登记和参保缴费行为。对已取得“五证合一”营业执照并产生用工的企业，应通过查看参保缴费证明和社会保险个人权益记录单等方式，核验是否依法履行参保缴费义务。大力推广网上办事、掌上社保和自助服务，方便企业和个人查询和打印单位参保缴费证明和社会保险个人权益记录单。对存在虚假公示、申报社会保险参保缴费等情况的，要督促企业更正；情节严重的，应商有关部门开展联合惩戒。

五、建立有效的工作机制

推行企业“五证合一”社会保险登记是当前人力资源社会保障部门简化优化流程、改进公共服务、加强作风建设的重要内容，各地区要高度重视，主要领导亲自抓，确保登记制度改革措施平稳实施。建立与工商等部门信息共享、互信互动的工作机制，及时接收企业的工商登记信息和年报等公示信息，并按要求向工商部门反馈企业相关基本信息。强化系统联动，社会保险经办机构与信息化综合管理机构要密切配合，做好共享信息的整理、传输、反馈和分析应用；省级人力资源社会保障部门接收企业工商登记信息后，应在5个工作日内分发至市级社会保险经办机构，确保企业社会保险登记工作的及时开展。各级社会保险经办机构要加强工作调度，建立“五证合一”社会保险登记工作台账，并将企业登记信息的管理和在扩面征缴工作中的应用情况作为年度业务考核的重要内容。

各地开展“五证合一”社会保险登记工作的有关情况，请于12月31日前报送我部社会保险事业管理中心。

人力资源和社会保障部办公厅关于实施中加社会保障协定的通知

（2016 年 12 月 27 日　人社厅发〔2016〕190 号）

各省、自治区、直辖市及新疆生产建设兵团人力资源社会保障厅（局）：

2011 年 7 月 1 日《中华人民共和国社会保险法》实施以来，为有效解决中加两国在对方国工作的人员双重缴纳社会保险费的问题，中加两国政府通过多轮谈判于 2015 年 4 月 2 日正式签署了《中华人民共和国政府和加拿大政府社会保障协定》（以下简称《协定》）和《中华人民共和国人力资源和社会保障部与加拿大就业和社会发展部关于实施中华人民共和国政府和加拿大政府社会保障协定的行政协议》（以下简称《行政协议》）。双方商定，《协定》和《行政协议》于 2017 年 1 月 1 日正式生效。为确保《协定》和《行政协议》的贯彻执行，现就有关问题通知如下：

一、《协定》主要内容

（一）互免险种范围

中国为职工基本养老保险、城乡居民基本养老保险；加拿大为老年保障法案及据此制定的法规、加拿大养老金计划及据此制定的法规。

（二）中方适用免除在加缴纳相关社会保险费的人员

1. 派遣人员。指受雇于中国领土上有经营场所的雇主，该雇佣关系受中国法律规定管辖，在雇佣期间被其雇主派到加拿大领土上工作的人员。

2. 自雇人员。指在中国领土上居住，在加拿大或中加两国领土上为自己工作的人员。

3. 在船舶和航空器上的雇员。

4. 政府雇员。指受中国法律规定管辖并受雇于中央、地方政府和其他公共机构，被派往加拿大领土上工作的人员。

5. 例外。中加两国主管机关可对任意个人或人群就适用《协定》第五条至第八条作例外处理，条件是所涉及人员受中加两国任一国法律规定管辖。

（三）加方适用免除在华缴纳相关社会保险费的人员

加方适用免除在华缴纳社会保险费的人员与中方适用人员的条件类同。

（四）派遣人员免除缴纳社会保险费的期限

就派遣人员而言，免除缴费期限最长为72个月。如派遣期限超过72个月，经中加两国主管机关或经办机构同意，可予以延长。

（五）主管机关、联络机构和经办机构

1. 主管机关：中方为人力资源社会保障部；加方为负责加拿大法律实施的一名或几名部长。

2. 联络机构：中方为人力资源和社会保障部国际合作司；加方为加拿大税务局立法政策司。

3. 经办机构：中方为人力资源和社会保障部社会保险事业管理中心；加方为负责加拿大法律实施的部门和机构。

二、依据《协定》免除缴纳养老保险费的管理办法

（一）中方在加人员办理免缴养老保险费《参保证明》的流程

已在中国国内按规定参加了职工基本养老保险或城乡居民基本养老保险，并按时足额缴纳保险费的人员，可以按照以下程序办理申请免除在加缴纳养老保险费。具体流程如下：

1. 申请人填写《根据中加社会保障协定出具的〈参保证

明〉申请表》（以下简称《申请表》，样式附后），并加盖所在单位公章。《申请表》可从部门户网站上下载，网址：www. mohrss. gov. cn（进入后点击“服务之窗”中的“表格下载”）。申请人也可在部门户网站查阅“中加社会保障协定参保证明办事指南”（点击“服务之窗”中的“办事指南”）。

2. 申请人或代理人将填写后的《申请表》（一式2份）提交参保所在地（省、市、县区）的社会保险经办机构审核；经办机构在审核其参保缴费情况无误后，加盖印章并留存1份《申请表》备案。

3. 申请人或代理人将盖章后的1份《申请表》挂号或快递寄至部社保中心。（地址：北京市东城区安定门外大街138号皇城国际B座，收信单位：人力资源社会保障部社保中心国际合作处，邮编：100011，电话：010-89946777）

4. 部社保中心收到《申请表》后予以审核。如审核通过，将在15个工作日内出具并向申请人邮寄《参保证明》；如审核未通过，及时向申请人说明原因。

5. 例外情况涉及人员填写《申请表》时，需附个人简要情况及相关说明材料。部社保中心收到《申请表》后，由中加两国主管机关共同决定是否同意作例外处理。如同意，部社保中心向申请人出具《参保证明》；如不同意则向申请人说明原因。

6. 申请人向加拿大经办机构提交《参保证明》，并申请免除缴纳相应的养老保险费。

（二）加方在华人员免除缴纳养老保险费的管理办法

1. 加方在华人员向参保所在地社会保险经办机构提交由加拿大经办机构出具的《参保证明》，其参保所在地社会保险经办机构审核原件，留存复印件备案。核准信息后，依据其《参保证明》上规定的期限免除其相关社会保险缴费义务。

2. 加方在华人员在其《参保证明》规定的免缴期限内，已产生的参保缴费，中方没有返还该缴费的义务。

3. 凡不能提交《参保证明》的加方在华人员，各地社会保险经办机构应按《中华人民共和国社会保险法》和《在中国境内就业的外国人参加社会保险暂行办法》（部令16号）的规定，督促其参加中国的社会保险。

4. 除《协定》规定的免缴职工基本养老保险外，加方在华人员应按《社会保险法》和部令16号的规定，参加中国其他社会保险险种。

以上规定自《协定》和《行政协议》生效之日起开始执行。各级人力资源社会保障部门要高度重视此项工作，各地社会保险经办机构应本着如实、便捷的原则及时办理核准和免缴有关手续。在审核时要认真核对相关信息，防止欠费和虚假现象发生。各地在执行中如发现问题，请及时向我部报告。

附件：1. 中华人民共和国政府和加拿大政府社会保障协定

2. 中华人民共和国人力资源和社会保障部与加拿大就业和社会发展部关于实施《中华人民共和国政府和加拿大政府社会保障协定》的行政协议

3. 根据中加社会保障协定出具的《参保证明》申请表（样表）

4. 中方《参保证明》（样表）

5. 加方《参保证明》（样表）

（附件本书略）

人力资源和社会保障部办公厅关于实施中芬社会保障协定的通知

（2017 年 1 月 17 日 人社厅发〔2017〕6 号）

各省、自治区、直辖市及新疆生产建设兵团人力资源社会保障厅（局）：

2011 年 7 月 1 日《中华人民共和国社会保险法》（以下简称《社会保险法》）实施以来，为有效解决中芬两国在对方国工作的人员双重缴纳社会保险费的问题，中芬两国政府通过多轮谈判于 2014 年 9 月 22 日正式签署了《中华人民共和国政府和芬兰共和国政府社会保障协定》（以下简称《协定》），并于 2016 年 10 月 18 日正式签署了《关于实施中华人民共和国政府和芬兰共和国政府社会保障协定的行政协议》（以下简称《行政协议》）。双方商定，《协定》和《行政协议》于 2017 年 2 月 1 日正式生效。为确保《协定》和《行政协议》的贯彻执行，现就有关问题通知如下：

一、《协定》的主要内容

（一）互免险种范围

中国为职工基本养老保险和失业保险；芬兰为与收入相关的年金计划下的老年、残疾和遗属年金及失业保险。

（二）中方适用免除在芬缴纳相关社会保险费的人员

1. 派遣人员。指受雇于在中国领土上有经营场所的雇主，依其雇佣关系被雇主派往芬兰领土上为该雇主工作的人员。

2. 自雇人员。指受中国法律规定管辖并且通常在中国领土上工作，临时到芬兰领土上从事自雇工作的人员。

3. 在航海船舶上的雇员。指在悬挂中国船旗的航海船舶上受雇的人员及通常居住在中国领土上，被中国的雇主派遣到悬挂芬兰国旗的航海船舶上工作的人员。

4. 在航空器上受雇的飞行人员。指受雇的企业总部在中国的人员。

5. 外交、领事机构人员和公务员。

6. 例外。中芬两国主管机关或经办机构可同意根据特定人员或人群的情况对《协定》第六至第九条作例外处理，条件是所涉及人员受中芬两国任一国法律规定管辖。

（三）芬方适用免除在华缴纳相关社会保险费的人员

芬方适用免除在华缴纳社会保险费的人员与中方适用人员的条件类同。

（四）免除缴纳社会保险费的期限

1. 派遣人员和自雇人员首次申请免除缴费期限最长为5年。

2. 如果派遣人员的派遣期限或自雇人员的自雇期限超过5年，经中芬两国主管机关或经办机构同意，可予以延长。

（五）主管机关、联络机构和经办机构

1. 主管机关：中方为人力资源社会保障部；芬方为社会事务和卫生部。

2. 联络机构：中方为人力资源和社会保障部社会保险事业管理中心；芬方为芬兰养老金中心（ETK）。

3. 经办机构：中方为人力资源和社会保障部社会保险事业管理中心；芬方为芬兰养老金中心（ETK）。

二、依据《协定》免除缴纳相关社会保险费的管理办法

（一）中方在芬人员办理免缴相关社会保险费《参保证明》的流程

已在中国国内按规定参加了职工基本养老保险和失业保险，并按时足额缴纳保险费的人员，可以按照以下程序申请办理《参保证明》，以免除在芬缴纳相关的社会保险费。具体流程如下：

1. 申请人填写《根据中芬社会保障协定出具的〈参保证明〉申请表》（以下简称《申请表》，样式附后），并加盖所在单位公章。《申请表》可从部门户网站上下载，网址：www.mohrss.gov.cn（进入后点击："服务之窗"中的"表格下载"）。申请人也可在部门户网站查阅"中芬社会保障协定参保证明办事指南"（点击"服务之窗"中的"办事指南"）。

2. 申请人或代理人持填写后的《申请表》（一式3份）交由参保所在地（省、市、县）的社会保险经办机构审核；经办机构在审核其参保缴费情况无误后，加盖印章。负责职工基本养老保险和失业保险的机构若分设，应分别核实盖章，并各留存1份《申请表》备案。

3. 申请人或代理人将盖章后的1份《申请表》挂号或快递寄至部社保中心。（地址：北京市东城区安定门外大街138号皇城国际B座，收信单位：人力资源社会保障部社保中心国际合作处，邮编：100011，电话：010-89946777）

4. 部社保中心收到《申请表》后予以审核。如审核通过，将在15个工作日内出具并向申请人邮寄《参保证明》；如审核未通过，及时向申请人说明原因。

5. 例外情况涉及人员填写《申请表》时，需附个人简要情况及相关说明材料。部社保中心收到《申请表》后，由中芬两国主管机关或经办机构共同决定是否同意作例外处理。如同意，部社保中心向申请人出具《参保证明》；如不同意则向申请人说明原因。

6. 申请人向芬兰经办机构提交《参保证明》，并申请免除缴纳相应的社会保险费。

（二）芬方在华人员免缴相关社会保险费的管理办法

1. 芬方在华工作人员向参保所在地社会保险经办机构提交由芬兰养老金中心（ETK）开具的《参保证明》，其参保所在地社会保险经办机构审核原件，留存复印件备案。核准信息后，依据其《参保证明》上规定的期限免除其相关社会保险缴费义务。

2. 若芬方人员在《协定》生效之前已在中国领土上工作，则该派遣人员或自雇人员的免除缴费期限应当从《协定》生效之日起计算。

3. 凡不能提交《参保证明》的芬方在华人员，各地社会保险经办机构应按《社会保险法》和《在中国境内就业的外国人参加社会保险暂行办法》（部令 16 号）的规定，督促其参加中国的社会保险。

4. 除《协定》规定的免缴职工基本养老保险和失业保险外，芬方在华人员应按《社会保险法》和部令 16 号的规定，参加中国其他社会保险险种。

以上规定自《协定》和《行政协议》生效之日起开始执行。各级人力资源社会保障部门要高度重视此项工作，各地社会保险经办机构应本着如实、便捷的原则及时办理核准和免缴有关手续，在审核时要认真核对相关信息，防止欠费和虚假现象发生。各地在执行中如发现问题，请及时向我部社保中心报告。

附件：1. 中华人民共和国政府和芬兰共和国政府社会保障协定

2. 关于实施中华人民共和国政府和芬兰共和国政府社会保障协定的行政协议

3. 根据中芬社会保障协定出具的《参保证明》申请表（样表）

4. 中方《参保证明》（样表）

5. 芬方《参保证明》（样表）

（附件本书略）

人力资源和社会保障部办公厅关于实施中国瑞士社会保障协定的通知

（2017 年 6 月 13 日　人社厅发〔2017〕69 号）

各省、自治区、直辖市及新疆生产建设兵团人力资源社会保障厅（局）：

2011 年 7 月 1 日《中华人民共和国社会保险法》实施以来，为有效解决中瑞两国在对方国工作的人员双重缴纳社会保险费的问题，中瑞两国政府通过多轮谈判于 2015 年 9 月 30 日正式签署了《中华人民共和国政府和瑞士联邦政府社会保障协定》（以下简称《协定》）。双方商定，《协定》于 2017 年 6 月 19 日正式生效。为确保《协定》的贯彻执行，现就有关问题通知如下：

一、《协定》主要内容

（一）互免险种范围

中国为职工基本养老保险、城乡居民基本养老保险、失业保险；瑞士为养老和遗属保险、残疾保险。根据瑞士法律规定，适用或免除瑞士养老和遗属保险以及残疾保险的雇员将自动适用或免除瑞士失业保险。

（二）中方适用免除在瑞士缴纳相关社会保险费的人员

1. 派遣人员。指受雇于中国领土上有经营场所的雇主，依其雇佣关系被雇主派往瑞士为该雇主工作的人员。

2. 在航海船舶上的雇员。指在悬挂中国船旗的航海船舶上受雇的人员及通常居住在中国领土上，被中国的雇主派遣到悬挂瑞士国旗的航海船舶上工作的人员。

3. 在航空器上的雇员。指受雇的企业总部在中国的管理人员或机组成员。

4. 外交和领事机构人员。

5. 政府或公共服务机构受雇人员。指受雇于中国中央或地方政府或其他公共服务机构，依其雇佣关系被雇主派往瑞士领土为其工作的人员。

6. 随行家属。上述1—5类人员的随行并共同居住的配偶及子女，同样适用免除在瑞士缴纳相关社会保险费，前提是其配偶及子女未在瑞士领土上受雇或自雇，且应在中国参加城乡居民基本养老保险。

7. 例外。中瑞两国主管机关可同意根据特定人员或人群的情况，就适用《协定》第三条至第七条作例外处理，条件是所涉及人员受中瑞两国任一国法律规定管辖。

（三）瑞方适用免除在华缴纳相关社会保险费的人员

瑞方适用免除在华缴纳社会保险费的人员与中方适用人员的条件类同。

（四）派遣人员免除缴纳社会保险费的期限

就派遣人员而言，首次申请免除缴费期限最长为6年。如派遣期限超过6年，经中瑞两国主管机关同意，可予以延长。

（五）主管机关、联络机构和经办机构

1. 主管机关：中方为人力资源社会保障部；瑞方为联邦社会保险办公室。

2. 联络机构：中方为人力资源社会保障部国际合作司；瑞方为联邦社会保险办公室。

3. 经办机构：中方为人力资源社会保障部社会保险事业管理中心或该部指定的其他机构；瑞方为养老和遗属保险以及残疾保险赔偿办公室。

二、依据《协定》免除缴纳相关社会保险费的管理办法

（一）中方在瑞士人员办理免缴相关社会保险费《证明书》的流程

已在中国国内按规定参加了职工基本养老保险、城乡居民基本养老保险、失业保险，并按时足额缴纳保险费的人员，可以按照以下程序办理申请免除在瑞士缴纳相关社会保险费。具体流程如下：

1. 申请人填写《根据中国瑞士社会保障协定出具的〈证明书〉申请表》（以下简称《申请表》，样式附后），并加盖所在单位公章。《申请表》可从部政府网站上下载，网址：www. mohrss. gov. cn（进入后点击："服务之窗"中的"表格下载"）。申请人也可在部政府网站查阅"中国瑞士社会保障协定证明书办事指南"（点击："服务之窗"中的"办事指南"）。

2. 申请人或代理人将填写后的《申请表》（一式 3 份）提交参保所在地（省、市、区县）的社会保险经办机构审核；经办机构在审核其参保缴费情况无误后，加盖印章并留存相关《申请表》备案。

3. 申请人或代理人将盖章后的 1 份《申请表》挂号或快递寄至部社保中心。（地址：北京市东城区安定门外大街 138 号皇城国际 B 座，收信单位：人力资源社会保障部社保中心国际合作处，邮编：100011，电话：010-89946777）

4. 部社保中心国际合作处收到《申请表》后予以审核。如审核通过，将在 15 个工作日内出具并向申请人邮寄《证明书》；如审核未通过，及时向申请人说明原因。

5. 例外情况涉及人员填写《申请表》时，需附个人简要情况及相关说明材料。部社保中心收到《申请表》后，由中瑞两国主管机关共同决定是否同意作例外处理。如同意，部社保中心向申请人出具《证明书》；如不同意则向申请人说明原因。

6. 申请人向瑞士经办机构提交《证明书》，并申请免除缴纳相应的社会保险费。

（二）瑞士在华人员免除缴纳相关社会保险费的管理办法

1. 瑞士在华人员向参保所在地社会保险经办机构提交由瑞

士经办机构出具的《证明书》，其参保所在地社会保险经办机构审核原件，留存复印件备案。核准信息后，依据其《证明书》上规定的期限免除其相关社会保险缴费义务。

2. 凡不能提交《证明书》的瑞士在华人员，各地社会保险经办机构应按《中华人民共和国社会保险法》和《在中国境内就业的外国人参加社会保险暂行办法》（部令16号）的规定，督促其参加中国的社会保险。当参保人员离开中国时，其所缴纳的保险费或个人账户余额的返还应按照部令16号第五条第二款规定执行。

3. 除《协定》规定的免缴职工基本养老保险、城乡居民基本养老保险、失业保险外，瑞士在华人员应按《社会保险法》和部令16号的规定，参加中国其他社会保险险种。

以上规定自《协定》生效之日起开始执行。各级人力资源社会保障部门要高度重视此项工作，各地社会保险经办机构应本着如实、便捷的原则及时办理核准和免缴有关手续。在审核时要认真核对相关信息，防止欠费和虚假现象发生。各地在执行中如发现问题，请及时向我部报告。

附件：1. 中华人民共和国政府和瑞士联邦政府社会保障协定

2. 根据中国瑞士社会保障协定出具的《证明书》申请表（样表）

3. 中方《证明书》（样表）

4. 瑞方《证明书》（样表）

（附件本书略）

人力资源和社会保障部办公厅关于实施中国-荷兰社会保障协定的通知

（2017 年 8 月 3 日　人社厅发〔2017〕93 号）

各省、自治区、直辖市及新疆生产建设兵团人力资源社会保障厅（局）：

2011 年 7 月 1 日《中华人民共和国社会保险法》实施以来，为有效解决中国、荷兰两国在对方国工作的人员双重缴纳社会保险费的问题，通过多轮谈判，中荷两国政府于 2016 年 9 月 12 日正式签署了《中华人民共和国政府和荷兰王国政府社会保障协定》（以下简称《协定》）。我部与荷兰社会事务和就业部同日签署了《关于实施中华人民共和国政府和荷兰王国政府社会保障协定的谅解备忘录》（以下简称《谅解备忘录》）。双方商定，《协定》和《谅解备忘录》于 2017 年 9 月 1 日正式生效。为确保《协定》和《谅解备忘录》的贯彻执行，现就有关问题通知如下：

一、《协定》主要内容

（一）互免险种范围

中国为职工基本养老保险、失业保险；荷兰为养老保险、失业保险和遗属保险。

（二）中方适用免除在荷兰缴纳相关社会保险费的人员

1. 派遣工作人员。指受中国法律规定管辖并受雇于中国领土上有经营场所并正常开展业务的雇主，且在派遣之前在中国领土上直接为该雇主工作至少 1 个月的人员。

2. 海员。指在悬挂中国船旗的航海船舶上受雇的人员及通常居住在中国领土上，被中国的雇主派往悬挂荷兰船旗的航海船舶上工作的人员。

3. 航空器雇员。指受雇雇主主要经营场所在中国的机组人员。

4. 公务人员、外交和领事机构人员。外交和领事机构工作人员指《维也纳外交关系公约》《维也纳领事关系公约》中定义的相关人员。公务人员指中国派遣至荷兰领土上的公务人员。

5. 随行家属。上述第 1 类和第 4 类人员的随行的配偶和子女，同样适用免除在荷兰缴纳相关社会保险费，除非其配偶和子女在荷兰领土上受雇或自雇。

6. 例外。中荷两国主管机关或经办机构可同意就特定人员或人群，对《协定》第五条至第八条以及第九条第二、三、四款的适用作例外处理，条件是所涉及人员受中荷两国任一国法律规定管辖。

（三）荷方适用免除在华缴纳相关社会保险费的人员

荷方适用免除在华缴纳社会保险费的人员与中方适用人员的条件类同。

（四）派遣工作人员免除缴纳社会保险费的期限

就派遣工作人员而言，首次申请免除缴费期限最长为 5 年。如派遣期限超过 5 年，经中荷两国主管机关或经办机构同意，可予以延长，延长免除期限不超过 1 年。

（五）主管机关和经办机构

1. 主管机关：中方为人力资源社会保障部；荷方为社会事务和就业大臣。

2. 经办机构：中方为人力资源社会保障部社会保险事业管理中心或该部指定的其他机构；荷方为社会保险银行或社会事务和就业大臣指定的其他机构。

二、依据《协定》免除缴纳相关社会保险费的管理办法

（一）中方在荷兰人员办理免缴相关社会保险费《参保证

明》的管理办法

已在中国国内按规定参加了职工基本养老保险和失业保险，并按时足额缴纳保险费的人员，可以按照以下程序办理申请免除在荷兰缴纳相关社会保险费。

1. 对于在协定生效之日前已经在荷兰工作的人员，请于协定生效之日起6个月内向我部社保中心提出免缴申请。对于在协定生效之日后开始在荷兰工作的人员，请于在荷兰开始工作之日起6个月内向我部社保中心提出免缴申请。

2. 申请人填写《根据中荷社会保障协定出具的〈参保证明〉申请表》（以下简称《申请表》，样式附后），并加盖所在单位公章。《申请表》可从部门户网站上下载，网址：www.mohrss.gov.cn（进入后点击："服务之窗"中的"表格下载"）。申请人也可在部门户网站查阅"中荷社会保障协定参保证明办事指南"（点击："服务之窗"中的"办事指南"）。

3. 申请人或代理人将填写后的《申请表》（一式3份）提交参保所在地的社会保险经办机构审核；经办机构在审核其参保缴费情况无误后，加盖印章并留存相关《申请表》备案。

4. 申请人或代理人将盖章后的1份《申请表》挂号或快递寄至部社保中心（地址：北京市东城区安定门外大街138号皇城国际B座，收信单位：人力资源社会保障部社保中心国际合作处，邮编：100011，电话：010-89946777）。

5. 部社保中心收到《申请表》后予以审核。如审核通过，将在15个工作日内出具并向申请人邮寄《参保证明》；如审核未通过，及时向申请人说明原因。

6. 例外情况涉及人员填写《申请表》时，需附个人简要情况及相关说明材料。部社保中心收到《申请表》后，由中荷两国主管机关或经办机构共同决定是否同意作例外处理。如同意，部社保中心向申请人出具《参保证明》；如不同意则向申请人说明原因。

7. 对于派遣工作人员中申请延长免除期限的人员，应在前一次免除到期之日3个月前向我部社保中心提出延长免除期限申请。由中荷两国经办机构共同决定是否同意免除申请。如同意，部社保中心向申请人出具《参保证明》。如不同意则向申请人说明原因。

8. 申请人向荷兰经办机构提交《参保证明》，并申请免除缴纳相应的社会保险费。

（二）荷兰在华人员免除缴纳相关社会保险费的管理办法

1. 接收荷兰在华人员的合法经济实体应向其参保所在地社会保险经办机构提交由荷兰经办机构出具的《参保证明》，其参保所在地社会保险经办机构审核原件，留存复印件备案。核准信息后，依据其《参保证明》上规定的期限免除其相关社会保险缴费义务。

2. 若申请人是在《协定》生效前来华工作的，则其位于中国的接收该派遣雇员的合法经济实体应当在《协定》生效之日起6个月内向其参保所在地社会保险经办机构提交由荷兰经办机构出具的《参保证明》，免除期限自《协定》生效之日起计算。《协定》生效6个月后提交《参保证明》的，免除期限自《参保证明》提交次月起计算。

3. 若申请人是在《协定》生效后来华工作的，且其位于中国的接收该派遣雇员的合法经济实体在其到华工作之日起6个月内向其参保所在地社会保险经办机构提交由荷兰经办机构出具的《参保证明》的，该地社会保险经办机构核准信息后，将按参保证明规定的免缴期限免除其《协定》规定的相关社会保险缴费义务；若《参保证明》是其在华工作之日起6个月后提交的，中荷两国经办机构将根据《协定》第十条进行协商。

4. 凡不能提交《参保证明》的荷兰在华人员，各地社会保险经办机构应按《中华人民共和国社会保险法》和《在中国境内就业的外国人参加社会保险暂行办法》（人力资源社会保障部令第16号）的规定，督促其参加中国的社会保险。

5. 除《协定》规定的免缴职工基本养老保险和失业保险外，荷兰在华人员应按《社会保险法》和部令第16号的规定，参加中国其他社会保险险种。

以上规定自《协定》生效之日起开始执行。各级人力资源社会保障部门要高度重视此项工作，各地社会保险经办机构应本着如实、便捷的原则及时办理核准和免缴有关手续。在审核时要认真核对相关信息，防止欠费和虚假现象发生。各地在执行中如发现问题，请及时向我部报告。

附件：1. 中华人民共和国政府和荷兰王国政府社会保障协定

2. 关于实施中华人民共和国政府和荷兰王国政府社会保障协定的谅解备忘录

3. 申请表（样表）

4. 中方《参保证明》（样表）

5. 荷方《参保证明》（样表）

（附件本书略）

国家宗教事务局等部门关于妥善解决宗教教职人员社会保障问题的意见

（2010 年 2 月 10 日　国宗发〔2010〕8 号）

各省、自治区、直辖市政府宗教局、人力资源和社会保障厅（局）、财政厅（局）、民政厅（局）、卫生厅（局），新疆生产建设兵团民宗局、人力资源和社会保障局、财务局、民政局、卫生局：

宗教教职人员在宣传贯彻党的宗教信仰自由政策、团结教育信教群众、维护宗教和睦、促进社会和谐、推动宗教与社会主义社会相适应等方面发挥着重要作用。妥善解决好他们的社会保障问题，解除他们的后顾之忧，使他们病有所医、老有所养，具有重要意义。现就宗教教职人员社会保障问题提出以下意见。

一、适用范围

按照各宗教团体宗教教职人员认定办法认定并报政府宗教事务部门备案的宗教教职人员。

二、基本原则

（一）属地原则。宗教团体、宗教院校和宗教活动场所所在的地区，要按照属地管理原则，将宗教教职人员纳入当地社会保障覆盖范围。宗教团体、宗教院校和宗教活动场所可作为一个单位参加社会保障。

（二）自愿原则。在尊重宗教教义教规基础上，宗教教职人员自愿参加医疗、养老、失业、工伤、生育等社会保障。先行解决宗教教职人员的城乡低保和基本医疗保障问题，逐步解决养老保障问题。

（三）权利与义务对等原则。宗教教职人员应履行缴费义务，按时足额缴纳社会保险费，按国家有关规定享受社会保险待遇。

三、保障办法

（一）最低生活保障和农村五保供养问题。宗教教职人员符合当地最低生活保障条件的，应纳入城乡最低生活保障范围，做到应保尽保。符合农村五保供养条件的宗教教职人员，应纳入农村五保供养范围。在核定救助对象时，对长期脱离家庭独自生活的宗教教职人员，可按一户核算。

（二）基本医疗保障问题。宗教团体、宗教院校的宗教教职人员参加本宗教团体、宗教院校所在地的城镇职工基本医疗保险。宗教活动场所的宗教教职人员按照属地原则，在宗教活动场所所在地参加城镇职工基本医疗保险或城镇居民基本医疗保险或新型农村合作医疗。宗教团体、宗教院校不具备宗教教职人员身份的专职工作人员按照国务院《关于建立城镇职工基本医疗保险制度的决定》（国发〔1998〕44号）的规定参加城镇职工基本医疗保险。在宗教院校接受全日制教育的学生，可参照国务院办公厅《关于将大学生纳入城镇居民基本医疗保险试点范围的指导意见》（国办发〔2008〕119号）参加城镇居民基本医疗保险。符合条件的宗教教职人员，可按国家规定享受城乡医疗救助待遇。

（三）基本养老保险问题。宗教团体、宗教院校和宗教活动场所的宗教教职人员可自愿参加当地企业职工基本养老保险，宗教教职人员也可以个人身份参保。在农村地区的宗教活动场所的宗教教职人员也可按国家有关规定参加新型农村社会养老保险。宗教教职人员享受基本养老金的年龄为年满60周岁。宗教团体、宗教院校不具备宗教教职人员身份的专职工作人员参照原劳动和社会保障部、民政部《关于社会组织专职工作人员参加养老保险有关问题的通知》（劳社部发〔2008〕11号）的规定参加企业职工基本养老保险。

（四）宗教教职人员参加社会保障的缴费问题。宗教教职人员参加社会保障的缴费基数、比例，由各地按照国家有关规定确定。对参加城镇居民基本医疗保险、新型农村合作医疗和新型农村社会养老保险的宗教教职人员，政府按规定给予补助，个人按规定缴费并享受相应待遇。地方政府可对宗教教职人员参加企业职工基本养老保险给予一定支持，具体办法由各省、自治区、直辖市制定。

四、组织实施

宗教教职人员社会保障工作由各级政府宗教事务部门牵头协调，各级政府人力资源社会保障、财政、民政、卫生等相关部门在各自职责范围内做好组织实施工作。各省、自治区、直辖市政府宗教事务部门会同有关部门结合当地实际制定具体实施办法。

五、加强领导

宗教教职人员社会保障工作政治性、政策性强，影响面广，具有一定的特殊性、复杂性。各地要高度重视，统一思想，提高认识，加强领导，落实经费，明确一位分管领导具体负责，成立工作班子，抓好落实，力争在2010年年底前完成此项工作。中央有关部门要加强指导、督促和检查。各地落实情况要及时上报中央有关部门。

国家新闻出版广电总局等部门关于妥善解决乡镇（公社）老放映员历史遗留问题的指导意见

（2012年6月13日　广发〔2012〕47号）

各省、自治区、直辖市人民政府，新疆生产建设兵团：

从上世纪七十年代开始从事电影放映的乡镇（公社）老放映员，常年坚守在电影放映一线，为我国农村电影事业的发展和满足广大农民群众精神文化需求做出了贡献。目前这批放映员年事已高，其生活待遇、社会保障等问题日益突出，妥善解决这些问题，对于保障乡镇（公社）老放映员的基本生活权益，维护社会稳定具有十分重要的现实意义。经国务院同意，现就妥善解决乡镇（公社）老放映员历史遗留问题提出以下指导意见。

一、基本原则

要坚持“尊重历史，保障民生，明确责任，确保落实”的基本原则，妥善解决乡镇（公社）老放映员的保障和生活困难问题。

二、政策措施

乡镇（公社）老放映员历史遗留问题以纳入国家现行社会保障制度为主、多种途径解决。各地要积极引导和鼓励乡镇（公社）老放映员参加新型农村社会养老保险和城镇居民养老保险，按规定对符合条件的乡镇（公社）老放映员缴费给予补贴，对符合待遇领取条件的老放映员按月发放养老金。地方政府还可以采取补助等多种形式，妥善解决好乡镇（公社）老放映员的保障和生活困难问题，具体办法由当地政府结合实际情况研究制定。

对身体健康、未满60周岁，尚有工作能力的乡镇（公社）老放映员，经培训取得农村电影数字放映资格证后，应优先上岗；对于其子女，有从事放映意向且具备农村电影数字放映资格的，亦应优先考虑安排。

对丧失劳动能力，家庭生活确有困难的乡镇（公社）老放映员，各地政府应当通过城乡低保、临时救助等社会救助政策，帮助其解决基本生活困难。

三、适用范围

本指导意见所称乡镇（公社）老放映员是指：凡1993年12月31日（含）之前，曾被乡镇（公社）正式选用的农村电影放映人员，且持有“三证”（电影放映人员证、电影放映技术资格证、电影放映单位登记证）中的一证，或能提供当年被乡镇（公社）以上人民政府主管部门选用的有关文件的人员。

四、加强组织领导，确保政策落实

（一）加强组织领导。解决乡镇（公社）老放映员历史遗留问题的责任主体在地方，按照建立政府间事权与财力相匹配的财政体制改革要求，地方政府要切实担负起责任，高度重视乡镇（公社）老放映员历史遗留问题的解决工作，将其列入议事日程；要进一步增加责任感、紧迫感，扎实稳妥推进此项工作。

（二）制定实施方案。各地要结合本地实际，制定实施方案，进一步细化相关政策措施，制定和完善乡镇（公社）老放映员的资格认定办法，确定工作流程。

（三）确保政策落实。各地要按照本指导意见要求，采取有效措施，进一步加快工作节奏，加大工作力度，确保解决乡镇（公社）老放映员历史遗留问题各项政策的落实。对工作中发生的违法违规行为要及时纠正，并坚决依法依规追究责任、严肃处理。

广电总局、人力资源和社会保障部、财政部将认真总结推广各地有益经验，适时联合组织专项督察。

山东省人民政府办公厅转发省民政厅等部门《关于进一步完善医疗救助制度全面开展重特大疾病医疗救助工作的实施意见》的通知

（2015年11月27日　鲁政办发〔2015〕54号）

各市人民政府，各县（市、区）人民政府，省政府各部门、各直属机构，各大企业，各高等院校：

省民政厅、省财政厅、省人力资源社会保障厅、省卫生计生委、中国保监会山东监管局《关于进一步完善医疗救助制度全面开展重特大疾病医疗救助工作的实施意见》已经省政府同意，现转发给你们，请认真组织实施。

关于进一步完善医疗救助制度全面开展重特大疾病医疗救助工作的实施意见

为全面贯彻落实《国院办公厅转发〈民政部等部门关于进一步完善医疗救助制度全面开展重特大疾病医疗救助工作意见〉的通知》（国办发〔2015〕30号）精神和《山东省社会救助办法》（省政府令第279号）等规定，编密织牢保障基本民生安全网，现就进一步完善医疗救助制度，全面开展重特大疾病医疗救助工作提出以下实施意见。

一、完善医疗救助制度

（一）整合城乡医疗救助制度。各地要按照国办发〔2015〕

30 号文件要求，在 2015 年年底前将城市医疗救助制度和农村医疗救助制度整合为城乡医疗救助制度，确保城乡困难群众获取医疗救助的权利公平、机会公平、规则公平、待遇公平。

（二）明确救助对象范围。医疗救助对象主要包括最低生活保障家庭成员、特困供养人员、低收入救助对象、因病致贫家庭重病患者以及县级以上政府规定的其他特殊困难人员。其中，最低生活保障家庭成员和特困供养人员是医疗救助的重点救助对象。低收入家庭的认定标准由县级以上政府制定，并报上级政府备案。同时具备下列条件的城乡居民家庭为因病致贫家庭：在提出申请之月前一年内，家庭可支配收入扣除家庭自负医疗费用支出后，月人均可支配收入低于当地低保边缘家庭认定标准；家庭财产符合当地城乡低保申请家庭经济状况认定标准的相关规定。

（三）采取多种救助方式。一是对重点救助对象参加居民基本医疗保险的个人缴费部分由当地政府或者医疗救助资金等给予补贴，其中特困供养人员给予全额资助，最低生活保障家庭成员给予定额资助。二是对因患慢性病需要长期服药或者患重特大疾病需要长期门诊治疗，导致自负费用较高的医疗救助对象，按照当地居民基本医疗保险政策确定的门诊慢性病和门诊大病范围，给予门诊救助。三是开展住院救助。重点救助对象在定点医疗机构发生的政策范围内住院费用中，对经各种保险报销后的个人负担费用，在年度救助限额内按不低于 70% 的比例给予救助；特困供养人员的剩余医疗费用，按照供养政策规定处理。住院救助的年度最高救助限额由县级以上政府确定，其中低保对象的年度最高救助限额不得低于 1 万元。重点救助对象不设医疗救助起付线，低收入救助对象的医疗救助起付线要逐步降低。对因特殊情况未能参加居民基本医疗保险的重点救助对象，按规定对其合规个人自负医疗费用给予相应的医疗救助。

（四）规范救助程序。对最低生活保障对象、特困供养人员在定点医疗机构发生的医疗费用给予医疗救助“一站式”即时结算。低收入救助对象和因病致贫家庭重病患者等申请医疗救助的，申请人应持本人居民身份证或户口簿、居民医疗保险证（卡）、医疗机构诊断依据等证件、材料和各种医疗保险报销单据，向户籍所在地乡镇政府（街道办事处）提出申请，经审核、公示后，报县级民政部门审批。对于急需救助的突发性疾病，应当特事特办，及时救助。在保证对象真实、材料准确的情况下，可以适当简化相关程序。

二、全面开展重特大疾病医疗救助

各地要从2016年起全面开展重特大疾病医疗救助工作。重特大疾病医疗救助逐步从按病种救助转向按费用救助。原则上同一类救助对象，个人自负费用数额越大，救助比例越高。重特大疾病医疗救助比例和最高救助限额，由县级以上政府综合考虑当地救助对象需求和医疗救助资金筹集情况等因素，分类分段设置。对重点救助对象应当全面取消救助门槛；对因病致贫家庭重病患者可设置起付线，起付线标准可以当地统计部门公布的上一年度城镇居民或农村居民人均可支配收入的一定比例作为主要测算依据。救助对象因特殊困难无力住院治疗或者住院治疗期间医疗费用难以负担的，各地可探索开展医前救助或医中救助。重特大疾病医疗救助的用药范围、诊疗项目等，原则上参照居民大病保险的相关规定执行。

三、健全工作机制

（一）健全统筹协调机制。医疗救助由各级民政部门牵头负责实施，实行属地管理。民政、财政、人力资源社会保障、卫生计生、保险监管等部门以及居民大病保险承办机构要加强协作配合，在参保缴费、资金划拨、财务管理、支付结算、费用审核、系统对接与信息交换等环节，共同做好医疗救助与基本医疗保险、居民大病保险、疾病应急救助、商业保险的有效衔接和业务协作，确保居民大病保险覆盖所有贫困重特大疾病患者，帮助符合条件的困难群众获得保险补偿和医疗救助，做到医疗救助与基本医疗保险、居民大病保险、疾病应急救助、商业保险等信息管理平台互联共享、公开透明，实现“一站式”信息交换和即时结算。

（二）健全筹资机制。各级财政投入是医疗救助资金筹集的主渠道，同时安排一定数量的福利彩票公益金用于医疗救助，本地慈善捐赠的资金可以列支一部分用于医疗救助。市、县级财政要根据测算的资金需求和上级财政补助资金情况，合理安排本级财政医疗救助资金，并纳入年度预算。各级财政筹资情况将作为省级医疗救助补助金分配的重要因素。

（三）健全救助服务监管机制。民政部门要与医疗救助定点医疗机构签订委托合作协议，并会同财政、人力资源社会保障、卫生计生等部门及商业保险机构做好对医疗服务行为质量的监督管理，防控不合理医疗行为和费用。对不按规定用药、诊疗以及提供医疗服务所发生的费用，医疗救助资金不予结算。对违反合作协议，不按规定提供医疗救助服务，造成医疗救助资金流失或浪费的，要终止定点合作协议，取消医疗救助定点医疗机构资格，依法追究单位和个人责任，并在医疗救助资金中予以扣还；构成犯罪的，依法追究刑事责任。对出具虚假证明材料的单位和个人，各地除按有关法律法规规定处理外，还应将有关信息记入征信系统。

（四）健全社会力量参与的衔接机制。各地要支持、引导社会力量通过捐赠资金、物资积极参与医疗救助特别是重特大疾病医疗救助，形成对政府救助的有效补充。加快建设覆盖省、市、县、乡四级的社会救助服务管理综合信息平台，推动医疗救助需求与慈善供给信息的对接和共享，实现信息化条件下的资源统筹。各级民政部门可在门户网站或政府网站民政栏目中增设慈善医疗救助资源的链接。依托各级慈善总会，通过财政投入和慈善捐赠等形式，建立重特大疾病慈善医疗救助专项基金，对医疗救助对象给予救助后负担仍然过重且严重影响家庭基本生活的，及时转入慈善救助渠道，形成政府救助与慈善救助的有效对接。

四、加强组织领导

医疗救助实行政府负责制，县级以上各级政府要切实加强组织领导，进一步明确责任分工，细化工作举措，加大资金投入，强化督促检查，抓好工作落实。要切实加强基层经办机构和能力建设，做到事有人管、责有人负，不断提高工作水平。

民政部门承担医疗救助的综合管理职能，要主动加强与财政、人力资源社会保障、卫生计生、保险监管等部门的协调配合，牵头制定医疗救助政策和方案，抓好组织实施，更好地发挥医疗救助救急难作用。对于医疗救助政策难以解决的个案问题，要充分利用当地社会救助协调工作机制，专题研究解决措施，避免冲击社会道德和心理底线的事件发生。财政部门要按时足额安排医疗救助专项资金，加强对资金管理和使用情况的监督检查。人力资源社会保障部门要做好困难群众参加居民基本医疗保险的服务工作，加强医疗保险定点医疗机构的监督管理，配合民政部门建立居民基本医疗保险、居民大病保险和医疗救助的“一站式”即时结算平台。卫生计生部门要健全完善疾病应急救助制度，加强对医疗机构疾病应急救助工作的监督管理，规范定点医疗机构的医疗服务行为，控制医疗费用不合理支出。医疗救助定点医疗机构要开设医疗救助即时结算缴费窗口，及时张贴就医指南和医疗救助政策，并定期公布医疗救助情况，接受政府和社会公众的监督。审计部门要加强审计监督，确保医疗救助资金规范合理使用。

山东省人民政府办公厅关于印发山东省养老服务业转型升级实施方案的通知

（2016年2月25日　鲁政办字〔2016〕22号）

各市人民政府，各县（市、区）人民政府，省政府各部门、各直属机构，各大企业，各高等院校：

《山东省养老服务业转型升级实施方案》已经省政府同意，现印发给你们，请认真贯彻落实。

山东省养老服务业转型升级实施方案

为贯彻落实省政府养老服务业转型升级座谈会精神，加快推动全省养老服务业转型升级，特制定本实施方案。

一、总体思路目标

（一）总体思路。围绕满足老年人多样式、多层次、个性化的养老服务需求，以“把养老服务业培育成一个强大的服务产业”为目标，创新体制机制，优化政策环境，打造“孝润齐鲁·安养山东”品牌，统筹城乡区域发展，大力推进市场化、产业化、社会化，提升居家养老、医养结合、人才培养、基本养老水平，壮大产业规模，优化产业结构，使养老服务业真正成为我省经济转方式、调结构、稳增长的新动力、新优势和新的增长点。

（二）发展目标。到2017年，基本建成以居家为基础、社区为依托、机构为补充的养老服务体系，民办养老机构占比突破50%，每千名老年人拥有养老床位35张以上；提供就业岗位50

万个以上；养老产品用品供给不断丰富，服务内容日益多元，服务模式更加多样。到2020年，全面建成以居家为基础、社区为依托、机构为补充，功能完善、规模适度、覆盖城乡的养老服务体系，民办和公建民营养老机构占比达到85%以上，每千名老年人拥有养老床位40张以上；提供就业岗位100万个以上。

二、重点工作任务

（一）打造一个品牌。加强品牌创建。围绕“机构和居家相融合的社区养老、医疗和养生养护相融合的健康养老、数据和服务相融合的智慧养老、基本养老和产业养老相融合的幸福养老”，打造“孝润齐鲁·安养山东”服务品牌。鼓励各地因地制宜，创建一批富有地域特色的子品牌，明确品牌内容、服务流程和服务标准，满足省内外老年人不同层次的养老服务需求。

（二）搞好两个统筹

1. 统筹区域发展。科学编制全省养老服务业“十三五”发展规划，明确养老服务业定位和发展思路、产业重点、空间布局，引领社会资本和土地、技术、人才等生产要素向养老服务领域有序流动，推动东、中、西部地区养老服务业协调发展。各地加快编制“十三五”养老服务业发展规划，并根据本地老年人数量、结构和服务需求等，编制养老设施建设专项规划，明确养老设施建设的位置、规模、种类、数量和功能，推动养老设施合理布局。同时，要根据相关规划和老年人需求变化，对发展规划和专项规划进行动态调整。

2. 统筹城乡发展。推进“多镇一院”“一县一院”“中心敬老院”等敬老院建设模式，优化农村敬老院布局。创新管理服务模式，通过公建民营、民办公助、购买服务等方式，在保障五保老年人基本养老服务基础上，向全社会老年人开放，打造农村区域性养老服务中心。整合有关涉农政策和资金，推进农村幸福院建设，到2020年农村幸福院或日间照料设施服务功能覆盖全部农村社区。落实农村扶贫开发部署，加大对中西部贫困地区养老设施建设支持力度，建立城乡、区域交流合作机制。

（三）坚持“三化”发展

1. 推进市场化发展。加快公办养老机构改革，到2020年全省80%以上的公办养老机构转制为企业、社会组织或实现公建民营，面向社会经营的公办养老机构要考虑政府投入、社会捐赠等服务成本，实行全成本核算，按照不低于当地相当等级养老机构市场收费价格的原则，合理确定收费标准；保留公办形式的养老机构也要实行严格的财务预算，促进各类养老机构公平竞争、有序发展。没有社会保险收入或社会保险收入不足以缴纳成本性费用的“三无”、五保等困难老年人，申请入住改革后养老机构，由政府通过购买服务方式代为支付；其他经济困难老年人尤其是高龄、失能老年人，积极利用居民养老保险、最低生活保障、高龄津贴和护理补贴、政府购买养老服务等现有保障措施，以及加快建立长期护理保险制度，多种方式支持入住养老机构。鼓励民间资本通过参资入股、收购、委托管理、公建民营等方式，建设和管理运营公办养老机构。利用公办养老机构现有土地资源和房屋设施，采取政府和社会资本合作模式，引导社会力量参与公办养老机构改扩建和运营管理。放宽民非类养老机构资产管理政策，允许民非类养老机构出资者拥有对投入资产的所有权，并按不高于同期银行1年期贷款基准利率2倍的标准提取盈余收益。

2. 推进产业化发展。加快养老与房地产、医疗、保险、旅游等融合步伐，大力发展候鸟式养老、旅游养老、农家养老、以房养老、会员制养老等新兴业态，拉长产业链条，提高产业聚集度。以老年人服务需求为导向，搭建供需对接平台，支持康复辅具、食品药品、服装服饰等老年用品用具和老年旅游、老年保险等服务产品的研发、生产和销售。对接黄金海岸养老健康文化旅游服务产业集聚带发展规划，引导社会力量投资休闲健康养生养老基地，开发老年住宅、老年公寓，建设能够满足老年人教育、健身、娱乐、保健、医疗、康复、护理等多种需求的老年社区和大型养老综合体。支持各级成立养老产业协会，发挥行业协会在信息咨询、行业自律、标准制定、产业发展等方面的作用。

3. 推进社会化发展。推动养老服务由补缺型向普惠型转变，由重点保障特殊困难老年人向为全体老年人服务。到2020年年底，生活照料、医疗护理、精神慰藉、紧急救援等基本养老服务覆盖所有居家老年人。完善落实优惠扶持政策，吸引社会力量建设运营养老机构、社区日间照料中心、养老服务信息平台等养老设施和服务组织，推动社会力量成为养老服务业市场主体，打造低端有保障、中端有市场、高端有选择的多层次养老服务格局。到2020年年底，全省各类养老床位达到88万张，城市社区老年人日间照料设施达到5500处以上，农村幸福院、日间照料设施达到1.2万处以上。

（四）突出四个重点

1. 突出居家养老。推进社区居家养老一体发展，健全以企业和社会组织为主体、社区为纽带、信息平台为手段、满足老年人各种养老服务需求的社区居家养老服务网络。提高社区日间照料中心、农村幸福院的覆盖率，完善提升日间照料、失能老年人托养、居家养老服务等功能，开展“助餐、助浴、助洁、助行、助医、助急”等养老服务，打造社区养老服务中心。鼓励个人和家庭兴办小微养老机构和服务组织，依托热心老年人家庭建设邻里互助养老点。支持社会力量独立举办或者以承包、合资、合作方式发展专业化社区居家养老服务组织，纳入家政服务业、扶持社会组织等政府政策扶持范围。各类营利性和非营利性社区居家养老服务组织、小型养老机构，同等享受鲁政发〔2015〕21号文件规定的小微企业税费减免、创业补贴、投融资支持等优惠扶持政策。扶持竞争力强、有实力的大型养老机构和社区居家养老服务组织走集团化发展道路，发挥人才、管理、品牌和技术优势，跨地区、跨行业、规模化、品牌化经营。建设养老服务信息平台，整合社区养老热线、紧急救援系统、老人健康档案等服务资源和养老服务组织，打造没有围墙的养老院。到2017年，依托省电子政务公共服务云平台，在省级部署完成全省统一的养老服务信息平台建设。

2. 突出医养结合。把保障老年人基本健康养老需求放在首位，对有需求的失能、部分失能老年人，以机构为依托，做好康复护理服务，着力保障特殊困难老年人的健康养老服务需求；对多数老年人，以居家和社区养老为主，通过医养有机融合，确保人人享有基本健康养老服务。建立健全医疗卫生机构与养老机构合作机制，医疗卫生机构要为养老机构开通预约就诊绿色通道，为入住老年人提供医疗巡诊、健康管理、保健咨询、预约就诊、急诊急救、中医养生保健等服务，鼓励二级以上综合医院（含中医医院）与养老机构开展对口支援、合作共建，公立医院资源丰富的地区可积极稳妥地将部分公立医院转为康复、老年护理等接续性医疗机构，提高基层医疗卫生机构康复、护理床位占比，鼓励其根据服务需求增设老年养护、临终关怀病床。提高养老机构提供基本医疗服务的能力，支持养老机构根据需求和能力开办老年病医院、康复护理院和分支医疗机构，具备条件的可作为医院（含中医医院）收治老年人的后期康复护理场所，符合条件的可按规定纳入基本医疗保险定点范围，对养老机构和医疗卫生机构中的医护人员同等对待。推动医疗卫生服务向社区、家庭延伸，鼓励社区养老机构与周边医疗卫生机构建立业务协作机制，实现无缝对接，提高基层卫生机构为居家老年人提供上门服务的能力，规范为居家老年人提供的医疗和护理服务项目，将符合规定的医疗费用纳入医保支付范围。支持社会力量举办医养结合机构，按照“非禁即入”原则，凡符合规划条件和准入资质的，不得以任何理由加以限制。鼓励开发包括长期商业护理保险在内的多种老年护理保险产品，加快建立完善长期护理保险制度，积极探索多元化的保险筹资模式，保障老年人长期护理服务需求。到2020年，护理型床位达到26.4万张，占养老床位总数的30%以上；65岁以上老年人健康管理率达到70%以上；所有医疗机构开设为老年人提供挂号、就医等便利服务的绿色通道，所有养老机构能够以不同形式为入住老年人提供医疗卫生服务，基本适应老年人健康养老服务需求。

3. 突出人才培养。大力推行学历教育，加快培养老年医学、康复、护理、营养、心理、社会工作等专业人才。高等院校、中等职业院校（含技工院校）要围绕社会对养老服务领域专门人才的需求，设置养老服务相关专业，加大培养力度，满足社会需求。“十三五”期间，全省设立养老服务相关专业的高等院校、职业学校（含技工院校）达到30处。教育部门按照国家专业设置要求，进一步明确设置标准、培养目标和内容，加快开发相关课程体系，加强师资队伍建设和双师型人才使用。高等院校可对养老服务业专业学生给予减免学费、奖励奖学金倾斜等优惠照顾。鼓励医护人员到医养结合机构执业，促进人才有序流动。积极开展养老服务专业人才、管理人员在职培训。坚持“走出去、引进来”，组织省内养老从业人员赴省外境外学习培训。推行养老服务管理人员持证上岗，制定康复、护理人员服务标准，设立与报酬挂钩的职能技能级别。

4. 突出基本养老。按照“保基本、兜底线”原则，完善基本养老保障制度，逐步提高养老金待遇水平。完善特困老年人供养制度，加强对“三无”和五保老年人的服务保障，确保其生活不低于当地平均生活水平。建立困难老年人养老服务补贴制度，统筹整合老年人高龄津贴、护理补贴、服务补贴等老年人补贴项目，统一归并政府补贴政策和标准，积极采取政府购买养老服务等方式，为广大老年人提供基本养老服务。鼓励和支持积极养老，编制《山东省老年教育规划》，依托城乡社区和有条件的养老机构，利用闲置房产资源，大力发展老年教育，为老有所学、老有所为、老有所乐创造良好条件，提高老年人生活质量。

三、完善政策措施

（一）强化规划约束。把养老服务业发展纳入经济社会发展规划和土地利用总体规划，在编制实施城乡规划、土地利用总体规划、新农村建设规划和基本公共服务规划时，充分考虑养老服务发展需要。制定城市总体规划、控制性详细规划，必须按照人均用地不少于0.2平方米的标准，分区分级规划设置养老服务设施。新建小区按每百户不少于20平方米的标准，配套建设养老服务设施，在规划条件和开发项目建设条件意见书中予以载明，并列入土地出让合同，与住宅同步规划、同步建设、同步验收、同步交付使用，未按要求配建、不能同步交付使用的住宅小区，住房城乡建设部门不予办理竣工综合验收备案。老旧小区通过购置、置换、租赁等方式，按每百户不少于15平方米的标准调剂解决。

（二）保障土地供应。“十三五”期间，根据省政府确定的养老服务体系建设任务，按照每张床位50平方米的标准，安排养老服务设施专项用地指标，应保尽保。民间资本举办非营利性养老机构与政府举办的养老机构享受同等土地使用政策，可以依法使用国有划拨土地和农村集体所有土地。积极探索以租赁或先租后让方式保障营利性养老机构建设土地需求，明确出租标准、权利义务，降低养老机构建设成本，减少投资者现金压力。对依法以协议价格取得养老服务设施用地，基准地价已覆盖地区，按不低于出让地块所在级别相同用途基准地价的70%比例且不得低于成本价确定土地出让底价；基准地价未覆盖地区，按不低于新增建设用地有偿使用费、征地（拆迁）补偿费及国家规定应缴纳的有关费用之和确定土地出让底价。对采取招拍挂方式出让的，可探索通过双向竞价、综合评标等方式合理控制地价。支持利用农村闲置土地、房屋建设养老服务设施。引导未开发房地产用地重点向老年住宅、老年社区等用地转型，鼓励市场存量房产和过剩房源通过租赁、改造等方式，转为养老地产、养老机构、日间照料中心等养老设施，符合条件的可同等享受政府有关扶持政策。养老服务设施用地在办理供地手续和土地登记时，土地用途确定为医卫慈善用地，土地使用权取得人须提交养老服务设施用地承诺书，严禁改变建设用地用途、容积率等土地使用条件，变相搞房地产开发。民政、国土资源、规划部门通过养老机构年检、核发建设用地划拨决定书、签订出让和租赁合同、规划变更审批等，依法加强对养老用地使用情况的监督管理。

（三）加大财政补助力度。“十三五”期间，省级每年安排10亿元支持养老服务业发展，重点面向社区、居家和农村养老倾斜。继续按鲁政发〔2014〕11号文件规定对养老机构建设、城市社区日间照料中心和农村幸福院建设开办、养老服务业人才培养等给予扶持，并自2016年起调整完善以下财政补助政策：

1. 创新政府对养老机构扶持方式，设立养老服务业发展股权投资引导基金，引导社会资本投资发展各类养老服务机构。股权引导基金设立运行方案，由省民政厅会同省财政厅、省金融办按照鲁政办发〔2014〕44号文件另行制订，报省政府研究同意后实施。

2. 加大护理型（医养结合型）养老机构扶持力度，在现行养老机构建设补助标准基础上，将新建、改扩建护理型养老机构建设补助标准提高20%。护理型养老机构具体扶持条件由省民政厅另行制定。

3. 提高符合条件的民办和公建民营养老机构运营补贴标准，根据入住机构的自理、半自理、完全不能自理的老年人数进行补贴，从每人每年360元、600元、720元分别提高为600元、1200元、2400元。

4. 调整养老服务信息平台建设和补助政策，集中资源和资金，依托省级政务云平台，建立全省统一的养老服务信息平台，实现“一个平台、服务全省”，不再以市或县为单位建设养老服务信息平台；对服务效果好、入网老年人比例高的平台运营机构给予一定经费奖补，具体政策由省民政厅、财政厅另行研究制定。

5. 加大对社区居家养老的支持力度。推动社区日间照料中心向社区养老服务中心转型发展，对具备日间照料、失能老年人托护、居家养老服务功能，由专业机构和服务组织托管运营的社区日间照料中心、农村幸福院，经当地民政部门或其委托的第三方专业机构评估确认，给予一定经费奖补。开展社区治理暨养老服务创新实验，省级对每个实验区给予一定资金补助，聚焦社区居家养老，探索可复制可推广的实践经验，发挥示范引领作用。

6. 对本科、专科毕业生从事养老服务工作给予奖励，与符合条件的养老服务机构签订5年以上劳动合同，实际工作满3年后分别给予2万元和1.5万元的一次性补助。技师学院、高级技工学校毕业生享受专科毕业生补助政策。延长设立养老服务专业奖补政策至2020年。

（四）创新投融资支持方式。鼓励金融机构创新金融服务，通过贷款贴息、小额贷款、上市融资，以及推进应收账款质押、预期收益权质押、动产抵押等抵质押贷款业务，拓展投融资渠道，破解融资难题。探索开展养老产业债券发行工作，对相关手续齐备、偿债保障措施完善的养老产业发债申请项目，适当放宽审核政策及准入条件；对具有稳定偿债资金来源的养老产业项目，可按照融资—投资建设—回收资金封闭运行的模式，开展项目收益债券试点。探索开展以房养老试点。探索将政府支持社会力量建设养老服务设施的优惠土地和补助资金作价记账，政府不参与养老机构运营管理、收益分红和债务承担，对改变养老用途的，由政府及有关部门依法进行追偿和处置。

四、加强组织领导

（一）健全工作机制。健全工作协调机制，强化部门协同，形成工作合力。民政部门要切实履行监督管理、行业规范、业务指导职责，发挥牵头协调作用。发展改革部门要将养老服务业发展纳入经济社会发展规划、专项规划和区域规划，支持养老服务业发展。财政部门要加大财政投入力度，优化资金补助结构和使用效益。教育、公安消防、卫生计生、国土资源、住房城乡建设、人力资源社会保障、商务、环保、税务、统计、工商、质检、金融、价格、老龄、银监、保监等部门要各司其职，及时解决工作中遇到的问题，形成齐抓共管、整体推进的工作格局。

（二）加强行业监管。实施“互联网+养老”工程，依托省级政务云平台，建设全省养老管理平台、养老服务平台和山东养老信息网，打造互联互通的行政管理、服务提供和宣传推介平台。制定全省养老服务业标准化发展规划，出台一批养老服务业发展急需的地方标准。建立养老服务业统计制度，完善养老服务统计指标体系。建立养老机构、组织信用评价体系，完善养老服务举报和投诉等制度，依托各级养老服务协会、家政协会定期对养老机构、组织运营情况进行调查评价，形成政府指导、行业自律、社会监督相结合的监管体系。积极妥善解决老旧养老服务设施的消防、环保、卫生防疫等问题，对因年代久远或其他客观原因无法办理建设、施工、规划许可、土地证明等消防许可、环保等前置证明的，由县级人民政府协调出具土地性质、房屋权属等相关证明文件，住房城乡建设部门协调专业机构进行房屋质量检测，环保部门协调完善环保手续，消防部门办理消防设计审核、消防验收或备案手续。

（三）加大宣传力度。依托山东养老服务信息网，充分利用各种宣传媒体，加强对“孝润齐鲁·安养山东”养老服务品牌宣传推介，扩大品牌效应，使“孝润齐鲁·安养山东”养老服务品牌深入人心、家喻户晓，成为传承齐鲁孝文化、引领养老服务业发展的强大动力。大力弘扬敬老、养老、爱老、助老、孝老传统美德，广泛宣传养老服务业的重要意义及各级扶持政策，总结推广各地经验做法，表彰奖励优秀养老服务品牌、养老服务项目和养老服务人员，形成敬老、为老、助老的良好社会氛围。

（四）加强督导检查。将养老服务业纳入省政府重点督查事项，重点督导发展养老服务业部门任务分工以及养老设施资金扶持、用地保障、价格优惠、税费减免等有关政策落实情况，清理不合理行政事业性收费，解决养老设施项目“落地难”问题。各地要根据本方案要求，结合实际抓紧制定具体实施方案。民政和老龄部门要加强对本方案执行情况的监督检查，及时向省政府报告。

附件：重点任务分工

（附件本书略）

山东省人民政府办公厅转发省卫生计生委等部门《关于加快推进医养结合工作的实施意见》的通知

（2016 年 12 月 19 日　鲁政办发〔2016〕56 号）

各市人民政府，各县（市、区）人民政府，省政府各部门、各直属机构，各大企业，各高等院校：

省卫生计生委、省民政厅、省发展改革委、省财政厅、省人力资源社会保障厅、省国土资源厅、省住房城乡建设厅、省旅游发展委、省老龄办、省中医药管理局《关于加快推进医养结合工作的实施意见》已经省政府同意，现转发给你们，请认真贯彻执行。

关于加快推进医养结合工作的实施意见

为贯彻落实《国务院办公厅转发卫生计生委等部门关于推进医疗卫生与养老服务相结合指导意见的通知》（国办发〔2015〕84 号）精神，进一步推进医养结合工作，现提出以下实施意见：

一、总体要求

到 2017 年，全面落实《医疗养老结合基本服务规范》（山东省地方标准 DB37），促进医养结合服务制度化、规范化。二级以上医院为入住养老机构老年人提供医疗服务、开通就医绿色通道，基层医疗卫生机构为入住养老机构和居家老年人提供健康管理服务，老年人健康养老服务可及性明显提升。探索发展面向基层及偏远地区的在线远程诊疗系统，形成规模适宜、功能互补、安全便捷的健康养老服务网络。

到2020年，随着以居家为基础、社区为依托、机构为补充、医养相结合的养老服务体系全面建成，医养结合政策法规体系基本建立，服务网络基本形成。各地医养结合机构建设基本满足本地失能老年人入住需求。所有医疗卫生机构为老年人就医开辟绿色通道，所有养老机构能够以不同形式为入住老年人提供医疗护理服务。基层医疗卫生机构的服务能力稳步提升，面向居家养老老年人广泛开展医疗护理服务。

二、主要工作任务

（一）建立医养融合发展的运行机制和服务模式。按照就近就便、互利互惠的原则，推进二级以上医院与养老机构建立合作机制，签订长期合作协议，明确双方责任，建立完善可持续的运行机制和服务模式。医院可通过整合内部资源，为老年人提供治疗期住院、康复期护理、稳定期生活照料以及临终关怀一体化的健康养老服务。医院可通过协议合作等形式为入住养老机构的老年人提供医疗、护理、保健等服务，建立康复病床、双向转诊、急诊急救等医疗救治绿色通道，确保老年人能够得到及时有效的医疗救治；承担养老机构医务人员培训任务，提高养老机构医务人员诊疗康复服务能力。

（二）支持有条件的养老机构内设医疗卫生机构。大力推动养老机构提高医疗护理服务能力。养老机构可根据服务需求和自身能力，按相关规定申请开办医疗卫生机构。养老机构内设医疗卫生机构为门诊部、诊所、医务室、护理站的，养老机构应当向当地县级卫生计生行政部门申请设置和执业登记，卫生计生部门应当在受理设置申请后10个工作日内给予是否同意设置的批复，符合条件的优先办理。对无力设置医疗卫生机构的养老机构，医院可采取主办、协办、托管等形式参与养老机构内设医疗卫生机构的经营管理。

（三）鼓励各级医疗卫生机构开展养老服务。医疗卫生机构面向老年人开展集中居住和照料服务的，应当按照《养老机构设立许可办法》规定，申请养老机构设立许可，民政部门予以优先受理。符合设立条件的，自受理设立申请后10个工作日内颁发养老机构设立许可证。对于无内设养老机构，但具有养老服务需求的医疗卫生机构，民政部门应当指导其与养老机构建立协作机制，开展一体化的健康和养老服务。鼓励二级及以下医院等医疗卫生机构转型为针对高龄、重病、失能、部分失能老年人康复护理服务需求的医养结合机构。按照“非禁即入”原则，鼓励社会力量兴办医养结合机构，并按规定享受国家、省有关优惠政策。鼓励有资质的个人依托医疗卫生机构在养老机构执业。公立医院资源丰富的区域可积极稳妥地将部分公立医院转为康复、老年护理等接续性医疗卫生机构。支持发展康复护理、老年护理、家庭护理等适应不同人群需要的护理服务，提高规范化服务水平。

（四）加强基层医疗卫生养老服务能力建设。基层医疗卫生机构要依托国家基本公共卫生服务项目，为辖区老年人建立健全健康管理服务制度，做好老年人免费体检、保健咨询、健康指标监测和健康信息管理等服务。推行签约服务，与有意愿的老年人建立契约服务关系，提供连续性的健康管理服务和基本医疗服务。对65岁以上老年人每年免费提供一次生活方式和健康状况评估、体检、健康指导等健康管理服务。加强社区卫生服务中心、乡镇卫生院的医疗康复功能建设，发展老年康复护理、临终关怀等特色科室，方便老年人就近获得康复疗养等服务，满足老年人基本健康养老需求。

（五）进一步发挥中医药在健康养老中的作用。鼓励中医院与养老机构建立合作关系，把中医诊疗、中医治未病、中医药养生保健、中医药康复医疗融入健康养老全过程，全面提升老年人身心健康和生活质量。加强中医医院老年病诊疗能力建设，鼓励二级以上中医医院设立老年病科，逐步增加老年病床位。基层医疗卫生机构要开展社区和居家中医药健康养老服务。鼓励社会资本新建以中医药健康养老为主的护理院、疗养院。支持养老机构开展融合中医药健康管理理念的老年人医疗、护理、养生、康复服务。加快发展中医药健康养老产业。针对老年人慢病防治、养生保健、饮食起居、临床诊疗、康复护理、心理干预等需求，加快研发中医产品。

（六）推进“互联网+”智慧健康养老产业发展。大力发展以互联网为载体的信息技术在健康养老服务中的应用。加强医养结合服务体系智能化建设，为居家养老、机构养老的老年人提供移动医疗服务。依托社区卫生服务中心签约的家庭医生实时在线系统，每日更新老年人健康管理档案信息，随时监控居家老年人的身体健康状况，进行高血压、糖尿病、心脏功能监测，对突发心脑血管疾病实施紧急救援和转诊服务。整合资源，实现老年人生活信息和医疗信息共享利用，为老年人提供远程健康管理、健康指导等服务，做到急症早发现、早救治。组织医疗卫生机构开展面向养老机构的远程视频诊疗服务，探索可持续运营的业务模式和商业模式，促进智慧健康养老产业发展。

（七）推进旅游养老和医疗保健养生服务相结合。推动生态避暑、休闲度假、养生旅游等精品旅游线路的集中居住点与二级以上医院建立紧密合作机制，为旅居老年人提供急诊急救、特色康复保健、中医养生体验、中医药健康服务等健康旅游养生服务。利用我省各地温泉等独特优势，结合区位医疗资源，推出中医针灸、按摩、理疗相结合的特色旅游线路和服务项目，打造特色医疗、慢性病防治、疗养康复、美容保健、中医药养生、中医药疗养康复等健康旅游居住品牌产品。加强旅游市场宣传推广，将我省健康旅游特色产品纳入旅游项目推广计划。到 2020 年，全省建设 50 家省级康养旅游示范基地。创新服务模式，推进医疗保健、中医药健康服务等多种方法综合干预，提高休闲旅游居住对老年人的吸引力。鼓励旅行社积极发展特色医疗康复保健、中医药健康旅游项目，推出中医药健康旅游主题线路。

三、保障措施

（一）加大政策扶持力度。对取得养老机构许可证的医养结合机构，按照有关规定给予扶持。要将符合条件的养老机构的内设医疗卫生机构纳入城乡基本医疗保险定点范围。探索建立长期护理保险制度和多元化的保险筹资模式，保障老年人长期护理服务需求。鼓励金融机构创新金融服务，通过贴息贷款、小额贷款、上市融资，以及推进应收账款质押、预期收益权质押、动产抵押等贷款业务，拓展融资渠道，推动医养结合机构建设和工作发展。引导商业银行、保险公司、证券公司等金融机构开发适合老年人的理财、信贷、保险等产品。支持发展医养结合机构责任保险、老年人意外伤害保险、长期护理保险、养老保险等，提升个人养老能力，降低机构经营风险。充分发挥社区物业作用，引导、鼓励小区物业服务企业积极拓宽物业服务领域，开展居家养老、社区养老服务，满足老年人个性化服务需求。

（二）切实保障医养结合机构用地需求。各市在编制各类规划时要统筹考虑医疗卫生和养老服务设施建设发展需求，做好用地规划布局。对非营利性医养结合机构，可采取划拨方式，优先保障用地。对营利性医养结合机构，应当以租赁、出让等有偿方式保障用地。养老机构设置医疗卫生机构，可将在项目中配套建设医疗服务设施相关要求作为土地出让条件，并明确不得分割转让；在土地成交后，由医养结合机构业务主管部门要求土地使用权取得人提交项目用地产业发展承诺书，作为国土资源部门签订土地供应合同的前提条件。医养结合机构业务主管部门应对承诺书的履行进行监督，并适时通报国土资源部门。项目竣工达不到约定要求的，各相关部门应按职能分工依法依约进行处置。对于医卫慈善用地，严禁擅自改变建设用地用途、容积率等土地使用条件，严禁变相搞房地产开发。民间资本举办非营利性医养结合机构与政府举办的养老机构享受同等土地使用政策，可以依法使用国有划拨土地和农村集体所有土地。

（三）完善人才培养机制，为推进医养结合提供人才保障。全面加强医养结合专业人才队伍建设，建立岗前教育、岗中培养、继续教育的培养体系，加大对各类养老机构专业医生、执业护士、管理人员和养老护理员的培训力度，打造一支素质高、专业强的养老服务队伍。支持高、中等职业卫生类学校和技工院校增设相关专业课程，加快培养老年医学、康复、护理、营养、心理和社会工作等方面专业人才。鼓励大中专院校护理及相关专业毕业生到养老服务机构和社区从事养老服务工作。鼓励引导各级各类职业培训机构和医养结合机构，按照政府购买职业培训成果新机制，建立养老护理人员培训基地。将老年医学、康复、护理人才作为急需人才纳入卫生技术人员培训规划和临床骨干医师培训项目。对符合条件的参加养老护理职业技能培训和职业技能鉴定的人员，按规定给予职业培训补贴和职业技能鉴定补贴。

鼓励医护人员到医养结合机构执业。在养老机构从事医护工作的专业技术人员，在申报职称时，与医疗卫生机构医护人员同等对待，统一执行我省相关标准，其在养老机构从事的卫生专业技术工作可计算入总工作量中，对所取得的与本专业相关的业绩成果予以认可，并执行所聘专业技术岗位相应的工资待遇。医疗卫生机构在分配绩效工资时，对到养老机构中轮岗服务的职业医师和职业护士给予适当倾斜。建立医疗卫生机构与医养结合机构人员进修、轮训、轮岗服务机制，促进人才有序流动。

（四）加强信息化建设，为医养结合提供有力支撑。推进医养结合信息平台数据标准化和信息共享，建立统一的数据交换共享指标体系，实现跨部门、跨区域的业务协同和信息资源共享。利用老年人基本信息档案、电子健康档案、电子病历等，推动社区养老服务信息平台与区域人口健康信息平台对接。积极推广使用居民健康卡，促进居民电子健康信息动态实时更新，强化个人健康与疾病监测管理。探索以社会保障卡作为医养结合金融信息服务的有机载体，推进高龄津贴、失能补贴、特困老年人生活补贴（不含向低保、五保对象中老年人发放的低保金、五保金）、抚恤优待金等社会保障性资金领取“一卡通”。鼓励引导我省三级甲等综合医院与基层医疗卫生机构、医养结合机构通过组成医疗服务联合体等方式，建立远程医疗会诊合作关系。积极与国家远程医疗平台进行互联，全面加强域外名医名院合作，共享国内优质医疗资源；扩大省内远程医疗服务平台覆盖范围，向乡镇卫生院等基层医疗卫生机构下移，向各类养老机构和社区纵深扩展更多应用。推动远程医学影像、远程监护、远程会诊等医疗服务。

（五）积极推进试点工作。卫生计生、民政等部门要密切协作，在推动青岛、烟台、威海等市开展国家级医养结合试点工作的基础上，根据国办发〔2015〕84号文件要求，开展省级医养结合试点工作，加强政策扶持和资金补助，力争建成一批特色鲜明、示范性强的医养结合试点项目。要加强对各市试点工作的督促指导，帮助解决工作中的难点问题，及时总结推广好的经验和做法，完善相关政策措施。各市要联系实际积极开展试点工作，并适时推广成功经验，走出适合本市实际的医养结合发展之路。

四、组织实施

（一）加强领导。各市、各有关部门要充分认识医养结合在深化医改、发展养老服务业以及应对人口老龄化等工作中的重要意义，切实把推进医养结合工作摆在重要位置，加强组织领导，精准分解目标任务，全面落实工作责任。

（二）明确部门职责。各有关部门要认真履行职责，加强协作，形成推进医养结合工作发展的合力。卫生计生部门要积极引导社会力量开办老年康复医院、护理院和临终关怀医院等医疗卫生机构；积极推动医疗卫生机构开展医养结合服务，推进医养结合服务社区化、家庭化，做好养老机构内设医疗卫生机构执业活动的日常监管和医务人员培训工作，提高医务人员诊疗能力。民政部门要把医养结合纳入到养老服务体系发展规划，做好医疗卫生机构内设养老机构的准入和管理工作，会同有关部门制定完善医养结合型养老机构的建设和服务标准，探索建立相应的政策体系，督导相关扶持政策的落实。发展改革部门要将推动医疗卫生与养老服务相结合纳入国民经济和社会发展规划。卫生计生、民政和发展改革部门要做好养老机构、社区服务机构和医疗卫生机构建设的规划衔接，加强在规划和审批等环节的合作，制定完善医养结合机构及为居家老年人提供医疗卫生和养老服务的标准规范并加强监管。财政部门要落实相关投入政策，积极支持医养结合发展。人力资源社会保障部门要将符合条件的医养结合机构纳入城乡基本医疗保险定点范围，建立支持医养结合长期发展的保险制度，加强监督管理，及时查处违规行为，支持养老服务人才的教育培训。国土资源部门要切实保障医养结合机构的土地供应。城乡规划部门要统筹规划医养结合机构的用地布局。旅游发展部门要将健康旅游特色产品纳入旅游项目推广计划。老龄工作部门要做好入住医养结合机构和接受居家医养服务老年人的合法权益保障工作。中医药管理部门要研究制定中医药相关服务标准规范并加强监管，加强中医药适宜技术和服务产品推广，加强中医药健康养老人才培养，做好中医药健康养老工作。

（三）强化督导考核。各市、各有关部门要将医养结合工作纳入重要事项督查范围，建立以落实医养结合政策情况、医养结合服务覆盖率、医疗卫生机构和养老机构无缝对接程度、老年人护理服务质量、老年人满意度等为主要指标的工作评估体系。卫生计生、民政等有关部门要依据本实施意见，结合部门职责，制定具体实施办法，并纳入本部门年度重点工作进行考核。要加强对医养结合工作的日常监督管理，适时开展工作督查，定期通报进展情况，针对发现问题及时采取整改措施，不断完善相关政策，促进医养结合健康发展。

山东省人力资源和社会保障厅等部门关于完善我省社会保障体系机制若干问题的意见

（2017 年 12 月 8 日　鲁人社发〔2017〕49 号）

各市人力资源社会保障局、民政局、财政局：

社会保障是我国一项重要的社会经济制度，是保障和改善民生的重要基石。近年来，我省社会保障事业取得长足发展，为保障人民生活、促进经济发展、维护社会稳定发挥了积极作用。但是，随着新型城镇化、人口老龄化、社会结构多元化，我省社会保障体系不够完善、机制不够健全、发展不平衡不充分等问题日益凸显，与人民群众对拥有更加稳固可靠的社会保障的新期待还有一定距离。为认真贯彻落实党的十九大精神，全面建成多层次的社会保障体系，现就进一步完善社会保障体系机制问题，提出如下意见：

一、明确新时代我省社会保障体系机制建设的总体要求

（一）总体要求。以习近平新时代中国特色社会主义思想为指导，深入贯彻党的十九大精神，坚持全覆盖、保基本、多层次、可持续的基本方针，按照兜底线、织密网、建机制的基本要求，聚焦实现覆盖全民、城乡统筹、权责清晰、保障适度、可持续的奋斗目标，充分发挥社会保险主体作用，强化社会救助托底功能，积极完善社会福利、慈善事业等制度，力争用两到三年时间，建立起基本保障人人享有、保障项目基本完备、待遇水平逐步提高、转移衔接顺畅有序、管理服务精准便捷的制度体系，形成责任界定明晰、事权划分合理、运行规范高效、活力充分激发的体制机制，促进社会保障朝着更加公平、更可持续方向发展，不断满足人民群众日益增长的社会保障需求。

二、进一步健全完善社会保障制度体系

（二）完善城镇职工基本养老保险制度。按照国家顶层设计，深化养老保险制度改革，完善社会统筹与个人账户相结合的城镇职工基本养老保险制度，做好全国统筹等重大改革举措的衔接准备工作。深化机关事业单位养老保险制度改革，全面实施按新制度计发待遇工作，加快推进省直驻济以外单位和中央驻鲁单位参保，实现新制度全覆盖。落实企业职工基本养老保险基金中央调剂制度，健全与中央调剂办法相衔接的省级调剂制度，进一步增强调剂能力。研究制定适合省情的遗属抚恤、病残津贴政策，逐步健全“老遗残”一体化保障体系。

（三）健全基本医疗保险制度。深化基本医疗保险支付方式改革，从今年起全面实施医保基金预算管理，完善总额控制办法，建立完善以按病种付费为主，按人头、按床日等适应不同人群、疾病、服务特点的多元复合支付方式。逐步扩大按病种付费的病种数量和实施范围，到2017年底，各统筹地区按病种付费的病种数量力争达到100种以上。巩固居民医疗保险制度整合成果，进一步提升管理服务水平。遵循保留险种、保障待遇、统一管理、降低成本的总体思路，稳妥推进生育保险和职工基本医疗保险合并实施试点。

（四）拓展社会保障制度领域和基本功能。推进职工长期护理保险制度试点，力争用3年时间在全省推开。各试点市要按照鲁政办字〔2017〕63号文件要求，进一步完善政策措施，提高管理服务水平；其他市要确保2017年选择一到两个县（市、区）启动实施。修订《山东省失业保险办法》，出台失业保险金申领发放办法，完善参保企业稳岗补贴和职工技能提升补贴制度，进一步发挥失业保险“保生活、防失业、促就业”的功能作用。坚持“先保后征”原则，加快推进被征地农民社会保障政策落实。

（五）加快构建多层次社会保障体系。在完善职工基本养老保险制度的基础上，制定完善针对企业职工的企业年金具体办法，形成鼓励和引导企业建立年金的政策机制，促进覆盖率明显提升；出台针对机关事业单位工作人员的职业年金基金管理具体办法；支持个人储蓄性养老保险和商业养老保险加快发展。不断巩固完善大病保险制度，及时确定纳入支付范围的药品品种和数量，逐步扩大大病保险特药保障范围。理顺优化大病保险购药结算流程，充分发挥零售药店的积极作用。规范居民大病保险支付范围，建立健全盈亏调节机制和清算制度，加强对商业保险公司的考核评估。统筹推进补充医疗保险、商业健康保险发展。

三、加快实现法定人群全覆盖

（六）全面实施全民参保计划。扎实开展参保数据比对清理，加强省、市间数据动态互联、实时更新，做到“一人一码、身份唯一、数字准确、底子清楚”。推动“全民参保登记计划”向“全民参保计划”拓展升级，对各类人员参加社会保险情况进行全程追踪，实现源头管理和精确管理。对未参保人员和“断保”人员进行精确分类，精准制定措施，将其纳入相应社会保险制度，促进由制度全覆盖向人员全覆盖转变。

（七）着力推进重点群体参保。以农民工、非公有制经济组织从业人员、灵活就业人员和新兴业态从业者为重点，提高职工社会保险参保覆盖面。巩固“同舟计划”成果，深入推进按建设项目参加工伤保险，研究交通运输、铁路、水利、能源、机场等建设项目参保政策，启动实施多领域建设项目参保工作。积极推进社会保险精准扶贫，建立多部门联合工作机制，按规定落实贫困人员参加居民基本养老保险、居民医疗保险个人缴费财政补助政策。

四、强化社会保险费征缴激励约束机制

（八）强化参保缴费政策措施。规范完善社会保险缴费基数政策，形成合理的缴费基数，避免对低收入群体的制度性挤出。严格执行国家和省统一规定的职工基本养老保险费率政策，各地不得自行调整费率。规范用人单位和职工社会保险补缴政策，引导其按时足额缴费，维护参保职工权益。落实居民养老保险缴费补贴政策，鼓励居民提高缴费水平，获得相应待遇。适度提高居民医疗保险政府补助和个人缴费标准，2018 年人均个人缴费标准不低于 180 元。推行居民养老、医疗保险统一征缴，提高参保、续保率。

（九）依法加大征缴力度。各地要严格落实单位和个人的社会保险缴费责任，完善申报缴纳办法，加强社会保险稽核，防止虚报、瞒报缴费基数造成少缴、漏缴。研究统一的社会保险缴费基数核定办法，规范缴费基数管理。加大社会保险欠费清收力度，对恶意欠费单位通过依法采取强制措施、建立黑名单制度、发挥社会征信系统作用等手段，促进基金应收尽收。完善欠费管理制度，按照权责发生制的原则健全欠费信息数据，及时记录欠费补缴情况。理顺参保缴费机制，除国家和省另有规定外，用人单位原则上要按照属地原则参加各项社会保险，逐步实现在同一统筹地参保缴费。健全社会保险缴费查询机制，为参保单位、个人提供缴费信息网上查询等便利条件，发挥社会监督作用。广泛开展社会保险政策宣传解读，提高用人单位、个人依法参保缴费意识。加强各级社会保险经办机构队伍建设和能力建设，严格内控制度，规范执行“五险合一、一票征缴”经办流程，持续加大征缴工作力度，充分发挥社会保险费征缴对增加基金收入的主渠道作用。

五、建立更加科学合理的待遇确定和调整机制

（十）优化社会保险待遇确定机制。坚持权责清晰、精算平衡，合理兼顾公平与效率，实行职工养老保险缴费与待遇计发更加紧密挂钩的办法，健全参保缴费激励约束机制，促进多缴多得、长缴多得。严格规范基本医疗保险的责任边界，合理确定基本医疗保险待遇标准。逐步扩大医疗保险药品目录范围，规范门诊慢性病（大病）病种和补偿政策。

（十一）完善社会保险待遇正常调整机制。统筹考虑我省经济发展、职工工资增长、居民消费价格指数上涨、基金支撑能力、财政承受能力等因素，适时适度调整各项社会保险待遇水平。完善“定额调整、挂钩调整与适当倾斜相结合”的退休人员基本养老金调整办法，促进形成公平与效率兼顾、企业与机关事业单位大体统一的调整机制。逐步提高居民养老保险基础养老金标准。到“十三五”末，职工基本医保政策范围内住院费用支付比例达到75%以上，居民基本医保政策范围内住院费用支付比例达到75%左右；将失业保险待遇水平提高到最低工资标准的90%。

六、促进社会保障制度无缝衔接

（十二）确保社会保险关系顺畅转移接续。进一步研究细化城乡、地域、企业与机关事业单位之间的养老保险转接办法，统一全省养老保险关系转移接续规程。各市要严格按照鲁人社规〔2017〕12号、13号等文件规定，做好职工养老保险关系转移接续工作，消除制度壁垒和流动性阻碍。全面实现异地就医联网即时结算，进一步简化异地就医备案手续，取消就医地定点医疗机构和经办机构审批盖章程序。扩大定点医疗机构范围，每个县（市、区）至少开通一家异地就医联网结算医院。研究出台我省失业保险关系转移接续暂行办法。

（十三）加强医疗保险与医疗救助的衔接。建立贫困人口（含低保、特困人员、建档立卡贫困人口）医疗保障工作协调机制。加强基本医疗保险、大病保险、医疗救助、医疗商业补充保险的递进互补和“一站式”即时结算信息平台建设，加快实现“建档立卡贫困人口个人负担医疗费用低于医疗总费用的10%”的目标。加大医疗救助力度，全面开展重特大疾病医疗救助，提高重特大疾病住院救助封顶线，积极开展事前救助，让贫困患者得到及时治疗。

七、保持社会保障基金安全稳定运行

（十四）提高社会保险统筹互济能力。进一步规范企业职工基本养老保险省级统筹，实现基本制度、缴费政策、待遇政策、基金使用、基金预算和经办管理“六统一”，尽快统一依据全省在岗职工平均工资确定缴费及计发待遇基数，推行基金市级统收统支，积极创造条件实现全省统收统支。逐步提高居民养老保险统筹层次。规范职工医疗保险、失业保险市级统筹。2017年实现居民基本医疗保险基金市级统收统支。提高工伤保险统筹层次，进一步完善省级调剂制度，2020年实现全省参保范围、缴费政策、工伤认定和劳动能力鉴定办法、待遇支付标准、经办流程和信息系统的统一。

（十五）形成基金风险预防化解机制。加强社会保险基金监督和收支预算管理，强化运行分析，健全预警机制，最大限度遏制基金不合理支出。建立全省社会保险参保信息比对核查机制，防止违规重复享受社会保险待遇。2017年起，建立企业特殊工种等提前退休审批的年度随机复核制度，每年省对各市的复核比例不低于30%。强化违规退休审批责任追究，推进信息公开，接受社会监督。严禁将居民养老保险个人账户储存额用于非个人账户养老金支出。完善养老保险待遇领取资格认证体系，及时查处欺诈冒领养老金违规行为。完善医疗保险基金总额控制办法，健全与总额控制相适应的考核评价体系和动态调整机制。完善医疗保险服务协议管理，强化对医疗行为的监管。加快推进全省社会保险业务、财务数据省级集中，建立业务财务一体化管理信息系统，确保社会保险业务与财务数据关联对应。

（十六）扩大社会保险基金筹资渠道。各级政府要健全完善社会保险财政补助机制，社会保险基金出现缺口时，各级政府承担社会保险基金发放兜底责任。扎实做好企业职工基本养老保险基金委托运营，实现保值增值，搞好资金战略储备。积极推进划转部分国有资本充实社会保障基金，加快研究制定使用股权分红和运作收益弥补企业职工基本养老保险基金缺口的具体办法。

八、充分发挥社会救助作用

（十七）增强解困助贫功能。做好农村低保制度与扶贫开发政策的衔接，2017 年农村低保标准全部达到省定扶贫线以上，及时将符合条件的建档立卡贫困人口纳入低保保障范围，推动低保对象和建档立卡贫困人口共享各项扶贫开发政策。强化特困人员救助供养制度的托底保障，按照区域优化、布局合理原则，充分利用乡镇敬老院等现有资源，建设农村综合性社会福利服务机构。充分发挥临时救助的“救急难”功能，加强和改进临时救助工作，对救助对象、困难类型、救助标准进行分类细化，提高工作针对性和有效性。

（十八）构建“大救助”工作机制。推进“大救助”社会救助体系建设，在省、市、县三级建立政府主导的社会救助独立机构，强化省级机构和人员队伍建设，统筹社会救助资源，强化社会救助管理职能，统筹制定全省救助政策，提高社会救助体系的整体效果。建设“大救助”综合信息平台，由省级统一部署，省、市、县、乡四级建设使用，加强部门间信息共享共用，做到“底数精准”“救助需求精准”。完善“部省市县”四级贯通的核对信息网络，提升“精准救助”和“精准识别”能力，做到“应保尽保”和“应退尽退”。

（十九）加大政府购买服务力度。研究制定我省推行政府购买服务，加强基层社会救助经办服务能力的实施意见，增强基层经办服务能力。加强政府救助与社会力量救助的统筹衔接，畅通工作渠道，形成政府主导、多方参与、协调联动、有序高效的社会救助工作格局。

九、大力提升社会保障经办服务和信息化水平

（二十）建设更加便捷高效优质的社会保障服务体系。以推进社会保障公共服务“标准化、信息化、一体化”为目标，全

面推行综合柜员制，实施全省统一的服务清单和业务流程，为参保对象提供社会保险缴费申报、费用征缴、权益记录、待遇核定发放等“一条龙”“一站式”服务。落实“互联网+人社”2020行动计划，实现社会保障信息系统和数据省级集中，建成省级社会保障信息资源库。建立全省统一的社会保障公共服务平台，向上对接全国社会保险公共服务平台，横向对接省政府省级网上服务大厅，形成跨领域、跨部门、跨层级的联动服务能力。加快建设全省社会保障大数据平台，充分应用互联网、大数据、移动应用等技术手段，逐步实现线上线下服务渠道的有机衔接，实现各类社会保障公共服务事项“全省通办”。加快推进“社保卡”应用，推动“社保卡”与“居民健康卡”融合，2020年基本实现人员持卡全覆盖，实现社会保障“一卡通”。

十、切实加强组织领导

（二十一）组织领导。各地要高度重视社会保障体系机制建设工作，切实加强组织领导，建立健全管理体制，完善部门间工作协调机制，定期研究解决社会保障改革发展重要问题。人力资源社会保障、民政、财政等部门按照职能分工，各司其职，密切配合，落实责任。要健全目标考核机制，将社会保险扩面征缴任务和确保发放责任纳入相应考核指标体系。加强社会保障队伍建设，合理配置机构和人员，抓好学习培训，提高从业人员政策水平和业务能力。加大政策解读和宣传引导力度，让全社会更加熟悉、更好理解和更大力度支持社会保障政策，共同促进社会保障事业健康协调可持续发展。

二、养老保险

（一）职工养老保险

1. 机关事业养老保险

国务院关于安置老弱病残干部的暂行办法

（1978年5月24日第五届全国人民代表大会常务委员会第二次会议原则批准，1978年6月2日国发〔1978〕104号颁发）

当前，我们党和国家有一部分干部，由于年龄和身体关系不能继续坚持正常工作。这些干部，在我国新民主主义革命和社会主义革命中，为党和人民做了许多工作，对革命事业作出了宝贵贡献。妥善安置这些干部，使他们各得其所，是党对他们的关怀和爱护，是我党干部政策的一个重要方面，也是我国社会主义制度优越性的具体体现。人总是要老的，这是自然规律。由于年龄和身体的关系而退休、担任顾问或荣誉职务，是正常的，也是光荣的。对离休、退休的干部，要在政治上、生活上关心他们，及时解决他们的各种实际困难。同时，也要教育老弱病残干部，一切从国家和人民的需要出发，服从党组织的安排。认真做好老弱病残干部的安置工作，对于精兵简政、提高工作效率，对于建设老中青三结合的精干的领导班子，对于社会主义革命和社会主义建设，都具有重要意义。

为了妥善安置老弱病残干部，特制定如下办法：

第一条 国务院各部门及其所属司局级机构，各省、市、自治区革命委员会及其所属部门，省辖市、行政公署一级领导机关及其所属部门，县（旗）革命委员会，相当于县级和县级以上的企业、事业单位，都可以根据情况设顾问，在同级党组织和革命委员会领导下，根据他们的特长做些力所能及的工作。各级顾问安排同级或高一级的干部担任。安排对象是：担任实职有困难，有斗争经验，尚能做一些工作，一九四九年九月底以前参加革命工作的地委正副书记、行政公署正副专员及相当职务以上的干部；一九四二年底以前参加革命工作的县委正副书记、革命委员会正副主任及相当职务的干部。

第二条 各级政协、视察室、参事室、文物管理委员会、文史馆等单位，可以安排一些老同志担任荣誉职务。安排的对象是：一九四九年九月底以前参加革命工作的地委正副书记、行政公署正副专员及相当职务以上的干部；一九四二年底以前参加革命工作的县委正副书记、革命委员会正副主任及相当职务的干部。

第三条 对于丧失工作能力，一九四九年九月底以前参加革命工作的地委正副书记、行政公署正副专员及相当职务以上的干部；一九四二年底以前参加革命工作的县委正副书记、革命委员会正副主任及相当职务的干部；一九三七年七月七日以前参加革命工作的干部，可以离职休养，工资照发。

第四条 党政机关、群众团体、企业、事业单位的干部，符合下列条件之一的，都可以退休：

（一）男年满六十周岁，女年满五十五周岁，参加革命工作年限满十年的；

（二）男年满五十周岁，女年满四十五周岁，参加革命工作年限满十年，经过医院证明完全丧失工作能力的；

（三）因工致残，经过医院证明完全丧失工作能力的。

干部退休以后，每月按下列标准发给退休费，直至去世为止。

符合本条（一）项或（二）项条件，抗日战争时期参加革命工作的，按本人标准工资的百分之九十发给。解放战争时期参加革命工作的，按本人标准工资的百分之八十发给。中华人民共和国成立以后参加革命工作，工作年限满二十年的，按本人标准工资的百分之七十五发给；工作年限满十五年不满二十年的，按本人标准工资的百分之七十发给；工作年限满十年不满十五年的，按本人标准工资的百分之六十发给。退休费低于二十五元的，按二十五元发给。

因工致残退休，饮食起居需要人扶助的，按本人标准工资的百分之九十发给，还可以根据实际情况发给一定数额的护理费，护理费标准，一般不得超过一个普通工人的工资；饮食起居不需要人扶助的，按本人标准工资的百分之八十发给。同时具备两项以上的退休条件，应当按最高的标准发给。退休费低于三十五元的，按三十五元发给。

离休和退休的干部去世后，其丧事处理、丧葬补助费和供养直系亲属抚恤费，应当与在职去世的干部一样。

第五条 获得全国劳动英雄、劳动模范称号，在退休时仍然保持其荣誉的干部；省、市、自治区革命委员会认为在新民主主义革命和社会主义革命、社会主义建设的各条战线上有特殊贡献的干部；部队军以上单位授予战斗英雄称号和认为对作战、军队建设有特殊贡献的转业、复员军人，在退休时仍然保持其荣誉的，其退休费可以酌情高于本办法所定标准的百分之五至百分之十五，但提高标准后的退休费，不得超过本人原标准工资。

第六条 经过医院证明完全丧失工作能力，又不具备退休条件的干部，应当退职。退职后，按月发给相当于本人标准工资百分之四十的生活费，低于二十元的，按二十元发给。

第七条 离休、退休和退职的干部的安置，要面向农村和中小城镇。在大城市工作的，应当尽量安置到中小城镇和农村，也可以根据具体情况，到本人或爱人的原籍安置；在中小城镇和农村工作的，可以就地或回原籍中小城镇和农村安置。易地安置有实际困难的，也可以就地安置。跨省安置的，各有关省、市、自治区应当积极做好安置工作。对于其他省、市、自治区要求向北京、天津、上海安置的，要从严控制。

第八条 离休、退休干部易地安家的，一般由原工作单位一次发给一百五十元的安家补助费，由大中城市到农村安家的，发给三百元。退职干部易地安家的，可以发给本人两个月的标准工资，作为安家补助费。

第九条 离休干部的住房，就地安置的，由原单位负责解决；回原籍或到其他地区安置的，由接受安置的地区负责解决。确需修缮、扩建或新建住房的，由接受安置的省、市、自治区列入基建计划统一解决。

退休干部的住房，就地安置的，由原单位负责解决；回中小城镇安置的，其住房由接受安置的地区尽量从公房中调剂解决；确实不能调剂解决，需要修缮、扩建和新建住房的，也由接受安置的地区列入基建计划统一解决；回农村安置，住房确有困难的，可以由原单位给予适当补助。

离休或退休的干部确需修建住房的，其住房面积和标准，应当本着勤俭节约的原则，根据家庭人口和当地群众住房水平确定，不要脱离群众；自己有房屋可以居住的，不得另建新房。

第十条 干部离休、退休、退职的时候，本人及其供养的直系亲属前往居住地点途中所需用的车船费、旅馆费、行李搬运费和伙食补助费，都按照现行的规定办理。

第十一条 离休、退休、退职干部本人，可以享受与所居住地区同级干部相同的公费医疗待遇。

第十二条 规定发给的退休费、退职生活费，企业单位，由企业行政支付。党政机关、群众团体和事业单位，就地安置的，由原工作单位负责，易地安置的，分别由负责管理的组织、人事和县级民政部门另列预算支付。

第十三条 干部离休、退休、退职，由所在单位按照干部管理权限报任免机关批准。

第十四条 各地区、各部门要加强对老弱病残干部安置工作的领导。党委的组织部门和革命委员会的人事、民政部门，要在党委和革命委员会的领导下，认真做好离休、退休干部的思想政治工作和管理工作。就地安置的，由原工作单位管理；易地安置的，分别由接受地区的组织、人事和民政部门管理。要注意安排他们学习马列和毛主席著作，按照规定阅读文件、听报告。要关心他们的身体健康和物质、文化生活。要及时研究解决离休、退休干部的实际困难，总结交流工作经验，表彰离休、退休和退职干部中的好人好事。

第十五条 本办法适用于党政机关、群众团体和全民所有制的企业、事业单位的干部，以及因工作需要由组织委派到集体所有制的企业、事业单位工作的国家干部。

集体所有制的企业、事业单位老弱病残干部的安置，各省、市、自治区革命委员会可以参照本办法作出具体规定，其各项待遇，不得高于本办法所定的标准。

第十六条 本办法自发布之日起实行。过去有关规定与本办法不一致的，以本办法为准。已按有关规定办理了退休的干部，符合本办法所定离职休养条件的，可以改为离职休养；退休费标准低于本办法所定标准的，可以改按本办法规定的标准发给，但解放战争时期参加革命工作，工作年限不满二十年的，只按本人标准工资的百分之七十五发给。退休改为离休以及改变退休费标准后的差额部分，一律不予补发。已经担任荣誉职务的干部，不再重新安排。已经退职的干部，不再重新处理。

国务院关于公布《国务院关于老干部离职休养的暂行规定》的通知

（1980 年 9 月 29 日第五届全国人民代表大会常务委员会第十六次会议原则批准，1980 年 10 月 7 日国发〔1980〕253 号颁发）

各省、市、自治区人民政府，国务院各部委、各直属机构：

《国务院关于老干部离职休养的暂行规定》，已经 1980 年 9 月 29 日第五届全国人民代表大会常务委员会第十六次会议通过，现予公布施行。

国务院关于老干部离职休养的暂行规定

我们国家的老干部，在长期的革命斗争和社会主义建设事业中，艰苦奋斗，努力工作，为国家和人民做出了重大贡献，是党和国家的宝贵财富。但是，随着年龄的增长，老干部当中不能坚持正常工作的将愈益增多。根据党和国家关心、爱护老干部的传统，让年老体弱、不能坚持正常工作的老干部离职休养（以下简称离休），在政治上予以尊重，生活上予以照顾，这是改革和完善我国干部制度的一项重要措施，也是社会主义制度优越性的体现。这既有利于保护老干部的健康，继续发挥他们的积极性，也有利于年轻干部的选拔成长。为此，作如下规定：

第一条 第一、二次国内革命战争时期参加革命工作的干部，抗日战争时期参加革命工作的副县长及相当职务或行政十八级以上的干部，建国以前参加革命工作的行政公署副专员及相当职务或行政十四级以上的干部，年老体弱、不能坚持正常工作的，应当离休。

已经退休的干部，符合上述规定的应当改为离休。

第二条 干部离休，由所在单位按照干部管理权限，报任免机关批准。

第三条 离休干部一般可就地分散安置，也可在本人原籍或配偶所在地安置。国家鼓励离休干部到农村或中小城镇安家落户。

跨省安置的，由两省协商解决。对要求到北京、天津、上海安置的，要从严控制。在青藏等高原地区工作的内地干部离休后要求回内地安置的，有关省、自治区、直辖市应当予以安置。

第四条 对离休干部的管理，就地安置的，由原单位负责；易地安置的（包括军队已转地方的），由接受地区的干部、人事部门负责，必要时可建立小型干部休养所。

第五条 干部离休后，原标准工资（含保留工资）照发，福利待遇不变。其他各项生活待遇，都与所在地区同级在职干部一样对待，并切实给予保证。医疗、住房、用车、生活品供应等方面，应当优先照顾。因公致残饮食起居需要人扶助的离休干部，一般可发给不超过当地普通机械行业二级工标准工资的护理费。由于瘫痪等原因，生活长期完全不能自理的，可酌情发给护理费。需要购置病残工具而本人有困难的，可酌情补助。

跨省安置的离休干部，确需新建住房的，由原工作单位将经费划拨给接受地区，由接受地区负责解决。干部休养所和直接管理离休干部较多的部门，要配备必要的车辆，为离休干部服务。

第六条 离休干部单列编制。离休干部需要的各项经自费，由原单位支付。跨省安置的，由原单位拨交接受地区的干部、人事部门掌握支付，医疗费用由原单位负责报销；过去已由接受地区负责支付的，应当由接受地区干部、人事部门列预算支付。

离休干部易地安置的，由原工作单位一次发给安置补助费150元，安置到农村生产队的，发给300元。离休干部本人及其供养的直系亲属，前往安置地点的车船费、旅馆费、行李搬运费和途中伙食补助费，都按在职干部差旅费的规定报销。

干部离休后，继续享受国家规定的探亲待遇，另外本人可报销一次探视父母、子女或回原籍的往返车船费。

第七条 离休干部去世后，其丧葬补助费飞遗属抚恤费和生活困难补助等，与同级在职干部一样待遇。

第八条 各级领导和有关部门要关心离休干部的政治、文化生活，采取具体措施，保证他们能按同级在职干部规定的范围看文件、听报告，及时了解党和国家的方针政策。要定期召开离休干部座谈会或看望离休干部，倾听他们的意见和要求。

第九条 注意发挥离休干部的作用。凡是能写革命回忆录的，要为他们口述或撰写提供必要的条件。鼓励他们发扬革命传统，关心国家大事，关心人民生活，反映情况，提出建议，做些力所能及的工作。

第十条 各地区、各部门要加强对离休干部工作的领导。县以上的部门要有一名领导同志分管，干部、人事部门和其他有离休干部的单位，应当根据情况，配备专职或兼职干部，注意与有关部门密切配合，共同做好这项工作。要对有关人员加强政治思想工作，切实地及时解决离休干部的实际困难，使他们感到党和国家的温暖。要在干部和群众中形成尊重和关心离休干部的良好风气。

第十一条 本规定自颁发之月起实行，适用于党政机关、人民团体和全民所有制企业、事业单位的干部，以及因工作需要由组织委派到集体所有制企业、事业单位工作的国家干部。过去有关规定与本规定不一致的，以本规定为准。

第十二条 本规定的实施细则由国家人事局制定报国务院批准后颁发。

中共中央关于建立老干部退休制度的决定

（1982年2月20日　中发〔1982〕13号）

（一）我们党是一个具有悠久斗争历史的大党。经过长达六十多年的光荣的战斗历程，党在自己的队伍中聚集了大量的一代又一代的久经锻炼的老干部。建国以前，在新民主主义革命的四个时期中，即在大革命时期、土地革命战争时期、抗日战争时期和解放战争时期中参加革命的老干部，至今健在的还有二百五十万人。其中已经离休退休的只是少部分人，大部分人还留在工作岗位上。现在的问题是，这些老干部，不少同志现在年事已高，不少同志即将进入老年，他们仍然担负着各种领导岗位上的繁重工作，这就使各级领导班子老化的状况，达到相当严重的地步。妥善地安排新老干部有秩序有步骤地实行适当的交替，已经成为当前摆在我们全党面前的一个重大课题，成为新的历史时期中，党和国家干部制度根本改革的重要组成部分。

还在五十年代后期和六十年代前期，党中央和毛泽东同志就曾经提出过新老干部的适当交替的问题。但是由于指导思想的偏差和实际工作的失误，没有能够解决。历时十年的"文化大革命"，把党和国家各级组织中的领导骨干作为"走资派"打倒，同时提拔了一大批投机分子和野心分子，更使党的马克思列宁主义、毛泽东思想的组织路线和组织工作遭到极大的破坏，使干部制度和干部队伍陷于空前严重的混乱状态，大大延误了这个问题的正确解决。现在，在新的历史时期中，经过从十一届三中全会到六中全会的卓有成效的工作，党在指导思想上拨乱反正的历史任务已经胜利完成，党的思想、政治和组织状况已经大为改善，安定团结的政治局面已经大为巩固。在这样的情况下，中央认为，把新老干部适当交替的问题提到全党的重要议事日程上来，有秩序有步骤地加以妥善解决的时机和条件，已经成熟了。

（二）我们党的老干部是党的宝贵财富。在长期和残酷的革命战争中，在战火纷飞和白色恐怖的年代里，我们党的老干部出生入死，不怕牺牲，英勇奋斗，为推翻反动统治，为民族和人民的解放，为建立新中国，作出了巨大贡献。建国以后，他们又同全国各族人民一道，把长期贫穷落后的中国，建设成为一个具有独立的比较完整的社会主义工业体系和国民经济体系，经济、文化和科学技术都有了相当可观的基础的、发展中的伟大的社会主义国家。十年内乱时期，他们中的绝大多数同志坚持了马克思列宁主义、毛泽东思想的原则立场，同林彪、江青反革命集团进行了各种形式的坚韧斗争。近几年，他们在党的十一届三中全会路线指引下，为拨乱反正，推进社会主义现代化建设事业，做了大量的工作。中国革命和建设的历史反复证明，我们党的老干部，不愧为中国人民伟大事业的中坚力量。没有这样大量的老干部，没有中国革命各个时期中牺牲的先烈和今天仍然健在的老同志，没有他们的艰苦卓绝、可歌可泣的长期斗争，中国人民革命和建设事业的胜利和发展，是不可想象的。对于党的老干部的不可磨灭的历史功勋，我们全党全军和全国各族人民，我们的子孙后代，都是决不会忘记，也决不应当忘记的。

但是，今天仍然健在的老干部的相当一部分，毕竟年老体弱，精力差了，越来越难以承受领导工作的沉重负担。这是不可抗拒的自然规律。有鉴于此，为了使我们的事业后继有人，保持我们党的路线、方针和政策的连续性，保持党的领导的稳定性，必须用极大的努力，选拔和培养成千上万的德才兼备、年富力强的中青年干部，使他们参与各级的各种领导工作，得到更多的实际有效的锻炼，逐步地从老干部手里接好班。我们的老同志，要为党的事业着想，为人民的长远利益着想，以天下为己任，高高兴兴、满腔热情地欢迎和支持资历较浅、年纪较轻的优秀干部担负主要领导职务，同时使自己退出主要领导岗位，转到比较超脱的地位。这是老干部在新的历史时期的一项重大和光荣的历史责任。为了保证新老干部适当交替的顺利进行，并使一切将要退下来的老干部都能得到妥善的安排，中央认为，建立老干部离休退休和退居二线的制度，是必要的。

（三）老干部离休退休和退居二线的制度，是保障党和国家政治生活正常进行和健全发展的一项极其重要的制度，必须立即着手有系统地建立和健全起来，使之经常化，并且严格地加以实行。

不同国家和社会各有自己的退休制度，这些制度不可避免地各有自己的特殊性。我们的老干部离休退休和退居二线的制度，当然也必须从我党我国的实际情况出发，从广大老干部的实际情况出发。只有这样，才能真正做到合情合理，使退下来的老同志各得其所，才能有利于新老合作，巩固和发展安定团结的政治局面，才能强有力地促进我们的社会主义现代化建设事业。

老干部离休退休年龄的界限，考虑到当前干部的实际状况和接替条件，应当规定：担任中央、国家机关部长、副部长，省、市、自治区党委第一书记、书记、省政府省长、副省长，以及省、市、自治区纪律检查委员会和法院、检察院主要负责干部的，正职一般不超过65岁，副职一般不超过60岁。担任司局长一级的干部，一般不超过60岁。当然，个别未到离休退休年龄，但因身体不好，难以坚持正常工作的，经过组织批准，可以提前离休退休。另一方面，个别虽已达到离休退休年龄，但因工作确实需要，身体又可坚持正常工作的，经过组织批准，也可以在一定时间内暂不离休退休，继续担任领导职务。

退居二线，包括当顾问和荣誉职务，不属于离休退休。那些身体还好、又有比较丰富的领导经验和专业知识、但因年龄或名额限制不宜进入领导班子的老干部，可以安排担任负有一定职责的顾问，或从事某一方面的调查研究、参谋咨询的工作。那些为党的事业做出重大贡献、威望比较高、但是坚持正常领导工作（包括当顾问）有困难的老干部，可以安排适当的荣誉职务。担任顾问和荣誉职务不宜重叠，原则上一人一职。

至于原来担任领导职务的著名专家、学者和文艺家，如果年事已高，则应当大力支持他们把宝贵的时间和精力集中用于研究和著述，为他们配备必要的助手和提供较好的工作条件，也可以让他们担任某些荣誉职务，除有特殊情况者外，一般不必再从事行政领导工作。

除了上述原则规定之外，中央认为，还应当强调指出，在党和国家领导人中，需要保留少量超过离休退休年龄界限的老革命家。特别是在当前和今后一个时期的历史条件下，我们这样一个大国，更需要有若干位经验丰富、德高望重，能够深谋远虑、统筹全局，而且精力尚能工作的老同志，留在党和国家的中枢领导岗位上。这是全局的需要，是保持国内安定团结和正确处理国际关系的需要，是完全符合党和人民根本利益的。

（四）老干部离休退休以后，一定要很好地安排照顾，基本政治待遇不变，生活待遇还要略为从优，并注意很好地发挥他们的作用。这应当成为我们党和国家的坚定不移的政策原则之一。

我们党是无产阶级政党，我们国家是社会主义国家，我们的老干部毕生以革命为业，而并不经营什么私人产业。同时，老干部离休退休，虽然离开了原来的工作岗位，不担任行政领导职务了，但在思想上、政治上和组织上并不因此而同样退休，任何一个共产党员的革命意志和组织纪律是绝对不能“退休”“离休”的，他们仍然应当是共产主义革命者，仍然肩负着为人民服务、对人民负责的政治责任。因此，对于一切离休退休的老干部，他们的政治待遇，包括阅读文件、听重要报告、参加某些重要会议和重要政治活动等等，应当一律不变。生活待遇，包括医疗和交通工具等等，也应当一律不变。

建国以前参加革命的不少老干部，老骥伏枥，壮心不已，决心在离休退休之后，无条件地终身坚持艰苦奋斗，这种高尚的革命精神是值得作为楷模在全党大力提倡和学习的。但是，考虑到许多老干部在长期的革命岁月中作出了重大贡献，又积劳成疾，体质越来越弱，在生活和治疗中都不同程度地会遇到一些困难，中央决定分别给以适当的补助。具体标准和实施办法，由中央组织部负责拟订。这样做，表达了党和人民对于老同志保持身体健康和较好地安排生活的应有关怀。中央相信，这个规定，必将得到全党同志和全国各族人民的衷心赞同。

对离休退休的老干部的服务工作，应由他们离休退休时所在的工作单位负责。原则上，在哪个地方离休退休，就居住在哪个地方。如果本人希望回乡或到某些适宜的地区定居，也应当积极地为他们安排，提供方便。

为了统筹解决老干部离休退休方面的问题，各级党委的组织部门应当建立健全老干部工作机构，专司其事。各级党政军的主要负责同志也应当经常督促检查，并且定期地把这一方面的工作提到党委的议事日程上来。

（五）对于一切已经和即将离休退休的老干部，中央寄予殷切的期望。这些老同志，在他们工作的几十年时间里，用巨大的精力和热情为中国人民的革命事业做出自己的贡献，并以此写成了他们自己的光荣历史。离休退休以后，党交给他们的主要任务，是健康长寿，继续写完他们的光荣历史。中央希望他们，继续关心党的事业，关心国家和人民的命运，并在力所能及的范围内，为党为人民做出新的贡献。

我们已有不少老同志，离休退休之后，仍然热心于社会主义祖国的物质文明和精神文明的建设事业，并且利用一切适合于自己情况的方式，参加各种社会活动，保持同群众的联系，进行社会调查，或者认真写作有益于人民和青年的著作，或者积极参加有益社会的轻微体力劳动，切切实实、点点滴滴地为人民做好事。他们不但严以律己，而且抱着高度的政治责任感，严格地教育和要求自己的子女和其他亲属。必须充分认识，老同志的这一件一件事情本身似乎并不轰轰烈烈，但是整个说来，它对我们社会的改造，特别是对青少年的教育，具有不可估量的巨大而又深远的意义。党的报刊要经常地如实地宣传报道这些老同志的事迹。

中央还希望一切离休退休和退居二线的老干部，向现在中央工作的老一辈无产阶级革命家学习。这几位老革命家，虽然由于党和人民的需要，服从党中央的决定，还要留在党和国家的领导岗位上，但他们是那样大公无私地、诚心实意地扶持在资望上、能力上、经验上不如自己的同志出来主持工作，而把自己的位置摆在后面，并且把这当作对党和人民的光荣责任和愉快的事。他们对大量日常性质的问题，放手地让处在第一线的同志去处理，而对重大问题，则又是那样认真地运用自己的丰富经验和政治智慧，竭心尽智地帮助处在第一线的同志出主意，并同集体的政治经验和集体的智慧相结合，尊重党中央的集体领导。这种马克思主义的革命精神和科学方法，正是在新的历史时期中，老同志应当如何发挥作用的极好榜样。

一切离休退休老干部的子女和其他亲属，都应当热情地赞助和支持老同志愉快地离休退休，同时应当更好地继承和发扬革命前辈艰苦奋斗的革命精神，沿着革命前辈的光荣的战斗道路前进。

（六）在老干部离休退休的同时，大胆提拔中青年干部到各级主要领导岗位上来，这是一个问题的两个方面。应当充分地估计到，经过建国三十几年的工作和斗争，我们党确实已经培养和造就了一大批德才兼备、年富力强的优秀中青年干部。他们政治上坚强，有比较丰富的专业知识，有领导能力，经过锻炼和考验，而又精力充沛，完全有条件担任各种领导工作。这是我们党的希望所在，也是我们党具有伟大生命力的表现。如果看不到这一点，或者对这一点估计不足，而在选拔省、市、自治区和中央、国家机关领导干部时总是在 60 岁以上的同志当中打圈子，拿不出魄力，打不开局面，就会贻误我们的事业，就会犯不可原谅的历史性错误。

选拔中青年干部，必须坚持德才兼备、年富力强这个正确标准。首先要看政治表现，要考察他们在“文化大革命”中的表现，特别是十一届三中全会以来的表现。德不好的，虽有某一方面的才能，但不能忠诚地为人民服务，在他们用实际行动切实改正并取得群众谅解信赖以前，一个也不能选拔到领导岗位上。那些跟随林彪、江青一伙“造反”起家的人、帮派思想严重的人和打砸抢分子，以及近几年来在政治上严重破坏党的生活准则和在经济上严重违法乱纪的人，现在还占居领导岗位的，要坚决撤下来。至于对比较年轻干部的领导经验，则不能要求过高。只有把他们放到领导工作的实践中去，才能够使他们由经验不多变为经验很多，愈益成熟起来。在这个问题上，一定要防止和克服任何论资排辈和求全责备的思想。对于德才兼备、年富力强的中青年女干部，尤应重视，不可歧视。中央相信，在十一届三中全会以来正确政治路线、思想路线和组织路线的指引下，只要我们真正依靠党的各级组织，依靠党内外广大群众，同时依靠广大富有经验、知人善任的老干部，善于集中群众的智慧，靠群众的眼力来识别和选拔干部，而不是少数几个人说了算，就一定能够把接班的同志选准，把这件大事办好。即使有个别人没有选准，或者后来经不起考验，变得不好，那也不难及时调整，无碍大局。

中央认为有必要唤起全党同志深刻地注意我们党的历史经验。我们党在走上历史舞台并且开始领导千百万人民群众进行伟大斗争的时候，甚至直到建国的时候，党的各级领导者，包括今天仍然健在的老同志，几乎都是很年轻或者比较年轻的。在新的历史时期中，更应当充分地相信，只要继承和发扬党的优良传统，贯彻执行民主集中制，加强集体领导，发挥集体智慧，依靠老同志的帮助和支持，广大年轻和比较年轻的接班的新干部就一定能够领导人民，开辟更加光辉灿烂的远大前途。

（七）建立老干部离休退休和退居二线的制度，妥善解决新老干部适当交替的问题，这是一场干部制度方面的深刻改革，是关系我们党兴旺发达，国家长治久安，社会主义现代化建设宏伟事业能够顺利实现的具有战略意义的重大决策。能否正确地对待这件大事，对于我们各级党委和每一个共产党员，都是一次严峻的党性考验。

我们的同志应当理解，在职时努力工作是对党和人民负责的表现，由于年事已高、力不从心，不适应工作要求而退居二线或离休退休，也是对党和人民负责的表现。

我们的同志应当具有无产阶级的面向未来的宽广胸怀，敢于打破一切轻视优秀中青年干部的习惯势力，欢迎新生力量的成长。看不起新生力量，不是唯物主义者应有的态度。

所有在职干部，都要尊重离休退休老干部，虚心向他们请教，热忱地体贴他们，做到对自己严格要求，对离休退休的老同志好好照顾，并且努力在全社会范围内造成敬老尊贤的优良风尚。那种对干部在职时照顾备至，离休退休后就冷眼相待的恶劣做法，一定要批评制止。

中央相信，只要全党同心协力，坚定不移，不论遇到什么干扰和阻力都决不半途而废，就一定能成功地解决新老干部适当交替的问题，逐步建立起一整套适应社会主义现代化建设需要的领导体制和干部制度，并且用党章和国家法律的形式固定下来，造成一个我们的革命事业后继有人、兴旺发达的全新的局面，为胜利完成我们在新时期的宏伟历史任务奠定坚实的基础。

中共中央办公厅 国务院办公厅关于县以上党和国家机关退（离）休干部经商办企业问题的若干规定

（1988 年 10 月 3 日　中办发〔1988〕11 号）

严禁党和国家机关及机关干部经商办企业，是党中央、国务院的一贯方针。机关退休（含离休，下同）干部从事经商活动，容易助长官商不分，使有的人利用原来的工作关系和影响参与倒卖活动，损害国家和群众利益，滋生腐败现象，必须坚决制止。为了保持党政机关的清正廉洁，保证治理经济环境、整顿经济秩序和全面深化改革的顺利进行，更好地发挥老干部的表率作用，遵照党中央和国务院的指示，在严禁党和国家机关及机关在职干部经商办企业的同时，对县以上机关的退休干部经商办企业问题作如下规定：

一、党和国家机关的退休干部，不得兴办商业性企业，不得到这类企业任职，不得在商品买卖中居间取酬，不得以任何形式参与倒卖生产资料和紧俏商品，不得向有关单位索要国家的物资，不得进行金融活动。

二、党和国家机关的退休干部，不得到全民所有制企业和外商投资企业（公司）担任任何领导职务（含名誉职务）和其他管理职务，企业也不得聘请他们任职。已经任职的，必须辞去职务。

三、党和国家机关的退休干部，可以应聘到非全民所有制的非商业性企业任职，但到本人原所在机关主管的行业和企业任职，必须在办理退休手续满 2 年以后。到这些企业任职的，要经所在机关退休干部管理部门批准，并与聘用单位签订合同。

退休干部应聘到这些企业任职期间，原所在机关应即中止其享受的各项生活待遇，改由企业负责。本人在企业所得报酬数额，最高不得超过其原工资与原机关干部平均奖金之和。退休干部到企业任职，应向原机关如实呈报自己的收入。按此规定执行的，在退出企业后由原机关恢复其原生活待遇；不按此规定执行的，应取消其退休待遇，并不再恢复。

四、党和国家机关的退休干部从事养殖业、种植业生产，进行技术开发、咨询、服务，讲学、写作、翻译，以及从事为改善机关后勤服务而开办小卖部、洗衣房、理发室等经营服务活动，继续按《中共中央、国务院关于严禁党政机关和党政干部经商、办企业的决定》的有关规定执行，取得合理报酬，严格照章纳税，其原享受的退休待遇不变。

五、党和国家机关要加强退休干部的管理工作。对违反本规定的退休干部，其原所在机关应及时纠正；不按规定纠正的，要追究该机关主要负责人的责任。退休干部管理部门和工商行政管理、税务、监察、纪检等部门，要经常检查执行本规定的情况。机关党组织和企业党组织，要切实负起监督的责任。

六、本规定同时适用于县以上工会、妇联、共青团、文联以及各种协会、学会等群众组织的退休干部。

军队机关的退休干部经商办企业问题，由中央军委参照本规定制定具体办法。

国务院关于处理国家机关工作人员退职、退休时计算工作年限的暂行规定

（1955年12月29日　国秘字〔1955〕第245号）

一、国家机关工作人员（以下简称工作人员）在中华人民共和国国家机关工作的时间，一律计算为工作年限。

二、工作人员在中华人民共和国成立以前，参加人民民主革命政权机关工作的时间，应当计算为工作年限。

三、工作人员在参加国家机关工作以前，参加下列工作的时间，可以连续计算为工作年限：

（一）在中国共产党的机关工作的时间，或者接受党的决定以社会职业为掩护而实际做革命工作的时间；

（二）在民主党派的机关工作的时间，或者民主党派成员和无党派的民主人士以社会职业为掩护而实际做民主革命工作的时间；

（三）在中国工农红军时期、抗日战争时期和解放战争时期，参加革命军队工作的时间；

（四）在革命根据地、解放区和中华人民共和国成立以后的人民团体的机关工作的时间；

（五）在革命根据地、解放区政权所属的事业单位和中华人民共和国国家机关所属事业单位工作的时间；

（六）在革命根据地、解放区政权所属的企业单位和中华人民共和国国营、合作社营、公私合营的企业单位工作的时间。

四、工作人员被抽调参加各种干部学校、训练班学习的时间，或者在革命根据地的抗日军政大学、陕北公学、中国女子大

学等学校学习的时间，都可以计算为工作年限。

五、工作人员退职或复员后参加工作的，前后工作的时间可以合并计算工作年限。

六、起义人员参加国家机关工作的，从起义之日起计算工作年限；曾经资遣回家以后参加国家机关工作的，从参加国家机关工作之日起计算年限。

七、新招收的工作人员，试用期间，可以计算为工作年限。

八、工作人员受过开除处分或刑事处分的，应当从重新参加工作之日起计算工作年限；但是情节较轻，并且经过任免机关批准的，他受处分以前工作的时间，也可以合并计算工作年限。

九、工作人员的工作年限按周年计算。在计算退职金、退休金时，按周年计算后剩余的月数，超过六个月的，按一年计算；六个月和不满六个月的按半年计算。

国务院关于参事室参事和文史馆馆员不适用退休退职等办法的通知

（1956 年 6 月 23 日　国秘习字〔1956〕第 148 号）

1955 年 12 月 29 日，国务院将关于国家机关工作人员退休、退职、病假期间待遇等暂行办法颁发各级国家行政机关执行。现在，考虑到参事室和文史研究馆的特殊情况，确定：参事室的参事和文史研究馆的馆员，不退休、退职，病假期间工资（生活费）照发，即国家机关工作人员退休、退职、病假期间待遇等暂行办法不适用于上述国家机关工作人员。

特此通知，希即照办。

国务院批准国务院科教组关于高等学校1973年招生工作的意见（摘录）

（1973年4月3日　国发〔1973〕39号）

六、招生经费和学生待遇

国家职工在校学习期间计算工龄。

国务院关于发布老干部离职休养制度的几项规定的通知

（1982年4月10日 国发〔1982〕62号）

各省、市、自治区人民政府，国务院各部委，各直属机构：

现将《国务院关于老干部离职休养制度的几项规定》发给你们，望遵照执行。

国务院关于老干部离职休养制度的几项规定

第一条 对建国前参加中国共产党所领导的革命战争、脱产享受供给制待遇的和从事地下革命工作的老干部，达到离职休养年龄的，实行离职休养的制度。

已经退休的干部，符合本规定的，应当改为离休。

第二条 老干部离休的年龄为：中央、国家机关的部长、副部长，省市自治区党委第一书记、书记、副书记和省市自治区人民政府省长、市长、主席、副省长、副市长、副主席及相当职务的干部，正职年满六十五周岁，副职年满六十周岁；中央、国家机关的司局长、副司局长，省市自治区党委部长、副部长和省市自治区人民政府厅局长、副厅局长、地委书记、副书记和行政公署专员、副专员及相当职务的干部，年满六十周岁；其他干部男年满六十周岁，女年满五十五周岁，身体不能坚持正常工作的，可提前离休；确因工作需要，身体又能坚持正常工作的，经任免机关批准，可适当推迟。

老干部离休，由所在单位按照干部管理权限，报任免机关批准。

第三条 老干部离休后基本政治待遇不变，生活待遇略为从优。

一九二一年七月一日到一九四九年九月三十日各个革命时期参加革命工作的老干部，离休后原工资照发。

一九三七年七月六日以前参加革命工作的老干部，按本人离休前标准工资，每年增发两个月的工资，作为生活补贴。

一九三七年七月七日到一九四二年十二月三十一日参加革命工作的老干部，按本人离休前标准工资，每年增发一个半月的工资，作为生活补贴。

一九四三年一月一日到一九四五年九月三日参加革命工作的老干部，按本人离休前标准工资，每年增发一个月的工资，作为生活补贴。

一九四五年九月三日到一九四九年九月三十日参加革命工作的老干部，不增发生活补贴。

行政八级和相当于八级以上（含八级）的老干部离休后，不增发生活补贴。

享受上述待遇的离休老干部，一律不再发给任何形式的奖金。

老干部离休后的生活补贴，自批准离休之日起按年发给。

已经离休的老干部（包括退休改离休的干部），从本规定下达之日起按年发给生活补贴。

第四条 老干部办理离休手续后，由国务院委托离休干部所在的省、市、自治区人民政府或中央、国家机关的部委授予“老干部离休荣誉证”。“老干部离休荣誉证”由国务院统一制定。

第五条 离休干部所在单位，要根据需要，建立健全老干部工作机构或确定专人负责，做好为老干部服务的工作。

第六条 本规定自发布之日起施行。过去有关规定与本规定不一致的，以本规定为准。

国务院发布《国务院关于高级专家离休退休若干问题的暂行规定》的通知

（1983年9月12日　国发〔1983〕141号）

各省、自治区、直辖市人民政府，国务院各部委、各直属机构：

现将《国务院关于高级专家离休退休若干问题的暂行规定》发给你们，望遵照执行。

国务院关于高级专家离休退休若干问题的暂行规定

为了充分发挥高级专家的作用，为社会主义建设事业多做贡献，并有利于新生力量的成长和队伍的更新，特制定本规定。

第一条　本规定所称高级专家，系指：正副教授、正副研究员、高级工程师、高级农艺师、正副主任医师、正副编审、正副译审、正副研究馆员、高级经济师、高级统计师、高级会计师、特级记者、高级记者、高级工艺美术师，以及文艺六级以上的专家。

第二条　高级专家离休退休年龄，一般应按国家统一规定执行。对其中少数高级专家，确因工作需要，身体能够坚持正常工作，征得本人同意，经下述机关批准，其离休退休年龄可以适当延长：

副教授、副研究员以及相当这一级职称的高级专家，经所在单位报请上一级主管机关批准，可以适当延长离休退休年龄，但最长不超六十五周岁；

教授、研究员以及相当这一级职称的高级专家，经所在单位报请省、市、自治区人民政府或中央、国家机关的部委批准，可以延长离休退休年龄，但最长不超过七十周岁；

学术上造诣高深、在国内外有重大影响的杰出高级专家，经国务院批准，可以暂缓离休退休，继续从事研究或著述工作。

第三条 延长离休退休年龄的高级专家中，担任行政领导职务或管理职务的，在达到国家统一规定的离休退休年龄时，应当免去其行政领导职务或管理职务，使他们集中精力继续从事科学技术或文化艺术等工作。特殊情况经过任免机关批准的除外。

第四条 高级专家离休退休的待遇，按国家统一规定办理。符合以下情况的，退休费标准可以适当提高：

（一）有重大贡献的高级专家，经省、市、自治区人民政府或中央、国家机关的部委批准，其退休费标准可以酌情提高5%至15%。提高标准后的退休费，不得超过本人原标准工资。

（二）建国后从国外或者从香港、澳门、台湾回来定居工作的高级专家，其退休费均按建国后参加革命工作退休干部的最高标准发给。其中有重大贡献的，再按本条（一）项规定提高退休费。

第五条 高级专家离休退休后，如身体尚好，可以接受部门或单位的聘请，担任科学技术或文化艺术顾问，也可以直接承担业务工作。聘请离休退休高级专家应签订聘请合同，聘请条件和受聘人员待遇按国家有关规定办理。

第六条 各单位和各部门要认真执行国务院关于干部离休退休后政治、生活待遇的有关规定，对离休退休的高级专家应体贴关怀，热情爱护；要积极主动地帮助他们继续进行科学研究、资料整理、著书立说等工作，为他们的业务活动提供必要的方便。

第七条 本规定自发布之日起施行。本规定发布以前，已经离休退休的高级专家，不再复职。

第八条 本规定由劳动人事部负责解释。

国务院关于延长部分骨干教师、医生科技人员退休年龄的通知

（1983年9月12日　国发〔1983〕142号）

为了充分发挥现有骨干专业技术人员的作用，促进教育、卫生、科学技术事业的发展，并考虑到脑力劳动的特点，决定在一九九〇年前，对在上述单位工作的讲师、主治医师、工程师、农艺师、助理研究员以及具有高等院校、中等专业学校（含中等师范学校）和高中毕业学历或经严格考核取得同等学力的、教学经验丰富的中、小学教师中，确因工作需要，身体能够坚持正常工作，有较强的业务能力，本人又愿意继续工作的，经所在单位报请县一级以上主管机关严格审查批准，可将他们的退休年龄延长一至五年，延长后的退休年龄，女同志最长不得超过六十周岁，男同志最长不得超过六十五周岁。不符合上述条件的其他人员的退休年龄，仍按国家统一规定执行。

上述延长退休年龄的人员中，担任行政领导职务或管理职务的，在达到国家统一规定的退休年龄时，一般应当免去其行政领导职务或管理职务，使他们集中精力继续从事专业工作。

本通知下达前已经退休的不再复职。如确因工作需要，本人愿意且身体健康的，各单位可临时聘请他们工作，聘请条件及受聘人员待遇按国家有关规定办理。

本通知由劳动人事部负责解释。

国务院关于高级专家退休问题的补充规定

（1986年2月18日　国发〔1986〕26号）

为了有利于在全国实行专业技术职务聘任制度，现对国务院一九八三年九月十二日发布的《国务院关于高级专家离休退休若干问题的暂行规定》作如下补充规定：

凡建国前从事专业技术工作，一九八六年已满六十周岁，并于一九八三年九月一日前已获得相当于副教授以上职称的老科学家、老教授、老专家（含建国前在国外工作，建国后回国的），在他们退休后，仍可保留原已获得的称号，他们的退休费按其原工资额的百分之一百发给。对于过去已经办了退休手续、符合上述条件的，也同样对待；领取原工资额的百分之一百退休费的时间，自一九八六年二月起计算。

这里所说“一九八三年九月一日前已获得相当于副教授以上职称的”，系指《国务院关于高级专家离休退休若干问题的暂行规定》第一条规定的范围，并包括一九八三年九月一日前经过职称评定组织评定了副教授以上职称并已上报到有关部门“待批”或“待授”的人员。

国务院批转国家教育委员会《关于出国留学人员工作的若干暂行规定》的通知（摘录）

（1986年12月13日　国发〔1986〕107号）

三、公派出国留学人员的选派

（九）公派出国留学人员的工资、工龄和有关经费的管理办法

1. 出国进修人员和访问学者，在批准出国留学的期限内，国内工资由原单位照发，国内计算工龄。公派出国攻读博士学位的研究生获得博士学位后，在批准的攻读博士学位期限内，国内计算工龄。公派出国攻读学位的在职人员，在学习期限内的国内工资待遇按国内对同类人员的有关规定办理。

六、自费出国留学

（六）高等学校在校学生获准自费出国留学的，可保留学籍一年。在职人员获准自费出国留学的，从出境的下一个月起停发工资，保留公职一年。

（七）在职人员自费出国留学回国工作后，出国前工龄可以保留，并与回国后的工作时间合并计算工龄。获得博士学位回国参加工作的，其在国外攻读博士学位的年限，国内计算工龄，工龄计算办法与公派留学人员相同。

国务院办公厅关于杰出高级专家暂缓离退休审批问题的通知

（1991年7月5日　国办发〔1991〕40号）

各省、自治区、直辖市人民政府，国务院各部委、各直属机构：

一九八三年九月十二日国务院发布的《国务院关于高级专家离休退休若干问题的暂行规定》（以下称《暂行规定》）第二条第四款规定："学术上造诣高深、在国内外有重大影响的杰出高级专家，经国务院批准，可以暂缓离休退休，继续从事研究或著述工作"。《暂行规定》实施以来，对杰出高级专家暂缓离退休审批，都是经由人事部报请国务院批准的。为了简化审批程序，国务院决定今后对杰出高级专家暂缓离退休的审批授权人事部办理，不再报国务院批准。

国务院办公厅印发关于加强参事室工作意见的通知（摘录）

（1995年3月17日　国办发〔1995〕20号）

三、改进参事的管理服务工作。新聘参事除从国家行政机关聘任的外，其他从企事业单位聘任的均不进入国家公务员序列。任命制参事，均不过渡为国家公务员，实行“老人老办法”。受聘参事保持原行政级别和技术职务，在受聘期间达到离退休年龄，暂不办理离退休手续，工龄连续计算，解聘后应及时按有关规定办理离退休手续。受聘参事本人原具有高级专业技术职务并已达到离退休年龄的，按国家关于延长离退休年龄的有关政策和人事部的有关规定办理，可不占用所在单位高级专业技术职务名额。受聘参事所在单位调整工作人员职级时，应对参事与本单位同类人员同等对待。

国务院办公厅关于妥善解决国有企业办中小学退休教师待遇问题的通知

（2004 年 1 月 20 日　国办发〔2004〕9 号）

各省、自治区、直辖市人民政府，国务院各部委、各直属机构：

分离企业办社会的职能是党中央、国务院作出的加快国有企业改革、完善社会主义市场经济体制的重大举措。企业办中小学移交地方管理，是企业分离办社会职能工作的重要组成部分。近年来，分离企业办中小学工作取得了一定的进展，但也存在一些问题。由于企业办中小学教师工资及退休待遇执行的政策与地方政府办中小学不尽相同，造成大部分国有企业中小学退休教师待遇偏低。根据《中华人民共和国教师法》有关规定，为妥善解决上述问题，现通知如下：

一、各地区、各有关部门要以“三个代表”重要思想为指导，全面贯彻落实党的十六大、十六届三中全会精神，从推进国有企业改革、促进基础教育事业发展、切实维护社会稳定的大局出发，加快国有企业办中小学移交地方政府管理的进度，理顺办学管理体制。

二、对已经移交地方政府管理的企业所办中小学，其退休教师仍留在企业的，由企业按照《教师法》的有关规定，对退休教师基本养老金加统筹外项目补助低于政府办中小学同类人员退休金标准的，其差额部分由所在企业予以计发。

尚未移交地方政府管理的企业办中小学，其在职教师的工资和退休教师的基本养老金加统筹外项目补助，低于政府办中小学同类人员标准的，由企业按政府办中小学同类人员标准计发。

企业上述支出，允许计入费用，在所得税前扣除。按政府办中小学同类人员标准计发确有困难的亏损企业，同级财政予以适当补助。中央亏损企业，由中央财政给予适当补助。

上述规定自 2004 年 1 月 1 日起执行。

三、对各地已实施关闭破产的企业，其关闭破产前所办中小学退休教师的待遇问题，由各地方政府研究解决。

四、今后在企业办中小学移交地方政府管理时，企业退休教师一并移交。在职人员的移交要在核定的编制限额内进行。移交后，退休教师退休金待遇按照当地政府办中小学同类人员标准执行。中央管理企业所办中小学移交地方政府管理后，由中央财政对困难地区给予适当补助。

五、解决国有企业办中小学退休教师待遇问题，情况复杂，涉及面广，政策性强，各级人民政府和有关部门要高度重视，加强领导，密切配合，狠抓落实。各地要从当地实际情况出发，抓紧制定具体的政策措施和工作方案，精心组织，周密部署，认真实施，切实加强思想政治工作，将国有企业办中小学退休教师的待遇问题妥善解决好，维护社会稳定。

国务院关于机关事业单位工作人员养老保险制度改革的决定

（2015年1月3日　国发〔2015〕2号）

各省、自治区、直辖市人民政府，国务院各部委、各直属机构：

按照党的十八大和十八届三中、四中全会精神，根据《中华人民共和国社会保险法》等相关规定，为统筹城乡社会保障体系建设，建立更加公平、可持续的养老保险制度，国务院决定改革机关事业单位工作人员养老保险制度。

一、改革的目标和基本原则

以邓小平理论、“三个代表”重要思想、科学发展观为指导，深入贯彻党的十八大、十八届三中、四中全会精神和党中央、国务院决策部署，坚持全覆盖、保基本、多层次、可持续方针，以增强公平性、适应流动性、保证可持续性为重点，改革现行机关事业单位工作人员退休保障制度，逐步建立独立于机关事业单位之外、资金来源多渠道、保障方式多层次、管理服务社会化的养老保险体系。改革应遵循以下基本原则：

（一）公平与效率相结合。既体现国民收入再分配更加注重公平的要求，又体现工作人员之间贡献大小差别，建立待遇与缴费挂钩机制，多缴多得、长缴多得，提高单位和职工参保缴费的积极性。

（二）权利与义务相对应。机关事业单位工作人员要按照国家规定切实履行缴费义务，享受相应的养老保险待遇，形成责任共担、统筹互济的养老保险筹资和分配机制。

（三）保障水平与经济发展水平相适应。立足社会主义初级阶段基本国情，合理确定基本养老保险筹资和待遇水平，切实保障退休人员基本生活，促进基本养老保险制度可持续发展。

（四）改革前与改革后待遇水平相衔接。立足增量改革，实现平稳过渡。对改革前已退休人员，保持现有待遇并参加今后的待遇调整；对改革后参加工作的人员，通过建立新机制，实现待遇的合理衔接；对改革前参加工作、改革后退休的人员，通过实行过渡性措施，保持待遇水平不降低。

（五）解决突出矛盾与保证可持续发展相促进。统筹规划、合理安排、量力而行，准确把握改革的节奏和力度，先行解决目前城镇职工基本养老保险制度不统一的突出矛盾，再结合养老保险顶层设计，坚持精算平衡，逐步完善相关制度和政策。

二、改革的范围

本决定适用于按照公务员法管理的单位、参照公务员法管理的机关（单位）、事业单位及其编制内的工作人员。

三、实行社会统筹与个人账户相结合的基本养老保险制度

基本养老保险费由单位和个人共同负担。单位缴纳基本养老保险费（以下简称单位缴费）的比例为本单位工资总额的20%，个人缴纳基本养老保险费（以下简称个人缴费）的比例为本人缴费工资的8%，由单位代扣。按本人缴费工资8%的数额建立基本养老保险个人账户，全部由个人缴费形成。个人工资超过当地上年度在岗职工平均工资300%以上的部分，不计入个人缴费工资基数；低于当地上年度在岗职工平均工资60%的，按当地在岗职工平均工资的60%计算个人缴费工资基数。

个人账户储存额只用于工作人员养老，不得提前支取，每年按照国家统一公布的记账利率计算利息，免征利息税。参保人员死亡的，个人账户余额可以依法继承。

四、改革基本养老金计发办法

本决定实施后参加工作、个人缴费年限累计满15年的人员，退休后按月发给基本养老金。基本养老金由基础养老金和个人账户养老金组成。退休时的基础养老金月标准以当地上年度在岗职工月平均工资和本人指数化月平均缴费工资的平均值为基数，缴费每满1年发给1%。个人账户养老金月标准为个人账户储存额除以计发月数，计发月数根据本人退休时城镇人口平均预期寿命、本人退休年龄、利息等因素确定（详见附件）。

本决定实施前参加工作、实施后退休且缴费年限（含视同缴费年限，下同）累计满15年的人员，按照合理衔接、平稳过渡的原则，在发给基础养老金和个人账户养老金的基础上，再依据视同缴费年限长短发给过渡性养老金。具体办法由人力资源社会保障部会同有关部门制定并指导实施。

本决定实施后达到退休年龄但个人缴费年限累计不满15年的人员，其基本养老保险关系处理和基本养老金计发比照《实施〈中华人民共和国社会保险法〉若干规定》（人力资源社会保障部令第13号）执行。

本决定实施前已经退休的人员，继续按照国家规定的原待遇标准发放基本养老金，同时执行基本养老金调整办法。

机关事业单位离休人员仍按照国家统一规定发给离休费，并调整相关待遇。

五、建立基本养老金正常调整机制

根据职工工资增长和物价变动等情况，统筹安排机关事业单位和企业退休人员的基本养老金调整，逐步建立兼顾各类人员的养老保险待遇正常调整机制，分享经济社会发展成果，保障退休人员基本生活。

六、加强基金管理和监督

建立健全基本养老保险基金省级统筹；暂不具备条件的，可先实行省级基金调剂制度，明确各级人民政府征收、管理和支付的责任。机关事业单位基本养老保险基金单独建账，与企业职工基本养老保险基金分别管理使用。基金实行严格的预算管理，纳入社会保障基金财政专户，实行收支两条线管理，专款专用。依法加强基金监管，确保基金安全。

七、做好养老保险关系转移接续工作

参保人员在同一统筹范围内的机关事业单位之间流动，只转移养老保险关系，不转移基金。参保人员跨统筹范围流动或在机关事业单位与企业之间流动，在转移养老保险关系的同时，基本养老保险个人账户储存额随同转移，并以本人改革后各年度实际缴费工资为基数，按12%的总和转移基金，参保缴费不足1年的，按实际缴费月数计算转移基金。转移后基本养老保险缴费年限（含视同缴费年限）、个人账户储存额累计计算。

八、建立职业年金制度

机关事业单位在参加基本养老保险的基础上，应当为其工作人员建立职业年金。单位按本单位工资总额的8%缴费，个人按本人缴费工资的4%缴费。工作人员退休后，按月领取职业年金待遇。职业年金的具体办法由人力资源社会保障部、财政部制定。

九、建立健全确保养老金发放的筹资机制

机关事业单位及其工作人员应按规定及时足额缴纳养老保险费。各级社会保险征缴机构应切实加强基金征缴，做到应收尽收。各级政府应积极调整和优化财政支出结构，加大社会保障资金投入，确保基本养老金按时足额发放，同时为建立职业年金制度提供相应的经费保障，确保机关事业单位养老保险制度改革平稳推进。

十、逐步实行社会化管理服务

提高机关事业单位社会保险社会化管理服务水平，普遍发放全国统一的社会保障卡，实行基本养老金社会化发放。加强街道、社区人力资源社会保障工作平台建设，加快老年服务设施和服务网络建设，为退休人员提供方便快捷的服务。

十一、提高社会保险经办管理水平

各地要根据机关事业单位工作人员养老保险制度改革的实际

需要，加强社会保险经办机构能力建设，适当充实工作人员，提供必要的经费和服务设施。人力资源社会保障部负责在京中央国家机关及所属事业单位基本养老保险的管理工作，同时集中受托管理其职业年金基金。中央国家机关所属京外单位的基本养老保险实行属地化管理。社会保险经办机构应做好机关事业单位养老保险参保登记、缴费申报、关系转移、待遇核定和支付等工作。要按照国家统一制定的业务经办流程和信息管理系统建设要求，建立健全管理制度，由省级统一集中管理数据资源，实现规范化、信息化和专业化管理，不断提高工作效率和服务质量。

十二、加强组织领导

改革机关事业单位工作人员养老保险制度，直接关系广大机关事业单位工作人员的切身利益，是一项涉及面广、政策性强的工作。各地区、各部门要充分认识改革工作的重大意义，切实加强领导，精心组织实施，向机关事业单位工作人员和社会各界准确解读改革的目标和政策，正确引导舆论，确保此项改革顺利进行。各地区、各部门要按照本决定制定具体的实施意见和办法，报人力资源社会保障部、财政部备案后实施。人力资源社会保障部要会同有关部门制定贯彻本决定的实施意见，加强对改革工作的协调和指导，及时研究解决改革中遇到的问题，确保本决定的贯彻实施。

本决定自 2014 年 10 月 1 日起实施，已有规定与本决定不一致的，按照本决定执行。

附件：个人账户养老金计发月数表

附件

个人账户养老金计发月数表

退休年龄	计发月数	退休年龄	计发月数
40	233	56	164
41	230	57	158
42	226	58	152
43	223	59	145
44	220	60	139
45	216	61	132
46	212	62	125
47	207	63	117
48	204	64	109
49	199	65	101
50	195	66	93
51	190	67	84
52	185	68	75
53	180	69	65
54	175	70	56
55	170		

国务院办公厅关于印发《机关事业单位职业年金办法》的通知

（2015 年 3 月 27 日　国办发〔2015〕18 号）

各省、自治区、直辖市人民政府，国务院各部委、各直属机构：

《机关事业单位职业年金办法》已经国务院同意，现印发给你们，请认真贯彻执行。

机关事业单位职业年金办法

第一条　为建立多层次养老保险体系，保障机关事业单位工作人员退休后的生活水平，促进人力资源合理流动，根据《国务院关于机关事业单位工作人员养老保险制度改革的决定》（国发〔2015〕2 号）等相关规定，制定本办法。

第二条　本办法所称职业年金，是指机关事业单位及其工作人员在参加机关事业单位基本养老保险的基础上，建立的补充养老保险制度。

第三条　本办法适用的单位和工作人员范围与参加机关事业单位基本养老保险的范围一致。

第四条　职业年金所需费用由单位和工作人员个人共同承担。单位缴纳职业年金费用的比例为本单位工资总额的 8%，个人缴费比例为本人缴费工资的 4%，由单位代扣。单位和个人缴费基数与机关事业单位工作人员基本养老保险缴费基数一致。

根据经济社会发展状况，国家适时调整单位和个人职业年金缴费的比例。

第五条 职业年金基金由下列各项组成：

（一）单位缴费；

（二）个人缴费；

（三）职业年金基金投资运营收益；

（四）国家规定的其他收入。

第六条 职业年金基金采用个人账户方式管理。个人缴费实行实账积累。对财政全额供款的单位，单位缴费根据单位提供的信息采取记账方式，每年按照国家统一公布的记账利率计算利息，工作人员退休前，本人职业年金账户的累计储存额由同级财政拨付资金记实；对非财政全额供款的单位，单位缴费实行实账积累。实账积累形成的职业年金基金，实行市场化投资运营，按实际收益计息。

职业年金基金投资管理应当遵循谨慎、分散风险的原则，保证职业年金基金的安全性、收益性和流动性。职业年金基金的具体投资管理办法由人力资源社会保障部、财政部会同有关部门另行制定。

第七条 单位缴费按照个人缴费基数的8%计入本人职业年金个人账户；个人缴费直接计入本人职业年金个人账户。

职业年金基金投资运营收益，按规定计入职业年金个人账户。

第八条 工作人员变动工作单位时，职业年金个人账户资金可以随同转移。工作人员升学、参军、失业期间或新就业单位没有实行职业年金或企业年金制度的，其职业年金个人账户由原管理机构继续管理运营。新就业单位已建立职业年金或企业年金制度的，原职业年金个人账户资金随同转移。

第九条 符合下列条件之一的可以领取职业年金：

（一）工作人员在达到国家规定的退休条件并依法办理退休手续后，由本人选择按月领取职业年金待遇的方式。可一次性用于购买商业养老保险产品，依据保险契约领取待遇并享受相应的继承权；可选择按照本人退休时对应的计发月数计发职业年金月待遇标准，发完为止，同时职业年金个人账户余额享有继承权。本人选择任一领取方式后不再更改。

（二）出国（境）定居人员的职业年金个人账户资金，可根据本人要求一次性支付给本人。

（三）工作人员在职期间死亡的，其职业年金个人账户余额可以继承。

未达到上述职业年金领取条件之一的，不得从个人账户中提前提取资金。

第十条 职业年金有关税收政策，按照国家有关法律法规和政策的相关规定执行。

第十一条 职业年金的经办管理工作，由各级社会保险经办机构负责。

第十二条 职业年金基金应当委托具有资格的投资运营机构作为投资管理人，负责职业年金基金的投资运营；应当选择具有资格的商业银行作为托管人，负责托管职业年金基金。委托关系确定后，应当签订书面合同。

第十三条 职业年金基金必须与投资管理人和托管人的自有资产或其他资产分开管理，保证职业年金财产独立性，不得挪作其他用途。

第十四条 县级以上各级人民政府人力资源社会保障行政部门、财政部门负责对本办法的执行情况进行监督检查。对违反本办法规定的，由人力资源社会保障行政部门和财政部门予以警告，责令改正。

第十五条 因执行本办法发生争议的，工作人员可按照国家有关法律、法规提请仲裁或者申诉。

第十六条 本办法自 2014 年 10 月 1 日起实施。已有规定与本办法不一致的，按照本办法执行。

第十七条 本办法由人力资源社会保障部、财政部负责解释。

中央纪委等部门关于解决离休人员待遇有关问题的通知

（2008年12月24日　中纪发〔2008〕40号）

各省、自治区、直辖市人民政府：

经研究，报国务院领导同意，现将离休人员待遇有关问题通知如下：

一、机关离休人员补贴标准（不含国家统一规定的津贴补贴和改革性补贴）占同级政府同职级在职人员津贴补贴水平（指规范津补贴后发放的工作性补贴和生活补贴之和）的90%，低于90%的，提高到90%。

二、按机关离休人员和企事业离休人员收入水平大体相当的原则，相应调整企事业单位离休人员待遇水平。

三、京外中央国家机关、京外中央事业单位和京外中央企业离休人员，执行所在地离休人员待遇政策。

四、本通知自2009年1月1日起执行。

中共中央组织部 人事部关于认真执行干部退（离）休制度有关问题的通知

（1988年8月25日 中组发〔1988〕9号）

几年来，大批到了退休（包括离休，下同）年龄的干部响应党中央关于实行干部退休制度的号召，从工作岗位上退下来，办理了退休手续，为废除领导职务终身制，实现新老干部的正常交替作出了榜样。但是，由于种种原因，还有些到了退休年龄的干部，未及时办理退休手续。为了进一步贯彻执行干部退休制度，完善和简化手续，做好干部退休工作，经中央批准，现将有关问题通知如下：

一、达到规定的退休年龄（周岁）的干部，都应及时办理退休手续，不需本人提出申请。各级组织、人事部门对本单位达到退休年龄的干部，应事先按干部管理权限报经任免机关批准，在其达到退休年龄的前1个月通知本人，并在其达到退休年龄后的1个月内按规定办完有关手续，不再列为在编人员。

对地、市（厅、局）级以上干部中个别确因工作需要暂时留任的，或需要安排到人大、政协任职的人选，应由所在单位事先提出留任或安排的理由和时间（留任时间一般为1年，最长不超过3年），按干部管理权限，报经任免机关审批。批准留任的，应及时通知本人。担任主要负责职务的干部需要留任的，由任免机关直接决定，并通知所在单位和本人。

二、依据法律和有关规定经选举任职，在任届未满时达到退休年龄的干部，一般可待任届期满后，按有关规定办理退休手续。

三、凡符合国务院国发〔1983〕141、142号文件规定，可以暂缓退休的高级专家和部分骨干教师、医生、科技人员，必须严格按上述文件规定和劳动人事部劳人科〔1983〕153号文件的规定执行。

女干部退休年龄按中央组织部、劳动人事部劳人老〔1987〕2号文件的规定执行。

四、少数身体健康、具有专长的干部，在达到规定的退休年龄时，如工作确实需要的，可以在办理退休手续后，由需用单位按照政策规定予以聘用，但不列为在编人员。

干部退休工作，是一项经常性工作，各级组织、人事部门和老干部工作部门要各司其职，严格执行有关制度，切实做好深入细致的思想工作和各项管理工作，认真照顾好退休干部的生活，注意因人制宜地发挥他们的作用。

各地各部门接此通知后，要逐级负责，认真组织实施，检查落实情况，总结推广好的经验，发现问题及时解决。

中共中央组织部等部门关于企业和事业单位离休干部病故一次性抚恤金有关问题的通知

（2014 年 8 月 26 日　组通字〔2014〕33 号）

各省、自治区、直辖市党委组织部、老干部局、政府财政局、人力资源社会保障厅（局），中央和国家机关各部委、各人民团体组织人事部门、离退休干部工作部门，新疆生产建设兵团党委组织部、老干部局、财务局、人力资源社会保障局，各中管金融企业党委，部分国有重要骨干企业党组（党委），部分高等学校党委：

经研究，现就企业和事业单位离休干部病故一次性抚恤金有关问题通知如下：

一、企业和事业单位离休干部病故一次性抚恤金计发标准，按照上一年度全国城镇居民人均可支配收入的 2 倍加本人生前 40 个月基本离休费确定。

二、企业和事业单位离休干部病故一次性抚恤金所需资金，参加城镇企业职工基本养老保险的，由基本养老保险基金支付；未参加城镇企业职工基本养老保险的，按现行渠道解决。

三、上述规定执行时间从 2011 年 8 月 1 日起。原有规定与本通知不一致的，要做好衔接工作。

本通知由人力资源社会保障部负责解释。

内务部等部门《关于国家机关工作人员病假期间的工作年限计算问题的联合通知》（摘录）

（1956年2月21日　国人事字〔1956〕第0055号）

（一）工作人员病假期间的工作年限计算问题，可暂按1954年10月12日中共中央组织部组酉字第39号电报第十项规定办理，即："工作人员因病经组织批准离职疗养，其疗养期间在6个月以内者，得连续计算工龄，超过6个月，病愈后仍继续工作者，除超过6个月的病假期间不计算工龄外，其前后之工龄应合并计算。但在长期革命斗争中因劳成疾而离职疗养者，经组织批准，其超过6个月的病假期间亦得计算工龄。"

工作人员断续几次病假，每次病假在6个月以内的期间均可计算工作年限，每次超过6个月的期间不计算工作年限。

国务院人事局关于在社会主义国家工作期间工作年限计算问题的复函

（1959 年 4 月 7 日）

吉林省人民委员会人事局：

3 月 26 日函悉。所询工作人员过去在苏联边防军工作的时间，是否计算工作年限问题，我们意见，如果是经组织上调派的，他在苏联工作的时间可以计算工作年限；否则只能计算为一般工龄。至于在其他社会主义国家工作时间的计算问题，亦应按此精神办理。

此复。

内务部关于工作人员曾受过开除、劳动教养、刑事处分工龄计算问题的复函

（1959年6月19日　内人事福字〔1959〕第740号）

上海市人民委员会人事处：

沪会人工字〔1959〕第34号函收悉。所询问题答复于下：

一、工作人员受过开除处分或者刑事处分的，应当从重新参加工作之日起计算工作年限，他们受处分以前的工作时间和参加工作以前主要依靠工资为生活来源的劳动时间，可以计算为一般工龄。如果情节较轻，经过任免机关批准的，受处分以前的工作时间，也可以合并计算工作年限。但受开除处分或者刑事处分的反革命分子和其他坏分子，他们的工作年限和一般工龄均应从重新参加工作之日起计算。

二、受过劳动教养处分（没有开除公职）或者监督劳动处分的人员，他们受处分以前的工作时间，可以计算为工作年限，他们参加工作以前主要依靠工资为生活来源的劳动时间，可以计算为一般工龄。受过劳动教养处分并开除公职又重新参加工作的人员，他们的工作年限和一般工龄的计算，可按本复文（一）条的精神办理。

劳动教养（没有开除公职）和监督劳动期间一般不计算工作年限，但可以计算一般工龄。

国务院人事局关于工作人员进入高等学校学习是否计算工作年限的复函（摘录）

（1957年6月12日　国人事字〔1957〕第909号）

（一）工作人员经组织批准进入高等学校学习，毕业后又参加工作的，其在高等学校学习期间一般不计算为工作年限。但对个别参加工作时间很久的（例如抗日战争时期及以前参加工作）和因本部门工作需要，经组织保送到上述学校去深造并且带职、带薪学习的人员，他们的学习期间，可以计算工作年限。

劳动部工资局关于学习期间的工龄计算问题的复函（摘录）

（1961年8月14日　中劳薪字〔1961〕第78号）

甘肃省劳动局：

你局7月31日劳薪字〔1961〕第411号函悉。所提有关工龄计算问题，现答复如下：

二、关于学习期间的工龄计算问题，凡是因工作需要经组织上调派去学习的，其学习期间应算为工龄。但对本人申请，组织同意投考高等学校、中等专业学校和技工学校学习的，其学习期间不应计算为工龄。

三、技工学校毕业生参加工作以后，其在学校学习期间是否计算为工龄的问题。我们认为计算工龄的主要根据应是以工资收入为本人主要生活来源的职工，而技工学校学生与企业中的学徒不同，技工学校学生的主要任务是学习，虽然参加一定的生产劳动，也是属于实习性质的，而企业中的学徒已是企业在册职工，主要参加生产劳动，在生产中学习技术；技工学校的学生是领取助学金，而学徒的生活补助则带有劳动报酬性质，是从工资基金开支的；同时考虑到技工学校学生与高等学校和中等专业学校学生的关系，技工学校毕业生参加工作后，其在校学习期间也不应计算工龄。

内务部关于开除留用察看期间工作年限计算问题的复函（摘录）

（1962年6月22日　内人工字〔1962〕第82号）

一、工作人员受开除留用察看处分以后，正式分配工作，评定了工资级别的，留用察看期间可以计算工作年限。

内务部政府机关人事局关于工作人员受开除留用察看处分期间工龄计算问题的复函

（1963年7月30日　内人工字〔1963〕第127号）

新安县人民委员会人事科：

7月21日函悉。工作人员受开除留用察看处分，经过考察证明，悔改表现好，正式分配了工作的，他们受开除留用察看处分期间以及受处分前后的工作时间可以合并计算工作年限；如果没有悔改表现，决定予以开除以后又参加工作的，工作年限应从重新参加工作之日起计算。

此复。

国家劳动总局关于国家职工进入中等专业学校、技工学校学习期间工龄计算问题的复函

（1981年3月12日　劳险字〔1981〕4号）

邮电部劳动工资局：

你局劳资字〔1981〕13号函收到。一九七九年八月四日教育部、财政部、国家劳动总局教计字〔1979〕315号、财事字〔1979〕194号、劳总薪字〔1979〕69号文规定，一九七九年以后“考入普通高等学校的国家职工在校学习期间一律不计算工龄。入学前和毕业后参加工作的连续工龄可以合并计算”。我们认为，一九七九年以后进入中等专业学校和技工学校学习的国家职工，在学习期间的工龄计算，也应按此规定办理。

劳动人事部等部门关于获准出国定居的退休、退职人员待遇问题的通知

（1982年6月17日　劳人劳〔1982〕42号）

经国务院同意，现对获准出国定居的国营企业、事业和党政机关、人民团体的退休、退职人员的待遇处理问题，作如下通知：

一、出国定居的退休、退职人员的退休费、退职生活费与国内退休、退职人员享受同等待遇。其退休费、退职生活费及副食品价格补贴、粮（煤）价补贴、企业职工的因工残废补助费，以及由民政部门支付的残废金等，由支付退休、退职待遇的单位发给（残废金由支付退休费、退职生活费的单位向本人原居住地的民政部门领取），或由受委托的国内亲友代领，直至本人去世为止。支付此项待遇所需外汇，由当地中国银行按照国家外汇管理总局颁发的《审批个人外汇申请施行细则》的有关规定办理。

出国定居的退休、退职人员，每半年需提供一份由我驻外使领馆或者当地公证机关出具的本人生存证明书。由公证机关出具的证明，须经我驻外使领馆认证（居住在尚未和我国建交的国家的，须经驻该国并已与我国建交的第三国使领馆认证），方为有效。支付单位，凭上述证明，按期支付应得的款项。

二、出国定居的退休、退职人员及其供养的直系亲属，在国内途程所需的车、船费、行李搬运费、旅馆费和伙食补助费，按照财政部关于差旅费开支的规定办理；国外途程所需的一切费用，均由本人自理。

三、出国定居的退休、退职人员死亡后，支付退休费、退职生活费的单位，应该按照其原工作单位的现行规定，发给丧葬费、供养直系亲属抚恤费或救济费。已在国外定居的直系亲属，须按照本规定第一条公证、认证手续，向支付退休、退职待遇的单位提供退休、退职人员死亡证明书和供养直系亲属生存证明书，才能享受本条规定的各项待遇。

四、出国定居的退休、退职人员，除按照第一、二、三条规定享受待遇外，不再享受其他待遇。

五、出国定居的退休、退职人员，经批准又回国居住的，原支付退休费、退职生活费的单位，应该按照退休、退职的规定，与本单位其他退休、退职人员同样对待，但是对其中一次领取了5年退休费、退职生活费，在国外居住不满5年的退休、退职人员，应从出国之月起计算，在满5年之后方能享受本通知第一条的各项待遇。

六、本通知同样适用于获准到港澳地区定居的退休、退职人员和离开我国到外国或港澳地区定居的外国籍退休、退职人员。

七、集体所有制企业、事业单位退休、退职人员出国定居的待遇，由各省、市、自治区规定，其手续可以参照本规定办理。

八、本通知自发出之月起实行，过去的有关规定与本通知有抵触的，按本通知执行。已按过去有关规定一次领取了5年退休费、退职生活费，现仍在国外或港澳地区居住的人员，其待遇不再变动。

劳动人事部关于严格掌握干部退休、退职条件及加强干部退休、退职后的管理工作的通知

（1982 年 8 月 2 日　劳人险〔1982〕10 号）

国务院去年 11 月 7 日发了《关于严格执行工人退休、退职办法的通知》（国发〔1981〕164 号）。这个《通知》要求严格掌握工人退休、退职条件，加强对退休、退职工人的受聘管理工作。《通知》发布以后，有些地方反映，《通知》只提工人，不提干部，以致干部退休、退职中出现一些问题，并没有得到解决，希望能作出相应的规定，以利国发〔1981〕164 号文的贯彻执行。为此，特对干部退休、退职的审批和退休、退职后的受聘、管理工作问题，作如下通知：

一、干部退休、退职时，任免机关应严格按照《国务院关于安置老弱病残干部的暂行办法》规定的条件审批。审批时应注意的事项，以及他们退休、退职后的教育，聘用及聘用后的待遇的管理，应该按照国发〔1981〕164 号《国务院关于严格执行工人退休、退职暂行办法的通知》的第一、二、三、五条的规定办理。

二、在各地行政机构没有改革之前，这项工作由各省、市、自治区人事局商同劳动局（厅）贯彻执行。

三、各省、市、自治区人民政府，已经颁发了贯彻执行国发〔1981〕164 号文件实施办法的，如有必要，可由人事、劳动部门共同商量，针对干部退休、退职的情况，制定一些补充规定；还没有制定实施办法的，人事、劳动部门应该提请人民政府制定

包括干部退休、退职的实施办法。向国务院报告检查执行国发〔1981〕164号文件情况时，应包括退休、退职干部的有关情况，同时抄报我部。

劳动人事部保险福利局关于国家职工被判处有期徒刑宣告缓刑期间工龄或工作年限计算问题的复函

（1982年9月1日　劳人险局〔1982〕2号）

甘肃省劳动局：

局甘劳险〔1982〕187号文《关于判处有期徒刑缓刑期间工龄或工作年限计算问题的报告》收悉。经研究，现对劳险字〔1982〕21号文作补充说明如下：

国家职工被判处有期徒刑宣告缓刑仍留原单位继续工作的，其缓刑期间的工龄或工作年限的计算问题，应根据不同情况对待，即：没有被剥夺政治权利的，在缓刑期间可以计算连续工龄或工作年限；被剥夺政治权利的，其连续工龄或工作年限应从恢复政治权利后重新计算。

劳动人事部关于发布《贯彻国务院关于老干部离职休养规定中具体问题的处理意见》的通知

（1982 年 12 月 10 日　劳人老〔1982〕10 号）

各省、市、自治区老干部（人事）部门，国务院各部委、各直属机构老干部（人事）部门：

我部制定的《贯彻国务院关于老干部离职休养规定中具体问题的处理意见》，已经国务院批准，现发给你们，请遵照执行。

贯彻国务院关于老干部离职休养规定中具体问题的处理意见

为了贯彻国发〔1982〕62 号《国务院关于老干部离职休养制度的几项规定》（以下简称《几项规定》），对老干部离休的有关具体问题，提出以下处理意见：

一、《几项规定》第一条可以享受离休待遇的老干部是指：一九四九年九月三十日前，参加中国共产党所领导的革命军队的，在解放区参加革命工作并脱产享受供给制待遇的；在敌占区从事地下革命工作的。在东北和个别老解放区，一九四九年底以前享受当地人民政府制定的薪金制待遇的干部，也可以享受离休待遇。

如何确定干部的参加革命工作时间，另行规定。

个人生活部分凡享受以下供给制的，属于“供给制”：（1）

伙食按规定享受小灶、中灶、大灶；（2）服装、棉被等生活用品；（3）极少的普通津贴费。实行部分供给、部分工资制的（含包干制），可视为供给制。除此之外，其他支付形式不属于供给制。建国前享受过供给制待遇，也享受过薪金制待遇的，按享受供给制待遇对待。

二、根据《几项规定》第一条退休改离休的干部，从一九八二年四月改发其原工资。在国发〔1980〕253号《国务院关于老干部离职休养的暂行规定》（以下简称《暂行规定》）下达以前退休的专业干部，抗日战争时期参加革命工作的科研、高教、翻译、工程技术、农业技术的九级，文艺十级，卫技十一级以及相当于行政十八级以上的；符合《几项规定》离休条件的解放战争时期参加革命工作的科研、高教、翻译、工程技术、农业技术的六级，文艺、卫技的七级以及相当于行政十四级以上的，由退休改为离休后，从一九八〇年十月份起改发其原工资。

其他行业的相当工资级别，执行国家统一工资标准的，由国务院各主管部委作出补充规定；执行地方制定的工资标准的，由各省、市、自治区人民政府作出补充规定，报劳动人事部审定后实行。

因更改参加革命工作时间由退休改为离休的干部，从组织批准更改之月起，改发其原工资。

对已按《暂行规定》办了离休手续而不符合《几项规定》离休条件的干部，不再改动。

三、退休改离休的干部，其退休费与原工资的差额，由发给退休费的单位核实后发给。对原享受特殊贡献待遇提高退休费的退休干部，改为离休后，提高部分不再发给。

退休改离休的干部，就地安置的由原工作单位负责改办并管理；原单位已撤销（包括军队已经安置在地方的退休干部）以及易地安置的，由发给退休费的单位负责会同有关部门办理，然后移交接受安置地区的干部、人事部门管理。

四、《几项规定》第三条所称“一九四三年一月一日到一九四五年九月二日参加革命工作的老干部”，不包括原在日伪单位服务，一九四五年八月十五日到同年九月二日期间，被我军接管后参加革命工作的干部。这一部分干部不享受抗日战争时期参加革命工作的干部的离休待遇，可以享受解放战争时期参加革命工作的干部离休待遇。

五、老干部离休时，地级以上单位管理的，应由所在单位按照干部管理权限，报任免机关批准；县级以下单位管理的，要报县级以上机关审核批准，并报地级以上主管部门备案。

六、《几项规定》第三条中所称“原工资”，包括级别工资、保留工资、附加工资。有地区生活费补贴的地方，“原工资”含地区生活费补贴。原享受地区生活费补贴的干部，离休后到没有地区生活费补贴地方安置的，不再发给地区生活费补贴；原不享受地区生活费补贴的干部，离休后到有地区生活费补贴地方安置的，应按接受地区同级干部的标准发给地区生活费补贴。

《几项规定》第三条中所称“标准工资”，一般是指由国家统一制定的工资标准表中的级别工资，但有保留工资的离休老干部，其标准工资中含保留工资。

七、离休老干部按《几项规定》享受的“生活补贴”，当年一至十二月不论哪个月批准离休的，都在批准离休之月按一年一次全额发给（离休前领取的奖金不再扣回）。由退休改为离休的老干部，其生活补贴应从一九八二年四月开始发给。从第二年开始，在每年一月份发给。

八、《几项规定》第四条所称“老干部离休荣誉证”，也可以根据情况，由行署或县一级的政府机关代发。

九、《几项规定》第六条所称“过去有关规定与本规定不一致的，以本规定为准”，是指《暂行规定》第一条与《几项规定》不一致，以《几项规定》为准。《暂行规定》的其他条款，继续执行。

十、各省、市、自治区和中央、国务院各部委及其直属单位需要跨省安置的离休干部，凡符合《暂行规定》第三条安置原则的，有关省、市、自治区应予以接受。对长期在西藏、青海地区工作的内地干部，离休后易地安置时更应给予妥善安置。安置地点应以中小城镇为主。随离休干部易地安置的配偶及待业子女、未成年子女，接受安置地区应准予落户，需要安排工作的，由当地人事、劳动部门负责安排。

十一、《暂行规定》第五条所称“福利待遇不变”，是指干部离休后，继续享受原单位同级在职干部同样的困难补助（含遗属生活困难补助）等各项非生产（工作）性福利待遇不变；“其他各项生活待遇”包括：粮价补贴、副食品价格补贴、冬季取暖补贴和医疗、住房、用车、生活品供应等待遇。易地安置离休干部的“其他各项生活待遇”，执行接受安置地区的标准。军队退休改离休干部的“福利待遇”和“其他各项生活待遇”，均按所在地区同级党政机关干部的有关待遇规定执行。

十二、县、市以上卫生部门，要定期组织离休干部进行健康检查，离休干部就医、疗养应给予优先照顾。愿在附近医院诊治的，应给予方便。具体办法由卫生部和各省、市、自治区根据实际条件制定。

卫生部和各省、市、自治区卫生部门，都应根据实际情况设立一定数量的老干部病床，以解决离休干部住院的困难。此项经费要单拨，所需基建项目应优先安排。

十三、《暂行规定》第五条所称因病残发给护理补助费的标准，不得超过当地一个普通机械行业二级工的工资标准。病情好转、生活基本能够自理后，护理补助费停发。

十四、离休干部住房有困难的，就地安置的由所在单位负责优先解决。确实无力建房的基层单位，由上级主管部门或房管部门负责解决。

跨省安置离休干部的建房，原工作单位将所需建房费划拨给接受安置地区后，由接受安置地区作为自筹基建优先列入地方计划，并负责筹建、管理。各级离休干部每户的建筑标准，可参照国家建筑主管部门的有关规定确定。

对到农村安置的，可酌情给予一定数额的建房补助费，补助标准由各省、市、自治区制定。

十五、老干部离休后，除按国家规定享受探亲待遇外，本人还可按现行差旅费开支标准报销一次探视父母、子女或回原籍的往返车船费。

十六、要给离休干部配备必要的车辆。地专级以上的离休干部，按同级在职干部的配车规定配备车辆。县以上老干部工作部门和干休所，可根据实际情况适当配备车辆。供离休干部看病、学习、公出使用。所配车辆应首先从各单位现有车辆中调剂，不足部分由上级有关部门负责解决。

十七、离休干部身边无子女的，按照顾在职干部的规定，由当地人事、劳动部门负责调一名在外地工作的子女（包括其配偶和未成年子女），到离休干部安置居住地工作。

十八、离休干部不占在职干部的编制，由发给离休工资的单位单列编制，定期报送编制主管部门。离休干部所需的各项经费（包括工资、生活补贴、粮食补贴、副食品价格补贴、冬季取暖补贴、福利费、公用经费、探亲路费、护理费、购置病残工具补助费、建房费和按规定配备汽车等项费用），由所在单位列入预算。行政单位在其他行政经费、事业单位在有关事业费项下的“离休退休人员费用”目内列支。企业单位在营业外支出中列支。

易地安置的离休干部所需各项经费，由原单位汇交接受安置单位支付。易地安置已由接受地区支付退休费的退休改离休干部，由接受地区的干部、人事部门单列编制，并负责各项经费的预算编造和支付工作，由“抚恤和社会福利救济费类”的“离休费”中列支。

由组织派到集体所有制企业、事业单位的国家干部，离休后所需的各项经费，可由上级主管单位分别在企业、事业费中开支。

十九、有离休干部的单位，每年按每个离休干部一百五十元计算，由离休干部所在单位或上级主管部门作为特需经费列入预算，统一掌握，主要用于解决离休干部的特殊困难和必要的活动经费开支。

二十、在举行重大庆祝会、纪念会时，要请离休干部的代表上主席台或荣誉席就座。

各地区各系统和离休干部的所在单位，可因地制宜地为离休干部开展政治、文体活动，因陋就简地设立活动场所。

劳动人事部印发《关于〈贯彻国务院关于老干部离职休养规定中具体问题的处理意见〉的问题解答》的通知

（1983年5月16日　劳人老〔1983〕20号）

各省、市、自治区老干部（人事）部门，国务院各部委、各直属机构老干部（人事）部门：

自劳人老〔1982〕10号文件《贯彻国务院关于老干部离职休养规定中具体问题的处理意见》发布以来，各地陆续提出了一些问题，要求予以解释。经征求部分省、市和部、委老干部部门同志的意见，并与财政部等有关部门研究，我们拟制了《关于〈贯彻国务院关于老干部离职休养规定中具体问题的处理意见〉的问题解答》，现发给你们，请遵照执行。

关于《贯彻国务院关于老干部离职休养规定中具体问题的处理意见》的问题解答

一、关于离休条件问题

1. 问：《处理意见》第一条提出："在东北和个别老解放区，一九四八年底以前享受当地人民政府制定的薪金制待遇的干部，也可以享受离休待遇。"其中"个别老解放区"和"当地人民政论制定的薪金制"怎样理解？

答：凡一九四八年底以前解放的地区，都可视为个别老解放区。由这些地区的人民政府规定的薪金待遇办法，即为当地人民政府制定的薪金制。也包括经人民政府认可的其他薪金待遇。

2. 问：建国前是解放区机关工勤人员和公营企业、事业单位的工人，享受供给制待遇，以后提为干部的，可否办理离休？

答：可以。

3. 问：一九四八年底以前在东北和个别老解放区享受当地人民政府制定的薪金制待遇的工人，以后提为干部的，可否办理离休？

答：可以。

4. 问：什么叫包干制？建国前实行包干制的干部，可否办理离休？

答：在供给制的基础上，增加必需的城市生活费用，合并计算，包干使用，称为包干制，也称包干供给制。凡建国以前参加革命工作，享受当地人民政府制定的包干制待遇的干部，可以办理离休。

5. 建国前参加革命工作并享受供给制待遇（或从事地下革命工作）的干部，现在是工人的，可否办理离休？

答：可以办理离休。

6. 问：已出境定居的退休干部，符合离休条件的，可否改办？如何改办？

答：已出境定居的退休干部，符合离休条件的可以由退休干部原所在单位予以改办。各项经费的支付手续及有关问题的处理，参照劳动人事部、国务院侨务办公室、中国银行、中华全国总工会劳人劳〔1982〕42号《关于获准出国定居的退休、退职人员待遇问题的通知》和国务院侨务办公室、劳动人事部、财政部侨政会字〔1983〕第007号《关于归侨、侨眷职工因私事出境的假期、工资等问题的规定》办理。

7. 问：现在集体所有制企业、事业单位工作的国家干部，符合离休条件的，可否办理离休？

答：因工作需要由组织委派到集体所有制企业、事业单位工作的国家干部，符合国发〔1982〕62号文件规定离休条件的，可以办理离休。

8. 问：符合离休条件，因身体有病一直列为编外的干部，可否办理离休？

答：符合离休条件的，可以办理离休。

二、关于离休待遇问题

9. 问：哪些单位属于“日伪单位”？

答：“日伪单位”一般是指日伪军政单位，以及由日伪军政机关直接开办的企业、事业单位。

10. 问：退休的部队干部改办离休，离休工资是否还包括军龄补贴？

答：现仍保留的军龄补贴不再变动。

11. 问：符合一九八二年调资条件的离休干部，其生活补贴的差额如何发给？

答：对一九八二年的生活补贴，应按本人升级以后的月工资实际增加的数额予以补发。

12. 问：抗日战争及其以前参加革命工作，工资额相当行政八级以上，但不享受副部长级待遇的干部离休后，发不发生活补贴？

答：不发给生活补贴。

13. 问：干部办理离休手续当年的奖金还发不发给？

答：在离休前坚持正常工作的，可与在职干部一样享受离休前这一段时间的工作（生产）奖金，没有上班的不发。

14. 问：离休后仍坚持上班的干部，奖金发不发？

答：按照规定，干部从离休的下个月起，不再发给任何形式的奖金。因工作需要由组织安排，坚持上班的离休干部，可与在职干部一样继续发给工作（生产）奖金。

15. 问：离休干部还发不发洗理费和上下班交通补贴费？

答：可与所在单位在职干部一样对待。

16. 问：按规定副部长级以上老干部宿舍配有服务人员的，

这些老干部离休后，是否还可享受护理费待遇？

答：一般的不再同时享受护理费。

17. 问：离休干部看病、学习、因公用车或私事用车是否应该收费？

答：正副部长级离休干部用车，保证随叫随到，司局长级（含十四级）离休干部看病、住院和处以下离休干部急诊、重病住院，应保证用车，均不收费。在机关车辆不能保证的情况下，经有关部门同意，可租用车辆，费用报销。学习、因公用车免费，因私事用车应该按规定收费。

18. 问：《处理意见》第十五条所提探亲待遇，其费用按什么标准报销？

答：干部离休后除继续享受国家对在职干部规定的探亲待遇外，本人还可按现行差旅费开支标准报销一次探视父母、子女或回原籍的往返车船费。住宿旅费自理。探视地点只准一处（顺路中途下车的不限）。陪同人员的费用自理。

19. 问：离休干部出国探亲，路费怎样报销？

答：按对在职干部的探亲规定报销国内途程的往返路费。

20. 问：离休干部出境探亲期间的医药费能否报销？

答：在国外及港澳看病的医药费，不予报销。

21. 问：离休干部每人每年一百五十元的特需经费从哪里开支？怎样使用？可否跨年度使用？

答：行政、事业单位离休干部的特需经费分别在行政费、事业费中的“离休干部其他经费”项下开支。企业单位在营业外支出中开支。主要用于解决离休干部的特殊困难，不能挪作他用。可以跨年度使用。

22. 问：从生产岗位离休的干部，其口粮标准是否降低？

答：从生产岗位离休的干部，自离休的第四个月起，改按当地脑力劳动者的口粮定量标准供应。在本文下发以前已按体力劳动者标准供应的，不再改动。

劳动人事部关于印发两个"说明"的通知

（1983年12月3日　劳人科〔1983〕153号）

各省、市、自治区人民政府，国务院各部委、各直属机构：

最近，国务院根据"四化"建设的需要和科学技术干部的特点，颁布了国发〔1983〕141号和国发〔1983〕142号文件，为了贯彻执行这两个文件，我部对文件中的若干问题作了说明（详见附件一、二）。现发给你们，望切实做好科学技术干部的退休工作。有什么经验和问题，及时告知我部。各地区、各部门仍要认真贯彻执行国务院国发〔1978〕104号文件和劳动人事部劳人险〔1982〕10号文件，积极做好其他干部的退休工作。

附件一：

关于贯彻执行《国务院关于高级专家离休退休若干问题的暂行规定》的说明

为了贯彻执行国务院国发〔1983〕141号文《国务院关于高级专家离休退休若干问题的暂行规定》（以下简称《暂行规定》），现对若干具体问题作如下说明。

一、《暂行规定》第二条对高级专家按正、副两档职称规定了延长离休退休年龄的最高期限。因此，对高级职称不分档和未颁发职称条例的行业的高级专家，暂由各地区、各部门根据工作需要和本人的专业技术水平、身体条件确定其是否延长离休退休年龄及延长年限。

二、《暂行规定》第二条规定的少数高级专家延长离休退休年限的四个条件，要同时具备，但必须首先考虑工作需要和身体条件。“工作需要”主要应考虑其在延长离休退休期间所承担的工作任务的必要性，“身体条件”须符合在延长期间所承担的工作的要求。

三、《暂行规定》第二条规定的暂缓离休退休的杰出高级专家，系指曾任全国人大常委、全国政协常委以及各民主党派中央领导职务的高级专家；学术上造诣高深，在国内外享有很高声誉，对我国社会主义建设有特殊贡献的高级专家。这些杰出高级专家，经国务院批准后，可暂不离休退休。

四、《暂行规定》第四条（一）项中“有重大贡献的高级专家”，一般系指：国家统一颁发的各种奖（如自然科学奖、发明奖等）获得者，集体奖指主要发明人或作者；全国劳动模范、全国劳动英雄、全国先进工作者；各省、市、自治区，中央、国家机关各部委一级授予的劳动模范、劳动英雄、先进工作者或被省、市、自治区和中央、国家机关部委一级确认为在生产、科研、文教、卫生管理等方面做出优异成绩者。

上述专家提高退休费比例的幅度（5%—15%），由各省、市、各部委具体确定。

五、在《暂行规定》下达之前，已经退休的高级专家，凡符合提高退休费比例条件而又尚未享受这种待遇的，可从《暂行规定》下达之日起，相应提高他们的退休费比例。

六、办理高级专家提高退休费比例、延长离休退休年龄及暂缓离休退休的手续时，所在单位须分别填写《高级专家提高退休费比例审批表》《高级专家延长离、退休年龄审批表》及《杰出高级专家暂缓离、退休审批表》。

七、有关审批手续：

（一）杰出高级专家的暂缓离休退休，经中央、国家机关各部委，各省、市、自治区人民政府审定后，报劳动人事部汇总。待国务院批准后，由劳动人事部通知执行；

（二）提高高级专家的退休费比例，须严格按《暂行规定》

第四条（一）项的规定办理；

（三）需要延长离休退休年龄的高级专家，先由专家所在单位提出意见，然后征得本人同意，按干部分级管理权限报主管部门审批。一般只批准延长一至三年，如需继续延长时，可再次报批。

八、《暂行规定》是在国务院国发〔1978〕104号文件的基础上，根据高级专家的特点，对高级专家在延长离休退休年龄、适当提高退休费比例等方面作了一些规定。因此，高级专家离休退休的其他条件、待遇等，仍按国家干部离、退休统一规定执行。

九、为了加强对高级专家离休退休工作的统一管理，各地区、各部门要指定专门机构负责进行这项工作。

十、军队系统中无军籍的高级专家，可参照《暂行规定》执行。

十一、各省、市、自治区，中央、国家机关各部委，要根据《暂行规定》和本《说明》的精神，结合本地区、本部门的实际情况，制定实施细则，报劳动人事部备案。

附件二：

关于贯彻执行《国务院关于延长部分骨干教师、医生、科技人员退休年龄的通知》的说明

为贯彻执行国务院国发〔1983〕142号文《国务院关于延长部分骨干教师、医生、科技人员退休年龄的通知》（以下简称《通知》），现就其中若干问题作如下说明：

一、本《通知》只适用于以下范围：

在教学、医疗、科研和工农业生产单位直接从事教学、医疗、科研、技术工作的讲师、主治医师、助理研究员、工程师

(含建筑师)、农艺师以及中、小学教师。

二、在《通知》规定的延长上述人员退休年龄的条件中，“确因工作需要”，一般系指以下几种情况：

1. 已承担的工作任务尚未完成，退休后将对工作带来较大损失的；

2. 新学科和特殊专业急需的；

3. 边远地区和技术力量薄弱的单位所需要的；

4. 有较强的业务能力，到工作急需的单位后能发挥较大作用的。

“身体能够坚持正常工作”，系指身体健康，能坚持八小时工作。

三、要严格审批手续。凡需延长退休年龄的人员，先由其所在单位提出意见，在征得本人同意后，填写《部分专业技术干部延长离、退休年龄审批表》，按干部管理权限报主管部门审批。

四、本《通知》也适用于上述人员中符合离休条件的干部。

劳动人事部关于解决原下乡知识青年插队期间工龄计算问题的通知

（1985年6月28日　劳人培〔1985〕23号）

党的十一届三中全会以来，中央对知识青年上山下乡政策作了重大调整。各级党委和政府通过多种渠道和办法，使绝大多数原下乡插队知识青年得到较为妥善的安排。但是，他们插队劳动的时间是否计算工龄的问题长期没有解决。经与各方面商量，一致认为"文革"期间下乡的原插队知识青年的工龄计算问题，是在特定历史条件下遗留下来的，需要从实际出发，给予妥善解决。经请示国务院原则同意，现将具体意见通知如下：

（一）凡在"文革"期间由国家统一组织下乡插队的知识青年，在他们到城镇参加工作以后，其在农村参加劳动的时间，可以与参加工作后的时间合并计算为连续工龄。他们参加工作的时间，从下乡插队之日算起。返城后等待分配工作的时间，不计算工龄。工龄的起算时间，可以由原插队知识青年现在工作的县团级以上单位（含县团级单位），根据本人档案中履历表和其他有关材料填写的下乡日期审定；对个别有异议的，可经所在单位调查，报县以上劳动人事部门审批。

（二）已安排工作的原下乡插队知识青年，按此通知精神计算工龄之后，对于他们与工龄有关的工资福利待遇的问题，过去的，不再找老账；今后的，按新计算的工龄对待，与同工龄的职工一视同仁。

（三）在一九六二年至"文革"开始前，由国家统一组织下乡插队的知识青年，他们到城镇参加工作以后，在工龄计算上可以仿照上述办法处理。

（四）解决原下乡知识青年插队期间的工龄计算问题是一项比较复杂、细致的工作。请各省、自治区、直辖市政府根据上述原则规定，结合实际情况，制定具体办法后组织实施。要从维护安定团结的大局出发，把各有关方面的工作做细做好，切勿草率从事。要按原则办事，反对不正之风。

（五）此事内部掌握执行，不公开宣传。

劳动人事部关于农民技术员考入农业院校毕业后分配做农业技术干部的工龄计算问题的复函

（1986年6月19日　劳人险〔1986〕7号）

江西省劳动人事厅：

你厅赣劳人险〔1986〕16号函悉。经研究，答复如下：

关于农民技术员考入农业院校毕业后分配当农业技术干部的工龄计算问题，同意你厅的意见，即：农民技术员考入各级农业院校学习，毕业（结业）后成为国家正式职工，并继续从事农业技术工作的，其入学前最后一次聘用为县、社专职农民技术员的工作时间，可以与成为国家正式职工后的工作时间，合并计算为连续工龄。

中共中央组织部 劳动人事部关于女干部离休退休年龄问题的通知

（1987年5月29日 劳人老〔1987〕2号）

各省、自治区、直辖市党委、人民政府，中央各部委，国务院各部委、各直属机构，各人民团体：

经党中央、国务院批准，现将女干部离休、退休的年龄问题通知如下，请遵照执行。

关于女干部离休、退休的年龄，仍应按照第五届全国人民代表大会常务委员会第二次会议原则批准的《国务院关于安置老弱病残干部的暂行办法》（国发〔1978〕104号）中的规定执行。其中：

一、担任司局长一级以上职务的，继续按照《中共中央关于建立老干部退休制度的决定》（中发〔1982〕13号）执行。

二、高级专家和骨干教师、医生、科技人员，继续按照《国务院关于高级专家离休退休若干问题的暂行规定》（国发〔1983〕141号）和《国务院关于延长部分骨干教师、医生、科技人员退休年龄的通知》（国发〔1983〕142号）办理。

三、在党政机关、群众团体、事业单位工作，年满五十五周岁的处（县）级女干部，原则上按照国发〔1978〕104号文件规定执行。个别确因工作需要，一时尚无适当接替人选，且身体能坚持正常工作的，根据本人自愿，经所在单位审查同意，报任免机关批准，其离休、退休年龄可适当推迟。

劳动部等部门关于台胞、台属赴台湾地区定居有关待遇等问题的规定

（1989年12月20日　劳险字〔1989〕27号）

为了妥善解决台胞、台属赴台湾地区定居的有关问题，经报请国务院批准，特作如下规定，请按照执行。

一、内地台胞、台属赴台湾地区定居，按有关规定，向公安机关申请办理去台证件。

台胞、台属因私事短期出国或去港澳地区后，要求（包括本人来信或委托亲友代办）赴台湾地区定居的，不予办理有关待遇等手续。台胞、台属在因私事短期赴台期间，已获得入台定居许可的，可按下列规定办理有关待遇手续。

二、经批准赴台湾地区定居的国营企业、事业单位和党政机关、人民团体的台胞、台属职工（包括离休、退休、退职人员）其待遇如下：

（一）赴台湾地区定居的离休、退休、退职人员的离休费、退休费、退职生活费与内地离休、退休、退职人员享受同等待遇。其离休费、退休费、退职生活费及副食品价格补贴、粮（煤）价补贴、企业、事业单位职工的因工（公）残废补助费以及由民政部门支付的残废金等，由支付离休、退休、退职待遇的单位发给（残废金由支付离休费、退休费、退职生活费的单位向本人原居住地的民政部门领取），或由受委托的内地亲友代领，直至本人去世为止。

赴台湾地区定居的离休、退休、退职人员，每半年需提供一份由当地公证机关出具的本人生存证明书，支付单位凭上述证明

支付应得的款项。

（二）赴台湾地区定居的离休、退休、退职人员死亡后的各项待遇，由支付离休费、退休费、退职生活费的单位，按照国家有关的现行规定执行。已在台湾地区定居的直系亲属向支付离休、退休、退职待遇的单位提供由当地公证机关的直系亲属生存证明书及与死者的亲属关系证明书，方可享受本款规定的各项待遇。

（三）凡不符合国家规定的离休、退休、退职条件的在职职工，获准赴台湾地区定居的，所在单位可以一次性发给离职费，具体标准如下：

连续工龄满一至十年的，每满一年发给一个月的本人标准工资（国家机关、事业单位为基础工资、职务工资、工龄津贴三项之和，下同）；连续工龄在十年以上的，从第十一年起，每满一年发给一个半月的本人标准工资。满一年的尾数，不足六个月的，按半年计算，超过六个月的，按一年计算。离职费的总额，最高以本人二十四个月的标准工资为限。

连续工龄不满一年的，发给一个月的本人标准工资。计算离职费时，应该包括副食品价格补贴。

（四）凡获准赴台湾地区定居的人员，均按照财政部关于差旅费开支的规定标准，由工作单位发给本人及随同出境定居的供养直系亲属从住地至出境口岸的车、船费，行李搬运费，旅馆费和伙食补助费。

支付本条第（一）、（二）、（三）款待遇所需的外汇，由当地中国银行按照国家外汇管理局的有关规定办理。

三、赴台湾地区定居的离休、退休、退职人员，经批准又回内地居住的，原支付离休费、退休费、退职生活费的单位，应该按照离休、退休、退职的有关规定继续支付应得的待遇。对又回内地居住的离职人员，经批准恢复工作的，原领取的离职费，应予以退还。确有困难的，经所在单位领导批准，可以分期退还。

四、对批准赴台湾地区定居的台胞、台属，国家外汇管理局各地分局凭公安机关出入境管理部门签发去台有效证件和当地台办出具的赴台定居的换汇证明，批给每人二百美元外汇额度。已从境外汇入外汇的，允许其复带出境。

五、集体所有制企业、事业单位离休、退休、退职、离职人员赴台湾地区定居的有关待遇问题，由各省、自治区、直辖市规定，其手续可以参照本规定办理。

六、本规定由劳动部解释，自下达之日起执行。

人事部关于高级专家退（离）休有关问题的通知

（1990 年 2 月 27 日　人退发〔1990〕5 号）

各省、自治区、直辖市人事（劳动人事）厅（局）、科技干部局（处），国务院各部委、各直属机构：

为了进一步贯彻执行国务院有关高级专家退（离）休的规定，做好高级专家的退（离）休工作，充分发挥他们的作用，经国务院批准，现就有关问题通知如下：

高级专家退（离）休，仍按照《国务院关于高级专家离退休若干问题的暂行规定》（国发〔1983〕141 号）和《劳动人事部关于印发两个“说明”的通知》（劳人科〔1983〕153 号）中的附件一执行。

女性高级专家，凡身体能坚持正常工作，本人自愿，可到六十周岁退（离）休。对年满六十周岁的少数女性高级专家，确因工作需要延长退（离）休年龄的，按国发〔1983〕141 号和劳人科〔1983〕153 号文件规定执行。

国发〔1983〕141 号文件中的少数高级专家“确因工作需要”延长退（离）休年龄，主要是指以下几种情况：已承担的重要工作（如重点攻关科研项目）和带博士研究生等任务尚未完成，退（离）休后将对工作带来较大影响的特殊专业和新学科、重点学科急需的；技术力量薄弱的单位确系工作需要的；在业务上起把关作用或在学科中起带头作用、退（离）休后尚无人接替的。

高级专家的退（离）休工作是一项政策性很强的工作，应严格按政策规定办事。要从实际出发，根据单位的工作任务，专业技术队伍的结构，以及高级专家身体健康状况等情况确定其退（离）休。高级专家退（离）休时，所在单位的领导要实现同本人谈话，做好思想工作，鼓励其退（离）休后继续为四化建设贡献力量。

本通知自下发之日起执行，凡已退（离）休的高级专家，不再重新办理，但要注意发挥他们的作用。

劳动部关于按国发〔1989〕83号文件增发的离退休费可作为计发抚恤费、救济费基数的复函

（1990年7月20日　劳险函字〔1990〕1号）

河北省劳动人事厅：

你厅《关于按国发〔1989〕83号文件规定给离退休人员增发的离退休费是否可以计入本人原标准工资的请示》收悉。我们同意你厅意见，即：离退休人员按国发〔1989〕83号文件规定增发了离退休费后死亡的，其增发的离退休费可以和本人原标准工资合并，作为计发供养直系亲属抚恤费、救济费的基数，并从国发〔1989〕83号文件实行之月起执行。

劳动部办公厅关于驻藏人员折算工龄问题的复函

（1994年3月18日　劳办发〔1994〕91号）

中办国办信访局：

中办国办信〔1994〕赣字17号函收悉。关于江西省公安厅户政处周世官致信胡锦涛同志，要求妥善解决从西藏调回内地人员的工龄计算问题，经与人事部、公安部等有关部门共同研究，现将有关情况报告如下：

“折算工龄”是指职工在特定工作场所和特定地区从事生产劳动的工作时间按照规定的比率计算出的工龄。“折算工龄”政策的实行，主要是考虑到从事特殊职业者的职业寿命一般较短，实际工作时间少于一般工种职业，它直接影响到这部分职工享受的保险待遇。国家为维护这部分职工的利益，实行“折算工龄”政策，既可以减少职业之间的矛盾，又有利于职工安心本职工作和职工的身体健康。

“折算工龄”的作用只限于确定有关的保险福利待遇，这在1953年原政务院颁布的《劳动保险条例实施细则修正草案》第十章第四十三条中即有规定：“劳动保险条例第十五条丙、丁两款关于折算一般工龄及本企业工龄的规定，在计算各项劳动保险待遇时，均同样适用。”在以后的执行中，无论是机关、事业单位干部，还是企业职工，其折算工龄的作用实际上也仅在养老保险待遇和此次实行公务员工资制度，“折算工龄”均未与工龄津贴挂钩。

根据上述规定和情况，我们认为，评授警衔不属于保险福利范围的问题，不应考虑“折算工龄”的因素。公安部政治部1993年6月23日函中关于“在西藏等高山高原地区工作的人民警察，在评授警衔时，其工作年限的计算应按实有工作年限计算，不宜再折算”的规定是恰当的。以上情况和意见，请你局转复周世官同志。

劳动部办公厅关于高原地区工龄计算及相关待遇问题的批复

（1994年5月5日　劳办发〔1994〕148号）

西藏自治区劳动局：

你局《关于高原折算工龄待遇问题的请示》（藏劳险字〔1994〕27号）收悉，经研究，现就有关问题批复如下：

1953年原政务院颁布的《劳动保险条例实施细则修正草案》第十四章第四十三条中规定："劳动保险条例第十五条丙、丁两款关于折算一般工龄及本企业工龄的规定，在计算各项劳动保险待遇时，均同样适用。"在以后的执行中，无论是机关、事业单位的干部，还是企业职工，其折算工龄的作用实际上仅在养老保险和病假待遇有所体现。这说明，"折算工龄"的作用只限于确定有关的社会保险待遇。

根据上述规定，国家机关1985年实行结构工资制度和此次实行公务员工资制度，"折算工龄"均未与工龄津贴挂钩。在评授警衔工作中，公安部在《首次评定授予警衔若干具体问题（2）》的能知和公安部政治部《关于能否按折算工龄计算人民警察授衔问题》给西藏自治区公安厅的批复意见，也明确评授警衔不与折算工龄挂钩。我们认为上述规定是恰当的，因为工资和评授警衔问题不属于社会保险范畴，不应考虑"折算工龄"的因素。

人事部 劳动部关于一九六六至一九六九届大中专毕业生参加工作时间和工龄计算问题的通知

（1994 年 9 月 19 日　人薪发〔1994〕43 号）

各省、自治区、直辖市及计划单列市人事、劳动（劳动人事）厅（局），国务院各部委、各直属机构人事（干部）部门：

关于一九六六至一九六九届延期分配的大中专毕业生参加工作时间和工龄计算问题，经请示国务院同意，现通知如下：

一、因“文革”延期分配工作的一九六六至一九六九届大专院校毕业生（含毕业研究生），其参加工作时间和工龄从应毕业当年的九月一日（春季毕业生从应毕业当年二月一日）起计算，其中因个人原因超过当时规定报到期限的，其参加工作时间和工龄从本人报到之日开始计算。

二、因“文革”原因延期分配工作的中等专业学校、技工学校、半工（农）半读学校和职业学校的毕业生，其参加工作时间和工龄，由各省、自治区、直辖市和各部门根据具体情况，参照上述精神适当予以解决。

三、此通知自发文之日起执行。与其有关的工资保险福利待遇，以前的不予追补。

四、根据此通知更改上述人员参加工作时间和工龄，按干部管理权限审批。

劳动和社会保障部等部门关于转制科研机构和工程勘察设计单位转制前离退休人员待遇调整等问题的通知

（2002年2月6日　劳社部发〔2002〕5号）

有关省、自治区、直辖市劳动和社会保障、人事、财政、科技、建设厅（局）：

经国务院批准，现就国家经贸委所属的原10个国家局管理的242个科研机构、中央所属的178家工程勘察设计单位以及建设部等11个部门（单位）所属的134个科研机构（以下简称转制单位）转制前离退休人员离退休待遇调整等问题通知如下：

一、有正常事业费的转制单位，转制前离退休人员不再执行企业离退休人员基本养老金调整办法，社会保险经办机构只负责发放接收时按规定标准核定的基本养老金，以后不再增加。从2001年开始，其离退休待遇调整纳入国家统一的事业单位离退休费调整范围，由财政部门按统一的补助标准和现有经费渠道安排所需资金，并由离退休人员原单位负责发放。2001年地方已经按企业办法为转制前离退休人员增加的基本养老金，由社会保险经办机构扣回。

二、没有正常事业费的转制单位，转制前离退休人员按规定标准核定的基本养老金继续由社会保险经办机构发放，基本养老金调整按企业的办法执行，所需费用从基本养老保险统筹基金中支付。国家统一出台事业单位离退休费调整政策时，转制前离退休人员按企业办法增加的基本养老金与按事业单位办法增加的离退休费的差额部分，由原单位视经济情况自筹资金解决，并做好在职职工和离退休人员的稳定工作。

三、中央所属的178家工程勘察设计单位以及建设部等11个部门（单位）所属的134个科研机构在职职工，可参照《国务院办公厅转发人事部、财政部关于调整机关事业单位工作人员工资和增加离退休人员离退休费四个实施方案的通知》（国办发〔2001〕14号）的规定，调整在职职工工资，并纳入社会保险的缴费基数。调整工资所需资金，有正常事业费的转制单位由财政部门按同类事业单位的调资政策和现行资金渠道予以补助，没有正常事业费的转制单位自筹资金解决。此后，这些单位在职职工调整工资按企业工资政策执行。

四、本通知下发后，《国务院办公厅转发建设部等部门〈关于中央所属工程勘察设计单位体制改革实施方案〉的通知》（国办发〔2000〕7号）、《关于国家经贸委管理的10个国家局所属科研机构转制后有关养老保险问题的通知》（劳社部发〔2000〕2号）、《关于印发〈建设部等11个部门（单位）所属134个科研机构转制方案〉的通知》（国科发政字〔2000〕300号）中的有关规定与本通知不一致的，按本通知规定调整，其他政策规定继续执行。

劳动和社会保障部办公厅关于对离休人员、建国前老工人增发生活补贴计发基数问题的复函

（2002 年 5 月 23 日　劳社厅函〔2002〕185 号）

广西壮族自治区劳动和社会保障厅：

你厅《关于离休人员和建国前老工人增发 1—2 个月生活补贴计发基数问题的请示》（桂劳社报〔2002〕38 号）收悉。经研究，现答复如下：

按照《国务院关于老干部离职休养制度的几项规定》（国发〔1982〕62 号）、《劳动人事部关于发布〈贯彻国务院关于老干部离职休养规定中具体问题的处理意见〉的通知》（劳人老〔1982〕10 号）及《劳动人事部关于建国前参加工作的老工人退休待遇的通知》（劳人险〔1983〕3 号）的规定：离休老干部或建国前老工人按规定享受的“生活补贴”，当年 1—12 月不论哪个月批准离休或退休的，都从批准之日起按一年一次全额发给。从第二年起，在每年 1 月份发给。

按照上述规定，同意你厅意见，每年 1 月份为离休人员和建国前老工人发放生活补贴后，当年调整离退休金时对已发放的生活补贴不再进行调整，已调整的离退休金计入下一年度的计发基数。请认真做好解释工作。

人事部 劳动和社会保障部关于实行企业化管理的事业单位参加企业基本养老保险统筹后职工退休待遇问题的复函

（2002年6月10日 人函〔2002〕67号）

四川省人事厅、劳动和社会保障厅：

你们报来的《关于转报攀枝花市人事局、劳动和社会保障局〈关于对国务院办公厅国办发〔2001〕14号文中几个具体问题的请示〉的请示》（川人〔2002〕21号）收悉。经研究，现函复如下：

根据1997年国务院《关于建立统一的企业职工基本养老保险制度的决定》（国发〔1997〕26号）和1999年国务院颁布的《社会保险费征缴暂行条例》（国务院第259号令）的有关规定，实行企业化管理的事业单位，原则上按照企业的养老保险制度执行。已参加企业职工基本养老保险统筹的企业化管理的事业单位，其退休人员应按照企业职工基本养老保险办法计发基本养老金，并执行企业退休人员基本养老金调整政策，不再执行事业单位退休人员退休费调整政策。

这一政策规定涉及到部分退休人员的切身利益，希望你们做好思想政治工作和政策解释工作，以有利于维护改革、发展和稳定的大局。

劳动和社会保障部关于转制单位部分人员延缓退休有关问题的通知

（2004 年 4 月 2 日　劳社部发〔2004〕11 号）

各省、自治区、直辖市劳动和社会保障、人事、财政厅（局）、科技厅（科委）：

经国务院同意，现就转制单位部分人员延缓退休有关问题通知如下：

转制单位中任届未满的省（自治区、直辖市）人大常委会委员和政协常委以上职务的人员，少数确因工作需要、身体能够坚持正常工作的副教授、副研究员和相当这一职称以上的高级专家，转制时需留任的院所厅（局）级以上党政一把手，按照国家有关政策和干部管理权限，经有关部门批准，可以适当延长退休年龄。其中，转制前到达退休年龄，转制后办理退休的，执行事业单位退休待遇计发办法和调整政策；转制过渡期内到达退休年龄，延缓办理退休的，按企业的办法和到达退休年龄当年的过渡期政策计发基本养老金，并按企业的办法调整基本养老金。

上述规定适用于各类转制单位。已经按国家有关规定办理延缓退休手续的人员，仍按原规定执行；今后办理延缓退休手续，按本通知规定执行。

人力资源和社会保障部办公厅关于因失踪被人民法院宣告死亡的离退休人员养老待遇问题的函

（2010年4月12日　人社厅函〔2010〕159号）

安徽省人力资源社会保障厅：

你厅《关于因失踪被人民法院宣告死亡的退休人员养老保险待遇的请示》（皖人社〔2010〕16号）收悉。经研究，函复如下：

基本养老金是离退休人员基本生活的保障。离退休人员因失踪等原因被暂停发放基本养老金的，之后被人民法院宣告死亡，期间被暂停发放的基本养老金不再予以补发；离退休人员被人民法院宣告死亡后，其家属应按规定领取丧葬补助费和一次性抚恤金。当离退休人员再次出现或家属能够提供其仍具有领取养老金资格证明的，经社会保险经办机构核准后，应补发其被暂停发放的基本养老金，在被暂停发放基本养老金期间国家统一部署调整基本养老金的，也应予以补调。

人力资源和社会保障部 财政部关于贯彻落实《国务院关于机关事业单位工作人员养老保险制度改革的决定》的通知

（2015 年 3 月 19 日　人社部发〔2015〕28 号）

省、自治区、直辖市人力资源社会保障厅（局）、财政厅（局），新疆生产建设兵团人力资源社会保障局、财务局，党中央各部门，国务院各部委、各直属机构，全国人大常委会办公厅、全国政协办公厅，最高人民法院、最高人民检察院，各民主党派中央，各人民团体人事、财务部门：

为做好《国务院关于机关事业单位工作人员养老保险制度改革的决定》（国发〔2015〕2 号，以下简称《决定》）的贯彻落实工作，现将有关事项通知如下：

一、认真学习领会《决定》精神

改革机关事业单位养老保险制度，是贯彻党的十八大和十八届三中、四中全会精神的重要举措，对于建立覆盖全民、更加公平、可持续的社会保障制度具有重要意义。《决定》明确了改革的总体目标、基本原则和政策举措，对组织实施工作提出了要求。各省级人力资源社会保障、财政部门，中央各部门和单位人事管理机构（以下简称各地区、各部门）要高度重视，认真组织学习，深刻领会《决定》精神，进一步提高对改革重要性、必要性和紧迫性的认识，切实把想和行动统一到党中央、国务院的决策部署上来，采取扎实有效的工作举措，全力推进并确保完成机关事业单位养老保险制度改革任务。

二、抓紧研究制定实施办法

各地区要在党委、政府的领导下，根据《决定》精神和要求，结合本地实际情况，制定本地区机关事业单位养老保险制度改革实施办法，对组织领导、具体任务、政策措施、工作进度、监督检查等做出周密安排。要严格执行国务院有关规定，本省（市、区）政策要规范统一，防止政策多样。各地区原来开展的机关事业单位养老保险制度改革试点政策要按照《决定》进行调整。在京中央国家机关及所属事业单位的养老保险制度改革实施办法由人力资源社会保障部、财政部统一制定并组织实施。各部门要在党组（党委）领导下，制定本部门贯彻《决定》的工作方案，明确工作任务、分工和要求。各地区报经省级人民政府同意后的实施办法、各部门的工作方案，连同各类人员视同缴费指数表（见附表），在2015年5月底前报人力资源社会保障部、财政部备案。

三、准确把握《决定》的有关政策

（一）关于参保范围。参加机关事业单位养老保险的事业单位是指，根据《中共中央、国务院关于分类推进事业单位改革的指导意见》（中发〔2011〕5号）有关规定进行分类改革后的公益一类、二类事业单位。对于目前划分为生产经营类，但尚未转企改制到位的事业单位，已参加企业职工基本养老保险的仍继续参加；尚未参加的，暂参加机关事业单位基本养老保险，待其转企改制到位后，按有关规定纳入企业职工基本养老保险范围。

要根据《决定》要求，严格按照机关事业单位编制管理规定确定参保人员范围。编制外人员应依法参加企业职工基本养老保险。对于编制管理不规范的单位，要先按照有关规定进行清理规范，待明确工作人员身份后再纳入相应的养老保险制度。

（二）关于单位和个人缴费基数。根据机关事业单位工资制度特点，《决定》规定的本单位工资总额为参加机关事业单位养老保险工作人员的个人缴费工资基数之和。机关单位（含参公管理的单位）工作人员的个人缴费工资基数包括：本人上年度工资收入中的基本工资、国家统一的津贴补贴（艰苦边远地区津贴、西藏特贴、特区津贴、警衔津贴、海关津贴等国家统一规定纳入原退休费基数的项目）、规范后的津贴补贴（地区附加津贴）、年终一次性奖金；事业单位工作人员的个人缴费工资基数包括：本人上年度工资收入中的基本工资、国家统一的津贴补贴（艰苦边远地区津贴、西藏特贴、特区津贴等国家统一规定纳入原退休费计发基数的项目）、绩效工资。其余项目暂不纳入个人缴费工资基数。

（三）关于个人账户记账利率。国家每年根据上年度职工工资增长等因数，确定并公布基本养老保险个人账户记账利率。

（四）关于“中人”的过渡。全国实行统一的过渡办法。对于2014年10月1日前（简称改革前，下同）参加工作、改革后退休的“中人”设立10年过渡期，过渡期内实行新老待遇计发办法对比，保底限高。即：新办法（含职业年金待遇）计发待遇低于老办法待遇标准的，按老办法待遇标准发放，保持待遇不降低；高于老办法待遇标准的，超出的部分，第一年退休的人员（2014年10月1日至2015年12月31日）发放超出部分的10%，第二年退休的人员（2016年1月1日至2016年12月31日）发放20%，依次类推，到过渡期末年退休的人员（2024年1月1日至2024年9月30日）发放超出部分的100%。过渡期结束后退休的人员执行新办法。

$$\text{老办法待遇计发标准} = (A \times M + B + C) \times \prod_{N=2015}^{N} (1 + G_{n-1})$$

A：2014年9月工作人员本人的基本工资标准；

B：2014年9月工作人员本人的职务职级（技术职称）等对应的退休补贴标准；

C：按照国办发〔2015〕3号文件规定相应增加的退休费标准；

M：工作人员退休时工作年限对应的老办法计发比例；

G_{n-1}：参考第 n-1 年在岗职工工资增长等因素确定的工资增长率，$n \in [2015, N]$，且 $G_{2014}=0$；

N：过渡期内退休人员的退休年度，$N \in [2015, 2024]$。

2014 年 10 月 1 日至 2014 年 12 月 31 日期间退休的，其退休年度视同为 2015 年。

新办法待遇计发标准=基本养老金+职业年金，其中，基本养老金=基础养老金+过渡性养老经+个人账户养老金。具体计算方法如下：

1. 基础养老金=退休时当地上年度在岗职工月平均工资×（1+本人平均缴费工资指数）÷2×缴费年限（含视同缴费年限，下同）×1%。其中，本人平均缴费工资指数=（视同缴费指数×视同缴费年限+实际平均缴费指数×实际缴费年限）÷缴费年限。各地根据测算形成与机关事业单位职务职级（技术职称）和工作年限相对应的视同缴费指数（样表详见附件），工作人员退休时，根据本人退休时的职务职级（技术职称）和工作年限等确定本人视同缴费指数。

实际平均缴费指数=$(X_n/C_{n-1}+X_{n-1}/C_{n-2}+...+X_{2016}/C_{2015}+X_{2015}/C_{2014}+X_{2014}/C_{2013})/N_{实缴}$；

X_n、X_{n-1}、...X_{2014} 为参保人员退休当年至 2014 年相应年度本人各月缴费工资基数之和，C_{n-1}、C_{n-2}、...C_{n-3} 为参保人员退休上一年至 2013 年相应年度当地在岗职工年平均工资；

$N_{实缴}$为参保人员实际缴纳养老保险费年限。

2. 过渡性养老金=退休时当地上年度在岗职工月平均工资×本人视同缴费指数×视同缴费年限×过度系数。其中，过渡系数与机关事业单位养老保险统筹地区企业职工基本养老保险过渡系数保持一致。视同缴费指数由各省级地区统一确定。

3. 个人账户养老金=退休时本人基本养老保险个人账户累计存储额÷计发月数。其中，计发月数按国家统一规定执行。

4. 职业年金计发按照《机关事业单位职业年金办法》有关规定执行。

（五）关于视同缴费年限和视同缴费指数的认定。对于改革前曾参加企业职工基本养老保险、改革后参加机关事业单位基本养老保险的工作人员，其参加企业职工基本养老保险的实际缴费年限应予确认，不认定为视同缴费年限，并与参加机关事业单位基本养老保险的实际缴费年限合并计算。其他情形视同缴费年限的认定，按照国家有关规定执行。在本人退休时，根据其实际缴费年限、视同缴费年限及对应的视同缴费指数等因数计发基本养老金。

（六）关于规范统一政策标准。各地区要按照《决定》要求，积极创造条件实行省级统筹；确实难以一步到位实现省级统筹的，基金可暂不归集到省级，建立省级基金调剂制度，所需资金由省级财政预算安排。全省（市、区）要制定和执行统一的机关事业单位基本养老保险制度和政策，统一基本养老保险缴费比例和缴费基数，统一基本养老金计发办法、统筹项目和标准以及基本养老金调整办法，统一编制和实施基本养老保险基金预算，明确省、地（市）、县各级政府的责任。各地区要按照国家统一制定的业务经办流程和信息管理系统建设要求，统一基本养老保险业务经办规程和管理制度，统一建设信息管理系统，实现省级集中管理数据资源。

四、调整部分工作人员退休时加发退休费的政策改革后获得省部级以上劳模、有重大贡献的高级专家等荣誉称号的工作人员，在职时给予一次性奖励，退休时不再提高基本退休费计发比例，奖励所需资金不得从养老保险基金中列支。对于改革前已获得此类荣誉称号的工作人员，本人退休时给予一次性退休补贴并支付给本人，资金从原渠道列支。退休补贴标准由各省（区、市）根据平衡衔接的原则予以确定。符合原有加发退休费情况的其他人员，按照上述办法处理。

五、规范各地区试点政策各地区要妥善处理本地区原有试点政策与《决定》的衔接问题，确保政策统一规范。改革后，对于符合纳入机关事业单位基本养老保险条件的人员，其改革前在机关事业单位的工作年限作为视同缴费年限，退休时按照有关规定计发待遇。改革前个人缴费本息，划转至改革后的本人职业年金个人账户。本人退休时，该部分个人缴费本息不计入新办法标准对比范围，一次性支付给本人。各地区开展试点期间的养老保险结余基金并入机关事业单位基本养老保险基金统一使用，严禁挤占挪用，防止基金资产流失。

六、明确延迟退休人员参保政策改革后，按照国家有关政策和干部管理权限，经批准可适当延长退休年龄的工作人员，继续参保缴费。其中少数人员年满 70 岁时仍继续工作的，个人可以选择继续缴费，也可以选择不再继续缴费。待正式办理退休手续时，按规定计发养老待遇。

七、广泛开展宣传工作各地区、各部门要组织各方面力量，宣传好机关事业单位养老保险制度改革的重大意义，准确解读各项政策，针对群众关切问题解疑释惑，正确引导社会舆论，营造有利于改革的良好舆论氛围，动员全社会关心和支持改革工作，保证改革顺利实施。

八、逐级做好培训工作人力资源社会保障部、财政部将举办机关事业单位养老保险制度改革政策和经办管理培训班，对省级人力资源社会保障部门、财政部门、中央各部门和单位人事管理机构进行培训。各地区、各部门也要结合实际，集中组织开展不同层次的业务培训工作，帮助相关工作机构和工作人员全面、准确掌握政策，提高贯彻《决定》的政策水平和业务能力。

九、切实维护社会稳定机关事业单位养老保险制度改革，涉及机关事业单位工作人员和广大群众的切身利益，事关改革发展稳定的大局。各地区、各部门要加强组织领导，周密安排部署，切实抓好组织实施。要加强工作指导，及时掌握实施情况，认真分析遇到的情况和问题，研究提出解决的办法，确保各项工作平稳进行。要从本地区、本部门实际出发，认真排查风险点，制定应对预案，把工作做实做细，保持社会稳定。重大情况和问题要及时报告人力资源社会保障部、财政部。

附件：机关事业单位职务职级（技术等级）和工作年限相对应视同缴费指数表

（附件本书略）

人力资源和社会保障部 财政部关于印发《在京中央国家机关事业单位工作人员养老保险制度改革实施办法》的通知

（2015 年 12 月 21 日　人社部发〔2015〕112 号）

党中央各部门，国务院各部委、各直属机构，全国人大常委会办公厅、全国政协办公厅，最高人民法院，最高人民检察院，各民主党派中央，各人民团体：

现将《在京中央国家机关事业单位工作人员养老保险制度改革实施办法》印发给你们，请认真贯彻执行。

在京中央国家机关事业单位工作人员养老保险制度改革实施办法

根据《国务院关于机关事业单位工作人员养老保险制度改革的决定》（国发〔2015〕2 号）、《国务院办公厅关于印发机关事业单位职业年金办法的通知》（国办发〔2015〕18 号）和《人力资源社会保障部、财政部关于贯彻落实〈国务院关于机关事业单位工作人员养老保险制度改革的决定〉的通知》（人社部发〔2015〕28 号）等规定，结合在京中央国家机关事业单位实际，制定本办法。

一、改革的目标和基本原则

（一）改革的目标。以邓小平理论、“三个代表”重要思想和科学发展观为指导，坚持全覆盖、保基本、多层次、可持续方针，以增强公平性、适应流动性、保证可持续性为重点，改革在京中央国家机关事业单位现行机关事业单位工作人员退休保障制度，逐步建立独立于机关事业单位之外、资金来源多渠道、保障方式多层次、管理服务社会化的养老保险体系。

（二）基本原则。在京中央国家机关事业单位实施机关事业单位养老保险制度改革应当坚持公平与效率相结合、权利与义务相对应、保障水平与经济发展水平相适应、改革前与改革后待遇水平相衔接、解决突出矛盾与保持可持续发展相促进的原则。

二、改革的范围

本办法适用于按照（参照）公务员法管理的在京中央国家机关（单位）、事业单位及其编制内的工作人员。具体是指法人注册地在北京，且执行在京中央国家机关规范津贴补贴和在京中央事业单位绩效工资政策的中央国家机关和事业单位编制内工作人员。

事业单位是指，根据《中共中央、国务院关于分类推进事业单位改革的指导意见》（中发〔2011〕5号）有关规定进行分类改革后的公益一类、二类事业单位。

对于目前划分为生产经营类，但尚未转企改制到位的事业单位，已参加北京市企业职工基本养老保险的仍继续参加；尚未参加的，暂参加在京中央国家机关事业单位基本养老保险，待其转企改制到位后，按有关规定纳入北京市企业职工基本养老保险范围。

对于目前尚未确定分类类型的事业单位，已参加北京市企业职工基本养老保险的仍继续参加；尚未参加的，暂参加在京中央国家机关事业单位基本养老保险，待其分类类型确定并改革到位后，纳入相应的养老保险制度。

要严格按照机关事业单位编制管理规定确定参保人员范围。编制外人员应依法参加企业职工基本养老保险。对于编制管理不规范的单位，要先按照有关规定进行清理规范，待明确工作人员身份后再纳入相应的养老保险制度。

三、基本养老保险基金筹集

实行社会统筹与个人账户相结合的基本养老保险制度。基本养老保险费由单位和个人共同负担。用人单位应当及时申报、按时足额缴纳养老保险费。单位缴纳基本养老保险费（以下简称单位缴费）的比例为本单位上年度工资总额的20%，计入社会统筹基金。个人缴纳基本养老保险费（以下简称个人缴费）的比例为本人上年度缴费工资的8%，由单位代扣。本单位工资总额为参加机关事业单位养老保险工作人员的个人缴费工资基数之和。

机关单位（含参公管理的单位）工作人员的个人缴费工资基数包括：本人上年度工资收入中的基本工资、国家统一的津贴补贴（警衔津贴、海关津贴等国家统一规定纳入原退休费计发基数的项目）、规范后的津贴补贴（地区附加津贴）、工改保留补贴、在京中央国家机关适当补贴、年终一次性奖金。

事业单位工作人员的个人缴费工资基数包括：本人上年度工资收入中的基本工资、国家统一的津贴补贴（国家统一规定纳入原退休费计发基数的项目）、工改保留补贴、绩效工资（限高线以下部分）。

其余项目暂不纳入个人缴费工资基数。

2014年10月1日至2014年12月31日的个人缴费基数按照2013年度本人工资收入中包含的个人缴费基数项目确定。2015年度及以后年度的个人缴费基数按上年度本人工资收入中包含的个人缴费基数项目确定。个人缴费工资基数超过北京市上年度职工平均工资300%以上的部分以及事业单位绩效工资超过限高线的部分，不计入个人缴费工资基数；低于北京市上年度职工平均工资60%的，按北京市上年度职工平均工资的60%计算个人缴费工资基数。

在京中央国家机关事业单位外派到国（境）外的工作人员，由原单位以其档案工资中包含的个人缴费基数项目并参照本单位同类人员的国内工资标准确定个人缴费基数。

四、基本养老保险个人账户

按本人缴费工资8%的数额建立基本养老保险个人账户，全部由个人缴费形成。个人账户储存额只用于工作人员养老，不得提前支取，每年按照国家统一公布的记账利率计算利息，免征利息税。参保人员死亡的，个人账户余额可以依法继承。

基本养老保险个人账户记账利率按照国家统一规定执行。

五、基本养老金计发办法

（一）本办法实施后参加工作、个人缴费年限累计满15年的人员，退休后按月发给基本养老金。基本养老金由基础养老金和个人账户养老金组成。退休时的基础养老金月标准以北京市上年度在岗职工月平均工资和本人指数化月平均缴费工资的平均值为基数，缴费每满1年发给1%。个人账户养老金月标准为个人账户储存额除以计发月数，计发月数根据本人退休时城镇人口平均预期寿命、本人退休年龄、利息等因素确定（详见附件）。

（二）本办法实施前参加工作、实施后退休且缴费年限（含视同缴费年限，下同）累计满15年的人员（以下简称“中人”），按照合理衔接、平稳过渡的原则，在发给基础养老金和个人账户养老金的基础上，再依据视同缴费年限长短发给过渡性养老金。“中人”具体过渡办法另行制定。

（三）对于改革前曾参加企业职工基本养老保险、改革后参加机关事业单位基本养老保险的工作人员，其参加企业职工基本养老保险的实际缴费年限应予确认，不认定为视同缴费年限，并与参加机关事业单位基本养老保险的实际缴费年限合并计算。其他情形视同缴费年限的认定，按照国家有关规定执行。在本人退休时，根据其实际缴费年限、视同缴费年限及对应的视同缴费指数等因素计发基本养老金。

（四）本办法实施后达到退休年龄但个人缴费年限累计不满15年的人员，其基本养老保险关系处理和基本养老金计发比照

《实施〈中华人民共和国社会保险法〉若干规定》（人力资源社会保障部令第13号）执行。

（五）本办法实施前为编制内工作人员且已经退休的，继续按照国家规定的原待遇标准发放基本养老金，其纳入在京中央国家机关事业单位养老保险基金支付的项目为国家规定的基本退休费、退休人员补贴和其他国家统一规定的补贴（在京中央国家机关适当补贴、工改保留补贴以及教龄津贴、护龄津贴、特级教师津贴等按原标准100%发给部分），同时执行基本养老金调整办法；其它项目（政府特殊津贴、提租补贴、取暖费、物业费等）仍从原渠道列支。本办法实施前为编制外工作人员且已经退休的，参加北京市企业职工养老保险并按规定领取养老待遇。

（六）机关事业单位离休人员按照国家统一规定发给离休费，并调整相关待遇。具体办法由人力资源社会保障部会同有关部门制定。

六、基本养老金调整

根据职工工资增长和物价变动等情况，国家统筹安排在京中央国家机关事业单位退休人员的基本养老金调整，逐步建立兼顾各类人员的养老保险待遇正常调整机制，分享经济社会发展成果，保障退休人员基本生活。

七、基金管理和监督

在京中央国家机关事业单位及其工作人员应按规定及时足额缴纳养老保险费。养老保险基金单独统筹，实行收支两条线，纳入社会保障基金财政专户，专款专用。依法加强基金监管，确保基金安全。

在京中央国家机关事业单位执行统一的机关事业单位基本养老保险制度和政策，统一基本养老保险缴费比例和缴费基数项目，统一基本养老金计发办法、统筹项目和标准以及基本养老金调整办法，统一编制和实施基本养老保险基金预算。按照国家统一制定的业务经办流程和信息管理系统建设要求，统一基本养老保险业务经办规程和管理制度，统一建设信息管理系统，实现集中管理数据资源。机关事业单位基本养老保险基金财务管理办法另行制定。

八、养老保险关系转移接续

参保人员在在京中央国家机关事业单位之间流动，只转移养老保险关系，不转移基金。参保人员跨统筹范围流动或在机关事业单位与企业之间流动，在转移养老保险关系的同时，基本养老保险个人账户储存额随同转移，并以本人改革后各年度实际缴费工资为基数，按 12% 的总和转移统筹基金，参保缴费不足 1 年的，按实际缴费月数计算转移基金。转移后基本养老保险缴费年限（含视同缴费年限）、个人账户储存额累计计算。

九、职业年金制度

在京中央国家机关事业单位在参加基本养老保险的基础上，应当为其工作人员建立职业年金。单位按本单位工资总额的 8% 缴费，个人按本人缴费工资基数的 4% 缴费。工作人员退休后，按月领取职业年金待遇。在京中央国家机关事业单位的职业年金基金由人力资源社会保障部负责集中受托管理；中央国家机关所属京外单位的职业年金实行属地化管理。具体办法按照国办发〔2015〕18 号文件执行。

十、其他政策

（一）改革前已经参加北京市企业职工养老保险、事业单位分类后划分为公益一类或二类的在京中央国家机关所属事业单位及其编制内的工作人员，参加在京中央国家机关事业单位养老保险。其中，在职人员可按规定将其养老保险关系转续至机关事业单位养老保险，退休时按照有关规定计发待遇；改革前已经退休的人员，继续按原有待遇标准发放养老金，同时执行基本养老金调整办法。

（二）参加在京中央国家机关事业单位养老保险的单位中的编制内劳动合同制工人，按规定参加在京中央国家机关事业单位养老保险。其中，已参加北京市企业职工养老保险的，在职人员按规定将其养老保险关系转续至机关事业单位养老保险，退休时按照有关规定计发待遇；改革前已经退休的人员，继续按原有待遇标准发放养老金，同时执行机关事业单位基本养老金调整办法。

（三）驻外外交人员随任配偶属在京中央国家机关事业单位编制内人员的，参加在京中央国家机关事业单位养老保险，具体办法按《关于加强驻外外交人员随任配偶保障工作的通知》（外发〔2006〕35号）执行。

（四）改革后获得省部级以上劳模、有重大贡献的高级专家等荣誉称号的在京中央国家机关事业单位工作人员，在职时给予一次性奖励，退休时不再提高基本退休费计发比例，奖励所需资金不得从养老保险基金中列支。对于改革前已获得此类荣誉称号的工作人员，本人退休时给予一次性退休补贴并支付给本人，资金从原渠道列支。一次性退休补贴标准由人力资源社会保障部会同相关部门根据平衡衔接的原则予以确定。符合原有加发退休费情况的其他人员，按照上述办法处理。

（五）曾有企业工作经历的中央国家机关事业单位工作人员，在企业工作期间应缴未缴养老保险费的，应按企业职工养老保险有关规定补缴后将养老保险关系转续至机关事业单位养老保险；未按规定补缴的，应缴未缴的工作年限作为中断缴费年限。

（六）改革后，按照国家有关政策和干部管理权限，经批准可适当延长退休年龄的工作人员，继续参保缴费。其中少数人员年满70岁时仍继续工作的，个人可以选择继续缴费，也可以选择不再继续缴费。待正式办理退休手续时，按规定计发养老待遇。

十一、养老保险经办能力建设

人力资源社会保障部社会保险事业管理中心负责在京中央国家机关事业单位养老保险参保登记、申报核定、保险费征收、养老保险关系转移、待遇核定和支付、稽核与内控等工作。要优化业务经办流程，建立健全管理制度，实现规范化、信息化和专业化管理，逐步提高在京中央国家机关事业单位社会保险社会化管理服务水平，实行基本养老金社会化发放，不断提高工作效率和服务质量。

在京中央国家机关事业单位工作人员养老保险信息系统由人力资源社会保障部统一规划建设、集中部署实施，并与中央编办、财政部等部门和相关商业银行的系统相衔接，实现业务协同和信息共享。由北京市发放全国统一的社会保障卡，支持养老保险业务管理和服务。利用互联网、移动终端、自助一体机等渠道，建设一体化的公共服务系统，为机关事业单位及工作人员提供便捷、高效、安全的服务。

十二、组织实施工作要求

机关事业单位养老保险制度改革，涉及在京中央国家机关事业单位工作人员的切身利益，是一项涉及面广、政策性强的工作。各部门要制定贯彻国发〔2015〕2号文件的工作方案，明确工作任务、分工和要求，并报人力资源社会保障部、财政部备案。要切实加强领导，精心组织实施，采取宣传、培训等方式向机关事业单位工作人员准确解读改革的目标和政策，让他们关心和支持改革工作，保证改革顺利实施。要结合本部门实际，认真排查风险点，制定应对预案，把工作做实做细，保持社会稳定。人力资源社会保障部、财政部负责对本办法的执行情况进行监督检查。

本办法自2014年10月1日起实施，已有规定与本办法不一致的，按本办法执行。

本办法由人力资源社会保障部、财政部负责解释。

附件：个人账户养老金计发月数表

附件

个人账户养老金计发月数表

退休年龄	计发月数	退休年龄	计发月数
40	233	56	164
41	230	57	158
42	226	58	152
43	223	59	145
44	220	60	139
45	216	61	132
46	212	62	125
47	208	63	117
48	204	64	109
49	199	65	101
50	195	66	93
51	190	67	84
52	185	68	75
53	180	69	65
54	175	70	56
55	170		

人力资源和社会保障部办公厅 财政部办公厅关于加快推进中央国家机关所属京外单位属地参加机关事业单位养老保险工作的通知

（2016 年 7 月 14 日　人社厅函〔2016〕280 号）

各省、自治区、直辖市及新疆生产建设兵团人力资源社会保障厅（局）、财政（财务）厅（局），党中央各部门，国务院各部委、各直属机构，全国人大常委会办公厅、全国政协办公厅，最高人民法院，最高人民检察院，各民主党派中央，各人民团体人事、财务部门：

按照《国务院关于机关事业单位工作人员养老保险制度改革的决定》（国发〔2015〕2 号）精神，2015 年 11 月人力资源社会保障部办公厅会同财政部办公厅印发了《关于提供中央国家机关所属京外单位属地参加机关事业单位养老保险相关信息的函》（人社厅函〔2015〕373 号，以下简称“373 号函”），要求做好中央国家机关所属京外单位属地参加机关事业单位养老保险工作。373 号函下发后，各地区各方面积极努力推进这项工作，但从目前的情况看，总体进展依然较慢。按照《人力资源社会保障部、财政部关于 2016 年调整退休人员基本养老金的通知》（人社部发〔2016〕37 号）精神，为确保中央国家机关所属京外单位退休人员属地参加 2016 年基本养老金调整，现就加快推进中央国家机关所属京外单位属地参加机关事业单位养老保险工作通知如下：

一、各地要抓紧将中央国家机关所属京外单位纳入参保范围。各地要高度重视中央国家机关所属京外单位属地参保工作，在工作安排上要做到同部署、同培训、同步开展数据采集等工作。要按照373号函的要求，抓紧与中央国家机关所属京外单位做好工作对接，组织京外单位开展信息采集和审核，尽快将符合属地参保条件的中央单位纳入本省（自治区、直辖市）机关事业单位养老保险范围。对于未列入373号函所附名单的单位，如符合纳入属地管理范围的，应做好信息核实比对并尽快将其纳入。

二、中央国家机关要督促所属京外单位做好属地参保相关工作。各部门要加强与地方的沟通协调，配合做好相关工作。要督促所属京外单位主动与所在省（自治区、直辖市）人力资源社会保障部门、财政（财务）部门联系，按照相关要求，抓紧采集上报本单位人员的相关信息，准备好参保所需材料，并协助做好其他工作。要依据国家有关文件精神，抓紧对本单位在职人员和已退休人员的编制、工资（原退休费）、工作年限等信息进行清理核查，确保数据采集准确无误，并做好政策宣传和解释工作。

三、各地要确保中央国家机关所属京外单位退休人员2016年调整基本养老金工作按时到位。各地在组织落实2016年调整退休人员基本养老金工作时，要统筹考虑地方和中央国家机关所属京外单位退休人员的基本养老金调整问题，做到同步安排部署。对已经实现社保经办机构社会化发放基本养老金的地区，各地人力资源社会保障部门、财政（财务）部门应切实做好调待所需资金安排，确保已参保的退休人员调整增加后的基本养老金按时发放到位。尚未实现社保经办机构社会化发放基本养老金的地区，中央国家机关所属各京外单位人事、财务部门应按照所在省（自治区、直辖市）关于落实2016年调整退休人员基本养老金的具体要求，配合做好本单位的相关工作，强化资金保障，确保本单位退休人员能够按时领取调整增加后的基本养老金。

国务院侨办侨政司 劳动人事部保险福利局关于获准出国定居的退休人员加入外国籍后仍可享受退休待遇的规定

（1985年9月18日 侨政政字〔1985〕第119号）

江苏省侨务办公室：

苏省侨〔1985〕第210号函悉。

关于获准出国定居的退休人员加入外国籍后，能否继续享受退休待遇的问题，经研究，答复如下：已获准出国定居的退休人员，加入外国籍后，根据劳动保险条例“凡在实行劳动保险的企业内工作的工人与职员（包括学徒），不分民族、年龄、性别和国籍，均适用本条例”的精神，可以继续受国家对获准出国定居的退休人员规定的退休待遇。

国家教育委员会关于教龄津贴、护士工龄津贴作为计发离休、退休费待遇的通知

（1986年9月1日　教计字〔1986〕190号）

我委九月二十九日下发的《关于教龄、护龄津贴作为计算离、退休人员生活补贴基数的通知》（教计字〔1986〕159号），因文字有误，作废。有关内容重新通知如下：

根据国务院工资制度改革小组《关于国家机关工作人员奖励工资问题的通知》（劳人薪〔1986〕60号）“基本工资包括基础工资、职务工资和工龄津贴（包括教龄、护士工龄津贴）”的规定和劳动人事部关于教龄、护龄津贴可以作为计发离休、退休费基数的通知精神，现作如下通知：

凡国家规定实行教龄津贴和护士工龄津贴单位的工作人员，离休、退休时享有教龄津贴或护士工龄津贴的，其享有的教龄津贴或护士工龄津贴，可与本人的基础工资、职务工资、工龄津贴合并作为计发离休、退休待遇的基数。本通知从一九八六年九月一日起执行。以前少发的部分不补。

国家教育委员会关于中小学教师工资标准提高10%部分可以作为计发离休退休费基数的通知

（1988年6月28日　教计字〔1988〕105号）

各省、自治区、直辖市及计划单列市人民政府，国务院各部委：

根据劳动人事部、国家教育委员会劳人薪〔1988〕2号“关于下发《提高中小学教师工资标准的实施办法》的通知”规定：从一九八七年十月起中小学和幼儿园教师现行的各级工资标准（基础工资、职务工资之和）提高10%。我们意见，一九八七年十月以后离、退休的中小学和幼儿园教师，提高10%的部分，均可以作为计发离休、退休费基数。计发时间从一九八七年十月一日开始实行。

国家教育委员会等部门关于博士生和在职人员考取硕士生学习期间工龄计算问题的通知

（1990年1月19日　教高字〔1990〕001号）

国务院各部委，各省、自治区、直辖市教委、高教（教育）厅(局)、人事、劳动厅(局)：

近年来，一些地区和部门对博士生和在职人员考取硕士生，在学习期间的工龄计算提出一些问题。经研究，现通知如下：

一、国内博士生学习期间计算工龄。出国攻读博士学位研究生工龄计算问题，仍按《国务院批转国家教育委员会〈关于出国留学人员工作的若干暂行规定〉的通知》（国发〔1986〕107号）有关规定办理。

二、在职人员考取国内硕士生，学习期间计算工龄。在职人员出国攻读硕士学位研究生，获得硕士学位回国工作后，在规定的学习年限内也计算工龄。

三、本通知自发出之月起执行。过去与工龄有关的工资、保险、福利等待遇，不予追补。

国务院侨务办公室等部门关于归侨侨眷、离休、退休、退职人员因私事出境有关待遇的通知

（1992年11月7日　侨内会字〔1992〕第020号）

各省、自治区、直辖市侨务办公室、人事厅（局）、劳动厅（局）、财政厅（局）：

现对归侨、侨眷离休、退休、退职人员因私事出境的有关待遇，作如下通知：

一、归侨、侨眷离休、退休、退职人员因私事出境后，按照国家有关规定享受的离休、退休费和退职生活费及各种补贴照发。

二、归侨、侨眷离休、退休、退职人员因私事出境无时间限制。如出境时间在一年以上的，从第13个月起，每年应向支付离休、退休费和退职生活费的单位提供由我驻外使领馆或当地公证机关出具的本人生存证明书。由公证机关出具的证明书，须经我驻外使领馆认证；居住在尚未和我国建交的国家的，须经受委托驻该国并已与我国建交的第三国使领馆认证，方为有效。支付单位凭上述证明，继续支付离休、退休费和退职生活费及各种补贴。

三、归侨、侨眷离休、退休、退职人员因私事出境后，如获得所在国（地区）准许定居的，其待遇按照劳动人事部、国务院侨务办公室、中国银行、中华全国总工会《关于获准出国定居的退休、退职人员待遇问题的通知》（劳人劳〔1982〕42号）的有关规定办理。

四、凡因私事出境的旅费，境外的医药费，均由本人自理。在境外期间死亡的，其在境外的亲属应及时通知其国内原所在单位。所在单位按规定在国内发给丧葬等费用，并从其死亡的下一个月起停发离休、退休费和退职生活费。

五、港澳同胞眷属和外籍华人眷属离休、退休、退职人员因私事出境的待遇和手续，可比照本通知办理。

六、本通知自下发之月起实行。国务院侨务办公室、劳动人事部、财政部《关于归侨、侨眷职工因私事出境的假期、工资等问题的规定》（侨政会字〔1983〕第007号）中的有关条款，与本通知不一致的，以本通知为准。支付离休、退休费和退职生活费单位因执行侨政会字〔1983〕第007号文件规定对有关人员停发离休、退休费和退职生活费及各种补贴的，在本人按通知规定出具生存证明后，在本通知下发之月起继续发给。

外交部等部门关于出境定居离退休、退职人员办理健在证明有关问题的通知

（2007 年 2 月 15 日　外领函〔2007〕35 号）

各省、自治区、直辖市人民财政、人事、劳动保障厅（局），国务院各部委、各直属机构人事（干部）部门，新疆生产建设兵团财政、人事局，各驻外使、领馆、处，驻香港、澳门公署：

随着我国对外交往的不断扩大，越来越多的离退休、退职人员出境定居。这些人员的离退休费、退职生活费或养老金仍由国内有关部门发放。为领取上述费用，当事人须定期向有关部门提供我驻外使领馆出具的健在证明。为简化办证程序，提高工作效率，更好地贯彻“以人为本”的执政理念，推进和谐社会建设，现对驻外使领馆健在证明办理方式做如下调整：

一、自 2007 年 4 月 1 日起将健在证明的形式由原健在公证书改为“出境定居离退休人员健在确认表”，该表分上下两联，上联由驻外使领馆留存，下联由申请人提交国内有关部门。

二、申请人应持本人有效护照、居留证和离退休证到我驻其居住国使领馆申办并填写上述健在确认表。领事官员审核认定后，在表上加盖使领馆印章（设有领事部的使馆可使用领事部印章）。该健在确认表即办即取，不收取费用。

三、如申请人因年老体弱或路途遥远等原因，不能亲自前往使领馆申办，可委托他人代为办理。代理人须提交本人有效护照、居留证和申请人有效护照、居留证和离退休证的复印件及委托公证书（无委托公证书，可提交申请人书面委托及信誉可靠的华侨华人社团证明）。连续 3 年委托他人代为办理的，第 4 年

原则上应由申请人自行到使领馆办理一次。

四、如申请人向居住国主管部门申办了健在证明公证、认证手续，我驻该国使领馆可为其办理领事认证。

五、对居住在尚未与我国建交国家的申请人，由我驻该国有关机构（如：商代处等）或有关代管馆办理上述健在确认表或领事认证。

六、在国外生活的享受遗属补助人员以及短期在国外生活的离退休、退职人员如需办理健在证明，可参照上述办法办理。

七、驻外使领馆可自行在当地印制上述健在确认表（应成册印制），无法在当地印制的馆可向外交部领事司申请调拨。

八、对办理健在证明的上述有关材料按规定单独立卷归档，保存期限为 4 年。当事人提交的申请材料不需与健在确认表（存根）合订，但为便于查核和管理，其申请材料上应编入与健在确认表上相一致的编号。

其他有关出境定居离退休、退职人员待遇问题仍按《劳动人事部、国务院侨务办公室、中国银行、中华全国总工会关于获准出国定居的退休、退职人员待遇问题的通知》（劳人劳〔1982〕42 号）和《国务院侨务办公室、人事部、外交部、劳动部、财政部关于归桥、侨眷离休、退休、退职人员因私事出境有关待遇的通知》（侨内会字〔1992〕第 20 号）文件等有关规定执行。

附件：出境定居离退休、退职人员健在确认表

（附件本书略）

山东省人民政府办公厅关于贯彻国办发〔2004〕9号文件 妥善解决国有企业办中小学退休教师待遇问题的通知

（2004年3月23日 鲁政办发〔2004〕25号）

各市人民政府，各县（市、区）人民政府，省政府各部门、各直属机构，各大企业，各高等院校：

《国务院办公厅关于妥善解决国有企业办中小学退休教师待遇问题的通知》（国办发〔2004〕9号）已印发给你们，现结合我省实际提出如下意见，请一并贯彻执行。

一、分离企业办社会的职能是党中央、国务院作出的加快国有企业改革、完善社会主义市场经济体制的重大举措。企业办中小学移交地方管理，是企业分离办社会职能工作的重要组成部分。近年来，我省在分离企业办社会职能方面进行了大量的调研、论证和多种形式的探索、实践，分离企业办中小学工作取得了一定成效。但是，由于这项工作涉及面广、难度大，各地进展很不平衡，分离工作中还存在一些新情况、新问题。各地、各有关部门要以“三个代表”重要思想和党的十六大、十六届三中全会精神为指导，从推进国有企业改革、促进基础教育事业发展、切实维护社会稳定的大局出发，充分认识此项工作的重要性，认真总结试点工作经验，加快国有企业办中小学移交地方政府管理的进度，理顺办学管理体制。

二、对已移交地方政府管理的企业所办中小学，其退休教师仍留在企业的，由企业按照《中华人民共和国教师法》的有关规定，对退休教师基本养老金加统筹外项目补助低于所在地政府办中小学同类人员退休金标准的，其差额部分由所在企业予以计发。

尚未移交地方政府管理的企业办中小学，其在职教师的工资和退休教师的基本养老金加统筹外项目补助，低于所在地政府办中小学同类人员标准的，由企业按政府办中小学同类人员标准计发。

企业上述支出，允许计入费用，在所得税前扣除。按政府办中小学同类人员标准计发确有困难的亏损企业，同级财政予以适当补助。省属亏损企业，由省财政给予适当补助。

上述规定自 2004 年 1 月 1 日起执行。

三、对已实施关闭破产的企业，其关闭破产前所办中小学退休教师的待遇问题，根据企业隶属关系，分别研究解决。

四、今后在企业办中小学移交地方政府管理时，企业退休教师一并移交。在职人员的移交要在核定的编制限额内进行。移交后，退休教师退休金待遇按照当地政府办中小学同类人员标准执行。省属国有企业所办中小学移交市或县（市、区）政府管理后，由省财政对困难地区给予适当补助。中央管理企业所办中小学移交地方政府管理问题，按国务院有关文件办理。

五、解决国有企业办中小学退休教师待遇问题，情况复杂，政策性强，各地要高度重视，加强领导，密切配合，狠抓落实。各地要结合当地实际，制定具体的政策措施和工作方案，精心组织，周密部署，认真实施，切实加强思想政治工作，将国有企业办中小学退休教师的待遇问题妥善解决好，维护社会稳定。

山东省人民政府关于机关事业单位工作人员养老保险制度改革的实施意见

（2015 年 2 月 15 日　鲁政发〔2015〕4 号）

各市人民政府，各县（市、区）人民政府，省政府各部门、各直属机构，各高等院校：

为贯彻落实《国务院关于机关事业单位工作人员养老保险制度改革的决定》（国发〔2015〕2 号），结合我省实际，现提出以下实施意见：

一、实施范围

本意见适用于我省按照公务员法管理的单位、参照公务员法管理的机关（单位）、事业单位及其编制内的工作人员。

二、实行社会统筹与个人账户相结合的基本养老保险制度

基本养老保险费由单位和个人共同负担。单位缴纳基本养老保险费的比例为本单位工资总额的 20%；个人缴纳基本养老保险费（以下简称个人缴费）的比例为本人缴费工资的 8%，由单位代扣代缴。个人工资超过省或市上年度在岗职工平均工资 300%以上的部分，不计入个人缴费工资基数；低于省或市上年度在岗职工平均工资 60%的，按 60%计算个人缴费工资基数。

凡国家和省统一规定的工资和津贴补贴项目，均应纳入个人缴费工资基数。精神文明奖等只适用于部分单位工作人员的项目，不纳入缴费工资基数。纳入个人缴费工资基数的具体项目，按照与纳入统筹的养老保险待遇项目相对应的原则确定。

按本人缴费工资 8%的数额建立基本养老保险个人账户，全部由个人缴费形成。个人账户储存额（含本息，下同）只用于工作人员养老，不得提前支取，每年按照国家统一公布的记账利率计算利息，免征利息税。参保人员死亡的，个人账户余额可以依法继承。

三、改革基本养老金计发办法

自本意见实施之日起，实行新的基本养老金计发办法，建立待遇与缴费挂钩机制，多缴多得，长缴多得，提高单位和职工参保缴费的积极性。

（一）本意见实施后参加工作、个人缴费年限累计满 15 年的人员，退休后按月发给基本养老金。基本养老金由基础养老金和个人账户养老金组成。退休时的基础养老金月标准以省或市上年度在岗职工月平均工资和本人指数化月平均缴费工资的平均值为基数，缴费每满 1 年发给 1%。个人账户养老金月标准为个人账户储存额除以计发月数，计发月数详见附件。

（二）本意见实施前参加工作、实施后退休且缴费年限（含视同缴费年限，下同）累计满 15 年的人员，在发给基础养老金和个人账户养老金的基础上，再依据视同缴费年限长短，发给本人指数化月平均缴费工资一定比例的过渡性养老金。

按照合理衔接、平稳过渡的原则，自改革之日起，设立 10 年过渡期，过渡期内退休的人员，按改革后计发办法（简称新办法）计发的基本养老金低于按改革前退休费计发办法（简称原办法）计发的待遇的，按照原办法计发的待遇发给基本养老金；按新办法计发的基本养老金高于按原办法计发的待遇的，高出部分分年度按比例予以封顶限制。

具体办法，由省人力资源社会保障厅会同有关部门按照国家规定制定并指导实施。

（三）本意见实施后达到退休年龄但个人缴费年限累计不满 15 年的人员，其基本养老保险关系处理和基本养老金计发比照《实施〈中华人民共和国社会保险法〉若干规定》（人力资源社会保障部令第 13 号）和我省有关规定执行。

（四）本意见实施前已经退休的人员，继续按照国家和省规定的原待遇标准发放基本养老金，同时执行基本养老金调整办法。其中，符合规定的待遇项目，经审核确认后，纳入基本养老保险基金支付；其他待遇项目，仍从原渠道列支。

（五）机关事业单位离休人员，不纳入机关事业单位养老保险制度改革范围，继续按照国家和省统一规定发给离休费，并调整相关待遇。所需资金从原渠道列支，可由原所在单位负责发放，或委托社会保险经办机构代发。

四、建立基本养老金正常调整机制

根据国务院统一部署，结合我省经济发展、物价水平、工资增长等因素，省政府统筹安排机关事业单位和企业退休人员的基本养老金调整，合理确定调整办法和调整水平。逐步建立兼顾各类人员的养老保险待遇正常调整机制，分享经济社会发展成果，保障退休人员基本生活。

五、加强基金管理和监督

逐步建立健全基本养老保险基金省级统筹。现阶段，我省暂实行省级基金调剂制度，明确各级政府征收、管理和支付的责任；在全省范围内统一基本养老保险制度和有关政策，统一缴费基数和比例，统一基本养老保险待遇，统一编制和实施基本养老保险预算，统一信息系统平台和相关业务流程。

机关事业单位基本养老保险基金单独建账，与企业职工基本养老保险基金分别管理使用。基金实行严格的预算管理，纳入社会保障基金财政专户，实行收支两条线管理，专款专用。依法加强基金监管，确保基金安全。

六、做好养老保险关系转移接续工作

参保人员在同一统筹范围（指设区的市，含省直，下同）内的机关事业单位之间流动，只转移养老保险关系，不转移基金。参保人员跨统筹范围流动或在机关事业单位与企业之间流动，在转移养老保险关系的同时，基本养老保险个人账户储存额随同转移，并以改革后本人各年度实际缴费工资为基数，按12%的总和转移基金，参保缴费不足1年的，按实际缴费月数计算转移基金。转移后基本养老保险缴费年限（含视同缴费年限）、个人账户储存额累计计算。

七、建立职业年金制度

机关事业单位在参加基本养老保险的基础上，应当为其工作人员建立职业年金。单位按本单位工资总额的8%缴费，个人按本人缴费工资的4%缴费。工作人员退休后，按月领取职业年金待遇。职业年金的具体办法，由省人力资源社会保障厅、省财政厅根据国家规定制定。

八、建立健全确保养老金发放的筹资机制

机关事业单位及其工作人员应按规定及时足额缴纳养老保险费。各级社会保险经办机构应切实加强基金征缴，做到应收尽收。各级政府应积极调整和优化财政支出结构，加大社会保障资金投入，确保基本养老金按时足额发放。同时，要为建立职业年金制度提供相应的经费保障，确保机关事业单位养老保险制度改革平稳推进。

对于基本养老保险和职业年金缴费确有困难的非财政供款单位，经审核确认后，可由同级财政给予适当补助。

九、做好与现行开展的机关事业单位养老保险统筹政策的衔接

各地现行开展的机关事业单位养老保险统筹，要按照新制度即行并轨。改革前，各地已积累的统筹基金并入新制度统一使用，应收未收的养老保险费要确保征缴到位。对于各地统筹期间的个人缴费部分，除由财政代缴的外，原则上，改革前已退休人员自改革之月、未退休人员自退休之月一次性发放给本人。具体发放方式，由各设区的市结合实际确定。

十、逐步实行社会化管理服务

提高机关事业单位社会保险社会化管理服务水平，普遍发放全国统一的社会保障卡，实行基本养老金社会化发放。继续加强街道、社区人力资源社会保障工作平台建设，加快老年服务设施和服务网络建设，为退休人员提供方便快捷的服务。

十一、提高社会保险经办管理水平

各地要根据机关事业单位工作人员养老保险制度改革的实际需要，加强社会保险经办机构能力建设，适当充实工作人员，提供必要的经费和服务设施。社会保险经办机构应做好机关事业单位养老保险参保登记、缴费申报、关系转移、待遇核定和支付等工作。要按照国家统一制订的业务经办流程和信息管理系统建设要求，建立健全管理制度，由省级统一集中管理数据资源，实现规范化、信息化和专业化管理，不断提高工作效率和服务质量。

省直机关事业单位、驻鲁中央国家机关所属单位基本养老保险的管理工作，按照国家规定实行属地化管理。省人力资源社会保障厅负责在省社会保险经办机构参保单位的基本养老保险管理工作，同时集中受托管理其职业年金基金。

本意见自 2014 年 10 月 1 日起实施，我省已有规定与本意见不一致的，按本意见执行。

附件：个人账户养老金计发月数表

附件

个人账户养老金计发月数表

退休年龄	计发月数	退休年龄	计发月数
40	233	56	164
41	230	57	158
42	226	58	152
43	223	59	145
44	220	60	139
45	216	61	132
46	212	62	125
47	207	63	117
48	204	64	109
49	199	65	101
50	195	66	93
51	190	67	84
52	185	68	75
53	180	69	65
54	175	70	56
55	170		

山东省人民政府办公厅转发《省人力资源社会保障厅等部门关于开展非营利性民办学校教师养老保险与公办学校教师同等待遇试点工作的指导意见》的通知

（2015 年 12 月 28 日　鲁政办发〔2015〕57 号）

各市人民政府，各县（市、区）人民政府，省政府各部门、各直属机构，各大企业，各高等院校：

省人力资源社会保障厅、省教育厅、省财政厅《关于开展非营利性民办学校教师养老保险与公办学校教师同等待遇试点工作的指导意见》已经省政府同意，现转发给你们，请认真贯彻实施。

关于开展非营利性民办学校教师养老保险与公办学校教师同等待遇试点工作的指导意见

根据《省委办公厅省政府办公厅关于推进基础教育综合改革的意见》（鲁办发〔2014〕55 号）、《山东省人民政府办公厅关于贯彻落实鲁政发〔2012〕49 号文件推进现代职业教育体系建设的实施意见》（鲁政办字〔2013〕126 号），结合我省实际，现就开展非营利性民办学校教师养老保险与公办学校教师同等待遇试点工作提出以下指导意见：

一、目标任务

按照党的十八大和十八届五中全会提出的建立更加公平更可持续的社会保障制度的要求，以增强公平性、适应流动性、保证可持续性为重点，在非营利性民办学校开展教师参加机关事业单位养老保险试点，实现非营利性民办学校教师养老保险与公办学校教师同等待遇，促进民办教育发展，推动教育体制改革。2015年，我省已在青岛、潍坊、德州3市率先启动试点；2016年，在全省启动试点。

二、基本原则

（一）坚持公平原则。以贯彻《中华人民共和国教师法》为依据，以非营利性办学为前提，以教师为参保对象，健全完善民办学校教师养老保险制度，使民办学校教师与公办学校教师享受同等的养老保险待遇。

（二）坚持权利义务相对应原则。引导非营利性民办学校及其教师，依照国家和省关于机关事业单位养老保险制度改革的有关政策，切实履行缴费义务，享受相应的养老保险待遇，形成责任共担、成果共享机制。

（三）坚持自愿原则。充分尊重非营利性民办学校和教师的意愿,允许非营利性民办学校及其教师,根据自身实际选择参加机关事业单位或企业职工养老保险,保证教师在公办学校与民办学校之间养老保险关系顺畅转移接续,促进人才合理流动和优化配置。

（四）坚持先行试点、稳步推进的原则。统筹规划、合理安排，逐步扩大试点范围，确保试点积极稳妥实施。

三、参保范围

（一）参保的非营利性民办学校范围。本意见所指非营利性民办学校，包括民办普通高等学校、民办中等职业学校、民办技工院校、民办普通中小学，其他学校暂不纳入。本意见印发前已按规定认定为非营利性民办学校的，不再重新认定；对于今后学校法人属性发生变更的或者新设立的民办学校，参照《山东省教育厅等4部门关于印发〈山东省民办普通中小学（幼儿园）

分类认定办法（试行）〉的通知》（鲁教职发〔2015〕1号）有关规定执行。

被认定为非营利性民办学校的，应通过董事会、教代会形成决议，以学校为单位，自愿选择参加机关事业单位养老保险或企业职工养老保险。参保类型一经确认，原则上不再变更。

（二）参保的人员范围。同时具备以下条件的非营利性民办学校教师，可参照公办学校教师标准参加机关事业单位养老保险：按照《中华人民共和国教师法》规定，取得国家规定的教师资格；从事教育教学工作；与所在学校签订劳动合同。

符合上述条件的公办学校中具有教师资格且在教师岗位的编制外人员，可参照本意见执行。

非营利性民办学校中其他教辅人员，按照国家和省有关规定参加企业职工养老保险。

各市可结合实际，作出补充规定。

四、参保办法

非营利性民办学校教师参加机关事业单位养老保险的相关政策，参照《国务院关于机关事业单位工作人员养老保险制度改革的决定》（国发〔2015〕2号）、《山东省人民政府关于机关事业单位工作人员养老保险制度改革的实施意见》（鲁政发〔2015〕4号）等有关规定执行。

（一）符合条件的非营利性民办学校及其教师，按照属地原则参加当地机关事业单位养老保险，并按规定缴纳基本养老保险费和职业年金。

（二）非营利性民办学校教师参加机关事业单位养老保险，核定基本养老保险和职业年金缴费基数时，参照当地公办学校教师同类人员的标准和办法执行。

（三）非营利性民办学校及其教师参加机关事业单位养老保险的时间，按所在市确定的试点时间执行。

五、养老金计发

参加机关事业单位养老保险的非营利性民办学校教师退休时，按国家和省有关规定计发基本养老金和职业年金待遇。待遇计发办法，统一按机关事业单位养老保险制度改革后的新办法执行，不设立过渡期，不实行新老待遇计发办法对比。

六、养老保险关系转移接续

（一）公办学校教师到非营利性民办学校任教的，按国家和省有关规定办理养老保险关系转移接续手续，其机关事业单位养老保险制度改革前在公办学校的工作年限，按规定认定为视同缴费年限，并与改革后的实际缴费年限合并计算。

（二）原参加企业职工养老保险的非营利性民办学校教师，试点后参加机关事业单位养老保险的，以及被机关事业单位或公办学校录（聘）用的，按国家和省有关规定办理养老保险关系转移接续手续，其参加企业职工养老保险与参加机关事业单位养老保险的缴费年限合并计算。

（三）试点后参加机关事业单位养老保险的非营利性民办学校教师，因学校终止办学等原因退出教师岗位，或流动到企业工作以及灵活就业的，按国家和省有关规定办理养老保险关系转移接续手续，其参加机关事业单位养老保险与参加企业养老保险的缴费年限合并计算。

七、财政补助

当地财政部门应充分考虑学校缴费规模，对参加试点的非营利性民办学校给予适当补助。省级财政将对纳入试点范围（不含青岛市）的民办普通高等学校予以补助。

八、组织实施

各市要制定具体工作方案，积极稳妥开展试点。要准确把握政策，加强宣传引导，做好工作预案，切实维护社会稳定。各级人力资源社会保障部门负责非营利性民办学校教师参加养老保险工作和非营利性民办技工院校的确认工作。各级社会保险经办机构具体承办非营利性民办学校教师参加养老保险的业务工作。各级教育部门负责教师资格的确认工作和其他非营利性民办学校的确认工作。各级财政部门负责安排资金，做好对非营利性民办学校缴费给予补助的有关工作。非营利性民办学校负责申请办理养老保险参保登记、养老保险费申报缴纳等手续。

各市要积极探索和总结试点经验，妥善解决试点中出现的矛盾和问题，确保试点工作顺利进行。重要情况要及时向省人力资源社会保障厅、省教育厅、省财政厅报告。

中共山东省委组织部 省人力资源和社会保障厅转发《中共中央组织部、人力资源和社会保障部关于机关事业单位县处级女干部和具有高级职称的女性专业技术人员退休年龄问题的通知》的通知

（2015年2月28日 鲁组发〔2015〕12号）

各市党委组织部和政府人力资源和社会保障局，省委各部委、省政府各部门干部（人事）处，各人民团体组织（人事）部，各高等院校党委组织部：

现将《中共中央组织部、人力资源和社会保障部关于机关事业单位县处级女干部和具有高级职称的女性专业技术人员退休年龄问题的通知》（组通字〔2015〕14号）转发给你们，请结合实际认真贯彻执行。本通知自2015年3月1日起执行，以前发布的相关通知，凡与本通知不一致的，以本通知为准。

中共中央组织部、人力资源和社会保障部关于机关事业单位县处级女干部和具有高级职称的女性专业技术人员退休年龄问题的通知

各省、自治区、直辖市党委组织部、政府人力资源社会保障厅（局），中央和国家机关各部委、各人民团体干部人事部门，新

疆生产建设兵团党委组织部、人力资源社会保障局，部分高等学校党委：

为充分发挥女领导干部和女性专业技术人员的作用，经研究并报中央领导同志同意，现就机关事业单位县处级女干部和具有高级职称（含正、副高级，下同）的女性专业技术人员退休年龄问题通知如下。

一、党政机关、人民团体中的正、副县处级及相应职务层次的女干部，事业单位中担任党务、行政管理工作的相当于正、副处级的女干部和具有高级职称的女性专业技术人员，年满 60 周岁退休。

二、上述女干部和具有高级职称的女性专业技术人员如本人申请，可以在年满 55 周岁时自愿退休。

三、年满 60 周岁的少数具有高级职称的女性专业技术人员，因工作需要延长退休年龄的，仍按照《国务院关于高级专家离休退休若干问题的暂行规定》（国发〔1983〕141 号）、《人事部关于高级专家退（离）休有关问题的通知》（人退发〔1990〕5 号）有关规定执行。

四、凡已办理退休手续的县处级女干部和具有高级职称的女性专业技术人员，不适用本通知，不予追溯。

五、县处级女干部和具有高级职称的女性专业技术人员退休年龄政策，社会关注度高，政策性强，涉及干部人才的切身利益，各地各部门要加强领导，认真研究和解决工作中出现的问题，做好思想政治工作，确保政策平稳落实。

六、本通知自 2015 年 3 月 1 日起执行，由中共中央组织部、人力资源社会保障部负责解释。

山东省劳动局关于民办教师工龄计算问题的通知

（1988年7月28日　鲁劳险字〔1988〕第258号）

各市、地劳动局、省直各部门：

根据原劳动人事部门同意的国家教委教计字〔1987〕160号文件规定精神，结合我省实际情况，现对民办教师工龄计算问题提出如下意见，请贯彻执行。

一、民办教师在一九七〇年至一九七八年期间，被推荐或考入高等院校、中等专业学校和技工学校学习的，其在校学习时间可计算为连续工龄。一九七九年以后被推荐或考入上述学校的，在校学习时间不得计算为连续工龄。

二、民办教师被直接招收录用为国家正式职工或经组织批准进入各级各类学校学习，毕业（结业）后成为国家正式职工的，其成为国家正式职工前最后一次组织批准任民办教师的工作时间可与成为国家正式职工后的工作时间合并计算为连续工龄。

涉及民办教师工龄计算问题，以本文规定为准。今后国家对此如有新的规定，按国家规定执行。

山东省人事局关于1966至1969届延期分配大中专院校毕业生工龄计算问题的复函

（1990年4月24日　鲁人工字〔1990〕第1号）

省高级人民法院：

你院鲁法政字〔1990〕第13号《关于1966至1969届大中专毕业生如何计算连续工龄的请示》收悉。经研究，现函复如下：

1966至1969届大、中专院校毕业生，因“文革”原因延期分配工作的，可以分别从学制规定的毕业时间起计算连续工龄，其参加工作时间仍从正式分配工作之日算起。

特此函复。

中共山东省委组织部 省人事厅关于企事业单位聘用制女干部退休问题的复函

（1997年10月10日 鲁人函〔1997〕16号）

日照市人事局：

你局《关于企事业单位聘用制女干部退休年龄问题的请示》（日人请〔1997〕17号）收悉。经研究现答复如下：

中组部、人事部人法发〔1991〕5号和省政府鲁政发〔1988〕75号文件规定，聘用制干部在聘任期内享受所在单位同岗位、同职务录用制干部的工资保险福利待遇。按照这一规定精神，对已达工人退休年龄的聘用制女干部，可根据工作需要决定是否继续聘用。继续聘用的，年龄到达55周岁、连续受聘满10年并仍在聘用岗位上工作的，可按录用制干部办理退休手续；予以解聘的，仍按工人办理退休手续。

山东省劳动和社会保障厅关于委托人才服务机构进行人事代理人员养老保险问题的批复

（2000年8月4日　鲁劳社发〔2000〕217号）

莱芜市劳动和社会保障局：

你局《关于委托人才服务机构进行人事代理人员养老保险问题的请示》（莱劳社发〔2000〕35号）收悉。经研究，现批复如下：

根据《社会保险费征缴暂行条例》（国务院令第259号）的规定，国有企业、城镇集体企业、外商投资企业、城镇私营企业和其他城镇企业中工作的委托人才服务机构进行人事代理的人员，与所在单位其他职工同样按照省政府规定的养老保险的费基、费率缴纳养老保险费，按企业职工基本养老金计发办法计发养老金。

山东省人力资源和社会保障厅 省财政厅关于印发《山东省机关事业单位工作人员养老保险制度改革实施办法》的通知

（2015 年 7 月 28 日　鲁人社发〔2015〕46 号）

各市人力资源社会保障局、财政局，省委各部门，省政府各部门、各直属机构，省人大常委会办公厅，省政协办公厅，省法院，省检察院，各民主党派省委，各人民团体，各驻鲁中央国家机关所属单位：

经省政府同意，现将《山东省机关事业单位工作人员养老保险制度改革实施办法》印发给你们。各市要根据国务院和省政府要求，结合本地实际，研究制定本市具体实施方案，对组织领导、具体任务、工作进度、监督检查等做出统筹安排。各部门要制定工作方案，明确工作任务、分工和要求。各市具体实施方案经市政府同意后，于 2015 年 8 月底前报省人力资源社会保障厅、省财政厅。

省人力资源社会保障厅、省财政厅将加强对各市人力资源社会保障部门和财政部门、省直各部门和单位人事管理机构的业务培训。各市、各部门也要结合实际，开展不同层次的业务培训工作，提高工作人员的政策水平和业务能力。要广泛开展宣传工作，坚持正确的舆论导向，准确解读各项政策，让广大干部群众充分理解和积极支持改革。重大问题要及时报告省人力资源社会保障厅、省财政厅。

山东省机关事业单位工作人员养老保险制度改革实施办法

根据《国务院关于机关事业单位工作人员养老保险制度改革的决定》（国发〔2015〕2号）、《山东省人民政府关于机关事业单位工作人员养老保险制度改革的实施意见》（鲁政发〔2015〕4号，以下简称《实施意见》）和《人力资源社会保障部财政部关于贯彻落实〈国务院关于机关事业单位工作人员养老保险制度改革的决定〉的通知》（人社部发〔2015〕28号）规定，结合我省实际，制定本办法。

一、关于参保范围

（一）参保的事业单位范围。参加机关事业单位养老保险的事业单位是指，根据《中共山东省委、山东省人民政府关于贯彻中发〔2011〕5号文件精神分类推进事业单位改革的实施意见》（鲁发〔2011〕16号）等有关规定，目前划分为承担行政职能的事业单位和从事公益服务的事业单位（含公益一类、二类、三类事业单位）。

对于划分为从事生产经营活动的事业单位，已参加企业职工基本养老保险的仍继续参加；尚未参加的，暂参加机关事业单位基本养老保险，待其转企改制到位后，自转企改制基准日起，按有关规定纳入企业职工基本养老保险范围。

对于目前尚未确定分类类型的事业单位，已参加企业职工基本养老保险的仍继续参加；尚未参加的，暂参加机关事业单位基本养老保险，待其分类类型确定并改革到位后，纳入相应的养老保险制度。

（二）参保的工作人员范围。根据省政府《实施意见》要求，严格按照机关事业单位编制和人事管理规定确定参保人员范围。编制外人员应依法参加企业职工基本养老保险。对于编制和人事管理不规范的单位，要先按照有关规定进行清理规范，待明确工作人员身份后再纳入相应的养老保险制度。

各地在原机关事业单位养老保险统筹期间，已纳入参保范围的编制外人员，应划转至企业职工基本养老保险继续参保，原统筹期间的个人缴费相应转入本人企业职工基本养老保险个人账户。其中，改革前（2014 年 10 月 1 日前，下同）已经人力资源社会保障部门核准领取养老金的人员，可保留在机关事业单位基本养老保险范围，原统筹期间的个人缴费并入机关事业单位基本养老保险基金。编制外人员的具体划转办法，由各市（指设区的市，下同）结合实际确定。

对于参加机关事业单位养老保险的单位中的编制内劳动合同制工人，按照国家和省相关规定，参加机关事业单位养老保险，具体办法另行确定。

二、关于缴费基数

（一）单位缴费基数。根据机关事业单位工资制度特点，省政府《实施意见》规定的本单位工资总额为参加机关事业单位养老保险工作人员的个人缴费工资基数之和。

（二）个人缴费基数。机关单位（含参公管理的单位）工作人员的个人缴费工资基数，包括本人上年度工资收入中的以下部分：①基本工资；②国家统一的津贴补贴（指警衔津贴等国家统一规定纳入原退休费计发基数的项目）；③规范后的津贴补贴（地区附加津贴）；④年终一次性奖金。

事业单位工作人员的个人缴费工资基数，包括本人上年度工资收入中的以下部分：①基本工资；②国家统一的津贴补贴（指教龄津贴、护龄津贴、特级教师津贴等国家和经国家批准由省统一规定纳入原退休费计发基数的项目）；③绩效工资。

除上述项目外，其余项目（包括改革性补贴、奖励性补贴等）暂不纳入个人缴费工资基数。纳入个人缴费工资基数的具体项目，按照与纳入统筹的养老保险待遇项目相对应的原则，由省人力资源社会保障厅、省财政厅统一确定。其中，纳入统筹的养老保险待遇项目以省政府规定的待遇项目（标准）为准，其它自行增加的项目和提高的标准，仍从原渠道列支。

三、关于过渡期内养老保险待遇的计发

全省实行统一的过渡办法。对于改革前参加工作、改革后退休的“中人”设立10年过渡期，过渡期内实行新老待遇计发办法对比，保低限高。即：新办法计发待遇（含职业年金待遇）低于老办法待遇标准的，按老办法待遇标准发放，保持待遇不降低；高于老办法待遇标准的，超出的部分，第一年（2014年10月1日至2015年12月31日）退休的人员发放超出部分的10%，第二年（2016年1月1日至2016年12月31日）退休的人员发放20%，依此类推，到过渡期末年（2024年1月1日至2024年9月30日）退休的人员发放超出部分的100%。过渡期结束后退休的人员执行新办法。

按上述办法对比确定实发养老金，需要调增或调减新办法待遇标准时，均相应调增或调减按新办法计算的基本养老金，职业年金待遇不变。

（一）老办法待遇计发标准。具体计算公式如下：

$$老办法待遇计发标准=(A\times M+B+C)\times \prod_{N=2015}^{N}(1+G_{n-1})$$

A：2014年9月工作人员本人的基本工资标准；

B：2014年9月工作人员本人的职务职级（技术职称）等对应的退休补贴标准；

C：按照国办发〔2015〕3号文件和我省有关规定相应增加的退休费标准；

M：工作人员退休时工作年限对应的老办法计发比例；

G_{n-1}：参考第n-1年在岗职工工资增长等因素确定的工资增长率，n∈〔2015，N〕，且$G_{2014}=0$；

N：过渡期内退休人员的退休年度，N∈〔2015，2024〕。

2014年10月1日至2014年12月31日期间退休的，其退休年度视同为2015年。

（二）新办法待遇计发标准。具体计算公式如下：

新办法待遇计发标准=基本养老金+职业年金待遇。其中，基本养老金=基础养老金+过渡性养老金+个人账户养老金。

1. 基础养老金=退休时省或市上年度在岗职工月平均工资×（1+本人平均缴费工资指数）÷2×缴费年限（含视同缴费年限，下同）×1%。其中，本人平均缴费工资指数=（视同缴费指数×视同缴费年限+实际平均缴费指数×实际缴费年限）÷缴费年限。

视同缴费指数，遵循改革前后待遇平稳过渡和衔接的原则，由省人力资源社会保障厅在统一测算基础上，设定与机关事业单位职务职级（技术职称）相对应的《视同缴费指数表》，工作人员退休时，根据本人退休时的职务职级（技术职称）等，对应《视同缴费指数表》确定本人视同缴费指数。《视同缴费指数表》的具体设定办法，另行制定。

实际平均缴费指数=（$Xn/Cn-1+Xn-1/Cn-2+\cdots+X_{2016}/C_{2015}+X_{2015}/C_{2014}+X_{2014}/C_{2013}$）/$N_{实缴}$；

Xn、Xn-1、…X_{2014}为参保人员退休当年至2014年相应年度本人各月缴费工资基数之和，Cn-1、Cn-2…C_{2013}为参保人员退休上一年至2013年相应年度省或市在岗职工年平均工资；

N实缴为参保人员实际缴纳养老保险费年限。

2. 过渡性养老金=退休时省或市上年度在岗职工月平均工资×本人视同缴费指数×视同缴费年限×1.3%。

3. 个人账户养老金=退休时本人基本养老保险个人账户累计储存额÷计发月数。其中，计发月数按国家统一规定执行。

4. 职业年金待遇，按照《国务院办公厅关于印发机关事业单位职业年金办法的通知》（国办发〔2015〕18号）和我省有关规定执行。

四、关于视同缴费年限的认定

对于改革前曾参加企业职工基本养老保险、改革后参加机关事业单位基本养老保险的工作人员，其参加企业职工基本养老保险的实际缴费年限应予确认，不认定为视同缴费年限，并与参加机关事业单位基本养老保险的实际缴费年限合并计算。其他情形视同缴费年限的认定，按照国家和省有关规定执行。在本人退休时，根据其实际缴费年限、视同缴费年限及对应的视同缴费指数等因素计发基本养老金。

对于从机关事业单位辞职和按规定辞退的编制内工作人员，辞职、辞退后参加企业职工基本养老保险的，其改革前原在机关事业单位的连续工龄，按规定认定为视同缴费年限，并与参加企业职工基本养老保险的实际缴费年限合并计算。在本人退休时，按照企业基本养老金计发办法计发基本养老金。

五、关于各级政府的基金管理责任

全省执行统一的机关事业单位基本养老保险制度和政策，统一基本养老保险缴费比例和缴费基数，统一基本养老金计发办法、统筹项目和标准以及基本养老金调整办法，统一编制和实施基本养老保险基金预算，统一基本养老保险业务经办规程和管理制度。基本养老保险基金实行统一管理，各市结余基金由省授权市代管。市、县（市、区）对本辖区内机关事业单位养老保险基金收支缺口承担主体责任，省级建立机关事业单位养老保险基金调剂制度，所需资金由省财政预算安排，通过均衡性转移支付对各市予以补助。

六、关于部分工作人员退休时加发退休费政策的调整

改革后获得省部级以上劳模、有重大贡献的高级专家等荣誉称号的工作人员，在职时给予一次性奖励，退休时不再提高基本退休费计发比例，奖励所需资金不得从养老保险基金中列支，由奖励单位或本单位按规定明确所需资金列支渠道。

对于改革前已获得此类荣誉称号的工作人员，本人退休时给予一次性退休补贴并支付给本人，资金从原渠道列支。具体计算公式：一次性退休补贴标准=本人退休时的月基本工资×提高的计发比例×计发月数。其中，在确定提高的计发比例时，仍按老办法对提高后不超过本人基本工资100%的规定执行；计发月数，按照平衡衔接的原则确定为180个月。符合原有加发退休费情况的其他人员，按照上述办法处理。

七、关于退休审批和有关参保政策

改革后，机关事业单位工作人员退休审批程序不变，仍按现行干部管理权限执行。经批准退休的人员，由所在单位报参保地人力资源社会保障部门办理领取基本养老金资格核准和待遇核定手续后，实行基本养老金社会化发放。

按照国家有关政策和干部管理权限，符合提前退休或者延长退休年龄的工作人员，经批准，可以提前或者延缓退休，按规定办理相关手续后，以其实际的缴费情况计发养老金。其中，经批准延长退休年龄的人员，应当继续参保缴费，直至延缓退休期满。少数人员年满70岁时仍继续工作的，个人可以选择继续缴费，也可选择不再继续缴费。待正式办理退休手续时，按规定计发养老待遇。

八、关于原机关事业单位养老保险统筹政策的规范衔接

各地要妥善处理原统筹政策与省政府《实施意见》的衔接问题，确保政策统一规范。各地原统筹期间的养老保险结余基金并入机关事业单位基本养老保险基金统一使用，严禁挤占挪用，防止基金资产流失。

改革后，对于符合纳入机关事业单位基本养老保险条件的人员，其改革前在机关事业单位的工作年限作为视同缴费年限，退休时按照有关规定计发待遇。原统筹期间的个人缴费（含本息，下同）发放给本人。其中，已退休的人员，可一次性发放；未退休的人员，可待本人退休时一次性发放，也可先划转至改革后的本人职业年金个人账户，退休时，该部分个人缴费不计入新老办法标准对比范围，一次性发放给本人。具体发放办法，由各市结合实际确定。

九、关于2014年10月1日至机关事业单位养老保险启动实施期间有关问题的处理

2014年10月1日至机关事业单位养老保险启动实施期间（以下简称此期间），工作人员经组织批准调动工作且符合参加机关事业单位养老保险条件的，由调入单位办理其参保手续并补缴此期间的养老保险费；经组织批准从机关事业单位调动到企业工作，或辞职、辞退、开除的，由原单位办理其参保手续并补缴此期间相应时间段的养老保险费后，按有关规定转续其养老保险关系。

此期间达到退休年龄的机关事业单位工作人员，可先按现行退休政策及时办理退休手续，暂按老办法计发相应的退休费待遇，今后按国家和省规定的“中人”过渡办法重新核定养老金。

十、关于养老保险经办管理

驻济省直机关事业单位的基本养老保险和职业年金管理工作，实行省级集中经办管理，由省社会保险经办机构负责经办。驻济以外省直单位，原则上由设区的市集中经办管理。市、县级机关事业单位的经办管理方式，由各市政府确定。

驻鲁中央国家机关所属单位参照本办法执行，其基本养老保险和职业年金管理工作，实行省级集中经办管理。

本办法自2014年10月1日起施行，有效期至2019年9月30日，已有规定与本办法不一致的，按本办法执行。

本办法由省人力资源社会保障厅、省财政厅负责解释。

山东省人力资源和社会保障厅 省财政厅关于确定机关事业单位养老保险缴费工资及待遇统筹项目的通知

（2015年9月8日 鲁人社办发〔2015〕78号）

各市人力资源和社会保障局、财政局，省社会保险事业局：

根据国家和省关于机关事业单位养老保险制度改革的有关规定，遵循权利义务对应、政策统一规范、待遇衔接平衡的原则，省人力资源社会保障厅、省财政厅研究确定了机关事业单位在职人员纳入缴费基数的工资项目和退休人员纳入统筹的养老保险待遇项目。现印发给你们，请遵照执行。

各市要按照省里确定的项目清单（详见附件），认真做好机关事业单位养老保险参保缴费和养老金发放工作。经确定纳入统筹的退休人员待遇项目，所需资金从养老保险基金中列支；其它待遇项目，仍从原渠道列支。

附件：1. 机关事业单位养老保险缴费及统筹项目清单

2. 暂不纳入机关事业单位养老保险缴费及统筹的项目清单

附件 1

机关事业单位养老保险缴费及统筹项目清单

<table>
<tr><th rowspan="2">单位</th><th colspan="3">在职人员纳入缴费基数的工资项目</th><th rowspan="2">退休人员纳入统筹的待遇项目</th></tr>
<tr><th>主项</th><th>子项</th><th>备注</th></tr>
<tr><td rowspan="6">机关单位（含参公管理的单位）</td><td rowspan="2">基本工资</td><td>职务工资</td><td>工勤人员为岗位工资</td><td rowspan="2">基本退休费（含增发退休费）</td></tr>
<tr><td>级别工资</td><td>工勤人员为技术等级工资</td></tr>
<tr><td>国家统一的津贴补贴</td><td>警衔津贴</td><td>指国家统一规定纳入原退休费计发基数的项目</td><td>警衔津贴</td></tr>
<tr><td rowspan="2">规范后的津贴补贴</td><td>工作性津贴</td><td></td><td rowspan="2">退休人员补贴</td></tr>
<tr><td>生活性津贴</td><td></td></tr>
<tr><td>年终一次性奖金</td><td>年终一次性奖金</td><td></td><td>——</td></tr>
<tr><td rowspan="7">事业单位</td><td rowspan="3">基本工资</td><td>岗位工资</td><td></td><td rowspan="3">基本退休费（含增发退休费）</td></tr>
<tr><td>薪级工资</td><td></td></tr>
<tr><td>基本工资提高10%的部分</td><td>指教师和护士基本工资按规定提高10%的部分</td></tr>
<tr><td rowspan="4">国家统一的津贴补贴</td><td>警衔津贴</td><td rowspan="4">指国家和经国家批准由省统一规定纳入原退休费计发基数的项目</td><td>警衔津贴</td></tr>
<tr><td>特殊教育津贴</td><td>特殊教育津贴</td></tr>
<tr><td>教龄津贴、护龄津贴</td><td>教龄津贴、护龄津贴</td></tr>
<tr><td>特级教师津贴</td><td>特级教师津贴</td></tr>
</table>

续表

单位	在职人员纳入缴费基数的工资项目				退休人员纳入统筹的待遇项目
	主项	子项		备注	
事业单位	绩效工资	实行了绩效工资的单位		基础性绩效工资	退休人员补贴
				奖励性绩效工资	
		未实行绩效工资的单位	计算公式为：纳入缴费基数的标准=本人应发工资－基本工资－国家统一的津贴补贴－暂不纳入缴费的项目	1.“基本工资”“国家统一的津贴补贴”参考本表上述对事业单位规定的项目确定 2.“暂不纳入的缴费项目”参考附件2对事业单位规定的项目确定	

附件 2

暂不纳入机关事业单位养老保险缴费及统筹的项目清单

单位	暂不纳入缴费及统筹的项目	
	主项	子项
机关单位（含参公管理的单位）	改革性补贴	住房补贴
		物业补贴
		住宅采暖补贴
	奖励性补贴	精神文明奖
		独生子女父母奖励费
	国家和省统一规定的特殊岗位津贴补贴中不纳入原退休费计发基数的项目	法官审判津贴
		检察官检查津贴
		人民法院办案人员岗位津贴
		人民检察院办案人员岗位津贴
		纪检、监察办案机关办案补贴
		人民警察值勤岗位津贴
		密码人员岗位津贴
		司法助理员津贴
		审计机关审计人员工作补贴
		信访工作人员补贴
		环境保护监测津贴
		国家税务部门工作人员税务征收津贴
		警察加班补贴
		安监岗位补贴
	国家对部分人员规定的津贴补贴	自雇费（适用于省部级以上干部）
		劳模荣誉津贴
		禁食猪肉少数民族补贴

续表

单位	暂不纳入缴费及统筹的项目	
	主　项	子　项
机关单位（含参公管理的单位）	死亡待遇	一次性抚恤金
		丧葬费
		遗属生活困难补助
	各地（单位）自行规定的其它津贴补贴	包括没有国家和省统一政策、未经省批准的各类津贴补贴等项目
事业单位	改革性补贴	住房补贴
		物业补贴
		住宅采暖补贴
	奖励性补贴	精神文明奖
		独生子女父母奖励费
	国家和省统一规定的特殊岗位津贴补贴中不纳入原退休费计发基数的项目	卫生防疫津贴
		环境保护监测津贴
		城市下水道工人和环境卫生工人岗位津贴
		林业有毒有害岗位津贴
		农业有毒有害岗位津贴
		艰苦广播电视台站津贴
		野外工作津贴
		艰苦地震台站津贴
		安监岗位补贴
		畜牧兽医医疗卫生津贴

续表

单位	暂不纳入缴费及统筹的项目	
	主项	子项
事业单位	国家对部分人员规定的津贴补贴	自雇费（适用于省部级以上干部）
		劳模荣誉津贴
		禁食猪肉少数民族补贴
	死亡待遇	一次性抚恤金
		丧葬费
		遗属生活困难补助
	各地（单位）自行规定的其它津贴补贴	包括没有国家和省统一政策、未经省批准的各类津贴补贴等项目

山东省人力资源和社会保障厅关于养老保险省直管机关事业单位工作人员退休复核有关问题的通知

（2016年2月3日　鲁人社字〔2016〕42号）

各养老保险省直管机关事业单位：

根据国家和省关于机关事业单位养老保险制度改革的有关规定，经研究，现就养老保险省直管机关事业单位工作人员退休复核有关问题通知如下：

一、适用范围

本通知所称养老保险省直管机关事业单位（以下简称省直管单位）包括按照国务院《关于机关事业单位工作人员养老保险制度改革的决定》（国发〔2015〕2号）、省政府《关于机关事业单位工作人员养老保险制度改革的实施意见》（鲁政发〔2015〕4号）、省人力资源社会保障厅、省财政厅《关于印发〈山东省机关事业单位工作人员养老保险制度改革实施办法〉的通知》（鲁人社发〔2015〕46号）等文件规定，在省社会保险事业局参加养老保险的驻济省直机关事业单位和驻鲁中央国家机关事业单位。

二、职责职能

省人力资源社会保障厅负责省直管单位工作人员退休条件复核，以及工作年限、视同缴费年限等退休政策方面的审核认定，具体由省人力资源社会保障厅职工养老保险处（以下简称职工养老保险处）承办。

三、工作流程

省直管单位工作人员符合退休条件的，由用人单位向职工养老保险处申报办理退休条件复核。工作流程如下：

（一）单位申报

用人单位通过省人事综合管理信息系统申报工作人员退休条件复核业务，并打印《养老保险省直管单位工作人员退休（职）条件复核表》（以下简称《复核表》，详见附件1、2），在规定时限内携带以下材料报职工养老保险处：

1. 参保人员有效身份证件或社会保障卡（复印件）；

2. 参保人员人事档案；

3. 退休条件复核需要提供的其它材料。

中管干部、省管干部和经省人力资源社会保障厅审批同意延迟退休的高级专家等，还需要提供按干部管理权限批准退休的相关材料。

（二）审核确认

职工养老保险处对用人单位申报材料进行审核，重点确认以下事项：

1. 出生时间、退休年龄、退休类别等是否符合国家关于退休年龄的相关政策规定。

2. 参加工作时间、工作年限和视同缴费年限、改革时（2014年9月）和退休时职务（岗位、技术等级）、工资情况等工作人员在职时的相关基础信息。

3. 改革后是否按规定参加养老保险，并按时足额缴纳养老保险费；缴费年限（含视同缴费年限）是否达到或超过国家规定的最低年限等。

（三）情况反馈

对于申报材料规范、完整且符合国家政策规定的，职工养老保险处在《复核表》上加盖公章，予以复核确认，并通知用人单位。

对于申报材料不规范、不完整或者不符合规定的，通知用人单位补充更正，或者告知其不予复核确认的理由。

四、统筹内养老保险待遇核定和申领

省直管单位工作人员退休条件复核后，由用人单位按规定办理统筹内养老保险待遇核定和申领手续。

五、统筹外待遇核定

省直管单位工作人员退休条件复核后，统筹外待遇所需资金，仍从原渠道列支，不纳入养老保险基金支付。驻济省直机关事业单位通过省人事综合管理信息系统申报统筹外待遇核定业务，并打印《驻济省直机关事业单位退休（职）人员统筹外待遇审核表》（以下简称《统筹外待遇审核表》，详见附件3），报职工养老保险处核定。

驻济省直机关事业单位申请办理工作人员退休条件复核时，一并提报《统筹外待遇审核表》，实行集中审核。

六、退休证核发

省直管单位工作人员退休证，实行编号管理，由职工养老保险处统一编制序号。用人单位领取空白退休证时，应向职工养老保险处提出书面申请。工作人员退休条件复核确认后，按照下述规定核发退休证：

（一）属于中管干部和省管干部的，由用人单位根据职工养老保险处确认的《复核表》和本人基本信息，填写退休证相关内容，报职工养老保险处。职工养老保险处审核无误后，编制填写退休证序号，并加盖“山东省人民政府干部退休专用章（钢印）”。

（二）其他干部职工，由用人单位按照干部管理权限，经主管部门同意后核发退休证。职工养老保险处根据用人单位发证数量，提供相应数量的退休证序号，由用人单位按照唯一性原则自行填写。退休证序号与退休人员对应后的基本信息，由用人单位定期报送职工养老保险处备案。

七、工作时限

省直管单位工作人员办理退休手续，按照下述规定的工作时限要求执行：

（一）用人单位在工作人员到达法定退休年龄前2个月时，向职工养老保险处申报办理退休条件复核或按规定申请延迟退休。其中，此期间职务（岗位、技术等级）发生变化的，可延后申报。未按规定时限申报的，由用人单位承担相应责任。

中管干部、省管干部和经省人力资源社会保障厅审批同意延迟退休的高级专家等，可在具有干部管理权限的部门批准退休后申报。

（二）职工养老保险处原则上于每月15日至20日，集中受理用人单位申报。接到用人单位申报后，于15日内办结退休条件复核手续，并做好统筹外待遇核定、退休证核发相关工作。情况特殊的，可适当延长办理时间。

八、信息数据管理

省直管单位应当按照省人力资源社会保障厅统一确定的信息系统和数据格式，及时报送工作人员基础信息数据。

相关信息技术服务由省人力资源社会保障厅信息中心组织协调。现阶段，实行省人事综合管理信息系统与社会保险信息系统数据共享，原则上每年进行一次完整数据比对，业务期内两个系统发生数据变动时，应及时推送至中间数据库，以便相互之间及时更新数据。

九、其它职责

省直管单位除中管干部和省管干部外的其他人员延迟退休、驻济以外省直机关事业单位退休人员执行驻地津补贴（统筹外）项目审核、省属特困事业单位离休干部“两费”核定、省属按鲁发〔2004〕15号等文件改企转制事业单位离退休（内退）人员待遇审核、未参保省直机关事业单位工作人员退休待遇核定等工作，仍按省人力资源社会保障厅现行程序办理，由职工养老保险处具体负责。

十、执行时间

本通知自2016年3月1日起执行。2014年10月1日至本通知执行前已按规定办理退休条件复核手续的，不再重新办理。

附件：1.《养老保险省直管单位工作人员退休（职）条件复核表（机关和参公单位）》

2.《养老保险省直管单位工作人员退休（职）条件复核表（事业单位）》

3.《驻济省直机关事业单位退休（职）人员统筹外待遇审核表》

（附件本书略）

2. 企业养老保险

国务院关于工人退休、退职的暂行办法

（1978年5月24日第五届全国人民代表大会常务委员会第二次会议原则批准，1978年6月2日国发〔1978〕104号颁发）

老年工人和因工、因病丧失劳动能力的工人，对社会主义革命和建设做出了应有的贡献。妥善安置他们的生活，使他们愉快地度过晚年，这是社会主义制度优越性的具体体现，同时也有利于工人队伍的精干，对实现我国的四个现代化，必将起促进作用。为了做好这项工作，特制定本办法。

第一条 全民所有制企业、事业单位和国家机关、人民团体的工人，符合下列条件之一的，应该退休：

（一）男年满六十周岁，女年满五十周岁，连续工龄满十年的。

（二）从事井下、高空、高温、特别繁重体力劳动或者其他有害身体健康的工作，男年满五十五周岁、女年满四十五周岁，连续工龄满十年的。

本项规定也适用于工作条件与工人相同的基层干部。

（三）男年满五十周岁，女年满四十五周岁，连续工龄满十年，由医院证明，并经劳动鉴定委员会确认，完全丧失劳动能力的。

（四）因工致残，由医院证明，并经劳动鉴定委员会确认，完全丧失劳动能力的。

第二条 工人退休以后，每月按下列标准发给退休费，直至去世为止。

（一）符合第一条第（一）、（二）、（三）项条件，抗日战争时期参加革命工作的，按本人标准工资的百分之九十发给。解放战争时期参加革命工作的，按本人标准工资的百分之八十发给。中华人民共和国成立后参加革命工作，连续工龄满二十年的，按本人标准工资的百分之七十五发给；连续工龄满十五年不满二十年的，按本人标准工资的百分之七十发给；连续工龄满十年不满十五年的，按本人标准工资的百分之六十发给。退休费低于二十五元的，按二十五元发给。

（二）符合第一条第（四）项条件，饮食起居需要人扶助的，按本人标准工资的百分之九十发给，还可以根据实际情况发给一定数额的护理费，护理费标准，一般不得超过一个普通工人的工资；饮食起居不需要人扶助的，按本人标准工资的百分之八十发给。同时具备两项以上的退休条件，应当按最高的标准发给。退休费低于三十五元的，按三十五元发给。

第三条 患二、三期矽肺病离职休养的工人，如果本人自愿，也可以退休。退休费按本人标准工资的百分之九十发给，并享受原单位矽肺病人在离职休养期间的待遇。

患二、三期矽肺病离职休养的干部，也可以按照本条的办法执行。

第四条 获得全国劳动英雄、劳动模范称号，在退休时仍然保持其荣誉的工人；省、市、自治区革命委员会认为在革命和建设中有特殊贡献的工人；部队军以上单位授予战斗英雄称号的转业、复员军人，在退休时仍保持其荣誉的，其退休费可以酌情高于本办法所定标准的百分之五至百分之十五，但提高标准后的退休费，不得超过本人原标准工资。

第五条 不具备退休条件，由医院证明，并经劳动鉴定委员会确认，完全丧失劳动能力的工人，应该退职。退职后，按月发给相当于本人标准工资百分之四十的生活费，低于百分之二十元的，按二十元发给。

第六条 退休工人易地安家的，一般由原工作单位一次发给百分之五十元的安家补助费，从大中城市到农村安家的，发给三百元。

退职工人易地安家的，可以发给相当于本人两个月标准工资的安家补助费。

第七条 工人退休、退职的时候，本人及其供养的直系亲属前往居住地点途中所需的车船费、旅馆费、行李搬运费和伙食补助费，都按照现行的规定办理。

第八条 退休、退职工人本人，可以继续享受公费医疗待遇。

第九条 工人的退休费、退职生活费，企业单位，由企业行政支付；党政机关、群众团体和事业单位，由退休、退职工人居住地方的县级民政部门另列预算支付。

第十条 工人退休、退职后，家庭生活确实困难的，或多子女上山下乡、子女就业少的，原则上可以招收其一名符合招工条件的子女参加工作。招收的子女，可以是按政策规定留城的知识青年，可以是上山下乡知识青年，也可以是城镇应届中学毕业生。

我国农业发展还不快，粮食还没有过关，对增加城镇和其他吃商品粮的人口，必须严加控制。因此，家居农村的退休、退职工人，应尽量回到农村安置，本人户口迁回农村的，也可以招收他们在农村的一名符合招工条件的子女参加工作；退休、退职工人回农村后，其口粮由所在生产队供应。

工人退休、退职造成的自然减员的缺额，原则上应当是那个单位缺的，补充给那个单位，也可以由企业主管部门或当地劳动部门在单位之间进行适当调剂。但招收退休、退职工人的子女，应当由当地劳动部门统一安排。所招收的子女，必须适合生产、工作需要。招收子女的具体办法，由省、市、自治区根据上述原则结合本地区的实际情况自行规定。

第十一条 工人退休、退职后，不要继续留在全民所有制单位。他们到城镇街道、农村社队后，街道组织和社队要加强对他们的管理教育，关心他们的生活，注意发挥他们的积极作用。街道、社队集体所有制单位如果需要退休、退职工人从事力所能及的工作，可以付给一定的报酬，但连同本人退休费或退职生活费在内，不能超过本人在职时的标准工资。

对于单身在外地工作的工人，退休、退职后要求迁到家属所在地居住的，迁入地区应当准予落户。

第十二条 各地区、各部门、各单位要切实加强对工人退休、退职工作的领导。对应该退休、退职的工人，要做好深入细致的思想政治工作，动员他们退休、退职。退休、退职工作要分期分批进行。要严格掌握退休、退职条件和招工条件，防止因招收退休、退职工人子女而任意扩大退休、退职范围和降低招工质量。

第十三条 集体所有制企业、事业单位工人的退休、退职，由省、市、自治区革命委员会参照本办法，结合本地区集体所有制单位的实际情况，自行制定具体办法，其各项待遇，不得高于本办法所定的标准。

第十四条 过去有关工人退休、退职的规定与本办法不一致的，按本办法执行。已按有关规定办理了退休的工人，其退休费标准低于本办法所定标准的，自本办法下达之月起，改按本办法规定的标准发给，但解放战争时期参加革命工作，连续工龄不满二十年的，只按本人标准工资的百分之七十五发给。改变退休费标准后的差额部分一律不予补发。已按有关规定办理了退职的工人，其待遇一律不再变动。

国务院关于严格执行工人退休、退职暂行办法的通知

（1981年11月7日　国发〔1981〕164号）

各省、市、自治区人民政府，国务院各部委，各直属机构：

国务院于一九七八年六月二日颁发的《国务院关于工人退休、退职的暂行办法》（以下简称《暂行办法》）实施以来，已有大量年老和完全丧失劳动能力的工人办理了退休、退职，从而使企业的劳动力得到了更新。许多退休、退职工人积极参加力所能及的社会公益活动和其他义务工作，发扬了工人阶级的优良传统，受到各方面的赞扬；有的到街道或农村社队企业作技术、业务指导和帮助待业青年举办各种集体所有制的生产服务事业，为四化建设做出了新的贡献。

但是，也发生了一些严重问题。主要是一些部门和单位，由于没有严格执行《暂行办法》规定，随便放宽退休、退职的条件，任意扩大招收退休、退职工人子女的范围，致使一些不合退休、退职条件的工人办了退休、退职，不合招工条件的工人子女进了工厂、机关、学校；而一些应该退休、退职的工人则没有退休、退职。上述情况很不利于生产和企业管理。有的单位还聘用了不合条件而退休、退职的工人，并给他们高工资、高福利，影响了职工队伍的稳定，也不利于待业青年的安置。为了妥善解决这些问题，更好地贯彻执行《暂行办法》，进一步做好退休、退职工人的管理工作，特作如下通知：

一、必须按照《暂行办法》的规定，严格掌握退休、退职的条件。

凡是符合退休、退职条件的，就应当动员他们退休、退职。

如生产上确有需要，必须缓退的，要经过上级主管部门批准。没有经过批准，超过退休年龄继续工作的时间不计算“连续工龄”。对于应当退休、退职的工人，经过多次动员，仍然坚持不退的，可以停发其工资，改发退休费或退职生活费。

凡是不符合退休、退职条件的，不得退休、退职。对伪造证件退休、退职的，要追究本人和有关人员的责任，情节严重的，应给予适当处分。

对于完全丧失劳动能力，需要按照规定办理退休、退职的工人，必须经过县以上医疗部门认真检查，出具诊断证明，并且要经过劳动鉴定委员会鉴定，确认已经完全丧失劳动能力，方能退休、退职。劳动鉴定委员会要按鉴定标准，认真做好鉴定工作。

二、必须加强对于退休、退职工人的聘用管理。

工人退休以后，一般不要留在原单位继续工作，其他单位如果确实需要聘用有技术和业务专长的退休工人作技术和业务指导的，必须由原发退休费用的单位、聘用单位和退休工人三方签订合同，并报当地劳动部门批准后，方能聘用。过去已经聘用而没有签订合同的，应当补签合同，履行审批手续。

本通知下达前已按《暂行办法》第一条（三）、（四）两项和第五条规定退休、退职的工人，一般不能留用、聘用，但对其中少数有技术和业务专长确为社会所需要的，如省、市、自治区认为需要聘用他们时，经过当地劳动部门严格审查批准，可以允许其签订合同受聘工作。但是，在本通知下达后，按完全丧失劳动能力条件退休、退职的，一律不得聘用。

参加社会公益活动，领取少量报酬的退休、退职工人，不应视为受聘工作。

三、必须加强对于退休、退职工人受聘待遇的管理。

退休、退职工人受聘后，聘用单位除了发给“补差”（即退休费或退职生活费与本人原标准工资的差额）外，还可视其工作成绩适当发给奖金。

按照《暂行办法》第一条（一）、（二）两项规定退休的工人受聘后，其退休待遇一般由原发退休费用的单位继续发给。

本通知下达前已按《暂行办法》第一条（三）、（四）两项和第五条规定退休、退职的工人受聘工作后，其退休、退职待遇由聘用单位发给，省、市、自治区认为有必要时，也可以规定某些待遇由原发退休、退职费用的单位发给。

退休、退职工人受聘到以安置青年就业为主，经济条件又比较困难的集体所有制单位工作后，其退休、退职待遇由原发退休、退职费用的单位发给。

退休、退职工人在受聘期间，因工伤残、因工死亡时，其保险待遇由聘用单位负担。

受聘的退休、退职工人，聘用期满解除合同以后，原发退休、退职费用的单位应该恢复其原来的各项待遇。

跨省、市、自治区聘用的退休、退职工人，其退休、退职待遇一律按发给退休、退职费用的单位所在省、市、自治区人民政府的规定办理。

退休工人个人开业的审批办法和退休待遇，由省、市、自治区人民政府酌情规定。

四、招收退休、退职工人子女，必须严格按照《暂行办法》规定的范围执行，不得违反和扩大。

退休、退职工人的子女是在职职工和在校学生的，不得招收。招收的子女必须符合招工条件，要经过德、智、体全面考核，择优录用，不符合条件的，不准招收。招工考核和工作分配，由当地劳动部门和主管部门统筹安排。

五、必须做好对退休、退职工人的教育。

退休、退职工人为社会主义建设事业做出了应有的贡献，各级人民政府和各有关部门要从政治上、生活上关怀他们。要组织他们参加力所能及的社会公益活动，发挥他们的积极作用。要宣传退休、退职工人的先进事迹，表扬好人好事。要教育退休、退职工人模范地遵守国家的政策和法令，保持和发扬工人阶级的优良品质；教育他们顾全大局，正确认识和对待国家、集体和个人利益的关系，拒绝高薪引诱，继续发扬革命精神，为四化多做贡献。

六、各省、市、自治区人民政府，应当根据《暂行办法》的规定和本通知的要求，结合本地区的实际情况，制定实施办法，并抄送国家劳动总局。

各省、市、自治区人民政府已经发布了这方面的规定并认为可行的，可以继续执行。

严格执行工人的退休、退职办法，加强对退休、退职工人的教育和管理，关系到发展经济和安定团结，涉及到退休、退职工人的切身利益，各级人民政府要加强领导，对本地区贯彻执行《暂行办法》的情况认真检查，总结经验教训，采取积极措施，解决好目前存在的一些问题。要坚决制止违反国家劳动政策和弄虚作假的不正之风。请各省、市、自治区人民政府于明年2月底以前将检查执行情况，写一个报告给国务院，同时抄告国家劳动总局。

国务院、中央军委批转国防科工委等部门关于解决三线艰苦地区国防科技工业离休退休人员安置和职工夫妻长期两地分居问题的报告的通知

（1984年6月11日　国发〔1984〕76号）

国务院、中央军委同意国防科工委、劳动人事部、公安部、商业部、财政部《关于解决三线艰苦地区国防科技工业离休退休人员安置和职工夫妻长期两地分居问题的报告》，现转发给你们，望遵照执行。

对三线艰苦地区国防科技工业的离休、退休人员和夫妻长期两地分居的职工，给予适当照顾和妥善安置，对稳定三线职工队伍，巩固和加强三线建设，具有重要意义。希望国防科技工业各部门和各省、自治区、直辖市人民政府、国务院有关部委要通力合作，积极创造条件，有计划、有步骤、分期分批地解决好这个问题。

关于解决三线艰苦地区国防科技工业离休退休人员安置和职工夫妻长期两地分居问题的报告

根据国务院、中央军委领导同志的指示精神，国防科工委组织核、航空、兵器、航天、电子工业部、船舶工业总公司，并会同全国总工会、国防工会等部门，对三线艰苦地区国防科技工业

企事业单位离休、退休人员的安置和职工夫妻长期两地分居的问题进行了调查研究。国防科技工业在三线艰苦地区的科技人员、干部和工人，有相当一部分是六十年代初期，响应党的号召，从一、二线和大中城市到三线地区去的。二十多年来，他们长期工作在深山峡谷、荒原戈壁，艰苦创业，为改善我国的战略布局，加速国防科技工业的发展，做出了贡献。现在，一部分同志因年老体弱，或积劳成疾，逐渐到了离休、退休年龄，希望组织上给予妥善安置。有一部分同志由于夫妻两地分居，特别是家属“农转非”的问题长期得不到解决，加重了职工的负担，影响了职工队伍的稳定。因此，对三线艰苦地区国防科技工业的职工，给予适当照顾，并制定解决离休、退休人员安置和夫妻长期两地分居的办法，是当前巩固三线建设，稳定三线队伍，激励更多的中青年同志去三线艰苦地区工作，亟待解决的重要问题。经与中央、国务院有关部委研究，提出以下解决办法：

一、关于离休、退休人员的安置问题

（一）三线艰苦地区的离休、退休人员，原则上应就地安置。对就地安置的离休、退休人员，实行以下办法：

（1）凡在三线艰苦地区三类区（高寒、高原、沙漠戈壁、深山峡谷地区）工作累计满二十年的职工，退休金标准提高10%；在一类区（无城镇依托、交通不便的偏僻地区）、二类区（远离城镇和交通干线的穷困地区）工作累计满二十年的职工，退休金标准提高5%。但提高后的退休金总额，不得超过本人的原标准工资。（2）享有艰苦地区事业津贴的职工，事业津贴费可同地区生活补贴费一样，对离休的，包括在原工资内发给；对退休的，作为计算退休费的基数。

（3）当地政府和所在单位，要帮助他们解决就地安置中的实际困难，关心他们的身体健康和物质文化生活，并在住房、看病等方面给予妥善解决。

（二）对从一、二线和大中城市到三线艰苦地区工作的职工，按实际情况，分别采取以下安置办法：

（1）在二、三类区工作的离休、退休干部，和在这类地区工作满二十年的退休工人，可在所在地区交通、医疗等条件比较方便的中小城市安置。

（2）在三类区工作的离休、退休人员，就地就近安置确有困难的，可到本人、配偶原籍或配偶、子女工作所在地安置。

（3）有条件的单位，对离休老干部和技术六级以上的退休科技人员，可在比较适宜的城市，修建居住点，予以安置。

（4）凡作易地安置的，有关省、自治区、直辖市公安机关应凭县级以上组织、人事或民政部门同意安置的证明，准予落户。其中，要求到北京、上海、天津安置的，按有关规定从严控制。

二、关于解决职工夫妻长期两地分居的问题

（一）凡从一、二线和大中城市到三线艰苦地区工作的夫妻长期两地分居的职工，本人享受探亲假，并具备下列条件之一者，可以解决夫妻两地分居问题，家属（指配偶，十五周岁以下和十五周岁以上但不超过十八周岁在中学读书的子女）是农业户口的，可到职工所在地区转为城镇户口。

（1）根据一九八〇年公安部、粮食部、国家人事局《关于解决部分专业技术干部的农村家属迁往城镇由国家供应粮食问题的规定》的精神，年满三十五周岁以上的工程师，以及相当这一职称以上的专业技术干部；

（2）年满四十周岁、工龄满二十年，在三线艰苦地区工作满八年以上的其他干部和工人；

（3）经部（包括部级总公司）和省、自治区、直辖市以上领导部门批准的在科研、生产和专业工作上有特殊贡献或授予荣誉称号者。

（二）入户审批权限和手续。凡符合“农转非”条件者，由职工所在单位报省、自治区、直辖市国防科工办，由国防科工办会同省、自治区、直辖市有关部门审批后，持批准的证明，向迁入地区公安和粮食部门办理户口和粮食供应手续。此项“农转非”指标，不占公安机关正常审批的控制比例。

经国家批准多销的粮食，可以相应增加商业部门粮食企业的亏损指标和补贴。

（三）凡符合“农转非”条件而不办理“农转非”的，职工本人除按规定每年享受一次探亲（指探配偶）假外，其配偶每年可到职工所在单位探亲一次，往返路费由职工所在单位报销。

（四）对环境特别艰苦、条件很差、无法解决职工夫妻两地分居问题的单位，只要工作可以离得开，又有单位接收的，经过批准，可以分期分批地将夫妻长期两地分居的职工，调到其配偶所在地区安排工作。

（五）凡不属于上述解决范围的其他干部和工人，解决夫妻长期两地分居问题，应按照所在地区有关规定办理。

为了集中而又分期分批解决家属“农转非”的问题，建议在报告批准后，请核、航空、兵器、航天、电子工业部和船舶工业总公司作出计划，先将今后三年内解决“农转非”的准确数字上报国务院有关部门。经审批后，由国务院有关部门下达专项指标。

三、上述规定，从一九八四年七月一日起执行；所需费用，从各企事业单位或各部门的有关经费和利润留成中解决。

以上报告，如无不当，请批转有关部门和省、自治区、直辖市人民政府执行。

国务院关于企业职工养老保险制度改革的决定

（1991 年 6 月 26 日　国发〔1991〕33 号）

我国企业职工的养老保险制度是 50 年代初期建立的，以后在 1958 年和 1978 年两次作了修改。近年来，各地区适应经济体制改革的需要，又进行了以退休费用社会统筹为主要内容的改革，取得一定成效。按照国民经济和社会发展十年规划和第八个五年计划纲要的要求，在总结各地经验的基础上，国务院对企业职工养老保险制度改革作如下决定：

一、根据我国生产力发展水平和人口众多且老龄化发展迅速的情况，企业职工养老保险制度改革要处理好国家利益、集体利益和个人利益，目前利益和长远利益，整体利益和局部利益的关系，主要是对现行的制度办法进行调整、完善。考虑到各地区和企业的情况不同，各省、自治区、直辖市人民政府可以根据国家的统一政策，对职工养老保险作出具体规定，允许不同地区、企业之间存在一定的差距。

二、随着经济的发展，逐步建立起基本养老保险与企业补充养老保险和职工个人储蓄性养老保险相结合的制度。改变养老保险完全由国家、企业包下来的办法，实行国家、企业、个人三方共同负担，职工个人也要缴纳一定的费用。

三、基本养老保险基金由政府根据支付费用的实际需要和企业、职工的承受能力，按照以支定收、略有结余、留有部分积累的原则统一筹集。具体的提取比例和积累率，由省、自治区、直辖市人民政府经实际测算后确定，并报国务院备案。

四、企业和职工个人缴纳的基本养老保险费分别记入《职工养老保险手册》。企业缴纳的基本养老保险费，按本企业职工工资总额和当地政府规定的比例在税前提取，由企业开户银行按月代为扣缴。企业逾期不缴，要按规定加收滞纳金。滞纳金并入基本养老保险基金。

职工个人缴纳基本养老保险费，在调整工资的基础上逐步实行，缴费标准开始时可不超过本人标准工资的 3%，以后随着经济的发展和职工工资的调整再逐步提高。职工个人缴纳的基本养老保险费，由企业在发放工资时代为收缴。

五、企业和职工个人缴纳的基本养老保险费转入社会保险管理机构在银行开设的“养老保险基金专户”，实行专项储存，专款专用，任何单位和个人均不得擅自动用。银行应按规定提取“应付未付利息”；对存入银行的基金，按其存期照人民银行规定的同期城乡居民储蓄存款利率计息，所得利息并入基金。积累基金的一部分可以购买国家债券。

地方各级政府要设立养老保险基金委员会，实施对养老保险基金管理的指导和监督。委员会由政府主管领导任主任，劳动、财政、计划、审计、银行、工会等部门的负责同志参加，办公室设在劳动部门。

六、职工退休后的基本养老金计发办法目前不作变动，今后可结合工资制度改革，通过增加标准工资在工资总额中的比重，逐步提高养老金的数额。

国家根据城镇居民生活费用价格指数增长情况，参照在职职工工资增长情况对基本养老金进行适当调整，所需费用从基本养老保险基金中开支。

七、尚未实行基本养老保险基金省级统筹的地区，要积极创造条件，由目前的市、县统筹逐步过渡到省级统筹。实行省级统筹后，原有固定职工和劳动合同制职工的养老保险基金要逐步按统一比例提取，合并调剂使用。具体办法由各省、自治区、直辖市人民政府制定。

中央部属企业，除国家另有规定者外，都要参加所在地区的统筹。

八、企业补充养老保险由企业根据自身经济能力，为本企业职工建立，所需费用从企业自有资金中的奖励、福利基金内提取。个人储蓄性养老保险由职工根据个人收入情况自愿参加。国家提倡、鼓励企业实行补充养老保险和职工参加个人储蓄性养老保险，并在政策上给予指导。同时，允许试行将个人储蓄性养老保险与企业补充养老保险挂钩的办法。补充养老保险基金，由社会保险管理机构按国家技术监督局发布的社会保障号码（国家标准 GB112643-89）记入职工个人账户。

九、劳动部和地方各级劳动部门负责管理城镇企业（包括不在城镇的全民所有制企业）职工的养老保险工作。

劳动部门所属的社会保险管理机构，是非营利性的事业单位，经办基本养老保险和企业补充养老保险的具体业务，并受养老保险基金委员会委托，管理养老保险基金。现已由人民保险公司经办的养老保险业务，可以维持现状不作变动。个人储蓄性养老保险由职工个人自愿选择经办机构。

十、社会保险管理机构可从养老保险基金中提取一定的管理服务费，具体的提取比例根据实际工作需要和节约的原则，由当地劳动部门提出，经同级财政部门审核，报养老保险基金委员会批准。管理服务费主要用于支付必要的行政和业务等费用。养老保险基金及管理服务费，不计征税费。

社会保险管理机构应根据国家的政策规定，建立健全基金管理的各项制度，编制养老保险基金和管理服务费收支的预、决算，报当地人民政府在预算中列收列支，并接受财政、审计、银行和工会的监督。

十一、本决定适用于全民所有制企业。城镇集体所有制企业可以参照执行；对外商投资企业中方职工、城镇私营企业职工和个体劳动者，也要逐步建立养老保险制度。具体办法由各省、自治区、直辖市人民政府制定。

十二、国家机关、事业单位和农村（含乡镇企业）的养老保险制度改革，分别由人事部、民政部负责，具体办法另行制定。

企业职工养老保险制度改革，是保障退休职工生活，维护社会安定的一项重要措施，对减轻国家和企业负担，促进经济体制改革以及合理引导消费有重要作用。

这项工作政策性强，涉及面广，各级政府要切实加强领导，根据本决定的精神，结合实际抓紧制定具体的实施方案，积极稳妥地推进企业职工养老保险制度的改革。

国务院关于在若干城市试行国有企业破产有关问题的通知

（1994 年 10 月 25 日　国发〔1994〕59 号）

各省、自治区、直辖市人民政府，国务院各部委、各直属机构：

为配合在 18 个城市（上海、天津、齐齐哈尔、哈尔滨、长春、沈阳、唐山、太原、青岛、淄博、常州、蚌埠、武汉、株洲、柳州、成都、重庆、宝鸡）进行企业优化资本结构试点工作的开展，建立和完善企业优胜劣汰机制，指导和规范这些城市国有企业（以下简称企业）破产工作，根据《中华人民共和国企业破产法（试行）》（以下简称《破产法》）和其他有关法律、行政法规的规定，现就有关问题通知如下：

一、实施企业破产必须首先安置好破产企业职工

《破产法》第四条规定，“国家通过各种途径妥善安排破产企业职工重新就业，并保障他们重新就业前的基本生活需要，具体办法由国务院另行规定”。据此，各有关城市人民政府要按照本通知，在实施企业破产中，采取各种有效措施，首先妥善安置破产企业职工，保持社会稳定。

二、破产企业土地使用权的处置

企业破产时，企业依法取得的土地使用权，应当以拍卖或者招标方式为主依法转让，转让所得首先用于破产企业职工的安置；安置破产企业职工后有剩余的，剩余部分与其他破产财产统一列入破产财产分配方案。

三、破产财产的处置

破产财产处置前，应当由具有法定资格的资产评估机构进行评估，并以评估价值作底价，通过拍卖、招标等方式依法转让。

处置企业土地使用权所得不足以安置破产企业职工的，不足部分应当从处置其他破产财产所得中拨付。

企业在破产前为维持生产经营，向职工筹借的款项，视为破产企业所欠职工工资处理，借款利息按照借款实际使用时间和银行同期存款利率计算。职工在企业破产前作为资本金投资的款项，视为破产财产。

破产企业的职工住房、学校、托幼园（所）、医院等福利性设施，原则上不计入破产财产，由破产企业所在地的市或者市辖区、县的人民政府接收处理，其职工由接收单位安置。但是，没有必要续办并能整体出让的，可以计入破产财产。

四、担保的处理

破产企业作为抵押物的财产，债权人放弃优先受偿权利的，抵押财产计入破产财产；债权人不放弃优先受偿权利的，超过抵押债权的部分计入破产财产。

企业对其同一财产设定两个以上抵押权的，企业破产时，抵押权人按照抵押顺序受偿。

一个企业为另一个企业提供担保的，被担保企业破产后，担保企业应当按照担保合同承担担保责任。但是，偿债期限可以由担保企业与被担保企业的债权人协商确定。

行政机关为企业提供担保的，应当按照国家有关规定确认担保合同无效。

五、破产企业职工的安置

破产企业所在地的市或者市辖区、县的人民政府应当采取转业培训、介绍就业、生产自救、劳务输出等各种措施，妥善安排破产企业职工重新就业，并保障他们在重新就业前的基本生活需要。

政府鼓励破产企业职工自谋职业。对自谋职业的，政府可以根据当地的实际情况，发放一次性安置费，不再保留国有企业职工身份。一次性安置费原则上按照破产企业所在市的企业职工上年平均工资收入的 3 倍发放，具体发放标准由各有关市人民政府规定。

破产企业职工失业期间，依照《国有企业职工待业保险规定》享受失业保险待遇。失业保险期满无法重新就业的职工，符合社会救济条件的，由当地民政部门按照规定发给社会救济金。

破产企业离退休职工的离退休费和医疗费由当地社会养老、医疗保险机构负责管理。破产企业参加养老保险、医疗保险基金社会统筹的，其离退休职工的离退休费、医疗费由当地社会养老、医疗保险机构分别从养老保险、医疗保险基金社会统筹中支付。没有参加养老保险、医疗保险基金社会统筹或者养老保险、医疗保险基金社会统筹不足的，从企业土地使用权出让所得中支付；处置土地使用权所得不足以支付的，不足部分从处置其他破产财产所得中拨付。

破产企业中因工致残或者患严重职业病、全部或者大部分丧失劳动能力的职工，作为离退休职工安置。距离退休年龄不足 5 年的职工，经本人申请，可以提前离退休。

破产企业中的劳动合同制职工的安排，依照《国营企业实行劳动合同制暂行规定》等法律、行政法规的规定办理；临时工的安排，依照《全民所有制企业临时工管理暂行规定》办理。

破产企业职工的安置费用来源不足的，按照企业隶属关系，由破产企业所在地的市或者市辖区、县的人民政府负担。

六、银行因企业破产受到的贷款损失的处理

银行因企业破产受到的贷款本金、利息损失，应当严格按照国家有关规定，经国家有关银行总行批准后，分别在国家核定银行提取的呆账准备金和坏帐准备金控制比例内冲销。

七、破产企业的整体接收

人民法院裁定清算组提出的破产财产分配方案后，执行分配方案前，其他企业整体接收破产企业财产、承担分配方案确定清偿的破产企业债务、安置破产企业职工的，可以按照国家有关规定，享受兼并企业的优惠待遇。

八、濒临破产企业的重组

对濒临破产的企业，企业所在地的市或者市辖区、县的人民政府可以采取改组企业管理层、改变企业资产经营形式、引导企业组织结构调整等措施，予以重组。企业所在地的市或者市辖区、县的人民政府认为企业不宜破产的，应当给予资助或者采取其他措施，帮助企业清偿债务。

濒临破产的企业在申请破产前，经拥有三分之二以上债权额的债权人同意，并经企业所在地的市或者市辖区、县的人民政府批准，可以将企业效益好的部分同企业分立。分立后的企业，应当按照商定的比例承担原企业的债务。

九、实施企业破产的组织领导

实施企业破产，涉及面广，政策性强，难度很大。有关城市的人民政府要加强对这项工作的组织领导，由一名政府负责人牵头，经贸委（经委、计经委）、计委、财政、银行、劳动、审计、税务、国有资产管理、土地、工会等部门和单位参加的工作机构，统一负责组织、协调、解决实施企业破产中遇到的问题，确保这项工作的顺利开展。要根据当地社会的承受能力，制定切实可行的企业破产预案。要采取积极、稳妥的措施，及时处理实施企业破产中的重点、难点问题。要发挥有关社会中介组织在企业破产实施中的作用。实施企业破产中遇到紧急情况和重大问题，要及时上报。

国务院关于深化企业职工养老保险制度改革的通知

（1995 年 3 月 1 日　国发〔1995〕6 号）

各省、自治区、直辖市人民政府，国务院各部委、各直属机构：

《国务院关于企业职工养老保险制度改革的决定》（国发〔1991〕33 号）发布以来，各地区、各有关部门积极进行企业职工养老保险制度改革，在推进保险费用社会统筹、扩大保险范围、实行职工个人缴费制度和进行社会统筹与个人账户相结合试点等方面取得了一定成效，对保障企业离退休人员基本生活，维护社会稳定和促进经济发展发挥了重要作用。但是，由于这项改革尚处于探索阶段，现行的企业职工养老保险制度还不能适应建立社会主义市场经济体制的要求，必须进一步深化改革。根据《中共中央关于建立社会主义市场经济体制若干问题的决定》精神，经过调查研究和广泛征求意见，现就深化企业职工养老保险制度改革的有关问题通知如下：

一、企业职工养老保险制度改革的目标是：到本世纪末，基本建立起适应社会主义市场经济体制要求，适用城镇各类企业职工和个体劳动者，资金来源多渠道、保障方式多层次、社会统筹与个人账户相结合、权利与义务相对应、管理服务社会化的养老保险体系。基本养老保险应逐步做到对各类企业和劳动者统一制度、统一标准、统一管理和统一调剂使用基金。

二、深化企业职工养老保险制度改革的原则是：保障水平要与我国社会生产力发展水平及各方面的承受能力相适应；社会互济与自我保障相结合，公平与效率相结合；政策统一，管理法制化；行政管理与保险基金管理分开。

三、基本养老保险费用由企业和个人共同负担。实行社会统筹与个人账户相结合。在理顺分配关系，加快个人收入工资化、工资货币化进程的基础上，逐步提高个人缴费比例。提高个人缴费比例的幅度，由各省、自治区、直辖市人民政府根据本地区职工工资增长等情况确定。为适应各地区的不同情况，对实行社会统筹与个人账户相结合提出两个实施办法（见附件），由地、市（不含县级市）提出选择意见报省、自治区人民政府批准，直辖市由市人民政府选择，均报劳动部备案，各地区还可以结合本地实际，对两个实施办法进行修改完善。

四、为了保障企业离退休人员基本生活，各地区应当建立基本养老金正常调整机制。基本养老金可按当地职工上一年度平均工资增长率的一定比例进行调整，具体办法在国家政策指导下由省、自治区、直辖市人民政府确定。

五、国家在建立基本养老保险、保障离退休人员基本生活的同时，鼓励建立企业补充养老保险和个人储蓄性养老保险。企业按规定缴纳基本养老保险费后，可以在国家政策指导下，根据本单位经济效益情况，为职工建立补充养老保险。企业补充养老保险和个人储蓄性养老保险，由企业和个人自主选择经办机构。

六、各地区应充分考虑到养老保险制度改革是一件涉及长远的大事，对企业与个人缴纳养老保险费的比例、发放养老金的标准和基金积累率等问题，要从我国生产力水平比较低、人口众多且老龄化问题日益突出等实际情况出发，兼顾国家、企业、个人三者利益，兼顾目前利益和长远利益，在充分测算论证的基础上进行统筹安排。要严格控制基本养老保险费的收缴比例和基本养老金的发放水平，减轻企业和国家的负担。

七、要根据国家有关规定建立健全养老保险基金的预算管理和财务、会计制度，做好缴费记录和个人账户等基础工作，严格控制管理费的提取和使用，坚持专款专用原则，切实搞好基金管理，确保基金的安全并努力实现其保值增值。当前，养老保险基金的结余额，除留足两个月的支付费用外，80%左右应用于购买由国家发行的社会保险基金特种定向债券，任何单位和个人不得自行决定基金的其他用途。养老保险基金营运所得收益，全部并入基金并免征税费。

八、各地区和有关部门应积极创造条件，提高养老保险管理服务的社会化程度，逐步将企业发放养老金改为社会化发放，技术条件和基础工作较好的地区，可以实行由银行或者邮局直接发放；暂不具备条件的地区，可以由社会保险经办机构发放。社会保险经办机构也可以通过在大型企业设立派出机构等办法，对企业离退休人员进行管理服务。同时要充分发挥各方面的积极性，逐步将主要由企业管理离退休人员转为主要依托社区进行管理，提高社会化管理水平，切实减轻企业负担。

九、要实行社会保险行政管理与基金管理分开、执行机构与监督机构分设的管理体制。社会保险行政管理部门的主要任务是制订政策、规划，加强监督、指导。管理社会保险基金一律由社会保险经办机构负责。各地区和有关部门要设立由政府代表、企业代表、工会代表和离退休人员代表组成的社会保险监督委员会，加强对社会保险政策、法规执行情况和基金管理工作的监督。

十、已经国务院批准，由国务院有关部门和单位直接组织养老保险费用统筹的企业，仍参加主管部门和单位组织的统筹，但要按照社会统筹与个人账户相结合的原则进行改革。

十一、全国城镇企业职工养老保险工作由劳动部负责指导、监督，深化企业职工养老保险制度改革的工作亦由劳动部负责推动。国家体改委要积极参与，可选择一些地方进行深化改革的试点，劳动部要积极给予支持。国家计委、国家经贸委、财政部、中国人民银行等有关部门也应按照各自的职责协同配合，搞好深化改革的工作。

深化企业职工养老保险制度改革是一项十分重要的工作，对于完善社会保障体系，促进改革、发展和稳定具有重要意义。各地区、各有关部门对这项工作要高度重视，切实加强领导，精心组织实施，积极稳妥地推进，务求抓出实效。对深化改革中出现的新情况、新问题，要及时认真地研究解决，重大问题及时报告。

附件：1. 企业职工基本养老保险社会统筹与个人账户相结合实施办法之一

2. 企业职工基本养老保险社会统筹与个人账户相结合实施办法之二

附件 1

企业职工基本养老保险社会统筹与个人账户相结合实施办法之一

一、基本养老保险费用的筹集

基本养老保险费用由单位和个人共同负担。

（一）个人缴纳养老保险费

职工本人上一年度月平均工资为个人缴费工资基数。月平均工资应按国家统计局规定列入工资总额统计的项目计算，其中包括工资、奖金、津贴、补贴等收入。月平均工资超过当地职工平均工资 200%或 300%以上的部分，不计入个人缴费工资基数；低于当地职工平均工资 60%的，按 60%计入。

个人缴费的比例。自本办法实施之日起，职工按不低于个人缴费工资基数 3%的比例缴费，以后一般每两年提高 1 个百分点，最终达到个人账户养老保险费的 50%。已离退休人员个人不缴费。

个体工商户本人、私营企业主等非工薪收入者，可以当地上一年度职工月平均工资作为缴费的基数，并由个人按 20%左右的费率缴费，其中 4%左右进入社会统筹基金，16%左右进入个人账户。

（二）企业缴纳养老保险费

企业按职工工资总额的一定比例缴纳基本养老保险费。为度过本地区人口老龄化高峰，各地应按照部分积累制的筹资模式，测定长期的统筹费率。目前可先按当地现行的统筹费率缴纳养老保险费，通过提高收缴率和扩大覆盖面等措施，力求统筹费率稳定在测定的标准上并有所下降，以逐步减轻企业负担。

（三）企业缴纳的基本养老保险费在税前列支，个人缴纳的养老保险费不计征个人所得税

基本养老保险基金发生困难时，由同级财政予以支持。

二、建立基本养老保险个人账户

（一）按照社会统筹与个人账户相结合的原则，由社会保险经办机构按照国家技术监督局发布的社会保障号码（国家标准 GB11643-89）或居民身份证号码，为参加基本养老保险的人员每人建立一个终身不变的基本养老保险个人账户。

（二）基本养老保险个人账户按职工工资收入 16%左右的费率记入，包括：

1. 职工本人缴纳的全部养老保险费。

2. 从企业缴纳的养老保险费中按个人缴费工资基数的一定比例划转记入的部分。

上述两项合计为 11%左右。随着个人缴费比例的提高，从企业划转记入的比例相应降低。

3. 从企业缴纳的养老保险费中按当地职工月平均工资的 5%左右划转记入的部分。

（三）基本养老保险个人账户的储存额按“养老基金保值率”计算利息。“养老基金保值率”根据银行的居民定期存款利率，并参考当地上一年度职工平均工资增长率确定。

（四）职工在同一地区范围内调动工作，不变换基本养老保险个人账户。职工由于各种原因中断工作，其个人账户予以保留。职工调动或中断工作前后个人账户的储存额可以累积计算，不间断计息。

（五）职工在不同地区之间调动工作，基本养老保险个人账户的全部储存额由调出地社会保险经办机构向调入地社会保险经办机构划转，调入地社会保险经办机构为其建立基本养老保险个人账户。

（六）职工基本养老保险个人账户的储存额，只能用于职工本人离退休后按月支付养老金，不能移作他用。

（七）职工在离退休前或者离退休后死亡，其基本养老保险个人账户的储存额尚未领取或未领取完，其余额中的个人缴费部分，按照规定发给职工指定的受益人或法定继承人；从企业缴纳的养老保险费中记入的部分，归入社会统筹基金。职工离退休后，基本养老保险个人账户的储存额已领取完毕时，由社会统筹基金按规定标准继续支付，直至其死亡。

（八）建立基本养老保险社会统筹基金。企业缴纳的养老保险费的一部分进入社会统筹基金。原有离退休人员的养老金、改革时已有一定工龄的职工离退休后的部分养老金、寿命长和收入低的职工的部分养老金，以及根据在职职工工资增长调整养老金水平所需资金，按规定从社会统筹基金中支付。

三、基本养老保险金计发办法

职工到达法定离退休年龄，凡个人缴费累计满 15 年，或本办法实施前参加工作连续工龄（包括缴费年限）满 10 年的人员，均可享受基本养老保险待遇，按月领取养老金。

为确保职工离退休后的基本生活，又能体现本人在职期间的贡献大小和个人缴费多少，实行基本养老保险金与个人缴费的年限和数额挂钩。相应的计发办法是，以个人账户累计储存额（包括本金和利息），按离退休后的预期平均余命按月计发。

鉴于在职职工以前没有实行个人缴费，有些职工实行个人缴费后不久即将离退休，因此分别不同对象，采用不同的计发办法，以使新老养老保险制度有机衔接，平稳过渡。

（一）凡本办法实施后参加工作的职工，到达法定离退休年龄离退休时，一律按基本养老保险个人账户的储存额，按月支付基本养老金。计算公式为：

月基本养老金＝基本养老保险个人账户储存额÷120

（二）本办法实施前已经离退休的人员，仍按原来的办法计发养老金，同时享受改革后的养老金调整待遇。本办法实施前参加工作、实施后3年内到达法定离退休年龄离退休的职工，在按改革前原养老金计发办法计发的同时，再按缴费期个人账户累计额存额的一定比例增发养老金。计算公式为：

月基本养老金＝按改革前原计发办法计发的养老金＋基本养老保险个人账户储存额×增发比例

确定增发比例的原则是，使同一工资水平的职工，后离退休的养老金比先离退休的略有增加，但差距不宜太大。

（三）本办法实施前参加工作、实施3年后到达法定离退休年龄离退休的职工，其在本办法实施前的工作年限可视同缴费年限，以职工个人账户中的储存额推算出全部工作年限的储存额，再除以120，按月计发基本养老金。计算公式为：

月基本养老金＝基本养老保险个人账户储存额×系数÷120

设置系数是为了推算出其全部工作年限的储存额，以及合理调整过渡期间不同人员的养老金待遇。系数根据工龄和缴费年限制定。

少数职工按第（三）条计发的养老金如果低于按第（二）条计发的金额，可改按第（二）条计发。

（四）职工的离退休年龄，按现行规定不变。对国家规定可以提前离退休的从事高空、井下、高温、低温、有毒、有害工作和特别繁重体力劳动的职工，仍可按国家规定的离退休年龄执行，离退休时按本办法计发基本养老金。

（五）本办法实施后，职工获得劳动模范等称号时，由奖励单位给予一次性奖励或由单位为其办理补充养老保险，离退休时不另外提高基本养老金计发标准。对本办法实施前获得国家规定可享受养老保险优惠待遇的劳动模范等称号的职工，离退休时仍保留优惠待遇。

（六）离退休人员养老金最低标准，由地方政府制定。凡符合按月领取养老金条件的离退休人员，养老金达不到最低标准的，可补足到规定的养老金最低标准。

（七）本办法实施前参加工作、连续工龄（包括缴费年限）不满 10 年，或者本办法实施后参加工作、缴费不满 15 年，到达退休年龄的人员，按其基本养老保险个人账户中的全部储存额一次性支付给本人，同时终止养老保险关系。

（八）符合离休条件的人员，其离休待遇仍按国家现行规定执行。

附件 2

企业职工基本养老保险社会统筹与个人账户相结合实施办法之二

一、基本养老保险费用的筹集

（一）职工本人上一年度月平均工资为个人缴纳基本养老保险费的基数（以下简称缴费工资基数）。企业以全部职工缴费工资基数之和为企业缴费工资基数。月平均工资应按国家统计局规定列入工资总额统计的项目计算，其中包括工资、奖金、津贴、补贴等收入。职工月平均工资低于当地职工平均工资 60% 的，按 60%计算缴费工资基数；超过当地职工平均工资 300% 的部分不计入缴费工资基数，也不计入计发养老金的基数。

（二）基本养老保险费由企业和职工个人共同缴纳。企业和职工个人共同缴纳养老保险费的年限，称为“缴费年限”。实行个人缴费制度前，职工的连续工龄可视同缴费年限。

（三）企业按当地政府规定的比例缴费，并在税前列支。

职工按当地政府规定的比例缴费。个人缴纳的养老保险费不计征个人所得税。个人缴费比例随着职工工资收入的增长而逐步提高。具体比例由当地政府根据本地实际需要和职工承受能力确定。已离退休人员不缴纳养老保险费。

（四）个体工商户本人、私营企业主等非工薪收入者，可以当地全部职工月平均工资作为基数，缴纳基本养老保险费。缴费比例不超过当地企业缴费比例与个人缴费比例之和，具体比例由当地政府规定。缴费年限自开始缴费始，至到达法定退休年龄时止。

（五）社会统筹基金发生困难时，由同级财政予以支持。

二、建立基本养老保险个人账户

（一）按照社会统筹与个人账户相结合的原则，由社会保险经办机构按照国家技术监督局发布的社会保障号码（国家标准GB11643-89），为每个参加基本养老保险的人员建立基本养老保险个人账户。企业和个人缴纳的养老保险费逐月计入职工养老保险手册和个人账户。手册和个人账户由所在企业填写，社会保险经办机构定期审核，职工本人保管。职工离退休时，按照手册中记载的缴费工资和个人账户中的储存额（包括本金和利息）为其计发养老金。

（二）个人账户包括：

1. 职工个人缴费的全部或者一部分记入个人账户；

2. 企业缴费中，职工缴费工资基数高于当地职工平均工资200%以上至300%的部分，可以全部或者一部分记入个人账户；

3. 上述储存额的利息。

个人账户中还应当记录企业和职工个人的缴费工资基数以及

缴费比例。

（三）个人账户中储存额的利息，按照养老保险基金营运的实际收益计算。

（四）职工在同一地区内调动工作，不变换个人账户。职工由于各种原因停止工作或失业而间断缴纳养老保险费的，其个人账户予以保留。职工调动或中断工作前后缴费年限可以累积计算，个人账户储存额不间断计息。

职工在不同地区之间调动工作，个人账户及其储存额应随同转移。

三、基本养老保险金计发办法

（一）缴费年限满 10 年及以上的，按以下办法计发养老金：

1. 社会性养老金：按当地职工平均工资的 20%至 25%计发，具体比例由当地政府确定。

2. 缴费性养老金：个人及企业缴费每满 1 年，按缴费工资基数的 1.0%—1.4%计发，具体系数由当地政府确定。

社会性养老金和缴费性养老金从养老保险社会统筹基金中支付，按月计发。

3. 个人账户养老金：记入基本养老保险个人账户的储存额（包括本金和利息）归个人所有，职工符合离退休条件离退休后，可以由本人选择一次或者多次或者按月领取。职工或离退休人员死亡后，其个人账户储存额的结余部分一次发给其指定的受益人或者法定继承人。职工未达到规定离退休条件但遇到非常特殊的困难时，经过申请、审查和批准，可以在个人账户中提前支取一部分费用，具体办法另行规定。

4. 随着个人账户养老金逐年增加，逐步冲减基本养老金中保留的各种补贴，以至缴费性养老金。逐步将基本养老金调整到与我国经济发展相适应的合理水平。

（二）缴费年限不满 10 年的，社会性养老金和缴费性养老金按缴费每满 1 年发给相当于两个月当地职工平均工资的养老金，一次付清。个人账户养老金按个人账户的储存额（包括本金和利息）计发，一次付清。

（三）职工的离退休年龄和离退休后其他待遇，暂不作变动。

从事高空、井下、高温、低温、有毒、有害工作和特别繁重体力劳动的职工，仍可按国家规定的离退休年龄执行，离退休时按本办法计发基本养老金。

（四）本办法实施后，职工获得劳动模范等称号时，由奖励单位给予一次性奖励或由本单位为其办理补充养老保险，离退休时不另外提高基本养老金计发标准。对本办法实施前获得国家规定可享受养老保险优惠待遇的劳动模范等称号的职工，离退休时仍保留原规定的优惠待遇。

（五）符合离休条件的人员，其离休待遇仍按国家现行规定执行。

国务院关于在若干城市试行国有企业兼并破产和职工再就业有关问题的补充通知

（1997年3月2日　国发〔1997〕10号）

各省、自治区、直辖市人民政府，国务院各部委、各直属机构：

根据《中华人民共和国企业破产法（试行）（以下简称〈破产法〉）、《国务院关于在若干试行国有企业破产有关问题的通知》（国发〔1994〕59号）的精神和有关规定，企业兼并破产工作已逐步展开，工作是有成绩的。但是，也出现了一些城市和地区违反国发〔1994〕59号文件适用范围实施企业破产的问题。国务院强调：国发〔1994〕59号文件中有关破产方面的政策，只适用于国务院确定的企业“优化资本结构”试点城市（以下简称试点城市，名单见附件）范围内的国有工业企业。非试点城市和地区的国有企业破产，只能按照《破产法》的规定实施，即破产企业财产处置所得，必须用于按比例清偿债务，安置破产企业职工的费用只能从当地政府补贴、民政救济和社会保障等渠道解决。非国有企业的破产，要严格按照《中华人民共和国民事诉讼》实施。为规范企业破产，鼓励企业兼并，对国有企业富余职工实施再就业工程，促进产业结构调整、企业优化资本结构和转换经营机制。现就试点城市国有企业（以下简称企业）兼并破产和职工再就业有关问题补充通知如下：

一、企业兼并破产和职工再就业工作的组织领导

国家经贸委负责全国企业兼并破产和职工再就业的组织协调工作。为加强对试点城市企业兼并破产和职工再就业工作的组织领导，成立全国企业兼并破产和职工再就业工作领导小组（以下简称去国领导小组），由国家经贸委（组长）、国家体改委、财政部、劳动部、中国人民银行、国家土地局、国家国有资产管理局等部门组成，并邀请全国人大法工委、最高人民法院参加。其主要责任是：负责全国试点城市企业兼并破产和职工再就业工作的组织领导协调；制订《企业兼并破产和职工再就业工作计划》的编制办法；下达省、自治区、直辖市（以下简称省、区、市）核销呆、坏帐准备金的预分配规模；审核省、区、市《企业兼并破产和职工再就业工作计划》；指导省、区、市企业兼并破产和职工再就业工作协调小组（以下简称省、区、市协调小组）的工作；制订《全国企业兼并破产和职工再就业工作计划》并监督执行。全国领导小组的日常工作由国家经贸委负责，有关部门要通力合作，协调一致，重大问题提交国务院国有企业改革工作联席会议讨论决定。

省、区、市成立由经贸委（经委、计经委，下同）为组长，有关部门组成，并邀请省、区、市人大法工委、高级人民法院参加的省、区、市协调小组。其主要职责是：负责本地区试点城市企业兼并破产和职工再就业工作的组织协调；审核试点城市《企业兼并破产和职工再就业工作计划》，制订本省、区、市《企业兼并破产和职工再就业工作计划》。

试点城市成立市经贸委（组长）、体改委、财政部、中国人民银行和各债权银行分行、劳动局、土地局、国有资产管理局等部门组成，并邀请市人大法工委、人民法院参加试点城市企业兼并破产和职工再就业工作协调小组（以下简称试点城市协调小组）。其主要职责是：负责企业兼并及进入破产程序前、终结后和职工再就业工作的组织协调；制订本市《企业兼并破厂和职工再就业工作计划》；负责制订企业破产预案；组织实施企业兼并和职工再就业工作；监督、查处、纠正不规范的做法。

二、《企业兼并破产和职工再就业工作计划》的制订与审批

各试点城市协调小组要深入调查研究、充分听取主要债权银行意见的基础上，提出兼并、破产和解困企业名单（中央、省属企业要由主管部门商国家经贸委及地方经贸委后提出），按照下达的核销呆、坏帐准备金的预分配规模，制订本市《企业兼并破产和职工再就业工作计划》。各债权银行总行派人或总行授权当地分行参加计划编制，财政部门、银行要对企业兼并破产和职工再就业拟核销的银行的呆、坏帐准备金进行审核。

试点城市《企业兼并破产和职工再就业工作计划》每年编制一次。试点城市要在11月底以前将下一年度本市《企业兼并破产和职工再就业工作计划》报省、区协调小组；由省、区协调小组审核汇总后，在12月底以前报全国领导小组。全国领导小组在审核省、区、市《企业兼并破产和职工再就业工作计划》的基础上，统筹研究制订当年《全国企业兼并破产和职工再就业工作计划》，报国务院国有企业改革工作联席会议审议，一般应于2月底以前下达。《全国企业兼并破产和职工再就业工作计划》下达后，由全国领导小组会同有关部门和省、区、市人民政府，对各试点城市计划的执行情况负责检查落实。

各试点城市《企业兼并破产和职工再就业工作计划》批准下达后，在执行中不得突破经过批准的计划规模，需要在计划规模内进行调整的，由省、区、市协调小组审核并汇总后，报全国领导小组审定。

各省、区、市和试点城市协调小组每季度要向全国领导小组报告一次企业兼并和职工再就业工作计划执行情况；中国人民银行总行每季度要向国务院国有企业改革工作联席会会议报告一次呆、坏帐准备金核销情况。

三、企业破产预案的制订

各试点城市要根据《全国企业兼并破产和职工再就业工作计划》，由拟破产企业主管部门负责向试点城市协调小组提供制

订企业破产预案所需材料。其主要内容包括：企业概况，会计报表及亏损情况说明，债权、债务状况，资产处置方案，职工安置渠道及费用标准，拟核销呆、坏帐准备金数额等。

试点城市协调小组制定企业破产预案后，方可进入破产程序，并报省、区、市协调小组备案。主要债权银行对企业破产预案有异议的，须提请省、区、市协调小组决定，同时将情况报全国领导小组备案。经省、区、市协调小组协调仍不能形成决议的，报全国领导小组决定。

四、资产评估机构资格及破产财产处理

企业破产财产处置前，应由破产清算组委托具有国务院国有资产管理行政主管部门认证的资产评估机构进行评估，并由国有资产管理行政主管部门确认评估结果。其中，涉及以划拨方式取得的土地使用权或涉及改变出让合同条件的土地使用权价格评估的，须由具有土地估价能力的资产评估机构进行评估，并由土地行政主管部门确认评估结果后，并入整体资产评估结果。资产评估及地价评估要努力降低评估费用，不得重复收取评估费用。凡确认有误的，须承担相应的行政和经济责任。

企业破产财产应以评估确认的价格为依据，按国家有关规定确定底价，以拍卖方式为主，依照有关法律、法规转让。转让价格由市场确定。

五、妥善安置破产企业职工

各试点城市人民政府要积极推广上海市实施再就业工程的经验，结合劳动就业、社会保障制度的改革和当地的具体情况，从上到下建立再就业服务中心，积极开拓就业门路，关心破产企业职工生活，妥善安置破产企业职工，保持社会稳定。

安置破产企业职工的费用，从破产企业依法取得的土地使用权转让所得中拨付。破产企业以土地使用权为抵押物的，其转让所得也应首先用于安置职工，不足以支付的，不足部分从处置无抵押财产、抵押财产所得中依次支付。破产企业财产拍卖所得安置职工仍不足的，按照企业隶属关系，由同级人民政府负担。

职工安置费一律拨付到再就业服务中心，统筹使用。安置费标准，原则上按照破产企业所在试点城市的企业职工上年平均工资收入的3倍计算，试点城市人民政府根据当地实际情况从严掌握，不得随意突破，暂时尚未就业的职工，由再就业服务中心发给基本生活费，再就业后即停止拨付。自谋职业的可一次性付给安置费，标准不高于试点城市的企业职工上年平均工资收入的3倍。

破产企业离退休职工的离退休费和医疗费由当地社会养老、医疗保险机构负责管理。破产企业参加养老保险、医疗保险基金社会统筹的，其离退休费、医疗费由所在试点城市社会养老、医疗保险机构分别从养老保险、医疗保险基金社会统筹中支付。没有参加养老、医疗保险基金社会统筹或者养老保险、医疗保险基金社会统筹不足的，从企业土地使用权出让所得中支付；处置土地使用权所得不足以支付的，不足部分从处置无抵押财产、抵押财产所得中依次支付。

破产企业进行破产程序后，职工的生活费从破产清算费中支付，具体支付办法按照财政部《国有企业实行破产有关财务问题的暂行规定》（财工字〔1996〕226号）执行。

破产企业财产处置所得，在支付安置职工的费用后，其剩余部分按照《破产法》的规定，按比例清偿债务。

六、简化呆、坏帐核销手续

因实施《全国企业兼并破产和职工再就业工作计划》而形成的银行贷款本金、利息损失需核销呆、坏帐准备金的，由各债权银行总行依照《中华人民共和国商业银行法》和有关规定，在国务院确定的用于企业兼并破产和职工再就业工作的银行呆、坏帐准备金总规模内审批并核销。具体办法按照《财政部关于修订〈关于国家专业银行建立贷款呆账准备金的暂行规定〉的通知》（财商字〔1992〕232号）执行。

要简化银行呆、坏帐准备金的核销手续。具体操作办法由中国人民银行总行会同各债权银行总行商国家经贸委、财政部等有关部门提出，经全国领导小组批准，在本通知发布后2个月内下发。

七、破产责任的追究

企业被宣告破产后，政府有关部门应按照《破产法》的有关规定，对企业破产原因和责任进行调查和审计，依据情节轻重严肃处理。对企业破产负有重要责任的法定代表人，不得再担任其他企业的负责人；构成犯罪的，要依法追究刑事责任。对企业破产负有重要责任、情节严重的企业主管部门负责人，也要追究责任。对利用企业破产逃废债务的，一经查实，要依法追究相应责任。对于企业被宣告破产后，企业的组织机构、虽然不变，仍在原场地继续生产的，要坚决制止并予以纠正。

八、严格按照有关文件规定规范企业破产

国发〔1994〕59号文件及本通知有关破产方面的政策，适用于试点城市市区内的工业企业和试点城市管辖的县（市）内的市属以上（含市属）国有工业企业，不包括试点城市管辖的县（市）属企业。非试点城市和地区以及试点城市的非国有工业企业擅自使用试点城市有关破产法规定政策的，要依法予以纠正，由政府有关部门采取善后措施。对因越权超范围使用有关文件政策而形成的银行呆、坏帐损失不予核销，该损失由银行在其上缴当地的营业税中抵扣，处理结果报全国领导小组。

只有破产企业真正做到停产关闭（取消法人资格）、土地使用权及企业财产被拍卖变现、职工得到妥善安置，其银行贷款本金和利息损失，方可按照国发〔1994〕59号文件基本通知的有关规定，从银行提取的呆、坏帐准备金中核销。

九、加大鼓励企业兼并的政策力度

国家鼓励优势企业兼并困难企业，兼并企业要全部承担被兼并企业的债务并负责人员安置，不能搞“假破产、真逃债”的

“整体接收”或“整体收购”方式。被兼并企业的富余职工也要实行下岗分流，下岗职工进入兼并企业再就业服务中心。兼并企业承担被兼并企业的全部债务，其中银行债务可按《中国人民银行、国家经贸委、财政部有关鼓励和支持18各试点城市优势国有企业兼并困难国有工业生产企业和有关银行贷款及利息处理问题的通知》（银发〔1995〕130号）各有关规定精神，享受免除利息、分年还本的优惠。优势企业（包括国有控股企业）兼并连续3年亏损的企业，经银行核准，可免除被兼并企业原欠贷款利息；被兼并企业原欠贷款本金分5年还清，如5年内还本仍有困难，可给予1至2年的宽限期。在宽限期和计划还款期内，对被兼并企业原贷款本金免息，不能按约定计划还款部分，恢复计息。对免除利息造成的损失，在银行提取的坏帐准备金中核销，坏帐准备金不足，可用呆账准备金核销。

有关企业兼并政策的适用范围可以扩大到：试点城市内国有内贸、外贸、建筑安装企业；兼并和被兼并企业有一方属于国务院确定的大中型重点企业和被兼并方属试点城市的企业。对缺乏兼并条件而又需要进行兼并的企业，须由省、区、市协调小组保全工领导小组审批。

借用外国政府贷款和转贷款，偿还任务尚未落实的企业，不适用此项规定。

十、以产定人，下岗分流，适当减免贷款利息，缓解企业困难

对那些产品有市场、企业经营管理比较好，但债务负担较重，又缺乏兼并破产条件的亏损企业，也要列入《企业兼并破产和职工再就业工作计划》，采取在一定期限内不同程度减免银行贷款利息，实施再就业工程的办法，缓解企业困难。

要把以产定人，富余职工下岗分流作为缓解企业困难的基本做法，把实施再就业工程于缓解企业困难工作紧密结合起来，富余职工下岗后，可进入再就业服务中心，领取基本生活费，通过再就业培训，帮助下岗职工逐步重新就业。

对一些生产经营十分困难，确无法支付职工工资能力的企业，按照《中共中央办公厅国务院办公厅关于进一步解决部分企业职工生活困难问题的通知》（中办发〔1996〕29号）规定，经当地政府主管机构核定，实行地方财政贴息、企业主管部门调剂一部分资金、银行提供一部分工资性贷款的“三家抬”办法解决职工的基本生活费。

除上述规定外，有关企业破产案件的审理程序、法律适用问题，按照《破产法》《中华人民共和国担保法》《中华人民共和国民事诉讼法》和《最高人民法院关于当前人民法院审理企业破产案件应当注意的几个问题的通知》（法发〔1997〕2号）执行。

有关企业兼并破产和职工再就业政策方面的实施细则，各有关部门提出后一律由国务院国有企业改革工作联席会议审定后下发。

附件：国务院确定的企业“优化资本结构”试点城市名单

青岛　淄博　济南　烟台　潍坊

（编者注：附件仅摘录有关山东部分）

国务院关于建立统一的企业职工基本养老保险制度的决定

（1997年7月16日　国发〔1997〕26号）

各省、自治区、直辖市人民政府，国务院各部委、各直属机构：

近年来，各地区和有关部门按照《国务院关于深化企业职工养老保险制度改革的通知》（国发〔1995〕6号）要求，制定了社会统筹与个人账户相结合的养老保险制度改革方案，建立了职工基本养老保险个人账户，促进了养老保险新机制的形成，保障了离退休人员的基本生活，企业职工养老保险制度改革取得了新的进展。但是，由于这项改革仍处在试点阶段，目前还存在基本养老保险制度不统一、企业负担重、统筹层次低、管理制度不健全等问题，必须按照党中央、国务院确定的目标和原则，进一步加快改革步伐，建立统一的企业职工基本养老保险制度，促进经济与社会健康发展。为此，国务院在总结近几年改革试点经验的基础上作出如下决定：

一、到本世纪末，要基本建立起适应社会主义市场经济体制要求，适用城镇各类企业职工和个体劳动者，资金来源多渠道、保障方式多层次、社会统筹与个人账户相结合、权利与义务相对应、管理服务社会化的养老保险体系。企业职工养老保险要贯彻社会互济与自我保障相结合、公平与效率相结合、行政管理与基金管理分开等原则，保障水平要与我国社会生产力发展水平及各方面的承受能力相适应。

二、各级人民政府要把社会保险事业纳入本地区国民经济与社会发展计划，贯彻基本养老保险只能保障退休人员基本生活的原则，把改革企业职工养老保险制度与建立多层次的社会保障体系紧密结合起来，确保离退休人员基本养老金和失业人员失业救济金的发放，积极推行城市居民最低生活保障制度。为使离退休人员的生活随着经济与社会发展不断得到改善，体现按劳分配原则和地区发展水平及企业经济效益的差异，各地区和有关部门要在国家政策指导下大力发展企业补充养老保险，同时发挥商业保险的补充作用。

三、企业缴纳基本养老保险费（以下简称企业缴费）的比例，一般不得超过企业工资总额的20%（包括划入个人账户的部分），具体比例由省、自治区、直辖市人民政府确定。少数省、自治区、直辖市因离退休人数较多、养老保险负担过重，确需超过企业工资总额20%的，应报劳动部、财政部审批。个人缴纳基本养老保险费（以下简称个人缴费）的比例，1997年不得低于本人缴费工资的4%，1998年起每两年提高1个百分点，最终达到本人缴费工资的8%。有条件的地区和工资增长较快的年份，个人缴费比例提高的速度应适当加快。

四、按本人缴费工资11%的数额为职工建立基本养老保险个人账户，个人缴费全部记入个人账户，其余部分从企业缴费中划入。随着个人缴费比例的提高，企业划入的部分要逐步降至3%。个人账户储存额，每年参考银行同期存款利率计算利息。个人账户储存额只用于职工养老，不得提前支取。职工调动时，个人账户全部随同转移。职工或退休人员死亡，个人账户中的个人缴费部分可以继承。

五、本决定实施后参加工作的职工，个人缴费年限累计满15年的，退休后按月发给基本养老金。基本养老金由基础养老金和个人账户养老金组成。退休时的基础养老金月标准为省、自治区、直辖市或地（市）上年度职工月平均工资的20%，个人账户养老金月标准为本人账户储存额除以120。个人缴费年限累计不满15年的，退休后不享受基础养老金待遇，其个人账户储存额一次支付给本人。

本决定实施前已经离退休的人员，仍按国家原来的规定发给养老金，同时执行养老金调整办法。各地区和有关部门要按照国家规定进一步完善基本养老金正常调整机制，认真抓好落实。

本决定实施前参加工作、实施后退休且个人缴费和视同缴费年限累计满15年的人员，按照新老办法平稳衔接、待遇水平基本平衡等原则，在发给基础养老金和个人账户养老金的基础上再确定过渡性养老金，过渡性养老金从养老保险基金中解决。具体办法，由劳动部会同有关部门制订并指导实施。

六、进一步扩大养老保险的覆盖范围，基本养老保险制度要逐步扩大到城镇所有企业及其职工。城镇个体劳动者也要逐步实行基本养老保险制度，其缴费比例和待遇水平由省、自治区、直辖市人民政府参照本决定精神确定。

七、抓紧制定企业职工养老保险基金管理条例，加强对养老保险基金的管理。基本养老保险基金实行收支两条线管理，要保证专款专用，全部用于职工养老保险，严禁挤占挪用和挥霍浪费。基金结余额，除预留相当于2个月的支付费用外，应全部购买国家债券和存入专户，严格禁止投入其他金融和经营性事业。要建立健全社会保险基金监督机构，财政、审计部门要依法加强监督，确保基金的安全。

八、为有利于提高基本养老保险基金的统筹层次和加强宏观调控，要逐步由县级统筹向省或省授权的地区统筹过渡。待全国基本实现省级统筹后，原经国务院批准由有关部门和单位组织统筹的企业，参加所在地区的社会统筹。

九、提高社会保险管理服务的社会化水平，尽快将目前由企业发放养老金改为社会化发放，积极创造条件将离退休人员的管理服务工作逐步由企业转向社会，减轻企业的社会事务负担。各级社会保险机构要进一步加强基础建设，改进和完善服务与管理工作，不断提高工作效率和服务质量，促进养老保险制度的改革。

十、实行企业化管理的事业单位，原则上按照企业养老保险制度执行。

建立统一的企业职工基本养老保险制度是深化社会保险制度改革的重要步骤，关系改革、发展和稳定的全局。各地区和有关部门要予以高度重视，切实加强领导，精心组织实施。劳动部要会同国家体改委等有关部门加强工作指导和监督检查，及时研究解决工作中遇到的问题，确保本决定的贯彻实施。

国务院关于完善企业职工基本养老保险制度的决定

（2005年12月3日　国发〔2005〕38号）

各省、自治区、直辖市人民政府，国务院各部委、各直属机构：

近年来，各地区和有关部门按照党中央、国务院关于完善企业职工基本养老保险制度的部署和要求，以确保企业离退休人员基本养老金按时足额发放为中心，努力扩大基本养老保险覆盖范围，切实加强基本养老保险基金征缴，积极推进企业退休人员社会化管理服务，各项工作取得明显成效，为促进改革、发展和维护社会稳定发挥了重要作用。但是，随着人口老龄化、就业方式多样化和城市化的发展，现行企业职工基本养老保险制度还存在个人账户没有做实、计发办法不尽合理、覆盖范围不够广泛等不适应的问题，需要加以改革和完善。为此，在充分调查研究和总结东北三省完善城镇社会保障体系试点经验的基础上，国务院对完善企业职工基本养老保险制度作出如下决定。

一、完善企业职工基本养老保险制度的指导思想和主要任务。以邓小平理论和“三个代表”重要思想为指导，认真贯彻党的十六大和十六届三中、四中、五中全会精神，按照落实科学发展观和构建社会主义和谐社会的要求，统筹考虑当前和长远的关系，坚持覆盖广泛、水平适当、结构合理、基金平衡的原则，完善政策，健全机制，加强管理，建立起适合我国国情，实现可持续发展的基本养老保险制度。主要任务是：确保基本养老金按时足额发放，保障离退休人员基本生活；逐步做实个人账户，完善社会统筹与个人账户相结合的基本制度；统一城镇个体工商户和灵活就业人员参保缴费政策，扩大覆盖范围；改革基本养老金计发办法，建立参保缴费的激励约束机制；根据经济发展水平和各方面承受能力，合理确定基本养老金水平；建立多层次养老保险体系，划清中央与地方、政府与企业及个人的责任；加强基本养老保险基金征缴和监管，完善多渠道筹资机制；进一步做好退休人员社会化管理工作，提高服务水平。

二、确保基本养老金按时足额发放。要继续把确保企业离退休人员基本养老金按时足额发放作为首要任务，进一步完善各项政策和工作机制，确保离退休人员基本养老金按时足额发放，不得发生新的基本养老金拖欠，切实保障离退休人员的合法权益。对过去拖欠的基本养老金，各地要根据《中共中央办公厅国务院办公厅关于进一步做好补发拖欠基本养老金和企业调整工资工作的通知》要求，认真加以解决。

三、扩大基本养老保险覆盖范围。城镇各类企业职工、个体工商户和灵活就业人员都要参加企业职工基本养老保险。当前及今后一个时期，要以非公有制企业、城镇个体工商户和灵活就业人员参保工作为重点，扩大基本养老保险覆盖范围。要进一步落实国家有关社会保险补贴政策，帮助就业困难人员参保缴费。城镇个体工商户和灵活就业人员参加基本养老保险的缴费基数为当地上年度在岗职工平均工资，缴费比例为20%，其中8%记入个人账户，退休后按企业职工基本养老金计发办法计发基本养老金。

四、逐步做实个人账户。做实个人账户，积累基本养老保险基金，是应对人口老龄化的重要举措，也是实现企业职工基本养老保险制度可持续发展的重要保证。要继续抓好东北三省做实个人账户试点工作，抓紧研究制订其他地区扩大做实个人账户试点的具体方案，报国务院批准后实施。国家制订个人账户基金管理和投资运营办法，实现保值增值。

五、加强基本养老保险基金征缴与监管。要全面落实《社会保险费征缴暂行条例》的各项规定，严格执行社会保险登记和缴费申报制度，强化社会保险稽核和劳动保障监察执法工作，努力提高征缴率。凡是参加企业职工基本养老保险的单位和个人，都必须按时足额缴纳基本养老保险费；对拒缴、瞒报少缴基本养老保险费的，要依法处理；对欠缴基本养老保险费的，要采取各种措施，加大追缴力度，确保基本养老保险基金应收尽收。各地要按照建立公共财政的要求，积极调整财政支出结构，加大对社会保障的资金投入。

基本养老保险基金要纳入财政专户，实行收支两条线管理，严禁挤占挪用。要制定和完善社会保险基金监督管理的法律法规，实现依法监督。各省、自治区、直辖市人民政府要完善工作机制，保证基金监管制度的顺利实施。要继续发挥审计监督、社会监督和舆论监督的作用，共同维护基金安全。

六、改革基本养老金计发办法。为与做实个人账户相衔接，从 2006 年 1 月 1 日起，个人账户的规模统一由本人缴费工资的 11%调整为 8%，全部由个人缴费形成，单位缴费不再划入个人账户。同时，进一步完善鼓励职工参保缴费的激励约束机制，相应调整基本养老金计发办法。

《国务院关于建立统一的企业职工基本养老保险制度的决定》（国发〔1997〕26 号）实施后参加工作、缴费年限（含视同缴费年限，下同）累计满 15 年的人员，退休后按月发给基本养老金。基本养老金由基础养老金和个人账户养老金组成。退休时的基础养老金月标准以当地上年度在岗职工月平均工资和本人指数化月平均缴费工资的平均值为基数，缴费每满 1 年发给 1%。个人账户养老金月标准为个人账户储存额除以计发月数，计发月数根据职工退休时城镇人口平均预期寿命、本人退休年龄、利息等因素确定。

国发〔1997〕26 号文件实施前参加工作，本决定实施后退休且缴费年限累计满 15 年的人员，在发给基础养老金和个人账户养老金的基础上，再发给过渡性养老金。各省、自治区、直辖市人民政府要按照待遇水平合理衔接、新老政策平稳过渡的原则，在认真测算的基础上，制订具体的过渡办法，并报劳动保障部、财政部备案。

本决定实施后到达退休年龄但缴费年限累计不满 15 年的人员，不发给基础养老金；个人账户储存额一次性支付给本人，终止基本养老保险关系。

本决定实施前已经离退休的人员，仍按国家原来的规定发给基本养老金，同时执行基本养老金调整办法。

七、建立基本养老金正常调整机制。根据职工工资和物价变动等情况，国务院适时调整企业退休人员基本养老金水平，调整幅度为省、自治区、直辖市当地企业在岗职工平均工资年增长率的一定比例。各地根据本地实际情况提出具体调整方案，报劳动保障部、财政部审批后实施。

八、加快提高统筹层次。进一步加强省级基金预算管理，明确省、市、县各级人民政府的责任，建立健全省级基金调剂制度，加大基金调剂力度。在完善市级统筹的基础上，尽快提高统筹层次，实现省级统筹，为构建全国统一的劳动力市场和促进人员合理流动创造条件。

九、发展企业年金。为建立多层次的养老保险体系，增强企业的人才竞争能力，更好地保障企业职工退休后的生活，具备条件的企业可为职工建立企业年金。企业年金基金实行完全积累，采取市场化的方式进行管理和运营。要切实做好企业年金基金监管工作，实现规范运作，切实维护企业和职工的利益。

十、做好退休人员社会化管理服务工作。要按照建立独立于企业事业单位之外社会保障体系的要求，继续做好企业退休人员社会化管理工作。要加强街道、社区劳动保障工作平台建设，加快公共老年服务设施和服务网络建设，条件具备的地方，可开展老年护理服务，兴建退休人员公寓，为退休人员提供更多更好的服务，不断提高退休人员的生活质量。

十一、不断提高社会保险管理服务水平。要高度重视社会保险经办能力建设，加快社会保障信息服务网络建设步伐，建立高效运转的经办管理服务体系，把社会保险的政策落到实处。各级社会保险经办机构要完善管理制度，制定技术标准，规范业务流程，实现规范化、信息化和专业化管理。同时，要加强人员培训，提高政治和业务素质，不断提高工作效率和服务质量。

完善企业职工基本养老保险制度是构建社会主义和谐社会的重要内容，事关改革发展稳定的大局。各地区和有关部门要高度重视，加强领导，精心组织实施，研究制订具体的实施意见和办法，并报劳动保障部备案。劳动保障部要会同有关部门加强指导和监督检查，及时研究解决工作中遇到的问题，确保本决定的贯彻实施。

本决定自发布之日起实施，已有规定与本决定不一致的，按本决定执行。

附件：个人账户养老金计发月数表

附件

个人账户养老金计发月数表

退休年龄	计发月数	退休年龄	计发月数
40	233	56	164
41	230	57	158
42	226	58	152
43	223	59	145
44	220	60	139
45	216	61	132
46	212	62	125
47	207	63	117
48	204	64	109
49	199	65	101
50	195	66	93
51	190	67	84
52	185	68	75
53	180	69	65
54	175	70	56
55	170		

企业年金办法

（2017年12月18日　人力资源和社会保障部、财政部令第36号）

第一章　总　则

第一条　为建立多层次的养老保险制度，推动企业年金发展，更好地保障职工退休后的生活，根据《中华人民共和国劳动法》、《中华人民共和国劳动合同法》、《中华人民共和国社会保险法》、《中华人民共和国信托法》和国务院有关规定，制定本办法。

第二条　本办法所称企业年金，是指企业及其职工在依法参加基本养老保险的基础上，自主建立的补充养老保险制度。国家鼓励企业建立企业年金。建立企业年金，应当按照本办法执行。

第三条　企业年金所需费用由企业和职工个人共同缴纳。企业年金基金实行完全积累，为每个参加企业年金的职工建立个人账户，按照国家有关规定投资运营。企业年金基金投资运营收益并入企业年金基金。

第四条　企业年金有关税收和财务管理，按照国家有关规定执行。

第五条　企业和职工建立企业年金，应当确定企业年金受托人，由企业代表委托人与受托人签订受托管理合同。受托人可以是符合国家规定的法人受托机构，也可以是企业按照国家有关规定成立的企业年金理事会。

第二章　企业年金方案的订立、变更和终止

第六条　企业和职工建立企业年金，应当依法参加基本养老保险并履行缴费义务，企业具有相应的经济负担能力。

第七条　建立企业年金，企业应当与职工一方通过集体协商确定，并制定企业年金方案。企业年金方案应当提交职工代表大会或者全体职工讨论通过。

第八条　企业年金方案应当包括以下内容：

（一）参加人员；

（二）资金筹集与分配的比例和办法；

（三）账户管理；

（四）权益归属；

（五）基金管理；

（六）待遇计发和支付方式；

（七）方案的变更和终止；

（八）组织管理和监督方式；

（九）双方约定的其他事项。

企业年金方案适用于企业试用期满的职工。

第九条　企业应当将企业年金方案报送所在地县级以上人民政府人力资源社会保障行政部门。

中央所属企业的企业年金方案报送人力资源社会保障部。

跨省企业的企业年金方案报送其总部所在地省级人民政府人力资源社会保障行政部门。

省内跨地区企业的企业年金方案报送其总部所在地设区的市级以上人民政府人力资源社会保障行政部门。

第十条　人力资源社会保障行政部门自收到企业年金方案文本之日起 15 日内未提出异议的，企业年金方案即行生效。

第十一条　企业与职工一方可以根据本企业情况，按照国家政策规定，经协商一致，变更企业年金方案。变更后的企业年金

方案应当经职工代表大会或者全体职工讨论通过，并重新报送人力资源社会保障行政部门。

第十二条 有下列情形之一的，企业年金方案终止：

（一）企业因依法解散、被依法撤销或者被依法宣告破产等原因，致使企业年金方案无法履行的；

（二）因不可抗力等原因致使企业年金方案无法履行的；

（三）企业年金方案约定的其他终止条件出现的。

第十三条 企业应当在企业年金方案变更或者终止后10日内报告人力资源社会保障行政部门，并通知受托人。企业应当在企业年金方案终止后，按国家有关规定对企业年金基金进行清算，并按照本办法第四章相关规定处理。

第三章 企业年金基金筹集

第十四条 企业年金基金由下列各项组成：

（一）企业缴费；

（二）职工个人缴费；

（三）企业年金基金投资运营收益。

第十五条 企业缴费每年不超过本企业职工工资总额的8%。企业和职工个人缴费合计不超过本企业职工工资总额的12%。具体所需费用，由企业和职工一方协商确定。

职工个人缴费由企业从职工个人工资中代扣代缴。

第十六条 实行企业年金后，企业如遇到经营亏损、重组并购等当期不能继续缴费的情况，经与职工一方协商，可以中止缴费。不能继续缴费的情况消失后，企业和职工恢复缴费，并可以根据本企业实际情况，按照中止缴费时的企业年金方案予以补缴。补缴的年限和金额不得超过实际中止缴费的年限和金额。

第四章 账户管理

第十七条 企业缴费应当按照企业年金方案确定的比例和办

法计入职工企业年金个人账户，职工个人缴费计入本人企业年金个人账户。

第十八条 企业应当合理确定本单位当期缴费计入职工企业年金个人账户的最高额与平均额的差距。企业当期缴费计入职工企业年金个人账户的最高额与平均额不得超过5倍。

第十九条 职工企业年金个人账户中个人缴费及其投资收益自始归属于职工个人。

职工企业年金个人账户中企业缴费及其投资收益，企业可以与职工一方约定其自始归属于职工个人，也可以约定随着职工在本企业工作年限的增加逐步归属于职工个人，完全归属于职工个人的期限最长不超过8年。

第二十条 有下列情形之一的，职工企业年金个人账户中企业缴费及其投资收益完全归属于职工个人：

（一）职工达到法定退休年龄、完全丧失劳动能力或者死亡的；

（二）有本办法第十二条规定的企业年金方案终止情形之一的；

（三）非因职工过错企业解除劳动合同的，或者因企业违反法律规定职工解除劳动合同的；

（四）劳动合同期满，由于企业原因不再续订劳动合同的；

（五）企业年金方案约定的其他情形。

第二十一条 企业年金暂时未分配至职工企业年金个人账户的企业缴费及其投资收益，以及职工企业年金个人账户中未归属于职工个人的企业缴费及其投资收益，计入企业年金企业账户。

企业年金企业账户中的企业缴费及其投资收益应当按照企业年金方案确定的比例和办法计入职工企业年金个人账户。

第二十二条 职工变动工作单位时，新就业单位已经建立企业年金或者职业年金的，原企业年金个人账户权益应当随同转入新就业单位企业年金或者职业年金。

职工新就业单位没有建立企业年金或者职业年金的，或者职工升学、参军、失业期间，原企业年金个人账户可以暂时由原管理机构继续管理，也可以由法人受托机构发起的集合计划设置的保留账户暂时管理；原受托人是企业年金理事会的，由企业与职工协商选择法人受托机构管理。

第二十三条 企业年金方案终止后，职工原企业年金个人账户由法人受托机构发起的集合计划设置的保留账户暂时管理；原受托人是企业年金理事会的，由企业与职工一方协商选择法人受托机构管理。

第五章 企业年金待遇

第二十四条 符合下列条件之一的，可以领取企业年金：

（一）职工在达到国家规定的退休年龄或者完全丧失劳动能力时，可以从本人企业年金个人账户中按月、分次或者一次性领取企业年金 也可以将本人企业年金个人账户资金全部或者部分购买商业养老保险产品，依据保险合同领取待遇并享受相应的继承权；

（二）出国（境）定居人员的企业年金个人账户资金，可以根据本人要求一次性支付给本人；

（三）职工或者退休人员死亡后，其企业年金个人账户余额可以继承。

第二十五条 未达到上述企业年金领取条件之一的，不得从企业年金个人账户中提前提取资金。

第六章 管理监督

第二十六条 企业成立企业年金理事会作为受托人的，企业年金理事会应当由企业和职工代表组成，也可以聘请企业以外的专业人员参加，其中职工代表应不少于三分之一。

企业年金理事会除管理本企业的企业年金事务之外，不得从事其他任何形式的营业性活动。

第二十七条 受托人应当委托具有企业年金管理资格的账户管理人、投资管理人和托管人，负责企业年金基金的账户管理、投资运营和托管。

第二十八条 企业年金基金应当与委托人、受托人、账户管理人、投资管理人、托管人和其他为企业年金基金管理提供服务的自然人、法人或者其他组织的自有资产或者其他资产分开管理，不得挪作其他用途。

企业年金基金管理应当执行国家有关规定。

第二十九条 县级以上人民政府人力资源社会保障行政部门负责对本办法的执行情况进行监督检查。对违反本办法的，由人力资源社会保障行政部门予以警告，责令改正。

第三十条 因订立或者履行企业年金方案发生争议的，按照国家有关集体合同的规定执行。

因履行企业年金基金管理合同发生争议的，当事人可以依法申请仲裁或者提起诉讼。

第七章 附 则

第三十一条 参加企业职工基本养老保险的其他用人单位及其职工建立补充养老保险的，参照本办法执行。

第三十二条 本办法自 2018 年 2 月 1 日起施行。原劳动和社会保障部 2004 年 1 月 6 日发布的《企业年金试行办法》同时废止。

本办法施行之日已经生效的企业年金方案，与本办法规定不一致的，应当在本办法施行之日起 1 年内变更。

全国总工会等部门《关于归国华侨职工加入工会及工龄计算问题》的通知（摘录）

（1962 年 7 月 16 日　中劳薪字〔1962〕第 136 号）

二、归国华侨职工工龄的计算，可按我国劳动保险条例实施细则修正草案第十章关于工龄规定的精神办理其本企业的工龄，从进入本企业工作之日起算。归国华侨职工在侨居国工矿、文教卫生等部门工作的时间，可计算为一般工龄。

四、因建设需要，由国内有关部门聘请回国参加社会主义建设的科学人员、技术人员，在归国前最后一个工矿、文教卫生等部门工作的时间，可计算为连续工龄。

由于这方面的情况目前还了解不多，在试行中请注意搜集反映和意见，如有必要，再行补充和修改。

劳动人事部关于建国前参加工作的老工人退休待遇的通知

（1983年1月15日　劳人险〔1983〕3号）

经请示国务院同意，并与财政部、民政部研究，现对建国前参加工作的老工人的退休待遇问题，作如下通知：

一、建国前参加中国共产党所领导的革命战争，或享受供给制待遇，或从事地下革命工作，以及在东北和个别老解放区，一九四八年底以前享受当地人民政府制定的薪金制待遇，现在仍在机关、事业、企业单位工作的老工人（含军队无军籍的工人），退休后照发本人原标准工资。对于一九四五年九月二日及其以前参加革命工作的，退休后除照发本人原标准工资外，再增加一部分生活补贴。生活补贴的数额为：一九三七年七月六日以前参加革命工作的，每年增发两个月的本人原标准工资；一九三七年七月七日到一九四二年十二月三十一日参加革命工作的，每年增发一个半月的本人原标准工资；一九四三年一月一日到一九四五年九月二日参加革命工作的，每年增发一个月的本人原标准工资。生活补贴，从批准退休之日起按年按全额发给。

二、上述老工人参加革命工作时间的确定，以及“享受供给制待遇”的解释，按中央组织部、劳动人事部《关于确定建国前干部参加革命工作时间的规定》（中组发〔1982〕11号通知），及我部《贯彻国务院关于老干部离职休养规定中具体问题的处理意见》（劳人老〔1982〕10号通知）中的有关规定办理。

三、符合本通知第一条规定的条件，现在已经退休的老工人，可以从本通知下达之月起改变退休待遇，发给生活补贴。过去的一律不予补发。

四、上述各项待遇所需的费用（包括改变待遇后增加的费用），均由原支付退休费的单位发给。

五、按照本通知的规定享受退休待遇和生活补贴的老工人，其政治待遇以及其他保险、福利待遇与一般退休工人相同。

劳动部办公厅关于从事井下、高温、有毒有害工种的职工工龄折算问题的复函

（1991年1月17日　劳办险字〔1991〕1号）

河北省劳动人事厅：

你厅冀劳人险〔1990〕378号文收悉。关于退休职工原在职期间所从事的工种，未列入《国务院关于工人退休、退职的暂行办法》（国发〔1978〕104号）第一条（二）项规定的工种范围，而在《关于改由各主管部门审批提前退休工种的通知》（劳人护〔1985〕6号）下发以后，这些工种已列入特殊工种范围，可否按工龄折算规定重新计发退休待遇问题。经研究，我们意见：对已经办理了离退休手续的职工，不宜按工龄折算的规定重新计发退休待遇。

劳动部关于企业内部个人承包中保险待遇问题的复函

（1992年7月7日　劳险字〔1992〕27号）

四川省劳动厅：

你厅在《关于职工与单位签订承包合同发生伤亡后保险待遇如何处理问题的请示》（川社险〔1992〕6号）中反映：长江航道局宜宾地区办事处与其职工（司机）签订“汽车承包合同”，并经当地公证处公证。该合同规定，职工每年向单位上交一部分利润，并负担“本人及他人伤残亡及后遗症等项费用”。在承包期内，发生了翻车事故，由此引发了伤残职工保险待遇如何保障的问题。对此问题的处理意见，我们征得中华全国总工会、最高人民法院的同意，现答复如下：

企业与职工个人签订承包合同，是企业内部经营管理的一种方式。企业经营机制的转变，并未改变企业和职工的劳动关系，也未改变承包者的职工身份，因此企业应按照国家现行政策保障职工的社会保险权益。企业单位在“承包合同”中将伤残亡风险推给职工个人，这种做法不符合我国宪法和职工社会保险的政策规定。1998年，由于有的企业在招工登记表中注明“工伤概不负责”，发生了职工上述案件，最高人民法院以民他字〔1988〕第1号批复：“这种行为既不符合宪法和有关法律规定，也严重违反社会主义公德，应属于无效的民事行为”。尽管长江航道局的“承包合同”经过公证，但其中关于“伤残亡由个人负责”的条款不具有合法性。

你们反映的问题属于“生死合同”性质。因此，我们同意你们的意见，即：企业与职工所签订的经营承包合同，不能是“生死合同”，必须符合宪法的规定和劳动保险政策的规定。至于合同中关于承包金的交纳明显不公的条款，可作适当调整。请你们结合具体情况进行处理。

劳动部关于加强提前退休工种审批工作的通知

（1993年7月3日　劳部发〔1993〕120号）

国务院有关部、局、总公司，各省、自治区、直辖市劳动（劳动人事）厅（局）：

1978年以来，我部根据《国务院关于工人退休、退职的暂行办法》（国发〔1978〕104号）的要求，负责全国提前退休工种的审批工作，1985年为了简化审批程序，提高工作效率，我部发出了《关于改由各主管部门审批提前退休工种的通知》（劳人护〔1985〕6号），将提前退休工种改由国务院各有关主管部门审批，送我部备案。此后，国务院有关主管部门在提前退休工种的审批方面做了大量工作，对于保护职工的健康，促进生产发展，维护社会安定，起了重要作用。但是，从几年来的执行情况看，有的部门对提前退休工种审批过宽，有的审批程序不健全，有的没有按规定程序进行审批，特别是对审批条件掌握不一，随意开口子，导致提前退休人员过量增多，类似工种在各部门之间产生攀比，影响了社会保险制度的改革。为了更好地贯彻《国务院关于工人退休、退职的暂行办法》（国发〔1978〕104号）的精神，我部决定加强提前退休工种的审批工作，现将有关事项通知如下：

一、自即日起，国务院各有关主管部门停止审批新的提前退休工种。按国发〔1978〕104号文件规定，提前退休工种由国务院主管部门审核后，报我部审批。

二、我部将根据实际情况对各有关部门已审批的提前退休工种进行清理和调整。

三、各地劳动部门在办理提前退休工作时应严格把关，凡不符合提前退休工种审批条件和审批程序的，一律不予办理提前退休手续。

劳动部办公厅关于退休职工下落不明期间应从何时停发退休待遇问题的复函

（1993 年 10 月 22 日　劳办发〔1993〕162 号）

天津市劳动局：

你局《关于退休职工下落不明期间应从何时停发退休待遇的请示》（津劳险〔1993〕第 381 号）收悉，经研究，函复如下：

你局反映，由于公安部门对下落不明人员注销户口的时间问题未作具体规定，实际注销户口时间伸缩性较大。在执行劳动部办公厅《关于退休职工下落不明期间待遇问题的批复》（劳办险字〔1990〕1 号）时，对退休人员失踪，下落不明超过 6 个月的，“从其户主、亲属或利害人申报失踪，户口登记机关暂时注销其户口的下月起，暂时停发其退休待遇”的规定难以掌握，需要进一步明确停发退休待遇的时间。我们认为，对此可暂按如下意见处理：退休人员失踪，下落不明在 6 个月以内的，其退休待遇可照发；超过 6 个月的，从第 7 个月起暂时停发其退休待遇。有关退休人员下落不明期间其他情况下待遇的处理，仍执行劳办险字〔1990〕1 号文件规定。

此复。

劳动部关于将济南市蓄电池厂有毒有害作业工种列为轻工业提前退休工种的复函

（1994年1月31日　劳部发〔1994〕51号）

中国轻工总会：

你会《关于申请将济南市蓄电池厂有毒有害作业工种列为轻工业提前退休工种的函》（轻总经贸〔1994〕5号）收悉。经审核，我部同意将你会报来的《轻工业有毒有害作业提前退休工种范围表》中所列的涂填工等6个工种作为提前退休工种。轻工蓄电池行业凡是直接从事上述工种有毒有害作业累计满8年的工人，按《国务院关于工人退休退职的暂行办法》（国发〔1978〕104号）第一条第（二）项的规定办理退休。

劳动部关于将成都滑翔机制造厂三个有毒有害作业工种列为提前退休工种的复函

（1994年10月18日　劳部发〔1994〕420号）

中华人民共和国体育运动委员会：

你委《关于申请成都滑翔机制造厂有毒有害作业工种列为提前退休工种的函》（（94）体人字780号）收悉。经研究，同意将成都滑翔机制造厂的模压玻璃钢制片工、玻璃钢压制工、金属产品喷漆工三个有毒有害作业工种作为提前退休工种。成都滑翔机制造厂凡是直接从事上述工种有毒有害作业累计满8年的工人，可按《国务院关于工人退休退职的暂行办法》（国发〔1978〕104号第一条第（二）项的规定办理退休。

此复。

附：成都滑翔机制造厂有毒有害作业提前退休工种范围

附

成都滑翔机制造厂有毒有害作业提前退休工种范围表

序号	工种名称	劳动条件	备　注
1	模压玻璃钢制片工	将不饱和桑酯树脂，苯乙烯（单体）、碳酸钙和固化剂混合搅匀后，加入玻璃短纤维制成片状材抖，送入烘房增稠待用。生产过程中接触苯乙烯（单体）、粉尘等有毒有害物质	毒物危害程度三级（含三级）以上
2	玻璃钢压制工	将模压片状材料裁剪成符合工件重量的小块，送入液压机加温、加压成型玻璃钢件后，砂磨毛边、钻孔，送检包装，生产过程中接触苯乙烯（单体）、玻璃粉尘等有毒有害物质	毒物危害程度三级（含三级）以上
3	金属产品喷漆工	将金属部件清洗、去油、砂磨后，以清基漆和二甲苯、香蕉水溶剂为主，使用喷枪喷漆，生产过程中接触苯、二甲苯等有毒有害气体	毒物危害程度三级（含三级）以上

劳动部办公厅关于贯彻执行《国有企业富余职工安置规定》中有关职工辞职后的工龄计算问题的批复

（1994 年 10 月 25 日　劳办发〔1994〕340 号）

浙江省劳动厅：

你厅 1994 年 9 月 7 日来电请示，在贯彻执行《国有企业富余职工安置规定》（国务院第 111 号令）中，经本人申请，企业批准辞职的职工，在办理辞职手续时，企业按国家有关规定发给一次性生活补助费后，其在企业工作的工龄是否可与再次就业后的工龄合并计算为连续工龄问题。经研究，现对有关问题批复如下：

申请辞职的富余职工，经企业批准，在办理辞职手续时，企业应当按照国家有关规定发给一次性生活补助费，标准是：家居城镇的，工龄每满 1 年，发给相当于本人半个月标准工资的一次性生活补助费，最多不超过 6 个月的工资；随户口转回农村的，工龄每满 1 年，发给相当于本人 1 个月标准工资的一次性生活补助费，最高不超过 12 个月的工资。再次就业后又申请辞职的企业富余职工，应按再次就业后重新计算的实际工作年限计发，其生活补助费，不得同以前的工作年限合并重复领取。但无论参加养老保险社会统筹与否，其辞职前和再次就业后的工龄，可合并计算为连续工龄。

劳动部办公厅对“关于除名职工重新参加工作后工龄计算有关问题的请示”的复函

（1995年4月22日　劳办发〔1995〕104号）

广州市劳动局：

你“局《关于除名职工重新参加工作后的工龄计算问题的复函》有关问题的请示”（穗劳函字〔1995〕第023号）收悉。经研究，现就你局所询问题，答复如下：

1. 关于“辞退”职工是否可按《关于除名职工重新参加工作后的工龄计算问题的复函》（劳办发〔1994〕376号）以下简称《复函》规定办理的问题。

辞退职工工龄计算问题，原劳动人事部在“关于印发《〈国营企业辞退违纪职工暂行规定〉若干问题解答》的通知”（劳人资〔1987〕31号）中明确，即“职工被辞退前的工龄及重新就业后的工龄合并计算”。

2. 关于“自动离职”的职工是否亦可按《复函》意见处理的问题。

劳动部办公厅在《关于自动离职与旷工除名如何界定的复函》（劳办发〔1994号〕48号）中明确，“因自动离职处理发生的争议应按除名争议处理”，因此，自动离职的职工工龄计算可按《复函》意见处理。

3. 关于除名职工连续工龄计算时效的溯及力问题。

我们意见，应从各地实行职工个人缴纳养老保险费的时间，作为除名职工计算连续工龄的起始时间。

劳动部办公厅关于企业离休人员按正常调整机制增加的基本养老金是否作为计发生活补贴基数问题的复函

（1997年11月11日　劳办发〔1997〕105号）

水利部社会保险事业管理局：

你局"关于离休人员按正常调整机制增加基本养老金是否作为计发生活补贴基数请示"（社险〔1997〕37号）收悉。经研究，现答复如下：

按照国家有关政策规定，企业离休人员每年通过基本养老保险调整机制所增加的养老金，可作为计发"生活补贴"的基数。

劳动和社会保障部 财政部关于核定原行业统筹项目的通知

（1998 年 12 月 29 日 劳社部发〔1998〕22 号）

各省、自治区、直辖市劳动（劳动和社会保障）厅（局）、财政厅（局）：

《国务院关于实行企业职工基本养老保险省级统筹和行业统筹移交地方管理有关问题的通知》（国发〔1998〕28 号）规定，行业统筹移交地方管理后，原行业统筹企业已离退休人员的基本养老保险原待遇原则上维持不变，其中经原劳动部、财政部批准的统筹项目内的部分由省级统筹的基本养老保险基金支付，未列入统筹项目的部分由企业支付。根据原劳动部、财政部对各行业开展养老保险统筹的批复文件，劳动保障部、财政部对 11 个行业和单位的统筹项目进行了审核认定，现印发给你们，请按照执行。各地和各行业企业要认真贯彻国务院文件精神，确保离退休人员养老金按时足额发放。对劳动保障部、财政部审核确认的行业统筹项目，各地要确保所需费用从基本养老保险基金中支付；对未被确认的行业统筹项目，所需费用在企业管理费用中列支，保持已离退休人员的原待遇基本不变。

关于审核认定十一个行业养老保险统筹项目的意见

一、按国家以下文件规定确定的统筹项目

（一）按下列文件确定的离退休费、退职生活费

1.《国务院关于颁发〈国务院关于安置老弱病残干部的暂行办法〉和〈关于工人退休、退职的暂行办法〉的通知》（国发〔1978〕104号）

2.《国务院关于公布〈国务院关于老干部离职休养的暂行规定〉》（国发〔1980〕253号）

3.《国务院关于发布老干部离职休养制度的几项规定的通知》（国发〔1982〕62号）

4. 劳动人事部《关于贯彻国务院关于老干部离职休养规定中具体问题的处理意见》的通知（劳人老〔1982〕10号）

5. 劳动人事部《关于〈贯彻国务院关于老干部离职休养规定中具体问题的处理意见〉的问题解答》的通知（劳人老〔1983〕20号）

6. 劳动人事部《关于贯彻执行劳人老〔1983〕20号文件中一些具体问题的答复》（劳人老〔1983〕34号）

7. 劳动人事部《关于建国前参加工作的老工人退休待遇的通知》（劳人险〔1983〕3号）

8.《国务院关于高级专家离退休若干问题的暂行规定》（国发〔1983〕141号）

9.《国务院关于高级专家退休问题的补充规定》（国发〔1986〕26号）

10.《国务院关于企业职工养老保险制度改革的决定》（国发〔1991〕33号）

11.《国务院关于深化企业职工养老保险制度改革的通知》

（国发〔1995〕6 号）

12.《国务院关于建立统一的企业职工基本养老保险制度的决定》（国发〔1997〕26 号）

13. 国家教委《关于教龄津贴、护士工龄津贴作为计发离休、退休费基数的通知》（教计字〔1986〕190 号）

14. 国家教委、人事部《关于中小学教师工资标准提高 10% 部分可以作为计发离休、退休费基数的通知》（教计字〔1988〕105 号）

15. 劳动人事部《发布〈关于实行技师聘任制的暂行规定〉的通知》（劳人培〔1987〕16 号）

16. 劳动部《贯彻〈关于实行技师聘任制的暂行规定〉的补充意见》（劳培字〔1989〕3 号）

17. 劳动部《关于高级技师评聘的实施意见》（劳培字〔1990〕14 号）

18. 劳动部《关于进行岗位技能工资制试点工作的通知》（劳薪字〔1992〕8 号）

（二）按下列文件增加的离退休费、退职生活费

1.《国务院批转劳动部、国家计委、财政部〈关于 1989 年国营企业工资工作和离退休人员待遇问题的安排意见〉的通知》（国发〔1989〕83 号）

2.《国务院关于企业离退休人员增加离退休金的通知》（国发〔1992〕29 号）

3.《国务院关于调整企业离退休人员离退休金的通知》（国发〔1994〕9 号）

4.《国务院办公厅〈关于调整企业离退休人员离退休金有关问题〉的通知》（国办发〔1994〕62 号）

5.《国务院办公厅转发民航总局、劳动人事部、财政部〈关于提高两航起义中有特殊贡献人员退休费问题的请示〉的通知》（国办发〔1983〕95 号）

6. 劳动部、财政部关于贯彻《国务院关于企业离退休人员增加离退休金的通知》中有关具体问题的通知（劳险字〔1992〕15号）

7. 劳动部、财政部《关于1995年调整企业离退休人员基本养老金的通知》（劳部发〔1995〕325号）

8. 劳动部、财政部《关于1996年调整企业离退休人员基本养老金的通知》（劳部发〔1996〕346号）

9. 劳动部、财政部《关于1997年调整企业离退休人员基本养老金的通知》（劳部发〔1997〕226号）

（三）按下列文件发给的物价、生活补贴

1. 国务院《关于提高主要副食品销售价后发给职工副食品价格补贴的几项具体规定》（国发〔1979〕245号）

2. 国务院《关于试行主要副食品零售价格变动给职工适当补贴的通知》（国发〔1988〕23号）

3. 国务院《关于提高粮油统销价格和适当增加职工工资等问题的通知》（国发〔1991〕18号）

4. 国务院《关于提高粮食统销价格的决定》（国发〔1992〕15号）

5. 财政部等五部委《关于提高粮油统销价格和适当增加职工工资等问题的通知》（财综字〔1991〕44号）

6. 财政部《关于提高粮食统销价格后适当发给职工等有关人员粮价补贴的通知》（财综字〔1992〕38号）

7. 《国务院关于发给离退休人员生活补贴费的通知》（国发〔1985〕6号）

8. 《国务院关于发给离退休人员生活补贴费的补充通知》（国发〔1985〕52号）

9. 劳动部等4部门《关于发给离退休人员生活补贴费的通知》（劳字〔1988〕42号）

10. 劳动总局、民政部、财政部《关于给退休职工发宿舍取暖补贴问题的通知》（劳总险字〔1980〕1号）

11. 财政部《关于民用燃料和东北照明电提价后中央企业职工补贴问题的通知》(财工字〔1990〕第503号)

各行业贯彻上述文件的具体实施办法，执行行业的文件。

二、按以下行业文件规定确定的统筹项目

(一) 铁道

1. 铁道部《关于发布〈铁路企业职工养老保险暂行规定〉的通知》(铁劳〔1995〕80号)(房改补贴项目除外)

2. 铁道部《关于发布铁路专业技术人员管理暂行规定的通知》(铁人〔1997〕25号)

3. 铁道部《关于公布铁道企业离退休(职)缴费养老保险金增发比例的通知》(铁社险〔1997〕7号)

4. 铁道部《关于铁路单位执行地方工资、津贴、补贴等规定有关问题处理办法的通知》(铁劳函〔1992〕38号)

5. 铁道部《关于调整企业离退休(职)人员生活物价补贴标准的通知》(铁社险〔1996〕4号)

6. 铁道部《关于建立劳动模范离退休荣誉津贴的通知》(铁劳函〔1996〕274号)

7. 铁道部《关于提高参加“二·七”大罢工老工人退休费的通知》(铁劳字〔1984〕411号)

(二) 交通

劳动部《关于对〈交通系统职工养老保险制度改革试点方案〉的批复》(劳部发〔1996〕238号)

(三) 邮电

1. 邮电部《关于增加离退休人员生活补贴的通知》(邮劳保〔1994〕26号)

2. 邮电部《关于按省、自治区、直辖市政府规定执行生活、物价补贴有关问题的通知》(邮社保〔1997〕15号)

(四) 水利

1. 劳动部《关于对〈水利行业职工养老保险制度改革实施

方案〉的批复》（劳部发〔1996〕120号）

2. 水利部《关于印发〈水利行业职工养老保险制度改革实施细则〉的通知》（水人教〔1996〕329号）

3. 水利部《关于印发〈水利部直属单位基本养老保险基金统筹管理办法〉的通知》（水人劳〔1992〕92号）

4. 水利部《关于印发〈水利企业离退休费计算暂行办法〉的通知》（水人劳工〔1994〕63号）

（五）民航

1. 劳动部、财政部《关于民航空勤人员停飞和离退休后发给生活补助费办法的通知》（劳险字〔1992〕29号）

2. 民航总局、国家体改委、国家经贸委《关于贯彻执行〈全民所有制民航企业转换经营机制实施办法〉的通知》（民局发〔1993〕75号）

（六）有色

中国有色金属工业总公司《关于印发〈中国有色金属工业总公司企业职工养老保险费用统筹暂行规定〉等文件的通知》（中色劳统字〔1994〕第0016号）

（七）电力

1. 电力部《关于调整电力企业工资标准的意见的通知》（电人教〔1994〕617号）

2. 电力部《关于印发电力行业职工养老保险制度改革试点方案和实施办法的通知》及《过渡期间基本养老金计发办法》（电人教〔1996〕172号、503号）

3. 国家电力公司《关于电力行业1997年离退休的人员执行〈过渡办法〉有关问题的通知》（国电人劳〔1997〕28号）

4. 中电联《关于修订电力企业离退休基金统筹办法的通知》（中电联统筹〔1988〕3号）

5. 电力部《关于给企业离休人员增发生活补贴的通知》（电人教〔1995〕405号）

6. 电力部《关于改善和提高劳动模范、先进工作者待遇的通知》(电人劳〔1996〕229号)

7. 国家电力公司《关于给部分离退休人员适当增加生活补贴的通知》(国电人劳〔1997〕217号)

8. 国家电力公司《关于调整增加离退休矽肺病患者补助费的通知》(国电人工〔1997〕240号)

(八) 石油

1. 中国石油天然气总公司《关于印发离退休费用统筹试行办法的通知》(中油劳字〔1991〕第602号)

2. 中国石油天然气总公司《关于适当提高石油行业退休职工生活待遇的通知》(中油劳字〔1991〕第666号)

3. 中国石油天然气总公司《关于调整部分退休人员工龄工资的通知》(中油劳字〔1992〕第181号)

4. 中国石油天然气总公司《关于进一步明确石油企、事业单位离退休人员基本离退休费等有关问题的通知》(中油劳资字〔1992〕第65、95号)

5. 中国石油天然气总公司《关于调整石油职工岗位、技能工资标准的通知》(中油劳字〔1996〕第473号、中油劳字〔1997〕第451号)

6. 中国石油天然气总公司《关于增发石油企业离退休人员生活补贴的通知》及有关补充通知(中油劳字〔1993〕第435号、第775号、第83号，中油劳字〔1994〕第497号，中油劳字〔1995〕第487号，中油劳字〔1996〕第475、476号，中油劳字〔1997〕第452号)

(九) 中建

1. 中建总公司《关于印发〈中建总公司直属企业离退休费统筹实施细则〉的通知》(中建人字〔1988〕第215号)

2. 中建总公司《关于离退休费计发办法的通知》(中建人字〔1994〕第74号)

三、按地方省级政府文件规定执行的统筹项目

（一）原劳动部、财政部批准部分行业的统筹项目中的工伤护理费、丧葬补助费、供养直系亲属抚恤费和救济费，执行所在地的标准和规定。

（二）交通、中建企业离退休人员的物价、生活补贴，水利、民航企业离退休人员经水利部、民航总局批准进入统筹的物价、生活补贴，执行所在地省级政府的规定。

四、几个特殊问题

（一）煤炭行业的统筹项目按原煤炭部下发的《煤炭企业职工养老保险行业统筹实施方案》（煤财字〔1995〕第224号）的规定和原劳动部、财政部关于调整企业离退休人员基本养老金的规定执行。

（二）工商银行、农业银行、中国银行、建设银行、交通银行和原中保集团实行行员工资制（交通银行按交银发〔1995〕72号文件执行）。经原劳动部、财政部批准的金融系统的统筹项目，已离退休的人员按国家有关事业单位的规定执行，其中经各总行（集团公司）统筹办公室核定进入统筹的生活、物价补贴，执行所在省、自治区、直辖市政府有关事业单位的规定。

（三）原劳动部、财政部批准的养老保险统筹项目中包括的医疗补助费，铁道按退休金的8%、电力按离退休金的10%、邮电按实提基金的14%进入了统筹，今年内暂予保留。明年起，结合医疗保险制度改革和审批行业费率调整办法，再对医疗补助费项目进行调整。

（四）各行业1998年出台的有关养老保险待遇的文件，原则上由各地结合当地实际情况研究后确定是否执行。对于部分行业出台的1998年基本养老保险金正常调整机制，地方已出台调整办法的，纳入统筹项目；地方尚未出台办法的，不纳入统筹项目。

劳动和社会保障部办公厅关于对破产企业离退休人员养老保险有关问题的复函

（1999年2月24日　劳社厅函〔1999〕12号）

吉林省劳动厅：

你厅《关于破产企业离退休职工养老保险有关问题的请示》（吉劳险字〔1999〕1号）收悉，经研究，现答复如下：

一、《国务院关于在若干城市试行国有企业破产有关问题的通知》（国发〔1994〕59号）和《国务院关于在若干城市试行国有企业兼并破产和职工再就业有关问题的补充通知》（国发〔1997〕10号）的有关规定，仅限于在国务院确定的111个企业优化资本结构改革试点城市执行。

二、已经参加养老保险社会统筹的企业，破产时，需补交欠缴的养老保险费（含差额缴拨时企业欠发离退休人员的养老金）及其利息，社会保险经办机构负责支付离退休人员的基本养老金。考虑到近年企业改革及企业破产力度较大，地方在确定企业养老保险缴费比例时没有这方面的支出因素，且破产企业职工分流需要一个吸收安置过程，对于养老保险金确实不足，支付困难的地区，为弥补资金不足，可以从破产企业资产中划拨一定费用给社会保险经办机构，以保证离退休人员基本养老保险金的发放。具体办法由你省根据实际情况确定。

三、未参加养老保险社会统筹的企业，破产时，应按照支付离退休人员养老金的实际需要，一次性向社会保险经办机构划拨养老费用，社会保险经办机构负责支付该破产企业离退休人员的基本养老金。具体办法请你省研究确定。

劳动和社会保障部关于制止和纠正违反国家规定办理企业职工提前退休有关问题的通知

（1999年3月9日　劳社部发〔1999〕8号）

各省、自治区、直辖市劳动（劳动和社会保障）厅（局），国务院有关部门劳动和社会保障工作机构：

为贯彻《国务院办公厅关于进一步做好国有企业下岗职工基本生活保障和企业离退休人员养老金发放工作有关问题的通知》（国办发〔1999〕10号，以下简称《通知》）精神，坚决制止和纠正违反国家规定办理提前退休的行为，现对有关问题通知如下：

一、要严格执行国家关于退休年龄的规定，坚决制止违反规定提前退休的行为

国家法定的企业职工退休年龄是：男年满60周岁，女工人年满50周岁，女干部年满55周岁。从事井下、高空、高温、特别繁重体力劳动或其他有害身体健康工作（以下称特殊工种）的，退休年龄为男年满55周岁、女年满45周岁；因病或非因工致残，由医院证明并经劳动鉴定委员会确认完全丧失劳动能力的，退休年龄为男年满50周岁、女年满45周岁。

按国家有关规定办理提前退休的范围仅限定为：国务院确定的111个优化资本结构试点城市的国有破产工业企业中距法定退休年龄不足5年的职工；3年内有压锭任务的国有纺织企业中，符合规定条件的纺纱、织布工种的挡车工。但此项规定与前款规定不能同时适用于同一名职工。

对国家关于企业职工退休年龄和条件的规定，各地区、各部门和企业及职工必须认真执行，不得随意降低，严禁扩大适用范围。今后，凡是违反国家规定办理提前退休、退职的企业，要追究有关领导和当事人的责任，已办理提前退休、退职的职工要清退回企业。

二、规范退休审批程序，健全审批制度

（一）加强企业职工退休审批工作的管理。各地区要严格按《通知》规定的企业职工退休、退职审批权限，规范企业职工退休审批工作。要建立审批工作制度，规范审批程序，加强对审批工作的监督。

（二）对职工出生时间的认定，实行居民身份证与职工档案相结合的办法。当本人身份证与档案记载的出生时间不一致时，以本人档案最先记载的出生时间为准。要加强对居民身份证和职工档案的管理，严禁随意更改职工出生时间和编造档案。

（三）职工因病或非因工致残完全丧失劳动能力，统一由地市级劳动保障部门指定的县级以上医院负责医疗诊断，并出具证明。非指定医院出具的证明一律无效。

地市级劳动鉴定委员会负责定期审核指定医院开具的诊断证明，作出鉴定结论。职工因病或非因工致残完全丧失劳动能力的鉴定标准，暂按《职工工伤与职业病致残程度鉴定标准（GB/T16180-1996）（1—4）级》执行，省级劳动保障部门可根据本地区实际情况，作出补充规定。

（四）劳动保障部门要加强对特殊工种的管理和审批工作。设有特殊工种的企业，每年要向地市级劳动保障部门报送特殊工种名录、实际用工人数及在特殊工种岗位工作的人员名册及其从事特殊工种的时间。按特殊工种退休条件办理退休的职工，从事高空和特别繁重体力劳动的必须在该工种岗位上工作累计满 10 年，从事井下和高温工作的必须在该工种岗位上工作累计满 9 年，从事其他有害身体健康工作的必须在该工种岗位上工作累计满8年。

原劳动部和有关行业主管部门批准的特殊工种，随着科技进步和劳动条件的改善，需要进行清理和调整。新的特殊工种名录由劳动保障部会同有关部门清理审定后予以公布，公布之前暂按原特殊工种名录执行。

三、按照国家有关规定，严格核定提前退休人员的待遇

对于因病或非因工致残退休和按111个“优化资本结构”试点城市的国有破产工业企业的有关规定提前退休的人员，其养老金按《国务院关于建立统一的企业职工基本养老保险制度的决定》（国发〔1997〕26号）规定的办法计发，按新办法计发的养老金低于老办法的部分不予弥补。对于按纺织企业提前退休规定办理退休的人员，要按照劳动保障部、国家经贸委《关于切实做好纺织行业压锭减员分流安置工作的补充通知》（劳社部发〔1998〕6号）的规定减发养老金。

四、集中力量，按期完成清理提前退休的工作

各省、自治区、直辖市和行业主管部门要按照《通知》要求，按期完成对企业职工提前退休、退职情况的清理工作。企业要开展自查，劳动保障部门负责监督检查，对违反国家规定办理的提前退休要严格按规定进行纠正。对存在问题而不主动进行清理的企业，要对有关领导和责任人进行通报批评。在清理工作中，要做好企业职工和退休、退职人员的思想政治工作，讲清道理，争取他们的理解、支持和配合。对被清理的人员要妥善安置，保证职工队伍的稳定。各地区、各部门要将清理情况和下一步加强管理的措施及处理结果写出书面报告，并填报《清查和纠正1998年违规办理提前退休统计表》（附后），一并于5月10日前报送劳动保障部，由劳动保障部汇总后上报国务院。

五、加强领导，切实做好企业职工退休审批管理工作

各地区、各部门要充分认识做好企业职工退休、退职审批管理工作的重要性和违反国家规定提前退休、退职的危害性，切实加强领导，将其作为深化企业改革、促进经济发展和维护社会稳定的一项重要工作来抓。劳动保障部门要加强劳动保障监察，定期公布退休、退职审批结果。企业对职工退休、退职的报批要严格把关，切实维护职工参加劳动和享受养老保险的合法权益。

本通知下发后，各地即可恢复职工退休和退职的审批工作。职工从办理退休、退职手续之日起领取养老金。

劳动和社会保障部 财政部关于建立基本养老保险省级统筹制度有关问题的通知

（1999年12月30日 劳社部发〔1999〕37号）

各省、自治区、直辖市劳动（劳动和社会保障）厅（局），财政厅（局）：

党的十五届四中全会通过的《中共中央关于国有企业改革和发展若干重大问题的决定》提出，要“进一步完善基本养老保险省级统筹制度，增强基金调剂能力”。为贯彻落实中央决定精神，加快建立和完善企业职工基本养老保险省级统筹制度（以下简称省级统筹），现就有关问题通知如下：

一、各省、区、市要认真贯彻落实《国务院关于实行企业职工基本养老保险省级统筹和行业统筹移交地方管理有关问题的通知》（国发〔1998〕28号）精神，加快建立省级统筹制度，在省、区、市范围内统一管理和调度使用基本养老保险基金，统一企业和职工个人缴纳基本养老保险费的缴费基数和缴费比例，统一基本养老金的支付项目、计发办法和调整制度。尚未实现省级统筹的省份，须建立健全省级调剂金办法，并积极采取切实有效措施，逐步建立省级统筹制度。

二、各地要严格按照国家和省级政府规定的统筹项目和办法计发基本养老金，地（市）和企业自行增加的项目和提高的标准，不能作为省级统筹支付项目。目前仍实行职工工资总额和离退休费总额两个基数或按两项之和为基数缴纳基本养老保险费的地区，从2000年起改为按职工工资总额为基数缴纳基本养老保险费。要通过扩大基本养老保险覆盖范围、加强基金征缴和提高个人缴费比例等措施，逐步降低和统一企业缴费比例。目前在全省范围内统一企业缴费比例确有困难的，可由省级人民政府根据所辖地区经济发展和基本养老保险负担水平等因素划分若干档次（最多不超过5个），在条件相近的地区实行同一缴费比例，经过调整，逐步达到统一。

三、实行省级调剂金制度的地区，要在2000年内取消县（市）统筹，改为地（市）统筹或省级调剂；省级调剂金筹集规模应以保证全省、区、市企业离退休人员基本养老金按时足额发放为原则，筹集比例由各省、区、市人民政府确定。各省、区、市要严格执行基本养老保险基金收支预决算管理，通过核定地（市）基本养老保险基金收支计划、严格执行基金上解下拨计划等措施和手段，保证省级调剂金上解到位。地（市）上缴调剂金后超计划征缴的基金，可全部或大部分留存在地（市），由地（市）管理和调剂使用；地（市）超计划支付的基金，主要由地（市）用留存的基金弥补，不足部分由同级政府解决。

要制定省级调剂金的管理使用办法，提高管理使用的透明度。调剂金的使用要与以下指标挂钩：（1）应缴省级调剂金上解率；（2）基本养老保险覆盖率；（3）基金征缴率；（4）基本养老金社会化发放率；（5）基本养老保险替代率；（6）企业欠费追缴率及挤占挪用基金回收率等。省级社会保险经办机构每年应向地（市）公布省级调剂金的收入、支出和结余情况。省级直接经办的基本养老保险基金应与省级调剂金分账管理。

四、各地要严格执行党中央、国务院关于将原行业统筹企业移交地方管理的有关决定，将原行业统筹企业纳入省级统筹，并在省级范围内实行基金调剂，确保其离退休人员基本养老金由省级社会服务机构按时足额发放，任何地区不得对原行业统筹企业实行封闭运行。

五、各级劳动保障部门要积极争取政府的支持，认真做好省级统筹以及扩大基本养老保险覆盖范围、强化基本养老保险基金全额征缴和确保基本养老金发放等项工作。各级劳动保障部门和财政部门要相互支持，加强合作。财政部门对社会保险经办机构的人员经费和各项业务经费给予必要的保证，并积极创造条件，支持省级统筹制度的建立。

各省、区、市规范省级统筹和建立省级调剂金的方案及具体实施办法要报劳动保障部和财政部备案。

劳动和社会保障部办公厅关于兼并破产企业职工提前退休问题的函

（2000年5月25日　劳社厅函〔2000〕69号）

江苏省劳动厅：

你厅《关于企业兼并破产和职工再就业有关问题的请示》（苏劳〔2000〕2号）收悉。经研究，现答复如下：

关于执行兼并破产企业职工提前退休政策的范围，原则上应按国务院有关规定严格掌握，不能任意扩大。考虑到目前国家确定的兼并破产项目中，有色、煤炭、核工业资源枯竭矿山和军工企业大多地处偏远，接近法定退休年龄的职工安置难度比较大，根据国务院领导的指示精神，可将破产企业职工提前5年退休政策的适用范围，扩大到经国务院批准的兼并破产项目中非试点城市的有色、煤炭、核工业资源枯竭矿山和地处偏远的军工企业。

劳动和社会保障部办公厅关于职工从事特殊工种的工作年限折算工龄问题的函

（2000 年 11 月 30 日　劳社厅函〔2000〕143 号）

山西省劳动和社会保障厅：

你厅《关于职工从事特殊工种的工作年限折算工龄问题的请示》（晋劳社险函字〔2000〕06 号）收悉，经研究，现函复如下：

在进行社会统筹与个人账户相结合的基本养老保险制度改革、建立个人账户之前，职工从事国家确定的特殊工种的工作年限是否折算工龄和视同缴费年限，可根据本省养老保险制度改革的实际情况自行确定。如果折算工龄，其折算后增加的视同缴费年限，最长不得超过 5 年。实行基本养老保险制度改革并建立个人账户之后，职工从事特殊工种的工作年限在计发养老保险待遇时不应再折算工龄。

劳动和社会保障部办公厅关于退休人员被判刑后有关养老保险待遇问题的复函

（2001年3月8日　劳社厅函〔2001〕44号）

黑龙江省劳动和社会保障厅：

你厅《关于已领取养老金人员涉嫌犯罪被通缉或在押未定罪期间养老金发放问题的请示》（黑劳社呈〔2001〕5号）收悉。经研究，现答复如下：

退休人员被判处拘役、有期徒刑及以上刑罚或被劳动教养的，服刑或劳动教养期间停发基本养老金，服刑或劳动教养期满后可以按服刑或劳动教养前的标准继续发给基本养老金，并参加以后的基本养老金调整。退休人员在服刑或劳动教养期间死亡的，其个人账户储存额中的个人缴费部分本息可以继承，但遗属不享受相应待遇。退休人员被判处管制、有期徒刑宣告缓刑和监外执行的，可以继续发给基本养老金，但不参与基本养老金调整。退休人员因涉嫌犯罪被通缉或在押未定罪期间，其基本养老金暂停发放。如果法院判其无罪，被通辑或羁押期间的基本养老金予以补发。

劳动和社会保障部办公厅关于企业职工“法定退休年龄”涵义的复函

（2001年5月11日　劳社厅函〔2001〕125号）

北京市劳动和社会保障局：

你局《关于请求对“法定退休年龄”概念予以解释的请示》（京劳社办文〔2001〕27号）收悉。经研究，答复如下：

1999年3月我部下发的《关于制止和纠正违反国家规定办理企业职工提前退休有关问题的通知》（劳社部发〔1999〕8号）中，“国家法定的企业职工退休年龄”，是指国家法律规定的正常退休年龄，即：“男年满60周岁，女工人年满50周岁，女干部年满55周岁”。请你们按此精神解释执行。

劳动和社会保障部办公厅关于对扣发离退休人员基本养老金抵偿债务问题的复函

（2002年2月4日　劳社厅函〔2002〕27号）

重庆市劳动和社会保障局：

你局《关于养老保险经办机构能否协助法院扣发离退休人员养老金抵偿债务的请示》（渝劳社文〔2001〕72号）收悉。经研究，答复如下：

基本养老金是保障离退休人员的“养命钱”，离退休人员能否按时足额领取养老金直接关系到离退休人员的合法权益和社会稳定。同时，基本养老金在发放给离退休人员之前，仍属于养老保险基金，任何单位不得查封、冻结和划扣。最高人民法院《关于在审理和执行民事、经济纠纷案件时不得查封、冻结和扣划社会保险基金的通知》（法〔2000〕19号）对此也作出了相应规定。社会保险经办机构作为法定授权的社会保险基金收支、管理和运营机构，承担着将基本养老金按时足额发放给离退休人员的职能，社会保险经办机构不能直接扣发离退休人员基本养老金抵偿法院判决的债务。

劳动和社会保障部关于破产企业一次性安置人员再就业后工龄计算问题的复函

（2002年5月20日　劳社厅函〔2002〕179号）

青海省劳动和社会保障厅：

你厅《关于破产企业一次性安置人员再就业后工龄计算问题的请示》（青劳社厅发〔2002〕28号）收悉。经研究，现答复如下：

关于破产企业领取一次性安置费的人员再就业后工龄计算问题，同意你厅意见，即其原在国有企业的工龄及再就业后的工龄可合并计算为连续工龄。但在重新就业的单位与职工解除劳动关系支付经济补偿金时，原单位的工作年限不计算为新单位的工作年限。

劳动和社会保障部关于贯彻落实中办发〔2003〕16号文件有关问题的通知

（2003年6月30日　劳社部发〔2003〕20号）

各省、自治区、直辖市劳动和社会保障厅（局）：

为贯彻落实《中共中央办公厅国务院办公厅关于转发劳动和社会保障部等部门〈关于积极推进企业退休人员社会化管理服务工作的意见〉的通知》（中办发〔2003〕16号，以下简称《通知》，现就有关问题通知如下：

一、认真组织学习

各级劳动保障部门要认真组织学习《通知》，充分认识做好企业退休人员社会化管理服务工作是学习贯彻“三个代表”重要思想的具体实践，是建立独立于企事业单位之外的社会保障体系的重要内容，也是切实保障企业退休人员晚年生活幸福、安定的重要举措，进一步增强责任意识和紧迫感，切实把这项工作摆上重要位置，自觉按照《通知》的部署和要求，加强组织领导，加快实施步伐，尽快取得成效。

二、抓紧制定工作方案

各地要根据《通知》要求，认真分析本地开展企业退休人员社会化管理服务工作的情况，总结经验，找出问题与差距，抓紧与有关部门、单位共同研究制定工作方案，报党委、政府批准后尽快组织实施。要建立工作目标责任制，主要领导亲自抓，科学组织和调配工作力量，确保年底前完成全国企业退休人员社会化管理率达到80%的目标任务。各省、自治区、直辖市和全国重点联系城市的工作方案，请于7月底前上报我部。

三、指导街道社区加快推进劳动保障工作平台建设

街道社区劳动保障工作平台是开展企业退休人员社会化管理服务的重要载体。各级劳动保障部门要指导街道劳动保障事务机构和社区服务人员把企业退休人员社会化管理服务作为一项主要任务，切实抓好落实。要帮助街道社区搞好统筹规划和安排，按照《通知》的要求全面落实社会化管理服务的工作内容。目前难以全部落实到位的，今年下半年要首先重点抓好4件事：一是建立企业退休人员基本信息库，二是向企业退休人员发放社会化管理服务联系卡，三是指导企业退休人员建立自我管理和互助服务组织，四是开展领取养老金资格认证工作。在此基础上再进一步扩展工作内容，并逐步加以规范和完善，尚未完成街道社区工作平台建设任务的地区，要抓住当前有利时机，抓紧把机构、人员和经费等工作条件落实到位，尽快把社会化管理服务工作开展起来。对街道不具备集中管理企业退休人员人事档案条件的，可以由市或区统一集中管理。

四、建立社会化管理服务工作月调度和情况通报制度

各地的工作进度和情况每月要及时上报部社会保险事业管理中心。对各地工作进展情况，我部每月将通过劳动和社会保障工作信息进行通报，并定期在中央新闻媒体发布排行榜。各地也要搞好月调度和情况通报工作，及时表扬先进，督促后进，形成互相学习、你追我赶的工作氛围。同时，要通过定期召开联席会、通气会等形式及时与有关部门、单位沟通情况，统一思想，形成合力，推进工作。

五、切实维护社会稳定

实行社会化管理服务是企业退休人员管理体制的一项变革，涉及企业退休人员的切身利益，必须深入细致地做好各项有关工作，实现平稳过渡，保持社会稳定。要从本地社区建设和企业分布的实际情况出发，因地制宜、分类指导，按照《通知》的要求，通过多种形式推进社会化管理服务工作。要耐心细致地做好企业退休人员的思想工作，注意把解决思想问题与解决实际问题结合起来。在企业退休人员向街道社区移交的过程中，要注意组织协调街道、社区和企业共同做好工作，并落实好企业在一定时期内应继续承担的责任，避免发生管理服务工作脱节、断档的问题。

六、积极做好宣传工作

各地要制订宣传工作计划，近期要通过开展宣传咨询活动，在报刊、电台、电视台广泛宣传企业退休人员管理服务社会化的重要意义和有关政策规定。要区别不同对象，有针对性地开展宣传：对企业重点宣传社会化管理服务对建立和完善社会保障体系、解决企业办社会问题的重要性，要求其做好配合工作；对街道、社区重点宣传这是促进经济和社会发展的重要举措，是城乡基层组织的一项新的重要职责；对企业退休人员重点宣传这项工作对于从根本上保障他们晚年生活的重要作用，通俗、具体地介绍有关政策措施，生动、直观地报道已经纳入社区管理的企业退休人员生活、学习等方面的情况，消除企业退休人员的思想顾虑，使他们在思想和行动上积极支持配合这项工作。

七、适时组织检查评估

各级劳动保障部门要切实加强对企业退休人员社会化管理服务工作的检查和指导，及时发现和解决工作推进过程中出现的问题，保证工作质量。在工作开展起来以后，各地要按照部里统一要求，适时组织检查评估（有关评估内容见附件）。今年第四季度，部里将组织力量对部分地区的工作情况进行督查。

企业退休人员社会化管理服务评估内容

为推进和规范企业退休人员社会化管理服务工作，组织好检查评估活动，提出以下评估内容：

一、街道（乡镇）设立或确定的劳动保障事务机构，设有负责企业退休人员社会化管理服务的专门工作人员，在社区聘用服务人员，落实人员经费和工作经费。

由社会保险经办机构管理或依托企业进行管理的，要设立或确定专门机构，对企业退休人员实行集中管理。设在企业的管理服务机构，要由社会保险经办机构统一挂牌。

二、街道劳动保障事务机构有固定的办公场所，有条件的地区要专门配备计算机。

三、建立健全各项工作制度。明确企业退休人员社会化管理服务工作的岗位职责、管理制度，工作标准和工作程序，并在办公场所公示。

四、开展以下社会化管理服务工作：

1. 企业退休人员基本养老金实行社会化发放。

2. 企业退休人员的人事档案、基本信息实行社会化管理。有条件的街道（乡镇）劳动保障事务机构可按档案管理的有关规定接收和管理退休人员档案，暂不具备条件的可先建退休人员基本信息库（表）。社区建立退休人员基本信息册（表、卡）。

3. 向企业退休人员发放社会化管理服务联系卡。

4. 在企业退休人员中建立自我管理和互助服务组织。

5. 为企业退休人员中的党员接转组织关系，组织他们参加街道（乡镇）、社区党组织活动。

6. 提供社会保险查询服务。

7. 掌握企业退休人员生存和流动状况，开展领取养老金资格认证工作。

8. 协助社区医疗服务机构为企业退休人员提供医疗卫生服务。

9. 组织企业退休人员开展文化、体育活动。

10. 协助死亡退休人员的家属申领丧葬补助金和遗属津贴。

劳动和社会保障部等部门关于监狱企业工人参加企业职工基本养老保险有关问题的通知

（2005年11月1日　劳社部发〔2005〕25号）

各省、自治区、直辖市人民政府：

为适府监狱系统改革和发展的需要，切实解决监狱企业工人的养老保障问题，经请示国务院同意，现就监狱企业工人参加企业职工基本养老保险有关问题通知如下：

一、从2006年1月1日起，监狱企业及其工人参加当地企业职工基本养老保险，执行当地统一的企业职工基本养老保险政策。在通知下发前已将监狱企业及其工人纳人当地企业职工基本养老保险范围的，要进一步规范相完善政策。

二、监狱系统所属企业原则上可作为一个单位参加当地企业职工基本养老保险，并实行省级管理。监狱企业已参加所在市、县企业职工基本养老保险的，原则上可不再改变。具体由各省（自治区、直辖市）研究确定。

三、监狱企业工人参加当地企业职工基本养老保险后，1998年1月1日以前的连续工龄视同缴费年限；是否从1998年1月1日起补建个人账户并补缴基本养老保险费，由各省（自治区、直辅市）决定。已经实行监狱系统养老保险内部统筹并实行个人缴费的地区，原则上不再补缴基本养老保险费；未实行个人缴费的由各省（自治区、直辖市）决定是否补缴个人缴费部分。同时，各地要组织对监狱系统内部统筹期间的基金财务等情况进行清理。

四、已参加机关事业单位养之保险制度改革试点的监狱企业及其工人（不含纳入行政事业序列并由财政全额保障经费的工勤人员）。要逐步纳入当地企业职工基本养老保险。各地要参照劳动和社会保障部、国家经济贸易委员会、科学技术部、财政部《关于国家经贸委管理的10个国家局所属科研机构转制后有关养老保险问题的通知》（劳社部发〔2000〕2号）关于待遇过渡和衔接的精神，结合本地实际制定具体过渡办法。

五、监狱企业及其工人执行当地统一的企业职工基本养名保险缴费比例。单位缴费基数原则上为本单位工资总额。如单位工资总额低于全部参保职工个人缴费工资之和的，以全部参保职工个人缴费工资之和作为缴费基数。各地要采取有效措施，确保监狱企业基本养老保险费应收尽收，以及退休人员基本养老金的按时足额发放。

六、监狱刑满留厂（场）就业老残人员继续按财政部、司法部《关于印发〈监狱基本支出经费标准〉的通知》（财行〔2003〕11号）的有关规定执行，不纳入当地企业职工基本养老保险范围。

七、对参保前已退休人员的基本养老金，由劳动保障部门按照企业基本养老金计发办法的有关规定和统筹项目核定，核定后的基本养老金水平低于原待遇的差额部分由原所在监狱企业负担。参保后退休的人员，执行当地统一的企业退休人员基本养老金计发办法。今后，监狱企业退休人员的基本养老金按国家规定的企业退休人员基本养老金调整办法进行调整。

八、对监狱企业参加当地企业职工基本养老保险后出现的基金收支缺口，由地方各级政府通过加大基金调剂力度、调整财政支出结构等措施加以解决。中央财政在安排对地方养老保险专项转移支付资金时统筹予以考虑。

九、各地要认真按照司法部、财政部、人事部《关于监狱单位工人岗位分类设置和管理的通知》（司发通〔2004〕29号）

和司法部《关于监狱单位工人分类管理的实施意见》（司发通〔2004〕40号）的有关规定，进一步规范监狱单位工人分类管理工作，实行并加强劳动合同管理，以适应监狱企业工人参加企业职工基本养老保险的要求。

十、司法部劳教系统所属企业及其工人参加企业职工基本养老保险，由各省（自治区、直辖市）参照本通知组织实施。

十一、监狱企业工人参加企业职工基本养老保险工作政策性强，事关监狱系统的改革、发展和稳定。各省（自治区、直辖市）劳动保障、财政、司法厅（局），要在当地人民政府的领导下，认真贯彻落实国家有关政策规定，密切配合，结合当地实际制定具体实施办法，并于2005年底前报劳动保障部、财政部、司法部备案。在执行中遇有重大问题，要及时报告。

劳动和社会保障部关于贯彻落实国务院完善企业职工基本养老保险制度决定的通知

（2005年12月15日　劳社部发〔2005〕31号）

各省、自治区、直辖市劳动和社会保障厅（局）：

完善企业职工基本养老保险制度是实现养老保险可持续发展的需要，是推进社会保障体系建设的重要内容，是全面落实科学发展观和构建社会主义和谐社会的重大举措。在总结东北试点经验和深入调研论证的基础上，国务院发布实施《国务院关于完善企业职工基本养老保险制度的决定》（国发〔2005〕38号，以下简称《决定》）。为做好《决定》的贯彻落实工作，现就有关问题通知如下：

一、认真学习领会《决定》精神

《决定》立足当前，着眼长远，明确了完善企业养老保险制度的指导思想、主要任务和政策措施。各级劳动保障部门要认真组织学习，深刻领会《决定》精神，把思想和行动统一到国务院的决策和部署上来，进一步提高对完善企业养老保险制度重要性、必要性和紧迫性的认识，增强贯彻《决定》的坚定性和自觉性，抓住机遇，乘势而上，努力推动企业养老保险工作取得新的发展。

二、抓紧研究制定实施意见

各地要按照《决定》提出的各项任务和要求，抓紧研究制定具体的实施意见，对组织领导、任务安排、量化指标、工作进度、配套措施、监督检查等作出具体安排。要加强对基层的工作指导和督促检查，及时解决贯彻实施中的具体问题。各地贯彻落实《决定》的实施意见，报经省级人民政府批准后，请于2006年1月底前报劳动保障部备案。

三、不断扩大养老保险覆盖范围

扩大养老保险覆盖范围，是维护广大职工社会保障权益的需要，也是养老保险制度健康运行的基础。各地要以非公有制企业、城镇个体工商户和灵活就业人员为重点，统一规范政策，加大工作力度，改进管理服务方式，使更多的人参加养老保险。“十一五”期间，参保人数每年要新增1000万人以上，年增长率保持在6%以上，期末要超过2.2亿人，部里将按年度下达各地任务指标。

四、稳妥改革基本养老金计发办法

计发办法改革是完善企业养老保险制度的重要内容，涉及参保职工的切身利益，必须积极稳妥地进行。各地要按照新的计发办法规定，进行认真细致的测算，并结合本地实际研究制定“中人”的过渡办法，确保新老退休人员待遇水平的合理衔接和新老计发办法的平稳过渡。各地的过渡办法经省级人民政府批准后，于2006年6月底前报劳动保障部、财政部备案，在2006年底前全部实行新的基本养老金计发办法。

五、统一调整基本养老保险个人账户规模

各地要从2006年1月1日起，将个人账户规模统一由本人缴费工资的11%调整为8%。目前职工个人缴费比例尚未达到8%的地区，要统一提高到8%。各地社会保险经办机构要认真做好个人账户记录，认真清理审核个人账户数据，实现个人账户的规范化管理。

六、做好扩大做实个人账户试点工作

做实个人账户，积累基本养老保险基金，是应对人口老龄化的重要举措，也是实现企业职工基本养老保险制度可持续发展的重要保证。经国务院批准作为扩大做实个人账户试点的地区，要抓紧制定试点实施方案，落实好地方配套资金，经省级人民政府同意，报经国务院批准后认真组织实施。要做好个人账户基金的归集、管理、运营工作，做到账账相符、账实相符、记账到人。东北三省要继续做好做实个人账户工作，不断规范和完善个人账户管理办法，并注意总结试点经验。

七、深入开展宣传解释工作

各地要按照部里印发的完善企业职工基本养老保险制度宣传提纲，结合本地实际，坚持全面、及时、准确的原则，贴近实际，贴近群众，多种形式、多种渠道开展宣传工作。要宣传党中央、国务院对社会保障工作的重视和关心，宣传完善企业养老保险制度取得的成绩，宣传实施《决定》的意义和主要内容。要正确引导舆论，做好宣传解释工作，帮助职工群众全面准确地了解完善企业养老保险制度的各项政策，自觉地支持和参与改革，努力营造良好的社会氛围。

八、大力抓好业务培训工作

完善企业养老保险制度涉及内容多，情况复杂，政策性、专业性和技术性都很强，必须切实加强培训工作。部里将分别举办改革基本养老金计发办法和做实个人账户培训班，对地市级以上劳动保障部门及社会保险经办机构的业务骨干进行培训。各地也要结合实际，集中开展不同层次的业务培训工作，全面、准确掌握政策，提高贯彻《决定》的政策水平和业务能力。

九、切实加强基金管理和监督

加强养老保险基金管理和监督，是维护广大职工养老保险权益和实现养老保险制度稳定运行的重要保证。各地要切实加强养老保险基金管理和监督，建立健全制度，完善工作机制，严禁发生新的挤占挪用。要建立健全社会保障监督委员会，充分发挥决策、协调和议事作用。要加强社会保险基金监督机构建设，调整充实专业人员，完善协同监管机制，保证基金管理监督制度的顺利实施。劳动保障部将会同有关部门研究制定个人账户基金投资管理办法，报国务院批准后实施。

十、努力维护社会稳定

完善企业养老保险制度，关系亿万职工的切身利益，事关改革发展稳定的大局。各级劳动保障部门要高度重视，加强领导，精心组织实施，及时向党委政府报告《决定》贯彻实施情况，在党委政府的领导下，加强与有关部门的协调配合，组织各方面力量，全力以赴抓好落实。要继续将确保基本养老金按时足额发放作为首要任务，不得发生新的拖欠。要总结先进经验，推广好的典型，及时研究解决《决定》贯彻落实中出现的新情况、新问题，重要情况和重大问题请及时报告劳动保障部。

劳动和社会保障部 民政部关于社会组织专职工作人员参加养老保险有关问题的通知

（2008年3月18日 劳社部发〔2008〕11号）

各省、自治区、直辖市劳动和社会保障厅（局）、民政厅（局），新疆生产建设兵团劳动和社会保障局、民政局：

为进一步完善社会保障体系，扩大养老保险覆盖面，促进社会组织的健康发展，维护劳动者的合法权益，根据国家有关政策规定，现就社会组织专职工作人员参加养老保险的有关问题通知如下：

一、凡依法在各级民政部门登记的社会团体（包括社会团体分支机构和代表机构）、基金会（包括基金会分支机构和代表机构）、民办非企业单位、境外非政府组织驻华代表机构及其签订聘用合同或劳动合同的专职工作人员（不包括兼职人员、劳务派遣人员、返聘的离退休人员和纳入行政事业编制的人员），按属地管理原则，参加当地企业职工基本养老保险。

二、尚未参加企业职工基本养老保险的社会组织，应在当地规定的时间内，持民政部门颁发的《社会团体法人登记证书》、《社会团体分支机构、代表机构登记证书》、《基金会法人登记证书》、《基金会分支机构、代表机构登记证书》、《境外基金会代表机构登记证书》或《民办非企业单位登记证书》及参保所需的文件材料，到住所所在地社会保险经办机构办理社会保险登记手续，参加企业职工基本养老保险。本通知下发之后成立的社会组织，应当自登记注册之日起30日内办理社会保险登记手续，参加企业职工基本养老保险。

三、社会组织及其专职工作人员应按规定缴纳基本养老保险费，其中社会组织的缴费基数为全部参保专职工作人员个人缴费工资之和。

四、社会组织及其专职工作人员在本通知下发前签订聘用合同或劳动合同的，可按当地有关规定补缴基本养老保险费。

五、社会组织专职工作人员曾在机关事业单位工作的，其符合国家规定的工作年限视同为基本养老保险缴费年限；曾在企业或以个人身份参保的，要按有关规定做好养老保险关系的接续工作。

六、鼓励有条件的社会组织按照有关规定为专职工作人员建立年金制度，以提高工作人员退休后的保障水平。

切实做好社会组织专职工作人员参加养老保险的工作，对保障他们的合法权益、构建和谐社会具有重要意义。各级劳动和社会保障、民政部门要密切配合，认真贯彻落实国家有关政策规定，做好组织实施工作。

人力资源和社会保障部、民政部关于鼓励社会团体、基金会和民办非企业单位建立企业年金有关问题的通知

（2013年7月15日　人社部发〔2013〕51号）

各省、自治区、直辖市及新疆生产建设兵团人力资源社会保障厅（局）、民政厅（局）：

近年来我国社会团体、基金会和民办非企业单位（以下简称社会组织）发展迅速，为提升社会管理和公共服务，促进文化繁荣发展发挥了积极的作用。为进一步推动社会组织健康发展，更好地保障社会组织工作人员退休后的生活，根据《企业年金试行办法》（劳动和社会保障部令第20号）、《企业年金基金管理办法》（人力资源和社会保障部令第11号）、《关于企业年金方案和基金管理合同备案有关问题的通知》（劳社部发〔2005〕35号）、《关于企业年金集合计划试点有关问题的通知》（人社部发〔2011〕58号）有关规定，现就社会组织建立企业年金有关问题通知如下：

一、已经依法参加企业职工基本养老保险并履行缴费义务的社会组织，可以建立企业年金。其中工作人员较少的社会组织可以参加企业年金集合计划。

二、社会组织建立企业年金，应当由社会组织与本单位工会或职工代表通过集体协商确定，并制定企业年金方案。企业年金方案草案应当提交职工大会或职工代表大会讨论通过，并由集体协商双方首席代表签字后，形成拟报备的企业年金方案。

三、社会组织建立企业年金所需费用由社会组织和工作人员

共同缴纳。社会组织缴费每年不超过本单位上年度工作人员工资总额的十二分之一，列支渠道按国家有关规定执行。社会组织缴费和工作人员个人缴费合计一般不超过本单位上年度工作人员工资总额的六分之一，工作人员个人缴费可以由社会组织从工作人员个人工资中代扣。

四、社会组织的企业年金方案应规定社会组织缴费计入工作人员企业年金个人账户的比例，可以综合考虑工作人员个人贡献、年龄等因素确定不同的计入比例，但差距不宜过大。

五、社会组织的企业年金方案应当报送所在地区县级以上地方人力资源社会保障行政部门备案。全国性社会组织的企业年金方案，报送人力资源社会保障部备案。社会组织参加企业年金集合计划可以由集合计划受托人报人力资源社会保障行政部门备案。

六、社会组织的企业年金基金，应当按照《企业年金基金管理办法》的规定，签订受托管理合同和委托管理合同，委托具有企业年金基金管理资格的机构，实行市场化投资运营。受托管理合同和委托管理合同，应当按有关规定报人力资源社会保障行政部门备案。

七、为规范管理，本通知发布前已经建立补充养老保险的社会组织，可按照本通知要求，对原有计划进行调整，逐步将原补充养老保险存量资金纳入企业年金管理。

八、各级人力资源社会保障行政部门要做好社会组织企业年金方案及管理合同备案工作，并负责对社会组织加入企业年金计划后的实施情况进行监督检查。各级民政部门可将企业年金实施情况作为社会组织评估工作的考量指标之一。

境外非政府组织驻华代表机构建立企业年金参照本通知执行。

人力资源和社会保障部办公厅关于印发《扩大企业年金基金投资范围和企业年金养老金产品有关问题政策释义》的通知

（2014 年 3 月 13 日　人社厅发〔2014〕35 号）

各省、自治区、直辖市及新疆生产建设兵团人力资源社会保障厅（局），各计划单列市人力资源社会保障局，各企业年金基金管理机构：

关于扩大企业年金基金投资范围的通知》（人社部发〔2013〕23 号，以下简称 23 号文件）和《关于企业年金养老金产品有关问题的通知》（人社部发〔2013〕24 号，以下简称 24 号文件）发布后，对拓宽企业年金基金投资渠道，提高投资效率发挥了重要作用。为进一步推动两个文件的贯彻执行，经商银监会、证监会和保监会同意，我们制定了《扩大企业年金基金投资范围和企业年金养老金产品有关问题政策释义》，现印发你们，请认真贯彻执行。

扩大企业年金基金投资范围和企业年金养老金产品有关问题政策释义

一、23 号文件第三条、第四条、第五条，24 号文件第二条第（二）款 3，专门投资组合的涵义：

专门投资组合是指将 80%以上非现金资产投资于商业银行理财产品、信托产品、基础设施债权投资计划、特定资产管理计划或者商业银行理财产品型、信托产品型、基础设施债权投资计划型、特定资产管理计划型养老金产品中的一类产品而专门设立的投资组合。

二、24 号文件第二条第（一）款 3，专门投资组合的属性：

专门投资组合属于固定收益类组合，不得投资于股票基金、混合基金、投资连结保险产品（股票投资比例高于 30%）、二级市场股票、股指期货及股票型养老金产品等权益类产品。

三、23 号文件第二条第（一）款，24 号文件第二条第（一）款，养老金产品的流动性：

为了满足直接配置混合型、固定收益型养老金产品的需要，确保流动性符合规定比例，混合型、固定收益型（商业银行理财产品型、信托产品型、基础设施债权投资计划型、特定资产管理计划型除外）养老金产品，投资银行活期存款、中央银行票据、一年期以内（含一年）的银行存款、债券回购、货币市场基金的比例，合计不得低于产品资产净值的 5%。其余类型养老金产品和专门投资组合主要用于大类资产配置，可以不受 5% 流动性资产的比例限制，但应确保赎回的需要，减少净值波动。

四、24 号文件第五条第（二）款，企业年金计划资产投资养老金产品的流动性：

企业年金计划资产投资养老金产品的，应当按照 11 号令及 23 号文件的规定，确保流动性资产的比例不低于企业年金计划资产净值的 5%。

五、23 号文件第五条，24 号文件第二条第（二）款 2，单个企业年金计划基金资产投资比例：

单个企业年金计划基金资产，投资商业银行理财产品型、信托产品型、基础设施债权投资计划型、特定资产管理计划型养老金产品，以及专门投资组合的比例，合计不得高于企业年金计划基金资产净值的 30%。其中，投资信托产品型养老金产品及信托产品型专门投资组合的比例，合计不得高于企业年金计划基金资产净值的 10%。

六、23号文件第三条，24号文件第二条第（二）款3，单个投资组合委托投资资产投资比例：

单个投资组合的委托投资资产，投资商业银行理财产品型、信托产品型、基础设施债权投资计划型、特定资产管理计划型养老金产品，以及商业银行理财产品、信托产品、基础设施债权投资计划、特定资产管理计划的比例，合计不得高于投资组合委托投资资产净值的30%。其中，投资信托产品型养老金产品及信托产品的比例，合计不得高于投资组合委托投资资产净值的10%。专门投资组合可以不受此限制。

七、24号文件第六条第（六）款，资产配置比例合规要求：

企业年金计划受托人、投资管理人应当分别从计划和组合层面对企业年金资产进行合理安排，确保资产配置比例符合相关规定，资产流动性满足待遇支付等业务需要。企业年金计划托管人、养老金产品托管人应当做好相应监督工作。

八、23号文件第六条，发行主体：

企业年金基金管理机构的控股子公司，在符合相关金融监管部门规定的前提下，可以作为商业银行理财产品、信托产品、基础设施债权投资计划的发行主体。

九、23号文件第六条第（三）款，大型企业划分标准及投资备案要求：

大型企业划分标准，按照国家统计局《关于印发统计上大中小微型企业划分办法的通知》（国统字〔2011〕75号）执行。

大型企业自身或者其控股子公司的企业年金计划基金资产，投资于该企业或者其控股子公司发行的商业银行理财产品、信托产品、基础设施债权投资计划，投资事项应当事前由该企业向人力资源社会保障部基金监督司备案。备案材料应当包括：本企业属于大型企业的说明函；企业年金计划拟投资产品的合规性说明函；该产品简介及发行主体信息（包括但不限于公司治理、信用评级、投资业绩以及上个会计年度末经审计的净资产等信息）；企业年金计划确认函。

备案材料应当符合监管规定和要求，内容真实准确完整，不存在任何虚假记载、误导性陈述或重大遗漏。人力资源社会保障部基金监督司在收到备案材料 10 日内未提出疑议，即视为通过。人力资源社会保障部基金监督司按照监管规定重点对企业及其子公司的主体资质合规性进行审核，不对该投资产品和投资事项做实质性审核和评估。企业年金受托人、投资管理人应按照法规及文件要求履行好各自职责，确保投资产品和投资事项合规有效，严控风险，托管人负责监督。

十、23 号文件第十条第（二）款，企业年金基金投资特定资产管理计划：

企业年金基金投资特定资产管理计划时，不得投资除股指期货之外的商品期货及金融衍生品。

十一、24 号文件第四条，养老金产品申购、赎回费用：

养老金产品应当免收申购费，可以收取一定的赎回费，赎回费应全部归入养老金产品资产。

十二、24 号文件第四条第（一）款，养老金产品净值计算和会计核算：

投资管理人是养老金产品资产净值计算和产品会计核算的主会计人。与养老金产品有关的会计问题，如投资管理人与托管人充分协商仍无法达成一致意见的，按照投资管理人对产品资产净值的计算结果对外公布，但应当注明该资产净值计算结果未经托管人复核一致。

十三、24 号文件第三条第（三）款、第五条，养老金产品投资人职责：

企业年金计划资产或者企业年金计划投资组合资产投资养老金产品，由企业年金计划受托人或者企业年金计划投资组合投资管理人代为行使养老金产品的投资人职责，作为养老金产品份额持有人。

十四、24号文件第一条第（二）款，第四条第（五）款、第（六）款，养老金产品投资于产品管理人管理的金融产品的收费：

养老金产品投资于同一投资管理人自身管理的金融产品，如万能保险产品、投资连结保险产品、证券投资基金、基础设施债权投资计划、特定资产管理计划等，该部分投资资产在养老金产品层面不再收取投资管理费，投资管理人在养老金产品投资管理合同和托管合同中应当明确包含这一条款。

十五、24号文件第四条第（四）款、第六条第（六）款，养老金产品合规时限要求：

投资管理人应当自养老金产品初始投资运作之日起3个月内使产品的投资范围及比例符合11号令、23号文件、24号文件等法规文件规定及产品合同的约定。因证券市场波动、上市公司合并、产品规模变动等投资管理人之外的因素致使产品投资不符合11号令、23号文件、24号文件等法规文件规定及合同约定的投资比例的，投资管理人应当在可上市交易之日起10个交易日内调整完毕。法律法规或监管部门另有规定的，从其规定。

十六、23号文件第二条第（一）款，24号文件第二条第（一）款4，银行存款流动性界定：

存款期限在一年期以内（含一年）的银行存款（定期存款、协议存款）可视为流动性资产。

十七、24号文件第五条第（二）款，企业年金计划资产投资养老金产品的账户要求：

法人受托机构将受托管理的企业年金基金资产直接分配给养老金产品时，托管人应当单独开立一个投资资产托管账户，专门用于根据法人受托机构的指令通过该账户进行投资养老金产品的资金划拨，法人受托机构和计划托管人分别对该账户的资产单独建账、独立核算，并进行信息报告，托管人应当定期与受托人核对该账户资产净值等账务，与账户管理人核对资产份额。

十八、23 号文件第七条、第八条、第九条，评级机构：

企业年金投资品种所涉及的评级机构，应当分别符合银监会、证监会、保监会对相关产品评级机构的监管规定。

人力资源和社会保障部办公厅关于进一步做好企业年金方案备案工作的意见

（2014 年 5 月 16 日　人社厅发〔2014〕60 号）

各省、自治区、直辖市及新疆生产建设兵团人力资源社会保障厅（局）：

为贯彻落实党的十八届三中全会决定关于加快发展企业年金、构建多层次社会保障体系的要求，推动用人单位按照国家有关规定建立企业年金，解决目前企业年金方案备案工作中存在的格式不统一、重点内容审核要求不一致、缴费证明出具不规范等问题，不断提高企业年金方案备案工作效率和管理水平，现就进一步做好企业年金方案备案工作提出以下意见：

一、统一企业年金方案范本

针对用人单位建立企业年金计划、下属单位加入集团公司企业年金计划等两种情形，分别实施统一的企业年金方案范本（附件 1）和企业年金方案实施细则范本（附件 2）。各地要指导用人单位按照统一的范本制定企业年金方案（实施细则）。范本的主要内容包括：参加人员、资金筹集与分配、账户管理、权益归属、基金管理、待遇计发和支付方式、方案的调整和终止、组织管理和监督。

用人单位企业年金方案（实施细则）重要条款发生变更的，要修订企业年金方案（实施细则）并重新备案。重要条款变更主要是指用人单位名称、职工参加条件、缴费及分配、权益归属、待遇领取方式等内容发生变化。

二、规范企业年金方案备案材料

各地要指导用人单位按照企业年金备案所需材料（附件3）的要求准备相应的备案材料，并按照规定的期限进行备案。企业年金备案所需材料，是根据用人单位建立企业年金计划、下属单位加入集团公司企业年金计划、企业年金方案（实施细则）重要条款变更、终止企业年金计划等四种情形，分别提出的具体内容要求。

三、明确企业年金方案备案地

各地要按照以下要求确定用人单位企业年金方案的备案地：中央所属大型企业在人力资源社会保障部备案，其他跨省（自治区、直辖市）用人单位在总部所在地省级人力资源社会保障部门备案，省（自治区、直辖市）内跨地区用人单位在总部所在地地市级以上人力资源社会保障部门备案。

用人单位为集团公司的，其下属单位加入集团公司企业年金计划、企业年金方案（实施细则）重要条款变更等，由集团公司在原备案地人力资源社会保障部门备案。

四、把握企业年金方案审核要点

（一）参加人数。参加企业年金职工人数以及占本单位职工总数的比例，比例偏低的应由用人单位作出说明；集团公司下属单位可分批参加集团公司企业年金计划。

（二）用人单位和个人缴费。用人单位和个人的缴费基数及缴费比例；暂停缴费、恢复缴费和补缴的规定；用人单位建立企业年金的时间，不应早于参加企业职工基本养老保险的时间。

（三）用人单位缴费的分配。用人单位缴费划入职工个人账户的分配办法，用人单位可适当向关键岗位和优秀人才等倾斜，但差距不宜过大；企业账户余额的分配方式，应经过集体协商。

（四）待遇的归属和领取。用人单位缴费划入职工个人账户的部分完全归属职工个人的归属期；企业年金的领取条件和方式。

（五）方案调整和终止。企业年金方案（实施细则）调整或终止的规定；对终止的程序、企业账户未归属权益分配、个人账户转移和保留等事宜的规定。

五、规范出具基本养老保险缴费证明

各级社会保险经办机构应在接到用人单位申请出具缴费证明之日起10个工作日内，按照规范的样式（附件5）出具基本养老保险缴费证明；要及时公开经办人姓名、联系方式、受理时间等信息，方便用人单位办理基本养老保险缴费证明。

跨地区用人单位建立企业年金的，其下属单位基本养老保险缴费证明由参保缴费地的社会保险经办机构分别出具。

六、加大企业年金方案备案工作指导力度

各地要高度重视，切实把规范企业年金方案备案工作作为促进企业年金健康发展的重要内容来抓，增强工作的主动性和针对性，加强沟通协调；要通过各类媒体或网络平台等解读企业年金政策，普及建立企业年金的方法和程序，使广大用人单位及其职工了解相关政策和办理流程，引导符合条件的用人单位逐步建立企业年金；要改进工作作风，组织业务培训，不断提高各级管理和经办人员的业务水平；要充分运用网络等形式开展企业年金方案备案工作，鼓励创新工作方式；要结合本地区实际，强化逐级指导，明确要求，落实责任，共同做好企业年金方案备案工作。

七、建立健全企业年金方案备案工作廉政风险防控机制

各地要按照《社会保险工作人员纪律规定》（人社部发〔2012〕99号）要求，建立企业年金方案备案工作风险防控机制，针对企业年金方案备案过程中的风险点，制定有效措施，明确相关责任，杜绝腐败行为。同时，加强廉政教育，做好廉政风险防控工作，树立社会保险工作人员良好形象。

各地要及时掌握本地区企业年金方案备案工作情况，遇到新情况、新问题，要加强研究分析，及时沟通汇报，并于每年1月31日前将上年度工作情况报送人力资源社会保障部养老保险司。

附件：1. （××单位）企业年金方案（范本）

2. （××单位）企业年金方案实施细则（范本）

3. 企业年金方案备案所需材料

4. （××单位）企业年金方案基本情况简表（样式）

5. 基本养老保险参保缴费证明（样式）

（附件本书略）

人力资源和社会保障部 财政部关于印发《统一和规范职工养老保险个人账户记账利率办法》的通知

（2017年4月13日　人社部发〔2017〕31号）

各省、自治区、直辖市及新疆生产建设兵团人力资源社会保障厅（局）、财政（务）厅（局），中央国家机关养老保险管理中心：

根据《国务院关于机关事业单位工作人员养老保险制度改革的决定》（国发〔2015〕2号）和《国务院办公厅关于印发机关事业单位职业年金办法的通知》（国办发〔2015〕18号）精神，现将《统一和规范职工养老保险个人账户记账利率办法》印发给你们，请认真贯彻执行。

统一和规范职工养老保险个人账户记账利率办法

按照党中央、国务院关于完善个人账户制度的部署，为进一步促进养老保险制度的公平统一，增强参保缴费的激励约束作用，特制定统一和规范职工养老保险个人账户记账利率办法。

一、统一和规范记账利率的基本原则。一是坚持制度公平性，统一确定机关事业单位和企业职工基本养老保险个人账户记账利率。二是增强制度激励作用，引导参保人员积极参保和足额缴费。三是保证合理待遇水平，保证职工基本养老保险个人账户养老金和职业年金合理的替代率水平，保障参保人员退休后的基本生活。四是坚持制度可持续发展，体现精算平衡，科学确定职工基本养老保险和职业年金个人账户记账利率的规则和水平。

二、统一职工基本养老保险个人账户记账利率。统一机关事业单位和企业职工基本养老保险个人账户记账利率，每年由国家统一公布。记账利率应主要考虑职工工资增长和基金平衡状况等因素研究确定，并通过合理的系数进行调整。记账利率不得低于银行定期存款利率。

三、确定职业年金个人账户记账利率办法。职业年金个人账户记账利率根据实账积累部分的投资收益率确定，建立一个或多个职业年金计划的省（区、市），职业年金的月记账利率为实际投资收益率或根据多个职业年金计划实际投资收益率经加权平均后的收益率。

四、规范职工个人账户记账利率公布时间。职工基本养老保险个人账户记账利率每年 6 月份由人力资源社会保障部和财政部公布。职业年金个人账户记账利率由人力资源社会保障部和财政部根据各省（区、市）职业年金实账积累部分投资收益情况，每年公布一次。

人力资源和社会保障部办公厅 财政部办公厅关于印发《职业年金基金归集账户管理暂行办法》的通知

（2017 年 8 月 22 日 人社厅发〔2017〕110 号）

各省、自治区、直辖市及新疆生产建设兵团人力资源社会保障厅（局）、财政（财务）厅（局）：

根据《国务院办公厅关于印发〈机关事业单位职业年金办法〉的通知》（国办发〔2015〕18 号）、《人力资源社会保障部、财政部关于印发〈职业年金基金管理暂行办法〉的通知》（人社部发〔2016〕92 号）的要求，人力资源社会保障部、财政部研究制定了《职业年金基金归集账户管理暂行办法》，现印发给你们，请认真贯彻执行。

职业年金基金归集账户管理暂行办法

第一条 为规范职业年金基金归集账户的设立和管理，保障职业年金基金财产安全，根据《国务院办公厅关于印发〈机关事业单位职业年金办法〉的通知》（国办发〔2015〕18 号）、《人力资源社会保障部、财政部关于印发〈职业年金基金管理暂行办法〉的通知》（人社部发〔2016〕92 号）等有关规定，制定本办法。

第二条 职业年金基金归集财产托管账户（以下简称归集账户）是指归集账户托管银行（以下简称托管银行）受社会保险经办机构（以下简称社保经办机构）委托，以职业年金基金归集财产名义开立的、专门用于归集和划转职业年金基金财产的专用存款账户。归集账户应单独开设，不得与社会保险基金收入户、支出户、财政专户、税务机关征收社会保险费账户和各级社保经办机构单位账户等其他任何账户共用。

归集账户财产属于职业年金基金财产，独立于机关事业单位、各级社保经办机构和托管银行的固有财产及其管理的其他财产。机关事业单位、各级社保经办机构和托管银行，因机构调整、依法解散、被依法撤销或者被依法宣告破产等原因进行终止清算的，归集账户财产不属于其清算财产。若有关部门对归集账户进行冻结或扣划，托管银行有义务出示证据证明归集账户财产及其账户性质，各级社保经办机构应予以协助，保全归集账户财产安全。

第三条 归集账户的主要用途是：暂存单位和个人缴费收入、转移收入、利息收入以及其他收入，划转归集账户财产。

单位和个人缴费收入是指机关事业单位和个人依据有关规定分别缴纳的职业年金缴费。

转移收入是指参保对象跨统筹地区和跨不同养老保险制度流动而划入的职业年金基金收入。

利息收入是指职业年金基金在归集账户中取得的银行存款利息。

其他收入是指以上收入之外的归集账户收入。

划转归集账户财产是指省级以下归集账户向省级归集账户划转，中央及省级归集账户向职业年金基金受托财产托管账户划转，以及出现短溢缴等情况的资金划转。

除归集账户银行存款外，任何地区、部门、单位和个人不得动用归集账户财产进行任何形式的直接或间接投资。

第四条 各级社保经办机构应按照公开、公平、公正的原则，从具有企业年金基金托管资格或证券投资基金托管资格的银行中选择、更换托管银行。社保经办机构应与托管银行签订

《××（地区名）职业年金基金归集账户托管协议》（以下简称《托管协议》，范本附后）。

第五条 各级社保经办机构应当履行下列职责：

（一）根据《托管协议》，委托托管银行开立归集账户。

（二）向托管银行发送参保单位缴费信息。

（三）向托管银行下达资金划款指令。

（四）核对收款信息，并完成账务处理。

（五）及时、准确记录参保单位和个人的缴费信息。

（六）安全保管相关业务活动记录、账册、报表和其他资料。

（七）国家规定和《托管协议》约定的其他职责。

第六条 托管银行应当履行下列职责：

（一）安全保管归集账户财产。

（二）根据《托管协议》，受社保经办机构委托，开立归集账户。

（三）接收职业年金缴费。

（四）执行社保经办机构下达的符合《托管协议》约定的划款指令，对不符合约定的划款指令，托管银行应拒绝执行，并及时向同级人力资源社会保障行政部门报告。

（五）向社保经办机构反馈收款、划款等信息。

（六）定期向社保经办机构提供归集账户余额及明细信息等。

（七）安全保管相关业务活动记录、账册、报表和其他资料。

（八）国家规定和《托管协议》约定的其他职责。

第七条 建立一个职业年金计划或建立多个职业年金计划、实行统一收益率的，各级社保经办机构委托托管银行分别开立一个归集账户，账户名称为“××（托管银行简称）××（地区名）职业年金基金归集财产”。

建立多个职业年金计划并按计划估值、不实行统一收益率的，各级社保经办机构委托托管银行按计划分别开立一个归集账户，账户名称为“××（托管银行简称）××（地区名）××计划职业年金基金归集财产”。

第八条 托管银行开立归集账户，应按照相关要求齐备下列文件：

（一）托管银行营业执照正本。

（二）托管银行基本存款账户开户许可证。

（三）托管银行“企业年金基金管理机构”或“证券投资基金管理机构”资格的证明文件。

（四）社保经办机构与托管银行签订的《托管协议》。

（五）社保经办机构委托托管银行开立职业年金基金归集账户的委托书。

第九条 归集账户名称等发生变化时，托管银行应根据社保经办机构委托，及时办理归集账户的变更和撤销。

第十条 中央国家机关养老保险管理中心选择或更换托管银行时，应将《托管协议》报人力资源社会保障部和财政部备案。

省级及省级以下社保经办机构选择或更换托管银行时，应将《托管协议》报同级人力资源社会保障行政部门和财政部门备案，同时抄报省级人力资源社会保障行政部门和财政部门。

第十一条 代理人每月按照受托管理合同约定，向托管银行下达指令，将账实匹配一致后的职业年金基金财产全额划入职业年金基金受托财产托管账户，匹配不一致的职业年金缴费原路径全额退回至参保单位。

省级以下社保经办机构应按月向托管银行下达指令，将账实匹配一致后的职业年金基金财产全额划入省级归集账户，匹配不一致的职业年金缴费原路径全额退回至参保单位。

各级归集账户不得发生与职业年金基金归集无关的其他支付业务，不得支取现金，不得购买和使用支票、汇票、本票等转账凭证。

第十二条 归集账户利息收入作为职业年金基金财产投资收益，每季度结息后划转。中央及省级归集账户利息，直接划入职业年金基金受托财产托管账户。省级以下归集账户利息，先划入省级归集账户，再划入职业年金基金受托财产托管账户。

第十三条 各级社保经办机构与托管银行应建立核对机制，按照《托管协议》约定，履行各自职责，确保归集账户记录完整、及时、准确。

第十四条 各级社保经办机构与托管银行应加强信息化建设，运用技术手段，提升管理效率。

第十五条 各级社保经办机构与托管银行应严格按照本办法规定管理归集账户，建立健全内部管理制度，接受相关部门的监督检查。未按照本办法开立归集账户的社保经办机构，应在2017年底前按本办法进行规范，并将已归集的职业年金基金财产转入归集账户。

人力资源社会保障行政部门和财政部门负责对归集账户的使用和管理情况进行监督检查，发现问题及时纠正，同时向上级人力资源社会保障行政部门和财政部门报告。

第十六条 本办法自印发之日起执行。

附件：职业年金基金归集账户托管协议（范本）

（附件本书略）

人力资源和社会保障部 财政部关于进一步完善企业职工基本养老保险省级统筹制度的通知

（2017年9月14日 人社部发〔2017〕72号）

各省、自治区、直辖市及新疆生产建设兵团人力资源社会保障厅（局）、财政（务）厅（局）：

2007年，原劳动保障部、财政部《关于推进企业职工基本养老保险省级统筹有关问题的通知》（劳社部发〔2007〕3号）下发以来，各地不断建立健全省级统筹制度，有效促进了养老保险政策统一，提高了管理水平和工作效率，增强了确保发放能力，也促进了人力资源合理流动。由于各地经济社会发展及推进工作力度存在差异，目前省级统筹工作开展尚不平衡，一些地区还存在政策不统一、管理不规范等问题。为了进一步完善省级统筹制度，推动实现全国统筹，现就有关问题通知如下：

一、各地要在基本养老保险制度、缴费政策、待遇政策、基金使用、基金预算和经办管理实现“六统一”的基础上，积极创造条件实现全省基本养老保险基金统收统支。省级统筹制度应覆盖全省（自治区、直辖市）所有地区，目前省内仍实行单独统筹的地区（含计划单列市、副省级省会城市、经济特区、各类开发园区等）要尽快将其纳入省级统筹范围，执行全省（自治区、直辖市）统一政策。

二、各地要严格按照国家统一规定执行基本养老保险费率政策，不得自行调整费率。需要调整时，须按规定报请人力资源社会保障部和财政部批复。违规自行出台费率调整政策的，要立即纠正。全省应执行统一的费率政策，目前企业职工基本养老保险费率尚未统一的省份，要制定过渡措施，最迟 2020 年实现全省费率统一。

三、各地要按照国家规定，统一基本养老保险单位缴费基数和个人缴费基数核定办法，并健全工作机制，夯实缴费基数。在确定个人缴费上下限基数等参数时，目前尚未使用全省在岗职工平均工资的，要制定过渡措施，尽快实现统一。

四、各地要严格执行国家统一的待遇政策，严格调控养老待遇水平，不得自行出台待遇政策或将统筹外项目纳入基本养老保险基金支付范围。企业退休人员基本养老金调整由省级人民政府按照国家规定统一部署实施，严格按照人力资源社会保障部、财政部批复的标准进行调整，全省实行统一的调整办法。

五、各地要在不断完善省级预算制度的基础上，加强对基本养老保险基金的统一调度使用。要明确省、地（市）、县各级政府的责任，进一步强化基金收支管理。要进一步建立健全省内基金缺口分担机制和基本养老保险基金管理的激励约束机制，在省级调剂制度和缺口分担机制中，进一步体现与工作绩效挂钩。

六、各地要统一全省企业职工基本养老保险业务经办规程，加强对各级经办机构的业务指导，实现规范化、统一化管理。要以实现全省统一信息系统为目标，尽快完成包括企业职工基本养老保险在内的社会保险信息系统和数据向省级集中，推动信息的纵向互通、横向共享。健全完善线上线下公共服务体系，为参保人员提供更加便捷的服务。

完善企业职工基本养老保险省级统筹制度是深化养老保险制度改革的重要内容，关系改革、发展和稳定的大局。各地要高度重视，切实加强领导，健全工作机制，认真组织实施，促进养老保险制度的健康持续发展。

山东省革命委员会批转《省劳动局关于安置国营企事业单位老弱残职工的意见的报告》

（1972 年 8 月 23 日　鲁革发〔1972〕143 号）

各地、市、县革命委员会，济南铁路局、胜利油田、莱芜钢铁厂、胜利石油化工总厂，张家洼工程指挥部，省直各部门：

省革委同意省劳动局《关于安置国营企、事业单位老弱残职工的意见的报告》，现转发给你们，请研究贯彻执行。

对老弱残职工的处理，是党的的一项重要政策，也是一项关系到广大职工群众切身利益的工作，各级革命委员会要加强领导，过细地做好工作，遵照党和国家的有关规定，将老弱残职工切实安置好。

山东省革命委员会劳动局关于安置国营企事业单位老弱残职工的意见的报告

省革委：

当前，在国营企事业单位职工中，有一些老弱残职工，因丧失劳动能力，不能坚持正常生产（工作），需作适当安置。据淄博、烟台、德州等八个地区的统计推算，全省国营企业事业单位现有老弱残职工约十万多人，占职工总额的百分之五以上，其中符合退休条件的约五万二千人，不符合退休条件的约五万一千多人。遵照伟大领袖毛主席关于“妥善安置，各得其所”的教导，体现党和国家对职工的关怀，在中央没有新的规定以前，可按以下办法处理：

（一）关于职工退休、退职问题，扔按 1958 年公布试行的国务院“关于职工人、职员退休处理的暂行规定”（下简称“暂行规定”）和国务院“关于工人、职员退职处理的暂行规定（草案）”以及有关补充规定的精神，从严掌握办理。对于企业、事业单位中丧失劳动能力长期不能坚持正常生产（工作）而又符合退休条件的老弱残职工，可以办理退休。对于虽然符合退休条件，但身体较好，尚有工作能力，又是革命生产需要的老职工，可暂不退休。要鼓励他们“抓革命，促生产”，继续为社会主义革命和社会主义建设贡献力量。对于不符合退休条件又不能恢复工作的老弱残职工，其中：完全丧失劳动能力的，可按劳动保险条例第十三条（丙）项规定办理退职；大部丧失劳动能力家庭生活无依靠的，退职时补发一次性的退职费，可按 1965 年 6 月国务院“关于精减退职的老职工生活困难救济问题的通知”规定精神，由企、事业单位按月发给本人原标准工资 40% 的救济费，报销三分之二的医药费，其救济费、医药费一直发到其家庭生活有依靠、恢复劳动能力或死亡时为止；大部丧失劳动能力，确系本人自愿申请退职的，可按国务院“关于工人、职员退职处理的暂行规定（草案）”办理退职。对精简时期按中央有关规定已暂列编外的工人，也可参照上述精神办理退职。

（二）关于安置去向问题，可按 1971 年 8 月 13 日中共山东省委批转省革委政治部“关于安置老弱残干部的情况和今后意见的报告”的精神执行。回农村的退休职工，确无房屋居住需新建房屋时，应本着节约原则，以自力更生为主，当地社队帮工协助，仍有困难的，原工作单位可酌情发给本人三至五个月的工资予以补助。对工资低的退休职工，发给三至五个月本人工资建房仍有困难的，可由原单位报告上级主管部门审查，从严掌握，在不超过 500 元的限额内给予适当补助。建房所需木材，从各地安置“上山下乡”的指标内解决。

（三）在安置处理老弱残职工中应掌握的几个问题：

1.“退休规定”第二条（五）项，“专职从事革命工作满20年的工作人员，因身体衰弱不能继续工作而自愿退休的”，是指“全国解放以前参加革命工作的”。“少数长期专门从事革命斗争而积劳成疾，身体衰弱不能继续工作的老干部和其他工作人员”而言。在全国解放以后参加革命工作的，不能按该项规定办理退休。

2. 对于定为外部问题，因年老体弱需作处理的，可按照1971年11月6日中共山东省委批转省革委政治部“关于当前干部定案处理工作执行政策情况和意见的报告”中有关规定精神处理。

3. 对企业和批准实行劳动保险条例的事业单位职工退休费的支付，因财政拨款问题尚未解决，自1971年12月份以后退休的职工，不再办理异地支付，其退休费仍由原单位发给，医药费等由原单位按规定报销。过去已办理异地支付的，仍由当地民政部门继续支付。

4. 关于审批手续。对职工退休、退职的审批，可按省革委〔1970〕第297号文件有关规定办理，即由所在企、事业单位报送主管部门审批后执行，并分别抄报当地组织、劳动部门备案。享受特殊贡献待遇的企、事业单位工人，其退休费提高比数，要报送地、市革委劳动部门审批后执行，并抄报省劳动局备查。

（四）今后国营企、事业单位，在国家下达的劳动计划人数以内，由于职工退休、退职、死亡出现的减员，允许补充。补充时对本单位当年退休、退职、死亡职工，家居城市的非农业人口符合招工条件的子女，可由本单位提出报告，经所在县（市）劳动部门审查同意，对他们子女的工作安排可给予优先照顾（只照顾1名）。对于矿山井下工人和盐业工人退休、退职、死亡，和其他企、事业单位职工因工死亡，其子女不论城市或农村人口都可以按照上述精神予以优先照顾。

（五）关于集体所有制企、事业单位的老弱残职工的安置处理问题，由于情况比较复杂，过去大都没有统一规定，我们意见可由各主管系统进行调查研究，根据集体所有制企、事业单位的情况和特点，提出对老弱残职工按照处理试行办法，经与省革委劳动局研究后，报省革委批准试行。

山东省人民政府关于印发《山东省完善企业职工基本养老保险制度实施意见》的通知

（2006年8月28日　鲁政发〔2006〕92号）

各市人民政府，各县（市）人民政府，省政府各部门、各直属机构，各大企业，各高等院校：

《山东省完善企业职工基本养老保险制度实施意见》已经省政府同意，现印发给你们，望认真贯彻执行。

完善企业职工基本养老保险制度是构建社会主义和谐社会的重要内容，事关广大职工群众切身利益，事关改革发展稳定大局，政策性强，涉及面广。各市、各有关部门要高度重视，切实加强领导，精心组织，周密安排，抓好落实。省劳动保障厅要会同有关部门加强指导和监督检查，及时研究解决工作中遇到的问题，确保这项工作顺利实施。各市要结合各自实际，研究制订具体实施办法，报省劳动保障厅备案。

山东省完善企业职工基本养老保险制度实施意见

根据《国务院关于完善企业职工基本养老保险制度的决定》（国发〔2005〕38号，以下简称《决定》）精神，经劳动和社会保障部同意，结合山东实际，制定本实施意见。

一、完善企业职工基本养老保险制度的总体目标和任务。完善企业职工基本养老保险制度的总体目标是：围绕落实科学发展观和构建社会主义和谐社会的要求，兼顾当前和长远，坚持覆盖广泛、水平适当、结构合理、基金平衡的原则，完善政策，健全机制，加强管理，建立和完善适合我省实际、实现可持续发展的企业职工基本养老保险制度。当前和今后一段时期的主要任务是：继续巩固确保基本养老金按时足额发放成果，进行做实个人账户试点，改革基本养老金计发办法，不断扩大养老保险覆盖范围，进一步完善省级统筹制度，加快多层次养老保险体系建设，加强管理服务，全面推进企业养老保险工作。

二、继续巩固确保基本养老金按时足额发放的成果。各级政府要继续把确保企业离退休人员基本养老金按时足额发放作为首要任务，明确责任，健全工作机制，进一步完善基本养老保险基金调剂办法，切实保障离退休人员的合法权益。同时，要严格执行国家有关特殊工种、因病等提前退休的政策规定，进一步加强职工退休审批管理工作。

三、进一步扩大基本养老保险覆盖范围。我省各类企业及其职工、民办非企业单位及其职工、城镇个体工商户及雇工和灵活就业人员都要按照规定参加企业职工基本养老保险。继续以非公有制企业、城镇个体工商户和灵活就业人员参保为重点，扩大基本养老保险覆盖范围，维护劳动者的合法权益。进一步落实国家和省关于社会保险补贴政策，帮助就业困难人员参保缴费。

城镇个体工商户和灵活就业人员参加基本养老保险的缴费基数为省或市上年度在岗职工平均工资，缴费比例为20%，其中8%记入个人账户，退休后按企业职工基本养老金计发办法计算基本养老金。2006年此类人员缴费比例要统一为20%。统一缴费比例后，缴费增幅较小的市，缴费基数要一步到位；缴费增幅较大的市，缴费基数在3年内逐步过渡到在岗职工平均工资。

各级政府要将企业养老保险扩面征缴和养老保险基金增收列入工作目标考核内容，切实加强组织领导，有关部门要配套联动，强化监督检查，进一步完善扩面征缴激励机制，切实落实省制定的养老保险扩面和基金征缴奖励制度，依法将城镇各类从业人员纳入基本养老保险范围，不断增强基金支撑能力。

四、逐步做实基本养老保险个人账户。自2006年1月1日起，在全省范围内进行做实个人账户试点工作。做实个人账户试点工作，按照国务院批复我省的实施方案执行。

五、切实加强基本养老保险基金征缴与监管。各地要全面落实《社会保险费征缴暂行条例》，严格执行社会保险登记和缴费申报制度，强化社会保险稽查工作，努力提高基金征缴率。参加企业职工基本养老保险的单位和个人，必须按时足额缴纳基本养老保险费。要建立健全缴费公示制度，增加缴费透明度，防止因瞒报、漏报缴费基数影响职工待遇问题的发生。对欠缴基本养老保险费的，要采取有效措施，加大追缴力度，确保基金应收尽收；对拒缴、瞒报少缴基本养老保险费的，要依法处理。各地要按照建立公共财政的要求，积极调整财政支出结构，加大对社会保障的资金投入。基本养老保险基金要纳入财政专户，实行收支两条线管理，严禁挤占挪用。要继续发挥审计监督、社会监督和舆论监督的作用，共同维护基金安全。

六、改革基本养老金计发办法。从2006年1月1日起，基本养老保险个人账户规模由11%调整为8%，全部由个人缴费形成，单位缴费不再划入个人账户。同时，进一步完善鼓励职工参保缴费的激励约束机制，调整基本养老金计发办法，从2006年1月1日起，实行新的基本养老金计发办法（以下简称新办法）。

（一）《山东省人民政府关于印发〈山东省统一企业职工基本养老保险制度实施办法〉的通知》（鲁政发〔1997〕109号）实施后参加工作、缴费年限（含视同缴费年限，下同）满15年的人员，基本养老金由基础养老金和个人账户养老金组成。基础养老金月标准以退休时上年度省或市在岗职工月平均工资和本人指数化月平均缴费工资的平均值为基数，缴费每满1年发给1%；个人账户养老金月标准为本人账户储存额除以计发月数，计发月数按国务院的规定执行（《个人账户养老金计发月数表》见附件）。

（二）省政府鲁政发〔1997〕109号文件实施前参加工作，本意见实施后退休且缴费年限累计满15年的人员，按照待遇水平合理衔接、新老政策平稳过渡的原则，在发给基础养老金和个人账户养老金的基础上，再发给过渡性养老金。过渡性养老金按照职工建立个人账户前的缴费年限每满1年发给本人指数化月平均缴费工资的1.3%。对于鲁政发〔1997〕109号文件规定的过渡性调节金，要逐步冲减，5年后取消过渡性调节金。

为使按新办法计发的基本养老金与按鲁政发〔1997〕109号文件规定（以下简称原办法）计发的基本养老金平稳衔接，自2006年1月1日起，设立5年过渡期，过渡期内按新办法计算的基本养老金低于按原办法计算数额的，予以补齐；按新办法计算的基本养老金高于按原办法计算数额的，高出部分分年度按比例予以封顶限制，具体比例由省劳动保障厅研究确定。过渡期内按原办法计算基础养老金和过渡性养老金时，均以2005年度职工平均工资为依据。

（三）本意见实施后到达退休年龄但缴费年限累计不满15年的人员，不发给基础养老金，其个人账户储存额一次性支付给本人，缴费年限每满1年再发给1个月本人指数化月平均缴费工资，终止基本养老保险关系。对于鲁政发〔1997〕109号文件实施前参加工作、缴费年限累计满10年不满15年的人员，在上述设定的5年过渡期内，仍可按照鲁政发〔1997〕109号文件的有关规定，按月发给基本养老金。

（四）从事特殊工种的人员退休时，其按规定折算增加的工龄不作为按新办法计算基本养老金的缴费年限。对于国家政策规定的提前退休人员和因病退休人员，在按新办法计发基本养老金时，不再执行扣减2%的政策。但在过渡期内按原办法计算待遇时，仍应执行原来的规定。

（五）本意见实施前已离退休的人员，仍按国家和省原规定发给基本养老金，同时执行基本养老金调整办法。

七、完善基本养老金正常调整机制。根据国家统一部署，结合我省实际，适时调整企业退休人员基本养老金，继续完善退休人员基本养老金调整机制和办法。

八、规范完善基本养老保险省级统筹。按照国家关于提高统筹层次的要求，加大工作力度，强化工作措施，规范完善省级统筹。要统一养老保险制度。企业养老保险的基本制度和计发办法、基本养老金调整、统筹项目、参保缴费等重大政策，由省按照国家规定统一制定并组织实施，各市不得另行作出规定。

要统一企业缴纳基本养老保险费比例。企业缴费比例低于20%的市，在3年内调整到20%，其中企业缴费比例低于20%且当期收不抵支的市，2006年要调整到20%。

要统一基本养老保险基金的管理和使用。各市结余的基金由各市管理，但基金的使用须经省研究确定。

要完善省级调剂金的上解下拨机制。各市要根据省里下达的上解计划及时足额上解省级调剂金。省对下调剂实行考核拨付制度，基金的下拨与各市扩面征缴任务和基金上解任务的完成情况挂钩。具体上解下拨办法，由省劳动保障厅、省财政厅研究制定。

九、积极发展企业年金。各地要按照积极稳妥的原则，在国家政策指导下，坚持边推进边规范，促使企业年金工作有较大发展。要认真落实税收优惠政策，鼓励有条件的企业为职工建立企业年金。要加强对企业年金工作的指导和监管，促进企业年金规范化运营，保证基金安全。

十、进一步做好退休人员社会化管理服务工作。要按照建立独立于企业事业单位之外社会保障体系的要求，不断改善工作条件，完善工作制度，增加服务内容，提高服务质量，进一步做好企业退休人员社会化管理服务工作。要加快公共老年服务设施和服务网络建设，条件具备的地方，可开展老年护理服务，发展退休人员公寓，为退休人员提供更多更好的服务，不断提高退休人员的生活质量。

十一、不断提高社会保险管理服务水平。要高度重视社会保险经办能力建设，加快社会保险信息服务网络建设步伐，努力实现规范化、专业化、信息化管理，建立高效运转的经办管理服务体系。要完善管理制度，制定技术标准，规范业务流程，确保各项政策落实。要加强经办人员和街道、社区基层劳动保障平台工作人员和聘用人员培训，增强政治和业务素质，不断提高工作效率和质量。认真开展行风建设，抓好优质服务窗口的创建，进一步完善窗口服务标准，不断拓展服务内容，公开办事程序和工作时限，为参保对象提供高效、优质的服务。

本意见自 2006 年 1 月 1 日起实施，凡与本意见不一致的，按本意见执行。

附件：个人账户养老金计发月数表

附件

个人账户养老金计发月数表

退休年龄	计发月数	退休年龄	计发月数	退休年龄	计发月数	退休年龄	计发月数
40	233	48	204	56	164	64	109
41	230	49	199	57	158	65	101
42	226	50	195	58	152	66	93
43	223	51	190	59	145	67	84
44	220	52	185	60	139	68	75
45	216	53	180	61	132	69	65
46	212	54	175	62	125	70	56
47	208	55	170	63	117		

山东省人民政府关于印发《山东省企业职工基本养老保险省级统筹实施意见》的通知

（2009年9月11日　鲁政发〔2009〕108号）

各市人民政府，各县（市）人民政府，省政府各部门、各直属机构，各大企业，各高等院校：

现将《山东省企业职工基本养老保险省级统筹实施意见》印发给你们，请认真贯彻实施。

山东省企业职工基本养老保险省级统筹实施意见

根据《国务院关于完善企业职工基本养老保险制度的决定》（国发〔2005〕38号和《关于推进企业职工基本养老保险省级统筹有关问题的通知》（劳社部发〔2007〕3号）规定，结合我省实际，制定本实施意见。

一、基本原则

企业职工基本养老保险省级统筹坚持保障水平与经济发展水平各方面承受能力相适应的原则；坚持建立责任分担机制，充分调动各方面积极性的原则；坚持确保基本养老保险金按时足额发放，促进参保人员跨地区合理流动的原则；坚持规范基金运行和监督，确保基金使用安全、高效的原则。

二、总体目标

按照国家关于企业职工基本养老保险省级统筹的要求，在全省范围内实行统一的基本养老保险制度和有关政策；统一缴费基数和比例；统一基本养老保险待遇；统一管理基金；统一编制和实施基本养老保险预预算；统一信息系统平台和相关业务流程。

三、主要内容

（一）实行统一的基本养老保险制度和有关政策。企业职工基本养老保险制度和有关重大政策，均由省根据国家规定结合实际制定和组织实施。凡全省统一规定执行的政策，各地不得另行作出规定或擅自变更。

（二）统一基本养老保险缴费基数和比例。参保单位以本单位上年度职工工资总额作为基数缴纳基本养老保险费，单位工资总额低于本单位职工个人缴费基数之和的，以职工缴费基数之和作为缴费基数。单位缴费比例为20%，个别高于或低于20%的市要按照统筹基金收支平衡的原则逐步统一到20%。职工个人以及城镇个体工商户和灵活就业人员的缴费基数和缴费比例按《山东省人民政府关于印发〈山东省完善企业职工基本养老保险制度实施意见〉的通知》（鲁政发〔2006〕92号）及有关规定执行。

（三）统一基本养老金计发办法和统筹项目。基本养老金计发办法统一按《山东省人民政府关于印发〈山东省完善企业职工基本养老保险制度实施意见〉的通知》（鲁政发〔2006〕92号）及有关规定执行。统筹项目仍按照国家和省统一规定的项目（含审定的原行业统筹项目）执行。主要包括：按改革后计发办法计发的基本养老金，按原规定计发的离退休金、退职生活费、符合规定的补助补贴，以及按国家和省统一政策增加的基本养老金。参加基本养老保险的离休、退休、退职人员死亡后，按规定享受的丧葬补助费，离休、退休人员死亡后，其直系亲属一次性救济费、供养直系亲属定期生活困难补助，统一作为基本养老保险统筹项目支付。

（四）建立企业职工基本养老保险基金预算管理制度。按照全面性、平衡性、专用性、规范性原则，全省统一编制和实施企业职工基本养老保险基金预算。基金收入预算主要根据以前年度实际参保缴费人数、缴费工资增长及费率调整等因素，综合考虑基本养老保险费征缴（含清欠）、利息、财政补贴、上级下拨基金等指标编制；基金支出预算主要根据离退休人数的增减变动、基本养老金水平提高等因素，综合考虑统筹项目内基本养老保险待遇支付、上解上级基金等支出指标编制。

编制完成后的企业职工基本养老保险基金预算，汇总纳入全省社会保险基金预算。

（五）统一管理基本养老保险基金。各市历年滚存结余基金及当年收支结余基金，实行留存各市管理的办法。但各市动用结余基金需经省人力资源社会保障厅、省财政厅审核同意。各市按企业养老保险单位缴费额的一定比例上解省级调剂金，具体比例由省人力资源社会保障厅、省财政厅根据养老保险省级统筹发展的需要和实际情况提出意见，报省政府确定。中央财政、省财政补助资金和上解的调剂金由省级统一调剂使用。

明确省、市、县各级政府责任。基金预算内收支缺口，由当地历年滚存结余、地方财政补助和省级调剂解决。因基金短收、超支或其他原因造成的预算外收支缺口，全部由地方政府负责解决。

（六）统一基本养老保险经办业务流程和信息系统。省级社会保险经办机构要制定全省统一的基本养老保险业务流程。全省各级社会保险经办机构要严格按照统一的业务流程办理各项养老保险业务，实现基本养老保险经办业务规范化、标准化和专业化，提高养老保险管理服务水平。进一步加强社会保险管理信息系统建设和应用，满足基本养老保险省级统筹的要求，实现省、市、县之间社会保险经办机构、人力资源社会保障部门、财政部门的数据及时交换和信息共享，并逐步延伸应用。

四、组织领导

实行企业职工基本养老保险省级统筹是一项复杂的系统工

程，涉及多方利益调整。各级政府一定要高度重视，切实加强领导。各有关部门要按照各自职能，各司其职、各负其责，保证省级统筹工作平衡运行。

（一）各级政府要充分认识实行省级统筹的重要意义，从完善社会保障体系、维护社会稳定、促进改革和发展的大局出发，加强组织领导，认真落实中央和省里的政策，确保企业离退休人员基本养老金按时足额发放。

（二）各有关部门要相互协调、密切配合，不断完善工作机制，抓好工作落实，共同推进省级统筹工作。要采取有力措施，进一步强化基金征缴，积极拓展筹资渠道，确保养老保险费应收尽收。要切实做好全省社会保险基金预算编审工作，强化基金收支审核、管理和监控。要建立完善基金征缴考核奖励约束机制，促进基金征缴，增强基金支撑能力。要完善养老保险经办机构和信息管理部门的设置、结合工作需要进一步充实工作人员，为省级统筹工作提供有力的组织保障。省人力资源社会保障厅、省财政厅等部门要切实负起责任，加强对省级统筹工作的督查和指导，及时研究解决工作中遇到的新情况、新问题，确保各项工作顺利推进。

本意见自 2009 年 10 月 1 日起执行。已有政策规定与本意见不一致的，按本意见执行。

山东省人民政府办公厅转发省人力资源和社会保障厅 省财政厅《关于解决城镇未参保集体企业退休人员基本养老保障等遗留问题的实施意见》的通知

（2011年11月10日 鲁政办发〔2011〕64号）

各市人民政府，各县（市、区）人民政府，省政府各部门、各直属机构，各大企业，各高等院校：

省人力资源社会保障厅、省财政厅《关于解决城镇未参保集体企业退休人员基本养老保障等遗留问题的实施意见》已经省政府同意，现转发给你们，请认真贯彻落实。

加快建立覆盖城乡的社会保障体系，逐步实现全体人民老有所养，是全面建设小康社会的重要内容，也是构建社会主义和谐社会的必然要求。做好城镇未参保集体企业退休人员等群体的养老保障工作，关系到群众切身利益，关系到社会保障体系建设和社会和谐稳定。各市、各部门要从深入贯彻落实科学发展观、着力保障和改善民生的高度，充分认识解决这一历史遗留问题的必要性和紧迫性，切实摆上重要议事日程，周密部署安排，精心组织实施。各有关部门要密切配合，各负其责，共同做好政策解释、信访稳定、审计监察等有关工作。各级社会保险经办机构要开设专门窗口，简便操作手续，为参保人员提供优质服务。要明确目标任务，加大工作力度，集中时间和人力，在2011年12月底前完成这项工作，真正把好事办好、实事办实。各市工作任务完成后，要写出总结报告，于2012年1月底前报省人力资源社会保障厅、省财政厅。

关于解决城镇未参保集体企业退休人员基本养老保障等遗留问题的实施意见

为切实做好我省城镇未参保集体企业退休人员的养老保障工作，妥善解决这一历史遗留问题，根据人力资源社会保障部、财政部《关于解决未参保集体企业退休人员基本养老保障等遗留问题的意见》（人社部发〔2010〕107号），结合我省实际，制定本实施意见。

一、实施范围

曾在我省城镇集体企业工作过的人员（含上世纪六、七十年代曾在企业工作的“五七工”“家属工”），凡同时具备下列条件的，经本人申请，可在一次性补缴基本养老保险费后，纳入我省城镇企业职工基本养老保险范围：

（一）2010年12月31日前具有我省城镇户籍；

（二）未参加企业职工基本养老保险和机关事业单位养老保险；

（三）2010年12月31日前达到或超过规定的退休年龄（男年满60周岁、女年满55周岁，下同）；

（四）1996年1月1日前，与我省城镇集体企业建立劳动关系或形成事实劳动关系。

二、补缴及待遇计发

符合上述条件的人员，由本人提出书面申请，按照省统一规定的补缴标准，一次性补缴15年基本养老保险费。自补缴全部费用到账后的次月起，按月计发基本养老金。

全省统一的养老保险费补缴及养老金计发标准分为三个档次，由补缴纳入人员自行选择：按一档标准补缴的，月养老金为601元；按二档标准补缴的，月养老金为492元；按三档标准补缴的，月养老金为383元。在确定补缴额度时，对年满61周岁及以上的人员，年龄每增加1年，补缴额度相应减免1500元，最大减免额度为1.5万元（具体补缴标准和月养老金水平见附件）。

今后国家调整企业退休人员基本养老金时，以上补缴纳入人员由省按特殊群体对待，另行研究制定调整养老金办法。

三、费用筹集

一次性补缴所需费用原则上由个人负担，鼓励具备条件的单位给予适当补助。原单位已不存在或不具备补助条件的，一次性补缴所需费用全部由个人负担。

四、统筹范围

补缴纳入人员参加基本养老保险，实行属地管理，纳入各市养老保险社会统筹。

五、有关政策

（一）出生时间的认定，实行本人原始档案与居民身份证相结合的办法。原始档案缺失或记载不清的，以居民身份证为准。

（二）工作经历的认定，要以认定是否与城镇用人单位建立劳动关系或形成事实劳动关系为重点，原则上以本人原始档案记载为准；本人档案缺失或记载不清的，应提供相关的证明材料，经县（市、区）以上社会保险经办机构审查并履行公示程序后方可认定。

（三）补缴纳入人员一次性缴纳的养老保险费，按每人1.5万元的标准纳入企业职工基本养老保险社会统筹基金；其余部分由社会保险经办机构为补缴纳入人员建立个人缴费账户。其基本养老金首先从个人缴费账户中支付，支付完毕后由统筹基金继续按原标准支付。

领取基本养老金期间死亡的人员，个人缴费账户仍有剩余的，剩余部分退还指定受益人或法定继承人，其遗属可以按照国家和省规定领取丧葬补助金和抚恤金。

（四）原已享受定期遗属生活困难补助费、城镇居民社会养老保险金的人员，可根据本人意愿，或继续享受，或按本实施意见补缴后享受基本养老金，定期遗属生活困难补助费、城镇居民社会养老保险金和基本养老金不得同时享受。要加强养老保险的信息互通和比对，防止出现重复领取养老金的问题。

（五）补缴纳入人员一次性补缴后，不认定连续工龄和参加工作时间，不视同缴费年限。

六、工作要求

妥善解决城镇未参保集体企业退休人员养老保障等遗留问题，政策性强，涉及面广，各市、各有关部门要高度重视，成立专门工作班子，认真抓好贯彻落实。在实施过程中，要严格把握和执行政策，坚决防止弄虚作假行为，确保这项工作规范顺利开展。对违反政策规定办理补缴纳入手续的，要通过法律、行政、经济等各种手段，严肃追究相关领导和人员的责任。各有关企业要配合做好组织实施工作，提供补缴纳入人员身份和工作经历的原始资料，协助办理有关手续；同时，要向本企业人员做好政策解读和思想工作，切实维护社会稳定。各级社会保险经办机构要按规定建立补缴纳入人员信息数据库，做好资格审查、缴费核定、待遇支付等相关工作。

对未参保集体企业退休人员参加基本养老保险后出现的基金收支缺口，由当地政府通过加强养老保险费征收工作、调整财政支出结构等措施加以解决。省按照《山东省企业职工基本养老保险省级调剂金管理暂行办法》（鲁劳社〔2008〕17号）的有关规定予以统筹考虑。

附件：城镇未参保集体企业退休人员等补缴基本养老保险费及领取待遇标准参考表

附件

城镇未参保集体企业退休人员等补缴基本养老保险费及领取待遇标准参考表

单位：元

补缴标准		55—60周岁	61周岁	62周岁	63周岁	64周岁	65周岁	66周岁	67周岁	68周岁	69周岁	70周岁及以上	月养老金标准
一档	补缴总额	62130	60630	59130	57630	56130	54630	53130	51630	50130	48630	47130	601
二档	补缴总额	50350	48850	47350	45850	44350	42850	41350	39850	38350	36850	35350	492
三档	补缴总额	38560	37060	35560	34060	32560	31060	29560	28060	26560	25060	23560	383

山东省劳动局关于职工家属工作时间可否计算工龄问题的复函

（1980年6月28日　鲁劳薪便字〔1980〕第8号）

烟台地区劳动局：

转去乳山县劳动局来函壹件。函中所询部队转业干部家属工作的时间是否计算连续工龄问题，我们意见：家属工被招收为大集体单位职工的，其干家属工的时间不应计算为连续工龄。但随原工作单位体制改变而转为大集体职工的，其在原单位干家属工连续工作的时间可计算为连续工龄。请按此意见研究答复他们。

山东省劳动局关于城镇集体经济组织、劳动服务公司所属网点从业青年及个体经营者被招工后工龄计算问题的处理意见（摘录）

（1982年8月9日　鲁劳薪字〔1982〕第208号）

一、从城镇集体经济组织和劳动服务公司所属网点中招收的知识青年，他们的工龄计算：在1979年7月24日中共中央中发〔1979〕51号文件下达前的从业时间不应计算连续工龄；文件下达后，在上述单位的连续从业时间，可与招工后的工作时间合并计算为连续工龄。

从业青年变动工作单位者，凡经县（区）劳动服务公司调动、转递档案材料的，前后的从业时间可以连续计算；未经办理调动手续自行变动工作单位或因个人原因中断工作的，其连续工龄应从其被招工前的最后一个单位的从业时间算起，招工前脱离工作单位的，工龄从招工被录用之日起计算。

二、凡经工商行政管理部门批准开业的城镇个体经营的青年，在经营期间被招工的，1981年7月7日国务院国发〔1981〕108号文件下达后的从事个体经营时间可与招工后的工作时间合并计算为连续工龄；个体经营中断的，从最后一次批准开业之日起计算。文件下达前的个体经营时间，均不计算为连续工龄。

山东省劳动局 省人事局转发劳动人事部“关于退休职工被判刑缓刑期间可否享受退休待遇的复函”的通知

（1982年8月19日 鲁劳薪字〔1982〕第223号）

各地、市劳动局、人事局，各大企业，省直有关部门：

现将劳动人事部劳人险局〔1982〕4号“关于退休职工被判刑缓刑期间可否享受退休待遇的复函”转发给你们，今后应按此规定执行，过去已经处理的不再变动。

劳动人事部关于退休职工被判刑缓刑期间可否享受退休待遇的复函

天津市劳动局：

你局7月22日津劳险字〔1982〕215号文收到。现对所询问的问题，答复如下：

退休职工被判处徒刑宣告缓刑，没有被剥夺政治权利的，其在缓刑期间可以继续享受退休待遇。

山东省劳动局转发劳动人事部“劳人险局〔1982〕6号文”的通知

（1982年11月27日　鲁劳薪字〔1982〕第318号）

各地、市劳动局，各大企业，省直各部门：

现将劳动人事部《关于全民所有制单位的临时工和集体所有制单位的职工去五七干校劳动的时间能否计算连续工龄问题的通知》转发给你们，请遵照执行。

全民所有制单位的临时工和集体所有制单位的职工，在“文化大革命”中，经组织动员，曾随同配偶一起下放到五七干校劳动，从干校回来被安排到集体所有制单位工作的，其在五七干校劳动和去五七干校以前连续工作的时间，也可以与现在的工作时间合并计算为连续工龄。

劳动人事部保险福利局关于全民所有制单位的临时工和集体所有制单位的职工去五七干校劳动的时间能否计算连续工龄问题的通知

各省、市、自治区劳动局（厅）、人事局，国务院各部委、各直属机构劳动人事司（局）：

最近，一些单位和个人来函、来信询问，“文化大革命”中全民所有制单位的临时工和集体所有制单位的职工。曾随干部一起到五七干校劳动，之后参加全民所有制单位工作，其工龄应如何计算的问题。经研究答复如下：

全民所有制单位的临时工和集体所有制单位的职工，在“文化大革命”中，经组织动员，曾随同配偶一起下放到五七干校劳动，后从干校回来被安排到全民单位工作，其在五七干校劳动和去五七干校以前连续工作的时间，可以与现在工作的时间合并计算为连续工龄。从干校回来后安排到集体单位工作的，其工龄如何计算的问题，请省、市、自治区根据具体情况研究决定。

山东省劳动局 省人事局关于解决原下乡知识青年插队期间工龄计算问题的通知

（1985 年 10 月 17 日 鲁劳薪字〔1985〕第 286 号）

各市、县（区）人民政府，各行署，省直各部门：

党的十一届三中全会以来，中央对知识青年上山下乡政策作了重大调整。我省各级党委和政府通过多种渠道和办法，使广大原下乡插队知识青年得到较为妥善的安排。但是，他们插队劳动的时间是否计算工龄的问题长期没有解决。“文化大革命”期间下乡的原插队知识青年的工龄计算问题，是在特定历史条件下遗留下来的，需要从实际出发，给予妥善解决。现根据劳动人事部《关于解决原下乡知识青年插队期间工龄计算问题的通知》规定精神，结合我省情况，作如下通知：

一、下乡知识青年在农村插队参加劳动的时间，可与招工后的工作时间合并计算连续工龄；他们参加工作的时间，从下乡插队之日算起。下乡知识青年系指：

1. 根据国家和我省有关规定，经组织动员并办理了下乡知青手续的，原系城镇非农业户口，到我省各地插队（含插场或到五七干校）或到原籍农村插队的知识青年；

2. 按我省有关文件规定，经县以上知青办审查批准，补办了下乡知识青年手续的；

3. 按国务院知青办和我省有关文件规定，办理从外省（市）来我省或我省由甲地到乙地转迁手续，经县以上知青办批准转点的。

二、知识青年下乡期间计算为工龄的时间，必须是在农村参加劳动的时间。返城后等待分配工作的时间，在下乡期间擅自离开农村未参加劳动的时间，不得计算为工龄。

三、审定知识青年下乡插队参加劳动的时间，应根据本人档案中履历表和原始知青下乡材料（现补的证明材料，不得作为审定的依据，下同）；按规定补办知青手续的，凭有关原始证明材料和县以上知青办的审批件；转点知青凭有关证明材料和县以上知青办的审批件。经严格审查后，填写“知青下乡时间审定表”（附后），提出知青计算连续工龄和参加工作时间的审定意见。下乡知青现所在工作单位是县团级和县团级以上单位的，可由所在单位直接审定；是县团级以下单位的，省、市、地属单位，由其主管部门审定；县属单位，分别报县劳动部门审定。审定意见经下乡知青本人签章后，由其工作单位存入本人档案。

对计算下乡时间和确定参加工作时间有争议的，由下乡知青工作单位的上一级主管部门调查核实，会同同级劳动部门研究审定。

四、按此规定计算的工龄，涉及到有关定级、调资、保险、福利待遇的问题，过去的不再处理；今后的按新计算的工龄对待，与同工龄的职工一视同仁。

五、审定知青下乡工龄计算，是涉及几十万下乡知识青年切身利益的大事，是一项比较复杂、细致的工作，涉及面广，工作量大，必须严肃认真对待。要从维护安定团结的大局出发，把各有关方面的工作做细做好。凡有下乡知青工作的单位，都要指定工作认真、责任心强的同志负责，并组织学习知青下乡的有关文件，按照政策规定办事。遇有特殊问题请向省劳动局汇报，切勿草率从事或扩大范围。要按原则办事，反对不正之风。

六、本通知从今年7月1日起在内部掌握执行。过去有关规定，与本通知不一致的，以本通知为准。

附：知青下乡时间审定表

（附本书略）

山东省劳动局 省人事局关于解决原下乡知识青年插队期间工龄计算问题的补充通知

（1986年5月22日 鲁劳薪字〔1986〕第153号）

各市、县（区）人民政府，各行署，省直各部门：

省劳动局、人事局鲁劳薪字〔1985〕第286号《关于解决原下乡知识青年插队期间工龄计算问题的通知》下发以来，一些地方和单位在贯彻执行中遇到了一些问题，要求予以明确。经研究，作如下补充通知，请按照执行。

一、按我省有关文件规定，“文革”前，经组织动员下乡插队（含插场）或回农村原籍落户的城镇非农业户口的知识青年和1964年至“文革”前从城镇成户下乡带下去的子女，凡下乡时符合知青条件、补办了知青下乡手续并已经县以上知青部门审查批准承认为上山下乡知识青年的，他们下乡在农村参加劳动的时间，计算为工龄。

二、在“文革”中，经组织动员随父、母去五七干校的子女，办理了知青下乡手续或有原始下乡证明，在五七干校正式参加劳动和参加分配的，其户口迁入至迁出五七干校的时间，可以计算为工龄。

三、下乡知识青年在1970年至1978年期间，从农村被推荐或考入高等院校、中等专业学校、技工学校学习的，其在校学习时间，可以计算为工龄。1979年以后考入上述学校的，在校学习时间不计算工龄。

下乡知识青年，经批准回城待业期间考入各类学校学习的，其在校学习的时间，不得计算为工龄。

下乡知识青年，经组织批准回城招工后，擅自离职上学的，其招工后工作时间与在校学习时间不计算工龄。他们的工龄，可将其下乡参加劳动的时间与毕业分配后的工作时间合并计算。

四、下乡知识青年在下乡期间，未改变知青身份，由组织决定从事其他工作的，视为在乡参加劳动的时间，计算为工龄。

五、按照我省有关文件规定，符合知识青年下乡条件，经县以上知青部门审查批准，补办了知青手续，承认为下乡知青的，他们的下乡时间和工龄计算，应按省劳动局鲁劳办字〔1983〕第171号《关于补办手续的知青如何计算下乡时间的复函》规定执行。即：1975年10月到1979年6月这段时间内按原省知青办鲁知办字〔1975〕25号文件及原省革委〔1976〕60号文件补办手续承认其为知青的，属于成户下乡带下去的子女，凡下乡时符合知青条件的，应从其实际下乡之日起计算下乡时间；属于“文革”中遣返人员的随迁子女，随迁时年满16周岁的，随迁时间可作为下乡时间；主遣人在落实政策时，改变了原定问题性质（即不属于敌我问题），随迁子女在落实政策时年满16周岁的，可从满16周岁那一年开始计算其下乡时间。1979年6月以后按省委〔1978〕105号、〔1979〕30号文件规定补办手续承认为知青的，仍按原来有关文件规定，作为1978年下乡知青对待。

按省劳动局鲁劳社字〔1982〕第127号《关于知青遗留问题处理的意见的通知》规定，不再补办知青手续，报经省劳动局审批，就地就近安置工作的，他们的下乡时间和工龄计算，亦按省劳动局鲁劳办字〔1983〕第171号文件的有关规定执行。

六、下乡知识青年，经组织批准办理了病退、困退、撤点（不含经组织批准回城上学）等手续，收回城镇待业的，以其户口迁回城镇前在农村参加劳动时间与招工后的工作时间合并计算为连续工龄。

七、审定下乡知识青年的原始材料包括：动员城镇办理的下乡手续（证明），知青下乡或回城证件，补办或办理下乡知青手续材料和县以上知青部门审批件，招工（干）、升学、入伍通知书，离开下乡地点时所在大队、公社（单位）对本人签署的意见、鉴定、证明，公安、粮食及有关部门依据原始档案出具的本人下乡时的户口、粮食迁移证、县以上知青部门编制的下乡知青花名册等。其他单位或个人出具的证明，均不得作为审定的依据。

八、本补充通知也从1985年7月1日起在内部掌握执行。

山东省劳动局关于临时工合同工工龄计算问题的复函

（1986年5月29日　鲁劳薪函字〔1986〕第5号）

省国防科工办：

你办所属山东鲁光化工厂鲁光劳人便字〔1986〕第003号文悉。关于在做临时工、合同工期间应征入伍、退伍后又参加工作的，其入伍前做临时工、合同工的时间，能否计为连续工龄的问题。根据劳动人事部的有关规定，经研究，现函复如下：

城镇居民经劳动部门批准招用的计划以内的临时工、合同工，在全民或县以上集体所有制单位做临时工、合同工期间应征入伍、退伍后又参加工作的，可将其入伍前最后一次做临时工、合同工的时间与其军龄和退伍后参加工作的时间合并计算为连续工龄。按此规定计算连续工龄后，对过去的工资、保险福利等有关待遇，不再重新处理。

本规定只适用于上述人员，从6月1日起执行。

山东鲁光化工厂的来函中所指人员，是农业户口，其工龄应从参军之日算起，其军龄可与复员招工后的工作时间合并计算为连续工龄，复员在家的时间应扣除。请你们转告该厂。

山东省劳动局关于对山东矿业学院《关于对×××、×××要求享受知青待遇的报告》的复函

（1986年6月28日　鲁劳薪函字〔1986〕第7号）

山东矿业学院：

你院86年2月20日给中共山东省委落实政策办公室的院人字〔1986〕第39号报告，省委办公厅转我局阅处，现复函如下：

报告中所提问题，根据省原知青办1979年10月鲁知办字〔1979〕第28号《关于对文化大革命中遣送、疏散人员随迁子女办知青手续的通知》的规定："办理知青手续的范围，要严格按照省委〔1979〕30号文件规定执行，只限于'文化大革命'中，我省城镇遣送、疏散到本省农村的人员带下去的原属非农业人口的子女。凡外省、市遣送来我省人员的随迁子女，不适用省委〔1979〕30号文件及本文规定。"我们研究认为，×××、×××是在文革中遣送去外省农村的，不符合上述文件规定，不能按知青对待。在农村参加劳动的时间不能计算为工龄。

请你们按照有关政策规定，做好家长和本人的说服教育工作。

山东省劳动局关于原下乡知青计算工龄问题的复函

（1986年11月30日　鲁劳薪函字〔1986〕第12号）

威海市劳动局：

你局威劳便字〔1986〕第2号关于原下乡知青工龄计算问题的请示悉，现将你们所询的几个问题函复如下：

一、凡属下列情况的，都不能按下乡知青对待，在乡参加劳动时间不计算工龄：

1. “文革”前从城镇成户下乡带下去的子女，根据原省革委〔1976〕60号、原省知青办鲁知办字〔1975〕第25号文件规定，下乡时不符合知青下乡条件的；

2. 1969年前后，在“我们也有两只手，不在城里吃闲饭”的口号影响下，城镇居民迁往农村的随迁子女；

3. 历次运动中的各类随迁子女，在主遣人落实政策前，因招工、参军、入学等原因离开农村，根据中央和省有关文件规定，凡未办下乡知青手续未被承认为下乡知青的；

4. 军队干部随军子女，在1969年至1979年期间，因干部复员改为农业户口，回农村参加劳动，未办理知青手续，1980年干部改为转业，子女招了工，招工前在农村不是以下乡知青身份参加劳动的。

二、1979年9月以后，按照省委〔1978〕105号、〔1979〕30号和原省知青办鲁知办字〔1979〕第28号、〔1980〕第13号文件规定办理了下乡知青手续，知青部门按1978年下乡知青对待的，他们的下乡时间可从1978年12月起计算。

山东省劳动局 省财政厅关于给企业退休职工发放生活补贴的通知

（1989 年 3 月 13 日 鲁劳险字〔1989〕第 084 号）

各市人民政府、各行署、省政府各有关部门、各大企业：

为切实保障企业职工退休的基本生活，经请示省政府领导同意，给他们发放生活补贴。现将有关事项通知如下：

一、全民所有制企业的退休职工，除按国务院国发〔1978〕104 号文件享受退休待遇外，根据不同情况，分别发给一定数额的生活补贴。

（一）建国前参加革命工作，除照发本人原标准工资的离休干部和退休老工人外，凡是按本人原标准工资 80% 计发退休费的退休职工，每月生活补贴为本人原标准工资的 20%。

（二）建国后参加革命工作，连续工龄满 30 年及其以上的退休职工，每月生活补贴为本人原标准工资的 20%；连续工龄满 15 年不满 30 年的，每月生活补贴为本人原标准工资的 15%；连续工龄满 10 年不满 15 年的，每月生活补贴为本人原标准工资的 25%。

（三）因工致残完全丧失劳动能力，饮食起居需要人扶助的退休职工，每月生活补贴为本人原标准工资的 5%；饮食起居不需要人扶助的退休职工，每月生活补贴为本人原标准工资的 10%。

（四）发放生活补贴的连续工龄，计算到国家规定的退休年龄为止。超过退休年龄的工作时间，不作为计发生补贴的年限。在本通知下达前，已办理退休手续的，以当时办理退休手续时的连续工龄计发生活补贴。

（五）退休职工退休费加此项生活补贴之和低于 50 元的按 50 元发给，孤独一人的和配偶无收入又无子女的按 55 元发给，因工致残完全丧失劳动能力的按 60 元发给。

（六）退休职工退休费（含享受特殊贡献待遇提高的退休费）加按本规定增发的生活补贴之和，除按最低保证数发给的外，不超过本人原标准工资。

二、按国发〔1978〕104 号文件和《劳动保险条例》第十三条丙款规定及鲁革发〔1972〕143 号文件规定办理退职的人员，退职费低于 45 元的，按 45 元发给。

三、上述生活补贴，从企业营业外支出项下列支，按月与退休费一并发给。

四、退休职工和在职职工一样发给洗理费。

五、县以上集体所有制企业，参照本通知规定执行。

六、本通知自 1989 年 1 月 1 日起执行。今后国家如有新的规定，按国家规定办理。

山东省劳动局关于一九六六至一九六九届推迟分配的大中专院校毕业生工龄计算问题的通知

（1990年11月2日　鲁劳险字〔1990〕第507号）

各市地劳动局，省直各部门：

最近，不少单位和个人询问，一九六六至一九六九届推迟分配的大中专院校毕业生工龄如何计算。经研究，现作如下通知：

一九六六至一九六九届大中专院校毕业生，确因“文化大革命”而推迟分配工作的，其推迟的时间可与正式分配工作后的工作时间合并计算连续工龄。参加革命工作的时间仍从正式分配工作之日算起。

本规定从一九九〇年十月一日起执行。按此规定计算连续工龄后，对过去的工资、保险福利等有关待遇，不再重新处理。

山东省劳动局关于农民合同制工人非因工死亡待遇问题的批复

（1992 年 11 月 28 日　鲁劳发〔1992〕524 号）

枣庄市劳动局：

你市薛城区劳动局薛劳字〔1992〕第 41 号《关于农民合同制工人非因工死亡待遇问题的请示》收悉。根据有关规定，经研究，现答复如下：

凡按国务院国发〔1986〕77 号和省政府鲁政发〔1986〕127 号文件规定招收（含转招）的农民合同制工人（不含农民轮换工），在合同期内和退休后因病或非因工死亡的，其丧葬补助费、供养直系亲属救济费、定期生活补助等待遇，与所在企业城镇合同制工人同等对待。

山东省劳动厅关于职工供养直系亲属问题的复函

（1997年7月30日　鲁劳险函字〔1996〕第7号）

莱芜市人事劳动局：

你局6月13日《关于病亡职工直系亲属供养问题的请示》收悉。所询某职工死亡后，其父有工作，其母能否列为该职工的供养直系亲属问题，经研究，现答复如下：

根据《劳动保险条例》及有关规定，供养直系亲属原则上以劳保卡片中的登记为准。如果单位未办理劳保卡片登记，应按以下原则处理：其母首先应由其父供养，如果其父工资收入较低，难以维持家庭最低生活水平的，也可将其母列为该职工的供养直系亲属。

此复。

山东省劳动厅关于贯彻省政府鲁政发〔1997〕109号文件有关问题的通知

（1998年6月17日 鲁劳发〔1998〕141号）

各市、地劳动局：

《山东省统一企业职工基本养老保险制度实施办法》（鲁政发〔1997〕109号，以下简称《实施办法》）下发后，各地在贯彻执行中遇到一些具体政策问题，经研究，提出以下处理意见，请按照执行。

一、职工个人以本人当月全部工资收入（按国家统计局规定的“工资总额”口径计算）为基数缴费，由单位在发放工资时代为扣缴。目前采用职工个人当月全部工资收入为缴费基数困难较大的市地，也可暂以职工本人上月或上年度月平均工资收入为缴费基数。职工月工资收入低于省上年度职工平均工资60%的，按职工平均工资的60%缴费；高于省上年度职工平均工资300%的部分不计入缴费工资基数。

二、企业缴费应以本企业全部职工缴费工资之和为缴费基数。目前仍按企业工资总额和离退休费用两项之和的一定比例提取基本养老保险基金的市地，应在1998年底前全部改为按职工缴费工资之和提取。

三、职工个人账户储存额，每年一次由当地社会保险机构以个人账户对账清单的形式向参加基本养老保险社会统筹的职工公布。

四、职工跨统筹范围流动时，调出地区社会保险机构除向调入地区社会保险机构转移其基本养老保险关系和个人账户档案外，还需转移基本养老保险基金。1997年12月31日以前个人账户储存额的转移仍按劳动部劳部发〔1996〕78号文的规定执行，即：只转移个人账户中的个人缴费部分（本息之和）；1998年1月1日之后按国务院国发〔1997〕26号文规定个人账户储存额全部转移。

五、职工或离退休人员死亡，其个人账户余额中的个人缴费部分累计本息余额，一次性支付给其指定的受益人或法定继承人，企业缴纳部分并入基本养老保险统筹基金。

六、私营企业和职工（含雇主）、个体从业人员和非工薪收入者原则上按所在市地上年度职工平均工资18%的比例缴费，11%记入个人账户。其中个体工商户雇员按8%缴费，其余部分由个体工商户主为其缴纳，并按规定享受养老保险待遇。

七、城镇企业职工与企业解除或终止劳动关系从事私营个体经济的，其前后缴纳养老保险费的年限合并计算，个人账户储存额累计计算，不间断计息。

八、为了保证新老办法的衔接和平稳过渡，对《实施办法》实施前参加工作、实施后退休且缴费年限（含视同缴费年限）满15年的人员，在设置了过渡性养老金待遇仍然偏低、难以平稳过渡的，可再设置过渡性调节金。过渡性调节金的标准在80—150元之间（含国家和省规定的补助、补贴）。具体标准，由各市地测算报省批准后执行。

九、按《实施办法》计发的养老金包括：基础养老金、个人账户养老金、过渡性养老金、过渡性调节金；按原办法计发的养老金包括：原固定职工和合同制职工退休时，按照国发〔1978〕104号、鲁劳险字〔1989〕084号文件计算的待遇以及国家和省原规定按月发放的各项补助、补贴。

十、按原办法计算养老金的基本工资（按标准工资或岗位技能工资），应封定在实行养老保险统账结合改革之前，此后职工每年缴费工资高于基本工资加各项补贴、缴费工资增加额超过基本工资增加额的，可将其实际增加的一至两个级差的工资，作为按原办法计算养老金的基数。

十一、《实施办法》实施前参加工作、实施后到达退休年龄，缴费年限（含视同缴费年限）累计满10年不满15年的，仍办理退休手续，按月享受基本养老金。其基础养老金标准为职工退休时市地上年度职工月平均工资的15%，并与缴费年限满15年以上的退休人员同样发给个人账户养老金、过渡性养老金和过渡性调节金。

十二、未达到国家规定的退休年龄，因病或非因工负伤完全丧失劳动能力的人员，缴费满15年的，本人申请，社会保险机构审批，可按月享受退职生活费待遇，标准为市地上年度职工月平均工资的20%加个人账户养老金，以后每年按当地离退休人员基本养老金正常调整机制的80%进行调整；缴费不满15年的，其个人账户全部储存额一次性支付给本人，并按统账结合改革前的缴费年限（含视同缴费年限）每满1年发给本人两个月的指数化月平均工资的养老金、改革后的缴费年限每满1年发给所在市地上年度一个月的职工平均工资的养老金，一次付清。

十三、职工因工致残或患职业病，完全丧失劳动能力，退出生产、工作岗位后，其待遇按工伤保险的有关规定执行。

十四、从事井下、高空、高温、特别繁重体力劳动或者其他有害身体健康工作的职工，可按国家规定提前退休。实行统账结合改革前在特殊岗位的工作年限，按规定折算的连续工龄视同缴费年限，但折算后增加的年限最长不得超过5周年；改革后从事特殊岗位工作的年限，不再折算工龄。

十五、国务院国发〔1994〕59号、〔1997〕10号文确定的优化资本结构试点城市的破产国有工业企业职工，以及劳动部、中国纺织总会劳部发〔1998〕37号文规定的纺织压锭企业的纺纱和织布挡车工种职工，符合规定提前退休条件的，可以提前退休。上述规定以外的企业职工不得以任何理由办理提前退休。

十六、职工因停薪留职、离岗退养、下岗、带薪上学等原因离岗，与原企业保持劳动关系的，其养老保险费仍继续缴纳，并按规定记入个人账户。

十七、职工被判有期徒刑或劳动教养的，服刑或劳教期间不计算缴费年限，但个人账户予以保留，并照常计息；服刑或劳教之前的实际缴费年限予以承认。服刑或劳教期间到达法定退休年龄的，缓办退休手续，待服刑或劳教期满后正式办理退休手续，并按规定享受基本养老保险待遇。被判有期徒刑缓刑期间，个人账户的处理和缴费年限的计算可与其他职工相同。

十八、离退休人员被判刑服刑期间不享受基本养老保险待遇；刑满释放后继续享受基本养老保险待遇。被判有期徒刑缓刑期间，可以继续享受基本养老保险待遇。服刑和缓刑期间的基本养老金不作调整。

十九、《实施办法》中指数化月平均缴费工资的计算办法，仍按省劳动厅鲁劳发〔1993〕163号文的规定执行。

山东省劳动厅　省财政厅关于贯彻省政府鲁政发〔1998〕114号文件有关问题的通知

（1999年3月30日　鲁劳发〔1999〕100号）

各市、地劳动局、财政局，省政府各部门，中央驻鲁企业：

为认真贯彻《山东省人民政府关于印发〈山东省企业职工基本养老保险省级统筹实施办法〉的通知》（鲁政发〔1998〕114号，以下简称《通知》），保证我省基本养老保险省级统筹工作的顺利进行，现就有关问题通知如下，请按照执行。

一、各市地要采取有效措施，加大工作力度，把扩大养老保险覆盖面作为当前一项重要的工作任务抓紧抓好。要按照全省的统一部署和要求制定并实施基本养老保险覆盖计划，明确目标，落实责任，细化措施，争取在1999年6月底前将城镇所有企业及其职工全部纳入统筹范围，同时要积极创造条件，逐步将城镇个体从业人员和其他非工薪收入者纳入基本养老保险。

二、省级统筹前已离退休人员按国家和省规定的标准计发的养老金，包括离退休金和各项补助、补贴作为基本养老保险统筹项目；各市地、行业和企业自行增加的项目和自行提高的标准，均不纳入统筹。各市地在市地统筹时按照国家和省有关规定确定的统筹项目和支付标准，以及按《通知》规定新增统筹项目及其支付标准，均应报省劳动厅、财政厅审核后，方可纳入统筹。1999年1月1日后，职工退休要严格按照国家和省规定的养老金计发办法计发养老金，各市地和行业不得擅自确定增加统筹项目。

各市地对省级统筹前已办理提前退休的人员，应按照国务院办公厅《关于进一步做好国有企业下岗职工基本生活保障和企业离退休人员养老金发放工作有关问题的通知》（国办发〔1999〕10号）的有关规定进行认真的清理，凡不符合国家规定提前退休的人员，原则上仍由企业负担。省将对各市地企业职工提前退休清理工作的情况进行抽查，并予以通报。问题突出的，将追究有关部门和人员的责任。

三、职工个人以本人当月全部工资收入（按国家统计局规定的“工资总额”口径计算）为基数缴纳基本养老保险费。目前采用职工个人当月全部工资收入为缴费基数困难较大的市地和行业，经省社会保险经办机构批准，在1999年底前，也可暂以职工本人上月或上年度月平均工资收入为缴纳基数。

企业缴纳基本养老保险费，以本企业工资总额为缴费基数。企业上报统计部门统计年报的企业工资总额小于职工个人缴费工资之和的，以职工个人缴费工资之和为企业缴纳基数。

四、1999年，各市地、原参加市地统筹的中央驻鲁企业和行业统筹企业、私营企业、职工个人以及个体从业人员基本养老保险费的缴纳比例，按《通知》的有关规定执行；以后各年度的缴纳比例，根据全省基本养老保险基金的实际支付需要，按照“区别对待、逐步统一”的原则研究确定，由省政府或经省政府授权后由省劳动厅会同省财政厅公布执行。

五、实行基本养老保险基金的全额缴拨和养老金的社会化发放，是确保企业离退休人员养老金按时足额发放的必然要求和根本保证。目前凡实行基本养老保险基金差额缴拨的市地，要立即改为全额缴拨，社会保险经办机构对企业和职工实行全额征收基本养老保险费，并对企业全额支付统筹项目内的离退休人员养老金。要加快实现基本养老金社会化发放的步伐，推进社会化管理进程，争取到年底前，全省所有离退休人员养老金基本实现社会化发放。

六、省对各市地、行业的基本养老保险基金收支和上缴下拨计划，由省政府或经省政府授权后由省劳动、财政部门于每年1月底前下达。各市政府、行署和行业主管部门根据省下达的计划，及时制定分解计划，下达各县（市、区）和所属企业，同时报送省劳动、财政部门备案。各级政府必须严格执行上级政府制定下达的基金收支和上缴下拨计划，对不按规定上缴基金的，上级社会保险经办机构，可提请财政部门直接从其社会保障基金财政专户中划拨。

七、要逐步健全和完善基本养老保险基金的计划、财务、预决算、统计、审计等各项管理规章制度，严格执行基本养老保险基金收支两条线管理办法。各市地积累的基金，除预留相当于2个月的支付费用外，应全部购买国家债券和存入专户。

八、基本养老保险省级统筹调剂金，由各市地（不含济南、青岛）按省下达的基本养老保险基金征收额的一定比例（1999年为10%），按月提取。按照省下达的基金收缴计划，提取省级统筹调剂金后，基金收取相抵有结余的市地，应于次月15日前将上月省级统筹调剂金按规定标准上解省社会保险经办机构。完成省下达的基金收缴计划后，基金收入不足支付离退休费用的市地，需申请调剂或动用本市地提取的省级统筹调剂金和滚存结余的基金时，应按规定报经省劳动厅、财政厅审批。

九、1999年1月1日后，职工在本省企业（含中央驻鲁企业）范围内流动时，只转移其基本养老保险关系和个人账户档案，不再转移基本养老保险基金。职工跨省流动时，其基本养老保险关系和基本养老保险基金的转移仍按省劳动厅鲁劳发〔1998〕141号、205号文件的有关规定执行，经省社会保险经办机构审核后，由市地和行业省级主管部门社会保险经办机构办理具体转移手续。

十、要严格执行国家关于职工退休的各项政策规定，严把职工退休审批关，杜绝企业职工违反国家政策规定提前退休。自1999年1月1日起，企业职工男满60周岁、女干部满55周岁、女工人满50周岁退休，仍按照现行规定，由市地或县级劳动行政部门审批；从事井下、高空、高温、特别繁重体力劳动或者其他有害身体健康的工种，因病或非因工致残完全丧失劳动能力的企业职工退休，由市地劳动行政部门审批；按照国家有关规定提前退休以及中央驻鲁企业（含省煤炭企业）职工退休，统一由省劳动行政部门审批。

十一、原行业统筹企业移交地方管理后退休的人员，其基本养老保险待遇按原行业统筹计发办法高于我省计发办法计划的部分需增发补贴的标准及调整办法，各级社会保险经办机构基本养老保险基金收缴考核奖惩办法，由劳动厅、财政厅另行制定。

企业职工基本养老保险实行省级统筹，是进一步深化我省养老保险制度改革，完善社会保障体系，确保企业离退休人员养老金按时足额发放的一项重要举措，对于维护和促进改革、发展、稳定的大局具有十分重要的意义，各级劳动、财政部门及社会保险经办机构要认真结合本地实际，认真贯彻落实。要积极争取当地党委、政府的关心、支持以及工商、税务、银行、审计等部门的支持与配合，及时研究解决工作中遇到的困难和问题，确保我省省级统筹的顺利实施。工作中的问题和意见，望及时报告省劳动厅、财政厅。

山东省劳动厅关于欠费企业职工到达退休年龄如何计发基本养老金的批复

（1999 年 6 月 15 日　鲁劳发〔1999〕194 号）

泰安市劳动局：

你局《关于职工到达退休年龄如何计发个人账户养老金的请示》（泰劳险发〔1998〕8 号）收悉。经研究，并请示劳动保障部，现批复如下：

职工到达法定退休年龄，符合退休条件的，应及时办理退休手续。企业欠缴基本养老保险费的，应督促企业按规定补缴，不补缴的，以实际缴费年限和个人账户实际记录额计发基本养老金。

山东省劳动和社会保障厅关于出国定居人员基本养老保险个人账户处理问题的批复

（2000 年 7 月 13 日　鲁劳社发〔2000〕182 号）

济南市劳动和社会保障局：

你局《关于出国定居人员基本养老保险个人账户处理问题的请示》（济劳社险字〔2000〕18 号）收悉。经请示劳动和社会保障部，现批复如下：

职工到达法定退休年龄前，出国定居并取得居住国国籍，经职工本人申请，可将职工基本养老保险个人账户储存额的本息一次性支付给本人，并终止基本养老保险关系。没有取得居住国国籍的，其基本养老保险关系继续保留，待职工符合退休条件时再按有关规定处理。

山东省劳动和社会保障厅关于企业职工被人民法院判处拘役后工龄是否连续计算的复函

（1999年7月22日　鲁劳社发〔1999〕36号）

济宁市劳动局：

你局《关于企业职工被人民法院判处拘役后工龄是否连续计算的请示》（济劳字〔1999〕第55号）收悉。经研究，现答复如下：

企业职工因犯罪被判刑，按规定单位应给予其开除公职的行政处分的（个别因过失犯罪除外），无论当时单位是否作出开除公职的书面决定，其工龄均从刑满释放后重新参加工作之日起计算。

山东省劳动和社会保障厅 省财政厅关于提高企业离退休人员养老金水平的通知

（1999年9月8日 鲁劳社发〔1999〕82号）

各市地劳动（劳动和社会保障）局、财政局，中央驻鲁企业，省煤炭管理局：

根据《国务院办公厅转发劳动保障部等部门关于做好提高三条社会保障线水平等有关工作意见的通知》（国办发〔1999〕69号）和《中共山东省委山东省人民政府关于认真贯彻〈中共中央国务院关于转发国家发展计划委员会关于当前经济形势和对策的通知〉的实施意见》（鲁发〔1999〕17号）关于提高企业离退休人员待遇的精神，经省政府同意，从1999年7月1日起，按养老金正常调整机制适当增加离退休人员养老金。现就有关问题通知如下：

一、调整养老金的范围是1999年6月底前企业离退休、退职的人员。

二、企业离休人员（含按劳人险〔1983〕3号文件规定退休的建国前老工人）养老金的调整水平与机关事业单位大体相当，具体标准为：固定部分每人每月70元，活的部分按本人月养老金的9.5%进行调整。每人每月增加额不足120元的按120元增加。

三、企业退休人员养老金的调整标准为：固定部分每人每月40元；活的部分按本人月养老金的7%进行调整。

四、企业退职人员退职生活费的调整标准为：固定部分每人每月 35 元，活的部分按本人月退职生活费的 5%进行调整。

五、机关事业单位改为企业前办理离退休、退职手续和机关事业单位改为企业后经批准仍执行机关事业单位工资保险福利制度的离退休、退职人员，按机关事业单位增加待遇的规定执行。

六、增加离退休人员养老金的基数，按老办法计发养老金的包括：按比例计发的部分、国家和省规定的按月发放的各项生活物价补贴补助和福利性补贴、缴费年限每满 1 年发给 1 元的养老金，以及历年调整待遇增加的养老金；按新办法计发养老金的包括：基础养老金、个人账户养老金、过渡性养老金、过渡性调节金，以及历年调整待遇增加的养老金。

七、此次增加的养老金，可作为计发离休人员 1 至 2 个月工资额生活补贴和离退休人员供养直系亲属救济费、抚恤费的基数。

八、增加待遇所需资金，参加了养老保险社会统筹的，在统筹基金中列支，未参加社会统筹的从原渠道列支。

九、1999 年 7 月 1 日以后退休的人员，在过渡期内，计发养老金时仍可实行新老办法对比。职工每年缴费工资高于基本工资加各项补贴、缴费工资增加额超过基本工资增加额的，可将其实际增加的一至两个级差的工资，作为按原办法计算养老金的基数。其中，7 月 1 日至 9 月 30 日期间已办理了退休手续的，按在职职工增加工资并补缴了基本养老保险费的，可相应调整退休待遇。

提高企业离退休人员养老金水平，关系到改革、发展、稳定的大局和广大群众的切身利益，各级劳动保障部门和有关单位要高度重视，切实加强领导，精心组织实施；要加强资金筹措力度，专款专用，确保在 9 月 15 日之前把增加的养老金发到离退休人员手中。对执行中出现的情况和问题，要及时向当地政府报告，并及时报省劳动保障厅、财政厅。

山东省劳动和社会保障厅关于欠费企业职工退休计发待遇有关问题的批复

（2000年3月31日　鲁劳社发〔2000〕85号）

淄博市劳动和社会保障局：

你局《关于欠费企业职工退休计发待遇的请示》（淄劳社险函〔2000〕2号）收悉。经研究，并请示劳动和社会保障部同意，现批复如下：

一、为保障职工合法权益，劳动保障部门和社会保险经办机构办理欠费企业职工退休手续前，必须将企业欠费情况以及相关政策告知职工本人，并严格执行《社会保险费征缴暂行条例》的有关规定，强制欠费单位补缴欠费，对做工作后仍不补缴的，在职工办理退休手续、核定养老金后，为加强养老保险制度管理，体现退休政策的严肃性，已退休人员在职期间的欠费不能再予以补缴。

二、欠缴养老保险费的企业职工办理退休时，职工本人要写出书面申请，并在个人账户单上签字，与职工退休审批表一并存入职工档案。

山东省劳动和社会保障厅关于被法院撤销原判宣告无罪的退休人员养老金有关问题的批复

（2000年12月27日　鲁劳社办函〔2000〕32号）

潍坊市劳动和社会保障局：

你局《关于被法院撤销原判宣告无罪的退休人员能否补发养老金的请示》（潍劳社发〔2000〕144号）收悉。经研究，现函复如下：

经人民法院按审判监督程序重审撤销原判宣告无罪的退休人员，在错判期间应按国家和省有关规定补调养老金。纳入统筹的部分，由社会保险经办机构从法院作出无罪宣告之日起按纠正后的标准补发。错判期间的损失，按国家有关规定处理。

此复。

山东省劳动和社会保障厅关于当前养老保险工作中若干具体政策问题的通知

（2001年6月5日　鲁劳社〔2001〕29号）

各市劳动和社会保障局，省直各部门、各单位，各养老保险省直管企业，各高等院校：

近年来，随着经济体制改革、经济结构调整力度的加大和养老保险制度改革的不断深入，各地、各单位在养老保险工作中遇到了一些新情况、新问题，迫切需要在政策上予以明确。经研究，并请示劳动保障部同意，就当前急需解决的几个问题提出如下处理意见。

一、关于企业职工与原单位解除或终止劳动关系后养老保险问题

职工与原单位解除或终止劳动关系后，不论以何种形式再就业，都应到当地社会保险经办机构接续养老保险关系，按规定缴纳养老保险费，有关社会保险经办机构应积极为他们办理转接手续。

下岗职工与原单位解除或终止劳动关系后，未与其他单位建立劳动关系而从事个体经济或自由职业的，如本人自愿，单位同意，可与单位签订基本养老保险代办协议，委托原单位代缴养老保险费。个人按原单位执行的标准缴足应由单位和个人缴纳的基本养老保险费，由原单位向原社会保险经办机构为其代缴，缴费基数可按原单位参加养老保险执行的上年度职工平均工资的60%计算。

重新就业的人员退休后，其统筹项目内的养老保险待遇，由退休前最后一个为其接续养老保险关系的社会保险经办机构负责发放。失业期间达到退休年龄的，由为其代管档案的机构按规定申报退休，并由失业前最后一个为其保留养老保险关系的社会保险经办机构负责支付统筹项目内的养老保险待遇。

二、关于企业职工退休审批和待遇计发问题

1. 企业职工达到国家规定的正常退休年龄应及时办理退休手续，超过正常退休年龄而未办理退休手续的，仍以其达到国家规定的正常退休年龄的时间计发养老保险金。确因工作需要按规定缓退的，需报经劳动保障部门审核同意，并继续缴纳养老保险费。达到正常退休年龄或缓退年龄办理退休手续的人员，其退休时间从其达到正常退休年龄或缓退年龄之月起计算。职工到达正常退休年龄或缓退年龄后，单位未及时申报的，其养老金从单位正式申报的次月起纳入统筹。

2. 符合病退或特殊工种退休条件的人员，办理退休手续时超过国发〔1978〕104 号文件规定的病退或特殊工种退休年龄，但尚未达到正常退休年龄的，其超出病退或特殊工种退休年龄的缴费年限应予以承认，并相应计算有关退休待遇，其退休时间从审批机关批准之月计算，养老金从批准的次月起纳入统筹。

3. 在国家对提前退休特殊工种清理之前，各地、各企业必须严格执行原劳动人事部《关于提前退休工种审批权限问题的复函》（劳人护〔1987〕7 号）和原劳动部《关于加强提前退休工种审批工作的通知》（劳部发〔1993〕120 号）有关特殊工种的规定。特殊工种的范围，严格按照本行业经原劳动部认可的特殊工种名录执行，不得参照其他行业的特殊工种执行。

4. 职工过去从事符合规定的特殊工种，原始档案记载清楚，且从事特殊工种的年限累计已符合国家有关规定，退休前调离特殊工种岗位，但仍为企业工人或工作条件与工人相同的基层干部的，可按特殊工种办理退休。职工原在国有或集体企业工作且符合特殊工种退休的年限条件，与原单位解除劳动关系后，在从事非公有制经济或失业期间达到退休年龄的，亦可按特殊工种的规定办理退休。在原行业从事某特殊工种，调入新的行业后继续从事这一工种，但新的行业中不作特殊工种对待的，前后不能累加计算。

5. 退休改办离休（含建国前老工人退休）的人员，其离休时间的认定应严格按照鲁劳发〔1994〕381号文件的有关规定执行。属于冤假错案落实政策改办的，从原退休之日算起；属于放宽政策改办的，从改办之日算起。离休时间由负责改办手续的部门认定，有关待遇的变更由社会保险经办机构核定。

6. 为合理计算职工指数化月平均缴费工资，缴费指数由按建立个人账户前四年缴费工资计算改为按职工历年缴费工资计算。但计算过渡性养老金（每满1年计发1.4%）时，仍按建立个人账户前的缴费年限（含视同缴费年限）计算，不得将建立个人账户后的缴费年限合并计算。机关事业单位成建制改为企业或由机关事业单位（含部队）调入企业的职工，退休前按上述办法计算后实际缴费指数仍不足4年的，要按转入（调入）企业前职工原始工资发放单或工资发放花名册记载的实发工资（工资总额口径）计算到4年，如记载的实发工资低于上年度职工平均工资60%或高于300%的，分别按60%或300%计算。

7. 劳动者在就业期间应当缴纳养老保险费，所在单位和职工个人违反规定中断缴费的，按欠费处理，应按规定予以补缴。违反规定中断缴费退休前未补缴的，在计算指数化月平均缴费工资时，欠费年份按零指数计算。

8. 企业职工中未达到国家规定的退休年龄，但因病或非因工致残经劳动鉴定委员会认定完全丧失劳动能力的人员，经本人申请，可按国发〔1978〕104号文件规定办理退职手续。缴费年限（含视同缴费年限）满15年的，按月发给退职生活费。具体标准为：退职时上年度职工月平均工资的20%加个人账户养老金。其中，1997年12月31日之前参加工作的，另加调节金120

元。缴费年限不满15年的，仍按鲁劳发〔1998〕141号文件有关规定，一次付清。

9. 对涂改、伪造职工档案的，除建议所在单位按规定对直接责任人给予行政处分或行政处罚外，对改动的地方，由单位重新取证并经法定公证后方可予以认定。

三、关于机关事业单位养老保险问题

1. 机关事业单位中所属的企业，凡进行独立登记的企业法人，均应从批准成立之月起按规定参加企业养老保险，未参加的应按企业养老保险的有关规定补缴。已参加机关事业单位养老保险统筹的，移交当地企业养老保险机构，移交时只转移养老保险关系，不转移基金。

2. 职工在省内机关事业单位之间或机关事业单位与企业之间流动，只转移基本养老保险关系和个人账户档案，不转移基金。机关事业单位职工调入企业后，从调入之月起建立个人账户。机关事业单位职工调往外省的，转移基本养老保险关系和个人缴费部分的本息。

3. 机关事业单位原计划内临时工、民办教师等，转招为干部、固定工或合同制工人的，应自任临时工或民办教师之日起补缴养老保险费。其中，转招为干部或固定工的，当地实行固定工养老保险统筹前按规定计算的连续工龄可视为缴费年限。个人补缴基数，按补缴时当月本人缴费工资计算；单位补缴基数，按全部补缴职工当月缴费工资之和计算。

4. 机关事业单位工作人员已参加养老保险统筹的，单位在给工作人员办理退休手续时，需报劳动保障部门审核退休条件、社会保险经办机构审核退休待遇后，再按人事管理权限办理退休审批手续。凡未经劳动保障部门审核办理退休手续的，社会保险经办机构一律不予支付养老金。

5. 机关事业单位已开展养老保险统筹的，统筹项目要按国家和省的政策规定执行；按“双基数”收缴养老保险费的，要逐步规范到按“单基数”收缴养老保险费；缴拨方式要逐步由“差额缴拨”改为“全额缴拨”；有条件的市应逐步提高统筹层次，由县级统筹过渡到市级统筹。

本通知从2001年1月1日起执行。今后国家如有新的规定，按新规定执行。

山东省劳动和社会保障厅 省财政厅关于统一企业离休干部离休费统筹项目的通知

（2002 年 3 月 15 日 鲁劳社〔2002〕16 号）

各市劳动和社会保障局、财政局，各养老保险省直管企业：

根据省委办公厅、省政府办公厅关于转发《省委组织部、省委老干部局、省经贸委、省财政厅、省人事厅、省劳动和社会保障厅、省卫生厅〈关于落实离休干部离休费、医药费的意见〉和〈关于离休干部离休费、医药费财政保障工作的意见〉》的通知（厅字〔2001〕30 号）的要求，为确保企业离休干部离休费按时足额发放，现将统一企业离休干部离休费统筹项目的有关问题通知如下：

一、全省企业离休干部离休费统筹项目为：

（一）基本离休费。包括：离休时计发的离休费，按国家和省统一规定历年给企业离休干部增加的养老金，按缴费年限每满 1 年发给 1 元的养老金。

（二）国家和省统一规定的各项补助、补贴。主要包括：按国发〔1982〕62 号文件规定按年发放的 1—2 个月工资额的生活补贴；按国发〔1985〕6 号文件规定发放的 17 元生活补贴；按劳字〔1988〕42 号文件规定发放的 5 元生活补贴；按鲁劳险字〔1991〕003 号文件规定发放的生活补贴；按国发〔1979〕245 号文件规定发放的副食品价格补贴；按鲁政发〔1988〕62 号文件规定发放的四种副食品价格补贴；按鲁财预字〔1985〕22 号文件规定发放的肉价补贴；按鲁劳薪字〔1978〕222 号文件规定发放的粮价补贴；按财综字〔1991〕44 号文件规定发放的粮油价格补偿；按财综字〔1992〕38 号文件规定发放的粮价补贴；按鲁财行字〔1992〕第 77 号文件规定发放的煤价补贴；按鲁人福字〔1989〕2 号文件规定发放的取暖补贴；按鲁劳发〔1994〕60 号文件规定发放的洗理费、书报费；按鲁老干〔1997〕19 号文件规定发放的乘车费（交通费）；按省有关规定发放的 200 元护理费；按鲁人老字〔1986〕第 2 号文件规定发放的特需补助费；离休干部去世后按省有关规定发放的丧葬费、一次性救济费和遗属生活困难补助费。

原行业统筹企业离休干部，在按原山东省劳动厅、山东省财政厅《关于审定原行业统筹项目的通知》（鲁劳发〔1999〕171 号）审定的统筹项目基础上，上述国家和省统一规定的补助、补贴中尚未统筹的，也一并纳入。

（三）以上项目，作为参加基本养老保险统筹企业离休干部的必保项目，由各级社会保险经办机构从统筹基金中优先支付，并实行社会化发放。

二、各级劳动保障部门和社会保险经办机构要按照本通知统一和规范企业离休干部离休费统筹项目，将统筹项目内的各项待遇尽快兑现落实，确保按时足额发放。个别未参加统筹的企业离休干部也应按上述项目由所在单位确保发放，所在单位确实无力解决的，按厅字〔2001〕30 号文件的有关规定执行。

山东省劳动和社会保障厅转发劳动和社会保障部办公厅《关于对社会力量所办学校等民办非企业单位参加城镇企业职工养老保险的复函》的通知

（2003 年 10 月 21 日　鲁劳社函〔2003〕321 号）

各市劳动和社会保障局：

现将劳动和社会保障部办公厅《关于对社会力量所办学校等民办非企业单位参加城镇企业职工养老保险的复函》（劳社厅函〔2003〕317 号）转发给你们，并结合我省实际，提出以下意见，请遵照执行。

国务院《民办非企业单位登记管理暂行条例》（1998 年 10 月 25 日国务院令第 251 号）规定，民办非企业单位是指企业事业单位、社会团体和其他社会力量以及公民个人利用非国有资产举办的，从事非盈利性社会服务活动的社会组织。各市在扩大基本养老保险覆盖范围工作中，可以按照国家规定精神，将属于民办非企业组织的学校、医院、诊所等单位，以及律师事务所、会计事务所、审计事务所等中介机构，纳入企业养老保险社会统筹，执行企业职工基本养老保险制度。

劳动和社会保障部办公厅关于对社会力量所办学校等民办非企业单位参加城镇企业职工养老保险的复函

黑龙江省劳动和社会保障厅：

你厅《关于社会力量办学单位如何参加养老保险的请示》（黑劳社呈〔2003〕16号）收悉。经研究，现答复如下：

各地在扩大基本养老保险覆盖面工作中，可结合本地区的实际情况，将社会力量所办学校等民办非企业单位纳入当地企业职工基本养老保险，执行企业职工基本养老保险制度。

山东省劳动和社会保障厅关于贯彻执行劳动和社会保障部劳社发〔2001〕20号文件中几个具体问题的通知

（2004年2月26日　鲁劳社〔2004〕7号）

各市劳动和社会保障局，养老保险省直管企业：

劳动和社会保障部《关于完善城镇职工基本养老保险政策有关问题的通知》（劳社部发〔2001〕20号）下发后，各地在执行过程中遇到一些具体问题需要加以明确。现结合我省实际，提出如下意见，请认真贯彻执行。

一、参加城镇企业职工基本养老保险的人员失业后，按规定领取失业保险金期间，不缴纳基本养老保险费，中断缴费期间，不计算缴费年限和缴费指数。

参加城镇企业职工基本养老保险的人员，从中断缴费至达到退休年龄期间未缴纳基本养老保险费的月份（按规定领取失业保险金的时间除外），在计算指数化月平均缴费工资时，按零计算缴费指数。

二、退休时在企业管理岗位的女职工（不分干部和工人），凡在管理岗位连续工作满10年的，其退休年龄按55周岁执行。退休时在企业工人岗位的女职工（不分干部和工人），凡在工人岗位连续工作满5年的，其退休年龄按50周岁执行。不具备上述条件的女职工，仍按照国务院国发〔1978〕104号文件规定的干部和工人退休年龄执行。企业应及时将职工岗位变动情况报统筹地劳动保障部门和社会保险经办机构备案。企业在申报职工退休时，必须提供明确的岗位确定依据，劳动保障部门根据企业提供的有关资料和职工档案批准退休。

女职工与原企业解除或终止劳动关系后失业的，在核定退休年龄时，根据本人申请，其失业的年限可视同为在工人岗位的时间。

由企业管理岗位转为工人岗位（含在管理岗位失业）的女职工，本通知下达时年满50周岁、不满55周岁尚未办理退休手续的，如符合本条一款有关条件的，可按其实际年龄办理退休，并相应计发有关退休待遇。

三、城镇个体工商户等自谋职业者以及采取灵活方式就业的人员，在男年满60周岁、女年满55周岁时，累计缴费年限满15年的，可按规定领取基本养老金。其中，原在国有和县以上集体企业工作且在劳社部发〔2001〕20号文件下发前缴费年限（含视同缴费年限）满15年的女职工，与原企业解除或终止劳动关系后，从事个体经营、自由职业及采取灵活方式就业并继续缴纳基本养老保险费的，其从事个体经营、自谋职业及采取灵活方式就业的年限，根据本人申请，可视同为在工人岗位的时间，同时符合本通知第二条规定条件的，可按本通知第二条有关规定执行。

四、养老保险省直管企业的职工，与原单位解除或终止劳动关系后，除原已在省社会保险经办机构协议缴纳基本养老保险费的，其养老保险关系应及时转到户口所在地设区的市或县（市、区）社会保险经办机构。到达退休年龄时，按规定到其养老保险关系所在地劳动保障部门办理退休等有关手续，享受相应的基本养老保险待遇。

五、破产企业欠缴的养老保险费，应按规定首先在企业资产变现收入中予以清偿。确实无力清偿欠费的企业，在职工个人缴费和企业缴费中应划入职工个人账户部分（含利息）补足后，可由破产企业清算组持法院宣告破产裁定书、企业资产负债情况表等材料，向统筹地社会保险经办机构申请核销欠缴的基本养老保险费，经统筹地社会保险经办机构同意，市劳动保障部门审核、财政部门复核后，报省劳动保障部门审核、财政部门复核，经省人民政府批准，可以核销企业缴费中应划入职工个人账户部分外的欠费。

社会保险经办机构按补足的职工个人账户资金及时做好记录，并计算相应的缴费年限。

六、鲁劳社〔2001〕29 号文件下达前根据鲁劳发〔1998〕141 号文件规定按月计发退职生活费的人员，亦按鲁劳社〔2001〕29 号文件的规定，从 2001 年 1 月起，每月增加调节金 120 元。

七、各地应按照有关规定，继续规范和完善机关事业单位养老保险制度，强化费用征缴，规范基金支出，完善基金管理，积极创造条件实行养老金社会化发放，进一步巩固机关事业单位养老保险制度改革试点的成果。

山东省劳动和社会保障厅关于做好企业年金工作有关问题的通知

（2005年8月11日　鲁劳社函〔2005〕291号）

各市劳动和社会保障局，各有关单位：

根据劳动保障部《企业年金试行办法》和《山东省人民政府办公厅关于稳步推进企业年金工作的通知》等有关规定，为进一步规范企业年金方案报送备案程序，稳步推进我省企业年金工作，现就有关问题通知如下：

一、企业年金试点企业，由同级劳动保障行政部门会财政部门共同确定。省属企业、经主管部门同意的中央驻鲁企业试点，由省劳动保障行政部门会省财政部门确定。

二、企业申报试点，应提供企业缴纳基本养老保险费情况、最近3年的经营状况、企业内部管理制度、企业发展前景预测等有关资料。

三、企业向劳动保障行政部门报送企业年金方案，应提供下列材料：

（一）企业年金方案报送备案的函（参考式样见附件1）；

（二）企业年金方案草案及重要条款的说明；

（三）企业年金理事会成立文件，人员组成及其简历；

（四）企业年金方案草案经集体协商或职工大会、职工代表大会讨论通过的文件；

（五）有主管部门的，应提交主管部门同意建立企业年金的证明；

（六）社会保险经办机构出具的企业依法参加基本养老保险

并按时足额缴费的证明；

（七）企业与受托人，受托人与账户管理人、基金托管人、投资管理人签订的书面合同；

（八）其他有关材料，主要包括企业的经济类型、企业职工总数和参加企业年金方案的职工人数，企业上年度财务报告等。

四、劳动保障行政部门对于企业报送的企业年金方案，应按照国家、省有关法律法规政策规定进行认真审查。经审查有异议或有修改意见的，应在15日内以适当形式提出；对于修改意较大、设计原则性变动的，应要求企业修改并重新提交职工代表大会或职工大会讨论通过。劳动保障行政部门应在最后一次收到企业报送企业年金方案文本的15日内向企业出具审核意见（参考式样见附件2）。

在执行过程中，企业年金方案重要条款需要调整的，企业应向劳动保障行政部门报送更新材料，并就有关问题作出说明，劳动保障行政部门按上述程序进行审核。

五、省劳动保障行政部门确定的企业年金试点企业名单、年金方案，抄送企业所在市劳动保障行政部门。

各级劳动保障行政部门要充分认识做好企业年金工作的重要意义，加强对企业建立企业年金工作的指导，认真审核企业报送的企业年金方案，推动这项工作稳步发展。

附件：1. 于报送××公司企业年金方案备案的函

2. 于企业年金方案备案的复函

（附件本书略）

山东省劳动和社会保障厅关于执行鲁劳社〔2004〕7号文件有关具体问题的通知

（2006年8月1日　鲁劳社函〔2006〕311号）

各市劳动和社会保障局，养老保险省直管企业：

近来，不少市和企业在执行鲁劳社〔2004〕7号文件过程中遇到了一些具体问题，要求予以明确。经研究，现就有关问题提出以下意见。

一、根据国家和省有关规定，企业女职工退休年龄按照岗位和身份相结合的办法确定。具体办法是：

原干部身份的女职工，退休前在工人岗位工作，达到50周岁时在工人岗位连续工作已满5年的，其退休年龄按50周岁执行；达到50周岁时在工人岗位连续工作不满5年的，退休年龄按55周岁执行，如达到55周岁之前符合在工人岗位连续满5年这一条件时，也可根据本人申请，按其满5年时的实际年龄办理退休。原干部身份的女职工，曾经在工人岗位工作，但退休前又回到管理岗位工作的，其退休年龄按55周岁执行。

原工人身份的女职工，退休前在管理岗位连续工作满10年的，其退休年龄按55周岁执行；在管理岗位连续工作不满10年的，按50周岁执行。原工人身份的女职工，曾经在管理岗位工作，但退休前又回到工人岗位工作的，其退休年龄按50周岁执行。

二、企业内部退养的女职工，在办理退休时，内退期间原则上按内退时的岗位认定。根据本人申请，内退期间也可视同为在工人岗位的时间。

三、原在国有和县以上集体企业工作期间基本养老保险费缴费年限（含视同缴费年限）已满10年的女职工，与企业解除或终止劳动关系后，从事个体经营、自由职业及采取灵活方式就业并继续缴纳基本养老保险费的，在办理退休时，如符合本通知上述规定条件的，可按照上述有关规定执行。其从事个体经营、自由职业及采取灵活方式就业期间，根据本人申请，可视同为在工人岗位的时间。

四、本通知自下发之日起执行。

山东省劳动和社会保障厅关于执行省政府鲁政发〔2006〕92号文件有关问题的通知

（2006年9月22日　鲁劳社〔2006〕51号）

各市劳动和社会保障局，各有关企业：

根据《山东省人民政府关于印发山东省完善企业职工基本养老保险制度实施意见的通知》（鲁政发〔2006〕92号）规定，经劳动和社会保障部审核，现对贯彻执行中的一些具体问题，提出如下意见，请按照执行。

一、按鲁政发〔2006〕92号文件规定的基本养老金计发办法（以下简称新办法）计算基础养老金时，以新办法规定的计发基数，缴费年限（含视同缴费年限，下同）每满1年发给1%，上不封顶。缴费年限不满整年的月数，换算成年，保留两位小数。

鲁政发〔2006〕92号文件规定的过渡期（以下简称过渡期）为2006年1月1日起，至2010年12月31日止。过渡期内，按鲁政发〔1997〕109号文件规定的计发办法（以下简称原办法）计算基础养老金时，以2005年职工月平均工资为基数，乘以原办法规定的计发比例。

二、在确定按新办法计算个人账户养老金的计发月数时，对退休（退职）年龄不满整年的余数，按1整年计算。对不满40周岁退职的人员，在国家作出统一规定前，暂按40周岁确定计发月数。

三、按新办法计算指数化月平均缴费工资的方法为，本人平均缴费工资指数乘以退休时上年度在岗职工月平均工资。过渡期内按原办法计算指数化月平均缴费工资的方法为，本人平均缴费工资指数乘以 2005 年职工月平均工资。

在按新办法和原办法计算平均缴费工资指数时，2005 年底以前的指数仍按本人缴费工资除以当年职工平均工资计算，不再变动；2006 年 1 月 1 日以后的指数，按本人缴费工资除以当年在岗职工平均工资计算。

四、按新办法和原办法计算过渡性养老金时，缴费年限不满整年的月数，换算成年，保留两位小数。

五、过渡期内新老办法对比计算养老金时，2007 年 1 月 1 日至 2010 年 12 月 31 日期间退休的人员，按原办法计算的基本养老金，再增加本人原办法基础养老金与过渡性养老金之和的 5%，作为过渡性补贴。

六、过渡期内，按新办法计算的基本养老金高于按原办法计算数额的，高出部分分年度按比例予以封顶限制。即：2006 年退休的，发给高出部分的 10%；2007 年退休的，发给高出部分的 30%；2008 年退休的，发给高出部分的 50%；2009 年退休的，发给高出部分的 70%；2010 年退休的，发给高出部分的 90%；2011 年及以后退休的，完全按新办法执行。

七、对于鲁政发〔1997〕109 号文件规定的过渡性调节金，过渡期内新办法中暂予保留，但计发标准要在原规定的基础上逐年冲减，过渡期满后予以取消。即：2006 年退休的，发给 90%；2007 年退休的，发给 70%；2008 年退休的，发给 50%；2009 年退休的，发给 30%；2010 年退休的，发给 10%；2011 年及以后退休的，不再发给过渡性调节金。

八、对于鲁政发〔1997〕109 号文件实施前参加工作，缴费年限累计满 10 年不满 15 年的人员，在过渡期内退休的，仍可按照鲁政发〔1997〕109 号文件的有关规定，按月发给基本养老金。计算基础养老金和过渡性养老金涉及的职工平均工资改按在岗职工平均工资计算。缴费工资指数亦按本通知有关规定执行。

九、按国发〔1978〕104号文件规定办理退职的人员，缴费年限满15年的，按月发给退职生活费。具体标准为：以退职时上年度省或市在岗职工月平均工资和本人指数化月平均缴费工资的平均值为基数，缴费年限每满1年发给1%；同时发给个人账户养老金，月标准为本人账户储存额除以国家规定的计发月数。其中，1997年12月31日前参加工作的，鲁劳社〔2001〕29号文件规定的120元调节金继续保留。缴费年限不满15年的，个人账户储存额一次支付给本人，并按缴费年限每满1年发给1个月本人指数化月平均缴费工资，一次付清。

十、自2006年1月1日起，个人账户规模调整为8%。此前的个人账户规模仍按11%执行，凡按规定补缴2006年1月1日前的欠费，其个人账户部分仍按11%的规模记入。

十一、企业职工个人以本人工资收入为基数缴纳基本养老保险费。职工工资收入按国家统计局关于工资总额的口径计算，其中低于上年度在岗职工平均工资60%的，按在岗职工平均工资的60%为基数缴费；高于上年度在岗职工平均工资300%的部分不计入缴费工资基数。

十二、参保人员缴纳基本养老保险费与按新办法计发基本养老金所依据的省或市在岗职工平均工资口径应保持一致，并按省级统筹的要求，今后逐步统一按全省在岗职工平均工资执行。

十三、各市要建立健全企业职工缴纳基本养老保险费公示制度，增加缴费透明度，加强监督，防止出现因瞒报、漏报缴费基数而少缴基本养老保险费，影响职工退休待遇的问题。凡已按规定落实了缴费公示及个人账户对账制度，或虽未实行缴费公示及个人账户对账制度，但法律、政策规定的期限内本人未对缴费工资提出异议的，养老保险经办机构不再受理单位和职工个人的补缴申请。经劳动监察或社会保险稽核发现因瞒报、漏报缴费基数而少缴基本养老保险费的单位，养老保险经办机构应当按规定将追缴的单位缴费部分并入企业基本养老保险统筹基金。

山东省劳动和社会保障厅关于养老保险省直管企业职工办理因病退休有关问题的通知

（2007年11月16日　鲁劳社函〔2007〕380号）

各养老保险省直管企业：

为进一步规范企业职工因病退休手续，合理控制提前退休，更好地维护职工合法权益，根据国家和省有关规定，现就养老保险省直管企业职工办理因病退休有关问题的通知如下：

一、达到病退年龄条件的企业职工，本人要求病退的，应向所在企业提出申请，经企业审查，由企业向省劳动保障厅养老保险处提出报告，并报送申请病退人员花名册等有关资料；同时，向省级劳动能力鉴定委员会申请因病退休劳动能力鉴定，经鉴定为完全丧失劳动能力，且符合病退年龄，缴费年限条件的，按规定审核办理病退手续。

申请病退人员劳动能力鉴定结论下达之日，作为核定其病退年龄和缴费年限及计算基本养老金的依据。

二、达不到病退年龄条件的企业职工，本人申请退职的，企业应向职工说明有关政策规定，并参照本通知第一条的程序审核办理。

申请退职人员劳动能力鉴定结论下达之日，作为核定其缴费年限和有关待遇的依据。

三、已与企业解除或终止劳动关系的人员，在国家作出新的规定前，不得作为原企业的职工办理因病退休。

四、本通知自下达之日起执行。

山东省劳动和社会保障厅 省民政厅转发劳动和社会保障部 民政部《关于社会组织专职工作人员参加养老保险有关问题的通知》的通知

（2008 年 9 月 16 日　鲁劳社〔2008〕47 号）

各市劳动和社会保障局、民政局：

现将劳动和社会保障部、民政部《关于社会组织专职工作人员参加养老保险有关问题的通知》（劳社部发〔2008〕11 号）转发给你们，并提出以下意见，请一并贯彻执行。

一、社会组织及其专职工作人员在劳社部发〔2008〕11 号文件下发前签订聘用合同或劳动合同的，可从建立劳动关系之日起，按当地有关规定补缴基本养老保险费。

二、已参加机关事业单位养老保险的社会组织及其专职工作人员，改按劳社部发〔2008〕11 号文件规定执行。

附件：《关于社会组织专职工作人员参加养老保险有关问题的通知》（2008 年 3 月 18 日，劳社部发〔2008〕11 号）

附件

关于社会组织专职工作人员参加养老保险有关问题的通知

各省、自治区、直辖市劳动和社会保障厅（局）、民政厅（局），新疆生产建设兵团劳动和社会保障局、民政局：

为进一步完善社会保障体系，扩大养老保险覆盖范围，促进社会组织健康发展，维护劳动者合法权益，根据国家有关政策规定，现就社会组织专职工作人员参加养老保险有关问题通知如下：

一、凡依法在各级民政部门登记的社会团体（包括社会团体分支机构和代表机构）、基金会（包括基金会分支机构和代机构）、民办非企业单位、境外非政府组织驻华代表机构及其签订聘用合同或劳动合同的专职工作人员（不包括兼职人员、劳务派遣人员、返聘的离退休人员和纳入行政事业编制的人员），按属地管理原则，参加当地企业职工基本养老保险。

二、尚未参加企业职工基本养老保险的社会组织，应在当地规定的时间内，持民政部门颁发的登记证书（如《社会团体法人登记证书》《社会团体分支机构、代表机构登记证书》《基金会法人登记证书》《基金会分支机构、代表机构登记证书》《境外基金会代表机构登记证书》或《民办非企业单位登记证书》）及参保所需的文件材料，到住所所在地社会保险经办机构办理社会保险登记手续，参加企业职工基本养老保险。本通知下发之后成立的社会组织，应当自登记注册之日起30日内办理社会保险登记手续，参加企业职工基本养老保险。

三、社会组织及其专职工作人员应按规定缴纳基本养老保险费，其中社会组织的缴费基数为全部参保专职工作人员个人缴费工资之和。

四、社会组织及其专职工作人员在本通知下发前签订聘用合同或劳动合同的，可按当地有关规定补缴基本养老保险费。

五、社会组织专职工作人员曾在机关事业单位工作的，其符合国家规定的工作年限视同为基本养老保险缴费年限；曾在企业或以个人身份参保的，要按有关规定做好养老保险关系的接续工作。

六、鼓励有条件的社会组织按照有关规定为专职工作人员建立年金制度，以提高工作人员退休后的保障水平。

切实做好社会组织专职工作人员参加养老保险工作，对保障他们的合法权益、构建和谐社会具有重要意义。各级劳动和社会保障、民政部门要密切配合，认真贯彻落实国家有关政策规定，做好组织实施工作。

山东省人力资源和社会保障厅 省财政厅关于调整企业退休人员取暖补贴标准的通知

（2010 年 7 月 14 日 鲁人社发〔2010〕38 号）

各市人力资源和社会保障局、财政局，养老保险省直管企业：

根据省政府《关于加快推动转方式调结构进一步促进财源建设的意见》（鲁政发〔2010〕61 号）的有关规定，从今年起调整企业退休人员的冬季取暖补贴标准。现将有关事项通知如下：

一、企业退休（退职）人员取暖补贴标准调整为每人每年 1100 元，原取暖补贴标准不再执行。

二、企业离休人员取暖补贴标准比照当地机关标准执行，当地机关没有提高取暖补贴标准或者执行的取暖补贴标准低于 1100 元的，按每人每年 1100 元执行。

三、按本通知调整取暖补贴的退职人员，是指按《劳动保险条例》第 13 条丙款和原鲁革发〔1972〕143 号、国发〔1978〕104 号文件规定办理退职手续并按月领取退职生活费的人员。

四、参加企业职工基本养老保险的企业离退休（退职）人员，发放取暖补贴所需资金从基本养老保险统筹基金中支付；未参加企业职工基本养老保险的，所需资金由原渠道解决。

五、本通知自 2010 年度起执行。

山东省人力资源和社会保障厅关于进一步做好特殊工种提前退休工作的通知

（2010 年 9 月 29 日　鲁人社字〔2010〕572 号）

各市人力资源社会保障局、省社保局：

近些年来，为做好特殊工种提前退休工作，省厅根据国家有关规定，就严格执行特殊工种提前退休政策、加强对特殊工种管理和退休审批等工作，提出了一系列明确要求，各地认真执行政策，采取多种措施，有效控制特殊工种提前退休人员不合理增长，取得了较好效果。但目前个别市仍存在企业和职工弄虚作假提前退休领取养老金的现象，这不利于基金的正常运转和社会保险事业的健康发展，应尽快采取有效措施加以制止。为进一步做好特殊工种提前退休工作，现就有关问题通知如下：

一、认真执行特殊工种提前退休政策。特殊工种提前退休是计划经济时期形成的一项政策，1999 年 3 月，原劳动保障部《关于制止和纠正违反国家规定办理企业职工提前退休有关问题的通知》明确规定："原劳动部和有关行业主管部门批准的特殊工种，随着科技进步和劳动条件的改善，需要进行清理和调整。新的特殊工种名录由劳动保障部会同有关部门清理审定后予以公布，公布之前暂按原特殊工种名录执行。"各地一定要严格执行国家的有关政策规定，不得随意开政策口子。同时，特殊工种提前退休工作政策性非常强，极其敏感，在宣传工作中，要特别注意把握好政策的宣传口径，注意宣传的方式、方法。

二、进一步规范特殊工种提前退休审批程序。企业职工按特殊工种办理退休，仍按国家现行规定的条件和审批权限执行。具体程序，可由职工申请，所在企业或职工档案托管机构报设区的市人力资源社会保障部门审批，养老保险省直管企业报省人力资源社会保障部门审批。本地区有行业主管部门（集团公司）的企业，申报前须先经行业主管部门（集团公司）审核后再报人力资源社会保障部门。

三、完善特殊工种岗位档案管理制度。各级人力资源社会保障部门要尽快建立提前退休特殊工种职工档案管理和年度审核登记制度，实行计算机管理。企业将本单位特殊工种名称、从事职工姓名及人数，从事特殊工种起止时间及岗位变动情况，作出完整记录，定期报送人力资源社会保障部门；建立特殊工种人员持证上岗制度，对其上岗情况定期进行调查；劳动用工备案系统对从事特殊工种劳动者信息实行动态管理，根据岗位变动情况及时调整更新，并做好备份记录。在办理特殊工种职工提前退休时，不仅要审查职工档案，而且要审核职工所处的岗位是否是国家批准的提前退休工种岗位，劳动用工备案系统是否对其从事特殊岗位有记录，职工是否实际从事了该岗位的工作。严禁只在档案和备案系统中登记，而实际并未从事的现象发生。

四、加强对特殊工种提前退休的监督检查。各级人力资源社会保障部门要加大对特殊工种提前退休各个环节的管理力度，继续执行好已经建立的特殊工种提前退休公示制度，加强对企业和审批环节的监督检查。发现弄虚作假办理特殊工种提前退休的，一经查实，要立即停发其基本养老金，并追回已经发放的基本养老金。对于曾经发生过弄虚作假行为的企业和职工，人力资源社会保障部门要在社会保险管理档案中注明，进行重点监控，以有效防止弄虚作假行为的发生。

山东省人力资源和社会保障厅关于企业职工基本养老金过渡期满后有关问题的通知

（2011年6月16日　鲁人社发〔2011〕34号）

各市人力资源和社会保障局，养老保险省直管企业：

按照《国务院关于完善企业职工基本养老保险制度的决定》(国发〔2005〕38号)、《山东省人民政府关于印发〈山东省完善企业职工基本养老保险制度实施意见〉的通知》（鲁政发〔2006〕92号）及其有关文件规定，从今年1月1日起，企业职工基本养老金完全执行新的计发办法（以下简称新计发办法）。近期，一些市反映，部分缴费年限短、缴费基数低的即将办理退休手续的参保人员，其基本养老金水平与2010年底退休的同类人员相比将有较大幅度地降低。为了基本养老金新计发办法的平稳运行，根据国家和省有关规定精神，现就有关问题通知如下：

一、对今后3年内办理退休手续、基本养老金水平下降幅度较大的部分人员加发一定数额的补贴。2011年至2013年办理退休手续的人员，仍实行新老计发办法对比计算基本养老金，对于按新计发办法计算的基本养老金仍低于按老办法计算的基本养老金的，按一定比例发给补贴。2011年退休的，补贴额为本人新老计发办法对比计算的差额部分的80%；2012年退休的，补贴额为差额部分的50%；2013年退休的，补贴额为差额部分的20%。2014年以后退休的，不再加发该项补贴。

二、从今年1月1日起，在计算基本养老金时，对参保人员欠缴基本养老保险费的年限不再按零计算指数。

三、各市要严格执行企业职工基本养老金计发办法的统一政策规定，严禁在国家和省规定之外另行作出规定或擅自变更。要认真落实好缴费公示等制度，杜绝因缴费基数降低影响参保人员基本养老金水平的问题。

各市、有关部门、有关企业要进一步加强对企业职工基本养老保险制度特别是计发办法改革的宣传，以报刊、网络、电视等为载体，以改革的目的、缴费基数和缴费年限与基本养老金水平的关系等为宣传重点，通过实例对比分析等方式，教育参保人员进一步增强对新计发办法的理解和认识，引导参保人员多缴费、长缴费，逐步形成“多工作、多缴费、多得养老金”的激励约束机制，促进我省基本养老保险制度的可持续发展。

山东省人力资源和社会保障厅关于城镇个体工商户和灵活就业人员养老保险有关问题的通知

（2012 年 11 月 2 日　鲁人社办发〔2012〕100 号）

各市人力资源社会保障局、财政局：

为适当减轻城镇个体工商户和灵活就业人员（以下简称个体、灵活就业人员）基本养老保险的参保缴费压力，较好地保障其养老保险权益，经省政府同意，现就个体、灵活就业人员养老保险有关问题通知如下：

一、2012 年至 2014 年继续执行省政府鲁政发〔2006〕92 号文件规定的个体、灵活就业人员缴费基数过渡政策。各市的具体过渡办法由设区的市人民政府确定，报省人力资源社会保障厅、财政厅备案。

二、对符合条件的就业困难人员，灵活就业后缴纳基本养老保险费的，各市要继续按照国家和省有关规定给予社会保险补贴。要积极筹措资金，切实将社会保险补贴落实到位。

三、各市要采取各种形式和渠道，做好个体、灵活就业人员养老保险政策的宣传，提高他们的参保缴费积极性，减少断保、断缴现象的发生。

四、本通知自 2012 年 1 月 1 日起执行。

山东省人力资源和社会保障厅 省财政厅关于城镇个体工商户和灵活就业人员养老保险有关问题的通知

（2016年1月29日 鲁人社办发〔2016〕18号）

各市人力资源社会保障局，财政局：

为适当减轻城镇个体工商户和灵活就业人员（以下简称个体、灵活就业人员）基本养老保险的参保缴费压力，较好地保障其养老保险权益，经省政府同意，现将有关事项通知如下：

一、至2019年年底，继续执行鲁政发〔2006〕92号文件规定的个体、灵活就业人员缴费基数过渡政策。参保人员可根据自身经济承受能力，按照省或市在岗职工平均工资的60%—100%自主确定缴费基数。

二、对符合条件的就业困难人员，灵活就业后缴纳基本养老保险费的，各市要继续按照国家和省有关规定给予社会保险补贴。要规范程序，简化手续，切实将社会保险补贴落实到位。

三、我省将继续改革完善基本养老金计发和调整办法，进一步体现多缴多得、长缴多得。各市要加强政策宣传解释，提高个体、灵活就业人员参保缴费积极性，减少断保、断缴现象的发生。

山东省卫生和计划生育委员会等部门关于印发《省属困难企业退休职工中独生子女父母养老补助落实工作实施办法》的通知

（2017年2月28日　鲁卫发〔2017〕13号）

各市卫生计生委、经济和信息化委、财政局、人力资源社会保障局、审计局，各市国资监管机构：

为进一步落实省政府办公厅《关于认真落实企业退休职工中独生子女父母养老补助有关规定的通知》（鲁政办发〔2010〕55号）精神，省卫生计生委、省经济和信息化委、省财政厅、省人力资源社会保障厅、省审计厅、省国资委等六部门联合制定了《关于印发〈省属困难企业退休人员和原省属企业破产改制后以个人身份参保并办理退休手续人员中独生子女父母养老补助落实工作实施办法〉的通知》（鲁卫家庭发〔2015〕2号）。为与2016年1月22日山东省人大常委会新修改的《山东省人口与计划生育条例》有关规定相衔接，我们对上述实施办法作了部分修改，现将《省属困难企业退休职工中独生子女父母养老补助落实工作实施办法》印发给你们，请认真贯彻执行。

省属困难企业退休职工中独生子女父母养老补助落实工作实施办法

为进一步贯彻落实计划生育基本国策，完善省属困难企业退休职工中独生子女父母养老补助发放机制，根据《山东省人口与计划生育条例》和省政府办公厅《关于认真落实企业退休职工中独生子女父母养老补助有关规定的通知》（鲁政办发〔2010〕55号）精神，结合省属企业实际，制定本实施办法。

一、落实对象

落实对象需同时具备以下三个条件：

（一）2002年9月28日后正式办理退休手续未按规定享受一次性养老补助；

（二）省属困难企业退休；

（三）独生子女父母。

原省属企业职工因企业破产、改制等原因离开原企业以个人身份参保并于2002年9月28日至2016年1月21日期间办理退休手续的人员（以下简称原省属企业职工社会退休人员）中独生子女父母可参照执行。

符合条件，已经亡故人员参照执行。

二、省属困难企业认定

（一）成立困难企业认定工作组

为切实解决困难、破产关闭企业退休职工中独生子女父母加发一次性养老补助问题，根据鲁政办发〔2010〕55号文件和《山东省财政厅山东省人口计生委关于落实企业退休职工独生子女父母养老补助有关问题的通知》（鲁财教〔2010〕72号）精神，各级要成立由财政、经济信息化、国资、人力资源社会保障、卫生计生、审计等部门组成的困难企业认定工作组，具体负责本地困难企业的认定工作。省属困难企业具体认定由省属困难企业所在县（市、区）困难企业认定工作组负责。

（二）省属困难企业认定条件

符合下列条件之一的可认定为困难企业：

1. 企业因无力支付拖欠职工最低工资连续达1年以上的；

2. 停产半停产不能正常生产经营1年以上、濒临破产，仅发职工生活费的；

3. 进入破产关闭程序的企业。

（三）省属困难企业认定程序

1. 符合省属困难企业认定条件的企业需提交《省属困难企业申请认定表》（见附件 1）、近两年度会计决算报表，已经破产和进入破产程序的企业需提交法院裁定文书，向企业主管部门（无主管部门的企业向企业集团）和企业所在县（市、区）困难企业认定工作组提出书面申请。

2. 企业主管部门（企业集团）和县（市、区）困难企业认定工作组对困难企业提出的申请和企业有关情况进行审核研究后，作出认定结论。已经破产和进入破产程序的企业依据法院裁定文书可直接认定为困难企业。

3. 县（市、区）将认定的困难企业情况报市，各市困难企业认定工作组将本市辖区内的省属困难企业认定情况和认定结果审核汇总后，连同《省属困难企业申请认定表》、相关企业近两年度会计决算报表、法院裁定文书报省困难企业认定工作组审核备案。

此阶段工作须于每年 3 月 20 前完成。

三、落实对象申报和资格认定程序

（一）个人申报

省属困难企业的一次性养老补助落实对象，由所在企业或破产清算组组织申请登记。原省属企业职工社会退休人员中落实对象，由户籍所在地的乡（镇、街办）负责申请登记。符合条件的人员由其本人或其委托人持身份证等，在规定的时间内到所在企业或户籍所在地的乡（镇、街办）领取并填写申请登记表格，进行申请登记。登记时需提交材料一般包括“三证一簿”：（1）本人《户口簿》、《居民身份证》原件及复印件各 1 份；（2）《退休证》原件及复印件各 1 份；（3）《独生子女父母光荣证》（或《独生子女光荣证》、《独生子女优待证》）原件及复印件各 1 份。原省属企业职工社会退休人员中落实对象还需提交解除劳动合同协议书。

符合条件已亡故人员，由其配偶或子女（或法定继承人）代为申请登记。代办人另需提供：(1) 代办人身份证原件及复印件各1份。(2) 死亡人员户口注销证明原件及复印件各1份。(3) 如代办人为配偶，《结婚证》原件及复印件各1份。登记时，本人或代办人须公开承诺所提交的证明材料和信息真实无误，由本人或代办人签名并按手印。

(二) 企业或乡镇（街办）初审

省属困难企业的一次性养老补助落实对象，由所在企业或破产清算组组织初审。企业或破产清算组须对申请登记人的身份、提供的证件等进行审核调查，形成初审结果，并在企业信息公开栏、职工宿舍区等位置予以公示，公示期不少于5天，发现问题及时进行调查处理。公示结束后，填报以下表格：《省属困难企业退休职工中独生子女父母未落实一次性养老补助登记表》（见附件2）、《省属困难企业退休职工中独生子女父母一次性养老补助未落实情况登记汇总表》（见附件3）、《省属困难企业退休职工中独生子女父母一次性养老补助未落实情况分年度汇总表》（见附件4）。

原省属企业职工社会退休人员中落实对象，由户籍所在地的乡（镇、街办）组织初审。乡（镇、街办）须对申请登记人的身份、提供的证件等进行审核调查，形成初审结果，并在乡（镇、街办）政务公开栏予以公示，公示期不少于5天，发现问题及时进行调查处理。公示结束后，填报以下表格：《原省属企业职工社会退休人员中独生子女父母未落实一次性养老补助登记表》（见附件5）、《原省属企业职工社会退休人员中独生子女父母一次性养老补助未落实情况登记汇总表》（见附件6）、《原省属企业职工社会退休人员中独生子女父母一次性养老补助未落实情况分年度汇总表》（见附件7）、《原省属企业职工社会退休人员中独生子女父母一次性养老补助未落实情况分企业汇总表》（见附件8）。

此阶段工作须于每年 4 月 10 日前完成。

（三）县（市、区）审核

企业或乡（镇、街办）将初审后的申报登记材料和信息报所在县（市、区），各县（市、区）困难企业认定工作组按有关要求审核，将审核结果在县（市、区）相关部门政务公开栏予以公示，公示期不少于 5 天。公示结束后，填报《省属困难企业退休职工和原省属企业职工社会退休人员中独生子女父母一次性养老补助未落实情况分年度汇总表》（见附件 9）、《省属困难企业退休职工和原省属企业职工社会退休人员中独生子女父母一次性养老补助未落实情况分企业汇总表》（见附件 10）、《省属困难企业退休职工和原省属企业职工社会退休人员中独生子女父母一次性养老补助未落实人员花名册》（见附件 11），加盖公章报市困难企业认定工作组审核汇总。

此阶段工作须于每年 4 月 20 日前完成。

（四）市级审核

各市困难企业认定工作组将各县（市、区）报送的上一年度本市省属困难企业退休人员和原省属企业职工社会退休人员中独生子女父母养老补助资格情况认真审核，填报《省属困难企业退休职工和原省属企业职工社会退休人员中独生子女父母一次性养老补助未落实情况分年度汇总表》、《省属困难企业退休职工和原省属企业职工社会退休人员中独生子女父母一次性养老补助未落实情况分企业汇总表》、《省属困难企业退休职工和原省属企业职工社会退休人员中独生子女父母一次性养老补助未落实人员花名册》、《省属困难企业退休职工和原省属企业职工社会退休人员中独生子女父母一次性养老补助未落实经费测算汇总表》（见附件 12），加盖公章报省困难企业认定工作组统一审核。

此阶段工作须于每年 4 月 30 日前完成。

（五）省级审核

省困难企业认定工作组统一审核各市报送的上一年度省属困

难企业退休职工和原省属企业职工社会退休人员中独生子女父母养老补助资格情况，将审核结果在省卫生计生委政务网站予以公示，公示期不少于5天。

此阶段工作须于每年5月20日前完成。

四、落实标准

企业职工一次性养老补助的发放标准，按照企业退休职工中独生子女父母根据国家规定办理退休手续时，企业所在的设区市上一年度职工年平均工资的30%发给一次性养老补助。

五、资金申请

省属困难企业退休职工和原省属企业职工社会退休人员中独生子女父母养老补助所需资金由省级财政统筹解决，省卫生计生委按规定程序申请预算。

六、资金发放

省属困难企业退休职工和原省属企业职工社会退休人员中独生子女父母养老补助由企业或职工所在县（市、区）卫生计生部门负责发放。一次性养老补助金采取由县（市、区）卫生计生部门委托代理发放机构发放的办法。委托发放机构的确定要本着降低成本、提高效率、优质服务的原则择优选定。要及时足额将一次性养老补助金拨付到代理发放机构，代理发放机构及时为已确认的一次性养老补助对象建立个人账户，将补助金及时足额划转到个人账户。严禁任何单位、任何人以现金支付的方式进行发放。

七、保障措施

（一）加强组织领导

落实省属困难企业退休职工和原省属企业职工社会退休人员中独生子女父母养老补助是一项十分敏感、政策性很强的工作，事关群众的切身利益，事关社会稳定的大局。要落实属地管理责任，以县（市、区）为责任主体，以目标企业为工作重心，相关部门搞好配合。各市县、各部门和有关企业要高度重视，要明确分管领导和责任科室，配备原则性强、认真负责的工作人员负责这项工作，确保补助资金及时足额发放到个人手中，并及时协调解决好工作中出现的问题。

（二）明确部门职责

落实省属困难、破产改制企业一次性养老补助，相关部门应各负其责，相互配合。卫生计生部门牵头负责一次性补助工作的整体协调、联络工作，负责独生子女父母资格的审查、数据汇总工作和资金发放工作，配合做好省属困难、破产改制企业的认定工作。财政部门负责一次性养老补助资金筹措和拨付工作，配合做好省属困难、破产改制企业的认定工作。经济信息化部门、国资部门负责省属困难、破产改制企业的认定工作。人力资源社会保障部门负责退休人员身份认定工作，配合做好省属困难、破产改制企业的认定工作。审计部门负责一次性养老补助资金审计监督工作，配合做好省属困难、破产改制企业的认定工作。企业主管部门配合做好所属困难、破产改制企业的认定工作。

（三）严肃工作纪律

各地要加强省属困难企业退休职工和原省属企业职工社会退休人员中独生子女父母养老补助发放管理工作，建立完善资格确认、资金管理、资金发放与监督评估运行机制，严格对省属困难、破产企业认定、一次性养老补助对象资格确认以及一次性养老补助资金发放的监督检查。认真落实资格审查责任制，“谁经办，谁负责；谁审核，谁负责；谁签字，谁负责”，确保该项工作公正严肃。省相关部门每年组织抽查一定比例的企业和落实对象，如发现问题，将实行责任倒查机制。国家公职人员利用职务之便虚报、冒领、贪污、挪用一次性养老补助经费的，要依法追究相关人员责任。不符合一次性补助发放条件的个人利用不正当手段骗取一次性养老补助的，取消其享受补助的资格，追回补助，并严肃追究相关责任人的责任。

本办法自 2017 年 3 月 11 日起执行，有效期至 2022 年 3 月

10日。

附件：1.《省属困难企业申请认定表》

2.《省属困难企业退休职工中独生子女父母未落实一次性养老补助登记表》

3.《省属困难企业退休职工中独生子女父母一次性养老补助未落实情况登记汇总表》

4.《省属困难企业退休职工中独生子女父母一次性养老补助未落实情况分年度汇总表》

5.《原省属企业职工社会退休人员中独生子女父母未落实一次性养老补助登记表》

6.《原省属企业职工社会退休人员中独生子女父母一次性养老补助未落实情况登记汇总表》

7.《原省属企业职工社会退休人员中独生子女父母一次性养老补助未落实情况分年度汇总表》

8.《原省属企业职工社会退休人员中独生子女父母一次性养老补助未落实情况分企业汇总表》

9.《省属困难企业退休职工和原省属企业职工社会退休人员中独生子女父母一次性养老补助未落实情况分年度汇总表》

10.《省属困难企业退休职工和原省属企业职工社会退休人员中独生子女父母一次性养老补助未落实情况分企业汇总表》

11.《省属困难企业退休职工和原省属企业职工社会退休人员中独生子女父母一次性养老补助未落实人员花名册》

12.《省属困难企业退休职工和原省属企业职工社会退休人员中独生子女父母一次性养老补助未落实经费测算汇总表》

（附件本书略）

（二）居民养老保险

国务院关于建立统一的城乡居民基本养老保险制度的意见

（2014年2月21日 国发〔2014〕8号）

各省、自治区、直辖市人民政府，国务院各部委、各直属机构：

按照党的十八大精神和十八届三中全会关于整合城乡居民基本养老保险制度的要求，依据《中华人民共和国社会保险法》有关规定，在总结新型农村社会养老保险（以下简称新农保）和城镇居民社会养老保险（以下简称城居保）试点经验的基础上，国务院决定，将新农保和城居保两项制度合并实施，在全国范围内建立统一的城乡居民基本养老保险（以下简称城乡居民养老保险）制度。现提出以下意见：

一、指导思想

高举中国特色社会主义伟大旗帜，以邓小平理论、“三个代表”重要思想、科学发展观为指导，贯彻落实党中央和国务院的各项决策部署，按照全覆盖、保基本、有弹性、可持续的方针，以增强公平性、适应流动性、保证可持续性为重点，全面推进和不断完善覆盖全体城乡居民的基本养老保险制度，充分发挥社会保险对保障人民基本生活、调节社会收入分配、促进城乡经济社会协调发展的重要作用。

二、任务目标

坚持和完善社会统筹与个人账户相结合的制度模式，巩固和拓宽个人缴费、集体补助、政府补贴相结合的资金筹集渠道，完善基础养老金和个人账户养老金相结合的待遇支付政策，强化长缴多得、多缴多得等制度的激励机制，建立基础养老金正常调整机制，健全服务网络，提高管理水平，为参保居民提供方便快捷的服务。“十二五”末，在全国基本实现新农保和城居保制度合并实施，并与职工基本养老保险制度相衔接。2020年前，全面建成公平、统一、规范的城乡居民养老保险制度，与社会救助、社会福利等其他社会保障政策相配套，充分发挥家庭养老等传统保障方式的积极作用，更好保障参保城乡居民的老年基本生活。

三、参保范围

年满16周岁（不含在校学生），非国家机关和事业单位工作人员及不属于职工基本养老保险制度覆盖范围的城乡居民，可以在户籍地参加城乡居民养老保险。

四、基金筹集

城乡居民养老保险基金由个人缴费、集体补助、政府补贴构成。

（一）个人缴费

参加城乡居民养老保险的人员应当按规定缴纳养老保险费。缴费标准目前设为每年100元、200元、300元、400元、500元、600元、700元、800元、900元、1000元、1500元、2000元12个档次，省（区、市）人民政府可以根据实际情况增设缴费档次，最高缴费档次标准原则上不超过当地灵活就业人员参加职工基本养老保险的年缴费额，并报人力资源社会保障部备案。人力资源社会保障部会同财政部依据城乡居民收入增长等情况适时调整缴费档次标准。参保人自主选择档次缴费，多缴多得。

（二）集体补助

有条件的村集体经济组织应当对参保人缴费给予补助，补助标准由村民委员会召开村民会议民主确定，鼓励有条件的社区将集体补助纳入社区公益事业资金筹集范围。鼓励其他社会经济组织、公益慈善组织、个人为参保人缴费提供资助。补助、资助金额不超过当地设定的最高缴费档次标准。

（三）政府补贴

政府对符合领取城乡居民养老保险待遇条件的参保人全额支付基础养老金，其中，中央财政对中西部地区按中央确定的基础养老金标准给予全额补助，对东部地区给予50%的补助。

地方人民政府应当对参保人缴费给予补贴，对选择最低档次标准缴费的，补贴标准不低于每人每年30元；对选择较高档次标准缴费的，适当增加补贴金额；对选择500元及以上档次标准缴费的，补贴标准不低于每人每年60元，具体标准和办法由省（区、市）人民政府确定。对重度残疾人等缴费困难群体，地方人民政府为其代缴部分或全部最低标准的养老保险费。

五、建立个人账户

国家为每个参保人员建立终身记录的养老保险个人账户，个人缴费、地方人民政府对参保人的缴费补贴、集体补助及其他社会经济组织、公益慈善组织、个人对参保人的缴费资助，全部记入个人账户。个人账户储存额按国家规定计息。

六、养老保险待遇及调整

城乡居民养老保险待遇由基础养老金和个人账户养老金构成，支付终身。

（一）基础养老金

中央确定基础养老金最低标准，建立基础养老金最低标准正常调整机制，根据经济发展和物价变动等情况，适时调整全国基础养老金最低标准。地方人民政府可以根据实际情况适当提高基础养老金标准；对长期缴费的，可适当加发基础养老金，提高和加发部分的资金由地方人民政府支出，具体办法由省（区、市）人民政府规定，并报人力资源社会保障部备案。

（二）个人账户养老金

个人账户养老金的月计发标准，目前为个人账户全部储存额除以139（与现行职工基本养老保险个人账户养老金计发系数相同）。参保人死亡，个人账户资金余额可以依法继承。

七、养老保险待遇领取条件

参加城乡居民养老保险的个人，年满 60 周岁、累计缴费满 15 年，且未领取国家规定的基本养老保障待遇的，可以按月领取城乡居民养老保险待遇。

新农保或城居保制度实施时已年满 60 周岁，在本意见印发之日前未领取国家规定的基本养老保障待遇的，不用缴费，自本意见实施之月起，可以按月领取城乡居民养老保险基础养老金；距规定领取年龄不足 15 年的，应逐年缴费，也允许补缴，累计缴费不超过 15 年；距规定领取年龄超过 15 年的，应按年缴费，累计缴费不少于 15 年。

城乡居民养老保险待遇领取人员死亡的，从次月起停止支付其养老金。有条件的地方人民政府可以结合本地实际探索建立丧葬补助金制度。社会保险经办机构应每年对城乡居民养老保险待遇领取人员进行核对；村（居）民委员会要协助社会保险经办机构开展工作，在行政村（社区）范围内对参保人待遇领取资格进行公示，并与职工基本养老保险待遇等领取记录进行比对，确保不重、不漏、不错。

八、转移接续与制度衔接

参加城乡居民养老保险的人员，在缴费期间户籍迁移、需要跨地区转移城乡居民养老保险关系的，可在迁入地申请转移养老保险关系，一次性转移个人账户全部储存额，并按迁入地规定继续参保缴费，缴费年限累计计算；已经按规定领取城乡居民养老保险待遇的，无论户籍是否迁移，其养老保险关系不转移。

城乡居民养老保险制度与职工基本养老保险、优抚安置、城乡居民最低生活保障、农村五保供养等社会保障制度以及农村部分计划生育家庭奖励扶助制度的衔接，按有关规定执行。

九、基金管理和运营

将新农保基金和城居保基金合并为城乡居民养老保险基金，完善城乡居民养老保险基金财务会计制度和各项业务管理规章制度。城乡居民养老保险基金纳入社会保障基金财政专户，实行收支两条线管理，单独记账、独立核算，任何地区、部门、单位和个人均不得挤占挪用、虚报冒领。各地要在整合城乡居民养老保险制度的基础上，逐步推进城乡居民养老保险基金省级管理。

城乡居民养老保险基金按照国家统一规定投资运营，实现保值增值。

十、基金监督

各级人力资源社会保障部门要会同有关部门认真履行监管职责，建立健全内控制度和基金稽核监督制度，对基金的筹集、上解、划拨、发放、存储、管理等进行监控和检查，并按规定披露信息，接受社会监督。财政部门、审计部门按各自职责，对基金的收支、管理和投资运营情况实施监督。对虚报冒领、挤占挪用、贪污浪费等违纪违法行为，有关部门按国家有关法律法规严肃处理。要积极探索有村（居）民代表参加的社会监督的有效方式，做到基金公开透明，制度在阳光下运行。

十一、经办管理服务与信息化建设

省（区、市）人民政府要切实加强城乡居民养老保险经办能力建设，结合本地实际，科学整合现有公共服务资源和社会保险经办管理资源，充实加强基层经办力量，做到精确管理、便捷服务。要注重运用现代管理方式和政府购买服务方式，降低行政成本，提高工作效率。要加强城乡居民养老保险工作人员专业培训，不断提高公共服务水平。社会保险经办机构要认真记录参保人缴费和领取待遇情况，建立参保档案，按规定妥善保存。地方人民政府要为经办机构提供必要的工作场地、设施设备、经费保障。城乡居民养老保险工作经费纳入同级财政预算，不得从城乡居民养老保险基金中开支。基层财政确有困难的地区，省市级财政可给予适当补助。

各地要在现有新农保和城居保业务管理系统基础上，整合形成省级集中的城乡居民养老保险信息管理系统，纳入“金保工程”建设，并与其他公民信息管理系统实现信息资源共享；要将信息网络向基层延伸，实现省、市、县、乡镇（街道）、社区实时联网，有条件的地区可延伸到行政村；要大力推行全国统一的社会保障卡，方便参保人持卡缴费、领取待遇和查询本人参保信息。

十二、加强组织领导和政策宣传

地方各级人民政府要充分认识建立城乡居民养老保险制度的重要性，将其列入当地经济社会发展规划和年度目标管理考核体系，切实加强组织领导；要优化财政支出结构，加大财政投入，为城乡居民养老保险制度建设提供必要的财力保障。各级人力资源社会保障部门要切实履行主管部门职责，会同有关部门做好城乡居民养老保险工作的统筹规划和政策制定、统一管理、综合协调、监督检查等工作。

各地区和有关部门要认真做好城乡居民养老保险政策宣传工作，全面准确地宣传解读政策，正确把握舆论导向，注重运用通俗易懂的语言和群众易于接受的方式，深入基层开展宣传活动，引导城乡居民踊跃参保、持续缴费、增加积累，保障参保人的合法权益。

各省（区、市）人民政府要根据本意见，结合本地区实际情况，制定具体实施办法，并报人力资源社会保障部备案。

本意见自印发之日起实施，已有规定与本意见不一致的，按本意见执行。

劳动和社会保障部关于调整农村养老保险个人账户计息标准的通知

（1998 年 9 月 25 日　劳社部函〔1998〕131 号）

各省、自治区、直辖市劳动（劳动和社会保障）厅（局）、民政厅（局）：

今年中国人民银行根据国家宏观经济运行政策，连续两次下调金融机构存款利率，财政部也降低了国债发行利率。为保证农村养老保险基金的收支平衡，防范、化解由于利率下调而产生的基金风险，现决定将农村养老保险个人账户计息标准和退保计息标准调整如下：

一、农村养老保险积累期个人账户计息标准，由年复利 6.8%调整为年复利 5%。

二、退保计息标准，由年复利 5.6%调整为年复利 4.7%。

以上计息标准从 1998 年 7 月 1 日起执行。在本通知下发之前已经办理退保手续的，仍按民政部《关于调整农村社会养老保险基金增值要求及有关标准的通知》（民险函〔1997〕225 号）的有关规定执行。

农村养老保险个人账户计息标准的调整，涉及到参保农民的切身利益，请各地在执行中要切实做好宣传解释工作，向参保农民讲清道理，确保农村养老保险的平稳发展。另外，我部将着手研究制定个人账户计息标准与国家法定利率相联系的自动调整机制。各地在执行本通知规定中遇到的有关问题，以及对建立个人账户计息标准自动调整机制的建议，请及时报告我部农村社会保险司。

劳动和社会保障部等部门关于城镇贫困残疾人个体户参加基本养老保险给予适当补贴有关问题的通知

（2005 年 6 月 10 日　劳社部发〔2005〕14 号）

各省、自治区、直辖市劳动和社会保障厅（局）、财政厅（局）、残疾人联合会：

为切实做好困难残疾人个体户参加基本养老保险工作，根据《国务院办公厅转发民政部等部门关于进一步加强扶助贫困残疾人工作意见的通知》（国办发〔2004〕76 号）关于“残疾人就业保障金有结余的地区，可用残疾人就业保障金对城镇贫困残疾人个体户缴纳基本养老保险费给予适当补贴，以促进和稳定个体就业”的精神，现就城镇贫困残疾人个体户参加基本养老保险给予适当补贴有关问题通知如下：

一、提高认识，认真组织实施

从事个体经营，是城镇残疾人在市场经济条件下实现就业和解决生计的一种有效形式。针对当前部分困难残疾人个体户参加基本养老保险能力不足等实际困难，采取补贴措施，扶持残疾人个体户参保，有利于稳定现有的残疾人个体就业，鼓励更多的残疾人从事个体经营，减轻就业压力，也是保障残疾人晚年生活的有效措施。各地要充分认识其重要意义，加强领导，结合实际认真组织实施。

二、规范补贴范围和审批程序，落实补贴资金

城镇残疾人个体工商户参加基本养老保险，按照当地政府出台的城镇个体工商户参加基本养老保险规定执行。残疾人就业保障金有结余的地方，可对具有当地城镇户口、持残疾人证从事个体经营并领取工商营业执照、经所在地有关部门确认的贫困残疾人个体户缴纳基本养老保险费给予适当补贴，补贴标准由省、自治区、直辖市劳动保障、财政部门会同残疾人联合会提出意见，报同级人民政府批准后执行。补贴资金从上年度残疾人就业保障金结余中列支。

符合条件的城镇贫困残疾人个体户，可向残疾人就业服务机构提出基本养老保险缴费补贴申请，并提供相关证明材料。残疾人就业服务机构初审汇总后报同级有关部门审核，审核结果在社会进行公示后，通知相关社会保险经办机构。具体审批和补贴办法及相关经办程序由省、自治区、直辖市劳动保障、财政部门会同残疾人联合会制定，并报劳动和社会保障部、财政部、中国残疾人联合会备案。

三、密切协作，加强管理和服务

实施城镇贫困残疾人个体户基本养老保险缴费补贴的地方，劳动保障、财政部门和残疾人联合会要密切合作，在调查研究基础上，合理确定补贴范围和标准，严格审批程序，细化各环节的衔接措施，加强管理和服务。劳动保障部门要加强对残疾人个体户参加基本养老保险工作的指导，社会保险经办机构要为残疾人缴费提供便利服务。财政部门要根据上年残疾人就业保障金收支结余情况，及时安排补贴资金，加强对资金使用情况的监督和检查。残疾人联合会及残疾人就业服务机构要在政策的宣传、补贴申请的受理、参保的组织实施等方面提供及时周到的服务，指定专人负责残疾人参保工作，对行动不便的重度残疾人，要主动上门服务。

人力资源和社会保障部关于出国（境）定居人员参加新型农村和城镇居民社会养老保险有关问题处理意见的函

（2012 年 5 月 3 日　人社厅发〔2012〕44 号）

广东省人力资源和社会保障厅：

你厅《关于出国定居人员参加城乡居民社会养老保险有关问题的请示》（粤人社报〔2011〕379 号）收悉。依据《中华人民共和国社会保险法》及《实施〈中华人民共和国社会保险法〉若干规定》等有关法律法规，经研究，现函复如下：

一、出国（境）定居人员，仍然保留中华人民共和国国籍期间，可以依据新型农村和城镇居民社会养老保险（以下简称城乡居民养老保险）政策规定参保，其中，参保缴费人员达到养老金领取条件时，可以按照国家规定办理相关申领手续，享受相应养老保险待遇；符合直接领取基础养老金条件的人员，可以按照国家规定办理相关申领手续，享受相应养老保险待遇；已经按照规定领取城乡居民养老保险待遇人员，可以继续领取养老保险待遇。

二、出国（境）定居人员，丧失中华人民共和国国籍的，不能参加城乡居民养老保险，不能领取相应养老保险待遇；已经按照规定参保或者领取待遇的，应当终止城乡居民养老保险关系，本人可以提出书面申请，一次性领取除政府补贴外的个人账户余额。

三、已经按照规定取得城乡居民养老保险待遇领取资格的出国（境）定居人员，在领取城乡居民养老保险待遇期间，须按照外交部、财政部、原人事部和原劳动保障部4部门在2007年联合下发的《关于出境定居离退休、退职人员办理健在证明有关问题的通知》（外领函〔2007〕35号）要求办理健在证明。

人力资源和社会保障部办公厅关于重度残疾参保人员提前享受新型农村和城镇居民社会养老保险待遇的函

（2012 年 5 月 18 日　人社厅函〔2012〕241 号）

辽宁省人力资源和社会保障厅：

你厅《关于重度残疾参保人员提前享受城乡居民养老保险待遇的请示》（辽人社〔2012〕155 号）收悉，经研究，现函复如下：

《国务院关于开展新型农村社会养老保险试点的指导意见》（国发〔2009〕32 号）和《国务院关于开展城镇居民社会养老保险试点的指导意见》（国发〔2011〕18 号）明确规定，参加新型农村和城镇居民养老保险（以下简称新农保和城居保）的城乡居民，领取养老金待遇的年龄为年满 60 周岁。

你厅提出将参保的重度残疾人领取养老金年龄提前到 55 周岁的建议，不符合国务院文件规定。新农保和城居保是公平普惠的养老保险制度，所有参保人符合规定的年龄等条件才能领取养老金，不宜随意更改领取年龄。对于参保的重度残疾人在达到领取养老金年龄之前的生活保障问题，应当按规定通过社会求助等其他方式解决。

财政部 人力资源和社会保障部关于城乡居民基本养老保险中央财政补助资金管理有关问题的通知

（2015年9月23日 财社〔2015〕230号）

各省、自治区、直辖市、计划单列市财政厅（局）、人力资源社会保障厅（局），财政部驻各省、自治区、直辖市、计划单列市财政监察专员办事处：

根据《国务院关于建立统一的城乡居民基本养老保险制度的意见》（国发〔2014〕8号），新型农村和城镇居民社会养老保险试点中央财政补助资金统一为城乡居民基本养老保险（以下简称城乡居民养老保险）中央财政补助资金。为做好城乡居民养老保险中央财政补助资金拨付管理工作，经国务院同意，现就有关问题通知如下：

一、补助原则和标准

政府对符合领取城乡居民养老保险待遇条件的参保人全额支付基础养老金。其中，中央财政对中西部地区按中央确定的基础养老金最低标准（以下简称基础养老金）给予全额补助，对东部地区给予50%的补助。具体补助金额按照各省（自治区、直辖市、计划单列市，以下简称各省区市）对60周岁及以上参保人实际发放的中央财政基础养老金数额核定。

二、补助资金的拨付结算办法和程序

为确保城乡居民养老保险基础养老金按时足额发放，中央财政补助资金采取“提前下达+据实结算”的办法，以每年1月1日至12月31日为一个运行年度，按年与各省区市财政结算中央财政补助资金。

（一）提前下达

每年9月30日前，中央财政提前下达下年度预算，下达额度以当年预算执行数为基础，同时参考上年度补助资金结算情况确定。

（二）资金结算

1. 结算办法

（1）常规结算。每年7月底以前，中央财政对上年度补助资金进行结算。结算办法：按照各省区市上年度对60周岁及以上参保人实际发放的基础养老金人次数和中央财政补助标准，核定上年度中央财政应补助资金；扣除已提前下达资金和以前年度累计结余后，核定上年度补助资金结算结果（不足或结余）。不足部分中央财政下达相应补助资金；结余部分地方财政可结转使用，中央财政次年一并结算。

结算公式：

上年度补助资金结算结果（不足或结余）= 上年度中央财政应补助资金 − 已提前下达资金 − 以前年度累计结余

上年度中央财政应补助资金 = 上年度60周岁及以上参保人基础养老金实际发放人次数 × 中央财政补助标准

（2）特殊结算。在财政部驻各省区市财政监察专员办事处（以下简称专员办）对城乡居民养老保险资金实施专项检查的当年，在常规结算程序的基础上，根据专项检查结果，相应扣减检查年度[①]期间的违规资金。

2. 结算申报程序

（1）地方申报。各省区市财政部门和人力资源社会保障部门，应于每年4月底以前将中央财政补助资金结算申报材料联合报送当地专员办。

申报材料包括申请报告和有关附表。其中：申请报告包括本地城乡居民养老保险政策规定、参保情况、养老保险待遇领取情况、资金需求和安排情况、工作中存在的问题和有关政策建议等；有关附表及具体填报要求见附件。

各省区市财政部门和人力资源社会保障部门应严格按照规定时限，高质量地报送申报材料。申报材料应全面、真实、准确地反映本地城乡居民养老保险工作情况，确保报表数据真实、全面，不得瞒报、虚报、漏报。对于未按时限规定报送申报材料，导致专员办不能按时审核，中央财政补助资金不能按时下达的，由地方财政承担基础养老金确保发放责任。

（2）专员办审核。专员办收到本地财政部门和人力资源社会保障部门联合报送的申报材料后，要及时对相关数据进行审核，并重点对60周岁及以上参保人基础养老金实际发放情况进行审核确认，必要时对有关市、县进行抽审，并应在受理申报材料后20个工作日内完成审核，出具审核意见。经专员办审核后的申报材料应于5月底前上报财政部、人力资源社会保障部。

（3）财政部、人力资源社会保障部审核。财政部、人力资源社会保障部按照相关政策规定对各地申报材料进行审核，并依据审核结果核定中央财政补助资金。

三、补助资金的使用

中央财政补助资金下达后，各省区市财政部门要根据资金分

---

①原文注：检查年度由财政监督检查部门根据专项检查要求确定，既可以是实施专项检查当年，也可以追溯以前年度。

配方案和使用进度，及时下拨资金。各统筹地区收到上级财政补助资金后，要及时将相关资金拨入社会保障基金财政专户。原新型农村和城镇居民社会养老保险中央财政结余资金，统筹用于对城乡居民养老保险基础养老金的补助。地方各级财政部门要按规定将补助资金列入相关科目，财政补助资金必须专款专用，任何地区、部门、单位和个人不得截留、挤占、挪用。地方各级财政部门要切实履行职能，加强科学化、精细化管理，会同有关部门探索有效的基础数据审核手段，加强信息化建设，通过建立健全计算机信息管理网络等方式，防止虚报冒领、套取财政补助资金等情况的发生。

四、监督检查

地方各级财政、人力资源社会保障部门要会同有关部门做好财政补助资金的跟踪检查和追踪问效工作，定期或不定期对城乡居民养老保险基金进行监督检查，发现问题及时纠正，并及时向本级政府和上级有关部门报告。人力资源社会保障部、财政部根据需要，对各地城乡居民养老保险基金管理情况进行抽查。专员办定期或不定期对城乡居民养老保险中央财政补助资金管理使用情况进行专项检查，对发现的问题提出整改意见，中央财政将据实减拨补助资金。对虚报冒领、挤占挪用、贪污浪费等违纪违法行为，按照国家有关法律法规严肃处理。

五、有关事项

本通知自2015年10月1日起施行，《财政部人力资源社会保障部关于中央财政新型农村和城镇居民社会养老保险试点专项补助资金管理有关问题的通知》（财社〔2011〕323号）同时废止。

附件：××省（自治区、直辖市、计划单列市）××年度城乡居民基本养老保险中央财政补助资金结算申报表

（附件本书略）

山东省人民政府办公厅关于进一步做好被征地农民社会养老保险工作的意见

（2012年9月21日　鲁政办发〔2012〕62号）

各市人民政府，各县（市、区）人民政府，省政府各部门、各直属机构：

为进一步做好被征地农民社会养老保险工作，完善城乡居民社会保障体系，根据《山东省土地征收管理办法》（省政府令第226号）及省政府关于开展新型农村和城镇居民社会养老保险的有关部署，经省政府同意，现提出以下意见：

一、指导思想和基本原则

（一）指导思想

以邓小平理论和“三个代表”重要思想为指导，深入贯彻落实科学发展观，按照省委、省政府关于建立和完善城乡社会保障体系的基本要求，将被征地农民全部纳入城乡社会保障体系，完善社会保险制度，加大政府补贴力度，确保被征地农民在年老时的基本生活需求，维护被征地农民的根本利益，促进社会稳定。

（二）基本原则

1. 将被征地农民养老保险纳入目前城乡居民社会养老保险制度，建立同一个人账户，利用同一制度平台。

2. 坚持个人缴费、集体补助、政府补贴相结合的资金筹集机制。

3. 坚持权利和义务相对应、公平和效率相结合。

4. 对新征土地，坚持先落实社会保障资金后批准征地的“先保后征”原则；对以前征地遗留问题，坚持积极稳妥、量力而行的原则。

5. 坚持政府主导和被征地农民自愿相结合，提高被征地农民自我保障意识，引导被征地农民积极参保。

二、新征土地被征地农民参加养老保险办法

（一）保险对象

在新征土地过程中，被征地的16周岁以上（不含在校学生）、符合城乡居民社会养老保险参保条件的被征地农民，都是本次征地的保险对象，应在城乡居民社会养老保险制度中通过参保得到相应保障。实行调地安置的村（居）集体经济组织，其拥有土地承包权并被调整土地、符合以上条件的集体经济组织成员都应被列为保险对象。

（二）保险方案

对拟征收土地进行勘测调查后，在拟定土地征收补偿安置方案的同时，人力资源社会保障部门同当地乡（镇）政府、街道办事处按有关规定和程序指导村（居）民委员会组织召开村（居）民代表会议或村（居）民大会，研究确定被征地农民参加养老保险方案，经被征地村（居）民签字确认并公示无异议，报人力资源社会保障部门审核后由社会保险经办机构办理。

（三）保险金筹集

1. 政府补贴。按照省政府公布的征地区片综合地价所对应的政府补贴资金标准，在拟征收土地报批前一次性将此次征地的政府补贴资金存入人力资源社会保障部门经财政部门批准开设的社保专户，开具省财政厅统一印制的《山东省社会保险基金收款专用票据》。政府补贴在征地被批准后3个月内由社会保险经办机构根据保险方案落实到个人账户中。

政府补贴资金从土地出让收入中列支，单独选址项目由用地单位承担。

2. 个人和集体缴费。按照权利义务相对应原则，每次征地时，个人和集体应缴纳一定数量的养老保险费，以弥补因为失去土地对基本生活的影响，体现个人和集体的养老保险责任。个人和集体缴纳养老保险费之和原则上不低于政府出资部分的20%，不高于此次征地得到的土地补偿安置费，可以从土地征收补偿安

置费中列支或抵缴。鼓励个人和集体积极缴费，多缴多得。

（四）个人账户管理

土地被依法批准征收后，被征地县（市、区）国土资源部门应及时将政府批复文件送人力资源社会保障部门，在土地批准征收之日起3个月内，组织完成养老保险参保工作。个人和集体缴纳的保险费记入其城乡居民社会养老保险个人账户（对没有建立城乡居民社会养老保险个人账户的城乡居民要为其建立个人账户）；政府出资部分对应保险方案全部记入个人账户，其中将资金的80%记入个人缴纳栏目，20%记入政府缴费补贴栏目。记入个人账户的资金完全按照城乡居民社会养老保险个人账户管理规定进行管理。因新征土地缴纳的养老保险费不参与城乡居民社会养老保险缴费年数的计算。

（五）待遇支付

参保时60周岁以上的按对应年龄的支付系数即缴即领（执行现行城镇职工基本养老保险个人账户养老金计发系数，70岁以上的执行70岁的支付系数），同城乡居民社会养老保险待遇合并领取。未满60周岁的在年满60周岁时同城乡居民社会养老保险待遇合并领取。

三、做好制度衔接，确保被征地农民利益

各地要做好本《意见》发布以前实行的被征地农民社会保障制度与城乡居民社会养老保险制度的衔接。原来被征地农民社会保障办法中的缴费、补贴等基本政策可以继续实施，但要逐步纳入城乡居民社会养老保险的操作系统中，有个人账户的，要与城乡居民社会养老保险个人账户的数据信息和资金合并，按城乡居民个人账户标准计息和支付。对本《意见》发布前被征地政府补贴资金已存入社保专户但还没有落实到被征地农民个人账户的，各地要参照本《意见》的有关规定，抓紧制定保险方案并将资金全部落实到个人账户。各地对原来发放的被征地农民的各项生活补贴应予以保留。

本《意见》发布以前的被征地农民（包括已转为城镇居民

的），各地要高度关注其生产、生活状况，积极筹措资金，采取相应措施保障他们的基本生活。对没有出台养老保险办法，或目前的养老保险制度不够完善的，要结合实施城乡居民社会养老保险制度，根据当地实际，制定相应的配套办法，从土地出让收入中列出专项资金，通过提高其城乡居民养老保险基础养老金标准和缴费补贴的办法实现政府对被征地农民养老保险的特殊补助，逐步提高其社会保障水平。

四、切实加强组织领导

各级政府要高度重视被征地农民养老保险工作，切实把这项工作作为推动经济社会和谐发展、科学发展、服务民生、维护社会稳定的重要措施摆上议事日程。要实行政府主要领导负责制，对被征地农民的养老保险方案和资金落实负总责，对新征土地切实做到先保后征。

人力资源社会保障、国土资源、财政等部门要加强沟通协作，共同把好被征地农民社会保障落实关。要严格执行原劳动和社会保障部、国土资源部《关于切实做好被征地农民社会保障工作有关问题的通知》（劳社部发〔2007〕14 号）及《山东省土地征收管理办法》等有关政策规定，严格按照《山东省土地征收管理办法实施规范》的工作步骤开展工作，确保被征地农民社会保障政策和资金的落实。国土资源、财政部门负责确定政府社会保障补贴资金数额及资金落实，政府补贴资金不提前到位的，不得批准用地。人力资源社会保障部门负责组织被征地村集体经济组织拟订村民参保方案，按规定履行公开、确认等程序，并具体负责方案的落实。乡（镇）政府、街道办事处要积极配合有关部门的工作，共同组织村集体经济组织和村民做好相关工作。

各市、县（市、区）要根据本意见的有关规定，结合本地城乡居民社会养老保险制度实施情况，尽快出台被征地农民养老保险工作实施方案，认真抓好各项政策措施的落实。

山东省人民政府关于建立居民基本养老保险制度的实施意见

（2013 年 7 月 30 日　鲁政发〔2013〕13 号）

各市人民政府，各县（市、区）人民政府，省政府各部门、各直属机构，各大企业，各高等院校：

按照党的十八大要求，依据《中华人民共和国社会保险法》的规定，在总结我省试点经验的基础上，确定将我省新型农村社会养老保险（以下简称“新农保”）制度与城镇居民社会养老保险（以下简称“城居保”）制度合并实施，建立居民基本养老保险（以下简称“居民养老保险”）制度。现就居民养老保险制度提出如下实施意见：

一、基本原则和任务目标

（一）基本原则。坚持全覆盖、保基本、有弹性、可持续的原则，筹资标准和待遇水平与经济发展及各方面承受能力相适应；个人（家庭）、集体、政府合理分担责任，权利与义务相对应；政府引导居民普遍参保；对参保居民实行属地管理。

（二）任务目标。建立个人缴费、集体补助和其他资助、政府补贴相结合的居民养老保险制度，实行社会统筹与个人账户相结合，与家庭养老、社会救助等其他社会保障政策措施相配套，保障居民老年基本生活。

二、参保范围

年满 16 周岁（不含在校学生），未参加其他社会养老保险的居民，可以在户籍地参加居民养老保险。

三、基金筹集

居民养老保险基金由个人缴费、集体补助和其他资助、政府补贴构成。

（一）个人缴费。参加居民养老保险的居民应当按规定缴纳养老保险费。缴费标准全省统一设为每年100元、300元、500元、600元、800元、1000元、1500元、2000元、2500元、3000元、4000元、5000元12个档次。其中，100元档次只适用于重度残疾人等缴费困难群体的最低选择。除100元档次外，参保人自主选择缴费档次，按年缴费，多缴多得。缴费方式由当地政府确定。个人年缴费额不得超过最高缴费档次。

省政府根据国家规定和经济社会发展及居民收入增长等情况适时调整缴费标准。

（二）集体补助及其他资助。有条件的村（居）集体应当对本村（居）居民参保缴费给予补助，补助标准由村（居）民委员会民主确定。鼓励其他经济组织、社会公益组织、个人为参保人缴费提供资助。集体补助及其他经济组织、社会公益组织、个人的资助额之和不得超过最高缴费档次。

（三）政府补贴

1. 基础养老金。政府对符合领取条件的参保人全额支付居民养老保险基础养老金。中央和省财政按照统一确定的基础养老金标准对东、中、西部地区分别给予40%、60%、80%的补助，剩余部分由市、县（市、区）政府承担。

2. 缴费补贴。政府对参保人缴费给予适当补贴，补贴标准不低于每人每年30元，缴费即补。对选择300元以上缴费档次的，可以提高补贴标准，具体标准由市、县（市、区）政府确定。缴费补贴所需资金由市、县（市、区）政府承担。

3. 对重度残疾人等缴费困难群体的补贴。对重度残疾人等缴费困难群体，市、县（市、区）政府为其代缴部分或全部最低标准的养老保险费。

四、建立个人账户

人力资源社会保障部门为每个参保人建立终身记录的养老保险个人账户。个人缴费，集体补助及其他经济组织、社会公益组织、个人对参保人缴费提供的资助，以及政府对参保人的缴费补贴全部记入个人账户，其中缴费补贴在个人账户中要单独记录。个人账户储存额按照我省企业职工基本养老保险个人账户记账利率计息。

五、养老金待遇

居民养老保险养老金待遇由基础养老金与个人账户养老金两部分组成，支付终身。

（一）基础养老金。我省基础养老金最低标准为每人每月 60 元。根据国家规定和我省经济发展、物价变动等情况，省政府适时调整居民养老保险基础养老金最低标准。有条件的市、县（市、区）政府可以根据实际情况适当提高基础养老金标准，对缴费超过 15 年的居民，可适当加发基础养老金，具体办法由市、县（市、区）政府确定，提高和加发部分的资金由市、县（市、区）政府承担。

（二）个人账户养老金。个人账户养老金的月计发标准为个人账户全部储存额除以 139（与现行职工基本养老保险个人账户养老金计发系数相同）。参保人死亡，个人账户资金余额，除缴费补贴外，依法继承；缴费补贴余额用于继续支付其他参保人的养老金。

居民养老保险养老金待遇领取人自死亡次月起停止发放养老金。相关人员在待遇领取人死亡后 30 日内办理居民养老保险注销登记的，一次性发给丧葬补助金，标准为 500—1000 元。具体数额和所需资金由市、县（市、区）政府确定、承担。

六、养老保险待遇领取条件

年满 60 周岁、按规定参保、未享受国家规定的其他养老保险待遇的居民，可以按月领取养老金。新农保和城居保制度实施时已年满60周岁的老年人不用缴费，按月领取基础养老金；45周岁以上（不含45周岁）的，应按年缴费，累计缴费年限不少于实际年龄到60周岁的剩余年数，允许补缴，但补缴后累计缴费年限不得超过15年；45周岁以下（含45周岁）的，应按年缴费，累计缴费年限不少于15年。补缴部分政府不给予缴费补贴。

七、基金管理和监督

（一）基金管理。将新农保基金和城居保基金合并为居民养老保险基金。居民养老保险基金纳入社会保障基金财政专户，实行收支两条线，单独记账、独立核算，按国家有关规定实现保值增值，任何组织和个人不得挤占、挪用。基金暂由县级政府管理，逐步提高管理层次。

（二）基金监督。各级人力资源社会保障部门要切实履行居民养老保险基金的监管职责，制定完善居民养老保险各项规章制度，规范业务流程，建立健全内控制度和基金稽核制度，对基金筹集、上解、划拨、发放进行实时监控和定期检查，并定期披露居民养老保险基金筹集和支付信息，做到公开透明。财政、监察、审计部门要按各自职责实施监督，确保基金安全。居民养老保险经办机构和村（居）委会每年在行政村（社区）范围内对居民的养老金待遇领取资格进行公示，接受群众和社会监督。

八、相关制度衔接

原参加新农保和城居保人员统一并入居民养老保险，其新农保或城居保个人账户资金并入居民养老保险个人账户，新农保或城居保的缴费年限累计为居民养老保险缴费年限。尚未达到领取养老金待遇条件的人员应继续缴费。已经按照新农保或城居保规定领取养老金待遇的人员，继续领取养老金待遇。

居民养老保险制度与职工基本养老保险、城乡居民最低生活保障、农村五保供养、社会优抚等社会保障制度以及农村计划生育家庭奖励扶助等制度的衔接，按国家有关规定执行。

九、保险关系转移

居民养老保险参保人缴费期间跨地区转移，可将养老保险关系及个人账户资金随户籍转入新参保地，按新参保地有关标准核算，并享受相应待遇；参保人员达到养老金待遇领取年龄，其养老保险关系不转移，在原参保地领取养老金待遇。

十、经办管理服务

居民养老保险经办机构要准确记录居民参保缴费、领取养老金待遇情况，为居民提供政策和业务办理咨询，为参保人建立档案并长期妥善保存。建立全省统一的居民养老保险信息管理系统，将其纳入社会保障信息管理系统（“金保工程”）建设，并与其他公民信息系统实现信息资源共享；要积极推行社会保障卡，加强与金融机构的合作，完善村（居）金融便民服务网点建设，方便参保人持卡缴费、领取养老金待遇和信息查询等。加强经办能力建设，建立统一的居民养老保险经办机构，完善工作设施，根据服务对象的数量充实工作力量，确保工作经费。加强乡镇（街道）人力资源社会保障工作平台建设，明确居民养老保险工作职责。加强协办员队伍建设，切实解决必要的工作经费。居民养老保险工作经费列入同级财政预算，不得从居民养老保险基金中开支。

十一、加强组织领导

建立居民养老保险制度是统筹城乡发展、推进基本公共服务均等化的重要举措，是直接关系广大居民切身利益的重大民生工程。各级人民政府要充分认识开展居民养老保险工作的重要意义，将其列入当地经济社会发展规划和年度目标考核管理体系，加强组织领导。各级人力资源社会保障部门要认真履行居民养老保险工作行政主管部门的职责，会同财政等部门做好统筹规划、政策制定、综合协调等工作；发展改革、公安、民政、人口计生、残联等部门、单位要按照各自的职责，密切配合，做好相关工作。要加大政策宣传力度，引导适龄居民积极参保续保，提高居民养老保险的保障水平。

已经制定新农保和城居保合并实施方案的县（市、区），要根据本实施意见调整和完善有关政策；尚未制定新农保和城居保合并实施方案的县（市、区）要根据本实施意见制定实施方案并报省政府批准后实施。各市、县（市、区）调整基础养老金待遇、缴费补贴、丧葬补助金等政策的，须经省人力资源社会保障厅会同省财政厅审核，报省政府批准后实施。

本意见自印发之日起实施。《山东省人民政府关于开展新型农村社会养老保险试点的实施意见》（鲁政发〔2009〕131 号）和《山东省人民政府关于贯彻国发〔2011〕18 号文件开展城镇居民社会养老保险试点的意见》（鲁政发〔2011〕24 号）同时废止。

山东省人民政府关于居民基本养老保险有关事项的通知

（2014 年 6 月 12 日　鲁政字〔2014〕114 号）

各市人民政府，各县（市、区）人民政府，省政府各部门、各直属机构，各大企业，各高等院校：

按照国务院统一部署，根据我省经济社会发展情况，现将我省居民基本养老保险有关政策调整如下：

一、提高我省居民基本养老保险 500 元以上缴费档次的参保缴费补贴，补贴标准不低于每人每年 60 元，具体标准由市、县（市、区）政府确定，所需资金由市、县（市、区）政府承担，自 2015 年 1 月 1 日起执行。

二、我省居民基本养老保险参保人死亡后，个人账户资金余额可以依法继承，自 2014 年 2 月 21 日起执行。

山东省劳动和社会保障厅关于印发《失地农民基本养老保障操作办法》的通知

（2004 年 4 月 5 日　鲁劳社〔2004〕15 号）

各市劳动和社会保障局：

根据《山东省人民政府关于建立失地农民基本生活保障制度的意见》（鲁政发〔2003〕115 号）精神，为规范失地农民基本养老保障工作程序，便于各地参照制定各项标准，我厅制定了《失地农民基本养老保障操作办法》，现印发给你们。各地要结合当地实际，参照本《办法》，抓紧研究制定具体的实施办法，加快失地农民基本养老保障试点工作。执行中遇到的问题，及时向省厅反映。

失地农民基本养老保障操作办法

根据《山东省人民政府关于建立失地农民基本生活保障制度的意见》（鲁政发〔2003〕115 号），制定本办法。

一、保障对象

在城市规划区内，经依法批准，由当地国土资源部门实施统一征地，按《中华人民共和国农村土地承包法》的有关规定，失地时享有第二轮土地承包权、且失地后人均农业用地较少（具体标准由各市人民政府确定）的在册人员，均应列入保障对象。有条件的地方可以把城市规划区外的独立工矿区和国家重点项目建设区等列入保障范围。以前失地农民保障的遗留问题，本着自愿参加的原则，由各市、县（市、区）根据当地实际研究制定解决办法。

二、参加申报和手续办理

被征地农民以村（社区）为单位组织参加基本养老保障。具体保障人员，由所在村民委员会（社区居民委员会）填写花名册，连同保障人员缴费金额（个人缴纳和集体补助），经村（居）民大会或村民议事会讨论通过，公示3日后，报乡镇政府（街道办事处）审核，经国土资源部门核准后确定；以村（社区）为单位，持已经确认的参保失地农民花名册及其身份证、户口簿、照片到县（市、区）农村社会养老保险事业管理处（以下简称农保处）办理参保手续。

三、缴费办法和标准

（一）县（市、区）农保处根据村（社区）提供的失地农民花名册及缴费数额，经与国土资源部门提供的失地农民名单和从土地补偿费、安置补助费中为失地农民转支或抵缴的基本养老保障金核对后，为失地农民建立基本养老保障个人账户。

（二）县（市、区）农保处设立失地农民基本养老保障专户和失地农民补充养老金专户。集体和个人缴纳的基本养老保障金（由国土资源部门从土地被偿费和安置补助费中抵缴）进入基本养老保障专户，财政部门按比例拨付的基本养老保障资金进入补充养老金专户。

（三）缴费标准：

1. 男60周岁以下，女55周岁以下的失地农民，集体和个人缴费参考标准：参加基本养老保障制度时当地城镇居民最低生活保障标准×X×180；

2. 男60周岁至65周岁（含65周岁）、女55周岁至65周岁（含65周岁）的失地农民，集体和个人缴费参考标准：参加基本养老保障制度时当地城镇居民最低生活保障标准×X×150；

3. 65周岁以上70周岁（不含70周岁）以下的失地农民，集体和个人缴费参考标准：参加基本养老保障制度时当地城镇居民最低生活保障标准× X ×120；

4. 70 周岁（含 70 周岁）以上的失地农民，集体和个人缴费参考标准：参加基本养老保障制度时当地城镇居民最低生活保障标准× X ×60；

180、150、120、60 为各年龄段缴费标准中的分档系数。

X 由各地根据征地数量、补偿费和安置补助费标准、征用土地占所有土地的比例等因素确定。X = 缴纳的保障金/（缴纳保障金时当地城镇居民最低生活保障标准×初次缴费时各年龄段缴费标准中的分档系数）。

以上缴费全部记入失地农民基本养老保障个人账户。

四、领取办法和标准

养老金由农保处指定的金融机构或兼做金融业务的邮政部门发放。代发养老金的单位必须是在乡镇（或街道）设有办事处并已实现计算机联网的国有商业银行、邮政储蓄部门以及农村信用社。

（一）失地农民领取的养老金包括两部分：个人账户养老金和补充养老金。

个人账户养老金=个人账户积累额×支付系数

补充养老金 = 领取时当地城镇居民最低生活保障标准× X ×10%

如分次征地，分次缴纳基本养老保障金，补充养老金的领取标准为历次缴纳时按照以上计算办法计算的领取标准的和值。

（二）男 60 周岁以下、女 55 周岁以下的失地农民，从男年满 60 周岁、女年满 55 周岁的次月开始领取养老金。月领取标准是：

个人账户积累额×1/180+领取时当地城镇居民最低生活保障标准× X ×10%

（三）男 60 周岁至 65 周岁、女 55 周岁至 65 周岁（含 65 周岁）失地农民，从参加基本养老保障制度的次月开始领取养老

金。月领取标准是:

个人账户积累额×1/150+领取时当地城镇居民最低生活保障标准× X ×10%

(四) 65周岁至70周岁(不含70周岁)失地农民,从参加基本养老保障制度的次月开始领取养老金。月领取标准是:

个人账户积累额×1/120+领取时当地城镇居民最低生活保障标准× X ×10%

(五) 70周岁(含70周岁)以上失地农民,从参加基本养老保障制度的次月开始领取养老金。月领取标准是:

个人账户积累额×1/60+领取时当地城镇居民最低生活保障标准× X ×10%

1/180、1/150、1/120、1/60为各年龄段支付系数。

(六) 参保人员在开始领取养老金前死亡的,其法定继承人或指定受益人可继承个人账户中的全部本息;参保人员领取养老金后死亡的,其法定继承人或指定受益人可继承个人账户中剩余本息部分(领取时个人账户积累总额减历次个人账户养老金领取合计,不包括个人账户资金支付期利息)。

(七) 参保人员在享受待遇期间被判刑或劳教的,在服刑或劳教期间停止享受基本养老保障待遇,服刑或劳教期满后,经审批后可重新享受基本养老保障待遇,并补发服刑或劳教期间个人账户养老金。

五、基金及个人账户管理

(一) 失地农民基本养老保障基金专户储存,专款专用,任何单位和个人不得挤占挪用。

(二) 失地农民个人账户养老金按同期银行一年定期利率分段复息计息。

(三) 失地农民领取的养老金(包括个人账户养老金和补充养老金)先从失地农民基本养老保障专户中支付,失地农民基本养老保障专户资金不足时,从补充养老金专户支付。

（四）失地农民基本养老保障基金以县（市、区）为单位管理，不异地转移。

（五）各县（市、区）农保处具体负责资金的核算、收缴、发放、管理。

（六）失地农民个人账户养老金无特殊情况不得提前退还。有下列情况之一的，由当事人持缴费证、身份证及相应的证明材料到县（市、区）农保处办理退保手续，经农保处核准，其集体和个人缴纳本金或领取后的本金余额可一次性退还，并终止其养老保障关系。

1. 出国定居，本人要求终止养老保障关系的。

2. 户口迁移出本县(市、区),本人要求终止养老保障关系的。

（七）各级劳动和社会保障行政部门要加强对养老保障基金的监管，建立健全财务、审计等各

项规章制度，并接受有关部门的监督检查。

六、档案管理

（一）县（市、区）农保处要为失地农民建立专门的养老保障档案。

（二）失地农民养老保障档案要参照现行农村社会养老保险档案管理方式进行编号，实行分类管理。

（三）缴费证、领取证的样式和制作由各市自行确定。

七、失地农民基本养老保障制度与现行农村社会养老保险、城镇职工基本养老保险制度的衔接

建立失地农民基本养老保障制度前，已参加农村社会养老保险的失地农民，原个人账户保持不变，到达领取年龄后，其相应的养老金领取额可与参加失地农民基本养老保障享受的养老金分别计算，统一发放。参加失地农民基本养老保障制度后，参加城镇职工基本养老保险的人员，原失地农民基本养老保障个人账户保持不变，达到领取年龄后，分别领取养老金。

八、本办法由省劳动和社会保障厅负责解释。

山东省劳动和社会保障厅关于调整被征地农民基本养老保障计发办法和标准的通知

（2007 年 12 月 26 日　鲁劳社〔2007〕64 号）

各市劳动和社会保障局：

针对国家银行存款利率连续提高的情况，省厅决定对原《失地农民基本养老保障操作办法》（鲁劳社〔2004〕15 号文件）确定的计发系数进行相应调整。并从实际工作需要和制度长远建设出发，对被征地农民基本养老保障计发办法和计发标准进行部分调整。具体通知如下：

一、养老金支付

被征地农民养老金仍由个人账户养老金和补充养老金组成，计发办法做如下调整：

个人账户养老金月标准 = 个人账户积累总额/计发月数

补充养老金月标准 = 财政出资积累总额/计发月数 × X

计发月数按省参照国家有关规定确定的标准执行（见附件）。X 是领取时初次确定的调整系数，由各地根据补充养老金账户资金结余情况和物价指数、通货膨胀率等因素决定，不再执行鲁劳社〔2004〕15 号文件的计算办法和标准，初次设定一般不超过 50%，剩余比例资金用于待遇调整和平均余命后生存者的养老金发放。以后的待遇调整，可根据物价指数、通货膨胀率等情况，结合当地补充养老金账户基金结余情况通过增加（X）数值实现。

二、财政出资积累总额是历次财政为被征地农民出资及按同期银行存款利率计息（每年计复利，年中有利率调整分别进行单利计算）的总积累。

三、个人账户养老金计息办法。个人账户养老金按同期银行一年定期存款利率分段复利计息，年内调整利率时分别根据利率调整情况进行单利计算。

四、女 55 周岁和男 60 周岁以后开始领取养老金的，不再按原办法中划分年龄段，不同年龄对应不同的计发月数。已经开始领取养老金的，可执行原标准，也可根据新办法进行调整。

五、有条件的地方可从土地出让收入中提取一定比例资金，建立被征地农民基本养老保障风险备用金制度，应对待遇调整资金不足的风险，确保被征地农民基本生活水平不降低。

附件：个人账户养第金计发月数表

附件

个人账户养老金计发月数表

领取养老金年龄	计发月数
55	170
56	164
57	158
58	152
59	145
60	139
61	132
62	125
63	117
64	109
65	101
66	93
67	84
68	75
69	65
70	56

山东省人力资源和社会保障厅关于做好新农保与原农保制度衔接有关问题的通知

（2010年10月27日　鲁人社字〔2010〕632号）

各市人力资源和社会保障局、财政局：

根据《山东省人民政府关于开展新型农村社会养老保险试点的实施意见》（鲁政发〔2009〕131号）精神，结合我省各地试点中反映的问题和我省农保工作发展实际，经研究，现将国家及省新农保制度与原农保制度（包括老农保制度和我省各地自行开展的地方性新农保试点）衔接的有关问题通知如下：

一、分段计算个人账户养老金领取标准

2009年12月31日前的原农保个人账户积累按原支付系数计算个人账户养老金领取标准，2010年1月1日后个人账户积累（即2010年以后的新积累和到达领取年龄前原农保基金产生的利息）按新农保支付系数（以后有调整按新标准执行）计算个人账户养老金领取标准，到达领取年龄时，按上述两个计发系数计算的个人账户养老金计发标准之和领取。第一批国家试点县（市、区），新农保制度实施后开始领取个人账户养老金并按新农保系数计算养老金标准的，应重新计算领取标准并补发养老金差额。其余没有进行国家及省新农保试点的县（市、区），个人账户养老金也按此规定进行分段计算领取标准，但此通知下发之日前已开始领取养老金的，领取标准不变。

二、及时合并个人账户和基金

开展新农保试点的县（市、区），要认真核查，在确保原参保信息准确无误的基础上，完成新农保与原农保参保个人账户信息的合并。同时，要认真对账核查，明确原农保基金债权关系，并采取有效措施清理回收，及时将原农保基金全部转入到新农保基金账户中，完成农保基金的合并。

三、原农保基金折算缴费年数

在国家及省新农保制度实施前缴纳的原农保基金积累（包括自行开展新农保过程缴纳的基金积累），在纳入国家及省新农保试点实施时，可一次性按当地新农保制度方案公布的最低缴费档次折算缴费年数，但最长不超过本人参加原农保第一次缴费到本地实施新农保制度之间的年数（中间允许断保），同时，折算的年数最长不超过 15 年，超过 15 年的按 15 年计。折算年数的余数按四舍五入计。政府不再对原农保基金积累折算的缴费年数追加缴费补贴。

山东省人力资源和社会保障厅等部门转发人力资源和社会保障部等部门《关于做好新型农村和城镇居民社会养老保险制度与城乡居民最低生活保障农村五保供养优抚制度衔接工作的意见》的通知

（2012年4月18日　鲁人社发〔2012〕20号）

各市人力资源和社会保障局、民政局、财政局：

现将人力资源和社会保障部、财政部、民政部《关于做好新型农村和城镇居民社会养老保险制度与城乡居民最低生活保障农村五保供养优抚制度衔接工作的意见》（人社部发〔2012〕15号）转发给你们，请认真贯彻执行。

关于做好新型农村和城镇居民社会养老保险制度与城乡居民最低生活保障农村五保供养优抚制度衔接工作的意见

各省、自治区、直辖市人力资源社会保障厅（局）、民政厅（局）、财政厅（局）及新疆生产建设兵团劳动保障局、民政局、财政局：

根据《国务院关于开展新型农村社会养老保险试点的指导意见》（国发〔2009〕32号）和《国务院关于开展城镇居民社会养老保险试点的指导意见》（国发〔2011〕18号）精神，为指导各地做好新型农村和城镇居民社会养老保险制度（以下分别简称新农保、城居保）与城乡居民最低生活保障、农村五保供养和优抚制度（以下分别简称低保、五保、优抚）的衔接工作，现提出如下意见：

一、基本原则

低保对象和五保对象是迫切需要帮助的困难群体，优抚对象是为我国革命和社会主义建设事业做出特殊贡献的退伍军人及其家属。要积极引导和支持低保、五保、优抚对象参加新农保或城居保（以下简称参保），以解决其老年的后顾之忧，提高其生活保障水平。现阶段，要按照各项制度待遇只叠加、不扣减、不冲销并兼顾现行政策的原则，确保现有待遇水平不降低。

二、制度衔接对象

本《意见》所指制度衔接的对象是：

（一）低保对象，由当地县级民政部门根据《城市居民最低生活保障条例》（国务院令第 271 号）、《国务院关于在全国建立农村最低生活保障制度的通知》（国发〔2007〕19 号）规定的适用范围确定的享受低保待遇的人员。

（二）五保对象，由当地县级民政部门根据《农村五保供养工作条例》（国务院令第 456 号）规定的适用范围确定的享受五保待遇的人员。

（三）优抚对象，由当地县级民政部门根据《军人抚恤优待条例》（国务院中央军委令第 413 号）规定的适用范围确定的享受优抚待遇的人员。

三、制度衔接规定

（一）新农保、城居保制度与低保、五保制度衔接

新农保和城居保制度实施时，16—59 岁符合新农保和城居保参保条件的低保、五保对象，应按规定参保缴费，享受政府补贴和集体补助；鼓励有条件的村集体、其他经济组织、社会组织和个人对低保、五保对象的缴费提供资助。

已经自愿参保且年满 60 周岁符合领取待遇条件的低保、五

保对象，可按月领取新农保或城居保养老金。在审批或复核低保、五保资格时，中央确定的基础养老金“十二五”时期暂不计入家庭收入，具体办法由地方人民政府确定。

（二）新农保、城居保制度与优抚制度衔接

新农保、城居保制度实施时，16—59岁符合新农保和城居保参保条件、有缴费能力的优抚对象，应按规定参保缴费，享受政府补贴和集体补助。

对于缴费困难的优抚对象，按规定享受政府补贴和集体补助。

已自愿参保且年满60周岁并符合规定条件的优抚对象，按月领取基础养老金，其优抚待遇标准不变。

四、工作要求

各级人力资源社会保障、民政、财政部门要高度重视低保、五保和优抚对象的参保工作，充分认识做好制度衔接工作的重要性，切实解决好他们在参保和待遇支付方面存在的困难和问题，结合本地实际情况制订切实可行的衔接办法。要广泛动员并支持引导低保、五保和优抚对象参加新农保或城居保。各相关部门要密切配合，履行职责，严格把关，按照上述意见做好制度衔接工作。

山东省人力资源和社会保障厅 省财政厅关于城乡养老保险制度衔接有关事项的通知

（2014 年 7 月 2 日　鲁人社发〔2014〕36 号）

各市人民政府：

《人力资源社会保障部财政部关于印发〈城乡养老保险制度衔接暂行办法〉的通知》（人社部发〔2014〕17 号）（以下简称《暂行办法》）已公开发布，请认真贯彻落实。经省政府同意，现就有关事项通知如下：

一、参加城镇职工基本养老保险、城乡居民基本养老保险需要办理衔接手续的人员（以下简称参保人员），两种制度的参保地在同一设区市或县（市、区）的，在办理衔接手续时，亦应按《暂行办法》规定划转个人账户基金（含本金及利息）。

二、参保人员达到城镇职工基本养老保险法定退休年龄后，城镇职工基本养老保险缴费年限不足 15 年的，可以按规定申请延长缴费至满 15 年，再按《暂行办法》规定办理。

三、参保人员不得同时领取城镇职工基本养老保险和城乡居民基本养老保险待遇。对于已经同时领取的，应当按照《暂行办法》第八条规定处理，具体程序和办法由设区市研究制定。

四、《暂行办法》施行前，已经超过国家规定的领取养老保险待遇年龄，但尚未领取养老保险待遇的人员，可以按照《暂行办法》规定办理。

各市要认真解读和准确把握《暂行办法》各项规定，广泛开展社会宣传，切实加强业务培训，提升经办服务能力，抓好信息系统建设，确保工作平稳顺利开展。

三、医疗与生育保险

（一）职工医疗保险

全国人民代表大会常务委员会关于授权国务院在河北省邯郸市等12个试点城市行政区域暂时调整适用《中华人民共和国社会保险法》有关规定的决定

（2016年12月25日第十二届全国人民代表大会常务委员会第二十五次会议通过）

为进一步增强生育保险保障功能，提高社会保险基金共济能力，推进生育保险和基本医疗保险合并实施改革，第十二届全国人民代表大会常务委员会第二十五次会议决定：授权国务院在河北省邯郸市、山西省晋中市、辽宁省沈阳市、江苏省泰州市、安徽省合肥市、山东省威海市、河南省郑州市、湖南省岳阳市、广东省珠海市、重庆市、四川省内江市、云南省昆明市行政区域暂时调整适用《中华人民共和国社会保险法》第六十四条、第六十六条关于生育保险基金单独建账、核算以及编制预算的规定（目录附后），将生育保险基金并入职工基本医疗保险基金征缴和管理。试点方案由国务院作出安排，并报全国人民代表大会常务委员会备案。本决定实施期限为2年。

国务院及其人力资源社会保障、财政、卫生计生等部门要遵循保留险种、保障待遇、统一管理、降低成本的总体思路，加强对试点工作的组织指导和监督检查，及时总结经验，并就暂时调整适用有关法律规定的情况向全国人民代表大会常务委员会作出报告。对实践证明可行的，修改完善有关法律规定；对实践证明不宜调整的，恢复施行有关法律规定。

本决定自2017年1月1日起施行。

授权国务院在河北省邯郸市等12个试点城市行政区域暂时调整适用《中华人民共和国社会保险法》有关规定目录

<table>
<tr><th>序号</th><th>法律规定</th><th>内　容</th></tr>
<tr><td>1</td><td>《中华人民共和国社会保险法》第六十四条第一款："社会保险基金包括基本养老保险基金、基本医疗保险基金、工伤保险基金、失业保险基金、和生育保险基金。各项社会保险基金按照社会保险险种分别建账，分账核算，执行国家统一的社会保险制度。"</td><td rowspan="2">暂时调整适用关于生育保险基金单独建账、核算及编制预算的规定。将生育保险基金并入职工基本医疗保险基金征缴和管理</td></tr>
<tr><td>2</td><td>《中华人民共和国社会保险法》第六十六条："社会保险基金按照统筹层次设立预算。社会保险基金预算按照社会保险项目分别编制。"</td></tr>
</table>

中共中央办公厅 国务院办公厅关于转发中央组织部等部门《关于落实离休干部离休费医药费的意见》的通知

（2000 年 11 月 24 日　厅字〔2000〕61 号）

各省、自治区、直辖市党委和人民政府，中央和国家机关各部委，军委总政治部，各人民团体：

《中央组织部、国家经贸委、财政部、人事部、劳动和社会保障部、卫生部关于落实离休干部离休费、医药费的意见》已经党中央、国务院领导同志同意，现转发给你们，请结合本地区、本部门实际，认真贯彻执行。

离休干部是党和国家的宝贵财富，在中国革命和社会主义建设的各个历史时期都做出了巨大贡献。在政治上关心、生活上照顾离休干部，并发挥他们的作用，是党和国家关于离休干部工作的一项基本政策。落实离休干部的政治、生活待遇，是各级党委、政府的责任，也是一项重要的政治任务。各级党委、政府一定要站在维护改革、发展和稳定大局的高度，重视并切实做好新形势下的离休干部工作。在进一步落实离休干部的政治待遇，加强和改进离休干部思想政治工作的同时，要采取得力措施，认真落实他们的生活待遇，保证广大离休干部能安度晚年。一次性补发拖欠离休干部的离休费、医药费，建立离休干部离休费、医药费保障机制和财政支持机制，确保今后不再发生新的拖欠，是落实离休干部生活待遇的重要举措。这项工作政策性强，涉及面广。各级党委、政府要精心组织，统筹规划，加强领导。各有关部门要密切配合，通力协作，确保离休干部的离休费按时足额发放、医药费按规定实报实销。在中央财政对离休干部离休费、医药费的历史拖欠一次性补发之后，今后不能再发生新的拖欠。对今后因工作不力再度发生离休干部离休费、医药费拖欠问题的地方和单位，要予以通报批评，并追究有关领导的责任。各地区、各部门贯彻落实本意见的情况，请及时报告党中央、国务院。

关于落实离休干部离休费医药费的意见

1982年建立干部离退休制度以来，党中央、国务院对老干部工作十分重视。各级党委和政府为落实离休干部的政治、生活待遇，采取各种措施，做了大量工作，取得了显著成效。但是，近年来，有些地方和单位出现了拖欠离休干部离休费、医药费（以下简称“两费”）的情况，个别地方和企业拖欠“两费”问题还比较严重。为妥善解决“两费”拖欠问题，确保不再发生新的拖欠，现提出以下意见：

一、切实做好拖欠离休干部“两费”的补发工作

对各省、自治区、直辖市上报的截止1999年底拖欠的离休干部“两费”，由中央财政一次性予以补发。其中，机关事业单位拖欠的费用，中央财政通过专项转移支付补助地方政府，由地方政府负责补发；企业拖欠的费用，中央财政予以专项补助，并通过各级财政社会保障基金专户拨付给社会保险机构或其他有关部门负责补发。各地要确保中央财政补发的“两费”及时、足额地发到离休干部手中，任何地方和单位不得截留挪用。上述工作落实情况，通过舆论和群众进行监督。

二、通过建立离休干部离休费、医药费保障机制和财政支持机制，确保今后不再发生新的拖欠

各地区和有关部门要按照“单位尽责，社会统筹，财政支持，加强管理”的原则，建立和完善离休干部离休费、医药费保障机制和财政支持机制，采取特殊政策、特殊办法，确保离休干部的离休费按时足额发放、医药费按规定实报实销。

（一）建立和完善离休干部离休费保障机制

1. 行政、事业单位离休干部的离休费由同级财政负担。地方各级财政部门要通过增收节支、调整财政支出结构、切实加强管理等措施，在预算中足额安排离休干部离休费，并实行由财政统一集中支付。

2. 企业离休干部的离休费，凡是参加基本养老保险统筹的，社会保险经办机构要从统筹基金中优先支付，实行社会化发放；尚未参加基本养老保险统筹的，由离休干部所在单位及主管部门负责发放。同级政府也要采取积极措施，确保离休费按时足额发放。

3. 规范企业离休干部的离休费统筹项目。凡是国家统一规定的离休干部离休费开支项目，要全部纳入基本养老保险统筹，保证足额发放。国家统一规定之外的离休干部离休费开支项目，具体解决措施由各省、自治区、直辖市制定。

（二）建立和完善离休干部医药费保障机制

1. 企业和原未享受公费医疗的事业单位离休干部的医药费，实行单独统筹（即：在城镇职工基本医疗保险统筹之外，专门对离休干部实行的医疗保险统筹形式）。行政单位和原享受公费医疗的事业单位离休干部的医药费，可维持现行资金渠道不变，也可纳入单独统筹；各地还可以根据本地区的实际情况，采取其他行之有效的离休干部医药费保障形式。

2. 离休干部医药费实行单独统筹的筹集水平，一般可按当地上年的离休干部年人均医药费实际发生额，并考虑增减因素确定。具体标准由各地劳动保障部门会同财政部门核定。

3. 实行单独统筹的行政单位和原享受公费医疗的事业单位离休干部的医药费统筹资金，按各地确定的筹资标准列入同级财政预算安排；企业和原未享受公费医疗的事业单位离休干部的医药费统筹资金，由离休干部所在单位按各地确定的筹资标准缴纳，在原渠道列支。离休干部医药费出现超支的，缺口部分经核实后由地方财政帮助解决。

4. 离休干部的医疗保障，由劳动保障部门统一管理。各地可以参照基本医疗保障的有关规定，制定和完善离休干部就诊、用药、报销等具体管理办法，既要保证离休干部医疗待遇，方便离休干部就医，又要加强管理，防止浪费。有关部门要加强监督，确保离休干部医疗待遇的落实和资金合理使用。

（三）建立和完善财政支持机制

地方各级财政部门要高度重视离休干部“两费”的保障工作，并给予必要的资金支持，确保离休干部“两费”保障机制的正常运行。同级财政要采取积极措施，帮助解决离休干部“两费”问题，确有困难的，上级财政要帮助解决，特别是省级财政要切实负起责任。中央财政对确有困难的中西部地区和老工业基地的离休干部“两费”资金缺口，经劳动和社会保障部、财政部核实后，给予补助。

三、加强对离休干部“两费”落实工作的组织领导

离休干部是党和国家的宝贵财富，在中国革命和社会主义建设的各个历史时期都做出了巨大贡献。一次性补发拖欠的离休干部“两费”和确保今后不再发生新的拖欠，是落实离休干部生活待遇的一项重要举措。这项工作政策性强，涉及面广。各级党委和政府要进一步提高认识，统一思想，以高度的政治责任感，精心组织，统筹规划，加强领导。各有关部门要各负其责，密切配合。劳动保障部门和社会保险经办机构负责对统筹基金的筹集、管理和支付；财政部门要保证应由财政负担的资金及时到位；经贸委系统要协助做好企业离休干部“两费”的落实工作；卫生部门要进一步加强对医疗服务和医疗机构的管理；组织、人事、老干部工作等部门要加强协调和检查，确保离休干部“两费”的落实。

国务院关于建立城镇职工基本医疗保险制度的决定

（1998年12月14日　国发〔1998〕44号）

加快医疗保险制度改革，保障职工基本医疗，是建立社会主义市场经济体制的客观要求和重要保障。在认真总结近年来各地医疗保险制度改革试点经验的基础上，国务院决定，在全国范围内进行城镇职工医疗保险制度改革。

一、改革的任务和原则

医疗保险制度改革的主要任务是建立城镇职工基本医疗保险制度，即适应社会主义市场经济体制，根据财政、企业和个人的承受能力，建立保障职工基本医疗需求的社会医疗保险制度。

建立城镇职工基本医疗保险制度的原则是：基本医疗保险的水平要与社会主义初级阶段生产力发展水平相适应；城镇所有用人单位及其职工都要参加基本医疗保险，实行属地管理；基本医疗保险费由用人单位和职工双方共同负担；基本医疗保险基金实行社会统筹和个人账户相结合。

二、覆盖范围和缴费办法

城镇所有用人单位，包括企业（国有企业、集体企业、外商投资企业、私营企业等）、机关、事业单位、社会团体、民办非企业单位及其职工，都要参加基本医疗保险。乡镇企业及其职工、城镇个体经济组织业主及其从业人员是否参加基本医疗保险，由各省、自治区、直辖市人民政府决定。

基本医疗保险原则上以地级以上行政区（包括地、市、州、盟）为统筹单位，也可以县（市）为统筹单位，北京、天津、上海3个直辖市原则上在全市范围内实行统筹（以下简称统筹地区）。所有用人单位及其职工都要按照属地管理原则参加所在统筹地区的基本医疗保险，执行统一政策，实行基本医疗保险基金的统一筹集、使用和管理。铁路、电力、远洋运输等跨地区、生产流动性较大的企业及其职工，可以相对集中的方式异地参加统筹地区的基本医疗保险。

基本医疗保险费由用人单位和职工共同缴纳。用人单位缴费率应控制在职工工资总额的6%左右，职工缴费率一般为本人工资收入的2%。随着经济发展，用人单位和职工缴费率可作相应调整。

三、建立基本医疗保险统筹基金和个人账户

要建立基本医疗保险统筹基金和个人账户。基本医疗保险基金由统筹基金和个人账户构成。职工个人缴纳的基本医疗保险费，全部计入个人账户。用人单位缴纳的基本医疗保险费分为两部分，一部分用于建立统筹基金，一部分划入个人账户。划入个人账户的比例一般为用人单位缴费的30%左右，具体比例由统筹地区根据个人账户的支付范围和职工年龄等因素确定。

统筹基金和个人账户要划定各自的支付范围，分别核算，不得互相挤占。要确定统筹基金的起付标准和最高支付限额，起付标准原则上控制在当地职工年平均工资的10%左右，最高支付限额原则上控制在当地职工年平均工资的4倍左右。起付标准以下的医疗费用，从个人账户中支付或由个人自付。起付标准以上、最高支付限额以下的医疗费用，主要从统筹基金中支付，个人也要负担一定比例。超过最高支付限额的医疗费用，可以通过商业医疗保险等途径解决。统筹基金的具体起付标准、最高支付限额以及在起付标准以上和最高支付限额以下医疗费用的个人负担比例，由统筹地区根据以收定支、收支平衡的原则确定。

四、健全基本医疗保险基金的管理和监督机制

基本医疗保险基金纳入财政专户管理，专款专用，不得挤占挪用。

社会保险经办机构负责基本医疗保险基金的筹集、管理和支付，并要建立健全预决算制度、财务会计制度和内部审计制度。社会保险经办机构的事业经费不得从基金中提取，由各级财政预算解决。

基本医疗保险基金的银行计息办法：当年筹集的部分，按活期存款利率计息；上年结转的基金本息，按3个月期整存整取银行存款利率计息；存入社会保障财政专户的沉淀资金，比照3年期零存整取储蓄存款利率计息，并不低于该档次利率水平。个人账户的本金和利息归个人所有，可以结转使用和继承。

各级劳动保障和财政部门，要加强对基本医疗保险基金的监督管理。审计部门要定期对社会保险经办机构的基金收支情况和管理情况进行审计。统筹地区应设立由政府有关部门代表、用人单位代表、医疗机构代表、工会代表和有关专家参加的医疗保险基金监督组织，加强对基本医疗保险基金的社会监督。

五、加强医疗服务管理

要确定基本医疗保险的服务范围和标准。劳动保障部会同卫生部、财政部等有关部门制定基本医疗服务的范围、标准和医药费用结算办法，制定国家基本医疗保险药品目录、诊疗项目、医疗服务设施标准及相应的管理办法。各省、自治区、直辖市劳动保障行政管理部门根据国家规定，会同有关部门制定本地区相应的实施标准和办法。

基本医疗保险实行定点医疗机构（包括中医医院）和定点药店管理。劳动保障部会同卫生部、财政部等有关部门制定定点医疗机构和定点药店的资格审定办法。社会保险经办机构要根据中西医并举，基层、专科和综合医疗机构兼顾，方便职工就医的原则，负责确定定点医疗机构和定点药店，并同定点医疗机构和定点药店签订合同，明确各自的责任、权利和义务。在确定定点医疗机构和定点药店时，要引进竞争机制，职工可选择若干定点医疗机构就医、购药，也可持处方在若干定点药店购药。国家药品监督管理局会同有关部门制定定点药店购药药事事故处理办法。

各地要认真贯彻《中共中央、国务院关于卫生改革与发展的决定》（中发〔1997〕3号）精神，积极推进医药卫生体制改革，以较少的经费投入，使人民群众得到良好的医疗服务，促进医药卫生事业的健康发展。要建立医药分开核算、分别管理的制度，形成医疗服务和药品流通的竞争机制，合理控制医药费用水平；要加强医疗机构和药店的内部管理，规范医药服务行为，减员增效，降低医药成本；要理顺医疗服务价格，在实行医药分开核算、分别管理，降低药品收入占医疗总收入比重的基础上，合理提高医疗技术劳务价格；要加强业务技术培训和职业道德教育，提高医药服务人员的素质和服务质量；要合理调整医疗机构布局，优化医疗卫生资源配置，积极发展社区卫生服务，将社区卫生服务中的基本医疗服务项目纳入基本医疗保险范围。卫生部会同有关部门制定医疗机构改革方案和发展社区卫生服务的有关政策。国家经贸委等部门要认真配合做好药品流通体制改革工作。

六、妥善解决有关人员的医疗待遇

离休人员、老红军的医疗待遇不变，医疗费用按原资金渠道解决，支付确有困难的，由同级人民政府帮助解决。离休人员、老红军的医疗管理办法由省、自治区、直辖市人民政府制定。

二等乙级以上革命伤残军人的医疗待遇不变，医疗费用按原资金渠道解决，由社会保险经办机构单独列账管理。医疗费支付不足部分，由当地人民政府帮助解决。

退休人员参加基本医疗保险，个人不缴纳基本医疗保险费。对退休人员个人账户的计入金额和个人负担医疗费的比例给予适当照顾。

国家公务员在参加基本医疗保险的基础上，享受医疗补助政策。具体办法另行制定。

为了不降低一些特定行业职工现有的医疗消费水平，在参加基本医疗保险的基础上，作为过渡措施，允许建立企业补充医疗保险。企业补充医疗保险费在工资总额4%以内的部分，从职工福利费中列支，福利费不足列支的部分，经同级财政部门核准后列入成本。

国有企业下岗职工的基本医疗保险费，包括单位缴费和个人缴费，均由再就业服务中心按照当地上年度职工平均工资的60%为基数缴纳。

七、加强组织领导

医疗保险制度改革政策性强，涉及广大职工的切身利益，关系到国民经济发展和社会稳定。各级人民政府要切实加强领导，统一思想，提高认识，做好宣传工作和政治思想工作，使广大职工和社会各方面都积极支持和参与这项改革。各地要按照建立城镇职工基本医疗保险制度的任务、原则和要求，结合本地实际，精心组织实施，保证新旧制度的平稳过渡。

建立城镇职工基本医疗保险制度工作从1999年初开始启动，1999年底基本完成。各省、自治区、直辖市人民政府要按照本决定的要求，制定医疗保险制度改革的总体规划，报劳动保障部备案。统筹地区要根据规划要求，制定基本医疗保险实施方案，报省、自治区、直辖市人民政府审批后执行。

劳动保障部要加强对建立城镇职工基本医疗保险制度工作的指导和检查，及时研究解决工作中出现的问题。财政、卫生、药品监督管理等有关部门要积极参与，密切配合，共同努力，确保城镇职工基本医疗保险制度改革工作的顺利进行。

国务院办公厅关于印发《生育保险和职工基本医疗保险合并实施试点方案》的通知

（2017年1月19日　国办发〔2017〕6号）

各省、自治区、直辖市人民政府，国务院各部委、各直属机构：

《生育保险和职工基本医疗保险合并实施试点方案》已经国务院同意，现印发给你们，请试点地区和各有关部门加强组织领导，认真贯彻执行。

生育保险和职工基本医疗保险合并实施试点方案

为贯彻落实党的十八届五中全会精神和《中华人民共和国国民经济和社会发展第十三个五年规划纲要》，根据《全国人民代表大会常务委员会关于授权国务院在河北省邯郸市等12个试点城市行政区域暂时调整适用〈中华人民共和国社会保险法〉有关规定的决定》，现就做好生育保险和职工基本医疗保险（以下统称两项保险）合并实施试点工作制定以下方案。

一、总体要求

（一）指导思想。全面贯彻党的十八大和十八届三中、四中、五中、六中全会精神，深入贯彻习近平总书记系列重要讲话精神和治国理政新理念新思想新战略，认真落实党中央、国务院决策部署，统筹推进“五位一体”总体布局和协调推进“四个全面”战略布局，牢固树立和贯彻落实创新、协调、绿色、开放、共享的发展理念，遵循保留险种、保障待遇、统一管理、降低成本的总体思路，推进两项保险合并实施，通过整合两项保险基金及管理资源，强化基金共济能力，提升管理综合效能，降低管理运行成本。

（二）主要目标。2017年6月底前启动试点，试点期限为一年左右。通过先行试点探索适应我国经济发展水平、优化保险管理资源、促进两项保险合并实施的制度体系和运行机制。

二、试点地区

根据实际情况和有关工作基础，在河北省邯郸市、山西省晋中市、辽宁省沈阳市、江苏省泰州市、安徽省合肥市、山东省威海市、河南省郑州市、湖南省岳阳市、广东省珠海市、重庆市、四川省内江市、云南省昆明市开展两项保险合并实施试点。未纳入试点地区不得自行开展试点工作。

三、试点内容

（一）统一参保登记。参加职工基本医疗保险的在职职工同步参加生育保险。实施过程中要完善参保范围，结合全民参保登记计划摸清底数，促进实现应保尽保。

（二）统一基金征缴和管理。生育保险基金并入职工基本医疗保险基金，统一征缴。试点期间，可按照用人单位参加生育保险和职工基本医疗保险的缴费比例之和确定新的用人单位职工基本医疗保险费率，个人不缴纳生育保险费。同时，根据职工基本医疗保险基金支出情况和生育待遇的需求，按照收支平衡的原则，建立职工基本医疗保险费率确定和调整机制。

职工基本医疗保险基金严格执行社会保险基金财务制度，两项保险合并实施的统筹地区，不再单列生育保险基金收入，在职工基本医疗保险统筹基金待遇支出中设置生育待遇支出项目。探索建立健全基金风险预警机制，坚持基金收支运行情况公开，加强内部控制，强化基金行政监督和社会监督，确保基金安全运行。

（三）统一医疗服务管理。两项保险合并实施后实行统一定点医疗服务管理。医疗保险经办机构与定点医疗机构签订相关医疗服务协议时，要将生育医疗服务有关要求和指标增加到协议内容中，并充分利用协议管理，强化对生育医疗服务的监控。执行职工基本医疗保险、工伤保险、生育保险药品目录以及基本医疗保险诊疗项目和医疗服务设施范围。生育医疗费用原则上实行医疗保险经办机构与定点医疗机构直接结算。

（四）统一经办和信息服务。两项保险合并实施后，要统一经办管理，规范经办流程。生育保险经办管理统一由职工基本医疗保险经办机构负责，工作经费列入同级财政预算。充分利用医疗保险信息系统平台，实行信息系统一体化运行。原有生育保险医疗费结算平台可暂时保留，待条件成熟后并入医疗保险结算平台。完善统计信息系统，确保及时准确反映生育待遇享受人员、基金运行、待遇支付等方面情况。

（五）职工生育期间的生育保险待遇不变。生育保险待遇包括《中华人民共和国社会保险法》规定的生育医疗费用和生育津贴，所需资金从职工基本医疗保险基金中支付。生育津贴支付期限按照《女职工劳动保护特别规定》等法律法规规定的产假期限执行。

四、保障措施

（一）加强组织领导。两项保险合并实施是党中央、国务院作出的一项重要部署，也是推动建立更加公平更可持续社会保障制度的重要内容。试点城市所在省份要高度重视，加强领导，密切配合，推动试点工作有序进行。人力资源社会保障部、财政部、国家卫生计生委要会同有关方面加强对试点地区的工作指导，及时研究解决试点中的困难和问题。试点省份和有关部门要加强沟通协调，共同推进相关工作。

（二）精心组织实施。试点城市要高度重视两项保险合并实施工作，按照本试点方案确定的主要目标、试点措施等要求，根据当地生育保险和职工基本医疗保险参保人群差异、基金支付能力、待遇保障水平等因素进行综合分析和研究，周密设计试点实施方案，确保参保人员相关待遇不降低、基金收支平衡，保证平稳过渡。2017 年 6 月底前各试点城市要制定试点实施方案并组织实施。

（三）加强政策宣传。试点城市要坚持正确的舆论导向，准确解读相关政策，大力宣传两项保险合并实施的重要意义，让社会公众充分了解合并实施不会影响参保人员享受相关待遇，且有利于提高基金共济能力、减轻用人单位事务性负担、提高管理效率，为推动两项保险合并实施创造良好的社会氛围。

（四）做好总结评估。各试点城市要及时总结经验，试点过程中发现的重要问题和有效做法请及时报送人力资源社会保障部、财政部、国家卫生计生委，为全面推开两项保险合并实施工作奠定基础。人力资源社会保障部、财政部、国家卫生计生委要对试点期间各项改革措施执行情况、实施效果、群众满意程度等内容进行全面总结评估，并向国务院报告。

国务院办公厅关于进一步深化基本医疗保险支付方式改革的指导意见

（2017 年 6 月 20 日　国办发〔2017〕55 号）

各省、自治区、直辖市人民政府，国务院各部委、各直属机构：

医保支付是基本医保管理和深化医改的重要环节，是调节医疗服务行为、引导医疗资源配置的重要杠杆。新一轮医改以来，各地积极探索医保支付方式改革，在保障参保人员权益、控制医保基金不合理支出等方面取得积极成效，但医保对医疗服务供需双方特别是对供方的引导制约作用尚未得到有效发挥。为更好地保障参保人员权益、规范医疗服务行为、控制医疗费用不合理增长，充分发挥医保在医改中的基础性作用，经国务院同意，现就进一步深化基本医疗保险支付方式改革提出如下意见。

一、总体要求

（一）指导思想

全面贯彻党的十八大和十八届三中、四中、五中、六中全会精神，深入贯彻习近平总书记系列重要讲话精神和治国理政新理念新思想新战略，按照党中央、国务院决策部署，落实全国卫生与健康大会精神，紧紧围绕深化医药卫生体制改革目标，正确处理政府和市场关系，全面建立并不断完善符合我国国情和医疗服务特点的医保支付体系。健全医保支付机制和利益调控机制，实行精细化管理，激发医疗机构规范行为、控制成本、合理收治和转诊患者的内生动力，引导医疗资源合理配置和患者有序就医，支持建立分级诊疗模式和基层医疗卫生机构健康发展，切实保障广大参保人员基本医疗权益和医保制度长期可持续发展。

（二）基本原则

一是保障基本。坚持以收定支、收支平衡、略有结余，不断提高医保基金使用效率，着力保障参保人员基本医疗需求，促进医疗卫生资源合理利用，筑牢保障底线。

二是建立机制。发挥医保第三方优势，健全医保对医疗行为的激励约束机制以及对医疗费用的控制机制。建立健全医保经办机构与医疗机构间公开平等的谈判协商机制、“结余留用、合理超支分担”的激励和风险分担机制，提高医疗机构自我管理的积极性，促进医疗机构从规模扩张向内涵式发展转变。

三是因地制宜。各地要从实际出发，充分考虑医保基金支付能力、医保管理服务能力、医疗服务特点、疾病谱分布等因素，积极探索创新，实行符合本地实际的医保支付方式。

四是统筹推进。统筹推进医疗、医保、医药各项改革，注重改革的系统性、整体性、协调性，发挥部门合力，多措并举，实现政策叠加效应。

（三）主要目标

2017 年起，进一步加强医保基金预算管理，全面推行以按病种付费为主的多元复合式医保支付方式。各地要选择一定数量的病种实施按病种付费，国家选择部分地区开展按疾病诊断相关分组（DRGs）付费试点，鼓励各地完善按人头、按床日等多种付费方式。到 2020 年，医保支付方式改革覆盖所有医疗机构及医疗服务，全国范围内普遍实施适应不同疾病、不同服务特点的多元复合式医保支付方式，按项目付费占比明显下降。

二、改革的主要内容

（一）实行多元复合式医保支付方式。针对不同医疗服务特点，推进医保支付方式分类改革。对住院医疗服务，主要按病种、按疾病诊断相关分组付费，长期、慢性病住院医疗服务可按床日付费；对基层医疗服务，可按人头付费，积极探索将按人头付费与慢性病管理相结合；对不宜打包付费的复杂病例和门诊费用，可按项目付费。探索符合中医药服务特点的支付方式，鼓励提供和使用适宜的中医药服务。

（二）重点推行按病种付费。原则上对诊疗方案和出入院标准比较明确、诊疗技术比较成熟的疾病实行按病种付费。逐步将日间手术以及符合条件的中西医病种门诊治疗纳入医保基金病种付费范围。建立健全谈判协商机制，以既往费用数据和医保基金支付能力为基础，在保证疗效的基础上科学合理确定中西医病种付费标准，引导适宜技术使用，节约医疗费用。做好按病种收费、付费政策衔接，合理确定收费、付费标准，由医保基金和个人共同分担。加快制定医疗服务项目技术规范，实现全国范围内医疗服务项目名称和内涵的统一。逐步统一疾病分类编码（ICD-10）、手术与操作编码系统，明确病历及病案首页书写规范，制定完善符合基本医疗需求的临床路径等行业技术标准，为推行按病种付费打下良好基础。

（三）开展按疾病诊断相关分组付费试点。探索建立按疾病诊断相关分组付费体系。按疾病病情严重程度、治疗方法复杂程度和实际资源消耗水平等进行病种分组，坚持分组公开、分组逻辑公开、基础费率公开，结合实际确定和调整完善各组之间的相对比价关系。可以疾病诊断相关分组技术为支撑进行医疗机构诊疗成本与疗效测量评价，加强不同医疗机构同一病种组间的横向比较，利用评价结果完善医保付费机制，促进医疗机构提升绩效、控制费用。加快提升医保精细化管理水平，逐步将疾病诊断相关分组用于实际付费并扩大应用范围。疾病诊断相关分组收费、付费标准包括医保基金和个人付费在内的全部医疗费用。

（四）完善按人头付费、按床日付费等支付方式。支持分级诊疗模式和家庭医生签约服务制度建设，依托基层医疗卫生机构推行门诊统筹按人头付费，促进基层医疗卫生机构提供优质医疗服务。各统筹地区要明确按人头付费的基本医疗服务包范围，保障医保目录内药品、基本医疗服务费用和一般诊疗费的支付。逐步从糖尿病、高血压、慢性肾功能衰竭等治疗方案标准、评估指标明确的慢性病入手，开展特殊慢性病按人头付费，鼓励医疗机构做好健康管理。有条件的地区可探索将签约居民的门诊基金按人头支付给基层医疗卫生机构或家庭医生团队，患者向医院转诊的，由基层医疗卫生机构或家庭医生团队支付一定的转诊费用。对于精神病、安宁疗护、医疗康复等需要长期住院治疗且日均费用较稳定的疾病，可采取按床日付费的方式，同时加强对平均住院天数、日均费用以及治疗效果的考核评估。

（五）强化医保对医疗行为的监管。完善医保服务协议管理，将监管重点从医疗费用控制转向医疗费用和医疗质量双控制。根据各级各类医疗机构的功能定位和服务特点，分类完善科学合理的考核评价体系，将考核结果与医保基金支付挂钩。中医医疗机构考核指标应包括中医药服务提供比例。有条件的地方医保经办机构可以按协议约定向医疗机构预付一部分医保资金，缓解其资金运行压力。医保经办机构要全面推开医保智能监控工作，实现医保费用结算从部分审核向全面审核转变，从事后纠正向事前提示、事中监督转变，从单纯管制向监督、管理、服务相结合转变。不断完善医保信息系统，确保信息安全。积极探索将医保监管延伸到医务人员医疗服务行为的有效方式，探索将监管考核结果向社会公布，促进医疗机构强化医务人员管理。

三、配套改革措施

（一）加强医保基金预算管理。按照以收定支、收支平衡、略有结余的原则，科学编制并严格执行医保基金收支预算。加快推进医保基金收支决算公开，接受社会监督。

各统筹地区要结合医保基金预算管理完善总额控制办法，提高总额控制指标的科学性、合理性。完善与总额控制相适应的考核评价体系和动态调整机制，对超总额控制指标的医疗机构合理增加的工作量，可根据考核情况按协议约定给予补偿，保证医疗机构正常运行。健全医保经办机构与医疗机构之间的协商机制，促进医疗机构集体协商。总额控制指标应向基层医疗卫生机构、儿童医疗机构等适当倾斜，制定过程按规定向医疗机构、相关部门和社会公开。

有条件的地区可积极探索将点数法与预算总额管理、按病种付费等相结合，逐步使用区域（或一定范围内）医保基金总额控制代替具体医疗机构总额控制。采取点数法的地区确定本区域（或一定范围内）医保基金总额控制指标后，不再细化明确各医疗机构的总额控制指标，而是将项目、病种、床日等各种医疗服务的价值以一定点数体现，年底根据各医疗机构所提供服务的总点数以及地区医保基金支出预算指标，得出每个点的实际价值，按照各医疗机构实际点数付费，促进医疗机构之间分工协作、有序竞争和资源合理配置。

（二）完善医保支付政策措施。严格规范基本医保责任边界，基本医保重点保障符合“临床必需、安全有效、价格合理”原则的药品、医疗服务和基本服务设施相关费用。公共卫生费用、与疾病治疗无直接关系的体育健身或养生保健消费等，不得纳入医保支付范围。各地要充分考虑医保基金支付能力、社会总体承受能力和参保人个人负担，坚持基本保障和责任分担的原则，按照规定程序调整待遇政策。科学合理确定药品和医疗服务项目的医保支付标准。

结合分级诊疗模式和家庭医生签约服务制度建设，引导参保人员优先到基层首诊，对符合规定的转诊住院患者可以连续计算起付线，将符合规定的家庭医生签约服务费纳入医保支付范围。探索对纵向合作的医疗联合体等分工协作模式实行医保总额付费，合理引导双向转诊，发挥家庭医生在医保控费方面的“守门人”作用。鼓励定点零售药店做好慢性病用药供应保障，患者可凭处方自由选择在医疗机构或到医疗机构外购药。

（三）协同推进医药卫生体制相关改革。建立区域内医疗卫生资源总量、医疗费用总量与经济发展水平、医保基金支付能力相适应的宏观调控机制，控制医疗费用过快增长。推行临床路径管理，提高诊疗行为透明度。推进同级医疗机构医学检查检验结果互认，减少重复检查。建立医疗机构效率和费用信息公开机制，将费用、患者负担水平等指标定期公开，接受社会监督，并为参保人就医选择提供参考。完善公立医疗机构内部绩效考核和收入分配机制，引导医疗机构建立以合理诊疗为核心的绩效考核评价体系，体现多劳多得、优劳优酬。规范和推动医务人员多点执业。

四、组织实施

（一）加强组织领导。各省（区、市）要高度认识深化医保支付方式改革的重要性，在医改领导小组领导下，协调推进医保支付方式及相关领域改革，妥善做好政策衔接，发挥政策合力。各级人力资源社会保障、卫生计生、财政、发展改革、中医药等部门要根据各自职能，协同推进医保支付方式改革，明确时间表、路线图，做好规划和组织落实工作。

（二）切实抓好落实。各统筹地区要按照本意见精神，在总结经验的基础上，结合本地实际，于 2017 年 9 月底前制定具体改革实施方案。人力资源社会保障部、国家卫生计生委会同财政部、国家中医药局成立按疾病诊断相关分组付费试点工作组，2017 年选择部分地区开展按疾病诊断相关分组付费试点，并加强技术指导。

（三）做好交流评估。加强不同地区间医保支付方式改革成果交流，及时总结推广好的经验做法。各统筹地区要开展改革效果评估，既对改革前后医疗费用、医疗服务数量和质量、医保待遇水平、参保人员健康水平等进行纵向评估，又与周边地区、经济和医疗水平相似地区进行横向比较，通过评估为完善政策提供支持。

劳动和社会保障部等部门关于印发《城镇职工基本医疗保险用药范围管理暂行办法》的通知

（1999年5月12日　劳社部发〔1999〕15号）

各省、自治区、直辖市劳动（劳动和社会保障）厅（局）、物价局（委员会）、经贸委、财政厅（局）、卫生厅（局）、药品监督管理局、中医（药）管理局：

为贯彻落实《国务院关于建立城镇职工基本医疗保险制度的决定》（国发〔1998〕44号），劳动保障部、国家计委、国家经贸委、财政部、卫生部、药品监管局、中医药局制定了《城镇职基本医疗保险用药范围管理暂行办法》，现印发给你们，请结合实际贯彻执行。

城镇职工基本医疗保险用药范围管理暂行办法

第一条　为了保障职工基本医疗用药，合理控制药品费用，规范基本医疗保险用药范围管理，根据《国务院关于建立城镇职工基本医疗保险制度的决定》（国发〔1998〕44号）制定本办法。

第二条　基本医疗保险用药范围通过制定《基本医疗保险药品目录》（以下简称《药品目录》），进行管理。确定《药品目录》中药品品种时要考虑临床治疗的基本需要，也要考虑地区间的经济差异和用药习惯，中西药并重。

第三条　纳入《药品目录》的药品，应是临床必需、安全有效、价格合理、使用方便、市场能够保证供应的药品，并具备下列条件之一：

（一）《中华人民共和国药典》（现行版）收载的药品。

（二）符合国家药品监督管理部门颁发标准的药品；

（三）国家药品监督管理部门批准正式进口的药品。

第四条　以下药品不能纳入基本医疗保险用药范围：

（一）主要起营养滋补作用的药品；

（二）部分可以入药的动物及动物脏器，干（水）果类；

（三）用中药材和中药饮片泡制的各类酒制剂；

（四）各类药品中的果味制剂、口服泡腾剂；

（五）血液制品、蛋白类制品（特殊适应症与急救、抢救除外）；

（六）劳动保障部规定基本医疗保险基金不予支付的其他药品。

第五条　《药品目录》所列药品包括西药、中成药（含民族药，下同）、中药饮片（含民族药，下同）。西药和中成药列基本医疗保险基金准予支付的药品目录，药品名称采用通用名，并标明剂型。中药饮片列基本医疗保险基金不予支付的药品目录，药品名称采用药典名。

第六条　《药品目录》中的西药和中成药在《国家基本药物》的基础上遴选，并分“甲类目录”和“乙类目录”。“甲类目录”的药品是临床治疗必需，使用广泛，疗效好，同类药品中价格低的药品。“乙类目录”的药品是可供临床治疗选择使用，疗效好，同类药品中比“甲类目录”药品价格略高的药品。

第七条　“甲类目录”由国家统一制定，各地不得调整。“乙类目录”由国家制定，各省、自治区、直辖市可根据当地经济水平、医疗需求和用药习惯，适当进行调整，增加和减少的品种数之和不得超过国家制定的“乙类目录”药品总数的15%。

各省、自治区、直辖市对本省（自治区、直辖市）《药品目录》“乙类目录”中易滥用、毒副作用大的药品，可按临床适应症和医院级别分别予以限定。

第八条 基本医疗保险参保人员使用《药品目录》中的药品，所发生的费用按以在下原则支付。

使用“甲类目录的药品所发生的费用，按基本医疗保险的规定支付。使用“乙类目录”的药品所发生的费用，先由参保人员自付一定比例，再按基本医疗保险的规定支付。个人自付的具体比例，由统筹地区规定，报省、自治区、直辖市劳动保障行政部门备案。

使用中药饮片所发生的费用，除基本医疗保险基金不予支付的药品外，均按基本医疗保险的规定支付。

第九条 急救、抢救期间所需药品的使用可适当放宽范围，各统筹地区要根据当地实际制定具体的管理办法。

第十条 在国家《药品目录》中的药品，有下列情况之一的，从基本医疗保险用药范围或国家和地方的《药品目录》中删除：

（一）药品监管局撤销批准文号的；

（二）药品监管局吊销《进口药品注册证》的；

（三）药品监管局禁止生产、销售和使用的；

（四）经主管部门查实，在生产、销售过程中有违法行为的；

（五）在评审过程有弄虚作假和为的。

第十一条 国家《药品目录》原则上每两年调整一次，各省、自治区、直辖市《药品目录》进行相应调整。国家《药品目录》的新药增补工作每年进行一次，各地不得自行进行新药增补。增补进入国家“乙类目录”的药品，各省、自治区、直辖市可根据实际情况，确定是否进入当地的“乙类目录”。

在制定《药品目录》的工作中，各级劳动保障行政部门不再进行药品检验，不得向药品生产和经销企业收取评审费和各种名目的费用，不得巧立名目加重企业的负担。制定《药品目录》所需经费由劳动保障行政部门向财政部门提出申请，由同级财政拨款解决。

第十二条 国家《药品目录》的组织制定工作由劳动保障部负责。要成立由劳动保障部、国家计委、国家经贸委，财政部、卫生部、药品监管局和中医药局组成的国家《药品目录》评审领导小组，负责评审《药品目录》及每年新增补和删除的药品，审核《药品目录》遴选专家组和专家咨询小组成员名单，以及《药品目录》评审和实施过程中的协调工作。领导小组下设办公室，办公室设在劳动保障部，负责组织制定国家基本医疗保险药品目录的具体工作。

领导小组办公室要在全国范围内选择专业技术水平较高的临床医学和药学专家，组成药品遴选专家组，负责遴选药品。要聘请专业技术水平较高的临床医学、药学、药品经济学和医疗保险、卫生管理等方面的专家，组成专家咨询小组，负责对领导小组办公室的工作提出专业咨询和建议。

各省、自治区、直辖市《药品目录》的制定工作由各省、自治区、直辖市劳动保障行政部门负责，要参照国家《药品目录》制定工作的组织形式，建立相应的评审机构和专家组。

第十三条 国家《药品目录》由劳动保障部会同国家计委、国家经贸委、财政部、卫生部、药品监管局、中医药局共同制定，由劳动保障部发布。各省、自治区、直辖市的《药品目录》由各省、自治区、直辖市劳动保障行政部门会同有关部门共同制定，并报劳动保障部备案。

第十四条 本办法自发布之日起施行。

劳动和社会保障部 国务院侨务办公室关于获准出境定居的归侨侨眷职工医疗保险有关政策问题的通知

（2001年9月27日 劳社部函〔2001〕165号）

各省、自治区、直辖市劳动和社会保障厅（局）、侨务办公室：

为了切实保障归侨侨眷的合法权益，按照党中央、国务院“一视同仁，不得歧视，根据特点，适当照顾”的国内侨务工作原则，现就获准出境定居（包括港澳地区，下同）的归侨侨眷职工医疗保险有关政策问题通知如下：

一、各地在进行医疗保险制度改革时，要将获准出境定居的归侨侨眷职工及退休人员纳入基本医疗保险范围，为他们办理相关手续。

二、已参加了当地基本医疗保险、获准出境定居的归侨侨眷退休人员入境就医，按当地有关医疗保险规定，享受基本医疗保险待遇。

三、已参加了基本医疗保险但尚未达到退休年龄的归侨侨眷职工，在获准出境定居后，其个人账户可一次结清，退还本人，今后不再享受基本医疗保险待遇。

四、获准出境定居的归侨侨眷离休人员，回国内就医，按规定享受医疗保险待遇。

劳动和社会保障部办公厅关于城镇灵活就业人员参加基本医疗保险的指导意见

（2003 年 5 月 26 日 劳社厅发〔2003〕10 号）

各省、自治区、直辖市劳动保障厅（局）：

随着我国经济体制改革的进一步深化和产业结构的调整，以非全日制、临时性和弹性工作等灵活形式就业的人员（以下简称灵活就业人员）逐步增加，这部分人的医疗保障问题日益突出。为解决灵活就业人员的医疗保障问题，落实《中共中央国务院关于进一步做好下岗失业人员再就业工作的通知》（中发〔2002〕12 号）关于抓紧制定以灵活形式就业的下岗失业人员社会保障配套办法的要求，现就城镇灵活就业人员参加基本医疗保险的有关问题提出如下指导意见：

一、统一认识，积极将灵活就业人员纳入基本医疗保险制度范围

（一）灵活就业人员参加基本医疗保险是解决他们医疗保障问题的重要措施，也是促进就业和再就业与完善社会保障体系的本质要求。各级劳动保障部门要从全面实践“三个代表”重要思想的高度出发，重视灵活就业人员的医疗保障问题，积极将灵活就业人员纳入基本医疗保险制度范围。

（二）结合经济发展水平和医疗保险管理能力，在区分灵活就业人员的人群类别、充分调查分析其基本医疗需求的基础上，针对不同类别的人群，制定相应政策和管理办法。

（三）灵活就业人员参加基本医疗保险要坚持权利和义务相对应、缴费水平与待遇水平相挂钩的原则。在参保政策和管理办法上既要与城镇职工基本医疗保险制度相衔接，又要适应灵活就业人员的特点。

二、明确政策，规范灵活就业人员参保方式、激励措施和待遇水平

（四）已与用人单位建立明确劳动关系的灵活就业人员，要按照用人单位参加基本医疗保险的方法缴费参保。其他灵活就业人员，要以个人身份缴费参保。

（五）可从建立基本医疗保险统筹基金起步，首先解决灵活就业人员住院和门诊大额医疗费用的保障问题，也可为有条件的部分灵活就业人员同时建立个人账户和实行大额医疗补助。

（六）灵活就业人员参加基本医疗保险的缴费率原则上按照当地的缴费率确定。从统筹基金起步的地区，可参照当地基本医疗保险建立统筹基金的缴费水平确定。缴费基数可参照当地上1年职工年平均工资核定。灵活就业人员缴纳的医疗保险费纳入统筹地区基本医疗保险基金统一管理。

（七）采取措施，促使灵活就业人员连续足额缴费。可根据灵活就业人员的缴费水平和缴费时间，参照当地基本医疗保险的待遇水平，确定相应的医疗保险待遇，并明确医疗保险待遇与缴费年限和连续缴费相挂钩的办法。对首次参加医疗保险的灵活就业人员，可规定其参加基本医疗保险到开始享受相关医疗保险待遇的期限。要考虑灵活就业人员收入不稳定等特点，明确中断缴费的认定和处理办法。

（八）灵活就业人员按照基本医疗保险的规定选择定点医疗机构和定点药店，严格执行基本医疗保险用药、诊疗项目和医疗服务设施标准的有关规定。要指导和协助参保的灵活就业人员选择定点医疗机构和定点药店。

三、加强管理，切实做好灵活就业人员的医疗保险管理服务工作

（九）针对灵活就业人员就业形式多样、工作地点和时间不固定等特点，完善医疗保险的业务管理办法，制定相应的个人申报登记办法、个人缴费办法和资格审核办法。鼓励灵活就业人员通过劳动保障事务代理机构或社区劳动保障服务机构等实现整体参保。

（十）经办机构要开设专门窗口，方便灵活就业人员个人直接缴费参保和医疗费用的结算。要进一步提高社会化管理服务水平，做到社会保险经办机构与定点医疗机构和定点药店的直接结算，减轻参保灵活就业人员的事务性负担。

（十一）做好参保灵活就业人员的医疗保险信息管理工作。进一步完善缴费个人基础档案资料的主要项目，建立完整的个人基础档案资料，做好个人缴费记录。根据灵活就业人员就业形式的变化，及时调整或更改个人信息，做好灵活就业人员的医疗保险关系变更服务。对灵活就业人员的缴费收入、医药费用支出等信息，要单独进行统计分析。

四、精心组织，稳妥推进灵活就业人员参保工作

（十二）各级劳动保障部门要努力争取党委和政府的支持，加大宣传力度，为做好灵活就业人员参加基本医疗保险创造良好的氛围。要主动与工商、税务等相关部门沟通，争取支持。

（十三）各统筹地区劳动保障部门要在认真调查和测算的基础上，制定和完善各类灵活就业人员参加基本医疗保险办法，精心组织实施。要及时分析和研究出现的新问题，不断完善政策和管理措施，确保制度平稳运行。

人力资源和社会保障部关于进一步推进医疗保险付费方式改革的意见

（2011年5月31日　人社部发〔2011〕63号）

各省、自治区、直辖市、人力资源社会保障厅（局），新疆生产建设兵团劳动保障局：

基本医疗保险制度建立以来，各地积极探索有效的医疗保险付费方式，在保障参保人员权益、规范医疗服务行为、控制医疗费用增长和促进医疗机构发展等方面发挥了重要作用。随着医药卫生体制改革的深化，对完善医疗保险付费体系提出了更新更高的要求。按照党中央、国务院关于深化医药卫生体制改革的总体部署，为进一步推进医疗保险付费方式改革，现提出如下意见：

一、推进付费方式改革的任务目标与基本原则

当前推进付费方式改革的任务目标是：结合基金收支预算管理加强总额控制，探索总额预付。在此基础上，结合门诊统筹的开展探索按人头付费，结合住院门诊大病的保障探索按病种付费。建立和完善医疗保险经办机构与医疗机构的谈判协商机制与风险分担机制，逐步形成与基本医疗保险制度发展相适应，激励与约束并重的支付制度。

推进付费方式改革必须把握以下基本原则：一是保障基本。要根据医疗保险基金规模，以收定支，科学合理确定支付标准，保障参保人员的基本医疗待遇。二是建立机制。要建立医疗保险经办机构和医疗机构之间的谈判协商机制和风险分担机制。三是加强管理。要针对不同付费方式特点，完善监督考核办法，在费用控制的基础上加强对医疗服务的质量控制。四是因地制宜。要从实际出发，积极探索，勇于创新，不断总结经验，完善医疗保险基金支付办法。

二、结合基金预算管理加强付费总额控制

付费方式改革要以建立和完善基金预算管理为基础。各统筹地区要按照《国务院关于试行社会保险基金预算的意见》（国发〔2010〕2号）文件要求，认真编制基本医疗保险基金收支预算。对基金支出预算要进行细化，将支出预算与支付方式相结合，进行支出预算分解。

要根据基金收支预算实行总额控制，探索总额预付办法。各地要按照基金支出总额，确定对每一种付费方式的总额控制指标，根据不同定点医疗机构级别、类别、特点以及承担的服务量等因素，落实到每一个定点医疗机构，以及每一结算周期，并体现在医保经办机构和定点医疗机构的协议中。医保经办机构要根据协议的规定，按时足额向定点医疗机构支付费用。同时，根据基金能力和结算周期，明确预拨定点医疗机构周转金的条件和金额。

要将定点医疗机构总额控制指标与其定点服务考评结果挂钩，在按周期进行医疗费用结算的基础上，按照“结余奖励、超支分担”的原则实行弹性结算，作为季度或年度最终结算的依据。

三、结合医保制度改革探索相应的付费办法

门诊医疗费用的支付，要结合居民医保门诊统筹的普遍开展，适应基层医疗机构或全科医生首诊制的建立，探索实行以按人头付费为主的付费方式。实行按人头付费必须明确门诊统筹基本医疗服务包，首先保障参保人员基本医疗保险甲类药品、一般诊疗费和其他必需的基层医疗服务费用的支付。要通过签订定点服务协议，将门诊统筹基本医疗服务包列入定点服务协议内容，落实签约定点基层医疗机构或全科医生的保障责任。

住院及门诊大病医疗费用的支付，要结合医疗保险统筹基金支付水平的提高，探索实行以按病种付费为主的付费方式。按病种付费可从单一病种起步，优先选择临床路径明确、并发症与合并症少、诊疗技术成熟、质量可控且费用稳定的常见病、多发病。同时，兼顾儿童白血病、先天性心脏病等当前有重大社会影响的疾病。具体病种由各地根据实际组织专家论证后确定。有条件的地区可逐步探索按病种分组（DRGs）付费的办法。生育保险住院分娩（包括顺产、器械产、剖宫产）医疗费用，原则上要按病种付费的方式，由经办机构与医疗机构直接结算。暂不具备实行按人头或按病种付费的地方，作为过渡方式，可以结合基金预算管理，将现行的按项目付费方式改为总额控制下的按平均定额付费方式。

各地在改革中要按照不增加参保人员个人负担的原则，根据不同的医疗保险付费方式，适当调整政策，合理确定个人费用分担比例。

四、结合谈判机制科学合理确定付费标准

付费标准应在调查测算的基础上确定。可以对改革前3年定点医疗机构的费用数据进行测算，了解掌握不同医疗机构参保人员就医分布以及费用支出水平。在此基础上，根据医保基金总体支付能力和现行医保支付政策，确定医保基础付费标准。要以基础付费标准为参照，通过经办机构与定点医疗机构的谈判协商，根据定点医疗机构服务内容、服务能力以及所承担医疗保险服务量，确定不同类型、不同级别医疗机构的具体的付费标准。同时，综合考虑经济社会发展、医疗服务提供能力、适宜技术服务利用、消费价格指数和医药价格变动等因素，建立付费标准动态调整机制。

统筹地区要遵循公开透明的原则，制定医保经办机构与定点医疗机构进行谈判的程序和办法，在实践中对谈判的组织、管理、方式、纠纷处理办法等方面进行积极探索。

五、建立完善医疗保险费用质量监控标准体系

要建立健全医疗保险服务监控标准体系。要在基本医疗保险药品目录、诊疗项目范围、医疗服务设施标准基础上，针对不同付费方式特点分类确定监控指标。应明确要求定点医疗机构执行相应的出入院标准，确定住院率、转诊转院率、次均费用、参保人自费项目费用比例以及医疗服务质量、临床路径管理、合理用药情况等方面的技术控制标准，并将此纳入协议，加强对医疗机构费用的控制和质量的监管，切实保障参保人权益。

要针对不同付费方式明确监管重点环节。采取按人头付费的，重点防范减少服务内容、降低服务标准等行为；采取按病种付费的，重点防范诊断升级、分解住院等行为；采取总额预付的，重点防范服务提供不足、推诿重症患者等行为。

要加强对定点医疗机构的监督检查。通过引入参保人满意度调查、同行评议等评价方式，完善考核评价办法。要充分利用信息管理系统，通过完善数据采集和加强数据分析，查找不同付费方式的风险点并设置阈值，强化对医疗行为和医疗费用的监控，并总结风险规律，建立诚信档案。要将监测、考评和监督检查的结果与医保实际付费挂钩。

六、统筹规划，精心组织，以点带面推动实施

推动医疗保险付费方式改革是一个长期的、不断完善的过程，各地要统一思想，提高认识，加强领导，落实责任，抓好组织工作。在推进医疗保险付费方式改革中，要按照有利于提高医疗保险基金使用效率，有利于调动医疗机构及其医务人员的积极性，有利于提高医保管理服务水平，有利于维护参保人员的基本医疗保障权益的指导思想，主动改革，敢于创新，针对改革中遇到的新情况、新问题，不断调整完善付费政策和办法。

各省级人力资源社会保障部门要按照本意见要求，在认真调研的基础上制定本省（区、市）推进付费方式改革总体规划。要通过建立重点联系城市制度，发现、培育、树立典型，通过搭建交流工作平台，充分发挥典型城市的示范带头作用，以点带面加强对所辖统筹地区的指导。

各统筹地区人力资源社会保障部门要按照省（区、市）的统一部署，制定本地区推动付费方式改革的工作方案，明确改革目标、改革思路以及推进步骤。统筹地区工作方案应报送省级人力资源社会保障部门备案。

付费方式改革涉及各方利益的调整，在改革中要注意维护政策的连续性和稳定性，妥善处理改革与稳定的关系。要加强与其他部门的沟通协调，充分听取社会各方意见建议，形成改革的合力。遇有重大事项要及时报告。

人力资源和社会保障部 财政部关于领取失业保险金人员参加职工基本医疗保险有关问题的通知

（2011年6月29日 人社部发〔2011〕77号）

各省、自治区、直辖市人力资源社会保障厅（局）、财政厅（局）、新疆生产建设兵团劳动保障局、财政局：

为贯彻落实《中华人民共和国社会保险法》，做好领取失业保险金期间的失业人员（以下简称领取失业保险金人员）参加职工基本医疗保险（以下简称职工医保）工作，接续基本医疗保险关系，保障合理的医疗待遇水平，现就有关问题通知如下：

一、领取失业保险金人员应按规定参加其失业前失业保险参保地的职工医保，由参保地失业保险经办机构统一办理职工医保参保缴费手续。

二、领取失业保险金人员参加职工医保应缴纳的基本医疗保险费从失业保险基金中支付，个人不缴费。

三、领取失业保险金人员参加职工医保的缴费率原则上按照统筹地区的缴费率确定。缴费基数可参照统筹地区上年度职工平均工资的一定比例确定，最低比例不低于60%。

失业保险经办机构为领取失业保险金人员缴纳基本医疗保险费的期限与领取失业保险金期限相一致。

四、领取失业保险金人员出现法律规定的情形或领取期满而停止领取失业保险金的，失业保险经办机构为其办理停止缴纳基本医疗保险费的相关手续。

失业保险经办机构应将缴费金额、缴费时间等有关信息及时告知医疗保险经办机构和领取失业保险金人员本人。

停止领取失业保险金人员按规定相应参加职工医保、城镇居民基本医疗保险或新型农村合作医疗。

五、领取失业保险金人员参加职工医保的缴费年限与其失业前参加职工医保的缴费年限累计计算。

六、领取失业保险金人员参加职工医保当月起按规定享受相应的住院和门诊医疗保险待遇，享受待遇期限与领取失业保险金期限相一致，不再享受原由失业保险基金支付的医疗补助金待遇。

七、领取失业保险金人员失业保险关系跨省、自治区、直辖市转入户籍所在地的，其职工医保关系随同转移，执行转入地职工医保政策。应缴纳的基本医疗保险费按转出地标准一次性划入转入地失业保险基金。转入地失业保险经办机构按照当地有关规定为领取失业保险金人员办理职工医保参保缴费手续。

转出地失业保险基金划转的资金缴纳转入地职工医保费的不足部分，由转入地失业保险基金予以补足，超出部分并入转入地失业保险基金。

八、各地要高度重视领取失业保险金人员参加职工医保工作，切实加强组织领导，统筹规划，认真测算，抓紧研究制定适合本地区的实施办法，自 2011 年 7 月 1 日起开始实施。要通过多种形式加强政策宣传，大力开展业务培训。要进一步规范管理，加强信息系统建设。已经实行失业人员参加职工医保的地区，要按照《中华人民共和国社会保险法》的规定及本通知要求进一步完善政策。

人力资源社会保障部门和财政部门要密切协作，及时沟通，确保领取失业保险金人员参加职工医保工作顺利实施；对工作中出现的新情况和新问题，要认真分析研究，不断完善政策、加强管理、改进服务，并及时向上级部门反映。

人力资源和社会保障部等部门关于开展基本医疗保险付费总额控制的意见

（2012年11月14日　人社部发〔2012〕70号）

各省、自治区、直辖市及新疆生产建设兵团人力资源社会保障厅（局）、财政厅（局）、卫生厅（局）：

当前，我国覆盖城乡居民的基本医疗保障制度初步建立，参保人数不断增加，保障水平逐步提高，按照国务院《"十二五"期间深化医药卫生体制改革规划暨实施方案》（国发〔2012〕11号）关于充分发挥全民基本医保基础性作用、重点由扩大范围转向提升质量的要求，应进一步深化医疗保险付费方式改革，结合基本医疗保险基金预算管理的全面施行，开展基本医疗保险付费总额控制（以下简称"总额控制"）。为指导各地做好此项工作，现提出以下意见：

一、任务目标

以党中央、国务院深化医药卫生体制改革文件精神为指导，按照"结合基金收支预算管理加强总额控制，并以此为基础，结合门诊统筹的开展探索按人头付费，结合住院、门诊大病的保障探索按病种付费"的改革方向，用两年左右的时间，在所有统筹地区范围内开展总额控制工作。结合医疗保险基金收支预算管理，合理确定统筹地区总额控制目标，并根据分级医疗服务体系功能划分及基层医疗卫生机构与医院双向转诊要求，将总额控制目标细化分解到各级各类定点医疗机构。逐步建立以保证质量、控制成本、规范诊疗为核心的医疗服务评价与监管体系，控制医疗费用过快增长，提升基本医疗保险保障绩效，更好地保障人民群众基本医疗权益，充分发挥基本医疗保险对公立医院改革等工作的支持和促进作用。

二、基本原则

一是保障基本。坚持以收定支、收支平衡、略有结余，保障参保人员基本医疗需求，促进医疗卫生资源合理利用，控制医疗费用过快增长。

二是科学合理。总额控制目标要以定点医疗机构历史费用数据和医疗保险基金预算为基础，考虑医疗成本上涨以及基金和医疗服务变动等情况，科学测算，合理确定。

三是公开透明。总额控制管理程序要公开透明，总额控制管理情况要定期向社会通报。建立医疗保险经办机构与定点医疗机构的协商机制，发挥医务人员以及行业学（协）会等参与管理的作用。

四是激励约束。建立合理适度的“结余留用、超支分担”的激励约束机制，提高定点医疗机构加强管理、控制成本和提高质量的积极性和主动性。

五是强化管理。加强部门配合，运用综合手段，发挥医疗保险监控作用，确保总额控制实施前后医疗服务水平不降低、质量有保障。

三、主要内容

（一）加强和完善基金预算管理。完善基本医疗保险基金收支预算管理制度，在认真编制基本医疗保险收入预算的基础上进一步强化支出预算，并将基金预算管理和费用结算管理相结合，加强预算的执行力度。各统筹地区要根据近年本地区医疗保险基金实际支付情况，结合参保人数、年龄结构和疾病谱变化以及政策调整和待遇水平等因素，科学编制年度基金支出预算。实现市级统筹的地区还要在建立市级基金预算管理制度基础上，根据市、区（县）两级医疗保险经办机构分级管理权限，对基金预算进行细化和分解。

（二）合理确定统筹地区总额控制目标。统筹地区要按照以收定支、收支平衡、略有结余的原则，以基本医疗保险年度基金预算为基础，在扣除参保单位和个人一次性预缴保费、统筹区域外就医、离休人员就医和定点零售药店支出等费用，并综合考虑各类支出风险的情况下，统筹考虑物价水平、参保人员医疗消费水平等因素，确定医疗保险基金向统筹区域内定点医疗机构支付的年度总额控制目标。在开展总额控制的同时，要保障参保人员基本权益，控制参保人员个人负担。

（三）细化分解总额控制指标。以近三年各定点医疗机构服务提供情况和实际医疗费用发生情况为基础，将统筹地区年度总额控制目标按照定点医疗机构不同级别、类别、定点服务范围、有效服务量以及承担的首诊、转诊任务等因素，并区分门诊、住院等费用进一步细化落实到各定点医疗机构。要按照基本医疗保险对不同类别与级别定点医疗机构的差别支付政策，注重向基层倾斜，使定点基层医疗卫生机构的指标占有合理比重，以适应分级医疗服务体系建设和基层医疗卫生机构与医院双向转诊制度的建立，支持合理有序就医格局的形成。

（四）注重沟通与协商。统筹地区要遵循公开透明的原则，制定实施总额控制的程序和方法，并向社会公开。要建立医疗保险经办机构和定点医疗机构之间有效协商的机制，在分解地区总额控制目标时，应广泛征求定点医疗机构、相关行业协会和参保人员代表的意见。有条件的地区可按级别、类别将定点医疗机构分为若干组，通过定点医疗机构推举代表或发挥行业学（协）会作用等方式，进行组间和组内协商，确定各定点医疗机构具体总额控制指标，促进定点医疗机构之间公平竞争。

（五）建立激励约束机制。按照“结余留用、超支分担”的原则，合理确定基本医疗保险基金和定点医疗机构对结余资金与超支费用的分担办法，充分调动定点医疗机构控制医疗费用的积极性。在保证医疗数量、质量和安全并加强考核的基础上，逐步形成费用超支由定点医疗机构合理分担，结余资金由定点医疗机构合理留用的机制。超过总额指标的医疗机构，应分析原因，改进管理，有针对性地提出整改意见。医疗保险经办机构可根据基金预算执行情况，对定点医疗机构因参保人员就医数量大幅增加等形成的合理超支给予补偿。医疗保险经办机构应与定点医疗机构协商相关具体情况，并在定点服务协议中明确。

（六）纳入定点服务协议。要将总额控制管理内容纳入定点服务协议，并根据总额控制管理要求调整完善协议内容。要针对总额控制后可能出现的情况，逐步将次均费用、复诊率、住院率、人次人头比、参保人员负担水平、转诊转院率、手术率、择期手术率、重症病人比例等，纳入定点服务协议考核指标体系，并加强管理。

（七）完善费用结算管理。统筹地区医疗保险经办机构要将总额控制指标与具体付费方式和标准相结合，合理预留一定比例的质量保证金和年终清算资金后，将总额控制指标分解到各结算周期（原则上以月为周期），按照定点服务协议的约定按时足额结算，确保定点医疗机构医疗服务正常运行。对于定点医疗机构结算周期内未超过总额控制指标的医疗费用，医疗保险经办机构应根据协议按时足额拨付；超过总额控制指标部分的医疗费用，可暂缓拨付，到年终清算时再予审核。对于医疗保险经办机构未按照协议按时足额结算医疗费用的，统筹地区政府行政部门要加强监督、责令整改，对违法、违纪的要依法处理。

医疗保险经办机构可以按总额控制指标一定比例设立周转金，按协议约定向定点医疗机构拨付，以缓解其资金运行压力。医疗保险经办机构与定点医疗机构之间应建立定期信息沟通机制，并向社会公布医疗费用动态情况。对在改革过程中医疗机构有效工作量或费用构成等发生较大变动的，统筹地区医疗保险经办机构可根据实际，在年度中期对定点医疗机构总额控制指标进行调整。

（八）强化医疗服务监管。统筹地区卫生、人力资源社会保障等部门要针对实行总额控制后可能出现的推诿拒收病人、降低服务标准、虚报服务量等行为，加强对定点医疗机构医疗行为的监管。对于医疗服务数量或质量不符合要求的定点医疗机构，应按照协议约定适当扣减质量保证金。要完善医疗保险信息系统，畅通举报投诉渠道，明确监测指标，加强重点风险防范。要建立部门联动工作机制，加强对违约、违规医疗行为的查处力度。

（九）推进付费方式改革。要在开展总额控制的同时，积极推进按人头、按病种等付费方式改革。要因地制宜选择与当地医疗保险和卫生管理现状相匹配的付费方式，不断提高医疗保险付费方式的科学性，提高基金绩效和管理效率。

四、组织实施

（一）加强组织领导。总额控制是深化医疗保险制度改革的一项重要任务，同时对深入推进公立医院改革有重要促进作用，各地要高度重视，加强组织领导，将此项工作作为医疗保险的一项重点工作抓紧、抓实、抓好。各省（区、市）要加强调研和指导，进行总体部署；统筹地区要研究制定具体工作方案，认真做好组织实施。

（二）做好协调配合。加强部门协调，明确部门职责，形成工作合力。财政部门要会同人力资源社会保障部门做好全面实行基本医疗保险基金预算管理有关工作，共同完善医疗保险基金预算管理的制度和办法，加强对医疗保险经办机构执行预算、费用结算的监督。卫生部门要加强对医疗机构和医务人员行为的监管，以医疗保险付费方式改革为契机，探索公立医院改革的有效途径。要根据区域卫生规划和医疗机构设置规划，严格控制医院数量和规模，严禁公立医院举债建设。要顺应形势加强医疗服务的精细化管理，推进医院全成本核算和规范化诊疗工作。要采取多种措施控制医疗成本，引导医务人员增强成本控制意识，规范诊疗服务行为。各地区要建立由人力资源社会保障、财政和卫生等部门共同参与的协调工作机制，及时研究解决总额控制工作中的有关重大问题。

（三）注重廉政风险防控。各统筹地区医疗保险经办机构在总额控制管理过程中，要坚持“公开、公平、公正”的原则，加强与定点医疗机构的协商，实现程序的公开透明。医疗保险经办机构与定点医疗机构协商原则上不搞“一院一谈”，坚决杜绝暗箱操作，协商确定的总额控制指标要及时向社会公开。总额控制管理全程要主动接受纪检、监察等部门以及社会各方的监督。医疗保险经办机构与定点医疗机构在总额控制管理过程中出现的纠纷，按服务协议及相关法律法规处理。

（四）做好政策宣传。高度重视宣传舆论工作的重要性，切实做好政策宣传和解读，使广大医务人员和参保人员了解总额控制的重要意义，理解配合支持改革。总额控制工作中遇有重大事项或问题，要及时报告，妥善处理。

本意见适用于人力资源社会保障部门负责的基本医疗保险。

人力资源和社会保障部关于进一步加强基本医疗保险医疗服务监管的意见

（2014年8月18日 人社部发〔2014〕54号）

各省、自治区、直辖市及新疆生产建设兵团人力资源社会保障厅（局），各副省级市人力资源社会保障局：

基本医疗保险制度建立以来，各地积极探索提高医疗保险基金使用效率的有效方式，医疗服务监管工作逐步加强。随着全民医保的基本实现以及即时结算等项工作的推进，医疗服务监管的形势出现了一些新特点，欺诈骗保等现象有所增多。为进一步加强医疗保险医疗服务监管，更好地保障参保人员权益，维护医疗保险基金安全，推进深化医改，在总结各地实践经验的基础上，根据《中华人民共和国社会保险法》和《国务院关于印发"十二五"期间深化医药卫生体制改革规划暨实施方案的通知》（国发〔2012〕11号）精神，现就有关问题提出如下意见：

一、强化医疗保险医疗服务监管，将监管对象延伸到医务人员

（一）进一步完善定点医疗机构服务协议。基本医疗保险经办机构（以下简称经办机构）要将医疗服务监管的内容纳入定点服务协议，依据协议审核向定点医疗机构支付的医疗费用，通过监管与考核相结合、考核结果与医疗费用结算支付相挂钩等方式，不断完善协议管理。重点监管参保人员就诊人数，医疗总费用和增长率，药品、医用耗材和检查总费用、增长率及占医疗费用比例等指标。在进一步做好住院医疗服务监管工作的同时，加强对门诊医疗服务的监管。

（二）积极探索将监管延伸到医务人员医疗服务行为的有效方式。对定点医疗机构医务人员建立诚信档案。在经办机构与医疗机构定点服务协议中约定医务人员的责任和义务，探索通过医疗机构将协议管理要求细化落实到医务人员的有效途径。采取将医务人员考评结果与定点医疗机构考核及医疗费用支付结算挂钩等方式，鼓励医疗机构强化医务人员管理的激励和约束机制。加强多层次、多形式培训，帮助医务人员及时、全面、准确掌握医疗保险政策，依规提供医疗服务。

（三）强化参保人员持卡就医的责任意识。进一步加大宣传力度，通过各种方式，在告知参保人员持卡就医权利的同时，明确告知其责任和义务，包括不得出借、转让或恶意使用社会保障卡，丢失社会保障卡应及时挂失，骗取或协助他人骗取医疗保险基金要承担法律责任等，规范参保人员的就医行为，逐步建立完善参保人员诚信记录制度。

二、优化信息化监控手段，建立医疗保险费用监控预警和数据分析平台

（四）完善医疗保险信息库，促进医疗服务信息及时准确传递。建立健全医疗保险信息库特别是药品库、门诊大病疾病库、医务人员数据库等，使用符合全国统一标准的信息代码，做好信息标准化工作。加强医疗保险管理信息系统与定点医疗机构的联网，进一步明确和细化接口信息规范，力争使定点医疗机构诊疗和用药原始数据实时上传，消除人为操作因素，保证上传数据的真实性和完整性。

（五）建立医疗保险监控系统，规范医疗服务信息监控标准。在做好社会保障卡发放和基本医疗保险即时结算服务的基础上，进一步完善各统筹地区医疗保险管理信息系统建设，扩展建设医疗保险医疗服务监控子系统，及时向定点医疗机构提供监控提示信息，实现事前提示、事中监控预警和事后责任追溯。经办机构要将定点医疗机构、医务人员的医疗服务信息和参保人员的就医购药信息纳入监控范围，根据协议管理要求和多发案件特点，建立和完善监控规则，设置监控指标，规范监控标准，通过设置不同的警戒线实现分级监控。

（六）加强数据分析研判，强化重点信息监控。经办机构要指定专人负责医疗保险费用数据分析工作，重点加强对异常数据的分析。对医务人员，要重点分析服务人数、人次和增长情况，药品处方情况，以及次均费用和总费用增长情况，对有违规记录，出现次均费用畸高、某种药品使用数量畸高等异常情况的医务人员进行重点检查。对参保人员，要重点对就医频次、购药数量和金额等信息进行分析，有针对性地进行监控。

三、明确医疗保险基金监管职责，充分发挥各方面的监督作用

（七）进一步加强经办审核稽核工作。经办机构要加强对医疗机构申报医疗费用的审核，逐步将对疑点的筛查从结算之后提前到结算过程之中。加大对医疗机构执行定点协议、医疗保险费用支付等情况的稽核力度。对网上监控发现的疑点和举报投诉的问题等，要及时组织核实情况。对重大案情，要查阅相关资料，询问相关人员，逐步形成程序化、规范化的稽核机制。

（八）严格医疗保险基金行政监督。社会保险行政部门要研究分析医疗保险基金管理和运行情况，逐步完善工作手段。加强对医疗保险基金预算和医疗保险医疗服务协议执行、各项监管制度落实等情况的监督，加大对违规支付和套取、骗取医疗保险基金等问题的查处力度。

（九）探索社会监督的有效途径。拓宽社会监督途径，创新社会监督方式，通过组织专家评议、聘请社会监督员等方式，动员社会各方面力量参与医疗保险监督工作，不断提高监督实效。进一步畅通举报投诉渠道，及时处理各类问题。

（十）促进医疗机构规范提供医疗服务。结合付费方式改革，建立和完善经办机构与医疗机构的风险分担机制，对定点医疗机构形成有效的激励约束。继续推进和完善定点医疗机构分级管理制度，促进医疗机构加强内部管理，提高自我管理的积极性，鼓励医务人员为参保患者提供合理必要的服务，控制医疗费用的不合理增长，减轻参保人员负担。

四、分类处理监管发现的问题，妥善解决争议

（十一）及时纠正不合理行为。对疑似不合理的诊疗、住院、用药、收费等行为，经办机构要查明实际情况，必要时可组织专家进行论证；确实存在问题的，可约谈相关定点医疗机构，提出改进管理的意见。

（十二）依规处置违约问题。对违反协议规定的定点医疗机构，经办机构要按照协议规定，根据违约情节的轻重，相应采取拒付费用、暂停结算限期整改、终止协议等措施。对违反协议规定的医务人员，情节较轻的，经办机构可建议其所属医疗机构进行诫勉谈话；情节较重或多次违约的，经办机构可直接约谈，责令改正；情节严重、主观故意性强且造成医疗保险基金损失的，经办机构可按照协议规定暂停其医疗保险实时结算资格或对其提供的医疗服务拒付费用等。

对暂停结算限期整改的定点医疗机构和暂停实时结算及拒付费用的医务人员，经办机构要督促及时整改，跟进了解整改情况，在确认问题已经解决、漏洞已经弥补、风险已经排除后，可恢复其医疗保险实时结算资格。经办机构在改变与定点医疗机构或医务人员的结算方式和终止协议时，要采取必要措施保护参保人员的合法权益。

（十三）坚决查处违规违法案件。对违反医疗保险法律法规，侵害医疗保险基金的问题，在经办机构追究违约责任的同时，违规行为发生地的社会保险行政部门要按照社会保险基金监管和基本医疗保险的有关规定，作出行政处罚等处理决定；涉及卫生计生、药监、物价等部门职责范围的，应及时书面通知并移交相关部门处置；对涉嫌构成犯罪的，由社会保险行政部门移送公安机关。社会保险行政部门、经办机构及其工作人员发现违法犯罪线索时，均可按规定向公安机关报案。

（十四）规范移交处理办法。社会保险行政部门发现涉嫌违约的问题，要责成经办机构按照协议规定处理。经办机构作出停止医务人员医疗保险实时结算资格、拒付费用，终止医疗机构定点协议等处理时，要及时报告同级社会保险行政部门。

经办机构发现涉嫌违规的问题，要及时向同级社会保险行政部门报告，并将调查资料形成正式材料一并移交。社会保险行政部门认为事实不清的，可组织补充调查或要求经办机构补充材料。

对移交处理的各类问题，社会保险行政部门和经办机构应及时沟通处理结果，并按规定向上级部门报告。

（十五）明确争议处理程序。定点医疗机构或医务人员对经办机构作出的处置有争议的，由同级社会保险行政部门协调处理；对同级社会保险行政部门协调处理结果不服的，由上级社会保险行政部门协调处理。省级社会保险行政部门是争议协调处理的最终单位。

对社会保险行政部门作出的行政处理决定有争议的，可以依法申请行政复议或者提起行政诉讼。行政处理决定生效以后，处理对象应当执行；逾期不执行的，由社会保险行政部门督促执行或依法申请人民法院强制执行。

五、加强配合，协同做好工作

（十六）加强组织领导。基本医疗保险医疗服务监管工作，是遏制不合理医疗费用增长、提高医疗保险基金使用效率、维护广大参保人员权益的重要措施。各级人力资源社会保障部门要高度重视，统一思想认识，认真落实。省级人力资源社会保障部门要结合实际制定具体办法，加强组织协调，明确相关部门责任，督促、指导省内各统筹地区开展工作，并加强对落实情况的检查评估。各统筹地区要积极创造条件，加大信息系统建设投入，建立并逐步完善医疗保险医疗服务网上监控。

（十七）加强协调配合。各级人力资源社会保障部门要建立健全内部协调机制，明确分工，加强配合，整合信息资源，分享通过群众举报、日常检查、专项检查、网上监控等途径发现的医疗服务异常情况，协同做好查处工作。要加强与公安、卫生计生等部门的外部协作，建立医疗保险联合反欺诈工作机制，积极协调相关部门开展联动联查联处，加大对违法违规行为的打击力度。

（十八）加强宣传教育。各地要及时总结经验，加大宣传力度，做好舆论引导工作，及时向社会传递打击医疗保险欺诈骗保的信息，支持新闻媒体开展舆论监督，加大对犯罪分子的威慑力度，减少医疗保险欺诈骗保行为的发生。要加强教育工作，形成正确的社会导向，提高全社会公民遵纪守法的自觉性，营造全社会诚信自律、合理就医、依规提供服务、维护医疗保险基金安全、自觉抵制违约违规违法行为的社会氛围。

部社会保险基金监督司、医疗保险司、社会保险事业管理中心、信息中心按各自职责，负责相关工作的指导和检查。

人力资源和社会保障部等部门关于新增部分医疗康复项目纳入基本医疗保障支付范围的通知

（2016 年 3 月 9 日　人社部发〔2016〕23 号）

各省、自治区、直辖市及新疆生产建设兵团人力资源社会保障厅（局）、卫生计生委、民政厅（局）、财政厅（局）、残联：

2010 年以来，各地积极贯彻落实《关于将部分医疗康复项目纳入基本医疗保障范围的通知》（卫农卫发〔2010〕80 号）要求，将运动疗法等 9 项医疗康复项目纳入城镇基本医疗保险和新型农村合作医疗（以下统称基本医疗保险）支付范围，对于保障参保人员基本医疗康复需求起到了积极作用。当前，为进一步提高包括残疾人在内的广大参保人员医疗康复保障水平，按照《国务院关于加快推进残疾人小康进程的意见》（国发〔2015〕7 号）精神，经组织专家遴选，决定进一步将部分医疗康复项目纳入基本医疗保障支付范围。现就有关问题通知如下：

一、将康复综合评定等 20 项医疗康复项目（见附件）纳入基本医疗保险支付范围。对 20 项医疗康复项目的限定支付范围，各省（区、市）可根据当地实际，组织专家论证，进行适当调整。各省（区、市）原已纳入基本医疗保险支付范围的其他医疗康复项目应当继续保留，按规定予以支付。

二、本通知所列 20 项医疗康复项目，其名称、项目内涵、计价单位等参照《全国医疗服务价格项目规范（2012 年版）》确定。各省（区、市）要按照“准入法”对这部分医疗康复项目进行管理，结合本地区医疗服务价格项目规范，做好项目调整和对应、信息系统数据库更新、医疗费用审核结算等工作。

三、各统筹地区要加强基金预算管理，结合付费方式改革，探索适应医疗康复的医保支付方式，鼓励医疗机构控制服务成本，提高服务质量。要加强对医疗康复项目的监管和费用审核管理，医保基金支付费用的医疗康复项目均应在具备相应资质的定点康复医疗机构或定点医疗机构康复科室、由取得康复医学专业技术资格的医师或康复医学治疗技术人员提供，并严格按照项目内涵、限定支付范围进行费用审核和支付，防止基金浪费和服务过度利用。

四、各级人力资源社会保障和卫生计生部门要积极协调相关部门，共同健全完善多层次医疗保障体系，保障参保人员权益。各级卫生计生部门要进一步加大医疗康复服务质量监管力度，规范医疗康复服务行为。各级民政部门要对符合救助条件的对象按照规定进行医疗救助，做好城乡医疗救助与基本医疗保险的衔接。各级财政部门对已经纳入基本医疗保障范围的医疗康复项目，可相应或逐步调整财政专项资助。各级残联要充分发挥保障残疾人权益的作用，协助政府有关部门贯彻落实医疗康复保障政策，了解、反映残疾人的医疗康复需求，加强并积极争取社会力量对残疾人实施康复救助。

各省（区、市）应在2016年6月30日前完成相关项目的调整对应以及信息系统更新等工作，及时支付费用，并在9月30日前将本通知落实情况分别报人力资源社会保障部医疗保险司和国家卫生计生委基层卫生司。

在文件落实过程中，各地要注重做好政策解释和宣传，遇有重大事项应及时向人力资源社会保障部、国家卫生计生委等部门报告。

附件：纳入基本医疗保障支付范围的医疗康复项目

附件

纳入基本医疗保障支付范围的医疗康复项目

序号	项目名称	项目代码	限定支付范围
1	康复综合评定	MAMZY003	有明确的功能障碍；评定由 3 名以上专业人员开展，至少包含 2 个评估项目；一个住院期间医保支付不超过 3 次；2 次评定间隔时间不短于 14 天
2	吞咽功能障碍检查	MAGGK001	一个疾病过程支付不超过 3 次
3	手功能评定	MAHWR001	明确手功能障碍患者，总时间不超过 90 天，评定间隔时间不短于 14 天
4	平衡试验	FFA04704	评定间隔时间不短于 14 天
5	平衡训练	KFA19901	有明确的平衡功能障碍，一个疾病过程支付不超过 90 天
6	表面肌电图检查	MAAX8001	有明确的神经肌肉功能障碍，一个疾病过程支付不超过 2 次
7	轮椅技能训练	MBHZX001	需要长期使用轮椅且能够自行操作的患者，支付不超过 30 天
8	耐力训练	MBBZX019	由于疾病或损伤导致的全身运动耐力下降患者，一个疾病过程支付不超过 90 天
9	大关节松动训练	MBBX7003	有明确的关节活动障碍，一个疾病过程支付不超过 90 天
10	徒手手功能训练	MBCWR001	有明确的手功能障碍，一个疾病过程支付不超过 90 天

续表

序号	项目名称	项目代码	限定支付范围
11	截肢肢体综合训练	MBBW6005	上肢训练支付不超过 30 天，下肢训练支付不超过 20 天，髋关节或肩关节离断、高位大腿截肢训练支付不超过 90 天
12	小儿行为听力测试	FFA02709	6 岁以下疑似听力障碍的儿童，由取得听力师或助听器验配师资格并经过小儿听力学培训的人员操作
13	孤独症诊断访谈量表（ADI）测评	FAY04706	6 岁以下疑似孤独症患儿
14	日常生活动作训练	MBCZX004	存在日常生活活动能力障碍（ADL）的患者，重度患者支付不超过 90 天，中度患者支付不超过 60 天，轻度患者支付不超过 30 天，每 14 天训练经功能量表评定后取得明确功能进步才可继续支付
15	职业功能训练	MBKZX002	法定就业年龄段且有就业意愿，经过 PARQ 医学筛查适合进行职业功能训练的患者，支付不超过 90 天
16	精神障碍作业疗法训练	MBCZX002	限精神障碍康复期患者。在精神卫生机构或康复医疗机构，由具有资格的精神卫生专业人员或在其指导下的社工操作，每年支付不超过 90 天，每天支付不超过 1 次

续表

序号	项目名称	项目代码	限定支付范围
17	减重支持系统训练	MBBZX009	由神经、肌肉、骨骼疾患导致的独立行走障碍患者，支付不超过 30 天
18	电动起立床训练	MBBZX010	住院期间，以减少卧床并发症为治疗目的或者以直立行动为康复目标，支付不超过 30 天
19	儿童听力障碍语言训练	MBDZX006	6 岁以下听力障碍儿童，由取得听觉口语师资格的人员开展，以个别化训练为主要方式，每周最多支付 1 次，支付不超过 1 年
20	言语能力筛查	MAGAZ001	疑似言语功能障碍患者，不包括言语功能不能恢复的患者，一个疾病过程支付不超过 2 次

人力资源和社会保障部办公厅关于进一步加强基本医疗保险异地就医监管的通知

（2016 年 12 月 19 日　人社厅函〔2016〕488 号）

各省、自治区、直辖市及新疆生产建设兵团人力资源社会保障厅（局），福建省医保办：

近年来，全民医保体系不断健全，保障水平稳步提高，对于推进健康中国建设，保障和改善民生，维护社会公平正义，促进社会和谐稳定发挥了重要作用。但是，随着城乡居民基本医疗保险制度整合，人员流动性不断增强，确保基金安全尤为重要。为进一步加强基本医疗保险异地就医监管，更好地维护基金安全和参保人员合法权益，保障制度平稳有序运行，现就有关问题通知如下：

一、完善和落实异地就医管理制度及经办流程

各地要按照基本医疗保险相关法律法规和规章政策，结合医保基金专项审计和专项检查等反映的突出问题以及管理中存在的薄弱环节，不断健全医保异地就医管理制度，完善异地就医结算办法和经办流程。经办机构要完善内控制度，强化内部监督和制约，严格执行费用结算审核制度、流程和标准，以异地就医费用结算为审核重点加大监控力度。参保地经办机构要按照规定做好参保人员异地就医登记备案工作，引导参保人员合理有序就医。就医地经办机构要将异地就医人员纳入本地统一管理，进一步完善医疗保险智能监控系统，将异地就医费用纳入就医地监控范围。对于已实现城乡居民基本医疗保险制度整合地区，要按照城乡一体化的要求，统一和规范经办业务流程，加强基层经办审核能力建设，从源头上防范和控制各类违法违规使用医疗保险基金的行为，切实提高基金的使用效能。

二、大力推进异地就医直接结算

加快推进基本医保全国联网和异地就医结算工作，建立完善国家级异地就医结算系统，与各省异地就医结算系统实现对接，基本实现跨省异地安置退休人员住院费用直接结算。不断扩大纳入国家异地就医直接结算人群范围，逐步减少个人垫资和事后报销方式，从根本上遏制不法分子采用虚假票据骗取医保基金的违规行为。

三、进一步加强医疗机构协议管理

各统筹地区经办机构要将异地就医纳入医疗机构协议管理，纳入对医疗机构的考核指标，细化和完善协议条款，明确在医疗机构确定、医疗信息记录、医疗行为监控、医疗费用审核和稽核等方面提供与本地参保人员相同的服务和管理，保障异地就医人员权益。要指导和督促医疗机构按照协议要求，及时向经办机构传输参保人员就医、结算及其他相关信息，确保信息真实准确，不得篡改作假。

四、加快健全异地协作协查机制

参保地与就医地经办机构要积极建立健全异地就医经办管理协作机制，协同做好参保人员异地就医经办管理服务工作。就医地社会保险行政部门及经办机构要进一步明确和落实协查责任，主动支持配合参保地社会保险行政部门和经办机构开展异地就医核查或者案件调查，并督促相关医疗机构协助配合，共同做好医保违法违规违约行为查处工作。为加强对暂未实现异地就医直接结算人群的医疗服务监管，以异地就医人员持票据报销为核查重点，通过信息化手段，支持就医地和参保地定期交换就医费用信息，对异地就医费用进行核查。

五、加大各方联动打击医保违法违规行为力度

社会保险行政部门和经办机构要采取多种形式加强医保监

督，依法依规依约查处发现的违法违规违约行为。对于违反协议规定的医疗机构和医务人员，经办机构要按照协议约定，根据违约情节轻重，采取约谈、拒付费用、暂停结算限期整改和终止协议等措施，并及时向社会保险行政部门报告。对于违法违规行为，社会保险行政部门和经办机构要在查清事实的基础上，依法依规作出行政处理处罚决定。对于涉嫌犯罪的，要依法依规及时移送公安机关，不得以行政处理处罚代替刑事处罚，坚决打击和遏制欺诈骗保等违法犯罪行为。各级社会保险行政部门要加快与公安机关建立联席会议制度，加强案情通报和信息共享，健全基金监督行政执法与刑事司法有效衔接机制，增强震慑力和强制力。要建立健全与审计、财政、卫生计生、药监、价格等部门执法协作机制，协调配合，形成合力。要加强宣传教育，适时公布查处的重大医保违法违规案件，发挥警示教育作用，引导参保人员、医疗机构及医务人员自觉遵守医保法律法规，鼓励支持社会各方面积极参与医保监督，共同维护基金安全。

各地要高度重视加强基本医疗保险异地就医监管工作，社会保险行政部门和信息综合管理机构、经办机构要健全内部协作机制，密切配合，分工协作，确保工作落到实处，取得实效。各地在工作中遇有重要情况要及时报告，并认真研究，妥善解决，保证工作顺利推进。

人力资源和社会保障部等部委办公厅关于做好生育保险和职工基本医疗保险合并实施试点有关工作的通知

（2017年3月17日　人社厅发〔2017〕29号）

河北省、山西省、辽宁省、江苏省、安徽省、山东省、河南省、湖南省、广东省、重庆市、四川省、云南省人力资源社会保障厅（局）、财政厅（局）、卫生计生委：

为贯彻落实《国务院办公厅关于印发生育保险和职工基本医疗保险合并实施试点方案的通知》（国办发〔2017〕6号，以下简称《通知》）要求，积极稳妥推进试点工作，现就有关问题通知如下：

一、充分认识试点工作的重要意义

开展生育保险和职工基本医疗保险（以下简称两项保险）合并实施试点，是贯彻党的十八届五中全会精神和《中华人民共和国国民经济和社会发展第十三个五年规划纲要》的一项重要举措，对于进一步完善社会保障体系，更好地保障参保人员待遇，提升社会保险综合效能具有重要意义。各试点地区要紧紧围绕《通知》要求统筹推进试点，通过整合两项保险基金及管理资源，强化基金共济能力，提升管理水平，降低管理成本，探索适应我国经济发展水平、优化管理资源、促进两项保险合并实施的制度体系和运行机制。

二、建立健全组织机构

为做好试点组织领导工作，国家成立了由人力资源社会保障部、财政部、国家卫生计生委组成的部际试点工作小组（以下简称部际工作小组)，试点地区所在省份和试点城市要相应成立两项保险合并实施试点工作领导机构，将两项保险合并实施试点工作列入重要议事日程，落实工作人员，健全工作机制，统筹组织试点工作。人力资源社会保障、财政、卫生计生等有关部门要按照职责密切配合，认真研究和解决试点中遇到的问题，确保完成试点任务。

三、周密制定试点方案

各地要全面准确领会《通知》精神，结合本地实际，广泛听取各方面意见，细化和落实政策措施，制定具体实施方案。围绕试点目标，把握试点推进节奏，明确工作推进的时间表、路线图。试点地区所在省份要加强对试点城市的指导，主动协调解决重点难点问题。试点方案要由人力资源社会保障部门商财政、卫生计生部门共同制定，方案出台前要充分征求部际工作小组意见，方案出台后报部际工作小组备案。试点城市要确保在 2017 年 6 月底前出台实施方案并组织实施。

四、加强政策宣传，营造良好社会氛围

试点工作关系广大人民群众的切身利益，政策性强，涉及面广，社会关注度高。试点地区要做好政策宣传、舆论引导等工作，准确解读相关政策。要充分利用各种新闻媒体大力宣传两项保险合并实施的重要意义，让社会公众充分了解合并实施不会影响参保人员享受相关待遇，为改革营造良好的社会氛围。

五、加强总结评估

试点地区要对两项保险的参保人数、待遇享受、基金运行、服务管理等方面开展摸底调查，采集基线数据。试点期间，每月 10 日前要将上月试点进展情况向部际工作小组办公室报告，重大问题及时上报。要适时开展自我评估，定期上报评估情况。人力资源社会保障部、财政部、国家卫生计生委将组建试点评估专家组，对试点期间各项改革措施执行情况、实施效果、群众满意度等方面进行全面评估，各地要做好配合工作。

为加强中央和地方的沟通联系，各试点地区所在省份和试点城市均应确定试点工作负责人及联络员，及时与部际工作小组办公室联系。

人力资源和社会保障部办公厅关于对国家基本医疗保险、工伤保险和生育保险药品目录中部分药品名称进行调整规范的通知

（2017 年 9 月 20 日　人社厅函〔2017〕249 号）

各省、自治区、直辖市及新疆生产建设兵团人力资源社会保障厅（局），福建省医保办：

近期，国家食品药品监督管理总局对部分药品品种和名称进行了变更。据此，对我部印发的《国家基本医疗保险、工伤保险和生育保险药品目录（2017 年版）》中部分药品名称进行如下调整规范，请遵照执行。

一、西药部分第 14 号“铝碳酸镁”的剂型变更为“口服常释剂型、咀嚼片”。

二、西药部分第 207 号、第★（207）号“卡络磺钠”的药品名称变更为“卡络磺钠（肾上腺色腙）”。

三、西药部分第★（355）号“硝苯地平（Ⅰ、Ⅱ、Ⅲ）”的药品名称变更为“硝苯地平（Ⅰ、Ⅱ、Ⅲ、Ⅳ）”。

四、西药部分第 356 号“L-门冬氨酸氨氯地平”的药品名称变更为“门冬氨酸氨氯地平”。

五、西药部分第★（555）号“泼尼松龙”且剂型为“注射剂”的，药品名称变更为“泼尼松龙（氢化泼尼松）”。

六、西药部分第 813 号“亮丙瑞林”的剂型变更为“微球注射剂、缓释微球注射剂”。

人力资源和社会保障部办公厅 财政部办公厅关于规范跨省异地就医住院费用直接结算有关事项的通知

（2017 年 12 月 29 日 人社厅发〔2017〕162 号）

各省、自治区、直辖市及新疆生产建设兵团人力资源社会保障厅（局），财政（务）厅（局）：

在全国范围内推进基本医保跨省异地就医住院费用直接结算，是 2017 年《政府工作报告》明确的重点任务和民生承诺。经过各地艰苦努力，目前全国所有省份和统筹地区已全部接入国家异地就医结算系统并联网运行，覆盖全部参加基本医保和新农合的人员；符合规定的省内和跨省异地就医住院费用实现直接结算，这项工作取得了阶段性重大进展。同时，一些新的矛盾和问题也逐步显现，亟需在工作中加以解决。现就规范跨省异地就医住院费用直接结算有关事项通知如下：

一、加快扩大基层定点医疗机构覆盖范围

在前期承担异地就医任务重的定点医疗机构基本纳入的基础上，加快将更多符合条件的基层医疗机构纳入跨省异地就医定点医疗机构范围。2018 年 2 月底前，确保每个县区至少有 1 家跨省异地就医定点医疗机构。鼓励有条件的省份，采取有效措施，推进异地就医需求人员多的乡镇的医疗机构接入。

二、切实简化备案手续，优化备案流程

（一）各地要做好跨省异地就医直接结算备案管理等有关工作，切实精简备案手续，优化备案流程，扩充备案渠道，积极创造条件，为参保人提供窗口、网站、电话传真、手机 APP 等多种服务渠道，方便群众备案。

（二）修订《关于做好基本医疗保险跨省异地就医住院医疗费用直接结算工作的通知》（人社部发〔2016〕120号，以下简称120号文件）附件1“省（区、市）跨省异地就医登记备案表”（见附件）。新备案表取消定点医疗机构栏，增加“温馨提示”内容。

（三）规范备案有效期限。备案有效期内办理入院手续的，无论本次出院日期是否超出备案有效期，均属于有效备案。鼓励各地积极探索针对不同人群制定不同的备案有效期。

（四）参保地需在2018年2月底前落实直接备案到就医地市或省份的要求，可参考《参保人员异地就医备案就医地行政区划代码关联对照表》（从部级协同管理平台下载），做好就医地行政区划代码的关联工作。备案时选择的就医地，其所有辖区均为有效备案地区。原则上，备案到省本级或省会城市的，省本级和省会城市的所有跨省异地就医定点医疗机构都可以支持直接结算。

三、严格跨省异地就医退费管理

（一）参保人在进行跨省异地就医直接结算备案登记时，经办机构应提醒参保人认真阅读并充分理解“温馨提示”内容。在跨省定点医疗机构出院时完成直接结算的，不允许因待遇差等原因给参保人办理退费。

（二）就医地应严格按照120号文件要求，在参保人出院结算后5日内将医疗费用明细上传国家异地就医结算系统，确保上传明细及时、精确、完整。

四、充分发挥预付金的作用，用好用活预付金

（一）就医地可调剂使用预付金。为及时与定点医疗机构结算跨省异地就医费用，实现跨省异地就医费用与本统筹地区医疗费用同时与定点医疗机构结算，就医地可调剂使用各参保地的预付金，但仍需依据权责发生制原则按参保地进行明细核算。

（二）及时调整预付金额度。参保省份预付金出现红色预警时，就医省可根据120号文件规定，及时发起基金紧急调增申请，人力资源社会保障部社会保险事业管理中心（医疗保险异地就医结算管理中心，以下简称人社部中心）确认并通知参保省按时限完成预付金调增。参保省应按时限要求将调增的预付金额度拨付到就医省。参保省可以根据跨省异地就医费用发生情况和本省基金支撑情况，主动联系就医省，要求提高预付金额度。

（三）按时足额拨付资金。各省份预付金和清算资金应从人社部中心签章之日起，按照120号文件规定的时限拨付到位。自2018年起，人力资源社会保障部、财政部将按季度通报各省份预付金和清算资金按时拨付情况。对长期拖欠预付金和清算资金的参保省，就医省可视情况向人社部中心提出申请终止该参保省的直接结算业务。

五、明确异地就医跨年度费用结算办法

（一）就医地对于参保人住院治疗过程跨自然年度的，应以出院结算日期为结算时点，按一笔费用整体结算，并将医疗费用信息传回参保地。

（二）参保地需尽快明确跨年度费用结算办法。可以按一笔费用整体结算；也可以计算日均费用后，根据跨年度前后的住院天数，将住院医疗费用分割到两个年度，确定基金和个人费用分担额度。

附件：省（区、市）跨省异地就医登记备案表

（附件本书略）

卫生部等部门关于将部分医疗康复项目纳入基本医疗保障范围的通知

（2010 年 9 月 6 日　卫农卫发〔2010〕80 号）

各省、自治区、直辖市卫生厅局、人力资源社会保障厅局、民政厅局、财政厅局、残联：

随着我国城乡居民基本医疗保障体系的建立和发展，一些地方逐步把部分医疗康复项目纳入基本医疗保障范围，使残疾人的康复服务得到明显改善。但是，由于各地医疗保障筹资水平不同，支付的项目数量有差别，部分地方的残疾人医疗康复费用负担仍然较重。为贯彻落实《中共中央、国务院关于促进残疾人事业发展的意见》（中发〔2008〕7 号）和《中共中央、国务院关于深化医药卫生体制改革的意见》（中发〔2009〕6 号）精神，更好地保障参保（参合）人员特别是残疾人的基本康复需求，提高基本医疗保障水平，现就有关事项通知如下：

一、将部分医疗康复项目纳入基本医疗保障范围

各省（区、市）要把以治疗性康复为目的的运动疗法等 9 项医疗康复项目（见附件）纳入基本医疗保障范围，自 2011 年 1 月 1 日起分别由城镇职工基本医疗保险、城镇居民基本医疗保险（以下简称城镇医保）、新型农村合作医疗（以下简称新农合）基金按规定比例给予支付。各省（区、市）已经纳入相应基本医疗保障支付范围的其他医疗康复项目应当继续保留，有条件的地区可根据基金承受能力，按照保障基本需求的原则，适当增加纳入基本医疗保障范围的医疗康复项目，增加的项目应当从《全国医疗服务价格项目规范》中选择。随着经济社会的发展，各省（区、市）应当积极推进残疾人康复事业，逐步增加纳入基本医疗保障范围的医疗康复项目。

二、加强医疗康复项目支付管理

各省（区、市）要严格限定医疗康复项目的适用人群及条件，在相应定点医疗机构中选择具有康复医学诊疗资质的医疗机构，由取得专业技术资格的康复医学或康复医学治疗技术人员（含中医人员）提供服务。纳入基本医疗保障范围的医疗康复项目，其项目内涵、除外内容、计价单位等参照《全国医疗服务价格项目规范》有关规定执行。各级城镇医保、新农合经办机构应当依据定点医疗服务协议，加强对定点医疗机构的监督检查，加强对结算报销关键环节的审核，对参保（参合）人员在限定支付范围内的医疗康复费用按照当地支付标准（补偿方案）给予支付。对超过规定支付时限的患者，由具有康复医学诊疗资质的医疗机构评估并认为确有必要，经城镇医保、新农合经办机构审核同意后，可适当延长支付时限。各省（区、市）可对医疗康复项目的限定支付范围进行适当调整。要制定相应的管理办法，做好医疗康复项目管理工作。

三、做好与现行城镇医保医疗服务项目管理政策的衔接

各省（区、市）要做好与现行基本医疗保障医疗服务项目管理政策的衔接，将以往按照“排除法”管理的城镇医疗康复项目改为“准入法”管理。对医疗康复项目以外的其他医疗服务项目（包括中医医疗服务项目），各地可继续按照《关于印发城镇职工基本医疗保险诊疗项目管理、医疗服务设施范围和支付标准意见的通知》（劳社部发〔1999〕22号）的有关规定，采取“排除法”管理。已经探索按照“准入法”管理医疗服务项目的地区，也要按照本通知精神进一步完善相关管理政策。

四、做好相关部门之间的协调配合

各省（区、市）要指导各地认真调研、摸清底数，做好支付标准（补偿方案）的测算和调整工作，通过多层次的基本医疗保障体系，提高残疾人的医疗保障水平。各级民政部门要对符合救助条件的残疾人，在城镇医保、新农合补偿的基础上按照规定给予医疗救助，做好城乡医疗救助与城镇基本医保及新农合制度的衔接。各级财政部门对已经纳入基本医疗保障范围的医疗康复项目，可相应或逐步调整财政专项资助。各级残联要加强并积极争取社会力量对残疾人的医疗救助。各相关部门要加强协作，相互配合，确保工作顺利实施。

附件：国家基本医疗保障医疗康复项目

附件

国家基本医疗保障医疗康复项目

序号	项目名称	限定支付范围
1	运动疗法	限器质性病变导致的肌力、关节活动度和平衡功能障碍的患者，1个疾病过程支付不超过3个月；每日支付不超过2次（包括项目合并计算）。与偏瘫、脑瘫或截瘫肢体综合训练同时使用时只支付其中1项
2	偏瘫肢体综合训练	1个疾病过程支付不超过3个月。与运动疗法同时使用时只支付其中1项
3	脑瘫肢体综合训练	限儿童。3岁以前，每年支付不超过6个月；3岁以后，每年支付不超过3个月。支付总年限不超过5年。与运动疗法同时使用时只支付其中1项
4	截瘫肢体综合训练	1个疾病过程支付不超过3个月。与运动疗法同时使用时只支付其中1项
5	作业疗法	限器质性病变导致的生活、工作能力障碍。1个疾病过程支付不超过3个月；每日支付不超过1次

续表

序号	项目名称	限定支付范围
6	认知知觉功能障碍训练	限器质性病变导致的认知知觉功能障碍。1个疾病过程支付不超过3个月
7	言语训练	限器质性病变导致的中、重度语言障碍。1个疾病过程支付不超过3个月；每日支付不超过1次
8	吞咽功能障碍训练	限中、重度功能障碍；限三级医院康复科或康复专科医院使用。1个疾病过程支付不超过3个月
9	日常生活能力评定	限本目录所列康复项目在具体实施中涉及的日常生活能力评定。1个疾病过程支付不超过4次

山东省企业职工生育保险规定

（2007年4月1日　山东省人民政府令第193号）

第一章　总　则

第一条　为了维护企业职工的合法权益，保障女职工生育期间的基本生活和基本医疗保健需要，根据《中华人民共和国劳动法》、《社会保险费征缴暂行条例》等法律法规，结合本省实际，制定本规定。

第二条　本省行政区域内的企业（以下统称用人单位）应当按照本规定参加生育保险，为其职工缴纳生育保险费。

本规定所称企业，是指国有企业、城镇集体企业、外商投资企业、城镇私营企业及其他企业。

第三条　县以上劳动保障行政部门主管本行政区域内的生育保险工作。财政、卫生、人口和计划生育、经贸、审计、税务、物价等部门按照各自职责，做好生育保险的有关工作。

劳动保障行政部门所属的社会保险经办机构，按照本规定负责生育保险的经办业务。

第四条　工会、妇联组织依法对本规定的实施情况进行监督。

第二章　生育保险费的征缴

第五条　生育保险费的缴费比例按照“以支定收、收支平衡”的原则确定。具体缴费比例由设区的市劳动保障行政部门会同财政部门，按照不超过用人单位职工工资总额1%的比例确定和调整，报本级人民政府批准后执行。

生育保险的统筹层次由设区的市人民政府确定。

第六条 用人单位应当按照设区的市人民政府确定的缴费比例缴纳生育保险费。职工个人不缴纳生育保险费。

第七条 用人单位因破产、解散等原因终止的，其欠缴的生育保险费，依据《中华人民共和国企业破产法》的有关规定予以清偿。

第八条 生育保险费的征缴按照国务院《社会保险费征缴暂行条例》的规定执行。

第九条 征收的生育保险费按照规定存入财政部门在国有商业银行开设的社会保险基金财政专户，形成生育保险基金。

生育保险基金由下列各项构成：

（一）生育保险费；

（二）生育保险基金的利息收入；

（三）生育保险费滞纳金；

（四）依法纳入生育保险基金的其他资金。

生育保险基金不计征税、费。

第三章 生育保险待遇

第十条 具备下列条件的职工，享受生育保险待遇：

（一）符合国家计划生育政策生育或者实施计划生育手术；

（二）所在单位按照规定参加生育保险并为该职工连续足额缴费一年以上。

第十一条 生育保险待遇包括下列各项：

（一）女职工产假期间的生育津贴；

（二）女职工生育发生的医疗费用；

（三）职工实施计划生育手术发生的医疗费用；

（四）国家规定的与生育保险有关的其他费用。

第十二条 女职工生育津贴为本人上年度月平均缴费工资除以 30 天乘以产假天数。产假天数按照下列标准确定：

（一）女职工正常生育的产假为90天，其中产前休假15天；难产的增加15天；多胞胎生育的每多生育一个婴儿增加15天；晚育的增加60天；

（二）女职工妊娠不满2个月流产的，产假为15天；妊娠2个月以上不满3个月流产的，产假为20天；妊娠3个月以上不满4个月流产的，产假为30天；妊娠4个月以上流产、引产的，产假为42天。

第十三条 生育医疗费用包括女职工因怀孕、生育发生的检查费、接生费、手术费、住院费、药费和治疗费。

女职工因生育引起疾病的医疗费，由生育保险基金支付；其他疾病的医疗费，按照基本医疗保险的有关规定办理。

第十四条 计划生育手术医疗费用包括职工实施放置（取出）宫内节育器、流产术、引产术、绝育及复通手术所发生的医疗费用。

第十五条 参加生育保险男职工的配偶无工作单位，其生育符合计划生育政策规定的，按照当地规定的生育医疗费标准的50%享受生育补助金。

第十六条 符合本规定第十条、第十五条规定条件的职工，可以持下列材料到当地社会保险经办机构申领生育保险待遇：

（一）本人身份证、结婚证、医疗费用原始凭据；

（二）正常生育的，提交《计划生育服务手册》或者《生育证》、新生儿出生医学证明或者死亡医学证明；

（三）施行计划生育手术的，提交相关医学证明；

（四）参加生育保险男职工的配偶无工作单位的，提交其配偶户籍所在地村（居）民委员会的证明。

委托代领的，应当提交申领人出具的授权委托书和受委托人的身份证明。

第十七条 社会保险经办机构应当自收到申请之日起3日内对申请材料进行初步审查。对材料不全的，应当一次性告知需补正的全部材料。对材料齐全，属于经办机构职责范围的，应当予以受理，自受理之日起15日内将审核结果通知申请人，对符合条件的，一次性核发其生育保险待遇；对不符合条件的，应当书面告知申请人并说明理由。

第四章 监督管理

第十八条 财政、审计部门依法对生育保险基金的收支、管理情况进行监督。

第十九条 除急诊、急救外，用人单位职工进行产前检查、住院分娩、计划生育手术的，应当到当地劳动保障行政部门确定的定点医疗机构和计划生育技术服务机构（以下统称定点医疗机构）实施。

定点医疗机构的管理以及生育保险药品、诊疗项目和医疗服务设施范围目录，参照城镇职工基本医疗保险的有关规定执行。

第二十条 社会保险经办机构审核申请人提交的材料时，需要定点医疗机构出具记录、单据和有关证明的，定点医疗机构应当如实提供。

第二十一条 职工认为社会保险经办机构未依照规定支付生育保险费用的，可以依法申请行政复议或者提起行政诉讼。

第二十二条 社会保险经办机构所需经费及生育保险征缴、发放过程中发生的业务费用列入同级财政预算，由财政拨付。

第五章 法律责任

第二十三条 用人单位依照本规定应当参加生育保险而未参加的，劳动保障行政部门责令其改正并按照国务院《社会保险费征缴暂行条例》给予处罚；未参加生育保险期间职工的生育保险待遇，由用人单位按照本规定的生育保险待遇项目和标准支付。

第二十四条 对违反本规定，骗取生育保险待遇或者骗取生育保险基金支出等违法行为的处罚，依照有关法律法规、规章的规定执行。

第二十五条 劳动保障行政部门、其他有关部门及社会保险经办机构的工作人员不依法履行职责，或者滥用职权、徇私舞弊的，由其所在单位或者有关机关依法给予行政处分；构成犯罪的，依法追究刑事责任。

第六章 附 则

第二十六条 城镇有雇工的个体工商户参照本规定执行。其参加生育保险具体步骤和实施办法，由设区的市人民政府规定。

第二十七条 本规定自2007年5月10日起施行。

山东省人民政府办公厅关于开展职工长期护理保险试点工作的指导意见

（2014年6月11日　鲁政办字〔2014〕85号）

东营、潍坊、日照、聊城市人民政府，省政府有关部门：

为积极应对人口老龄化，探索建立符合我省实际的职工长期护理保险制度，经省政府同意，确定在东营、潍坊、日照、聊城4市开展职工长期护理保险试点。为确保试点工作实效，现提出以下指导意见：

一、指导思想和基本原则

（一）指导思想。以邓小平理论、“三个代表”重要思想、科学发展观为指导，广泛借鉴国内外经验，以解决失去生活自理能力的老年人护理问题为重点，以基层医疗机构和老年护理机构为依托，多渠道筹集资金，探索建立社会化的职工长期护理保障制度，切实减轻参保患者家庭的事务性和经济负担，促进社会和谐安定。

（二）基本原则。坚持以人为本，着力解决因年老、疾病、伤残失去生活自理能力者的护理问题，有效提高参保职工的生活质量和人文关怀水平；坚持筹资渠道多元化，通过政府、社会、个人等多方筹集职工长期护理保险资金，逐步完善筹资机制；坚持以收定支、收支平衡、略有结余，保障水平与经济社会发展、医疗消费水平及承受能力相适应，合理确定保障项目和支付标准；坚持因地制宜，试点市在省确定的政策框架内，结合实际制订具体办法并组织实施；坚持机制创新，鼓励各地大胆探索，在实践中逐步完善职工长期护理保障机制。

二、覆盖范围和资金筹集办法

（一）覆盖范围。试点市可将参加职工基本医疗保险的人员全部纳入职工长期护理保险覆盖范围，也可将其中一定年龄以上的参保人员纳入职工长期护理保险覆盖范围。具体范围由各试点市人民政府确定。

（二）资金筹集办法。职工长期护理保险资金通过医保基金、财政补助、福彩公益金和个人缴费（可从医保个人账户划拨）等渠道解决。具体筹资办法和标准由各试点市根据当地财政状况、医保基金支撑能力、职工长期护理保险待遇水平和各方面的承受能力合理确定。

职工长期护理保险资金要单独核算，专款专用，接受审计和社会监督；职工长期护理保险资金出现超支时，由各试点市人民政府根据有关规定统筹解决。

三、长期护理方式、待遇标准和结算办法

因年老、疾病、伤残等导致长年卧床、生活无法自理、需要临床医疗护理或医护人员上门提供医疗护理的职工医疗保险参保人员，可以申请在职工长期护理保险定点护理机构（以下简称定点护理机构）接受长期医疗护理或居家接受医疗护理照料；参保人员因病需长期保留各类插管、长期依靠呼吸机等医疗设备维持生命体征、瘫痪或昏迷短期住院治疗不能好转以及其他术后仍需长期住院维持治疗的，可以申请在属于定点护理机构的医院接受医疗专护。

职工长期护理服务要与基本医疗保险药品目录、诊疗项目目录和医疗服务设施范围相衔接。参保人员在定点护理机构或居家接受医疗护理的，其发生的符合规定的医疗护理费用纳入职工长期护理保险资金支付范围。具体支付办法由试点市根据职工长期护理保险资金筹集情况合理确定。参保人在享受职工长期护理保险待遇期间，不再重复享受住院、门诊大病、普通门诊等应由基本医疗保险基金支付的相关待遇。

试点市人力资源社会保障部门要组织制定享受职工长期护理保险待遇的具体资格条件和待遇标准，并对享受职工长期护理保险待遇人员资格进行严格审核把关。要积极探索职工长期护理保险费用结算办法，区分不同护理形式采取定额包干或其他有效结算方式，以利于费用控制管理和向定点护理机构提供便捷高效的结算服务。

四、定点护理机构管理

具备相应医疗资质的医疗机构、老年护理机构，可申请定点护理机构资格。其中，定点医院可设置医疗专护病房，定点社区医疗机构可为参保人提供居家医疗护理照料。

试点市人力资源社会保障部门要参照基本医疗保险定点管理办法，建立定点护理机构资格准入、退出机制，并会同卫生计生部门细化定点护理机构服务内容。社会保险经办机构要通过与定点护理机构订立服务协议，明确双方权利义务，并加强对护理服务过程的监督，促进定点护理机构规范服务行为，保证服务质量。对违反服务协议的，按协议有关规定处理；违规情节严重的，由人力资源社会保障部门依据有关规定取消其定点资格；构成犯罪的，移交司法机关依法追究刑事责任。

五、组织实施

各试点市要高度重视试点工作，切实加强组织领导，明确分工，落实责任。试点市人力资源社会保障部门作为职工长期护理保险工作的主管部门，要发挥统筹协调作用，会同有关部门确定、调整职工长期护理保险资金的筹集标准，制定管理规范和基本流程，指导社会保险经办机构做好资金筹集、支付等日常经办服务工作。财政部门要及时将财政补助资金和福彩公益金划入社会保险基金财政专户，按照多元化筹资模式，根据自身财力状况，将职工长期护理保险财政补助资金纳入年度预算；对职工长期护理保险资金管理中的会计科目设置作出相应调整，加强对资金筹集、管理和使用的监督。民政部门要配合人力资源社会保障部门做好职工长期护理与养老服务的衔接。卫生计生部门要加强对医疗机构的管理，规范医疗服务行为，督促医疗机构不断提高护理服务质量。各有关部门要通力配合，密切协作，扎实推进试点工作，务求取得实效。

试点市人民政府要于2014年9月底前将试点方案报省人力资源社会保障厅备案，并于2015年1月起启动实施职工长期护理保险试点工作。

山东省人民政府办公厅关于建立职工大病保险制度的意见

（2016 年 12 月 16 日　鲁政办发〔2016〕55 号）

各市人民政府，各县（市、区）人民政府，省政府各部门、各直属机构，各大企业，各高等院校：

为进一步健全我省多层次医疗保障体系，提高职工医疗保障水平，经省政府同意，现就建立职工大病保险制度提出以下意见：

一、基本原则和目标

建立职工大病保险制度要坚持以人为本、保障大病的原则，政府主导，商业保险机构承办，发挥市场机制作用，切实提高大病保障水平，减轻职工大病患者的医疗费用负担，努力避免职工家庭因病致贫。

自 2017 年 1 月 1 日起，启动实施职工大病保险制度，逐步完善筹资、保障范围、补偿标准、经办管理服务等政策和办法，建立起与基本医疗保险、大额医疗费用补助、补充医疗保险、医疗救助等制度紧密衔接的职工大病保险制度，形成规范运作、可持续发展的长效保障机制，增强职工医疗保障的公平性，提升大病保险运行效率、服务水平和质量。

二、基本政策

（一）保障对象。参加了职工基本医疗保险并按规定享受医疗待遇的参保人员。

（二）保障范围。职工大病保险采取按医疗费用额度补偿的办法，对参保人员患重大疾病发生的合规医疗费用，给予一定补偿。职工大病保险医疗年度与职工基本医疗保险医疗年度一致。职工大病保险合规医疗费用的具体范围，由省人力资源社会保障厅、省财政厅根据有关规定确定。

（三）筹资标准。职工大病保险资金原则上从职工基本医疗保险统筹基金中划拨。职工基本医疗保险统筹基金结余不足的市，也可通过大额医疗费用补助资金、补充医疗保险资金等途径筹集。每年职工大病保险的筹资标准，根据各市职工患大病发生的高额医疗费用情况、基本医疗保险筹资能力和支付水平等因素测算确定。2017 年，全省职工大病保险按照每人每年 20 元标准进行筹集。

（四）补偿标准。以统计部门公布的上一年度城镇职工年平均工资的一定比例为依据，确定职工大病保险的起付标准，对参保人员年度累计负担的合规医疗费用超过起付标准以上的部分按比例进行补偿。2017 年，起付标准为 2 万元。起付标准以上的部分，给予 60% 的补偿；一个医疗年度内，职工大病保险资金每人最高给予 20 万元的补偿。建立动态调整机制，适时对职工大病保险补偿标准进行调整。

（五）统筹层次。职工大病保险实行全省统筹，统一筹资标准、统一支付政策、统一经办流程，由商业保险机构负责承办。职工大病保险制度实施后，各市要结合当地实际，做好职工大病保险与基本医疗保险、大额医疗费用补助、补充保险、医疗救助等保障制度的衔接，发挥协同互补作用，切实减轻参保职工的医疗费用负担。

三、管理服务

职工大病保险业务原则上通过政府招标选定商业保险机构承办，在正常招投标不能确定承办机构的情况下，由省人力资源社会保障厅会同有关部门提出处理意见报省政府批准。各市从省招标确定的商业保险机构中具体选定职工大病保险承办机构，并签订承办合同，合同期限原则上不低于 3 年。要依托医疗保险信息系统，做好基本医疗保险和职工大病保险费用的结算衔接工作，与承办职工大病保险的商业保险机构进行必要的信息共享，实行一并即时结算。职工大病保险的盈亏动态调整机制参照居民大病保险的有关规定执行。要加强对定点医疗机构费用控制的管理，健全考核机制，完善支付办法，引导合理施治，将次均费用及其增长幅度，平均住院日、政策范围内（外）费用个人负担比例、住院人次数占总诊疗人次比例等指标纳入考核内容。严格执行目录外费用患者签字同意制度，控制大病保险资金的支付风险。加强职工大病保险基金运行管理，实行单独核算，专账管理，确保资金安全。

四、组织领导

各市要高度重视职工大病保险工作，切实健全政府领导、部门协调、社会参与的工作机制，明确分工，落实责任。人力资源社会保障、发展改革、财政、卫生计生、民政、保险监管等部门要根据职责分工，加强对各地实施职工大病保险制度的指导，密切跟踪工作进展，及时研究解决新情况新问题，总结推广经验做法，不断完善职工大病保险政策。加强宣传解读，使群众广泛了解大病保险政策、科学理性对待疾病，增强社会保险责任意识，为职工大病保险的实施营造良好社会环境和氛围。

山东省人民政府办公厅关于试行职工长期护理保险制度的意见

（2017年4月6日　鲁政办字〔2017〕63号）

各市人民政府，各县（市、区）人民政府，省政府各部门、各直属机构，各大企业，各高等院校：

我省开展职工长期护理保险试点工作以来，各试点市高度重视，结合本地实际，精心组织实施，试点工作取得了良好效果。经省政府同意，决定在全省试行职工长期护理保险制度。现提出以下意见：

一、总体要求

全面贯彻党的十八大和十八届三中、四中、五中、六中全会精神，深入学习贯彻习近平总书记系列重要讲话精神，在认真总结试点经验的基础上，以解决失去生活自理能力的人员长期护理保障问题为重点，以基层医疗机构和老年护理机构为依托，建立长期护理保险制度，减轻参保患者家庭的事务性和经济负担，增进人民群众在共建共享发展中的获得感，促进社会和谐安定。

二、基本原则

职工长期护理保险坚持以人为本，提高人民群众的生活质量和人文关怀水平；坚持基本保障，根据当地经济发展水平和各方面承受能力，量力而行，合理确定基本保障范围和待遇标准；坚持责任分担，权利义务对等，建立多渠道筹资机制；坚持因地制宜，各市结合实际制订具体实施办法和政策标准，由点到面逐步推开；坚持机制创新，鼓励各地大胆探索，逐步完善可持续发展的体制机制，提升保障绩效和管理水平；坚持统筹协调，做好各类社会保障制度的功能衔接，协同推进健康产业和服务体系发展。

三、基本政策

（一）参保范围。参加职工基本医疗保险的职工和退休人员（以下简称“参保人员”）纳入长期护理保险覆盖范围。

（二）资金筹集渠道。职工长期护理保险资金通过职工医保统筹基金、单位补充医保资金、个人缴费及财政补助、福彩公益金等渠道解决。其中，个人缴费不低于筹资总额的30%，个人缴费可从职工个人医保账户代扣。各市要根据各方面的承受能力和职工长期护理保险待遇水平合理确定具体筹资办法、筹资比例和筹资标准。鼓励各地结合实际，探索拓宽包括用人单位缴费、接受社会捐助等资金渠道，建立动态筹资机制，并随经济社会发展逐步提高筹资水平。

（三）保障范围。职工长期护理保险重点保障长期处于失能或半失能状态的参保人员日常生活照料和与基本生活密切相关的医疗护理等所需服务费用。各市可根据当地保障需求和资金承受能力，低水平起步，科学确定重点保障人群和具体保障项目，并随经济发展和资金支撑能力提高逐步调整。

（四）待遇支付。职工长期护理保险资金支付协议护理服务机构和人员为参保人员提供的符合规定的长期护理服务费用，可对保障对象发生的护理服务费用进行直接补偿或通过购买方式向提供服务的机构或护理人员支付费用。护理服务费用由护理保险资金和保障对象个人按比例或按定额分担，对贫困人员可以给予适当照顾。长期护理保险待遇可按机构护理、家庭护理等不同形式、护理不同等级、提供护理服务不同方式等制定差别化的待遇保障政策，原则上规定范围内的护理服务费用支付标准掌握在75%左右。参保人员享受职工长期护理保险待遇的资格条件、支付范围和具体支付比例，由各市确定。各地要积极探索享受护理待遇与个人缴费适当挂钩的办法，强化个人责任。

四、管理服务

（一）资金管理。职工长期护理保险统筹层次原则上与职工医疗保险相一致，资金按照以收定支、收支平衡、略有结余的原则使用，执行现行社会保险基金管理制度，在职工基本医疗保险基金中单独管理，专款专用。建立举报投诉、信息披露、内部控制、欺诈防范等风险管理制度，提高监管水平。

（二）服务管理。各市要建立健全对护理服务机构和从业人员的协议管理和监督稽核等制度，明确服务内涵、服务标准以及质量评价等技术管理规范。建立长期护理需求认定和等级评定标准体系，制定待遇申请和资格审定及变更等管理办法。对护理服务费用支出，探索实行总量预算控制下的复合式付费方式和结算办法。

（三）经办管理。各市要加强长期护理保险经办管理服务能力建设，制定经办规程，优化服务流程，明确相关标准，创新管理服务机制。鼓励各地通过探索购买服务、委托管理以及定制护理服务和护理产品等多种实施路径、方法，在确保资金安全和有效监控前提下，与具有资质的商业保险机构等社会力量合作，提高经办管理服务能力。加强信息网络系统建设，逐步实现与养老护理机构、医疗卫生机构以及其他行业领域信息平台的信息共享和互联互通，提高经办管理质量和效率。

五、配套措施

（一）加强与其他保障制度之间的统筹衔接。搞好与其他社会保险制度在筹资、待遇等方面的政策与管理衔接。对应由现有社会保障制度和国家法律法规规定支付的护理费用，已经纳入残疾人保障、军人伤残抚恤、精神疾病防治等国家法律规定范围的护理项目和费用，长期护理保险资金不再给予支付。

（二）积极促进长期护理服务市场的发展。积极推进公立护理服务机构等护理服务体系建设，引导社会力量、社会组织参与长期护理服务，积极鼓励和支持长期护理服务机构和平台建设，促进长期护理服务产业发展。充分利用促进就业创业的政策和资金，鼓励各类人员到长期护理服务领域就业创业，对其中符合条件的，按规定落实相关补贴政策。加大对护理人员的职业培训力度，按规定落实职业培训补贴政策。逐步探索建立长期护理专业人才培养机制。充分运用长期护理保险费用支付政策对护理需求和服务供给资源配置的调节作用，引导保障对象优先采用居家护理和社区护理服务，鼓励机构服务向社区和家庭延伸。鼓励护理对象的亲属、邻居和社会志愿者提供护理服务。

（三）探索建立多层次长期护理保障制度。积极引导发挥社会救助、商业保险、慈善事业等的有益补充，解决不同层面护理需求。鼓励探索老年护理补贴制度，保障特定贫困老年人长期护理需求，发挥其“兜底”作用。鼓励商业保险机构开发适销对路的保险产品和服务，发展与长期护理社会保险相衔接的商业护理保险，满足多样化、多层次的长期护理保障需求。

六、组织实施

建立长期护理保险制度是应对人口老龄化的一项重要社会保障制度安排。各地要高度重视，切实加强领导，认真做好组织实施工作。先期开展试点的市，要按照本意见要求进一步调整完善政策措施，提高管理服务水平；其他市 2017 年要选择 1—2 个县启动实施，利用 3 年左右时间在全省全面建立职工长期护理保险制度。人力资源社会保障部门要发挥统筹协调作用，会同有关部门确定职工长期护理保险资金的筹集标准、支付范围和待遇标准，制定管理规范和基本流程，指导社会保险经办机构做好资金筹集、支付等日常经办服务工作。财政部门要按照相关规定，会同有关部门将职工长期护理保险财政补助资金和福彩公益金纳入年度预算，对职工长期护理保险资金管理中的财务列支和会计核算办法作出规定，加强对资金筹集、管理和使用的监督。民政部门要配合人力资源社会保障部门做好职工长期护理与养老服务的衔接。卫生计生部门要加强对医疗机构的管理，规范医疗服务行为，督促医疗机构不断提高护理服务质量。各有关部门要通力配合、密切协作，研究工作中出现的新问题、新情况，不断完善方案设计。要建立宣传机制，加强正面宣传，引导社会舆论，确保职工长期护理保险工作的平稳顺利开展。

各市具体实施方案请于 2017 年 6 月底前报省人力资源社会保障厅、省财政厅备案。

山东省劳动和社会保障厅等部门转发劳动和社会保障部等部门《关于印发〈城镇职工基本医疗保险用药范围管理暂行办法〉的通知》的通知

（1999 年 9 月 24 日　鲁劳社发〔1999〕107 号）

各市地劳动（劳动和社会保障）局、物价局、经贸委、财政局、卫生局、中医管理局、医药管理局（行办）：

现将劳动和社会保障部等 7 部门《关于印发〈城镇职工基本医疗保险用药范围管理暂行办法〉的通知》（劳社部发〔1999〕15 号）转发给你们，请认真贯彻执行。

基本医疗保险用药范围通过制定《基本医疗保险药品目录》（以下简称《药品目录》）进行管理。《药品目录》的制定和调整权限在国家和省两级。在国家和省新的《药品目录》未出台以前，仍执行现行的药品报销目录，各地不得自行制定和调整。

附件：劳社部发〔1999〕15 号文

附件

劳动和社会保障部等部门关于印发《城镇职工基本医疗保险用药范围管理暂行办法》的通知

各省、自治区、直辖市劳动（劳动和社会保障）厅（局）、物价局（委员会）、经贸委、财政厅（局）、卫生厅（局）、药品监督管理局、中医（药）管理局：

为了贯彻落实《国务院关于建立城镇职工基本医疗保险制定的决定》（国发〔1998〕44号），劳动保障部、国家计委、国家经贸委、财政部、卫生部、药品监督局、中医药局制定了《城镇职工基本医疗保险用药范围管理暂行办法》，现印发给你们，请结合实际贯彻执行。

城镇职工基本医疗保险用药范围管理暂行办法

第一条 为了保障职工基本医疗用药，合理控制药品费用，规范基本医疗保险用药范围管理，根据《国务院关于建立城镇职工基本医疗保险制度的决定》（国发〔1998〕44号），制定本办法。

第二条 基本医疗保险用药范围通过制定《基本医疗保险药品目录》（以下简称《药品目录》）进行管理。确定《药品目录》中药品品种时要考虑临床治疗的基本需要，也要考虑地区间的经济差异和用药习惯，中西药并重。

第三条 纳入《药品目录》的药品，应是临床必需、安全有效、价格合理、使用方便、市场能够保证供应的药品，并具备下列条件之一：

（一）《中华人民共和国药典》（现行版）收载的药品；

（二）符合国家药品监督管理部门颁发标准的药品；

（三）国家药品监督管理部门批准正式进口的药品。

第四条 以下药品不能纳入基本医疗保险用药范围：

（一）主要起营养滋补作用的药品；

（二）部分可以入药的动物及动物脏器，干（水）果类；

（三）用中药材和中药饮片泡制的各类酒制剂；

（四）各类药品中的果味制剂、口服泡腾剂；

（五）血液制品、蛋白类制品（特殊适应症与急救、抢救除外）；

（六）劳动保障部规定基本医疗保险基金不予支付的其他药品。

第五条 《药品目录》所列药品包括西药、中成药（含民族药，下同）、中药饮片（含民族药，下同）。西药和中成药列基本医疗保险基金准予支付的药品目录，药品名称采用通用名，并标明剂型。中药饮片列基本医疗保险基金不予支付的药品目录，药品名称采用药典名。

第六条 《药品目录》中的西药和中成药在《国家基本药物》的基础上遴选，并分"甲类目录"和"乙类目录"。"甲类目录"的药品是临床治疗必需，使用广泛，疗效好，同类药品中价格低的药品。"乙类目录"的药品是可供临床治疗选择使用，疗效好，同类药品中比"甲类目录"药品价格略高的药品。

第七条 "甲类目录"由国家统一制定，各地不得调整。"乙类目录"由国家制定，各省、自治区、直辖市可根据当地经济水平、医疗需求和用药习惯，适当进行调整，增加和减少的品种数之和不得超过国家制定的"乙类目录"药品总数的15%。

各省、自治区、直辖市对本省（自治区、直辖市）《药品目录》"乙类目录"中易滥用、毒副作用大的药品，可按临床适应症和医院级别分别予以限定。

第八条 基本医疗保险参保人员使用《药品目录》中的药品，所发生的费用按以下原则支付。使用"甲类目录"的药品所发生的费用，按基本医疗保险的规定支付。使用"乙类目录"的药品所发生的费用，先由参保人员自付一定比例，再按基本医疗保险的规定支付。个人自付的具体比例，由统筹地区规定，报省、自治区、直辖市劳动保障行政部门备案。

使用中药饮片所发生的费用，除基本医疗保险基金不予支付的药品外，均按基本医疗保险的规定支付。

第九条 急救、抢救期间所需药品的使用可适当放宽范围，各统筹地区要根据当地实际制定具体的管理办法。

第十条 在国家《药品目录》中的药品，有下列情况之一的，从基本医疗保险用药范围或国家和地方的《药品目录》中删除：

（一）药品监管局撤销批准文号的；

（二）药品监管局吊销《进口药品注册证》的；

（三）药品监管局禁止生产、销售和使用的；

（四）经主管部门查实，在生产、销售过程中有违法行为的；

（五）在评审过程中有弄虚作假行为的。

第十一条 国家《药品目录》原则上每两年调整一次，各省、自治区、直辖市《药品目录》进行相应调整。国家《药品目录》的新药增补工作每年进行一次，各地不得自行进行新药增补。增补进入国家“乙类目录”的药品，各省、自治区、直辖市可根据实际情况，确定是否进入当地的“乙类目录”。在制定《药品目录》的工作中，各级劳动保障行政部门不再进行药品检验，不得向药品生产和经销企业收取评审费和各种名目的费用，不得巧立名目加重企业的负担。制定《药品目录》所需经费由劳动保障行政部门向财政部门提出申请，由同级财政拨款解决。

第十二条 国家《药品目录》的组织制定工作由劳动保障部负责。要成立由劳动保障部、国家计委、国家经贸委、财政部、卫生部、药品监管局和中医药局组成的国家《药品目录》评审领导小组，负责评审《药品目录》及每年新增补和删除的药品，审核《药品目录》遴选专家组和专家咨询小组成员名单，以及《药品目录》评审和实施过程中的协调工作。

领导小组下设办公室，办公室设在劳动保障部，负责组织制定国家基本医疗保险药品目录的具体工作。领导小组办公室要在全国范围内选择专业技术水平较高的临床医学和药学专家，组成药品遴选专家组，负责遴选药品。要聘请专业技术水平较高的临床医学、药学、药品经济学和医疗保险、卫生管理等方面的专家，组成专家咨询小组，负责对领导小组办公室的工作提出专业咨询和建议。

各省、自治区、直辖市《药品目录》的制定工作由各省、自治区、直辖市劳动保障行政部门负责，要参照国家《药品目录》制定工作的组织形式，建立相应的评审机构和专家组。

第十三条 国家《药品目录》由劳动保障部会同国家计委、国家经贸委、财政部、卫生部、药品监管局、中医药局共同制定，由劳动保障部发布。各省、自治区、直辖市的《药品目录》由各省、自治区、直辖市劳动保障行政部门会同有关部门共同制定，并报劳动保障部备案。

第十四条 本办法自发布之日起施行。

山东省劳动和社会保障厅 省财政厅转发《关于二等乙级以上伤残人民警察医疗待遇问题的通知》的通知

（2002 年 6 月 4 日　鲁劳社函〔2002〕106 号）

各市劳动和社会保障局、财政局：

现将劳动和社会保障部、财政部《关于二等乙级以上伤残人民警察医疗待遇问题的通知》（劳社部函〔2002〕19 号）转发给你们，并提出以下意见，请一并贯彻执行。

一、因公负伤被评为二等乙级以上（含二等乙级，下同）伤残的人民警察，医疗费按照当地二等乙级以上革命伤残军人的标准筹集，由同级财政部门和伤残人民警察所在单位妥善安排。

二、因公负伤的人民警察，从民政部门鉴定为二等乙级以上伤残的下月起，用人单位和个人不再缴纳基本医疗保险费，按照当地二等乙级以上革命伤残军人筹资渠道和标准，向医疗保险办机构缴纳或划拨医疗统筹费。

三、人民警察因公负伤伤残鉴定前发生的医疗费，按照当地有关规定核实报销。伤残鉴定后纳入单独统筹后所发生的医疗费用，按照当地二等乙级以上革命伤残军人有关规定核实报销。

附件：关于二等乙级以上伤残人民警察医疗待遇问题的通知

附件

关于二等乙级以上伤残人民警察医疗待遇问题的通知

各省、自治区、直辖市劳动保障厅（局）、财政厅（局），新疆生产建设兵团劳动保障局、财务局：

为切实保障因公负伤致残人民警察的医疗待遇，根据《中华人民共和国人民警察法》第四十一条“人民警察因公致残的，与因公致残的现役军人享受国家同样的抚恤和优待”和《国务院关于建立城镇职工基本医疗保险制度的决定》“二等乙级以上革命伤残军人原医疗待遇不变，医疗经费原渠道不变”的规定，现就二等乙级以上伤残人民警察的医疗待遇问题通知如下：

一、人民警察因公负伤，经民政机关或由民政机关指定的伤残评定机构评定为二等乙级以上（含二等乙级，下同）伤残的，与二等乙级以上革命伤残军人享受同等医疗待遇。

二、二等乙级以上伤残人民警察医疗保障按照当地二等乙级以上伤残革命军人的有关规定进行治理，所需医疗经费由经办机构与二等乙级以上革命伤残军人医疗费一起，单独列账治理。

三、已经评定为二等乙级以上的伤残人民警察，按照当地二等乙级以上革命伤残军人医疗治理办法治理。对参加基本医疗保险和公务员医疗补助后因工负伤被评定为二等乙级以上伤残的人民警察，要做好从基本医疗保险和公务员医疗补助到享受二等乙级以上伤残军人待遇的衔接工作，其个人账户积累资金可以继续使用。

四、各统筹地区人民政府和有关部门要高度重视伤残人民警察的医疗保障工作，确保二等乙级以上伤残人民警察医疗保障待遇的落实。劳动保障部门要加强对二等乙级以上伤残人民警察的医疗保障治理工作，采取积极措施，为二等乙级以上伤残人民警察提供优质服务，及时结算医疗费用，同时要严格支出治理，防止浪费。财政部门和伤残人民警察所在单位要妥善安排二等乙级以上伤残人民警察所需医疗经费。政法机关各主管部门要积极协助二等乙级以上伤残人民警察办理有关手续，为二等乙级以上伤残人民警察在就医和报销医疗费用等方面提供必要的帮助。

山东省劳动和社会保障厅关于城镇个体经济组织从业人员和自由职业者参加城镇职工基本医疗保险的意见

（2003 年 3 月 25 日　鲁劳社〔2003〕13 号）

为促进社会主义市场经济条件下非公有制经济发展，鼓励劳动者通过多种形式实现就业，根据国务院和省政府有关规定精神，现就城镇个体经济组织从业人员、自由职业者（含灵活就业人员）参加城镇职工基本医疗保险有关问题提出以下意见。

一、适用范围

我省行政区域内城镇符合法定就业年龄并参加了城镇企业职工基本养老保险的个体经济组织从业人员、自由职业者（以下统称从业人员），可纳入城镇职工基本医疗保险覆盖范围。

二、基本医疗保险登记及缴费

从业人员参加基本医疗保险登记缴费，可以委托劳动保障部门认定的职业介绍机构或人才交流中心办理，也可由当地医疗保险经办机构直接办理。

从业人员以统筹地区上年度职工平均工资为基数缴纳基本医疗保险费。各地可以按统账结合模式，根据当地城镇职工基本医疗保险有关规定，为从业人员建立个人账户。缴费比例为当地用人单位和个人缴费比例之和，其中系个体经济组织雇员的，个人按缴费基数的 2%缴纳，个体经济组织业主为其缴纳应由用人单位缴费部分。各地也可以暂不为个体人员建立个人账户，缴费按当地确定的建立基本医疗保险统筹基金的比例缴纳，其中系个体经济组织雇员的，个人不缴费，由个体经济组织业主为其缴纳。

医疗保险经办机构按规定支付个体人员的住院医疗费用和应由统筹基金支付的其他费用。

从业人员参加城镇职工基本医疗保险，应同时按照统筹地区大额医疗费用补助办法缴纳大额医疗费用补助保险费。

从业人员参加城镇职工基本医疗保险后，应当按规定及时足额连续缴纳医疗保险费，可按月缴纳，也可按季、半年、全年缴纳。逾期不缴费的，从欠缴之月起停止享受医疗保险待遇。中断后重新缴费的，应补缴欠缴的医疗保险费，欠费期间发生的医疗费用，统筹基金不予支付，补缴时间可计算为缴费年限；在规定期限内未补缴欠费的，视为首次参保。补缴医疗保险费的缴费基数和缴费比例，按补缴时统筹地区确定的标准执行。

三、基本医疗保险待遇

从业人员首次参保后，一般应连续缴费满6个月后方可享受城镇职工基本医疗保险参保人员有关医疗待遇；不满6个月的，基本医疗保险统筹基金和大额医疗费用补助金不予支付费用。

从业人员达到法定退休年龄，办理了退休手续并按月领取基本养老保险金时，原则上累计缴费年限男不低于25年、女不低于20年的，方可享受退休人员基本医疗保险待遇。累计缴费年限不足的，可按当地有关规定一次性补缴。当地实施城镇职工基本医疗保险制度之前，从业人员符合国家和省规定的连续工龄以及按本办法参加基本医疗保险后的实际缴费年限可合并计算为累计缴费年限。当地从业人员参保实施办法出台后，从业人员应于90天内办理参保手续；原在其他单位参保的从业人员，应于90天内接续基本医疗保险关系，不实行6个月的免责期。未在规定期限内参保或接续关系的，办理退休手续时应一次性补缴当地从业人员参保实施办法出台后至参保或续接关系期间的医疗保险费。未按规定一次性补缴的，不能享受退休人员基本医疗保险待遇，将个人账户金退发本人，终止基本医疗保险关系。

各级劳动保障部门可根据本指导意见，结合当地实际，制定具体实施办法。要及时分析和研究工作中出现的新情况、新问题，不断完善政策和管理措施，确保制度平稳运行。

山东省劳动和社会保障厅加强城镇职工基本医疗保险个人账户管理的通知

（2003 年 6 月 27 日　鲁劳社办〔2003〕103 号）

各市劳动和社会保障局：

为了加强城镇职工基本医疗保险个人账户管理，维护广大参保人员的基本医疗保障权益，根据国家和省里的有关规定，现就有关问题通知如下：

一、统一思想，提高对加强个人账户管理重要性的认识

个人账户是城镇职工基本医疗保险制度的重要内容，个人账户资金是基本医疗保险基金的重要组成部分。建立个人账户的核心是解决参保职工的门诊或小额医疗费用，同时为职工年老体弱时积累部分医疗保障资金。个人账户管理不到位，不仅会影响参保职工当期的医疗保障，而且会影响职工未来的医疗保障。各级劳动保障行政部门和经办机构一定要充分认识加强个人账户管理对维护参保职工的基本医疗保障权益、确保新制度稳健运行的重要意义，转变观念，切实把个人账户纳入各级劳动保障行政部门和经办机构的监督管理范围。

二、统一个人账户的基本内容，规范管理形式

实行统筹基金和个人账户相结合的统筹地区，经办机构都要按规定为参保人员建立个人账户，及时记录参保人员账户的收入、医药费用支出和账户结余等相关信息。各地要努力通过计算机和信息网络对个人账户进行管理，将个人账户收支情况纳入统计系统，要按照《社会保险管理信息系统指标体系——业务部分（B101-2000）》（劳社信息函〔2000〕19 号）的要求，规范和健全个人账户的指标体系，并做到及时更新和维护。个人账户使用活期存折管理的地区要逐步规范管理形式，积极创造条件改为使用IC卡或磁卡管理；已使用IC卡或磁卡管理个人账户，但没有实行钱账分管，不通过医疗保险经办机构与定点医疗机构结算个人账户资金的，应由医疗保险经办机构审核后与定点医疗机构结算。对个人账户实行委托管理的统筹地区，要明确委托责任和管理权限，同时要积极创造条件，尽快实现个人账户由当地经办机构统一管理。

三、加强个人账户基金管理，严格控制资金支出和使用方向

经办机构要按照《社会保险基金财务制度》(财社字〔1999〕60号)、《社会保险基金会计制度》（财会字〔1999〕20号）规定，严格个人账户基金的管理与核算。个人账户基金必须纳入财政专户管理，按规定编制基金预算和财务决算报告。要加强个人账户基金的支出管理和监督，严格规定个人账户支付范围。个人账户基金只能用于支付在定点医疗机构或定点零售药店发生的，符合基本医疗保险药品目录、诊疗项目范围、医疗服务设施标准所规定项目范围内的医药费用。个人账户原则上要实行钱账分管，个人当期的医疗消费支出可采取划账的形式，最后由经办机构定期与定点医疗机构和定点药店统一进行结算。个人账户不得提取现金，禁止用于医疗保障以外的其他消费支出。各地经办机构要加强对个人账户支出情况的审核和监督，对不符合要求的项目，不得纳入个人账户基金的支付范围。

劳动保障部门要加强对医疗保险定点医疗机构和定点零售药店的监督管理，规范定点医疗机构和定点零售药店的服务行为。对定点医疗机构和定点零售药店资格的认定和定点的具体确定，要采取动态管理，建立严格的“准入”和“退出”机制，促进公平竞争，提高服务质量。各地医疗保险经办机构必须把国家和省有关个人账户管理的规定，充实到与定点医疗机构和定点药店的服务协议中，并强化考核监督，对违反规定向参保职工提供医疗保障以外产品或服务的定点医疗机构和定点零售药店，要按有关规定和定点协议进行处理，情节严重的要取消其定点资格。建立定点医疗机构和定点零售药店年检制度，对年检不合格的要限期整改，整改后仍不合格的取消定点资格；对年检优秀的可给予通报表彰、简化审核程序等，逐步建立起定点医疗机构和定点零售药店信用等级制度。

四、加强各项基础管理，方便参保职工就医购药

各地经办机构要切实改进工作作风，强化服务意识，及时与定点医疗机构和定点零售药店进行费用结算。要定期与职工个人进行个人账户对账工作，完善个人账户的查询服务。要深入开展政策宣传，让广大参保人员充分认识建立个人账户的作用和加强管理的必要性，支持和配合经办机构做好相关工作。要加强个人账户的收入、支出、结余和费用支出分布等信息的统计分析，及时准确掌握个人账户各项主要指标的动态变化情况，并按规定向上级机构报送相关信息。

各统筹地区劳动保障部门及经办机构要根据本通知要求，尽快对本地区个人账户管理情况进行一次全面的检查，凡不符合规定要求的，要限期整改。检查情况请于 2003 年 12 月底前报省社会保险事业局医疗保险统筹处。我厅将适时对各地个人账户管理情况进行抽查。

山东省劳动和社会保障厅转发劳动和社会保障部《关于推进混合所有制企业和非公有制经济组织从业人员参加医疗保险的意见》的通知

（2004 年 7 月 14 日　鲁劳社办〔2004〕72 号）

各市劳动和社会保障局：

现将劳动和社会保障部《关于推进混合所有制企业和非公有制经济组织从业人员参加医疗保险的意见》（劳社厅〔2004〕5 号）转发给你们，并提出以下意见，请认真贯彻执行。

一、各地要结合贯彻省厅《关于城镇个体经济组织从业人员和自由职业者参加城镇职工基本医疗保险的意见》（鲁劳社〔2003〕13 号）精神，把推进混合所有制企业和非公有制经济组织从业人员作为当前扩面工作的重点来抓，统筹谋划，采取有力措施，切实抓出实效。

二、对外来务工人员（含农村进城务工人员），各地要根据其流动性大、年龄轻、发病率低的特点，制定灵活的参保办法，吸引其参保。

三、进一步完善医疗保险缴费年限认定管理办法，为国有企业转制后的企业职工以及外来务工人员（含农村进城务工人员）接续医疗保险关系。

附件：关于推进混合所有制企业和非公有制经济组织从业人员参加医疗保险的意见（劳社厅发〔2004〕5 号）

关于推进混合所有制企业和非公有制经济组织从业人员参加医疗保险的意见

各省、自治区、直辖市劳动保障厅（局）：

根据《中共中心关于完善社会主义市场经济体制若干问题的决定》关于进一步改革城镇职工基本医疗保险制度的精神，为进一步扩大医疗保险覆盖面，完善医疗保险制度，现就推进混合所有制企业和非公有制经济组织从业人员参加医疗保险工作提出如下意见：

一、统一思想熟悉，明确工作重点

（一）随着经济体制改革进一步深化，国有企业向混合所有制企业转制的进程加快，个体、私营等非公有制经济组织迅速发展，混合所有制企业和非公有制经济组织成为我国城镇新增劳动力、下岗失业人员和农村进城务工人员就业的主要渠道。推进混合所有制企业和非公有制经济组织从业人员参加医疗保险，是贯彻党的十六届三中全会精神、坚持和落实以人为本的科学发展观的重要任务，是进一步深化国有企业改革、完善社会主义市场经济体制的迫切要求，是改善经济环境、促进就业和再就业的重要措施，是提高医疗保险保障能力、确保医疗保险制度稳健运行和可持续发展的客观需要。当前要采取切实措施，加大推进混合所有制企业和非公有制经济组织从业人员参加医疗保险的工作力度，促进基本医疗保险事业全面协调可持续发展。

（二）推进混合所有制企业和非公有制经济组织从业人员参加医疗保险，要以做好在职职工医疗保险关系接续和解决退休人员医疗保险资金为重点，巩固和扩大国有企业转制为混合所有制企业后的参保面。要以私营、民营等非公有制企业为重点，提高中小企业参保率。要以与城镇用人单位建立了劳动关系的农村进城务工人员为重点，积极探索他们参加医疗保险的有效途径和办法。要以大中城市为重点，加强工作指导，妥善处理各方面关系，梯次推进。

二、坚持基本原则，进一步完善政策

（三）对混合所有制企业和非公有制经济组织从业人员，要坚持权利和义务相对应、缴费水平与待遇水平相挂钩的原则，通过建立统筹基金和参加大额医疗费用补助办法将他们纳入医疗保险范围，重点解决大额医疗费用风险。对门诊等未纳入医疗保险支付范围的医疗费用，用人单位应给予适当补助。

（四）逐步将与用人单位形成劳动关系的农村进城务工人员纳入医疗保险范围。根据农村进城务工人员的特点和医疗需求，合理确定缴费率和保障方式，解决他们在务工期间的大病医疗保障问题，用人单位要按规定为其缴纳医疗保险费。对在城镇从事个体经营等灵活就业的农村进城务工人员，可以按照灵活就业人员参保的有关规定参加医疗保险。

（五）切实保障参保人员的医疗保险权益。统一执行基本医疗保险定点治理、医疗服务项目支付范围和标准等医疗服务治理政策和办法，及时结算医疗费用，保证待遇落实。在坚持医疗保险待遇支付基本政策的同时，可以根据不同的保障方式，采取待遇支付标准与连续缴费年限挂钩、建立最低缴费年限制度等办法，鼓励用人单位和各类从业人员连续参保。

三、强化医疗保险治理，提高经办服务水平

（六）加强参保登记、缴费基数核定和基金征缴。对灵活就业人员、个体经济组织业主及其从业人员、外来务工人员以及规模较小的企业等难以准确核定缴费基数的，可以参照当地上年度职工平均工资确定。

（七）根据混合所有制企业和非公有制经济组织用工制度灵活、人员流动性大的特点，充分发挥街道社区劳动保障工作平台的作用，将医疗保险治理服务延伸到街道社区。充分利用银行、邮局等社会窗口，委托办理缴费手续，为参保人员提供方便快捷的服务。

四、加强统筹协调，精心组织实施

（八）各级劳动保障部门要在当地党委和政府的领导下，加大宣传力度，加强部门协调，积极争取工商、税务等部门的支持配合，为推进混合所有制企业和非公有制经济组织从业人员参加医疗保险工作创造良好条件。

（九）各地要在认真调研的基础上，制定重点突出、措施得力的具体方案。加大督促检查力度，及时了解有关情况，分析和研究工作中出现的新情况、新问题，不断总结经验，完善政策和治理措施，积极稳妥地将混合所有制企业和非公有制经济组织从业人员逐步纳入医疗保险范围。

山东省劳动和社会保障厅关于转发劳动和社会保障部《关于促进医疗保险参保人员充分利用社区卫生服务的指导意见》的通知

（2006 年 8 月 21 日　鲁劳社〔2006〕45 号）

各市劳动和社会保障局：

现将劳动保障部《关于促进医疗保险参保人员充分利用社区卫生服务的指导意见》（劳社部发〔2006〕23 号）转发给你们，并提出以下意见，请一并贯彻执行。

一、充分利用社区卫生资源，是解决群众“看病难、看病贵”的重要举措，各级劳动保障部门要提高思想认识，在当地政府的领导下，与有关部门密切配合，发挥医疗保险对定点医疗机构和医疗服务项目管理的作用，促进新型城市社区卫生服务网络的形成，更好地满足参保人员基本医疗需求。

二、进一步细化社区卫生服务机构的定点资格条件，将符合规定的社区卫生服务机构纳入医疗保险定点范围。加强对社区医疗机构服务的管理，对社区医疗机构使用的药品范围、诊疗项目范围以及医疗服务设施进行规范，积极探索门诊慢性病种和家庭病床纳入社区医疗机构管理的有效途径，保障参保人员获得质优价廉的医疗服务。

三、要加强对定点社区卫生服务机构的监督检查，确保参保人员获得基本医疗保险规定的、诊疗疾病所必需的、合理的医疗服务。

四、要不断完善社区劳动保障平台建设，发挥社区劳动保障平台在医疗保险管理中的作用，更好地为参保人员在社区卫生服务机构就医、费用结算等方面提供优质便捷的服务。

关于促进医疗保险参保人员充分利用社区卫生服务的指导意见

各省、自治区、直辖市劳动和社会保障厅（局）：

促进医疗保险参保人员充分利用社区卫生服务，对保障参保人员基本医疗，提高医疗保险基金使用效率具有重要意义。医疗保险制度改革以来，各地在大力推进医疗保险制度建设的同时，按照党中央、国务院的统一部署，结合本地实际，通过扩大社区卫生服务机构及基层医疗机构定点范围、将社区卫生服务中的基本医疗服务项目纳入医疗保险支付范围、以及适当降低参保人员医疗费用自付比例等措施，引导参保人员利用社区及基层医疗服务，既方便了参保人员就医购药，减轻了参保人员费用负担，又促进了医疗机构的公平竞争和社区卫生服务事业的发展。根据《国务院关于发展城市社区卫生服务的指导意见》（国发〔2006〕10号），为进一步发挥社区卫生服务在医疗保障中的作用，促进医疗保险参保人员充分利用社区卫生服务，现提出如下意见：

一、进一步提高思想认识，明确基本原则

（一）以政府为主导，大力发展城市社区卫生服务，构建新型城市卫生服务体系，是当前深化城镇医疗卫生体制改革，解决城市居民看病难、看病贵问题的重要举措。社区卫生服务功能的完善、网络的健全和运行机制的转换，将对城镇医疗保障制度建设以及医疗保险制度功能发挥产生重要的影响。各级劳动保障部门要高度重视，进一步提高思想认识，在当地政府的领导下，与相关部门密切配合，发挥医疗保险对定点医疗机构和医疗服务项目管理的作用，促进新型城市社区卫生服务网络的形成，利用社区卫生服务机构便捷、经济的服务优势，更好地满足参保人员基本医疗需求。

（二）基本原则。坚持城镇医疗卫生体制、药品生产流通体制和医疗保险制度三项改革同步推进的工作方针，按照“低水平、广覆盖”的原则，研究完善城镇医疗保障制度，不断扩大医疗保险覆盖面；坚持保障基本医疗需求的原则，合理确定医疗保险基本保障项目，引导参保人员合理利用医疗服务，确保医疗保险制度稳健运行；坚持严格管理和改善服务并重，强化对医疗服务的监督管理，优化对定点医药服务机构和参保人员的服务；坚持因地制宜，积极推进，配套实施，鼓励探索创新。

二、积极将符合条件的社区卫生服务机构纳入定点范围

（三）要根据当地政府制定的社区卫生服务发展规划，随着医疗保险覆盖面的扩大，积极扩大社区卫生服务机构定点范围。允许各类为社区提供基本医疗服务的基层医疗机构（包括社区卫生服务中心和社区卫生服务站，以及门诊部、诊所、医务所（室）等机构）申请医疗保险定点服务。

（四）在坚持医疗机构定点资格条件基础上，进一步细化社区卫生服务机构的定点资格条件。取得医疗保险定点资格的社区卫生服务机构须符合当地政府制定的社区卫生服务发展规划，达到国家规定的医疗技术人员和设施配置基本标准，严格按照城市社区卫生服务机构管理办法规范内部运行，有明确的基本医疗服务和药品使用范围，执行物价部门制定的社区卫生服务和药品价格管理办法，建立规范的公共卫生与基本医疗服务财务管理制度，管理人员及医务人员掌握医疗保险的各项政策规定，具备医疗保险信息管理要求的基本条件等。

（五）统筹地区劳动保障行政部门要按规定程序及时审查社区卫生服务机构提出的申请及有关证明材料，并及时向社会公布取得定点资格的社区卫生服务机构名单，供参保人员选择。医疗保险经办机构要及时根据参保人员选择意向确定定点社区卫生服务机构并签订定点服务协议。实行一体化管理的社区卫生服务中心和社区卫生服务站要同步审查，均符合条件的要同步纳入定点。对由定点基层医疗机构转型的社区卫生服务机构，可通过签订补充协议的方式继续定点。

三、切实将符合规定的社区卫生服务项目纳入支付范围

（六）要在医疗保险药品目录、诊疗项目范围和医疗服务设施标准规定的范围内，根据物价部门制定的社区卫生服务价格标准，对定点社区卫生服务机构提供的一般常见病和多发病诊疗等基本医疗服务进行逐项审定，明确纳入医疗保险基金支付范围的社区医疗服务项目。要根据行业主管部门制定的家庭病床建床标准及管理规范，制定医疗保险家庭病床管理办法，明确家庭病床医疗服务项目纳入医疗保险基金支付的范围。参保人员发生的家庭病床医疗费用，符合出入院标准的由医疗保险基金按规定给予支付。

（七）医疗保险参保人员公平享受社区卫生服务机构面向辖区居民提供的健康教育、健康检查、预防保健、建立健康档案以及慢性病和精神病社区管理等公共卫生服务，其中按规定应免费提供的服务，医疗保险基金和参保人员个人不再额外支付费用。

四、完善参保人员利用社区医疗服务的引导措施

（八）参保人员选择的定点医疗机构中要有1—2家定点社区卫生服务机构。对实行一体化管理的社区卫生服务机构，参保人员可选择社区卫生服务中心及其下设的1家社区卫生服务站作为定点。有条件的地区，可探索直接与社区医师签订服务协议的定点管理办法。在有条件的地区，要积极配合有关部门探索建立双向转诊制度和开展社区首诊制试点。允许参保人员到定点零售药店直接购买非处方药和持定点医疗机构医师处方购药。

（九）适当拉开医疗保险基金对社区卫生服务机构和大中型医院的支付比例档次。不断完善医疗保险费用结算管理办法。有条件的地区，对纳入统筹基金支付的住院和门诊特殊疾病的医疗费用，可探索按病种确定定额标准，由统筹基金和参保人员按比例分担的费用结算办法。

五、加强医疗保险对社区卫生服务机构的管理与服务

（十）要将有关部门制定的用药指南、诊疗规范、处方管理和医疗质量控制等有关办法或标准纳入定点服务协议，作为日常监督检查和年度考核的内容，并与费用结算相挂钩。开展社区卫生服务机构定点服务评议活动和信用等级评定，建立定点医疗机构费用信息公布制度、违规行为举报制度和参保人员满意度调查制度。要根据日常监督检查、考核评议以及参保人员满意度调查的结果，加强对社区卫生服务机构的定点资格和定点协议的动态管理。对不规范医疗行为严重、发生医疗保险欺诈行为、定点考核不达标以及参保人员满意度低的定点社区卫生服务机构，医疗保险经办机构要解除定点服务协议，追回医疗保险基金损失，并报请劳动保障行政部门取消其定点资格。

（十一）尽快实现医疗保险经办机构与社区卫生服务机构计算机联网，参保人员健康医疗信息共享，医疗费用直接结算。针对社区卫生服务机构特点，制定方便快捷、管理高效的业务管理流程。采取多种方式对定点社区卫生服务机构提供业务培训和技术支持。完善社区劳动保障平台建设，发挥社区劳动保障平台在医疗保险管理中的作用，协调医疗保险参保人员的社区管理。

各级劳动保障部门要在政府统一领导下，积极配合卫生等有关部门，搞好城市社区卫生体系建设中有关试点工作。通过实践探索，不断总结经验，认真研究解决出现的新情况和问题，重大问题及时上报。

山东省劳动和社会保障厅 省财政厅关于印发《中央、省属驻济企业、自收自支和企业化管理事业单位基本医疗保险制度实施意见》和《中央、省属驻济企业、自收自支和企业化管理事业单位基本医疗保险暂行办法》的通知

（2007年6月13日 鲁劳社〔2007〕26号）

医疗保险省级直管单位：

经省政府同意，现将《中央、省属驻济企业、自收自支和企业化管理事业单位基本医疗保险制度实施意见》和《中央、省属驻济企业、自收自支和企业化管理事业单位基本医疗保险暂行办法》印发给你们，请认真贯彻执行。

中央、省属驻济企业、自收自支和企业化管理事业单位基本医疗保险制度实施意见

根据《国务院关于建立城镇职工基本医疗保险制度的决定》（国发〔1998〕44号）、《山东省建立城镇职工基本医疗保险制度实施方案》（鲁政发〔1999〕94号）和《山东省人民政府关于完善城镇医疗保障体系有关问题的通知》（鲁政发〔2003〕108号）等有关文件精神，结合中央、省属驻济企业、自收自支和企业化管理事业单位实际，制定本实施意见。

一、指导思想

建立中央、省属驻济企业、自收自支和企业化管理事业单位基本医疗保险制度，要以“三个代表”重要思想为指导，以科学发展观为统领，适应建立社会主义市场经济体制要求，着眼于制度创新和机制转换，兼顾当前和长远，保证职工的基本医疗需求，实现医疗保险制度的稳健运行和可持续发展。

二、基本原则

基本医疗保险水平要与用人单位和个人的承受能力相适应；中央、省属驻济企业、自收自支和企业化管理事业单位及其职工和退休人员都要参加基本医疗保险；基本医疗保险费由用人单位和职工共同负担；基本医疗保险基金实行社会统筹与个人账户相结合的模式；基本医疗保险基金按照以收定支、收支平衡，略有节余的原则筹集和使用。

三、参保范围

（一）中央、省属驻济企业及其职工和退休人员；

（二）中央、省属驻济自收自支和企业化管理事业单位及其职工和退休人员。

四、主要政策

（一）基本医疗保险费的筹集。基本医疗保险费由用人单位和职工共同缴纳。根据中央、省属驻济企业、自收自支和企业化管理事业单位医疗费用总支出占上年度工资总额的比例，按照基金以收定支、收支平衡、略有节余的原则确定筹资水平。

（二）建立基本医疗保险统筹基金和个人账户。职工个人缴纳的基本医疗保险费全部计入个人账户，用人单位缴纳的基本医疗保险费30%左右划入个人账户，其余部分用于建立统筹基金。

个人账户和统筹基金划定各自支付范围，分别核算，不能相互挤占。统筹基金有确定的起付标准和最高支付限额，起付标准以下的医疗费用从个人账户中支付或个人自付，起付标准以上、最高支付限额以下的费用，主要由统筹基金支付，个人负担一定比例。超过最高支付限额以上的费用，通过建立大额医疗补助金等渠道解决。

（三）对困难企业可以降低缴费比例，不建个人账户，单建统筹基金，保障其职工和退休人员的住院医疗待遇。

（四）基本医疗保险基金纳入财政专户管理，专款专用，不得挤占挪用。省社会保险事业局负责基金的筹集和支付，省劳动保障厅、省财政厅负责对基金筹集和支付进行管理和监督。

五、管理服务

基本医疗保险实行定点医疗机构和定点药店管理，省劳动保障厅、省财政厅负责定点医疗机构的资格审定，按照中西医并重，基层、专科和综合医疗机构兼顾，方便职工就医的原则确定定点医疗机构。逐步将符合条件的社区卫生服务机构纳入基本医疗保险定点范围。

基本医疗保险基金支付参保人员的医疗费用，须符合山东省基本医疗保险药品目录、诊疗项目目录、医疗服务设施范围和支付标准的规定。

六、实施步骤

在充分调研测算基础上，制定有关配套文件，明确具体政策和管理措施。同时，积极做好参保单位和参保人员信息登记、定点医疗机构选择、计算机信息系统建设等基础性工作。于2007年9月1日启动实施中央、省属驻济企业、自收自支和企业化管理事业单位基本医疗保险工作。

七、政策宣传

基本医疗保险制度改革政策性强，涉及广大职工群众的切身利益，要通过不同形式的宣传教育，把基本医疗保险制度改革的意义讲透，把政策讲清，使广大职工能正确处理好局部利益与整体利益、眼前利益与长远利益的关系，自觉地支持和积极参与改革。

八、组织领导

基本医疗保险制度改革工作，广大职工群众关心，社会各界关注。省劳动保障厅要加强领导和组织协调，精心组织实施，及时研究解决工作中出现的问题；各参保单位和定点医疗机构要统一思想，高度重视，明确人员分工，密切配合，确保医疗保险制度改革平稳启动和稳健运行。

中央、省属驻济企业、自收自支和企业化管理事业单位基本医疗保险暂行办法

第一条 根据《中央、省属驻济企业、自收自支和企业化管理事业单位基本医疗保险制度实施意见》精神，结合中央、省属驻济企业、自收自支和企业化管理事业单位实际，制定本办法。

第二条 中央、省属驻济企业、自收自支和企业化管理事业单位基本医疗保险参保范围。

（一）中央、省属驻济企业及其职工和退休人员；

（二）中央、省属驻济自收自支和企业化管理事业单位及其职工和退休人员。

以上单位统称用人单位，职工和退休人员统称参保人员。

第三条 省劳动保障厅主管中央、省属驻济企业、自收自支和企业化管理事业单位基本医疗保险工作，省社会保险事业局具体负责基本医疗保险基金的筹集和待遇支付等经办事务。

第四条 基本医疗保险费的筹集。

（一）基本医疗保险费由用人单位和职工个人共同缴纳。用人单位以本单位上年度职工工资总额为缴费基数，按8%的比例缴纳基本医疗保险费，职工以上年度本人月平均工资为缴费基数，按2%的比例缴纳基本医疗保险费。本办法实施前已经退休的人员，个人不缴纳基本医疗保险费。

（二）实行最低缴费年限制度。本办法实施后，参保职工累计缴费年限（含视同缴费年限）达到男满 30 年、女满 25 年的，退休后个人不再缴纳基本医疗保险费，按规定享受基本医疗保险待遇。职工符合退休条件办理退休手续时，达不到最低缴费年限的，须由个人和用人单位按规定的缴费基数和比例一次性补缴基本医疗保险费。符合国家和省规定的连续工龄或工作年限，由省劳动保障部门核定后视同缴费年限。

（三）用人单位缴纳的基本医疗保险费，企业从成本费用中列支，事业单位从社会保障费中列支。

（四）基本医疗保险基金严格执行国家和省有关法律、法规的规定，存入财政专户，实行收支两条线管理，专款专用。具体管理办法另行下发。

第五条 建立基本医疗保险个人账户和统筹基金。

用人单位和职工个人缴纳的基本医疗保险费，分别建立医疗保险个人账户和统筹基金。

（一）医疗保险个人账户。个人账户金由两部分构成：职工个人缴纳的基本医疗保险费，全部划入本人个人账户；用人单位缴纳的基本医疗保险费暂按以下标准划入个人账户：

不满 35 周岁的职工，每月划入 30 元；

35 周岁（含 35 周岁）以上不满 45 周岁的职工，每月划入 50 元；

45 周岁（含 45 周岁）以上不满 55 周岁的职工，每月划入 70 元；

55 岁（含 55 周岁）以上的职工，每月划入 90 元；

不满 60 周岁的退休人员，每月划入 150 元；

60 周岁（含 60 周岁）以上不满 70 周岁的退休人员，每月划入 170 元；

70 周岁（含 70 周岁）以上的退休人员，每月划入 200 元。

实施基本医疗保险制度之后的前 3 年，有条件的单位应每年以参保人员本人上年度月平均工资或基本养老金为标准，为参保人员个人账户注入一个月的医疗费用作为医疗补助。个人账户的本金和利息归个人所有，可以结转使用和继承。

（二）用人单位缴纳的基本医疗保险费划入个人账户后剩余部分作为统筹基金，用于门诊和住院费用统筹。

第六条 门诊（含急诊，下同）医疗保险待遇。

在门诊发生的符合基本医疗保险规定的费用，先由个人账户金或个人自付至上年度中央、省属驻济企业、自收自支和企业化管理事业单位年平均工资（以下简称省直平均工资）的5%，超过的部分，由门诊费用统筹金和参保人员按比例负担：在三级医疗机构发生的费用，职工个人负担25%，退休人员负担20%，建国前参加工作的老工人负担15%；在二级及以下医疗机构发生的费用个人负担相应降低5个百分点；其余部分由统筹基金支付。一个医疗年度内，统筹基金支付门诊费用最高支付限额为4000元。超出的部分通过建立企业补充医疗保险等渠道予以解决。

第七条 住院（含急诊观察室，下同）医疗保险待遇。

（一）统筹基金支付住院医疗费设立起付标准和最高支付限额。起付标准是指统筹基金支付前先由个人账户支付或个人自付的医疗费用额度。起付标准按医疗机构的不同级别确定。一个医疗年度内，参保人员首次住院的起付标准：三级医疗机构为上年度省直平均工资的4%左右，二级及以下医疗机构为1%左右；第二次住院起付标准减半，自第三次住院起不再设立起付标准。一个医疗年度内，统筹基金支付住院费用的最高支付限额为省直平均工资的4倍左右。

（二）起付标准以上、统筹基金最高支付限额以下的住院医疗费用，由统筹基金和参保人员按比例负担。参保人员负担的具体比例为：职工15%，退休人员10%，建国前参加工作的老工人5%；其余部分由统筹基金支付。

一至四级工伤职工因病（非因工）发生的住院医疗费用，参照退休人员负担比例执行。

（三）参保人员在门诊进行尿毒症透析、恶性肿瘤放化疗及相关治疗、器官移植后抗排异治疗及精神病人（以下简称门诊大病）发生的费用，每个医疗年度按一次住院管理和结算，且不设起付标准。

第八条 建立大额医疗费用补助金。为妥善解决住院医疗费用统筹基金最高支付限额以上的医疗费用，切实减轻用人单位和参保人员负担，建立大额医疗费用补助金，筹资标准为每人每月10元，所需资金由参保人员和用人单位共同缴纳。

参保人员发生的超过统筹基金最高支付限额以上的住院医疗费用，由大额医疗费用补助金支付95%，个人负担5%。

第九条 转外就诊规定。参保人员因病情需要，需转往省外就诊治疗的，须由三级定点医疗机构提出申请，并经省社会保险事业局核准。转往省外就医发生的医疗费用，个人先负担总费用的10%后，再按第六、七、八条的有关规定执行。未经批准转诊的，统筹基金不予承担医疗费用。

第十条 用人单位按时足额缴费的，其参保人员自次月起享受基本医疗保险待遇。用人单位欠缴基本医疗保险费的，自欠费的次月起暂停支付其职工的基本医疗保险待遇（个人账户剩余资金可继续使用）；用人单位欠费超过6个月的，在暂停其职工基本医疗保险待遇的同时，暂停其单位退休人员基本医疗保险待遇。用人单位从补齐欠费和滞纳金的次月起，恢复其参保人员的基本医疗保险待遇。欠费期间参保人员发生的医疗费用，由用人单位

按照第六、七、八、九条的规定承担。

第十一条 不能足额缴费的困难单位以上年度省直平均工资的60%作为缴费基数，按5%的比例缴纳住院医疗保险费。职工不建个人账户，只保障其住院（含门诊大病）医疗保险待遇；

退休人员建个人账户，享受正常的基本医疗保险待遇。

第十二条 基本医疗保险基金和大额医疗费用补助金支付参保人员的医疗费用，应符合山东省基本医疗保险药品目录、诊疗项目目录、医疗服务设施范围和支付标准的规定。

第十三条 基本医疗保险基金和大额医疗费用补助金不予支付的费用：

（一）在非本人定点医疗机构就医（急诊除外）所发生的医疗费用；

（二）不符合基本医疗保险用药范围、诊疗项目、医疗服务设施范围和支付标准的医疗费用；

（三）因违法犯罪、酗酒、斗殴、吸毒、自残自杀（精神病除外）等发生的医疗费用；

（四）因交通事故、医疗事故以及其它应由赔付责任者支付的医疗费用；

（五）职工因工伤（含旧伤复发）、生育发生的医疗费用；

（六）出国、出境期间发生的医疗费用；

（七）其他按照国家和省规定不属于支付范围的费用。

第十四条 医疗服务管理。省劳动保障厅会同省财政厅负责定点医疗机构的资格审定，并参照参保人员的选择意向，根据中西医并重，基层、专科和综合医疗机构兼顾，方便职工就医的原则确定定点医疗机构。逐步将符合条件的栏区卫生服务机构纳入基本医疗保险定点范围，探索建立社区首诊制和双向转诊制度。

省社会保险事业局与定点医疗机构签订包括服务对象、服务范围、服务质量、医疗费用结算办法、费用支付标准及费用审核与控制等内容的协议，明确各自的责任、权利和义务。

定点医疗机构和用人单位设立医疗保险管理机构或配备专（兼）职管理人员，建立相应的规章制度，积极为参保人员做好管理服务工作。

第十五条 违反基本医疗保险有关规定的处理：

（一）参保单位有下列行为之一的，由省社会保险事业局责令限期改正，造成基金流失的，予以追回；应当给予行政处罚的，由省劳动保障厅依法予以处罚。

1. 用人单位未按规定办理基本医疗保险登记、变更登记或注销登记，或者未按规定申报应当缴纳的基本医疗保险费数额的；

2. 用人单位违反国家有关法律法规和有关规定，伪造、编造、故意毁灭有关账册材料，或者不设账册，致使医疗保险缴费基数无法确定的；

3. 其他违反基本医疗保险规定的行为。

（二）定点医疗机构有下列情况之一的，由省社会保险事业局责令限期改正或暂停定点医疗机构服务协议，造成基金流失的，予以追回；情节严重的，由省劳动保障厅取消定点医疗机构资格。

1. 将非参保人员的医疗费列入基金支付范围的；

2. 将非基本医疗保险支付的费用列入基金支付范围的；

3. 违反收费规定，擅自提高收费标准，分解或增加收费项目的；

4. 不坚持出入院标准，将不符合住院条件的参保人员收住入院或将应予出院的参保人员继续滞留住院的；

5. 采用病人冒名住院、挂床住院、作假病历的；

6. 违反诊疗常规，重复、超量给药，滥用及重复做大型设备检查的；

7. 其他违反基本医疗保险规定的行为。

（三）参保人员有下列行为之一的，由省社会保险事业局责令限期改正或暂停其医疗保险待遇，造成基金流失的，予以追回；应当给予行政处罚的，由省劳动保障厅依法予以处罚。

1. 医疗保险证转借他人或冒用他人的医疗保险证就医的；

2. 采取不当手段骗取基本医疗保险基金的；

3. 违反基本医疗保险规定的其他行为。

第十六条 省属经营开发类事业单位改企转制时有关人员的医疗保障办法，按照《关于促进省属经营开发类事业单位改企转制有关问题的意见》（鲁财办〔2006〕17号）有关规定执行。

第十七条 用人单位在参加基本医疗保险的基础上，应按照国家和省的有关规定建立补充医疗保险，保证参保人员的医疗待遇水平不降低。具体办法另行制定。

第十八条 中央、省属驻济企业、自收自支和企业化管理事业单位职工年平均工资、住院起付标准及最高支付限额等有关待遇支付标准，由省劳动保障厅会同省财政厅于每个医疗年度初公布。

第十九条 根据基金收支情况和参保人员个人负担情况，省劳动保障厅、省财政厅可适时对基本医疗保险缴费比例及待遇支付比例进行调整。

第二十条 中央、省属驻济企业、自收自支和企业化管理事业单位离休干部不适用本办法，其医疗待遇不变，医疗费用按有关规定执行。

第二十一条 本办法由省劳动保障厅会同省财政厅负责解释。

第二十二条 本办法自2007年9月1日起施行。

山东省劳动和社会保障厅关于在中央、省属驻济企业中建立企业补充医疗保险有关问题的通知

（2007 年 8 月 13 日　鲁劳社〔2007〕44 号）

中央、省属驻济企业：

为建立完善多层次医疗保障体系，保障职工的医疗待遇水平，根据《财政部、劳动保障部关于建立企业补充医疗保险有关问题的通知》（财社〔2002〕18 号）及省财政厅、劳动保障厅《关于建立企业补充医疗保险的指导意见》（鲁财社〔2002〕32 号）等文件精神，结合中央、省属驻济企业实际，先就建立企业补充医疗保险工作的有关问题通知如下：

一、中央、省属驻济企业在参加省直基本医疗保险的基础上，有条件的都要建立企业补充医疗保险，以保证参保人员的待遇水平总体不降低。

二、企业补充医疗保险支付范围应符合省规定的基本医疗保险药品目录、诊疗项目目录及服务设施范围的规定。企业补充医疗保险资金原则上用于以下方面：

1. 门诊费用补助：门诊发生的费用超过基本医疗保险统筹基金支付限额的部分，由企业补充医疗保险金给予适当补助；

2. 住院费用补助：包括住院起付标准和住院费用个人负担较重的补助；

3. 对使用乙类药品、贵重仪器检查治疗、高值医用材料等个人负担较重的补助；

4. 对企业科技拔尖人才、劳动模范、管理骨干、医疗保健

人员等医疗照顾人员个人负担的医疗费给予适当补助；

5. 对在本单位未列入医保定点的单位卫生室的门诊医药费给予补贴；

6. 经企业职工代表大会通过可以支付的其他符合规定的医疗费。

三、企业补充医疗保险费的提取比例、列支渠道及管理监督等按照财社〔2002〕18号、鲁财社〔2002〕32号等规定执行。

四、中央、省属驻济自收自治事业单位和企业化管理事业单位参照执行。

各单位要根据本通知精神，根据本单位经济承受能力和目前医疗待遇水平，制定切实可行的具体实施意见，在参加省直基本医疗保险时一并报省劳动保障厅、财政厅备案。同时，要建立补充医疗保险支付情况报告制度，每年1月15日前各单位要将上年度单位补充医疗保险支付情况连同《单位补充医疗保险资金支付情况统计表》报送省社会保险事业局。

山东省人力资源和社会保障厅等部门关于妥善解决关闭破产国有企业退休人员等医疗保障有关问题的通知

（2009 年 7 月 14 日　鲁人社〔2009〕16 号）

各市劳动和社会保障局、财政局、国资委、监察局：

近几年来，省委、省政府和各级党委、政府采取一系列措施，认真解决关闭破产企业退休人员医疗保障问题，取得了明显成效。为认真贯彻人力资源社会保障部、财政部、国资委和监察部《关于妥善解决关闭破产国有企业退休人员等医疗保障有关问题的通知》（人社部发〔2009〕52 号）精神，全面解决各类关闭破产企业退休人员参保等问题，经省政府同意，现就有关问题通知如下：

一、各地要认真按照人社部发〔2009〕52 号文件要求，采取切实有效措施，于 2009 年年底前将未参保的关闭破产国有企业退休人员纳入当地城镇职工基本医疗保险；2010 年年底前将关闭破产集体企业等其他关闭破产企业退休人员和困难企业职工纳入基本医疗保险，切实保障他们的基本医疗需求。

二、各地要通过多渠道筹资的办法，妥善解决关闭破产国有企业退休人员参加城镇职工基本医疗保险所需资金。在企业实施关闭破产时，要严格按照《企业破产法》相关规定，通过企业破产财产偿付退休人员参保所需费用。企业破产财产不足偿付的，可以通过未列入破产财产的土地出让所得、财政补助、医疗保险基金结余调剂等多渠道筹资解决。市级财政对困难县（市、区）应给予帮助和支持。各级政府安排用于帮助解决关闭破产企业退休人员参保的补助资金，可分年到位。对地方依法破产国有企业退休人员参加城镇职工基本医疗保险，中央和省财政按照“奖补结合”原则给予一次性补助。今后，各地必须严格执行《企业破产法》等法律法规，妥善解决关闭破产企业退休人员参保所需资金，中央和省财政不再给予补助。

三、各地要将关闭破产国有企业退休人员及其参保所筹集资金纳入属地城镇职工基本医疗保险体系统一管理，不得单独管理、封闭运行。退休人员基本医疗待遇与原所属企业（或企业集团）脱钩，统筹地区应按规定确保退休人员享受当地城镇职工基本医疗保险的相关待遇。对中央和中央下放地方政策性关闭破产国有企业退休人员属地参保，中央财政给予一次性补助。

四、各地要认真研究制定关闭破产集体企业等其他各类关闭破产企业退休人员及困难企业退休人员和职工纳入城镇职工基本医疗保险的具体实施办法，尽最大可能将其纳入城镇职工基本医疗保险。对无力支付职工最低工资连续 6 个月以上或停产停业 6 个月以上、濒临破产、职工仅发生活费的企业，确有困难、难以参加城镇职工医保的，经市级人民政府审核同意并报省政府批准后可纳入城镇居民医保，中央和省财政按照城镇居民基本医疗保险有关规定给予补助。劳动保障等部门要认真按照规定严格组织实施，防止有缴费能力的企业逃避参加城镇职工基本医疗保险的缴费责任，损害退休人员和职工权益。在解决关闭破产企业退休人员参保问题的同时，各级要按照省政府办公厅《关于加快推进城镇基本医疗保障制度建设的指导意见》（鲁政办发〔2009〕46 号）要求，加快城镇职工基本医疗保险和城镇居民基本医疗保险的扩面进度，确保实现到 2011 年年底城镇职工基本医疗保险、城镇居民基本医疗保险参保率均达到 90%以上的目标。各级要继续认真贯彻落实《山东省建立城镇职工基本医疗保险制度实施方案》（鲁政发〔1999〕94 号）及其他相关文件精神，大力推进解决城镇非公有制经济组织从业人员、灵活就业人员、就业困难人员参保问题，将本行政区域内各类机关事业单位和企业单位及其职工全部纳入属地城镇职工基本医疗保险。同时，要加快推进城镇居民基本医疗保险制度建设工作，切实将城镇非就业居民尽快纳入城镇居民基本医疗保险。为激励各级进一步扩大医疗保险覆盖面，推动解决关闭破产集体企业退休人员和困难企业职工等其他城镇未参保人员医疗保障问题，结合中央办法，省对下考核后给予适当奖励。

五、各市、县（市、区）政府要切实承担责任，进一步明确政策，制定周密详尽、切实可行的工作方案，切实加大工作指导力度，确保专款专用和工作目标的实现。为强化工作责任，明确工作要求，省政府与市政府、市政府与县政府要签订工作目标协议书。各级政府要精心组织，制定具体实施计划，确保按期完成工作任务。各级要积极调整支出结构，努力通过多渠道方式筹措所需资金，确保资金到位。到 2011 年年底，各市解决关闭破产国有企业退休人员参保问题地方政府所需筹集资金到位率要达到 50%。各市政府在分配上级和本级财政补助资金时，要对关闭破产企业退休人员和困难企业职工参保任务重、财力困难的县（市、区）给予倾斜。各市政府要发挥监督和协调作用，督促落实各项政策。省有关部门将对各地落实本通知的情况适时进行督查。

山东省人力资源和社会保障厅等部门关于加快推进关闭破产国有企业退休人员等参加基本医疗保险工作的通知

（2010 年 1 月 29 日　鲁人社办发〔2010〕13 号）

各市人力资源社会保障（劳动保障）局、财政局、国资委、监察局：

为加快推进关闭破产国有企业退休人员等参加城镇基本医疗保险工作步伐，切实保障他们的基本医疗，将党中央、国务院和省委省政府的这项重大惠民政策落到实处，根据人力资源和社会保障部办公厅等 4 部门《关于加快推进关闭破产国有企业退休人员等参加基本医疗保险工作的通知》（人社厅发〔2009〕149 号）精神，现就有关问题通知如下：

一、提高认识，切实抓好组织实施工作

妥善解决关闭破产企业退休人员医疗保障问题是全面推进城乡医疗保障体系建设、深化医药卫生体制改革的重大举措，是党中央、国务院的重大决策部署。各有关部门要按照《山东省人民政府关于印发医药卫生体制改革近期重点实施方案（2009—2011 年）的通知》（鲁政发〔2009〕90 号）精神，进一步统一思想，提高认识，密切配合，加强协作，按照工作方案的时间和步骤认真抓好组织实施。要积极筹措地方配套资金，并在地方配套资金落实到位的基础上，及时将中央和省下拨的补助资金下拨到各统筹地区。要加强对各统筹地区工作的指导、协调和督促，并做好退休人员的参保登记等具体工作。

二、加快进度，抓紧解决关闭破产国有企业退休人员参保问题

（一）确保按时完成工作任务

各市要认真做好自查工作，对《关于妥善解决关闭破产国有企业退休人员等医疗保障有关问题的通知》（鲁人社〔2009〕16号）涉及的关闭破产国有企业退休人员进行逐户逐人核实，并及时做好资料收集、参保登记以及证卡发放工作，确保将符合范围的退休人员全部纳入属地城镇职工基本医疗保险范围。

（二）积极筹措地方配套资金

2008年、2009年省财政已结合中央财政补助资金，根据各市上报的截止到2007年5月底的关闭破产国有企业退休人员的参保情况预拨了部分补助资金，省财政还将按照规定对各市进行清算。对部分市反映的原漏报及2007年5月以后新增的未参保地方政策性关闭破产和地方依法破产国有企业退休人员的参保补助资金问题，各市要按照鲁人社〔2009〕16号文件的要求，通过多渠道及分年到位等方式筹措所需资金，中央和省财政不再追加补助资金。

（三）积极稳妥做好中央和中央下放地方政策性关闭破产国有企业退休人员属地参保工作

各市要认真按照鲁人社〔2009〕16号文件要求，落实《协议书》的各项责任，将这部分人员全部纳入属地城镇职工基本医疗保险体系统一管理，不得单独管理、封闭运行。各有关部门要密切配合，加大工作力度，积极研究制定切实可行的移交方案，尽快组织实施。对未按照规定时间将中央和中央下放地方政策性关闭破产国有企业退休人员纳入属地参保的市，省财政将酌情扣减补助资金。

三、统筹谋划，及时研究解决其它关闭破产企业退休人员和困难企业职工的医疗保障问题

省政府《实施方案》中明确提出："在2010年底前，将关

闭破产集体企业等其他各类破产企业退休人员和困难企业职工纳入城镇职工医保，确有困难的，经市政府审核并报省政府批准后，可以参加城镇居民医保。”各市要按照省政府提出的工作要求，在全面解决关闭破产国有企业退休人员参保的基础上，统筹谋划，针对本市关闭破产集体企业和困难企业的实际情况，分类研究解决办法，落实参保资金，确保在2010年底前将这部分人员纳入属地参保范围。对确实无力参加城镇职工医保而需要参加城镇居民医保的，各市要按照鲁人社〔2009〕16号规定的条件，制定和完善相关配套措施，并报省政府审批后稳妥组织实施，确保不出现影响社会稳定的问题。省在考核各市医疗保险参保率时，将把各类关闭破产企业退休人员、困难企业职工参保情况与其他各类城镇人口一并进行考核，通过以奖代补的方式给予补助。

四、密切跟踪，及时按要求上报工作进展情况

解决好关闭破产国有企业退休人员等各类人员的医疗保障问题是当前医保工作的一件大事，是完成省政府3年扩面重点工作目标，维护社会和谐稳定的关键环节。各市政府和有关部门要进一步统一思想、提高认识，密切配合，加大工作力度，认真做好对统筹地区的跟踪检查和督促指导。为确保各市按时完成工作任务，请各市组织所属统筹地区按照《协议书》的要求，按月逐级填报《关闭破产国有企业退休人员等参加基本医疗保险情况表》(见附件)，并于每月10日前以纸质和execl表电子版两种形式报送省人力资源和社会保障厅医疗保险处。

附件：关闭破产国有企业退休人员等参加基本医疗保险情况表

(附件本书略)

山东省人力资源和社会保障厅关于省级直管单位城镇职工基本医疗保险有关问题的通知

（2010年5月4日　鲁人社发〔2010〕23号）

医疗保险省级直管单位：

根据原山东省劳动和社会保障厅、山东省财政厅《中央、省属驻济企业、自收自支和企业化管理事业单位基本医疗保险暂行办法》（鲁劳社〔2007〕26号）的规定，为鼓励用人单位参保缴费，合理确定职工的门诊医疗待遇水平，现将省级直管单位城镇职工基本医疗保险有关问题通知如下：

一、适当增加部分职工划入个人账户金额。自2010年6月起，职工月缴费基数为省级直管单位职工月平均在岗缴费工资150%以上至200%（含）的，每人每月划入个人账户资金增加10元；200%以上至250%（含）的，每人每月划入个人账户资金增加20元；250%以上的，每人每月划入个人账户资金增加30元。

二、提高统筹基金支付普通门急诊医疗费用限额。自2010年1月起，统筹基金支付普通门急诊医疗费用限额由4000元提高到4500元。

三、部分单位实行分步参保办法。列入省级直管单位城镇职工基本医疗保险参保范围，尚未参保的流动性强、驻外人员较多的用人单位，可按上年度用人单位缴费工资总额的5%筹资，参加省级直管单位住院费用（含门诊大病）统筹，普通门诊医疗费用暂由单位管理。待条件成熟后，再将普通门诊医疗费用纳入省级直管单位门诊统筹管理。

四、妥善解决保健人员的床位费。按照国家、省有关规定享受医疗保健待遇的人员，其超出基本医疗保险支付标准的床位费由用人单位从补充医疗保险费中适当解决。

五、工伤、生育医疗费用列支渠道。参保单位职工因工伤（含旧伤复发）、生育发生的医疗费用，已参加工伤、生育保险统筹的，由工伤、生育保险基金中支付；未参加工伤、生育保险统筹的，由单位从原渠道解决。

山东省人力资源和社会保障厅 省财政厅关于领取失业保险金期间的失业人员参加职工基本医疗保险有关问题的通知

（2011年7月25日 鲁人社发〔2011〕61号）

各市人力资源社会保障局、财政局，省社会保险事业局：

为贯彻落实《中华人民共和国社会保险法》精神，做好领取失业保险金期间的失业人员（以下简称“领取失业保险金人员”）参加职工基本医疗保险（以下简称“职工医保”）工作，接续基本医疗保险关系，保障合理的医疗待遇水平，根据人力资源社会保障部、财政部《关于领取失业保险金人员参加职工基本医疗保险有关问题的通知》（人社部发〔2011〕77号）要求，结合我省实际，现就有关问题通知如下：

一、领取失业保险金人员应按规定参加其失业前失业保险参保地的职工医保，缴费基数可参照统筹地区上年度职工平均工资的一定比例确定，最低比例不低于60%，缴费率按照统筹地区的缴费率确定。

二、领取失业保险金人员参加职工医保应缴纳的基本医疗保险费从失业保险基金中支付，个人不缴费。失业保险经办机构为领取失业保险金人员缴纳基本医疗保险费的期限与领取失业保险金期限相一致。

领取失业保险金人员参加职工医保的缴费年限与其失业前参加职工医保的缴费年限累计计算。

三、领取失业保险金人员参加职工医保当月起按规定享受相应的住院和门诊医疗保险待遇，享受待遇期限与领取失业保险金期限相一致，不再享受原由失业保险基金支付的医疗补助金待遇（包括日常门诊医疗补助金和住院医疗补助金）。门诊医疗待遇的保障形式由各市确定。

四、在失业人员办理申领失业保险金手续时，对符合领取失业保险金条件的失业人员，失业保险经办机构应告知其参加职工医保、享受医疗保险待遇的相关政策，并统一为领取失业保险金人员办理职工医保参保（续保）、缴费（续缴费）手续。

五、领取失业保险金人员出现法律规定的情形或领取期满而停止领取失业保险金的，失业保险经办机构为其办理停止缴纳基本医疗保险费的相关手续。

失业保险经办机构应将缴费金额、缴费时间等有关信息及时告知医疗保险经办机构和领取失业保险金人员本人。

停止领取失业保险金人员按规定相应参加职工医保、城镇居民基本医疗保险或新型农村合作医疗。

六、领取失业保险金人员失业保险关系跨省、自治区、直辖市或在山东省内跨统筹地区转入户籍所在地的，其职工医保关系随同转移，执行转入地职工医保政策。应缴纳的基本医疗保险费按转出地标准一次性划入转入地失业保险基金。转入地失业保险经办机构按照当地有关规定为领取失业保险金人员办理职工医保参保缴费手续。

转出地失业保险基金划转的资金缴纳转入地职工医保费的不足部分，由转入地失业保险基金予以补足，超出部分并入转入地失业保险基金。

七、领取失业保险金人员包括 2011 年 7 月 1 日后办理领取手续领取失业保险金人员，以及 2011 年 7 月 1 日前已经开始领取、7 月 1 日后仍在领取失业保险金的人员。

八、领取失业保险金人员参加职工医保政策自 2011 年 7 月 1 日起执行。领取失业保险金人员参加职工医保工作，政策性强、工作量大，对强化失业保险保障功能具有重要意义。各地要高度重视，加强组织领导，因地制宜，统筹规划，搞好测算，抓紧研究制订工作方案，尽早出台贯彻实施办法。加强信息系统建设，规范运转程序，加大政策宣传力度，确保工作顺利实施。

人力资源社会保障部门和财政部门要密切协作，及时沟通，切实做好领取失业保险金人员参加职工医疗保险工作；对工作中出现的新情况和新问题，要认真分析研究，不断完善政策、加强管理、改进服务，并及时向上级部门反映。

山东省人力资源和社会保障厅转发人力资源和社会保障部《关于进一步推进医疗保险付费方式改革的意见》的通知

（2011年8月1日　鲁人社发〔2011〕64号）

各市人力资源和社会保障局：

现将人力资源和社会保障部《关于进一步推进医疗保险付费方式改革的意见》（人社部发〔2011〕63号）转发给你们，并结合我省实际，提出以下意见，请一并贯彻执行。

一、充分认识推进付费方式改革的重要性

付费方式是医保基金支出控制的关键环节，直接影响医疗机构的运行方式和医师的诊疗行为。大力推进付费方式改革，对于促进医疗机构规范服务，从机制上控制医疗费用不合理上涨，规范医师的医疗行为，提高医疗服务水平和医疗保障水平，维护参保人员的基本医疗权益，实现医疗保险持续健康发展具有十分重要的意义。各级要充分认识付费方式改革的重要性和复杂性，按照人社部发〔2011〕63号文件的要求，把推进付费方式改革作为当前医疗保险经办管理工作的重中之重，紧密结合本地实际，认真总结经验，根据各种付费方式的利弊，综合采取各种措施，做到扬长避短，切实发挥好付费方式改革的作用。

二、准确把握付费方式改革的方向和重点

要按照“以收定支、收支平衡”的要求，坚持保障基本、建立机制、加强管理、因地制宜的原则，勇于探索，大胆创新。当前改革的重点是，结合基金收支预算管理加强总额控制，探索总额预付，结合门诊统筹的开展探索按人头付费，结合住院和门诊大病的保障探索按病种付费，建立和完善医疗保险经办机构与定点医疗机构的谈判协商机制与风险分担机制，逐步形成与基本医疗保险制度发展相适应，激励与约束并重的支付制度。

实行总额预付办法，要统筹考虑定点医疗机构级别、类别、特点、承担的服务量以及门诊就诊率、住院率、费用构成、目录外自费项目费用比例、成本调整等因素，确保总额控制指标科学合理。实行按住院平均定额付费办法的地方，要合理核定住院人次指标和定额标准。对住院时间长、不易治愈的精神疾病可实行按床日付费办法。要加强基金预算管理，认真编制基本医疗保险基金收支预算。采取总额预付办法要重点防范医疗机构将总额指标分解下达到科室、医师，产生医疗服务提供不足、推诿重症患者等行为。实行按人头付费，要细化明确基层医疗卫生机构的保障责任，防止减少参保人员的医疗服务。实行按病种付费，要科学合理选择病种，先易后难，优先选择临床路径明确、并发症与合并症少、诊疗技术成熟、质量可控且费用稳定的常见病、多发病起步，逐步延伸扩展，到今年年底，各市都要选择部分病种实行按病种付费。实行按病种付费办法要重点防范诊断升级、分解住院等行为。同时各市要进一步建立和完善基层医疗卫生机构与上级医院之间的双向转诊制度和费用结算激励机制，并积极探索转外就医、异地安置等人员的管理办法和付费方式。无论采取哪种付费方式，都要切实保障参保人的权益，合理确定个人费用分担比例，不额外增加参保人员个人负担。

要积极开展协商谈判，认真做好协议的签订工作。将各种付费方式具体指标和结算标准在协议中细化、具体化，明确医疗保险经办机构和定点医疗机构双方的权利和义务，将各种指标、违约行为的处罚措施，体现在医保经办机构和定点医疗机构双方签订的协议中，增强付费方式的可操作性和费用的可控性。对部分使用广泛的贵重药品和高值医用材料可通过谈判，发挥团购优势，以减轻参保人员个人负担，提高基金使用效率。

要进一步完善医疗保险信息系统，尽快做到医保执业医师处方明细上传，加强对医疗费用支出情况的监督。要定期对医疗保险基金运行情况进行分析，及时总结医疗费用支出规律，为不断完善结算办法提供参考依据。

三、精心制定工作方案，稳妥组织实施

推进付费方式改革，是一项长期的、复杂的任务，各地要统一思想，提高认识，切实加强领导，精心组织力量，周密组织实施。

为了培育和树立典型，总结改革经验，加强工作指导，省厅选择青岛、淄博、济宁作为重点联系城市，搭建上下联动、互相交流的工作平台。重点联系城市要积极探索，先行一步，及时总结工作经验，为全省付费方式改革发挥典型引路作用。

各市人力资源社会保障部门要按照本通知要求，制定推动付费方式改革的工作方案，明确改革目标、改革思路以及推进步骤，于10月底前报送省厅备案，并尽快组织实施。

付费方式改革涉及到多方利益的调整，政策性强，各方面十分敏感。各级在改革过程中，要注意维护政策的连续性和稳定性，加强与财政、卫生、物价等部门的协调配合，对改革方案充分酝酿论证，广泛深入听取各方面的意见和建议，凝聚共识，做好宣传工作，防止引起震动，影响参保人员看病就医。改革中遇有重大问题要及时向省厅报告。

人力资源和社会保障部关于进一步推进医疗保险付费方式改革的意见

各省、自治区、直辖市、人力资源社会保障厅（局），新疆生产建设兵团劳动保障局：

基本医疗保险制度建立以来，各地积极探索有效的医疗保险付费方式，在保障参保人员权益、规范医疗服务行为、控制医疗费用增长和促进医疗机构发展等方面发挥了重要作用。随着医药卫生体制改革的深化，对完善医疗保险付费体系提出了更新更高的要求。按照党中央、国务院关于深化医药卫生体制改革的总体部署，为进一步推进医疗保险付费方式改革，现提出如下意见：

一、推进付费方式改革的任务目标与基本原则

当前推进付费方式改革的任务目标是：结合基金收支预算管理加强总额控制，探索总额预付。在此基础上，结合门诊统筹的开展探索按人头付费，结合住院门诊大病的保障探索按病种付费。建立和完善医疗保险经办机构与医疗机构的谈判协商机制与风险分担机制，逐步形成与基本医疗保险制度发展相适应，激励与约束并重的支付制度。

推进付费方式改革必须把握以下基本原则：一是保障基本。要根据医疗保险基金规模，以收定支，科学合理确定支付标准，保障参保人员的基本医疗待遇。二是建立机制。要建立医疗保险经办机构和医疗机构之间的谈判协商机制和风险分担机制。三是加强管理。要针对不同付费方式特点，完善监督考核办法，在费用控制的基础上加强对医疗服务的质量控制。四是因地制宜。要从实际出发，积极探索，勇于创新，不断总结经验，完善医疗保险基金支付办法。

二、结合基金预算管理加强付费总额控制

付费方式改革要以建立和完善基金预算管理为基础。各统筹地区要按照《国务院关于试行社会保险基金预算的意见》（国发〔2010〕2号）文件要求，认真编制基本医疗保险基金收支预算。对基金支出预算要进行细化，将支出预算与支付方式相结合，进行支出预算分解。

要根据基金收支预算实行总额控制，探索总额预付办法。各地要按照基金支出总额，确定对每一种付费方式的总额控制指标，根据不同定点医疗机构级别、类别、特点以及承担的服务量等因素，落实到每一个定点医疗机构，以及每一结算周期，并体现在医保经办机构和定点医疗机构的协议中。医保经办机构要根据协议的规定，按时足额向定点医疗机构支付费用。同时，根据基金能力和结算周期，明确预拨定点医疗机构周转金的条件和金额。

要将定点医疗机构总额控制指标与其定点服务考评结果挂钩，在按周期进行医疗费用结算的基础上，按照“结余奖励、超支分担”的原则实行弹性结算，作为季度或年度最终结算的依据。

三、结合医保制度改革探索相应的付费办法

门诊医疗费用的支付，要结合居民医保门诊统筹的普遍开展，适应基层医疗机构或全科医生首诊制的建立，探索实行以按人头付费为主的付费方式。实行按人头付费必须明确门诊统筹基本医疗服务包，首先保障参保人员基本医疗保险甲类药品、一般诊疗费和其他必需的基层医疗服务费用的支付。要通过签订定点服务协议，将门诊统筹基本医疗服务包列入定点服务协议内容，落实签约定点基层医疗机构或全科医生的保障责任。

住院及门诊大病医疗费用的支付，要结合医疗保险统筹基金支付水平的提高，探索实行以按病种付费为主的付费方式。按病种付费可从单一病种起步，优先选择临床路径明确、并发症与合并症少、诊疗技术成熟、质量可控且费用稳定的常见病、多发病。同时，兼顾儿童白血病、先天性心脏病等当前有重大社会影响的疾病。具体病种由各地根据实际组织专家论证后确定。有条件的地区可逐步探索按病种分组（DRGs）付费的办法。生育保险住院分娩（包括顺产、器械产、剖宫产）医疗费用，原则上要按病种付费的方式，由经办机构与医疗机构直接结算。暂不具备实行按人头或按病种付费的地方，作为过渡方式，可以结合基金预算管理，将现行的按项目付费方式改为总额控制下的按平均定额付费方式。

各地在改革中要按照不增加参保人员个人负担的原则，根据不同的医疗保险付费方式，适当调整政策，合理确定个人费用分担比例。

四、结合谈判机制科学合理确定付费标准

付费标准应在调查测算的基础上确定。可以对改革前3年定点医疗机构的费用数据进行测算，了解掌握不同医疗机构参保人员就医分布以及费用支出水平。在此基础上，根据医保基金总体支付能力和现行医保支付政策，确定医保基础付费标准。要以基础付费标准为参照，通过经办机构与定点医疗机构的谈判协商，根据定点医疗机构服务内容、服务能力以及所承担医疗保险服务量，确定不同类型、不同级别医疗机构的具体的付费标准。同时，综合考虑经济社会发展、医疗服务提供能力、适宜技术服务利用、消费价格指数和医药价格变动等因素，建立付费标准动态调整机制。

统筹地区要遵循公开透明的原则，制定医保经办机构与定点医疗机构进行谈判的程序和办法，在实践中对谈判的组织、管理、方式、纠纷处理办法等方面进行积极探索。

五、建立完善医疗保险费用质量监控标准体系

要建立健全医疗保险服务监控标准体系。要在基本医疗保险药品目录、诊疗项目范围、医疗服务设施标准基础上，针对不同付费方式特点分类确定监控指标。应明确要求定点医疗机构执行相应的出入院标准，确定住院率、转诊转院率、次均费用、参保人自费项目费用比例以及医疗服务质量、临床路径管理、合理用药情况等方面的技术控制标准，并将此纳入协议，加强对医疗机构费用的控制和质量的监管，切实保障参保人权益。

要针对不同付费方式明确监管重点环节。采取按人头付费的，重点防范减少服务内容、降低服务标准等行为；采取按病种付费的，重点防范诊断升级、分解住院等行为；采取总额预付的，重点防范服务提供不足、推诿重症患者等行为。

要加强对定点医疗机构的监督检查。通过引入参保人满意度调查、同行评议等评价方式，完善考核评价办法。要充分利用信息管理系统，通过完善数据采集和加强数据分析，查找不同付费方式的风险点并设置阈值，强化对医疗行为和医疗费用的监控，并总结风险规律，建立诚信档案。要将监测、考评和监督检查的结果与医保实际付费挂钩。

六、统筹规划，精心组织，以点带面推动实施

推动医疗保险付费方式改革是一个长期的、不断完善的过程，各地要统一思想，提高认识，加强领导，落实责任，抓好组织工作。在推进医疗保险付费方式改革中，要按照有利于提高医疗保险基金使用效率，有利于调动医疗机构及其医务人员的积极性，有利于提高医保管理服务水平，有利于维护参保人员的基本医疗保障权益的指导思想，主动改革，敢于创新，针对改革中遇到的新情况、新问题，不断调整完善付费政策和办法。

各省级人力资源社会保障部门要按照本意见要求，在认真调研的基础上制定本省（区、市）推进付费方式改革总体规划。要通过建立重点联系城市制度，发现、培育、树立典型，通过搭建交流工作平台，充分发挥典型城市的示范带头作用，以点带面加强对所辖统筹地区的指导。

各统筹地区人力资源社会保障部门要按照省（区、市）的统一部署，制定本地区推动付费方式改革的工作方案，明确改革目标、改革思路以及推进步骤。统筹地区工作方案应报送省级人力资源社会保障部门备案。

付费方式改革涉及各方利益的调整，在改革中要注意维护政策的连续性和稳定性，妥善处理改革与稳定的关系。要加强与其他部门的沟通协调，充分听取社会各方意见建议，形成改革的合力。遇有重大事项要及时报告。

山东省人力资源和社会保障厅 省财政厅关于省属驻济机关事业单位参加职工基本医疗保险有关问题的通知

（2012 年 11 月 28 日 鲁人社发〔2012〕52 号）

省直各部门、各直属机构，省属各高等院校，中央驻鲁有关单位：

根据《中华人民共和国社会保险法》《国务院关于建立城镇职工基本医疗保险制度的决定》（国发〔1998〕44 号）和《山东省人民政府关于印发〈山东省建立城镇职工基本医疗保险制度实施方案〉的通知》（鲁政发〔1999〕94 号）规定，经省政府同意，现就省属驻济机关、事业单位参加职工基本医疗保险的有关问题通知如下：

一、参保范围

省属驻济机关、财政拨款和财政补助事业单位（以下简称省属驻济机关、事业单位）职工及其退休（退养）人员纳入省级直管单位职工基本医疗保险范围，执行省级直管单位职工基本医疗保险政策。省属驻济机关、事业单位改为企业后保留原机关事业单位身份且仍享受省直公费医疗待遇的退休（退养）人员，经省人力资源社会保障厅、省财政厅核准后，纳入省级直管单位职工基本医疗保险范围。

二、登记缴费

省属驻济机关、事业单位由省社会保险事业局办理参保登记手续，基本医疗保险费由用人单位和职工个人共同按月缴纳。其中，用人单位以本单位上年度职工月平均工资总额为缴费基数，按8%的比例缴纳，职工以上年度本人月平均工资为缴费基数，按2%的比例缴纳。本通知实施前已经退休的人员，不缴纳基本医疗保险费，按规定享受基本医疗保险待遇。本通知实施后，参保职工累计缴费年限（含视同缴费年限）达到男满30年、女满25年的，退休后不再缴纳基本医疗保险费，按规定享受基本医疗保险待遇。职工符合退休条件办理退休时，达不到最低缴费年限的，须由个人和用人单位按规定的缴费基数和比例一次性补缴基本医疗保险费。按国家和省规定计算的工龄视同缴费年限。

在实施基本医疗保险制度的同时，建立大额医疗费用补助制度，用于解决参保人员基本医疗保险统筹基金最高支付限额以上的医疗费用。大额医疗费用补助资金由职工和退休（退养）人员按照每人每月10元的标准与基本医疗保险费一并缴纳。

三、基本医疗保险待遇和大额医疗费用补助待遇

（一）医疗保险个人账户。职工个人缴纳的基本医疗保险费，全部划入本人个人账户。用人单位缴纳的基本医疗保险费按不同年龄确定划入个人账户金额：

不满35周岁的职工，每月划入50元；

35周岁以上不满45周岁的职工，每月划入70元；

45周岁以上不满55周岁的职工，每月划入90元；

55周岁以上的职工，每月划入110元；

不满60周岁的退休人员，每月划入170元；

60周岁以上不满70周岁的退休人员，每月划入190元；

70周岁以上的退休人员，每月划入220元。

个人账户资金用于支付本人自负的医疗费用或到定点零售药店购药，个人账户本金和利息归个人所有，可以结转使用和继承。

（二）门诊（含急诊、急诊留院观察）医疗保险待遇。参保人员门诊就医发生的医疗费用，统筹基金支付设立起付标准和最高支付限额。一个医疗年度内起付标准为1500元，起付标准以下的费用由个人账户支付或个人自付。起付标准以上至最高支付限额的费用，在三级医疗机构发生的医疗费用职工负担 25%，退休人员负担 20%，建国前参加工作的老工人负担 15%；在二级及以下医疗机构发生的医疗费用个人负担比例分别比三级医疗机构降低 5 个百分点。一个医疗年度内，统筹基金支付门诊费用最高限额为 4500 元。超过最高支付限额的费用通过大额医疗费补助资金和补充医疗保险资金解决。

（三）住院医疗保险待遇。参保人员住院发生的医疗费用，统筹基金支付设立起付标准和最高支付限额。起付标准按医疗机构级别分别确定：一个医疗年度内，参保人员首次住院，三级医疗机构为 1000 元，二级及以下医疗机构为 400 元，第二次住院起付标准减半，自第三次住院起不再设立起付标准。起付标准以下的费用由个人账户支付或个人自付。起付标准以上至最高支付限额的住院医疗费用，三级医疗机构职工负担 15%，退休人员负担 10%，建国前参加工作的老工人负担 5%；二级及以下医疗机构职工负担 10%，退休人员负担 5%，建国前参加工作的老工人负担 2%。一个医疗年度内，统筹基金支付住院费用的最高限额为 20 万元。最高支付限额以上的费用通过大额医疗费用补助资金和补充医疗保险资金解决。

（四）大额医疗费用补助待遇。参保人员的门诊医疗费统筹基金最高支付限额以上的部分，大额医疗费用补助资金给予 50% 的补助，最高补助 2000 元。参保人员的住院医疗费统筹基金最高支付限额以上的部分，大额医疗费用补助资金给予 95% 的补助，上不封顶。

四、补充医疗保险

按照《国务院办公厅转发劳动保障部财政部关于实行国家公务员医疗补助意见的通知》（国办发〔2000〕37 号）和《山东省人民政府办公厅转发省劳动和社会保障厅省财政厅关于实行国家公务员医疗补助的意见的通知》（鲁政办发〔2000〕140

号）精神，省属驻济机关、事业单位在参加基本医疗保险的同时，实行补充医疗保险制度。补充医疗保险资金由单位按上年度职工月平均工资总额和退休人员月平均退休金总额的4%与基本医疗保险费一并缴纳（启动首月一次性缴纳6个月），单独建账、单独管理、专款专用，与基本医疗保险基金分开核算。省属驻济机关、事业单位改为企业后保留原机关事业单位身份且仍享受省直公费医疗待遇的退休（退养）人员，经省人力资源和社会保障厅、省财政厅核准后，纳入享受补充医疗保险范围。补充医疗保险资金用于以下费用支付：

（一）门诊（含急诊、急诊留院观察）、门诊大病医疗费用补助。一个医疗年度内发生的符合基本医疗保险支付范围的医疗费用门诊起付标准以上的个人负担部分，给予80%补助。

（二）住院医疗费用补助。一个医疗年度内发生的符合基本医疗保险支付范围的医疗费用住院起付标准上的个人负担部分，给予90%补助。

（三）符合基本医疗保险支付范围的乙类药品、高值医用材料、大型检查费先由个人自付的部分，给予50%补助。

（四）向参保人员个人账户划入资金。省属驻济机关、事业单位参加补充医疗保险后，暂按基本医疗保险单位缴费划入个人账户的年龄段和标准向个人账户划入资金。本意见实施后连续3年，将当年应划入的资金于规定时间内一次性全部划入个人账户。以后年度视补充医疗保险资金结余情况，适时调整划入资金的标准和办法。

（五）享受保健待遇人员的补助。享受特字保健和普通保健待遇人员住保健病房按规定标准给予床位费补助；门诊和住院个人负担的医疗费用，在一般参保人员补助的基础上，特字保健人员给予增加8%的补助，普通保健人员给予增加5%的补助。

（六）职工和退休人员每人每月缴纳的大额医疗费用补助金。

五、定点就医

省属驻济机关、事业单位参加基本医疗保险后，参保人员可在定点医疗机构范围内选择3所综合医院、1所中医院和本单位纳入定点的门诊部作为门诊就医医疗机构，需要调整门诊定点医疗机构的，原则上在下个医疗年度申请调整；专科医院门诊就医和住院治疗可在所有定点医疗机构范围内自行选择；急症就医原则上不受定点范围限制。

六、工伤医疗费和生育医疗费

省属驻济机关、事业单位在缴纳基本医疗保险费的同时，以本单位上年度在职职工月平均工资总额的0.5%按月缴纳工伤医疗费和生育医疗费，其中0.2%用于职工工伤医疗费支出，0.3%用于职工生育医疗费支出。工伤、生育医疗费单独建账、单独管理、专款专用、单独核算。具体管理办法另行制定。

七、离休干部医疗保障

按照国家规定，离休干部不参加职工基本医疗保险，医疗待遇不变。为保障离休干部医疗待遇，对省属驻济享受省直公费医疗统管单位待遇的机关事业单位离休干部医药费实行单独统筹。具体办法另行制定。

八、经费渠道

省属驻济机关、事业单位参加职工基本医疗保险和补充医疗保险所需缴费资金，按现行资金渠道解决。

九、服务管理

省社会保险事业局负责省属驻济机关、事业单位参保的经办管理服务工作。要建立健全各项规章制度，简化经办流程，做好干部职工就医管理工作，为参保单位和参保人员提供高效便捷的服务，保证参保人员医疗待遇的落实。定期将参保人员医疗费用情况向用人单位通报。加强对定点医疗机构的管理监督，负责与定点医疗机构签订包括服务对象、服务范围、服务质量、医疗费用结算办法、费用支付标准及费用审核与控制等内容的协议，明确各自的责任、权利和义务，严格控制医疗费用支出。具体管理办法另行制定。

基本医疗保险定点医疗机构要建立健全内部管理制度，增设必要的服务窗口，优化就医流程，加强对医务人员医德医风教育，规范医疗行为，严格执行基本医疗保险有关政策规定，做到合理检查、合理用药、合理治疗，严格控制不合理医疗费用支出，切实保障参保人员的合法权益。

各参保单位要明确专人负责医疗保险的相关事务工作，做好医疗保险政策宣传和解释工作，掌握本单位职工的健康状况和就医情况，及时将省社会保险事业局通报本单位参保人员医疗费情况在本单位进行公示。

十、其他相关问题

（一）省属驻济机关、事业单位基本医疗保险基金支付范围、门诊大病医疗费用结算、单位欠费期间医疗费用处理、异地就医、转外就诊、定点医疗机构确定以及违反基本医疗保险规定处理办法等，按照省级直管单位基本医疗保险现行规定办理。

（二）省属驻济机关、事业单位自2012年12月1日起纳入职工基本医疗保险范围。

（三）省属驻济自收自支和企业化管理事业单位参加基本医疗保险和补充医疗保险，仍按鲁劳社〔2007〕26号文件规定执行。

（四）省属驻济以外各类机关、事业单位以及改为企业后保留原单位身份的退休人员自2013年起全部纳入属地职工基本医疗保险范围，执行属地基本医疗保险和补充医疗保险政策。

（五）中央驻鲁机关、事业单位参照本通知规定执行。

（六）本通知自2012年12月1日起施行。

山东省人力资源和社会保障厅关于调整省直医保参保企业自收自支和企业化管理事业单位有关医疗保险政策的通知

（2012 年 12 月 14 日　鲁人社字〔2012〕799 号）

省直医疗保险参保企业、自收自支和企业化管理事业单位：

经研究，自 2013 年 1 月 1 日起，对省直医疗保险参保范围的企业、自收自支和企业化管理事业单位有关基本医疗保险政策进行如下调整：

一、调整单位缴费划入个人账户金额。按照鲁劳社〔2007〕26 号文件规定的参保人员不同年龄段，个人账户每月划入金额均在原标准基础上提高 20 元。

二、调整基本医疗保险支付标准。一个医疗年度内，门诊医疗费用（含急诊、留院观察）基本医疗保险统筹基金支付限额调整为 4500 元，超过最高支付限额以上的费用，由大额医疗费用补助资金给予 50% 的补助，最高补助 2000 元。住院医疗费（含门诊大病）统筹基金最高支付限额调整为 20 万元。在二级及以下医疗机构发生的起付线以上至最高支付限额以下的住院费用，职工个人负担调整为 10%，退休人员个人负担调整为 5%，建国前参加工作的老工人个人负担调整为 2%。

山东省人力资源和社会保障厅等部门转发人力资源和社会保障部等部门《关于开展基本医疗保险付费总额控制的意见》的通知

（2014 年 3 月 26 日　鲁人社发〔2014〕22 号）

各市人力资源社会保障局、财政局、卫生局：

为适应城乡居民医保制度整合后基本医疗保险基金收支管理的需要，进一步深化医疗保险付费方式改革，现将人力资源和社会保障部、财政部、卫生部《关于开展基本医疗保险付费总额控制的意见》（人社部发〔2012〕70 号，以下简称《意见》）转发给你们，并提出以下意见，请一并贯彻执行。

一、高度重视医疗保险付费总额控制工作

开展基本医疗保险付费总额控制（以下简称“总额控制”）是深化医药卫生体制改革的重要内容，对于推进公立医院改革、遏制医疗费用不合理增长、提升基本医疗保险保障绩效具有重要意义。各地要高度重视，切实加强领导，按照人社部发〔2012〕70 号文件精神，研究制定具体实施方案，精心组织实施。各级人力资源社会保障、财政、卫生部门要建立联席会议制度，及时研究解决总额控制工作的有关重大问题。2014 年底前，省内所有统筹地区都要按照《意见》要求，全面开展付费总额控制工作。

二、形成多部门推进总额控制工作合力

各级人力资源社会保障、财政、卫生部门要加强协调，共同推进总额控制工作。人力资源社会保障部门要切实加强对定点医疗机构的管理，建立定点医疗机构的准入和退出机制，细化定点服务协议，完善考核指标体系，强化对定点医疗机构总医疗费用、次均（病种）医疗费用、个人负担医疗费用等指标的考核，考核结果与基金支付挂钩。按照“结余留用、超支分担”的原则，合理确定基本医疗保险基金和定点医疗机构对结余资金与超支费用的分担办法，鼓励定点医疗机构严格控制医疗费用。对实行总额控制后医疗机构可能出现的推诿拒收病人、降低服务标准、虚报服务量等行为，要明确处罚标准，适当扣减质量保证金。要认真贯彻落实《转发人力资源和社会保障部〈关于进一步推进医疗保险付费方式改革的意见〉的通知》（鲁人社发〔2011〕64号），以总额预算管理为核心，积极推进按项目、病种、人头付费等相结合的付费方式改革，注重发挥医保付费机制综合控制医疗费不合理增长的作用，切实防止医疗机构将医疗费用转嫁给患者，增加参保人员医疗费用负担。按照人力资源社会保障部办公厅《关于印发基本医疗保险付费总额控制经办流程的通知》（人社厅发〔2012〕113号）文件要求，各市医疗保险经办机构要进一步细化完善总额控制经办流程，切实加强和规范医疗保险总额控制的业务经办工作。努力提高结算效率，及时按规定向医疗机构拨付医疗费用。财政部门要会同人力资源社会保障部门做好全面实行基本医疗保险基金预算管理有关工作，共同完善医疗保险基金预算管理的制度和办法，加强对医疗保险经办机构执行预算、费用结算的监督。卫生部门要加强对医疗机构及医务人员医疗行为的监管，按照省政府《关于印发山东省“十二五”期间深化医药卫生体制改革规划暨实施方案的通知》（鲁政发〔2012〕19号）精神，制定门诊次均医疗费、住院次均医疗费、总医疗费用、住院床日、药品收入占总收入比例、基本药物使用率以及患者住院自费率等医疗控费考核评价体系。要加强对医院的财务监管，督促医院建立以成本和质量控制为中心的管理模式，严格执行医院财务会计制度，严格控制非业务支出，加强费用核算和成本控制。要建立信息公开制度，及时将医院的医药费用向社会公开，接受社会监督，引导医院规范医疗行为。

三、加强总额控制相关政策宣传工作

总额控制是医疗保险支付方式改革的重要内容，有利于引导和督促医疗机构健全内部管理机制、提高医疗服务质量、合理控制医疗费用支出。各级人力资源社会保障、财政、卫生部门要加强对总额控制政策的宣传，让医院和医务人员了解总额控制的重要意义，积极主动地参与医保支付方式改革。各地要加强对总额控制工作进展情况和效果的监测、评估，不断完善相关政策措施，确保工作平稳有序推进。

人力资源和社会保障部等部门关于开展基本医疗保险付费总额控制的意见

各省、自治区、直辖市及新疆生产建设兵团人力资源社会保障厅(局)、财政厅（局)、卫生厅（局)：

当前，我国覆盖城乡居民的基本医疗保障制度初步建立，参保人数不断增加，保障水平逐步提高，按照国务院《“十二五”期间深化医药卫生体制改革规划暨实施方案》（国发〔2012〕11号）关于充分发挥全民基本医保基础性作用、重点由扩大范围转向提升质量的要求，应进一步深化医疗保险付费方式改革，结合基本医疗保险基金预算管理的全面施行，开展基本医疗保险付费总额控制（以下简称“总额控制”)。为指导各地做好此项工作，现提出以下意见：

一、任务目标

以党中央、国务院深化医药卫生体制改革文件精神为指导，按照“结合基金收支预算管理加强总额控制，并以此为基础，结合门诊统筹的开展探索按人头付费，结合住院、门诊大病的保障探索按病种付费”的改革方向，用两年左右的时间，在所有统筹地区范围内开展总额控制工作。结合医疗保险基金收支预算管理，合理确定统筹地区总额控制目标，并根据分级医疗服务体系功能划分及基层医疗卫生机构与医院双向转诊要求，将总额控制目标细化分解到各级各类定点医疗机构。逐步建立以保证质量、控制成本、规范诊疗为核心的医疗服务评价与监管体系，控制医疗费用过快增长，提升基本医疗保险保障绩效，更好地保障人民群众基本医疗权益，充分发挥基本医疗保险对公立医院改革等工作的支持和促进作用。

二、基本原则

一是保障基本。坚持以收定支、收支平衡、略有结余，保障参保人员基本医疗需求，促进医疗卫生资源合理利用，控制医疗费用过快增长。

二是科学合理。总额控制目标要以定点医疗机构历史费用数据和医疗保险基金预算为基础，考虑医疗成本上涨以及基金和医疗服务变动等情况，科学测算，合理确定。

三是公开透明。总额控制管理程序要公开透明，总额控制管理情况要定期向社会通报。建立医疗保险经办机构与定点医疗机构的协商机制，发挥医务人员以及行业学（协）会等参与管理的作用。

四是激励约束。建立合理适度的“结余留用、超支分担”的激励约束机制，提高定点医疗机构加强管理、控制成本和提高质量的积极性和主动性。

五是强化管理。加强部门配合，运用综合手段，发挥医疗保险监控作用，确保总额控制实施后医疗服务水平不降低、质量有保障。

三、主要内容

（一）加强和完善基金预算管理。完善基本医疗保险基金收支预算管理制度，在认真编制基本医疗保险收入预算的基础上进一步强化支出预算，并将基金预算管理和费用结算管理相结合，加强预算的执行力度。各统筹地区要根据近年本地区医疗保险基金实际支付情况，结合参保人数、年龄结构和疾病谱变化以及政策调整和待遇水平等因素，科学编制年度基金支出预算。实现市级统筹的地区还要在建立市级基金预算管理制度基础上，根据市、区（县）两级医疗保险经办机构分级管理权限，对基金预算进行细化和分解。

（二）合理确定统筹地区总额控制目标。统筹地区要按照以收定支、收支平衡、略有结余的原则，以基本医疗保险年度基金预算为基础，在扣除参保单位和个人一次性预缴保费、统筹区域外就医、离休人员就医和定点零售药店支出等费用，并综合考虑各类支出风险的情况下，统筹考虑物价水平、参保人员医疗消费水平等因素，确定医疗保险基金向统筹区域内定点医疗机构支付的年度总额控制目标。在开展总额控制的同时，要保障参保人员基本权益，控制参保人员个人负担。

（三）细化分解总额控制指标。以近三年各定点医疗机构服务提供情况和实际医疗费用发生情况为基础，将统筹地区年度总额控制目标按照定点医疗机构不同级别、类别、定点服务范围、有效服务量以及承担的首诊、转诊任务等因素，并区分门诊、住院等费用进一步细化落实到各定点医疗机构。要按照基本医疗保险对不同类别与级别定点医疗机构的差别支付政策，注重向基层倾斜，使定点基层医疗卫生机构的指标占有合理比重，以适应分级医疗服务体系建设和基层医疗卫生机构与医院双向转诊制度的建立，支持合理有序就医格局的形成。

（四）注重沟通与协商。统筹地区要遵循公开透明的原则，制定实施总额控制的程序和方法，并向社会公开。要建立医疗保险经办机构和定点医疗机构之间有效协商的机制，在分解地区总额控制目标时，应广泛征求定点医疗机构、相关行业协会和参保人员代表的意见。有条件的地区可按级别、类别将定点医疗机构分为若干组，通过定点医疗机构推举代表或发挥行业学（协）会作用等方式，进行组间和组内协商，确定各定点医疗机构具体总额控制指标，促进定点医疗机构之间公平竞争。

（五）建立激励约束机制。按照“结余留用、超支分担”的原则，合理确定基本医疗保险基金和定点医疗机构对结余资金与超支费用的分担办法，充分调动定点医疗机构控制医疗费用的积极性。在保证医疗数量、质量和安全并加强考核的基础上，逐步形成费用超支由定点医疗机构合理分担，结余资金由定点医疗机构合理留用的机制。超过总额指标的医疗机构，应分析原因，改进管理，有针对性地提出整改意见。医疗保险经办机构可根据基金预算执行情况，对定点医疗机构因参保人员就医数量大幅增加等形成的合理超支给予补偿。医疗保险经办机构应与定点医疗机构协商相关具体情况，并在定点服务协议中明确。

（六）纳入定点服务协议。要将总额控制管理内容纳入定点服务协议，并根据总额控制管理要求调整完善协议内容。要针对总额控制后可能出现的情况，逐步将次均费用、复诊率、住院率、人次人头比、参保人员负担水平、转诊转院率、手术率、择期手术率、重症病人比例等，纳入定点服务协议考核指标体系，并加强管理。

（七）完善费用结算管理。统筹地区医疗保险经办机构要将总额控制指标与具体付费方式和标准相结合，合理预留一定比例的质量保证金和年终清算资金后，将总额控制指标分解到各结算周期（原则上以月为周期），按照定点服务协议的约定按时足额结算，确保定点医疗机构医疗服务正常运行。对于定点医疗机构结算周期内未超过总额控制指标的医疗费用，医疗保险经办机构应根据协议按时足额拨付；超过总额控制指标部分的医疗费用，可暂缓拨付，到年终清算时再予审核。对于医疗保险经办机构未按照协议按时足额结算医疗费用的，统筹地区政府行政部门要加强监督、责令整改，对违法、违纪的要依法处理。

医疗保险经办机构可以按总额控制指标一定比例设立周转金，按协议约定向定点医疗机构拨付，以缓解其资金运行压力。医疗保险经办机构与定点医疗机构之间应建立定期信息沟通机制，并向社会公布医疗费用动态情况。对在改革过程中医疗机构有效工作量或费用构成等发生较大变动的，统筹地区医疗保险经办机构可根据实际，在年度中期对定点医疗机构总额控制指标进行调整。

（八）强化医疗服务监管。统筹地区卫生、人力资源社会保障等部门要针对实行总额控制后可能出现的推诿拒收病人、降低服务标准、虚报服务量等行为，加强对定点医疗机构医疗行为的监管。对于医疗服务数量或质量不符合要求的定点医疗机构，应按照协议约定适当扣减质量保证金。要完善医疗保险信息系统，畅通举报投诉渠道，明确监测指标，加强重点风险防范。要建立部门联动工作机制，加强对违约、违规医疗行为的查处力度。

（九）推进付费方式改革。要在开展总额控制的同时，积极推进按人头、按病种等付费方式改革。要因地制宜选择与当地医疗保险和卫生管理现状相匹配的付费方式，不断提高医疗保险付费方式的科学性，提高基金绩效和管理效率。

四、组织实施

（一）加强组织领导。总额控制是深化医疗保险制度改革的一项重要任务，同时对深入推进公立医院改革有重要促进作用，各地要高度重视，加强组织领导，将此项工作作为医疗保险的一项重点工作抓紧、抓实、抓好。各省（区、市）要加强调研和指导，进行总体部署；统筹地区要研究制定具体工作方案，认真做好组织实施。

（二）做好协调配合。加强部门协调，明确部门职责，形成工作合力。财政部门要会同人力资源社会保障部门做好全面实行基本医疗保险基金预算管理有关工作，共同完善医疗保险基金预算管理的制度和办法，加强对医疗保险经办机构执行预算、费用结算的监督。卫生部门要加强对医疗机构和医务人员行为的监管，以医疗保险付费方式改革为契机，探索公立医院改革的有效途径。要根据区域卫生规划和医疗机构设置规划，严格控制医院数量和规模，严禁公立医院举债建设。要顺应形势加强医疗服务的精细化管理，推进医院全成本核算和规范化诊疗工作。要采取多种措施控制医疗成本，引导医务人员增强成本控制意识，规范诊疗服务行为。各地区要建立由人力资源社会保障、财政和卫生等部门共同参与的协调工作机制，及时研究解决总额控制工作中的有关重大问题。

（三）注重廉政风险防控。各统筹地区医疗保险经办机构在总额控制管理过程中，要坚持“公开、公平、公正”的原则，加强与定点医疗机构的协商，实现程序的公开透明。医疗保险经办机构与定点医疗机构协商原则上不搞“一院一谈”，坚决杜绝暗箱操作，协商确定的总额控制指标要及时向社会公开。总额控制管理全程要主动接受纪检、监察等部门以及社会各方的监督。医疗保险经办机构与定点医疗机构在总额控制管理过程中出现的纠纷，按服务协议及相关法律法规处理。

（四）做好政策宣传。高度重视宣传舆论工作的重要性，切实做好政策宣传和解读，使广大医务人员和参保人员了解总额控制的重要意义，理解配合支持改革。总额控制工作中遇有重大事项或问题，要及时报告，妥善处理。

本意见适用于人力资源社会保障部门负责的基本医疗保险。

山东省人力资源和社会保障厅 省财政厅关于完善省级直管单位职工医疗保险有关政策的通知

（2014 年 11 月 28 日 鲁人社字〔2014〕652 号）

医疗保险省级直管单位：

根据原省劳动保障厅、财政厅《关于印发〈中央、省属驻济企业、自收自支和企业化管理事业单位基本医疗保险制度实施意见〉和〈中央、省属驻济企业、自收自支和企业化管理事业单位基本医疗保险暂行办法〉的通知》（鲁劳社〔2007〕26 号）和省人力资源社会保障厅、财政厅《关于省属驻济机关事业单位参加职工基本医疗保险有关问题的通知》（鲁人社发〔2012〕52 号）等有关规定，结合省级直管单位职工医疗保险基金管理实际，现就完善省级直管单位职工医疗保险有关政策问题通知如下：

一、适当提高大额医疗费用补助资金筹集标准

为缓解目前省级直管单位大额医疗费用补助资金超支问题，并为下步适当解决部分重大疾病患者的用药需求提供资金保障，大额医疗费用补助资金筹集标准由每人每月 10 元提高到 20 元。新增的 10 元筹资统一由参保人员个人账户划拨。

二、调整机关事业单位补充医疗保险门诊补偿办法

机关事业单位参保人员政策范围内门诊（含急诊、急诊留院观察）和门诊大病医疗费用起付标准以上的个人负担部分，补充医疗保险补助比例调整为 70%。

三、完善门诊定点医疗机构管理办法

统一参保人员门诊定点数量，经批准作为本单位内部门诊定点的医疗机构纳入定点统一管理范围，所有参保人员均可在省人力资源社会保障部门确认的面向社会服务的综合、中医定点医疗机构和本单位内部门诊定点中选择4所医疗机构（不限中医或西医）作为本人门诊定点。

本通知自2015年1月1日起施行。

山东省人力资源和社会保障厅等部门关于贯彻人社部发〔2016〕23号文件做好我省新增部分医疗康复项目纳入基本医疗保障支付范围落实工作的通知

（2016年6月24日　鲁人社发〔2016〕24号）

各市人力资源社会保障局、民政局、财政局、卫生计生委、残联：

为贯彻落实人力资源社会保障部、国家卫生计生委、民政部、财政部、中国残联《关于新增部分医疗康复项目纳入基本医疗保障支付范围的通知》（人社部发〔2016〕23号），进一步提高包括残疾人在内的广大参保人员医疗康复保障水平，做好我省新增部分医疗康复项目纳入基本医疗保障支付范围的落实工作，现就有关事项通知如下：

一、将康复综合评定等20项医疗康复项目（见附件）纳入基本医疗保险支付范围。各市原已纳入基本医疗保险支付范围的其他医疗康复项目应当继续保留，按规定予以支付，并及时向省人力资源社会保障厅备案。

二、本通知所列20项医疗康复项目，其名称、项目内涵、计价单位等参照《全国医疗服务价格项目规范（2012年版）》确定。各市要结合本地区医疗服务价格项目规范，做好项目调整和对应、信息系统数据库更新、医疗费用审核结算等工作。

三、各统筹地区要加强基金预算管理，结合付费方式改革，探索适应医疗康复的医保支付方式。对于部分已放开价格的医疗康复项目，医保经办机构要与定点康复医疗机构进行谈判协商，合理确定支付标准。要加强对医疗康复项目的监管和费用审核管理，防止基金浪费和服务过度利用，医保基金支付费用的医疗康复项目均应在具备相应资质的定点康复医疗机构或定点医疗机构康复科室、由取得康复医学专业技术资格的医师或康复医学治疗技术人员提供，并严格按照项目内涵、限定支付范围进行费用审核和支付。

四、各级人力资源社会保障部门要积极协调相关部门，不断完善医疗康复项目支付办法，保障参保人员权益。各级卫生计生部门要进一步加大医疗康复服务质量监管力度，规范医疗康复服务行为。各级民政部门要对符合救助条件的对象按照规定进行医疗救助，做好城乡医疗救助与基本医疗保险的衔接。各级财政部门对已经纳入基本医疗保障范围的医疗康复项目，可相应或逐步调整财政专项资助。各级残联要充分发挥保障残疾人权益的作用，协助政府有关部门贯彻落实医疗康复保障政策，了解、反映残疾人的医疗康复需求，加强并积极争取社会力量对残疾人实施康复救助。

各市应在 2016 年 6 月 30 日前完成相关医疗康复项目的调整对应以及信息系统更新等工作，按规定及时支付费用，并在 8 月 30 日前将本通知落实情况报人力资源社会保障厅职工医疗保险处。

各地要注重做好政策解释和宣传工作，遇有重大事项要及时向省人力资源社会保障厅、省卫生计生委等部门报告。

附件

纳入基本医疗保障支付范围的医疗康复项目

序号	项目名称	项目代码	限定支付范围
1	康复综合评定	MAMZY003	有明确的功能障碍；评定由3名以上专业人员开展，至少包含两个评估项目；一个住院期间医保支付不超过3次；两次评定间隔时间不短于14天
2	吞咽功能障碍检查	MAGGK001	一个疾病过程支付不超过3次
3	手功能评定	MAHWR001	明确手功能障碍患者，总时间不超过90天，评定间隔时间不短于14天
4	平衡试验	FFA04704	评定间隔时间不短于14天
5	平衡训练	KFA19901	有明确的平衡功能障碍，一个疾病过程支付不超过90天
6	表面肌电图检查	MAAX8001	有明确的神经肌肉功能障碍，一个疾病过程支付不超过2次
7	轮椅技能训练	MBHZX001	需要长期使用轮椅且能够自行操作的患者，支付不超过30天
8	耐力训练	MBBZX019	由于疾病或损伤导致的全身运动耐力下降患者，一个疾病过程支付不超过90天
9	大关节松动训练	MBBX7003	有明确的关节活动障碍，一个疾病过程支付不超过90天
10	徒手手功能训练	MBCWR001	有明确的手功能障碍，一个疾病过程支付不超过90天

续表

序号	项目名称	项目代码	限定支付范围
11	截肢肢体综合训练	MBBW6005	上肢训练支付不超过30天，下肢训练支付不超过20天，髋关节或肩关节离断、高位大腿截肢训练支付不超过90天
12	小儿行为听力测试	FFA02709	6岁以下疑似听力障碍的儿童，由取得听力师或助听器验配师资格并经过小儿听力学培训的人员操作
13	孤独症诊断访谈量表（ADI）测评	FAY04706	6岁以下疑似孤独症患儿
14	日常生活动作训练	MBCZX004	存在日常生活活动能力障碍（ADL）的患者，重度患者支付不超过90天，中度患者支付不超过60天，轻度患者支付不超过30天，每14天训练经功能量表评定后取得明确功能进步才可继续支付
15	职业功能训练	MBCZX002	法定就业年龄段且有就业意愿，经过PARQ医学筛查适合进行职业功能训练的患者，支付不超过90天
16	精神障碍作业疗法训练	MBCZX002	限精神障碍康复期患者。在精神卫生机构或康复医疗机构，由具有资格的精神卫生专业人员或在其指导下的社工操作，每年支付不超过90天，每天支付不超过1次

续表

序号	项目名称	项目代码	限定支付范围
17	减重支持系统训练	MBBZX009	由神经、肌肉、骨骼疾患导致的独立行走障碍患者，支付不超过30天
18	电动起立床训练	MBBZX010	住院期间，以减少卧床并发症为治疗目的或者以直立行动为康复目标，支付不超过30天
19	儿童听力障碍语言训练	MBDZX006	6岁以下听力障碍儿童，由取得听觉口语师资格的人员开展，以个别化训练为主要方式，每周最多支付1次，支付不超过1年
20	言语能力筛查	MAGAZ001	疑似言语功能障碍患者，不包括言语功能不能恢复的患者，一个疾病过程支付不超过2次

山东省人力资源和社会保障厅 省财政厅关于调整省直机关事业单位参保人员生育保障待遇有关问题的通知

（2016 年 10 月 8 日　鲁人社字〔2016〕313 号）

省直驻济各部门、各直属机构、省属驻济各高等院校、中央驻济有关单位：

省直机关事业单位实施生育医疗费统筹以来，随着医药卫生体制改革的不断深化和国家计划生育政策的调整，原有生育医疗费结算标准和管理措施需作相应调整完善。为妥善解决省直机关事业单位参保人员生育医疗费用结算和管理中遇到的实际问题，进一步做好生育待遇保障工作，现就有关问题通知如下：

一、调整生育医疗费用和计划生育手术医疗费用定额结算标准

1. 产前检查：1200 元，超过 35 周岁（含）怀孕的增加 600 元；

2. 怀孕 10 周以内（含）的引流产：700 元；10 周以上引流产：2100 元。原怀孕不满 4 个月及满 4 个月以上引流产定额标准不再执行；

3. 顺产：2700 元；

4. 阴式手术产：3100 元；

5. 剖宫产：5500 元。疤痕子宫（有子宫手术史增加 700 元）；

6. 放置或取出宫内节育器：350 元。因病情需要，需住院取宫内节育器（门诊取环失败、节育器嵌顿等）：2000 元；

8. 绝育手术费：1200 元；

9. 复通手术费：1800 元。

二、增加、调整的生育并发症病种

1. 宫颈机能不全（宫颈环扎术）

2. 减胎治疗

3. 先兆流产、先兆早产

4. 原文件中“前置胎盘”改为“凶险性前置胎盘”

5. 妊娠合并血液系统疾病

6. 妊娠合并甲状腺机能减迟、系统性红斑狼疮

7. 生育过程中，一并对子宫肌瘤、卵巢及输卵管良性病变等疾病手术治疗

8. 其他与生育有关的病症（经社保局组织专家审核确定）

三、其他事项

1. 男职工无工作的配偶符合计划生育政策生育的，按照女职工因怀孕、生育发生的医疗检查费、接生费、手术费、住院医疗费的 50%支付生育补助。

2. 生育医疗费用结算需要提供的材料，原文中：“计划生育部门签发的生育证（计划生育服务手册）原件）及复印件”和“外省签发生育证的需要签发地派出所开具的流动人员婚育证明原件、复印件和结婚证复印件”统一为“育龄妇女管理地卫生计生部门出具的符合计划生育政策生育的证明（计划生育服务手册或生育登记证明）”。再生育子女的，需提供卫生计生部门签发的生育证。

本通知自公布之日起执行。

山东省人力资源和社会保障厅等部门关于印发《山东省职工大病保险实施方案》的通知

（2016 年 12 月 19 日　鲁人社发〔2016〕50 号）

各市人力资源社会保障局、发展改革委、民政局、财政局、卫生和计生委、保监分局：

现将《山东省职工大病保险实施方案》印发给你们，请认真贯彻执行。各市要充分认识做好职工大病保险工作的重要性，切实加强组织领导，明确分工，落实责任。各有关部门要加强配合，形成工作合力，确保职工大病保险工作的顺利推进。

山东省职工大病保险实施方案

为确保职工大病保险制度的顺利实施，根据《山东省人民政府办公厅关于建立职工大病保险制度的意见》（鲁政办发〔2016〕55 号），制定本实施方案。

一、工作目标

自 2017 年起，建立并实施全省统一的职工大病保险制度，逐步完善相关政策和管理措施，强化协调和监管，搞好制度衔接，发挥协同互补作用，形成保障合力，提高大病保险运行效率、保障水平和服务质量，努力避免职工家庭因病致贫。

二、基本政策

（一）保障对象。参加了职工基本医疗保险并按规定享受医疗待遇的职工和退休人员。

（二）保障范围。职工大病保险采取按医疗费用额度补偿的办法，对参保人员患重大疾病发生的合规医疗费用，给予一定补偿。职工大病保险的医疗年度按自然年度计算。合规医疗费用是指职工实际发生的符合临床诊疗规范、治疗必需的医疗费用。2017年暂将未列入我省基本医疗保险药品目录的部分抗肿瘤分子靶向类药品或治疗其他疾病的特效药品纳入职工大病保险合规医疗费用范围。省人力资源社会保障厅会同有关部门组织专家评审提出候选药品品种，与药品供应商进行谈判协商，明确供应价格、赠送药品、服务内容、配送办法等内容，与相关供应商签订协议后，纳入职工大病保险资金支付范围，严格适应症和临床使用规范，并根据药品价格、用量和基金使用情况制定药品的大病保险资金支付标准。对通过药品质量一致性评价或质量差异较小的药品，原则上按照通用名确定支付标准，对暂未通过药品质量一致性评价或质量差异较大的药品，可以按照商品名分别制定支付标准。上述药品不纳入对医疗机构药占比考核范围。建立合规医疗费用动态调整机制，省人力资源社会保障厅会同有关部门根据大病保险资金收支情况、基本医保目录调整情况以及参保人员负担情况等，逐步调整合规医疗费用范围。

（三）筹资渠道、标准和拨付。职工大病保险资金原则上从职工基本医疗保险基金中划拨。职工基本医疗保险基金结余不足的市，也可通过大额医疗费用补助资金、补充医疗保险资金等途径筹集。2017年，全省职工大病保险按照每人每年20元标准进行筹集。以后年度的筹资标准由省人力资源社会保障厅会同省财政厅根据职工大病保险资金使用情况、职工基本医保筹资能力和支付水平等因素测算确定公布。各市每年4月底前，按照省确定的年度筹资标准和上年底的实际参保人数（包括在职、退休人员）将当年大病保险资金的80%拨付至具体承办的商业保险机构，剩余20%资金，经省组织对商业保险机构承办大病保险情况考核后，视考核情况给予拨付。每年年中新增参保人员的大病保险资金与考核后应拨付资金一并核算拨付。

统筹地区医疗保险经办机构拨付职工大病保险资金，按照财政部等部门《关于利用基本医疗保险基金向商业保险机构购买大病保险财务列支办法的通知》（财社〔2013〕36号）、《关于印发利用基本医疗保险基金向商业保险机构购买城乡居民大病保险会计核算补充规定的通知》（财会〔2013〕21号）执行，并按《社会保险基金财务制度》《社会保险基金会计制度》等规定进行账务处理。

（四）补偿标准。2017年，起付标准为2万元，起付标准以上的部分（含2万元），给予60%的补偿。一个医疗年度内，职工大病保险资金每人最高给予20万元的补偿。建立补偿标准动态调整机制，省人力资源社会保障厅会同省财政厅按照每年的筹资标准，合理确定职工大病保险补偿标准。

（五）统筹层次。职工大病保险实行全省统筹，统一筹资标准、统一支付政策、统一经办流程，由商业保险机构负责承办。各市要结合当地实际，做好职工大病保险与基本医疗保险、大额医疗费用补助、补充保险、医疗救助等保障制度的衔接，发挥协同互补作用，切实减轻参保职工的医疗费用负担。

三、经办服务

（一）承办方式。职工大病保险业务原则上通过政府招标选定商业保险机构承办，在正常招投标不能确定的情况下，由省人力资源社会保障厅会同省有关部门提出处理意见报省政府批准。职工大病保险和居民大病保险承办商业保险机构政府招标合并进行，每个招标周期为3年，每次一般选择5—6家商业保险机构，由省人力资源社会保障厅公布中标商业保险机构名单，各市通过谈判协商从中选定具体的职工大病保险和居民大病保险承办机构，并签订承办合同，合同期限与省确定的招标周期一致。为方便协调管理，原则上各市职工大病保险和居民大病保险应选择同一商业保险机构承办。

（二）准入条件。商业保险机构承办职工大病保险的资质条件参照居民大病保险有关规定执行。

（三）合同管理。各市与商业保险机构谈判协商签订承办大病保险合同，要根据省确定的职工大病保险政策和规定，在合同中明确全省统一的筹资标准、保障范围、补偿标准，并就信息交换与保护、承办配备人员力量、专业背景、工作职责、服务内容、服务承诺、服务流程、违约处理等内容作出规定。遵循收支平衡、保本微利的原则，职工大病保险的盈亏动态调整机制参照居民大病保险的有关规定执行。签约双方都要严格履行合同，一方违反合同约定或发生其他严重损害参保人权益的，合同另一方可以提前终止或解除合同，并依法追究责任。

（四）经办管理。各级人力资源社会保障部门要加强对职工大病保险经办工作的协调指导和监督管理。各统筹地区医疗保险经办机构要在参保缴费、资金划拨、财务管理、支付结算、费用审核、系统对接与信息交换等环节与商业保险机构做好衔接和协作配合，依托核心平台对参保人提供“一站式”即时结算服务。

商业保险机构经办职工大病保险获得的保费，要实行单独核算，专账管理，确保资金安全，保证偿付能力。要主动配合医疗保险经办机构和依托其信息系统，加强职工大病保险管理，做好医药费用审核、支付结算和业务咨询等工作；完善服务流程，提升服务效率，及时合理向医疗机构支付医疗费用，并充分利用商业保险机构网点分布广的优势，为参保人异地就医结算提供便利服务。各承办商业保险机构每月要将全省职工大病保险资金收入情况、参保人员医疗费用补偿情况报送省人力资源社会保障厅，并将各市的情况抄送当地人力资源社会保障局。要定期将职工大病保险的收支运营、补偿等相关情况向社会公示，接受社会监督。

（五）补偿流程。职工大病保险医疗费用和职工基本医疗保险医疗费用，由协议定点医药机构按相关规定和协议统一结算。

参保职工在具备即时结算条件的协议定点医药机构，发生的符合职工大病保险补偿范围的医疗费用，与职工基本医疗保险一并即时结算；尚不能实现即时结算的，由参保职工到商业保险机构在参保地医疗保险经办服务大厅设立的窗口审核报销。参保职工办理职工大病保险报销需要的凭证材料，按照统筹地区职工基本医疗保险的有关规定执行。经济困难家庭申请医疗救助的，商业保险机构要及时为其出具规范的报销证明。

四、保障措施

（一）加强领导，精心实施。各市要高度重视职工大病保险工作，切实健全政府领导、部门协调、社会参与的工作机制，明确分工，落实责任，精心组织实施，及时研究解决推进过程中出现的新矛盾和新问题，确保政策落实到位。

（二）统筹兼顾，紧密衔接。各市政府相关部门和商业保险机构，要加强沟通协作，细化配套措施，做好大病保险与基本医疗保险、大额医疗费用补助、补充保险、医疗救助制度政策的有机衔接，发挥协同互补作用，切实减轻参保职工的医疗费用负担。

（三）广泛宣传，确保受益。各级要加强对职工大病保险工作的宣传，通过公益广告、政策上墙、发放明白纸、典型实例等形式，让群众全面了解职工大病保险的政策和补偿流程，科学理性对待疾病，为大病保险实施营造良好社会氛围。同时要密切跟踪分析舆情，增强全社会的保险责任意识，促进大病保险工作的持续健康发展。

山东省人力资源和社会保障厅关于调整甲磺酸伊马替尼医疗保险支付适应症有关问题的通知

（2016年12月27日　鲁人社字〔2016〕421号）

各市人力资源社会保障局：

经组织专家评审谈判，省厅研究确定，将康德乐（上海）医药有限公司等3家企业生产经营的甲磺酸伊马替尼片（胶囊）纳入基本医保支付范围，医保支付适应症按产品说明书执行。具体药品商品名、规格、剂型和包装见附件。

各市要做好政策衔接，针对相关药品做好责任医师、定点医疗机构和定点药店的确定工作，积极协商定点医药机构、有关企业做好药品配送和后续服务，及时更新信息系统，确保参保人员按时享受相关待遇。

本通知自2017年1月1日起执行。

附件：纳入药品名单

附件

纳入药品名单

通用名	商品名	剂型/规格/包装	生产商（供应商）
甲磺酸伊马替尼片（胶囊）	格列卫	片剂，100mg * 60片	康德乐（上海）医药有限公司
	昕　维	片剂，100mg * 60片	江苏豪森药业集团有限公司
	格尼可	胶囊剂，100mg * 60粒、100mg * 12粒	正大天晴药业集团股份有限公司

山东省人力资源和社会保障厅 省财政厅关于完善省级直管单位职工医疗保险有关政策的通知

（2017年7月12日 鲁人社字〔2017〕181号）

医疗保险省级直管单位：

根据《中央、省属驻济企业、自收自支和企业化管理事业单位基本医疗保险暂行办法》（鲁劳社〔2007〕26号）和省人力资源社会保障厅、财政厅《关于省属驻济机关事业单位参加职工基本医疗保险有关问题的通知》（鲁人社发〔2012〕52号）等有关规定，为较好地保障参保人员医疗保险待遇水平，现就完善省级直管单位职工医疗保险有关政策问题通知如下：

一、参保人员住院基本医保统筹基金最高支付限额由20万元提高到24万元，门诊基本医保基金最高支付限额由4500元提高到5000元。

二、参保人员住院（含急诊留观）床位费基本医保支付标准由40元/日提高到50元/日。

三、参保人员化验结果及临床表现高度怀疑恶性肿瘤并在临床上按照恶性肿瘤放化疗等手段进行治疗（三级或专科医疗机构出具相关治疗方案）的患者，其放化疗费用按照门诊大病的管理规定执行。

四、参保人员为亲属或他人无偿提供组织器官供体者，其发生的手术、检查治疗等符合医保支付范围的费用（不含器官组织源费用、器官组织源贮存费用）纳入基本医疗保险支付范围。

五、参保人员到西藏、青海等海拔3500米以上地区工作或因公到这些地区出差期间患病发生的门诊、住院医疗费用不设起付线。

六、2016年度大额医疗费用补助超支费用由补充医疗保险基金支出。

七、本通知自2017年7月20日起执行。

山东省人力资源和社会保障厅关于执行《国家基本医疗保险、工伤保险和生育保险药品目录（2017年版）》有关问题的通知

（2017年8月21日　鲁人社发〔2017〕34号）

各市人力资源社会保障局：

为贯彻落实《人力资源社会保障部关于印发国家基本医疗保险、工伤保险和生育保险药品目录（2017年版）的通知》（人社部发〔2017〕15号）和《关于将36种药品纳入国家基本医疗保险、工伤保险和生育保险药品目录乙类范围的通知》（人社部发〔2017〕54号）精神，保障广大参保人员的基本用药需求，现就执行《国家基本医疗保险、工伤保险和生育保险药品目录（2017年版）》（以下简称“2017年版《国家药品目录》”）有关事项通知如下：

一、自2017年9月1日起，全省基本医疗保险、工伤保险和生育保险统一执行2017年版《国家药品目录》和人社部发〔2017〕54号文件确定的36种谈判药品，药品通用名、药品分类、剂型和限定支付范围等按照国家规定执行。

二、我省2017版基本医疗保险、工伤保险和生育保险药品目录发布前，《山东省基本医疗保险、工伤保险和生育保险药品目录（2010年版）》中的药品，已纳入2017年版《国家药品目录》的按照国家规定执行；未纳入2017年版《国家药品目录》的，暂按原规定执行，待我省2017版药品目录发布后，按新规

定执行；2017年版《国家药品目录》删除的品种不再执行。

三、人社部发〔2017〕54号文件确定的36种谈判药品纳入药品乙类目录范围，支付标准按照国家规定执行，支付标准范围包括基本医疗保险基金和参保人员共同支付的全部费用。各市要根据医疗保险基金支付能力等情况，合理确定基本医疗保险基金和参保人员的分担比例，个人自付比例由各设区的市人力资源社会保障局统一制定，并报省厅备案。要采取有效措施鼓励定点零售药店为参保人员提供药品，发挥药店在医保药品供应保障方面的积极作用。

四、做好我省大病保险制度与2017年版《国家药品目录》和纳入国家药品乙类目录范围内谈判药品的衔接。对在我省大病保险支付范围现已纳入2017年版《国家药品目录》和国家确定的36种谈判药品的药品，实行过渡期政策，按原规定执行到2017年12月31日。各市要做好过渡期的政策衔接工作，对经大病保险支付后的个人自付部分，再按乙类药品政策规定由基本医疗保险基金予以补助，确保参保人员实际待遇水平不降低。

五、各市要高度重视，认真做好2017年版《国家药品目录》和国家谈判药品执行工作，于8月31日前做好目录内药品对应，及时更新完善信息系统药品数据库，确保9月1日起执行。2017年版《国家药品目录》和国家确定的谈判药品名单请到省人力资源社会保障厅门户网站下载。各市在目录执行中遇有重大问题，要及时向省厅报告。

（二）居民医疗保险

国务院办公厅关于全面实施城乡居民大病保险的意见

（2015年7月28日　国办发〔2015〕57号）

各省、自治区、直辖市人民政府，国务院各部委、各直属机构：

城乡居民大病保险（以下简称大病保险）是基本医疗保障制度的拓展和延伸，是对大病患者发生的高额医疗费用给予进一步保障的一项新的制度性安排。大病保险试点以来，推动了医保、医疗、医药联动改革，促进了政府主导与发挥市场机制作用相结合，提高了基本医疗保障管理水平和运行效率，有力缓解了因病致贫、因病返贫问题。为加快推进大病保险制度建设，筑牢全民基本医疗保障网底，让更多的人民群众受益，经国务院同意，现提出以下意见。

一、基本原则和目标

（一）基本原则

1. 坚持以人为本、保障大病。建立完善大病保险制度，不断提高大病保障水平和服务可及性，着力维护人民群众健康权益，切实避免人民群众因病致贫、因病返贫。

2. 坚持统筹协调、政策联动。加强基本医保、大病保险、医疗救助、疾病应急救助、商业健康保险和慈善救助等制度的衔接，发挥协同互补作用，输出充沛的保障动能，形成保障合力。

3. 坚持政府主导、专业承办。强化政府在制定政策、组织协调、监督管理等方面职责的同时，采取商业保险机构承办大病保险的方式，发挥市场机制作用和商业保险机构专业优势，提高大病保险运行效率、服务水平和质量。

4. 坚持稳步推进、持续实施。大病保险保障水平要与经济社会发展、医疗消费水平和社会负担能力等相适应。强化社会互助共济，形成政府、个人和保险机构共同分担大病风险的机制。坚持因地制宜、规范运作，实现大病保险稳健运行和可持续发展。

（二）主要目标

2015 年底前，大病保险覆盖所有城镇居民基本医疗保险、新型农村合作医疗（以下统称城乡居民基本医保）参保人群，大病患者看病就医负担有效减轻。到 2017 年，建立起比较完善的大病保险制度，与医疗救助等制度紧密衔接，共同发挥托底保障功能，有效防止发生家庭灾难性医疗支出，城乡居民医疗保障的公平性得到显著提升。

二、完善大病保险筹资机制

（一）科学测算筹资标准。各地结合当地经济社会发展水平、患大病发生的高额医疗费用情况、基本医保筹资能力和支付水平，以及大病保险保障水平等因素，科学细致做好资金测算，合理确定大病保险的筹资标准。

（二）稳定资金来源。从城乡居民基本医保基金中划出一定比例或额度作为大病保险资金。城乡居民基本医保基金有结余的地区，利用结余筹集大病保险资金；结余不足或没有结余的地区，在年度筹集的基金中予以安排。完善城乡居民基本医保的多渠道筹资机制，保证制度的可持续发展。

（三）提高统筹层次。大病保险原则上实行市（地）级统筹，鼓励省级统筹或全省（区、市）统一政策、统一组织实施，提高抗风险能力。

三、提高大病保险保障水平

（一）全面覆盖城乡居民。大病保险的保障对象为城乡居民基本医保参保人，保障范围与城乡居民基本医保相衔接。参保人患大病发生高额医疗费用，由大病保险对经城乡居民基本医保按规定支付后个人负担的合规医疗费用给予保障。

高额医疗费用，可以个人年度累计负担的合规医疗费用超过当地统计部门公布的上一年度城镇居民、农村居民年人均可支配收入作为主要测算依据。根据城乡居民收入变化情况，建立动态调整机制，研究细化大病的科学界定标准，具体由地方政府根据实际情况确定。合规医疗费用的具体范围由各省（区、市）和新疆生产建设兵团结合实际分别确定。

（二）逐步提高支付比例。2015 年大病保险支付比例应达到50%以上，随着大病保险筹资能力、管理水平不断提高，进一步提高支付比例，更有效地减轻个人医疗费用负担。按照医疗费用高低分段制定大病保险支付比例，医疗费用越高支付比例越高。鼓励地方探索向困难群体适当倾斜的具体办法，努力提高大病保险制度托底保障的精准性。

四、加强医疗保障各项制度的衔接

强化基本医保、大病保险、医疗救助、疾病应急救助、商业健康保险及慈善救助等制度间的互补联动，明确分工，细化措施，在政策制定、待遇支付、管理服务等方面做好衔接，努力实现大病患者应保尽保。鼓励有条件的地方探索建立覆盖职工、城镇居民和农村居民的有机衔接、政策统一的大病保险制度。推动实现新型农村合作医疗重大疾病保障向大病保险平稳过渡。

建立大病信息通报制度，支持商业健康保险信息系统与基本医保、医疗机构信息系统进行必要的信息共享。大病保险承办机构要及时掌握大病患者医疗费用和基本医保支付情况，加强与城乡居民基本医保经办服务的衔接，提供“一站式”即时结算服务，确保群众方便、及时享受大病保险待遇。对经大病保险支付后自付费用仍有困难的患者，民政等部门要及时落实相关救助政策。

五、规范大病保险承办服务

（一）支持商业保险机构承办大病保险。地方政府人力资源社会保障、卫生计生、财政、保险监管部门共同制定大病保险的筹资、支付范围、最低支付比例以及就医、结算管理等基本政策，并通过适当方式征求意见。原则上通过政府招标选定商业保险机构承办大病保险业务，在正常招投标不能确定承办机构的情况下，由地方政府明确承办机构的产生办法。对商业保险机构承办大病保险的保费收入，按现行规定免征营业税，免征保险业务监管费；2015 年至 2018 年，试行免征保险保障金。

（二）规范大病保险招标投标与合同管理。坚持公开、公平、公正和诚实信用的原则，建立健全招投标机制，规范招投标程序。招标主要包括具体支付比例、盈亏率、配备的承办和管理力量等内容。符合保险监管部门基本准入条件的商业保险机构自愿参加投标。招标人应当与中标的商业保险机构签署保险合同，明确双方责任、权利和义务，合同期限原则上不低于 3 年。因违反合同约定，或发生其他严重损害参保人权益的情况，可按照约定提前终止或解除合同，并依法追究责任。各地要不断完善合同内容，探索制定全省（区、市）统一的合同范本。

（三）建立大病保险收支结余和政策性亏损的动态调整机制。遵循收支平衡、保本微利的原则，合理控制商业保险机构盈利率。商业保险机构因承办大病保险出现超过合同约定的结余，需向城乡居民基本医保基金返还资金；因城乡居民基本医保政策调整等政策性原因给商业保险机构带来亏损时，由城乡居民基本医保基金和商业保险机构分摊，具体分摊比例应在保险合同中载明。

（四）不断提升大病保险管理服务的能力和水平。规范资金管理，商业保险机构承办大病保险获得的保费实行单独核算，确保资金安全和偿付能力。商业保险机构要建立专业队伍，加强专业能力建设，提高管理服务效率，优化服务流程，为参保人提供更加高效便捷的服务。发挥商业保险机构全国网络优势，简化报销手续，推动异地医保即时结算。鼓励商业保险机构在承办好大病保险业务的基础上，提供多样化的健康保险产品。

六、严格监督管理

（一）加强大病保险运行的监管。相关部门要各负其责，协同配合，强化服务意识，切实保障参保人权益。人力资源社会保障、卫生计生等部门要建立以保障水平和参保人满意度为核心的考核评价指标体系，加强监督检查和考核评估，督促商业保险机构按合同要求提高服务质量和水平。保险监管部门要加强商业保险机构从业资格审查以及偿付能力、服务质量和市场行为监管，依法查处违法违规行为。财政部门要会同相关部门落实利用城乡居民基本医保基金向商业保险机构购买大病保险的财务列支和会计核算办法，强化基金管理。审计部门要按规定进行严格审计。政府相关部门和商业保险机构要切实加强参保人员个人信息安全保障，防止信息外泄和滥用。

（二）规范医疗服务行为。卫生计生部门要加强对医疗机构、医疗服务行为和质量的监管。商业保险机构要与人力资源社会保障、卫生计生部门密切配合，协同推进按病种付费等支付方式改革。抓紧制定相关临床路径，强化诊疗规范，规范医疗行为，控制医疗费用。

（三）主动接受社会监督。商业保险机构要将签订合同情况以及筹资标准、待遇水平、支付流程、结算效率和大病保险年度收支等情况向社会公开。城乡居民基本医保经办机构承办大病保险的，在基金管理、经办服务、信息披露、社会监督等方面执行城乡居民基本医保现行规定。

七、强化组织实施

各省（区、市）人民政府和新疆生产建设兵团、各市（地）人民政府要将全面实施大病保险工作列入重要议事日程，进一步健全政府领导、部门协调、社会参与的工作机制，抓紧制定实施方案，细化工作任务和责任部门，明确时间节点和工作要求，确保2015年底前全面推开。

人力资源社会保障、卫生计生部门要加强对各地实施大病保险的指导，密切跟踪工作进展，及时研究解决新情况新问题，总结推广经验做法，不断完善大病保险制度。加强宣传解读，使群众广泛了解大病保险政策、科学理性对待疾病，增强全社会的保险责任意识，为大病保险实施营造良好社会氛围。

教育部等部门关于将在内地（大陆）就读的港澳台大学生纳入城镇居民基本医疗保险范围的通知

（2013 年 10 月 10 日　教港澳台〔2013〕69 号）

各省、自治区、直辖市人民政府，国务院各部委、各直属机构，教育部直属各高等学校：

为了更好地保障在内地（大陆）就读的港澳台大学生权益，经国务院同意，现就将其纳入城镇居民基本医疗保险范围相关事宜通知如下：

一、根据《国务院办公厅关于将大学生纳入城镇居民基本医疗保险试点范围的指导意见》（国办发〔2008〕119 号），决定自 2013 年 9 月起，将在内地（大陆）各类全日制普通高等学校（包括民办高校）、科研院所接受普通高等学历教育的全日制港澳台学生（含本、专科生及硕士、博士研究生，以下简称港澳台大学生）纳入城镇居民基本医疗保险范围。

二、港澳台大学生按照属地原则，自愿参加高等教育机构所在地城镇居民基本医疗保险，按照与所在高等教育机构内地（大陆）大学生同等标准缴费，并享受同等的基本医疗保险待遇。同时按照现有规定继续做好港澳台大学生日常医疗工作，方便其及时就医。

三、各级财政对港澳台大学生参加城镇居民基本医疗保险按照与所在高等教育机构内地（大陆）大学生相同的标准给予补助。港澳台大学生参加城镇居民基本医疗保险所需政府补助资金以及日常医疗所需资金，与所在高等教育机构内地（大陆）大学生所需资金一并从现有渠道安排。

四、尚未将大学生纳入城镇居民基本医疗保险范围的高等教育机构，原则上应向港澳台大学生提供与所在高等教育机构内地（大陆）大学生同样的医疗保障。

五、请各地区、各有关部门高度重视，切实加强组织领导和宣传工作。各有关高等教育机构要切实抓好港澳台大学生就医工作，为其提供优质服务。

山东省人民政府办公厅关于开展新型农村合作医疗重大疾病医疗保险工作的意见（试行）

（2012年10月16日　鲁政办发〔2012〕65号）

各市人民政府，各县（市、区）人民政府，省政府各部门、各直属机构，各大企业，各高等院校：

为贯彻落实《国务院关于印发“十二五”期间深化医药卫生体制改革规划暨实施方案的通知》（国发〔2012〕11号）精神，进一步完善新型农村合作医疗（以下简称新农合）制度，探索建立重大疾病保障机制，逐步提高重大疾病保障水平，防止因病致贫、因病返贫，根据国家发展改革委等部委《关于开展城乡居民大病保险工作的指导意见》（发改社会〔2012〕2605号），经省政府同意，现就开展新农合重大疾病医疗保险工作提出如下意见：

一、指导思想和基本原则

（一）指导思想。新农合重大疾病医疗保险（以下简称新农合大病保险）工作要以邓小平理论和“三个代表”重要思想为指导，深入贯彻落实科学发展观，把维护人民群众健康权益放在首位，着眼于农村稳定、经济发展，立足于改善民生、促进和谐。通过利用新农合基金购买大病保险，在新农合报销的基础上，对参合居民大病患者发生的高额医疗费用再给予补偿，并与医疗救助有效衔接，形成多重保障机制，提高参合居民重大疾病医疗保障水平，切实减轻农民个人医药费用负担。

（二）基本原则

1. 坚持政府主导，专业运作。政府负责新农合大病保险的政策制定、组织协调、筹资管理，并加强监督指导。利用商业保险机构的专业优势，支持商业保险机构承办新农合大病保险，充分发挥市场机制作用，提高新农合大病保险的运行效率、服务水平和质量。

2. 坚持试行起步，逐步过渡。先从患者负担较重、疗效确切、费用易于控制的病种起步，逐步向大病大额医疗费用过渡。

3. 坚持责任共担，持续发展。新农合大病保险的保障水平要与经济社会发展水平、新农合筹资水平及医疗消费水平相适应。强化社会互助共济的意识和作用，形成政府、个人和保险机构共同分担大病风险的机制，实现可持续发展。

4. 坚持收支平衡，保本微利。新农合大病保险实行省级统筹、专账管理、独立核算，强化当年收支平衡的原则，科学测算，规范运作，合理控制盈利率。

5. 坚持机制创新，管办分离。通过购买新农合大病保险，按照竞争性原则引入商业保险机构承办保险业务，完善承办机构的准入、退出和监管制度，实现新农合大病保险管办分离。

二、筹资机制

（一）筹资标准。根据我省经济发展水平、新农合报销水平、重大疾病医疗保险范围及保障水平等因素，科学测算、合理确定购买新农合大病保险的筹资标准。2013 年，购买大病保险的筹资标准为每人 15 元。随着新农合筹资水平的提高，不断提高筹资标准，扩大资金规模，增强保障能力。

（二）资金来源及拨付。由统筹地区新农合经办机构从新农合基金支出户中直接列支一定比例或额度作为新农合大病保险资金，用于购买商业保险机构大病保险，于每年年初按照省确定的比例直接拨付至商业保险机构。资金原则上从新农合基金结余或年度新增政府补助中支出。

三、保障范围和水平

（一）保障对象。新农合大病保险的对象为新农合参合居民。新生儿出生当年，随父母自动获取参合资格并享受新农合待遇，同时享受大病保险待遇，自第二年起按规定缴纳参合费用。

（二）保障范围。新农合大病保险的保障范围要与新农合按政策规定提供的医疗保障水平相衔接。在新农合政策范围内报销基础上，大病保险主要在参合居民患大病发生高额医疗费用的情况下，对新农合补偿后需个人负担的合规医疗费用给予保障。高额医疗费用以上年度全省农村居民人均纯收入作为判定标准。合规医疗费用是指实际发生的、符合诊疗规范的、治疗必需的、合理的医疗费用，具体由省卫生行政部门会同承办的商业保险机构研究确定。2013 年，先将严重危害群众健康和影响农村居民生产、生活、给家庭带来沉重负担，且疗效确切、费用易于控制的 20 类重大疾病纳入大病保险保障范围，具体包括：儿童白血病、儿童先天性心脏病、终末期肾病、乳腺癌、宫颈癌、重性精神疾病、艾滋病机会性感染、耐多药肺结核、血友病、慢性粒细胞白血病、唇腭裂、肺癌、食道癌、胃癌、I 型糖尿病、甲亢、急性心肌梗塞、脑梗死、结肠癌、直肠癌等。随着筹资水平的不断提高，逐步扩大保障范围。

（三）保障水平。合理确定新农合大病保险的补偿政策，实际支付比例不低于 50%。按照医疗费用高低分段制定支付比例，原则上医疗费用越高支付比例越高。2013 年 1 月 1 日起，大病保险资金对 20 类重大疾病参合患者住院发生的高额合规医疗费用给予补偿，个人最高年补偿限额为 20 万元，具体补偿比例通过招标确定。随着筹资、管理和保障水平的不断提高，逐步提高大病保险补偿比例，最大限度地降低个人医疗费用负担。

在新农合报销、大病保险补偿的基础上，民政部门对贫困患者给予一定救助。做好新农合大病保险与医疗救助制度在政策、技术、服务管理和费用结算等方面的有效衔接。探索在统筹地区建立新农合大病保险与农村医疗救助统一服务平台，使贫困参合居民能够方便、快捷地获得新农合大病补偿和医疗救助。

四、新农合大病保险的承办方式

（一）采取向商业保险机构购买大病保险的方式。省卫生行政部门会同财政、发展改革部门制定大病保险的筹资、报销范围、最低补偿比例以及就医、结算管理等基本政策要求。在确保资金安全、有效监管的基础上，按照政府主导、分工合作，规范运作、持续发展，强化监管、改进服务的原则，以政府购买商业医疗保险的形式，通过公开招标确定具有资质的商业保险机构承办新农合大病保险业务。招标的主要内容包括具体补偿比例、盈亏率、配备的承办管理力量等内容。符合准入条件的商业保险机构自愿参加投标，中标后以保险合同的形式承办新农合大病保险，承担经营风险，自负盈亏。商业保险机构承办大病保险的保费收入，按现行规定免征营业税。

（二）承办大病保险业务的商业保险机构准入条件。承办新农合大病保险业务的商业保险机构应当具备下列条件：一是符合保监会规定的经营健康保险的必备条件；二是在中国境内经营健康保险专项业务 5 年以上，具有良好的市场信誉；三是在统筹地区设有分支机构，具备完善的服务网络，能够组建具有医学等专业背景的专职服务队伍，并在定点医疗机构设立即时结报点；四是商业保险机构总部同意分支机构参与我省新农合大病保险业务承办工作，并承诺提供业务、财务、信息技术等支持；五是能够实现大病保险业务单独核算。

（三）规范大病保险招标投标与合同管理。按照公开、公平、公正和诚实信用的原则，由省卫生行政部门与商业保险机构签订保险合同，明确双方的责任、权利和义务，保险合同原则上 3 年为一个周期。合理控制商业保险机构盈利率，建立以保障水平和参合居民满意度为核心的考核办法。为有利于重大疾病医疗保险的长期稳定运行，保险合同中可对商业保险机构超额结余及政策性亏损建立相应的动态调整机制。因违反合同约定，或发生严重损害参合居民权益的情况，合同双方可以提前终止或解除合作，并依法追究责任。

（四）提高大病保险管理服务能力。商业保险机构承办新农合大病保险获得的保费收入实行单独核算，专账管理，确保资金安全，保证偿付能力。商业保险机构要加大服务力量投入，做好重大疾病报销资格审查、医药费用审核报销、结算支付和业务咨询等工作，协助卫生部门做好定点医疗机构监管，自觉接受有关部门的监督指导。合理设置经办机构，明确岗位职责，配备医疗、财会等专业结构合理、素质较高的服务人员，专门负责大病保险报销业务。加强与新农合经办服务的衔接，与当地新农合信息系统联网或实行一站式即时结算服务，完善服务流程，简化报销手续，确保参合居民方便、及时享受到大病保险补偿。发挥商业保险机构信息系统平台和垂直管理体系的优势，为参合居民提供异地就医结算服务。与新农合协同推进支付方式改革，严格执行诊疗规范和临床路径，规范医疗服务行为，控制医疗费用不合理增长。

商业保险机构要切实加强管理、控制风险、降低管理成本、提高服务质量和效率，及时向定点医疗机构支付医疗费用。完善大病保险补偿方案和运行管理机制，建立健全内控制度，做好个人信息安全保护，防止信息外泄和滥用。建立和完善公示制度，健全投诉受理渠道，自觉接受社会监督和舆论监督。鼓励商业保险机构在承办好大病保险的基础上，为参合居民提供多样化的健康保险产品选择，但不得捆绑或强制推销其他商业医疗保险产品。

五、切实加强监管

（一）加强对商业保险机构承办大病保险的监督管理。有关部门要各尽其责、密切配合，加强对商业保险机构承办大病保险的监管。卫生行政部门作为新农合的主管部门和新农合大病保险的招标人，要建立专项检查制度，强化对商业保险机构的监督管理，要完善服务质量考核办法和承办服务退出机制，定期对商业保险机构服务质量进行专项检查，并将检查结果向社会公开公布。财政部门按照新农合基金财务会计制度规定，加强基金监管，确保基金规范运行。医改领导小组办公室要发挥统筹协调和服务作用，并做好跟踪分析、监测评价等工作。保险监管部门要做好商业保险机构从业资格审查、服务质量与日常业务监管，加强商业保险机构大病保险偿付能力和市场行为监管。金融办将商业保险机构服务情况纳入全省金融单位考评体系。审计部门按规定进行严格审计。

（二）加强定点医疗机构监管。各级卫生行政部门要加强定点医疗机构的监督管理，开展新农合支付方式改革，规范医疗服务行为，确保医疗服务质量，控制医疗费用不合理增长。要健全定点医疗机构考核机制，定期组织医疗机构考核，将次均费用及其增长幅度、平均住院日、目录内药品使用比例、住院人次数占总诊疗人次比例等指标纳入考核内容并加强监测预警。商业保险机构要充分发挥医疗保险机制的作用，严格审核合规医疗费用，防止不合理医疗保险费用支出，加强对医疗机构服务行为和医疗费用的监控。

（三）建立公开透明的监管制度。卫生行政部门要将招标情况、与商业保险机构签订协议的情况、购买商业保险的筹资标准、保障水平、补偿结算流程及大病保险资金的年度收支情况等向社会公开，接受社会监督。商业保险机构要定期在定点医疗机构、统筹地区分支机构公示大病保险资金收入情况、参合居民医疗费用补偿情况，接受参合居民和社会各界的监督。要完善群众举报、投诉、咨询等农民参与监督管理的有效形式，畅通信访受理渠道，及时处理群众反映的问题。

六、保障措施

（一）加强领导，落实责任。开展新农合大病保险工作，是帮助农民抵御重大疾病风险的有效途径，是推进农村医药卫生体制改革的重要举措，政策性强，任务艰巨。各级各有关部门要高度重视，切实加强领导，明确职责分工，落实部门责任，加强沟通协作，确保新农合大病保险工作平稳推进。

（二）制定方案，精心实施。省卫生、财政、发展改革等部门要充分考虑新农合大病保险的稳定性和可持续性，制定实施方案并报省医改领导小组审定。切实做好新农合大病保险的组织实施、技术指导、资金筹集和监管等工作。制定商业保险机构招标评审办法，明确中标商业保险机构数量和购买服务年限，做好商业保险机构的遴选工作，指导商业保险机构科学测算，确保工作落到实处。注意总结经验，及时解决研究发现的问题，加强评估，每年对大病保险工作进展和运行情况进行总结，将总结报告上报省医改领导小组。

（三）加强宣传，舆论引导。要加强对新农合大病保险工作的宣传，制定切实可行的宣传措施，通过多种宣传形式，广泛宣传开展新农合大病保险工作的重要意义和报销政策，把大病保险的报销比例、报销流程及相关要求宣传到千家万户。要坚持正确的舆论导向，积极引导社会预期，增强参合居民的信心，争取社会各界和参合居民的广泛支持和参与，使这项惠及广大农民群众的政策深入人心，为新农合大病保险工作顺利开展营造良好的社会氛围。

山东省人民政府关于建立居民基本医疗保险制度的意见

（2013 年 12 月 30 日　鲁政发〔2013〕31 号）

各市人民政府，各县（市、区）人民政府，省政府各部门、各直属机构，各大企业，各高等院校：

按照党的十八大和十八届三中全会关于建立更加公平可持续的社会保障制度新要求，在总结我省试点经验的基础上，确定从 2014 年 1 月 1 日起将城镇居民基本医疗保险和新型农村合作医疗制度进行整合，建立全省统一、城乡一体的居民基本医疗保险制度。现提出以下意见：

一、基本原则和任务目标

（一）基本原则。坚持全覆盖、保基本、多层次、可持续，医疗保障水平与经济社会发展水平相适应；坚持互助共济，城乡居民公平享有基本医疗保险待遇；坚持总体规划，统筹城乡，整合资源，提高效率；坚持制度并轨，缩短过渡期限，确保无缝对接；坚持以收定支，收支平衡，略有结余。

（二）任务目标。整合城镇居民基本医疗保险和新型农村合作医疗制度，实现基本制度、管理体制、政策标准、支付结算、信息系统、经办服务的有机统一，建立起符合实际、统筹城乡、惠民高效、公平可及的居民基本医疗保险制度，最大程度惠及参保居民。2014 年全面完成整合工作；2015 年基本实现市级统筹。

二、参保范围和统筹层次

在省行政区域内不属于职工基本医疗保险参保范围的城乡居

民，包括农村居民、城镇非从业居民、国家和我省规定的其他人员，可参加居民基本医疗保险。

建立居民基本医疗保险基金。基金实行市级统筹，由各市统收统支、统一管理。暂不具备基金统收统支条件的市，可先建立市级调剂金制度，创造条件尽快向市级统收统支过渡。到2017年年底，全部实现基金市级统收统支。

三、基金筹集

各市要按照个人缴费、政府补助等筹资方式，筹集居民基本医疗保险基金，统一筹资标准，建立正常调整机制。居民基本医疗保险实行年缴费制度。各市统一确定个人缴费档次，具备条件的可采取一档缴费方式；暂不具备条件的可采取多档缴费方式，缴费档次原则上不超过3档，并逐步向1档过渡。打破城乡居民身份限制，允许居民自愿选择缴费档次。

省、市、县级财政要将居民基本医疗保险的政府补助纳入年度预算安排，并确保及时、足额拨付到位。2014年，各市居民基本医疗保险最低筹资标准不低于400元，其中政府补助不低于320元；2015年，最低筹资标准不低于450元，其中政府补助不低于360元。根据当地经济发展水平、居民收入状况、医疗消费需求等情况，适时调整政府补助和缴费标准。

对农村五保供养对象、城乡最低生活保障对象以及因病造成生活特别困难并经当地政府批准的其他人员，参加居民基本医疗保险的个人缴费部分，通过城乡医疗救助等渠道予以资助。

四、医疗保险待遇

各市要确保整合后居民基本医疗保险总体待遇不降低，逐步建立动态调整机制。要综合考虑当地经济发展水平、医疗资源分布状况、医疗消费水平、筹资标准、物价指数等因素，合理确定居民基本医疗保险基金不同缴费档次的门诊和住院起付标准、最高支付限额和支付比例。

各市政策范围内住院费用基金最高支付限额要达到城乡居民

人均可支配收入的8倍以上。适当拉开不同级别医疗机构基金支付比例差距，差额不低于10%。政策范围内住院费用基金平均支付比例不低于70%，门诊费用基金支付比例不低于50%。

采取多档交费筹资的市，可实行居民医疗保险待遇水平与个人缴费挂钩的办法。鼓励居民连续参保，对连续参保的，在医疗保险待遇上给予照顾。

五、医疗服务和管理

参保居民由所在市实施就医服务和管理。普通门诊按规定就医，住院逐步实行基层首诊和双向转诊制度；对未执行首诊就医管理规定的参保居民，各市可适当提高个人支付比例。引导参保居民到基层医疗卫生机构就医，基本实现小病就医在基层、大病就医不出县。

省人力资源社会保障部门要制定全省居民基本医疗保险关系转移接续办法。建立异地协管机制，参保居民在各市参保年限累计计算，实现保障权益随参保居民流动转移。推动省内异地就医联网结算，建立跨省异地就医即时结算合作机制。探索建立居民基本医疗保险与职工基本医疗保险的转换机制，实现不同保险制度之间在缴费年限、待遇享受等方面相互衔接。

省人力资源社会保障部门要制定全省居民基本医疗保险定点服务机构管理规定，明确定点服务机构准入和退出机制。各市根据居民医疗保险管理服务和参保人员就医需要，合理确定本市定点服务机构，并实行动态管理。

居民基本医疗保险实行全省统一的药品目录、诊疗项目目录、高值医用耗材目录和医疗服务设施范围目录。具体目录由省人力资源社会保障部门会同有关部门制定。

增强居民基本医疗保险对医疗费用增长的约束作用，严格控制医疗费用不合理增长。推行按病种（病组）付费、按人头付费、按床日付费、总额预付等支付方式，完善医疗机构补偿机制，引导医疗机构主动控制成本，规范诊疗行为。鼓励经办机构与定点医疗机构开展谈判协商，建立风险分担和激励约束机制，充分调动医疗机构和医务人员合理控制医疗费用的积极性。

建立居民基本医疗保险诚信制度，参保居民、定点医疗机构、医保执业医师和医疗保险经办机构应规范参与居民基本医疗保险，履行诚信义务。

六、大病保险和医疗救助

在总结新型农村合作医疗重大疾病医疗保险试点工作的基础上，开展补偿高额医疗费用的大病保险工作。探索建立多层次的大病补充保险。

大病保险资金从居民基本医疗保险基金中按一定比例或额度列支，年度筹资标准原则上控制在居民基本医疗保险筹资标准的10%左右，并随基金筹集标准和医疗费用变化情况适时调整。居民大病保险资金实行专账管理、独立核算。参保居民合规医疗费用大病保险资金实际支付比例不低于50%，原则上医疗费用越高支付比例越高。

按照《中华人民共和国招标投标法》的规定，规范政府大病保险招标投标与合同管理，严格执行商业保险机构基本准入条件，不断提升大病保险管理服务能力和水平。

居民大病保险实施方案和合规医疗费用范围，由省人力资源社会保障部门制定，报省政府批准。

进一步做好居民基本医疗保险与医疗救助制度的衔接，建立健全居民基本医疗保险、医疗救助和定点医疗机构的信息共享机制。城乡医疗救助对象在定点医疗机构看病就医，实行居民基本医疗保险、医疗救助同步结算、即时救助的“一站式”服务。

七、管理体制和经办服务

省人力资源社会保障部门负责主管全省居民基本医疗保险工作。各市要加强经办机构建设，合理配置经办资源，优化队伍结构，提升业务技能，实现精细化管理。鼓励采取政府购买服务的方式，委托有资质的商业保险机构参与经办服务。

八、基金管理和监督

（一）基金管理。将城镇居民基本医疗保险基金和新型农村合作医疗基金合并为居民基本医疗保险基金，纳入社会保障基金财政专户，实行收支两条线管理。基金预算和决算由市政府批准执行。建立基金风险预警机制，对基金运行实行动态分析和监控。

实行调剂金制度的市，各县（市、区）原城镇居民基本医疗保险、新型农村合作医疗滚存结余基金和当期征缴基金全部纳入居民基本医疗保险市级统筹基金。各县（市、区）滚存结余基金实行市级管理，按规定用于弥补本县（市、区）基金缺口。市级统筹基金调剂金比例不低于20%。

基金实现统收统支后，各县（市、区）滚存结余基金实行全市统一核算、统筹使用。统筹基金当年结余率控制在15%以内，累计结余一般不超过当年统筹基金的25%。

（二）基金监督。各市政府要制定基金监督办法，成立由政府部门、人大代表、政协委员、医疗机构、参保居民、专家等参加的居民基本医疗保险基金监督委员会，对基金的筹集、运行、使用和管理进行监督。

财政、审计部门要按照各自职责，对居民基本医疗保险基金的收支、管理和投资运营情况实施监督。人力资源社会保障部门对基金的收支、管理和投资运营情况进行监督检查，定期向社会公布基金收支使用情况。设立省居民基本医疗保险咨询专家委员会，实行医疗重大问题专家咨询、评估制度。

九、信息系统建设

省人力资源社会保障部门负责制定全省统一的信息系统建设标准和技术规范，建立跨市域的居民基本医疗保险数据交换中心，有效对接省有关部门和各市信息化平台，逐步建立以省级数据交换中心为主体的架构体系。

各市要整合现有城镇居民基本医疗保险和新型农村合作医疗

信息系统软、硬件资源，建设功能完善、互联互通、资源共享、统一高效的区域基本医疗保险信息化平台。以基层应用为重点，逐步实现主要业务的全过程信息化处理。各市要加大信息系统建设和长期运行维护投入，形成稳定可靠的政府投入机制。

十、组织领导

各级、各部门要强化组织领导，周密部署，明确责任，抓好落实，确保整合工作平稳、有序推进。省深化医药卫生体制改革领导小组要加强对整合工作的统筹协调，推动制定配套政策并督促落实。省有关部门要完善联合工作机制，加强督导检查。各市要加强对整合工作的评估，建立工作调度和定期通报制度，协调解决整合工作和新制度运行中出现的新情况、新问题，重大问题及时向省深化医药卫生体制改革领导小组报告。

山东省人民政府办公厅关于开展居民大病保险工作的意见

（2014 年 3 月 17 日　鲁政办发〔2014〕13 号）

各市人民政府，各县（市、区）人民政府，省政府各部门、各直属机构，各大企业，各高等院校：

为进一步健全我省居民医疗保障体系，提高重特大疾病保障水平，根据国家发展改革委等部门《关于开展城乡居民大病保险工作的指导意见》（发改社会〔2012〕2605 号）和《山东省人民政府关于建立居民基本医疗保险制度的意见》（鲁政发〔2013〕31 号），经省政府同意，现就开展居民大病保险工作提出以下意见：

一、工作目标和基本原则

（一）工作目标。自 2014 年起，全面实施居民大病保险制度，逐步完善政策和管理办法，提高大病保险保障水平，形成规范运作、可持续发展的长效机制，有效减轻参保居民医疗费用负担。

（二）基本原则

1. 政府主导，市场运作。政府负责政策制定、组织协调、筹资管理，并加强监管指导。利用商业保险机构的专业优势，支持商业保险机构承办大病保险，发挥市场机制作用，提高大病保险的运行效率、服务水平和质量。

2. 责任共担，持续发展。大病保险保障水平要与经济社会发展、医疗消费水平及居民基本医疗保险基金承受能力相适应。强化社会互助共济的意识和作用，形成政府、个人和保险机构共同分担大病风险的机制，实现可持续发展。

3. 统筹规划，注重衔接。在国家确定的原则和制度框架下，制定全省统一的居民大病保险政策，统筹规划，全面推进。充分发挥基本医疗保险、大病保险、社会医疗救助、疾病应急救助等的协同互补作用，加强制度之间的衔接，形成保障合力。

4. 收支平衡，保本微利。强化大病保险资金管理，科学测算、平稳起步，规范运作，保障资金收支平衡。提高大病保险保障绩效，合理控制商业保险机构的盈利率。鼓励商业保险机构在承办大病保险业务的基础上，提供多样化的健康保险产品，实现业务同步健康发展。

二、居民大病保险的基本政策

（一）保障对象和保障范围。居民大病保险的保障对象为参加居民基本医疗保险的参保人员。新生儿按当地规定办理居民基本医疗保险参保手续，自出生之日起享受居民基本医疗保险和大病保险待遇。居民大病保险采取按医疗费用额度补偿的办法。参保居民一个医疗年度发生的住院（含门诊慢性病）医疗费用，经居民基本医疗保险补偿后，个人累计负担的合规医疗费用超过居民大病保险起付标准的部分，由居民大病保险给予补偿。居民大病保险合规医疗费用具体范围，由省人力资源社会保障厅根据有关规定确定。2014 年，大病保险合规医疗费用范围，按合并后的城镇基本医疗保险和原新农合药品目录、诊疗项目目录、服务设施目录执行。

（二）筹资渠道和筹资标准。居民大病保险资金从居民基本医疗保险基金中划拨，由居民基本医疗保险统筹地区经办机构按规定拨付至商业保险机构。筹资标准根据我省基本医疗保险筹资能力和保障水平、患大病发生高额医疗费用的情况以及大病保险保障水平等因素测算确定。2014 年居民大病保险筹资标准为每人 32 元。逐步建立和完善基金划拨、个人缴费等多渠道筹资机制，不断增强保障能力。

（三）支付标准。居民大病保险起付标准参照我省上一年度居民年人均可支配收入情况确定，实际支付比例不低于50%。建立支付标准动态调整机制，根据筹资标准和居民年人均可支配收入变化等因素，适时进行调整。具体补偿方案通过公开招标或谈判确定。2014年，起付标准为1万元，起付标准以上个人负担的合规医疗费用，按医疗费用的数额分段给予补偿。个人负担合规医疗费1万元以上10万元以下部分给予不低于50%的补偿，10万元以上部分给予不低于60%的补偿，个人年最高补偿限额为20万元。

在居民基本医疗保险补偿、居民大病保险补偿的基础上，民政、卫生和计生部门对救助对象再按规定给予一定救助。

（四）统筹层次。大病保险实行省级统筹，全省统一政策，统一招标或谈判，由选定的商业保险机构负责经办。居民大病保险制度实施后，各市不得降低基本医疗保险支付水平。逐步统一全省居民基本医疗保险筹资标准、起付标准、支付比例、年度最高支付限额、门诊慢性病种等政策，均衡各地基本医疗保险待遇水平，增强大病保险制度的公平性。

三、居民大病保险的管理服务

（一）承办方式。省人力资源社会保障厅会同省发展改革委、省财政厅遵循公开、公平、公正和诚实信用的原则，通过政府采购选定承办全省居民大病保险的商业保险机构。商业保险机构承担经营风险，自负盈亏。商业保险机构承办大病保险的保费收入，按规定免征营业税。

（二）准入条件。承办大病保险的商业保险机构必须具备以下基本条件：具备保险监管部门公布的经营大病保险的资质；在山东省行政区域内经营健康保险专项业务5年以上，具有良好市场信誉；在所有市、县（市、区）设有分支机构，具备完善的服务网络和较强的医疗保险专业能力；配备医学、财会等专业背景的专职服务人员队伍，人员素质、数量、专业结构及办公场所、设施能够满足日常工作需要；信息系统与定点医疗机构和统筹地区基本医疗保险信息平台实现有效对接，大病保险费用能够实行即时结算；商业保险机构总部同意分支机构参与当地大病保险业务，并能提供业务、财务、信息技术等支持；能够实现大病保险业务单独核算；符合国家和省规定的其他条件。

（三）合同管理。省人力资源社会保障厅与选定的商业保险机构签订承办大病保险合同，明确双方的责任、权利和义务。为保持政策的连续性，合同期限一般以 2 年为一个周期。2014 年与原新农合招标选定的商业保险机构通过谈判协商暂续签 1 年合同。要依据大病保险政策规定，在合同中明确筹资标准、保障范围、补偿标准、盈亏和风险控制与处理、信息交换与保护、考核办法、监督管理、违约责任等内容。要遵循收支平衡、保本微利的原则，严格控制商业保险机构运营成本和盈利率，居民大病保险合同中应对超额结余及政策性亏损建立相应动态调整机制。要按照《社会保险个人权益记录管理办法》（人力资源社会保障部令第 14 号）的规定，严格信息管理，在合同中明确约定商业保险机构对参保人员的个人信息承担保密责任，不得将个人信息用于管理居民大病保险以外的其他用途，不得向第三方交换。合同要对承办方配备的工作人员数量、专业背景、工作职责等内容进行约定。签约双方都要严格履行合同，一方违反合同约定或发生其他严重损害参保人权益的，合同另一方可以提前终止或解除合同，并依法追究责任。

（四）经办服务。各市医疗保险经办机构要以为参保人员提供便捷服务为原则，在参保缴费、资金划拨、财务管理、支付结算、费用审核、系统对接与信息交换等环节与商业保险机构做好衔接和协作，为商业保险机构对参保人提供“一站式”即时结算服务创造条件。商业保险机构要主动配合医疗保险经办机构和依托其信息系统，加强居民大病保险管理，做好医药费用审核、支付结算和业务咨询等工作；完善服务流程，提升服务效率，及时合理向医疗机构支付医疗费用，并充分利用商业保险机构网点分布广的优势，为参保人异地就医结算提供便利服务。

（五）监督管理。各级人力资源社会保障部门要加强对大病保险经办工作的协调指导和监督管理。商业保险机构经办大病保险获得的保费要实行单独核算，专账管理，确保资金安全，保证偿付能力；每季度要将全省居民大病保险资金收入情况、参保人员医疗费用补偿情况报送省人力资源社会保障厅，并将各市的情况分送当地人力资源社会保障局。要定期将居民大病保险的收支运营、补偿等相关情况向社会公示，接受社会监督。各统筹地区医疗保险经办机构要将居民大病保险资金收支纳入居民基本医疗保险基金预算和决算管理，规范居民大病保险费拨付流程；要借助商业保险机构的人力资源，加强对定点医疗机构的管理，健全定点医疗机构考核机制，将次均费用及其增长幅度、平均住院日、目录内药品使用比例、住院人次数占总诊疗人次比例等指标纳入考核内容；要协同推进基本医疗保险、居民大病保险支付方式改革，引导定点医疗机构规范医疗服务行为，提高医疗服务质量，严格控制医疗费用不合理支出。

四、原新农合重大疾病医疗保险过渡政策

对农村居民患儿童白血病、儿童先天性心脏病、终末期肾病、乳腺癌、宫颈癌、重性精神疾病、艾滋病机会性感染、耐多药肺结核、血友病、慢性粒细胞白血病、唇腭裂、肺癌、食道癌、胃癌、I型糖尿病、甲亢、急性心肌梗塞、脑梗死、结肠癌、直肠癌等20类重大疾病发生的医疗费用，2014年单独进行补偿。所发生的医疗费用经居民基本医疗保险补偿后，个人负担合规医疗费用1万元以上的部分给予73%补偿，1万元以下的部分给予17%补偿，个人年最高补偿限额为20万元。合规医疗费用范围，仍按原省卫生厅等部门《关于印发〈20类重大疾病新农合大病保险合规医疗费用（试行）〉的通知》（鲁卫农卫发〔2013〕2号）规定执行。城镇居民患20类重大疾病的，也按上述规定执行。2014 年因重大疾病医疗保险政策过渡产生的超出筹资标准 32 元以上的大病保险资金缺口，经省人力资源社会保障厅会同省财政厅测算认定后，由居民基本医疗保险统筹地区政府负担。自 2015 年起，居民大病保险不再执行 20 类重大疾病补偿政策，统一按医疗费用额度进行补偿。

五、保障措施

（一）加强统筹协调。开展居民大病保险是完善多层次医疗保障体系的重要举措，是对基本医疗保障制度的拓展和延伸，也是推进政府主导与市场资源配置相结合、创新医疗保险管理机制的积极探索。各级政府和相关部门要充分认识开展大病保险工作的重要性，切实加强领导，明确分工，落实责任。人力资源社会保障部门作为居民大病保险主管部门，要加强管理，严格监督检查，督促商业保险机构按合同要求提高服务质量和水平，对违法违约行为及时处理。保险监管部门要做好商业保险机构从业资格审查，加强业务监管，对商业保险机构的违规行为和不正当竞争行为加大查处力度。财政部门要对利用基本医疗保险基金向商业保险机构购买大病保险明确相应的财务列支和会计核算办法，加强基金监督。卫生和计生部门要加强对医疗行业、市场、机构、产品、服务及医务人员医疗行为的监管，严格控制医疗费用，防止过度医疗。审计部门按规定进行严格审计。民政部门负责做好社会医疗救助与居民大病保险的衔接工作。各有关部门要按职责分工抓好落实，细化配套措施，并加强沟通协作，形成工作合力。

（二）精心组织实施。省人力资源社会保障厅要会同省发展改革委、省财政厅、省卫生和计生委、省保监局抓紧研究制定居民大病保险实施方案，明确具体政策要求、经办监管、推进步骤等，并尽快组织实施。要加强居民大病保险工作的评估，每年对居民大病保险经办运行情况与实施效果进行全面考核，及时发现问题、解决问题，确保居民大病保险工作的顺利开展。

（三）注重舆论引导。各地要准确、全面、客观地宣传居民基本医疗保险与居民大病保险基本政策及其实施成效，注意做好原新农合20类重大疾病医疗保险过渡政策的解释工作，坚持正确的舆论导向，争取社会各界和参保居民的广泛支持和参与，为居民大病保险工作营造良好的社会环境。

山东省人民政府办公厅关于贯彻国办发〔2015〕57号文件 完善居民大病保险制度有关事项的通知

（2016年8月5日　鲁政办发〔2016〕37号）

各市人民政府，各县（市、区）人民政府，省政府各部门、各直属机构，各大企业，各高等院校：

为贯彻落实《国务院办公厅关于全面实施城乡居民大病保险的意见》（国办发〔2015〕57号）精神，进一步完善我省居民大病保险制度，经省政府同意，现将有关事项通知如下：

一、完善居民大病保险筹资机制

居民大病保险实行全省统筹。年度筹资标准原则上控制在居民基本医疗保险筹资标准的10%左右。每年10月底前，省人力资源社会保障厅要会同省财政厅根据当年全省居民基本医疗保险筹资能力和支付水平、患大病发生的高额医疗费用情况，以及居民大病保险保障水平等因素，合理确定下一年度居民大病保险的筹资标准，指导各市将居民大病保险列入下年度社会保险基金预算。居民大病保险资金从居民基本医保基金中划出。完善居民基本医疗保险多渠道筹资机制，保证制度的可持续发展。

二、规范居民大病保险承办服务

承办居民大病保险的商业保险机构，原则上应通过政府招标选定；在正常招标、投标不能确定承办机构的情况下，由省人力资源社会保障厅会同有关部门提出处理意见报省政府批准。招标文件应主要包括具体支付比例、盈亏率、配备的承办和管理力量等内容。符合保险监管部门基本准入条件的商业保险机构自愿参加投标。招标人应当与中标的商业保险机构签署保险合同，明确双方责任、权利和义务。自2016年起，合同期限原则上不低于3年。因违反合同约定，或发生其他严重损害参保人权益的情况，可按照约定提前终止或解除合同，并依法追究责任。对商业保险机构承办居民大病保险的保费收入，按现行规定免征增值税，免征保险业务监管费；2015年至2018年，试行免征保险保障金。

三、建立居民大病保险盈亏动态调整机制

遵循收支平衡、保本微利的原则，合理控制商业保险机构盈利率。商业保险机构承办居民大病保险的盈利和成本，全省统一计算不得超过当年筹集居民大病保险资金总额的2%；当年大病保险资金结余超过2%以上的部分，用于冲抵上年度居民大病保险资金超支4%以上部分或结转下年度居民大病保险资金。居民大病保险资金当年超支在4%（含4%）以内的部分，由商业保险机构自行承担；当年超支在4%以上的部分，通过下年度调整政策适当解决。商业保险机构盈余、亏损，由省人力资源社会保障厅统一组织考核评估后予以确认。

四、建立居民大病保险评估机制

建立居民大病保险第三方评估机制，省人力资源社会保障厅通过政府采购，选取具有相应资质和能力的第三方机构承担全省居民大病保险评估工作，评估所需经费列入年度预算。

五、完善居民大病保险结算管理

要把居民基本医保、居民大病保险纳入一体化结算系统和医疗服务监管体系，实现商业健康保险信息系统与居民基本医保、医疗机构信息系统必要的信息共享。完善医保支付制度，控制不合理费用支出。各级医保经办机构要与商业保险承办机构密切配合，发挥各自优势，形成合力，共同做好定点医疗机构医疗服务监管工作。

山东省人力资源和社会保障厅等部门关于大学生参加城镇居民基本医疗保险有关问题的通知

（2009年8月20日　鲁人社〔2009〕31号）

各市人事局、劳动和社会保障局、教育局、财政局：

为进一步贯彻落实省政府办公厅《关于将大学生纳入城镇居民基本医疗保险试点范围的实施意见》（鲁政办发〔2008〕72号）精神，尽快把各类大学生纳入城镇居民基本医疗保险范围，切实保障大学生的基本医疗需求，现就有关问题通知如下：

一、明确工作任务

各地要按照《国务院关于印发医药卫生体制改革近期重点实施方案（2009—2011年）的通知》（国发〔2009〕12号）要求，加强组织领导，劳动保障、教育和财政部门密切配合，加大宣传力度，加快推进步伐，今年年底前将全省各类在校大学生全部纳入城镇居民基本医疗保险范围。

二、完善参保缴费政策和办法

各类全日制普通高等学校（包括民办高校）、科研院所（以下统称高校）中学制一年以上的在校学生按大学生政策参加城镇居民基本医疗保险。进一步完善大学生参保办法，大学生缴费和各级财政补助仍以自然年度为周期，大学生参保登记和享受待遇可以学年为周期，鼓励有条件的高校对大学生参保的个人缴费部分给予补助。大学生在校期间连续参保，有关政策与城镇职工基本医疗保险相衔接。毕业后在用人单位稳定就业的，其医疗保险关系随用人单位转入城镇职工基本医疗保险；自谋职业的，按照灵活就业人员政策参加城镇职工基本医疗保险。其在大学期间参加城镇居民基本医疗保险的年限可按当地规定折算为城镇职工基本医疗保险缴费年限。

大学生参加城镇居民基本医疗保险后，各高校可结合实际，对因患大病、重病医疗费用个人负担较重的，给予适当补助。大学生在参加城镇居民医疗保险的基础上可自愿参加商业医疗保险，进一步提高医疗保障水平。

三、不断提高保障水平

要进一步调整统筹基金的报销政策，最高支付限额逐步提高到学校所在地城镇居民可支配收入的6倍左右。对大学生参保后发生的人身意外伤害，给予适当补偿。要充分利用学校卫生资源，把符合定点条件的大学医疗机构纳入定点范围。要探索建立大学生普通门诊医疗费用补偿办法，依托学校医疗机构管理，妥善解决好大学生门诊普通医疗费用及转诊管理等问题。参加城镇居民医疗保险后大学生日常医疗所需资金，继续按照学校隶属关系，由原渠道解决。

四、扎实做好参保登记和管理服务工作

从今年秋季新生入学起，各高校要积极协助人力资源社会保障部门引导和组织学生整体参加城镇居民基本医疗保险，未组织参加城镇居民基本医疗保险的，不得统一组织学生团体参加各类商业保险。各级医疗保险经办机构要及时为大学生办理参保缴费手续，发放就医证卡。要针对大学生实习、寒暑假、因病休学等特殊情况，进一步完善相关政策措施，规范工作流程，简化审核手续，提高效率，做好大学生在异地就医医疗费用的审核报销工作。要加强与商业保险机构的沟通协调，做好城镇居民基本医疗保险与商业医疗保险在医疗费用审核和报销上的衔接。在确保基金安全和有效监管的前提下，有条件的地方，可以开展政府购买医疗保障服务试点。各级经办机构要改进服务方式，坚持主动服务、上门服务，加强与学校、大学生、校医院等有关方面的沟通，及时了解工作中出现的问题，不断改进和完善相关政策措施，为大学生参保登记、就医、费用报销等各个环节提供高效便捷的服务。

山东省人力资源和社会保障厅关于将城镇居民生育医疗费用纳入城镇居民基本医疗保险支付范围的通知

（2009 年 9 月 29 日　鲁人社办〔2009〕59 号）

各市劳动和社会保障局：

根据人力资源和社会保障部《关于妥善解决城镇居民生育医疗费用的通知》（人社厅发〔2009〕97 号）精神，为扩大城镇居民基本医疗保险支付范围，提高城镇居民医疗保障水平，现就城镇居民生育医疗费以及新生儿医疗费纳入城镇居民基本医疗保险支付范围有关问题通知如下：

一、各市要将城镇居民基本医疗保险参保人员住院分娩发生的符合规定的生育医疗费用纳入城镇居民基本医疗保险基金支付范围。开展门诊统筹的地区，可将参保居民符合规定的产前检查费用纳入基金支付范围。

二、各市要针对新生儿特点，进一步健全和完善城镇居民基本医疗保险登记、参保流程，及时将新生儿纳入参保范围，实现新生儿“落地参保”，妥善解决好新生儿的医疗费用报销问题。

三、城镇居民生育医疗服务管理，原则上参照城镇居民基本医疗保险有关规定执行。要综合考虑城镇居民生育的基本医疗需求和基金承受能力，合理确定医疗服务范围和标准。要参照城镇职工生育保险的费用结算方式，不断完善城镇居民生育医疗费用的结算办法，为参保人提供方便快捷的服务，控制医疗费用不合理支出。

四、各地要从实际出发，统筹考虑城镇居民基本医疗保险和城镇职工生育保险制度的衔接，积极探索保障城镇居民生育相关费用的具体措施，妥善解决城镇居民生育医疗费用问题。

山东省人力资源和社会保障厅关于居民基本医疗保险药品目录诊疗项目目录医疗服务设施项目范围有关事项的通知

（2014 年 10 月 14 日　鲁人社字〔2014〕567 号）

各市人力资源社会保障局：

为做好全省城乡居民医疗保险制度整合工作，根据《山东省人民政府关于建立居民基本医疗保险制度的意见》（鲁政发〔2013〕31 号）精神，现就我省居民基本医疗保险药品目录、诊疗项目目录和医疗服务设施项目范围有关事项通知如下：

一、城乡居民医疗保险制度整合后，居民基本医疗保险药品目录、诊疗项目目录和医疗服务设施项目范围按照基本医疗保险有关规定执行。本通知附件所列 26 种原新农合目录内药品，在国家基本医疗保险新药品目录颁布前可暂纳入基本医疗保险基金支付范围。

二、各市要认真落实国家基本药物相关政策，按规定将 2012 版国家基本药物和省增补药物全部纳入基本医疗保险基金支付范围，切实保障参保人员的基本权益。

三、针对当前居民医疗保险基金支付压力不断增大的情况，各市要按照人力资源社会保障部等部门《关于开展基本医疗保险付费总额控制的意见》（人社部发〔2012〕70 号）要求，结合加强基金预算管理，全面实施付费总额控制，切实增强对不合理医疗费用支出监管的有效性。严格基本医疗保险药品目录、诊疗项目目录和医疗服务设施项目范围管理，严禁随意扩大基金支付范围，努力维护基本医疗保险基金的安全。

附件：暂纳入基本医疗保险基金支付范围的药品名单

附件

暂纳入基本医疗保险基金支付范围的药品名单

序号	名　称	剂　型	备　注
1	木糖醇	注射剂	
2	重组改构人肿瘤坏死因子	注射剂	限三级医院使用
3	复方苯硝那敏	口服常释剂型	限二、三级医院使用
4	苯丙哌林	口服常释剂型	限二、三级医院使用
5	转化糖电解质注射液	注射剂	限二、三级医院使用
6	乙酰天麻素片	中药	
7	金水宝胶囊	中药	
8	苦甘冲剂	中药	
9	龙牡壮骨颗粒	中药	
10	冻疮膏	外用软膏剂	
11	青光安	滴眼剂	
12	樟脑薄荷	滴鼻剂	
13	双唑泰	栓剂	
14	小儿驱虫药（左旋咪唑）	口服常释剂型	
15	保赤散	中药	
16	冬菀止咳颗粒	中药	
17	金嗓子喉宝	中药	
18	桔红痰咳口服液	中药	
19	咳克平胶囊	中药	
20	蒲苓盆炎康颗粒	中药	
21	乳癖清胶囊	中药	

续表

序号	名　称	剂　型	备　注
22	参归养血片	中药	
23	神奇止咳露	中药	
24	生肌散	中药	
25	双丹膏	中药	
26	消炎解毒丸	中药	

山东省人力资源和社会保障厅关于明确居民大病保险合规医疗费用范围的通知

（2015 年 7 月 29 日　鲁人社办发〔2015〕68 号）

各市人力资源社会保障局：

为做好居民大病保险补偿结算工作，根据省人力资源社会保障厅等 6 部门《关于印发居民大病保险工作实施方案的通知》（鲁人社发〔2014〕48 号）精神，现就居民大病保险合规医疗费用范围明确如下：

一、列入《山东省基本医疗保险、工伤保险和生育保险药品目录（2010 年版）》的基本医疗保险药品，住院（含当地规定的门诊慢性病或门诊大病）个人首先自付的药品费用。

二、《山东省基本医疗保险诊疗项目目录》和《山东省基本医疗保险医疗服务设施项目范围》中排除的不予支付项目外的医疗费用中，大型仪器检查、部分治疗项目个人首先自付的费用，高值医用材料、医疗服务设施（如床位费等）限价内个人自付的费用等。

三、居民基本医疗保险政策规定范围内（含住院、当地规定的门诊慢性病或门诊大病），起付线以下个人负担费用、起付标准以上最高支付限额以下个人分担费用、最高支付限额以上个人负担费用。

四、转外就医发生的医疗费用中，按规定先由个人支付的部分不纳入大病保险补偿范围。

五、经省人力资源社会保障厅统一谈判纳入的抗肿瘤分子靶向类药品和部分特效药品费用的具体补偿办法和执行时间，待确定药品品种后另行规定。

望各市按照以上规定，尽快对大病保险管理系统进行调整，做好与基本医疗保险的衔接工作，为广大参保居民提供更加优质、便捷的即时结算服务。

本通知自 2015 年 7 月 29 日起施行，有效期至 2020 年 7 月 28 日。

山东省人力资源和社会保障厅 省财政厅关于完善居民大病保险政策有关问题的通知

（2016年12月22日 鲁人社字〔2016〕412号）

各市人力资源社会保障局，财政局：

根据《山东省人民政府办公厅关于贯彻国办发〔2015〕57号文件完善居民大病保障制度有关事项的通知》（鲁政办发〔2016〕37号）等文件精神，为进一步完善居民大病保险制度，提高居民大病保险保障水平，经省政府同意，现就完善居民大病保险政策有关问题通知如下：

一、增加筹资标准

综合考虑各地经济发展水平、医疗消费水平和基本医保基金承受能力等因素，确定2017年全省居民大病保险筹资标准在每人52元的基础上，每人增加10元，从居民基本医保基金中划拨。居民医保基金收不抵支的，基金缺口部分，由各级财政给予补助。

二、扩大合规医疗费用范围

将经省统一组织价格谈判的抗肿瘤分子靶向药和治疗其他疾病的特效药品（以下简称特药）纳入合规医疗费用范围，具体药品名单经组织谈判后另行公布。

三、对特药实行单独的补偿办法

居民使用特药发生的费用，起付标准为2万元，起付标准以上的部分给予40%的补偿，一个医疗年度内，居民大病保险资金每人最高给予20万元的支付限额。对建档立卡的农村贫困人员不设起付标准。

四、周密组织实施

各级要充分认识做好居民大病保险工作的重要意义，加强组织领导，明确职责分工，扎实做好政策调整工作，把政策落实到位。各级财政部门要做好大病保险财政专户的资金拨付和对大病保险开展财政监督等工作。各级人力资源社会保障部门要及时与商业保险机构共同做好信息系统调整对接工作，确保从 2017 年起按调整后的政策补偿医疗费用。省人力资源社会保障厅、省财政厅将适时对大病保险工作进度、资金拨付情况等进行督导通报。

四、工伤保险

中华人民共和国职业病防治法

（2001 年 10 月 27 日第九届全国人民代表大会常务委员会第二十四次会议通过，根据 2011 年 12 月 31 日第十一届全国人民代表大会常务委员会第二十四次会议《关于修改〈中华人民共和国职业病防治法〉的决定》第一次修正，根据 2016 年 7 月 2 日第十二届全国人民代表大会常务委员会第二十一次会议《关于修改〈中华人民共和国节约能源法〉等六部法律的决定》第二次修正，根据 2017 年 11 月 4 日第十二届全国人民代表大会常务委员会第三十次会议《关于修改〈中华人民共和国会计法〉等十一部法律的决定》第三次修正）

目　录

第一章　总　则

第一条　为了预防、控制和消除职业病危害，防治职业病，保护劳动者健康及其相关权益，促进经济社会发展，根据宪法，制定本法。

第二条 本法适用于中华人民共和国领域内的职业病防治活动。

本法所称职业病，是指企业、事业单位和个体经济组织等用人单位的劳动者在职业活动中，因接触粉尘、放射性物质和其他有毒、有害因素而引起的疾病。

职业病的分类和目录由国务院卫生行政部门会同国务院安全生产监督管理部门、劳动保障行政部门制定、调整并公布。

第三条 职业病防治工作坚持预防为主、防治结合的方针，建立用人单位负责、行政机关监管、行业自律、职工参与和社会监督的机制，实行分类管理、综合治理。

第四条 劳动者依法享有职业卫生保护的权利。

用人单位应当为劳动者创造符合国家职业卫生标准和卫生要求的工作环境和条件，并采取措施保障劳动者获得职业卫生保护。

工会组织依法对职业病防治工作进行监督，维护劳动者的合法权益。用人单位制定或者修改有关职业病防治的规章制度，应当听取工会组织的意见。

第五条 用人单位应当建立、健全职业病防治责任制，加强对职业病防治的管理，提高职业病防治水平，对本单位产生的职业病危害承担责任。

第六条 用人单位的主要负责人对本单位的职业病防治工作全面负责。

第七条 用人单位必须依法参加工伤保险。

国务院和县级以上地方人民政府劳动保障行政部门应当加强对工伤保险的监督管理，确保劳动者依法享受工伤保险待遇。

第八条 国家鼓励和支持研制、开发、推广、应用有利于职业病防治和保护劳动者健康的新技术、新工艺、新设备、新材料，加强对职业病的机理和发生规律的基础研究，提高职业病防治科学技术水平；积极采用有效的职业病防治技术、工艺、设备、材料；限制使用或者淘汰职业病危害严重的技术、工艺、设备、材料。

国家鼓励和支持职业病医疗康复机构的建设。

第九条 国家实行职业卫生监督制度。

国务院安全生产监督管理部门、卫生行政部门、劳动保障行政部门依照本法和国务院确定的职责，负责全国职业病防治的监督管理工作。国务院有关部门在各自的职责范围内负责职业病防治的有关监督管理工作。

县级以上地方人民政府安全生产监督管理部门、卫生行政部门、劳动保障行政部门依据各自职责，负责本行政区域内职业病防治的监督管理工作。县级以上地方人民政府有关部门在各自的职责范围内负责职业病防治的有关监督管理工作。

县级以上人民政府安全生产监督管理部门、卫生行政部门、劳动保障行政部门（以下统称职业卫生监督管理部门）应当加强沟通，密切配合，按照各自职责分工，依法行使职权，承担责任。

第十条 国务院和县级以上地方人民政府应当制定职业病防治规划，将其纳入国民经济和社会发展计划，并组织实施。

县级以上地方人民政府统一负责、领导、组织、协调本行政区域的职业病防治工作，建立健全职业病防治工作体制、机制，统一领导、指挥职业卫生突发事件应对工作；加强职业病防治能力建设和服务体系建设，完善、落实职业病防治工作责任制。

乡、民族乡、镇的人民政府应当认真执行本法，支持职业卫生监督管理部门依法履行职责。

第十一条 县级以上人民政府职业卫生监督管理部门应当加强对职业病防治的宣传教育，普及职业病防治的知识，增强用人单位的职业病防治观念，提高劳动者的职业健康意识、自我保护意识和行使职业卫生保护权利的能力。

第十二条 有关防治职业病的国家职业卫生标准，由国务院卫生行政部门组织制定并公布。

国务院卫生行政部门应当组织开展重点职业病监测和专项调查，对职业健康风险进行评估，为制定职业卫生标准和职业病防治政策提供科学依据。

县级以上地方人民政府卫生行政部门应当定期对本行政区域的职业病防治情况进行统计和调查分析。

第十三条 任何单位和个人有权对违反本法的行为进行检举和控告。有关部门收到相关的检举和控告后，应当及时处理。

对防治职业病成绩显著的单位和个人，给予奖励。

第二章　前期预防

第十四条 用人单位应当依照法律、法规要求，严格遵守国家职业卫生标准，落实职业病预防措施，从源头上控制和消除职业病危害。

第十五条 产生职业病危害的用人单位的设立除应当符合法律、行政法规规定的设立条件外，其工作场所还应当符合下列职业卫生要求：

（一）职业病危害因素的强度或者浓度符合国家职业卫生标准；

（二）有与职业病危害防护相适应的设施；

（三）生产布局合理，符合有害与无害作业分开的原则；

（四）有配套的更衣间、洗浴间、孕妇休息间等卫生设施；

（五）设备、工具、用具等设施符合保护劳动者生理、心理健康的要求；

（六）法律、行政法规和国务院卫生行政部门、安全生产监督管理部门关于保护劳动者健康的其他要求。

第十六条 国家建立职业病危害项目申报制度。

用人单位工作场所存在职业病目录所列职业病的危害因素

的，应当及时、如实向所在地安全生产监督管理部门申报危害项目，接受监督。

职业病危害因素分类目录由国务院卫生行政部门会同国务院安全生产监督管理部门制定、调整并公布。职业病危害项目申报的具体办法由国务院安全生产监督管理部门制定。

第十七条 新建、扩建、改建建设项目和技术改造、技术引进项目（以下统称建设项目）可能产生职业病危害的，建设单位在可行性论证阶段应当进行职业病危害预评价。

医疗机构建设项目可能产生放射性职业病危害的，建设单位应当向卫生行政部门提交放射性职业病危害预评价报告。卫生行政部门应当自收到预评价报告之日起三十日内，作出审核决定并书面通知建设单位。未提交预评价报告或者预评价报告未经卫生行政部门审核同意的，不得开工建设。

职业病危害预评价报告应当对建设项目可能产生的职业病危害因素及其对工作场所和劳动者健康的影响作出评价，确定危害类别和职业病防护措施。

建设项目职业病危害分类管理办法由国务院安全生产监督管理部门制定。

第十八条 建设项目的职业病防护设施所需费用应当纳入建设项目工程预算，并与主体工程同时设计，同时施工，同时投入生产和使用。

建设项目的职业病防护设施设计应当符合国家职业卫生标准和卫生要求；其中，医疗机构放射性职业病危害严重的建设项目的防护设施设计，应当经卫生行政部门审查同意后，方可施工。

建设项目在竣工验收前，建设单位应当进行职业病危害控制效果评价。

医疗机构可能产生放射性职业病危害的建设项目竣工验收时，其放射性职业病防护设施经卫生行政部门验收合格后，方可投入使用；其他建设项目的职业病防护设施应当由建设单位负责依法组织验收，验收合格后，方可投入生产和使用。安全生产监督管理部门应当加强对建设单位组织的验收活动和验收结果的监督核查。

第十九条 国家对从事放射性、高毒、高危粉尘等作业实行特殊管理。具体管理办法由国务院制定。

第三章 劳动过程中的防护与管理

第二十条 用人单位应当采取下列职业病防治管理措施：

（一）设置或者指定职业卫生管理机构或者组织，配备专职或者兼职的职业卫生管理人员，负责本单位的职业病防治工作；

（二）制定职业病防治计划和实施方案；

（三）建立、健全职业卫生管理制度和操作规程；

（四）建立、健全职业卫生档案和劳动者健康监护档案；

（五）建立、健全工作场所职业病危害因素监测及评价制度；

（六）建立、健全职业病危害事故应急救援预案。

第二十一条 用人单位应当保障职业病防治所需的资金投入，不得挤占、挪用，并对因资金投入不足导致的后果承担责任。

第二十二条 用人单位必须采用有效的职业病防护设施，并为劳动者提供个人使用的职业病防护用品。

用人单位为劳动者个人提供的职业病防护用品必须符合防治职业病的要求；不符合要求的，不得使用。

第二十三条 用人单位应当优先采用有利于防治职业病和保护劳动者健康的新技术、新工艺、新设备、新材料，逐步替代职业病危害严重的技术、工艺、设备、材料。

第二十四条 产生职业病危害的用人单位，应当在醒目位置设置公告栏，公布有关职业病防治的规章制度、操作规程、职业病危害事故应急救援措施和工作场所职业病危害因素检测结果。

对产生严重职业病危害的作业岗位，应当在其醒目位置，设置警示标识和中文警示说明。警示说明应当载明产生职业病危害的种类、后果、预防以及应急救治措施等内容。

第二十五条 对可能发生急性职业损伤的有毒、有害工作场所，用人单位应当设置报警装置，配置现场急救用品、冲洗设备、应急撤离通道和必要的泄险区。

对放射工作场所和放射性同位素的运输、贮存，用人单位必须配置防护设备和报警装置，保证接触放射线的工作人员佩戴个人剂量计。

对职业病防护设备、应急救援设施和个人使用的职业病防护用品，用人单位应当进行经常性的维护、检修，定期检测其性能和效果，确保其处于正常状态，不得擅自拆除或者停止使用。

第二十六条 用人单位应当实施由专人负责的职业病危害因素日常监测，并确保监测系统处于正常运行状态。

用人单位应当按照国务院安全生产监督管理部门的规定，定期对工作场所进行职业病危害因素检测、评价。检测、评价结果存入用人单位职业卫生档案，定期向所在地安全生产监督管理部门报告并向劳动者公布。

职业病危害因素检测、评价由依法设立的取得国务院安全生产监督管理部门或者设区的市级以上地方人民政府安全生产监督管理部门按照职责分工给予资质认可的职业卫生技术服务机构进行。职业卫生技术服务机构所作检测、评价应当客观、真实。

发现工作场所职业病危害因素不符合国家职业卫生标准和卫生要求时，用人单位应当立即采取相应治理措施，仍然达不到国家职业卫生标准和卫生要求的，必须停止存在职业病危害因素的作业；职业病危害因素经治理后，符合国家职业卫生标准和卫生要求的，方可重新作业。

第二十七条 职业卫生技术服务机构依法从事职业病危害因素检测、评价工作，接受安全生产监督管理部门的监督检查。安全生产监督管理部门应当依法履行监督职责。

第二十八条 向用人单位提供可能产生职业病危害的设备的，应当提供中文说明书，并在设备的醒目位置设置警示标识和中文警示说明。警示说明应当载明设备性能、可能产生的职业病危害、安全操作和维护注意事项、职业病防护以及应急救治措施等内容。

第二十九条 向用人单位提供可能产生职业病危害的化学品、放射性同位素和含有放射性物质的材料的，应当提供中文说明书。说明书应当载明产品特性、主要成份、存在的有害因素、可能产生的危害后果、安全使用注意事项、职业病防护以及应急救治措施等内容。产品包装应当有醒目的警示标识和中文警示说明。贮存上述材料的场所应当在规定的部位设置危险物品标识或者放射性警示标识。

国内首次使用或者首次进口与职业病危害有关的化学材料，使用单位或者进口单位按照国家规定经国务院有关部门批准后，应当向国务院卫生行政部门、安全生产监督管理部门报送该化学材料的毒性鉴定以及经有关部门登记注册或者批准进口的文件等资料。

进口放射性同位素、射线装置和含有放射性物质的物品的，按照国家有关规定办理。

第三十条 任何单位和个人不得生产、经营、进口和使用国家明令禁止使用的可能产生职业病危害的设备或者材料。

第三十一条 任何单位和个人不得将产生职业病危害的作业转移给不具备职业病防护条件的单位和个人。不具备职业病防护条件的单位和个人不得接受产生职业病危害的作业。

第三十二条 用人单位对采用的技术、工艺、设备、材料，应当知悉其产生的职业病危害，对有职业病危害的技术、工艺、设备、材料隐瞒其危害而采用的，对所造成的职业病危害后果承担责任。

第三十三条 用人单位与劳动者订立劳动合同（含聘用合同，下同）时，应当将工作过程中可能产生的职业病危害及其后果、职业病防护措施和待遇等如实告知劳动者，并在劳动合同中写明，不得隐瞒或者欺骗。

劳动者在已订立劳动合同期间因工作岗位或者工作内容变更，从事与所订立劳动合同中未告知的存在职业病危害的作业时，用人单位应当依照前款规定，向劳动者履行如实告知的义务，并协商变更原劳动合同相关条款。

用人单位违反前两款规定的，劳动者有权拒绝从事存在职业病危害的作业，用人单位不得因此解除与劳动者所订立的劳动合同。

第三十四条 用人单位的主要负责人和职业卫生管理人员应当接受职业卫生培训，遵守职业病防治法律、法规，依法组织本单位的职业病防治工作。

用人单位应当对劳动者进行上岗前的职业卫生培训和在岗期间的定期职业卫生培训，普及职业卫生知识，督促劳动者遵守职业病防治法律、法规、规章和操作规程，指导劳动者正确使用职业病防护设备和个人使用的职业病防护用品。

劳动者应当学习和掌握相关的职业卫生知识，增强职业病防范意识，遵守职业病防治法律、法规、规章和操作规程，正确使用、维护职业病防护设备和个人使用的职业病防护用品，发现职业病危害事故隐患应当及时报告。

劳动者不履行前款规定义务的，用人单位应当对其进行教育。

第三十五条 对从事接触职业病危害的作业的劳动者，用人单位应当按照国务院安全生产监督管理部门、卫生行政部门的规定组织上岗前、在岗期间和离岗时的职业健康检查，并将检查结果书面告知劳动者。职业健康检查费用由用人单位承担。

用人单位不得安排未经上岗前职业健康检查的劳动者从事接

触职业病危害的作业；不得安排有职业禁忌的劳动者从事其所禁忌的作业；对在职业健康检查中发现有与所从事的职业相关的健康损害的劳动者，应当调离原工作岗位，并妥善安置；对未进行离岗前职业健康检查的劳动者不得解除或者终止与其订立的劳动合同。

职业健康检查应当由取得《医疗机构执业许可证》的医疗卫生机构承担。卫生行政部门应当加强对职业健康检查工作的规范管理，具体管理办法由国务院卫生行政部门制定。

第三十六条 用人单位应当为劳动者建立职业健康监护档案，并按照规定的期限妥善保存。

职业健康监护档案应当包括劳动者的职业史、职业病危害接触史、职业健康检查结果和职业病诊疗等有关个人健康资料。

劳动者离开用人单位时，有权索取本人职业健康监护档案复印件，用人单位应当如实、无偿提供，并在所提供的复印件上签章。

第三十七条 发生或者可能发生急性职业病危害事故时，用人单位应当立即采取应急救援和控制措施，并及时报告所在地安全生产监督管理部门和有关部门。安全生产监督管理部门接到报告后，应当及时会同有关部门组织调查处理；必要时，可以采取临时控制措施。卫生行政部门应当组织做好医疗救治工作。

对遭受或者可能遭受急性职业病危害的劳动者，用人单位应当及时组织救治、进行健康检查和医学观察，所需费用由用人单位承担。

第三十八条 用人单位不得安排未成年工从事接触职业病危害的作业；不得安排孕期、哺乳期的女职工从事对本人和胎儿、婴儿有危害的作业。

第三十九条 劳动者享有下列职业卫生保护权利：

（一）获得职业卫生教育、培训；

（二）获得职业健康检查、职业病诊疗、康复等职业病防治服务；

（三）了解工作场所产生或者可能产生的职业病危害因素、危害后果和应当采取的职业病防护措施；

（四）要求用人单位提供符合防治职业病要求的职业病防护设施和个人使用的职业病防护用品，改善工作条件；

（五）对违反职业病防治法律、法规以及危及生命健康的行为提出批评、检举和控告；

（六）拒绝违章指挥和强令进行没有职业病防护措施的作业；

（七）参与用人单位职业卫生工作的民主管理，对职业病防治工作提出意见和建议。

用人单位应当保障劳动者行使前款所列权利。因劳动者依法行使正当权利而降低其工资、福利等待遇或者解除、终止与其订立的劳动合同的，其行为无效。

第四十条 工会组织应当督促并协助用人单位开展职业卫生宣传教育和培训，有权对用人单位的职业病防治工作提出意见和建议，依法代表劳动者与用人单位签订劳动安全卫生专项集体合同，与用人单位就劳动者反映的有关职业病防治的问题进行协调并督促解决。

工会组织对用人单位违反职业病防治法律、法规，侵犯劳动者合法权益的行为，有权要求纠正；产生严重职业病危害时，有权要求采取防护措施，或者向政府有关部门建议采取强制性措施；发生职业病危害事故时，有权参与事故调查处理；发现危及劳动者生命健康的情形时，有权向用人单位建议组织劳动者撤离危险现场，用人单位应当立即作出处理。

第四十一条 用人单位按照职业病防治要求，用于预防和治理职业病危害、工作场所卫生检测、健康监护和职业卫生培训等费用，按照国家有关规定，在生产成本中据实列支。

第四十二条 职业卫生监督管理部门应当按照职责分工，加强对用人单位落实职业病防护管理措施情况的监督检查，依法行使职权，承担责任。

第四章　职业病诊断与职业病病人保障

第四十三条　医疗卫生机构承担职业病诊断，应当经省、自治区、直辖市人民政府卫生行政部门批准。省、自治区、直辖市人民政府卫生行政部门应当向社会公布本行政区域内承担职业病诊断的医疗卫生机构的名单。

承担职业病诊断的医疗卫生机构应当具备下列条件：

（一）持有《医疗机构执业许可证》；

（二）具有与开展职业病诊断相适应的医疗卫生技术人员；

（三）具有与开展职业病诊断相适应的仪器、设备；

（四）具有健全的职业病诊断质量管理制度。

承担职业病诊断的医疗卫生机构不得拒绝劳动者进行职业病诊断的要求。

第四十四条　劳动者可以在用人单位所在地、本人户籍所在地或者经常居住地依法承担职业病诊断的医疗卫生机构进行职业病诊断。

第四十五条　职业病诊断标准和职业病诊断、鉴定办法由国务院卫生行政部门制定。职业病伤残等级的鉴定办法由国务院劳动保障行政部门会同国务院卫生行政部门制定。

第四十六条　职业病诊断，应当综合分析下列因素：

（一）病人的职业史；

（二）职业病危害接触史和工作场所职业病危害因素情况；

（三）临床表现以及辅助检查结果等。

没有证据否定职业病危害因素与病人临床表现之间的必然联系的，应当诊断为职业病。

职业病诊断证明书应当由参与诊断的取得职业病诊断资格的执业医师签署，并经承担职业病诊断的医疗卫生机构审核盖章。

第四十七条 用人单位应当如实提供职业病诊断、鉴定所需的劳动者职业史和职业病危害接触史、工作场所职业病危害因素检测结果等资料；安全生产监督管理部门应当监督检查和督促用人单位提供上述资料；劳动者和有关机构也应当提供与职业病诊断、鉴定有关的资料。

职业病诊断、鉴定机构需要了解工作场所职业病危害因素情况时，可以对工作场所进行现场调查，也可以向安全生产监督管理部门提出，安全生产监督管理部门应当在10日内组织现场调查。用人单位不得拒绝、阻挠。

第四十八条 职业病诊断、鉴定过程中，用人单位不提供工作场所职业病危害因素检测结果等资料的，诊断、鉴定机构应当结合劳动者的临床表现、辅助检查结果和劳动者的职业史、职业病危害接触史，并参考劳动者的自述、安全生产监督管理部门提供的日常监督检查信息等，作出职业病诊断、鉴定结论。

劳动者对用人单位提供的工作场所职业病危害因素检测结果等资料有异议，或者因劳动者的用人单位解散、破产，无用人单位提供上述资料的，诊断、鉴定机构应当提请安全生产监督管理部门进行调查，安全生产监督管理部门应当自接到申请之日起三十日内对存在异议的资料或者工作场所职业病危害因素情况作出判定；有关部门应当配合。

第四十九条 职业病诊断、鉴定过程中，在确认劳动者职业史、职业病危害接触史时，当事人对劳动关系、工种、工作岗位或者在岗时间有争议的，可以向当地的劳动人事争议仲裁委员会申请仲裁；接到申请的劳动人事争议仲裁委员会应当受理，并在三十日内作出裁决。

当事人在仲裁过程中对自己提出的主张，有责任提供证据。劳动者无法提供由用人单位掌握管理的与仲裁主张有关的证据的，仲裁庭应当要求用人单位在指定期限内提供；用人单位在指定期限内不提供的，应当承担不利后果。

劳动者对仲裁裁决不服的，可以依法向人民法院提起诉讼。

用人单位对仲裁裁决不服的，可以在职业病诊断、鉴定程序结束之日起十五日内依法向人民法院提起诉讼；诉讼期间，劳动者的治疗费用按照职业病待遇规定的途径支付。

第五十条 用人单位和医疗卫生机构发现职业病病人或者疑似职业病病人时，应当及时向所在地卫生行政部门和安全生产监督管理部门报告。确诊为职业病的，用人单位还应当向所在地劳动保障行政部门报告。接到报告的部门应当依法作出处理。

第五十一条 县级以上地方人民政府卫生行政部门负责本行政区域内的职业病统计报告的管理工作，并按照规定上报。

第五十二条 当事人对职业病诊断有异议的，可以向作出诊断的医疗卫生机构所在地地方人民政府卫生行政部门申请鉴定。

职业病诊断争议由设区的市级以上地方人民政府卫生行政部门根据当事人的申请，组织职业病诊断鉴定委员会进行鉴定。

当事人对设区的市级职业病诊断鉴定委员会的鉴定结论不服的，可以向省、自治区、直辖市人民政府卫生行政部门申请再鉴定。

第五十三条 职业病诊断鉴定委员会由相关专业的专家组成。

省、自治区、直辖市人民政府卫生行政部门应当设立相关的专家库，需要对职业病争议作出诊断鉴定时，由当事人或者当事人委托有关卫生行政部门从专家库中以随机抽取的方式确定参加诊断鉴定委员会的专家。

职业病诊断鉴定委员会应当按照国务院卫生行政部门颁布的职业病诊断标准和职业病诊断、鉴定办法进行职业病诊断鉴定，向当事人出具职业病诊断鉴定书。职业病诊断、鉴定费用由用人单位承担。

第五十四条 职业病诊断鉴定委员会组成人员应当遵守职业道德，客观、公正地进行诊断鉴定，并承担相应的责任。职业病诊断鉴定委员会组成人员不得私下接触当事人，不得收受当事人的财物或者其他好处，与当事人有利害关系的，应当回避。

人民法院受理有关案件需要进行职业病鉴定时，应当从省、自治区、直辖市人民政府卫生行政部门依法设立的相关的专家库中选取参加鉴定的专家。

第五十五条 医疗卫生机构发现疑似职业病病人时，应当告知劳动者本人并及时通知用人单位。

用人单位应当及时安排对疑似职业病病人进行诊断；在疑似职业病病人诊断或者医学观察期间，不得解除或者终止与其订立的劳动合同。

疑似职业病病人在诊断、医学观察期间的费用，由用人单位承担。

第五十六条 用人单位应当保障职业病病人依法享受国家规定的职业病待遇。

用人单位应当按照国家有关规定，安排职业病病人进行治疗、康复和定期检查。

用人单位对不适宜继续从事原工作的职业病病人，应当调离原岗位，并妥善安置。

用人单位对从事接触职业病危害的作业的劳动者，应当给予适当岗位津贴。

第五十七条 职业病病人的诊疗、康复费用，伤残以及丧失劳动能力的职业病病人的社会保障，按照国家有关工伤保险的规定执行。

第五十八条 职业病病人除依法享有工伤保险外，依照有关民事法律，尚有获得赔偿的权利的，有权向用人单位提出赔偿要求。

第五十九条 劳动者被诊断患有职业病，但用人单位没有依法参加工伤保险的，其医疗和生活保障由该用人单位承担。

第六十条 职业病病人变动工作单位，其依法享有的待遇不变。

用人单位在发生分立、合并、解散、破产等情形时，应当对从事接触职业病危害的作业的劳动者进行健康检查，并按照国家有关规定妥善安置职业病病人。

第六十一条 用人单位已经不存在或者无法确认劳动关系的职业病病人，可以向地方人民政府民政部门申请医疗救助和生活等方面的救助。

地方各级人民政府应当根据本地区的实际情况，采取其他措施，使前款规定的职业病病人获得医疗救治。

第五章 监督检查

第六十二条 县级以上人民政府职业卫生监督管理部门依照职业病防治法律、法规、国家职业卫生标准和卫生要求，依据职责划分，对职业病防治工作进行监督检查。

第六十三条 安全生产监督管理部门履行监督检查职责时，有权采取下列措施：

（一）进入被检查单位和职业病危害现场，了解情况，调查取证；

（二）查阅或者复制与违反职业病防治法律、法规的行为有关的资料和采集样品；

（三）责令违反职业病防治法律、法规的单位和个人停止违法行为。

第六十四条 发生职业病危害事故或者有证据证明危害状态可能导致职业病危害事故发生时，安全生产监督管理部门可以采取下列临时控制措施：

（一）责令暂停导致职业病危害事故的作业；

（二）封存造成职业病危害事故或者可能导致职业病危害事故发生的材料和设备；

（三）组织控制职业病危害事故现场。

在职业病危害事故或者危害状态得到有效控制后，安全生产监督管理部门应当及时解除控制措施。

第六十五条 职业卫生监督执法人员依法执行职务时，应当出示监督执法证件。

职业卫生监督执法人员应当忠于职守，秉公执法，严格遵守执法规范；涉及用人单位的秘密的，应当为其保密。

第六十六条 职业卫生监督执法人员依法执行职务时，被检查单位应当接受检查并予以支持配合，不得拒绝和阻碍。

第六十七条 卫生行政部门、安全生产监督管理部门及其职业卫生监督执法人员履行职责时，不得有下列行为：

（一）对不符合法定条件的，发给建设项目有关证明文件、资质证明文件或者予以批准；

（二）对已经取得有关证明文件的，不履行监督检查职责；

（三）发现用人单位存在职业病危害的，可能造成职业病危害事故，不及时依法采取控制措施；

（四）其他违反本法的行为。

第六十八条 职业卫生监督执法人员应当依法经过资格认定。

职业卫生监督管理部门应当加强队伍建设，提高职业卫生监督执法人员的政治、业务素质，依照本法和其他有关法律、法规的规定，建立、健全内部监督制度，对其工作人员执行法律、法规和遵守纪律的情况，进行监督检查。

第六章　法律责任

第六十九条 建设单位违反本法规定，有下列行为之一的，由安全生产监督管理部门和卫生行政部门依据职责分工给予警告，责令限期改正；逾期不改正的，处十万元以上五十万元以下的罚款；情节严重的，责令停止产生职业病危害的作业，或者提请有关人民政府按照国务院规定的权限责令停建、关闭：

（一）未按照规定进行职业病危害预评价的；

（二）医疗机构可能产生放射性职业病危害的建设项目未按照规定提交放射性职业病危害预评价报告，或者放射性职业病危害预评价报告未经卫生行政部门审核同意，开工建设的；

（三）建设项目的职业病防护设施未按照规定与主体工程同时设计、同时施工、同时投入生产和使用的；

（四）建设项目的职业病防护设施设计不符合国家职业卫生标准和卫生要求，或者医疗机构放射性职业病危害严重的建设项目的防护设施设计未经卫生行政部门审查同意擅自施工的；

（五）未按照规定对职业病防护设施进行职业病危害控制效果评价的；

（六）建设项目竣工投入生产和使用前，职业病防护设施未按照规定验收合格的。

第七十条 违反本法规定，有下列行为之一的，由安全生产监督管理部门给予警告，责令限期改正；逾期不改正的，处十万元以下的罚款：

（一）工作场所职业病危害因素检测、评价结果没有存档、上报、公布的；

（二）未采取本法第二十条规定的职业病防治管理措施的；

（三）未按照规定公布有关职业病防治的规章制度、操作规程、职业病危害事故应急救援措施的；

（四）未按照规定组织劳动者进行职业卫生培训，或者未对劳动者个人职业病防护采取指导、督促措施的；

（五）国内首次使用或者首次进口与职业病危害有关的化学材料，未按照规定报送毒性鉴定资料以及经有关部门登记注册或者批准进口的文件的。

第七十一条 用人单位违反本法规定，有下列行为之一的，由安全生产监督管理部门责令限期改正，给予警告，可以并处五万元以上十万元以下的罚款：

（一）未按照规定及时、如实向安全生产监督管理部门申报产生职业病危害的项目的；

（二）未实施由专人负责的职业病危害因素日常监测，或者监测系统不能正常监测的；

（三）订立或者变更劳动合同时，未告知劳动者职业病危害真实情况的；

（四）未按照规定组织职业健康检查、建立职业健康监护档案或者未将检查结果书面告知劳动者的；

（五）未依照本法规定在劳动者离开用人单位时提供职业健康监护档案复印件的。

第七十二条 用人单位违反本法规定，有下列行为之一的，由安全生产监督管理部门给予警告，责令限期改正，逾期不改正的，处五万元以上二十万元以下的罚款；情节严重的，责令停止产生职业病危害的作业，或者提请有关人民政府按照国务院规定的权限责令关闭：

（一）工作场所职业病危害因素的强度或者浓度超过国家职业卫生标准的；

（二）未提供职业病防护设施和个人使用的职业病防护用品，或者提供的职业病防护设施和个人使用的职业病防护用品不符合国家职业卫生标准和卫生要求的；

（三）对职业病防护设备、应急救援设施和个人使用的职业病防护用品未按照规定进行维护、检修、检测，或者不能保持正常运行、使用状态的；

（四）未按照规定对工作场所职业病危害因素进行检测、评价的；

（五）工作场所职业病危害因素经治理仍然达不到国家职业卫生标准和卫生要求时，未停止存在职业病危害因素的作业的；

（六）未按照规定安排职业病病人、疑似职业病病人进行诊治的；

（七）发生或者可能发生急性职业病危害事故时，未立即采取应急救援和控制措施或者未按照规定及时报告的；

（八）未按照规定在产生严重职业病危害的作业岗位醒目位置设置警示标识和中文警示说明的；

（九）拒绝职业卫生监督管理部门监督检查的；

（十）隐瞒、伪造、篡改、毁损职业健康监护档案、工作场所职业病危害因素检测评价结果等相关资料，或者拒不提供职业病诊断、鉴定所需资料的；

（十一）未按照规定承担职业病诊断、鉴定费用和职业病病人的医疗、生活保障费用的。

第七十三条 向用人单位提供可能产生职业病危害的设备、材料，未按照规定提供中文说明书或者设置警示标识和中文警示说明的，由安全生产监督管理部门责令限期改正，给予警告，并处五万元以上二十万元以下的罚款。

第七十四条 用人单位和医疗卫生机构未按照规定报告职业病、疑似职业病的，由有关主管部门依据职责分工责令限期改正，给予警告，可以并处一万元以下的罚款；弄虚作假的，并处二万元以上五万元以下的罚款；对直接负责的主管人员和其他直接责任人员，可以依法给予降级或者撤职的处分。

第七十五条 违反本法规定，有下列情形之一的，由安全生产监督管理部门责令限期治理，并处五万元以上三十万元以下的罚款；情节严重的，责令停止产生职业病危害的作业，或者提请有关人民政府按照国务院规定的权限责令关闭：

（一）隐瞒技术、工艺、设备、材料所产生的职业病危害而采用的；

（二）隐瞒本单位职业卫生真实情况的；

（三）可能发生急性职业损伤的有毒、有害工作场所、放射工作场所或者放射性同位素的运输、贮存不符合本法第二十五条规定的；

（四）使用国家明令禁止使用的可能产生职业病危害的设备或者材料的；

（五）将产生职业病危害的作业转移给没有职业病防护条件的单位和个人，或者没有职业病防护条件的单位和个人接受产生职业病危害的作业的；

（六）擅自拆除、停止使用职业病防护设备或者应急救援设施的；

（七）安排未经职业健康检查的劳动者、有职业禁忌的劳动者、未成年工或者孕期、哺乳期女职工从事接触职业病危害的作业或者禁忌作业的；

（八）违章指挥和强令劳动者进行没有职业病防护措施的作业的。

第七十六条 生产、经营或者进口国家明令禁止使用的可能产生职业病危害的设备或者材料的，依照有关法律、行政法规的规定给予处罚。

第七十七条 用人单位违反本法规定，已经对劳动者生命健康造成严重损害的，由安全生产监督管理部门责令停止产生职业病危害的作业，或者提请有关人民政府按照国务院规定的权限责令关闭，并处十万元以上五十万元以下的罚款。

第七十八条 用人单位违反本法规定，造成重大职业病危害事故或者其他严重后果，构成犯罪的，对直接负责的主管人员和其他直接责任人员，依法追究刑事责任。

第七十九条 未取得职业卫生技术服务资质认可擅自从事职业卫生技术服务的，或者医疗卫生机构未经批准擅自从事职业病诊断的，由安全生产监督管理部门和卫生行政部门依据职责分工责令立即停止违法行为，没收违法所得；违法所得五千元以上的，并处违法所得二倍以上十倍以下的罚款；没有违法所得或者违法所得不足五千元的，并处五千元以上五万元以下的罚款；情节严重的，对直接负责的主管人员和其他直接责任人员，依法给予降级、撤职或者开除的处分。

第八十条 从事职业卫生技术服务的机构和承担职业病诊断的医疗卫生机构违反本法规定，有下列行为之一的，由安全生产监督管理部门和卫生行政部门依据职责分工责令立即停止违法行为，给予警告，没收违法所得；违法所得五千元以上的，并处违法所得二倍以上五倍以下的罚款；没有违法所得或者违法所得不足五千元的，并处五千元以上二万元以下的罚款；情节严重的，由原认可或者批准机关取消其相应的资格；对直接负责的主管人员和其他直接责任人员，依法给予降级、撤职或者开除的处分；构成犯罪的，依法追究刑事责任：

（一）超出资质认可或者批准范围从事职业卫生技术服务或者职业病诊断的；

（二）不按照本法规定履行法定职责的；

（三）出具虚假证明文件的。

第八十一条 职业病诊断鉴定委员会组成人员收受职业病诊断争议当事人的财物或者其他好处的，给予警告，没收收受的财物，可以并处三千元以上五万元以下的罚款，取消其担任职业病诊断鉴定委员会组成人员的资格，并从省、自治区、直辖市人民政府卫生行政部门设立的专家库中予以除名。

第八十二条 卫生行政部门、安全生产监督管理部门不按照规定报告职业病和职业病危害事故的，由上一级行政部门责令改正，通报批评，给予警告；虚报、瞒报的，对单位负责人、直接负责的主管人员和其他直接责任人员依法给予降级、撤职或者开除的处分。

第八十三条 县级以上地方人民政府在职业病防治工作中未依照本法履行职责，本行政区域出现重大职业病危害事故、造成严重社会影响的，依法对直接负责的主管人员和其他直接责任人员给予记大过直至开除的处分。

县级以上人民政府职业卫生监督管理部门不履行本法规定的

职责，滥用职权、玩忽职守、徇私舞弊，依法对直接负责的主管人员和其他直接责任人员给予记大过或者降级的处分；造成职业病危害事故或者其他严重后果的，依法给予撤职或者开除的处分。

第八十四条 违反本法规定，构成犯罪的，依法追究刑事责任。

第七章 附 则

第八十五条 本法下列用语的含义：

职业病危害，是指对从事职业活动的劳动者可能导致职业病的各种危害。职业病危害因素包括：职业活动中存在的各种有害的化学、物理、生物因素以及在作业过程中产生的其他职业有害因素。

职业禁忌，是指劳动者从事特定职业或者接触特定职业病危害因素时，比一般职业人群更易于遭受职业病危害和罹患职业病或者可能导致原有自身疾病病情加重，或者在从事作业过程中诱发可能导致对他人生命健康构成危险的疾病的个人特殊生理或者病理状态。

第八十六条 本法第二条规定的用人单位以外的单位，产生职业病危害的，其职业病防治活动可以参照本法执行。

劳务派遣用工单位应当履行本法规定的用人单位的义务。

中国人民解放军参照执行本法的办法，由国务院、中央军事委员会制定。

第八十七条 对医疗机构放射性职业病危害控制的监督管理，由卫生行政部门依照本法的规定实施。

第八十八条 本法自2002年5月1日起施行。

生产安全事故报告和调查处理条例

（2007年4月9日　国务院令第493号）

第一章　总　则

第一条　为了规范生产安全事故的报告和调查处理，落实生产安全事故责任追究制度，防止和减少生产安全事故，根据《中华人民共和国安全生产法》和有关法律，制定本条例。

第二条　生产经营活动中发生的造成人身伤亡或者直接经济损失的生产安全事故的报告和调查处理，适用本条例；环境污染事故、核设施事故、国防科研生产事故的报告和调查处理不适用本条例。

第三条　根据生产安全事故（以下简称事故）造成的人员伤亡或者直接经济损失，事故一般分为以下等级：

（一）特别重大事故，是指造成30人以上死亡，或者100人以上重伤（包括急性工业中毒，下同），或者1亿元以上直接经济损失的事故；

（二）重大事故，是指造成10人以上30人以下死亡，或者50人以上100人以下重伤，或者5000万元以上1亿元以下直接经济损失的事故；

（三）较大事故，是指造成3人以上10人以下死亡，或者10人以上50人以下重伤，或者1000万元以上5000万元以下直接经济损失的事故；

（四）一般事故，是指造成3人以下死亡，或者10人以下重伤，或者1000万元以下直接经济损失的事故。

国务院安全生产监督管理部门可以会同国务院有关部门，制定事故等级划分的补充性规定。

本条第一款所称的“以上”包括本数，所称的“以下”不包括本数。

第四条 事故报告应当及时、准确、完整，任何单位和个人对事故不得迟报、漏报、谎报或者瞒报。

事故调查处理应当坚持实事求是、尊重科学的原则，及时、准确地查清事故经过、事故原因和事故损失，查明事故性质，认定事故责任，总结事故教训，提出整改措施，并对事故责任者依法追究责任。

第五条 县级以上人民政府应当依照本条例的规定，严格履行职责，及时、准确地完成事故调查处理工作。

事故发生地有关地方人民政府应当支持、配合上级人民政府或者有关部门的事故调查处理工作，并提供必要的便利条件。

参加事故调查处理的部门和单位应当互相配合，提高事故调查处理工作的效率。

第六条 工会依法参加事故调查处理，有权向有关部门提出处理意见。

第七条 任何单位和个人不得阻挠和干涉对事故的报告和依法调查处理。

第八条 对事故报告和调查处理中的违法行为，任何单位和个人有权向安全生产监督管理部门、监察机关或者其他有关部门举报，接到举报的部门应当依法及时处理。

第二章 事故报告

第九条 事故发生后，事故现场有关人员应当立即向本单位负责人报告；单位负责人接到报告后，应当于1小时内向事故发生地县级以上人民政府安全生产监督管理部门和负有安全生产监督管理职责的有关部门报告。

情况紧急时，事故现场有关人员可以直接向事故发生地县级以上人民政府安全生产监督管理部门和负有安全生产监督管理职责的有关部门报告。

第十条 安全生产监督管理部门和负有安全生产监督管理职责的有关部门接到事故报告后，应当依照下列规定上报事故情况，并通知公安机关、劳动保障行政部门、工会和人民检察院：

（一）特别重大事故、重大事故逐级上报至国务院安全生产监督管理部门和负有安全生产监督管理职责的有关部门；

（二）较大事故逐级上报至省、自治区、直辖市人民政府安全生产监督管理部门和负有安全生产监督管理职责的有关部门；

（三）一般事故上报至设区的市级人民政府安全生产监督管理部门和负有安全生产监督管理职责的有关部门。

安全生产监督管理部门和负有安全生产监督管理职责的有关部门依照前款规定上报事故情况，应当同时报告本级人民政府。国务院安全生产监督管理部门和负有安全生产监督管理职责的有关部门以及省级人民政府接到发生特别重大事故、重大事故的报告后，应当立即报告国务院。

必要时，安全生产监督管理部门和负有安全生产监督管理职责的有关部门可以越级上报事故情况。

第十一条 安全生产监督管理部门和负有安全生产监督管理职责的有关部门逐级上报事故情况，每级上报的时间不得超过2小时。

第十二条 报告事故应当包括下列内容：

（一）事故发生单位概况；

（二）事故发生的时间、地点以及事故现场情况；

（三）事故的简要经过；

（四）事故已经造成或者可能造成的伤亡人数（包括下落不明的人数）和初步估计的直接经济损失；

（五）已经采取的措施；

（六）其他应当报告的情况。

第十三条　事故报告后出现新情况的，应当及时补报。

自事故发生之日起30日内，事故造成的伤亡人数发生变化的，应当及时补报。道路交通事故、火灾事故自发生之日起7日内，事故造成的伤亡人数发生变化的，应当及时补报。

第十四条　事故发生单位负责人接到事故报告后，应当立即启动事故相应应急预案，或者采取有效措施，组织抢救，防止事故扩大，减少人员伤亡和财产损失。

第十五条　事故发生地有关地方人民政府、安全生产监督管理部门和负有安全生产监督管理职责的有关部门接到事故报告后，其负责人应当立即赶赴事故现场，组织事故救援。

第十六条　事故发生后，有关单位和人员应当妥善保护事故现场以及相关证据，任何单位和个人不得破坏事故现场、毁灭相关证据。

因抢救人员、防止事故扩大以及疏通交通等原因，需要移动事故现场物件的，应当做出标志，绘制现场简图并做出书面记录，妥善保存现场重要痕迹、物证。

第十七条　事故发生地公安机关根据事故的情况，对涉嫌犯罪的，应当依法立案侦查，采取强制措施和侦查措施。犯罪嫌疑人逃匿的，公安机关应当迅速追捕归案。

第十八条　安全生产监督管理部门和负有安全生产监督管理职责的有关部门应当建立值班制度，并向社会公布值班电话，受理事故报告和举报。

第三章　事故调查

第十九条　特别重大事故由国务院或者国务院授权有关部门组织事故调查组进行调查。

重大事故、较大事故、一般事故分别由事故发生地省级人民政府、设区的市级人民政府、县级人民政府负责调查。省级人民政府、设区的市级人民政府、县级人民政府可以直接组织事故调查组进行调查，也可以授权或者委托有关部门组织事故调查组进行调查。

未造成人员伤亡的一般事故，县级人民政府也可以委托事故发生单位组织事故调查组进行调查。

第二十条 上级人民政府认为必要时，可以调查由下级人民政府负责调查的事故。

自事故发生之日起 30 日内（道路交通事故、火灾事故自发生之日起 7 日内），因事故伤亡人数变化导致事故等级发生变化，依照本条例规定应当由上级人民政府负责调查的，上级人民政府可以另行组织事故调查组进行调查。

第二十一条 特别重大事故以下等级事故，事故发生地与事故发生单位不在同一个县级以上行政区域的，由事故发生地人民政府负责调查，事故发生单位所在地人民政府应当派人参加。

第二十二条 事故调查组的组成应当遵循精简、效能的原则。

根据事故的具体情况，事故调查组由有关人民政府、安全生产监督管理部门、负有安全生产监督管理职责的有关部门、监察机关、公安机关以及工会派人组成，并应当邀请人民检察院派人参加。

事故调查组可以聘请有关专家参与调查。

第二十三条 事故调查组成员应当具有事故调查所需要的知识和专长，并与所调查的事故没有直接利害关系。

第二十四条 事故调查组组长由负责事故调查的人民政府指定。事故调查组组长主持事故调查组的工作。

第二十五条 事故调查组履行下列职责：

（一）查明事故发生的经过、原因、人员伤亡情况及直接经济损失；

（二）认定事故的性质和事故责任；

（三）提出对事故责任者的处理建议；

（四）总结事故教训，提出防范和整改措施；

（五）提交事故调查报告。

第二十六条 事故调查组有权向有关单位和个人了解与事故有关的情况，并要求其提供相关文件、资料，有关单位和个人不得拒绝。

事故发生单位的负责人和有关人员在事故调查期间不得擅离职守，并应当随时接受事故调查组的询问，如实提供有关情况。

事故调查中发现涉嫌犯罪的，事故调查组应当及时将有关材料或者其复印件移交司法机关处理。

第二十七条 事故调查中需要进行技术鉴定的，事故调查组应当委托具有国家规定资质的单位进行技术鉴定。必要时，事故调查组可以直接组织专家进行技术鉴定。技术鉴定所需时间不计入事故调查期限。

第二十八条 事故调查组成员在事故调查工作中应当诚信公正、恪尽职守，遵守事故调查组的纪律，保守事故调查的秘密。

未经事故调查组组长允许，事故调查组成员不得擅自发布有关事故的信息。

第二十九条 事故调查组应当自事故发生之日起 60 日内提交事故调查报告；特殊情况下，经负责事故调查的人民政府批准，提交事故调查报告的期限可以适当延长，但延长的期限最长不超过 60 日。

第三十条 事故调查报告应当包括下列内容：

（一）事故发生单位概况；

（二）事故发生经过和事故救援情况；

（三）事故造成的人员伤亡和直接经济损失；

（四）事故发生的原因和事故性质；

（五）事故责任的认定以及对事故责任者的处理建议；

（六）事故防范和整改措施。

事故调查报告应当附具有关证据材料。事故调查组成员应当在事故调查报告上签名。

第三十一条 事故调查报告报送负责事故调查的人民政府后，事故调查工作即告结束。事故调查的有关资料应当归档保存。

第四章 事故处理

第三十二条 重大事故、较大事故、一般事故，负责事故调查的人民政府应当自收到事故调查报告之日起15日内做出批复；特别重大事故，30日内做出批复，特殊情况下，批复时间可以适当延长，但延长的时间最长不超过30日。

有关机关应当按照人民政府的批复，依照法律、行政法规规定的权限和程序，对事故发生单位和有关人员进行行政处罚，对负有事故责任的国家工作人员进行处分。

事故发生单位应当按照负责事故调查的人民政府的批复，对本单位负有事故责任的人员进行处理。

负有事故责任的人员涉嫌犯罪的，依法追究刑事责任。

第三十三条 事故发生单位应当认真吸取事故教训，落实防范和整改措施，防止事故再次发生。防范和整改措施的落实情况应当接受工会和职工的监督。

安全生产监督管理部门和负有安全生产监督管理职责的有关部门应当对事故发生单位落实防范和整改措施的情况进行监督检查。

第三十四条 事故处理的情况由负责事故调查的人民政府或者其授权的有关部门、机构向社会公布，依法应当保密的除外。

第五章 法律责任

第三十五条 事故发生单位主要负责人有下列行为之一的，处上一年年收入40%至80%的罚款；属于国家工作人员的，并依法给予处分；构成犯罪的，依法追究刑事责任：

（一）不立即组织事故抢救的；

（二）迟报或者漏报事故的；

（三）在事故调查处理期间擅离职守的。

第三十六条 事故发生单位及其有关人员有下列行为之一的，对事故发生单位处100万元以上500万元以下的罚款；对主要负责人、直接负责的主管人员和其他直接责任人员处上一年年收入60%至100%的罚款；属于国家工作人员的，并依法给予处分；构成违反治安管理行为的，由公安机关依法给予治安管理处罚；构成犯罪的，依法追究刑事责任：

（一）谎报或者瞒报事故的；

（二）伪造或者故意破坏事故现场的；

（三）转移、隐匿资金、财产，或者销毁有关证据、资料的；

（四）拒绝接受调查或者拒绝提供有关情况和资料的；

（五）在事故调查中作伪证或者指使他人作伪证的；

（六）事故发生后逃匿的。

第三十七条 事故发生单位对事故发生负有责任的，依照下列规定处以罚款：

（一）发生一般事故的，处10万元以上20万元以下的罚款；

（二）发生较大事故的，处20万元以上50万元以下的罚款；

（三）发生重大事故的，处50万元以上200万元以下的罚款；

（四）发生特别重大事故的，处200万元以上500万元以下的罚款。

第三十八条 事故发生单位主要负责人未依法履行安全生产管理职责，导致事故发生的，依照下列规定处以罚款；属于国家工作人员的，并依法给予处分；构成犯罪的，依法追究刑事责任：

（一）发生一般事故的，处上一年年收入30%的罚款；

（二）发生较大事故的，处上一年年收入40%的罚款；

（三）发生重大事故的，处上一年年收入60%的罚款；

（四）发生特别重大事故的，处上一年年收入80%的罚款。

第三十九条 有关地方人民政府、安全生产监督管理部门和负有安全生产监督管理职责的有关部门有下列行为之一的，对直接负责的主管人员和其他直接责任人员依法给予处分；构成犯罪的，依法追究刑事责任：

（一）不立即组织事故抢救的；

（二）迟报、漏报、谎报或者瞒报事故的；

（三）阻碍、干涉事故调查工作的；

（四）在事故调查中作伪证或者指使他人作伪证的。

第四十条 事故发生单位对事故发生负有责任的，由有关部门依法暂扣或者吊销其有关证照；对事故发生单位负有事故责任的有关人员，依法暂停或者撤销其与安全生产有关的执业资格、岗位证书；事故发生单位主要负责人受到刑事处罚或者撤职处分的，自刑罚执行完毕或者受处分之日起，5年内不得担任任何生产经营单位的主要负责人。

为发生事故的单位提供虚假证明的中介机构，由有关部门依法暂扣或者吊销其有关证照及其相关人员的执业资格；构成犯罪的，依法追究刑事责任。

第四十一条 参与事故调查的人员在事故调查中有下列行为之一的，依法给予处分；构成犯罪的，依法追究刑事责任：

（一）对事故调查工作不负责任，致使事故调查工作有重大疏漏的；

（二）包庇、袒护负有事故责任的人员或者借机打击报复的。

第四十二条 违反本条例规定，有关地方人民政府或者有关部门故意拖延或者拒绝落实经批复的对事故责任人的处理意见的，由监察机关对有关责任人员依法给予处分。

第四十三条 本条例规定的罚款的行政处罚，由安全生产监督管理部门决定。

法律、行政法规对行政处罚的种类、幅度和决定机关另有规定的，依照其规定。

第六章 附 则

第四十四条 没有造成人员伤亡，但是社会影响恶劣的事故，国务院或者有关地方人民政府认为需要调查处理的，依照本条例的有关规定执行。

国家机关、事业单位、人民团体发生的事故的报告和调查处理，参照本条例的规定执行。

第四十五条 特别重大事故以下等级事故的报告和调查处理，有关法律、行政法规或者国务院另有规定的，依照其规定。

第四十六条 本条例自 2007 年 6 月 1 日起施行。国务院 1989 年 3 月 29 日公布的《特别重大事故调查程序暂行规定》和 1991 年 2 月 22 日公布的《企业职工伤亡事故报告和处理规定》同时废止。

工伤保险条例

（2003年4月27日中华人民共和国国务院令第375号公布，根据2010年12月20日《国务院关于修改〈工伤保险条例〉的决定》修订）

第一章　总　则

第一条　为了保障因工作遭受事故伤害或者患职业病的职工获得医疗救治和经济补偿，促进工伤预防和职业康复，分散用人单位的工伤风险，制定本条例。

第二条　中华人民共和国境内的企业、事业单位、社会团体、民办非企业单位、基金会、律师事务所、会计师事务所等组织和有雇工的个体工商户（以下称用人单位）应当依照本条例规定参加工伤保险，为本单位全部职工或者雇工（以下称职工）缴纳工伤保险费。

中华人民共和国境内的企业、事业单位、社会团体、民办非企业单位、基金会、律师事务所、会计师事务所等组织的职工和个体工商户的雇工，均有依照本条例的规定享受工伤保险待遇的权利。

第三条　工伤保险费的征缴按照《社会保险费征缴暂行条例》关于基本养老保险费、基本医疗保险费、失业保险费的征缴规定执行。

第四条　用人单位应当将参加工伤保险的有关情况在本单位内公示。

用人单位和职工应当遵守有关安全生产和职业病防治的法律法规，执行安全卫生规程和标准，预防工伤事故发生，避免和减少职业病危害。

职工发生工伤时，用人单位应当采取措施使工伤职工得到及时救治。

第五条 国务院社会保险行政部门负责全国的工伤保险工作。

县级以上地方各级人民政府社会保险行政部门负责本行政区域内的工伤保险工作。

社会保险行政部门按照国务院有关规定设立的社会保险经办机构（以下称经办机构）具体承办工伤保险事务。

第六条 社会保险行政部门等部门制定工伤保险的政策、标准，应当征求工会组织、用人单位代表的意见。

第二章 工伤保险基金

第七条 工伤保险基金由用人单位缴纳的工伤保险费、工伤保险基金的利息和依法纳入工伤保险基金的其他资金构成。

第八条 工伤保险费根据以支定收、收支平衡的原则，确定费率。

国家根据不同行业的工伤风险程度确定行业的差别费率，并根据工伤保险费使用、工伤发生率等情况在每个行业内确定若干费率档次。行业差别费率及行业内费率档次由国务院社会保险行政部门制定，报国务院批准后公布施行。

统筹地区经办机构根据用人单位工伤保险费使用、工伤发生率等情况，适用所属行业内相应的费率档次确定单位缴费费率。

第九条 国务院社会保险行政部门应当定期了解全国各统筹地区工伤保险基金收支情况，及时提出调整行业差别费率及行业内费率档次的方案，报国务院批准后公布施行。

第十条 用人单位应当按时缴纳工伤保险费。职工个人不缴纳工伤保险费。

用人单位缴纳工伤保险费的数额为本单位职工工资总额乘以单位缴费费率之积。

对难以按照工资总额缴纳工伤保险费的行业，其缴纳工伤保险费的具体方式，由国务院社会保险行政部门规定。

第十一条 工伤保险基金逐步实行省级统筹。

跨地区、生产流动性较大的行业，可以采取相对集中的方式异地参加统筹地区的工伤保险。具体办法由国务院社会保险行政部门会同有关行业的主管部门制定。

第十二条 工伤保险基金存入社会保障基金财政专户，用于本条例规定的工伤保险待遇，劳动能力鉴定，工伤预防的宣传、培训等费用，以及法律、法规规定的用于工伤保险的其他费用的支付。

工伤预防费用的提取比例、使用和管理的具体办法，由国务院社会保险行政部门会同国务院财政、卫生行政、安全生产监督管理等部门规定。

任何单位或者个人不得将工伤保险基金用于投资运营、兴建或者改建办公场所、发放奖金，或者挪作其他用途。

第十三条 工伤保险基金应当留有一定比例的储备金，用于统筹地区重大事故的工伤保险待遇支付；储备金不足支付的，由统筹地区的人民政府垫付。储备金占基金总额的具体比例和储备金的使用办法，由省、自治区、直辖市人民政府规定。

第三章 工伤认定

第十四条 职工有下列情形之一的，应当认定为工伤：

（一）在工作时间和工作场所内，因工作原因受到事故伤害的；

（二）工作时间前后在工作场所内，从事与工作有关的预备性或者收尾性工作受到事故伤害的；

（三）在工作时间和工作场所内，因履行工作职责受到暴力等意外伤害的；

（四）患职业病的；

（五）因工外出期间，由于工作原因受到伤害或者发生事故下落不明的；

（六）在上下班途中，受到非本人主要责任的交通事故或者城市轨道交通、客运轮渡、火车事故伤害的；

（七）法律、行政法规规定应当认定为工伤的其他情形。

第十五条 职工有下列情形之一的，视同工伤：

（一）在工作时间和工作岗位，突发疾病死亡或者在48小时之内经抢救无效死亡的；

（二）在抢险救灾等维护国家利益、公共利益活动中受到伤害的；

（三）职工原在军队服役，因战、因公负伤致残，已取得革命伤残军人证，到用人单位后旧伤复发的。

职工有前款第（一）项、第（二）项情形的，按照本条例的有关规定享受工伤保险待遇；职工有前款第（三）项情形的，按照本条例的有关规定享受除一次性伤残补助金以外的工伤保险待遇。

第十六条 职工符合本条例第十四条、第十五条的规定，但是有下列情形之一的，不得认定为工伤或者视同工伤：

（一）故意犯罪的；

（二）醉酒或者吸毒的；

（三）自残或者自杀的。

第十七条 职工发生事故伤害或者按照职业病防治法规定被诊断、鉴定为职业病，所在单位应当自事故伤害发生之日或者被诊断、鉴定为职业病之日起30日内，向统筹地区社会保险行政部门提出工伤认定申请。遇有特殊情况，经报社会保险行政部门同意，申请时限可以适当延长。

用人单位未按前款规定提出工伤认定申请的，工伤职工或者其近亲属、工会组织在事故伤害发生之日或者被诊断、鉴定为职业病之日起1年内，可以直接向用人单位所在地统筹地区社会保险行政部门提出工伤认定申请。

按照本条第一款规定应当由省级社会保险行政部门进行工伤认定的事项，根据属地原则由用人单位所在地的设区的市级社会保险行政部门办理。

用人单位未在本条第一款规定的时限内提交工伤认定申请，在此期间发生符合本条例规定的工伤待遇等有关费用由该用人单位负担。

第十八条 提出工伤认定申请应当提交下列材料：

（一）工伤认定申请表；

（二）与用人单位存在劳动关系（包括事实劳动关系）的证明材料；

（三）医疗诊断证明或者职业病诊断证明书（或者职业病诊断鉴定书）。

工伤认定申请表应当包括事故发生的时间、地点、原因以及职工伤害程度等基本情况。

工伤认定申请人提供材料不完整的，社会保险行政部门应当一次性书面告知工伤认定申请人需要补正的全部材料。申请人按照书面告知要求补正材料后，社会保险行政部门应当受理。

第十九条 社会保险行政部门受理工伤认定申请后，根据审核需要可以对事故伤害进行调查核实，用人单位、职工、工会组织、医疗机构以及有关部门应当予以协助。职业病诊断和诊断争议的鉴定，依照职业病防治法的有关规定执行。对依法取得职业病诊断证明书或者职业病诊断鉴定书的，社会保险行政部门不再进行调查核实。

职工或者其近亲属认为是工伤，用人单位不认为是工伤的，由用人单位承担举证责任。

第二十条 社会保险行政部门应当自受理工伤认定申请之日起 60 日内作出工伤认定的决定，并书面通知申请工伤认定的职工或者其近亲属和该职工所在单位。

社会保险行政部门对受理的事实清楚、权利义务明确的工伤认定申请，应当在15日内作出工伤认定的决定。

作出工伤认定决定需要以司法机关或者有关行政主管部门的结论为依据的，在司法机关或者有关行政主管部门尚未作出结论期间，作出工伤认定决定的时限中止。

社会保险行政部门工作人员与工伤认定申请人有利害关系的，应当回避。

第四章　劳动能力鉴定

第二十一条　职工发生工伤，经治疗伤情相对稳定后存在残疾、影响劳动能力的，应当进行劳动能力鉴定。

第二十二条　劳动能力鉴定是指劳动功能障碍程度和生活自理障碍程度的等级鉴定。

劳动功能障碍分为十个伤残等级，最重的为一级，最轻的为十级。

生活自理障碍分为三个等级：生活完全不能自理、生活大部分不能自理和生活部分不能自理。

劳动能力鉴定标准由国务院社会保险行政部门会同国务院卫生行政部门等部门制定。

第二十三条　劳动能力鉴定由用人单位、工伤职工或者其近亲属向设区的市级劳动能力鉴定委员会提出申请，并提供工伤认定决定和职工工伤医疗的有关资料。

第二十四条　省、自治区、直辖市劳动能力鉴定委员会和设区的市级劳动能力鉴定委员会分别由省、自治区、直辖市和设区的市级社会保险行政部门、卫生行政部门、工会组织、经办机构代表以及用人单位代表组成。

劳动能力鉴定委员会建立医疗卫生专家库。列入专家库的医疗卫生专业技术人员应当具备下列条件：

（一）具有医疗卫生高级专业技术职务任职资格；

（二）掌握劳动能力鉴定的相关知识；

（三）具有良好的职业品德。

第二十五条 设区的市级劳动能力鉴定委员会收到劳动能力鉴定申请后，应当从其建立的医疗卫生专家库中随机抽取3名或者5名相关专家组成专家组，由专家组提出鉴定意见。设区的市级劳动能力鉴定委员会根据专家组的鉴定意见作出工伤职工劳动能力鉴定结论；必要时，可以委托具备资格的医疗机构协助进行有关的诊断。

设区的市级劳动能力鉴定委员会应当自收到劳动能力鉴定申请之日起60日内作出劳动能力鉴定结论，必要时，作出劳动能力鉴定结论的期限可以延长30日。劳动能力鉴定结论应当及时送达申请鉴定的单位和个人。

第二十六条 申请鉴定的单位或者个人对设区的市级劳动能力鉴定委员会作出的鉴定结论不服的，可以在收到该鉴定结论之日起15日内向省、自治区、直辖市劳动能力鉴定委员会提出再次鉴定申请。省、自治区、直辖市劳动能力鉴定委员会作出的劳动能力鉴定结论为最终结论。

第二十七条 劳动能力鉴定工作应当客观、公正。劳动能力鉴定委员会组成人员或者参加鉴定的专家与当事人有利害关系的，应当回避。

第二十八条 自劳动能力鉴定结论作出之日起1年后，工伤职工或者其近亲属、所在单位或者经办机构认为伤残情况发生变化的，可以申请劳动能力复查鉴定。

第二十九条 劳动能力鉴定委员会依照本条例第二十六条和第二十八条的规定进行再次鉴定和复查鉴定的期限，依照本条例第二十五条第二款的规定执行。

第五章 工伤保险待遇

第三十条 职工因工作遭受事故伤害或者患职业病进行治

疗，享受工伤医疗待遇。

职工治疗工伤应当在签订服务协议的医疗机构就医，情况紧急时可以先到就近的医疗机构急救。

治疗工伤所需费用符合工伤保险诊疗项目目录、工伤保险药品目录、工伤保险住院服务标准的，从工伤保险基金支付。工伤保险诊疗项目目录、工伤保险药品目录、工伤保险住院服务标准，由国务院社会保险行政部门会同国务院卫生行政部门、食品药品监督管理部门等部门规定。

职工住院治疗工伤的伙食补助费，以及经医疗机构出具证明，报经办机构同意，工伤职工到统筹地区以外就医所需的交通、食宿费用从工伤保险基金支付，基金支付的具体标准由统筹地区人民政府规定。

工伤职工治疗非工伤引发的疾病，不享受工伤医疗待遇，按照基本医疗保险办法处理。

工伤职工到签订服务协议的医疗机构进行工伤康复的费用，符合规定的，从工伤保险基金支付。

第三十一条 社会保险行政部门作出认定为工伤的决定后发生行政复议、行政诉讼的，行政复议和行政诉讼期间不停止支付工伤职工治疗工伤的医疗费用。

第三十二条 工伤职工因日常生活或者就业需要，经劳动能力鉴定委员会确认，可以安装假肢、矫形器、假眼、假牙和配置轮椅等辅助器具，所需费用按照国家规定的标准从工伤保险基金支付。

第三十三条 职工因工作遭受事故伤害或者患职业病需要暂停工作接受工伤医疗的，在停工留薪期内，原工资福利待遇不变，由所在单位按月支付。

停工留薪期一般不超过 12 个月。伤情严重或者情况特殊，经设区的市级劳动能力鉴定委员会确认，可以适当延长，但延长不得超过 12 个月。工伤职工评定伤残等级后，停发原待遇，按照本章的有关规定享受伤残待遇。工伤职工在停工留薪期满后仍需治疗的，继续享受工伤医疗待遇。

生活不能自理的工伤职工在停工留薪期需要护理的，由所在单位负责。

第三十四条 工伤职工已经评定伤残等级并经劳动能力鉴定委员会确认需要生活护理的，从工伤保险基金按月支付生活护理费。

生活护理费按照生活完全不能自理、生活大部分不能自理或者生活部分不能自理3个不同等级支付，其标准分别为统筹地区上年度职工月平均工资的50%、40%或者30%。

第三十五条 职工因工致残被鉴定为一级至四级伤残的，保留劳动关系，退出工作岗位，享受以下待遇：

（一）从工伤保险基金按伤残等级支付一次性伤残补助金，标准为：一级伤残为27个月的本人工资，二级伤残为25个月的本人工资，三级伤残为23个月的本人工资，四级伤残为21个月的本人工资；

（二）从工伤保险基金按月支付伤残津贴，标准为：一级伤残为本人工资的90%，二级伤残为本人工资的85%，三级伤残为本人工资的80%，四级伤残为本人工资的75%。伤残津贴实际金额低于当地最低工资标准的，由工伤保险基金补足差额；

（三）工伤职工达到退休年龄并办理退休手续后，停发伤残津贴，按照国家有关规定享受基本养老保险待遇。基本养老保险待遇低于伤残津贴的，由工伤保险基金补足差额。

职工因工致残被鉴定为一级至四级伤残的，由用人单位和职工个人以伤残津贴为基数，缴纳基本医疗保险费。

第三十六条 职工因工致残被鉴定为五级、六级伤残的，享受以下待遇：

（一）从工伤保险基金按伤残等级支付一次性伤残补助金，标准为：五级伤残为18个月的本人工资，六级伤残为16个月的本人工资；

（二）保留与用人单位的劳动关系，由用人单位安排适当工作。难以安排工作的，由用人单位按月发给伤残津贴，标准为：五级伤残为本人工资的70%，六级伤残为本人工资的60%，并由用人单位按照规定为其缴纳应缴纳的各项社会保险费。伤残津贴实际金额低于当地最低工资标准的，由用人单位补足差额。

经工伤职工本人提出，该职工可以与用人单位解除或者终止劳动关系，由工伤保险基金支付一次性工伤医疗补助金，由用人单位支付一次性伤残就业补助金。一次性工伤医疗补助金和一次性伤残就业补助金的具体标准由省、自治区、直辖市人民政府规定。

第三十七条 职工因工致残被鉴定为七级至十级伤残的，享受以下待遇：

（一）从工伤保险基金按伤残等级支付一次性伤残补助金，标准为：七级伤残为13个月的本人工资，八级伤残为11个月的本人工资，九级伤残为9个月的本人工资，十级伤残为7个月的本人工资；

（二）劳动、聘用合同期满终止，或者职工本人提出解除劳动、聘用合同的，由工伤保险基金支付一次性工伤医疗补助金，由用人单位支付一次性伤残就业补助金。一次性工伤医疗补助金和一次性伤残就业补助金的具体标准由省、自治区、直辖市人民政府规定。

第三十八条 工伤职工工伤复发，确认需要治疗的，享受本条例第三十条、第三十二条和第三十三条规定的工伤待遇。

第三十九条 职工因工死亡，其近亲属按照下列规定从工伤保险基金领取丧葬补助金、供养亲属抚恤金和一次性工亡补助金：

（一）丧葬补助金为6个月的统筹地区上年度职工月平均工资；

（二）供养亲属抚恤金按照职工本人工资的一定比例发给由因工死亡职工生前提供主要生活来源、无劳动能力的亲属。标准为：配偶每月40%，其他亲属每人每月30%，孤寡老人或者孤儿每人每月在上述标准的基础上增加10%。核定的各供养亲属的抚恤金之和不应高于因工死亡职工生前的工资。供养亲属的具体范围由国务院社会保险行政部门规定；

（三）一次性工亡补助金标准为上一年度全国城镇居民人均可支配收入的20倍。

伤残职工在停工留薪期内因工伤导致死亡的，其近亲属享受本条第一款规定的待遇。

一级至四级伤残职工在停工留薪期满后死亡的，其近亲属可以享受本条第一款第（一）项、第（二）项规定的待遇。

第四十条 伤残津贴、供养亲属抚恤金、生活护理费由统筹地区社会保险行政部门根据职工平均工资和生活费用变化等情况适时调整。调整办法由省、自治区、直辖市人民政府规定。

第四十一条 职工因工外出期间发生事故或者在抢险救灾中下落不明的，从事故发生当月起3个月内照发工资，从第4个月起停发工资，由工伤保险基金向其供养亲属按月支付供养亲属抚恤金。生活有困难的，可以预支一次性工亡补助金的50%。职工被人民法院宣告死亡的，按照本条例第三十九条职工因工死亡的规定处理。

第四十二条 工伤职工有下列情形之一的，停止享受工伤保险待遇：

（一）丧失享受待遇条件的；

（二）拒不接受劳动能力鉴定的；

（三）拒绝治疗的。

第四十三条 用人单位分立、合并、转让的，承继单位应当承担原用人单位的工伤保险责任；原用人单位已经参加工伤保险的，承继单位应当到当地经办机构办理工伤保险变更登记。

用人单位实行承包经营的，工伤保险责任由职工劳动关系所在单位承担。

职工被借调期间受到工伤事故伤害的，由原用人单位承担工伤保险责任，但原用人单位与借调单位可以约定补偿办法。

企业破产的，在破产清算时依法拨付应当由单位支付的工伤保险待遇费用。

第四十四条 职工被派遣出境工作，依据前往国家或者地区的法律应当参加当地工伤保险的，参加当地工伤保险，其国内工伤保险关系中止；不能参加当地工伤保险的，其国内工伤保险关系不中止。

第四十五条 职工再次发生工伤，根据规定应当享受伤残津贴的，按照新认定的伤残等级享受伤残津贴待遇。

第六章 监督管理

第四十六条 经办机构具体承办工伤保险事务，履行下列职责：

（一）根据省、自治区、直辖市人民政府规定，征收工伤保险费；

（二）核查用人单位的工资总额和职工人数，办理工伤保险登记，并负责保存用人单位缴费和职工享受工伤保险待遇情况的记录；

（三）进行工伤保险的调查、统计；

（四）按照规定管理工伤保险基金的支出；

（五）按照规定核定工伤保险待遇；

（六）为工伤职工或者其近亲属免费提供咨询服务。

第四十七条 经办机构与医疗机构、辅助器具配置机构在平等协商的基础上签订服务协议，并公布签订服务协议的医疗机构、辅助器具配置机构的名单。具体办法由国务院社会保险行政部门分别会同国务院卫生行政部门、民政部门等部门制定。

第四十八条 经办机构按照协议和国家有关目录、标准对工伤职工医疗费用、康复费用、辅助器具费用的使用情况进行核查，并按时足额结算费用。

第四十九条 经办机构应当定期公布工伤保险基金的收支情况，及时向社会保险行政部门提出调整费率的建议。

第五十条 社会保险行政部门、经办机构应当定期听取工伤职工、医疗机构、辅助器具配置机构以及社会各界对改进工伤保险工作的意见。

第五十一条 社会保险行政部门依法对工伤保险费的征缴和工伤保险基金的支付情况进行监督检查。

财政部门和审计机关依法对工伤保险基金的收支、管理情况进行监督。

第五十二条 任何组织和个人对有关工伤保险的违法行为，有权举报。社会保险行政部门对举报应当及时调查，按照规定处理，并为举报人保密。

第五十三条 工会组织依法维护工伤职工的合法权益，对用人单位的工伤保险工作实行监督。

第五十四条 职工与用人单位发生工伤待遇方面的争议，按照处理劳动争议的有关规定处理。

第五十五条 有下列情形之一的，有关单位或者个人可以依法申请行政复议，也可以依法向人民法院提起行政诉讼：

（一）申请工伤认定的职工或者其近亲属、该职工所在单位对工伤认定申请不予受理的决定不服的；

（二）申请工伤认定的职工或者其近亲属、该职工所在单位对工伤认定结论不服的；

（三）用人单位对经办机构确定的单位缴费费率不服的；

（四）签订服务协议的医疗机构、辅助器具配置机构认为经办机构未履行有关协议或者规定的；

（五）工伤职工或者其近亲属对经办机构核定的工伤保险待

遇有异议的。

第七章 法律责任

第五十六条 单位或者个人违反本条例第十二条规定挪用工伤保险基金，构成犯罪的，依法追究刑事责任；尚不构成犯罪的，依法给予处分或者纪律处分。被挪用的基金由社会保险行政部门追回，并入工伤保险基金；没收的违法所得依法上缴国库。

第五十七条 社会保险行政部门工作人员有下列情形之一的，依法给予处分；情节严重，构成犯罪的，依法追究刑事责任：

（一）无正当理由不受理工伤认定申请，或者弄虚作假将不符合工伤条件的人员认定为工伤职工的；

（二）未妥善保管申请工伤认定的证据材料，致使有关证据灭失的；

（三）收受当事人财物的。

第五十八条 经办机构有下列行为之一的，由社会保险行政部门责令改正，对直接负责的主管人员和其他责任人员依法给予纪律处分；情节严重，构成犯罪的，依法追究刑事责任；造成当事人经济损失的，由经办机构依法承担赔偿责任：

（一）未按规定保存用人单位缴费和职工享受工伤保险待遇情况记录的；

（二）不按规定核定工伤保险待遇的；

（三）收受当事人财物的。

第五十九条 医疗机构、辅助器具配置机构不按服务协议提供服务的，经办机构可以解除服务协议。

经办机构不按时足额结算费用的，由社会保险行政部门责令改正；医疗机构、辅助器具配置机构可以解除服务协议。

第六十条 用人单位、工伤职工或者其近亲属骗取工伤保险待遇，医疗机构、辅助器具配置机构骗取工伤保险基金支出的，由社会保险行政部门责令退还，处骗取金额二倍以上五倍以下的罚款；情节严重，构成犯罪的，依法追究刑事责任。

第六十一条 从事劳动能力鉴定的组织或者个人有下列情形之一的，由社会保险行政部门责令改正，处2000元以上1万元以下的罚款；情节严重，构成犯罪的，依法追究刑事责任：

（一）提供虚假鉴定意见的；

（二）提供虚假诊断证明的；

（三）收受当事人财物的。

第六十二条 用人单位依照本条例规定应当参加工伤保险而未参加的，由社会保险行政部门责令限期参加，补缴应当缴纳的工伤保险费，并自欠缴之日起，按日加收万分之五的滞纳金；逾期仍不缴纳的，处欠缴数额1倍以上3倍以下的罚款。

依照本条例规定应当参加工伤保险而未参加工伤保险的用人单位职工发生工伤的，由该用人单位按照本条例规定的工伤保险待遇项目和标准支付费用。

用人单位参加工伤保险并补缴应当缴纳的工伤保险费、滞纳金后，由工伤保险基金和用人单位依照本条例的规定支付新发生的费用。

第六十三条 用人单位违反本条例第十九条的规定，拒不协助社会保险行政部门对事故进行调查核实的，由社会保险行政部门责令改正，处2000元以上2万元以下的罚款。

第八章 附 则

第六十四条 本条例所称工资总额，是指用人单位直接支付给本单位全部职工的劳动报酬总额。

本条例所称本人工资，是指工伤职工因工作遭受事故伤害或者患职业病前12个月平均月缴费工资。本人工资高于统筹地区职工平均工资300%的，按照统筹地区职工平均工资的300%计算；本人工资低于统筹地区职工平均工资60%的，按照统筹地区职工平均工资的60%计算。

第六十五条 公务员和参照公务员法管理的事业单位、社会团体的工作人员因工作遭受事故伤害或者患职业病的，由所在单位支付费用。具体办法由国务院社会保险行政部门会同国务院财政部门规定。

第六十六条 无营业执照或者未经依法登记、备案的单位以及被依法吊销营业执照或者撤销登记、备案的单位的职工受到事故伤害或者患职业病的，由该单位向伤残职工或者死亡职工的近亲属给予一次性赔偿，赔偿标准不得低于本条例规定的工伤保险待遇；用人单位不得使用童工，用人单位使用童工造成童工伤残、死亡的，由该单位向童工或者童工的近亲属给予一次性赔偿，赔偿标准不得低于本条例规定的工伤保险待遇。具体办法由国务院社会保险行政部门规定。

前款规定的伤残职工或者死亡职工的近亲属就赔偿数额与单位发生争议的，以及前款规定的童工或者童工的近亲属就赔偿数额与单位发生争议的，按照处理劳动争议的有关规定处理。

第六十七条 本条例自2004年1月1日起施行。本条例施行前已受到事故伤害或者患职业病的职工尚未完成工伤认定的，按照本条例的规定执行。

最高人民法院关于审理
工伤保险行政案件若干问题的规定

（2014年6月18日　法释〔2014〕9号）

为正确审理工伤保险行政案件，根据《中华人民共和国社会保险法》《中华人民共和国劳动法》《中华人民共和国行政诉讼法》《工伤保险条例》及其他有关法律、行政法规规定，结合行政审判实际，制定本规定。

第一条　人民法院审理工伤认定行政案件，在认定是否存在《工伤保险条例》第十四条第（六）项“本人主要责任”、第十六条第（二）项“醉酒或者吸毒”和第十六条第（三）项“自残或者自杀”等情形时，应当以有权机构出具的事故责任认定书、结论性意见和人民法院生效裁判等法律文书为依据，但有相反证据足以推翻事故责任认定书和结论性意见的除外。

前述法律文书不存在或者内容不明确，社会保险行政部门就前款事实作出认定的，人民法院应当结合其提供的相关证据依法进行审查。

《工伤保险条例》第十六条第（一）项“故意犯罪”的认定，应当以刑事侦查机关、检察机关和审判机关的生效法律文书或者结论性意见为依据。

第二条　人民法院受理工伤认定行政案件后，发现原告或者第三人在提起行政诉讼前已经就是否存在劳动关系申请劳动仲裁或者提起民事诉讼的，应当中止行政案件的审理。

第三条　社会保险行政部门认定下列单位为承担工伤保险责任单位的，人民法院应予支持：

（一）职工与2个或2个以上单位建立劳动关系，工伤事故发生时，职工为之工作的单位为承担工伤保险责任的单位；

（二）劳务派遣单位派遣的职工在用工单位工作期间因工伤亡的，派遣单位为承担工伤保险责任的单位；

（三）单位指派到其他单位工作的职工因工伤亡的，指派单位为承担工伤保险责任的单位；

（四）用工单位违反法律、法规规定将承包业务转包给不具备用工主体资格的组织或者自然人，该组织或者自然人聘用的职工从事承包业务时因工伤亡的，用工单位为承担工伤保险责任的单位；

（五）个人挂靠其他单位对外经营，其聘用的人员因工伤亡的，被挂靠单位为承担工伤保险责任的单位。

前款第（四）（五）项明确的承担工伤保险责任的单位承担赔偿责任或者社会保险经办机构从工伤保险基金支付工伤保险待遇后，有权向相关组织、单位和个人追偿。

第四条 社会保险行政部门认定下列情形为工伤的，人民法院应予支持：

（一）职工在工作时间和工作场所内受到伤害，用人单位或者社会保险行政部门没有证据证明是非工作原因导致的；

（二）职工参加用人单位组织或者受用人单位指派参加其他单位组织的活动受到伤害的；

（三）在工作时间内，职工来往于多个与其工作职责相关的工作场所之间的合理区域因工受到伤害的；

（四）其他与履行工作职责相关，在工作时间及合理区域内受到伤害的。

第五条 社会保险行政部门认定下列情形为“因工外出期间”的，人民法院应予支持：

（一）职工受用人单位指派或者因工作需要在工作场所以外从事与工作职责有关的活动期间；

（二）职工受用人单位指派外出学习或者开会期间；

（三）职工因工作需要的其他外出活动期间。

职工因工外出期间从事与工作或者受用人单位指派外出学习、开会无关的个人活动受到伤害，社会保险行政部门不认定为工伤的，人民法院应予支持。

第六条 对社会保险行政部门认定下列情形为“上下班途中”的，人民法院应予支持：

（一）在合理时间内往返于工作地与住所地、经常居住地、单位宿舍的合理路线的上下班途中；

（二）在合理时间内往返于工作地与配偶、父母、子女居住地的合理路线的上下班途中；

（三）从事属于日常工作生活所需要的活动，且在合理时间和合理路线的上下班途中；

（四）在合理时间内其他合理路线的上下班途中。

第七条 由于不属于职工或者其近亲属自身原因超过工伤认定申请期限的，被耽误的时间不计算在工伤认定申请期限内。

有下列情形之一耽误申请时间的，应当认定为不属于职工或者其近亲属自身原因：

（一）不可抗力；

（二）人身自由受到限制；

（三）属于用人单位原因；

（四）社会保险行政部门登记制度不完善；

（五）当事人对是否存在劳动关系申请仲裁、提起民事诉讼。

第八条 职工因第三人的原因受到伤害，社会保险行政部门以职工或者其近亲属已经对第三人提起民事诉讼或者获得民事赔偿为由，作出不予受理工伤认定申请或者不予认定工伤决定的，人民法院不予支持。

职工因第三人的原因受到伤害，社会保险行政部门已经作出工伤认定，职工或者其近亲属未对第三人提起民事诉讼或者尚未获得民事赔偿，起诉要求社会保险经办机构支付工伤保险待遇的，人民法院应予支持。

职工因第三人的原因导致工伤，社会保险经办机构以职工或者其近亲属已经对第三人提起民事诉讼为由，拒绝支付工伤保险待遇的，人民法院不予支持，但第三人已经支付的医疗费用除外。

第九条 因工伤认定申请人或者用人单位隐瞒有关情况或者提供虚假材料，导致工伤认定错误的，社会保险行政部门可以在诉讼中依法予以更正。

工伤认定依法更正后，原告不申请撤诉，社会保险行政部门在作出原工伤认定时有过错的，人民法院应当判决确认违法；社会保险行政部门无过错的，人民法院可以驳回原告诉讼请求。

第十条 最高人民法院以前颁布的司法解释与本规定不一致的，以本规定为准。

因工死亡职工供养亲属范围规定

（2003年9月23日　劳动和社会保障部令第18号）

第一条　为明确因工死亡职工供养亲属范围，根据《工伤保险条例》第三十七条第一款第二项的授权，制定本规定。

第二条　本规定所称因工死亡职工供养亲属，是指该职工的配偶、子女、父母、祖父母、外祖父母、孙子女、外孙子女、兄弟姐妹。

本规定所称子女，包括婚生子女、非婚生子女、养子女和有抚养关系的继子女，其中，婚生子女、非婚生子女包括遗腹子女；

本规定所称父母，包括生父母、养父母和有抚养关系的继父母；

本规定所称兄弟姐妹，包括同父母的兄弟姐妹、同父异母或者同母异父的兄弟姐妹、养兄弟姐妹、有抚养关系的继兄弟姐妹。

第三条　上条规定的人员，依靠因工死亡职工生前提供主要生活来源，并有下列情形之一的，可按规定申请供养亲属抚恤金：

（一）完全丧失劳动能力的；

（二）工亡职工配偶男年满60周岁、女年满55周岁的；

（三）工亡职工父母男年满60周岁、女年满55周岁的；

（四）工亡职工子女未满18周岁的；

（五）工亡职工父母均已死亡，其祖父、外祖父年满60周岁，祖母、外祖母年满55周岁的；

（六）工亡职工子女已经死亡或完全丧失劳动能力，其孙子女、外孙子女未满18周岁的；

（七）工亡职工父母均已死亡或完全丧失劳动能力，其兄弟姐妹未满18周岁的。

第四条 领取抚恤金人员有下列情形之一的，停止享受抚恤金待遇：

（一）年满18周岁且未完全丧失劳动能力的；

（二）就业或参军的；

（三）工亡职工配偶再婚的；

（四）被他人或组织收养的；

（五）死亡的。

第五条 领取抚恤金的人员，在被判刑收监执行期间，停止享受抚恤金待遇。刑满释放仍符合领取抚恤金资格的，按规定的标准享受抚恤金。

第六条 因工死亡职工供养亲属享受抚恤金待遇的资格，由统筹地区社会保险经办机构核定。

因工死亡职工供养亲属的劳动能力鉴定，由因工死亡职工生前单位所在地设区的市级劳动能力鉴定委员会负责。

第七条 本办法自2004年1月1日起施行。

工伤认定办法

（2010 年 12 月 31 日　人力资源和社会保障部令第 8 号）

第一条　为规范工伤认定程序，依法进行工伤认定，维护当事人的合法权益，根据《工伤保险条例》的有关规定，制定本办法。

第二条　社会保险行政部门进行工伤认定按照本办法执行。

第三条　工伤认定应当客观公正、简捷方便，认定程序应当向社会公开。

第四条　职工发生事故伤害或者按照职业病防治法规定被诊断、鉴定为职业病，所在单位应当自事故伤害发生之日或者被诊断、鉴定为职业病之日起 30 日内，向统筹地区社会保险行政部门提出工伤认定申请。遇有特殊情况，经报社会保险行政部门同意，申请时限可以适当延长。

按照前款规定应当向省级社会保险行政部门提出工伤认定申请的，根据属地原则应当向用人单位所在地设区的市级社会保险行政部门提出。

第五条　用人单位未在规定的时限内提出工伤认定申请的，受伤害职工或者其近亲属、工会组织在事故伤害发生之日或者被诊断、鉴定为职业病之日起 1 年内，可以直接按照本办法第四条规定提出工伤认定申请。

第六条　提出工伤认定申请应当填写《工伤认定申请表》，并提交下列材料：

（一）劳动、聘用合同文本复印件或者与用人单位存在劳动关系（包括事实劳动关系）、人事关系的其他证明材料；

（二）医疗机构出具的受伤后诊断证明书或者职业病诊断证

明书（或者职业病诊断鉴定书）。

第七条 工伤认定申请人提交的申请材料符合要求，属于社会保险行政部门管辖范围且在受理时限内的，社会保险行政部门应当受理。

第八条 社会保险行政部门收到工伤认定申请后，应当在15日内对申请人提交的材料进行审核，材料完整的，作出受理或者不予受理的决定；材料不完整的，应当以书面形式一次性告知申请人需要补正的全部材料。社会保险行政部门收到申请人提交的全部补正材料后，应当在15日内作出受理或者不予受理的决定。

社会保险行政部门决定受理的，应当出具《工伤认定申请受理决定书》；决定不予受理的，应当出具《工伤认定申请不予受理决定书》。

第九条 社会保险行政部门受理工伤认定申请后，可以根据需要对申请人提供的证据进行调查核实。

第十条 社会保险行政部门进行调查核实，应当由2名以上工作人员共同进行，并出示执行公务的证件。

第十一条 社会保险行政部门工作人员在工伤认定中，可以进行以下调查核实工作：

（一）根据工作需要，进入有关单位和事故现场；

（二）依法查阅与工伤认定有关的资料，询问有关人员并作出调查笔录；

（三）记录、录音、录像和复制与工伤认定有关的资料。调查核实工作的证据收集参照行政诉讼证据收集的有关规定执行。

第十二条 社会保险行政部门工作人员进行调查核实时，有关单位和个人应当予以协助。用人单位、工会组织、医疗机构以及有关部门应当负责安排相关人员配合工作，据实提供情况和证明材料。

第十三条 社会保险行政部门在进行工伤认定时，对申请人提供的符合国家有关规定的职业病诊断证明书或者职业病诊断鉴定书，不再进行调查核实。职业病诊断证明书或者职业病诊断鉴定书不符合国家规定的要求和格式的，社会保险行政部门可以要求出具证据部门重新提供。

第十四条 社会保险行政部门受理工伤认定申请后，可以根据工作需要，委托其他统筹地区的社会保险行政部门或者相关部门进行调查核实。

第十五条 社会保险行政部门工作人员进行调查核实时，应当履行下列义务：

（一）保守有关单位商业秘密以及个人隐私；

（二）为提供情况的有关人员保密。

第十六条 社会保险行政部门工作人员与工伤认定申请人有利害关系的，应当回避。

第十七条 职工或者其近亲属认为是工伤，用人单位不认为是工伤的，由该用人单位承担举证责任。用人单位拒不举证的，社会保险行政部门可以根据受伤害职工提供的证据或者调查取得的证据，依法作出工伤认定决定。

第十八条 社会保险行政部门应当自受理工伤认定申请之日起 60 日内作出工伤认定决定，出具《认定工伤决定书》或者《不予认定工伤决定书》。

第十九条 《认定工伤决定书》应当载明下列事项：

（一）用人单位全称；

（二）职工的姓名、性别、年龄、职业、身份证号码；

（三）受伤害部位、事故时间和诊断时间或职业病名称、受伤害经过和核实情况、医疗救治的基本情况和诊断结论；

（四）认定工伤或者视同工伤的依据；

（五）不服认定决定申请行政复议或者提起行政诉讼的部门和时限；

（六）作出认定工伤或者视同工伤决定的时间。

《不予认定工伤决定书》应当载明下列事项：

（一）用人单位全称；

（二）职工的姓名、性别、年龄、职业、身份证号码；

（三）不予认定工伤或者不视同工伤的依据；

（四）不服认定决定申请行政复议或者提起行政诉讼的部门和时限；

（五）作出不予认定工伤或者不视同工伤决定的时间。

《认定工伤决定书》和《不予认定工伤决定书》应当加盖社会保险行政部门工伤认定专用印章。

第二十条 社会保险行政部门受理工伤认定申请后，作出工伤认定决定需要以司法机关或者有关行政主管部门的结论为依据的，在司法机关或者有关行政主管部门尚未作出结论期间，作出工伤认定决定的时限中止，并书面通知申请人。

第二十一条 社会保险行政部门对于事实清楚、权利义务明确的工伤认定申请，应当自受理工伤认定申请之日起 15 日内作出工伤认定决定。

第二十二条 社会保险行政部门应当自工伤认定决定作出之日起 20 日内，将《认定工伤决定书》或者《不予认定工伤决定书》送达受伤害职工（或者其近亲属）和用人单位，并抄送社会保险经办机构。

《认定工伤决定书》和《不予认定工伤决定书》的送达参照民事法律有关送达的规定执行。

第二十三条 职工或者其近亲属、用人单位对不予受理决定不服或者对工伤认定决定不服的，可以依法申请行政复议或者提起行政诉讼。

第二十四条 工伤认定结束后，社会保险行政部门应当将工伤认定的有关资料保存 50 年。

第二十五条 用人单位拒不协助社会保险行政部门对事故伤害进行调查核实的，由社会保险行政部门责令改正，处 2000 元以上2万元以下的罚款。

第二十六条 本办法中的《工伤认定申请表》《工伤认定申请受理决定书》《工伤认定申请不予受理决定书》《认定工伤决定书》《不予认定工伤决定书》的样式由国务院社会保险行政部门统一制定。

第二十七条 本办法自2011年1月1日起施行。劳动和社会保障部2003年9月23日颁布的《工伤认定办法》同时废止。

附件：工伤认定申请表

（附件本书略）

非法用工单位伤亡人员一次性赔偿办法

（2010 年 12 月 31 日　人力资源和社会保障部令第 9 号）

第一条　根据《工伤保险条例》第六十六条第一款的授权，制定本办法。

第二条　本办法所称非法用工单位伤亡人员，是指无营业执照或者未经依法登记、备案的单位以及被依法吊销营业执照或者撤销登记、备案的单位受到事故伤害或者患职业病的职工，或者用人单位使用童工造成的伤残、死亡童工。

前款所列单位必须按照本办法的规定向伤残职工或者死亡职工的近亲属、伤残童工或者死亡童工的近亲属给予一次性赔偿。

第三条　一次性赔偿包括受到事故伤害或者患职业病的职工或童工在治疗期间的费用和一次性赔偿金。一次性赔偿金数额应当在受到事故伤害或者患职业病的职工或童工死亡或者经劳动能力鉴定后确定。

劳动能力鉴定按照属地原则由单位所在地设区的市级劳动能力鉴定委员会办理。劳动能力鉴定费用由伤亡职工或童工所在单位支付。

第四条　职工或童工受到事故伤害或者患职业病，在劳动能力鉴定之前进行治疗期间的生活费按照统筹地区上年度职工月平均工资标准确定，医疗费、护理费、住院期间的伙食补助费以及所需的交通费等费用按照《工伤保险条例》规定的标准和范围确定，并全部由伤残职工或童工所在单位支付。

第五条　一次性赔偿金按照以下标准支付：

一级伤残的为赔偿基数的 16 倍，二级伤残的为赔偿基数的

14倍，三级伤残的为赔偿基数的12倍，四级伤残的为赔偿基数的10倍，五级伤残的为赔偿基数的8倍，六级伤残的为赔偿基数的6倍，七级伤残的为赔偿基数的4倍，八级伤残的为赔偿基数的3倍，九级伤残的为赔偿基数的2倍，十级伤残的为赔偿基数的1倍。

前款所称赔偿基数，是指单位所在工伤保险统筹地区上年度职工年平均工资。

第六条 受到事故伤害或者患职业病造成死亡的，按照上一年度全国城镇居民人均可支配收入的20倍支付一次性赔偿金，并按照上一年度全国城镇居民人均可支配收入的10倍一次性支付丧葬补助等其他赔偿金。

第七条 单位拒不支付一次性赔偿的，伤残职工或者死亡职工的近亲属、伤残童工或者死亡童工的近亲属可以向人力资源和社会保障行政部门举报。经查证属实的，人力资源和社会保障行政部门应当责令该单位限期改正。

第八条 伤残职工或者死亡职工的近亲属、伤残童工或者死亡童工的近亲属就赔偿数额与单位发生争议的，按照劳动争议处理的有关规定处理。

第九条 本办法自2011年1月1日起施行。劳动和社会保障部2003年9月23日颁布的《非法用工单位伤亡人员一次性赔偿办法》同时废止。

工伤职工劳动能力鉴定管理办法

（2014年2月20日　人力资源和社会保障部、国家卫生计生委令第21号）

第一章　总　则

第一条　为了加强劳动能力鉴定管理，规范劳动能力鉴定程序，根据《中华人民共和国社会保险法》、《中华人民共和国职业病防治法》和《工伤保险条例》，制定本办法。

第二条　劳动能力鉴定委员会依据《劳动能力鉴定、职工工伤与职业病致残等级》国家标准，对工伤职工劳动功能障碍程度和生活自理障碍程度组织进行技术性等级鉴定，适用本办法。

第三条　省、自治区、直辖市劳动能力鉴定委员会和设区的市级（含直辖市的市辖区、县，下同）劳动能力鉴定委员会分别由省、自治区、直辖市和设区的市级人力资源社会保障行政部门、卫生计生行政部门、工会组织、用人单位代表以及社会保险经办机构代表组成。

承担劳动能力鉴定委员会日常工作的机构，其设置方式由各地根据实际情况决定。

第四条　劳动能力鉴定委员会履行下列职责：

（一）选聘医疗卫生专家，组建医疗卫生专家库，对专家进行培训和管理；

（二）组织劳动能力鉴定；

（三）根据专家组的鉴定意见作出劳动能力鉴定结论；

（四）建立完整的鉴定数据库，保管鉴定工作档案50年；

（五）法律、法规、规章规定的其他职责。

第五条 设区的市级劳动能力鉴定委员会负责本辖区内的劳动能力初次鉴定、复查鉴定。

省、自治区、直辖市劳动能力鉴定委员会负责对初次鉴定或者复查鉴定结论不服提出的再次鉴定。

第六条 劳动能力鉴定相关政策、工作制度和业务流程应当向社会公开。

第二章 鉴定程序

第七条 职工发生工伤，经治疗伤情相对稳定后存在残疾、影响劳动能力的，或者停工留薪期满（含劳动能力鉴定委员会确认的延长期限），工伤职工或者其用人单位应当及时向设区的市级劳动能力鉴定委员会提出劳动能力鉴定申请。

第八条 申请劳动能力鉴定应当填写劳动能力鉴定申请表，并提交下列材料：

（一）《工伤认定决定书》原件和复印件；

（二）有效的诊断证明、按照医疗机构病历管理有关规定复印或者复制的检查、检验报告等完整病历材料；

（三）工伤职工的居民身份证或者社会保障卡等其他有效身份证明原件和复印件；

（四）劳动能力鉴定委员会规定的其他材料。

第九条 劳动能力鉴定委员会收到劳动能力鉴定申请后，应当及时对申请人提交的材料进行审核；申请人提供材料不完整的，劳动能力鉴定委员会应当自收到劳动能力鉴定申请之日起5个工作日内一次性书面告知申请人需要补正的全部材料。

申请人提供材料完整的，劳动能力鉴定委员会应当及时组织鉴定，并在收到劳动能力鉴定申请之日起60日内作出劳动能力鉴定结论。伤情复杂、涉及医疗卫生专业较多的，作出劳动能力鉴定结论的期限可以延长30日。

第十条 劳动能力鉴定委员会应当视伤情程度等从医疗卫生专家库中随机抽取 3 名或者 5 名与工伤职工伤情相关科别的专家组成专家组进行鉴定。

第十一条 劳动能力鉴定委员会应当提前通知工伤职工进行鉴定的时间、地点以及应当携带的材料。工伤职工应当按照通知的时间、地点参加现场鉴定。对行动不便的工伤职工，劳动能力鉴定委员会可以组织专家上门进行劳动能力鉴定。组织劳动能力鉴定的工作人员应当对工伤职工的身份进行核实。

工伤职工因故不能按时参加鉴定的，经劳动能力鉴定委员会同意，可以调整现场鉴定的时间，作出劳动能力鉴定结论的期限相应顺延。

第十二条 因鉴定工作需要，专家组提出应当进行有关检查和诊断的，劳动能力鉴定委员会可以委托具备资格的医疗机构协助进行有关的检查和诊断。

第十三条 专家组根据工伤职工伤情，结合医疗诊断情况，依据《劳动能力鉴定职工工伤与职业病致残等级》国家标准提出鉴定意见。参加鉴定的专家都应当签署意见并签名。

专家意见不一致时，按照少数服从多数的原则确定专家组的鉴定意见。

第十四条 劳动能力鉴定委员会根据专家组的鉴定意见作出劳动能力鉴定结论。劳动能力鉴定结论书应当载明下列事项：

（一）工伤职工及其用人单位的基本信息；

（二）伤情介绍，包括伤残部位、器官功能障碍程度、诊断情况等；

（三）作出鉴定的依据；

（四）鉴定结论。

第十五条 劳动能力鉴定委员会应当自作出鉴定结论之日起 20 日内将劳动能力鉴定结论及时送达工伤职工及其用人单位，并抄送社会保险经办机构。

第十六条 工伤职工或者其用人单位对初次鉴定结论不服的，可以在收到该鉴定结论之日起 15 日内向省、自治区、直辖市劳动能力鉴定委员会申请再次鉴定。

申请再次鉴定，除提供本办法第八条规定的材料外，还需提交劳动能力初次鉴定结论原件和复印件。

省、自治区、直辖市劳动能力鉴定委员会作出的劳动能力鉴定结论为最终结论。

第十七条 自劳动能力鉴定结论作出之日起 1 年后，工伤职工、用人单位或者社会保险经办机构认为伤残情况发生变化的，可以向设区的市级劳动能力鉴定委员会申请劳动能力复查鉴定。

对复查鉴定结论不服的，可以按照本办法第十六条规定申请再次鉴定。

第十八条 工伤职工本人因身体等原因无法提出劳动能力初次鉴定、复查鉴定、再次鉴定申请的，可由其近亲属代为提出。

第十九条 再次鉴定和复查鉴定的程序、期限等按照本办法第九条至第十五条的规定执行。

第三章 监督管理

第二十条 劳动能力鉴定委员会应当每 3 年对专家库进行一次调整和补充，实行动态管理。确有需要的，可以根据实际情况适时调整。

第二十一条 劳动能力鉴定委员会选聘医疗卫生专家，聘期一般为 3 年，可以连续聘任。

聘任的专家应当具备下列条件：

（一）具有医疗卫生高级专业技术职务任职资格；

（二）掌握劳动能力鉴定的相关知识；

（三）具有良好的职业品德。

第二十二条 参加劳动能力鉴定的专家应当按照规定的时间、地点进行现场鉴定，严格执行劳动能力鉴定政策和标准，客观、公正地提出鉴定意见。

第二十三条 用人单位、工伤职工或者其近亲属应当如实提供鉴定需要的材料，遵守劳动能力鉴定相关规定，按照要求配合劳动能力鉴定工作。

工伤职工有下列情形之一的，当次鉴定终止：

（一）无正当理由不参加现场鉴定的；

（二）拒不参加劳动能力鉴定委员会安排的检查和诊断的。

第二十四条 医疗机构及其医务人员应当如实出具与劳动能力鉴定有关的各项诊断证明和病历材料。

第二十五条 劳动能力鉴定委员会组成人员、劳动能力鉴定工作人员以及参加鉴定的专家与当事人有利害关系的，应当回避。

第二十六条 任何组织或者个人有权对劳动能力鉴定中的违法行为进行举报、投诉。

第四章 法律责任

第二十七条 劳动能力鉴定委员会和承担劳动能力鉴定委员会日常工作的机构及其工作人员在从事或者组织劳动能力鉴定时，有下列行为之一的，由人力资源社会保障行政部门或者有关部门责令改正，对直接负责的主管人员和其他直接责任人员依法给予相应处分；构成犯罪的，依法追究刑事责任：

（一）未及时审核并书面告知申请人需要补正的全部材料的；

（二）未在规定期限内作出劳动能力鉴定结论的；

（三）未按照规定及时送达劳动能力鉴定结论的；

（四）未按照规定随机抽取相关科别专家进行鉴定的；

（五）擅自篡改劳动能力鉴定委员会作出的鉴定结论的；

（六）利用职务之便非法收受当事人财物的；

（七）有违反法律法规和本办法的其他行为的。

第二十八条 从事劳动能力鉴定的专家有下列行为之一的，劳动能力鉴定委员会应当予以解聘；情节严重的，由卫生计生行政部门依法处理：

（一）提供虚假鉴定意见的；

（二）利用职务之便非法收受当事人财物的；

（三）无正当理由不履行职责的；

（四）有违反法律法规和本办法的其他行为的。

第二十九条 参与工伤救治、检查、诊断等活动的医疗机构及其医务人员有下列情形之一的，由卫生计生行政部门依法处理：

（一）提供与病情不符的虚假诊断证明的；

（二）篡改、伪造、隐匿、销毁病历材料的；

（三）无正当理由不履行职责的。

第三十条 以欺诈、伪造证明材料或者其他手段骗取鉴定结论、领取工伤保险待遇的，按照《中华人民共和国社会保险法》第八十八条的规定，由人力资源社会保障行政部门责令退回骗取的社会保险金，处骗取金额2倍以上5倍以下的罚款。

第五章　附　则

第三十一条 未参加工伤保险的公务员和参照公务员法管理的事业单位、社会团体工作人员因工（公）致残的劳动能力鉴定，参照本办法执行。

第三十二条 本办法中的劳动能力鉴定申请表、初次（复查）鉴定结论书、再次鉴定结论书、劳动能力鉴定材料收讫补正告知书等文书基本样式由人力资源社会保障部制定。

第三十三条 本办法自2014年4月1日起施行。

附件：1. 劳动能力鉴定申请表

2. 初次（复查）鉴定结论书

3. 再次鉴定结论书

4. 劳动能力鉴定材料收讫补正告知书

（附件本书略）

工伤保险辅助器具配置管理办法

（2016 年 2 月 16 日　人力资源和社会保障部令第 27 号）

第一章　总　则

第一条　为了规范工伤保险辅助器具配置管理，维护工伤职工的合法权益，根据《工伤保险条例》，制定本办法。

第二条　工伤职工因日常生活或者就业需要，经劳动能力鉴定委员会确认，配置假肢、矫形器、假眼、假牙和轮椅等辅助器具的，适用本办法。

第三条　人力资源社会保障行政部门负责工伤保险辅助器具配置的监督管理工作。民政、卫生计生等行政部门在各自职责范围内负责工伤保险辅助器具配置的有关监督管理工作。

社会保险经办机构（以下称经办机构）负责对申请承担工伤保险辅助器具配置服务的辅助器具装配机构和医疗机构（以下称工伤保险辅助器具配置机构）进行协议管理，并按照规定核付配置费用。

第四条　设区的市级（含直辖市的市辖区、县）劳动能力鉴定委员会（以下称劳动能力鉴定委员会）负责工伤保险辅助器具配置的确认工作。

第五条　省、自治区、直辖市人力资源社会保障行政部门负责制定工伤保险辅助器具配置机构评估确定办法。

经办机构按照评估确定办法，与工伤保险辅助器具配置机构签订服务协议，并向社会公布签订服务协议的工伤保险辅助器具配置机构（以下称协议机构）名单。

第六条　人力资源社会保障部根据社会经济发展水平、工伤职工日常生活和就业需要等，组织制定国家工伤保险辅助器具配置目录，确定配置项目、适用范围、最低使用年限等内容，并适时调整。

省、自治区、直辖市人力资源社会保障行政部门可以结合本地区实际，在国家目录确定的配置项目基础上，制定省级工伤保险辅助器具配置目录，适当增加辅助器具配置项目，并确定本地区辅助器具配置最高支付限额等具体标准。

第二章　确认与配置程序

第七条　工伤职工认为需要配置辅助器具的，可以向劳动能力鉴定委员会提出辅助器具配置确认申请，并提交下列材料：

（一）《工伤认定决定书》原件和复印件，或者其他确认工伤的文件；

（二）居民身份证或者社会保障卡等有效身份证明原件和复印件；

（三）有效的诊断证明、按照医疗机构病历管理有关规定复印或者复制的检查、检验报告等完整病历材料。

工伤职工本人因身体等原因无法提出申请的，可由其近亲属或者用人单位代为申请。

第八条　劳动能力鉴定委员会收到辅助器具配置确认申请后，应当及时审核；材料不完整的，应当自收到申请之日起5个工作日内一次性书面告知申请人需要补正的全部材料；材料完整的，应当在收到申请之日起60日内作出确认结论。伤情复杂、涉及医疗卫生专业较多的，作出确认结论的期限可以延长30日。

第九条　劳动能力鉴定委员会专家库应当配备辅助器具配置专家，从事辅助器具配置确认工作。

劳动能力鉴定委员会应当根据配置确认申请材料，从专家库中随机抽取3名或者5名专家组成专家组，对工伤职工本人进行现场配置确认。专家组中至少包括1名辅助器具配置专家、2名与工伤职工伤情相关的专家。

第十条 专家组根据工伤职工伤情，依据工伤保险辅助器具配置目录有关规定，提出是否予以配置的确认意见。专家意见不一致时，按照少数服从多数的原则确定专家组的意见。

劳动能力鉴定委员会根据专家组确认意见作出配置辅助器具确认结论。其中，确认予以配置的，应当载明确认配置的理由、依据和辅助器具名称等信息；确认不予配置的，应当说明不予配置的理由。

第十一条 劳动能力鉴定委员会应当自作出确认结论之日起20日内将确认结论送达工伤职工及其用人单位，并抄送经办机构。

第十二条 工伤职工收到予以配置的确认结论后，及时向经办机构进行登记，经办机构向工伤职工出具配置费用核付通知单，并告知下列事项：

（一）工伤职工应当到协议机构进行配置；

（二）确认配置的辅助器具最高支付限额和最低使用年限；

（三）工伤职工配置辅助器具超目录或者超出限额部分的费用，工伤保险基金不予支付。

第十三条 工伤职工可以持配置费用核付通知单，选择协议机构配置辅助器具。

协议机构应当根据与经办机构签订的服务协议，为工伤职工提供配置服务，并如实记录工伤职工信息、配置器具产品信息、最高支付限额、最低使用年限以及实际配置费用等配置服务事项。

前款规定的配置服务记录经工伤职工签字后，分别由工伤职工和协议机构留存。

第十四条 协议机构或者工伤职工与经办机构结算配置费用时，应当出具配置服务记录。经办机构核查后，应当按照工伤保险辅助器具配置目录有关规定及时支付费用。

第十五条 工伤职工配置辅助器具的费用包括安装、维修、训练等费用，按照规定由工伤保险基金支付。

经经办机构同意，工伤职工到统筹地区以外的协议机构配置辅助器具发生的交通、食宿费用，可以按照统筹地区人力资源社会保障行政部门的规定，由工伤保险基金支付。

第十六条 辅助器具达到规定的最低使用年限的，工伤职工可以按照统筹地区人力资源社会保障行政部门的规定申请更换。

工伤职工因伤情发生变化，需要更换主要部件或者配置新的辅助器具的，经向劳动能力鉴定委员会重新提出确认申请并经确认后，由工伤保险基金支付配置费用。

第三章 管理与监督

第十七条 辅助器具配置专家应当具备下列条件之一：

（一）具有医疗卫生中高级专业技术职务任职资格；

（二）具有假肢师或者矫形器师职业资格；

（三）从事辅助器具配置专业技术工作 5 年以上。

辅助器具配置专家应当具有良好的职业品德。

第十八条 工伤保险辅助器具配置机构的具体条件，由省、自治区、直辖市人力资源社会保障行政部门会同民政、卫生计生行政部门规定。

第十九条 经办机构与工伤保险辅助器具配置机构签订的服务协议，应当包括下列内容：

（一）经办机构与协议机构名称、法定代表人或者主要负责人等基本信息；

（二）服务协议期限；

（三）配置服务内容；

（四）配置费用结算；

（五）配置管理要求；

（六）违约责任及争议处理；

（七）法律、法规规定应当纳入服务协议的其他事项。

第二十条 配置的辅助器具应当符合相关国家标准或者行业标准。统一规格的产品或者材料等辅助器具在装配前应当由国家授权的产品质量检测机构出具质量检测报告，标注生产厂家、产品品牌、型号、材料、功能、出品日期、使用期和保修期等事项。

第二十一条 协议机构应当建立工伤职工配置服务档案，并至少保存至服务期限结束之日起两年。经办机构可以对配置服务档案进行抽查，并作为结算配置费用的依据之一。

第二十二条 经办机构应当建立辅助器具配置工作回访制度，对辅助器具装配的质量和服务进行跟踪检查，并将检查结果作为对协议机构的评价依据。

第二十三条 工伤保险辅助器具配置机构违反国家规定的辅助器具配置管理服务标准，侵害工伤职工合法权益的，由民政、卫生计生行政部门在各自监管职责范围内依法处理。

第二十四条 有下列情形之一的，经办机构不予支付配置费用：

（一）未经劳动能力鉴定委员会确认，自行配置辅助器具的；

（二）在非协议机构配置辅助器具的；

（三）配置辅助器具超目录或者超出限额部分的；

（四）违反规定更换辅助器具的。

第二十五条 工伤职工或者其近亲属认为经办机构未依法支付辅助器具配置费用，或者协议机构认为经办机构未履行有关协议的，可以依法申请行政复议或者提起行政诉讼。

第四章 法律责任

第二十六条 经办机构在协议机构管理和核付配置费用过程中收受当事人财物的，由人力资源社会保障行政部门责令改正，对直接负责的主管人员和其他直接责任人员依法给予处分；情节严重，构成犯罪的，依法追究刑事责任。

第二十七条 从事工伤保险辅助器具配置确认工作的组织或者个人有下列情形之一的，由人力资源社会保障行政部门责令改正，处2000元以上1万元以下的罚款；情节严重，构成犯罪的，依法追究刑事责任：

（一）提供虚假确认意见的；

（二）提供虚假诊断证明或者病历的；

（三）收受当事人财物的。

第二十八条 协议机构不按照服务协议提供服务的，经办机构可以解除服务协议，并按照服务协议追究相应责任。

经办机构不按时足额结算配置费用的，由人力资源社会保障行政部门责令改正；协议机构可以解除服务协议。

第二十九条 用人单位、工伤职工或者其近亲属骗取工伤保险待遇，辅助器具装配机构、医疗机构骗取工伤保险基金支出的，按照《工伤保险条例》第六十条的规定，由人力资源社会保障行政部门责令退还，处骗取金额2倍以上5倍以下的罚款；情节严重，构成犯罪的，依法追究刑事责任。

第五章　附　则

第三十条 用人单位未依法参加工伤保险，工伤职工需要配置辅助器具的，按照本办法的相关规定执行，并由用人单位支付配置费用。

第三十一条 本办法自2016年4月1日起施行。

劳动部办公厅关于印发《企业职工伤亡事故报告统计问题解答》的通知

（1993年9月17日　劳办发〔1993〕140号）

各省、自治区、直辖市劳动（劳动人事）厅（局），国务院各有关部门，计划单列的企业集团，解放军总后勤部：

为更好地贯彻执行《企业职工伤亡事故报告和处理规定》和《企业职工伤亡事故统计报表制度》，完善企业职工伤亡事故报告统计管理，针对当前各地区、各部门在职工伤亡事故报告、统计工作中所遇到的一些问题，我部编写了《企业职工伤亡事故报告统计问题解答》，现发给你们。

凡与本文发生矛盾的解答，以本文为准。

企业职工伤亡事故报告统计问题解答

1. 什么是企业职工伤亡事故？

答：是指职工在劳动过程中发生的人身伤害、急性中毒事故。即职工在本岗位劳动，或虽不在本岗位劳动，但由于企业的设备和设施不安全、劳动条件和作业环境不良、管理不善，以及企业领导指派到企业外从事本企业活动，所发生的人身伤害（即轻伤、重伤、死亡）和急性中毒事故。

2. 什么是轻伤及轻伤事故？

答：轻伤是指造成职工肢体伤残，或某些器官功能性或器质性轻度损伤，表现为劳动能力轻度或暂时丧失的伤害。一般指受伤职工歇工在一个工作日以上，但够不上重伤者。

轻伤事故是指一次事故中只发生轻伤的事故。

3. 什么是重伤及重伤事故？

答：重伤是指造成职工肢体残缺或视觉、听觉等器官受到严重损伤，一般能引起人体长期存在功能障碍，或劳动能力有重大损失的伤害。

重伤事故是指一次事故中发生重伤（包括伴有轻伤）、无死亡的事故。

4. 什么是死亡事故和重大死亡事故？

答：死亡事故是指一次事故中死亡职工 1—2 人的事故。重大死亡事故是指一次事故中死亡 3 人以上（含 3 人）的事故。

5. 什么是急性中毒故事？

答：急性中毒是指生产性毒物一次或短期内通过人的呼吸道、皮肤或消化道大量进入体内，使人体在短时间内发生病变，导致职工立即中断工作，并须进行急救或死亡的事故。

急性中毒的特点是发病快，一般不超过一个工作日，有的毒物因毒性有一定的潜伏期，可在下班后数小时发病。

6. 什么是企业？

答：企业是指从事商品生产、流通、经营和服务性经济活动，以盈利为目的，并在工商行政管理部门登记注册的独立核算单位。

7. 何为独立核算单位？

答：独立核算单位是指经济上、行政上独立的单位。独立核算单位的条件是：行政上有独立的组织形式；独立核算盈亏，独立编制资金平衡表或会计预算决算表；有权与其他单位签订合同；在银行设有独立的户头。

8. 什么叫单独核算单位？

答：单独核算单位是指行政上受独立核算单位的领导，但单独组织生产、经营或业务活动，单独核算本单位的盈亏，掌握收入核算明细资料的附属单位。

9. 什么是法人?

答：法人是具有民事权利能力和民事行为能力，依法独立享有民事权利和承担民事义务的组织。

法人应具有下列条件：（1）依法成立；（2）有必要的财产或者经费；（3）有自己的名称、组织机构和场所；（4）能够独立承担民事责任。

法人可分为企业法人和机关、事业单位及社会团体法人。

10. 企业职工伤亡事故的报告统计范围包括哪些企业?

答：企业职工伤亡事故的报告统计范围，是指在中华人民共和国境内的一切企业。具体包括国有企业、城镇集体企业（含劳动就业服务公司)、乡村集体企业、其它各种经济类型企业(含“三资”企业、不同经济类型的紧密联营企业、独立核算的股份制企业等）以及私营企业。

11. 城镇集体企业和乡村集体企业如何划分? 乡镇矿山应属于哪种企业?

答：凡由乡（包括镇)、村农民集资举办的企业为乡村集体企业，除此之外的各种行业、各种组织形式的集体企业均为城镇集体企业。乡镇矿山应属于乡村集体企业。

12. 个体矿山发生伤亡事故是否应当统计? 如何统计?

答：个体矿山发生伤亡事故应予以统计。无证的个体矿山应统计在补充资料栏内，有证的个体矿山统计在私营企业栏内。

13. 矿山企业办的工厂和工厂办的矿山企业发生伤亡事故，应如何报告统计?

答：矿山企业办的工厂，只要该工厂还未能作为独立核算单位存在，发生职工伤亡事故应由开办该工厂的矿山企业统一报告统计；工厂办的矿山企业只要该矿山企业没有成为独立核算的企业，发生职工伤亡事故则由开办该矿山的工厂统一报告统计。但冶金系统钢铁公司（厂）的矿山企业除外，其发生职工伤亡事故按矿山企业报告统计。

14. 党政机关、事业单位（含各类学校）和社会团体办的企业和劳动就业服务企业（独立核算的），发生伤亡事故是否报告统计？

答：应予报告统计。按其登记注册的企业性质报告统计。

15. 各种企业办的劳动就业服务企业发生伤亡事故如何报告统计？

答：各种企业办的劳动就业服务企业，凡属独立核算的企业，由发生事故的企业按城镇集体企业报告统计，未实行独立核算的企业由主办单位统一报告统计。但国有矿山企业的劳动服务公司开办的矿山，经济上不实行独立核算的，或虽为独立核算，但产量、产值计入国有矿山企业的总产量、总产值的，则应随同该国有矿山企业一并报告统计。

16. 国有与国有、集体与集体、国有与集体、国有与私人、集体与私人等合营的单位，发生伤亡事故，应如何报告统计？

答：具备法人条件，独立核算的紧密型联营企业发生的伤亡事故，按联营后新企业性质报告统计；具有相同经济性制的联营企业，仍按原经济性质报告统计；不同经济性质的联营企业，填入“其他经济”栏内。不具备法人条件的半紧密型联营企业发生的伤亡事故，仍按其原企业性质各自报告统计。

17. 劳改、劳教系统所属的生产单位发生伤亡事故，应如何报告统计？

答：劳改系统生产单位的职工或刑满就业、劳教期满企业留用的人员及正在劳改、劳教中的人员发生伤亡事故均应报告统计。劳改、劳教中的人员统计在“非本企业人员”栏内。

18. 外资企业、中外合资企业、中外合作企业、华侨或港澳台工商业者经营的企业，发生伤亡事故，如何报告统计？

答：凡在中国境内的上述企业，发生伤亡事故后，应同国内的其它企业一样，进行报告统计。其中外籍职工及港澳台职工也按本企业人员进行报告统计。

19. 股份制企业发生职工伤亡事故，应按哪种经济企业填报？

答：凡在工商行政管理部门登记注册的独立核算的股份制企业，发生伤亡事故，按股份制企业报告统计，填入“其他经济”栏内。不具备上述条件的股份制企业，仍按原企业经济性质各自报告统计。

20. 采盐企业发生伤亡事故应如何统计？

答：采盐企业发生伤亡事故应计入非矿山企业职工伤亡事故月（年）报表里的“采掘”合计数内。

21. 移山填海工程爆破作业中发生伤亡事故是否归矿山统计？

答：不属矿山统计范围。

22. 水利、电力、铁路、公路的施工单位打隧道过程中发生职工伤亡事故，应如何统计？

答：以凿掘为主的井巷施工单位、隧道工程单位在打隧道的过程中发生职工伤亡事故，应填报在《矿山企业职工伤亡事故月（年）报表》的“其他”行业一栏中。

23. 非矿山企业职工伤亡事故月（年）报表里的制造业还包括哪些行业？

答：除制造业“其中”栏里已列出的八类行业外，还包括以下各类行业：食品、饮料、饲料和烟草制造业；缝纫业；皮革、毛皮及其制品业；木材加工及竹、藤、棕、草制品业；家具制造业；印刷业；文教体育用品制造业；工艺美术品制造业；电力、蒸汽、热水生产和供应业；煤气及煤制品业；医药工业；化学纤维工业；橡胶制品业；塑料制品业；金属制品业；其他工业。

上述各类行业的企业发生伤亡事故，一律计入制造业合计数内。

24. 非矿山企业职工伤亡事故月（年）报表里的建筑业中

“勘察设计”指的是哪些企业？

答：是指勘察设计中从事生产经营活动的勘察公司。

25. 非矿山企业职工伤亡事故月（年）报表里的“其他”项包括哪些企业？

答：房地产开发企业；居民服务企业；市内公共交通企业；文化企业（包括校办企业）；金融、保险企业（不包括中国人民银行总行）；技术性开发企业；综合性开发企业等。

26. 报表中矿山企业的矿产种类如何划分归类？

答：依据矿山企业的一种主产矿产品，按国际 GB4754－84 划分归类。

27. 企业发生轻伤事故应如何报告统计？

答：企业发生轻伤事故后，应由负伤者或事故现场有关人员将事故发生的时间、地点、经过、原因等，立即报告车间主任（工段长），由车间主任（工段长）在当日（或当班）下班前报告企业负责人和厂安技部门。

单纯的轻伤事故暂不填报《企业职工伤亡事故月（年）报表》。

28. 企业发生重伤事故应如何报告统计？

答：企业发生重伤事故后，负伤者或事故现场有关人员应当立即直接或逐级报告企业负责人。企业负责人接到事故报告后，应当立即用快速办法（最迟不超过 24 小时），报告企业主管部门和当地劳动部门及有关部门。

企业应在每月 3 日前、每年 1 月 10 日前将上月（年）《企业职工伤亡事故月（年）报表》送当地劳动部门、企业主管部门及工会组织。在重伤事故统计时包括重伤事故中的轻伤人数。

29. 企业发生死亡和重大死亡事故应如何报告统计？

答：企业发生死亡事故和重大死亡事故后，负伤者或事故现场有关人员应当立即直接或逐级报告企业负责人。企业负责人接到报告后，应当立即报告企业主管部门和企业所在地劳动部门、公安部门、人民检察院、工会。企业主管部门和劳动部门接到死亡、重大死亡事故报告后，应立即用快速办法，按系统逐级上报；死亡事故报至省、自治区、直辖市企业主管部门和劳动部门；重大死亡事故由省、自治区、直辖市企业主管部门、劳动部门在24小时内用电话、电报、传真等快速办法分别报告企业主管部、委和劳动部，企业主管部、委接到事故报告后，也应立即用电话报告劳动部。

企业应在每月3日前、每年1月10日前将上月（年）《企业职工伤亡事故月（年）报表》送当地劳动部门、企业主管部门及工会组织。在死亡事故统计时包括事故中的重伤、轻伤人数。

30. 对于“国家机关、事业单位、人民团体发生的伤亡事故参照执行”应如何理解？

答：国家机关、事业单位、人民团体发生职工伤亡事故后，应按照《企业职工伤亡事故报告和处理规定》对事故进行报告、调查处理，查明事故发生的原因，明确责任，提出防范措施。劳动部门一般不做伤亡事故统计。

31. 军队办的企业、军队与地方联办的企业发生伤亡事故，如何报告统计？

答：军队办的企业，包括家属工厂、矿、劳动服务公司等，以及军队与地方联办的企业，如果这些企业是在地方工商行政部门登记注册的，发生伤亡事故后，均应按企业性质进行报告统计。

伤亡人员系现役军人的，统计在“非本企业人员”栏内。

32. 企业职工伤亡事故报告统计对象包括哪些人员？

答：由企业支付工资的各种用工形式的职工，包括固定职工、合同制职工、临时工（包括企业招用的临时农民工）等，发生伤亡均应统计，填写在“本企业职工栏”内。事故伤及的本企业以外人员、行人、居民等，统计在“非本企业职工”

栏内。

33. 企业外人员以个人名义承包企业某项工程发生伤亡事故，应如何报告统计?

答：企业外人员以个人名义承包企业某项工程发生伤亡事故，应由发包企业按职工伤亡事故报告统计，并统计在“非本企业人员”栏。

34. 报表中“非本企业人员”的范围包括哪些人员？是否计入伤亡人数合计中?

答：“非本企业人员”系指本企业以外的人员。包括代训工、实习生、民工、参加本企业生产的学生、现役军人，到企业进行参观、检查工作或进行其他公务的人员，劳改、劳教中的人员，外来救护人员以及由于事故而造成伤亡的居民、行人等。在劳安1—1表中应计入“伤亡人数总计”，在劳安1-2表中应计入“伤亡合计”。

35. 什么叫民工?

答：根据国务院〔1981〕181号文件规定，经省、自治区及直辖市批准有计划从农村就近动用参加铁路、公路、输油输气管线、水利等大型土石方工程工作，工程结束后立即辞退，不得调往新施工地区的人员，叫民工。

企业从农村录用的农民轮换工、临时农民工均不属于民工。

36. 企业发生火灾伤亡事故及救火过程中有人员伤亡，如何报告统计?

答：企业发生火灾事故及在扑救火灾过程中造成本企业职工伤亡或非本企业的人员伤亡，都应报告统计。伤亡的非企业人员填在“非本企业人员”栏内。

37. 企业职工参加社会上的抢险救灾时发生伤亡事故，是否报告统计?

答：不属本企业伤亡事故报告统计范围。

38. 企业内食堂、幼儿园、医务室、俱乐部等部门职工或企业职工在企业的浴室、休息室、更衣室以及企业的倒班宿舍、临时休息室等场所发生伤亡事故，是否报告统计？

答：凡由于企业管理不善或安全防护设施不健全而造成的职工伤亡事故，都应作为企业职工伤亡事故进行报告统计。

39. 职工乘坐本企业交通工具在外执行任务或乘坐本企业通勤机车、船上下班途中发生交通事故，造成人员伤亡，是否报告统计？

答：职工乘坐本企业交通工具在企业外执行本企业的任务或乘坐本企业通勤机车、船上下班途中，发生的交通事故，造成人员伤亡，不论交通部门是否报告统计，均由本企业按职工伤亡事故报告统计。因搭乘上述交通工具而伤亡的本企业以外人员，应统计在“非本企业人员”栏。

40. 职工乘坐本企业车辆参加集体活动，因车辆失火、爆炸造成职工伤亡，是否报告统计？

答：职工乘坐本企业车辆参加企业安排的集体活动，如旅游、文娱体育活动等，因车辆失火、爆炸造成职工伤亡的，均应按企业职工伤亡事故进行报告统计。

41. 企业租赁的各种运输车辆和聘用的司机，在执行该企业的生产任务时发生伤亡事故，如何报告统计？

答：企业租赁及借用的各种运输车辆，包括司机或另聘司机，执行该企业的生产任务，发生伤亡事故应按本企业职工报告统计。

42. 借调职工在劳动过程中发生伤亡事故，如何报告统计？

答：借调外单位职工到本企业工作发生伤亡事故，不论其工资由哪个企业支付，借调时间长短，也不论双方企业的经济类型如何，均由借人企业按本企业职工伤亡事故报告统计，并统计在“本企业人员”栏。

43. 停薪留职职工和已离休的人员，又被原企业或外企业聘用工作，发生伤亡事故，应如何报告统计？

答：到哪个企业工作发生的伤亡事故，就由哪个企业按照本企业职工伤亡事故进行报告统计。

44. 职工在病假、事假或公休假期间自行到外企业工作发生伤亡事故如何报告统计？

答：到哪个企业工作发生的伤亡事故，就由哪个企业按照本企业职工伤亡事故进行报告统计。

45. 职工利用业余时间以承包形式完成本企业临时任务发生伤亡事故，应如何报告统计？

答：职工利用业余时间，采取承包形式，完成本企业临时任务发生伤亡事故，无论伤及本企业职工还是雇用的外单位人员，均由本企业按职工伤亡事故报告统计。

46. 职工在企业外执行领导指派的任务时，擅自做与任务无关的事情发生事故，是否报告统计？

答：职工在企业外执行领导指派的任务时，因擅自做与任务无关的事情，如：游泳，射猎、钓鱼、抓鸟等。而发生的伤亡事故，不按职工伤亡事故进行报告统计。

47. 企业职工因违犯劳动纪律造成伤亡事故，是否按伤亡事故报告统计？

答：由于职工违犯劳动纪律而发生伤亡事故，其中属于在劳动过程中发生的，或者虽不在劳动过程中，但与企业设备有关的，都应报告统计。

48. 职工负伤后，在医疗过程中死亡，如何报告统计？

答：职工负伤后，在30天内死亡的（因医疗事故而死亡的除外，但必须得到医疗事故鉴定部门的确认），均按死亡事故报告统计。如果来不及在当月统计的，应在下月补报；超过30天死亡的，不再进行补报和统计。

49. 企业职工受轻伤后转为重伤者，是否按重伤事故报告统计？

答：职工受轻伤后，在30天内转为重伤的（因医疗事故转为重伤的除外，但必须得到医疗事故鉴定部门的确认），均按重伤事故报告统计。如果来不及在当月统计，应在下月补报；过30天的，不再补报和统计。

50. 企业职工在劳动过程中因病导致受伤、死亡是否报告统计?

答：职工在劳动过程中因病导致伤亡，经县级以上医院诊断和劳动部门的调查，确认系职工本人疾病造成的，不按职工伤亡事故报告统计。

51. 企业内部实行承包或租赁经营的实体发生伤亡事故，由谁报告统计?

答：不论企业实行何种承包、租赁等经营管理形式，发生的伤亡事故，均由企业负责报告统计。

52. 分承包工程的企业，在施工过程中发生职工伤亡事故，应如何报告统计?

答：凡独立核算的分承包企业发生伤亡事故，由分承包企业负责报告统计。不是独立核算的企业由总承包企业负责报告统计。

53. 两个以上企业在同一生产区域、同一作业场所（含工矿企业内的铁路专用线）作业，发生职工伤亡事故应如何报告统计?

答：交叉作业发生事故时，由事故主要责任方报告统计。报告期内主要责任分不清的，暂由各企业自行统计各自的伤亡人数，但要注明发生事故的时间、地点，说明与哪一次事故为同一事故；基层劳动部门应作为一次事故统计上报。

54. 跨地区承包的建筑施工企业，在施工过程中发生伤亡事故，应如何报告统计?

答：跨省施工企业发生职工伤亡事故后，应由事故发生地的劳动部门负责报告统计，事故报告抄送施工单位注册所在地劳动部门。

55. 一个地区的火车、飞机、轮船（包括远洋运输、捕捞的船舶）行驶、飞行到另一个地区发生职工伤亡事故，由哪个地区报告统计？

答：火车由机车（车辆）所在分局、飞机由所在航空公司、轮船由所在船舶公司事故发生地劳动部门负责快报，注册所在地劳动部门负责报告统计。

56. 客运行业的企业（轮船、飞机、客运列车、公共汽车等）发生的伤亡事故，应如何报告统计？

答：伤及的职工及非本企业人员均应进行报告，但月（年）报中只统计本企业职工。

57. 在内河、海上作业的企业职工发生伤亡事故，是否报告统计？落水失踪的，如何报告统计？

答：按职工伤亡事故报告统计；作业中已发现或证实是落水失踪，虽未捞获尸体，均应按死亡事故报告统计。

58. 核电等生产性企业发生职工伤亡事故是否报告统计？

答：核电等生产性企业发生职工伤亡事故，应进行报告统计。

59. 因设备、产品不合格，使用单位在使用过程中发生伤亡事故，应由谁报告统计？

答：设备、产品不合格或安装不合格等因素造成使用单位发生伤亡事故，不论其责任在哪一方，均由发生职工伤亡事故的企业报告统计。

60. 填报当月事故报表时，主要事故原因暂时不能确定，应如何填报？

答：为不影响当月报表按期报出，可把原因尚未确定的事故的伤亡人数填在事故原因（即表二和表四的宾栏）中的“其他”一栏，待填报年报表时再予以更正。

61. 无营业执照的小鞭炮厂（作坊）、小煤矿（窑）等单位发生伤亡事故是否报告统计？

答：这类单位发生伤亡事故后，应进行报告统计。

62.《矿山企业职工伤亡事故统计表》表二的统计是否包括无证矿？

答：包括无证矿。

63. 企业在国外承包工程期间发生职工伤亡事故，是否报告统计？

答：暂不报告统计。

64. 报表中的“损失工作日”如何填报？

答：按损失工作日统计标准填报。报表中的损失工作日为本企业人员及非本企业人员死伤的损失工作日的总和。

65. 企业发生伤亡事故，直接经济损失中固定资产的损失如何统计？

答：根据国标《企业职工伤亡事故经济损失统计标准》(GB6721-86）规定，固定资产的统计分两种情况进行统计：(1）报废的固定资产，以固定资产净值减去残值计算；（2）损坏的固定资产，以修复费用计算。

66. 百万吨死亡率中的死亡人数如何计算？

答：计算百万吨死亡率的死亡人数是指煤矿原煤生产工艺过程中，各类用工制度人员事故死亡人数的总和。

67.《企业职工伤亡事故月（年）报表》中的C表是否需要汇总上报？

答：《企业职工伤亡事故月（年）报表》中的C表，是各级劳动部门汇总后向政府及有关部门提供本辖区伤亡事故的统计报告的参考表式。各省、自治区、直辖市劳动部门不须上报C表到劳动部。地（市）、县劳动部门是否将C表报上一级劳动部门，由各地自行规定。

劳动部关于发布《企业职工患病或非因工负伤医疗期规定》的通知

（1994年12月1日　劳部发〔1994〕479号）

各省、自治区、直辖市及计划单列市劳动（劳动人事）厅（局），上海市社会保险局，国务院各部、委，各直属机构：

为了适应劳动用工制度改革需要，保护劳动者合法权益，促进企业改革，完善劳动合同制度，根据《中华人民共和国劳动法》有关医疗期限的规定，我部制定了《企业职工患病或非因工负伤医疗期规定》，现予发布，自1995年1月1日起施行。

企业职工患病或非因工负伤医疗期规定

第一条　为了保障企业职工在患病或非因工负伤医疗期间的合法权益，根据《中华人民共和国劳动法》第二十六、二十九条规定，制定本规定。

第二条　医疗期是指企业职工因患病或非因工负伤停止工作治病休息不得解除劳动合同的时限。

第三条　企业职工因患病或非因工负伤，需要停止工作医疗时，根据本人实际参加工作年限和在本单位工作年限，给予3个月到24个月的医疗期：

（一）实际工作年限10年以下的，在本单位工作年限5年以下的为3个月；5年以上的为6个月。

（二）实际工作年限10年以上，在本单位工作年限5年以下的为6个月；5年以上10年以下的为9个月；10年以上15年以下的为12个月；15年以上20年以下的为18个月；20年以上的为24个月。

第四条 医疗期3个月的按6个月内累计病休时间计算；6个月的按12个月内累计病休时间计算；9个月的按15个月内累计病休时间计算；12个月的按18个月内累计病休时间计算；18个月按24个月内累计病休时间计算；24个月的按30个月内累计病休时间计算。

第五条 企业职工在医疗期内，其病假工资、疾病救济费和医疗待遇按照有关规定执行。

第六条 企业职工非因工致残和经医生或医疗机构认定患有难以治疗的疾病，在医疗期内医疗终结，不能从事原工作，也不能从事用人单位另行安排的工作的，应当由劳动鉴定委员会参照工伤与职业病致残程度鉴定标准进行劳动能力的鉴定。被鉴定为一至四级的，应当退出劳动岗位，终止劳动关系，办理退休、退职手续，享受退休、退职待遇；被鉴定为五至十级的，医疗期内不得解除劳动合同。

第七条 企业职工非因工致残和经医生或医疗机构认定患有难以治疗的疾病，医疗期满，应当由劳动鉴定委员会参照工伤与职业病致残程度鉴定标准进行劳动能力的鉴定。被鉴定为一至四级的，应当退出劳动岗位，解除劳动关系，并办理退休，退职手续，享受退休、退职待遇。

第八条 医疗期满尚未痊愈者，被解除劳动合同的经济补偿问题按照有关规定执行。

第九条 本规定自1995年1月1日起施行。

劳动部办公厅关于对远洋运输公司遇难船员善后处理问题的复函

（1997年5月4日　劳办函〔1997〕68号）

安徽省劳动厅：

你厅《关于我省远洋运输公司遇难船员善后处理问题的请示》（劳险字〔1997〕第169号）收悉。经研究，现答复如下：

一、关于遇难船员工伤待遇问题。由于此起事故为内河航运交通事故，应按劳动部发布的《企业职工工伤保险试行办法》（劳部发〔1996〕266号）（以下简称《试行办法》）的有关规定进行处理，不宜参照《关于外派船员伤亡善后处理问题的复函》（劳办发〔1994〕282号）的规定处理。

二、《试行办法》第二十八条对交通事故引起的工伤及其待遇作了具体规定，应按照该条文有关交通伤害赔偿与工伤保险赔偿的规定，处理中国船东互保协会提供的伤亡保险补偿金和工伤保险待遇的支付问题，具体意见是：

1. 安徽省远洋运输公司从中国船东互保协会获得的伤亡保险补偿金应按其规定付给死难船员亲属。

2. 鉴于该协会《关于实施船员人身伤亡补偿的规定的通函》（中船保字第〔9446〕号）已声明“此补偿标准包括与该船员死亡有关的所有费用”，工伤保险待遇的丧葬补助金和一次性工亡补助金不再发给。供养亲属抚恤金应继续发给，企业如已参加工伤保险并缴纳工伤保险费的，该项费用由工伤保险经办机构支付，企业如未参加，该项费用由企业支付。

劳动部办公厅关于对企业在租赁过程中发生伤亡事故如何划分事故单位的复函

（1997年7月9日　劳办发〔1997〕62号）

广西壮族自治区劳动厅：

你厅《关于企业在租赁过程中发生伤亡事故如何划分事故单位的请示》（桂政劳护字〔1997〕16号）收悉。根据《企业职工伤亡事故报告和处理规定》（国务院第75号令）和《企业职工伤亡事故报告统计问题解答》（劳办发〔1993〕140号），经研究，现答复如下：

一、企业在租赁、承包过程中，如果承租方或承包方无经营证照，仅为个人（或合伙）与出租方或发包方签订租赁（或承包）合同，若发生伤亡事故应认定出租方或发包方为事故单位。

二、企业在租赁、承包过程中，如果承租方或承包方不是独立法人，但属于单独核算单位，若发生伤亡事故应认定出租方或发包方为事故单位。

三、如果承租方或承包方是独立法人或有证照的个体工商户，若其生产经营活动完全脱离了出租方或发包单位而自主生产经营，发生伤亡事故应认定承租方或承包方为事故单位，否则应认定出租方或发包方为事故单位。

对事故单位，劳动行政部门应依据相关法律、法规及规章进行处罚。

劳动部办公厅关于在国内发生并由外方支付赔偿的工伤事故待遇处理问题的复函

（1998年2月17日　劳办发〔1998〕9号）

山西省劳动厅：

你厅《关于山西机床厂卢毅同志工伤后如何享受保险待遇的请示》（晋劳险便字〔1998〕17号）和所附有关材料收悉。经研究，现答复如下：

在国内发生由外国人造成的工伤事故，并由外方给付赔偿金的，被伤害职工的工伤保险待遇应参照劳动部《关于外派劳务人员伤、残、亡善后处理问题的复函》（劳险字〔1992〕16号）、《关于外派劳务人员因工伤亡保险待遇问题的复函》（劳办发〔1994〕131号）和《企业职工工伤保险试行办法》（劳部发〔1996〕266号）等文件的有关规定处理。外方支付的赔偿金，属于人身伤害赔偿性质，应归被伤害职工所有。同时，该职工应从外方赔偿金中偿还企业为处理该工伤事故垫付的医疗费用、工伤津贴的费用。

劳动和社会保障部关于职工在工作中遭受他人蓄意伤害是否认定工伤的复函

（2000年1月13日　劳社厅函〔2000〕4号）

广东省劳动厅：

你厅《关于职工在工作中遭受他人蓄意伤害是否进行工伤认定的请示》（粤劳安〔1999〕346号）收悉。经研究，现答复如下：

关于职工在工作中遭受他人蓄意伤害是否认定工伤的问题，应该根据具体情况确定。按照《企业职工工伤保险试行办法》（劳部发〔1996〕266号）规定，因履行职责遭致人身伤害的，应当认定工伤。对于暂时缺乏证据，无法判定其受伤害原因是因公还是因私的，可先按照疾病和非因工负伤、死亡待遇处理。待伤害原因确定后，再按有关规定进行工伤认定。其中认定为工伤的，其工伤待遇享受期限从受伤害之日起计算。已享受的疾病和非因工负伤、死亡待遇，应从工伤保险待遇中扣除。

劳动和社会保障部关于农民工参加工伤保险有关问题的通知

（2004年6月1日 劳社部发〔2004〕18号）

各省、自治区、直辖市劳动和社会保障厅（局）：

为了维护农民工的工伤保险权益，改善农民工的就业环境，根据《工伤保险条例》规定，从农民工的实际情况出发，现就农民工参加工伤保险、依法享受工伤保险待遇有关问题通知如下：

一、各级劳动保障部门要统一思想，提高认识，高度重视农民工工伤保险权益维护工作。要从践行“三个代表”重要思想的高度，坚持以人为本，做好农民工参加工伤保险、依法享受工伤保险待遇的有关工作，把这项工作作为全面贯彻落实《工伤保险条例》，为农民工办实事的重要内容。

二、农民工参加工伤保险、依法享受工伤保险待遇是《工伤保险条例》赋予包括农民工在内的各类用人单位职工的基本权益，各类用人单位招用的农民工均有享受工伤保险待遇的权利。各地要将农民工参加工伤保险，作为今年工伤保险扩面的重要工作，明确任务，抓好落实。凡是与用人单位建立劳动关系的农民工，用人单位必须及时为他们办理参加工伤保险的手续。对用人单位为农民工先行办理工伤保险的，各地经办机构应予办理。今年重点推进建筑、矿山等工伤风险较大、职业危害较重行业的农民工参加工伤保险。

三、用人单位注册地与生产经营地不在同一统筹地区的，原则上在注册地参加工伤保险。未在注册地参加工伤保险的，在生产经营地参加工伤保险。农民工受到事故伤害或患职业病后，在参保地进行工伤认定、劳动能力鉴定，并按参保地的规定依法享受工伤保险待遇。用人单位在注册地和生产经营地均未参加工伤保险的，农民工受到事故伤害或者患职业病后，在生产经营地进行工伤认定、劳动能力鉴定，并按生产经营地的规定依法由用人单位支付工伤保险待遇。

四、对跨省流动的农民工，即户籍不在参加工伤保险统筹地区（生产经营地）所在省（自治区、直辖市）的农民工，一至四级伤残长期待遇的支付，可试行一次性支付和长期支付两种方式，供农民工选择。在农民工选择一次性或长期支付方式时，支付其工伤保险待遇的社会保险经办机构应向其说明情况。一次性享受工伤保险长期待遇的，需由农民工本人提出，与用人单位解除或者终止劳动关系，与统筹地区社会保险经办机构签订协议，终止工伤保险关系。一至四级伤残农民工一次性享受工伤保险长期待遇的具体办法和标准由省（自治区、直辖市）劳动保障行政部门制定，报省（自治区、直辖市）人民政府批准。

五、各级劳动保障部门要加大对农民工参加工伤保险的宣传和督促检查力度，积极为农民工提供咨询服务，促进农民工参加工伤保险。同时要认真做好工伤认定、劳动能力鉴定工作，对侵害农民工工伤保险权益的行为要严肃查处，切实保障农民工的合法权益。

劳动和社会保障部 铁道部关于铁路企业参加工伤保险有关问题的通知

（2004 年 11 月 4 日　劳社部函〔2004〕257 号）

各省、自治区、直辖市劳动和社会保障厅（局），铁道部所属各单位：

为了贯彻实施《工伤保险条例》，做好铁路企业参加工伤保险的有关工作，现将有关问题通知如下：

一、铁路企业要按照属地管理原则参加工伤保险，执行国家和企业所在地的工伤保险政策。铁路运输企业以铁路局或铁路分局为单位集中参加铁路局或铁路分局所在地统筹地区的工伤保险。

二、铁路企业要按照国家和所在地人民政府确定的铁路行业工伤保险费率，按时缴纳工伤保险费。工伤保险基金按照国家和统筹地区劳动保障部门确定的有关规定进行筹集、使用和管理。

三、铁路企业工伤职工的工伤认定工作由统筹地区劳动保障行政部门负责，工伤职工的劳动能力鉴定工作由统筹地区劳动能力鉴定机构负责。

四、《工伤保险条例》实施前已确认的铁路工伤人员和工亡人员供养亲属享受的工伤保险待遇，应纳入工伤保险管理。具体纳入方式和步骤由铁路企业与所在地省、自治区、直辖市劳动保障部门协商确定。

五、各省、自治区、直辖市劳动保障部门要认真做好铁路企业参加工伤保险的组织实施工作，加强对铁路企业参保工作的指导和监督，结合铁路行业特点和企业及其职工的分布，制定管理办法，方便铁路企业工伤人员的救治、工伤认定、劳动能力鉴定待遇支付管理。

六、各铁路企业要积极配合劳动保障部门，共同做好铁路企业参加工伤保险工作。在实施过程中发现的重大问题，要及时向所在地人民政府和劳动保障部门反映，确保该项工作顺利实施。

劳动和社会保障部等部门关于做好煤矿企业参加工伤保险有关工作的通知

（2005年11月30日　劳社部发〔2005〕29号）

各省、自治区、直辖市劳动和社会保障厅（局）、安全生产监督管理局，各省级煤矿安全监察机构：

为了严格规范企业的安全生产条件，加强安全生产监督管理，防止和减少生产安全事故，切实保障矿山、危险化学品、烟花爆竹、民用爆破器材生产等企业职工的生命安全和健康，国务院颁布了《安全生产许可证条例》。今年4月，劳动保障部、国家安监总局和国防科工委联合下发了《关于贯彻〈安全生产许可证条例〉做好企业参加工伤保险有关工作的通知》（劳社部发〔2005〕8号），各地劳动和社会保障部门与安全监管部门、煤矿安全监察机构积极支持配合，多数煤矿企业顺利参加了工伤保险，依法取得了安全生产许可证或提出了领证申请。但个别地区推进煤矿企业参加工伤保险工作进度较慢，影响了有关工作的开展。

为进一步加快推进煤矿企业参加工伤保险工作，切实保障煤矿企业职工的合法权益，并确保安全生产许可制度的顺利实施，把煤矿安全生产尽快纳入法制轨道，要求如下：

一、各级劳动和社会保障部门、安全监管部门和煤矿安全监察机构要充分认识煤矿企业参加工伤保险与国家建立和实行安全生产许可制度的重要性，加强配合协作，加快推进煤矿企业参加工伤保险工作进度，提高办理安全生产许可证的工作效率。

二、要把安全生产行政许可工作和工伤保险工作结合起来，共同推进。以煤矿等行业实施安全生产许可制度为契机，加大《工伤保险条例》的宣传贯彻力度。

三、在为煤矿企业办理工伤保险的过程中，必须严格按照《工伤保险条例》的规定和《关于农民工参加工伤保险有关问题的通知》（劳社部发〔2004〕18号）精神办理，不得搭车、捆绑其他项目。

四、各地劳动和社会保障部门、安全监管部门和煤矿安全监察机构要加强监督检查，对不认真执行《工伤保险条例》的，要及时予以纠正。

劳动和社会保障部办公厅关于对《工伤保险条例》有关条款释义的函

（2006年9月4日 劳社厅函〔2006〕497号）

大连市劳动保障局：

你局《关于对〈工伤保险条例〉第十四条第三款释义的请示》（大劳发〔2006〕60号，以下简称请示）收悉。经研究，现回复如下：

请示中“《工伤保险条例》第十四条第三款”应为“《工伤保险条例》第十四条第（三）项”，其中“因履行工作职责受到暴力等意外伤害”中的因履行工作职责受到暴力伤害是指受到的暴力伤害与履行工作职责有因果关系。

人力资源和社会保障部办公厅关于改装电动自行车发生交通事故后工伤认定问题的复函

（2009年8月31日　人社厅函〔2009〕341号）

上海市人力资源和社会保障局：

你局《关于改装电动自行车发生交通事故后工伤认定问题的请示》（沪人社〔2009〕63号）收悉。现答复如下：

关于改装电动自行车发生交通事故后工伤认定问题，同意你局意见，即职工在上下班途中受到改装电动自行车事故伤害，不属于《工伤保险条例》第十六条规定的任何一种情形的，人力资源社会保障部门应依据交通管理部门对此类事故的处理意见进行工伤处理。若公安交通管理部门对此类事故按机动车事故处理，应认定为工伤；若按非机动车事故处理的，不应认定为工伤。

人力资源和社会保障部关于推进工伤保险市级统筹有关问题的通知

（2010 年 3 月 15 日　人社部发〔2010〕20 号）

各省、自治区、直辖市人力资源社会保障（劳动保障）厅(局)，新疆生产建设兵团劳动保障局：

《工伤保险条例》实施以来，工伤保险覆盖范围不断扩大，参保人数快速增加，政策标准和管理服务逐步完善，工伤保险制度在维护职工权益、分散用人单位风险、促进社会和谐稳定方面日益发挥出重要作用。但由于多种原因，目前仍有相当一部分地区工伤保险实行县级统筹，统筹层次低，基金规模小，化解风险能力差，已成为制约工伤保险事业健康发展的突出问题之一。为落实《工伤保险条例》，加快推进工伤保险市级统筹工作，现就有关问题通知如下：

一、充分认识建立工伤保险市级统筹工作的重要意义

建立工伤保险市级统筹，是进一步贯彻落实《工伤保险条例》，完善工伤保险制度、推进工伤保险事业发展的需要。提高工伤保险统筹层次，扩大基金规模，有利于提高工伤保险基金抵御风险的能力，更安全、更有效地保障工伤职工权益；有利于进一步提高基金使用效率；有利于不断提高工伤保险保障水平，并统筹解决好老工伤等历史遗留问题；有利于加快推进预防、补偿、康复三位一体工伤保险制度体系建设，为工伤职工提供更全面、更周到的服务。各地要从深入贯彻落实科学发展观、保障民生的全局和推进工伤保险事业全面发展的高度，将提高统筹层次作为完善工伤保险制度的一项重要任务，加大工作力度，切实加快推进工伤保险市级统筹工作。

二、进一步明确工伤保险市级统筹工作的重点

建立工伤保险市级统筹，核心是实现工伤保险基金统筹，关键是基金在全市范围统筹调剂使用，基础是统一参保缴费办法、待遇支付等项政策标准和规范工伤认定、劳动能力鉴定、工伤预防、工伤医疗和工伤康复等项管理服务。

目前，尚未实现市级统筹的地区，应结合本地实际，明确工作重点。要统一参保范围和参保对象，按《工伤保险条例》和有关政策规定推进各类用人单位和职工参加工伤保险；统一行业差别费率标准，做好征缴工作；统一基金管理，实行全市基金收支预算管理制度，有条件的地区要实现基金统收统支，其他地区也要统一基金财务管理制度和使用办法，加大基金市级调剂力度，逐步实现全市范围内统一调度和使用基金；统一制定工伤认定和劳动能力鉴定办法，规范认定和鉴定程序；统一工伤保险待遇支付标准；统一经办流程和信息系统。

三、切实抓好工伤保险市级统筹的组织实施工作

实行工伤保险市级统筹是一项系统工程，各地要切实加强领导，密切配合，结合本地实际情况，制定推进工伤保险市级统筹的具体工作方案。要明确市、县（区）两级工伤保险机构职责划分，科学制定实行市级统筹的各项管理办法和工作程序，充分发挥市、县（区）两级工伤保险机构的作用，建立职责清晰、运行顺畅、服务便捷的工作机制，保障工作的顺利开展。要进一步加强基金征缴，规范基金管理，强化监督检查，确保工伤保险待遇及时足额支付，确保工伤保险基金安全。2010年底，在全国范围内基本实现工伤保险市级统筹。在推进市级统筹工作中，有条件的省份要建立省级调剂金制度。在实行市级统筹后，仍存在统筹地区基金平衡问题的省份，可以探索建立工伤保险省级统筹。通过工伤保险统筹层次的提高，使工伤保险制度进一步完善，工伤职工的权益得到更好的保障。

人力资源和社会保障部 财政部关于进一步做好事业单位等参加工伤保险工作有关问题的通知

（2012年10月29日 人社部发〔2012〕67号）

各省、自治区、直辖市及新疆生产建设兵团人力资源社会保障厅（局）、财政厅（局、财务局）：

为保障事业单位、社会团体、民办非企业单位、基金会、律师事务所、会计师事务所等组织因工作遭受事故伤害或者患职业病的工作人员依法享受工伤保险待遇，按照《中华人民共和国社会保险法》和《工伤保险条例》规定，现就有关问题通知如下：

一、事业单位、社会团体、民办非企业单位、基金会、律师事务所、会计师事务所等组织按照《中华人民共和国社会保险法》、《工伤保险条例》规定，依照属地管理原则，参加统筹地区的工伤保险，并按时足额缴纳工伤保险费。缴纳工伤保险费所需费用在社会保障缴费中列支，其费率均暂按一类风险行业执行。

二、事业单位、社会团体、民办非企业单位、基金会、律师事务所、会计师事务所等组织的工作人员遭受事故伤害或者患职业病的，其工伤范围、工伤认定、劳动能力鉴定、待遇标准等按照《工伤保险条例》规定执行。

三、参照公务员法管理的事业单位、社会团体工作人员因工作遭受事故伤害或者患职业病的，按照《工伤保险条例》第六十五条的规定执行。

四、本通知自下发之日起施行。凡此前文件与本通知规定不符的，以本通知规定为准。

人力资源和社会保障部关于执行《工伤保险条例》若干问题的意见

（2013 年 4 月 25 日　人社部发〔2013〕34 号）

各省、自治区、直辖市及新疆生产建设兵团人力资源社会保障厅（局）：

《国务院关于修改〈工伤保险条例〉的决定》（国务院令第586 号）已经于 2011 年 1 月 1 日实施。为贯彻执行新修订的《工伤保险条例》，妥善解决实际工作中的问题，更好地保障职工和用人单位的合法权益，现提出如下意见。

一、《工伤保险条例》（以下简称《条例》）第十四条第（五）项规定的“因工外出期间”的认定，应当考虑职工外出是否属于用人单位指派的因工作外出，遭受的事故伤害是否因工作原因所致。

二、《条例》第十四条第（六）项规定的“非本人主要责任”的认定，应当以有关机关出具的法律文书或者人民法院的生效裁决为依据。

三、《条例》第十六条第（一）项“故意犯罪”的认定，应当以司法机关的生效法律文书或者结论性意见为依据。

四、《条例》第十六条第（二）项“醉酒或者吸毒”的认定，应当以有关机关出具的法律文书或者人民法院的生效裁决为依据。无法获得上述证据的，可以结合相关证据认定。

五、社会保险行政部门受理工伤认定申请后，发现劳动关系存在争议且无法确认的，应告知当事人可以向劳动人事争议仲裁委员会申请仲裁。在此期间，作出工伤认定决定的时限中止，并书面通知申请工伤认定的当事人。劳动关系依法确认后，当事人应将有关法律文书送交受理工伤认定申请的社会保险行政部门，该部门自收到生效法律文书之日起恢复工伤认定程序。

六、符合《条例》第十五条第（一）项情形的，职工所在用人单位原则上应自职工死亡之日起5个工作日内向用人单位所在统筹地区社会保险行政部门报告。

七、具备用工主体资格的承包单位违反法律、法规规定，将承包业务转包、分包给不具备用工主体资格的组织或者自然人，该组织或者自然人招用的劳动者从事承包业务时因工伤亡的，由该具备用工主体资格的承包单位承担用人单位依法应承担的工伤保险责任。

八、曾经从事接触职业病危害作业、当时没有发现罹患职业病、离开工作岗位后被诊断或鉴定为职业病的符合下列条件的人员，可以自诊断、鉴定为职业病之日起1年内申请工伤认定，社会保险行政部门应当受理：

（一）办理退休手续后，未再从事接触职业病危害作业的退休人员；

（二）劳动或聘用合同期满后或者本人提出而解除劳动或聘用合同后，未再从事接触职业病危害作业的人员。

经工伤认定和劳动能力鉴定，前款第（一）项人员符合领取一次性伤残补助金条件的，按就高原则以本人退休前12个月平均月缴费工资或者确诊职业病前12个月的月平均养老金为基数计发。前款第（二）项人员被鉴定为一级至十级伤残、按《条例》规定应以本人工资作为基数享受相关待遇的，按本人终止或者解除劳动、聘用合同前12个月平均月缴费工资计发。

九、按照本意见第八条规定被认定为工伤的职业病人员，职业病诊断证明书（或职业病诊断鉴定书）中明确的用人单位，在该职工从业期间依法为其缴纳工伤保险费的，按《条例》的规定，分别由工伤保险基金和用人单位支付工伤保险待遇；未依法为该职工缴纳工伤保险费的，由用人单位按照《条例》规定的相关项目和标准支付待遇。

十、职工在同一用人单位连续工作期间多次发生工伤的，符合《条例》第三十六、第三十七条规定领取相关待遇时，按照其在同一用人单位发生工伤的最高伤残级别，计发一次性伤残就业补助金和一次性工伤医疗补助金。

十一、依据《条例》第四十二条的规定停止支付工伤保险待遇的，在停止支付待遇的情形消失后，自下月起恢复工伤保险待遇，停止支付的工伤保险待遇不予补发。

十二、《条例》第六十二条第三款规定的“新发生的费用”，是指用人单位职工参加工伤保险前发生工伤的，在参加工伤保险后新发生的费用。

十三、由工伤保险基金支付的各项待遇应按《条例》相关规定支付，不得采取将长期待遇改为一次性支付的办法。

十四、核定工伤职工工伤保险待遇时，若上一年度相关数据尚未公布，可暂按前一年度的全国城镇居民人均可支配收入、统筹地区职工月平均工资核定和计发，待相关数据公布后再重新核定，社会保险经办机构或者用人单位予以补发差额部分。

本意见自发文之日起执行，此前有关规定与本意见不一致的，按本意见执行。执行中有重大问题，请及时报告我部。

人力资源和社会保障部办公厅关于加快推进建筑业工伤保险工作的通知

（2016年3月24日　人社厅发〔2016〕43号）

各省、自治区、直辖市及新疆生产建设兵团人力资源社会保障厅（局）：

人力资源社会保障部、住房城乡建设部、国家安全生产监管总局、中华全国总工会联合下发了《关于进一步做好建筑业工伤保险工作的意见》（人社部发〔2014〕103号，以下简称《意见》），人力资源社会保障部结合全民参保登记计划，组织实施了“同舟计划”—建筑业工伤保险专项扩面行动，并根据建筑施工企业的用工特点，制定了专门经办规程和统计办法。

一年多来，各地人力资源社会保障部门会同有关部门，结合实际创造性落实《意见》要求，层层落实“同舟计划”参保扩面任务，突出抓好宣传培训和联合督查工作，推进建筑业参加工伤保险政策落地及相关管理服务工作取得积极进展。但工作中也暴露出一些突出问题，部分地区尚未形成有效推进工作的合力，工作进展较慢；宣传培训工作力度不够，建筑施工企业按项目参保的惠民政策社会知晓度不高；参保扩面、工伤认定、经办管理服务等工作还不能完全适应建筑业按项目参保的工作要求等。

2016年是深入推进建筑业工伤保险工作的关键一年，各地务必进一步加强领导、狠抓落实，切实推动工作再上一个台阶，为2017年全面实现建筑施工企业依法参加工伤保险奠定坚实基础。现就有关要求通知如下：

一、加强领导，进一步发挥好人社部门的牵头作用。深入推进建筑业工伤保险工作需要多部门联动，人社部门作为社会保险行政管理部门，必须将这项工作作为当前工伤保险扩面的首要任务，牵头推进工作落实。各级人社部门主要负责同志，尤其是分管工伤保险工作的负责同志要亲自做好相关协调工作和任务安排，既要争取党委、政府分管领导的支持，更要协调相关部门建立良好的沟通合作机制。要重点加强对地市一级工作落实的督导，对工作进展慢、特别是仍存在部门配合不畅问题的地市，要协调当地党委、政府分管领导牵头推进落实。要会同住建、安监、工会等部门研究制定 2016、2017 年推进建筑业参加工伤保险工作的具体措施，并对推进工作中联合会商、联合督查、信息共享等工作措施作出制度性安排。有关推进工作措施于 5 月 30 日前报部工伤保险司、社保中心备案。

二、整合力量，进一步形成推进工作的合力。要进一步与住建、安监、工会等部门密切合作，整合各自的职能优势，建立畅通高效的长效协调机制，进一步形成工作合力。积极协调住建部门和安监部门发挥对建筑企业管理的职能优势，落实将工伤保险参保证明作为保证工程安全施工的具体措施之一，安全施工措施未落实的项目不予核发“施工许可证”和“安全生产许可证”，及时将建筑项目施工许可等信息予以公开，逐步完善信息共享机制，共同推动建筑业工伤保险工作；对不需要核发施工许可证的建筑项目，各地劳动保障监察、社保经办机构要积极发挥管理监督职能，督促建筑企业参加工伤保险，实行早期介入，共同做到建筑业参保扩面“无死角”。

三、改进服务，进一步简化参保手续。适应按项目参保特点，最大限度缩短流程、简化手续，力争实现施工企业办理参保缴费备案当日办结，避免因办理项目参保而拖延施工许可证的申领，影响工程开工进度。有条件的地区，可以将建筑项目参保事项纳入政府行政审批大厅办理，或协调住建部门，在统筹地区住建部门行政办事场所设立工伤保险参保经办窗口，也可委托住建部门办理参保核定手续并开具缴费通知单，方便施工企业在办理施工许可等行政审批手续时“一站式”办结参保手续。

四、提升效率，开设工伤认定和待遇支付绿色通道。适应建筑施工企业职工流动性大的特点，对于在工地内发生、事实清楚、当事双方无争议的案件实行“快认快结”，一般应当在10日内作出工伤认定的决定，可以开辟绿色通道，尽可能缩短劳动能力鉴定等待时限和待遇支付时限。有条件的地区对工伤认定后仍在医疗救治期间的职工特别是伤情较重人员，及时办理医疗费用联网实时结算手续，减轻施工企业和工伤职工的医疗费垫付压力。

五、适应特点，完善按项目参保统计工作。建筑业按项目参加工伤保险，参保人数的统计有一定的复杂性。为适应建筑业按项目参保统计要求，各地在按照《关于规范建筑业按项目参加工伤保险统计方法的通知（试行）》（人社厅发〔2015〕159号）要求统计参保人数的同时，应根据开工项目数、在建项目数、参保项目数统计项目参保率，于每双月10日前将上两月项目参保率报送工伤保险司和社保中心（见附件），部里将定期通报各地工作进展。

六、扩充系统，创新信息化服务水平。各地要按照《关于扩充社会保险管理信息系统功能支持建筑业按项目参加工伤保险工作的通知》（人社信息函〔2016〕17号）要求，扩充社会保险管理信息系统相关功能，支持建筑业按项目参加工伤保险，实现工伤保险参保登记、缴费、工伤认定、劳动能力鉴定等业务办理的全流程信息化。按照《关于加快推进社会保障卡应用的意见》（人社部发〔2014〕52号）要求，推进社会保障卡在建筑业工伤保险领域应用。加快推进全民参保计划的实施，建立完善全民参保登记数据库，通过信息比对、入户调查、资源共享、动态更新等措施，支持和促进按项目参保的人员管理。建立与住建、安监、工会等部门的信息交换机制，畅通信息共享渠道，共享项目用工、施工许可证发放、参保、安全生产管理等信息资源。

七、加强宣传培训，提升工伤保险参保积极性和社会知晓度。要充分运用传统媒体、新媒体等手段，高密度开展建筑业从业人员特别是农民工喜闻乐见的宣传活动。要在建筑项目施工现场设立工伤保险政策及参保流程宣传栏，实现宣传全覆盖，确保全体进场农民工知晓“个人不缴费、项目全参保、干活要打卡、咨询找社保”。要联合住建、安监、工会等部门，对各类新建、在建项目的有关管理人员进行培训，提高按项目参加工伤保险的自觉性和主动性，杜绝因不清楚、不了解、不会办而影响参保工作。已开展工伤预防试点的地区，可使用工伤预防经费对宣传培训活动予以必要经费保障，其他地区应由同级人社部门作出经费安排。

八、加强监督，有效防范和查处恶意骗保行为。在为建筑施工企业按项目参加工伤保险提供便捷、高效服务的同时，要加强管理监督工作，把住关键环节，做到快而不乱、便而不疏。对利用项目参保浑水摸鱼、造假骗保的行为，一经发现，要会同有关部门严肃处理、依法严惩。

做好建筑业工伤保险工作，是党中央、国务院对工伤保险工作提出的新要求，是当前社保扩面的重点任务。各地要在政策全面落地的基础上，加大力度，扎实有效推进建筑业按项目参加工伤保险工作全面落实。同时，应适时启动与交通运输、铁路、水利、能源等部门的沟通协调工作，尽早使这一惠民政策覆盖相关领域从业人员。

人力资源和社会保障部关于执行《工伤保险条例》若干问题的意见（二）

（2016年3月28日　人社部发〔2016〕29号）

各省、自治区、直辖市及新疆生产建设兵团人力资源社会保障厅（局）：

为更好地贯彻执行新修订的《工伤保险条例》，提高依法行政能力和水平，妥善解决实际工作中的问题，保障职工和用人单位合法权益，现提出如下意见：

一、一级至四级级工伤职工死亡，其近亲属同时符合领取工伤保险丧葬补助金、供养亲属抚恤金待遇和职工基本养老保险丧葬补助金、抚恤金待遇条件的，由其近亲属选择领取工伤保险或职工基本养老保险其中一种。

二、达到或超过法定退休年龄，但未办理退休手续或者未依法享受城镇职工基本养老保险待遇，继续在原用人单位工作期间受到事故伤害或患职业病的，用人单位依法承担工伤保险责任。

用人单位招用已经达到、超过法定退休年龄或已经领取城镇职工基本养老保险待遇的人员，在用工期间因工作原因受到事故伤害或患职业病的，如招用单位已按项目参保等方式为其缴纳工伤保险费的，应适用《工伤保险条例》。

三、《工伤保险条例》第六十二条规定的“新发生的费用”，是指用人单位参加工伤保险前发生工伤的职工，在参加工伤保险后新发生的费用。其中由工伤保险基金支付的费用，按不同情况予以处理：

（一）因工受伤的，支付参保后新发生的工伤医疗费、工伤康复费、住院伙食补助费、统筹地区以外就医交通食宿费、辅助器具配置费、生活护理费、一级至四级级伤残职工伤残津贴，以及参保后解除劳动合同时的一次性工伤医疗补助金；

（二）因工死亡的，支付参保后新发生的符合条件的供养亲属抚恤金。

四、职工在参加用人单位组织或者受用人单位指派参加其他单位组织的活动中受到事故伤害的，应当视为工作原因，但参加与工作无关的活动除外。

五、职工因工作原因驻外，有固定的住所、有明确的作息时间，工伤认定时按照在驻在地当地正常工作的情形处理。

六、职工以上下班为目的、在合理时间内往返于工作单位和居住地之间的合理路线，视为上下班途中。

七、用人单位注册地与生产经营地不在同一统筹地区的，原则上应在注册地为职工参加工伤保险；未在注册地参加工伤保险的职工，可由用人单位在生产经营地为其参加工伤保险。

劳务派遣单位跨地区派遣劳动者，应根据《劳务派遣暂行规定》参加工伤保险。建筑施工企业按项目参保的，应在施工项目所在地参加工伤保险。

职工受到事故伤害或者患职业病后，在参保地进行工伤认定、劳动能力鉴定，并按照参保地的规定依法享受工伤保险待遇；未参加工伤保险的职工，应当在生产经营地进行工伤认定、劳动能力鉴定，并按照生产经营地的规定依法由用人单位支付工伤保险待遇。

八、有下列情形之一的，被延误的时间不计算在工伤认定申请时限内。

（一）受不可抗力影响的；

（二）职工由于被国家机关依法采取强制措施等人身自由受到限制不能申请工伤认定的；

（三）申请人正式提交了工伤认定申请，但因社会保险机构未登记或者材料遗失等原因造成申请超时限的；

（四）当事人就确认劳动关系申请劳动仲裁或提起民事诉讼的；

（五）其他符合法律法规规定的情形。

九、《工伤保险条例》第六十七条规定的“尚未完成工伤认定的”，是指在《工伤保险条例》施行前遭受事故伤害或被诊断鉴定为职业病，且在工伤认定申请法定时限内（从《工伤保险条例》施行之日起算）提出工伤认定申请，尚未做出工伤认定的情形。

十、因工伤认定申请人或者用人单位隐瞒有关情况或者提供虚假材料，导致工伤认定决定错误的，社会保险行政部门发现后，应当及时予以更正。

本意见自发文之日起执行，此前有关规定与本意见不一致的，按本意见执行。执行中有重大问题，请及时报告我部。

人力资源和社会保障部关于工伤保险待遇调整和确定机制的指导意见

（2017年7月28日　人社部发〔2017〕58号）

各省、自治区、直辖市及新疆生产建设兵团人力资源社会保障厅（局）：

工伤保险待遇是工伤保险制度的重要内容。随着经济社会发展，职工平均工资与生活费用发生变化，适时调整工伤保险待遇水平，既是工伤保险制度的内在要求，也是促进社会公平、维护社会和谐的职责所在，是各级党委、政府保障和改善民生的具体体现。根据《工伤保险条例》，现就工伤保险待遇调整和确定机制，制定如下指导意见：

一、总体要求

全面贯彻党的十八大和十八届三中、四中、五中、六中全会精神，深入贯彻习近平总书记系列重要讲话精神和治国理政新理念新思想新战略，紧紧围绕统筹推进“五位一体”总体布局和协调推进“四个全面”战略布局，坚持以人民为中心的发展思想，依据社会保险法和《工伤保险条例》，建立工伤保险待遇调整和确定机制，科学合理确定待遇调整水平，提高工伤保险待遇给付的服务与管理水平，推进建立更加公平、更可持续的工伤保险制度，不断增强人民群众的获得感与幸福感。

工伤保险待遇调整和确定要与经济发展水平相适应，综合考虑职工工资增长、居民消费价格指数变化、工伤保险基金支付能力、相关社会保障待遇调整情况等因素，兼顾不同地区待遇差别，按照基金省级统筹要求，适度、稳步提升，实现待遇平衡。

原则上每2年至少调整1次。

二、主要内容

（一）伤残津贴的调整。伤残津贴是对因工致残而退出工作岗位的工伤职工工资收入损失的合理补偿。一级至四级伤残津贴调整以上年度省（区、市）一级至四级工伤职工月人均伤残津贴为基数，综合考虑职工平均工资增长和居民消费价格指数变化情况，侧重职工平均工资增长因素，兼顾工伤保险基金支付能力和相关社会保障待遇调整情况，综合进行调节。伤残津贴调整可以采取定额调整和适当倾斜的办法，对伤残程度高、伤残津贴低于平均水平的工伤职工予以适当倾斜。（具体计算公式见附件1）

五级、六级工伤职工的伤残津贴按照《工伤保险条例》的规定执行。

（二）供养亲属抚恤金的调整。供养亲属抚恤金是工亡职工供养亲属基本生活的合理保障。供养亲属抚恤金调整以上年度省（区、市）月人均供养亲属抚恤金为基数，综合考虑职工平均工资增长和居民消费价格指数变化情况，侧重居民消费价格指数变化，兼顾工伤保险基金支付能力和相关社会保障待遇调整情况，综合进行调节。供养亲属抚恤金调整采取定额调整的办法。（具体计算公式见附件2）

（三）生活护理费的调整。生活护理费根据《工伤保险条例》和《劳动能力鉴定职工工伤与职业病致残等级》相关规定进行计发，按照上年度省（区、市）职工平均工资增长比例同步调整。职工平均工资下降时不调整。

（四）住院伙食补助费的确定。省（区、市）可参考当地城镇居民消费支出结构，科学确定工伤职工住院伙食补助费标准。住院伙食补助费原则上不超过上年度省（区、市）城镇居民日人均消费支出额的40%。

（五）其他待遇。一次性伤残补助金、一次性工亡补助金、丧葬补助金按照《工伤保险条例》规定的计发标准计发。工伤医疗费、辅助器具配置费、工伤康复和统筹地区以外就医期间交通、食宿费用等待遇，根据《工伤保险条例》和相关目录、标准据实支付。

一次性伤残就业补助金和一次性工伤医疗补助金，由省（区、市）综合考虑工伤职工伤残程度、伤病类别、年龄等因素制定标准，注重引导和促进工伤职工稳定就业。

三、工作要求

（一）高度重视，加强部署。建立工伤保险待遇调整和确定机制，关系广大工伤职工及工亡职工供养亲属的切身利益。各地要切实加强组织领导，提高认识，扎实推进，从2018年开始，要按照指导意见规定，结合当地实际，做好待遇调整和确定工作，与工伤保险基金省级统筹工作有机结合、紧密配合、同步推进，防止出现衔接问题和政策冲突。

（二）统筹兼顾，加强管理。要统筹考虑工伤保险待遇调整涉及的多种因素，详细论证，周密测算，选好参数和系数，确定科学、合理的调整额，建立科学、有效的调整机制。省（区、市）人力资源社会保障部门要根据《工伤保险条例》和本指导意见制定调整方案，报经省（区、市）人民政府批准后实施。要加强管理，根据《工伤保险条例》规定，统筹做好工伤保险其他待遇的调整、确定和计发，进一步加强待遇支付管理，依规发放和支付，防止跑冒滴漏、恶意骗保，维护基金安全。

（三）正确引导，确保稳定。工伤保险待遇调整直接涉及民生，关乎公平与效率。要加强工伤保险政策宣传，正确引导舆论，争取社会对待遇调整工作的理解与支持，为调整工作营造良好舆论氛围。做好调整方案的风险评估工作，制定应急处置预案，确保待遇调整工作平稳、有序、高效。待遇调整情况请及时报人力资源社会保障部。

附件：1. 一级至四级工伤职工伤残津贴调整公式

2. 供养亲属抚恤金调整公式

附件1

一级至四级工伤职工伤残津贴调整公式

$Z_1=S\times(G\times a+X\times b)\pm C$

$a+b=1$，$a>b$，$C\geqslant 0$。

其中：Z_1-一级至四级工伤职工伤残津贴人均调整额。

S-上年度省（区、市）一级至四级工伤职工月人均伤残津贴。

G-上年度省（区、市）职工平均工资增长率。

X-上年度省（区、市）居民消费价格指数。

a-职工平均工资增长率的权重系数。

b-居民消费价格指数的权重系数。

C-省（区、市）工伤保险基金支付能力和相关社会保障待遇调整等因素综合调节额。

当职工平均工资下降时，G=0；当居民消费价格指数为负时，X=0。

附件2

供养亲属抚恤金调整公式

$Z_2=F\times(G\times a+X\times b)\pm C$

$a+b=1$，$a<b$，$C\geqslant 0$。

其中：Z_2-供养亲属抚恤金人均调整额。

F-上年度省（区、市）月人均供养亲属抚恤金。

G-上年度省（区、市）职工平均工资增长率。

X-上年度省（区、市）居民消费价格指数。

a-职工平均工资增长率的权重系数。

b-居民消费价格指数的权重系数。

C-省（区、市）工伤保险基金支付能力和相关社会保障待遇调整等因素综合调节额。

当职工平均工资下降时，G=0；当居民消费价格指数为负时，X=0。

人力资源和社会保障部等部门关于印发《工伤预防费使用管理暂行办法》的通知

（2017年8月17日　人社部规〔2017〕13号）

各省、自治区、直辖市及新疆生产建设兵团人力资源社会保障厅（局）、财政（财务）厅（局）、卫生计生委、安全监管局：

为更好地坚持以人为本，保障职工的生命安全和健康，根据《工伤保险条例》规定，人力资源社会保障部会同财政部、卫生计生委、安全监管总局制定了《工伤预防费使用管理暂行办法》（以下简称《办法》），现印发给你们，请结合实际认真贯彻落实。

各地人力资源社会保障、财政、卫生计生、安全监管等部门要根据《办法》要求，高度重视、认真组织、密切配合，结合本地区工作实际，围绕工伤预防工作目标，细化落实政策措施，制定具体实施方案，建立工作机制，做好政策宣传解读，加强预防费使用监管，积极稳妥推进工伤预防工作。

工伤预防费使用管理暂行办法

第一条　为更好地保障职工的生命安全和健康，促进用人单位做好工伤预防工作，降低工伤事故伤害和职业病的发生率，规范工伤预防费的使用和管理，根据社会保险法、《工伤保险条例》及相关规定，制定本办法。

第二条　本办法所称工伤预防费是指统筹地区工伤保险基金中依法用于开展工伤预防工作的费用。

第三条 工伤预防费使用管理工作由统筹地区人力资源社会保障行政部门会同财政、卫生计生、安全监管行政部门按照各自职责做好相关工作。

第四条 工伤预防费用于下列项目的支出：

（一）工伤事故和职业病预防宣传；

（二）工伤事故和职业病预防培训。

第五条 在保证工伤保险待遇支付能力和储备金留存的前提下，工伤预防费的使用原则上不得超过统筹地区上年度工伤保险基金征缴收入的3%。因工伤预防工作需要，经省级人力资源社会保障部门和财政部门同意，可以适当提高工伤预防费的使用比例。

第六条 工伤预防费使用实行预算管理。统筹地区社会保险经办机构按照上年度预算执行情况，根据工伤预防工作需要，将工伤预防费列入下一年度工伤保险基金支出预算。具体预算编制按照预算法和社会保险基金预算有关规定执行。

第七条 统筹地区人力资源社会保障部门应会同财政、卫生计生、安全监管部门以及本辖区内负有安全生产监督管理职责的部门，根据工伤事故伤害、职业病高发的行业、企业、工种、岗位等情况，统筹确定工伤预防的重点领域，并通过适当方式告知社会。

第八条 统筹地区行业协会和大中型企业等社会组织根据本地区确定的工伤预防重点领域，于每年工伤保险基金预算编制前提出下一年拟开展的工伤预防项目，编制项目实施方案和绩效目标，向统筹地区的人力资源社会保障行政部门申报。

第九条 统筹地区人力资源社会保障部门会同财政、卫生计生、安全监管等部门，根据项目申报情况，结合本地区工伤预防重点领域和工伤保险等工作重点，以及下一年工伤预防费预算编制情况，统筹考虑工伤预防项目的轻重缓急，于每年10月底前确定纳入下一年度的工伤预防项目并向社会公开。

列入计划的工伤预防项目实施周期最长不超过2年。

第十条 纳入年度计划的工伤预防实施项目，原则上由提出项目的行业协会和大中型企业等社会组织负责组织实施。

行业协会和大中型企业等社会组织根据项目实际情况，可直接实施或委托第三方机构实施。直接实施的，应当与社会保险经办机构签订服务协议。委托第三方机构实施的，应当参照政府采购法和招投标法规定的程序，选择具备相应条件的社会、经济组织以及医疗卫生机构提供工伤预防服务，并与其签订服务合同，明确双方的权利义务。服务协议、服务合同应报统筹地区人力资源社会保障部门备案。

面向社会和中小微企业的工伤预防项目，可由人力资源社会保障、卫生计生、安全监管部门参照政府采购法等相关规定，从具备相应条件的社会、经济组织以及医疗卫生机构中选择提供工伤预防服务的机构，推动组织项目实施。

参照政府采购法实施的工伤预防项目，其费用低于采购限额标准的，可协议确定服务机构。具体办法由人力资源社会保障部门会同有关部门确定。

第十一条 提供工伤预防服务的机构应遵守社会保险法、《工伤保险条例》以及相关法律法规的规定，并具备以下基本条件：

（一）具备相应条件，且从事相关宣传、培训业务2年以上并具有良好市场信誉；

（二）具备相应的实施工伤预防项目的专业人员；

（三）有相应的硬件设施和技术手段；

（四）依法应具备的其他条件。

第十二条 对确定实施的工伤预防项目，统筹地区社会保险经办机构可以根据服务协议或者服务合同的约定，向具体实施工伤预防项目的组织支付30%—70%预付款。

项目实施过程中，提出项目的单位应及时跟踪项目实施进展情况，保证项目有效进行。

对于行业协会和大中型企业等社会组织直接实施的项目，由人力资源社会保障部门组织第三方中介机构或聘请相关专家对项目实施情况和绩效目标实现情况进行评估验收，形成评估验收报告；对于委托第三方机构实施的，由提出项目的单位或部门通过适当方式组织评估验收，评估验收报告报人力资源社会保障部门备案。评估验收报告作为开展下一年度项目重要依据。

评估验收合格后，由社会保险经办机构支付余款。具体程序按社会保险基金财务制度、工伤保险业务经办管理等规定执行。

第十三条 社会保险经办机构要定期向社会公布工伤预防项目实施情况和工伤预防费用使用情况，接受参保单位和社会各界的监督。

第十四条 工伤预防费按本办法规定使用，违反本办法规定使用的，对相关责任人参照社会保险法、《工伤保险条例》等法律法规的规定处理。

第十五条 工伤预防服务机构提供的服务不符合法律和合同规定、服务质量不高的，3 年内不得从事工伤预防项目。

工伤预防服务机构存在欺诈、骗取工伤保险基金行为的，按照有关法律法规等规定进行处理。

第十六条 统筹地区人力资源社会保障、卫生计生、安全监管等部门应分别对工作场所工伤发生情况、职业病报告情况和安全事故情况进行分析，定期相互通报基本情况。

第十七条 各省、自治区、直辖市人力资源社会保障行政部门可以结合本地区实际，会同财政、卫生计生和安全监管等行政部门制定具体实施办法。

第十八条 企业规模的划分标准按照工业和信息化部、国家统计局、国家发展改革委、财政部《关于印发中小企业划型标准规定的通知》（工信部联企业〔2011〕300 号）执行。

第十九条 本办法自 2017 年 9 月 1 日起施行。

山东省人民政府关于印发《山东省贯彻〈工伤保险条例〉实施办法》的通知

（2011年11月14日　鲁政发〔2011〕25号）

各市人民政府，各县（市、区）人民政府，省政府各部门、各直属机构，各大企业，各高等院校：

现将《山东省贯彻〈工伤保险条例〉实施办法》印发给你们，请认真贯彻执行。

山东省贯彻《工伤保险条例》实施办法

第一条　根据《国务院关于修改〈工伤保险条例〉的决定》（国务院令第586号）修订的《工伤保险条例》（以下简称《条例》），结合我省实际，制定本办法。

第二条　企业、事业单位、社会团体、民办非企业单位、基金会、律师事务所、会计师事务所等组织和有雇工的个体工商户（以下称用人单位）应当按规定参加工伤保险，为本单位全部职工或者雇工（以下简称职工）缴纳工伤保险费。

用人单位的职工均有按照规定享受工伤保险待遇的权利。

公务员和参照公务员法管理的事业单位、社会团体的工作人员因工作遭受事故伤害或者患职业病的，由所在单位支付费用。具体实施办法由省人力资源社会保障行政部门会同省财政部门按照国家规定制定。

第三条　省人力资源社会保障行政部门负责全省工伤保险工作。县级以上人力资源社会保障行政部门负责本行政区域内的工伤保险工作。

人力资源社会保障行政部门所属的社会保险经办机构（以下简称经办机构）具体承办工伤保险事务。

各级财政、民政、卫生、公安、交通、建设、工商、安全生产监督管理、工会等有关部门和组织按照各自职责，协助人力资源社会保障行政部门做好工伤保险相关工作。

第四条 工伤保险基金在设区的市实行全市统筹，逐步实行省级统筹。

第五条 工伤保险基金按照以支定收、收支平衡的原则筹集，存入社会保障基金财政专户，专款专用，任何单位或个人不得将工伤保险基金用于投资运营、兴建或改建办公场所、发放奖金，或者挪作其他用途。

第六条 工伤保险费的征缴，按照《社会保险法》和《社会保险费征缴暂行条例》的有关规定执行。

用人单位应当按时缴纳工伤保险费。职工个人不缴纳工伤保险费。

第七条 用人单位的初次缴费费率，按行业基准费率确定。

统筹地区经办机构可根据用人单位上年度工伤保险费的征缴、支付以及工伤发生率等情况，在所属行业相应费率档次内调整用人单位缴费费率。

第八条 对难以按照职工工资总额缴纳工伤保险费的建筑、餐饮、商贸等行业，由省人力资源社会保障行政部门会同省住房城乡建设、工商行政管理等部门根据国家有关规定制定适应行业特点的参保缴费办法。

第九条 工伤保险储备金按统筹地区当年工伤保险基金征缴额 10% 的比例提取，储备金累计结余额不超过当年工伤保险基金征缴额的 30%。工伤保险储备金的使用由统筹地区社会保险经办机构提出申请，经同级人力资源社会保障行政部门和财政部门同意，报同级人民政府批准。储备金一经使用，应及时补足差额。储备金不足支付的，由统筹地区人民政府垫付。

第十条 工伤保险基金用于下列支出：

（一）治疗工伤的医疗费用和康复费用；

（二）经确认安装配置伤残辅助器具所需费用；

（三）住院伙食补助费；

（四）经批准到统筹地区以外就医、配置辅助器具的交通食宿费；

（五）生活不能自理的，经劳动能力鉴定委员会确认的生活护理费；

（六）一次性伤残补助金和一级至四级伤残职工按月领取的伤残津贴；

（七）终止或者解除劳动合同时，应当享受的一次性医疗补助金；

（八）因工死亡的，其遗属领取的丧葬补助金、供养亲属抚恤金和因工死亡补助金；

（九）劳动能力鉴定费；

（十）工伤预防的宣传、培训等费用；

（十一）法律、法规规定的用于工伤保险的其他费用。

工伤预防费用提取比例、使用和管理的具体实施办法，由省人力资源社会保障行政部门会同省财政、卫生、安全生产监督管理等部门按照国家规定制定。

职工住院治疗工伤的伙食补助费标准和异地就医、配置辅助器具的交通、食宿费用标准由统筹地区人民政府制定。

第十一条 因工伤发生的下列费用，按照国家规定由用人单位支付：（一）治疗工伤期间的工资福利；（二）五级、六级伤残职工按月领取的伤残津贴；（三）终止或者解除劳动合同时，应当享受的一次性伤残就业补助金。

第十二条 用人单位、工伤职工或者其近亲属、工会组织提出工伤认定申请，要按照《条例》第十七条的规定时限向统筹地区人力资源社会保障行政部门提出。其中，用人单位因交通事故、失踪、因工外出期间发生事故伤害及受其他不可抗力因素影响不能在规定时限内提出申请的，经统筹地区人力资源社会保障行政部门同意，申请时限可以适当延长，但延长时间不得超过30日。

用人单位未在规定的时限内提交工伤认定申请，在此期间发生的符合《条例》规定的工伤待遇等有关费用由该用人单位负担。

第十三条 职工上下班途中受到非本人主要责任的交通事故或城市轨道交通、客运轮渡、火车事故伤害的，申请人应提交公安交通管理部门或其他相关部门出具的事故责任认定证明。

第十四条 统筹地区人力资源社会保障行政部门应自收到工伤认定申请之日起15日内作出受理或者不予受理决定，并书面通知申请人。其中，不予受理决定中应当载明不予受理的理由、事实依据并告知申请人申请行政复议或者提起行政诉讼的时间、方式。

第十五条 人力资源社会保障行政部门应当自受理工伤认定申请之日起60日内作出工伤认定的决定。对受理的事实清楚、权利义务明确的工伤认定申请，应当在15日内作出工伤认定的决定。

作出工伤认定决定需要以司法机关或者有关行政主管部门的结论为依据的，在司法机关或者有关行政主管部门尚未作出结论期间，作出工伤认定决定的时限中止。

第十六条 省和设区的市应按《条例》规定建立劳动能力鉴定委员会，并设立劳动能力鉴定委员会办事机构，由专人负责劳动能力鉴定委员会日常工作和劳动能力鉴定组织管理工作。

第十七条 劳动能力鉴定委员会承担以下任务：（一）工伤职工劳动能力鉴定；（二）停工留薪期限确认；（三）辅助器具配置确认；（四）旧伤复发确认；（五）疾病与工伤因果关系鉴

定；（六）供养亲属完全丧失劳动能力鉴定；（七）职工因病或非因工伤残丧失劳动能力程度鉴定；（八）法律、法规规定的其他劳动能力鉴定事项。

第十八条 劳动能力鉴定委员会应建立医疗卫生专家库。列入专家库的医疗卫生专业技术人员，由劳动能力鉴定委员会选聘。医疗卫生专家库原则上每年调整一次。

第十九条 劳动能力鉴定收费标准由省人力资源社会保障行政部门会同省财政、物价等部门制定。

第二十条 工伤职工认为疾病与工伤有因果关系的，可在申请劳动能力鉴定时一并提出确认申请。

第二十一条 职工因工作遭受事故伤害或者患职业病需要暂停工作接受工伤医疗的，停工留薪期内原工资福利待遇不变，由所在单位按月支付。

工伤职工在停工留薪期内，除法律规定的情形外，用人单位不得与其解除或终止劳动关系。

第二十二条 职工因工致残被鉴定为一级至四级伤残的，保留劳动关系，退出工作岗位，按伤残等级享受伤残津贴。伤残津贴实际金额低于当地最低工资标准的，由工伤保险基金补足差额。

工伤职工达到退休年龄并办理退休手续后，停发伤残津贴，按照国家有关规定享受基本养老保险待遇。基本养老保险待遇低于伤残津贴的，由工伤保险基金补足差额。

第二十三条 一级至四级工伤职工的伤残津贴、供养亲属抚恤金以及生活护理费调整办法，由省人力资源社会保障行政部门会同财政部门根据全省职工平均工资及生活费用变化等情况适时制定。

第二十四条 职工因工致残被鉴定为五级、六级伤残，用人单位难以安排工作的，在按月领取伤残津贴期间，如一级至四级工伤职工伤残津贴调整，其伤残津贴应随一级至四级工伤职工伤残津贴的调整时间予以调整，具体标准分别按统筹地区四级工伤职工伤残津贴调整标准的90%、80%相应增加。伤残津贴实际金额低于当地最低工资标准的，由用人单位补足差额。

第二十五条 工伤职工被鉴定为五级、六级伤残的，经职工本人提出，可以与用人单位解除或终止劳动合同，以其解除或终止劳动合同时统筹地区上年度职工月平均工资为基数，分别支付本人22个月、18个月的一次性工伤医疗补助金和36个月、30个月的一次性伤残就业补助金。

工伤职工被鉴定为七级至十级伤残的，劳动合同期满终止，或者职工本人提出解除劳动合同，以其解除或终止劳动合同时统筹地区上年度职工月平均工资为基数，支付本人一次性工伤医疗补助金和一次性伤残就业补助金。一次性工伤医疗补助金的具体标准为：七级13个月，八级10个月，九级7个月，十级4个月；一次性伤残就业补助金的具体标准为：七级20个月，八级16个月，九级12个月，十级8个月。

职工被确诊为职业病的，一次性工伤医疗补助金在上述标准基础上加发50%。

工伤职工与用人单位解除或者终止劳动合同时，距法定退休年龄5年以上的，一次性工伤医疗补助金和一次性伤残就业补助金全额支付；距法定退休年龄不足5年的，每减少1年一次性伤残就业补助金递减20%。距法定退休年龄不足1年的按一次性伤残就业补助金全额的10%支付；达到法定退休年龄或者按规定办理了退休手续的，不支付一次性工伤医疗补助金和一次性伤残就业补助金。

一次性工伤医疗补助金和一次性伤残就业补助金所需资金，用人单位已经参加工伤保险的，一次性工伤医疗补助金由工伤保险基金支付，一次性伤残就业补助金由用人单位支付；未参加工伤保险的，一次性工伤医疗补助金和一次性伤残就业补助金，由用人单位支付。

第二十六条 用人单位对接触职业危害作业的职工，在终止、解除劳动合同时或者办理退休、退职手续前，应进行职业健康检查，并将检查结果告知职工。被确诊患有职业病的，应办理工伤认定、劳动能力鉴定、待遇核定手续，并按规定享受工伤保险待遇。

职工离休、退休、退职后被确诊为职业病的，可以按规定享受工伤医疗待遇。生活不能自理的，按劳动能力鉴定委员会确认的护理依赖程度发给生活护理费。

第二十七条 申请工伤保险待遇，应向统筹地区经办机构提交工伤认定决定、劳动能力鉴定结论和工伤保险待遇申报表。

第二十八条 职工因工死亡，其供养亲属享受抚恤金待遇的资格，按职工因工死亡时的条件核定。

第二十九条 应当参加工伤保险而未参加的用人单位职工发生工伤的，由该用人单位按照《条例》和本办法规定的工伤保险待遇项目和标准支付费用。用人单位参加工伤保险并补缴应当缴纳的工伤保险费、滞纳金后，由工伤保险基金和用人单位依照《条例》和本办法的规定支付新发生的费用。

用人单位未按时足额缴纳工伤保险费的，欠缴期间的工伤保险待遇由用人单位支付。补缴应当缴纳的工伤保险费、滞纳金后，新发生的工伤保险费用由工伤保险基金和用人单位依照《条例》和本办法的规定支付。

第三十条 破产、关闭、解散和注销企业被鉴定为一级至四级的工伤职工以及因工死亡职工供养亲属享受的工伤保险待遇仍按原标准继续发放。所需资金，原企业已经参加工伤保险的，从工伤保险基金中支付；未参保的，预留至当地平均期望寿命（其中，因工死亡职工供养亲属未满 18 周岁的，预留至年满 18 周岁），在资产清算时一次性拨付给经办机构。

被鉴定为五级至十级的，按规定支付其一次性工伤医疗补助金和一次性伤残就业补助金。所需资金，原企业已经参加工伤保险的，其一次性工伤医疗补助金从工伤保险基金中支付，其一次性伤残就业补助金在资产清算时一次性拨付；未参保的，其一次性工伤医疗补助金和一次性伤残就业补助金，在资产清算时一次性拨付。

对已破产、关闭、解散和注销企业的一级至四级工伤职工和因工死亡职工的供养亲属，各地可参照本条一、二款及解决老工伤问题的有关规定筹集资金，保障其工伤待遇。

第三十一条 本办法自2011年7月1日起施行，《山东省贯彻〈工伤保险条例〉试行办法》（鲁政发〔2003〕107号）同时废止。

山东省劳动和社会保障厅关于印发《山东省工伤职工停工留薪期管理办法》的通知

（2006 年 4 月 24 日　鲁劳社〔2006〕15 号）

各市劳动和社会保障局，各有关单位：

为加强和规范对工伤职工停工留薪期的管理，根据国务院《工伤保险条例》和《山东省贯彻〈工伤保险条例〉试行办法》，我厅制定了《山东省工伤职工停工留薪期管理办法》，现印发给你们，请遵照执行。

山东省工伤职工停工留薪期管理办法

第一条　为加强和规范全省工伤职工的停工留薪期管理，维护当事人的合法权益，根据《工伤保险条例》和《山东省贯彻〈工伤保险条例〉试行办法》，制定本办法。

第二条　工伤职工停工留薪期是指职工因工作遭受事故伤害或者患职业病后，需要暂停工作接受工伤医疗，继续享受原工资福利待遇的期限。

停工留薪期应连续计算。

第三条　工伤职工应及时将工伤医疗服务机构出具的诊断证明报送给所在单位，申请停工留薪。用人单位应当根据协议医疗机构出具的诊断证明，按照《山东省工伤职工停工留薪期分类目录》（附件 1），确定其停工留薪期限，并书面通知工伤职工本人（附件 2）。

第四条 对于多部位或多组织器官受到伤害的，以对应的各停工留薪期中最长的期限作为该工伤职工的停工留薪期。各受损伤部位停工留薪期的时间不得累加。

停工留薪期一般不超过12个月，伤情严重或者情况特殊的，经市劳动能力鉴定委员会确认后可以适当延长，但延长期限不得超过12个月。

第五条 遭受原发性损伤引起感染及并发症的，根据协议医疗机构的诊断证明，可以在原停工留薪期的基础上增加2个月。

第六条 所受伤害部位或组织器官未列入《山东省工伤职工停工留薪期分类目录》的，以临床治愈或者经治疗相对稳定的时间为停工留薪期，一般不超过6个月。

第七条 工伤职工停工留薪期满，伤情尚未稳定或未痊愈，不能恢复工作仍需治疗的，应在期满前5个工作日内向本单位提出延长停工留薪期的书面申请，并提交协议医疗机构出具的休假证明。用人单位同意后，可以延长停工留薪期。

用人单位对工伤职工延长停工留薪期有异议的，应在接到申请7个工作日内持该职工的工伤认定决定书、住院或门诊病历、相关检查报告、协议医疗机构出具的休假证明、职工延长停工留薪期申请书等，向市劳动能力鉴定委员会申请延长停工留薪期确认。用人单位未提出申请的，视为同意延长停工留薪期。

劳动能力鉴定委员会作出确认结论前，工伤职工继续享受停工留薪期待遇。

工伤职工或者其直系亲属、工会组织未在规定的时间内提出延长停工留薪期申请的，停工留薪期终止。

第八条 市劳动能力鉴定委员会接到用人单位要求确认延长停工留薪期的申请后，应在30日内作出是否延长停工留薪期的确认结论，并以书面形式通知用人单位和工伤职工。

第九条 工伤职工停工留薪期满，存在残疾、影响劳动能力的，应当进行劳动能力鉴定。在进行劳动能力鉴定期间，停发停工留薪期待遇，因伤情不能工作的，由用人单位发给生活津贴，其标准不得低于因病医疗期内的病假工资。从评定伤残等级的次月起，按照《条例》和《试行办法》的规定享受因工伤残待遇。需要继续治疗的，必须有工伤协议医疗机构的休假证明，其工伤医疗费予以报销，但不享受停工留薪期待遇。由用人单位发给生活津贴，其标准不得低于因病医疗期内的病假工资。

第十条 工伤职工恢复工作后旧伤复发，需要重新确定停工留薪期的，按本办法执行。

第十一条 停工留薪期确认费暂按照省物价、财政和劳动保障等部门规定的企业伤病职工劳动能力鉴定收费标准收取。

经市劳动能力鉴定委员会确认，停工留薪期延长的，确认费及相关检查费用由用人单位承担；停工留薪期不需要延长的，确认费及相关检查费用由工伤职工个人承担。

第十二条 本办法自下发之日起施行。

附件：1. 山东省工伤职工停工留薪期分类目录

2. 山东省工伤职工停工留薪期确认通知书

3. 工伤职工延长停工留薪期确认申请表

（附件 2、3 本书略）

附件 1

山东省工伤职工停工留薪期分类目录

伤害部位			停工留薪期
头面部损伤（S00—S09）	头部浅表损伤 S00		1 个月
	头部头皮开放性伤口 S01		1 个月
	颅骨和面骨骨折 S02	颅骨穹隆骨折 S02.0	3 个月
		单纯颅底骨折 S02.1（如伴 CSF 漏或并发颅内感染，需在完全控制后）	6 个月
		鼻骨骨折 S02.2	3 个月
		单纯眶底骨折 S02.3	4 个月
		颧骨和上颌骨骨折 S02.4	4 个月
		牙折断 S02.5	1 个月
		下颌骨骨折 S02.6	4 个月
		累及颅骨和面骨的多发性骨折 S02.7	6 个月
		其他颅骨和面骨骨折 S02.8	5 个月
	头部的关节和韧带脱位、扭伤 S03	颌关节脱位 S03.0	3 个月
		鼻中隔软骨脱位 S03.1	3 个月
		牙脱位 S03.2	2 个月
	颅神经损伤 S04	视神经和视路损伤 S04.0	6 个月
		动眼神经损伤 S04.1	6 个月
		滑车神经损伤 S04.2	6 个月
		三叉神经损伤 S04.3	6 个月
		展神经损伤 S04.4	6 个月
		面神经损伤 S04.5	6 个月
		听神经损伤 S04.6	6 个月
		副神经损伤 S04.7	6 个月
		其他颅神经损伤 S04.8	6 个月

续表

伤害部位			停工留薪期
头面部损伤（S00—S09）	眼和眶损伤 S05	结膜和角膜擦伤（深层）S05.0	1个月
		眼球和眶组织轻度挫伤 S05.1	1个月
		眼撕裂伤和破裂，伴有眼内组织脱出或缺失 S05.2	12个月
		眼撕裂伤和破裂，不伴有眼内组织脱出或缺失 S05.3	3个月
		眶穿透性伤口，伴有或不伴有异物 S05.4	6个月
		眼球穿透性伤口，伴有异物 S05.5	6个月
		眼球穿透性伤口，不伴有异物 S05.6	3个月
		眼撕脱伤 S05.7	3个月
		眼和眶的其他损伤 S05.8	3个月
头面部损伤（S00—S09）	颅内损伤 S06	脑震荡 S06.0	3个月
		硬膜外出血 S06.4	6个月
		创伤性硬膜下出血 S06.5	6个月
		创伤性蛛网膜下出血 S06.6（不伴有脑室扩大）	4个月
		其他颅内损伤 S06.7	4个月
		硬膜下积液 S06.8	12个月
		慢性脑膜下血肿 S06.9	6个月
		脑挫裂伤 S06.10	12个月
		脑干损伤 S06.11	12个月
	头部软组织挤压伤 S07		1个月

续表

伤害部位			停工留薪期
头面部损伤（S00—S09）	头面的部分创伤性切断 S08	头皮撕脱 S08.0	6 个月
		耳创伤性切断 S08.1	3 个月
		头面部其他部位的创伤性切断 S08.8	3 个月
		头面部未特指部位的创伤性切断 S08.9	3 个月
	头部其他和未特指的损伤 S09	头部血管损伤 S09.0	1 个月
		头部肌肉和肌腱损伤 S09.1	1 个月
		耳鼓膜创伤性破裂 S09.2	3 个月
		头部多发性损伤 S09.7	6 个月
颈部损伤（S10—S19）	颈部浅表损伤 S10		0.5 个月
	颈部开放性伤口 S11		0.5 个月
	颈部骨折 S12	第一颈椎骨折 S12.0	6 个月
		第二颈椎骨折 S12.1	8 个月
		颈部脊柱多发性骨折 S12.7	8 个月
		颈部其他部位的骨折 S12.8	4 个月
	颈部水平的关节和韧带脱位、扭伤 S13	颈部椎间盘创伤性破裂 S13.0	6 个月
		颈椎脱位 S13.1	6 个月
		颈部多发性脱位 S13.3	8 个月
		颈部扭伤 S13.4	2 个月
		甲状腺区扭伤 S13.5	2 个月

续表

<table>
<tr><th colspan="3">伤害部位</th><th>停工留薪期</th></tr>
<tr><td rowspan="8">颈部损伤（S10—S19）</td><td rowspan="5">颈部水平的神经和脊髓损伤 S14</td><td>颈部脊髓的震荡和水肿 S14.0</td><td>12 个月</td></tr>
<tr><td>颈部脊柱神经根的损伤 S14.2</td><td>12 个月</td></tr>
<tr><td>臂丛神经损伤（如神经移位加移植手术 18 月）S14.3</td><td>12 个月</td></tr>
<tr><td>颈部周围神经损伤 S14.4</td><td>2 个月</td></tr>
<tr><td>颈部交感神经损伤 S14.5</td><td>2 个月</td></tr>
<tr><td rowspan="2">颈部水平的血管损伤 S15</td><td>颈动脉损伤 S15.0</td><td>6 个月</td></tr>
<tr><td>颈部多处血管的损伤 S15.7</td><td>6 个月</td></tr>
<tr><td colspan="2">颈部挤压伤 S17</td><td>1 个月</td></tr>
<tr><td rowspan="3">胸部损伤（S20—S29）</td><td rowspan="3">胸部浅表损伤 S20</td><td>乳房挫伤 S20.0</td><td>1 个月</td></tr>
<tr><td>胸部挫伤 S20.2</td><td>1 个月</td></tr>
<tr><td>胸部多处浅表损伤 S20.7</td><td>1 个月</td></tr>
<tr><td rowspan="11">胸部损伤（S20—S29）</td><td colspan="2">胸部开放性伤口 S21</td><td>2 个月</td></tr>
<tr><td rowspan="6">肋骨、胸骨和胸部脊柱骨折 S22</td><td>胸椎骨折 S22.0</td><td>6 个月</td></tr>
<tr><td>胸部脊柱多发性骨折 S22.1</td><td>8 个月</td></tr>
<tr><td>胸骨骨折 S22.2</td><td>4 个月</td></tr>
<tr><td>肋骨骨折 S22.3</td><td>3 个月</td></tr>
<tr><td>肋骨多发性骨折 S22.4</td><td>4 个月</td></tr>
<tr><td>骨性胸廓其他部位骨折 S22.8</td><td>4 个月</td></tr>
<tr><td rowspan="4">胸部关节的脱位和韧带扭伤 S23</td><td>胸部椎间盘创伤性破裂 S23.0</td><td>6 个月</td></tr>
<tr><td>胸椎脱位 S23.1</td><td>6 个月</td></tr>
<tr><td>胸部脊柱扭伤 S23.3</td><td>2 个月</td></tr>
<tr><td>肋骨和胸骨扭伤 S23.4</td><td>2 个月</td></tr>
</table>

续表

伤害部位			停工留薪期
胸部损伤（S20—S29）	胸部水平的神经和脊髓损伤 S24	胸部脊髓的震荡和水肿 S24.0	12 个月
		胸部脊柱神经根损伤 S24.2	12 个月
		胸部周围神经损伤 S24.3	2 个月
		胸部交感神经损伤 S24.4	2 个月
	胸部血管损伤 S25		5 个月
	心脏损伤 S26		5 个月
	其他和未特指的胸内器官损伤 S27	创伤性气胸 S27.0	2 个月
		创伤性血胸 S27.1	2 个月
		创伤性血气胸 S27.2	2 个月
		肺的其他损伤 S27.3	3 个月
		支气管损伤 S27.4	3 个月
		胸部气管损伤 S27.5	3 个月
		胸膜损伤 S27.6	2 个月
		其他胸内器官损伤 S27.8	2 个月
	胸部挤压伤和胸的部分创伤性切断 S28	胸部挤压伤 S28.0	2 个月
		胸的部分创伤性切断 S28.1	3 个月
	胸部其他和未特指的损伤 S29		2 个月
胸部损伤（S20—S29）	腹部、腰背部和骨盆浅表损伤 S30	腰背部和骨盆挫伤 S30.0	3 个月
		腹壁挫伤 S30.1	1 个月
		外生殖器挫伤 S30.2	2 个月

续表

伤害部位			停工留薪期
腹部、腰背部、腰椎和骨盆损伤（S30—S39）	腹部、腰背部和骨盆开放性伤口 S31	腰背部和骨盆开放性伤口 S31.0	3个月
		腹壁开放性伤口 S31.1	1个月
		外生殖器开放性伤口 S31.2	6个月
	腰部脊柱和骨盆骨折 S32	腰部椎骨骨折 S32.0	6个月
		骶骨骨折 S32.1	6个月
		尾骨骨折 S32.2	2个月
		髂骨骨折 S32.3	3个月
		髋臼骨折 S32.4	6个月
		耻骨骨折 S32.5	5个月
腹部、腰背部、腰椎和骨盆损伤（S30—S39）	腰部脊柱和骨盆的关节和韧带脱位、扭伤 S33	腰椎间盘创伤性破裂 S33.0	6个月
		腰椎脱位 S33.1	6个月
		骶髂关节和骶尾关节的脱位 S33.2	6个月
		腰部脊柱扭伤 S33.5	2个月
		腰部脊柱和骨盆其他和未特指部位的扭伤 S33.7	2个月
	腹部、腰背部和骨盆水平的神经和腰部脊髓损伤 S34	腰部和骶部脊柱神经根损伤 S34.2	12个月
		马尾损伤 S34.3	12个月
		腰骶丛损伤 S34.4	12个月
		腰部、骶部和骨盆交感神经损伤 S34.5	12个月
		腰部、腰背部和骨盆周围神经损伤 S34.6	12个月
	腹部、腰背部和骨盆水平的血管损伤 S35		3个月
	腹内器官损伤 S36	脾损伤 S36.0（轻度、中度、重度）	4,5,6个月
		肝或胆道损伤 S36.1（轻度、中度、重度）	6,9,12个月

续表

伤害部位			停工留薪期
腹部、腰背部、腰椎和骨盆损伤（S30—S39）	腹内器官损伤 S36	胰损伤 S36.2（轻度、中度、重度）	6，7，12个月
		胃损伤 S36.3（轻度、中度、重度）	3，6，12个月
		小肠损伤（十二指肠加倍）S36.4（轻度、中度、重度）	3，6，12个月
		结肠损伤 S36.5（轻度、中度、重度）	3，6，12个月
		直肠损伤 S36.6（轻度、中度、重度）	3，6，12个月
		多个腹内器官损伤 S36.7（轻度、中度、重度）	3，8，12个月
		其他腹内器官损伤 S36.8（轻度、中度、重度）	3，8，12个月
	盆腔器官损伤 S37	肾损伤 S37.0（轻度、中度、重度）	3，6，12个月
		输尿管损伤 S37.1（轻度、中度、重度）	3，6，12个月
		膀胱损伤 S37.2（轻度、中度、重度）	3，6，12个月
		尿道损伤 S37.3（轻度、中度、重度）	3，6，12个月
		卵巢损伤 S37.4（轻度、中度、重度）	3，4，12个月
		输卵管损伤 S37.5（轻度、中度、重度）	3，4，12个月
		子宫损伤 S37.6（轻度、中度、重度）	3，4，12个月
		其他盆腔器官损伤 S37.8（轻度、中度、重度）	3，4，12个月

续表

伤害部位			停工留薪期
腹部、腰背部、腰椎和骨盆损伤（S30—S39）	腹部、腰背部和骨盆的部分挤压伤和创伤性切断 S38	外生殖器挤压伤 S38.0	6个月
		外生殖器创伤性切断 S38.2	12个月
	腹部、腰背部和骨盆其他和未特指的损伤 S39		3个月
肩和上臂损伤（S40—49）	肩和上臂浅表损伤 S40		1个月
	肩和上臂开放性伤口 S41		1个月
	肩和上臂骨折 S42	锁骨骨折 S42.0	3个月
		肩胛骨骨折 S42.1	5个月
		肱骨上端骨折 S42.2	6个月
		肱骨干骨折 S42.3	6个月
		肱骨下端骨折 S42.4	6个月
		肩和上臂其他部位的骨折 S42.8	4个月
肩和上臂损伤（S40—49）	肩胛带的关节和韧带脱位、扭伤 S43	肩关节脱位 S43.0	3个月
		肩锁关节脱位 S43.1	3个月
		胸锁关节脱位 S43.2	3个月
		肩关节扭伤 S43.4	2个月
		肩锁关节扭伤 S43.5	2个月
		胸锁关节扭伤 S43.6	2个月

续表

<table>
<tr><th colspan="3">伤害部位</th><th>停工留薪期</th></tr>
<tr><td rowspan="9">肩和上臂损伤（S40—49）</td><td rowspan="4">肩和上臂水平的神经损伤S44</td><td>上臂水平的尺神经损伤 S44.0</td><td>12个月</td></tr>
<tr><td>上臂水平的正中神经损伤 S44.1</td><td>12个月</td></tr>
<tr><td>上臂水平的桡神经损伤 S44.2</td><td>12个月</td></tr>
<tr><td>上臂水平的其他神经损伤 S44.8</td><td>12个月</td></tr>
<tr><td colspan="2">肩和上臂的血管损伤 S45</td><td>2个月</td></tr>
<tr><td colspan="2">肩和上臂的肌肉和肌腱损伤 S46</td><td>3个月</td></tr>
<tr><td colspan="2">肩和上臂挤压伤 S47</td><td>3个月</td></tr>
<tr><td rowspan="2">肩和上臂创伤性切断 S48</td><td>肩关节处创伤性切断</td><td>8个月</td></tr>
<tr><td>肩和肘之间水平的创伤性切断</td><td>8个月</td></tr>
<tr><td></td><td colspan="2">肩和上臂其他和未特指的损伤 S49</td><td>3个月</td></tr>
<tr><td rowspan="9">肘和前臂损伤（S50—S59）</td><td colspan="2">前臂浅表损伤 S50</td><td>1个月</td></tr>
<tr><td colspan="2">前臂开放性伤口 S51</td><td>1个月</td></tr>
<tr><td rowspan="7">前臂骨折S52</td><td>尺骨上端骨折 S52.0</td><td>6个月</td></tr>
<tr><td>桡骨上端骨折 S52.1</td><td>6个月</td></tr>
<tr><td>尺骨干骨折 S52.2</td><td>6个月</td></tr>
<tr><td>桡骨干骨折 S52.3</td><td>6个月</td></tr>
<tr><td>尺骨、桡骨骨干骨折 S52.6</td><td>6个月</td></tr>
<tr><td>桡骨远端骨折 S52.5</td><td>3个月</td></tr>
<tr><td>尺骨、桡骨下端的骨折 S52.4</td><td>6个月</td></tr>
</table>

续表

<table>
<tr><th colspan="3">伤害部位</th><th>停工留薪期</th></tr>
<tr><td rowspan="15">肘和前臂损伤（S50—S59）</td><td rowspan="5">肘关节和韧带脱位、扭伤 S53</td><td>桡骨头脱位 S53.0</td><td>2个月</td></tr>
<tr><td>肘关节脱位 S53.1</td><td>1个月</td></tr>
<tr><td>桡侧副韧带创伤性破裂 S53.2</td><td>4个月</td></tr>
<tr><td>尺侧副韧带创伤性破裂 S53.3</td><td>4个月</td></tr>
<tr><td>肘关节扭伤 S53.4</td><td>2个月</td></tr>
<tr><td rowspan="4">前臂水平的神经损伤 S54</td><td>前臂水平的尺神经损伤 S54.0</td><td>12个月</td></tr>
<tr><td>前臂水平的正中神经损伤 S54.1</td><td>12个月</td></tr>
<tr><td>前臂水平的桡神经损伤 S54.2</td><td>12个月</td></tr>
<tr><td>前臂的其他神经损伤 S54.8</td><td>1个月</td></tr>
<tr><td colspan="2">前臂水平的血管损伤 S55</td><td>3个月</td></tr>
<tr><td colspan="2">前臂水平的肌肉和肌腱损伤 S56</td><td>4个月</td></tr>
<tr><td colspan="2">前臂挤压伤 S57</td><td>6个月</td></tr>
<tr><td rowspan="2">前臂创伤性切断 S58</td><td>肘切断 S58.0</td><td>8个月</td></tr>
<tr><td>肘和腕之间切断 S58.1</td><td>8个月</td></tr>
<tr><td colspan="2">前臂其他和未特指的损伤 S59</td><td>2个月</td></tr>
<tr><td rowspan="8">腕和手损伤（S60—S68）</td><td colspan="2">腕和手浅表损伤 S60</td><td>1个月</td></tr>
<tr><td colspan="2">腕和手开放性伤口 S61</td><td>2个月</td></tr>
<tr><td rowspan="6">腕和手水平的骨折 S62</td><td>手舟骨骨折 S62.0</td><td>4个月</td></tr>
<tr><td>其他腕骨骨折 S62.1</td><td>4个月</td></tr>
<tr><td>第一掌骨骨折 S62.2</td><td>3个月</td></tr>
<tr><td>其他掌骨骨折 S62.3</td><td>3个月</td></tr>
<tr><td>拇指骨折 S62.5</td><td>3个月</td></tr>
<tr><td>其他手指骨折 S62.6</td><td>3个月</td></tr>
</table>

续表

伤害部位			停工留薪期
腕和手损伤（S60—S68）	腕和手水平的关节和韧带脱位、扭伤S63	腕关节脱位 S63.0	3个月
		指关节脱位 S63.1	2个月
		腕和腕关节韧带创伤性破裂 S63.3	5个月
		掌指和指间关节处的手指韧带创伤性破裂 S63.4	3个月
		腕关节扭伤 S63.5	1个月
		手指关节扭伤 S63.6	1个月
	腕和手水平的神经损伤 S64	腕和手水平的尺神经损伤 S64.0	12个月
		腕和手水平的正中神经损伤 S64.1	12个月
		腕和手水平的桡神经损伤 S64.2	2个月
		拇指的神经损伤 S64.3	5个月
		其他手指的神经损伤 S64.4	4个月
		腕和手水平的其他神经损伤 S64.8	5个月
	腕和手水平的血管损伤 S65		5个月
	腕和手水平的肌肉和肌腱损伤 S66		5个月
	腕和手挤压伤 S67		3个月
	腕和手创伤性切断S68	拇指切断 S68.0	6个月
		其他单个手指切断 S68.1	3个月
		多个手指切断 S68.2	3个月
		手指伴有腕和手其他部分的创伤性切断 S68.3	5个月
		腕关节切断 S68.4（手指离断再植术12个月）	9个月

续表

伤害部位			停工留薪期
髋和大腿损伤（S70—S78）	髋和大腿浅表损伤 S70		1个月
	髋和大腿开放性伤口 S71		1个月
	股骨骨折 S72	股骨颈骨折 S72.0	7个月
		经大转子骨折 S72.1	7个月
		转子下骨折 S72.2	7个月
		股骨干骨折 S72.3	7个月
		股骨多发性骨折 S72.7	8个月
	髋的关节和韧带脱位、扭伤 S73	髋脱位 S73.0	3个月
		髋扭伤 S73.1	1个月
	髋和大腿水平的神经损伤 S74		12个月
	髋和大腿水平的血管损伤 S75		3个月
髋和大腿损伤（S70—S78）	髋和大腿肌肉和肌腱损伤 S76		6个月
	髋和大腿挤压伤 S77		3个月
	髋和大腿创伤性切断 S78		10个月
膝和小腿损伤（S80—S88）	小腿浅表损伤 S80		1个月
	小腿开放性伤口 S81		2个月
	小腿骨折，包括踝 S82	髌骨骨折 S82.0	9个月
		胫骨上端骨折 S82.1	9个月
		胫骨骨干骨折 S82.2	9个月
		胫骨下端骨折 S82.3	9个月
		腓骨骨折 S82.4	4个月

续表

伤害部位			停工留薪期
膝和小腿损伤（S80—S88）	小腿骨折，包括踝 S82	内踝骨折 S82.5	5个月
		外踝骨折 S82.6	5个月
		小腿多发性骨折 S82.7	12个月
	膝关节和韧带脱位、扭伤 S83	髌骨脱位 S83.0	3个月
		膝关节脱位 S83.1	5个月
		半月板撕裂 S83.2	4个月
	膝关节和韧带脱位、扭伤 S83	膝关节软骨撕裂 S83.3	4个月
		膝关节多发性损伤 S83.7	10个月
	小腿水平的神经损伤 S84		12个月
	小腿水平的血管损伤 S85		6个月
	小腿水平的肌肉和肌健损伤 S86		6个月
	小腿挤压伤 S87		6个月
	小腿创伤切断 S88	膝切断 S88.0	8个月
		膝和踝之间的切断 S88.1	8个月
踝和足损伤（S90—S99）	踝和足浅表损伤 S90		1个月
	踝和足开放性伤口 S91		2个月
	足骨折，（除外踝）S92	跟骨骨折 S92.0	6个月
		距骨骨折 S92.1	6个月
		其他跗骨骨折 S92.2	5个月
		跖骨骨折 S92.3	4个月
		▲趾骨折 S92.4	4个月
		其他趾骨折 S92.5	3个月
		足多发性骨折 S92.7	6个月

续表

伤害部位			停工留薪期
踝和足损伤（S90—S99）	踝和足水平的关节和韧带脱位、扭伤S93	踝关节脱位 S93.0	3个月
		足趾脱位 S93.1	2个月
		踝和足水平的韧带破裂 S93.2	3个月
		足的其他部位脱位 S93.3	2个月
		踝扭伤 S93.4	2个月
		足趾扭伤 S93.5	1个月
踝和足损伤（S90—S99）	踝和足水平的神经损伤 S94	足底外侧神经损伤 S94.0	12个月
		足底内侧神经损伤 S94.1	12个月
		踝和足水平的腓深神经损伤 S94.2	3个月
		踝和足水平的皮感觉神经损伤 S94.3	3个月
		踝和足水平的多神经损伤 S94.7	12个月
		踝和足水平的其他神经损伤 S94.8	2个月
	踝和足水平的血管损伤 S95		6个月
	踝和足水平的肌肉和肌健损伤 S96		6个月
	踝和足挤压伤 S97		4个月
	踝和足创伤性切断 S98		8个月
累及身体多个部位的损伤（T00—T07）	累及身体多个部位的浅表损伤 T00	头和颈的浅表损伤 T00.0	1个月
		胸并伴有腹、下背和骨盆的浅表损伤 T00.1	1个月
		上肢多个部位的浅表损伤 T00.2	1个月
		下肢多个部位的浅表损伤 T00.3	1个月
		上肢和下肢多个部位的浅表损伤 T00.4	1个月
		其他复合部位的浅表损伤 T00.8	1个月

续表

伤害部位			停工留薪期
累及身体多个部位的损伤（T00—T07）	累及身体多个部位的开放性伤口 T01	头和颈的开放性伤口 T01.0	2个月
		胸并伴有腹、下背和骨盆的开放性伤口 T01.1	2个月
		上肢多个部位的开放性伤口 T01.2	2个月
		下肢多个部位的开放性伤口 T01.3	2个月
		上肢和下肢多个部位的开放性伤口 T01.4	2个月
		其他复合部位的开放性伤口 T01.8	2个月
	累及身体多个部位的骨折 T02	头和颈的骨折 T02.0	10个月
		胸并伴有腹、下背和骨盆的骨折 T02.1	10个月
		上肢多个部位的骨折 T02.2	10个月
		下肢多个部位的骨折 T02.3	10个月
		上肢和下肢多个部位的骨折 T02.4	10个月
		其他复合部位的骨折 T02.8	10个月
	累及身体多个部位的脱位、扭伤 T03	头和颈的脱位、扭伤 T03.0	6个月
		胸并伴有腹、下背和骨盆的脱位、扭伤 T03.1	6个月
		上肢多个部位的脱位、扭伤 T03.2	6个月
		下肢多个部位的脱位、扭伤 T03.3	6个月
		上肢和下肢多个部位的脱位、扭伤 T03.4	6个月
		其他复合部位的脱位、扭伤 T03.8	6个月

续表

伤害部位			停工留薪期
累及身体多个部位的损伤（T00—T07）	累及身体多个部位的挤压伤T04	头和颈的挤压伤 T04. 0	1个月
		胸并伴有腹、腰背部和骨盆的挤压伤 T04. 1	3个月
		上肢多个部位的挤压伤 T04. 2	3个月
		下肢多个部位的挤压伤 T04. 3	3个月
		上肢和下肢多个部位的挤压伤 T04. 4	3个月
		胸并伴有腹、下背和骨盆及四肢的挤压伤 T04. 7	6个月
		其他复合部位的挤压伤 T04. 8	2个月
累及身体多个部位的损伤（T00—T07）	累及身体多个部位的创伤性切断 T05	双手创伤性切断 T05. 0	12个月
		一只手和另一臂创伤性切断 T05. 1	12个月
		双臂创伤性切断 T05. 2	12个月
		双足创伤性切断 T05. 3	12个月
		一只足和另一腿创伤性切断 T05. 4	12个月
		双小腿创伤性切断 T05. 5	12个月
		上肢和下肢任何组织创伤性切断 T05. 6	7个月

续表

伤害部位			停工留薪期
躯干、四肢或身体未特指部位的损伤（T08—T14）	脊柱骨折，水平未特指 T08		6个月
	脊柱和躯干的其他损伤，水平未特指 T09	躯干浅表损伤，水平未特指 T09.0	1个月
		躯干开放性伤口，水平未特指 T09.1	1个月
		躯干未特指关节和韧带的脱位、扭伤和劳损 T09.2	2个月
		脊髓损伤 T09.3	12个月
		躯干未特指神经、脊神经根和神经丛损伤 T09.4	12个月
		躯干未特指肌肉和肌腱损伤 T09.5	6个月
		躯干创伤性切断，水平未特指 T09.6	6个月
	上肢骨折，水平未特指 T10		3个月
	上肢的其他损伤，水平未特指 T11	上肢浅表损伤，水平未特指 T11.0	1个月
		上肢开放性伤口，水平未特指 T11.1	1个月
		上肢未特指关节和韧带的脱位、扭伤和劳损 T11.2	2个月
		上肢未特指神经的损伤 T11.3	6个月
		上肢未特指血管的损伤 T11.4	6个月
		上肢未特指肌肉和肌腱的损伤 T11.5	6个月
		上肢创伤性切断 T11.6	8个月

续表

伤害部位			停工留薪期
躯干、四肢或身体未特指部位的损伤（T08—T14）	下肢骨折，水平未特指 T12		5个月
	下肢的其他损伤，水平未特指 T13	下肢浅表损伤，水平未特指 T13.0	1个月
		下肢开放性伤口，水平未特指 T13.1	1个月
		下肢未特指关节和韧带的脱位、扭伤和劳损 T13.2	2个月
		下肢未特指神经的损伤 T13.3	6个月
		下肢未特指血管的损伤 T13.4	6个月
		下肢未特指肌肉和肌腱的损伤 T13.5	6个月
		下肢创伤性切断 T13.6	8个月
通过自然腔口进入异物的效应（T15—T19）	外眼异物 T15	角膜异物 T15.0（浅层，深层）	1个周，1个月
		结膜囊异物 T15.1	0.5个月
		外眼其他和多处部位内异物 T15.8	1个月
	耳内异物 T16		1个月
	呼吸道内异物 T17	鼻窦内异物 T17.0	1个月
		鼻孔内异物 T17.1	1个月
		咽内异物 T17.2	1个月
		喉内异物 T17.3	1个月
		气管内异物 T17.4	1个月
		支气管内异物 T17.5	1个月
		呼吸道其他和多处部位内异物 T17.8	4个月

续表

<table>
<tr><th colspan="3">伤害部位</th><th>停工留薪期</th></tr>
<tr><td rowspan="21">烧伤和腐蚀伤(T20—T32)</td><td rowspan="6">头和颈烧伤和腐蚀伤T20</td><td>一度烧伤T20.1</td><td>0.5个月</td></tr>
<tr><td>二度烧伤T20.2(浅二度,深二度)</td><td>3,6个月</td></tr>
<tr><td>三度烧伤T20.3</td><td>10个月</td></tr>
<tr><td>一度腐蚀伤T20.5</td><td>0.5个月</td></tr>
<tr><td>二度腐蚀伤T20.6(浅二度,深二度)</td><td>3,6个月</td></tr>
<tr><td>三度腐蚀伤T20.7</td><td>10个月</td></tr>
<tr><td rowspan="6">躯干烧伤和腐蚀伤T21</td><td>一度烧伤T21.1</td><td>0.5个月</td></tr>
<tr><td>二度烧伤T21.2(浅二度,深二度)</td><td>3,6个月</td></tr>
<tr><td>三度烧伤T21.3</td><td>10个月</td></tr>
<tr><td>一度腐蚀伤T21.5</td><td>0.5个月</td></tr>
<tr><td>二度腐蚀伤T21.6(浅二度,深二度)</td><td>3,6个月</td></tr>
<tr><td>三度腐蚀伤T21.7</td><td>10个月</td></tr>
<tr><td rowspan="6">肩和上肢烧伤和腐蚀伤,(除外腕和手)T22</td><td>一度烧伤T22.1</td><td>0.5个月</td></tr>
<tr><td>二度烧伤T22.2(浅二度,深二度)</td><td>3,6个月</td></tr>
<tr><td>三度烧伤T22.3</td><td>10个月</td></tr>
<tr><td>一度腐蚀伤T22.5</td><td>0.5个月</td></tr>
<tr><td>二度腐蚀伤T22.6(浅二度,深二度)</td><td>3,6个月</td></tr>
<tr><td>三度腐蚀伤T22.7</td><td>10个月</td></tr>
<tr><td rowspan="3">腕和手烧伤和腐蚀伤T23</td><td>一度烧伤T23.1</td><td>0.5个月</td></tr>
<tr><td>二度烧伤T23.2(浅二度,深二度)</td><td>3,6个月</td></tr>
<tr><td>三度烧伤T23.3</td><td>10个月</td></tr>
</table>

续表

伤害部位			停工留薪期
烧伤和腐蚀伤(T20—T32)	腕和手烧伤和腐蚀伤 T23	一度腐蚀伤 T23.5	0.5 个月
		二度腐蚀伤 T23.6(浅二度,深二度)	3,6 个月
		三度腐蚀伤 T23.7	10 个月
	髋和下肢烧伤和腐蚀伤,(除外踝和足)T24	一度烧伤 T24.1	0.5 个月
		二度烧伤 T24.2(浅二度,深二度)	3,6 个月
		三度烧伤 T24.3	10 个月
		一度腐蚀伤 T24.5	0.5 个月
		二度腐蚀伤 T24.6(浅二度,深二度,)	3,6 个月
		三度腐蚀伤 T24.7	10 个月
	踝和足烧伤和腐蚀伤 T25	一度烧伤 T25.1	0.5 个月
		二度烧伤 T25.2(浅二度,深二度,)	3,6 个月
		三度烧伤 T25.3	10 个月
		一度腐蚀伤 T25.5	0.5 个月
		二度腐蚀伤 T25.6(浅二度,深二度,)	3,6 个月
		三度腐蚀伤 T25.7	10 个月
	限于眼和附器的烧伤和腐蚀伤 T26	眼睑和眼周区烧伤 T26.0(浅二度,深二度,三度)	3,6,9 个月
		角膜和结膜囊烧伤 T26.1	6 个月
		烧伤,伴有眼球破裂和破坏 T26.2	12 个月
		眼睑和眼周区腐蚀伤 T26.5(浅二度,深二度,三度)	3,6,9 个月
		角膜和结膜囊腐蚀伤 T26.6	6 个月
		腐蚀伤,伴有眼球破裂和破坏 T26.7	12 个月

续表

伤害部位			停工留薪期
烧伤和腐蚀伤(T20—T32)	呼吸道烧伤和腐蚀伤 T27	喉和气管烧伤 T27.0(轻度,中度,重度)	3,6,9个月
		呼吸道其他部位的烧伤 T27.2(轻度,中度,重度)	3,6,9个月
		喉和气管腐蚀伤 T27.4(轻度,中度,重度)	3,6,9个月
		呼吸道其他部位腐蚀伤 T27.6(轻度,中度,重度)	3,6,9个月
	其他内部器官的烧伤和腐蚀伤 T28	口和咽烧伤 T28.0	8个月
		食管烧伤 T28.1	8个月
		消化道其他部位烧伤 T28.2	10个月
		泌尿生殖器官烧伤 T28.3	12个月
		口和咽腐蚀伤 T28.5	8个月
		食管腐蚀伤 T28.6	8个月
		消化道其他部位腐蚀伤 T28.7	8个月
		泌尿生殖器官内腐蚀伤 T28.8	12个月
	身体多个部位的烧伤和腐蚀伤 T29	一度烧伤 T29.1	0.5个月
		二度烧伤 T29.2(浅二度,深二度)	3,6个月
		三度烧伤 T29.3	10个月
		一度腐蚀伤 T29.5	0.5个月
		二度腐蚀伤 T29.6(浅二度,深二度)	3,6个月
		三度腐蚀伤 T29.7	10个月

续表

伤害部位			停工留薪期
烧伤和腐蚀伤（T20—T32）	烧伤和腐蚀伤，身体部位未特指 T30	一度烧伤 T30.1	0.5 个月
		二度烧伤 T30.2(浅二度,深二度)	3,6 个月
		三度烧伤 T30.3	10 个月
	烧伤和腐蚀伤，身体部位未特指 T30	一度腐蚀伤 T30.5	0.5 个月
		二度腐蚀伤 T30.6(浅二度,深二度)	3,6 个月
		三度腐蚀伤 T30.7	10 个月
	根据体表累及范围分类的烧伤 T31	面积少于 10%的烧伤 T31.0(一度,浅、深二度,三度)	0.5,3,6,9 个月
		10%~19%的烧伤 T31.1(一度,浅、深二度,三度)	0.5,3,6,9 个月
		20%~29%的烧伤 T31.2(一度,浅、深二度,三度)	0.5,3,6,12 个月
		30%~39%的烧伤 T31.3(一度,浅、深二度,三度)	0.5,5,7,12 个月
		40%~49%的烧伤 T31.4(一度,浅、深二度,三度)	0.5,5,8,12 个月
		50%~59%的烧伤 T31.5(一度,浅、深二度,三度)	0.5,5,8,12 个月
		60%~69%的烧伤 T31.6(一度,浅、深二度,三度)	0.5,5,8,12 个月
		70%~79%的烧伤 T31.7(一度,浅、深二度,三度)	0.5,5,8,12 个月

续表

伤害部位			停工留薪期
烧伤和腐蚀伤(T20—T32)	根据体表累及范围分类的烧伤T31	80%~89%的烧伤T31.8(一度,浅、深二度,三度)	0.5,5,8,12个月
		90%或更多的烧伤T31.9(一度,浅、深二度,三度)	0.5,5,8,12个月
烧伤和腐蚀伤(T20—T32)	根据体表累及范围分类的腐蚀伤T32	面积少于10%的腐蚀伤T32.0(一度,浅、深二度,三度)	0.5,3,6,9个月
		10%~19%的腐蚀伤T32.1(一度,浅、深二度,三度)	0.5,3,6,9个月
		20%~29%的腐蚀伤T32.2(一度,浅、深二度,三度)	0.5,3,6,12个月
		30%~39%的腐蚀伤T32.3(一度,浅、深二度,三度)	0.5,5,7,12个月
		40%—49%的腐蚀伤T32.4(一度,浅、深二度,三度)	0.5,5,8,12个月
		50%~59%的腐蚀伤T32.5(一度,浅、深二度,三度)	0.5,5,8,12个月
		60%~69%的腐蚀伤T32.6(一度,浅、深二度,三度)	0.5,5,8,12个月
		70%~79%的腐蚀伤T32.7(一度,浅、深二度,三度)	0.5,5,8,12个月
		80%~89%的腐蚀伤T32.8(一度,浅、深二度,三度)	0.5,5,8,12个月
		90%或更多的腐蚀伤T32.9(一度,浅、深二度,三度)	0.5,5,8,12个月

续表

伤害部位		停工留薪期
冻伤(T33—T35)	冻伤的停工留薪期按冻伤程度及面积对应于烧伤程度及面积确定	

山东省工伤职工停工留薪期分类目录(职业病)

<table>
<tr><th colspan="4">职业病种类</th><th>停工留薪期</th></tr>
<tr><td colspan="2" rowspan="5">尘肺合并症</td><td colspan="2">尘肺合并感染</td><td>1个月</td></tr>
<tr><td colspan="2">尘肺合并脏器功能不全</td><td>1个月</td></tr>
<tr><td colspan="2">尘肺合并肿瘤</td><td>1疗程</td></tr>
<tr><td colspan="2">尘肺合并活动性肺结核</td><td>6个月</td></tr>
<tr><td colspan="2">康复性治疗</td><td>1疗程</td></tr>
<tr><td colspan="2" rowspan="3">放射性疾病</td><td rowspan="2">外照射慢性放射性病</td><td>一度</td><td>1个月</td></tr>
<tr><td>二度</td><td>2个月</td></tr>
<tr><td>放射性肿瘤</td><td>重度</td><td>1疗程</td></tr>
<tr><td rowspan="8">中毒</td><td rowspan="5">铅及其化合物中毒(不包括四乙基铅)</td><td rowspan="2">急性铅中毒</td><td>轻度</td><td>0.5个月</td></tr>
<tr><td>重度</td><td>3个月</td></tr>
<tr><td rowspan="3">慢性铅中毒</td><td>轻度</td><td>1个月</td></tr>
<tr><td>中度</td><td>3个月</td></tr>
<tr><td>重度</td><td>12个月</td></tr>
<tr><td rowspan="3">汞及其化合物中毒</td><td rowspan="3">急性汞中毒</td><td>轻度</td><td>1个月</td></tr>
<tr><td>中度</td><td>2个月</td></tr>
<tr><td>重度</td><td>3个月(不含合并肾衰)</td></tr>
</table>

续表

职业病种类				停工留薪期
中毒	汞及其化合物中毒	慢性汞中毒	轻度	1个月
			中度	3个月
			重度	12个月
	锰及其化合物中毒	慢性锰中毒	轻度	3个月
			重度	12个月
	镉及其化合物中毒	急性镉中毒	轻度	1个月
			重度	3个月
		慢性镉中毒	轻度	3个月
			重度	12个月
	铍病	急性铍中毒	轻度	2个月
			重度	4个月
		慢性铍中毒	轻度	3个月
			重度	12个月
	铊及其化合物中毒	急性铊中毒	轻度	2个月
			重度	4个月
		慢性铊中毒	轻度	3个月
			重度	12个月
	钡及其化合物中毒	急性钡中毒	轻度	0.5个月
			中度	1个月
			重度	2个月
	钒及其化合物中毒	急性钒中毒	轻度	0.5个月
			重度	2个月

续表

职业病种类				停工留薪期
中毒	磷及其化合物中毒	急性磷中毒	轻度	1个月
			中度	2个月
			重度	3个月
	砷及其化合物中毒	慢性砷中毒	轻度	2个月
			重度	6个月
	砷化氢中毒	急性砷化氢中毒	轻度	1个月
			重度	3个月(不含溶血肾衰)
中毒	氯气中毒	急性氯气中毒	轻度	1个月
			中度	2个月
			重度	3个月
	甲醇中毒	急性甲醇中毒	轻度	1个月
			重度	2个月(不含视神经损害)
	二氧化硫中毒	急性二氧化硫中毒	轻度	1个月
			中度	1个月
			重度	2个月
	光气中毒	急性光气中毒	轻度	1个月
			中度	2个月
			重度	3个月
	氨气中毒	急性氨气中毒	轻度	1个月
			中度	2个月
			重度	3个月

续表

职业病种类				停工留薪期
中毒	偏二甲基肼中毒	急性偏二甲基肼中毒	轻度	1个月
			重度	3个月
	氮氧化合物中毒	急性氮氧化合物中毒	轻度	1个月
			中度	2个月
			重度	3个月
	一氧化碳中毒	急性一氧化碳中毒	轻度	0.5个月(不含高压氧治疗)
			重度	8个月(不含脑部损伤)
	二硫化碳中毒	慢性二硫化碳中毒	轻度	2个月
			重度	6个月
	磷化氢、磷化锌、磷化铝中毒	急性磷化氢中毒	轻度	1个月
			重度	2个月
	氰及腈类化合物中毒	急性丙烯腈中毒	轻度	1个月
			重度	2个月
	四乙基铅中毒	急性四乙基铅中毒	轻度	1个月
			重度	2个月
	有机锡中毒	急性三烷基锡中毒	轻度	1个月
			中度	2个月
			重度	3个月

续表

职业病种类				停工留薪期
中毒	羰基镍中毒	急性羰基镍中毒	轻度	1个月
			中度	2个月
			重度	3个月
	苯中毒	急性苯中毒	轻度	1个月
			重度	3个月
		慢性苯中毒	轻度	3个月
			中度	6个月
			重度	12个月
	甲苯中毒	急性甲苯中毒	轻度	0.5个月
			重度	2个月
		慢性甲苯中毒	轻度	3个月
			中度	6个月
			重度	12个月
中毒	二甲苯中毒	急性二甲苯中毒	轻度	0.5个月
			重度	2个月
		慢性二甲苯中毒	轻度	3个月
			中度	6个月
			重度	12个月
	正乙烷中毒	慢性正乙烷中毒	轻度	6个月
			重度	12个月

续表

职业病种类				停工留薪期
中毒	汽油中毒	急性溶剂汽油中毒	轻度	0.5个月
			重度	2个月
		慢性溶剂汽油中毒	轻度	3个月
			中度	6个月
			重度	9个月
	一甲胺中毒	急性一甲胺中毒	轻度	1个月
			中度	2个月
			重度	3个月
	有机氟聚合物中毒	急性有机氟中毒	轻度	2个月
			中度	3个月
			重度	6个月
	二氯乙烷中毒	急性1、2-氯乙烷中毒	轻度	1个月
			重度	12个月
	四氯化碳中毒	急性四氯化碳中毒	轻度	1个月
			重度	2个月
	氯乙烯中毒	急性氯乙烯中毒	轻度	0.5个月
			重度	1个月
		慢性氯乙烯中毒	轻度	2个月
			中度	9个月
			重度	12个月
	三氯乙烯中毒	急性三氯乙烯中毒	轻度	1个月
			重度	2个月

续表

职业病种类				停工留薪期
中毒	氯丙烯中毒	慢性氯丙烯中毒	轻度	2个月
			重度	9个月
	氯丁二烯中毒	急性氯丁二烯中毒	轻度	0.5个月
			重度	1个月
		慢性氯丁二烯中毒	轻度	2个月
			重度	9个月
	苯胺类中毒	苯的氨基硝基化合物中毒	轻度	1个月
			中度	2个月
			重度	3个月
	三硝基甲苯中毒	慢性三硝基甲苯中毒	轻度	2个月
			中度	3个月
			重度	12个月
	酚中毒	急性酚中毒	轻度	1个月
			重度	2个月
	五氯酚(钠)中毒	急性五氯酚(钠)中毒	轻度	0.5个月
			重度	2个月
中毒	甲醛中毒	急性甲醛中毒	轻度	1个月
			中度	2个月
			重度	3个月
	硫酸二甲酯中毒	急性硫酸二甲酯中毒	轻度	0.5个月
			中度	1个月
			重度	4个月

续表

职业病种类				停工留薪期
中毒	丙烯酰胺中毒	慢性丙烯酰胺中毒	轻度	2个月
			中度	6个月
			重度	12个月
	二甲基甲酰胺中毒	急性二甲基甲酰胺中毒	轻度	1个月
			中度	2个月
			重度	5个月
	有机磷类中毒	急性有机磷类中毒	轻度	0.5个月
			中度	1个月
			重度	2个月
	氨基甲酸酯类中毒	急性氨基甲酸酯类中毒	轻度	0.5个月
			重度	1个月
	杀虫脒中毒	急性杀虫脒中毒	轻度	0.5个月
			中度	1个月
			重度	2个月（不含脑部损害）
	溴甲烷中毒	急性溴甲烷中毒	轻度	1个月
			重度	2个月（不含脑部损害）
	拟除虫菊酯类中毒		轻度	0.5个月
			重度	1个月
职业性皮肤病	化学性皮肤灼伤		轻度	1个月
			中度	5个月
			重度	9个月

续表

职业病种类			停工留薪期
职业性眼病	化学性眼部灼伤	轻度	1个月
		中度	5个月
		重度	9个月
	电光性眼炎	轻度	0.5个月
		重度	1个月
	职业性白内障	轻度	1个月
		中度	2个月
		重度	3个月
职业性肿瘤	膀胱癌		12个月
	肝血管肉瘤		12个月
其他职业病	职业性哮喘	轻度	1个月
		重度	2个月
	职业性急性变态反应性肺泡炎	轻度	1个月
		重度	2个月

《山东省工伤职工停工留薪期分类目录》使用说明

1. 本目录中的停工留薪期是针对身体的不同部位遭受原发性损伤后,进行治疗和恢复所需要的时间。

2. 伤害部位按国际疾病分类(ICD-10)中的损伤类型,分为头部损伤;颈部损伤;胸部损伤;腹部、腰背部、腰椎和骨盆损伤;肩和上臂损伤;肘和前臂损伤;腕和手损伤;髋和大腿损伤;膝和小腿损伤;踝和足损伤;身体多部位损伤;躯干、四肢或未特指部位损伤;异物滞留;烧伤和腐蚀伤,冻伤等十五类,共列伤害部位441条。各伤害部位编码是按ICD-10中的编码进行编排。职业病分列七类,61种常见职业病,各类中毒51种。有些临床发病较少职业病种未列其中,可根据职业病专家的意见确定停工留薪期。

3. 每一部位的损伤基本上均按浅表损伤,开放性伤口,骨折,关节脱位和韧带的损伤、扭伤,神经和十脊髓损伤,血管损伤,内部器官损伤,肌肉和肌腱损伤,挤压伤和切断伤划分。

4. 浅表损伤包括:(1)擦伤;(2)挫伤(包括青肿和血肿);(3)浅表异物所致的损伤不伴有大的开放性伤口。

5. 开放性伤口包括:(1)动物咬伤;(2)切割伤;(3)撕裂伤;(4)穿刺伤。

6. 骨折包括:(1)闭合性骨折(粉碎型、压缩型、掀起型、裂缝型、青枝型、嵌入型、线型、行军型、单纯型、骨骺滑脱型、螺旋型);(2)开放性骨折(哆开型、感染型、枪弹型、穿刺型)。

7. 脱位、扭伤包括:关节(囊)以及韧带的(1)撕脱;(2)撕裂伤;(3)扭伤;(4)创伤性(关节积血、破裂、不全脱位、撕裂)。

8. 神经和脊髓损伤包括:(1)脊髓的完全性或不完全性损伤;(2)神经损伤;(3)创伤性(神经切断、脊髓出血、麻痹、截瘫、四肢瘫)。

9. 血管损伤包括:(1)撕脱;(2)切割伤;(3)撕裂伤;(4)创伤

性(动脉瘤或瘘、动脉血肿、破裂)。

10. 肌肉和肌腱损伤包括:(1)撕脱;(2)切割伤;(3)撕裂伤;(4)创伤性破裂。

11. 本目录是指治疗各种原发性损伤所需的时间,不与各种后遗症相对应。各种原发性损伤造成的后遗症,是损伤造成的后果。

山东省劳动和社会保障厅关于印发《山东省工伤职工辅助器具配置管理暂行办法》的通知

（2008年3月4日 鲁劳社〔2008〕13号）

各市劳动和社会保障局：

为规范工伤职工辅助器具配置管理，根据《工伤保险条例》（国务院令第375号）和《山东省贯彻〈工伤保险条例〉试行办法》（鲁政发〔2003〕107号），我厅制定了《山东省工伤职工辅助器具配置管理暂行办法》，现印发给你们，请认真贯彻执行。

山东省工伤职工辅助器具配置管理暂行办法

第一条 为加强工伤职工辅助器具配置的管理，根据《工伤保险条例》及《山东省贯彻〈工伤保险条例〉试行办法》，结合我省实际，制定本办法。

第二条 山东省行政区域内的各级劳动保障行政部门、工伤保险经办机构，签订服务协议的医疗机构、辅助器具配置机构，用人单位，需要配置、更换辅助器具的工伤职工，劳动能力鉴定机构，适用本办法。

第三条 本办法所称辅助器具是对工伤职工的日常生活及劳动具有辅助功能的人造肢体及用具，包括假肢、矫形器、假眼、假牙、助听器、轮椅等。

第四条 工伤职工配置辅助器具的项目和标准，按《山东省工伤职工辅助器具项目与费用限额标准》（以下简称《标准》）（附件1）执行。

《标准》由省劳动保障行政部门制订，并根据工伤保险基金的承受能力和社会、经济发展情况适时调整。统筹地区可根据当地经济发展水平、工伤保险基金承受能力确定具体支付标准。

第五条 工伤保险辅助器具配置机构应具备以下条件：

（一）具有独立法人资格，持有效《营业执照》和省民政部门颁发的《假肢、矫形器生产装配资格许可证书》；

（二）遵守国家有关辅助器具配置的法律、法规和标准，有健全的管理制度和售后服务系统；

（三）具有配置辅助器具必须的医疗康复功能训练人员与取得相关职业资格证书的技师、操作人员和管理人员；

（四）具有配置辅助器具相应的专科科室及其相应配置前辅助检查科室和设施。

第六条 工伤保险辅助器具配置机构由统筹地区工伤保险经办机构选定并向社会公布。愿意承担工伤职工辅助器具配置服务的机构可向统筹地区工伤保险经办机构提出申请，并提交以下材料：

（一）营业执照副本；

（二）有关部门颁发的生产经营许可证和辅助器具项目；

（三）质量监督检查部门和物价部门监督检查合格的证明材料；

（四）工伤保险经办机构规定的其他材料。

统筹地区工伤保险经办机构对辅助器具配置机构的申请及提供的各项材料进行审查。审查合格的，双方在平等自愿的基础上签订器具安装配置服务协议。协议应包括服务人群、服务范围、服务内容、服务质量、费用结算办法、费用审核与控制、违约责任、争议处理、协议有效期限等内容。首次签订服务协议的期限一般为一年。辅助器具配置机构要接受工伤保险经办机构的监督检查，并对服务对象作出应有服务承诺。

第七条 工伤职工需要配置辅助器具的，工伤职工或者其直系亲属持工伤认定结论、医疗诊断证明书和有关病历资料，向当地劳动能力鉴定机构申请配置确认，填报《配置辅助器具申请确认表》（附件2）。

第八条 劳动能力鉴定机构应当自受理申请之日起，于30个工作日内作出确认结论，下达《配置辅助器具确认通知书》（附件3），书面通知工伤职工本人、用人单位及工伤保险经办机构。

第九条 工伤职工持《配置辅助器具确认通知书》，由工伤保险经办机构按规定核准后，到协议辅助器具配置机构配置。工伤职工配置辅助器具期间发生的交通及食宿费用由用人单位按职工因公出差标准报销。

第十条 协议辅助器具配置机构应根据核定的配置项目和标准为工伤职工配置辅助器具。超出核定标准的，工伤保险基金不予支付。

第十一条 工伤职工配置的辅助器具超过使用年限需要更换的，本人提出申请，按本规定第九条办理更换手续。

第十二条 工伤职工配置的辅助器具，在规定使用年限内正常使用发生质量问题的，由协议辅助器具配置机构负责维修、更换。

第十三条 劳动保障行政部门要采取定期或不定期的形式，会同劳动能力鉴定委员会、工伤保险经办机构和有关部门，对辅助器具配置核准、报销以及辅助器具质量、协议执行等情况进行核查，对违反规定和服务协议的，要及时纠正，或给予通报批评限期改正，问题严重的与其解除服务协议。

第十四条 统筹地区工伤保险经办机构不按时足额结算费用的，由统筹地区劳动保障行政部门责令改正，协议辅助器具配置机构也可以按协议规定与其解除服务协议。

第十五条 因第三者实施人身伤害而造成的因工伤残，工伤职工已获得责任方配置的辅助器具或者相关费用的，工伤保险基金不再支付配置费用。

第十六条 协议辅助器具配置机构、用人单位和工伤职工骗取辅助器具配置费用的，由劳动保障行政部门责令退还；情节严重构成犯罪的，依法追究刑事责任。

第十七条 未参加工伤保险的工伤职工配置辅助器具参照本办法执行，其费用由用人单位承担。

第十八条 工伤伤残辅助器具配置结算办法由设区的市劳动保障行政部门制定。

第十九条 本办法自下发之日起施行。

附件：1. 山东省工伤职工辅助器具项目与费用限额标准；

2. 配置辅助器具申请确认表；

3. 配置辅助器确认通知书。

（附件 2、3 本书略）

附件 1

山东省工伤职工辅助器具项目与费用限额标准

项目		单位	使用年限	费用限额（元）	备注
上肢项目	肩离断假肢	具	4	15000	含训练费
	上臂假肢	具	4	12000	
	肘离断假肢	具	4	10000	
	前臂假肢	具	4	8000	
	腕离断假肢	具	4	6000	
	掌部假肢	具	4	1500	
	假手指	只	4	300	

续表

项目		单位	使用年限	费用限额（元）	备注
下肢项目	髋离断假肢	具	4	15000	含训练费
	大腿假肢	具	4	11000	含训练费
	膝离断假肢	具	4	11000	含训练费
	小腿假肢	具	4	7000	含训练费
	踝离断假肢	具	4	6000	含训练费
	足部假肢	具	3	2000	
矫形产品	腰胸矫形器	具	5	800	
	颈托	具	5	200	
	颈胸矫形器	具	5	800	
	中胸矫形器	具	5	800	
	足部矫形器	具	2	400	
	矫形鞋	双	3	500	
其他项目	假眼	具	5	800	
	矫正眼镜	副	5	300	
	假牙	付	5	300	
	助听器	具	5	2000	
	拐杖	付	10	100	
	轮椅	辆	10	600	

注：费用标准下限控制在60%以上。

山东省劳动和社会保障厅关于商贸餐饮、住宿等服务业参加工伤保险有关问题的通知

（2008年7月29日　鲁劳社〔2008〕37号）

各市劳动和社会保障局：

为促进商贸、餐饮、住宿等服务业参加工伤保险，保障职工因工遭受事故伤害或者患职业病时获得医疗救助和经济补偿，切实维护职工的合法权益，化解用人单位工伤风险，维护社会和谐稳定，根据《工伤保险条例》《山东省贯彻〈工伤保险条例〉试行办法》等有关规定，结合实际，现就商贸、餐饮、住宿等服务业参加工伤保险问题通知如下：

一、凡我省行政区域内的各类商贸、餐饮、住宿等服务业用人单位和有雇工的个体工商户（以下简称用人单位）及其职工或者雇工（以下简称职工），均应依法参加工伤保险。

本通知所称用人单位是指商店、超市、旅馆、饭店、洗浴、美容美发、娱乐、维修等行业的用人单位。

二、用人单位应当按时足额缴纳工伤保险费，职工个人不缴纳工伤保险费。用人单位不得以任何形式将工伤保险费转由职工个人承担。

三、鉴于服务业职工流动频繁的特点，工伤保险费征收方式由各统筹地区依据参保单位情况确定。

对规模较大、职工人数较多、生产经营相对稳定、管理规范的参保单位仍实行按月征收的方式。

对规模较小、职工人数较少、生产经营不稳定、管理尚不规

范的单位，可采取“定员定额”的方式征收。

“定员”，可根据实际从业人数、经营面积、纳税额、营业额等信息因素确定用人单位使用人数。

“定额”，可根据上年度社平工资的一定比例确定一个缴费数额，每人每月按确定的标准由用人单位一次性缴纳 3 个月（或 6 个月）的工伤保险费，期满后续缴。

四、对实行“定员定额”征收单位参保职工实行“动态实名，等量置换”的管理办法。用人单位参保后应当及时将人员变化情况向经办机构申报。在同一缴费周期内人员变化不超过原核定人员总量的，只需向经办机构提报变更名单，不需再次缴费。超过人员总量的，需再次缴费。

五、参保职工因工作遭受事故伤害或患职业病的，用人单位应当及时采取措施使工伤职工得到救治，在工伤医疗服务机构发生的费用先由用人单位垫付，并按照规定向劳动保障行政部门和社会保险经办机构申请办理工伤认定、劳动能力鉴定和工伤待遇支付手续。

六、商贸、餐饮、住宿等服务业的工伤认定、劳动能力鉴定和工伤待遇按照《工伤保险条例》、《山东省贯彻〈工伤保险条例〉试行办法》、《关于实施〈工伤保险条例〉若干问题的意见》、《山东省关于农民工参加工伤保险有关问题的通知》等有关规定执行。劳动保障行政部门和社会保险经办机构在办理工伤认定、劳动能力鉴定和工伤待遇支付等手续时，要简化程序，提供便捷服务，保障工伤职工及时足额享受工伤保险待遇。

七、参保职工因工作遭受事故伤害或患职业病，用人单位未在《工伤保险条例》规定时间内提出工伤认定申请的，在此期间发生的工伤医疗费用，由用人单位支付。

八、用人单位未参加工伤保险，其职工发生工伤的，全部费用由用人单位支付，并承担相应法律责任。

九、各市劳动和社会保障部门要高度重视商贸、餐饮、住宿等服务业参加工伤保险工作，结合实际，制定工作计划，明确任务，责任到人。要充分发挥街道（社区）劳动保障服务站（所）的作用，加强与有关部门的沟通，争取他们的支持和配合，有效推进工作的开展。

山东省人力资源和社会保障厅关于进一步加强工伤保险工作的通知

（2012年10月18日　鲁人社办发（2012）95号）

各市人力资源社会保障局：

自国务院新修订的《工伤保险条例》（以下简称《条例》）实施以来，各地认真贯彻执行《条例》及相关规定，进一步完善政策措施，不断加强工伤认定和劳动能力鉴定管理，努力扩大工伤保险覆盖范围，工伤保险各项工作取得了显著成效。但是，在工作制度和工作程序，工伤保险经办管理、基层队伍建设，信息化建设等方面还存在一些薄弱环节。为进一步规范工伤保险工作，促进全省工伤保险事业更好更快发展，结合全省人社系统开展“三项活动”的部署要求，现就有关问题提出如下意见，请认真贯彻执行。

一、建立健全工伤认定和劳动能力鉴定相关制度

1. 建立健全工伤认定沟通协调制度。在工伤认定过程中，各地要加强部门间沟通协调，建立健全由人社，法制、公安、法院、卫生、工会等部门和单位参加的工伤认定联席会议制度，逐步形成信息共享、互相配合、制度衔接的工伤认定沟通协调机制。通过定期或不定期召开会议，对工伤认定中有争议的案件集中研讨，达成共识，切实提高工伤认定工作质量，减少因工伤认定引发的行政复议、行政诉讼数量。在工伤认定过程中，如发现用人单位未与职工签订劳动合同、未依法参加社会保险等情况，要及时向劳动保障监察机构通报，以保障工伤职工合法权益。

2. 认真落实工伤认定调查制度，实行工伤认定调查制度是保证工伤认定结论客观公正的重要措施，各地要按照《杂例》和《工伤认定办法》（人社部令〔2010〕8号）的要求，对事故伤害情况及时进行调查核实，对重大工伤事故要到现场进行调查核实。要制定完善工伤认定调查原则、调查范围，明确调查重点和调查人员，提供调查所必需的经费。对人员较少难以直接进行调查的，要完善委托调查制度，落实调查责任，确保调查结果真实、有效。

3. 建立健全工伤认定、劳动能力鉴定工作回避制度，工伤认定和劳动能力鉴定工作人员及鉴定专家与工伤认定、劳动能力鉴定申请人有利害关系的，应当回避，各地要制定回避细则，明确回避的事项、范围，内容及监督措施。对个别争议较大的劳动能力鉴定案件可实行异地聘请专家鉴定的制度，以保证鉴定结论客观公正。

二、进一步规范完善工伤保险工作程序

4. 严格履行工伤认定、劳动能力鉴定工作程序。严格履行工伤认定、劳动能力鉴定在申请、受理、审核（审查）、决定（结论）、送达等各项工作程序，认真执行各环节规定的时限要求，使用国家和省统一样式的工伤认定、劳动能力鉴定文书，规范准确填写相关内容，确保程序合法。

5. 进一步规范完善工伤认定、劳动能力鉴定工作规程。各地要进一步完善工作规程，简化工作流程，积极探索实行网上申报的做法。对于事实清楚权利义务明确的工伤认定申请，应按规定采取简便快捷的认定程序：对于伤痛严重确实不能到指定地点进行鉴定的工伤职工，可开辟绿色通道，实行上门服务。

6. 认真实施《工伤保险经办规程》。工伤保险经办机构要严格按照《工伤保险经办规程》（人社部发〔2012〕11号）的要求，认真做好履行社会保险登记，工伤保险费征缴，工伤医疗、康复与辅助器具的配置管理，工伤待遇审核与支付，财务管理，信息管理，稽核监督，权益记录与服务等各项业务工作。要明确岗位职责，建立管理、服务、监督、考核等工作制度，保证业务经办的规范、便捷、高教、优质。

三、进一步加强工伤保险业务管理

7. 加强工伤保险费率浮动工作，实行工伤保险费率浮动，是促进工伤预防和维护基金平衡的有效措施，各地要高度重视这项工作，使费率真正“浮动”起来。凡尚未出台费率浮动办法的统筹地区，务必在2012年底前出台费率浮动办法，已出台办法并进行费率浮动的地区，要在总结实施情况的基础上，对费率浮动的确定指标、浮动周期，浮动效果等进行认真研究分析，逐步完善费率浮动办法，积极创造条件探索建立基金收支情况、工伤预防情况等与费率浮动挂钩的机制。

8. 加强工伤保险医疗管理。工伤保险经办机构要在保障工伤职工按规定领取工伤保险待遇的前提下，采取有效措施防止过度医疗和骗取工伤保险基金现象的发生。要加大对工伤职工医疗费用、康复费用、辅助器具配置费用的稽核力度，建立日常稽查，定期考核机制和医学专家审核制度。加强对工伤医疗协议机构的管理和工伤医疗费的监控，探索工伤医疗信息即时联网等方式，提高对工伤医疗费用监控的力度，积极创造条件实现工伤医疗费用网上结算，推行对部分单病种实行定额付费的方式，有效控制工伤医疗费用不合理支出。

9. 加强工伤保险档案管理。档案管理是工伤保险一项重要的基础工作，各地要切实加强领导，明确一名领导具体分管，并配备专（兼）职档案管理人员，负责档案管理工作。要严格按照《社会保险业务档案管理规定（试行）》（人社部令第3号）和《山东省工伤保险档案管理暂行办法》（鲁劳社〔2006〕37号）及有关规定，及时对业务材料进行收集、整理、立卷、归档，确保业务档案齐全、完整、有效，并定期移交档案部门。要进一步健全完善工伤保险档案的分类、登记、借阅、保存、保密、销毁等各项管理制度，使档案管理逐步规范化，制度化、科学化、电子化。

四、进一步加强工伤保险基层基础建设

10. 加快工伤保险信息化建设步伐。在全省范围内逐步实现工伤保险信息化，将参保、工伤认定、劳动能力鉴定、待遇支付等全业务流程纳入信息系统管理，用信息系统保障工伤业务严格按《条例》规范化开展。工伤保险综合业务信息化试点城市要采用省里统一开发的软件系统，及时总结经验，发现运行中的不足，提出改进的意见和建议，以便尽快在全省推广。

11. 加强工伤保险队伍建设。各地要根据工伤保险事业发展的需要，建立健全工伤认定、劳动能力鉴定、业务经办工作机构，配备和充实相应的工作人员，不断加大培训力度，切实提高工作人员素质。工伤认定、劳动能力鉴定机构应根据工作的实际需要，配备必要的交通工具及摄影录音录像等器材，为做好工伤保险工作创造良好条件。

五、高度重视工伤职工来信来访

12. 按照属地管理、分级负责的原则，认真对待工伤职工反映的问题。对符合政策规定的，要及时督促落实解决；对不符合政策规定甚至缠访闹访的，也要耐心细致地说服疏导，解疑释惑，不能简单地把矛盾上交。要把问题解决在基层，把矛盾消灭在萌芽状态，防止矛盾激化、事态扩大，维护社会和谐稳定。

山东省人力资源和社会保障厅转发人力资源社会保障部关于印发《工伤康复服务项目（试行）》和《工伤康复服务规范（试行）》（修订版）的通知

（2013 年 7 月 30 日　鲁人社发〔2013〕32 号）

各市人力资源社会保障局：

现将《人力资源社会保障部关于印发〈工伤康复服务项目（试行）〉和〈工伤康复服务规范（试行）〉（修订版）的通知》（人社部发〔2013〕30 号）转发给你们，并结合我省实际，提出以下意见，请一并贯彻执行。

一、各市要有序推进工伤康复工作，坚持“先康复、后鉴定”的原则，积极推行工伤康复早期介入机制，努力实现工伤治疗与康复的有机对接。

二、切实加强工伤康复协议机构的协议管理，细化完善与康复机构签订的协议内容，建立健全对工伤康复协议机构的考核、评估、监督、费用结算等制度，确保基金支付合理、合法、安全。

三、要认真贯彻实施新修订的《工伤康复服务项目（试行）》（以下简称《服务项目》）和《工伤康复服务规范（试行）》（以下简称《服务规范》）。在国家和省对职业病类服务规范下发之前，有关市可根据实际工作需要，开展尘肺等职业病康复试点。

四、各市根据当地工伤康复工作开展情况和康复技术发展水平，本着实事求是的原则，可对《服务项目》进行适当微调。确需调整增加的个别项目于 2013 年 10 月 31 日前报省厅审核，由省厅统一平衡调整，并报部备案。

五、各市在《服务项目》和《服务规范》试行过程中，要及时总结经验，摸索规律，遇到重大问题，请及时向省厅报告。

人力资源社会保障部关于印发《工伤康复服务项目（试行）》和《工伤康复服务规范（试行）》（修订版）的通知

各省、自治区、直辖市及新疆生产建设兵团人力资源社会保障厅（局）：

为进一步规范和加强工伤康复管理工作，我部在总结 2008 年制定的《工伤康复服务项目（试行）》和《工伤康复诊疗规范（试行）》执行情况基础上，结合国家发改委、卫生部、国家中医药管理局颁布的《全国医疗服务价格项目规范（2012 年版）》（以下简称《价格项目规范》），组织修订了《工伤康复服务项目（试行）》（以下简称《服务项目》）和《工伤康复服务规范（试行）》（以下简称《服务规范》），现印发你们，并就有关问题通知如下：

一、《服务项目》和《服务规范》既是工伤康复试点机构开展工伤康复服务的业务指南和工作规程，也是工伤保险行政管理部门、社会保险经办机构和劳动能力鉴定机构进行工伤康复监督管理的重要依据。工伤保险行政管理部门和经办机构要密切配合，积极协调有关方面，特别是结合贯彻《国家发展改革委、卫生部、国家中医药管理局关于规范医疗服务价格管理及有关问题的通知》（发改价格〔2012〕1170 号），认真做好《服务项目》和《服务规范》的实施工作。

二、《服务项目》和《服务规范》的使用范围仅限于在各地确定的工伤康复协议机构进行康复的工伤人员。工伤职工康复期间必需使用的中医治疗、康复类项目按本地《工伤保险诊疗项目目录》的规定执行。

三、各地在贯彻实施《服务项目》和《服务规范》中，应坚持实事求是的原则，根据当地康复技术发展水平对《服务项目》进行适当调整，调整幅度控制在《服务项目》总数10%范围内，并加强对康复服务项目使用合理性的管理，明确康复服务项目使用适应症、服务项目合理次数等要求。同时结合本地实际对《服务规范》进一步细化。各地对《服务项目》和《服务规范》的调整情况报我部备案。

四、《服务项目》中列入《价格项目规范》的康复项目，各地要严格执行发改价格〔2012〕1170号文件相关规定；未列入《价格项目规范》的康复项目，各地要按照有关规定，积极与当地价格主管部门协商，争取支持。未经批准或同意的医疗康复服务项目暂不开展。

五、各地要加强管理，制定切实可行的康复管理办法和评估办法，细化与康复机构签订的协议内容，探索工伤康复费用结算方式，确保基金支付合法、合理、安全。

六、各地在《服务项目》和《服务规范》试行过程中，对其中尚未涉及的伤残病种，要不断加强探索，继续开展深入研究，总结经验，摸索规律。我部将根据各地工伤康复工作实践情况适时予以补充完善。如有重大问题，请及时报告我部。

附件：1.《工伤康复服务项目（试行）》（2013年修订）

2.《工伤康复服务规范（试行）》（2013年修订）

（附件本书略）

山东省人力资源和社会保障厅关于省属驻济机关事业单位工作人员工伤认定有关问题的通知

（2014年4月29日　鲁人社办发〔2014〕71号）

省直驻济各部门、各直属机构，省属驻济各高等院校：

为做好省属驻济机关事业单位工作人员工伤认定工作，根据《关于省属驻济机关事业单位工作人员参加工伤保险有关问题的通知》（鲁人社发〔2014〕11号）的有关规定，现就有关问题通知如下：

一、省人力资源社会保障厅负责省属驻济机关事业单位工作人员（以下称职工）的工伤认定工作。工伤认定的范围、工伤认定程序等按照《工伤保险条例》、《工伤认定办法》及有关规定执行。

二、职工发生事故伤害或者被诊断、鉴定为职业病，所在单位应当自事故伤害发生之日或者被诊断、鉴定为职业病之日起30日内，向省人力资源社会保障厅提出工伤认定申请。遇有特殊情况，经省人力资源社会保障厅同意，申请时限可以适当延长，延长时限不超过30日。

用人单位未在前款规定的时限内提出工伤认定申请的，受伤害职工或者其近亲属、工会组织在事故伤害发生之日或者被诊断、鉴定为职业病之日起1年内，可以向省人力资源社会保障厅提出工伤认定申请。

用人单位未在规定时限内提交工伤认定申请，在此期间发生符合规定的工伤待遇等有关费用由该用人单位承担。

三、对受伤害职工或者其近亲属提出的工伤认定申请，用人单位应认真核实有关情况，出具工伤事故调查报告，并在工伤认定申请表上签署意见并加盖所在单位印章。

对已超出用人单位申请时限、由受伤害职工或者其近亲属提出的工伤认定申请，职工本人（或者其近亲属）同意，用人单位可代为提交申请材料。

四、符合《工伤保险条例》第十四条、第十五条情形导致职工死亡的，用人单位在职工死亡5日内，将事故有关情况报告省人力资源社会保障厅。

五、提出工伤认定申请，应提交以下材料（按顺序装订成册）：

（一）《省属驻济机关事业单位工作人员工伤认定申请表》（见附件）；

（二）受伤害职工的身份证明。申请人为受伤害职工近亲属的，应同时提交申请人和有效的近亲属关系证明；申请人为工会组织的，应同时提交工会介绍信和经办人身份证明；

（三）与用人单位存在劳动、人事关系的证明材料；

（四）工伤事故调查报告（用人单位提供）；

（五）证人证言及证人身份证明；

（六）医疗机构出具的职工受伤害时初诊诊断证明书，或者依法承担职业病诊断的医疗机构出具的职业病诊断证明书（或者职业病诊断鉴定书），初诊病历、影像检查结论等相关证明材料。

以上除第（一）项材料外，其它材料均需提交原件及复印件。

六、提出工伤认定申请，属于下列情形之一的，除提交本通知第五条规定的材料外，还应提交以下相关证明材料：

（一）职工死亡的，提交死亡证明；

（二）在工作时间和工作场所内，因履行工作职责受到暴力等意外伤害的，提交公安部门的证明或者其他相关证明；

（三）因工外出期间，由于工作原因受到伤害或者发生事故下落不明的，提交相关部门的证明；

（四）在上下班途中，受到非本人主要责任的交通事故或者城市轨道交通、客运轮渡、火车事故伤害的，提交公安机关交通管理部门或者其他相关部门的证明；

（五）在工作时间和工作岗位，突发疾病死亡或者在48小时之内经抢救无效死亡的，提交医疗机构的初诊、抢救证明；

（六）在抢险救灾等维护国家利益、公共利益活动中受到伤害的，提交民政部门或者其他相关部门的证明；

（七）属于因战、因公负伤致残的转业、复员军人，旧伤复发的，提交《革命伤残军人证》及劳动能力鉴定机构对旧伤复发的确认证明。

以上材料均需提交原件及复印件。

七、省人力资源社会保障厅受理工伤认定申请后，根据需要对事故伤害进行调查核实，有关单位、工会组织和个人应当予以协助，据实提供情况和证明材料。

八、省人力资源社会保障厅自受理工伤认定申请之日起60日内作出工伤认定决定。

九、省人力资源社会保障厅自工伤认定决定作出之日起20日内，将工伤认定结论按规定送达，具体送达方式参照民事法律有关送达的规定执行。

十、申请工伤认定的职工或者其近亲属、用人单位对不予受理决定不服或者对工伤认定决定不服的，可以依法申请行政复议，也可以依法提起行政诉讼。

十一、本通知自2014年5月1日起施行。此前有关规定与本通知规定不一致的，按本通知执行。

附件：《省属驻济机关事业单位工作人员工伤认定申请表》

（附件本书略）

山东省人力资源和社会保障厅关于省属驻济机关事业单位工作人员劳动能力鉴定有关问题的通知

（2014 年 4 月 29 日　鲁人社办发〔2014〕72 号）

省直驻济各部门、各直属机构，省属驻济各高等院校：

为做好省属驻济机关事业单位工作人员劳动能力鉴定工作，根据《关于省属驻济机关事业单位工作人员参加工伤保险有关问题的通知》（鲁人社发〔2014〕11 号）的有关规定，现就有关问题通知如下：

一、省属驻济机关事业单位工作人员（以下称职工）遭受事故伤害或者患职业病被认定为工伤，经治疗伤情相对稳定后存在残疾、影响劳动能力的，由用人单位、工伤职工或者其近亲属向省直机关事业单位工作人员劳动能力鉴定委员会（以下简称省直劳鉴委）提出劳动能力鉴定申请。

二、省直劳鉴委受理以下项目的鉴定、确认申请：

（一）工伤职工劳动功能障碍程度和生活自理障碍程度的鉴定；

（二）对协议医疗机构出具的旧伤复发意见有争议的确认；

（三）工伤职工配置辅助器具的确认；

（四）工伤职工疾病与工伤因果关系的确认；

（五）工伤康复对象和康复期的确认；

（六）职工供养亲属丧失劳动能力程度的鉴定；

（七）符合规定的其他劳动能力鉴定事项。

三、申请劳动能力鉴定应提交以下材料：

（一）《劳动能力鉴定申请表》（贴 1 寸照片）；

（二）《工伤认定决定书》原件和复印件；

（三）有效的诊断证明、按照医疗机构病历管理有关规定复印或者复制的检查、检验报告等完整病历材料；

（四）工伤职工的居民身份证或者社会保障卡等其他有效身份证明原件和复印件；

（五）其他相关材料。

四、省直劳鉴委按规定及时对提交的材料进行审核。申请人提供材料不完整的，省直劳鉴委应自收到劳动能力鉴定申请之日起 5 个工作日内一次性书面告知申请人需要补正的全部材料。

五、省直劳鉴委从建立的医疗卫生专家库中抽取相关科别的专家组成专家组，由专家组依据国家劳动能力鉴定标准提出鉴定意见，省直劳鉴委根据专家组的鉴定意见作出劳动能力鉴定结论。

六、省直劳鉴委自受理劳动能力鉴定申请之日起 60 日内作出劳动能力鉴定结论，因伤情复杂、涉及医疗卫生专业较多的，可以延长 30 日。

省直劳鉴委自作出鉴定结论之日起 20 日内，将劳动能力鉴定结论按规定送达，具体送达方式参照民事法律有关送达的规定执行。

七、申请鉴定的单位或者个人对省直劳鉴委作出的鉴定结论不服的，可以自收到该鉴定结论之日起 15 日内向山东省劳动能力鉴定委员会提出再次鉴定申请。

八、自劳动能力鉴定结论作出之日起 1 年后，工伤职工或者其近亲属、所在单位或者社会保险经办机构认为伤残情况发生变化的，可以申请劳动能力复查鉴定。

九、本通知自 2014 年 5 月 1 日起施行。此前有关规定与本通知规定不一致的，按本通知执行。

附件：《劳动能力鉴定申请表》

（附件本书略）

山东省人力资源和社会保障厅关于实施《工伤职工劳动能力鉴定管理办法》若干问题的意见

（2014 年 6 月 19 日　鲁人社发〔2014〕33 号）

各市人力资源社会保障局：

《工伤职工劳动能力鉴定管理办法》（人力资源社会保障部令第 21 号，以下简称《办法》）已于 2014 年 4 月 1 日起施行，结合我省实际，现就《办法》实施中的有关事项提出以下意见，请一并贯彻执行。

一、劳动能力鉴定委员会收到劳动能力鉴定申请后，应当及时对申请人提交的材料进行审核；申请人提供材料不完整的，劳动能力鉴定委员会应当当场或者自收到劳动能力鉴定申请之日起 5 个工作日内一次性书面告知申请人需要补正的全部材料。申请人应在规定时间内补正。无正当理由逾期不补正的，视为申请人撤回申请。补正申请材料所用时间不计入劳动能力鉴定期限。

申请人材料齐全，并按照规定缴纳劳动能力鉴定费后，劳动能力鉴定委员会应当依法予以受理。

二、用人单位或者工伤职工对设区的市劳动能力鉴定委员会（以下简称市劳动能力鉴定委员会）作出的鉴定结论不服的，可以在收到该鉴定结论之日起 15 日内向省劳动能力鉴定委员会申请再次鉴定。

用人单位、工伤职工及其近亲属应当按规定如实提供鉴定需要的材料，并遵守劳动能力鉴定相关制度规定，按照要求配合劳动能力鉴定工作。

三、用人单位提出再次鉴定申请，按规定需要工伤职工及其近亲属提供相关材料的，工伤职工及其近亲属应当提供。不提供的，用人单位可以凭省劳动能力鉴定委员会出具的《劳动能力鉴定材料补正告知书》及单位公函到初次鉴定的市劳动能力鉴定委员会要求协助提供下列材料的复印件：

（一）被鉴定人的身份证复印件；

（二）被鉴定人提供的有效诊断证明、按照《医疗机构病历管理规定》复印或者复制的检查、检验报告等完整病历材料；

（三）其他按规定应提供的材料。

上述复印材料由市劳动能力鉴定委员会核对无误后加盖劳动能力鉴定委员会印章。

四、省劳动能力鉴定委员会受理再次鉴定申请后，应及时通知市劳动能力鉴定委员会。市劳动能力鉴定委员会应当自收到通知之日起5个工作日内，对初次鉴定情况写出书面报告，连同初次鉴定的专家查体诊断记录、鉴定意见及所作检查结论（报告）复印件，一并报省劳动能力鉴定委员会。

五、省劳动能力鉴定委员会专家审查再次鉴定材料时，发现有下列情形之一的，暂时中止再次鉴定，并通知市劳动能力鉴定委员会、用人单位及工伤职工：

（一）鉴定结论遗漏或超出《认定工伤决定书》载明的对劳动功能障碍程度等级和生活自理障碍程度等级有较大影响的受伤部位、伤情的；

（二）鉴定伤情检查严重失实的；

（三）工伤职工伤情未相对稳定的；

（四）鉴定不符合规定程序的；

（五）严重影响鉴定结论的其他情形。

市劳动能力鉴定委员会应当自收到省劳动能力鉴定委员会通知之日起15个工作日内，对初次鉴定结论进行复核。经复核没有发现问题的，市劳动能力鉴定委员会报省劳动能力鉴定委员会，省劳动能力鉴定委员会应及时恢复再次鉴定程序。经复核确有问题的，市劳动能力鉴定委员会应及时予以纠正，将纠正后的鉴定结论及时送达用人单位和工伤职工，并报省劳动能力鉴定委员会，省劳动能力鉴定委员会终止鉴定。

用人单位或者工伤职工对市级纠正后的鉴定结论不服的，可在收到该鉴定结论之日起 15 日内向省劳动能力鉴定委员会申请再次鉴定。

六、工伤职工与用人单位终止、解除劳动（聘用）合同并按规定领取一次性工伤待遇终止工伤保险关系后，用人单位或工伤职工提起劳动能力鉴定申请的，劳动能力鉴定委员会不予受理。

七、因病或非因工负伤劳动能力鉴定，仍按照《山东省劳动能力鉴定管理办法》及有关规定执行。

八、本意见自 2014 年 7 月 1 日起施行，有效期至 2019 年 6 月 30 日。本厅和省劳动能力鉴定委员会以前制定的有关规定与本意见不一致的，按本意见执行。

山东省人力资源和社会保障厅 省财政厅关于公布省属驻济机关事业单位工作人员住院治疗工伤的伙食补助费和异地就医交通食宿费标准的通知

（2014年9月16日 鲁人社办发〔2014〕108号）

省直驻济各部门、各直属机构，省属驻济各高等院校：

根据《关于省属驻济机关事业单位工作人员参加工伤保险有关问题的通知》（鲁人社发〔2014〕11号）的有关规定，现将省属驻济机关事业单位工作人员（以下简称职工）住院治疗工伤的伙食补助费和异地就医交通食宿费标准公布如下，请遵照执行。

一、职工住院治疗工伤期间，每人每天的伙食补助费标准为：就医地上一年度月最低工资标准÷30日×50%（元/天）。

二、经医疗机构出具证明，并经省社会保险事业局批准，工伤职工到异地就医的，可报销一次城市间往返交通费。交通费按乘坐交通工具的普通等级（火车硬卧或者硬座、动车二等座、高铁二等座、轮船三等舱、长途汽车、公共汽车以及轨道交通等）票价，凭合法票据报销。未按规定乘坐交通工具的，超支部分由个人自理。

对于乘坐自备（自雇）车辆到异地就医的，报销从参保地到就医地7座及以下载客车辆往返一次的高速公路通行费。

三、工伤职工异地就医，因床位紧张等原因不能及时住院确需在医院外食宿的，伙食补助费按住院治疗工伤期间的伙食补助费标准执行，住宿费按省直机关工作人员因公出差住宿费限额标准执行。住宿费凭合法票据报销，未按规定开支的，超支部分由个人自理。

异地就医的医院外食宿费，限支付 2 天。

四、经省直机关事业单位工作人员劳动能力鉴定委员会确认，并经省社会保险事业局批准，工伤职工到异地配置辅助器具的，其交通食宿费按本通知第二条、第三条的规定执行。

五、本通知自 2014 年 10 月 1 日起执行。2014 年 5 月 1 日至 9 月 30 日期间，工伤职工住院治疗工伤的伙食补助费和异地就医交通食宿费亦按本通知规定执行。

山东省人力资源和社会保障厅等部门关于转发人社部发〔2014〕103号文件明确建筑业参加工伤保险有关问题的通知

（2015年3月24日　鲁人社发〔2015〕15号）

各市人力资源社会保障局、住房城乡建设局（委）、安全生产监督管理局、总工会：

现将人力资源社会保障部、住房城乡建设部、国家安全生产监督管理总局、全国总工会《关于进一步做好建筑业工伤保险工作的意见》（人社部发〔2014〕103号）转发给你们，并结合我省实际，提出以下意见，请一并贯彻执行。

一、建筑施工企业对相对固定的职工，应按用人单位参加工伤保险；对不能按用人单位参保、建筑项目使用的所有职工（包括总承包单位和依法分包的专业承包单位、劳务分包单位使用的农民工，但不包括已按用人单位参加工伤保险的职工，下同），按建设项目参加工伤保险。按建设项目为单位参加工伤保险的，应在建设项目所在地参保。

按建设项目为单位参加工伤保险的房屋建筑和市政基础设施工程，建设单位在办理施工许可手续时，应当提交建设项目工伤保险参保证明，作为保证工程安全施工的具体措施之一；安全施工措施未落实的项目，住房城乡建设主管部门不予核发施工许可证。

对没有依法参加工伤保险的建筑施工企业，住房城乡建设行政主管部门不予颁发安全生产许可证。对已取得安全生产许可证后不按规定缴纳工伤保险费的建筑施工企业，由住房城乡建设行政主管部门依法暂扣或吊销安全生产许可证。

二、按建设项目为单位参加工伤保险的，以项目工程总造价的一定比例计算缴纳工伤保险费，计算公式为：工伤保险费=项目工程总造价×定额人工费占项目工程总造价的比例×建筑行业工伤保险基准费率。

在建工程项目，以剩余的项目工程总造价的一定比例计算缴纳工伤保险费，计算公式同上。

三、按建设项目为单位参加工伤保险的，建设项目确定中标企业后，建设单位在项目开工前将工伤保险费一次性拨付给施工总承包单位，由施工总承包单位为该建设项目使用的所有职工统一办理工伤保险参保登记和缴费手续。

四、按建设项目为单位参加工伤保险的，建设项目的工伤保险期限与《建设工程施工合同》规定的合同工期一致，即自建设工程开工之日起至合同竣工之日止（在建工程项目的工伤保险期限自参保之日起至合同竣工之日止）。提前竣工的，建设项目的工伤保险期限在工程竣工之日终止；合同工期延长的，承包单位于合同工期到期15日前向参保地社会保险经办机构办理建设项目工伤保险期限顺延手续。

五、各地社会保险经办机构要对按建设项目为单位参加工伤保险的职工实行实名制登记，通过网络、传真等便捷的申报方式，方便建筑施工企业及时报送参保职工信息。职工遭受事故伤害后，建筑施工企业要在48小时内采取书面、电话或网络等形式向当地人力资源社会保障部门和住房城乡建设部门报告。同时，积极救治受伤害职工，保护事故现场，配合有关部门调查。

六、人力资源社会保障、住房城乡建设、安全监管部门和工会组织要形成部门协调配合机制，建立建筑业参加工伤保险工作联席会议制度，定期组织开展建筑业参保情况联合督查，齐抓共管，全面推进建筑业工伤保险工作，切实维护建筑业职工工伤权益。

本通知自2015年4月10日起施行，有效期至2020年4月9日。

人力资源社会保障部等部门关于进一步做好建筑业工伤保险工作的意见

各省、自治区、直辖市及新疆生产建设兵团人力资源社会保障厅(局)、住房城乡建设厅（委、局)、安全生产监督管理局、总工会：

改革开放以来，我国建筑业蓬勃发展，建筑业职工队伍不断发展壮大，为经济社会发展和人民安居乐业做出了重大贡献。建筑业属于工伤风险较高行业，又是农民工集中的行业。为维护建筑业职工特别是农民工的工伤保障权益，国家先后出台了一系列法律法规和政策，各地区、各有关部门积极采取措施，加强建筑施工安全生产制度建设和监督检查，大力推进建筑施工企业依法参加工伤保险，使建筑业职工工伤权益保障工作不断得到加强。但目前仍存在部分建筑施工企业安全管理制度不落实、工伤保险参保覆盖率低、一线建筑工人特别是农民工工伤维权能力弱、工伤待遇落实难等问题。

为贯彻落实党中央、国务院关于切实保障和改善民生的要求，依据社会保险法、建筑法、安全生产法、职业病防治法和《工伤保险条例》等法律法规规定，现就进一步做好建筑业工伤保险工作、切实维护建筑业职工工伤保障权益提出以下意见：

一、完善符合建筑业特点的工伤保险参保政策，大力扩展建筑企业工伤保险参保覆盖面。建筑施工企业应依法参加工伤保险。针对建筑行业的特点，建筑施工企业对相对固定的职工，应按用人单位参加工伤保险；对不能按用人单位参保、建筑项目使用的建筑业职工特别是农民工，按项目参加工伤保险。房屋建筑和市政基础设施工程实行以建设项目为单位参加工伤保险的，可在各项社会保险中优先办理参加工伤保险手续。建设单位在办理施工许可手续时，应当提交建设项目工伤保险参保证明，作为保证工程安全施工的具体措施之一；安全施工措施未落实的项目，各地住房城乡建设主管部门不予核发施工许可证。

二、完善工伤保险费计缴方式。按用人单位参保的建筑施工企业应以工资总额为基数依法缴纳工伤保险费。以建设项目为单位参保的，可以按照项目工程总造价的一定比例计算缴纳工伤保险费。

三、科学确定工伤保险费率。各地区人力资源社会保障部门应参照本地区建筑企业行业基准费率，按照以支定收、收支平衡原则，商住房城乡建设主管部门合理确定建设项目工伤保险缴费比例。要充分运用工伤保险浮动费率机制，根据各建筑企业工伤事故发生率、工伤保险基金使用等情况适时适当调整费率，促进企业加强安全生产，预防和减少工伤事故。

四、确保工伤保险费用来源。建设单位要在工程概算中将工伤保险费用单独列支，作为不可竞争费，不参与竞标，并在项目开工前由施工总承包单位一次性代缴本项目工伤保险费，覆盖项目使用的所有职工，包括专业承包单位、劳务分包单位使用的农民工。

五、健全工伤认定所涉及劳动关系确认机制。建筑施工企业应依法与其职工签订劳动合同，加强施工现场劳务用工管理。施工总承包单位应当在工程项目施工期内督促专业承包单位、劳务分包单位建立职工花名册、考勤记录、工资发放表等台账，对项目施工期内全部施工人员实行动态实名制管理。施工人员发生工伤后，以劳动合同为基础确认劳动关系。对未签订劳动合同的，由人力资源社会保障部门参照工资支付凭证或记录、工作证、招工登记表、考勤记录及其他劳动者证言等证据，确认事实劳动关系。相关方面应积极提供有关证据；按规定应由用人单位负举证责任而用人单位不提供的，应当承担不利后果。

六、规范和简化工伤认定和劳动能力鉴定程序。职工发生工伤事故，应当由其所在用人单位在30日内提出工伤认定申请，施工总承包单位应当密切配合并提供参保证明等相关材料。用人单位未在规定时限内提出工伤认定申请的，职工本人或其近亲属、工会组织可以在1年内提出工伤认定申请，经社会保险行政部门调查确认工伤的，在此期间发生的工伤待遇等有关费用由其所在用人单位负担。各地社会保险行政部门和劳动能力鉴定机构要优化流程，简化手续，缩短认定、鉴定时间。对于事实清楚、权利义务关系明确的工伤认定申请，应当自受理工伤认定申请之日起15日内作出工伤认定决定。探索建立工伤认定和劳动能力鉴定相关材料网上申报、审核和送达办法，提高工作效率。

七、完善工伤保险待遇支付政策。对认定为工伤的建筑业职工，各级社会保险经办机构和用人单位应依法按时足额支付各项工伤保险待遇。对在参保项目施工期间发生工伤、项目竣工时尚未完成工伤认定或劳动能力鉴定的建筑业职工，其所在用人单位要继续保证其医疗救治和停工期间的法定待遇，待完成工伤认定及劳动能力鉴定后，依法享受参保职工的各项工伤保险待遇；其中应由用人单位支付的待遇，工伤职工所在用人单位要按时足额支付，也可根据其意愿一次性支付。针对建筑业工资收入分配的特点，对相关工伤保险待遇中难以按本人工资作为计发基数的，可以参照统筹地区上年度职工平均工资作为计发基数。

八、落实工伤保险先行支付政策。未参加工伤保险的建设项目，职工发生工伤事故，依法由职工所在用人单位支付工伤保险待遇，施工总承包单位、建设单位承担连带责任；用人单位和承担连带责任的施工总承包单位、建设单位不支付的，由工伤保险基金先行支付，用人单位和承担连带责任的施工总承包单位、建设单位应当偿还；不偿还的，由社会保险经办机构依法追偿。

九、建立健全工伤赔偿连带责任追究机制。建设单位、施工总承包单位或具有用工主体资格的分包单位将工程（业务）发包给不具备用工主体资格的组织或个人，该组织或个人招用的劳动者发生工伤的，发包单位与不具备用工主体资格的组织或个人承担连带赔偿责任。

十、加强工伤保险政策宣传和培训。施工总承包单位应当按照项目所在地人力资源社会保障部门统一规定的式样，制作项目参加工伤保险情况公示牌，在施工现场显著位置予以公示，并安排有关工伤预防及工伤保险政策讲解的培训课程，保障广大建筑业职工特别是农民工的知情权，增强其依法维权意识。各地人力资源社会保障部门要会同有关部门加大工伤保险政策宣传力度，让广大职工知晓其依法享有的工伤保险权益及相关办事流程。开展工伤预防试点的地区可以从工伤保险基金提取一定比例用于工伤预防，各地人力资源社会保障部门应会同住房城乡建设部门积极开展建筑业工伤预防的宣传和培训工作，并将建筑业职工特别是农民工作为宣传和培训的重点对象。建立健全政府部门、行业协会、建筑施工企业等多层次的培训体系，不断提升建筑业职工的安全生产意识、工伤维权意识和岗位技能水平，从源头上控制和减少安全事故。

十一、严肃查处谎报瞒报事故的行为。发生生产安全事故时，建筑施工企业现场有关人员和企业负责人要严格依照《生产安全事故报告和调查处理条例》等规定，及时、如实向安全监管、住房城乡建设和其他负有监管职责的部门报告，并做好工伤保险相关工作。事故报告后出现新情况的，要及时补报。对谎报、瞒报事故和迟报、漏报的有关单位和人员，要严格依法查处。

十二、积极发挥工会组织在职工工伤维权工作中的作用。各级工会要加强基层组织建设，通过项目工会、托管工会、联合工会等多种形式，努力将建筑施工一线职工纳入工会组织，为其提供维权依托。提升基层工会组织在职工工伤维权方面的业务能力和服务水平。具备条件的企业工会要设立工伤保障专员，学习掌握工伤保险政策，介入工伤事故处理的全过程，了解工伤职工需求，跟踪工伤待遇支付进程，监督工伤职工各项权益落实情况。

十三、齐抓共管合力维护建筑工人工伤权益。人力资源社会保障部门要积极会同相关部门，把大力推进建筑施工企业参加工伤保险作为当前扩大社会保险覆盖面的重要任务和重点工作领域，对各类建筑施工企业和建设项目进行摸底排查，力争尽快实现全面覆盖。各地人力资源社会保障、住房城乡建设、安全监管等部门要认真履行各自职能，对违法施工、非法转包、违法用工、不参加工伤保险等违法行为依法予以查处，进一步规范建筑市场秩序，保障建筑业职工工伤保险权益。人力资源社会保障、住房城乡建设、安全监管等部门和总工会要定期组织开展建筑业职工工伤维权工作情况的联合督查。有关部门和工会组织要建立部门间信息共享机制，及时沟通项目开工、项目用工、参加工伤保险、安全生产监管等信息，实现建筑业职工参保等信息互联互通，为维护建筑业职工工伤权益提供有效保障。

交通运输、铁路、水利等相关行业职工工伤权益保障工作可参照本文件规定执行。

各地人力资源社会保障、住房城乡建设、安全监管等部门和工会组织要依据国家法律法规和本文件精神，结合本地实际制定具体实施方案，定期召开有关部门协调工作会议，共同研究解决有关难点重点问题，合力做好建筑业职工工伤保险权益保障工作。

山东省人力资源和社会保障厅关于印发《山东省工伤康复管理办法》的通知

（2016年1月18日　鲁人社发〔2016〕7号）

各市人力资源社会保障局：

为推动全省工伤康复管理工作健康有序发展，结合工伤康复管理工作开展情况，我厅研究制定了《山东省工伤康复管理办法》，现印发给你们，请认真贯彻执行。

山东省工伤康复管理办法

第一章　总　则

第一条　为规范工伤康复管理和服务工作，维护工伤职工合法权益，推动工伤康复事业健康发展，根据《工伤保险条例》和《山东省贯彻〈工伤保险条例〉实施办法》等规定，制定本办法。

第二条　本办法所指的工伤康复包括医疗康复和职业康复。

第三条　经人力资源社会保障行政部门认定为工伤，符合本办法规定条件的工伤康复对象（以下简称康复对象）进行工伤康复适用本办法。

第四条　工伤康复工作坚持“医疗与康复并重、先康复治疗后鉴定补偿”的原则。

第五条　省人力资源社会保障行政部门负责制定全省工伤康复事业发展规划，指导、协调、监督规划的实施。统筹地区人力资源社会保障行政部门按照全省工伤康复工作的总体部署，负责本地区工伤康复的组织实施工作。

第六条 用人单位、工伤康复协议机构按照本办法的规定，组织和配合工伤职工进行工伤康复。

第二章 康复对象和康复期的确认

第七条 工伤职工具备下列条件之一的，可列入康复对象范围：

（一）职工被依法认定为工伤，伤情相对稳定尚未进行劳动能力鉴定，经确认具有康复价值的；

（二）经劳动能力鉴定后，伤（病）情变化出现新的功能障碍等问题，经确认具有康复价值的；

（三）其他符合《工伤康复服务规范（试行）》（修订版）（人社部发〔2013〕30号，以下简称《服务规范》）情形的。

第八条 用人单位、工伤职工或者其近亲属，可以向统筹地区劳动能力鉴定委员会提出工伤康复申请，并提交下列材料：

（一）工伤职工康复申请表；

（二）工伤认定决定书；

（三）近期有效医疗资料；

（四）患职业病的提交有效的职业病诊断书或鉴定书；

（五）工伤职工的身份证复印件、照片（3张）、个人和单位详细地（住）址、联系人及联系电话；

（六）统筹地区劳动能力鉴定委员会要求提供的其他材料。

第九条 统筹地区劳动能力鉴定委员会应当在受理工伤康复申请之日起15个工作日内，组织工伤康复专家根据《服务规范》和工伤职工的医疗诊断证明及相关资料，提出是否需要工伤康复的意见并确定康复期，书面告知用人单位、工伤职工或其近亲属和社会保险经办机构。

与用人单位依法解除或终止劳动关系的工伤职工，不再进行康复对象确认。

第十条 经确认需要进行工伤康复的，由用人单位、工伤职工或其近亲属到统筹地区社会保险经办机构办理转入工伤康复协议机构手续。

第十一条 超出确认的康复期，但仍有较大康复治疗价值的，由工伤康复协议机构出具诊断意见和延长康复治疗建议书，经统筹地区劳动能力鉴定委员会确认后可适当延长康复住院时间，延长期最长不超过3个月。

第十二条 统筹地区劳动能力鉴定委员会应建立工伤康复专家库，随机抽取专家对申请工伤康复的职工进行康复价值、康复期限的确认。

统筹地区可结合本地实际，制定简便快捷的确认流程，促使工伤职工在最佳期进行康复。

第三章 康复待遇

第十三条 工伤职工在确认的康复期进行工伤康复的，停工留薪期内享受停工留薪期待遇；停工留薪期满后按规定享受工伤康复待遇。

第十四条 工伤职工需住院康复的，其住院伙食补助费及经统筹地区社会保险经办机构同意到统筹地区以外康复所需的交通、食宿费用按统筹地区规定的相关标准执行。

第十五条 依法参加工伤保险并按时足额缴纳工伤保险费的工伤职工进行工伤康复时，其符合规定的康复费用从工伤保险基金中支付。

第十六条 工伤职工在工伤康复期间，下列费用不得在工伤保险基金中列支：

（一）生活用品费用；

（二）非因工伤病及其合并症、并发症所发生的医疗、康复费用；

（三）超过工伤康复规定标准发生的费用；

（四）因医疗事故发生的费用；

（五）工伤康复期满或结束后拒不出院发生的费用；

（六）拒绝合理的工伤康复治疗而增加的医疗、康复费用；

（七）其他不符合工伤保险有关规定的费用。

第四章　工伤康复机构的确定和管理

第十七条　工伤康复机构应具备进行工伤康复的基本设施、场所、人才、技术等条件，愿意提供工伤康复服务，符合国家规定的工伤康复机构准入标准。

第十八条　统筹地区社会保险经办机构根据申报单位的申请和有关材料，按照《工伤康复试点机构准入条件（试行）》（劳社厅发〔2007〕7号）规定的标准，组织工伤康复专家进行评估，通过平等沟通、协商谈判，与工伤康复机构签订服务协议，明确双方的权利、责任与义务。协议内容包括服务项目、服务质量、服务范围、康复费用结算办法以及康复费用审核与控制等。双方签订的协议，应报同级人力资源社会保障行政部门备案。

第十九条　工伤康复协议机构接收康复对象后，应及时制定康复计划和康复方案，报统筹地区社会保险经办机构批准后实施。康复计划包括：康复项目、项目开展次数、康复费用预算和预期康复效果等。统筹地区社会保险经办机构应对工伤康复方案实施情况进行动态管理，对康复效果不明显的应及时终止康复。

第二十条　工伤康复协议机构应当严格执行国家和省关于工伤保险药品目录、工伤康复服务规范和服务项目等有关规定，积极配合社会保险经办机构做好工伤康复医疗费用审核等工作。

第二十一条　工伤康复协议机构应为康复对象建立康复档案。康复档案内容包括：康复计划、康复方案、康复实施人、经康复对象本人（或其亲属）签字的康复具体项目执行单、康复前期、中期、后期评价报告。工伤康复档案保存期限为30年。

第二十二条　工伤康复费用的结算以按服务项目支付为主要

方式，积极探索按定额付费等其他付费方式，具体支付标准由统筹地区社会保险经办机构与工伤康复协议机构采取协商谈判机制确定，并报统筹地区人力资源社会保障行政部门备案。

第二十三条 统筹地区社会保险经办机构根据工伤职工的预期康复评价和最终康复效果，及时审核结算康复费用。

第五章 附 则

第二十四条 工伤康复协议机构不及时为康复对象办理出院手续的，康复期终结后发生的费用由工伤康复协议机构承担。

第二十五条 用人单位、工伤职工和工伤康复协议机构骗取工伤康复费用支出的，按国家有关规定处理。

第二十六条 未参加工伤保险的用人单位工伤职工进行工伤康复，参照本办法执行，其费用由用人单位支付。

第二十七条 本办法由山东省人力资源和社会保障厅负责解释。

第二十八条 本办法自 2016 年 3 月 1 日起施行，有效期至 2021 年 2 月 28 日。

山东省人力资源和社会保障厅关于印发山东省工伤职工劳动能力鉴定工作规程的通知

（2017年1月23日　鲁人社规〔2017〕4号）

各市人力资源社会保障局：

《山东省工伤职工劳动能力鉴定工作规程》已经2017年第1次厅长办公会审议通过，现印发给你们，请遵照执行。

山东省工伤职工劳动能力鉴定工作规程

第一章　总　则

第一条　为规范工伤职工劳动能力鉴定工作，依法组织工伤职工劳动能力鉴定，保障用人单位和职工的合法权益，根据《工伤保险条例》《工伤职工劳动能力鉴定管理办法》（人力资源社会保障部、国家卫生和计划生育委员会令第21号）和《山东省贯彻〈工伤保险条例〉实施办法》（鲁政发〔2011〕25号）等有关规定，制定本规程。

第二条　省劳动能力鉴定委员会负责全省工伤职工劳动能力鉴定工作管理，设区的市劳动能力鉴定委员会负责本辖区内工伤职工劳动能力鉴定工作管理。

省劳动能力鉴定委员会和设区的市劳动能力鉴定委员会分别由省和设区的市人力资源社会保障行政部门、卫生计生行政部门、工会组织、社会保险经办机构代表以及用人单位代表组成，其劳动能力鉴定办事机构分别承担本级劳动能力鉴定委员会的日常工作。

第三条 省和设区的市劳动能力鉴定委员会组织开展工伤职工劳动能力鉴定工作，适用本规程。

第二章 申请与受理

第四条 职工发生工伤，经治疗伤情相对稳定后或者停工留薪期满（含劳动能力鉴定委员会确认的延长期限），存在残疾、影响劳动能力的，用人单位、工伤职工或者其近亲属应当及时向设区的市劳动能力鉴定委员会提出劳动能力鉴定申请。

第五条 申请劳动能力鉴定的用人单位、工伤职工或者其近亲属对设区的市劳动能力鉴定委员会作出的鉴定结论不服的，可以在收到该鉴定结论之日起15日内向省劳动能力鉴定委员会提出再次鉴定申请。省劳动能力鉴定委员会作出的劳动能力鉴定结论为最终结论。

第六条 自劳动能力鉴定结论作出之日起1年后，工伤职工或者其近亲属、所在单位或者社会保险经办机构认为工伤职工伤残情况发生变化的，可以向设区的市劳动能力鉴定委员会申请劳动能力复查鉴定。

对复查鉴定结论不服的，可以按照本规程第五条规定申请再次鉴定。

第七条 提出劳动能力鉴定申请应当准确完整填写《劳动能力鉴定申请表》（见附件1），并提交以下材料：

（一）《认定工伤决定书》原件和复印件；

（二）有效的诊断证明、按照医疗机构病历管理有关规定复印或者复制的检查、检验报告等完整病历材料；患职业病的职工，应当提供有效的职业病诊断证明书或者职业病诊断鉴定书；存在精神障碍的应当提供有效的精神病诊断证明及相关治疗材料；

（三）工伤职工的居民身份证或者社会保障卡等其他有效身

份证明原件和复印件；

（四）手术或烧伤工伤职工提交伤情稳定后受伤部位5寸彩色照片；

（五）劳动能力鉴定委员会规定的其他材料。

第八条 提出劳动能力鉴定申请时，有下列情形之一的，除提交本规程第七条规定的材料外，还应当提交相关材料：

（一）用人单位委托代理人提出劳动能力鉴定申请的，应当提交授权委托书及代理人身份证原件和复印件；

（二）近亲属代表工伤职工提出劳动能力鉴定申请的，应当提交有效近亲属关系证明，身份证原件和复印件；

（三）提出劳动能力复查鉴定申请的，应当提交劳动能力鉴定委员会曾经作出的全部劳动能力鉴定结论书原件和复印件。认为伤情加重的，应当提交近期的有效诊断证明、按照医疗机构病历管理有关规定复印或者复制的检查、检验报告等完整病历材料；

（四）提出劳动能力再次鉴定申请的，应当提交书面申请书说明理由，并提交《初次鉴定结论书》的原件和复印件及收到初次鉴定结论的有效时间证明。

第九条 劳动能力鉴定委员会工作人员接受政策咨询和接待拟申请劳动能力鉴定的用人单位、工伤职工或者其近亲属，实行首问责任制，应当填写《劳动能力鉴定申请接待登记台账》（见附件2）留存备查或在信息平台系统登记。

第十条 申请人提供材料不完整的，劳动能力鉴定委员会应当自收到申请之日起5个工作日内出具《劳动能力鉴定材料补正告知书》（见附件3），一次性书面告知申请人需要补正的全部材料，并告知补正时限。申请人应当在规定时限内补正，无正当理由逾期不补正的，视为申请人撤回劳动能力鉴定申请。

申请人提供材料完整或者经补正后材料完整的，劳动能力鉴定委员会应当出具《劳动能力鉴定材料收讫告知书》（见附件4）。

申请人补正材料的时间不计算在劳动能力鉴定委员会作出鉴定结论的时限内。

第十一条 劳动能力鉴定材料收讫后，劳动能力鉴定委员会应当对申请材料进行审核，有以下情形之一的，不予受理劳动能力鉴定申请：

（一）不属于统筹地区劳动能力鉴定委员会管辖范围的；

（二）申请人不具备申请资格的；

（三）未进行工伤认定的（经人力资源社会保障行政部门确认的老工伤人员除外）；

（四）工伤职工与用人单位终止、解除劳动（聘用）合同并按规定领取一次性工伤待遇终止工伤保险关系的；

（五）法律、法规、规章规定的其他情形。

不予受理劳动能力鉴定申请的，应当出具《劳动能力鉴定申请不予受理告知书》（见附件5），并说明不予受理的理由。

第三章 鉴定程序

第十二条 劳动能力鉴定委员会应当视工伤职工伤情等从医疗卫生专家库中随机抽取3名或者5名与伤情相关科别的专家组成专家组进行鉴定。

第十三条 劳动能力鉴定委员会应当提前通知工伤职工进行鉴定的时间、地点以及应当携带的材料。工伤职工应当按照通知的时间、地点参加现场鉴定。

工伤职工因故不能按时参加现场鉴定的，应当提前告知劳动能力鉴定委员会。

第十四条 劳动能力鉴定委员会应当按照公开、公正、公平的原则组织鉴定，鉴定现场逐步实行全程录像。

劳动能力鉴定时应当按照以下程序进行：

（一）工伤职工身份确认。工作人员应当对工伤职工的身份进行确认，并组织签到。

（二）现场体检。专家组听取被鉴定人的陈述，现场查阅病历、诊断证明、医学影像资料等相关材料，可以对被鉴定人进行询问和临床检查。因鉴定工作需要，专家组提出应当进行有关检查和诊断的，劳动能力鉴定委员会可以委托具备资格的医疗机构协助进行有关的检查和诊断。

（三）专家组提出鉴定意见。专家组应当根据职工工伤认定的受伤部位和伤情，结合病历材料及现场体检情况，依据《劳动能力鉴定职工工伤与职业病致残等级》国家标准，提出鉴定意见并填写《劳动能力鉴定专家评审表》（见附件6）。参加鉴定的专家应当签署意见并签名。专家意见不一致时，按照少数服从多数的原则确定专家组的鉴定意见。

专家组鉴定意见应当包括伤情介绍（伤残部位、器官功能障碍程度、诊断情况等）和作出鉴定的依据（对应条款、晋级原则等）。

第十五条 工伤职工有下列情形之一的，劳动能力鉴定委员会可以中止鉴定程序：

（一）因故不能按时参加现场鉴定的；

（二）专家组认为需要补充完善医学检查、检验及病历材料或需要进一步明确诊断的；

（三）工伤职工经治疗伤情尚未相对稳定需要继续治疗或观察的；

（四）影响专家提出鉴定意见的其他情形。

中止情形消失后，经书面申请，劳动能力鉴定委员会同意，可以调整现场鉴定的时间，作出劳动能力鉴定结论的期限相应顺延。

第十六条 工伤职工有下列情形之一的，当次鉴定终止：

（一）无正当理由不参加现场鉴定的；

（二）拒不参加劳动能力鉴定委员会安排的检查和诊断的。

当次鉴定终止情形消失后，经工伤职工书面申请，劳动能力鉴定委员会同意，重新计算劳动能力鉴定结论作出时间。

第十七条 工伤职工因伤（病）情危重无法自主行动，且不能采用常规辅助手段到达指定现场参加鉴定的，用人单位、工伤职工或者其近亲属提出书面申请并提供医疗卫生机构出具的相关证明，经劳动能力鉴定委员会同意，可以组织专家上门进行查体，并按照以下程序进行：

（一）组织劳动能力鉴定的工作人员应当对工伤职工身份进行核实；

（二）根据工伤职工提供的相关病历材料，组织相关科别的专家进行体检，查体过程应当采集必要的视音频资料，查体专家应当向专家组汇报查体情况，经专家组讨论提出鉴定意见；

（三）因鉴定工作需要，查体专家提出应当进行有关检查和诊断的，可以委托具备资格的医疗机构协助进行有关的检查诊断，工伤职工及其家属应当予以配合。

第十八条 劳动能力鉴定委员会根据专家组的鉴定意见作出劳动能力鉴定结论，作出鉴定结论的时限应当符合相关规定，鉴定结论书的基本样式参考附件（见附件 7 至附件 9）。

第十九条 劳动能力鉴定委员会对于在本委作出的鉴定结论书中，发现有个别文字上的错误或者遗漏，伤情介绍中个别伤情的漏写、笔误和其他笔误，应当予以及时更正、补正，出具《劳动能力鉴定结论更正（补正）通知书》（见附件 10），并及时送达工伤职工及其用人单位，并抄送社会保险经办机构。

涉及伤残等级、生活自理障碍程度等影响鉴定结论实质性内容的，不适用于更正、补正。劳动能力鉴定委员会出具的《劳动能力鉴定结论更正（补正）通知书》不影响原鉴定结论通知书的时限及相关法律效力。

第二十条 省劳动能力鉴定委员会受理再次鉴定申请后，应当及时通知设区的市劳动能力鉴定委员会。设区的市劳动能力鉴定委员会应当自收到通知之日起 5 个工作日内，对初次鉴定情况写出书面报告，连同初次鉴定的专家查体诊断记录、鉴定意见及所作检查结论（报告）复印件，一并报省劳动能力鉴定委员会。

第二十一条 用人单位提出再次鉴定申请，按规定需要工伤职工及其近亲属提供相关材料的，工伤职工及其近亲属应当提供。不提供的，用人单位可以凭山东省劳动能力鉴定委员会出具的《劳动能力鉴定材料补正告知书》及单位公函，到初次鉴定的设区的市劳动能力鉴定委员会要求协助提供下列材料的复印件：

（一）被鉴定人的身份证复印件；

（二）被鉴定人提供的有效诊断证明、按照医疗机构病历管理有关规定复印或者复制的检查、检验报告等完整病历材料；

（三）其他按规定应当提供的材料。

第二十二条 设区的市劳动能力鉴定委员会应当自收到用人单位提出的协助提供材料申请之内起 5 个工作日内，按照初次鉴定过程中所留的信息联系工伤职工核实相关情况，并为用人单位开具《协助补正单》（附件 11）。

工伤职工不提供相关材料或联系方式无效时，设区的市劳动能力鉴定委员会应当将协助提供的材料复印件进行密封，加盖劳动能力鉴定委员会印章，报省劳动能力鉴定委员会。

第二十三条 省劳动能力鉴定委员会组织专家审查再次鉴定材料时，发现有下列情形之一的，应当中止再次鉴定，并通知设区的市劳动能力鉴定委员会、用人单位及工伤职工，启动复核鉴定程序：

（一）鉴定结论遗漏或超出《认定工伤决定书》载明的对劳动功能障碍程度等级和生活自理障碍程度等级有较大影响的受伤部位、伤情的；

（二）鉴定伤情检查严重失实的；

（三）工伤职工伤情未相对稳定或停工留薪期未满的；

（四）鉴定不符合规定程序的；

（五）严重影响鉴定结论的其他情形。

第二十四条 设区的市劳动能力鉴定委员会应当自收到省劳动能力鉴定委员会通知之日起60日内作出复核鉴定结论。

经复核鉴定没有发现问题的，设区的市劳动能力鉴定委员会将复核鉴定结论报省劳动能力鉴定委员会，省劳动能力鉴定委员会应当及时恢复再次鉴定程序。

经复核鉴定确有问题的，设区的市劳动能力鉴定委员会应当出具《复核鉴定结论书》（见附件8）并及时送达用人单位及工伤职工，抄送社会保险经办机构及省劳动能力鉴定委员会，省劳动能力鉴定委员会将终止再次鉴定程序。

用人单位或者工伤职工对复核鉴定结论不服的，可以在收到该复核鉴定结论之日起15日内向省劳动能力鉴定委员会申请再次鉴定。

第二十五条 劳动能力再次鉴定、复核鉴定和复查鉴定的程序按照本章的规定执行。

第四章 期间与送达

第二十六条 劳动能力鉴定工作中以日、月、年计算的期间从次日起算。时限截止的最后一日为法定公休日的，顺延至法定公休日后第一个工作日。

第二十七条 劳动能力鉴定委员会应当自作出鉴定结论之日起20日内将劳动能力鉴定结论及时送达工伤职工及其用人单位，并抄送职工参加工伤保险所在地的社会保险经办机构。

第二十八条 劳动能力鉴定结论书的送达参照民事法律有关送达的规定执行，可以采取直接送达、留置送达、邮寄送达或者公告送达等方式。

劳动能力鉴定委员会采取邮寄送达方式时，应交由国家邮政机构进行邮寄，并在“内件品名”中注明《劳动能力鉴定结论书》及文号。

采取直接送达、留置送达、邮寄送达等方式无法送达的，可以在受送达人住所地张贴公告，或者在报纸、网站发布公告，自公告发出之日起经过60日即视为送达。公告送达的，应当在案卷中记明原因和经过。

第五章　监督管理

第二十九条　省劳动能力鉴定委员会应当加强对设区的市劳动能力鉴定委员会的业务指导，并履行下列职责：

（一）全省劳动能力鉴定数据的统计分析；

（二）全省劳动能力鉴定工作人员的业务培训；

（三）制定全省劳动能力鉴定文书基本样式；

（四）制定全省劳动能力鉴定工作考核办法，并将考核结果予以通报。

第三十条　劳动能力鉴定委员会应当定期组织专家培训学习，对医疗卫生专家库实行动态管理。

第三十一条　劳动能力鉴定委员会组成人员、劳动能力鉴定工作人员及参加鉴定的医疗卫生专家与当事人有利害关系的，应当回避。

第六章　附　则

第三十二条　劳动能力鉴定委员会应当及时对鉴定材料整理归档。劳动能力鉴定档案材料包括：

（一）劳动能力鉴定申请表；

（二）《认定工伤决定书》复印件；

（三）劳动能力鉴定材料收讫补正告知书；

（四）病历资料（包括诊断证明、住院病历、检验报告、影像学检查资料等）；

（五）工伤职工的居民身份证或者社会保障卡等其他有效身份证明的复印件；

（六）劳动能力鉴定结论书；

（七）送达手续；

（八）与劳动能力鉴定有关的其他材料。

第三十三条 劳动能力鉴定档案按照《社会保险业务档案管理规定（试行）》进行管理，比照工伤保险待遇类（二）工伤认定材料，保存期限50年。

第三十四条 各级劳动能力鉴定委员会应当按照本规程鉴定程序和文书格式要求规范劳动能力鉴定工作。存在特殊情况的，可以根据工作实际适当调整，并报省劳动能力鉴定委员会备案。

本规程自2017年3月1日起施行，有效期至2022年2月28日。

附件：1. 劳动能力鉴定申请表

2. 劳动能力鉴定申请接待登记台账

3. 劳动能力鉴定材料补正告知书

4. 劳动能力鉴定材料收讫告知书

5. 劳动能力鉴定申请不予受理告知书

6. 劳动能力鉴定专家评审表

7. 初次（复查）鉴定结论书

8. 复核鉴定结论书

9. 再次鉴定结论书

10. 劳动能力鉴定结论更正（补正）通知书

11. 协助补正单

12. 劳动能力鉴定文书送达回证

（附件本书略）

山东省人力资源和社会保障厅 省财政厅关于印发省属驻济机关事业单位工作人员参加工伤保险有关问题的通知

（2017 年 4 月 6 日 鲁人社规〔2017〕10 号）

各市人民政府，省政府各部门、各直属机构，各高等院校：

山东省人力资源和社会保障厅、山东省财政厅 2014 年印发的《关于省属驻济机关事业单位工作人员参加工伤保险有关问题的通知》（鲁人社发〔2014〕11 号）将于 2017 年 4 月 30 日有效期届满。为切实加强省属驻济南机关事业单位的工伤管理，保障因工作遭受事故伤害或患职业病的工作人员的工伤权益，按照《山东省行政程序规定》有关要求，经省政府同意，现将省属驻济机关事业单位工作人员参加工伤保险有关问题通知如下：

一、省属驻济南机关事业单位（以下简称用人单位）依法参加工伤保险，为其在职职工（以下简称职工）缴纳工伤保险费。

二、工伤保险费根据以支定收、收支平衡的原则确定缴费费率，并根据用人单位工伤发生率、使用工伤保险基金等情况对费率进行浮动。

三、用人单位以本单位职工工资总额为基数，按 0.2% 的费率缴纳工伤保险费。职工个人不缴纳工伤保险费。

四、用人单位参加省本级工伤保险，省社会保险事业局负责工伤保险参保登记、缴费、待遇核拨等经办业务。

五、用人单位职工受到事故伤害或患职业病的，其工伤认定由省人力资源社会保障行政部门负责。工伤认定的范围、工伤认定程序按照《工伤保险条例》《工伤认定办法》（人力资源和社会保障部令第8号）及相关规定办理。

六、职工发生工伤，经治疗伤情相对稳定后存在残疾、影响劳动能力的，其劳动能力鉴定由山东省省直机关事业单位劳动能力鉴定委员会按照《工伤职工劳动能力鉴定管理办法》（人力资源和社会保障部、国家卫生和计划生育委员会令第21号）办理。

申请鉴定的用人单位或者个人对省直机关事业单位劳动能力鉴定委员会作出的鉴定结论不服的，可以在收到该鉴定结论之日起15日内向山东省劳动能力鉴定委员会提出再次鉴定申请。山东省劳动能力鉴定委员会作出的劳动能力鉴定结论为最终结论。

七、工伤保险待遇标准及费用支付项目、渠道按照《工伤保险条例》和《山东省贯彻〈工伤保险条例〉实施办法》等有关规定执行，涉及统筹地区上年度职工月平均工资的，按照省人力资源社会保障厅、省财政厅公布的上年度社会保险省级直管单位在岗职工月平均缴费工资的标准执行。

工伤职工需要住院治疗或需异地就医的，其住院伙食补助费和异地就医交通食宿费标准按省人力资源社会保障厅、省财政厅《关于公布省属驻济机关事业单位工作人员住院治疗工伤的伙食补助费和异地就医交通食宿费标准的通知》（鲁人社办发〔2014〕108号）文件执行。

八、工伤职工需要进行工伤康复或必须安装辅助器具的，经山东省省直机关事业单位劳动能力鉴定委员会确认，符合规定的费用，从工伤保险基金中支付。

九、工伤职工治疗非工伤引发的疾病，不享受工伤医疗待遇，已参加基本医疗保险的按照基本医疗保险规定处理。

十、如工伤职工同时符合其他相关公伤保障政策规定的，工（公）伤待遇不得重复享受。其应享受的公伤待遇总额超过《工伤保险条例》规定标准的部分，由用人单位按规定予以补足。

十一、中央、部队驻济南机关事业单位可参照本通知规定参加工伤保险。驻济南以外中央、部队、省属机关事业单位按照属地管理原则，在单位所在地参加工伤保险，执行参保地工伤保险政策。

十二、本通知自2017年5月1日起施行，有效期至2022年4月30日。2014年5月1日前，职工因工作遭受事故伤害或者患职业病认定为工伤的，其工伤医疗待遇由省社会保险事业局从工伤保险基金中支付，其他待遇仍由用人单位按原渠道支付。

五、失业保险

失业保险条例

（1999年1月22日　国务院令第258号）

第一章　总　则

第一条　为了保障失业人员失业期间的基本生活，促进其再就业，制定本条例。

第二条　城镇企业事业单位、城镇企业事业单位职工依照本条例的规定，缴纳失业保险费。

城镇企业事业单位失业人员依照本条例的规定，享受失业保险待遇。

本条所称城镇企业，是指国有企业、城镇集体企业、外商投资企业、城镇私营企业以及其他城镇企业。

第三条　国务院劳动保障行政部门主管全国的失业保险工作。县级以上地方各级人民政府劳动保障行政部门主管本行政区域内的失业保险工作。劳动保障行政部门按照国务院规定设立的经办失业保险业务的社会保险经办机构依照本条例的规定，具体承办失业保险工作。

第四条　失业保险费按照国家有关规定征缴。

第二章　失业保险基金

第五条　失业保险基金由下列各项构成：

（一）城镇企业事业单位、城镇企业事业单位职工缴纳的失业保险费；

（二）失业保险基金的利息；

（三）财政补贴；

（四）依法纳入失业保险基金的其他资金。

第六条 城镇企业事业单位按照本单位工资总额的百分之二缴纳失业保险费。城镇企业事业单位职工按照本人工资的百分之一缴纳失业保险费。城镇企业事业单位招用的农民合同制工人本人不缴纳失业保险费。

第七条 失业保险基金在直辖市和设区的市实行全市统筹；其他地区的统筹层次由省、自治区人民政府规定。

第八条 省、自治区可以建立失业保险调剂金。

失业保险调剂金以统筹地区依法应当征收的失业保险费为基数，按照省、自治区人民政府规定的比例筹集。

统筹地区的失业保险基金不敷使用时，由失业保险调剂金调剂、地方财政补贴。

失业保险调剂金的筹集、调剂使用以及地方财政补贴的具体办法，由省、自治区人民政府规定。

第九条 省、自治区、直辖市人民政府根据本行政区域失业人员数量和失业保险基金数额，报经国务院批准，可以适当调整本行政区域失业保险费的费率。

第十条 失业保险基金用于下列支出：

（一）失业保险金；

（二）领取失业保险金期间的医疗补助金；

（三）领取失业保险金期间死亡的失业人员的丧葬补助金和其供养的配偶、直系亲属的抚恤金；

（四）领取失业保险金期间接受职业培训、职业介绍的补贴，补贴的办法和标准由省、自治区、直辖市人民政府规定；

（五）国务院规定或者批准的与失业保险有关的其他费用。

第十一条 失业保险基金必须存入财政部门在国有商业银行开设的社会保障基金财政专户，实行收支两条线管理，由财政部门依法进行监督。

存入银行和按照国家规定购买国债的失业保险基金，分别按照城乡居民同期存款利率和国债利息计息。失业保险基金的利息并入失业保险基金。

失业保险基金专款专用，不得挪作他用，不得用于平衡财政收支。

第十二条 失业保险基金收支的预算、决算，由统筹地区社会保险经办机构编制，经同级劳动保障行政部门复核、同级财政部门审核，报同级人民政府审批。

第十三条 失业保险基金的财务制度和会计制度按照国家有关规定执行。

第三章 失业保险待遇

第十四条 具备下列条件的失业人员，可以领取失业保险金：

（一）按照规定参加失业保险，所在单位和本人已按照规定履行缴费义务满 1 年的；

（二）非因本人意愿中断就业的；

（三）已办理失业登记，并有求职要求的。

失业人员在领取失业保险金期间，按照规定同时享受其他失业保险待遇。

第十五条 失业人员在领取失业保险金期间有下列情形之一的，停止领取失业保险金，并同时停止享受其他失业保险待遇：

（一）重新就业的；

（二）应征服兵役的；

（三）移居境外的；

（四）享受基本养老保险待遇的；

（五）被判刑收监执行或者被劳动教养的；

（六）无正当理由，拒不接受当地人民政府指定的部门或者机构介绍的工作的；

（七）有法律、行政法规规定的其他情形的。

第十六条 城镇企业事业单位应当及时为失业人员出具终止或者解除劳动关系的证明，告知其按照规定享受失业保险待遇的权利，并将失业人员的名单自终止或者解除劳动关系之日起7日内报社会保险经办机构备案。

城镇企业事业单位职工失业后，应当持本单位为其出具的终止或者解除劳动关系的证明，及时到指定的社会保险经办机构办理失业登记。失业保险金自办理失业登记之日起计算。

失业保险金由社会保险经办机构按月发放。社会保险经办机构为失业人员开具领取失业保险金的单证，失业人员凭单证到指定银行领取失业保险金。

第十七条 失业人员失业前所在单位和本人按照规定累计缴费时间满1年不足5年的，领取失业保险金的期限最长为12个月；累计缴费时间满5年不足10年的，领取失业保险金的期限最长为18个月；累计缴费时间10年以上的，领取失业保险金的期限最长为24个月。重新就业后，再次失业的，缴费时间重新计算，领取失业保险金的期限可以与前次失业应领取而尚未领取的失业保险金的期限合并计算，但是最长不得超过24个月。

第十八条 失业保险金的标准，按照低于当地最低工资标准、高于城市居民最低生活保障标准的水平，由省、自治区、直辖市人民政府确定。

第十九条 失业人员在领取失业保险金期间患病就医的，可以按照规定向社会保险经办机构申请领取医疗补助金。医疗补助金的标准由省、自治区、直辖市人民政府规定。

第二十条 失业人员在领取失业保险金期间死亡的，参照当地对在职职工的规定，对其家属一次性发给丧葬补助金和抚恤金。

第二十一条 单位招用的农民合同制工人连续工作满1年，本单位并已缴纳失业保险费，劳动合同期满未续订或者提前解除劳动合同的，由社会保险经办机构根据其工作时间长短，对其支付一次性生活补助。补助的办法和标准由省、自治区、直辖市人民政府规定。

第二十二条 城镇企业事业单位成建制跨统筹地区转移，失业人员跨统筹地区流动的，失业保险关系随之转迁。

第二十三条 失业人员符合城市居民最低生活保障条件的，按照规定享受城市居民最低生活保障待遇。

第四章 管理和监督

第二十四条 劳动保障行政部门管理失业保险工作，履行下列职责：

（一）贯彻实施失业保险法律、法规；

（二）指导社会保险经办机构的工作；

（三）对失业保险费的征收和失业保险待遇的支付进行监督检查。

第二十五条 社会保险经办机构具体承办失业保险工作，履行下列职责：

（一）负责失业人员的登记、调查、统计；

（二）按照规定负责失业保险基金的管理；

（三）按照规定核定失业保险待遇，开具失业人员在指定银行领取失业保险金和其他补助金的单证；

（四）拨付失业人员职业培训、职业介绍补贴费用；

（五）为失业人员提供免费咨询服务；

（六）国家规定由其履行的其他职责。

第二十六条 财政部门和审计部门依法对失业保险基金的收支、管理情况进行监督。

第二十七条 社会保险经办机构所需经费列入预算，由财政拨付。

第五章　罚　则

第二十八条　不符合享受失业保险待遇条件，骗取失业保险金和其他失业保险待遇的，由社会保险经办机构责令退还；情节严重的，由劳动保障行政部门处骗取金额1倍以上3倍以下的罚款。

第二十九条　社会保险经办机构工作人员违反规定向失业人员开具领取失业保险金或者享受其他失业保险待遇单证，致使失业保险基金损失的，由劳动保障行政部门责令追回；情节严重的，依法给予行政处分。

第三十条　劳动保障行政部门和社会保险经办机构的工作人员滥用职权、徇私舞弊、玩忽职守，造成失业保险基金损失的，由劳动保障行政部门追回损失的失业保险基金；构成犯罪的，依法追究刑事责任；尚不构成犯罪的，依法给予行政处分。

第三十一条　任何单位、个人挪用失业保险基金的，追回挪用的失业保险基金；有违法所得的，没收违法所得，并入失业保险基金；构成犯罪的，依法追究刑事责任；尚不构成犯罪的，对直接负责的主管人员和其他直接责任人员依法给予行政处分。

第六章　附　则

第三十二条　省、自治区、直辖市人民政府根据当地实际情况，可以决定本条例适用于本行政区域内的社会团体及其专职人员、民办非企业单位及其职工、有雇工的城镇个体工商户及其雇工。

第三十三条　本条例自发布之日起施行。1993年4月12日国务院发布的《国有企业职工待业保险规定》同时废止。

最高人民检察院关于挪用失业保险基金和下岗职工基本生活保障资金的行为适用法律问题的批复

（2003 年 1 月 13 日　最高人民检察院第九届检察委员会第一百一十八次会议通过）

辽宁省人民检察院：

你院辽检发研字〔2002〕9 号《关于挪用职工失业保险金和下岗职工生活保障金是否属于挪用特定款物的请示》收悉。经研究，批复如下：

挪用失业保险基金和下岗职工基本生活保障资金属于挪用救济款物。挪用失业保险基金和下岗职工基本生活保障资金，情节严重，致使国家和人民群众利益遭受重大损害的，对直接责任人员，应当依照刑法第二百七十三条的规定，以挪用特定款物罪追究刑事责任；国家工作人员利用职务上的便利，挪用失业保险基金和下岗职工基本生活保障资金归个人使用，构成犯罪的，应当依照刑法第三百八十四条的规定，以挪用公款罪追究刑事责任。

此复。

失业保险金申领发放办法

（2000年10月26日　劳动和社会保障部令第8号）

第一章　总　则

第一条　为保证失业人员及时获得失业保险金及其他失业保险待遇，根据《失业保险条例》（以下简称《条例》），制定本办法。

第二条　参加失业保险的城镇企业事业单位职工以及按照省级人民政府规定参加失业保险的其他单位人员失业后（以下统称失业人员），申请领取失业保险金、享受其他失业保险待遇适用本办法；按照规定应参加而尚未参加失业保险的不适用本办法。

第三条　劳动保障行政部门设立的经办失业保险业务的社会保险经办机构（以下简称经办机构）按照本办法规定受理失业人员领取失业保险金的申请，审核确认领取资格，核定领取失业保险金、享受其他失业保险待遇的期限及标准，负责发放失业保险金并提供其他失业保险待遇。

第二章　失业保险金申领

第四条　失业人员符合《条例》第十四条规定条件的，可以申请领取失业保险金，享受其他失业保险待遇。其中，非因本人意愿中断就业的是指下列人员：

（一）终止劳动合同的；

（二）被用人单位解除劳动合同的；

（三）被用人单位开除、除名和辞退的；

（四）根据《中华人民共和国劳动法》第三十二条第二、三项与用人单位解除劳动合同的；

（五）法律、行政法规另有规定的。

第五条 失业人员失业前所在单位，应将失业人员的名单自终止或者解除劳动合同之日起 7 日内报受理其失业保险业务的经办机构备案，并按要求提供终止或解除劳动合同证明、参加失业保险及缴费情况证明等有关材料。

第六条 失业人员应在终止或者解除劳动合同之日起 60 日内到受理其单位失业保险业务的经办机构申领失业保险金。

第七条 失业人员申领失业保险金应填写《失业保险金申领表》，并出示下列证明材料：

（一）本人身份证明；

（二）所在单位出具的终止或者解除劳动合同的证明；

（三）失业登记及求职证明；

（四）省级劳动保障行政部门规定的其他材料。

第八条 失业人员领取失业保险金，应由本人按月到经办机构领取，同时应向经办机构如实说明求职和接受职业指导、职业培训情况。

第九条 失业人员在领取失业保险金期间患病就医的，可以按照规定向经办机构申请领取医疗补助金。

第十条 失业人员在领取失业保险金期间死亡的，其家属可持失业人员死亡证明、领取人身份证明、与失业人员的关系证明，按规定向经办机构领取一次性丧葬补助金和其供养配偶、直系亲属的抚恤金。失业人员当月尚未领取的失业保险金可由其家属一并领取。

第十一条 失业人员在领取失业保险金期间，应积极求职，接受职业指导和职业培训。失业人员在领取失业保险金期间求职时，可以按规定享受就业服务减免费用等优惠政策。

第十二条 失业人员在领取失业保险金期间或期满后，符合享受当地城市居民最低生活保障条件的，可以按照规定申请享受城市居民最低生活保障待遇。

第十三条 失业人员在领取失业保险金期间，发生《条例》第十五条规定情形之一的，不得继续领取失业保险金和享受其他失业保险待遇。

第三章 失业保险金发放

第十四条 经办机构自受理失业人员领取失业保险金申请之日起10日内，对申领者的资格进行审核认定，并将结果及有关事项告知本人。经审核合格者，从其办理失业登记之日起计发失业保险金。

第十五条 经办机构根据失业人员累计缴费时间核定其领取失业保险金的期限。失业人员累计缴费时间按照下列原则确定：

（一）实行个人缴纳失业保险费前，按国家规定计算的工龄视同缴费时间，与《条例》发布后缴纳失业保险费的时间合并计算。

（二）失业人员在领取失业保险金期间重新就业后再次失业的，缴费时间重新计算，其领取失业保险金的期限可以与前次失业应领取而尚未领取的失业保险金的期限合并计算，但是最长不得超过24个月。失业人员在领取失业保险金期间重新就业后不满1年再次失业的，可以继续申领其前次失业应领取而尚未领取的失业保险金。

第十六条 失业保险金以及医疗补助金、丧葬补助金、抚恤金、职业培训和职业介绍补贴等失业保险待遇的标准按照各省、自治区、直辖市人民政府的有关规定执行。

第十七条 失业保险金应按月发放，由经办机构开具单证，失业人员凭单证到指定银行领取。

第十八条 对领取失业保险金期限即将届满的失业人员，经办机构应提前1个月告知本人。

失业人员在领取失业保险金期间，发生《条例》第十五条规定情形之一的，经办机构有权即行停止其失业保险金发放，并同时停止其享受其他失业保险待遇。

第十九条 经办机构应当通过准备书面资料、开设服务窗口、设立咨询电话等方式，为失业人员、用人单位和社会公众提供咨询服务。

第二十条 经办机构应按规定负责失业保险金申领、发放的统计工作。

第四章 失业保险关系转迁

第二十一条 对失业人员失业前所在单位与本人户籍不在同一统筹地区的，其失业保险金的发放和其他失业保险待遇的提供由两地劳动保障行政部门进行协商，明确具体办法。协商未能取得一致的，由上一级劳动保障行政部门确定。

第二十二条 失业人员失业保险关系跨省、自治区、直辖市转迁的，失业保险费用应随失业保险关系相应划转。需划转的失业保险费用包括失业保险金、医疗补助金和职业培训、职业介绍补贴。其中，医疗补助金和职业培训、职业介绍补贴按失业人员应享受的失业保险金总额的一半计算。

第二十三条 失业人员失业保险关系在省、自治区范围内跨统筹地区转迁，失业保险费用的处理由省级劳动保障行政部门规定。

第二十四条 失业人员跨统筹地区转移的，凭失业保险关系迁出地经办机构出具的证明材料到迁入地经办机构领取失业保险金。

第五章 附 则

第二十五条 经办机构发现不符合条件，或以涂改、伪造有关材料等非法手段骗取失业保险金和其他失业保险待遇的，应责令其退还；对情节严重的，经办机构可以提请劳动保障行政部门对其进行处罚。

第二十六条 经办机构工作人员违反本办法规定的，由经办机构或主管该经办机构的劳动保障行政部门责令其改正；情节严重的，依法给予行政处分；给失业人员造成损失的，依法赔偿。

第二十七条 失业人员因享受失业保险待遇与经办机构发生争议的，可以向主管该经办机构的劳动保障行政部门申请行政复议。

第二十八条 符合《条例》规定的劳动合同期满未续订或者提前解除劳动合同的农民合同制工人申领一次性生活补助，按各省、自治区、直辖市办法执行。

第二十九条 《失业保险金申领表》的样式，由劳动和社会保障部统一制定。

第三十条 本办法自 2001 年 1 月 1 日起施行。

劳动和社会保障部等部门关于事业单位参加失业保险有关问题的通知

（1999年8月30日　劳社部发〔1999〕29号）

各省、自治区、直辖市劳动（劳动和社会保障）厅（局）、财政厅（局）、人事厅（局）：

国务院今年1月22日发布的《失业保险条例》和《社会保险费征缴暂行条例》（国务院令第258、259号）规定："城镇企业事业单位、城镇企业事业单位职工按照本条例的规定，缴纳失业保险费。城镇企业事业单位失业人员依照本条例的规定，享受失业保险待遇"。现就事业单位参加失业保险有关问题通知如下：

一、事业单位应当按照两个《条例》和所在地区的有关规定，在单位所在地进行社会保登记，按时申报并足额缴纳失业保险费。各主管部门应当督促所属事业单位做好相关工作。

二、事业单位缴纳失业保险费所需资金在其支出预算中列支。此项基金收支要在失业保险基金收支中单独反映，并在保证事业单位失业人员失业保险待遇的前提下统筹使用。

三、事业单位职工失业后，应到当地经办失业保险业务的社会保险经办机构办理失业登记，对符合享受失业保险待遇条件的，由经办机构按规定支付失业保险待遇。

四、在国家关于事业单位养老保险制度改革办法出台之前，事业单位职工失业期间的养老关系予以保留（失业期间不计算缴费年限或工作年限），再就业后，按照其新的工作单位的养老办法接续。新的工作单位已经实行养老保险社会统筹的，本人应随之参加，其在原单位的工作年限视同缴费年限；新的工作单位实行其他养老办法的，按该单位办法办理。

五、各级劳动保障、人事行政部门要加强对事业单位参加失业保险工作的指导。尚未将失业保险职能集中起来的地方，要尽快实行统一管理，并统一政策、统一运作。

劳动和社会保障部 财政部关于银行系统单位参加失业保险有关问题的通知

（2000 年 11 月 8 日 劳社部发〔2000〕22 号）

各省、自治区、直辖市劳动和社会保障厅（局），财政厅（局）：

为贯彻施行《失业保险条例》和《社会保险费征缴暂行条例》，做好银行系统参加失业保险工作，现就有关问题通知如下：

一、中国人民银行及其分支机构，不纳入失业保险实施范围。中国人民银行所属的各类企业事业单位及其职工，应按规定参加单位所在地的失业保险。

二、各商业银行及其职工，均应参加单位所在地的失业保险。

三、各国家政策性银行及其职工，均应参加单位所在地的失业保险。

四、参加失业保险的银行系统单位及其职工，应当认真履行规定的缴费义务。其职工失业后，按规定享受失业保险待遇。

五、各级劳动保障部门及其经办失业保险业务的社会保险经办机构，应对银行系统的有关单位做好相关法律、法规和政策的宣传工作，加强指导，使银行系统各单位按规定参加失业保险。

劳动和社会保障部办公厅关于破产企业职工自谋职业领取一次性安置费后能否享受失业保险待遇问题的复函

（2001年5月23日　劳社厅函〔2001〕133号）

河南省劳动和社会保障厅：

你厅《关于破产企业职工自谋职业领取一次性安置费后能否享受失业保险待遇的请示》（豫劳社函〔2001〕51号）收悉。经研究，答复如下：

一、根据《国务院关于若干城市试行国有企业破产有关问题的通知》（国发〔1994〕59号）和《国务院关于在若干城市试行国有企业兼并破产和职工再就业有关问题的补充通知》（国发〔1997〕10号）精神，优化资本结构试点城市安置国有破产企业职工时，可以根据当地情况，对自谋职业的发放一次性安置费，以鼓励和帮助职工尽快实现重新就业。实行这项政策，应坚持职工自愿原则，规范操作。按照《失业保险条例》的规定，在业人员不享受失业保险待遇。

二、对未提出自谋职业申请或虽提出申请但未实现自谋职业，及实行劳动合同制以后参加工作的职工，企业在与其解除劳动合同时，应按规定支付经济补偿金，符合法定条件的按规定享受失业保险待遇。

劳动和社会保障部办公厅关于对不符合领取失业保险金条件人员原有缴费时间的处理意见

（2004年8月13日　劳社厅发〔2004〕11号）

各省、自治区、直辖市劳动和社会保障厅（局）：

为促进失业人员通过多种形式实现就业，处理好职工在不同经济类型单位间转换时失业保险关系接续问题，提供便捷周到的服务，现就有关不符合领取失业保险金条件人员原有缴费时间问题提出如下处理意见：

城镇企业事业单位职工失业，因参保缴费时间不足1年，自愿辞职、没有求职要求或不进行失业登记以及自谋职业领取一次性安置费等原因不符合领取失业保险金条件的，该失业人员原有缴费时间应当予以保留。待其重新就业并再次参保后，将其前后缴费时间合并计算。

人力资源和社会保障部等部门关于失业保险支持企业稳定岗位有关问题的通知

（2014年11月6日　人社部发〔2014〕76号）

各省、自治区、直辖市及新疆生产建设兵团人力资源社会保障厅（局）、财政厅（局）、发展改革委、工业和信息化主管部门：

为贯彻落实《国务院关于进一步优化企业兼并重组市场环境的意见》（国发〔2014〕14号）有关要求，在调整优化产业结构中更好地发挥失业保险预防失业、促进就业作用，激励企业承担稳定就业的社会责任，现就失业保险支持企业稳定岗位有关问题通知如下：

一、政策范围

对采取有效措施不裁员、少裁员，稳定就业岗位的企业，由失业保险基金给予稳定岗位补贴（以下简称“稳岗补贴”）。补贴政策主要适用以下企业：

（一）实施兼并重组企业。指在日常经营活动之外发生法律结构或经济结构重大改变的交易，并使企业经营管理控制权发生转移，包括实施兼并、收购、合并、分立、债务重组等经济行为的企业。

（二）化解产能严重过剩企业。指按《国务院关于化解产能严重过剩矛盾的指导意见》（国发〔2013〕41号）等相关规定，对钢铁、水泥、电解铝、平板玻璃、船舶等产能严重过剩行业淘汰过剩产能的企业。

（三）淘汰落后产能企业。指按《国务院关于进一步加强淘汰落后产能工作的通知》（国发〔2010〕7号）等规定，对电力、煤炭、钢铁、水泥、有色金属、焦炭、造纸、制革、印染等行业淘汰落后产能的企业。

（四）经国务院批准的其他行业、企业。

二、基本条件

（一）失业保险统筹地区实施稳岗补贴应同时具备以下条件：上年失业保险基金滚存结余具备1年以上支付能力；失业保险基金使用管理规范。

（二）企业申请稳岗补贴应同时具备以下条件：生产经营活动符合国家及所在区域产业结构调整政策和环保政策；依法参加失业保险并足额缴纳失业保险费；上年度未裁员或裁员率低于统筹地区城镇登记失业率；企业财务制度健全、管理运行规范。

三、资金使用

各地区对符合上述政策范围和基本条件的企业，在兼并重组、化解产能过剩以及淘汰落后产能期间，可按不超过该企业及其职工上年度实际缴纳失业保险费总额的50%给予稳岗补贴，所需资金从失业保险基金中列支。稳岗补贴主要用于职工生活补助、缴纳社会保险费、转岗培训、技能提升培训等相关支出。稳岗补贴的具体比例由省级人力资源社会保障和财政部门确定。稳岗补贴政策执行到2020年底。

四、审核认定

符合条件的企业可向人力资源社会保障部门申请稳岗补贴。人力资源社会保障部门会同行业主管部门对企业类型认定后，对申请稳岗补贴企业的基本条件进行审定，确定补贴企业名单和补贴数额，并公开相关信息，接受社会监督。财政部门根据人力资源社会保障部门审定的企业名单和补贴数额，及时拨付补贴资金。

五、组织实施

（一）加强组织领导。失业保险支持企业稳定岗位是产业结构调整优化过程中一项重要政策。各地区要高度重视，加强组织领导，人力资源社会保障、财政、发展改革、工业和信息化等部门要加强协调配合、各司其职，并督促企业在实施兼并重组、化解产能过剩、淘汰落后产能过程中采取切实有效措施稳定职工队伍，维护社会稳定。

（二）强化基金管理。各地区要充分考虑基金支付能力，按照“突出重点、总量控制、严格把握、动态监管”的原则，将稳岗补贴支出纳入失业保险基金预算管理，合理制定失业保险基金使用计划，加强监管，规范运作，切实保证基金有效使用和支付可持续。

（三）加强跟踪监测。各地区人力资源社会保障部门要将享受稳岗补贴的企业纳入失业动态监测范围，及时跟踪了解企业岗位变化动态，监测企业职工队伍稳定情况，评估稳岗补贴政策效果。财政部门要对辖区内失业动态监测工作给予必要经费支持。人力资源社会保障部、财政部适时组织开展政策绩效评估，根据实际调整完善政策。

各省级人力资源社会保障、财政、发展改革、工业和信息化等部门要尽快制定本地区失业保险稳岗补贴具体实施办法，报人力资源社会保障部、财政部备案。政策执行中遇到的重大问题要及时向人力资源社会保障部、财政部报告。

人力资源和社会保障部 财政部
关于调整失业保险费率有关问题的通知

（2015 年 2 月 27 日　人社部发〔2015〕24 号）

各省、自治区、直辖市及新疆生产建设兵团人力资源社会保障厅（局）、财政厅（局）：

为了完善失业保险制度，建立健全失业保险费率动态调整机制，进一步减轻企业负担，促进就业稳定，经国务院同意，现就适当降低失业保险费率有关问题通知如下：

一、从 2015 年 3 月 1 日起，失业保险费率暂由现行条例规定的 3%降至 2%，单位和个人缴费的具体比例由各省、自治区、直辖市人民政府确定。在省、自治区、直辖市行政区域内，单位及职工的费率应当统一。

二、各地降低失业保险费率要坚持“以支定收、收支基本平衡”的原则。要充分考虑提高失业保险待遇标准、促进失业人员再就业、落实失业保险稳岗补贴政策等因素对基金支付能力的影响，结合实际，认真测算，研究制定降低失业保险费率的具体方案，经省级人民政府批准后执行，并报人力资源社会保障部和财政部备案。

三、各地要按照本通知的要求，抓紧研究制定本行政区降低失业保险费率的方案，尽早组织实施。执行中遇到的问题，要及时向人力资源社会保障部和财政部报告。

人力资源和社会保障部 财政部关于失业保险支持参保职工提升职业技能有关问题的通知

（2017 年 5 月 15 日　人社部发〔2017〕40 号）

各省、自治区、直辖市及新疆生产建设兵团人力资源社会保障厅(局)、财政（财务）厅（局）：

为贯彻落实《国务院关于做好当前和今后一段时期就业创业工作的意见》（国发〔2017〕28 号）关于“依法参加失业保险 3 年以上、当年取得职业资格证书或职业技能等级证书的企业职工，可申请参保职工技能提升补贴，所需资金按规定从失业保险基金中列支”的要求，提升参加失业保险职工的职业技能，发挥失业保险促进就业作用，现就有关问题通知如下：

一、申领条件

同时符合以下条件的企业职工，可申领技能提升补贴：

（一）依法参加失业保险，累计缴纳失业保险费 36 个月（含 36 个月）以上的。

（二）自 2017 年 1 月 1 日起取得初级（五级）、中级（四级)、高级（三级）职业资格证书或职业技能等级证书的。

二、审核程序

（一）职工应在职业资格证书或职业技能等级证书核发之日起 12 个月内，到本人失业保险参保地失业保险经办机构，申领技能提升补贴。

（二）失业保险经办机构通过职业资格证书或职业技能等级证书联网查询、与失业保险参保信息比对等方式进行审核。

（三）失业保险经办机构按照规定程序对申请审核通过后，应直接将补贴资金发放至申请人本人的个人银行账户或社会保障卡。

技能提升补贴申请、审核的具体程序和操作办法，由各省级人力资源社会保障部门、财政部门根据本地实际，本着方便、快捷、安全、审慎的原则制定，并主动向社会公开。

三、补贴标准

技能提升补贴的标准由省级人力资源社会保障部门、财政部门根据本地失业保险基金运行情况、职业技能培训、鉴定收费标准等因素综合确定，并适时调整。

补贴标准应根据取得职业资格证书或职业技能等级证书有所区别。职工取得初级（五级）职业资格证书或职业技能等级证书的，补贴标准一般不超过1000元；职工取得中级（四级）职业资格证书或职业技能等级证书的，补贴标准一般不超过1500元；职工取得高级（三级）职业资格证书或职业技能等级证书的，补贴标准一般不超过2000元。

各省（自治区、直辖市）可根据本地产业发展方向和人力资源市场需求，研究制定本地区紧缺急需的职业（工种）目录。技能提升补贴标准可向地区紧缺急需职业（工种）予以倾斜。

同一职业（工种）同一等级只能申请并享受一次技能提升补贴。

四、资金使用

在失业保险基金科目中设立技能提升补贴科目，所需资金从失业保险基金技能提升补贴科目中列支。

各省（自治区、直辖市）要将技能提升补贴支出纳入失业保险基金预算管理，规范运作，切实保证基金有效使用和安全运行。要重点关注基金支付能力相对较弱的统筹地区，发挥省级调剂金的作用，确保每个地区符合条件的职工都能享受到政策。

五、工作要求

（一）加强组织领导。失业保险基金用于参保职工技能提升补贴，有利于引导职工提高职业技能水平和职业转换能力，从源头上减少失业、稳定就业；有利于弘扬工匠精神，推动我国由人力资源大国向人力资源强国迈进，为我国产业转型升级提供强有力的人才支撑。各级人力资源社会保障部门、财政部门要高度重视，将其作为失业保险预防失业、稳定就业的重要举措，精心组织、狠抓落实。要尽快制定实施办法，在6月30日前报人力资源社会保障部、财政部备案。

（二）提高审核效率。以“规范、安全、便捷”为原则，整合利用现有资源，将受理、审核、发放、监督等工作纳入信息化管理，简化申报材料，优化审核流程，强化信息共享，完善服务标准，创新服务模式，提高经办服务质量。有条件的地区，可以运用电子政务手段，探索实行技能提升补贴网络在线申请、审核。

（三）强化监督管理。职业技能鉴定机构要严格鉴定标准，严把证书发放质量。失业保险经办机构要建立与职业技能鉴定机构的信息共享、沟通协调机制，通过信息比对有效甄别证书的真实性，严防冒领、骗取补贴。制订补贴资金的审核、公示、拨付、监督等制度，严格财务管理和资金监管，防范廉洁风险。公示补贴发放情况，畅通投诉举报渠道，发挥社会监督作用。对违法违规行为，按规定追究相关责任。

（四）加大宣传力度。设计编印通俗易懂的宣传材料，深入企业、街道、社区，开展形式多样的政策解读和集中宣传活动；在失业保险经办机构、职业技能鉴定机构、人力资源市场等场所，悬挂、张贴、发放宣传材料；运用广播电视、报纸期刊、微博微信等渠道宣传申领条件、申请办法、受理部门、办理时限。通过广泛宣传，使参保职工了解政策内容，熟悉办理程序，知晓办事场所，更方便更快捷地享受政策。

本《通知》自印发之日起开始施行。各地在政策执行中遇到的重大问题应及时向人力资源社会保障部、财政部报告。人力资源社会保障部、财政部适时组织开展政策绩效评估，根据实际调整完善政策。

人力资源和社会保障部 财政部关于调整失业保险金标准的指导意见

（2017年9月20日 人社部发〔2017〕71号）

各省、自治区、直辖市及新疆生产建设兵团人力资源社会保障厅（局）、财政（财务）厅（局）：

为进一步提高失业人员基本生活保障水平，根据《失业保险条例》，现就调整失业保险金标准提出以下指导意见：

一、充分认识调整失业保险金标准的重要意义

保障失业人员失业期间的基本生活是失业保险制度的基本功能。近年来，各地深入贯彻落实失业保险有关法律法规，多措并举，有序推进，全国失业保险金水平逐年提高，地区差距逐步缩小，有效地保障了失业人员基本生活，为兜牢民生底线发挥了积极作用。各地要充分认识提高失业保险金标准关系失业人员共享经济社会发展成果，关系人民群众的获得感和幸福感，对于促进社会公平，维护社会和谐稳定具有重要意义。要在确保失业保险基金平稳运行的前提下，逐步提升失业保障水平，切实保障好失业人员的基本生活。

二、科学合理确定失业保险金标准

《失业保险条例》规定："失业保险金的标准，按照低于当地最低工资标准、高于城市居民最低生活保障标准的水平，由省、自治区、直辖市人民政府确定"。确定失业保险金具体标准，要统筹考虑失业人员及其家庭基本生活需要和失业保险基金运行安全，坚持"保生活"和"促就业"相统一，既要保障失业人员基本生活需要，又要防止待遇水平过高影响就业积极性。

各省要在确保基金可持续前提下，随着经济社会的发展，适当提高失业保障水平，分步实施，循序渐进，逐步将失业保险金标准提高到最低工资标准的90%。各省要发挥省级调剂金的作用，加大对基金支撑能力弱的统筹地区的支持力度。

三、切实做好组织实施工作

确定失业保险金标准，直接关系失业人员的切身利益，体现了党中央、国务院对失业人员的关心关怀。各地要以人为本，高度重视，精心实施，对组织领导、工作进度、资金保障等作出周密安排。各省、自治区、直辖市人社厅（局）会同财政厅（局）要结合本地实际，提出调整方案，报省、自治区、直辖市人民政府确定。各地在贯彻落实过程中遇到的问题，请及时向人力资源社会保障部、财政部报告。

山东省失业保险规定

（2003年8月29日　山东省人民政府令第161号）

第一条　根据国务院《失业保险条例》和《社会保险费征缴暂行条例》，结合本省实际，制定本规定。

第二条　本省行政区域内的下列单位（以下简称参保单位）及其职工（以下简称参保职工），应当按照国务院《失业保险条例》和本规定参加失业保险，缴纳失业保险费：

（一）城镇企业及其职工，有雇工的城镇个体工商户及其雇工；

（二）国家机关和参照公务员制度管理的机关中的工勤人员；

（三）事业单位及其职工；

（四）社会团体及其专职人员，民办非企业单位及其职工；

（五）驻鲁部队所属机关、事业单位中的无军籍职工。

前款规定范围内的单位职工失业后，依法享受相应的失业保险待遇。

第三条　县级以上人民政府劳动保障行政部门主管本行政区域内的失业保险工作。劳动保障行政部门按照国家规定设立的社会保险经办机构具体承办失业保险工作。

县级以上人民政府有关部门按照各自职责做好失业保险工作。

第四条　各级人民政府应当逐步加大对失业保险的投入，加强失业保险费征缴和失业保险基金的管理，保障失业保险费足额征收，保障失业保险待遇按时支付。

第五条　参保单位应当依法到社会保险经办机构办理社会保

险登记，按月申报并足额缴纳失业保险费，按规定代扣代缴参保职工应当缴纳的失业保险费。

第六条 失业保险费由当地社会保险经办机构统一征收。

中央驻鲁单位、省直机关事业单位的失业保险费由省社会保险经办机构负责征收。

第七条 本规定第二条第（二）（五）项规定的参保单位按照应参加失业保险职工工资总额的2%缴纳失业保险费，其他参保单位按照本单位职工工资总额的2%缴纳失业保险费；参保职工按本人工资的1%缴纳失业保险费。

参保单位招用的农民合同制工人本人不缴纳失业保险费。

参保职工个人应当缴纳的失业保险费由所在单位从其本人工资中代扣代缴。

参保企业缴纳的失业保险费在成本中列支；参保机关、事业单位、社会团体和民办非企业单位缴纳的失业保险费在行政事业费或单位自有资金中列支。参保职工个人按规定的比例实际缴纳的失业保险费免予征收个人所得税。

第八条 参保单位因破产、解散等原因终止的，组织清算时应当通知当地社会保险经办机构，并按工资同一顺序清偿应当缴纳的失业保险费。

第九条 参保单位应当每半年向职工公布一次本单位及其职工缴纳失业保险费的情况。

社会保险经办机构应当为参加失业保险的职工建立个人缴费记录，每半年向社会公告一次失业保险费的征收和支出情况。

参保职工可以向本单位和社会保险经办机构查询失业保险费的缴纳情况，单位和社会保险经办机构必须及时为其提供有关情况。

第十条 失业保险基金在设区的市实行全市统筹。具体统筹方式由各设区的市人民政府规定。

第十一条 建立省失业保险调剂金，用于全省失业保险基金的调剂使用。省失业保险调剂金由设区的市社会保险经办机构按照上一季度应征收失业保险费总额5%的比例，于每季度的第一个月上缴省社会保险经办机构。

第十二条 设区的市当期收缴的失业保险基金不敷使用的，应当使用历年结余。使用结余后仍不敷使用的，设区的市劳动保障行政部门可以向省劳动保障行政部门申请使用省失业保险调剂金。

失业保险调剂金的使用由省劳动保障行政部门会同省财政部门，按照平衡各设区的市失业保险基金余缺和适当向失业压力大的地区倾斜的原则审核确定并及时拨付。

设区的市使用省失业保险调剂金后，失业保险基金仍不敷使用的，由当地财政予以补贴。

第十三条 同时具备下列条件的失业人员，可以领取失业保险金：

（一）按规定参加失业保险，所在单位和本人已按照规定履行缴费义务满1年；

（二）非因本人意愿中断就业；

（三）已办理失业登记，并有求职要求。

失业人员在领取失业保险金期间，按照规定同时享受其他失业保险待遇。

第十四条 失业人员在领取失业保险金期间有下列情形之一的，停止领取失业保险金，并同时停止享受其他失业保险待遇：

（一）重新就业的；

（二）应征服兵役的；

（三）移居境外的；

（四）享受基本养老保险待遇的；

（五）在劳动教养或判刑收监执行期间的；

（六）无正当理由，拒不接受当地政府指定的部门或者机构介绍的工作的；

（七）法律、行政法规规定的其他情形。

第十五条　参保单位与职工解除或者终止劳动关系的，应当书面告知职工有按规定享受失业保险待遇的权利，为其出具解除或者终止劳动关系的证明，并自解除或者终止劳动关系之日起7日内将失业人员名单、缴费记录、解除或者终止劳动关系证明报当地社会保险经办机构备案。

失业人员应当自解除或者终止劳动关系之日起60日内，持原单位为其出具的解除或者终止劳动关系的证明和身份证明，到当地社会保险经办机构办理失业登记和失业保险金申领手续。

中央驻鲁单位和省直机关事业单位的失业登记、失业待遇发放，由省社会保险经办机构或者所在地的社会保险经办机构办理，所需资金由省社会保险经办机构及时拨付。

第十六条　社会保险经办机构应当自收到失业登记申请之日起10日内，对申领者的资格进行审核，并将结果告知本人；对符合享受失业保险待遇条件的，应当开具领取失业保险金的单证，由失业人员凭单证到指定银行领取失业保险金。

失业保险待遇自办理失业登记之日起计算。

第十七条　失业人员领取失业保险金的期限，根据其失业前所在单位和本人按规定累计缴纳失业保险费的年限计算。累计缴费时间满1年不满5年的，领取失业保险金的期限最长为12个月；累计缴费时间满5年不满10年的，领取失业保险金的期限最长为18个月；累计缴费时间满10年以上的，领取失业保险金的期限最长为24个月。

重新就业后再次失业的，缴费时间重新计算，领取失业保险金的期限应当与前次失业尚未领取的失业保险金的期限合并计算，但最长不得超过24个月。

第十八条　失业保险金的标准，按照高于失业人员原单位所在地城市居民最低生活保障标准、低于失业人员原单位所在地最低工资标准的原则，由设区的市人民政府提出，经省劳动保障行政部门审核后，报省人民政府批准执行。

失业保险金的标准，可以根据经济发展状况、失业保险基金的承受能力等因素，按照前款规定的原则和程序适时进行调整。

第十九条 失业保险金由社会保险经办机构按月发放。

失业保险金月支付计划，由社会保险经办机构根据失业保险基金年度支出预算、月失业人员数量和失业保险待遇水平编制，经同级财政部门审核同意后，由财政部门将所需资金在规定的失业保险金发放日之前及时拨到社会保险经办机构账户。

第二十条 失业人员在领取失业保险金期间，每月按本人领取失业保险金5%的比例享受日常门诊医疗补助金。日常门诊医疗补助金随失业保险金一并领取。

第二十一条 除违法犯罪致伤致残的外，失业人员在领取失业保险金期间患病到当地劳动保障行政部门指定的医疗机构住院治疗的，可以持失业登记证、住院证明、医疗费用报销凭证向当地社会保险经办机构申请住院医疗补助金。社会保险经办机构应当自收到申请之日起10日内予以审核，将审核结果通知申请人，并对符合当地基本医疗保险报销规定的住院医疗费用70%的比例和下列规定发放住院医疗补助金：

（一）累计缴费时间满1年不足5年的，一个失业期内最高不超过本人24个月的失业保险金；

（二）累计缴费时间满5年不足10年的，一个失业期内最高不超过本人36个月的失业保险金；

（三）累计缴费时间10年以上的，一个失业期内最高不超过本人48个月的失业保险金。

第二十二条 除因违法犯罪死亡的外，失业人员在领取失业保险金期间死亡的，其配偶、直系亲属可以持本人身份证明、与死亡失业人员关系证明、死亡人员的失业登记证明、死亡证明向当地社会保险经办机构申请丧葬补助金和其供养的配偶、直系亲属的抚恤金。

社会保险经办机构应当自接到申请之日起10日内予以审核，将审核结果通知申请人，并对符合规定的按照当地有关在职职工的规定，一次性发放丧葬补助金和抚恤金。死亡失业人员的失业保险金从次月起停发，当月尚未领取的失业保险金由其家属领取。

第二十三条 女性失业人员在领取失业保险金期间，符合国家和省计划生育规定生育的，可以持失业登记证明、生育证明、生育医疗费用报销凭证，向当地社会保险经办机构申请生育补助金。

社会保险经办机构应当自接到申请之日起10日内予以审核，将审核结果通知申请人，并对符合规定的按照当地生育保险的标准给予补助。生育补助金从医疗补助金支出项目中列支。

第二十四条 失业人员在领取失业保险金期间，参加依法设立的职业培训机构组织的职业培训的，可以享受失业人员职业培训补贴（含职业技能鉴定考核费用）。

劳动保障行政部门可以根据社会就业需求和失业人员本人意愿，采取公开招标的方式确定职业培训机构，组织失业人员参加职业培训。对培训合格的，社会保险经办机构可以将失业人员的职业培训补贴直接拨付给有关职业培训机构；不合格的，由职业培训机构负责继续培训。

劳动保障行政部门没有条件组织培训的，失业人员可以在经劳动保障行政部门同意后，到依法设立的职业培训机构进行培训；培训合格后，持失业登记证、职业培训收费报销凭证向当地社会保险经办机构申请职业培训补贴。社会保险经办机构应当自接到职业培训补贴申请之日起15日内予以审核，办理有关手续，将结果通知申请人并发放培训补贴。

失业人员在一个失业期内享受的职业培训补贴最高不得超过1500元。其中，申请数额不超过1000元的由设区的市劳动保障行政部门核准，超过1000元的由省劳动保障行政部门核准。

第二十五条 失业人员在领取失业保险金期间参加依法设立的职业介绍机构组织的职业介绍的，可以享受失业人员职业介绍补贴。

公益性职业介绍机构应当免费为失业人员介绍职业。实现再就业的失业人员应当享受的职业介绍补贴，可以根据公益性职业介绍机构的财政拨款情况，按照一定比例标准拨付给公益性职业介绍机构，用于补充业务和管理经费。具体比例标准由设区的市人民政府规定。

失业人员通过非公益性职业介绍机构介绍职业的，职业介绍补贴由失业人员持失业登记证、职业介绍收费报销凭证，向当地社会保险经办机构申请。当地社会保险经办机构应当自接到申请之日起 10 日内予以审核，将审核结果通知申请人并发放补贴。

失业人员在一个失业期内享受的职业介绍补贴最高不得超过 200 元。

第二十六条 农民合同制工人连续工作满 1 年以上，所在单位已按规定缴纳失业保险费，劳动合同解除或者终止的，可以持单位出具的解除或者终止劳动合同证明，向单位所在地的社会保险经办机构申请一次性生活补助金。

社会保险经办机构应当自接到申请之日起 10 日内予以审核，并对符合条件的按累计缴费时间每满 1 年发 1 个月的规定发给一次性生活补助金。

生活补助金的标准按照当地失业保险金的标准执行。农民合同制工人领取一次性生活补助金的期限最长不得超过 24 个月。

第二十七条 农民合同制工人合同期未间断转招为城镇合同制工人后失业的，享受的失业保险待遇分段计算。转为城镇合同制工人前，按规定享受农民合同制工人一次性生活补助金；转招为城镇合同制工人后，按规定享受城镇失业保险待遇，但领取一次性生活补助金和享受失业保险金的累计时间最长不得超过 24 个月。

第二十八条 在职职工在省内跨统筹地区转迁的，其在迁出地缴纳失业保险费记录及失业保险关系随同转迁，缴纳的失业保险费不转移；职工在迁入地失业的，其在迁出地的缴费时间与迁入地的缴费时间合并计算，作为迁入地社会保险经办机构计算其享受失业保险金期限的缴费时间。

失业人员领取失业保险金期间在本省跨统筹地区转迁的，其在迁出地缴纳失业保险费的记录、失业保险关系和尚未享受的失业保险待遇随同转迁，迁入地的社会保险经办机构应当按照本地的标准计算并核发失业人员剩余期限的失业保险待遇。

职工、失业人员跨省转迁的，按国家有关规定执行。

第二十九条 社会保险经办机构所需经费及失业保险征缴、发放过程中发生的业务费用列入财政预算，由财政拨付。

第三十条 按照《失业保险条例》规定新纳入失业保险范围的单位，自单位成立之日到《失业保险条例》颁布之日的时间，视同单位缴费年限，与纳入失业保险后的缴费年限合并计算；实行个人缴费制度前职工的工作时间，视同个人缴费年限，与实行个人缴费制度后的缴费年限合并计算。

第三十一条 财政部门和审计部门依法对失业保险基金的收支、管理情况进行监督。

第三十二条 违反本规定，国务院《失业保险条例》和《社会保险费征缴暂行条例》规定了法律责任的，依照其规定执行。

第三十三条 参保单位违反本规定，具有下列情形之一的，由县级以上人民政府劳动保障行政部门给予警告，责令限期改正；逾期不改的，处以2000元以上1万元以下的罚款：

（一）未在与职工解除、终止劳动关系时告知其有依法享受失业保险待遇的权利的；

（二）未按规定向失业人员出具解除、终止劳动关系证明的；

（三）未按规定公布本单位失业保险费缴纳情况或者未及时向查询职工和失业人员提供失业保险费缴纳情况的。

第三十四条 劳动保障行政部门和其他有关部门工作人员有下列行为之一的，由其所在单位或者有关机关对直接负责的主管人员和其他直接责任人员依法给予行政处分；构成犯罪的，依法追究刑事责任：

（一）为不具备享受失业保险待遇条件的人员办理失业登记、失业保险待遇申领手续的；

（二）不为符合条件的失业人员办理失业登记、失业保险待遇申领手续或者违反规定期限办理的；

（三）未按规定为符合条件的农民合同制工人发放一次性生活补助或者为不具备条件的发放的；

（四）未按规定为在职职工或者失业人员办理失业保险转迁手续或者违反规定程序办理的；

（五）未按规定履行失业保险费征收和失业保险待遇发放等监督管理职责或者发现违法行为不予查处的；

（六）挤占、挪用失业保险基金的；

（七）其他滥用职权、徇私舞弊、玩忽职守的行为。

第三十五条 非城镇企业可以参照本规定参加失业保险。

第三十六条 本规定自2003年10月1日起施行。1999年9月13日省人民政府发布的《关于实施〈失业保险条例〉有关问题的通知》同时废止。

山东省人力资源和社会保障厅等部门关于贯彻落实人社部发〔2014〕76号文件进一步明确失业保险支持企业稳定岗位有关问题的通知

（2015年4月20日 鲁人社发〔2015〕23号）

各市人力资源社会保障局、发展改革委、经济和信息化委、财政局：

为贯彻落实人力资源社会保障部等4部委《关于失业保险支持企业稳定岗位有关问题的通知》（人社部发〔2014〕76号）精神，结合实际，现就我省失业保险支持企业稳定岗位有关问题明确如下：

一、政策范围

对采取有效措施不裁员、少裁员，稳定就业岗位的企业，由失业保险基金给予稳定岗位补贴（以下简称“稳岗补贴”）。补贴政策主要适用以下企业：

（一）化解产能严重过剩企业。指按《国务院关于化解产能严重过剩矛盾的指导意见》（国发〔2013〕41号）和《山东省人民政府关于贯彻国发〔2013〕41号文件化解过剩产能的实施意见》（鲁政发〔2014〕4号）等相关规定，对钢铁、水泥、电解铝、平板玻璃、船舶以及省政府确定的炼油、轮胎等产能严重过剩行业中，制定淘汰过剩产能方案并实施的企业。

（二）淘汰落后产能和节能减排企业。指按《国务院关于进一步加强淘汰落后产能工作的通知》（国发〔2010〕7号）和

《山东省人民政府关于贯彻国发〔2010〕7号文件进一步加强淘汰落后产能工作的通知》（鲁政发〔2010〕46号）等相关规定，对电力、煤炭、钢铁、水泥、有色金属、焦炭、造纸、制革、印染等行业，列入国家、省和市淘汰落后产能和节能减排计划并实施的企业。

（三）主辅分离企业。指列入国家、省和市主辅分离计划、与主业脱钩或分离的企业。

（四）兼并重组企业。指在日常经营活动之外发生法律结构或经济结构重大改变的交易，并使企业经营管理控制权发生转移，包括实施兼并、收购、合并、分立、债务重组等经济行为，签署相关协议并生效的企业。

（五）经国务院或省政府批准的其他行业、企业。

以上企业均为具体实施化解产能严重过剩、淘汰落后产能、节能减排、主辅分离、兼并重组的企业，不包括企业集团。

二、基本条件

（一）各市实施稳岗补贴应同时具备以下条件：

上年失业保险基金滚存结余具备1年以上支付能力；失业保险基金使用管理规范。

（二）企业申请稳岗补贴应同时具备以下条件：

企业生产经营活动符合国家及所在区域产业结构调整政策和环保政策；企业依法参加失业保险并足额缴纳失业保险费；企业上年度未裁员或裁员率（非企业原因解除、终止劳动合同的人员除外）低于本市上年末城镇登记失业率；企业财务制度健全、管理运行规范。

三、资金使用

对符合上述政策范围和基本条件的企业，在实施兼并重组、化解产能过剩、淘汰落后产能、节能减排以及主辅分离期间，可以按照不超过该企业及其职工上年度实际缴纳失业保险费总额的50%享受稳岗补贴，所需资金从各市失业保险基金中列支。稳岗补贴主要用于职工生活补助、缴纳社会保险费、转岗培训和技能提升培训等相关支出。

兼并重组、化解产能过剩、淘汰落后产能、节能减排以及主辅分离期间，指经政府相关部门（含行业主管部门）批准或认定的调整优化产业结构的起止期限。

符合条件的企业每年度只能申领一次稳岗补贴。2014 年符合条件的，可在 2015 年内提出申请。

四、申报和审核

（一）企业申报

稳岗补贴工作每年集中申请办理两次，符合条件的企业可在每年第一季度或第三季度向其失业保险参保地设区的市级人力资源社会保障部门提出申请，并按照要求报送相关材料，具体包括申请报告（内容主要包括企业基本情况、所属类型、补贴项目、上年度期初期末职工人数、裁员人数和原因、稳定岗位采取的主要措施及效果、失业保险参保人数和缴费情况等），稳定就业岗位补贴申请表，企业化解产能严重过剩、淘汰落后产能、节能减排、主辅分离、兼并重组的文件，社会保险经办机构出具的上年度企业足额缴纳失业保险费证明，企业在银行开立的基本账户等。

（二）审核认定

人力资源社会保障部门受理企业申请后，于每年 4 月份和 10 月份会同申报企业行业主管部门或政府有关部门进行企业类型认定工作，先认定企业类型后，再对企业申请稳岗补贴的基本条件进行审定，初步确定补贴企业名单和补贴数额，在各市人力资源社会保障部门门户网站上公示相关信息，接受社会监督，公示期不少于 5 个工作日。经公示无异议后，人力资源社会保障部门下发文件，确定补贴企业名单和补贴数额。经批准享受补贴的企业，次年需再次申请稳岗补贴的，可以不用重新进行企业类型认定。

（三）资金拨付

财政部门根据人力资源社会保障部门审定的企业名单和补贴数额，及时拨付补贴资金到社会保险经办机构支出户，由经办机构拨付到企业账户。

五、组织实施

（一）加强组织领导。失业保险支持企业稳定岗位是产业结构调整优化过程中一项重要政策。各市要高度重视，加强组织领导，人力资源社会保障、发展改革、经济和信息化、财政等部门要加强协调配合、各司其职，并督促企业在政策实施过程中采取切实有效措施稳定职工队伍，维护社会稳定。

（二）强化基金管理。各市要充分考虑基金支付能力，按照“突出重点、总量控制、严格把握、动态监管”的原则，将稳岗补贴支出纳入失业保险基金预算管理，严格执行社会保险基金收支两条线的规定，合理制定失业保险基金使用计划，加强监管，规范运作，切实保证基金有效使用和支付可持续。稳岗补贴资金在“其他费用支出”中增设“稳定岗位补贴”二级科目进行核算。

（三）加强跟踪监测。各市人力资源社会保障部门要将享受稳岗补贴的企业纳入失业动态监测范围，单独进行监测，及时跟踪了解企业岗位变化动态，监测企业职工队伍稳定情况，评估稳岗补贴政策实施效果。建立稳岗补贴项目月度统计上报制度，及时跟踪政策落实情况和成效。财政部门要对辖区内失业动态监测工作给予必要经费支持。人力资源社会保障和财政部门适时组织开展政策绩效评估，根据实际调整完善政策。

各市人力资源社会保障、发展改革、经济和信息化、财政等部门要结合本地实际，制定失业保险稳岗补贴具体实施办法，报省人力资源社会保障厅、财政厅备案。政策执行中遇到的重大问题要及时向省人力资源社会保障厅、财政厅报告。

本通知自 2015 年 6 月 1 日起施行，有效期至 2020 年 12 月

31日。《关于印发〈失业保险支持企业转岗培训和岗位技能提升培训补贴办法〉的通知》（鲁人社发〔2014〕21号）同时废止。

附件：稳定就业岗位补贴申请表

（附件本书略）

山东省人力资源和社会保障厅 省财政厅关于做好新形势下失业保险支持企业稳定岗位工作的通知

（2015 年 9 月 29 日 鲁人社发〔2015〕55 号）

各市人力资源社会保障局、财政局，省社会保险事业局：

为贯彻落实《山东省人民政府关于进一步做好新形势下就业创业工作的意见》（鲁政发〔2015〕21 号）有关要求，根据省人力资源社会保障厅、财政厅等 4 部门《关于贯彻落实人社部发〔2014〕76 号文件进一步明确失业保险支持企业稳定岗位有关问题的通知》（鲁人社发〔2015〕23 号）等有关规定，现就进一步做好新形势下失业保险支持企业稳定岗位工作有关事项通知如下：

一、政策适用范围和实施主体

从 2015 年起，将失业保险支持企业稳定岗位政策适用范围由鲁人社发〔2015〕23 号文件规定的化解产能严重过剩、淘汰落后产能、节能减排、主辅分离、兼并重组 5 类企业（以下简称困难企业），扩大到所有采取有效措施不裁员、少裁员，稳定就业岗位、依法足额缴纳失业保险费的企业（以下简称其他企业）。

按照失业保险基金市级（指设区的市，下同）统筹制度，各市符合条件企业的稳岗补贴工作，由市人力资源社会保障局负责；省级符合条件企业的稳岗补贴工作，由省社会保险事业局负责。各级人力资源社会保障部门要将稳岗补贴政策，通过失业保险征缴或待遇审核发放窗口等途径，通知到参保单位。

二、稳岗补贴条件

统筹地区实施稳岗补贴应同时具备以下条件：上年失业保险基金滚存结余具备一年以上支付能力；失业保险基金使用管理规范。企业申请稳岗补贴应同时具备以下条件：企业生产经营活动符合国家及所在区域产业结构调整政策和环保政策；企业依法参加失业保险并足额缴纳失业保险费；企业上年度未裁员或裁员率（裁员率等于上年度裁员人数除以上年末职工人数，裁员人数不包括非企业原因解除、终止劳动合同的人员）低于本市上年末城镇登记失业率，其中省级参保企业上年度裁员率低于全省上年末城镇登记失业率；企业财务制度健全、管理运行规范。

三、支出项目和补贴标准

困难企业和其他企业的稳岗补贴支出项目执行鲁人社发〔2015〕23号文件规定，具体申请项目由企业根据稳岗需求确定。困难企业在实施化解产能严重过剩、淘汰落后产能、节能减排、主辅分离、兼并重组期间，按照企业及其职工上年度实际缴纳失业保险费总额的50%给予稳岗补贴；其他企业按照企业及其职工上年度实际缴纳失业保险费总额的30%给予稳岗补贴，各级（指省、设区的市级，下同）人力资源社会保障部门可根据其他企业困难情况适当提高补贴标准，最高不超过50%。

四、申报审核和资金拨付程序

困难企业申请稳岗补贴的程序执行鲁人社发〔2015〕23号文件规定。

其他企业申请稳岗补贴的程序如下：

（一）企业申报

符合条件企业于每年5月底前，向其失业保险参保地市级失业保险经办机构提出申请，每年申请一次，并按照要求报送相关材料，具体包括申请报告（内容主要包括企业基本情况、所属类型、补贴项目、上年度期初期末职工人数、裁员人数和原因、稳定岗位采取的主要措施及效果、劳动合同签定履行情况，失业保险参保人数和缴费情况等），稳定就业岗位补贴申请审批表，社会保险经办机构所属稽核部门出具的上年度企业足额缴纳失业保险费证明，企业在银行开立的基本账户证明等。市级人力资源社会保障局可根据申报企业多少，确定县级（指县、市、区级，下同）所属符合条件企业是否由本级初审后再上报市级人力资源社会保障部门。省级符合条件企业向省社会保险事业局提出申请，并按照要求报送相关材料。2014 年符合条件的企业，可在 2015 年 10 月底之前提出申请。

符合条件企业没有在规定时间内申请上年度稳岗补贴的，视为放弃申请资格。

（二）审核认定

市级失业保险经办机构收到企业（或县级转来企业）申请及相关资料后，在 20 个工作日内，对企业申请稳岗补贴的基本条件进行初审，将符合条件的补贴企业和补贴数额花名册及相关资料，送市人力资源社会保障局审核。市人力资源社会保障局在 10 个工作日内完成企业上报资料复核工作，对符合条件的企业及补贴金额，在市人力资源社会保障部门门户网站上公示相关信息，接受社会监督，公示期不少于 5 个工作日，公示结束后，确定符合条件的企业名单及补贴金额。各市人力资源社会保障局可根据申请企业数量多少，建立失业保险经办机构和行政部门的联合审核公示制度，缩短审核时间，提高工作效率。省级参保企业申请稳岗补贴，由省社保局于 20 个工作日内完成初审后，省人力资源社会保障厅在 10 个工作日内完成审核，并按规定公示。

（三）资金拨付

各级失业保险经办机构根据公示无异议的企业名单及补贴数额，及时向财政部门申请资金。财政部门在 10 个工作日内拨付稳岗补贴资金到失业保险经办机构支出户，由经办机构将资金拨付到企业账户。

五、监督与管理

各级人力资源社会保障部门、社会保险经办机构要严格规范内部审批流程，严格按规定对企业足额缴纳失业保险费情况进行审核，建立核查台账，并将相关资料存档备查。对提供虚假申报材料的企业，取消当年稳岗补贴申请资格，并在人力资源社会保障部门门户网站上予以通报；对事后发现存在弄虚作假的企业，除已关闭破产的之外应全额追回稳岗补贴，记入当年失业保险基金其他收入，并按规定追究相关人员审核责任。

各级人力资源社会保障部门可根据本文件规定，统筹使用当年失业保险基金收入和滚存结余基金落实稳岗补贴政策，并按程序调整基金收支预算。要保证失业保险金待遇正常支出。各级人力资源社会保障、财政、审计等部门要加强对稳岗补贴资金发放情况的监督检查，规范基金运作，合理调剂基金，保障基金支付可持续性。

六、报表管理

各市失业保险经办机构及时填报《失业保险稳岗补贴发放情况表》，并于每季度第一个月 3 日前报山东省社会保险事业局。对化解产能严重过剩、淘汰落后产能、节能减排、主辅分离、兼并重组企业稳岗补贴情况需要单独统计。如一户企业同时涉及一项以上产业结构调整情况，只按照其中一项填写。

附件：1. 稳定就业岗位补贴申请审批表

2. 失业保险稳岗补贴发放情况表

3. 失业保险稳岗补贴发放情况表填报说明

（附件本书略）

山东省人力资源和社会保障厅 省财政厅 关于进一步做好扩大失业保险基金支出范围试点工作的通知

（2017 年 9 月 23 日　鲁人社规〔2017〕17 号）

各市人力资源社会保障局、财政局：

为进一步发挥失业保险预防失业、促进就业作用，保持政策连续性，根据国家人力资源社会保障部、财政部《关于东部 7 省（市）扩大失业保险基金支出范围试点有关问题的通知》（人社部发〔2012〕32 号）要求，经研究，将我省扩大失业保险基金支出范围试点政策延长执行到国家修订的《失业保险条例》正式实施之日。现就有关问题通知如下：

一、试点原则。按照失业保险制度保障失业人员基本生活、预防失业和促进就业的要求，本着积极稳妥、量力而行、统筹兼顾、收支平衡的原则，在保障失业人员基本生活的前提下，根据本地区促进就业和稳定就业工作的需要，以预防失业和促进就业为重点，积极稳妥地开展试点工作。

二、试点条件。设区的市（以下简称市）和省本级开展扩大失业保险基金支出范围试点工作必须同时具备以下条件：（1）失业保险扩面征缴状况良好；（2）失业保险基金滚存结余保证支付 24 个月以上失业人员相关待遇；（3）失业保险基金使用管理规范。

三、试点支出项目和标准。失业保险促进就业的支出项目包括职业培训补贴、就业创业服务补助（指职业介绍补贴）、职业技能鉴定补贴、社会保险补贴、（公益性）岗位补贴。各支出项目的补贴标准、资金申请及支付管理，按照《山东省就业补助资金管理暂行办法》（鲁财社〔2016〕27号）执行。

四、试点支出范围。参加失业保险，符合试点支出项目，且为《山东省就业补助资金管理暂行办法》（鲁财社〔2016〕27号）规定条件的人员和单位。

五、试点支出额度。各市应当根据本地区失业保险基金收支、结余情况，结合促进就业的任务目标，按照规定的对象范围和支出项目进行试点，重点用于各项政策性补贴支出。各市试点资金支出总额度一般控制在上年末失业保险基金累计结余额的15%以内，基金结余少的统筹地区可适当提高支出比例，最高不得超过上年末基金累计结余额的20%。

六、试点资金管理。失业保险基金支出项目不得形成固定资产，不得用于人员经费、公用经费等应由部门预算安排的支出，不得擅自扩大基金使用范围、增加或变相增加支出项目。要符合失业保险基金管理规定，要与财政就业补助资金分账管理，要切实加强对失业保险基金的使用、管理与监督。各市在试点工作中遇到的重大问题要及时向省人力资源社会保障厅、省财政厅报告。

本通知自2017年9月29日起施行，有效期至2022年9月28日。

六、社会保险费征缴

社会保险费征缴暂行条例

（1999 年 1 月 14 日　国务院令第 259 号）

第一章　总　则

第一条　为了加强和规范社会保险费征缴工作，保障社会保险金的发放，制定本条例。

第二条　基本养老保险费、基本医疗保险费、失业保险费（以下统称社会保险费）的征收、缴纳，适用本条例。

本条例所称缴费单位、缴费个人，是指依照有关法律、行政法规和国务院的规定，应当缴纳社会保险费的单位和个人。

第三条　基本养老保险费的征缴范围：国有企业、城镇集体企业、外商投资企业、城镇私营企业和其他城镇企业及其职工，实行企业化管理的事业单位及其职工。

基本医疗保险费的征缴范围：国有企业、城镇集体企业、外商投资企业、城镇私营企业和其他城镇企业及其职工，国家机关及其工作人员，事业单位及其职工，民办非企业单位及其职工，社会团体及其专职人员。

失业保险费的征缴范围：国有企业、城镇集体企业、外商投资企业、城镇私营企业和其他城镇企业及其职工，事业单位及其职工。

省、自治区、直辖市人民政府根据当地实际情况，可以规定将城镇个体工商户纳入基本养老保险、基本医疗保险的范围，并可以规定将社会团体及其专职人员、民办非企业单位及其职工以及有雇工的城镇个体工商户及其雇工纳入失业保险的范围。

社会保险费的费基、费率依照有关法律、行政法规和国务院的规定执行。

第四条 缴费单位、缴费个人应当按时足额缴纳社会保险费。

征缴的社会保险费纳入社会保险基金，专款专用，任何单位和个人不得挪用。

第五条 国务院劳动保障行政部门负责全国的社会保险费征缴管理和监督检查工作。县级以上地方各级人民政府劳动保障行政部门负责本行政区域内的社会保险费征缴管理和监督检查工作。

第六条 社会保险费实行三项社会保险费集中、统一征收。社会保险费的征收机构由省、自治区、直辖市人民政府规定，可以由税务机关征收，也可以由劳动保障行政部门按照国务院规定设立的社会保险经办机构（以下简称社会保险经办机构）征收。

第二章 征缴管理

第七条 缴费单位必须向当地社会保险经办机构办理社会保险登记，参加社会保险。

登记事项包括：单位名称、住所、经营地点、单位类型、法定代表人或者负责人、开户银行账号以及国务院劳动保障行政部门规定的其他事项。

第八条 本条例施行前已经参加社会保险的缴费单位，应当自本条例施行之日起6个月内到当地社会保险经办机构补办社会保险登记，由社会保险经办机构发给社会保险登记证件。

本条例施行前尚未参加社会保险的缴费单位应当自本条例施行之日起30日内，本条例施行后成立的缴费单位应当自成立之日起30日内，持营业执照或者登记证书等有关证件，到当地社会保险经办机构申请办理社会保险登记。社会保险经办机构审核后，发给社会保险登记证件。

社会保险登记证件不得伪造、变造。

社会保险登记证件的样式由国务院劳动保障行政部门制定。

第九条 缴费单位的社会保险登记事项发生变更或者缴费单位依法终止的，应当自变更或者终止之日起 30 日内，到社会保险经办机构办理变更或者注销社会保险登记手续。

第十条 缴费单位必须按月向社会保险经办机构申报应缴纳的社会保险费数额，经社会保险经办机构核定后，在规定的期限内缴纳社会保险费。

缴费单位不按规定申报应缴纳的社会保险费数额的，由社会保险经办机构暂按该单位上月缴费数额的百分之一百一十确定应缴数额；没有上月缴费数额的，由社会保险经办机构暂按该单位的经营状况、职工人数等有关情况确定应缴数额。缴费单位补办申报手续并按核定数额缴纳社会保险费后，由社会保险经办机构按照规定结算。

第十一条 省、自治区、直辖市人民政府规定由税务机关征收社会保险费的，社会保险经办机构应当及时向税务机关提供缴费单位社会保险登记、变更登记、注销登记以及缴费申报的情况。

第十二条 缴费单位和缴费个人应当以货币形式全额缴纳社会保险费。

缴费个人应当缴纳的社会保险费，由所在单位从其本人工资中代扣代缴。

社会保险费不得减免。

第十三条 缴费单位未按规定缴纳和代扣代缴社会保险费的，由劳动保障行政部门或者税务机关责令限期缴纳；逾期仍不缴纳的，除补缴欠缴数额外，从欠缴之日起，按日加收千分之二的滞纳金。滞纳金并入社会保险基金。

第十四条 征收的社会保险费存入财政部门在国有商业银行开设的社会保障基金财政专户。

社会保险基金按照不同险种的统筹范围，分别建立基本养老保险基金、基本医疗保险基金、失业保险基金。各项社会保险基金分别单独核算。

社会保险基金不计征税、费。

第十五条 省、自治区、直辖市人民政府规定由税务机关征收社会保险费的，税务机关应当及时向社会保险经办机构提供缴费单位和缴费个人的缴费情况；社会保险经办机构应当将有关情况汇总，报劳动保障行政部门。

第十六条 社会保险经办机构应当建立缴费记录，其中基本养老保险、基本医疗保险并应当按照规定记录个人账户。社会保险经办机构负责保存缴费记录，并保证其完整、安全。社会保险经办机构应当至少每年向缴费个人发送一次基本养老保险、基本医疗保险个人账户通知单。

缴费单位、缴费个人有权按照规定查询缴费记录。

第三章 监督检查

第十七条 缴费单位应当每年向本单位职工公布本单位全年社会保险费缴纳情况，接受职工监督。

社会保险经办机构应当定期向社会公告社会保险费征收情况，接受社会监督。

第十八条 按照省、自治区、直辖市人民政府关于社会保险费征缴机构的规定，劳动保障行政部门或者税务机关依法对单位缴费情况进行检查时，被检查的单位应当提供与缴纳社会保险费有关的用人情况、工资表、财务报表等资料，如实反映情况，不得拒绝检查，不得谎报、瞒报。劳动保障行政部门或者税务机关可以记录、录音、录像、照相和复制有关资料；但是，应当为缴费单位保密。

劳动保障行政部门、税务机关的工作人员在行使前款所列职权时，应当出示执行公务证件。

第十九条 劳动保障行政部门或者税务机关调查社会保险费征缴违法案件时，有关部门、单位应当给予支持、协助。

第二十条 社会保险经办机构受劳动保障行政部门的委托，可以进行与社会保险费征缴有关的检查、调查工作。

第二十一条 任何组织和个人对有关社会保险费征缴的违法行为，有权举报。劳动保障行政部门或者税务机关对举报应当及时调查，按照规定处理，并为举报人保密。

第二十二条 社会保险基金实行收支两条线管理，由财政部门依法进行监督。

审计部门依法对社会保险基金的收支情况进行监督。

第四章 罚 则

第二十三条 缴费单位未按照规定办理社会保险登记、变更登记或者注销登记，或者未按照规定申报应缴纳的社会保险费数额的，由劳动保障行政部门责令限期改正；情节严重的，对直接负责的主管人员和其他直接责任人员可以处1000元以上5000元以下的罚款；情节特别严重的，对直接负责的主管人员和其他直接责任人员可以处5000元以上10000元以下的罚款。

第二十四条 缴费单位违反有关财务、会计、统计的法律、行政法规和国家有关规定，伪造、变造、故意毁灭有关账册、材料，或者不设账册，致使社会保险费缴费基数无法确定的，除依照有关法律、行政法规的规定给予行政处罚、纪律处分、刑事处罚外，依照本条例第十条的规定征缴；迟延缴纳的，由劳动保障行政部门或者税务机关依照第十三条的规定决定加收滞纳金，并对直接负责的主管人员和其他直接责任人员处5000元以上20000元以下的罚款。

第二十五条 缴费单位和缴费个人对劳动保障行政部门或者税务机关的处罚决定不服的，可以依法申请复议；对复议决定不服的，可以依法提起诉讼。

第二十六条 缴费单位逾期拒不缴纳社会保险费、滞纳金的，由劳动保障行政部门或者税务机关申请人民法院依法强制征缴。

第二十七条 劳动保障行政部门、社会保险经办机构或者税务机关的工作人员滥用职权、徇私舞弊、玩忽职守，致使社会保险费流失的，由劳动保障行政部门或者税务机关追回流失的社会保险费；构成犯罪的，依法追究刑事责任；尚不构成犯罪的，依法给予行政处分。

第二十八条 任何单位、个人挪用社会保险基金的，追回被挪用的社会保险基金；有违法所得的，没收违法所得，并入社会保险基金；构成犯罪的，依法追究刑事责任；尚不构成犯罪的，对直接负责的主管人员和其他直接责任人员依法给予行政处分。

第五章　附　则

第二十九条 省、自治区、直辖市人民政府根据本地实际情况，可以决定本条例适用于本行政区域内工伤保险费和生育保险费的征收、缴纳。

第三十条 税务机关、社会保险经办机构征收社会保险费，不得从社会保险基金中提取任何费用，所需经费列入预算，由财政拨付。

第三十一条 本条例自发布之日起施行。

社会保险费征缴监督检查办法

（1999 年 3 月 19 日　劳动和社会保障部令第 3 号）

第一条　为加强社会保险费征缴监督检查工作，规范社会保险费征缴监督检查行为，根据《社会保险费征缴暂行条例》（以下简称条例）和有关法律、法规规定，制定本办法。

第二条　对中华人民共和国境内的企业、事业单位、国家机关、社会团体、民办非企业单位、城镇个体工商户（以下简称缴费单位）实施社会保险费征缴监督检查适用本办法。

前款所称企业是指国有企业、城镇集体企业、外商投资企业、城镇私营企业和其他城镇企业。

第三条　劳动保障行政部门负责社会保险费征缴的监督检查工作，对违反条例和本办法规定的缴费单位及其责任人员，依法作出行政处罚决定，并可以按照条例规定委托社会保险经办机构进行与社会保险费征缴有关的检查、调查工作。

劳动保障行政部门的劳动保障监察机构具体负责社会保险费征缴监督检查和行政处罚，包括对缴费单位进行检查、调查取证、拟定行政处罚决定书、送达行政处罚决定书、拟定向人民法院申请强制执行行政处罚决定的申请书、受理群众举报等工作。

社会保险经办机构受劳动保障行政部门的委托，可以对缴费单位履行社会保险登记、缴费申报、缴费义务的情况进行调查和检查，发现缴费单位有瞒报、漏报和拖欠社会保险费等行为时，应当责令其改正。

第四条　劳动保障监察机构与社会保险经办机构应当建立按月相互通报制度。社会保险经办机构应当及时将需要给予行政处罚的缴费单位情况向劳动保障监察机构通报，劳动保障监察机构应当及时将查处违反规定的情况通报给社会保险经办机构。

第五条 县级以上地方各级劳动保障行政部门对缴费单位监督检查的管辖范围，由省、自治区、直辖市劳动保障行政部门依照社会保险登记、缴费申报和缴费工作管理权限，制定具体规定。

第六条 社会保险费征缴监督检查应当包括以下内容：

（一）缴费单位向当地社会保险经办机构办理社会保险登记、变更登记或注销登记的情况；

（二）缴费单位向社会保险经办机构申报缴费的情况；

（三）缴费单位缴纳社会保险费的情况；

（四）缴费单位代扣代缴个人缴费的情况；

（五）缴费单位向职工公布本单位缴费的情况；

（六）法律、法规规定的其他内容。

第七条 劳动保障行政部门应当向社会公布举报电话，设立举报信箱，指定专人负责接待群众投诉；对符合受理条件的举报，应当于 7 日内立案受理，并进行调查处理，且一般应当于 30 日内处理结案。

第八条 劳动保障行政部门应当建立劳动保障年检制度，进行劳动保障年度检查，掌握缴费单位参加社会保险的情况；对违反条例规定的，应当责令其限期改正，并依照条例规定给予行政处罚。

第九条 劳动保障监察人员在执行监察公务和社会保险经办机构工作人员对缴费单位进行调查、检查时，至少应当由 2 人共同进行，并应当主动出示执法证件。

第十条 劳动保障监察人员执行监察公务和社会保险经办机构工作人员进行调查、检查时，行使下列职权：

（一）可以到缴费单位了解遵守社会保险法律、法规的情况；

（二）可以要求缴费单位提供与缴纳社会保险费有关的用人情况、工资表、财务报表等资料，询问有关人员，对缴费单位不能立即提供有关参加社会保险情况和资料的，可以下达劳动保障行政部门监督检查询问书；

（三）可以记录、录音、录像、照相和复制有关资料。

第十一条 劳动保障监察人员执行监察公务和社会保险经办机构工作人员进行调查、检查时，承担下列义务：

（一）依法履行职责，秉公执法，不得利用职务之便谋取私利；

（二）保守在监督检查工作中知悉的缴费单位的商业秘密；

（三）为举报人员保密。

第十二条 缴费单位有下列行为之一，情节严重的，对直接负责的主管人员和其他直接责任人员处以1000元以上5000元以下的罚款；情节特别严重的，对直接负责的主管人员和其他直接责任人员处以5000元以上10000元以下的罚款：

（一）未按规定办理社会保险登记的；

（二）在社会保险登记事项发生变更或者缴费单位依法终止后，未按规定到社会保险经办机构办理社会保险变更登记或者社会保险注销登记的；

（三）未按规定申报应当缴纳社会保险费数额的。

第十三条 对缴费单位有下列行为之一的，依照条例第十三条的规定，从欠缴之日起，按日加收千分之二的滞纳金，并对直接负责的主管人员和其他直接责任人员处以5000元以上20000元以下罚款：

（一）因伪造、变造、故意毁灭有关账册、材料造成社会保险费迟延缴纳的；

（二）因不设账册造成社会保险费迟延缴纳的；

（三）因其他违法行为造成社会保险费迟延缴纳的。

第十四条 对缴费单位有下列行为之一的，应当给予警告，并可以处以5000元以下的罚款：

（一）伪造、变造社会保险登记证的；

（二）未按规定从缴费个人工资中代扣代缴社会保险费的；

（三）未按规定向职工公布本单位社会保险费缴纳情况的。

对上述违法行为的行政处罚，法律、法规另有规定的，从其规定。

第十五条 对缴费单位有下列行为之一的，应当给予警告，并可以处以10000元以下的罚款：

（一）阻挠劳动保障监察人员依法行使监察职权，拒绝检查的；

（二）隐瞒事实真相，谎报、瞒报，出具伪证，或者隐匿、毁灭证据的；

（三）拒绝提供与缴纳社会保险费有关的用人情况、工资表、财务报表等资料的；

（四）拒绝执行劳动保障行政部门下达的监督检查询问书的；

（五）拒绝执行劳动保障行政部门下达的限期改正指令书的；

（六）打击报复举报人员的；

（七）法律、法规及规章规定的其他情况。

对上述违法行为的行政处罚，法律、法规另有规定的，从其规定。

第十六条 本办法第十二条、第十三条的罚款均由缴费单位直接负责的主管人员和其他直接责任人员个人支付，不得从单位报销。

第十七条 对缴费单位或者缴费单位直接负责的主管人员和其他直接责任人员的罚款，必须全部上缴国库。

第十八条 缴费单位或者缴费单位直接负责的主管人员和其他直接责任人员，对劳动保障行政部门做出的行政处罚决定不服的，可以于15日内，向上一级劳动保障行政部门或者同级人民政府申请行政复议。对行政复议决定不服的，可以自收到行政复议决定书之日起15日内向人民法院提起行政诉讼。

行政复议和行政诉讼期间，不影响该行政处罚决定的执行。

第十九条 缴费单位或者缴费单位直接负责的主管人员和其他直接责任人员，在15日内拒不执行劳动保障行政部门对其做出的行政处罚决定，又不向上一级劳动保障行政部门或者同级人民政府申请行政复议，或者对行政复议决定不服，又不向人民法院提起行政诉讼的，可以申请人民法院强制执行。

第二十条 劳动保障行政部门和社会保险经办机构的工作人员滥用职权、徇私舞弊、玩忽职守，构成犯罪的，依法追究刑事责任；尚不构成犯罪的，给予责任人员行政处分。

第二十一条 本办法自发布之日起施行。

部分行业企业工伤保险费缴纳办法

（2010年12月31日　人力资源和社会保障部令第10号）

第一条　根据《工伤保险条例》第十条第三款的授权，制定本办法。

第二条　本办法所称的部分行业企业是指建筑、服务、矿山等行业中难以直接按照工资总额计算缴纳工伤保险费的建筑施工企业、小型服务企业、小型矿山企业等。

前款所称小型服务企业、小型矿山企业的划分标准可以参照《中小企业标准暂行规定》（国经贸中小企〔2003〕143号）执行。

第三条　建筑施工企业可以实行以建筑施工项目为单位，按照项目工程总造价的一定比例，计算缴纳工伤保险费。

第四条　商贸、餐饮、住宿、美容美发、洗浴以及文体娱乐等小型服务业企业以及有雇工的个体工商户，可以按照营业面积的大小核定应参保人数，按照所在统筹地区上一年度职工月平均工资的一定比例和相应的费率，计算缴纳工伤保险费；也可以按照营业额的一定比例计算缴纳工伤保险费。

第五条　小型矿山企业可以按照总产量、吨矿工资含量和相应的费率计算缴纳工伤保险费。

第六条　本办法中所列部分行业企业工伤保险费缴纳的具体计算办法，由省级社会保险行政部门根据本地区实际情况确定。

第七条　本办法自2011年1月1日起施行。

社会保险费申报缴纳管理规定

（2013年9月26日　人力资源和社会保障部令第20号）

第一章　总　则

第一条　为规范社会保险费的申报和缴纳管理工作，根据《中华人民共和国社会保险法》（以下简称社会保险法）、《社会保险费征缴暂行条例》，制定本规定。

第二条　用人单位进行缴费申报和社会保险经办机构征收社会保险费，适用本规定。

本规定所称社会保险费，是指由用人单位及其职工依法参加社会保险并缴纳的职工基本养老保险费、职工基本医疗保险费、工伤保险费、失业保险费和生育保险费。

第三条　社会保险经办机构负责社会保险缴费申报、核定等工作。

省、自治区、直辖市人民政府决定由社会保险经办机构征收社会保险费的，社会保险经办机构应当依法征收社会保险费。

社会保险经办机构负责征收的社会保险费，实行统一征收。

第二章　社会保险费申报

第四条　用人单位应当按月在规定期限内到当地社会保险经办机构办理缴费申报，申报事项包括：

（一）用人单位名称、组织机构代码、地址及联系方式；

（二）用人单位开户银行、户名及账号；

（三）用人单位的缴费险种、缴费基数、费率、缴费数额；

（四）职工名册及职工缴费情况；

（五）社会保险经办机构规定的其他事项。

在一个缴费年度内，用人单位初次申报后，其余月份可以只申报前款规定事项的变动情况；无变动的，可以不申报。

第五条 职工应缴纳的社会保险费由用人单位代为申报。代职工申报的事项包括：职工姓名、社会保障号码、用工类型、联系地址、代扣代缴明细等。

用人单位代职工申报的缴费明细以及变动情况应当经职工本人签字认可，由用人单位留存备查。

第六条 用人单位到社会保险经办机构办理社会保险缴费申报有困难的，经社会保险经办机构同意，可以邮寄申报。邮寄申报以寄出地的邮戳日期为实际申报日期。

有条件的地区，用人单位也可以按照社会保险经办机构的规定进行网上申报。

第七条 用人单位应当向社会保险经办机构如实申报本规定第四条、第五条所列申报事项。用人单位申报材料齐全、缴费基数和费率符合规定、填报数量关系一致的，社会保险经办机构核准后出具缴费通知单；用人单位申报材料不符合规定的，退用人单位补正。

社会保险经办机构在开展社会保险稽核工作过程中，发现用人单位未如实申报造成漏缴、少缴社会保险费的，按照社会保险法第八十六条的规定处理。

第八条 用人单位应当自用工之日起30日内为其职工申请办理社会保险登记并申报缴纳社会保险费。未办理社会保险登记的，由社会保险经办机构核定其应当缴纳的社会保险费。

用人单位未按照规定申报应缴纳的社会保险费数额的，社会保险经办机构暂按该单位上月缴费数额的110%确定应缴数额；没有上月缴费数额的，社会保险经办机构暂按该单位的经营状况、职工人数、当地上年度职工平均工资等有关情况确定应缴数额。用人单位补办申报手续后，由社会保险经办机构按照规定结算。

第九条 用人单位因不可抗力，不能按期办理缴费申报的，可以延期申报；不可抗力情形消除后，应当立即向社会保险经办机构报告。社会保险经办机构应当查明事实，予以核准。

第三章 社会保险费缴纳

第十条 用人单位应当持社会保险经办机构出具的缴费通知单在规定的期限内采取下列方式之一缴纳社会保险费：

（一）到其开户银行或者其他金融机构缴纳；

（二）与社会保险经办机构约定的其他方式。

社会保险经办机构、用人单位可以与银行或者其他金融机构签订协议，委托银行或者其他金融机构根据社会保险经办机构开出的托收凭证划缴用人单位和为其职工代扣的社会保险费。

第十一条 职工应当缴纳的社会保险费由用人单位代扣代缴。用人单位依法履行代扣代缴义务时，任何单位或者个人不得干预或者拒绝。

用人单位未按时足额代缴的，社会保险经办机构应当责令其限期缴纳，并自欠缴之日起按日加收千分之零点五的滞纳金。用人单位不得要求职工承担滞纳金。

第十二条 征收的社会保险费，应当存入社会保险经办机构按照规定开设的社会保险基金收入户。社会保险经办机构应当按照有关规定定期将收到的基金存入依法开设的社会保险基金财政专户。

第十三条 社会保险经办机构对已征收的社会保险费，根据用人单位实际缴纳额（包括代扣代缴额）和代扣代缴明细，按照国家有关规定进行记账。

第十四条 用人单位应当按月将缴纳社会保险费的明细情况告知职工本人。

用人单位应当每年向本单位职工代表大会通报或者在本单位

住所的显著位置公布本单位全年社会保险费缴纳情况，接受职工监督。

第十五条 社会保险经办机构应当及时、完整、准确地记录用人单位及其职工的缴费情况，并将缴费情况定期告知用人单位和职工。用人单位和职工有权按照《社会保险个人权益记录管理办法》等规定查询缴费情况。

社会保险经办机构应当至少每年一次向社会公布社会保险费征收情况，接受社会监督。

第四章 未按时足额缴纳社会保险费的处理

第十六条 用人单位有下列情形之一的，社会保险经办机构应当于查明欠缴事实之日起5个工作日内发出社会保险费限期补缴通知，责令用人单位在收到通知后5个工作日内补缴，同时告知其逾期仍未缴纳的，将按照社会保险法第六十三条、第八十六条的规定处理：

（一）未按规定申报且未缴纳社会保险费的；

（二）申报后未按时足额缴纳社会保险费的；

（三）因瞒报、漏报职工人数、缴费基数等事项而少缴社会保险费的。

第十七条 用人单位未按照本规定第十六条规定的期限补缴的，社会保险经办机构可以按照社会保险法第六十三条第二款的规定，向用人单位开户银行或者其他金融机构查询其存款账户。

第十八条 社会保险经办机构可以根据查询结果向所属的社会保险行政部门申请作出划拨社会保险费的决定，并提交下列材料：

（一）用人单位名称、法定代表人、地址、联系方式；

（二）用人单位开户银行、户名及账号；

（三）申请划拨的事实、理由及依据；

（四）申请划拨的社会保险费数额；

（五）社会保险行政部门要求提供的其他材料。

第十九条 社会保险行政部门接到社会保险经办机构划拨申请后，应当按照《中华人民共和国行政强制法》的规定，及时作出划拨社会保险费决定，并书面通知用人单位开户银行或者其他金融机构予以划拨。

第二十条 社会保险行政部门作出的划拨社会保险费决定，应当按照《中华人民共和国行政强制法》的规定送达用人单位，并抄送社会保险经办机构。

第二十一条 经查询，用人单位账户余额少于应当缴纳的社会保险费数额的，或者划拨后用人单位仍未足额清偿社会保险费的，社会保险经办机构可以要求用人单位以抵押、质押的方式提供担保。

第二十二条 用人单位应当到社会保险经办机构认可的评估机构对其抵押财产或者质押财产进行评估，经社会保险经办机构审核后，对能够足额清偿社会保险费的，双方依法签订抵押合同或者质押合同；需要办理登记的，应当依法办理抵押登记或者质押登记。

第二十三条 社会保险经办机构与用人单位签订抵押合同或者质押合同后，应当签订延期缴费协议，并约定协议期满用人单位仍未足额清偿社会保险费的，社会保险经办机构可以参照协议期满时的市场价格，以抵押财产、质押财产折价或者以拍卖、变卖所得抵缴社会保险费。

延期缴费协议期限最长不超过1年。

第二十四条 用人单位提供担保并签订延期缴费协议的，其职工在延缴期间按照规定享受社会保险待遇。

第二十五条 用人单位经责令仍未补缴且有下列情形之一的，社会保险经办机构可以按照社会保险法第六十三条第三款的规定，向所在地有管辖权的人民法院申请扣押、查封、拍卖用人单位财产，以拍卖所得抵缴应缴纳的社会保险费、滞纳金：

（一）经查询，用人单位开户银行账户余额少于应缴纳的社会保险费数额且未签订担保合同的；

（二）经划拨，用人单位仍未足额清偿应缴纳的社会保险费且未签订担保合同的；

（三）延期缴费协议期满，因担保财产的市场价格或者权利状况发生变化，用人单位仍未足额清偿应缴纳的社会保险费的。

第二十六条 社会保险经办机构申请人民法院强制执行的，应当提供下列材料：

（一）强制执行申请书；

（二）用人单位欠缴社会保险费及加收滞纳金的事实、理由和依据；

（三）社会保险经办机构限期补缴通知；

（四）用人单位的意见；

（五）用人单位有本规定第二十五条所列情形时的相关材料；

（六）申请强制执行的用人单位财产情况；

（七）法律、行政法规规定以及人民法院要求的其他材料。

强制执行申请书应当由社会保险经办机构负责人签名，加盖社会保险经办机构的印章，并注明日期。

第五章 法律责任

第二十七条 社会保险行政部门及其工作人员作出划拨社会保险费决定时，有下列行为之一的，按照《中华人民共和国行政强制法》的规定，由上级社会保险行政部门或者有关部门责令改正，对直接负责的主管人员和其他直接责任人员依法给予处分；给用人单位或者个人造成损失的，依法承担赔偿责任；构成犯罪的，依法追究刑事责任：

（一）违反法定程序作出划拨社会保险费决定的；

（二）未在规定时限内及时作出划拨社会保险费决定并书面通知用人单位开户银行或者其他金融机构的；

（三）决定划拨的社会保险费数额错误的；

（四）向当事人泄露信息影响划拨社会保险费的；

（五）有违反法律、法规和规章的其他行为的。

第二十八条　社会保险经办机构及其工作人员有下列行为之一的，由社会保险行政部门责令改正，视情节轻重对直接负责的主管人员和其他直接责任人员依法给予相应处分：

（一）未按照本规定第八条核定或者确定用人单位应当缴纳的社会保险费数额的；

（二）对已征收的社会保险费未按照国家规定记账的；

（三）未依法责令欠缴社会保险费的用人单位限期补缴社会保险费、加收滞纳金的；

（四）申请人民法院强制执行不符合规定的；

（五）签订担保合同和延期缴费协议不符合规定的；

（六）未按照规定审核、处置担保财产的；

（七）法律、法规和规章规定的其他情形。

第二十九条　社会保险经办机构擅自更改社会保险费缴费基数、费率，导致少收或者多收社会保险费的，由社会保险行政部门责令其追缴应当缴纳的社会保险费或者退还不应当缴纳的社会保险费；对直接负责的主管人员和其他直接责任人员依法给予处分。

第三十条　用人单位未按照规定向社会保险经办机构进行缴费申报或者未按照规定缴纳社会保险费的，社会保险行政部门应当依法查处。

用人单位未按时足额缴纳社会保险费的，由社会保险经办机构按照社会保险法第八十六条的规定，责令其限期缴纳或者补足，并自欠缴之日起按日加收 0.5‰的滞纳金；逾期仍不缴纳的，由社会保险行政部门处欠缴数额 1 倍以上 3 倍以下的罚款。

第三十一条 用人单位未按月将代扣代缴社会保险费明细情况告知职工本人，或者未按照规定通报、公布本单位全年社会保险费缴纳情况的，职工有权向社会保险行政部门举报、投诉。

第六章 附 则

第三十二条 社会保险费由税务机关征收的，社会保险经办机构应当及时将用人单位和职工应缴社会保险费数额提供给税务机关；税务机关应当及时向社会保险经办机构提供用人单位和职工的缴费情况。

社会保险经办机构应当按月将单位和个人缴纳失业保险费的情况提供给负责支付失业保险待遇的经办机构。

第三十三条 以个人身份参加社会保险的，社会保险费申报和缴纳办法另行规定。

第三十四条 本规定自 2013 年 11 月 1 日起施行。原劳动和社会保障部《社会保险费申报缴纳管理暂行办法》（劳动和社会保障部令第 2 号）同时废止。

劳动和社会保障部 财政部关于印发《企业基本养老保险缴费比例审批办法》的通知

（1998年3月18日　劳社部发〔1998〕2号）

各省、自治区、直辖市劳动（劳动人事）厅（局）、财政厅（局），上海市、广东省社会保险局：

为了监控企业基本养老保险缴费比例，切实减轻企业负担，促进企业深化改革，根据《国务院关于建立统一的企业职工基本养老保险制度的决定》（国发〔1997〕26号）精神，我们研究制定了《企业基本养老保险缴费比例审批办法》，现印发给你们，请认真执行。各地在执行中有什么问题，请与劳动和社会保障部、财政部联系。

企业基本养老保险缴费比例审批办法

按照《国务院关于建立统一的企业职工基本养老保险制度的决定》（国发〔1997〕26号）的规定，为把企业缴纳基本养老保险费的比例（以下简称费率）控制在一定的水平，切实减轻企业负担，促进企业深化改革，保证养老保险统一制度的顺利实施，特制定本办法。

一、企业基本养老保险已实行统一费率的省、自治区、直辖市，因离退休人员较多，养老保险负担过重，现行企业费率确需超过工资总额20%的，需报经劳动和社会保障部、财政部批准；

现行企业费率在20%及以下的，不履行报批手续，但不得以统一制度为由提高企业费率；如果今后调整企业费率需超过20%的，应报经劳动和社会保障部、财政部审批。

二、企业基本养老保险费率尚未统一的省、自治区、直辖市，其所辖地、市、州（包括计划单列市、副省级省会城市）企业费率已超过工资总额20%的，须报送省、自治区、直辖市人民政府批准，并报劳动和社会保障部、财政部备案；目前企业费率未超过20%的，但今后调整费率时需超过20%的，亦应照此程序审批。

三、省辖地、市、州未实行统一的企业费率，其所辖县（市）、区确定或今后调整企业费率需超过20%的，其报批程序由各省、自治区、直辖市确定。

四、凡需报批的省、自治区、直辖市，首先应把企业基本养老保险缴费基数统一到工资总额的口径上来，并对企业基本养老保险费率进行认真的测算，在此基础上向劳动和社会保障部、财政部提出报告，并附费率测算资料（见附表一、二）和控制费率计划。控制费率计划应是书面报告，内容包括：依据测算结果，对本省、自治区、直辖市未来3年之内的基本养老保险费率提出年度控制指标和有关措施，如扩大企业基本养老保险覆盖面，提高个人缴费比例，严格控制职工提前退休，控制基本养老保险金待遇水平，认真核实缴费工资，提高企业基本养老保险基金收缴率等。测算资料要与上年末的有关统计报表、财务报表口径相一致。

五、需要报批企业费率的省、自治区、直辖市应由劳动和社会保障、财政厅（局）共同提出报告，于每年3月底之前分别报送劳动和社会保障部、财政部。劳动和社会保障部、财政部在6月底之前予以审核批复。

六、各有关省、自治区、直辖市应严格按照劳动和社会保障部、财政部批复所要求的时间执行新费率，并将当年的控制费率计划执行情况及效果于次年3月份向劳动和社会保障部、财政部作出专题报告。

劳动和社会保障部办公厅关于如何执行和解释社会保险费征缴有关规定的复函

（2002 年 7 月 31 日　劳社厅函〔2002〕239 号）

河北省劳动和社会保障厅：

你厅报送的《关于如何执行和解释〈条例〉第十条和〈暂行办法〉第八条规定的紧急请示》收悉。经研究，现答复如下：

《社会保险费征缴暂行条例》第十条规定："缴费单位不按规定申报应缴纳的社会保险费数额的，由社会保险经办机构暂按该单位上月缴费数额的 110%确定应缴数额；没有上月缴费数额的，由社会保险经办机构暂按该单位的经营状况、职工人数等有关情况确定应缴数额。缴费单位补办申报手续并按核定数额缴纳社会保险费后，由社会保险经办机构按照规定结算"。在执行本条规定时，对不按规定申报应缴纳社会保险费数额的缴费单位，社会保险经办机构先暂按该单位上月缴费数额的 110%确定应缴数额，由社会保险费征收机构暂按社会保险经办机构确定的应缴数额及时征收，在缴费单位补办申报手续并按核定数额缴纳社会保险费后，由社会保险经办机构按照规定结算。

人力资源和社会保障部关于切实做好《社会保险费申报缴纳管理规定》贯彻实施工作的通知

（2013年10月31日　人社部发〔2013〕82号）

省、自治区、直辖市及新疆生产建设兵团人力资源社会保障厅局：

《社会保险费申报缴纳管理规定》（人力资源和社会保障部令第20号，以下简称《申报缴纳管理规定》）已于9月26日颁布，于11月1日起施行。贯彻落实好《申报缴纳管理规定》，是实施社会保险法的重要举措，有利于依法征收社会保险费，扩大社会保险的覆盖面；有利于规范社会保险费的申报和缴纳工作程序，提高经办管理效率和服务水平；有利于维护各类参保单位和广大参保群众的合法权益，促进社会保险制度可持续发展。为切实做好《申报缴纳管理规定》的贯彻实施工作，现将有关问题通知如下：

一、理顺管理体制，积极推进统一经办管理

（一）由社保经办机构征收社会保险费的地区，应积极整合经办管理资源，逐步实现各险种统一登记、统一核定、统一征收、统一稽核、统一处罚，以方便用人单位和个人参保缴费，提高工作效率。

（二）由其他机构征收社会保险费的地区，人力资源社会保障部门也要积极协调相关机构，落实《申报缴纳管理规定》的相关规定；社保经办机构要严格核定应缴纳社会保险费数额，加强与征收机构的协作，科学制定征收计划，做好参保人员社会保险权益记录；这些地区的社会保险欠费清理工作由社保经办机构负责的，应按照《申报缴纳管理规定》第四章规定执行。

二、认真履行职责，做好社会保险费核定工作

（三）各地区要切实执行社会保险法第五十八条关于“由社会保险经办机构核定”用人单位应当缴纳的社会保险费的规定，落实社保经办机构核定社会保险费的职能；地方现行相关规定与社会保险法不符的，人力资源社会保障部门要积极协调修改；社保经办机构不得将社会保险费核定职能委托其他部门行使。

（四）社保经办机构在核定用人单位申报的社会保险费时，要规范缴费基数的核定程序，明确按月办理缴费申报的期限，指导用人单位完整、如实填报社会保险费申报表和其他申报材料。在一个缴费年度内的初始月份，社保经办机构应对用人单位及其职工的适用险种、费率、职工名册、缴费基数、缴费数额、缴费起止时间、用人单位信息等申报事项进行全面审核。在缴费年度内的其余月份，以上规定事项未发生变动的，社保经办机构可根据实际情况不再要求用人单位办理申报手续，并按初始月份申报事项内容核定其应缴社会保险费；以上规定事项发生变动的用人单位可只申报变动情况，由社保经办机构予以审核。

（五）社保经办机构在核定应缴纳的社会保险费时，应要求用人单位提供本单位纳税申报表和经职工本人签字确认的为职工代扣代缴明细情况。要严格按照以国家统计局有关文件规定口径计算的工资收入核定缴费基数，包括计时工资、计件工资、奖金、加班加点工资、津贴、补贴以及特殊情况下支付的工资等项目。

三、规范征收程序，确保社会保险费应收尽收

（六）各地要不断完善征缴方式，大力发展委托银行或其他金融机构划缴社会保险费等方式，简化征收流程，方便用人单位缴费。社保经办机构要认真落实“至少每年一次向社会公布社会保险费征收情况”，明确公布的具体时间和方式，接受社会监督。

（七）对未按时足额缴纳社会保险费的用人单位，社保经办机构应责令限期缴纳或补足，并自欠缴之日起、至足额补缴欠费之日止加收千分之零点五的滞纳金，滞纳金并入社会保险基金；逾期仍不缴纳的，由人力资源社会保障行政部门处欠缴数额一倍以上三倍以下的罚款。各级人力资源社会保障行政部门和社保经办机构要做好对用人单位责令期满前后的衔接工作，确保法规实施的严肃性、准确性。

（八）对未按时足额缴纳社会保险费并逾期未改的用人单位，社保经办机构应及时查询其在银行和其他金融机构的存款账户情况。存款账户余额不小于欠费数额的，社保经办机构应提取、整理准确、完整的材料和信息，向人力资源社会保障行政部门提出划拨申请，并对划拨工作予以协助和配合；人力资源社会保障行政部门接到划拨申请后应及时审核并发出缴纳社会保险费催告书，催告缴纳期限一般不超过 3 天，逾期仍未缴纳的，应及时作出划拨决定，实施划拨，避免欠费用人单位转移资金。划拨决定和执行情况要及时向社保经办机构反馈。各地区人力资源社会保障部门要充分发挥社保经办机构和劳动保障监察机构在划拨工作中的作用，明确职责分工，形成工作合力，规范工作流程。

（九）社保经办机构经查询，用人单位在银行和其他金融机构的账户余额少于应当缴纳的社会保险费数额的，或者划拨后用人单位仍未足额清偿社会保险费的，可以与其签订延期缴纳社会保险费协议，但用人单位必须提供抵押、质押担保；社保经办机构不得与用人单位签订无担保或其他担保形式的延期缴费协议，也不得在未经查询账户和未完成划拨欠费之前与用人单位签订延期缴费协议。按照协议延期缴费期间，职工个人应缴纳的社会保险费部分若已按时足额缴纳，不应算作缴费中断，可按规定享受相应的社会保险待遇。

（十）对用人单位经责令仍未补缴且符合《申报缴纳管理规

定》第二十五条规定情形的，社保经办机构可以依法申请人民法院强制执行；但在未责令用人单位限期缴纳或补足、或责令限期未逾之前，社保经办机构不应申请强制划拨欠费。

四、加强组织领导，确保《申报缴纳管理规定》落到实处

（十一）各级人力资源社会保障部门要充分认识实施《申报缴纳管理规定》的重要意义，切实加强领导，组织相关单位和机构认真学习《申报缴纳管理规定》，结合贯彻社会保险法、《劳动保障监察条例》等法律法规，进行针对性培训，加强专业队伍建设。

（十二）社会保险费申报缴纳管理工作政策性强、涉及面广、程序复杂，各级人力资源社会保障部门要明确责任分工，及时调整完善相关执法监察和经办管理规则和程序。行政部门要加强对社会保险费申报缴纳的监督管理，对于不依法申报、不依法缴纳社会保险费等违反社会保险法律法规的行为，要认真调查取证，及时予以处罚和纠正。社保经办机构要认真总结社会保险费核定和征收工作的经验，创新工作方式，加强与人民法院、银行和其他金融机构的沟通协调，保证账户查询和强制执行等工作程序依法、实施高效。

（十三）无论是人力资源社会保障行政部门还是社保经办机构，凡违反《申报缴纳管理规定》，导致职工社会保险权益受到损害的，都要依法追究直接责任人员和直接负责主管人员的责任。

（十四）要加强《申报缴纳管理规定》的宣传，社保经办机构应在服务场所张贴有关政策要点和流程，使各类用人单位和参保职工普遍知晓，并支持、配合做好社会保险费申报缴纳工作。

五、统一文书制式，精细做好信息档案管理

（十五）各地区应按照全国统一格式制作相关法律和工作文书（见附件），并纳入统一的信息管理系统，保管好相关文书档案，提高社会保险费申报缴纳工作的规范性。

附件：1. 社会保险费申报表（样式）
2. 社会保险费限期补缴通知
3. 商请查询用人单位存款账户的函
4. 划拨欠缴社会保险费申请书
5. 缴纳社会保险费催告书
6. 划拨欠缴社会保险费决定书
7. 协助划拨欠缴社会保险费通知书
8. 延期缴纳社会保险费协议
（附件本书略）

人力资源和社会保障部 财政部 关于适当降低生育保险费率的通知

（2015年7月27日 人社部发〔2015〕70号）

各省、自治区、直辖市人力资源社会保障厅（局）、财政厅（局），新疆生产建设兵团人力资源社会保障局、财务局：

按照党的十八届三中全会提出的“适时适当降低社会保险费率”的精神，根据生育保险基金实际情况，经国务院同意，自2015年10月1日起，在生育保险基金结余超过合理结存的地区降低生育保险费率。现就有关问题通知如下：

一、统一思想，提高认识，确保政策落到实处

各地生育保险制度建立以来，在促进女性平等就业，均衡用人单位负担，维护女职工权益等方面发挥了重要作用。但也存在着地区间发展不平衡，基金结余偏多，待遇支付不规范等方面的问题。对基金结余多的地区降低生育保险费率，是完善生育保险政策，提高基金使用效率的一个重大举措，也是进一步减轻用人单位负担，促进就业稳定，实施积极财政政策的具体体现。各地要统一思想，充分认识降低生育保险费率的重要意义，确保政策按时落实到位，取得实效。

二、认真测算，降低费率，控制基金结余

生育保险基金合理结存量为相当于六至九个月待遇支付额。各地要根据上一年基金收支和结余情况，以及国家规定的待遇项目和标准进行测算，在确保生育保险待遇落实到位的前提下，通过调整费率，将统筹地区生育保险基金累计结余控制在合理水平。生育保险基金累计结余超过9个月的统筹地区，应将生育保险基金费率调整到用人单位职工工资总额的0.5%以内，具体费率应按照“以支定收、收支平衡”的原则，根据近年来生育保险基金的收支和结余情况确定。

各地要加强对生育保险基金的监测和管理。降低生育保险费率的统筹地区要按程序调整生育保险基金预算，按月进行基金监测。基金累计结余低于3个月支付额度的，要制定预警方案，并向统筹地区政府和省级人力资源社会保障、财政部门报告。要通过提高统筹层次，加强基金和医疗服务管理，规范生育保险待遇，力求基金平衡。在生育保险基金累计结余不足支付时，统筹地区要采取加强支出管理、临时补贴、调整费率等方式确保基金收支平衡，确保参保职工按规定享受生育保险待遇。

三、加强组织领导，全面推进实施

各省（区、市）人力资源社会保障、财政部门要加强配合，共同研究落实国务院降低生育保险费率措施。实行省级统筹且基金结余超过9个月的省（区、市），应于9月底前提出降低生育保险费率的办法，报省级人民政府批准后实施。未实行省级统筹的省（区、市），应于8月底前制订本省（区、市）降低生育保险费率的办法，指导各统筹地区制订实施方案，符合降费率规定的统筹地区应于9月底以前发布降低费率的实施方案，以确保10月1日前完成降低生育保险费率的工作。各省（区、市）应于9月底将上述情况报告人力资源社会保障部、财政部。

要加强降低生育保险费率的宣传工作，向工作人员、参保单位和广大职工讲清降低生育保险费率的重大意义，在减轻用人单位负担的同时，调动用人单位参保积极性，切实维护女职工合法权益。要加强与有关部门协调配合，做好人口出生形势的分析和预判。各地在政策调整过程中出现的新情况、新问题，要及时与人力资源社会保障部、财政部进行沟通，采取有效措施，确保工作落实到位。

山东省劳动和社会保障厅关于企业原临时性用工基本养老保险费缴纳有关问题的通知

（2006 年 3 月 26 日　鲁劳社函〔2006〕121 号）

各市劳动和社会保障局，各养老保险省直管企业：

经研究，现就 1995 年之前企业使用的临时性用工养老保险费缴纳有关问题通知如下。

一、企业原招用的计划内临时工和其他形式用工，转招为劳动合同制工人的，其转招以前按规定计算为连续工龄的年限，尚未按我省有关规定补缴养老保险费的，仍可按规定补缴。补缴时以合同制职工本人首次缴费的缴费基数、单位和个人缴费比例，分别计算单位和个人的缴费本金，同时加收利息。不补缴的，转招前的年限不作为计算养老金的年限。

二、《中华人民共和国劳动法》实施后，企业与劳动者之间形成劳动关系（含事实劳动关系）的，企业和劳动者个人应按规定缴纳养老保险费。在此之前企业使用的与之形成劳动关系的临时性用工未缴费的，其中符合《山东省〈全民所有制企业临时工管理暂行规定〉实施细则》（1990 年省政府令第 10 号，以下简称省政府第 10 号令）规定的临时工，应按省政府第 10 号令关于城镇户口和农村户口临时工实行养老保险制度的有关规定予以补缴；不符合省政府第 10 号令规定的临时性用工，可从《劳动法》实施之日补缴。

三、本通知从下达之日起执行。

山东省人力资源和社会保障厅 省财政厅
关于失业保险缴费费率有关事项的通知

（2015年4月21日 鲁人社发〔2015〕24号）

各市人民政府：

根据《人力资源社会保障部财政部关于调整失业保险费率有关问题的通知》（人社部发〔2015〕24号）精神，为进一步建立健全失业保险缴费费率动态调整机制，减轻企业负担，经省政府同意，现就失业保险缴费费率有关事项通知如下：

一、在国务院修订《失业保险条例》调整缴费费率之前，各市统一执行1.5%的失业保险缴费费率政策。

二、国务院修订《失业保险条例》调整缴费费率后，按照国家统一规定进行调整。

山东省人力资源和社会保障厅 省财政厅关于统一和规范企业职工基本养老保险费补缴政策的通知

（2015 年 5 月 4 日　鲁人社发〔2015〕29 号）

各市人力资源社会保障局、财政局：

为妥善处理《中华人民共和国社会保险法》实施前我省用人单位欠缴养老保险费和职工中断缴费、应保未保等问题，统一和规范全省企业职工基本养老保险补缴政策，根据《中华人民共和国社会保险法》、人力资源和社会保障部《实施〈中华人民共和国社会保险法〉若干规定》（人力资源和社会保障部令第 13 号），现就有关事项通知如下：

一、补缴范围和条件

（一）我省企业职工中仍与单位存续劳动关系、未到达法定退休年龄，因各种原因应保未保、中断缴费或欠费的，可补缴 2011 年 6 月 30 日（含）以前应保未保年限的企业职工基本养老保险费。

（二）具有我省户籍，曾在我省机关、企事业单位、社会团体等有过工作经历，但因各种原因解除劳动关系或离开原单位，未参加企业职工基本养老保险或中断缴费的男年满 45 周岁、女年满 40 周岁的人员，可凭有效原始材料，以个人身份补缴 2011 年 6 月 30 日（含）前的企业职工基本养老保险费。

（三）具有我省户籍，2011 年 6 月 30 日（含）以前领取工商营业执照的个体工商户，可以个人身份补缴领取工商营业执照至 2011 年 6 月 30 日（含）以前的企业职工基本养老保险费。

2011年7月1日（含）以后，发生应保未保、中断缴费或欠费情形的，按照《中华人民共和国社会保险法》等有关法律规定执行。

二、补缴基数和比例

（一）以单位职工身份补缴的，用人单位和个人可按申报并经参保地社会保险经办机构核定的历年缴费基数和缴费比例为其补缴基本养老保险费（含本金和利息）。无法确定历年工资收入的，以所在市（指设区的市，含养老保险省直管企业，下同）执行的历年在岗职工平均工资的60%为基数补缴。利息以历年公布的企业职工基本养老保险个人账户记账利率计算。补缴费用由单位和个人分别负担，一次性缴清。

（二）以个人身份补缴的，均以补缴时所在市执行的上年度在岗职工平均工资的60%为基数，按20%的比例，补缴历年基本养老保险费。补缴费用由个人负担，一次性缴清。

三、个人账户和缴费工资指数

（一）以单位职工身份补缴的，补缴费用全额到位后，社会保险经办机构将补缴费用按规定分别计入统筹基金和个人账户。

（二）以个人身份补缴的，补缴费用全额到位后，社会保险经办机构以上年度在岗职工平均工资的60%为基数，按8%的比例为参保人员计入或补建基本养老保险个人账户。今后在省内转移养老保险关系或计发基本养老金时，按上述办法补缴期间历年的缴费工资指数均统一认定为0.6，并在其个人账户信息中作特别标记。

四、补缴年限和年龄限定

（一）男年满45周岁未满60周岁、女年满40周岁未满55周岁的人员，以个人身份补缴的，一次性补缴的年限不得超过10年，补缴时间不得早于所在市实施基本养老保险“统账结合”的时间，其中个体工商户补缴时间不得早于领取工商营业执照的时间。

补缴后继续缴费至男年满60周岁、女年满55周岁时，补缴及实际缴费年限累计满15年的，可按规定办理领取基本养老金手续；不满15年的，可延长缴费至满15年，再按规定办理领取基本养老金手续。延长缴费的具体办法按国家和我省有关规定执行。

（二）男年满60周岁、女年满55周岁的人员，以个人身份补缴的，可一次性补缴15年，按规定办理领取基本养老金手续。

（三）在计算养老金待遇时，计算个人账户养老金的计发月数，按照《国务院关于完善企业职工基本养老保险制度的决定》（国发〔2005〕38号）有关规定执行，70周岁以上人员统一按70周岁的计发月数确定。

以上年龄计算均截止2014年12月31日。

五、审核程序

以单位职工身份补缴的，由单位提出书面申请，在单位参保地社会保险经办机构办理补缴手续；以个人身份补缴的，按属地原则，在现户籍所在地社会保险经办机构申请办理补缴手续。市级人力资源社会保障部门要对此进行审核备案。申办补缴时，应提供以下材料：

1. 本人身份证、户口簿；

2. 本人原始档案、《劳动合同》、用工登记表、工资台账等证明其工作经历的相关原始资料；

3. 个体工商户应提供工商营业执照。

六、其它问题

（一）以个人身份补缴、有过工作经历、按本通知规定补缴及实际缴费年限满15年，且能够提供有效原始材料的，实行个人缴费制度前按国家和省有关规定可以计算为连续工龄的年限，可认定为视同缴费年限。

（二）按本通知规定补缴企业职工基本养老保险费的参保人员，已参加居民基本养老保险的，其居民基本养老保险个人账户暂予封存，到达法定退休年龄时，按照人力资源社会保障部、财政部《关于印发〈城乡养老保险制度衔接暂行办法〉的通知》（人社部发〔2014〕7号）和《山东省人力资源和社会保障厅山东省财政厅关于城乡养老保险制度衔接有关事项的通知》（鲁人社发〔2014〕36号）规定办理城乡养老保险制度衔接手续；已享受居民基本养老保险待遇或定期遗属生活困难补助费的，自办理补缴手续领取基本养老金待遇的当月起停发其原待遇。

（三）各市自行出台的规定与本通知规定不一致的，按本通知执行。今后国家有新规定的，按国家规定执行。

本通知自2015年7月1日起施行，有效期至2020年6月30日。

山东省人力资源和社会保障厅关于参加企业职工基本养老保险人员延长缴费有关问题的通知

（2015 年 5 月 12 日　鲁人社发〔2015〕30 号）

各市人力资源和社会保障局，省社会保险事业局：

根据《中华人民共和国社会保险法》《实施〈中华人民共和国社会保险法〉若干规定》（人力资源社会保障部令第 13 号）等有关政策规定，经研究，现就参加企业职工基本养老保险人员（以下简称参保人员）延长缴费的有关问题，通知如下：

一、本通知所称延长缴费，是指参保人员达到法定退休年龄时累计缴费年限（含按规定确认的视同缴费年限，下同）不满 15 年的，可以申请延长缴费至满 15 年。

二、参保人员申请延长缴费时，按下列办法分别确定继续缴费地：

（一）《国务院办公厅关于转发人力资源社会保障部、财政部〈城镇企业职工基本养老保险关系转移接续暂行办法〉的通知》（国办发〔2009〕66 号）、《山东省人民政府办公厅关于转发省人力资源社会保障厅、省财政厅〈山东省企业职工基本养老保险关系转移接续实施办法〉的通知》（鲁政办发〔2010〕50 号）实施后，没有再跨省或省内跨市（指设区的市，下同）流动就业转移基本养老保险关系的人员，继续缴费地为其当前基本养老保险关系所在地。

（二）国务院办公厅国办发〔2009〕66 号、省政府办公厅鲁政办发〔2010〕50 号文件实施后，跨省或省内跨市流动就业转移基本养老保险关系的人员，基本养老保险关系在户籍地的，继续缴费地为户籍地；基本养老保险关系不在户籍地的，继续缴费地为缴费年限满10年所在地；每个参保地的缴费年限均不满10年的，继续缴费地为户籍地。

三、参保人员延长缴费，若符合条件、在企业继续就业参保的，按照国家和省有关规定由企业和个人共同缴纳基本养老保险费；未在企业继续就业参保的，可以申请在继续缴费地参照当地灵活就业人员的办法缴纳基本养老保险费。

四、参保人员申请延长缴费的，按下列办法办理：

（一）参保人员应当在达到法定退休年龄前3个月内，提出延长缴费的申请，并自达到法定退休年龄的次月起按时足额缴纳基本养老保险费。

本人未及时申请或者因各种原因，在延长缴费期间未按时足额缴费的，可按省有关规定补缴；也可不再补缴，继续延长缴费直至缴费满15年。

（二）《中华人民共和国社会保险法》实施前（即2011年6月30日前）参保的人员，延长缴费5年后仍不满15年的，可以一次性缴费至满15年（以下简称一次性缴费）。具体缴费数额，按照缴费当年的基数和比例确定。一次性缴费后，相应计算缴费年限，缴费指数统一按照缴费当年的指数确定。

（三）参保人员延长缴费至满15年（《中华人民共和国社会保险法》实施前参保的人员含一次性缴费的年限）的，按规定办理退休手续后，自全部缴费到账的次月起，按月领取基本养老金。

五、参保人员延长缴费，应当由本人提出书面申请，报继续缴费地社会保险经办机构审核。其中，符合条件、在企业继续就业参保的，须经用人单位同意，报当地人力资源社会保障行政部门审核备案。

六、本通知自2015年7月1日起施行，有效期至2020年6

月 30 日。2011 年 7 月 1 日至本通知施行之日期间，符合本通知规定的参保人员，可以按本通知规定补办相关手续。

山东省人力资源和社会保障厅关于生产经营严重困难单位缓缴社会保险费有关问题的通知

（2015年5月14日　鲁人社发〔2015〕31号）

各市人力资源社会保障局，各有关单位：

根据《中华人民共和国社会保险法》和《实施〈中华人民共和国社会保险法〉若干规定》（中华人民共和国人力资源社会保障部令第13号），结合我省实际，现就用人单位因不可抗力造成生产经营严重困难时期暂缓缴纳社会保险费（以下简称“缓缴社会保险费”）有关问题通知如下：

一、缓缴条件

依法参加社会保险并按规定履行缴费义务的用人单位，符合以下情况之一的，可以申请缓缴社会保险费：

（一）因不可抗力，造成生产经营严重困难，无力支付职工最低工资连续6个月以上的；

（二）因不可抗力，造成无法正常生产经营6个月以上，职工仅发生活费的；

（三）其它因法定事由可以缓缴的情况。

二、申报材料

申请缓缴时应提供以下材料：

（一）缓缴社会保险费的申请，申请中应注明单位基本情况、造成生产经营严重困难原因等相关内容，属于政府行为的，提供政府出台的相关文件或规定；

（二）经社会中介机构审计的上年度财务报告；

（三）提出缓缴申请时1年内的会计报表、银行存款日记账及银行对账单、工资统计报表等；

（四）依法参加社会保险并按时足额缴费的证明。

三、申报程序

（一）用人单位在市（指设区的市，下同）以下（含市级）社保经办机构参保的，应向统筹所在市人力资源社会保障行政部门提出缓缴社会保险费的申请。申报程序如下：

1. 用人单位携带相关材料到市人力资源社会保障行政部门提出申请；

2. 经市人力资源社会保障行政部门初审，符合缓缴条件的，由市人力资源社会保障行政部门向省人力资源社会保障厅提出书面申请，连同相关材料一并报送省人力资源社会保障厅；

3. 省人力资源社会保障厅受理后，30日内完成审核，符合条件审核通过的，下发同意缓缴的批复，用人单位与社保经办机构签订缓缴协议，明确缓缴期间双方的权利与责任；审核未通过的，告知具体原因。

（二）用人单位在省社会保险事业局参保的，可直接向省人力资源社会保障厅提出申请。省直管用人单位中，部分险种在市级及以下社保经办机构参保的，应先向该险种参保地的市人力资源社会保障行政部门提出缓缴申请。市人力资源社会保险行政部门进行初审，初审通过后，报省人力资源社会保障厅。

四、缓缴期限

缓缴期限一般不超过1年。其中，医疗、生育保险缓缴期限一般不超过6个月。

对于首次缓缴期不足1年的，缓缴期满，用人单位仍无法恢复正常经营，可在缓缴期满前60日内，再次提出缓缴申请。连续申请不得超过两次，且两次缓缴期限累计不超过1年。医疗、生育保险首次缓缴期满，不再受理再次缓缴申请。

五、若干具体问题说明

（一）缓缴期间，用人单位应继续按月申报应缴纳的社会保险费。缓缴期满，用人单位应当按时足额补缴相应社会保险费，缓缴期间免收滞纳金。缓缴期满未再次提出缓缴申请，或再次申请未通过，且未能按时足额补缴社会保险费的，按《中华人民共和国社会保险法》和《实施〈中华人民共和国社会保险法〉若干规定》（人力资源社会保障部令第 13 号）有关规定加收滞纳金。

（二）缓缴期间职工各项社会保险待遇不受影响。职工到达退休年龄或需办理社会保险关系转移的，用人单位应单独为其足额缴纳社会保险费，保障职工合法权益。

（三）非因不可抗力造成生产经营困难，需要延期缴纳社会保险费的，仍按《社会保险费申报缴纳管理规定》（中华人民共和国人力资源和社会保障部令第 20 号）有关规定执行。

（四）本通知自 2015 年 7 月 1 日起施行，有效期至 2020 年 6 月 30 日。国家相关政策规定出台后，改按国家政策规定执行。

山东省人力资源和社会保障厅 省财政厅关于贯彻落实人社部发〔2015〕70号文件适当降低生育保险费率的通知

（2015年9月21日　鲁人社发〔2015〕53号）

各市人力资源社会保障局、财政局：

为贯彻落实人力资源社会保障部、财政部《关于适当降低生育保险费率的通知》（人社部发〔2015〕70号）精神，结合我省实际，做好适当降低生育保险费率有关工作，现就有关问题通知如下：

一、各统筹地区要根据上一年基金收支和结余情况，以及国家规定的待遇项目和标准测算基金结余情况，研究落实适当降低生育保险费率工作，合理确定费率。

基金累计结余超过9个月待遇支付额度的统筹地区，要按照“以支定收、收支平衡”的原则，结合当地实际，将生育保险费率调整到用人单位职工工资总额的0.5%以内。

基金累计结余不超过9个月待遇支付额度的统筹地区，要加强基金监测和管理，每季度进行一次风险评估，做好相应政策调整准备，保障基金平稳运行。

基金累计结余低于3个月待遇支付额度的，要制定预警方案，拟订加强支出管理、临时补贴、调整费率等措施，及时向同级政府和省人力资源社会保障厅、省财政厅报告。

二、各统筹地区要加强生育保险基金监测和管理，按月监测基金运行情况，及时了解基金动态变化，充分考虑计划生育相关政策调整、本地出生人口情况及待遇支付情况等因素，在确保生育保险待遇落实到位的前提下，将基金累计结余控制在6至9个月待遇支付额度的合理水平。要进一步完善基金市级统筹机制，加快实现基金市级统收统支，提高基金抗风险能力。

三、各统筹地区人力资源社会保障部门、财政部门要加强配合，共同研究落实适当降低生育保险费率工作，于2015年9月30日前，将基金测算情况和贯彻执行适当降低费率政策情况报省人力资源社会保障厅、省财政厅。符合适当降低费率规定的地区要制定具体实施方案，确保2015年10月1日起执行新的费率政策。

四、各统筹地区在政策调整过程中出现的新情况、新问题，要及时与省人力资源社会保障厅、省财政厅进行沟通，并采取有效措施，确保生育保险工作落实到位。

七、社会保险基金监督

全国社会保障基金条例

（2016年3月10日　国务院令第667号）

第一章　总　则

第一条　为了规范全国社会保障基金的管理运营，加强对全国社会保障基金的监督，在保证安全的前提下实现保值增值，根据《中华人民共和国社会保险法》，制定本条例。

第二条　国家设立全国社会保障基金。

全国社会保障基金由中央财政预算拨款、国有资本划转、基金投资收益和以国务院批准的其他方式筹集的资金构成。

第三条　全国社会保障基金是国家社会保障储备基金，用于人口老龄化高峰时期的养老保险等社会保障支出的补充、调剂。

第四条　国家根据人口老龄化趋势和经济社会发展状况，确定和调整全国社会保障基金规模。

全国社会保障基金的筹集和使用方案，由国务院确定。

第五条　国务院财政部门、国务院社会保险行政部门负责拟订全国社会保障基金的管理运营办法，报国务院批准后施行。

全国社会保障基金理事会负责全国社会保障基金的管理运营。

第二章　全国社会保障基金的管理运营

第六条　全国社会保障基金理事会应当审慎、稳健管理运营全国社会保障基金，按照国务院批准的比例在境内外市场投资运营全国社会保障基金。

全国社会保障基金理事会投资运营全国社会保障基金，应当坚持安全性、收益性和长期性原则，在国务院批准的固定收益类、股票类和未上市股权类等资产种类及其比例幅度内合理配置资产。

第七条　全国社会保障基金理事会制定全国社会保障基金的资产配置计划、确定重大投资项目，应当进行风险评估，并集体讨论决定。

全国社会保障基金理事会应当制定风险管理和内部控制办法，在管理运营的各个环节对风险进行识别、衡量、评估、监测和应对，有效防范和控制风险。风险管理和内部控制办法应当报国务院财政部门、国务院社会保险行政部门备案。

全国社会保障基金理事会应当依法制定会计核算办法，并报国务院财政部门审核批准。

第八条　全国社会保障基金理事会应当定期向国务院财政部门、国务院社会保险行政部门报告全国社会保障基金管理运营情况，提交财务会计报告。

第九条　全国社会保障基金理事会可以将全国社会保障基金委托投资或者以国务院批准的其他方式投资。

第十条　全国社会保障基金理事会将全国社会保障基金委托投资的，应当选择符合法定条件的专业投资管理机构、专业托管机构分别担任全国社会保障基金投资管理人、托管人。

全国社会保障基金理事会应当按照公开、公平、公正的原则选聘投资管理人、托管人，发布选聘信息、组织专家评审、集体讨论决定并公布选聘结果。

全国社会保障基金理事会应当制定投资管理人、托管人选聘办法，并报国务院财政部门、国务院社会保险行政部门备案。

第十一条　全国社会保障基金理事会应当与聘任的投资管理人、托管人分别签订委托投资合同、托管合同，并报国务院财政部门、国务院社会保险行政部门、国务院外汇管理部门、国务院证券监督管理机构、国务院银行业监督管理机构备案。

第十二条 全国社会保障基金理事会应当制定投资管理人、托管人考评办法，根据考评办法对投资管理人投资、托管人保管全国社会保障基金的情况进行考评。考评结果作为是否继续聘任的依据。

第十三条 全国社会保障基金投资管理人履行下列职责：

（一）运用全国社会保障基金进行投资；

（二）按照规定提取全国社会保障基金投资管理风险准备金；

（三）向全国社会保障基金理事会报告投资情况；

（四）法律、行政法规和国务院有关部门规章规定的其他职责。

第十四条 全国社会保障基金托管人履行下列职责：

（一）安全保管全国社会保障基金财产；

（二）按照托管合同的约定，根据全国社会保障基金投资管理人的投资指令，及时办理清算、交割事宜；

（三）按照规定和托管合同的约定，监督全国社会保障基金投资管理人的投资；

（四）执行全国社会保障基金理事会的指令，并报告托管情况；

（五）法律、行政法规和国务院有关部门规章规定的其他职责。

第十五条 全国社会保障基金财产应当独立于全国社会保障基金理事会、投资管理人、托管人的固有财产，独立于投资管理人投资和托管人保管的其他财产。

第十六条 全国社会保障基金投资管理人、托管人不得有下列行为：

（一）将全国社会保障基金财产混同于其他财产投资、保管；

（二）泄露因职务便利获取的全国社会保障基金未公开的信息，利用该信息从事或者明示、暗示他人从事相关交易活动；

（三）法律、行政法规和国务院有关部门规章禁止的其他行为。

第十七条 全国社会保障基金按照国家规定享受税收优惠。

第三章 全国社会保障基金的监督

第十八条 国家建立健全全国社会保障基金监督制度。

任何单位和个人不得侵占、挪用或者违规投资运营全国社会保障基金。

第十九条 国务院财政部门、国务院社会保险行政部门按照各自职责对全国社会保障基金的收支、管理和投资运营情况实施监督；发现存在问题的，应当依法处理；不属于本部门职责范围的，应当依法移送国务院外汇管理部门、国务院证券监督管理机构、国务院银行业监督管理机构等有关部门处理。

第二十条 国务院外汇管理部门、国务院证券监督管理机构、国务院银行业监督管理机构按照各自职责对投资管理人投资、托管人保管全国社会保障基金情况实施监督；发现违法违规行为的，应当依法处理，并及时通知国务院财政部门、国务院社会保险行政部门。

第二十一条 对全国社会保障基金境外投资管理人、托管人的监督，由国务院证券监督管理机构、国务院银行业监督管理机构按照与投资管理人、托管人所在国家或者地区有关监督管理机构签署的合作文件的规定执行。

第二十二条 审计署应当对全国社会保障基金每年至少进行一次审计。审计结果应当向社会公布。

第二十三条 全国社会保障基金理事会应当通过公开招标的方式选聘会计师事务所，对全国社会保障基金进行审计。

第二十四条 全国社会保障基金理事会应当通过其官方网

站、全国范围内发行的报纸每年向社会公布全国社会保障基金的收支、管理和投资运营情况，接受社会监督。

第四章　法律责任

第二十五条　全国社会保障基金境内投资管理人、托管人违反本条例第十六条、第十八条第二款规定的，由国务院证券监督管理机构、国务院银行业监督管理机构责令改正，没收违法所得，并处违法所得1倍以上5倍以下罚款；没有违法所得或者违法所得不足100万元的，并处10万元以上100万元以下罚款；对直接负责的主管人员和其他直接责任人员给予警告，暂停或者撤销有关从业资格，并处3万元以上30万元以下罚款；构成犯罪的，依法追究刑事责任。

第二十六条　全国社会保障基金理事会违反本条例规定的，由国务院财政部门、国务院社会保险行政部门责令改正；对直接负责的主管人员和其他直接责任人员依法给予处分；构成犯罪的，依法追究刑事责任。

第二十七条　国家工作人员在全国社会保障基金管理运营、监督工作中滥用职权、玩忽职守、徇私舞弊的，依法给予处分；构成犯罪的，依法追究刑事责任。

第二十八条　违反本条例规定，给全国社会保障基金造成损失的，依法承担赔偿责任。

第五章　附　则

第二十九条　经国务院批准，全国社会保障基金理事会可以接受省级人民政府的委托管理运营社会保险基金；受托管理运营社会保险基金，按照国务院有关社会保险基金投资管理的规定执行。

第三十条　本条例自2016年5月1日起施行。

国务院关于印发《划转部分国有资本充实社保基金实施方案》的通知

（2017 年 11 月 9 日　国发〔2017〕49 号）

各省、自治区、直辖市人民政府，国务院各部委、各直属机构：

现将《划转部分国有资本充实社保基金实施方案》印发给你们，请认真贯彻执行。

划转部分国有资本充实社保基金实施方案

党中央、国务院高度重视社会保障体系建设。我国统一的企业职工基本养老保险制度建立以来，以确保企业离退休人员基本养老金按时足额发放为中心，参保范围不断扩大，基金征缴力度不断加强，各项工作取得明显成效，对建立社会主义市场经济体制、维护改革发展稳定大局、保障企业离退休人员权益发挥了重要作用。与此同时，在企业职工基本养老保险制度逐步完善过程中，受多种因素影响，形成了一定的企业职工基本养老保险基金缺口。随着经济社会发展和人口老龄化加剧，基本养老保险基金支付压力不断加大，为充分体现代际公平和国有企业发展成果全民共享，现决定划转部分国有资本充实社保基金，具体方案如下。

一、指导思想

全面贯彻落实党的十九大精神，深入贯彻习近平新时代中国特色社会主义思想，认真落实党中央、国务院决策部署，按照

《中共中央、国务院关于深化国有企业改革的指导意见》和基本养老保险制度改革有关要求，在推动国有企业深化改革的同时，通过划转部分国有资本充实社保基金，使全体人民共享国有企业发展成果，增进民生福祉，促进改革和完善基本养老保险制度，实现代际公平，增强制度的可持续性。

二、基本原则

坚持目标引领，与基本养老保险制度改革目标紧密结合。基本养老保险制度改革是系统工程，应统筹兼顾，考虑长远，力求在公共财政适度支持的情况下实现精算平衡。划转部分国有资本，基本目标是弥补因实施视同缴费年限政策形成的企业职工基本养老保险基金缺口，促进建立更加公平、更可持续的养老保险制度。

坚持系统规划，与深化国有企业改革目标紧密结合。统筹考虑划转部分国有资本的目标、企业职工基本养老保险基金缺口成因、国有资本现状和企业发展需要，科学界定划转范围，合理确定划转比例。

坚持立足长远，与弥补企业职工基本养老保险基金缺口的目标相结合。通过划转实现国有资本多元化持有，但不改变国有资本属性。划转承接主体作为财务投资者，管理运营所划入的国有资本，建立国有资本划转和企业职工基本养老保险基金缺口逐步弥补相结合的运行机制。

坚持独立运营，与社保基金多渠道筹集的政策目标相结合。划转的国有资本具有充实社保基金的特定用途和政策目标，运营收益根据基本养老保险基金的支出需要上缴，专项用于弥补企业职工基本养老保险基金缺口。划转的国有资本应集中持有，独立运行，单独核算，接受考核和监督。

三、划转范围、对象、比例和承接主体

（一）划转范围。将中央和地方国有及国有控股大中型企业、金融机构纳入划转范围。公益类企业、文化企业、政策性和开发性金融机构以及国务院另有规定的除外。

（二）划转对象。中央和地方企业集团已完成公司制改革的，直接划转企业集团股权；中央和地方企业集团未完成公司制改革的，抓紧推进改革，改制后按要求划转企业集团股权；同时，探索划转未完成公司制改革的企业集团所属一级子公司股权。全国社会保障基金因国有股权划转、投资等各种原因形成的上市企业和非上市企业股权除外。

（三）划转比例。首先以弥补企业职工基本养老保险制度转轨时期因企业职工享受视同缴费年限政策形成的企业职工基本养老保险基金缺口为基本目标，划转比例统一为企业国有股权的10%。今后，结合基本养老保险制度改革及可持续发展要求，若需进一步划转，再作研究。

（四）承接主体。划转的国有股权是基本养老保险基金的重要组成部分。划转的中央企业国有股权，由国务院委托社保基金会负责集中持有，单独核算，接受考核和监督。条件成熟时，经批准，社保基金会可组建养老金管理公司，独立运营划转的中央企业国有股权。

划转的地方企业国有股权，由各省级人民政府设立国有独资公司集中持有、管理和运营。也可将划转的国有股权委托本省（区、市）具有国有资本投资运营功能的公司专户管理。

四、划转程序

（一）按照中央企业国有股权划转的部署和步骤安排，国有资产监督管理机构负责提出本机构所监管企业拟划转股权的建议方案，由财政部会同有关部门审核确认。其中，国务院国资委监管的中央企业，由财政部会同人力资源社会保障部、国务院国资委审核确认；中央金融机构等由财政部会同人力资源社会保障部审核确认。

本方案所称国有资产监督管理机构，是指代表国务院和地方人民政府履行出资人职责的部门（机构）、负责监督管理行政事业单位所办企业国有资产和金融类企业国有资产的财政部门。

（二）根据经审核确认的划转方案，国有资产监督管理机构具体办理企业国有股权的划出手续，社保基金会相应办理股权划入手续，并对划入的国有股权设立专门账户管理。

地方企业国有股权划转工作比照中央企业办理。

（三）划转对象涉及多个国有股东的，由第一大股东的国有资产监督管理机构负责对国有股东身份和应划转股权进行初审，提交同级财政部门确认。国有股东分别属于中央和地方管理的，按第一大股东的产权归属关系，将应划转的国有股权统一划转至社保基金会或各省（区、市）国有独资公司等承接主体。

（四）划转上市公司国有股权的，国有资产监督管理机构应同时向中国证券登记结算有限责任公司下达国有股转持通知，并抄送社保基金会或各省（区、市）国有独资公司等承接主体。中国证券登记结算有限责任公司在收到国有股转持通知后 15 个工作日内，将应转持的国有股权，变更登记到社保基金会或各省（区、市）国有独资公司等承接主体。

（五）国有股权划转至社保基金会或各省（区、市）国有独资公司等承接主体后，相关企业应及时进行账务调整，并按规定做好国有资产产权变动登记工作。国有股权划出方应当就划转事项通知本企业债权人。涉及上市公司股份权益变动的，相关企业需按照证券监管有关规定，履行信息披露义务。

（六）国有资产监督管理机构负责向同级财政部门提供年度划转任务执行情况，财政部门逐级汇总后，由财政部会同人力资源社会保障部、国务院国资委、证监会、社保基金会上报国务院。

五、承接主体对国有资本的管理

（一）资本管理。社保基金会及各省（区、市）国有独资公司等承接主体作为财务投资者，享有所划入国有股权的收益权和处置权，不干预企业日常生产经营管理，一般不向企业派出董事。必要时，经批准可向企业派出董事。

对划入的国有股权，社保基金会及各省（区、市）国有独资公司等承接主体原则上应履行3年以上的禁售期义务，并应承继原持股主体的其他限售义务。在禁售期内，如划转涉及的相关企业上市，应承继原持股主体的禁售期义务。

（二）收益管理。对划入的国有股权，社保基金会及各省（区、市）国有独资公司等承接主体的收益主要来源于股权分红。除国家规定须保持国有特殊持股比例或要求的企业外，社保基金会及各省（区、市）国有独资公司等承接主体经批准也可以通过国有资本运作获取收益。

六、划转步骤

按照试点先行、分级组织、稳步推进的原则完成划转工作。

第一步，2017年选择部分中央企业和部分省份开展试点。中央企业包括国务院国资委监管的中央管理企业3至5家、中央金融机构2家。试点省份的划转工作由有关省（区、市）人民政府具体组织实施。

第二步，在总结试点经验的基础上，2018年及以后，分批划转其他符合条件的中央管理企业、中央行政事业单位所办企业以及中央金融机构的国有股权，尽快完成划转工作。各省（区、市）人民政府负责组织实施本地区地方国有企业的国有股权划转工作。

七、配套措施

（一）自本方案印发之日起，划转范围内企业实施重大重组，改制上市，或改组组建国有资本投资、运营公司等涉及国有股权变动的改革事项，企业改革方案应与国有资本划转方案统筹考虑。

（二）探索建立对划转国有股权的合理分红机制。社保基金会及各省（区、市）国有独资公司等承接主体持有的股权分红和运作收益，专项用于弥补企业职工基本养老保险基金缺口，不纳入国有资本经营预算管理。每年6月底前，社保基金会及各省（区、市）国有独资公司等承接主体应将上年度国有资本收益和分红情况报送同级财政、人力资源社会保障部门。

（三）社保基金会及各省（区、市）国有独资公司等承接主体持有的国有资本收益，由同级财政部门统筹考虑基本养老保险基金的支出需要和国有资本收益状况，适时实施收缴，专项用于弥补企业职工基本养老保险基金缺口。

国有资本运作管理办法和中央财政对收缴资金的具体使用办法等另行制定。

（四）自本方案印发之日起，《国务院关于印发减持国有股筹集社会保障资金管理暂行办法的通知》（国发〔2001〕22号）和《财政部 国资委 证监会 社保基金会关于印发〈境内证券市场转持部分国有股充实全国社会保障基金实施办法〉的通知》（财企〔2009〕94号）等现行国有股转（减）持政策停止执行。

八、组织实施

划转部分国有资本充实社保基金，是基本养老保险制度改革和国有企业改革的重要组成部分，是保障和改善民生的重要举措。国务院国有企业改革领导小组要加强统筹协调、督促落实。财政部、人力资源社会保障部、国务院国资委、证监会、社保基金会等部门要各司其职，密切配合，出台配套制度办法，加强对本方案执行的支持和指导，做好方案实施的监督评估工作。各有关部门和机构要高度重视划转工作，统筹规划，周密安排，落实责任，有序实施。各省（区、市）人民政府对本地区划转工作负总责，要结合实际抓紧制订具体落实方案，确保按要求完成划转目标任务。

社会保险基金监督举报工作管理办法

（2001 年 5 月 18 日　劳动和社会保障部令第 11 号）

第一条　为了规范社会保险基金举报管理，加强社会保险基金监督，制定本办法。

第二条　劳动保障行政部门受理和办理社会保险基金监督举报适用本办法。

第三条　公民、法人和其他社会组织有权对养老保险基金、医疗保险基金、失业保险基金、工伤保险基金、生育保险基金收支、管理方面的违法违纪行为进行检举、控告。

公民、法人和其他社会组织就本条前款所列行为进行的检举、控告，劳动保障行政部门应当受理。

第四条　县级以上各级人民政府劳动保障行政部门负责社会保险基金监督的机构（以下简称监督机构）具体承办举报受理和办理工作。

负责受理、办理举报案件的工作人员必须忠于职守、廉洁奉公、保守秘密。

第五条　社会保险基金监督举报应当接受社会监督。举报人的合法权益依法受到保护。

任何单位和个人不得以任何借口阻拦、压制或打击报复举报人。

第六条　劳动保障行政部门应当开设社会保险基金监督电话，向社会公布监督电话号码、传真号码、通讯地址、邮政编码和受理举报的范围，并为举报人提供其他便利条件。

第七条　监督机构受理当面举报，应当指定专人接待，做好笔录，必要时可以录音。笔录应由举报人签名或者盖章，但举报人可以不留姓名或拒绝录音。

受理电话举报，应当如实记录，在征得举报人同意后，可以录音。

受理电报、传真、信函和其他书面方式的举报，应当指定专人拆阅、登记。对内容不详的署名举报，应当及时约请举报人面谈或通过其他方式索取补充材料。

第八条 对涉及重大问题和紧急事项的举报，监督机构应当立即向有关领导报告，并在职责范围内依法采取必要措施。

第九条 对不属于本办法受理范围的举报，监督机构应当告知举报人向有处理权的单位反映，或者将举报材料及时移送有处理权的单位。

第十条 凡符合本办法受理范围的举报，监督机构应当自受理之日起 30 日内办结。情况复杂的可以适当延长，但最长不得超过 60 日。

第十一条 下级劳动保障行政部门对上级劳动保障行政部门交办的举报案件，应当及时办理，并向交办单位书面报告调查处理意见。

第十二条 上级劳动保障行政部门发现下级劳动保障行政部门对举报案件的处理确有错误的，应当责成下级劳动保障行政部门重新处理，必要时也可以直接处理。

第十三条 举报人要求答复本人所举报案件办理结果的，监督机构应当负责将办理结果告知举报人。

第十四条 监督机构应当严格管理直接办理的举报材料和交办处理的举报材料，逐件登记举报人和被举报人、举报案件的主要内容和办理结果。

第十五条 举报材料和记录应当按国家保密规定列入密件管理。办结的举报案件，应当立卷归档。

第十六条 监督机构对举报案件应当每季度进行一次汇总分析，并于每季度结束后 15 日内将汇总情况报告上级监督机构。

上级监督机构要求专门报告的，下级监督机构应当及时按照要求报告有关情况。

第十七条 监督机构及其工作人员受理、办理举报案件时，应当遵守以下保密规定：

（一）不得私自摘抄、复制、扣押、销毁举报材料；

（二）严禁泄露举报人的姓名、单位、住址等情况；

（三）不得向被调查单位和被调查人出示举报材料；

（四）对匿名的举报材料不得鉴定笔迹；

（五）宣传报道和奖励举报有功人员，除征得举报人的同意外，不得公开举报人的姓名和单位等内容。

第十八条 举报受理、办理工作人员及其负责人，推诿、敷衍、拖延举报处理或徇私舞弊的，由劳动保障行政部门给予批评教育；情节严重的，依法给予行政处分；构成犯罪的，由司法机关依法追究刑事责任。

第十九条 省、自治区、直辖市劳动保障行政部门可以根据本办法制定实施细则。

第二十条 本办法自发布之日起施行。

社会保险基金行政监督办法

（2001年5月18日　劳动和社会保障部令第12号）

第一条　为了保障社会保险基金的安全，规范和加强社会保险基金监督，根据国务院规定，制定本办法。

第二条　劳动保障行政部门对社会保险基金收入户、社会保险基金支出户、社会保障基金财政专户以及其他与社会保险基金有关的账户收支和结余情况的监督，应当按照本办法的规定执行。本办法所称社会保险基金包括养老保险基金、医疗保险基金、失业保险基金、工伤保险基金和生育保险基金。

第三条　劳动保障部主管全国社会保险基金监督工作。县级以上地方各级人民政府劳动保障行政部门主管本行政区域内的社会保险基金监督工作。劳动保障行政部门负责社会保险基金监督的机构（以下简称监督机构）具体实施社会保险基金监督工作。

第四条　社会保险基金监督应遵循客观、公正、合法、效率的原则。

第五条　社会保险基金监督包括以下内容：

（一）贯彻执行社会保险基金管理法律、法规和国家政策的情况；

（二）社会保险基金预算执行情况及决算；

（三）社会保险基金征收、支出及结余情况；

（四）社会保险基金管理的其他事项。

第六条　监督机构及其监督人员在履行职责时，享有下列权利：

（一）要求被监督单位提供或报送社会保险基金预算或财务

收支计划、预算执行情况、决算、财务报告，以及其他与社会保险基金管理有关的资料；

（二）查阅被监督单位与社会保险基金有关的会计凭证、会计账薄、会计报表，以及其他与社会保险基金管理有关的资料；

（三）就监督事项向有关单位和个人进行调查，并取得有关证明材料；

（四）对被监督单位隐匿、伪造、变造会计凭证、会计账簿、会计报表以及其他与社会保险基金管理有关的资料的行为予以纠正或制止；

（五）对被监督单位转移、隐匿社会保险基金资产的行为予以纠正或制止；

（六）对被监督单位违反社会保险基金管理法律、法规的其他行为予以纠正或制止。

第七条 监督机构及其监督人员在履行职责时，应当忠于职守、秉公执法、清正廉洁、保守秘密。

第八条 监督机构实施监督时，应当由两名以上监督人员共同进行。

第九条 社会保险基金监督方式包括现场监督和非现场监督。监督机构应当制定年度监督计划。年度监督计划要明确现场监督的地区或单位的比例，并抄送同级财政、审计部门。现场监督是指监督机构对被监督单位社会保险基金管理情况实施的实地检查。现场监督分为定期监督、不定期监督和按《社会保险基金监督举报工作管理办法》的规定受理的举报案件查处。

非现场监督是指监督机构对被监督单位报送的社会保险基金管理有关数据资料进行的检查、分析。非现场监督分为常规监督和专项监督。常规监督通过被监督单位按监督机构的要求定期报送有关数据进行；专项监督通过被监督单位按监督机构的要求报送专项数据进行。在非现场监督过程中发现被监督单位存在严重违法违纪问题的，应实施现场监督。

第十条 监督机构实施现场监督，依照下列程序进行：

（一）根据年度监督计划和工作需要确定监督项目及监督内容，制定监督方案，并在实施监督3日前通知被监督单位；

（二）检查被监督单位社会保险基金会计凭证、会计账簿、会计报表、统计报表，查阅与监督事项有关的文件、资料，检查现金、实物、有价证券，向被监督单位和有关个人调查取证，听取被监督单位有关社会保险基金管理情况的汇报；

（三）根据检查结果，写出监督报告，并送被监督单位征求意见。被监督单位应当在接到监督报告10日内提出书面意见。逾期未提出书面意见的，视同无异议。

第十一条 监督机构实施非现场监督，依照下列程序进行：

（一）根据监督计划及工作需要，确定非现场监督目的及监督内容，提出定期报送数据或专项报送数据的范围、格式、报送方式及时限，通知被监督单位；

（二）审核被监督单位报送的数据，对不符合要求的数据，应要求被监督单位补报或重新报送；

（三）分析被监督单位报送的数据，评估社会保险基金管理状况及存在的问题，写出监督报告。

第十二条 对现场监督或非现场监督中存在问题并需要改进的被监督单位，由劳动保障行政部门提出监督处理意见。

第十三条 监督机构对被监督单位执行监督处理意见的情况，有权进行检查。

第十四条 被监督单位有下列行为之一的，由监督机构责令改正；拒不改正的，由监督机构建议被监督单位行政主管部门对主要负责人和直接责任人给予行政处分；构成犯罪的，由司法机关依法追究刑事责任：

（一）拒绝、阻挠监督人员进行监督的；

（二）拒绝、拖延提供与监督事项有关资料的；

（三）隐匿、伪造、变造、毁弃会计凭证、会计账簿、会计报表以及其他与社会保险基金管理有关资料的；

（四）转移、隐匿社会保险基金资产的。

第十五条 被监督单位报复陷害监督人员的，由被监督单位行政主管部门对直接责任人给予行政处分；构成犯罪的，由司法机关依法追究刑事责任。

第十六条 监督人员滥用职权、徇私舞弊、玩忽职守的，由劳动保障行政部门给予行政处分；构成犯罪的，由司法机关依法追究刑事责任。

第十七条 本办法自发布之日起施行。

企业年金基金管理机构资格认定暂行办法

（2004年12月31日中华人民共和国劳动和社会保障部令第24号公布）

注：2015年4月30日《人力资源社会保障部关于修改部分规章的决定》（人社部令第24号）修订。

第一条 为规范企业年金基金管理机构资格认定工作，根据《中华人民共和国行政许可法》《国务院对确需保留的行政审批项目设定行政许可的决定》和国家有关规定，制定本办法。

第二条 本办法所称企业年金基金管理机构，是指从事企业年金基金管理业务的法人受托机构、账户管理人、托管人和投资管理人等补充养老保险经办机构。

第三条 从事企业年金基金管理业务的机构，必须根据本办法规定的程序，取得相应的企业年金基金管理资格。

劳动保障部负责企业年金基金管理机构资格认定。

第四条 申请企业年金基金管理资格的机构（以下简称申请人）应当按照本办法附件规定的内容与格式，向劳动保障部提出书面申请。

第五条 法人受托机构应当具备下列条件：

（一）经国家金融监管部门批准，在中国境内注册；

（二）具有完善的法人治理结构；

（三）取得企业年金基金从业资格的专职人员达到规定人数；

（四）具有符合要求的营业场所、安全防范设施和与企业年金基金受托管理业务有关的其他设施；

（五）具有完善的内部稽核监控制度和风险控制制度；

（六）近3年没有重大违法违规行为；

（七）国家规定的其他条件。

第六条 账户管理人应当具备下列条件：

（一）经国家有关部门批准，在中国境内注册的独立法人；

（二）具有完善的法人治理结构；

（三）取得企业年金基金从业资格的专职人员达到规定人数；

（四）具有相应的企业年金基金账户管理信息系统；

（五）具有符合要求的营业场所、安全防范设施和与企业年金基金账户管理业务有关的其他设施；

（六）具有完善的内部稽核监控制度和风险控制制度；

（七）国家规定的其他条件。

本条第（四）项规定的企业年金基金账户管理信息系统规范，由劳动保障部另行制定。

第七条 托管人应当具备下列条件：

（一）经国家金融监管部门批准，在中国境内注册的独立法人；

（二）净资产不少于50亿元人民币；

（三）取得企业年金基金从业资格的专职人员达到规定人数；

（四）具有保管企业年金基金财产的条件；

（五）具有安全高效的清算、交割系统；

（六）具有符合要求的营业场所、安全防范设施和与企业年金基金托管业务有关的其他设施；

（七）具有完善的内部稽核监控制度和风险控制制度；

（八）国家规定的其他条件。

商业银行担任托管人，应当设有专门的基金托管部门。

第八条 投资管理人应当具备下列条件:

(一) 经国家金融监管部门批准,在中国境内注册,具有受托投资管理、基金管理或者资产管理资格的独立法人;

(二) 具有完善的法人治理结构;

(三) 取得企业年金基金从业资格的专职人员达到规定人数;

(四) 具有符合要求的营业场所、安全防范设施和与企业年金基金投资管理业务有关的其他设施;

(五) 具有完善的内部稽核监控制度和风险控制制度;

(六) 近3年没有重大违法违规行为;

(七) 国家规定的其他条件。

第九条 劳动保障部对申请人提出的申请,应当根据下列情况分别作出处理:

(一) 申请材料存在可以当场更正错误的,应当允许申请人当场更正;

(二) 申请材料不齐全或者不符合法定形式的,应当场或者在5个工作日内1次告知申请人需要补正的全部内容。逾期不告知的,自收到申请材料之日起即为受理;

(三) 申请材料齐全、符合法定形式,或者申请人按照要求提交全部补正申请材料的,劳动保障部应当受理申请人申请。

劳动保障部受理或者不受理申请人申请,应当出具加盖劳动保障部专用印章和注明日期的书面凭证。

正在接受司法机关或者有关监管机关立案调查的机构,在被调查期间,劳动保障部不受理其申请。

第十条 劳动保障部受理申请人申请后,应当组建专家评审委员会对申请材料进行评审。评审委员会专家按照专业范围从专家库中随机抽取产生。专家库由有关部门代表和社会专业人士组成。

专家评审委员会对申请人申请材料按照分期分类的原则进行

评审，所需时间由劳动保障部书面告知申请人。

第十一条 劳动保障部认为必要时应当指派2名以上工作人员，根据申请人申请材料对申请人进行现场检查。

第十二条 劳动保障部根据专家评审委员会评审结果及现场检查情况，会商中国银监会、中国证监会、中国保监会后，认定企业年金基金管理机构资格，并于认定之日起10个工作日内，向申请人颁发《企业年金基金管理资格证书》。证书制式由劳动保障部统一印制。

对于未取得企业年金基金管理资格的申请人，由劳动保障部书面通知，说明理由并告知申请人享有依法申请行政复议或者提起行政诉讼的权利。

第十三条 劳动保障部会同中国银监会、中国证监会、中国保监会，在全国性报刊上公告取得企业年金基金管理资格的机构。

第十四条 企业年金基金管理机构的资格证书有效期为3年，期限届满前3个月应当向劳动保障部提出延续申请。

第十五条 有下列情形之一的，劳动保障部应当办理企业年金基金管理机构资格的注销手续：

（一）企业年金基金管理机构资格有效期届满未延续的；

（二）企业年金基金管理机构依法解散、被依法撤销、被依法宣告破产或者被依法接管的；

（三）企业年金基金管理机构资格被依法撤销的；

（四）国家规定的应当注销企业年金基金管理机构资格的其他情形。

劳动保障部办理企业年金基金管理机构资格的注销手续后，会同中国银监会、中国证监会、中国保监会，在全国性报刊上公告。

第十六条 申请人隐瞒有关情况或者提供虚假材料的，劳动保障部不予受理或者不予认定企业年金基金管理机构资格，并给予警告；申请人 1 年内不得再次申请企业年金基金管理机构资格。

第十七条 申请人采用贿赂、欺诈等不正当手段取得企业年金基金管理机构资格的，劳动保障部会商中国银监会、中国证监会、中国保监会后取消其资格；申请人 3 年内不得再次申请企业年金基金管理机构资格；构成犯罪的，移交司法机关依法追究刑事责任。

第十八条 劳动保障部建立健全企业年金基金监管制度，定期或者不定期对有关机构企业年金基金管理运营情况进行监督检查。

第十九条 本办法自 2005 年 3 月 1 日起施行。

附件：企业年金基金管理机构资格申请材料内容与格式

（附件本书略）

企业年金基金管理办法

（2011年2月12日人力资源社会保障部、银监会、证监会、保监会令第11号公布，根据2015年4月30日《人力资源社会保障部关于修改部分规章的决定》修订）

第一章　总　则

第一条　为维护企业年金各方当事人的合法权益，规范企业年金基金管理，根据劳动法、信托法、合同法、证券投资基金法等法律和国务院有关规定，制定本办法。

第二条　企业年金基金的受托管理、账户管理、托管、投资管理以及监督管理适用本办法。

本办法所称企业年金基金，是指根据依法制定的企业年金计划筹集的资金及其投资运营收益形成的企业补充养老保险基金。

第三条　建立企业年金计划的企业及其职工作为委托人，与企业年金理事会或者法人受托机构（以下简称受托人）签订受托管理合同。

受托人与企业年金基金账户管理机构(以下简称账户管理人)、企业年金基金托管机构(以下简称托管人)和企业年金基金投资管理机构(以下简称投资管理人)分别签订委托管理合同。

第四条　受托人应当将受托管理合同和委托管理合同报人力资源社会保障行政部门备案。

第五条　一个企业年金计划应当仅有一个受托人、一个账户管理人和一个托管人，可以根据资产规模大小选择适量的投资管理人。

第六条　同一企业年金计划中，受托人与托管人、托管人与投资管理人不得为同一人；建立企业年金计划的企业成立企业年金理事会作为受托人的，该企业与托管人不得为同一人；受托人与托管人、托管人与投资管理人、投资管理人与其他投资管理人的总经理和企业年金从业人员，不得相互兼任。

同一企业年金计划中，法人受托机构具备账户管理或者投资管理业务资格的，可以兼任账户管理人或者投资管理人。

第七条 法人受托机构兼任投资管理人时，应当建立风险控制制度，确保各项业务管理之间的独立性；设立独立的受托业务和投资业务部门，办公区域、运营管理流程和业务制度应当严格分离；直接负责的高级管理人员、受托业务和投资业务部门的工作人员不得相互兼任。

同一企业年金计划中，法人受托机构对待各投资管理人应当执行统一的标准和流程，体现公开、公平、公正原则。

第八条 企业年金基金缴费必须归集到受托财产托管账户，并在45日内划入投资资产托管账户。企业年金基金财产独立于委托人、受托人、账户管理人、托管人、投资管理人和其他为企业年金基金管理提供服务的自然人、法人或者其他组织的固有财产及其管理的其他财产。

企业年金基金财产的管理、运用或者其他情形取得的财产和收益，应当归入基金财产。

第九条 委托人、受托人、账户管理人、托管人、投资管理人和其他为企业年金基金管理提供服务的自然人、法人或者其他组织，因依法解散、被依法撤销或者被依法宣告破产等原因进行终止清算的，企业年金基金财产不属于其清算财产。

第十条 企业年金基金财产的债权，不得与委托人、受托人、账户管理人、托管人、投资管理人和其他为企业年金基金管理提供服务的自然人、法人或者其他组织固有财产的债务相互抵销。不同企业年金计划的企业年金基金的债权债务，不得相互抵销。

第十一条 非因企业年金基金财产本身承担的债务，不得对基金财产强制执行。

第十二条 受托人、账户管理人、托管人、投资管理人和其他为企业年金基金管理提供服务的自然人、法人或者其他组织必须恪尽职守，履行诚实、信用、谨慎、勤勉的义务。

第十三条 人力资源社会保障部负责制定企业年金基金管理的有关政策。人力资源社会保障行政部门对企业年金基金管理进行监管。

第二章 受托人

第十四条 本办法所称受托人，是指受托管理企业年金基金的符合国家规定的养老金管理公司等法人受托机构（以下简称法人受托机构）或者企业年金理事会。

第十五条 建立企业年金计划的企业，应当通过职工大会或者职工代表大会讨论确定，选择法人受托机构作为受托人，或者成立企业年金理事会作为受托人。

第十六条 企业年金理事会由企业代表和职工代表等人员组成，也可以聘请企业以外的专业人员参加，其中职工代表不少于三分之一。理事会应当配备一定数量的专职工作人员。

第十七条 企业年金理事会中的职工代表和企业以外的专业人员由职工大会、职工代表大会或者其他形式民主选举产生。企业代表由企业方聘任。

理事任期由企业年金理事会章程规定，但每届任期不得超过三年。理事任期届满，连选可以连任。

第十八条 企业年金理事会理事应当具备下列条件：

（一）具有完全民事行为能力；

（二）诚实守信，无犯罪记录；

（三）具有从事法律、金融、会计、社会保障或者其他履行企业年金理事会理事职责所必需的专业知识；

（四）具有决策能力；

（五）无个人所负数额较大的债务到期未清偿情形。

第十九条 企业年金理事会依法独立管理本企业的企业年金基金事务，不受企业方的干预，不得从事任何形式的营业性活动，不得从企业年金基金财产中提取管理费用。

第二十条 企业年金理事会会议，应当由理事本人出席；理事因故不能出席，可以书面委托其他理事代为出席，委托书中应当载明授权范围。

理事会作出决议，应当经全体理事三分之二以上通过。理事会应当对会议所议事项的决定形成会议记录，出席会议的理事应当在会议记录上签名。

第二十一条 理事应当对企业年金理事会的决议承担责任。理事会的决议违反法律、行政法规、本办法规定或者理事会章程，致使企业年金基金财产遭受损失的，理事应当承担赔偿责任。但经证明在表决时曾表明异议并记载于会议记录的，该理事可以免除责任。

企业年金理事会对外签订合同，应当由全体理事签字。

第二十二条 法人受托机构应当具备下列条件：

（一）经国家金融监管部门批准，在中国境内注册的独立法人；

（二）具有完善的法人治理结构；

（三）取得企业年金基金从业资格的专职人员达到规定人数；

（四）具有符合要求的营业场所、安全防范设施和与企业年金基金受托管理业务有关的其他设施；

（五）具有完善的内部稽核监控制度和风险控制制度；

（六）近 3 年没有重大违法违规行为；

（七）国家规定的其他条件。

第二十三条 受托人应当履行下列职责：

（一）选择、监督、更换账户管理人、托管人、投资管理人；

（二）制定企业年金基金战略资产配置策略；

（三）根据合同对企业年金基金管理进行监督；

（四）根据合同收取企业和职工缴费，向受益人支付企业年金待遇，并在合同中约定具体的履行方式；

（五）接受委托人查询，定期向委托人提交企业年金基金管理和财务会计报告。发生重大事件时，及时向委托人和有关监管部门报告；定期向有关监管部门提交开展企业年金基金受托管理业务情况的报告；

（六）按照国家规定保存与企业年金基金管理有关的记录自合同终止之日起至少 15 年；

（七）国家规定和合同约定的其他职责。

第二十四条 本办法所称受益人，是指参加企业年金计划并享有受益权的企业职工。

第二十五条 有下列情形之一的，法人受托机构职责终止：

（一）违反与委托人合同约定的；

（二）利用企业年金基金财产为其谋取利益，或者为他人谋取不正当利益的；

（三）依法解散、被依法撤销、被依法宣告破产或者被依法接管的；

（四）被依法取消企业年金基金受托管理业务资格的；

（五）委托人有证据认为更换受托人符合受益人利益的；

（六）有关监管部门有充分理由和依据认为更换受托人符合受益人利益的；

（七）国家规定和合同约定的其他情形。

企业年金理事会有前款第（二）项规定情形的，企业年金理事会职责终止，由委托人选择法人受托机构担任受托人。企业年金理事会有第（一）、（三）至（七）项规定情形之一的，应当按照国家规定重新组成，或者由委托人选择法人受托机构担任受托人。

第二十六条 受托人职责终止的，委托人应当在45日内委任新的受托人。

受托人职责终止的，应当妥善保管企业年金基金受托管理资料，在45日内办理完毕受托管理业务移交手续，新受托人应当接收并行使相应职责。

第三章 账户管理人

第二十七条 本办法所称账户管理人，是指接受受托人委托管理企业年金基金账户的专业机构。

第二十八条 账户管理人应当具备下列条件：

（一）经国家有关部门批准，在中国境内注册的独立法人；

（二）具有完善的法人治理结构；

（三）取得企业年金基金从业资格的专职人员达到规定人数；

（四）具有相应的企业年金基金账户信息管理系统；

（五）具有符合要求的营业场所、安全防范设施和与企业年金基金账户管理业务有关的其他设施；

（六）具有完善的内部稽核监控制度和风险控制制度；

（七）近3年没有重大违法违规行为；

（八）国家规定的其他条件。

第二十九条 账户管理人应当履行下列职责：

（一）建立企业年金基金企业账户和个人账户；

（二）记录企业、职工缴费以及企业年金基金投资收益；

（三）定期与托管人核对缴费数据以及企业年金基金账户财产变化状况，及时将核对结果提交受托人；

（四）计算企业年金待遇；

（五）向企业和受益人提供企业年金基金企业账户和个人账

户信息查询服务；向受益人提供年度权益报告；

（六）定期向受托人提交账户管理数据等信息以及企业年金基金账户管理报告；定期向有关监管部门提交开展企业年金基金账户管理业务情况的报告；

（七）按照国家规定保存企业年金基金账户管理档案自合同终止之日起至少15年；

（八）国家规定和合同约定的其他职责。

第三十条 有下列情形之一的，账户管理人职责终止：

（一）违反与受托人合同约定的；

（二）利用企业年金基金财产为其谋取利益，或者为他人谋取不正当利益的；

（三）依法解散、被依法撤销、被依法宣告破产或者被依法接管的；

（四）被依法取消企业年金基金账户管理业务资格的；

（五）受托人有证据认为更换账户管理人符合受益人利益的；

（六）有关监管部门有充分理由和依据认为更换账户管理人符合受益人利益的；

（七）国家规定和合同约定的其他情形。

第三十一条 账户管理人职责终止的，受托人应当在45日内确定新的账户管理人。

账户管理人职责终止的，应当妥善保管企业年金基金账户管理资料，在45日内办理完毕账户管理业务移交手续，新账户管理人应当接收并行使相应职责。

第四章 托管人

第三十二条 本办法所称托管人，是指接受受托人委托保管企业年金基金财产的商业银行。

第三十三条 托管人应当具备下列条件：

（一）经国家金融监管部门批准，在中国境内注册的独立法人；

（二）具有完善的法人治理结构；

（三）设有专门的资产托管部门；

（四）取得企业年金基金从业资格的专职人员达到规定人数；

（五）具有保管企业年金基金财产的条件；

（六）具有安全高效的清算、交割系统；

（七）具有符合要求的营业场所、安全防范设施和与企业年金基金托管业务有关的其他设施；

（八）具有完善的内部稽核监控制度和风险控制制度；

（九）近3年没有重大违法违规行为；

（十）国家规定的其他条件。

第三十四条 托管人应当履行下列职责：

（一）安全保管企业年金基金财产；

（二）以企业年金基金名义开设基金财产的资金账户和证券账户等；

（三）对所托管的不同企业年金基金财产分别设置账户，确保基金财产的完整和独立；

（四）根据受托人指令，向投资管理人分配企业年金基金财产；

（五）及时办理清算、交割事宜；

（六）负责企业年金基金会计核算和估值，复核、审查和确认投资管理人计算的基金财产净值；

（七）根据受托人指令，向受益人发放企业年金待遇；

（八）定期与账户管理人、投资管理人核对有关数据；

（九）按照规定监督投资管理人的投资运作，并定期向受托人报告投资监督情况；

（十）定期向受托人提交企业年金基金托管和财务会计报

告；定期向有关监管部门提交开展企业年金基金托管业务情况的报告；

（十一）按照国家规定保存企业年金基金托管业务活动记录、账册、报表和其他相关资料自合同终止之日起至少15年；

（十二）国家规定和合同约定的其他职责。

第三十五条 托管人发现投资管理人依据交易程序尚未成立的投资指令违反法律、行政法规、其他有关规定或者合同约定的，应当拒绝执行，立即通知投资管理人，并及时向受托人和有关监管部门报告。

托管人发现投资管理人依据交易程序已经成立的投资指令违反法律、行政法规、其他有关规定或者合同约定的，应当立即通知投资管理人，并及时向受托人和有关监管部门报告。

第三十六条 有下列情形之一的，托管人职责终止：

（一）违反与受托人合同约定的；

（二）利用企业年金基金财产为其谋取利益，或者为他人谋取不正当利益的；

（三）依法解散、被依法撤销、被依法宣告破产或者被依法接管的；

（四）被依法取消企业年金基金托管业务资格的；

（五）受托人有证据认为更换托管人符合受益人利益的；

（六）有关监管部门有充分理由和依据认为更换托管人符合受益人利益的；

（七）国家规定和合同约定的其他情形。

第三十七条 托管人职责终止的，受托人应当在45日内确定新的托管人。

托管人职责终止的，应当妥善保管企业年金基金托管资料，在45日内办理完毕托管业务移交手续，新托管人应当接收并行使相应职责。

第三十八条 禁止托管人有下列行为：

（一）托管的企业年金基金财产与其固有财产混合管理；

（二）托管的企业年金基金财产与托管的其他财产混合管理；

（三）托管的不同企业年金计划、不同企业年金投资组合的企业年金基金财产混合管理；

（四）侵占、挪用托管的企业年金基金财产；

（五）国家规定和合同约定禁止的其他行为。

第五章　投资管理人

第三十九条　本办法所称投资管理人，是指接受受托人委托投资管理企业年金基金财产的专业机构。

第四十条　投资管理人应当具备下列条件：

（一）经国家金融监管部门批准，在中国境内注册，具有受托投资管理、基金管理或者资产管理资格的独立法人；

（二）具有完善的法人治理结构；

（三）取得企业年金基金从业资格的专职人员达到规定人数；

（四）具有符合要求的营业场所、安全防范设施和与企业年金基金投资管理业务有关的其他设施；

（五）具有完善的内部稽核监控制度和风险控制制度；

（六）近3年没有重大违法违规行为；

（七）国家规定的其他条件。

第四十一条　投资管理人应当履行下列职责：

（一）对企业年金基金财产进行投资；

（二）及时与托管人核对企业年金基金会计核算和估值结果；

（三）建立企业年金基金投资管理风险准备金；

（四）定期向受托人提交企业年金基金投资管理报告；定期向有关监管部门提交开展企业年金基金投资管理业务情况的

报告；

（五）根据国家规定保存企业年金基金财产会计凭证、会计账簿、年度财务会计报告和投资记录自合同终止之日起至少15年；

（六）国家规定和合同约定的其他职责。

第四十二条 有下列情形之一的，投资管理人应当及时向受托人报告：

（一）企业年金基金单位净值大幅度波动的；

（二）可能使企业年金基金财产受到重大影响的有关事项；

（三）国家规定和合同约定的其他情形。

第四十三条 有下列情形之一的，投资管理人职责终止：

（一）违反与受托人合同约定的；

（二）利用企业年金基金财产为其谋取利益，或者为他人谋取不正当利益的；

（三）依法解散、被依法撤销、被依法宣告破产或者被依法接管的；

（四）被依法取消企业年金基金投资管理业务资格的；

（五）受托人有证据认为更换投资管理人符合受益人利益的；

（六）有关监管部门有充分理由和依据认为更换投资管理人符合受益人利益的；

（七）国家规定和合同约定的其他情形。

第四十四条 投资管理人职责终止的，受托人应当在45日内确定新的投资管理人。

投资管理人职责终止的，应当妥善保管企业年金基金投资管理资料，在45日内办理完毕投资管理业务移交手续，新投资管理人应当接收并行使相应职责。

第四十五条 禁止投资管理人有下列行为：

（一）将其固有财产或者他人财产混同于企业年金基金

财产；

（二）不公平对待企业年金基金财产与其管理的其他财产；

（三）不公平对待其管理的不同企业年金基金财产；

（四）侵占、挪用企业年金基金财产；

（五）承诺、变相承诺保本或者保证收益；

（六）利用所管理的其他资产为企业年金计划委托人、受益人或者相关管理人谋取不正当利益；

（七）国家规定和合同约定禁止的其他行为。

第六章　基金投资

第四十六条　企业年金基金投资管理应当遵循谨慎、分散风险的原则，充分考虑企业年金基金财产的安全性、收益性和流动性，实行专业化管理。

第四十七条　企业年金基金财产限于境内投资，投资范围包括银行存款、国债、中央银行票据、债券回购、万能保险产品、投资连结保险产品、证券投资基金、股票，以及信用等级在投资级以上的金融债、企业（公司）债、可转换债（含分离交易可转换债）、短期融资券和中期票据等金融产品。

第四十八条　每个投资组合的企业年金基金财产应当由一个投资管理人管理，企业年金基金财产以投资组合为单位按照公允价值计算应当符合下列规定：

（一）投资银行活期存款、中央银行票据、债券回购等流动性产品以及货币市场基金的比例，不得低于投资组合企业年金基金财产净值的5%；清算备付金、证券清算款以及一级市场证券申购资金视为流动性资产；投资债券正回购的比例不得高于投资组合企业年金基金财产净值的40%。

（二）投资银行定期存款、协议存款、国债、金融债、企业（公司）债、短期融资券、中期票据、万能保险产品等固定收益类产品以及可转换债（含分离交易可转换债）、债券基金、投资连结保险产品（股票投资比例不高于 30%）的比例，不得高于投资组合企业年金基金财产净值的 95%。

（三）投资股票等权益类产品以及股票基金、混合基金、投资连结保险产品（股票投资比例高于或者等于 30%）的比例，不得高于投资组合企业年金基金财产净值的 30%。其中，企业年金基金不得直接投资于权证，但因投资股票、分离交易可转换债等投资品种而衍生获得的权证，应当在权证上市交易之日起 10 个交易日内卖出。

第四十九条 根据金融市场变化和投资运作情况，人力资源社会保障部会同中国银监会、中国证监会和中国保监会，适时对投资范围和比例进行调整。

第五十条 单个投资组合的企业年金基金财产，投资于一家企业所发行的股票，单期发行的同一品种短期融资券、中期票据、金融债、企业（公司）债、可转换债（含分离交易可转换债），单只证券投资基金，单个万能保险产品或者投资连结保险产品，分别不得超过该企业上述证券发行量、该基金份额或者该保险产品资产管理规模的 5%；按照公允价值计算，也不得超过该投资组合企业年金基金财产净值的 10%。

单个投资组合的企业年金基金财产，投资于经备案的符合第四十八条投资比例规定的单只养老金产品，不得超过该投资组合企业年金基金财产净值的 30%，不受上述 10% 规定的限制。

第五十一条 投资管理人管理的企业年金基金财产投资于自己管理的金融产品须经受托人同意。

第五十二条 因证券市场波动、上市公司合并、基金规模变动等投资管理人之外的因素致使企业年金基金投资不符合本办法第四十八条、第五十条规定的比例或者合同约定的投资比例的，投资管理人应当在可上市交易之日起 10 个交易日内调整完毕。

第五十三条 企业年金基金证券交易以现货和国务院规定的其他方式进行，不得用于向他人贷款和提供担保。

投资管理人不得从事使企业年金基金财产承担无限责任的投资。

第七章 收益分配及费用

第五十四条 账户管理人应当采用份额计量方式进行账户管理，根据企业年金基金单位净值，按周或者按日足额记入企业年金基金企业账户和个人账户。

第五十五条 受托人年度提取的管理费不高于受托管理企业年金基金财产净值的0.2%。

第五十六条 账户管理人的管理费按照每户每月不超过5元人民币的限额，由建立企业年金计划的企业另行缴纳。

保留账户和退休人员账户的账户管理费可以按照合同约定由受益人自行承担，从受益人个人账户中扣除。

第五十七条 托管人年度提取的管理费不高于托管企业年金基金财产净值的0.2%。

第五十八条 投资管理人年度提取的管理费不高于投资管理企业年金基金财产净值的1.2%。

第五十九条 根据企业年金基金管理情况，人力资源社会保障部会同中国银监会、中国证监会和中国保监会，适时对有关管理费进行调整。

第六十条 投资管理人从当期收取的管理费中，提取20%作为企业年金基金投资管理风险准备金，专项用于弥补合同终止时所管理投资组合的企业年金基金当期委托投资资产的投资亏损。

第六十一条 当合同终止时，如所管理投资组合的企业年金基金财产净值低于当期委托投资资产的，投资管理人应当用风险准备金弥补该时点的当期委托投资资产亏损，直至该投资组合风险准备金弥补完毕；如所管理投资组合的企业年金基金当期委托投资资产没有发生投资亏损或者风险准备金弥补后有剩余的，风险准备金划归投资管理人所有。

第六十二条 企业年金基金投资管理风险准备金应当存放于投资管理人在托管人处开立的专用存款账户，余额达到投资管理人所管理投资组合基金财产净值的10%时可以不再提取。托管人不得对投资管理风险准备金账户收取费用。

第六十三条 风险准备金由投资管理人进行管理，可以投资于银行存款、国债等高流动性、低风险金融产品。风险准备金产生的投资收益，应当纳入风险准备金管理。

第八章 计划管理和信息披露

第六十四条 企业年金单一计划指受托人将单个委托人交付的企业年金基金，单独进行受托管理的企业年金计划。

企业年金集合计划指同一受托人将多个委托人交付的企业年金基金，集中进行受托管理的企业年金计划。

第六十五条 法人受托机构设立集合计划，应当制定集合计划受托管理合同，为每个集合计划确定账户管理人、托管人各1名，投资管理人至少3名；并分别与其签订委托管理合同。

集合计划受托人应当将制定的集合计划受托管理合同、签订的委托管理合同以及该集合计划的投资组合说明书报人力资源社会保障部备案。

第六十六条 一个企业年金方案的委托人只能建立一个企业年金单一计划或者参加一个企业年金集合计划。委托人加入集合计划满3年后，方可根据受托管理合同规定选择退出集合计划。

第六十七条 发生下列情形之一的，企业年金单一计划变更：

（一）企业年金计划受托人、账户管理人、托管人或者投资管理人变更；

（二）企业年金基金管理合同主要内容变更；

（三）企业年金计划名称变更；

（四）国家规定的其他情形。

发生前款规定情形时，受托人应当将相关企业年金基金管理合同重新报人力资源社会保障行政部门备案。

第六十八条 企业年金单一计划终止时，受托人应当组织清算组对企业年金基金财产进行清算。清算费用从企业年金基金财产中扣除。

清算组由企业代表、职工代表、受托人、账户管理人、托管人、投资管理人以及由受托人聘请的会计师事务所、律师事务所等组成。

清算组应当自清算工作完成后 3 个月内，向人力资源社会保障行政部门和受益人提交经会计师事务所审计以及律师事务所出具法律意见书的清算报告。

人力资源社会保障行政部门应当注销该企业年金计划。

第六十九条 受益人工作单位发生变化，新工作单位已经建立企业年金计划的，其企业年金个人账户权益应当转入新工作单位的企业年金计划管理。新工作单位没有建立企业年金计划的，其企业年金个人账户权益可以在原法人受托机构发起的集合计划设置的保留账户统一管理；原受托人是企业年金理事会的，由企业与职工协商选择法人受托机构管理。

第七十条 企业年金单一计划终止时，受益人企业年金个人账户权益应当转入原法人受托机构发起的集合计划设置的保留账户统一管理；原受托人是企业年金理事会的，由企业与职工协商选择法人受托机构管理。

第七十一条 发生以下情形之一的，受托人应当聘请会计师事务所对企业年金计划进行审计。审计费用从企业年金基金财产中扣除。

（一）企业年金计划连续运作满三个会计年度时；

（二）企业年金计划管理人职责终止时；

（三）国家规定的其他情形。

账户管理人、托管人、投资管理人应当自上述情况发生之日起配合会计师事务所对企业年金计划进行审计。受托人应当自上述情况发生之日起的50日内向委托人以及人力资源社会保障行政部门提交审计报告。

第七十二条 受托人应当在每季度结束后30日内向委托人提交企业年金基金管理季度报告；并应当在年度结束后60日内向委托人提交企业年金基金管理和财务会计年度报告。

第七十三条 账户管理人应当在每季度结束后15日内向受托人提交企业年金基金账户管理季度报告；并应当在年度结束后45日内向受托人提交企业年金基金账户管理年度报告。

第七十四条 托管人应当在每季度结束后15日内向受托人提交企业年金基金托管和财务会计季度报告；并应当在年度结束后45日内向受托人提交企业年金基金托管和财务会计年度报告。

第七十五条 投资管理人应当在每季度结束后15日内向受托人提交经托管人确认财务管理数据的企业年金基金投资组合季度报告；并应当在年度结束后45日内向受托人提交经托管人确认财务管理数据的企业年金基金投资管理年度报告。

第七十六条 法人受托机构、账户管理人、托管人和投资管理人发生下列情形之一的，应当及时向人力资源社会保障部报告；账户管理人、托管人和投资管理人应当同时抄报受托人。

（一）减资、合并、分立、依法解散、被依法撤销、决定申请破产或者被申请破产的；

（二）涉及重大诉讼或者仲裁的；

（三）董事长、总经理、直接负责企业年金业务的高级管理人员发生变动的；

（四）国家规定的其他情形。

第七十七条 受托人、账户管理人、托管人和投资管理人应当按照规定报告企业年金基金管理情况，并对所报告内容的真实性、完整性负责。

第九章　监督检查

第七十八条　法人受托机构、账户管理人、托管人、投资管理人开展企业年金基金管理相关业务，应当向人力资源社会保障部提出申请。法人受托机构、账户管理人、投资管理人向人力资源社会保障部提出申请前应当先经其业务监管部门同意，托管人向人力资源社会保障部提出申请前应当先向其业务监管部门备案。

第七十九条　人力资源社会保障部收到法人受托机构、账户管理人、托管人、投资管理人的申请后，应当组织专家评审委员会，按照规定进行审慎评审。经评审符合条件的，由人力资源社会保障部会同有关部门确认公告；经评审不符合条件的，应当书面通知申请人。

专家评审委员会由有关部门代表和社会专业人士组成。每次参加评审的专家应当从专家评审委员会中随机抽取产生。

第八十条　受托人、账户管理人、托管人、投资管理人开展企业年金基金管理相关业务，应当接受人力资源社会保障行政部门的监管。

法人受托机构、账户管理人、托管人和投资管理人的业务监管部门按照各自职责对其经营活动进行监督。

第八十一条　人力资源社会保障部依法履行监督管理职责，可以采取以下措施：

（一）查询、记录、复制与被调查事项有关的企业年金基金管理合同、财务会计报告等资料；

（二）询问与调查事项有关的单位和个人，要求其对有关问题做出说明、提供有关证明材料；

（三）国家规定的其他措施。

委托人、受托人、账户管理人、托管人、投资管理人和其他为企业年金基金管理提供服务的自然人、法人或者其他组织，应当积极配合检查，如实提供有关资料，不得拒绝、阻挠或者逃避检查，不得谎报、隐匿或者销毁相关证据材料。

第八十二条 人力资源社会保障部依法进行调查或者检查时，应当至少由两人共同进行，并出示证件，承担下列义务：

（一）依法履行职责，秉公执法，不得利用职务之便谋取私利；

（二）保守在调查或者检查时知悉的商业秘密；

（三）为举报人员保密。

第八十三条 法人受托机构、中央企业集团公司成立的企业年金理事会、账户管理人、托管人、投资管理人违反本办法规定或者企业年金基金管理费、信息披露相关规定的，由人力资源社会保障部责令改正。其他企业（包括中央企业子公司）成立的企业年金理事会，违反本办法规定或者企业年金基金管理费、信息披露相关规定的，由管理合同备案所在地的省、自治区、直辖市或者计划单列市人力资源社会保障行政部门责令改正。

第八十四条 受托人、账户管理人、托管人、投资管理人发生违法违规行为可能影响企业年金基金财产安全的，或者经责令改正而不改正的，由人力资源社会保障部暂停其接收新的企业年金基金管理业务。给企业年金基金财产或者受益人利益造成损害的，依法承担赔偿责任；构成犯罪的，依法追究刑事责任。

第八十五条 人力资源社会保障部将法人受托机构、账户管理人、托管人、投资管理人违法行为、处理结果以及改正情况予以记录，同时抄送业务监管部门。在企业年金基金管理资格有效期内，有三次以上违法记录或者一次以上经责令改正而不改正的，在其资格到期之后5年内，不再受理其开展企业年金基金管理业务的申请。

第八十六条 会计师事务所和律师事务所提供企业年金中介服务应当严格遵守相关职业准则和行业规范。

第十章　附　则

第八十七条　企业年金基金管理，国务院另有规定的，从其规定。

第八十八条　本办法自 2011 年 5 月 1 日起施行。劳动和社会保障部、中国银行业监督管理委员会、中国证券监督管理委员会、中国保险监督管理委员会于 2004 年 2 月 23 日发布的《企业年金基金管理试行办法》（劳动保障部令第 23 号）同时废止。

劳动和社会保障部办公厅转发最高人民法院关于在审理和执行民事、经济纠纷案件时不得查封、冻结和扣划社会保险基金的通知

（2000年4月4日　劳社厅函〔2000〕44号）

各省、自治区、直辖市劳动（劳动和社会保障）厅（局）：

近日，最高人民法院下发了《最高人民法院关于在审理和执行民事、经济纠纷案件时不得查封、冻结和扣划社会保险基金的通知》（法〔2000〕19号），现转发给你们。各级劳动保障部门和社会保险经办机构在处理与社会保险基金有关的民事、经济纠纷案件时，要依照该通知规定，配合法院做好审理、执行工作。

最高人民法院关于在审理和执行民事经济纠纷案件时不得查封、冻结和扣划社会保险基金的通知

各省、自治区、直辖市高级人民法院，新疆维吾尔自治区高级人民法院生产建设兵团分院：

近一个时期，少数法院在审理和执行社会保险机构原下属企业（现已全部脱勾）与其它企业、单位的经济纠纷案件时，查封社会保险机构开设的社会保险基金账户，影响了社会保险基金的正常发放，不利于社会的稳定。为杜绝此类情况发生，特通知

如下：

社会保险基金是由社会保险机构代参保人员管理，并最终由参保人员享用的公共基金，不属于社会保险机构所有。社会保险机构对该项基金设立专户管理，专款专用，专项用于保障企业退休职工、失业人员的基本生活需要，属专项资金，不得挪作他用。因此，各地人民法院在审理和执行民事、经济纠纷案件时，不得查封、冻结或扣划社会保险基金；不得用社会保险基金偿还社会保险机构及其原下属企业的债务。

各地人民法院如发现有违反上述规定的，应当及时依法予以纠正。

劳动和社会保障部办公厅关于贯彻实施《社会保险基金行政监督办法》和《社会保险基金监督举报工作管理办法》有关问题的通知

（2001年9月4日　劳社厅函〔2001〕196号）

各省、自治区、直辖市劳动和社会保障厅（局）：

为贯彻执行《社会保险基金行政监督办法》（劳动保障部令11号）和《社会保险基金监督举报工作管理办法》（劳动保障部令12号），加强社会保险基金监督，规范监督管理行为，现就两个办法具体实施的有关事项通知如下：

一、各级劳动保障部门应结合本地实际情况、会同财政等部门和单位，于2001年底之前，研究制定《社会保险基金行政监督办法实施细则》，指导和规范社会保险基金监督工作。

二、省级劳动保障部门要在2001年10月30日前，开设专门的社会保险基金监督电话，地、县两级劳动保障部门要积极创造条件，在2001年底前开设监督电话。各级劳动保障部门要通过新闻媒体公布社会保险基金监督举报电话号码，开通社会监督的渠道，逐步建设覆盖全国的社会保险基金监督电话网。

三、各级劳动保障行政部门基金监督机构应根据《社会保险基金监督举报工作管理办法》的规定，拟定举报案件处理办法，规范运作程序，建立举报受理和办理情况汇总报告制度，按季汇总分析上报报表，每半年上报一次总结分析报告。省级基金监督机构应在季度终了15日内，将举报案件受理及办理汇总分析报告，上报劳动保障部社会保险基金监督司。

四、各级劳动保障部门可建立举报有功人员奖励制度。奖励资金由劳动保障部门商同级财政部门在社会保险基金监督检查专项经费中解决。

五、根据《国务院关于印发完善城镇社会保障体系试点方案的通知》（国发〔2000〕42号）要求，各级劳动保障部门要积极筹建由政府代表、用人单位代表及有关专家、学者等组成的社会保障监督委员会，稳步推进基金监督工作，逐步建立健全社会保险基金监督管理体系。

劳动和社会保障部关于印发《社会保障基金现场监督规则》的通知

（2003年3月5日　劳社部发〔2003〕5号）

各省、自治区、直辖市劳动和社会保障厅（局）：

为健全社会保障基金监督制度，规范现场监督检查行为，提高监督工作质量，根据有关规定，我部制定了《社会保障基金现场监督规则》，现印发给你们，请遵照执行。

社会保障基金现场监督规则

第一条　为健全社会保障基金监督制度，规范监督检查行为，提高现场监督检查质量，根据有关法规政策规定，制定本规则。

第二条　本规则所称现场监督，是指劳动保障行政部门基金监督机构对被监督单位管理社会保障基金情况的实地检查。

被监督单位包括社会保险费征缴机构、社会保险待遇支付机构、社会保障基金管理和运营机构。

第三条　县级以上劳动保障行政部门基金监督机构，依据本规则对下列各项社会保障基金收支、划转及管理运营情况实施现场监督。

（一）基本养老保险基金、基本医疗保险基金、失业保险基金、工伤保险基金、生育保险基金和农村养老保险基金；

（二）企业年金基金、企业补充医疗保险基金。

劳动保障部对全国社会保障基金划转及管理运营情况实施现

场监督。

在全国范围内统一部署及与有关部门联合进行的社会保障基金专项监督检查，按照专项监督检查规定执行，不适用本规则。

第四条 社会保障基金现场监督应当遵循依法监督、实事求是、客观公正的原则。

第五条 社会保障基金现场监督人员应具备下列条件：

（一）熟悉社会保障法律、法规和政策；

（二）掌握财政、金融和审计等专业知识；

（三）具有相应的调查研究、综合分析和文字表达能力；

（四）法律、法规规定的其他条件。

第六条 劳动保障行政部门基金监督机构根据现场监督任务，组成检查组并指定检查组长。检查组长有权对检查组成员工作进行监督，对检查质量及结果负责。检查组成员应由 2 名以上监督人员组成。成员可由基金监督机构工作人员组成，也可由基金监督机构委托的有关单位或中介机构工作人员组成

检查遇到重大问题应向劳动保障行政部门基金监督机构请示报告。检查组接受基金监督机构领导，不受其他单位和个人干涉。

第七条 实施现场监督前，检查组应收集与检查事项有关的法律法规、政策规定及其他资料，主要包括：

（一）社会保障法律、法规和政策规定及其他相关法律、法规和政策规定；

（二）个人或单位举报、上级机关交办、有关部门移送的材料；

（三）被监督单位有关情况和材料；

（四）与检查有关的其他资料。

第八条 现场监督前，检查组应拟定现场监督实施方案。现场监督实施方案经基金监督机构批准后，由检查组负责组织实施。现场监督实施方案主要包括下列内容：

（一）被监督单位名称和基本情况；

（二）检查目的；

（三）检查范围、内容和重点；

（四）预定检查起止日期；

（五）监督人员及其分工；

（六）编制日期。

第九条 劳动保障行政部门基金监督机构一般应于现场监督3个工作日前，向被监督单位下达现场监督通知书。现场监督通知书应统一编制文号，加盖劳动保障行政部门公章。现场监督通知书主要包括下列内容：

（一）被监督单位名称；

（二）检查依据、范围、内容和方式；

（三）检查起始时间；

（四）要求被监督单位配合事项；

（五）监督人员名单；

（六）签发日期及公章。

基金监督机构认为提前向被监督单位下达现场监督通知书，可能会影响检查结果时，可以选择适当时间或方式下达现场监督通知书。

第十条 检查组按现场监督通知书规定时间进驻被监督单位，出示有效证件。检查组应向被监督单位说明检查依据、目的、内容、范围、时间等，要求被监督单位介绍有关情况，提供有关文件、资料和其他事项。被监督单位应主动配合，全面提供与检查事项相关的资料，真实反映有关问题，并根据监督人员要求，就其真实性、完整性做出书面承诺。

第十一条 现场监督过程中，发现现场监督实施方案与实际情况不相适应或客观情况发生变化等，检查组报基金监督机构同意后，可调整现场监督实施方案。

第十二条 现场监督人员应运用监盘、观察、询问、记录、计算、复核、复制、分析等方法，审查被监督单位的银行开户、会计凭证、会计账簿、会计报表、业务台账、统计报表，查阅与检查事项有关的文件、资料、合同，检查现金、存款、有价证券，向有关单位和个人进行调查，并取得有关证据。

第十三条 监督人员应记录检查发现的重要事项，编制现场监督工作底稿。现场监督工作底稿应一事一稿，并附有关检查证据。现场监督工作底稿经检查组审定后，送被监督单位相关人员签署意见。现场监督工作底稿主要包括下列内容：

（一）现场监督工作底稿编号；

（二）被监督单位名称；

（三）重要事项发生日期、文件号、凭证号、原会计分录和金额等内容摘录；

（四）附件主要内容及数量；

（五）被监督单位相关人员意见及签名；

（六）编制人员签名及日期；

（七）复核人员签名及日期。

第十四条 检查证据是现场监督工作底稿反映重要事项的依据，主要包括财务账表、文件资料复印件及谈话记录等。检查证据应由有关单位人员签名或盖章。有关人员和单位拒绝签名或盖章的检查证据，应注明原因和日期。拒绝签名或盖章不影响客观事实的证据仍然有效。监督人员应对被监督单位或有关人员有异议的检查证据进行核实。

第十五条 现场监督结束时，检查组应向被监督单位通报情况，听取被监督单位意见和建议。

第十六条 检查组应根据现场监督工作底稿及有关法规、政策和资料，综合分析检查情况，及时提出现场监督报告，一般在离开现场后 7 个工作日内完成。现场监督报告主要包括下列内容：

（一）检查工作情况；

（二）检查范围、内容、方式和时间；

（三）被监督单位基本情况；

（四）被监督单位存在问题、评价、结论和依据；

（五）意见和建议；

（六）检查组长签名和日期。

第十七条 现场监督报告应送被监督单位征求意见。被监督单位应在接到报告10日内提出书面意见。逾期未提书面意见的视同无异议，监督人员应予注明。被监督单位对报告有异议，检查组应进一步研究核实，并据实修改现场监督报告。

第十八条 检查组应在接到被监督单位书面意见后7日内，向劳动保障行政部门基金监督机构提交现场监督报告，并附被监督单位意见。遇有特殊情况，经基金监督机构同意，提交现场监督报告的时间可适当延长。

第十九条 基金监督机构对检查组提交的报告应予以审核。审核主要包括下列内容：

（一）检查的有关事项是否清楚；

（二）检查证据是否充分、合法、具有说服力；

（三）检查程序是否符合有关规定。

对事实不清、证据不足的现场监督报告，基金监督机构应责成检查组长说明情况或核实，也可另行调查取证核实。

第二十条 劳动保障行政部门基金监督机构根据现场监督报告，分别作如下处理。不需要行政处理的，下达监督意见书。监督意见书主要包括下列内容：

（一）主送单位；

（二）检查情况；

（三）评价和整改意见；

（四）发文机关和日期。

需要行政处理的，下达处理意见书。处理意见书主要包括下列内容：

（一）主送单位及抄送单位；

（二）被监督单位违纪违规事实及处理意见；

（三）处理意见执行期限和要求；

（四）建议政府及有关部门处理意见；

（五）发文机关和日期。

需要政府或上级主管部门处理的重大问题，应及时报告。报告主要包括下列内容：

（一）主送单位；

（二）检查情况；

（三）被监督单位违纪违规事实；

（四）处理建议；

（五）发文机关和日期。

第二十一条 被监督单位接到处理意见书后应按要求进行整改，并将处理和整改结果报基金监督机构。基金监督机构应检查处理意见的执行情况。

第二十二条 现场监督结束后，检查组应做好检查材料的整理归档工作，并及时移交基金监督机构。基金监督机构要做好后续资料的收集归档工作，妥善保管归档材料。归档主要包括下列资料：

（一）现场监督实施方案；

（二）现场监督通知书；

（三）现场监督工作底稿；

（四）现场监督报告；

（五）被监督单位对现场监督报告的书面意见；

（六）监督意见书、处理意见书及建议处理报告；

（七）被监督单位整改及处理结果报告；

（八）其他应归档资料。

人力资源和社会保障部关于印发社会保险基金监督检查证管理规程的通知

（2010年11月24日　人社部发〔2010〕85号）

各省、自治区、直辖市人力资源社会保障厅（局），福建省公务员局，新疆生产建设兵团人事局、劳动保障局，各副省级人力资源社会保障（人事、劳动保障）局：

为贯彻落实《中华人民共和国劳动法》、《中华人民共和国社会保险法》，进一步加强社会保险基金监管工作，规范社会保险基金监督检查证发放管理，严格实行持证上岗制度，我们制定了《社会保险基金监督检查证管理规程》，现予印发。请各地严格按照管理规程的要求，认真做好社会保险基金监督检查证的发放管理工作。

社会保险基金监督检查证管理规程

为进一步加强社会保险基金监管，规范社会保险基金监督检查证的发放管理，根据《中华人民共和国劳动法》《中华人民共和国社会保险法》等有关法律法规，制定本规程。

第一条　社会保险基金监督检查证（以下简称检查证）的申领、培训、考试、发放和管理适用本规程。

第二条　检查证由人力资源社会保障部统一印制、发放和管理。

第三条　检查证的发放对象应符合以下条件：

（一）在各级社会保险基金监督机构从事社会保险基金监督工作的行政人员；

（二）具备与社会保险基金监督工作相适应的专业知识和业务能力；

（三）参加社会保险基金监督业务考试，成绩合格。

第四条 各级社会保险基金监督人员应持证上岗，在对社会保险基金进行现场监督检查时，须出示检查证。

第五条 持有检查证的监督人员要履行以下义务：

（一）忠于职守，尽职尽责，秉公执法；

（二）遵守法律法规和相关保密规定，依法保守被检查单位的工作和商业秘密；

（三）参加社会保险基金监督业务培训和检查证年检；

（四）严禁使用检查证从事与社会保险基金监督业务无关的活动，严禁持证谋私、违法乱纪；

（五）严禁借用、涂改、冒用、伪造、转让、买卖，以欺骗等手段骗取检查证；

（六）其他需要履行的义务。

第六条 社会保险基金监督持证人员，在履行监督检查职责时，可以采取下列措施：

（一）查阅、记录、复制与社会保险基金收支、管理和投资运营相关的资料，对可能被转移、隐匿或者灭失的资料予以封存；

（二）询问与调查事项有关的单位和个人，要求其对与调查事项有关的问题作出说明、提供有关证明材料；

（三）对隐匿、转移、骗取、侵占社会保险基金的行为予以制止并责令改正。

第七条 申领检查证的人员，必须参加社会保险基金监督业务培训，且集中培训时间不少于16小时。培训采取集中授课方式，培训内容包括社会保障政策法规，社保基金监管操作实务以及金融、财会、审计等专业知识。培训结束后统一组织考试。考试采取闭卷形式。

第八条 省级基金监督人员的培训和考试由人力资源社会保障部组织。省级以下基金监督机构人员的培训和考试由人力资源社会保障部组织或授权省级人力资源社会保障部门按照本规程组织。考试结束后，由人力资源社会保障部组织阅卷或授权省级人力资源社会保障部门阅卷，并对考试合格的人员进行资格审核，颁发检查证。

根据工作需要，拟自行组织检查证培训考试的省市，需提前将培训考试方案（见附件 1）报人力资源社会保障部基金监督司。部基金监督司在接到请示后 10 个工作日内作出是否同意的回复。人力资源社会保障部对省级人力资源社会保障机构组织的培训和考试情况进行不定期抽查监督。

经人力资源社会保障部基金监督司批复同意组织检查证培训考试的省市，须在考试前 15 个工作日内将发送考卷的请示（见附件 2）报人力资源社会保障部基金监督司。

第九条 申领检查证的监督人员采取就地申报、逐级审核的报名方式。申领人员填写参加培训报名表（见附件 3），加盖单位印章并附上本人工作证复印件，逐级上报至省级人力资源社会保障部门基金监督机构，省级基金监督机构汇总后（见附件 4）报人力资源社会保障部基金监督司审核同意。

第十条 人力资源社会保障部负责建立检查证考试题库，为培训考试提供辅导材料和试卷，并根据相关法律法规制定情况，对考试题库进行更新完善。

第十一条 检查证实行年检制度。省级以下检查证持证人员由省级基金监督部门组织年检，并将年检情况上报人力资源社会保障部基金监督司。

第十二条 检查证有效期为 5 年。到期换发需重新申领、培训和考试。考试合格的换证人员填写换证审核表（见附件 5），逐级申报并审核。人力资源社会保障部根据换证申请人员工作、培训、考试和年检等情况核发新证。

第十三条 人力资源社会保障部基金监督司以及省级基金监督机构按照管理权限，分别建立检查证持证人员档案库，并按照要求严格管理。

第十四条 检查证实行统一编号管理。统一编号确定为6位代码，前2位为省级代码，后4位为个人代码。

第十五条 持证人员应妥善保管检查证，如有遗失应及时向省级基金监督机构书面报告，省级基金监督机构应于10个工作日内书面报告人力资源社会保障部，人力资源社会保障部定期予以审核补发。

第十六条 持证人员调离基金监督岗位，或不再直接从事社会保险基金监督工作的，所在单位应及时收回检查证并上交省级人力资源社会保障部门，并由省级人力资源社会保障部门上交人力资源社会保障部予以注销。

第十七条 各级人力资源社会保障部门应加强对持证人员的监督和管理，接受公民、法人及其他社会组织对违法使用检查证的检举，及时调查核实和处理。

对越权使用检查证的、非公务场合使用检查证的，或利用检查证以权谋私、违法乱纪的人员，各级人力资源社会保障部门视情节轻重给予处分或撤销其检查证；构成犯罪的，移交司法机关，依法追究有关刑事责任。

第十八条 本办法由人力资源社会保障部负责解释。

第十九条 本办法自发布之日起施行，原有的《社会保险审计检查证管理规程》同时废止。

附件：1. 关于组织社会保险基金监督检查证培训考试的请示（样式）

2. 关于请发送社会保险基金监督检查业务培训考试试卷的请示（样式）

3. ××省社会保险基金监督检查业务培训报名表（样式）

4. ××省申领社会保险基金监督检查证人员汇总表（样式）

5. 社会保险基金监督检查证换证审核表（样式）

（附件本书略）

人力资源和社会保障部关于开展社会保险基金社会监督试点的意见

（2012 年 12 月 28 日　人社部发〔2012〕98 号）

各省、自治区、直辖市及新疆生产建设兵团人力资源社会保障厅（局）：

社会保险基金是重要的社会公共基金，基金安全是社会保障制度健康运行的重要保证，关系人民群众的切身利益和社会和谐稳定。为贯彻社会保险法，按照党的十八大提出的“确保基金安全”和“坚持用制度管权管事管人，保障人民知情权、参与权、表达权、监督权”的要求，在依法强化社会保险基金行政监督的同时，要进一步加强社会的直接监督。为引导社会各方面积极规范有序地参与社会保险基金监督工作，进一步推进政务公开，决定开展社会保险基金社会监督试点。现提出如下意见：

一、开展社会监督的主要任务和基本原则

开展社会保险基金社会监督试点的主要任务是，鼓励和支持社会各方面积极参与社会保险基金监督工作，使这项重要的公共基金“在阳光下运行”，探索和完善社会保险基金社会监督办法，推进建立行政监督与社会监督相结合的有效机制。通过开展社会监督，总结社会保险基金管理经验，发现存在问题，促进完善政策，加强基础管理，更好地维护基金安全，保证社会保险制度平稳健康可持续发展。

开展社会保险基金社会监督工作应坚持以下原则：

（一）依法公开。落实社会保险法，贯彻政务公开的要求，凡是能够公开的社会保险政策和经办事项，都要依法向社会公开，保障公众的知情权和监督权。

（二）规范有序。人力资源社会保障部门要搭建稳定的平台，疏通交流渠道，引导各方面有序参与社会监督，并不断提高监督的水平和能力。

（三）多种形式并举。以社会组织的参与为重点，探索多种社会监督形式，对社会保险基金进行全方位的监督。

（四）循序渐进。开展社会监督工作要积极稳妥，遵循社会保险基金管理运行的规律和特点，先行试点，总结经验，逐步推开和深入。

二、社会监督的对象及内容

社会保险基金社会监督，主要对涉及社会保险基金征缴、支付、管理、服务和投资运营等单位和个人的下列行为进行监督：

（一）社会保险相关部门。是否按规定存储、管理社会保险基金，有无违规开设银行账户、违反收支两条线规定、将不同险种基金混合建账及核算；是否按规定及时足额划转社会保险基金；有无隐匿、转移、侵占、挪用或贪污社会保险基金等行为；有无将社会保险基金用于平衡其他政府预算，兴建、改建办公场所，支付人员经费、运行费用、管理费用，或者违反法律、行政法规规定挪作其他用途。

（二）社会保险经办机构。是否依规办理社会保险登记、核定社会保险缴费基数、费率和人数及按规定编制提供社会保险缴费清册，有无违规核销社会保险欠费行为；基金核算、管理是否符合财务会计制度和相关政策规定；是否及时依规审核社会保险待遇支出，有无通过修改数据材料骗取或协助他人骗取社会保险基金等行为；是否按时足额支付社会保险待遇、结算社会保险基金支出；有无隐匿、转移、侵占、挪用或贪污社会保险基金行为。

（三）社会保险费征收机构。是否按时足额征收社会保险费并及时存入规定的基金专户，有无多征、少征或滞压现象；有无篡改缴费记录等社会保险数据行为或隐匿、丢失相关数据资料情况；有无隐匿、转移、侵占、挪用或贪污社会保险基金行为。

（四）社会保险相关服务机构。定点医疗机构、定点零售药店、协议工伤康复机构、协议工伤伤残辅助器具配置机构、社会保险基金存储发放机构、职业介绍、培训机构等，有无违反服务协议和相关合同、骗取或协助他人骗取社会保险基金的行为；投资运营机构是否按规定投资运营。

（五）用人单位。是否按规定办理社会保险登记、申报缴费基数及参保人数；是否按时足额缴纳社会保险费；是否按时足额向参保人员或受益人发放社会保险待遇；有无骗取或协助他人骗取社会保险基金的问题。其他组织有无侵害社会保险基金的行为。

（六）参保人员。是否按规定办理社会保险手续，有无谎报身份、伪造档案、出具虚假证明材料、隐瞒个人信息骗取参保资格或社会保险基金行为。

三、社会监督的主体

社会各方面均可根据各自了解和掌握信息的渠道，本着自愿、平等、诚信、守法的原则，积极参与社会保险基金社会监督，依法享有社会监督权利，履行社会监督义务，承担社会监督责任。

（一）参保人员。参加社会保险的职工、离退休人员、城乡居民等，都可以通过合法渠道获取相关信息，对社会保险政策执行和基金管理情况提出批评建议，对涉嫌社会保险基金违法违规问题向主管机关反映和提供线索。

其他个人均可参与社会保险基金的社会监督，及时反映发现的违法违规问题。

（二）参保单位。参加社会保险的各类单位，都可以监督社会保险政策执行和基金管理情况，对涉嫌社会保险基金违法违规问题，向主管机关反映情况和提供线索。

（三）社会组织。各社会组织可利用自身优势参与对社会保险基金的监督，向主管机关反映涉嫌社会保险基金违法违规问题。与社会保险基金密切相关的社会组织，可探索建立社会保险参保缴费行为自律机制、从业人员自律机制，或采取签订行业自律公约等形式，加强自我约束和同业监管。

（四）新闻媒体。新闻媒体可利用自身优势，积极宣传社会保险政策法规，对发现的涉嫌社会保险基金违法违规问题，深入调查了解，力求准确掌握情况，并积极向主管机关提供线索，发挥舆论监督作用。

（五）专业人员。大专院校、研究机构、学术团体及专家、学者，可通过分析社会保险制度运行情况，发现基金管理漏洞，提出完善的建议。社会保险基金管理、经办、投资运营和服务机构的工作人员，可根据自身的工作条件，了解本单位管理经办运用和投资运营社会保险基金的情况，注意发现违法违规问题，积极揭露和反映。

四、社会监督的途径和方式

（一）扩大公众参与权。各地要健全决策规则和程序，建立规范的制度，把公众参与、专家论证作为社会保险重大决策的必经程序。凡是涉及群众切身利益的社会保险改革方案和重大政策，都要广泛听取专家学者和社会各方面意见。有条件的地区可探索建立听证会制度。社会保险决策情况应依法向社会公布，接受社会监督。

（二）加强信息披露。现行有效的社会保险法规、制度、政策、标准、经办流程，应按政务公开要求在政府门户网站等载体予以公布，方便公众查询和监督。社会保险基金收入、支出、结余和收益情况，要按规定向社会披露，为公众监督提供信息渠道。对于查处的社会保险基金重大违法违规案件，要按照规定进行公布，扩大公众的知情权，并发挥警示教育作用。

（三）加强舆论监督。要注重发挥各种舆论工具的监督作用，畅通沟通渠道，加强舆论引导，实现有效监督。

（四）完善监督举报制度。各地要从方便群众的角度出发，搭建社会监督平台，设立举报信箱、电话、传真、电子邮箱等，畅通社会监督渠道。有条件的地区可在政府网站上设立社会保险基金监督举报专栏，受理涉及社会保险基金违法违规问题的举报投诉。要积极建立举报奖励制度，研究制定举报奖励办法，落实举报奖励资金，提高群众参与社会监督的积极性。

（五）聘请社会监督员。各地可结合本地实际情况，聘请社会保险基金社会监督员。社会监督员应具有较强政策水平，热心公益事业，能够秉公办事。要加强对社会监督员的日常管理和培训，大力支持社会监督员的工作。对蓄意打击报复社会监督员的行为，应依法依规作出处理。

（六）落实和完善社会保险监督委员会制度。各地要按照社会保险法规定，因地制宜地组建社会保险监督委员会，充分发挥其对社会保险进行监督的作用。

五、社会监督意见的反映和处理

（一）健全社会监督意见反映和处理机制。社会监督发现的涉及社会保险基金违法违规问题，均可依法向本级人力资源社会保障部门基金监督机构举报或反映。基金监督机构应积极受理，根据问题性质、部门职责等，责成有关方面进行查证处理；对重大违法违规问题，基金监督机构应组织力量，直接进行查处。要严格监督执法，严肃执法纪律，按规定及时报告和通报相关调查处理情况。各级人力资源社会保障部门的内设业务部门或经办机构在接到举报后，应及时通报本级基金监督机构。建立处理社会监督反映问题的协调机制，做到职责分工明确，工作有机衔接，防止推诿扯皮。

（二）保护社会监督举报人的合法权益。对社会监督发现的问题，举报或反映人要求告知情况的，相关部门核实处理后，要及时反馈处理情况。对于举报或反映问题查证属实的，要按规定及时对举报人给予奖励。要依法加强对举报人的保护，任何单位和个人不得以任何借口阻拦、压制或打击报复举报人，不得违规泄露举报人信息。

六、社会监督的组织和要求

（一）试点工作的安排。为积极稳妥地推进社会保险基金社会监督试点，部里将根据工作基础和自愿的原则，在6个省份各选择2至3个市县作为部级试点地区。各省（区、市）可根据实际情况，选择有条件的市县开展试点工作，并报部里备案。要加强对试点地区的工作指导，跟踪了解情况，总结交流经验，不断完善制度。

（二）试点工作的组织。各地要充分认识社会保险基金社会监督工作的重要意义，将其摆在与行政监督同等重要的位置，高度重视，认真组织，宣传社会保险政策法规，充分调动社会各方面的积极性，形成有利的社会氛围。

（三）试点工作的要求。试点地区要结合实际制定具体实施方案，健全工作机制，给予必要的人力和资金支持，确保试点工作有序进行。要不断摸索积累经验，为全面推开奠定实践基础。要研究试点中出现的新情况、新问题，妥善处理社会监督与行政监督的关系。遇有重要情况，要及时向上级人力资源社会保障部门报告。

部基金监督司具体负责社会保险基金社会监督试点组织指导工作。各地要及时报送情况，加强沟通联系。

人力资源和社会保障部等部门关于扩大企业年金基金投资范围的通知

（2013 年 3 月 19 日　人社部发〔2013〕23 号）

各省、自治区、直辖市人力资源社会保障厅（局）、银监局、证监局、保监局，新疆生产建设兵团人力资源社会保障局，各计划单列市人力资源社会保障局、银监局、证监局、保监局，上海、深圳证券交易所，中国证券登记结算有限责任公司：

为促进企业年金市场健康发展，实现企业年金基金资产保值增值，根据《企业年金基金管理办法》（人力资源社会保障部第 11 号令，以下简称第 11 号令），现就扩大企业年金基金投资范围通知如下：

一、企业年金基金投资范围在第 11 号令第四十七条规定的金融产品之外，增加商业银行理财产品、信托产品、基础设施债权投资计划、特定资产管理计划、股指期货。

二、企业年金基金资产以投资组合为单位，按照公允价值计算应当符合下列规定：

（一）投资银行活期存款、中央银行票据、1 年期以内（含 1 年）的银行定期存款、债券回购、货币市场基金、货币型养老金产品的比例，合计不得低于投资组合委托投资资产净值的 5%；清算备付金、证券清算款以及一级市场证券申购资金视为流动性资产。

（二）投资 1 年期以上的银行定期存款、协议存款、国债、金融债、企业（公司）债、可转换债（含分离交易可转换债）、短期融资券、中期票据、万能保险产品、商业银行理财产品、信托产品、基础设施债权投资计划、特定资产管理计划、债券基金、投资连结保险产品（股票投资比例不高于30%）、固定收益型养老金产品、混合型养老金产品的比例，合计不得高于投资组合委托投资资产净值的135%。债券正回购的资金余额在每个交易日均不得高于投资组合委托投资资产净值的40%。

（三）投资股票、股票基金、混合基金、投资连结保险产品（股票投资比例高于30%）、股票型养老金产品的比例，合计不得高于投资组合委托投资资产净值的30%。

企业年金基金不得直接投资于权证，但因投资股票、分离交易可转换债等投资品种而衍生获得的权证，应当在权证上市交易之日起10个交易日内卖出。

三、单个投资组合委托投资资产，投资商业银行理财产品、信托产品、基础设施债权投资计划、特定资产管理计划的比例，合计不得高于投资组合委托投资资产净值的30%。其中，投资信托产品的比例，不得高于投资组合委托投资资产净值的10%。投资商业银行理财产品、信托产品、基础设施债权投资计划或者特定资产管理计划的专门投资组合，可以不受此30%和10%规定的限制。

专门投资组合，应当有80%以上的非现金资产投资于投资方向确定的内容。

四、单个投资组合委托投资资产，投资于单期商业银行理财产品、信托产品、基础设施债权投资计划或者特定资产管理计划，分别不得超过该期商业银行理财产品、信托产品、基础设施债权投资计划或者特定资产管理计划资产管理规模的20%。投资商业银行理财产品、信托产品、基础设施债权投资计划或者特定资产管理计划的专门投资组合，可以不受此规定的限制。

五、单个企业年金计划基金资产，投资商业银行理财产品、信托产品、基础设施债权投资计划、特定资产管理计划专门投资组合的比例，合计不得高于企业年金计划基金资产净值的30%。

其中，投资信托产品专门投资组合的比例，不得高于企业年金计划基金资产净值的10%。

六、企业年金基金可投资的商业银行理财产品、信托产品、基础设施债权投资计划的发行主体，限于以下三类：

（一）具有“企业年金基金管理机构资格”的商业银行、信托公司、保险资产管理公司；

（二）金融集团公司的控股子公司具有“企业年金基金管理机构资格”，发行商业银行理财产品、信托产品、基础设施债权投资计划的该金融集团公司的其他控股子公司；

（三）发行商业银行理财产品、信托产品、基础设施债权投资计划的大型企业或者其控股子公司（已经建立企业年金计划）。该类商业银行理财产品、信托产品、基础设施债权投资计划仅限于大型企业自身或者其控股子公司的企业年金计划投资，并且投资事项应当由大型企业向人力资源社会保障部备案。

七、企业年金基金可投资的商业银行理财产品应当符合下列规定：

（一）风险等级为发行银行根据银监会评级要求，自主风险评级处于风险水平最低的一级或者二级；

（二）投资品种限于保证收益类和保本浮动收益类；

（三）投资范围限于境内市场的信贷资产、存款、货币市场工具、公开发行且评级在投资级以上的债券，基础资产由发行银行独立负责投资管理；

（四）发行商业银行理财产品的商业银行应当具有完善的公司治理、良好的市场信誉和稳定的投资业绩，上个会计年度末经审计的净资产不低于300亿元人民币或者在境内外主板上市，信用等级不低于国内信用评级机构评定的A级或者相当于A级的信用级别；境外上市并免于国内信用评级的，信用等级不低于国际信用评级机构评定的投资级或者以上的信用级别。

鼓励符合条件的商业银行根据企业年金委托人的投资偏好，

为企业年金基金设计、发行商业银行理财产品。

八、企业年金基金可投资的信托产品应当符合下列规定：

（一）限于融资类集合资金信托计划和为企业年金基金设计、发行的单一资金信托计划；

（二）投资合同应当包含明确的“受益权转让”条款；

（三）信用等级不低于国内信用评级机构评定的AA+级或者相当于AA+级的信用级别。但符合下列条件之一的，可以豁免外部信用评级：

1. 偿债主体上个会计年度末经审计的净资产不低于90亿元人民币，年营业收入不低于200亿元人民币；

2. 提供无条件不可撤销连带责任保证担保的担保人，担保人上个会计年度末经审计的净资产不低于90亿元人民币，年营业收入不低于200亿元人民币。

（四）安排投资项目担保机制，但符合上述第三款1条规定且在风险可控的前提下可以豁免担保；

（五）发行信托产品的信托公司应当具有完善的公司治理、良好的市场信誉和稳定的投资业绩，上个会计年度末经审计的净资产不低于30亿元人民币。

鼓励符合条件的信托公司根据企业年金委托人的投资偏好，为企业年金基金设计、发行信托产品。

九、企业年金基金可投资的基础设施债权投资计划应当符合下列规定：

（一）履行完毕相关监管机构规定的所有合法程序；

（二）基础资产限于投向国务院、有关部委或者省级政府批准的基础设施项目债权资产；

（三）投资合同应当包含明确的“受益权转让”条款；

（四）信用等级不低于国内信用评级机构评定的A级或者相当于A级的信用级别；

（五）投资品种限于信用增级为A类、B类增级方式；

（六）发行基础设施债权投资计划的保险资产管理公司应当具有完善的公司治理、良好的市场信誉和稳定的投资业绩，上个会计年度末经审计的净资产不低于2亿元人民币。

鼓励符合条件的保险资产管理公司根据企业年金委托人的投资偏好，为企业年金基金设计、发行基础设施债权投资计划。

十、企业年金基金可投资的特定资产管理计划应当符合下列规定：

（一）限于结构化分级特定资产管理计划的优先级份额；

（二）不得投资于商品期货及金融衍生品；

（三）不得投资于未通过证券交易所转让的股权；

（四）发行特定资产管理计划的基金管理公司应当具有完善的公司治理、良好的市场信誉和稳定的投资业绩，上个会计年度末经审计的净资产不低于2亿元人民币。

十一、企业年金计划投资组合、养老金产品参与股指期货交易应当符合下列规定：

（一）根据风险管理的原则，只能以套期保值为目的，并按照中国金融期货交易所套期保值管理的有关规定执行；

（二）企业年金计划投资组合、养老金产品参与股指期货交易，任一投资组合或者养老金产品在任何交易日日终，所持有的卖出股指期货合约价值，不得超过其对冲标的股票、股票基金、混合基金、投资连结保险产品（股票投资比例高于30%）等权益类资产的账面价值；

（三）企业年金计划投资组合、养老金产品不得买入股指期货套期保值。

十二、商业银行理财产品、信托产品、基础设施债权投资计划、特定资产管理计划的估值办法，按照相关法律法规或者监管部门的规定执行。

十三、投资管理人投资的金融产品，募集资金投资方向应当符合国家宏观政策、产业政策和监管政策；产品结构简单，基础资产清晰，信用增级安排确凿，具有稳定可预期的现金流；建立信息披露机制和风险隔离机制，并实行资产托（保）管。投资管理人应当优先投资在公开平台登记发行和交易转让的金融产品。

十四、投资管理人应当对有关金融产品风险进行实质性评估，根据投资管理和风险管理能力，合理制定金融产品配置计划，履行相应的内部审核程序，健全内部信用评级制度，科学确定投资品种和规模、期限结构、信用分布和流动性安排。

投资管理人投资有关金融产品，应当充分发挥投资者监督作用，持续跟踪金融产品管理运作，定期评估投资风险，适时调整投资限额、风险限额和止损限额，维护资产安全。金融产品发生违约等重大投资风险的，投资管理人应当采取有效措施，控制相关风险，并及时向人力资源社会保障部和有关业务监管部门报告，同时抄报企业年金受托人。

投资管理人投资有关金融产品，不得与当事人发生涉及利益输送、利益转移等不当交易行为，不得通过关联交易或者其他方式侵害企业年金委托人的利益。

十五、本通知所指信用增级安排，其中保证担保的，应当为本息全额无条件不可撤销连带责任保证担保，且担保人信用等级不低于被担保人信用等级；抵押或者质押担保的，担保财产应当权属清晰，未被设定其他担保或者采取保全措施，经评估的担保财产价值不低于待偿还本息，且担保行为已经履行必要法律程序。

人力资源和社会保障部 财政部关于印发《职业年金基金管理暂行办法》的通知

（2016年9月28日 人社部发〔2016〕92号）

各省、自治区、直辖市及新疆生产建设兵团人力资源社会保障厅（局）、财政（财务）厅（局）：

现将《职业年金基金管理暂行办法》印发给你们，请认真贯彻执行。

职业年金基金管理暂行办法

第一章 总 则

第一条 为规范职业年金基金管理，维护各方当事人的合法权益，根据信托法、合同法、证券投资基金法、《国务院关于机关事业单位工作人员养老保险制度改革的决定》（国发〔2015〕2号）、《国务院办公厅关于印发机关事业单位职业年金办法的通知》（国办发〔2015〕18号）等法律及有关规定，制定本办法。

第二条 本办法所称职业年金基金，是指依法建立的职业年金计划筹集的资金及其投资运营收益形成的机关事业单位补充养老保险基金。职业年金基金的委托管理、账户管理、受托管理、托管、投资管理以及监督管理适用本办法。

第三条 本办法所称受益人是指参加职业年金计划的机关事业单位工作人员。委托人是指参加职业年金计划的机关事业单位及其工作人员。代理人是指代理委托人集中行使委托职责并负责职业年金基金账户管理业务的中央国家机关养老保险管理中心及省级社会保险经办机构。受托人是指受托管理职业年金基金财产的法人受托机构，托管人是指接受受托人委托保管职业年金基金财产的商业银行，投资管理人是指接受受托人委托投资管理职业年金基金财产的专业机构。

职业年金基金受托、托管和投资管理机构在具有相应企业年金基金管理资格的机构中选择。

第四条 职业年金基金采取集中委托投资运营的方式管理，其中，中央在京国家机关及所属事业单位职业年金基金由中央国家机关养老保险管理中心集中行使委托职责，各地机关事业单位职业年金基金由省级社会保险经办机构集中行使委托职责。代理人可以建立一个或多个职业年金计划，按计划估值和计算收益率，建立多个职业年金计划的，也可以实行统一收益率。一个职业年金计划应当只有一个受托人、一个托管人，可以根据资产规模大小选择适量的投资管理人。职业年金计划的基金财产，可以由投资管理人设立投资组合或由受托人直接投资养老金产品进行投资管理。

第五条 职业年金计划的代理人代理委托人与受托人签订职业年金计划受托管理合同，受托人与托管人、投资管理人分别签订职业年金计划委托管理合同。职业年金计划受托和委托管理合同由受托人报人力资源社会保障部或者省、自治区、直辖市人力资源社会保障行政部门备案，人力资源社会保障行政部门于收到符合规定的备案材料之日起 15 个工作日内，出具职业年金计划确认函，给予职业年金计划登记号。职业年金计划名称、登记号及投资组合代码，按规定编制。

第六条 成立中央及省级职业年金基金管理机构评选委员会（以下简称评选委员会），负责通过招标形式选择、更换受托人。评选委员会人数为 7 人、9 人或 11 人，由人力资源社会保障部门、财政部门等方面人员组成，基金规模较大的机关事业单位和地区可派代表参加。评选委员会办公室设在中央国家机关养老保险管理中心及省级社会保险经办机构，承担相关事务工作。

评选委员会成员名单报人力资源社会保障部、财政部备案。

第七条 同一职业年金计划中，受托人与托管人、托管人与投资管理人不得为同一机构；受托人与托管人、托管人与投资管理人、投资管理人与其他投资管理人的高级管理人员和职业年金从业人员，不得相互兼任。

受托人兼任投资管理人时，应当建立风险控制制度，确保业务管理之间的独立性；设立独立的受托业务和投资业务部门，办公区域、运营管理流程和业务制度应当严格分离；直接负责的高级管理人员、受托业务和投资业务部门的从业人员不得相互兼任。同一职业年金计划中，受托人对待各投资管理人应当执行统一的标准和流程，体现公开、公平、公正原则。

第八条 职业年金基金财产独立于机关事业单位、各级社会保险经办机构、受托人、托管人、投资管理人和其他为职业年金基金管理提供服务的自然人、法人或者其他组织的固有财产及其管理的其他财产。

职业年金基金财产的管理、运用或者其他情形取得的财产和收益，应当归入基金财产。

第九条 机关事业单位、各级社会保险经办机构、受托人、托管人、投资管理人和其他为职业年金基金管理提供服务的法人或者其他组织，因机构调整、依法解散、被依法撤销或者被依法宣告破产等原因进行终止清算的，职业年金基金财产不属于其清算财产。

第十条 职业年金基金财产的债权，不得与机关事业单位、各级社会保险经办机构、受托人、托管人、投资管理人和其他为职业年金基金管理提供服务的自然人、法人或者其他组织固有财产的债务相互抵销。不同职业年金计划基金财产的债权债务，不得相互抵销。非因职业年金基金财产本身承担的债务，不得对基金财产强制执行。

第十一条 人力资源社会保障行政部门、财政部门对职业年金基金管理情况进行监管。

第二章 管理职责

第十二条 建立职业年金的机关事业单位应当履行下列职责：

（一）向管理其基本养老保险的社会保险经办机构申报职业年金缴费。

（二）机关事业单位职业年金缴费按期划入管理其基本养老保险的社会保险经办机构按有关规定设立的职业年金基金归集账户，省以下社会保险经办机构职业年金基金归集账户资金及时归集至省级社会保险经办机构职业年金基金归集账户，确保资金完整、安全和独立。职业年金基金归集账户设立和管理办法另行制定。

（三）根据有关规定，在本单位工作人员出现退休、出国（境）定居、死亡等情况时，向管理其基本养老保险的社会保险经办机构提出待遇支付申请，并协助发放职业年金待遇；在本单位工作人员变动工作单位时，向管理其基本养老保险的社会保险经办机构提出账户转移申请，并协助办理职业年金账户转移；在本单位工作人员出现上述情况或其他有关情况时，向同级财政提出拨付资金记实申请。

第十三条 代理人应当履行下列职责：

（一）代理委托人与受托人签订职业年金计划受托管理合同。

（二）设立独立的职业年金基金归集账户，归集职业年金缴费，账实匹配一致后按照职业年金计划受托管理合同约定及时将职业年金基金归集账户资金划入职业年金基金受托财产托管账户，确保资金完整、安全和独立。

（三）负责对归集账户进行会计核算。

（四）负责职业年金基金账户管理，记录单位和个人缴费以及基金投资收益等账户财产变化情况。

（五）计算职业年金待遇，办理账户转移等相关事宜。

（六）定期向受托人提供职业年金基金账户管理相关信息，向机关事业单位披露职业年金管理信息，向受益人提供个人账户信息查询服务。

（七）定期向有关监管部门提交职业年金计划管理报告和职业年金基金账户管理报告，发生重大事件时及时向建立职业年金的机关事业单位和有关监管部门报告。

（八）监督职业年金计划管理情况，建立职业年金计划风险控制机制。

（九）按照国家规定保存职业年金基金委托管理、账户管理等业务活动记录、账册、报表和其他相关资料。

（十）国家规定和合同约定的其他职责。

第十四条　代理人不得有下列行为：

（一）将职业年金基金财产混同于其他财产。

（二）侵占、挪用职业年金基金财产。

（三）利用所管理的职业年金基金财产为机关事业单位、受益人、代理人、受托人、托管人、投资管理人，以及归集账户开户银行和其他自然人、法人或者其他组织谋取不正当利益。

（四）国家规定和合同约定禁止的其他行为。

第十五条　受托人应当履行下列职责：

（一）选择、监督、更换职业年金计划托管人和投资管理人。

（二）与托管人和投资管理人签订职业年金计划委托管理合同。

（三）制定职业年金基金战略资产配置策略，提出大类资产投资比例和风险控制要求。

（四）基金财产到达受托财产托管账户 25 个工作日内划入

投资资产托管账户。向投资管理人分配职业年金基金财产，也可根据职业年金计划受托管理合同约定将基金财产投资于一个或者多个养老金产品。

（五）及时与托管人核对受托财产托管账户的会计核算信息和职业年金基金资产净值等数据。

（六）根据代理人的通知，向托管人发出职业年金收账指令、待遇支付指令及其他相关信息。

（七）建立职业年金计划投资风险控制及定期考核评估制度，严格控制投资风险。

（八）接受代理人查询，定期向代理人提交基金资产净值等数据信息以及职业年金计划受托管理报告。

（九）定期向有关监管部门提交职业年金基金受托管理报告，发生重大事件时及时向代理人和有关监管部门报告。

（十）根据合同约定监督职业年金基金管理情况。

（十一）按照国家规定保存职业年金基金受托管理业务活动记录、账册、报表和其他相关资料。

（十二）国家规定和合同约定的其他职责。

第十六条　受托人不得有下列行为：

（一）将职业年金基金财产混同于其固有财产或者他人财产。

（二）不公平对待职业年金基金财产与其管理的其他财产。

（三）不公平对待其管理的不同职业年金基金财产。

（四）不公平对待各投资管理人。

（五）侵占、挪用职业年金基金财产。

（六）利用所管理的职业年金基金财产为机关事业单位、受益人、代理人、受托人、托管人、投资管理人，或者其他自然人、法人以及其他组织谋取不正当利益。

（七）国家规定和合同约定禁止的其他行为。

第十七条　托管人应当履行下列职责：

（一）安全保管职业年金基金财产。

（二）以职业年金基金名义开设基金财产的资金账户和证券账户等。

（三）对所托管的不同职业年金基金财产分别设置账户，确保基金财产的完整和独立。

（四）根据受托人指令，向投资管理人划拨职业年金基金财产，或者将职业年金基金财产划拨给一个或者多个养老金产品。

（五）及时办理清算、交割事宜。

（六）负责职业年金计划和各投资组合的基金会计核算和估值，复核、审查和确认基金资产净值，并按期向受托人提交基金资产净值、基金估值等必要的信息。

（七）根据受托人指令，向受益人发放职业年金待遇。

（八）定期与受托人、投资管理人核对有关数据。

（九）按照规定监督投资管理人的投资运作，并定期向受托人报告投资监督情况。

（十）定期向受托人提交职业年金计划托管报告，定期向有关监管部门提交职业年金基金托管报告，发生重大事件时及时向受托人和有关监管部门报告。

（十一）按照国家规定保存职业年金基金托管业务活动记录、账册、报表和其他相关资料。

（十二）国家规定和合同约定的其他职责。

第十八条 托管人发现投资管理人依据交易程序尚未成立的投资指令违反法律、行政法规、其他有关规定或者合同约定的，应当拒绝执行，立即通知投资管理人，并及时向受托人和有关监管部门报告。

托管人发现投资管理人依据交易程序已经成立的投资指令违反法律、行政法规、其他有关规定或者合同约定的，应当立即通知投资管理人，并及时向受托人和有关监管部门报告。

第十九条 托管人不得有下列行为：

（一）将托管的职业年金基金财产与其固有财产混合管理。

（二）将托管的职业年金基金财产与托管的其他财产混合管理。

（三）将托管的不同职业年金计划、不同职业年金投资组合的职业年金基金财产混合管理。

（四）侵占、挪用托管的职业年金基金财产。

（五）利用所管理的职业年金基金财产为机关事业单位、受益人、代理人、受托人、托管人、投资管理人，或者其他自然人、法人以及其他组织谋取不正当利益。

（六）国家规定和合同约定禁止的其他行为。

第二十条 投资管理人应当履行下列职责：

（一）对职业年金基金财产进行投资。

（二）及时与托管人核对投资管理的职业年金基金会计核算和估值数据。

（三）建立职业年金基金投资管理风险准备金。

（四）建立投资组合风险控制及定期评估制度，严格控制组合投资风险。

（五）定期向受托人提交职业年金计划投资组合管理报告，定期向有关监管部门提交职业年金基金投资管理报告，发生重大事件时及时向受托人和有关监管部门报告。

（六）按照国家规定保存职业年金基金投资管理业务活动记录、账册、报表和其他相关资料。

（七）国家规定和合同约定的其他职责。

第二十一条 有下列情形之一的，投资管理人应当及时向受托人报告：

（一）职业年金基金单位净值大幅度波动的。

（二）可能使职业年金基金财产受到重大影响的有关事项。

（三）国家规定和合同约定的其他情形。

第二十二条 投资管理人不得有下列行为：

（一）将职业年金基金财产混同于其固有财产或者他人财产。

（二）不公平对待职业年金基金财产与其管理的其他财产。

（三）不公平对待其管理的不同职业年金基金财产。

（四）侵占、挪用职业年金基金财产。

（五）承诺、变相承诺保本或者保证收益。

（六）利用所管理的职业年金基金财产为机关事业单位、受益人、代理人、受托人、托管人、投资管理人，或者其他自然人、法人以及其他组织谋取不正当利益。

（七）国家规定和合同约定禁止的其他行为。

第二十三条 有下列情形之一的，受托人、托管人或者投资管理人职责终止：

（一）严重违反职业年金计划受托或委托管理合同。

（二）利用职业年金基金财产为其谋取不正当利益，或者为他人谋取不正当利益。

（三）依法解散、被依法撤销、被依法宣告破产或者被依法接管。

（四）被依法取消企业年金基金管理资格。

（五）代理人有证据认为更换受托人符合受益人利益，并经评选委员会批准。

（六）受托人有证据认为更换托管人或者投资管理人符合受益人利益。

（七）有关监管部门有充分理由和依据认为更换受托人、托管人或者投资管理人符合受益人利益。

（八）国家规定和合同约定的其他情形。

受托人职责终止的，评选委员会应当及时选定新的受托人；托管人或者投资管理人职责终止的，受托人应当及时选定新的托管人或者投资管理人。原受托人、托管人、投资管理人应当妥善保管职业年金基金相关资料，并在受托人、托管人或者投资管理人变更生效之日起35个工作日内办理完毕业务移交手续，新受托人、托管人、投资管理人应当及时接收并履行相应职责。

第三章　基金投资

第二十四条　职业年金基金投资管理应当遵循谨慎、分散风险的原则，充分考虑职业年金基金财产的安全性、收益性和流动性，实行专业化管理。

第二十五条　职业年金基金财产限于境内投资，投资范围包括：银行存款，中央银行票据；国债，债券回购，信用等级在投资级以上的金融债、企业（公司）债、可转换债（含分离交易可转换债）、短期融资券和中期票据；商业银行理财产品，信托产品，基础设施债权投资计划，特定资产管理计划；证券投资基金，股票，股指期货，养老金产品等金融产品。

其中，投资商业银行理财产品、信托产品、基础设施债权投资计划、特定资产管理计划、股指期货及养老金产品，在国家有关部门另行规定之前，按照《关于扩大企业年金基金投资范围的通知》（人社部发〔2013〕23号）、《关于企业年金养老金产品有关问题的通知》（人社部发〔2013〕24号）等有关规定执行。

第二十六条　每个投资组合的职业年金基金财产应当由一个投资管理人管理，职业年金基金财产以投资组合为单位按照公允价值计算应当符合下列规定：

（一）投资银行活期存款、中央银行票据、1年期以内（含1年）的银行定期存款、债券回购、货币市场基金、货币型养老金产品的比例，合计不得低于投资组合委托投资资产净值的5%。清算备付金、证券清算款以及一级市场证券申购资金视为流动性资产。

（二）投资1年期以上的银行定期存款、协议存款、国债、金融债、企业（公司）债、可转换债（含分离交易可转换债）、短期融资券、中期票据、商业银行理财产品、信托产品、基础设施债权投资计划、特定资产管理计划、债券基金、固定收益型养老金产品、混合型养老金产品的比例，合计不得高于投资组合委托投资资产净值的135%。债券正回购的资金余额在每个交易日均不得高于投资组合基金资产净值的40%。

（三）投资股票、股票基金、混合基金、股票型养老金产品的比例，合计不得高于投资组合委托投资资产净值的30%。职业年金基金不得直接投资于权证，但因投资股票、分离交易可转换债等投资品种而衍生获得的权证，应当在权证上市交易之日起10个交易日内卖出。

（四）投资商业银行理财产品、信托产品、基础设施债权投资计划、特定资产管理计划，以及商业银行理财产品型、信托产品型、基础设施债权投资计划型、特定资产管理计划型养老金产品的比例，合计不得高于投资组合委托投资资产净值的30%。其中，投资信托产品以及信托产品型养老金产品的比例，合计不得高于投资组合委托投资资产净值的10%。

投资商业银行理财产品、信托产品、基础设施债权投资计划、特定资产管理计划或商业银行理财产品型、信托产品型、基础设施债权投资计划型、特定资产管理计划型养老金产品的专门投资组合，可以不受此30%和10%规定的限制。专门投资组合应当有80%以上的非现金资产投资于投资方向确定的内容。

第二十七条 单个投资组合的职业年金基金财产，按照公允价值计算应当符合下列规定：

（一）投资一家企业所发行的股票，单期发行的同一品种短期融资券、中期票据、金融债、企业（公司）债、可转换债（含分离交易可转换债），单只证券投资基金，分别不得超过上述证券发行量、该基金份额的5%，其中基金产品份额数以最近一次公告或者发行人正式说明为准，也不得超过该投资组合委托投资资产净值的10%。

（二）投资单期商业银行理财产品、信托产品、基础设施债权投资计划或者特定资产管理计划，分别不得超过该期商业银行理财产品、信托产品、基础设施债权投资计划或者特定资产管理计划资产管理规模的20%。投资商业银行理财产品、信托产品、基础设施债权投资计划或者特定资产管理计划的专门投资组合，可以不受此规定的限制。

第二十八条 单个计划的职业年金基金财产按照公允价值计算应当符合下列规定：

（一）投资股票型养老金产品的比例，不得高于职业年金基金资产净值的30%。

（二）投资商业银行理财产品、信托产品、基础设施债权投资计划、特定资产管理计划和商业银行理财产品型、信托产品型、基础设施债权投资计划型、特定资产管理计划型养老金产品的专门投资组合，以及商业银行理财产品型、信托产品型、基础设施债权投资计划型、特定资产管理计划型养老金产品的比例，合计不得高于职业年金基金资产净值的30%。其中，投资信托产品、信托产品型养老金产品的专门投资组合，以及信托型养老金产品的比例，合计不得高于职业年金基金资产净值的10%。

第二十九条 投资管理人管理的职业年金基金财产投资于自己管理的金融产品须经受托人同意。

第三十条 因证券市场波动、上市公司合并、基金规模变动等投资管理人之外的因素致使职业年金基金投资不符合本办法第二十六条、第二十七条、第二十八条规定的比例或者合同约定的投资比例的，投资管理人应当在可上市交易之日起10个交易日内调整完毕。

第三十一条 根据金融市场变化和投资运作情况，有关监管部门适时对投资范围和比例进行调整。

第三十二条 除股指期货交易外，职业年金基金证券交易以现货和国家规定的其他方式进行。

职业年金基金不得用于向他人贷款和提供担保。

投资管理人不得从事使职业年金基金财产承担无限责任的投资。

第四章 收益分配及费用

第三十三条 代理人应当采用份额计量方式进行账户管理，根据职业年金基金单位净值，按月足额记入受益人职业年金账户。

第三十四条 受托人年度提取的管理费不高于受托管理职业年金基金资产净值的0.2%；托管人年度提取的管理费不高于托管职业年金基金资产净值的0.2%；投资管理人年度提取的管理费综合考虑投资收益等情况确定，不高于投资管理职业年金基金资产净值的1.2%。

根据职业年金基金管理情况，有关监管部门适时对管理费进行调整。

第三十五条 投资管理人从当期收取的管理费中，提取20%作为职业年金基金投资管理风险准备金，专项用于弥补合同到期时所管理投资组合的职业年金基金当期委托投资资产的投资亏损。余额达到投资管理人所管理投资组合基金资产净值的10%时可以不再提取。

当合同到期时，如所管理投资组合的职业年金基金资产净值低于当期委托投资资产，投资管理人应当用风险准备金弥补该时点的当期委托投资资产亏损，直至该投资组合风险准备金弥补完毕；如所管理投资组合的职业年金基金当期委托投资资产没有发生投资亏损或者风险准备金弥补后有剩余，风险准备金划归投资管理人所有。

职业年金基金投资管理风险准备金应当存放于投资管理人在托管人处开立的专用存款账户。托管人不得对风险准备金账户收取费用。风险准备金由投资管理人进行管理，可以投资于银行存款、国债等高流动性、低风险金融产品。风险准备金产生的投资收益，归入风险准备金。

第五章　计划管理及信息披露

第三十六条　发生下列情形之一的，职业年金计划变更：

（一）职业年金计划受托人、托管人或者投资管理人变更。

（二）职业年金计划受托或委托管理合同主要内容变更。

（三）国家规定的其他情形。

发生前款规定情形时，受托人应当将相关职业年金计划受托或委托管理合同重新报人力资源社会保障行政部门备案。

职业年金计划变更，原计划登记号不变。

第三十七条　职业年金计划终止时，代理人与受托人应当共同组织清算组对职业年金基金财产进行清算。清算费用可从职业年金基金财产中列支。

清算组由代理人、受托人、托管人、投资管理人以及由代理人与受托人共同聘请的会计师事务所、律师事务所等组成。

清算组应当自计划终止后3个月内完成清算工作，并向有关监管部门提交经会计师事务所审计以及律师事务所出具法律意见书的清算报告。

代理人与受托人、托管人、投资管理人应当继续履行管理职责至职业年金计划财产移交完成。

人力资源社会保障行政部门在接到清算报告后，应当注销该职业年金计划。

第三十八条　发生下列情形之一的，代理人与受托人应当共同聘请具有证券期货相关业务资格的会计师事务所对职业年金计划进行审计。审计费用可从职业年金基金财产中列支。

（一）职业年金计划连续运作满3个会计年度。

（二）职业年金计划受托人、托管人或者投资管理人职责终止。

（三）国家规定的其他情形。

代理人、受托人、托管人、投资管理人应当配合会计师事务所对职业年金计划进行审计。受托人应当自上述情况发生之日起的 50 个工作日内向有关监管部门提交审计报告。

第三十九条 代理人应当在年度结束后 45 个工作日内，向机关事业单位披露职业年金管理信息，向受益人提供职业年金个人账户权益信息。

代理人应当在季度结束后 35 个工作日内、年度结束后 45 个工作日内，向本级监管部门提交职业年金计划管理报告。

代理人应当在季度结束后 15 个工作日内、年度结束后 25 个工作日内，向有关监管部门提交职业年金基金账户管理报告。

第四十条 受托人应当在季度结束后 25 个工作日内、年度结束后 35 个工作日内，向代理人提交职业年金计划受托管理报告。

受托人应当在季度结束后 15 个工作日内、年度结束后 25 个工作日内，向有关监管部门提交职业年金基金受托管理报告。

第四十一条 托管人应当在季度结束后 15 个工作日内、年度结束后 25 个工作日内，向受托人提交职业年金计划托管报告。

托管人应当在季度结束后 15 个工作日内、年度结束后 25 个工作日内，向有关监管部门提交职业年金基金托管报告。

第四十二条 投资管理人应当在季度结束后 15 个工作日内、年度结束后 25 个工作日内，向受托人提交经托管人确认财务管理数据的职业年金计划投资组合管理报告。

投资管理人应当在季度结束后 15 个工作日内、年度结束后 25 个工作日内，向有关监管部门提交职业年金基金投资管理报告。

第四十三条 受托人、托管人和投资管理人发生下列情形之一的，应当及时向代理人和有关监管部门报告；托管人和投资管理人应当同时抄报受托人。

（一）减资、合并、分立、依法解散、被依法撤销、决定申请破产或者被申请破产的。

（二）涉及重大诉讼或者仲裁的。

（三）董事长、总经理或直接负责职业年金业务的高级管理人员发生变动的。

（四）国家规定的其他情形。

第四十四条 代理人、受托人、托管人和投资管理人应当按照规定报告职业年金基金管理情况，并对所报告内容的真实性、准确性、完整性负责。

第六章 监督检查

第四十五条 有关监管部门依法履行监督管理职责，可以采取以下措施：

（一）查询、记录、复制与被调查事项有关的职业年金计划受托和委托管理合同、财务会计报告等资料。

（二）询问与被调查事项有关的单位和个人，要求其对有关问题做出说明、提供有关证明材料。

（三）国家规定的其他措施。

机关事业单位、各级社会保险经办机构、受托人、托管人、投资管理人，以及归集账户开户银行和其他为职业年金基金管理提供服务的自然人、法人或者其他组织，应当积极配合检查，如实提供有关资料，不得拒绝、阻挠或者逃避检查，不得谎报、隐匿或者销毁相关材料。

第四十六条 有关监管部门依法进行调查或者检查时，应当至少由两人共同进行，出示证件，并承担下列义务：

（一）依法履行职责，秉公执法，不得利用职务之便谋取私利。

（二）保守在调查或者检查时知悉的商业秘密。

（三）为举报人保密。

第四十七条 各级社会保险经办机构、受托人、托管人、投资管理人以及归集账户开户银行违反本办法规定的，由有关监管部门责令改正。

第四十八条 受托人、托管人、投资管理人发生违法违规行为可能影响职业年金基金财产安全的，或者经责令改正而不改正的，由人力资源社会保障部暂停其接收新的职业年金基金管理业务。各级社会保险经办机构、受托人、托管人、投资管理人以及归集账户开户银行发生违法违规行为给职业年金基金财产或者受益人利益造成损害的，依法承担赔偿责任，其中各级社会保险经办机构的赔偿责任由同级财政承担；构成犯罪的，依法追究刑事责任。

第四十九条 有关监管部门将受托人、托管人、投资管理人以及归集账户开户银行违法违规行为、处理结果以及改正情况予以记录，同时抄送业务主管部门。

第五十条 各省、自治区、直辖市人力资源社会保障行政部门、财政部门对本地区职业年金基金管理情况进行监督，发现违法违规问题报人力资源社会保障部、财政部。

第五十一条 会计师事务所和律师事务所提供职业年金中介服务应当严格遵守法律法规和相关职业准则、行业规范。

第七章 附 则

第五十二条 本办法由人力资源社会保障部、财政部解释。

第五十三条 本办法自印发之日起施行。

人力资源和社会保障部 财政部关于工伤保险基金省级统筹的指导意见

（2017 年 6 月 22 日 人社部发〔2017〕60 号）

各省、自治区、直辖市及新疆生产建设兵团人力资源社会保障厅（局）、财政（财务）厅（局）：

实行基金省级统筹是工伤保险制度体系建设的重要举措，是推进工伤保险制度公平可持续发展的必然要求，对提高基金使用效率、增强保障能力具有重要意义。根据社会保险法、《工伤保险条例》等有关法律法规要求，现就工伤保险基金省级统筹（以下简称省级统筹）工作提出如下意见。

一、指导思想和基本原则

（一）指导思想。全面贯彻党的十八大和十八届三中、四中、五中、六中全会精神，深入贯彻习近平总书记系列重要讲话精神和治国理政新理念新思想新战略，紧紧围绕统筹推进“五位一体”总体布局和协调推进“四个全面”战略布局，坚持以人民为中心的发展思想，落实社会保险法和《工伤保险条例》，以更好保障工伤职工合法权益为出发点，以促进工伤保险制度更加公平、更可持续为落脚点，逐步建立规范、高效的工伤保险基金省级统筹管理体系。

（二）基本原则。坚持制度统一，分级管理，提高工伤保险服务水平；坚持职责明晰，强化考核，确保省级统筹有效运行；坚持统调结合，缺口分担，建立基金管理良性机制；坚持目标明确，分步实施，推进工伤保险健康发展。

二、主要内容

实行省级统筹，要求在省（区、市）内统一工伤保险参保范围和参保对象，统一工伤保险费率政策和缴费标准，统一工伤认定和劳动能力鉴定办法，统一工伤保险待遇支付标准，统一工伤保险经办流程和信息系统。

在基金管理上，有条件的省（区、市）可以实行基金统收统支管理；不具备条件的省（区、市）也可以在省级建立调剂金，由市（地）按照一定的规则和比例上解到省级社保基金财政专户集中管理，用于调剂解决各市（地）工伤保险基金支出缺口。

三、保障措施

（一）做好政策标准平稳衔接。实行省级统筹，全省（区、市）统一工伤保险各项政策及待遇标准，要统筹考虑各地经济发展水平差异、待遇计发基数变化情况，采取过渡办法，逐步实现待遇平衡。在行业费率调整方面，应按照平稳有序的原则，逐步调整到位，避免基金征缴和支付大幅波动，确保工伤保险制度平稳运行。

（二）明确各级责权划分。实行省级统筹，要明确各级在管理上的主体责任，坚持"以支定收，收支平衡"的原则，完善基金预算管理，健全基金征缴责任制和考核指标，建立职、权、责约束机制和基金缺口分担机制。各市（地）要强化基金征缴主体责任，严格执行基金支出范围和标准，根据《工伤保险条例》的规定，加强工伤认定、劳动能力鉴定管理，规范、优化流程，提高工作质量。地方各级财政要切实保证工伤认定调查必要的经费支出。

（三）加强基金管理使用。各省（区、市）要切实加强工伤保险基金管理，按《工伤保险条例》要求建立储备金。实行省级统收统支管理的省份，在处理各市（地）原结余基金时，可根据地方实际，采取不同时期结余基金分别上解、分步实施等方法。实行省级调剂金管理的省份，要结合本地实际确定合理的调剂金上解比例。建立省级调剂金后，各市（地）不再建立储备金和调剂金，原各市（地）自行筹集并建立的储备金、调剂金纳入本地基金结余，如当年出现基金缺口的，应按照动用本地区累计结余、省级调剂金的先后顺序解决。省级调剂金具体使用和管理办法由各省（区、市）制定。各省（区、市）应按照“以支定收、收支平衡”的原则和《工伤保险条例》相关规定及时调整缴费费率。

（四）做好信息系统的整合。各省（区、市）要依托“金保工程”整合现有资源，建立支持省级统筹的社会保险信息系统，提供工伤认定、劳动能力鉴定申报、参保权益信息查询、经办管理等网上服务，支持工伤医疗费即时结算。实现省、市、县三级管理部门信息的纵向互联，与银行、医疗和康复等机构的横向互通，与财政、住建、安监、工会等部门的信息共享，实现工伤保险业务运行、医疗费监控、基金监督、管理决策的信息化。

四、工作要求

（一）高度重视，加强领导。实行省级统筹，关系工伤保险制度的公平可持续发展，是社会保险制度建设的重要内容。各省（区、市）人力资源社会保障厅（局）要切实加强组织领导，根据需要成立由分管厅（局）领导担任组长的领导小组，制定专门工作方案，明确任务要求和进度安排，确保在2020年底全面实现省级统筹。成立领导小组情况及专门工作方案应于10月底前报人力资源社会保障部备案。

（二）周密部署，平稳实施。实施省级统筹，政策性强，涉及面广，各省（区、市）务必作出周密、细致的工作部署，确保实施工作平稳有序。已经实施省级统筹的省（区、市）要以本指导意见下发为契机，主动对标对表，一揽子解决工作中遇到的问题。

（三）加强宣传，引导舆论。实行省级统筹，要在政策风险评估的基础上，同步对宣传和舆论引导工作作出部署安排，加强针对性宣传，为省级统筹的平稳实施营造良好舆论氛围。

人力资源和社会保障部办公厅关于贯彻落实贪污社会保险基金属于刑法贪污罪中较重情节规定的通知

（2017年8月22日　人社厅发〔2017〕107号）

各省、自治区、直辖市及新疆生产建设兵团人力资源社会保障厅（局）：

近日，《最高人民检察院关于贪污养老、医疗等社会保险基金能否适用〈最高人民法院、最高人民检察院关于办理贪污贿赂刑事案件适用法律若干问题的解释〉第一条第二款第一项规定的批复》（以下简称“批复”）明确，养老、医疗、工伤、失业、生育等社会保险基金可以认定为《最高人民法院、最高人民检察院关于办理贪污贿赂刑事案件适用法律若干问题的解释》第一条第二款第一项规定的“特定款物”，即贪污社会保险基金属于刑法第三百八十三条第一款规定的“其他较重情节”，贪污社会保险基金数额在1万元以上不满3万元的，依法判处3年以下有期徒刑或者拘役，并处罚金。批复明确把贪污社会保险基金作为刑法规定的“较重情节”，降低了贪污社保基金行为的入刑门槛，加大了对贪污社会保险基金犯罪行为的惩治力度，体现了对社会保险基金的重视，对保障社会保险基金安全、维护参保人权益具有重要意义。各级人力资源社会保障部门要高度重视，认真学习，深刻领会，加强对社会保险基金的管理和监督，严格防止贪污社会保险基金行为，贯彻落实批复规定，维护基金安全。现将有关事项通知如下：

一、加强宣传教育，提高防范贪污社会保险基金的意识

各级人力资源社会保障部门，特别是社会保险管理部门要组织干部职工认真学习批复规定，深刻领会其实质。要把批复规定传达到社会保险管理的每名干部职工，让每名干部职工深刻认识社会保险基金安全的重要性和贪污社会保险基金的危害性。社会保险基金是老百姓的养命钱、救命钱，任何个人不能贪污挪用。贪污社会保险基金，不仅危害基金安全和群众利益，而且影响干部队伍形象和社会保险制度威信，必须受到法律的严惩。要把宣传贯彻批复规定与开展廉政教育活动结合起来，结合过往案例进行警示教育。要把宣传贯彻批复规定与贯彻执行《社会保险工作人员纪律规定》结合起来，严格遵循“二十个不准”，预防和遏制职务犯罪。

二、完善内控管理，堵塞贪污社会保险基金的风险漏洞

梳理完善社会保险经办机构管理的内控制度，从源头上堵塞可能发生贪污社会保险基金的风险漏洞。优化经办操作流程，建立健全岗位之间、业务环节之间相互监督、相互制衡的机制，明确岗位职责，建立责任追究制度。严格社会保险基金管理，执行基金财务会计制度，做到基金账账相符，账实相符，日清月结。实现社会保险管理服务全面信息化，用流程管事，用电脑管人，加强信息化对业务工作的监督控制。落实政务公开要求，公开社会保险政策和办事指南，及时告知个人权益变化情况。

三、严格基金监督，着力查处贪污社会保险基金的违法行为

突出重点，梳理排查容易发生贪污社会保险基金行为的风险点，加强对财务会计、出纳等重要岗位的监督检查，加强对基金征缴、待遇发放等重要环节的监督检查，加强对政策变化、干部调整等重要时段的监督检查。加大力度，在做好日常监督检查的基础上，加强专项监督检查。创新手段，积极应用社会保险基金监管系统，提高监督效能，增强监督针对性和时效性。形成合力，鼓励和支持社会各方面参与基金监督，依法受理举报，构建行政监督与社会监督有机结合的全方位基金监督体系。从严查处，对发现涉嫌贪污社会保险基金的行为坚决一查到底，绝不放纵。

四、建立衔接机制，严惩贪污社会保险基金的犯罪行为

落实《行政执法机关移送涉嫌犯罪案件的规定》要求，加强与检察机关的沟通，建立行政执法与刑事司法衔接机制。对涉嫌贪污社会保险基金犯罪的，及时将案件移送人民检察院处理。要积极配合检察机关，做好社会保险基金管理政策咨询、资料提供、调查取证等工作，支持查处贪污社会保险基金的犯罪行为，严厉打击犯罪分子，维护社会保险基金安全，维护社会保险制度威信，维护参保群众利益。

附件：最高人民检察院关于贪污养老、医疗等社会保险基金能否适用《最高人民法院、最高人民检察院关于办理贪污贿赂刑事案件适用法律若干问题的解释》第一条第二款第一项规定的批复

（附件本书略）

财政部等部门关于印发《企业职工基本养老保险基金实行收支两条线管理暂行规定》的通知

（1998 年 1 月 27 日　财社字〔1998〕6 号）

各省、自治区、直辖市人民政府，国务院有关部门：

《企业职工基本养老保险基金实行收支两条线管理暂行规定》已经国务院同意，现印发你们，请结合实际情况，认真贯彻落实。执行中有何问题，及时向财政部、劳动部报告。

企业职工基本养老保险基金实行收支两条线管理暂行规定

第一条　为了加强企业职工基本养老保险基金管理，维护企业职工和离退休人员的利益，保证企业职工基本养老保险基金的安全与完整，根据《国务院关于建立统一的企业职工基本养老保险制度的决定》（国发〔1997〕26 号），特制定本规定。

第二条　企业职工基本养老保险基金是指按照国家规定，由企业和职工个人分别按工资总额及缴费工资的一定比例缴纳，为保障企业职工离退休后的基本生活而筹集的专项基金。

第三条　企业职工基本养老保险基金应逐步纳入社会保障预算管理。在国家社会保障预算制度建立以前，基本养老保险基金纳入单独的社会保障基金财政专户，实行收支两条线，专项管理，专款专用，任何部门、单位或个人均不得挤占、挪用，也不得用于平衡财政预算。

第四条 社会保险经办机构于预算年度终了时，按照财政部门规定编制下年度基本养老保险基金收支计划，经社会保险主管部门审核、财政部门复核后，报同级人民政府批准执行。

基本养老保险基金收支计划按规定程序报经批准后，由财政部门及时向社会保险经办机构批复。

第五条 基本养老保险基金应存入国有商业银行。社会保险经办机构和财政部门应在经协商确定的银行开设以下三个专用账户：

（一）社会保险经办机构开设“基本养老保险基金收入户”，该账户的主要用途是：

1. 暂存征集的基本养老保险费；

2. 暂存下级社会保险经办机构上解的基本养老保险基金收入或上级社会保险经办机构下拨的基本养老保险基金收入；

3. 暂存该账户及支出账户的利息收入；

4. 暂存滞纳金收入；

5. 暂存财政补贴收入；

6. 暂存其他收入。

（二）财政部门开设“社会保障基金财政专户”，该账户的主要用途是：

1. 接受社会保险经办机构收入户划入的基本养老保险基金；

2. 接受国债到期本息及该账户资金形成的利息收入；

3. 划拨购买国家债券资金；

4. 根据社会保险经办机构的用款计划向社会保险经办机构支出账户拨付基本养老保险基金。

（三）社会保险经办机构开设“基本养老保险基金支出账户”，该账户的主要用途是：

1. 接受社会保障基金财政专户拨入的基本养老保险基金；

2. 暂存一至二个月的基本养老保险支付费用；

3. 暂存银行支付该账户资金的利息；

4. 支付离退休人员的基本养老保险金；

5. 支付银行手续费等与基本养老保险有关的其他必要支出；

6. 上解上级社会保险经办机构基本养老保险基金或下拨下级社会保险经办机构基本养老保险基金。

第六条 企业职工基本养老保险基金由企业和职工个人按规定的缴费比例分别缴纳。基本养老保险基金征收方式主要有以下两种：

（一）社会保险经办机构负责征收。具体程序是：

1. 银行根据社会保险经办机构开出的托收凭证将企业和职工个人缴纳的基本养老保险费从企业基本账户中划入基本养老保险基金收入户；

2. 社会保险经办机构按月将基本养老保险基金收入户资金全部划入社会保障基金财政专户。

（二）税务部门代征。具体程序是：

1. 社会保险经办机构向税务部门提供有关企业和职工个人缴费的基本数据；

2. 税务部门根据社会保险经办机构提供的数据，向企业开出基本养老保险费征收凭证；

3. 银行根据税务部门开出的凭证将企业和职工个人缴纳的基本养老保险费从企业基本账户中划入基本养老保险基金收入户；

4. 社会保险经办机构按月将基本养老保险基金收入户资金全部划入社会保障基金财政专户。

具体征收方式由省级人民政府确定。

第七条 企业职工基本养老保险基金按照国家规定全部用于职工基本养老保险。

社会保险经办机构开展业务工作所需要的经费，由财政部门在预算中安排。基金的征收由社会保险经办机构转由税务部门代征的，相关的征收费用由省级人民政府研究确定。

第八条 社会保险经办机构按月向同级财政部门提出用款计划，经财政部门审核后，及时将基金从社会保障基金财政专户拨到社会保险经办机构的支出账户。

第九条 财政部门除根据社会保险经办机构的用款计划核拨资金外，不得自行安排和使用基本养老保险基金。

第十条 社会保险经办机构收到财政部门拨款后应按照规定用途使用。条件具备的地区，可以实行社会化发放养老金的办法。

第十一条 基本养老保险基金结余额除预留相当于2个月的支付费用外，应全部购买国家债券和存入专户。任何部门、单位或个人不得利用基本养老保险基金在境内外进行其他形式的直接或间接投资。

第十二条 存入社会保险经办机构收入户、支出账户的基本养老保险基金，按照中国人民银行规定的优惠利率计息。社会保障基金财政专户资金，按照同期居民银行存款利率计息。

第十三条 社会保险经办机构于每一预算年度终了时，按照财政部门规定及时编报企业职工基本养老保险基金决算草案。

基本养老保险基金决算草案应在对全年基金收入和支出进行清理核对的基础上进行，各项数字必须以经过核实的基层单位会计数字为准，不得估列代编，更不得随意调整收支数字，转移资金。

社会保险经办机构编报的决算草案，应在规定期限内经社会保险主管部门审核后报财政部门。财政部门复核并报同级人民政府批准后，及时向社会保险经办机构批复。

第十四条 基本养老保险基金征收中需要使用的有关票据，由省级财政部门会同有关部门制定；经国务院批准实行养老保险系统统筹部门和单位征收基本养老保险基金需要使用的有关票据，由财政部会同有关部门制定。

第十五条 企业职工基本养老保险基金实行收支两条线管理

后，社会保险主管部门、社会保险经办机构和财政部门等有关部门应按照各自的职责分工，加强对基本养老保险基金的管理和监督。

社会保险经办机构负责编制基本养老保险基金收支计划和决算；负责基本养老保险基金筹集和基本养老保险基金的发放工作；负责基本养老保险基金收支会计核算工作；负责基本养老保险基金结余额存期和购买国债的安排；负责个人账户记录、管理等。

社会保险主管部门负责审核社会保险经办机构编报的基本养老保险基金收支计划和决算草案，加强对基本养老保险基金管理情况的监督检查。

财政部门负责有关财务会计制度的制定、贯彻落实及监督检查；负责社会保障基金财政专户核算工作；负责审核社会保险经办机构提出的基本养老保险支出用款计划和结余额的安排等；负责审核、汇总社会保险经办机构编制的基本养老保险基金收支计划和决算；负责拨付社会保险经办机构经费。

银行负责按照社会保险经办机构或税务部门开出的托收凭证以及经财政部门审核同意的社会保险经办机构用款计划及时划款，并加强对基本养老保险基金收支的监督。

审计部门依法对企业职工基本养老保险基金收入户、支出账户和社会保障基金财政专户收支结余情况进行审计，行使审计监督的职责。

第十六条 上级社会保险经办机构要加强对下级社会保险经办机构基金管理情况（包括社会保障基金财政专户资金）的审计和监督。各级社会保险经办机构要建立健全内部管理制度，定期不定期对基本养老保险基金收入、支出等进行检查，自觉接受审计、财政等部门的监督检查。

第十七条 各级社会保险经办机构与财政部门要定期核对社会保障基金财政专户内的基本养老保险基金收支及结余情况。

第十八条 各省、自治区、直辖市人民政府可以根据本规定并结合实际情况制定具体实施办法。

经国务院批准实行养老保险系统统筹部门和单位经办的基本养老保险基金也应比照本规定执行。

第十九条 本规定自 1998 年 1 月 1 日起执行。

第二十条 本规定由财政部会同劳动部负责解释。

山东省社会保险稽查办法

（2003年6月6日山东省人民政府令第158号公布，根据2012年1月10日《山东省人民政府关于修改和废止〈山东省促进散装水泥发展规定〉等18件省政府规章的决定》修订）

第一条　为了加强和规范社会保险稽查工作，维护劳动者的合法权益，根据《中华人民共和国劳动法》和国务院《社会保险费征缴暂行条例》等有关法律、法规的规定，制定本办法。

第二条　本办法所称社会保险稽查，是指劳动和社会保障部门依法对参加社会保险的单位或者个人遵守社会保险法律、法规，依法缴纳社会保险费和领取社会保险待遇情况，以及对社会保险基金筹集、支付、管理、运营等情况进行检查，并对违反社会保险法律、法规的行为依法作出处理的行政执法活动。

第三条　凡在本省行政区域内对养老、失业、医疗、工伤和生育等社会保险进行的稽查，均适用本办法。

第四条　社会保险稽查应当遵循公开、公正和教育与处罚相结合的原则。

第五条　县级以上人民政府劳动和社会保障行政部门主管本行政区域内的社会保险稽查工作。

劳动和社会保障行政部门可以委托社会保险经办机构具体承办本统筹范围内的社会保险稽查工作。

第六条　劳动和社会保障行政部门或者其委托的社会保险经办机构（以下统称社会保险稽查机构）进行社会保险稽查，可以行使下列职权：

（一）对参加社会保险单位或者个人的与社会保险有关的用人情况、财务账簿、记账凭证、工资报表、财务报表、统计报表等进行检查；

（二）对与社会保险有关的问题和情况进行调查；

（三）对与社会保险有关的资料进行记录、录音、录像、照相和复制；

（四）对违反社会保险法律、法规的行为，依法予以处理。

第七条 社会保险稽查机构进行社会保险稽查，应当承担下列义务：

（一）依法履行职责，不得利用职务之便谋取私利；

（二）保守在稽查中知悉的参加社会保险的单位或者个人的商业秘密；

（三）为举报人保密；

（四）法律、法规规定的其他义务。

第八条 社会保险稽查人员应当具备相应的专业知识和法律知识，忠于职守，清正廉洁，秉公执法。

第九条 社会保险稽查人员依法行使职权，受法律保护。任何单位和个人不得拒绝、阻碍稽查人员依法行使职权。

第十条 社会保险稽查人员与被稽查单位或者个人有下列关系之一的，应当回避：

（一）与被稽查单位或者个人有利害关系的；

（二）与被稽查单位有关人员或者被稽查个人有近亲属关系的；

（三）与被稽查单位或者个人有其他关系，可能影响公正执行公务的。

第十一条 社会保险稽查的内容包括：

（一）社会保险登记、变更登记和登记验证情况；

（二）社会保险费申报和代扣代缴情况；

（三）职工人数、工资基数、财务状况和缴费能力等情况；

（四）社会保险费缴纳和缴费费率执行情况；

（五）欠缴社会保险费的，其补缴计划的制定和落实情况；

（六）社会保险待遇享受者的资格条件和领取的待遇项目、标准情况；

（七）社会保险基金的筹集、支付、管理、运营等情况；

（八）法律、法规规定需要稽查的其他情况。

第十二条 各级社会保险稽查机构应当根据参加社会保险的单位或者个人情况，确定社会保险稽查对象，编制年度社会保险稽查计划并组织实施。

第十三条 社会保险稽查可以采取报送稽查、实地稽查等方式进行。

第十四条 社会保险稽查机构应当在稽查实施3日前，向被稽查单位或者个人下达稽查通知书。但有群众举报或者有根据认为单位或者个人有违法行为或者违法嫌疑的除外。

第十五条 社会保险稽查机构实施稽查时，应当遵守下列规定：

（一）有2名以上的稽查人员共同进行，并出示行政执法证件；

（二）告知被稽查的范围、内容及要求；

（三）现场检查或者调查应当制作笔录。笔录应当由稽查人员和被稽查单位有关人员或者被稽查人签名或者盖章。

第十六条 社会保险稽查机构在稽查中发现被稽查单位或者个人有违法行为的，应当责令其限期改正；应当给予行政处罚的，由劳动和社会保障行政部门依法予以处罚；构成犯罪的，由司法机关依法追究刑事责任。

第十七条 被稽查单位或者个人有下列行为之一的，由劳动和社会保障行政部门予以警告，并可处以1000元以上1万元以下的罚款：

（一）不按规定办理社会保险登记、变更登记或者注销登记的；

（二）伪造、变造社会保险登记证的；

（三）不按规定申报社会保险费应缴数额的；

（四）不按规定向职工公布本单位社会保险费缴纳情况的。

第十八条 被稽查单位或者个人违反法律、法规规定，迟延缴纳社会保险费的，由劳动和社会保障行政部门责令其限期缴纳；逾期仍不缴纳的，可对直接负责的主管人员和其他直接责任人员处以5000元以上2万元以下的罚款。

第十九条 对不符合享受社会保险待遇条件，骗取社会保险金或者其他社会保险待遇的，由社会保险稽查机构责令其限期退还；情节严重的，由劳动和社会保障行政部门处以骗取金额1倍以上3倍以下的罚款。

第二十条 劳动和社会保障行政部门在处理社会保险违法案件时，认为应当追究违法单位有关责任人员行政责任的，可以向其所在单位或者其上级机关、行政监察机关提出给予有关责任人员行政处分的建议。

第二十一条 拒绝、阻碍社会保险稽查工作人员依法执行职务，构成犯罪的，依法追究刑事责任；尚不构成犯罪，应当给予治安管理处罚的，由公安机关依法予以处罚。

第二十二条 当事人对行政处罚决定不服的，可以依法申请行政复议或者提起行政诉讼。

第二十三条 社会保险稽查工作人员在稽查中滥用职权、玩忽职守、徇私舞弊，构成犯罪的，依法追究刑事责任；尚不构成犯罪的，给予行政处分。

第二十四条 本办法自2003年8月1日起施行。

山东省人民政府关于印发《省属企业国有资本划转充实社会保障基金方案》的通知

（2015年3月7日 鲁政字〔2015〕46号）

省政府各部门、各直属机构：

现将《省属企业国有资本划转充实社会保障基金方案》印发给你们，请认真贯彻执行。

省属企业国有资本划转充实社会保障基金方案

根据《中共山东省委、山东省人民政府关于深化省属国有企业改革完善国有资产管理体制的意见》（鲁发〔2014〕13号），现就省属企业国有资本划转充实省社会保障基金提出以下方案。

一、划转范围

省属企业国有资本（指国家资本及其享有的所有者权益）划转充实省社会保障基金的企业范围为省属国有企业，包括省国资委履行出资人职责的企业（省管企业）和省直有关部门、单位管理的企业（部门管理企业）。

目前，省管企业共计18户，其中17户为公司制企业，1户为全民所有制企业。部门管理企业共计453户，其中124户为公司制企业（文化企业12户），329户为全民所有制企业（文化企业16户）。综上，省属471户国有企业30%的国有资本（包括国有控股参股企业中的国有资本）划转充实省社会保障基金。

二、划转步骤

按照一次划转、分步到位、逐户完善的原则操作实施。

（一）将划转范围内的国有资本一次性转由省社保基金理事会持有。省社保基金理事会登记成为适格法人后，省政府将划转范围内的国有资本一次性转由省社保基金理事会持有，并由省政府授权省社保基金理事会履行划转股权出资人职能。

（二）分步办理划转相关手续。根据省属企业改制情况、省属经营性国有资产统一监管工作进展，分步办理划转手续。首先，对已按照《公司法》设立的省属企业，由省国资委等单位依据经中介机构审计的年度财务报表，向省政府提出申请并按批复办理划转手续。其次，省国资委会同省直有关部门、单位，加快推进全民所有制企业完成公司制改建，并及时将30%的国有资本划转省社保基金理事会。改制工作力争2016年年底前完成。

（三）逐户完善相关手续。按照成熟一户、完善一户的要求，对完成划转的企业，省国资委、省社保基金理事会及相关部门研究修订划转企业公司章程，建立完善的法人治理结构，办理国有资产产权和工商变更登记。

三、划转后的国有资本监管

（一）相关部门职责。省社保基金理事会根据省政府授权，履行划转股权出资人职责，对所持有的国有资本实施监管，会同相关部门适时派出股权董事、监事；省国资委负责国有资产基础管理工作；省财政厅负责对社会保障资金支付实施监管；省财政厅、省国资委等部门对省社保基金理事会履行监管职能。

（二）健全划转后企业的法人治理结构。股权划转后，省管企业领导班子管理体制保持不变。省国资委要会同有关部门研究制定省属企业部分国有资本划转办法。省属企业改建成为多元化的公司制企业，要按照《公司法》和具体划转办法的要求规范建立股东会、董事会和监事会，由省国资委和省社保基金理事会按持有的产权分别行使股东职权、履行股东义务，提名并选举董事、监事。利润分配按照出资额实施分配，分配原则在公司章程中约定。

山东省劳动和社会保障厅关于印发《山东省社会保险基金行政监督实施细则》的通知

（2003 年 3 月 14 日　鲁劳社〔2003〕10 号）

各市劳动和社会保障局，省社会保险事业局：

《山东省社会保险基金监督实施细则》已于 2003 年 1 月 8 日厅长办公会议研究通过，现印发给你们，请遵照执行。

山东省社会保险基金行政监督实施细则

第一条　为了规范和加强全省社会保险基金行政监督工作，确保社会保险基金的安全与完整，根据《社会保险基金行政监督办法》（劳动和社会保障部令第 12 号），制定本实施细则。

第二条　本实施细则适用于对基本养老保险基金、失业保险基金、基本医疗保险基金、工伤保险基金、生育保险基金以及财政补贴拨入或通过其他合法方式筹集的社会保险基金的行政监督工作。

对社会保险基金收入户、社会保险基金支出户、社会保险基金财政专户等各类社会保险基金银行账户的社会保险基金行政监督工作依照本实施细则执行。

第三条　省劳动和社会保障行政部门主管全省社会保险基金行政监督工作。

市、县（市、区）人民政府劳动保障行政部门主管本行政区域内的社会保险基金行政监督工作。

劳动保障行政部门负责社会保险基金行政监督的机构（以下简称“监督机构”）具体负责对各项社会保险基金实施监督。

第四条 上级监督机构监督范围内的有关事项，可以授权下级监督机构实施监督，也可以对下级监督机构监督范围内的事项直接实施监督。

第五条 社会保险基金监督以事实为根据，以法律为准绳，遵循客观、公正、合法的原则。

第六条 社会保险基金行政监督机构的职责：

（一）宣传、贯彻执行社会保险基金管理法律、法规、规章和政策；

（二）监督被监督单位贯彻执行社会保险基金管理法律、法规和政策情况；

（三）受理对违反社会保险基金管理法律、法规和政策行为的举报；

（四）依法纠正和制止违反社会保险基金管理法律、法规和政策的行为；

（五）维护和保障社会保险基金的安全和保值增值；

（六）法律、法规、规章规定的其他监督职责。

第七条 社会保险基金行政监督的内容：

（一）被监督单位贯彻执行社会保险基金管理法律、法规和政策的情况。主要包括：

1. 执行《社会保险基金财务制度》和《社会保险基金会计制度》情况；

2. 社会保险基金预决算及财务收支计划执行情况；

3. 社会保险基金有关统计、财务、会计报表、核算资料和凭证的真实性、准确性、完整性。

（二）被监督单位社会保险基金征收、支出、结余及运营情况。主要包括：

1. 社会保险基金收入户、支出户、财政专户的开户、收支和结余情况；

2. 社会保险基金运营机构的运营资格和其运营的经济效益及运营收益并入基金的情况；

3. 社会保险基金的支付、上解、下拨、储存、调剂等按规定标准和程序执行的情况。

（三）社会保险基金管理法律、法规、规章和政策另行规定的其他监督事项。

第八条 监督机构及监督人员在履行职责时，享有下列权利：

（一）要求被监督单位提供或报送社会保险基金预算或财务收支计划、预算执行情况、决算、财务报告、会计报表、统计报表、社会保险费收缴明细表、社会保险基金支付明细表，以及其他与社会保险基金管理有关的资料；

（二）查阅被监督单位社会保险基金会计凭证、会计账簿、会计报表、银行存单、债券及其他与社会保险基金管理有关的资料；

（三）就监督事项向有关单位和个人进行调查，并取得有关证明材料；

（四）就监督事项听取被监督单位的情况汇报，向被监督单位和个人进行调查，调取和复制有关证明材料；

（五）对被监督单位转移、隐匿、篡改、伪造、变造、毁弃或拒不提供会计凭证、会计账簿、会计报表以及其他与社会保险基金管理有关的资料的行为予以纠正或制止；

（六）对被监督单位虚列支出、转移、隐匿、截留、挤占、挪用社会保险基金资产的行为予以纠正或制止，必要时经本行政机关负责人批准申请司法机关采取保全措施。

第九条 监督机构监督人员在执行监督公务时，应当由两名以上监督人员共同进行，并出示执法证件。监督人员与被监督单位或监督事项有利害关系的，应当回避。履行职责过程中应承担下列义务：

（一）忠于职守、秉公执法、清正廉洁；

（二）保守在履行职责过程中知悉的秘密；

（三）为举报人保密；

（四）发现问题及时报告。

第十条 被监督单位要建立健全内部管理制度，定期或不定期地向上级行政主管部门和有关部门报告社会保险基金收支和结余管理情况，并向社会通告；社会保险基金的月度、季度、年度会计报表和年度财务报告要按有关规定及时报送监督机构。

第十一条 监督机构实施监督时，被监督单位应如实向监督机构反映情况，提供有关资料，不得拒绝、拖延、谎报。

第十二条 社会保险基金行政监督实行现场监督和非现场监督。

现场监督是指监督机构对被监督单位社会保险基金管理情况实施的实地检查，主要采取定期监督、不定期监督和举报案件专查等方式。定期监督是指上一级监督机构对同级和下级被监督单位进行的年度监督；不定期监督是指根据需要随时进行的监督。

非现场监督是指监督机构通过检查、分析被监督单位报送的有关数据资料实施的监督。实行社会保险基金管理报表制度，主要采取常规监督和专项监督等方式。常规监督通过被监督单位按监督机构的要求定期报送有关数据进行；专项监督通过被监督单位按监督机构的要求报送专项数据进行。在非现场监督过程中发现被监督单位存在违法违纪问题或疑问的，应实施现场监督。

第十三条 监督机构根据被监督单位报表和社会公众的反映，及时掌握社会保险基金管理和运行情况，并根据上级劳动保障行政部门和同级人民政府下达的任务，制定年度监督计划，同时抄送同级财政、审计部门。

第十四条 监督机构实施现场监督，依照下列程序进行：

（一）根据年度监督计划，确定现场监督对象及监督内容，对于需要实施现场监督的地区或单位登记立项。一般每年现场监督检查单位不应少于被监督单位总量的30%。在实施现场监督3日前，向被监督单位下达监督通知书。必要时，也可不下达监督通知书，直接实施现场监督检查。

（二）实施现场监督一般应由监督机构单独组织进行，必要时，也可以与财政、审计、监察等有关部门共同进行。对已确定的监督事项，根据监督内容组成监督小组，制定监督方案。

（三）监督小组进驻被监督单位后，要检查被监督单位社会保险基金预算或财务收支计划、预算执行情况、决算、财务报告、会计报表、统计报表、社会保险费收缴明细表、社会保险基金支付明细表；查阅社会保险基金会计凭证、会计账簿、银行存单、债券以及其他与社会保险基金管理有关的资料；向有关单位和个人调查取证，听取被监督单位有关社会保险基金管理及运营情况的汇报。检查结束时，监督机构根据检查情况写出监督报告，报劳动保障行政部门。

（四）被监督单位存在问题的，劳动保障行政部门根据监督机构的监督报告提出整改意见，制作《现场监督意见书》。《现场监督意见书》应载明：

1. 被监督单位的名称、地址等基本情况；

2. 认定存在的问题；

3. 整改意见；

4. 履行日期或期限；

5. 提出处理意见的行政机关名称；

6. 提出处理意见的日期。

（五）劳动保障行政部门在提出整改意见后，将《现场监督意见书》送达被监督单位。《现场监督意见书》自送达被监督单位之日起生效。

第十五条 监督机构实施非现场监督，依照下列程序进行：

（一）根据年度监督计划确定非现场常规监督和专项监督的

内容和重点，规定被监督单位报送材料的内容及报送方式、格式、时限，并通知被监督单位。被监督单位报送的材料一般应包括：基金年度收支计划、月收支计划，以及社会保险基金年报、季报、月报和专项报表等。

（二）被监督单位应按要求报送有关数据。监督机构对被监督单位报送的数据进行审核，对不符合要求的数据，应要求被监督单位补报或重新报送。县（市、区）劳动保障行政部门基金监督机构按时将非现场监督检查报表数据上报市劳动保障行政部门基金监督机构，市劳动保障行政部门基金监督机构负责本市报表数据的汇总工作，并将汇总数据及县（市、区）和市本级的基础报表数据上报省劳动保障行政部门基金监督机构。

（三）省、市、县（市、区）社会保险基金监督机构要建立社会保险基金监督数据库，对被监督单位报送的数据进行分析，了解社会保险基金的规模、结构以及社会保险基金管理、资产质量及运营状况。

（四）通过分析、核实，被监督单位基金管理中存在问题的，劳动保障行政部门要提出改进意见，制定《非现场监督意见书》。《非现场监督意见书》应载明：

1. 被监督单位的名称、地址等基本情况；

2. 认定存在的问题；

3. 整改意见；

4. 履行日期或期限；

5. 提出处理意见的行政机关名称；

6. 提出处理意见的日期。

（五）劳动保障行政部门在提出整改意见后，将《非现场监督意见书》送达被监督单位。《非现场监督意见书》自送达被监督单位之日起生效。

第十六条 监督机构应对被监督单位执行劳动保障行政部门下达的各种监督文书的情况进行监督检查，必要时进行现场复查。

第十七条 被监督单位有下列行为之一的，由劳动保障行政部门责令限期改正。并对直接负责的主管人员和其他直接责任人员依法进行处理。有违法所得的，依法予以没收，并入社会保险基金。构成犯罪的，由司法机关依法追究刑事责任。

（一）未按规定将社会保险基金收入存入社会保险基金财政专户的；

（二）未按规定、足额将社会保险财政专户基金拨付到支出户的；

（三）截留、挤占、挪用、贪污社会保险基金的；

（四）擅自增提、减免社会保险费的；

（五）其他违反国家有关法律、法规行为的。

第十八条 被监督单位有下列行为之一的，由劳动保障行政部门责令改正，拒不改正的，建议被监督单位行政主管部门或移交对其有行政处理权的机关对主要负责人和直接责任人给予行政处分；构成犯罪的，由司法机关依法追究刑事责任：

（一）拒绝、阻挠监督人员进行监督的；

（二）拒绝、拖延提供与监督事项有关资料的；

（三）隐匿、伪造、变造、毁弃会计凭证、会计账簿、会计报表以及其它与社会保险基金管理有关资料的；

（四）转移、隐匿社会保险基金资产的；

（五）对监督检查中指出的问题整改不力，逾期没有纠正的。

第十九条 监督机构和其他有关监督检查部门对社会保险基金实施监督检查时，应当相互协调，避免重复检查或漏查。

第二十条 被监督单位报复陷害监督人员的，由被监督单位行政主管部门对直接责任人给予行政处分；构成犯罪的，由司法机关依法追究刑事责任。

第二十一条 监督人员滥用职权、徇私舞弊、玩忽职守造成不良后果的，由劳动保障行政部门批评教育直至给予行政处分；构成犯罪的，由司法机关依法追究刑事责任。

第二十二条 本实施细则自印发之日起施行。

山东省人力资源和社会保障厅 省财政厅关于进一步加强基本医疗保险基金收支政策及基金管理有关问题的指导意见

（2009年11月10日 鲁人社〔2009〕55号）

各市劳动和社会保障局、财政局：

根据《中共山东省委、山东省人民政府关于贯彻落实中发〔2009〕6号文件精神进一步深化我省医药卫生体制改革的实施意见》（鲁发〔2009〕16号）、《山东省人民政府关于印发医药卫生体制改革近期重点实施方案（2009—2011年）的通知》（鲁政发〔2009〕90号）、人力资源和社会保障部和财政部《关于进一步加强基本医疗保险基金管理的指导意见》（人社部发〔2009〕67号）精神，为进一步加强基本医疗保险基金管理，提高基金使用效率，现就有关问题提出以下意见。

一、充分认识加强基本医疗保险基金收支政策及基金管理问题的重要性和紧迫性

（一）加快推进基本医疗保障制度建设，将全体城乡居民纳入基本医疗保障制度，逐步提高基本医疗保障水平，是深化医药卫生体制改革的重要内容。按照以收定支、收支平衡、略有结余的原则管好、用好基本医疗保险基金，对保障参保人员的基本医疗权益，减轻人民群众医药费用负担具有十分重要的现实意义。各级各有关部门要提高认识，不断完善政策，创新管理机制，强化基金管理，增强基金的共济和保障能力，提高基金使用效率。

二、增强基本医疗保险基金共济和保障能力

（二）加大基本医疗保险扩面和基金征缴力度。各地要按照

《山东省人民政府办公厅关于加快推进城镇基本医疗保障制度建设的指导意见》（鲁政办发〔2009〕46号）有关规定，加强组织领导，进一步加大城镇职工基本医疗保险和城镇居民基本医疗保险的扩面力度，突出重点，着力抓好城镇非公有制经济组织从业人员、灵活就业人员、农民工以及大学生的参保工作，力争用2年左右时间实现覆盖面达到90%以上的目标。要按照省人力资源社会保障厅、省财政厅、国资委、监察厅《关于妥善解决关闭破产国有企业退休人员等医疗保障有关问题的通知》（鲁人社〔2009〕16号）要求，通过破产企业财产变现、未列入破产财产的土地出让所得、财政补助、医疗保险统筹基金结余调剂等多渠道筹资，于2009年底前将未参保的关闭破产国有企业退休人员纳入当地城镇职工基本医疗保险；2010年底前将关闭破产集体企业等其他关闭破产企业退休人员和困难企业职工纳入基本医疗保险。要进一步加大基本医疗保险基金的征缴和稽核力度，确保基本医疗保险基金应收尽收。

（三）逐步提高基本医疗保险保障水平，减轻参保人员的个人负担。要在精心测算的基础上，努力提高政策内住院医疗费用的报销水平，力争到2011年，城镇职工基本医疗保险规定范围内的医疗费报销比例不低于75%，城镇居民基本医疗保险规定范围内的医疗费报销比例不低于60%。要逐步提高统筹基金最高支付限额，规范门诊大病管理。要积极开展城镇居民基本医疗保险门诊医疗费用统筹，扩大城镇居民基本医疗保险受益范围。有条件的统筹地区可以探索调整城镇职工基本医疗保险个人账户使用办法，试行城镇职工基本医疗保险门诊医疗费用统筹，逐步扩大和提高门诊费用的报销范围和比例，提高个人账户基金的使用效率。

（四）提高基本医疗保险统筹层次，增强基金支撑能力。各地要按照省里的统一部署，结合本地实际，加快推进基本医疗保险市级统筹工作，到2011年基本实现市级统筹。实行市级统筹确有困难的市，也要先建立市级基金风险调剂制度，再逐步过渡到市级统筹。

三、强化基本医疗保险基金管理

（五）进一步加强基本医疗保险基金收支预算管理。统筹地区要认真执行社会保险基金财务制度，按年度编制基本医疗保险基金收支预算。编制基金收入预算应综合考虑当地经济发展水平、职工工资收入水平、医疗保险覆盖面、医疗保险筹资比例等因素；编制基金支出预算应综合考虑当地参保人员年龄结构、疾病谱、医疗费用增长、医疗保险受益面、保障水平和基金结余情况等因素。

（六）做好基本医疗保险基金会计核算和统计分析工作。各地要认真落实社会保险基金会计制度，加强基本医疗保险基金会计核算工作。医疗保险经办机构要单独建立一次性预缴基本医疗保险费统计台账，加强对一次性预缴基本医疗保险费的统计分析和管理。

（七）建立基本医疗保险基金运行情况分析和风险预警制度。各地要利用医疗保险信息系统，构建基本医疗保险基金运行分析和风险预警系统，将统筹基金累计结余作为基本医疗保险基金风险预警监测的关键性指标，加强对基本医疗保险基金运行情况的分析。除一次性预缴基本医疗保险费外，在充分考虑应保尽保、人口老龄化、医疗费用增长、医疗保障待遇水平提高等因素的基础上，合理测算确定统筹基金累计结余水平。统筹地区城镇职工基本医疗保险统筹基金累计结余原则上应控制在6—9个月平均支付水平。城镇职工基本医疗保险统筹基金累计结余超过15个月平均支付水平的，为结余过多状态，累计结余低于3个月平均支付水平的，为结余不足状态。城镇居民基本医疗保险的基金风险预警指标，各市可根据当地实际具体确定，原则上城镇居民统筹基金当年结余率控制在15%以内。

（八）妥善解决统筹基金结余过多和当期收不抵支问题。统筹地区因职工工资水平增长等因素，统筹基金收入增幅明显高于支出增幅，连续2年处于结余过多状态的，可适当提高参保人员医疗保险待遇水平。统筹基金出现当期收不抵支的统筹地区，要认真查找超支原因，通过改进结算方式、加强支出管理等途径，控制费用支出增长。统筹基金累计结余不足、难以保证当期支付的统筹地区，可通过临时借款保证当期支付，并及时研究调整筹资或待遇政策。各统筹地区应根据上述原则制订相应的基金告警预案，并报省人力资源社会保障厅、省财政厅备案。统筹地区启动预案响应和费率调整等政策变化，要报省政府批准后实施。

（九）强化基本医疗保险基金监管。完善基本医疗保险基金管理内控制度，形成部门之间、岗位之间和业务之间相互制衡、相互监督的内控机制。加强行政监管，建立基本医疗保险基金欺诈防范机制，杜绝骗保等欺诈行为的发生。建立和完善基本医疗保险基金内部审计制度，及时整改审计发现的问题。定期向社会公布基本医疗保险基金收支情况和参保人员医疗保险待遇的享受情况，接受社会各界的监督。

四、加强基本医疗保险支付管理

（十）加大医疗保险对医疗服务行为的监控力度。各市要把相关部门制定的出入院标准、临床诊疗规范、临床用药指南和处方管理办法等纳入协议管理的范围，建立和完善对定点医疗机构服务质量的考核评价体系。要不断完善医疗保险信息系统，逐步实现对医疗服务行为的全程实时监控，加强对重点医疗服务项目和重点药品使用情况的监测，减少不合理医疗费用的发生，防范医疗欺诈行为。

（十一）改进费用结算方式。积极探索医疗保险经办机构与医疗机构、药品供应商通过协商谈判，合理确定医药服务的付费方式及标准，发挥医疗保障对医疗服务和药品费用的制约作用。扩大按病种付费、总额预付、按人头付费等结算方式改革范围，充分调动医疗机构和医生控制医疗服务成本的主动性和积极性。

（十二）优化医疗费用结算流程。医疗保险经办机构要进一步优化医疗费用结算程序，尽快实现医保经办机构与定点医疗机构直接结算，缩短医疗费用结算时间。符合规定的医疗费用，要按照协议及时足额支付。医疗费用结算前，医疗保险经办机构可按照协议向医疗机构预拨一定比例的周转金。简化个人医疗费用报销结算程序，提供人性化服务，方便广大参保人员。

山东省人力资源和社会保障厅关于严肃查处骗取社会保险待遇行为的通知

（2012 年 6 月 25 日　鲁人社字〔2012〕414 号）

各市人力资源社会保障局，省社会保险事业局：

按照人力资源社会保障部的部署，自去年 8 月以来，我省组织开展了重复领取养老金疑点信息核查处理工作，取得了明显成效。发现并处理了一批骗取社会保险的典型案件。今年 6 月，部基金监督司以 2011 年 11 月份业务数据为基础进行分析，又发现我省跨省重复缴费疑点信息 6751 条，重复领取养老金疑点信息 579 条。为严厉打击骗取社会保险待遇行为，确保社会保险基金安全，根据上级要求和我省实际，现就今后深入核查重复参保、重复领取养老金疑点信息工作，严肃查处骗取社会保险待遇行为问题通知如下：

一、高度重视，加强领导

重复参保、重复领取社会保险待遇，破坏了社保基金安全完整，损害了公众利益。尤其是以欺诈、伪造证明材料或者其他手段骗取社会保险待遇，更是一种严重的违法行为，必须严肃查处。各市务必高度重视，主要领导要负总责，分管领导要靠上抓。市人社局要成立以局主要负责人为组长，基金监督机构牵头，纪检监察、法规、养老保险、劳动监察、社保经办等相关部门参加的重复参保、重复领取社会保险待遇核查处理小组，对重复参保、重复领取养老金疑点信息进行全面深入核查，对骗取社会保险待遇案件进行严肃查处。

二、严密组织，甄别分类

所有疑点信息的核查要责任到人。核查过程中要与养老金领取人见面，认真查看相关档案、社会保险经办手续等相关资料，要按照社会保险基金现场监督相关要求做好调查笔录，参保人、相关经办人员、调查人员要签字确认。对跨市重复领取养老金的，市与市之间要相互支持配合，及时通报情况；涉及其他省市的，各市应主动联系，直接协调，对方不予配合的可报省厅协助联系。各市核查小组要对核查结果统一研究，按照“信息错误”“一般性重复参保、重复领取社保待遇”和“骗取社保待遇”进行分类。以欺诈和伪造档案、社会保险经办手续、证明材料等手段骗取社会保险待遇以及重复计算缴费年限的应归入“骗取社保待遇”类。各市疑点信息核查结果，经核查小组组长签字，加盖市局公章，报我厅审核，同时报送相关核查资料。

三、依法行政，严肃查处

各市要依法对重复参保、重复领取社保待遇行为进行严肃处理。属信息错误的要及时纠正，完善信息系统；对于一般性重复参保、重复领取养老金行为，按照《关于贯彻落实国务院办公厅转发城镇企业职工基本养老保险关系转移接续暂行办法的通知》（人社部发〔2009〕187号）有关规定进行处理；对骗取社会保险待遇行为，要依法严肃查处。对2011年7月1日《社会保险法》实施以前骗取社保待遇的，依照《劳动保障监察条例》第二十七条第二款规定，责令退还并处骗取金额1倍以上3倍以下罚款；对2011年7月1日以后骗取社保待遇的，依照《社会保险法》第八十八条规定，责令退回骗取的社会保险金，处骗取金额2倍以上5倍以下罚款。构成犯罪的，依法追究刑事责任。

对查处骗取社会保险待遇案件中发现的社会保险管理工作中存在的滥用职权、玩忽职守、徇私舞弊行为，要依法依纪对相关责任人员给予处分，构成犯罪的，依法追究刑事责任。

本次重复缴费、重复领取养老金疑点信息分市（省本级）

以光盘形式下发，工作中应注意信息安全。各市、省社会保险事业局应自2012年7月2日起每周报送疑点信息核查处理工作进展情况，8月31日前将疑点信息核查分类情况及骗取社会保险待遇案件处理意见报我厅，9月30日前将疑点信息核查处理工作总结以及统计表报我厅，并附处罚、处分相关证明材料。对核查处理不到位的案件，省厅将重点督办并对全省工作情况进行通报。

2011年8月《关于对重复领取养老金疑点信息进行核查的通知》（鲁人社办字〔2011〕63号）发送各市的疑点信息的核查处理亦按本通知要求办理。

附件：重复领取重复缴费疑点信息核查情况统计表

（附件本书略）

山东省人力资源和社会保障厅等部门关于进一步加强社会保险基金管理监督工作的意见

（2014年3月18日　鲁人社发〔2014〕19号）

各市人民政府，各县（市、区）人民政府，省政府各部门、各直属机构，各大企业，各高等院校：

为防范和化解社会保险基金运行风险，维护基金安全完整，促进我省社会保险制度稳健运行和可持续发展，经省政府同意，现就加强社会保险基金管理监督工作提出如下意见：

一、社会保险基金管理监督职责

人力资源社会保障部门负责社会保险基金管理监督，对用人单位和个人遵守社会保险法律、法规情况及社会保险基金征缴、支付、管理和投资运营情况进行监督检查。社会保险经办机构负责收支和管理社会保险基金，具体承办社会保险事务。财政、审计部门按照各自职责，对社会保险基金收支、管理和投资运营情况实施监督。

二、加强社会保险基金预决算管理监督

（一）规范基金预决算编制管理。社会保险基金按照统筹层次设立预算，社会保险基金预算按照社会保险项目分别编制。社会保险基金预算、决算草案的编制、审核和批准要严格按照《山东省社会保险基金预算编制暂行办法》、《山东省社会保险基金预算管理规程》执行。

（二）加强基金预算执行管理。社会保险经办机构应当严格执行经批准的社会保险基金预算，定期报告预算执行情况。财政部门要及时足额拨付社会保险基金预算安排的各项社会保险基金和政府预算安排的社会保险补贴资金。

（三）财政、人力资源社会保障部门要加强对社会保险基金预算编制、执行情况的监督检查，发现问题及时解决。

三、加强社会保险费征缴管理监督

（一）用人单位和个人应当依法缴纳社会保险费。用人单位以及自愿参加社会保险的无雇工的个体工商户、未在用人单位参加社会保险的非全日制从业人员以及其他灵活就业人员，要按照社会保险法规定向社会保险经办机构申请办理社会保险登记，并按时足额缴纳社会保险费。职工应当缴纳的社会保险费由用人单位代扣代缴。用人单位应当据实申报参保缴费人数和缴费基数，并按月将缴纳社会保险费的明细情况告知本人。用人单位非因不可抗力等法定事由，不得缓缴、欠缴社会保险费。用人单位应当按要求向人力资源社会保障部门、社会保险经办机构提供与职工收入有关的资料，接受对缴纳社会保险费情况的稽核和监督检查。

（二）社会保险经办机构应当依法按时足额征收社会保险费，不得违反规定减免、少收或者多收社会保险费，不得违反政策补缴社会保险费。用人单位未按时足额缴纳社会保险费的，由社会保险经办机构责令限期缴纳或补足，严格按社会保险法规定加收滞纳金。社会保险经办机构一律不得接受参保单位以现金和现金支票、远期票据、有价证券等形式的缴费。除社会保险经办机构外，其他机构不得代收社会保险费。社会保险经办机构将征收的社会保险费存入社会保险基金收入户，并及时缴存财政专户，收入户月末应无余额。

（三）人力资源社会保障部门要对社会保险经办机构征收社会保险费情况、用人单位和个人缴纳社会保险费情况进行监督检查，发现问题及时予以纠正，依法处理。

四、加强社会保险基金支出管理监督

（一）加强对社会保险基金支付行为的管理监督。社会保险经办机构应当及时足额支付社会保险待遇。社会保险基金应当按照规定的项目和标准支出，非经法定授权或程序，任何组织和个人不得擅自扩大支出范围、增加支出项目、提高支出标准。

社会保险经办机构应当根据基金年度预算，编制月度用款计划，在规定期限内报送财政部门审核，财政部门对用款计划审核无误后，应当及时将基金从财政专户拨入支出户。

社会保险经办机构要加强社会保险业务审核，应当按照初审、审核、复核、单位负责人签字审批等程序办理基金支付业务。社会保险基金支付时，财务人员应对基金支付划拨单据中收款单位名称、账号、财务人员和负责人签字是否齐全等内容进行复核，复核无误后从基金支出户中支出款项。基金支付一般不直接使用现金，基层服务网点也应当逐步取消现金支付业务。

人力资源社会保障部门要对社会保险待遇支付项目、支付标准、发放范围及拨付、结算等情况进行监督检查，查处违规支付、转移、挪用社会保险基金行为，确保按规定支付社会保险待遇。

（二）加强对社会保险服务机构服务行为的管理监督。社会保险经办机构要与定点医疗机构、定点零售药店、工伤康复机构、辅助器具配置机构等社会保险服务机构签订详细规范的服务协议，明确双方的权利义务，并加强对服务协议执行情况的考核。社会保险服务机构应加强内部管理，规范服务行为，认真履行服务协议。社会保险服务机构严重违反服务协议的，社会保险经办机构应按协议约定中止或解除与其签订的服务协议。人力资源社会保障部门和社会保险经办机构要对社会保险服务机构服务行为进行监督检查，依法查处骗取或协助骗取社会保险基金等违法违规行为。对严重违法违规、造成基金重大损失的社会保险服务机构和人员，由人力资源社会保障部门责成社会保险经办机构按协议约定中止或解除与服务机构签订的服务协议，取消有关人员的社会保险服务资格，依法处理；涉嫌构成犯罪的，移送司法机关，依法追究刑事责任。

（三）加强对参保人社会保险待遇领取行为的管理监督。社会保险经办机构要加强管理，切实做好参保人员享受社会保险待遇资格认证工作，采取有效措施防止骗取社会保险待遇情况发生。人力资源社会保障部门要对参保人员享受社会保险待遇情况进行监督，依法查处通过伪造变造证明材料、冒用他人证件、隐瞒事实等欺诈手段骗取或协助骗取社会保险待遇，以及丧失领取社会保险待遇条件或资格继续领取社会保险待遇等违法违规行为。

五、加强社会保险基金账户及结存基金管理监督

（一）严格基金账户管理监督。社会保险经办机构和财政部门要严格按照《社会保险基金财务制度》（财社字〔1999〕60号）、《社会保险基金会计制度》（财会字〔1999〕20号）规定，对各项社会保险基金按照社会保险险种分别建账，分账核算。社会保险基金财政专户、收入户、支出户，应在同级财政和人力资源社会保障部门共同认定的国有（或国有控股）商业银行开设。省、市级社保专户应不超过5个，县级不超过3个。同一商业银行只能开设一个社保专户。社会保险基金收入户和支出户分别用于社会保险费征缴、向财政专户划转基金和社会保险基金支出；社会保险基金财政专户用于接收社会保险经办机构转入的社会保险费收入、财政补贴收入等，存储社会保险基金，及时足额向社会保险经办机构拨付社会保险基金支付款项等。社会保险基金收入户除向财政专户划转基金外，不得发生其他支付业务；社会保险基金支出户除接受财政专户拨付的基金及该账户的利息收入外，不得发生其他收入业务。实行一票征缴的可暂将基金收入存入某一险种收入户，月末及时划转相应险种账户，所产生的利息收入划转各险种账户。

设立财政专户、收入户、支出户时，应当与开户银行签订社会保险基金账户服务协议，明确双方的权利、义务。开户银行应当依照相关规定和协议约定办理社会保险基金的存储、计息和支付业务。

人力资源社会保障、财政和审计部门要对财政专户、收入户、支出户内的基金收支、结余情况以及服务协议执行情况进行监督检查，及时发现问题并按规定作出处理。

（二）加强结余基金管理监督。社会保险结余基金除留足必要的支付费用外，其余应转存为国有（国有控股）商业银行定期存款、购买国家债券或按国家规定进行投资运营。任何组织和个人不得动用社会保险基金平衡政府财政预算、违规投资运营，不得用于人员经费、运行费用、管理费用，或者违反法律、法规规定挪作其他用途。

财政、人力资源社会保障部门要在保证基金安全的前提下，努力实现收益最大化。财政部门应根据人力资源社会保障部门提出的意见，在双方共同协商的基础上，及时将结余基金用于购买国家债券或转存定期存款。财政部门凭银行出具的原始凭证记账。同时，财政部门要出具财政专户缴拨凭证，并附加盖专项印章的原始凭证复印件，交社会保险经办机构记账和备查。

人力资源社会保障部门要加强对结余基金存储形式、存储银行、存储数额、存储期限及收益等情况的监督检查，对投资运营基金及投资运营账户进行监管，及时发现问题并按规定作出处理。

（三）加强基金利息收入管理。各社会保险基金开户银行（包括财政专户、收入户、支出户的开户行）要严格落实社会保险基金存款优惠利率政策，及时结存利息。各项社会保险基金要分别计息、分别核算，并将利息收入及时计入相应险种账户，纳入基金管理。各级人力资源社会保障部门、财政部门、金融监管部门要加强对社会保险基金银行开户和执行优惠利率情况的监督检查。

六、进一步完善社会保险经办管理制度

（一）完善内部控制制度。社会保险经办机构应当建立健全业务、财务、安全和风险管理制度，进一步健全完善社会保险经办机构内部控制制度，形成有效的监督约束机制。加强社会保险稽核和内部审计工作，完善经办流程，规范经办行为，努力建立运作规范、管理科学、监控有效、考评严格的内部监督控制体系。

人力资源社会保障部门要定期对社会保险经办机构内部控制制度建设和落实情况进行监督检查。

（二）落实离任审计和轮岗制度。社会保险经办机构主要负责人离任须进行任期经济责任审计，重点岗位工作人员定期轮岗，领导干部分管相同业务一般不得超过5年，重点岗位工作人员在同一工作岗位工作不得超过5年。

七、加强基金监督和责任追究

（一）建立健全社会保险基金网络监督体系。各级人力资源社会保障部门要高度重视社会保险基金网络监督工作，按照国家统一部署联网应用金保工程社会保险基金监管软件，保障开展网络监督工作所需的人员、资金、设备，建立健全网络监督工作机制。

（二）强化社会保险基金现场监督手段。人力资源社会保障部门依法采取措施对社会保险基金实施监督检查。

1. 查阅、记录、复制与社会保险基金收支、管理和投资运营相关的资料，对可能被转移、隐匿或者灭失的资料予以封存；

2. 询问与调查事项有关的单位和个人，要求其对与调查事项有关的问题作出说明、提供有关证明材料；

3. 对隐匿、转移、侵占、挪用社会保险基金的行为予以制止并责令改正。

（三）建立健全社会保险基金社会监督机制。各级人力资源社会保障部门要探索和完善社会保险基金社会监督办法，建立社会保险监督委员会，建立行政监督与社会监督相结合的机制。

（四）建立健全投诉举报机制。任何组织或者个人可对违反社会保险法律、法规的行为进行举报、投诉。人力资源社会保障、财政、卫生计生、审计部门和社会保险经办机构对属于本部门、本机构职责范围的举报、投诉，应当依法处理；对不属于本部门、本机构职责范围的，应当书面通知并移交有关部门、机构处理。有关部门、机构应当及时受理，不得推诿。建立举报投诉奖励制度，鼓励社会组织和个人对违反社会保险法律、法规的行为进行举报、投诉。

（五）强化责任追究。人力资源社会保障部门、社会保险经办机构发现用人单位未按时足额缴纳社会保险费、有关机构和个人骗取社会保险基金支出或待遇以及隐匿、转移、侵占、挪用社会保险基金或者违规投资运营等违法行为，应当按照社会保险法规定依法严肃处理。人力资源社会保障、财政部门发现社会保险基金挤占挪用、欺诈冒领等行为，造成社会保险基金重大损失的，应当及时报本级人民政府，并报上一级人力资源社会保障和财政部门。国家工作人员在社会保险管理、监督工作中滥用职权、玩忽职守、徇私舞弊的，依法给予处分；构成犯罪的，依法追究刑事责任。

八、加强社会保险基金管理监督组织领导

（一）建立基金安全责任制。各级政府要高度重视社会保险基金安全，建立社会保险基金安全责任制。各有关部门要明确任务，落实责任，切实做好基金监督管理工作。

（二）建立沟通协调机制。机构编制、民政、工商部门要及时向社会保险经办机构通报用人单位的成立、终止情况，公安机关要及时向社会保险经办机构通报个人的出生、死亡以及户口登记、迁移、注销情况。公安、民政、财政、卫生计生、工商、金融等部门要积极支持配合社会保险基金监督工作开展，依法提供相关信息资料。

（三）加强社会保险基金监督队伍建设。各级政府要大力加强社会保险基金监督队伍建设，根据参保人员数量、基金规模等合理安排人员，选配精通社会保险政策法规、财会、审计、金融、医药、信息技术等相关业务知识的人员从事基金监督工作，打造一支业务精、能力强、作风硬的社会保险基金监督队伍。

（四）加大财政支持力度。各级财政部门要会同人力资源社会保障部门，根据社会保险基金监督工作实际需要，保障基金监管必要的专项业务经费，确保基金监督工作顺利开展。

本意见自 2014 年 5 月 1 日起施行，有效期至 2019 年 4 月 30 日。

山东省人力资源和社会保障厅 省财政厅关于转发人社部发〔2015〕71号和72号文件 落实调整工伤保险费率政策加强工伤保险基金管理有关问题的通知

（2015年9月14日 鲁人社发〔2015〕52号）

各市人力资源社会保障局、财政局：

现将人力资源社会保障部、财政部《关于调整工伤保险费率政策的通知》（人社部发〔2015〕71号）、《关于做好工伤保险费率调整工作进一步加强基金管理的指导意见》（人社部发〔2015〕72号）转发你们，并结合我省实际，就做好文件精神贯彻落实工作提出如下要求，请一并遵照执行。

一、科学制定行业基准费率具体标准和费率浮动具体办法

各市要在测算分析和广泛征求意见的基础上，抓紧确定工伤保险行业基准费率具体标准、制定费率浮动具体办法，建立健全工伤保险费率机制，确保自2015年10月1日起，执行新的费率政策。各市行业基准费率具体标准、费率浮动具体办法，要于2015年9月20日前，报省人力资源社会保障厅、财政厅备案。今后，各地调整基准费率具体标准、费率浮动具体办法，应及时报备。

二、合理确定用人单位的费率

新参加工伤保险的用人单位，初次确定费率时，按所在行业基准费率执行。已按规定参加工伤保险的用人单位，按新的行业风险分类重新划分行业类别，如原执行的费率高于行业基准费率

的，在本行业内规定的费率档次按就低就近原则执行；如原执行的费率低于行业基准费率的，在本行业内规定的费率档次按就高就近原则执行；以后确定其费率按费率浮动的具体办法执行。

对符合浮动条件的用人单位，严格按规定的费率档次进行上浮或下浮。

三、进一步加强参保和征缴工作

加强工伤保险参保和基金征缴，是维护职工合法权益和增强基金支撑能力的重要措施。在费率适当降低的情况下，应进一步采取有效措施，深挖参保、征缴潜力，不断提高参保率和征缴率。尚未启动公务员和参照公务员法管理的事业单位、社会团体的工作人员参加工伤保险试点的市，应在 2015 年底前启动，将其纳入工伤保险制度范围。

四、增强基金的共济能力

规范工伤保险基金市级统筹，尚未实现基金统收统支管理的市，要研究制定基金市级统筹办法，在 2015 年底前实现基金的统收统支管理。进一步落实工伤保险储备金制度，确保储备金足额到位。

五、切实抓好政策的贯彻落实

各市要充分认识调整完善工伤保险费率政策的重要性，把握原则要求，加强组织领导，搞好部门间协同配合，共同促进工伤保险相关政策的落实。在贯彻实施工伤保险费率政策调整和完善基金管理工作中如遇重大问题，应及时报省人力资源社会保障厅、财政厅。

人力资源社会保障部　财政部关于调整工伤保险费率政策的通知

各省、自治区、直辖市人力资源社会保障厅（局）、财政厅（局），新疆生产建设兵团人力资源社会保障局、财务局：

按照党的十八届三中全会提出的“适时适当降低社会保险费率”的精神，为更好贯彻社会保险法、《工伤保险条例》，使工伤保险费率政策更加科学、合理，适应经济社会发展的需要，经国务院批准，自2015年10月1日起，调整现行工伤保险费率政策。现将有关事项通知如下：

一、关于行业工伤风险类别划分

按照《国民经济行业分类》（GB/T4754-2011）对行业的划分，根据不同行业的工伤风险程度，由低到高，依次将行业工伤风险类别划分为一类至八类（见附件）。

二、关于行业差别费率及其档次确定

不同工伤风险类别的行业执行不同的工伤保险行业基准费率。各行业工伤风险类别对应的全国工伤保险行业基准费率为，一类至八类分别控制在该行业用人单位职工工资总额的0.2%、0.4%、0.7%、0.9%、1.1%、1.3%、1.6%、1.9%左右。

通过费率浮动的办法确定每个行业内的费率档次。一类行业分为三个档次，即在基准费率的基础上，可向上浮动至120%、150%，二类至八类行业分为五个档次，即在基准费率的基础上，可分别向上浮动至120%、150%或向下浮动至80%、50%。

各统筹地区人力资源社会保障部门要会同财政部门，按照“以支定收、收支平衡”的原则，合理确定本地区工伤保险行业基准费率具体标准，并征求工会组织、用人单位代表的意见，报统筹地区人民政府批准后实施。基准费率的具体标准可根据统筹地区经济产业结构变动、工伤保险费使用等情况适时调整。

三、关于单位费率的确定与浮动

统筹地区社会保险经办机构根据用人单位工伤保险费使用、工伤发生率、职业病危害程度等因素，确定其工伤保险费率，并可依据上述因素变化情况，每一至三年确定其在所属行业不同费率档次间是否浮动。对符合浮动条件的用人单位，每次可上下浮动一档或两档。统筹地区工伤保险最低费率不低于本地区一类风险行业基准费率。费率浮动的具体办法由统筹地区人力资源社会保障部门商财政部门制定，并征求工会组织、用人单位代表的意见。

四、关于费率报备制度

各统筹地区确定的工伤保险行业基准费率具体标准、费率浮动具体办法，应报省级人力资源社会保障部门和财政部门备案并接受指导。省级人力资源社会保障部门、财政部门应每年将各统筹地区工伤保险行业基准费率标准确定和变化以及浮动费率实施情况汇总报人力资源社会保障部、财政部。

附件：工伤保险行业风险分类表

附件

工伤保险行业风险分类表

行业类别	行业名称
一	软件和信息技术服务业，货币金融服务，资本市场服务，保险业，其他金融业，科技推广和应用服务业，社会工作，广播、电视、电影和影视录音制作业，中国共产党机关，国家机构，人民政协、民主党派，社会保障，群众团体、社会团体和其他成员组织，基层群众自治组织，国际组织
二	批发业，零售业，仓储业，邮政业，住宿业，餐饮业，电信、广播电视和卫星传输服务，互联网和相关服务，房地产业，租赁业，商务服务业，研究和试验发展，专业技术服务业，居民服务业，其他服务业，教育，卫生，新闻和出版业，文化艺术业
三	农副食品加工业，食品制造业，酒、饮料和精制茶制造业，烟草制品业，纺织业，木材加工和木、竹、藤、棕、草制品业，文教、工美、体育和娱乐用品制造业，计算机、通信和其他电子设备制造业，仪器仪表制造业，其他制造业，水的生产和供应业，机动车、电子产品和日用产品修理业，水利管理业，生态保护和环境治理业，公共设施管理业，娱乐业

续表

行业类别	行业名称
四	农业，畜牧业，农、林、牧、渔服务业，纺织服装、服饰业，皮革、毛皮、羽毛及其制品和制鞋业，印刷和记录媒介复制业，医药制造业，化学纤维制造业，橡胶和塑料制品业，金属制品业，通用设备制造业，专用设备制造业，汽车制造业，铁路、船舶、航空航天和其他运输设备制造业，电气机械和器材制造业，废弃资源综合利用业，金属制品、机械和设备修理业，电力、热力生产和供应业，燃气生产和供应业，铁路运输业，航空运输业，管道运输业，体育
五	林业，开采辅助活动，家具制造业，造纸和纸制品业，建筑安装业，建筑装饰和其他建筑业，道路运输业，水上运输业，装卸搬运和运输代理业
六	渔业，化学原料和化学制品制造业，非金属矿物制品业，黑色金属冶炼和压延加工业，有色金属冶炼和压延加工业，房屋建筑业，土木工程建筑业
七	石油和天然气开采业，其他采矿业，石油加工、炼焦和核燃料加工业
八	煤炭开采和洗选业，黑色金属矿采选业，有色金属矿采选业，非金属矿采选业

人力资源社会保障部 财政部关于做好工伤保险费率调整工作 进一步加强基金管理的指导意见

各省、自治区、直辖市人力资源社会保障厅（局）、财政厅（局），新疆生产建设兵团人力资源社会保障局、财务局：

近日，人力资源社会保障部、财政部经国务院批准印发了调整工伤保险费率政策的通知（人社部发〔2015〕71号，以下简称《通知》），此次调整完善工伤保险费率政策总的原则是：总体降低，细化分类，健全机制。为贯彻落实国务院关于适时适当降低工伤保险费率的要求，进一步加强工伤保险基金管理，提高基金使用效率，现就有关问题提出如下意见：

一、充分认识调整完善工伤保险费率政策的重要性

调整完善工伤保险费率政策，总体上降低工伤保险费率水平，是适应我国经济发展新常态，减轻用人单位负担的重要举措，有利于建立健全与行业工伤风险基本对应、风险档次适度的工伤保险费率标准，有利于落实工伤保险基金“以支定收、收支平衡”筹资原则，优化工伤保险基金管理，确保工伤保险基金可持续运行，更好地保障工伤职工的合法权益。各地应充分认识调整完善工伤保险费率政策的重要性，加强对调整完善工伤保险费率政策的组织领导，采取切实有效措施，强化工伤保险基金管理，在基金收支平衡的基础上，实现总体上降低工伤保险费率水平的目标。

二、准确确定用人单位适用的行业分类

各统筹地区社会保险经办机构要严格按照《通知》规定的行业类别划分，根据用人单位的工商登记注册和主要经营生产业务等情况，分别确定其所对应的行业工伤风险类别。对劳务派遣企业，可根据被派遣劳动者实际用工单位所在行业，或根据多数被派遣劳动者实际用工单位所在行业，确定其工伤风险类别。

三、科学确定工伤保险行业基准费率标准

各统筹地区人力资源社会保障部门要会同财政部门依据调整后的全国工伤保险行业基准费率，根据本地区各行业工伤保险费使用、工伤发生率、职业病危害程度等情况，拟订本地区工伤保险行业基准费率的具体标准，报统筹地区人民政府批准后实施。要加强工伤保险基金的精算平衡，全面分析影响基金收入和支出的当期因素和中长期变化趋势，包括参保扩面潜力、职工工资基数增长速度、本地区参保单位工伤发生率、工伤医疗费用增长速度、保障范围和支付标准的变化等，确保基金中长期可持续运行。各地基准费率的具体标准可根据统筹地区经济产业结构变动、工伤保险费使用等情况适时调整。

四、合理调控工伤保险基金的结存规模

各地要严格按照"以支定收、收支平衡"的筹资原则，将工伤保险基金结存保持在合理适度的规模。实行地市级统筹的地区，基金累计结存（含储备金，下同）的正常规模原则上控制在12个月左右平均支付水平；实行省级统筹的地区，基金累计结存的正常规模原则上控制在9个月左右平均支付水平。基金累计结存超过正常规模的统筹地区，其行业基准费率的具体标准不得高于《通知》中规定的全国工伤保险行业基准费率。实行地市级统筹、省级统筹的地区，基金累计结存规模分别超过18个月、12个月左右平均支付水平的，应通过适时调整行业基准费率具体标准或下调费率等措施压减过多结存，促进基金结存回归正常水平。实行地市级统筹、省级统筹的地区，基金累计结存规模分别低于9个月、6个月左右平均支付水平的，可通过加大扩面和基金征缴力度、适时调整行业基准费率具体标准或上浮费率等措施，确保基金安全可持续运行和各项工伤保险待遇支付。

五、定期进行单位费率浮动

各统筹地区要充分发挥工伤保险浮动费率机制的作用，周密制定单位费率浮动的具体办法。各统筹地区社会保险经办机构应每一至三年对各参保单位的工伤风险状况进行一次全面评估，并依据其工伤保险费使用、工伤发生率、职业病危害程度等因素，确定其费率是否浮动及浮动的档次。对风险程度骤升的单位，可一次上浮两个档次，并通过适当形式通报，以示警戒。

六、全面建立并规范工伤保险基金储备金制度

各地要充分利用信息化手段,构建工伤保险基金运行分析和风险预警系统,加强对政策实施和基金运行情况的监测,定期分析工伤保险费率对工伤保险基金运行的影响。在此基础上,建立和完善工伤保险储备金制度,应对突发性、大规模、集中的工伤保险基金支付风险。储备金的规模按当地基金支出规模的一定比例确定,具体比例由省、自治区、直辖市人民政府确定。未设立储备金的统筹地区应于2016年底前设立储备金,已实行省级统筹的地区要建立省级储备金制度。储备金计算在工伤保险基金结存之内。

七、规范和提高工伤保险基金统筹层次

提高工伤保险统筹层次是提高工伤保险基金抵御风险能力的重要措施，也是适当降低费率政策的有力保障。尚未实行地市级统筹的地区，要在2015年底实现地市级基金统筹；已初步实行地市级统筹的地区，要加快实现基金的统收统支管理；有条件的地区，要积极推进省级统筹。

八、建立费率确定调整和实施情况定期报备制度

各地要加强对费率政策执行情况的监控，建立费率调整和实施情况定期报备制度。各统筹地区应在每年末将本地区基准费率调整变化情况和浮动费率实施情况及实施效果报省级人力资源社会保障部门和财政部门。各省级人力资源社会保障部门、财政部门要在次年2月底之前将本地区的汇总分析情况报送人力资源社会保障部、财政部。

九、加强部门间协同配合

各地要加强人力资源社会保障部门、财政部门之间的协同配合，周密制定有关工伤保险费率政策调整和完善基金管理的措施。在相关政策制定和实施中，还要加强同安全生产监管、卫生计生等部门、相关产业部门及工会组织的协同合作，共同促进工伤保险相关政策的落实。各地在贯彻实施工伤保险费率政策调整和完善基金管理工作中如遇重大问题，应及时报人力资源社会保障部、财政部。

山东省人力资源和社会保障厅 省财政厅关于印发山东省工伤保险省级调剂金管理办法的通知

（2017年1月25日 鲁人社发〔2017〕3号）

各市人力资源社会保障局、财政局：

为增强工伤保险基金抗风险能力，根据《工伤保险条例》和《山东省贯彻〈工伤保险条例〉实施办法》（鲁政发〔2011〕25号）等规定，结合我省实际，研究制定了《山东省工伤保险省级调剂金管理办法》，现印发给你们，请认真贯彻执行。

山东省工伤保险省级调剂金管理办法

第一条 为增强工伤保险基金抗风险能力，分散工伤风险，保证重大事故的工伤保险待遇支付，保障工伤职工及时获得医疗救治和经济补偿，根据《工伤保险条例》和《山东省贯彻〈工伤保险条例〉实施办法》（鲁政发〔2011〕25号）等规定，结合我省实际，制定本办法。

第二条 建立工伤保险省级调剂金制度。统筹地区应当按照本办法规定上解工伤保险调剂金，形成工伤保险省级调剂金，专项用于补助统筹地区工伤保险待遇支付等。

第三条 工伤保险省级调剂金纳入省级财政专户集中管理，专款专用。

第四条 统筹地区应当按照上年度工伤保险基金征缴收入（社会保险基金决算数）3%的比例上解工伤保险省级调剂金。

省人力资源社会保障厅会同省财政厅根据工伤保险省级调剂金的使用情况，适时对工伤保险省级调剂金上解比例进行调整。

工伤保险省级调剂金累计结余达到上年度全省2个月工伤保险待遇支付能力后，暂停上解。工伤保险省级调剂金使用后，累计结余低于上年度全省2个月工伤保险待遇支付能力时，恢复上解。

第五条　统筹地区应当于每年9月底前将本年度应上解工伤保险省级调剂金上解到省。未按规定及时、足额上解工伤保险省级调剂金的，由省人力资源社会保障厅、财政厅责令在30日内上解。

第六条　统筹地区已实现工伤保险市级统筹，按时足额上解工伤保险省级调剂金，完成上年度工伤保险参保和基金征缴计划，建立并运行工伤保险储备金制度，具备下列情形之一的，可以申请使用工伤保险省级调剂金。

（一）工伤保险基金累计结余（包括储备金）不足2个月的工伤保险待遇支出；

（二）参加工伤保险的用人单位发生符合国家安全生产事故分类标准的重大及以上事故；

（三）其他需要省级调剂补助的特殊情况。

工伤保险省级调剂金原则上每年调剂1次，特殊情况下可以实施紧急调剂。

第七条　统筹地区申请工伤保险省级调剂金，应当以当地人力资源社会保障局、财政局名义向省人力资源社会保障厅、财政厅提交申请报告，申请报告应包括下列内容：

（一）当年工伤保险基金收入和支付情况；

（二）工伤保险储备金的提取和使用情况；

（三）工伤保险基金支付不足的原因；

（四）申请工伤保险省级调剂金的数额及依据；

（五）申请工伤保险省级调剂金的用途。

第八条 省人力资源社会保障厅、财政厅收到统筹地区申请工伤保险省级调剂金的报告后，应当及时审核，根据统筹地区工伤保险基金支付能力和省级调剂金结存情况，在统筹地区年度上解总量的5倍以内给予调剂补助。特殊情况或上年度未申请使用的，可适当提高。

（一）对基金结余不足2个月待遇支付的市，省级按不超过当期基金收支缺口的80%拨付调剂金；

（二）对符合国家安全生产事故分类标准的重大及以上事故，省级按照不超过工（伤）亡人员的一次性工亡补助金的60%拨付调剂金；

（三）其他特殊情况，省级按照统筹地区基金支付能力和相关要求合理确定调剂金拨付额度。

第九条 统筹地区对省级拨付的工伤保险调剂金要严格管理、合理支出，不得挤占、挪用，年终向省人力资源社会保障厅、财政厅报告使用情况。

第十条 工伤保险省级调剂金的上解、下拨程序按《社会保险基金财务制度》（财社字〔1999〕60号）和基金收支两条线管理规定执行。

第十一条 省人力资源社会保障厅、省财政厅负责对工伤保险省级调剂金的收支、管理和使用情况进行监督检查，定期通报工伤保险省级调剂金收支、结余情况。

第十二条 本办法由省人力资源社会保障厅、省财政厅负责解释。

山东省人力资源和社会保障厅 省财政厅关于印发山东省社会保险基金监督举报奖励办法的通知

（2017 年 8 月 9 日 鲁人社规〔2017〕16 号）

各市人力资源社会保障局、财政局：

现将《山东省社会保险基金监督举报奖励办法》印发给你们，请结合实际认真抓好贯彻落实。省人力资源社会保障厅省财政厅 2015 年 3 月 18 日印发的《山东省社会保险基金监督举报奖励暂行办法》（鲁人社发〔2015〕14 号）同时废止。

山东省社会保险基金监督举报奖励办法

第一条 为进一步加强社会保险基金监管，调动社会力量参与社会保险基金监督的积极性，防范和制止侵害社会保险基金的违法违规行为，维护参保人员的合法权益和社会保险基金安全完整，根据《中华人民共和国社会保险法》《社会保险基金监督举报工作管理办法》（原劳动和社会保障部令 2001 年第 11 号）等有关规定，制定本办法。

第二条 公民、法人和其他社会组织（以下简称举报人）对本省行政区域内养老保险基金、医疗保险基金、失业保险基金、工伤保险基金和生育保险基金等各项社会保险基金（以下简称社会保险基金）在征缴、支付、管理、投资运营等环节发生的违法违规行为进行举报，适用本办法。

举报人负有管理、经办、监督社会保险基金等法定职责的，不适用于本办法。

第三条 县级以上社会保险行政部门负责本行政区域内的社会保险基金监督举报奖励工作。社会保险行政部门可根据情况委托社会保险经办机构或社会中介机构对举报事项进行核查。

社会保险行政部门应当设立社会保险基金监督举报电话、电子邮箱，并向社会公布举报电话号码、传真号码、电子邮箱和通讯地址等。

第四条 本办法所称违反社会保险基金管理规定行为的举报范围包括：

（一）单位或个人有下列违法违规行为之一的：

1. 单位采取涂改、伪造、藏匿、变造原始材料或提供虚假证明材料的方式，瞒报、少报参保人数和缴费工资基数，少缴社会保险费的；

2. 单位伪造、变造材料，虚构、隐瞒事实，骗取社会保险基金的；单位协同个人、其它机构骗取社会保险基金的；单位通过其它方式骗取社会保险基金的；

3. 个人伪造、变造材料，虚构、隐瞒事实，骗取社会保险基金的；个人利用他人身份和社会保险证明违规享受社会保险待遇、骗取社会保险基金的；个人协同他人、单位或其它机构骗取社会保险基金的；

4. 弄虚作假办理劳动能力鉴定骗取社会保险基金的；

5. 其他违反规定，造成社会保险基金损失的行为。

（二）协议管理医疗机构、协议管理零售药店等医药服务机构及其工作人员有下列违法违规行为之一的：

1. 将非参保人员的医药费用纳入社会保险基金支付的；

2. 采用串换项目等方式，将非社会保险基金支付范围的医药费用纳入社会保险基金支付的；

3. 将交通肇事、医疗事故、境外就医等发生的不符合医疗保险基金支付范围的医药费用纳入社会保险基金支付的；

4. 违反规定提高收费标准、擅自设立收费项目等不合理增加社会保险基金支出的；

5. 采用多计多收医疗医药费用、挂床住院等手段骗取套取社会保险基金的；

6. 以伪造医疗信息、病历以及其他资料的方式，骗取社会保险基金的；

7. 采用刷卡退付现金等手段，套取社会保险基金的；

8. 其他违反规定，造成社会保险基金损失的行为。

（三）社会保险经办机构及其工作人员有下列违法违纪行为之一的：

1. 未严格执行社会保险费征缴有关政策规定，违规降低缴费比例、减免社会保险费，或与缴费单位串通，以虚假资料逃缴、少缴社会保险费，造成社会保险基金流失的；

2. 未严格审查和核算享受社会保险待遇的资格和标准，或利用职权伪造、篡改社会保险档案，或与相关单位、个人串通，以虚假资料冒领、骗取社会保险待遇，造成社会保险基金流失的；

3. 与社会保险服务机构及其工作人员或者享受社会保险待遇人员串通，非法套取社会保险基金的；

4. 为未取得协议管理服务资格的医疗机构或零售药店提供社会保险资金结算服务的；

5. 贪污、截留、挤占、挪用社会保险基金的；

6. 滥用职权、徇私舞弊、玩忽职守，致使社会保险基金遭受损失的；

7. 其他违反规定，造成社会保险基金损失的行为。

（四）劳动能力鉴定机构及其工作人员有下列违法违规行为之一的：

1. 擅自篡改劳动能力鉴定委员会作出的鉴定结论，造成社会保险基金损失的；

2. 其他违反规定，造成社会保险基金损失的行为。

（五）社会保险行政部门及其工作人员有下列违法违规行为之一的：

1. 违反规定办理退休，造成社会保险基金损失的；

2. 违反规定为不符合条件的人员认定工伤，造成社会保险基金损失的；

3. 其他违反规定，造成社会保险基金损失的行为。

（六）其他机构及其工作人员有违法违规行为，并造成社会保险基金损失的。

第五条 举报人可通过来访、信函、电话、传真或电子邮件等方式进行举报，举报事项应当事实清楚。

第六条 上级社会保险行政部门接到的下级社会保险行政部门管辖的举报案件，可向下级转办。下级社会保险行政部门对上级社会保险行政部门交办的举报案件，应当及时办理，并按要求向交办单位书面报告调查处理意见和处理结果。

上级社会保险行政部门发现下级社会保险行政部门对举报案件的处理不适当或有错误的，应当责成下级社会保险行政部门重新处理，必要时可以直接调查处理。

第七条 凡符合受理范围的举报，社会保险行政部门应当自受理之日起 30 日内办结。情况复杂的可以适当延长，但最长不得超过 60 日。

第八条 举报人要求答复本人所举报案件办理结果的，社会保险行政部门应当负责将办理结果告知举报人。

第九条 举报人举报事项经查证属实，社会保险行政部门及社会保险经办机构应及时追回违法违规基金，并接受财政、审计部门的监督。

第十条 举报人举报事项同时符合以下条件的，由负责案件查处的社会保险行政部门给予奖励：

（一）有明确被举报主体的；

（二）实名举报的；

（三）举报的内容符合本办法第四条规定且事实清楚、证据充分的；

（四）举报人提供的主要违法违规事实、证据事先未被社会保险行政部门或社会保险经办机构掌握的；

（五）举报反映的问题经查证属实的。

第十一条 给予奖励单位在案件查结后30日内，通知符合奖励条件的举报人领取奖金。

举报人应持本人居民身份证或其他有效身份证件及社会保险基金违法违规案件举报奖励通知书到社会保险行政部门领取奖金。联名举报的，奖金由举报第一署名者或者第一署名者委托的其他署名者领取。同一事项向多个受理单位举报，只能获得一次奖励，由负责直接查处的单位给予奖励。

举报人不能亲自领取的，可由代理人代为领取。由代理人代为领取的，必须出具举报人的书面委托书、举报人和代理人的居民身份证或其他有效身份证件以及社会保险基金违法违规案件举报奖励通知书。

举报人自接到社会保险基金违法违规案件举报奖励通知书之日起30日内领取奖金，30日内未领取奖金的，视为自动放弃。

第十二条 对举报人的奖励金额按查证属实的违法违规金额的1%予以奖励，最多不超过5000元。对举报案情重大，且一次性追回社会保险基金超过50万的，对举报人按追回基金的1%增发奖金，增发奖金最多不超过1万元。

第十三条 对编造事实、恶意举报的行为，社会保险行政部门依法追究举报人的责任；举报事项造成严重后果、涉嫌犯罪的，移交司法机关处理。

第十四条 本办法所规定奖励资金由同级财政列入年度预算。举报奖励专项资金由社会保险行政部门，按照财务制度规定单独列账，专款专用。专项资金的使用情况应接受财政、审计部门的监督。

第十五条 各级社会保险行政部门应当为举报人保密，妥善保管举报奖励有关材料及凭证。对举报人宣传报道，须征得举报人同意。

第十六条 本办法由省人力资源社会保障厅负责解释。

第十七条 本办法自 2017 年 8 月 9 日起施行，有效期至 2022 年 8 月 8 日。

八、社会保险经办

（一）规划财务

国务院关于试行社会保险基金预算的意见

（2010 年 1 月 2 日　国发〔2010〕2 号）

各省、自治区、直辖市人民政府，国务院各部委、各直属机构：

为加强社会保险基金管理，规范社会保险基金收支行为，明确政府责任，促进经济社会协调发展，国务院决定试行社会保险基金预算。现就有关问题提出以下意见：

一、社会保险基金预算的指导思想和原则

社会保险基金预算是根据国家社会保险和预算管理法律法规建立、反映各项社会保险基金收支的年度计划。社会保险基金预算坚持以科学发展观为指导，通过对社会保险基金筹集和使用实行预算管理，增强政府宏观调控能力，强化社会保险基金的管理和监督，保证社会保险基金安全完整，提高社会保险基金运行效益，促进社会保险制度可持续发展。社会保险基金预算应遵循以下基本原则：

依法建立，规范统一。依据国家法律法规建立，严格执行国家社会保险政策，按照规定范围、程序、方法和内容编制。

统筹编制，明确责任。社会保险基金预算按统筹地区编制执行，统筹地区根据预算管理方式，明确本地区各级人民政府及相关部门责任。

专项基金，专款专用。社会保险各项基金预算严格按照有关法律法规规范收支内容、标准和范围，专款专用，不得挤占或挪作他用。

相对独立，有机衔接。在预算体系中，社会保险基金预算单独编报，与公共财政预算和国有资本经营预算相对独立、有机衔接。社会保险基金不能用于平衡公共财政预算，公共财政预算可补助社会保险基金。

收支平衡，留有结余。社会保险基金预算坚持收支平衡，适当留有结余。

二、社会保险基金预算编制范围

社会保险基金预算按险种分别编制，包括企业职工基本养老保险基金、失业保险基金、城镇职工基本医疗保险基金、工伤保险基金、生育保险基金等内容。根据国家法律法规建立的其他社会保险基金，条件成熟时，也应尽快纳入社会保险基金预算管理。

企业职工基本养老保险基金预算包括基金收入预算和基金支出预算。基金收入主要包括基本养老保险费收入、利息收入、财政补贴收入、转移收入、上级补助收入、下级上解收入、其他收入等；基金支出主要包括基本养老金支出、医疗补助金支出、丧葬抚恤补助支出、转移支出、补助下级支出、上解上级支出、其他支出等。

失业保险基金预算包括基金收入预算和基金支出预算。基金收入主要包括失业保险费收入、利息收入、财政补贴收入、转移收入、上级补助收入、下级上解收入、其他收入等；基金支出主要包括失业保险金支出、医疗补助金支出、丧葬抚恤补助支出、职业培训和职业介绍补贴支出、转移支出、补助下级支出、上解上级支出、其他支出等。

城镇职工基本医疗保险基金预算包括基金收入预算和基金支出预算。基金收入主要包括基本医疗保险费收入、利息收入、财政补贴收入、转移收入、上级补助收入、下级上解收入、其他收入等；基金支出主要包括基本医疗保险待遇支出、转移支出、补助下级支出、上解上级支出、其他支出等。

工伤保险基金预算包括基金收入预算和基金支出预算。基金收入主要包括工伤保险费收入、利息收入、财政补贴收入、转移收入、上级补助收入、下级上解收入、其他收入等；基金支出主要包括工伤保险待遇支出、劳动能力鉴定费支出、转移支出、补助下级支出、上解上级支出、其他支出等。

生育保险基金预算包括基金收入预算和基金支出预算。基金收入主要包括生育保险费收入、利息收入、财政补贴收入、转移收入、上级补助收入、下级上解收入、其他收入等；基金支出主要包括生育保险待遇支出、医疗费支出、转移支出、补助下级支出、上解上级支出、其他支出等。

三、社会保险基金预算编制方法

社会保险基金预算编制采用科学、规范的方法，提高预算编制的预见性、准确性、完整性和科学性。

社会保险基金收入预算的编制应综合考虑统筹地区上年度基金预算执行情况、本年度经济社会发展水平预测以及社会保险工作计划等因素，包括社会保险参保人数、缴费人数、缴费工资基数等。统筹地区人民政府应根据社会保险基金收支、财政收支等情况，合理安排本级财政对社会保险基金的补助支出。

社会保险基金支出预算的编制应综合考虑统筹地区本年度享受社会保险待遇人数变动、经济社会发展状况、社会保险政策调整及社会保险待遇标准变动等因素。社会保险待遇支出预算应根据上年度享受社会保险待遇对象存量、上年度人均享受社会保险待遇水平等因素确定，同时考虑本年度变动情况；社会保险非待遇性支出预算要严格执行社会保险政策和管理制度规定。

四、社会保险基金预算编制和审批

统筹地区社会保险基金预算草案由社会保险经办机构编制，经本级人力资源社会保障部门审核汇总，财政部门审核后，由财政和人力资源社会保障部门联合报本级人民政府审批。社会保险费由税务机关征收的，社会保险基金收入预算草案由社会保险经办机构会同税务机关编制。

统筹地区财政和人力资源社会保障部门将社会保险基金预算草案报本级人民政府审批后，报上一级财政和人力资源社会保障部门。省级财政和人力资源社会保障部门将本省（区、市）社会保险基金预算草案报本级人民政府后，报财政部和人力资源社会保障部。

全国社会保险基金预算草案由人力资源社会保障部汇总编制，财政部审核后，由财政部和人力资源社会保障部联合向国务院报告。待条件成熟时，由国务院适时向全国人大报告。

五、社会保险基金预算执行和调整

社会保险基金预算草案经统筹地区人民政府批准后，由财政和人力资源社会保障部门批复，社会保险经办机构具体执行。社会保险经办机构应严格按照批准的预算和规定的程序执行，并定期向本级人力资源社会保障和财政部门报告。社会保险费由税务机关征收的，社会保险基金收入预算批复税务机关和社会保险经办机构，税务机关应严格按照批准的预算和规定的程序执行，并定期向本级财政和人力资源社会保障部门报告。

社会保险基金预算不得随意调整。在执行中因特殊情况需要增加支出或减少收入，应当编制社会保险基金预算调整方案。社会保险基金预算调整由统筹地区社会保险经办机构提出调整方案，经人力资源社会保障部门审核汇总，财政部门审核后，由财政和人力资源社会保障部门联合报本级人民政府批准。社会保险费由税务机关征收的，社会保险费收入预算调整方案由社会保险经办机构会同税务机关提出。

六、社会保险基金决算

年度终了，统筹地区社会保险经办机构应按有关规定编制年度社会保险基金决算草案，经人力资源社会保障部门审核汇总，财政部门审核后，由财政和人力资源社会保障部门联合报本级人民政府审批。

统筹地区财政和人力资源社会保障部门将社会保险基金决算

草案报本级人民政府审批后，报上一级财政和人力资源社会保障部门。省级财政和人力资源社会保障部门将本省（区、市）社会保险基金决算草案报本级人民政府后，报财政部和人力资源社会保障部。

全国社会保险基金决算草案由人力资源社会保障部汇总编制，财政部审核后，由财政部和人力资源社会保障部联合向国务院报告。

七、社会保险基金预算的组织实施

各地区要根据本意见并结合本地实际，编制2010年度社会保险基金预算，同时，进一步做好社会保险基金预算执行、调整和决算等工作。统筹地区人民政府要建立社会保险基金预算绩效考核和激励约束机制，推进预算工作组织实施。统筹地区社会保险经办机构编制及调整社会保险基金预决算的情况，应及时报上级社会保险经办机构。财政和人力资源社会保障部门要抓紧制定有关配套制度和办法，加强指导，积极稳妥地推进此项工作。

建立社会保险基金预算，是完善社会保险基金管理的一项重大制度建设，涉及面广，政策性强。各级人民政府要充分认识建立社会保险基金预算制度的重大意义，高度重视，加强领导，精心组织。财政、人力资源社会保障等部门要认真执行社会保险基金预算的各项制度和办法，积极配合，确保试行社会保险基金预算工作的顺利开展；同时，在基金预算编制过程中加强与有关部门的信息交流和沟通，逐步建立健全社会保险基金预决算信息公开制度。

社会保险稽核办法

（2003年2月27日　劳动和社会保障部令第16号）

第一条　为了规范社会保险稽核工作，确保社会保险费应收尽收，维护参保人员的合法权益，根据《社会保险费征缴暂行条例》和国家有关规定，制定本办法。

第二条　本办法所称稽核是指社会保险经办机构依法对社会保险费缴纳情况和社会保险待遇领取情况进行的核查。

第三条　县级以上社会保险经办机构负责社会保险稽核工作。

县级以上社会保险经办机构的稽核部门具体承办社会保险稽核工作。

第四条　社会保险稽核人员应当具备以下条件：

（一）坚持原则，作风正派，公正廉洁；

（二）具备中专以上学历和财会、审计专业知识；

（三）熟悉社会保险业务及相关法律、法规，具备开展稽核工作的相应资格。

第五条　社会保险经办机构及社会保险稽核人员开展稽核工作，行使下列职权：

（一）要求被稽核单位提供用人情况、工资收入情况、财务报表、统计报表、缴费数据和相关账册、会计凭证等与缴纳社会保险费有关的情况和资料；

（二）可以记录、录音、录像、照相和复制与缴纳社会保险费有关的资料，对被稽核对象的参保情况和缴纳社会保险费等方面的情况进行调查、询问；

（三）要求被稽核对象提供与稽核事项有关的资料。

第六条 社会保险稽核人员承担下列义务：

（一）办理稽核事务应当实事求是，客观公正，不得利用工作之便谋取私利；

（二）保守被稽核单位的商业秘密以及个人隐私；

（三）为举报人保密。

第七条 社会保险稽核人员有下列情形之一的，应当自行回避：

（一）与被稽核单位负责人或者被稽核个人之间有亲属关系的；

（二）与被稽核单位或者稽核事项有经济利益关系的；

（三）与被稽核单位或者稽核事项有其他利害关系，可能影响稽核公正实施的。

被稽核对象有权以口头形式或者书面形式申请有前款规定情形之一的人员回避。

稽核人员的回避，由其所在的社会保险经办机构的负责人决定。对稽核人员的回避做出决定前，稽核人员不得停止实施稽核。

第八条 社会保险稽核采取日常稽核、重点稽核和举报稽核等方式进行。

社会保险经办机构应当制定日常稽核工作计划，根据工作计划定期实施日常稽核。

社会保险经办机构对特定的对象和内容应当进行重点稽核。

对于不按规定缴纳社会保险费的行为，任何单位和个人有权举报，社会保险经办机构应当及时受理举报并进行稽核。

第九条 社会保险缴费情况稽核内容包括：

（一）缴费单位和缴费个人申报的社会保险缴费人数、缴费基数是否符合国家规定；

（二）缴费单位和缴费个人是否按时足额缴纳社会保险费；

（三）欠缴社会保险费的单位和个人的补缴情况；

（四）国家规定的或者劳动保障行政部门交办的其他稽核事项。

第十条 社会保险经办机构对社会保险费缴纳情况按照下列程序实施稽核：

（一）提前3日将进行稽核的有关内容、要求、方法和需要准备的资料等事项通知被稽核对象，特殊情况下的稽核也可以不事先通知；

（二）应有2名以上稽核人员共同进行，出示执行公务的证件，并向被稽核对象说明身份；

（三）对稽核情况应做笔录，笔录应当由稽核人员和被稽核单位法定代表人（或法定代表人委托的代理人）签名或盖章，被稽核单位法定代表人拒不签名或盖章的，应注明拒签原因；

（四）对于经稽核未发现违反法规行为的被稽核对象，社会保险经办机构应当在稽核结束后5个工作日内书面告知其稽核结果；

（五）发现被稽核对象在缴纳社会保险费或按规定参加社会保险等方面，存在违反法规行为，要据实写出稽核意见书，并在稽核结束后10个工作日内送达被稽核对象。被稽核对象应在限定时间内予以改正。

第十一条 被稽核对象少报、瞒报缴费基数和缴费人数，社会保险经办机构应当责令其改正；拒不改正的，社会保险经办机构应当报请劳动保障行政部门依法处罚。

被稽核对象拒绝稽核或伪造、变造、故意毁灭有关账册、材料迟延缴纳社会保险费的，社会保险经办机构应当报请劳动保障行政部门依法处罚。

社会保险经办机构应定期向劳动保障行政部门报告社会保险稽核工作情况。劳动保障行政部门应将社会保险经办机构提请处理事项的结果及时通报社会保险经办机构。

第十二条 社会保险经办机构应当对参保个人领取社会保险

待遇情况进行核查，发现社会保险待遇领取人丧失待遇领取资格后本人或他人继续领取待遇或以其他形式骗取社会保险待遇的，社会保险经办机构应当立即停止待遇的支付并责令退还；拒不退还的，由劳动保障行政部门依法处理，并可对其处以500元以上1000元以下罚款；构成犯罪的，由司法机关依法追究刑事责任。

第十三条 社会保险经办机构工作人员在稽核工作中滥用职权、徇私舞弊、玩忽职守的，依法给予行政处分；构成犯罪的，依法追究刑事责任。

第十四条 本办法自2003年4月1日起施行。

社会保险业务档案管理规定（试行）

（2009年7月23日　人力资源和社会保障部、国家档案局令第3号）

第一条　为规范社会保险业务档案管理，维护社会保险业务档案真实、完整和安全，发挥档案的服务作用，根据《中华人民共和国档案法》和社会保险相关法规，制定本规定。

第二条　依法经办养老、医疗、失业、工伤、生育等社会保险业务的机构（以下简称社会保险经办机构），管理社会保险业务档案，适用本规定。

第三条　本规定所称社会保险业务档案，是指社会保险经办机构在办理社会保险业务过程中，直接形成的具有保存和利用价值的专业性文字材料、电子文档、图表、声像等不同载体的历史记录。

第四条　人力资源社会保障行政部门负责社会保险业务档案管理工作的组织领导。

社会保险经办机构负责社会保险业务档案的管理工作，并接受档案行政管理部门的业务指导。

社会保险业务档案由县级以上社会保险经办机构集中保存。

第五条　社会保险经办机构配备专门的管理人员和必要的设施、场所，确保档案的安全，并根据需要配备适应档案现代化管理要求的技术设备。

第六条　社会保险经办机构应当认真落实档案保管、保密、利用、移交、鉴定、销毁等管理要求，保证社会保险业务档案妥善保管、有序存放，严防毁损、遗失和泄密。

第七条　社会保险经办机构办理社会保险业务过程中形成的

记录、证据、依据，按照《社会保险业务材料归档范围与保管期限》（见附件）进行收集、整理、立卷、归档，确保归档材料的完整、安全，不得伪造、篡改。

第八条 社会保险业务档案分类应当按照社会保险业务经办的规律和特点，以方便归档整理和检索利用为原则，采用“年度—业务环节”或“年度—险种—业务环节”的方法对社会保险业务材料进行分类、整理，并及时编制归档文件目录、卷内目录、案卷目录、备考表等。负责档案管理的机构应当对接收的档案材料及时进行检查、分类、整理、编号、入库保管，并及时编制索引目录。

第九条 社会保险业务档案的保管期限分为永久和定期两类。定期保管期限分为 10 年、30 年、50 年、100 年，各种社会保险业务档案的具体保管期限按照《社会保险业务材料归档范围与保管期限》执行。

社会保险业务档案定期保管期限为最低保管期限。社会保险业务档案的保管期限，自形成之日的次年 1 月 1 日开始计算。

第十条 社会保险经办机构依法为参保单位和参保个人提供档案信息查询服务。

第十一条 社会保险经办机构应当对已到期的社会保险业务档案进行鉴定。

鉴定工作应当由社会保险经办机构相关负责人、业务人员和档案管理人员，以及人力资源社会保障行政部门有关人员组成鉴定小组负责鉴定并提出处理意见。

鉴定中如发现业务档案保管期限划分过短，有必要继续保存的，应当重新确定保管期限。

第十二条 社会保险经办机构对经过鉴定可以销毁的档案，编制销毁清册，报同级人力资源社会保障行政部门备案，经社会保险经办机构主要负责人批准后销毁。

未经鉴定和批准，不得销毁任何档案。

社会保险经办机构应当派两人以上监督销毁档案。监督人员要在销毁清册上签名，并注明销毁的方式和时间。销毁清册永久保存。

第十三条 社会保险经办机构按照有关规定，将永久保存的社会保险业务档案向同级国家综合档案馆移交。

第十四条 社会保险经办机构有下列行为之一的，限期改正，并对直接负责的工作人员、主管人员和其他直接责任人员依法给予处分；给参保单位或者个人造成损失的，依法承担赔偿责任：

（一）不按规定归档或者不按规定移交档案的；

（二）伪造、篡改、隐匿档案或者擅自销毁档案的；

（三）玩忽职守，造成档案遗失、毁损的；

（四）违规提供、抄录档案，泄漏用人单位或者个人信息的；

（五）违反社会保险业务档案和国家档案法律、法规的其他行为。

第十五条 各类社会保险业务档案中涉及会计、电子文档等档案材料，国家有特别规定的，从其规定。

第十六条 本规定自2009年9月1日起施行。

社会保险业务材料归档范围与保管期限

一、社会保险管理类

（一）参保单位登记材料。包括参保单位办理参保登记、变更登记、注销登记时填报的登记表单及相关审核材料

……………………………………………………………〔永久〕

（二）参保人员登记材料。包括缴费单位职工和退休人员，以家庭为单位或个人身份参加社会保险的城镇无业居民、农村居民、个体工商户、城镇灵活就业人员办理参保、社会保险关系变动、基本信息变更等登记手续时，填报的登记表单及相关审核

材料 ……………………………………………………〔100 年〕

（三）社会保险个人账户管理材料。包括养老、医疗保险个人账户对账、个人账户修改等相关材料 ………………〔100 年〕

（四）社会保险登记证管理材料。包括社会保险经办机构向参保单位核发社会保险登记证、对已核发的社会保险登记证验证换证、对遗失社会保险登记证的单位补证时的登记表单及相关审验材料………………………………………………………〔10 年〕

（五）社会保险卡（证、手册）管理材料。为参保人员办理社会保险卡（证、手册）首发、补发、收回等管理的登记表单及相关材料…………………………………………………〔50 年〕

（六）社会保险待遇领取资格验证材料。包括对享受社会保险待遇人员进行领取资格检查验证的相关审核材料……〔50 年〕

（七）退休人员社会化管理服务材料。包括对实行社会化管理服务的退休人员进行信息采集、移交、日常管理服务的登记表单及相关材料………………………………………………〔50 年〕

（八）异地安置登记材料。包括异地安置应享受社会保险待遇人员和长期派驻异地工作的参保人员，办理安置地或派驻地享受各项社会保险待遇所填报的核定表、备案表及相关材料

……………………………………………………………〔50 年〕

（九）服务协议管理材料。包括与基金收付款协议银行、定点医疗机构、定点零售药店、工伤协议医疗康复机构、工伤协议辅助器具配置机构、网络通信运营商、附加保险承保单位等签订的协议书、考核材料、终止协议材料……………………〔10 年〕

二、社会保险费征缴类

（一）社会保险费征缴核定材料。包括缴费基数核定以及工伤费率确定、中断缴费、恢复缴费、补缴费、预（补）缴费、退费、加收滞纳金、加收利息等申报核定业务表单及相关审核材料 ……………………………………………………〔100 年〕

（二）收款凭证、会计账簿、会计报表等，按《会计档案管

理办法》确定保管期限。

（三）社会保险基金征缴明细表和汇总表 …………〔50 年〕

（四）社会保险基金征缴年度汇总表 ………………〔永久〕

（五）催缴材料。包括社会保险费补缴通知书、补缴协议 ……………………………………………………………〔10 年〕

（六）缴费证明材料。包括为缴费单位、缴费个人出具的缴费证明及相关材料 ……………………………………〔10 年〕

三、养老保险待遇类

（一）养老保险待遇核定材料。参保人员基本养老金、养老金领取人员死亡后供养直系亲属及其抚恤金待遇、养老金领取人员丧葬费、养老保险其他一次性待遇核定、养老保险待遇调整、养老保险待遇更正、养老保险待遇补支付、养老保险待遇减支付等申报核定业务表单及相关审核材料…………………〔50 年〕

（二）养老保险个人账户一次性支付申报核定业务表单及相关审核材料…………………………………………………〔50 年〕

（三）劳动能力鉴定材料。包括参保人员劳动能力鉴定结论通知书及相关文书和审核材料……………………………〔50 年〕

（四）养老保险付款凭证、会计账簿、会计报表等，按《会计档案管理办法》确定保管期限。

（五）养老保险支付明细表和汇总表 ……………〔30 年〕

（六）养老保险基金支付年度汇总表 ……………〔永久〕

四、医疗保险待遇类

（一）门诊特殊病登记材料。包括门诊特殊病参保人员登记表单及相关审核材料…………………………………………〔10 年〕

（二）就医登记材料。包括参保人员办理住院、家庭病床、转诊转院登记表单及相关审核材料…………………………〔10 年〕

（三）医疗保险住院待遇核定材料。包括住院医疗费用申报核定业务表单及相关审核材料……………………………〔10 年〕

（四）医疗保险门诊待遇核定材料。包括门诊医疗费用申报

核定业务表单及相关审核材料……………………………〔10年〕

（五）医疗保险付款凭证、会计账簿、会计报表等，按《会计档案管理办法》确定保管期限。

（六）医疗保险支付明细表和汇总表 ………………〔30年〕

（七）医疗保险基金支付年度汇总表 ………………〔永久〕

五、失业保险待遇类

（一）失业备案材料。包括失业保险待遇享受资格审查登记业务表单、失业人员名单及相关失业证明材料…………〔10年〕

（二）失业人员失业保险关系转移材料。包括领取期限、待遇标准等相关材料…………………………………………〔10年〕

（三）失业保险待遇核定材料。包括失业保险待遇申报核定业务表单及相关审核材料……………………………〔10年〕

（四）促进就业补贴核定材料。包括失业人员职业培训、职业介绍补贴申报核定业务表单及相关材料…………〔10年〕

（五）失业保险付款凭证、会计账簿、会计报表等，按《会计档案管理办法》确定保管期限。

（六）失业保险支付明细表和汇总表 ………………〔30年〕

（七）失业保险基金支付年度汇总表 ………………〔永久〕

六、工伤保险待遇类

（一）工伤备案材料。包括工伤事故备案登记表单及相关材料…………………………………………………………〔10年〕

（二）工伤认定材料。包括工伤认定决定书及相关文书和审核材料……………………………………………………〔50年〕

（三）工伤人员登记变动材料。包括工伤职工登记、工伤保险信息变动登记表单及相关材料……………………〔50年〕

（四）工伤保险伤残工亡待遇核定材料。包括一次性伤残补助金、伤残津贴、生活护理费、一次性工亡补助金、工亡人员丧葬补助金、工亡人员供养直系亲属及其抚恤金等工伤保险待遇申报核定表单及相关材料 ……………………………〔50年〕

（五）工伤保险医疗待遇核定材料。包括工伤人员因工伤发生的医疗、康复、配置辅助器具、劳动能力鉴定等费用申报核定业务表单及相关材料……………………………………………〔10 年〕

（六）工伤预防费用核定材料。包括参保单位工伤预防费用申报核定业务表单及相关材料………………………………〔10 年〕

（七）工伤保险付款凭证、会计账簿、会计报表等，按《会计档案管理办法》确定保管期限。

（八）工伤保险支付明细表和汇总表 ………………〔30 年〕

（九）工伤保险基金支付年度汇总表 ………………〔永久〕

七、生育保险待遇类

（一）妊娠登记材料。包括女职工办理妊娠登记申报核定业务表单及相关材料…………………………………………〔10 年〕

（二）并发症登记材料。包括计划生育手术并发症等申报核定业务表单及相关材料………………………………………〔10 年〕

（三）生育保险待遇核定材料。包括参保人员因生育、计划生育、治疗并发症发生的医疗费用及生育津贴等申报核定业务表单等相关审核材料…………………………………………〔10 年〕

（四）生育保险付款凭证、会计账簿、会计报表等，按《会计档案管理办法》确定保管期限。

（五）生育保险支付明细表和汇总表 ………………〔30 年〕

（六）生育保险基金支付年度汇总表 ………………〔永久〕

八、社会保险业务统计报表类

（一）各项社会保险年度统计报表 …………………〔永久〕

（二）社会保险数据和分析报告等资料 ……………〔30 年〕

（三）社会保险业务月/季统计报表 ………………〔10 年〕

（四）各项社会保险基金年度预决算表按《会计档案管理办法》确定保管期限。

九、社会保险稽核监管类

（一）社会保险稽核材料。包括稽核方案、稽核通知书、工

作记录、相关证据、稽核告知书或整改意见书、处罚建议书、稽核报告等专业文书及相关材料……………………………〔30年〕

（二）社会保险监察材料。社会保险行政部门依照有关规定向社会保险经办机构通报的社会保险违法案件的查处情况及相关行政执法文书和其他材料…………………………………〔30年〕

（三）社会保险经办机构内部控制材料。包括内部控制监督工作方案、内部控制检查通知、工作记录、相关证据、告知书或整改意见书、内部控制报告等专业文书及相关材料……〔30年〕

（四）社会保险大案、要案、特殊案件的稽核材料

………………………………………………………………〔永久〕

劳动部关于颁发《社会保险统计管理规定》的通知

（1993年9月3日　劳部发〔1993〕257号）

各省、自治区、直辖市及计划单列市劳动（劳动人事）厅（局），铁道部、邮电部、水利部、中电联、中国建筑工程总公司、中国石油天然气总公司社会保险管理机构：

为了进一步健全全国社会保险统计组织工作，加强社会保险事业的统计调查、统计分析和统计监督，根据《中华人民共和国统计法》，我部制定了《社会保险统计管理规定》和《社会保险统计报表制度》，现予发布。执行中有何问题，望及时函告我部。

附件：1. 社会保险统计管理规定

2. 社会保险统计报表制度

附件1

社会保险统计管理规定

第一章　总　则

第一条　为了科学地组织社会保险统计工作，保证社会保险统计资料的准确性和及时性，充分发挥统计在社会保险工作中的重要作用，根据《中华人民共和国统计法》（以下简称《统计法》）和有关规定，特制定本规定。

第二条　社会保险统计是劳动统计的一个组成部分，其基本任务是对社会保险事业进行统计调查、统计分析，提供统计资料，实行统计监督。

第三条 本规定适用于各级社会保险管理机构（含经国务院批准实行退休费用系统统筹的部门社会保险管理机构）管理的养老保险、工伤保险、医疗保险和女职工生育保险统计（失业保险统计另行规定）。

第四条 各级社会保险管理机构必须依照本规定建立健全原始记录，设置统计台账，填报统计报表。

第二章 组织管理

第五条 社会保险统计工作实行统一管理、分级负责的管理体制。各级社会保险管理机构的统计工作在业务上接受同级劳动部门、同级政府统计部门及上级社会保险管理机构的指导和监督。

第六条 各级社会保险管理机构应配备具有统计专业知识的人员担负社会保险统计工作。统计人员要保持相对稳定。有条件的社会保险管理机构可设立统计机构。

第七条 各级社会保险管理机构必须依照本规定和有关规定，提供统计资料，不得虚报、瞒报、拒报，不得伪造、篡改。

第三章 社会保险管理机构的统计职责

第八条 劳动部社会保险管理机构统计工作的主要职责是：

（一）贯彻执行劳动统计的政策和规定；

（二）制定和实施全国社会保险统计调查计划，组织和协调全国社会保险统计工作；

（三）拟订全国社会保险统计报表制度，健全社会保险统计指标体系；

（四）搜集、整理、提供全国社会保险统计资料，对社会保险事业发展情况进行统计分析、统计预测，实行统计监督；

（五）检查、审定、管理全国社会保险统计资料；

（六）组织统计人员的业务培训；

（七）在行政主管部门指导下，开展和加强社会保险统计工作的国际合作与交流；

（八）指导、监督地方和部门社会保险管理机构的社会保险统计工作。

第九条 地方和部门社会保险管理机构统计工作的主要职责是：

（一）完成上级社会保险管理机构制定的统计调查计划，接受上级社会保险管理机构对统计制度执行情况的检查和监督；

（二）制定本地区、本部门的社会保险统计调查计划及其调查方案，组织本地区、本部门的社会保险统计工作；

（三）搜集、整理、提供本地区、本部门社会保险统计资料，对社会保险工作进行统计分析、统计预测，实行统计监督；

（四）按规定检查、审定、管理本地区、本部门的社会保险统计资料；

（五）组织本地区、本部门的统计人员业务培训工作。

第十条 统计人员的权限：

（一）依照国家的法律、法规和有关规定，要求有关单位和人员提供社会保险资料；

（二）检查统计资料的准确性，要求改正不确实的统计资料；

（三）对在统计调查工作中发现的违反国家政策和法规的行为，有权向有关部门反映；

（四）依照《统计法》的规定独立行使统计调查、统计报告、统计监督的职权。

第十一条 各级社会保险管理机构和统计人员违反《统计法》和本规定时，视其情节轻重，对有关领导人员和直接责任人员进行批评教育，直至给予行政处分。对构成犯罪的人员，由司法机关依法追究刑事责任。

第四章　统计调查与统计报表

第十二条　统计调查必须有计划、有组织地进行，按照统计调查项目编制统计调查计划和相应的统计调查表。

各级社会保险管理机构负责拟订各自管辖范围内的社会保险统计调查项目和报表制度，经同级劳动部门审批后报同级政府统计部门备案。

第十三条　社会保险统计标准由劳动部统一制定。

地方劳动部门和实行系统统筹的部门可以制定补充性的社会保险统计标准，但不得与全国社会保险统计标准相抵触。

第十四条　劳动部社会保险管理机构实行统计年报会审检查制度，每年组织全国社会保险管理机构统计年报会审检查工作。各级社会保险管理机构根据工作需要，可组织半年报或年报的会审检查工作。

地方各级社会保险管理机构要建立健全统计报表审核制度，即实行统计人员自审，本级机构负责人复审。

第五章　统计资料的档案管理与公布

第十五条　属于各级社会保险管理机构统计调查范围内的统计资料，分别由各级社会保险管理机构建立统计档案，实行统一管理。

第十六条　社会保险统计资料经社会保险管理机构负责人审核后，报同级劳动部门审批并公布。

第十七条　各级社会保险管理机构负责人对统计机构和统计人员依照《统计法》和本规定提供的统计资料不得修改；如果认为统计资料不实，应当责成统计机构、统计人员和有关人员核实订正；统计机构、统计人员提供的统计资料如果上报期限已到，可先行上报并加说明，核实后确有错误，应当在上级规定的期限内订正。

第十八条　属于国家机密的统计资料，必须保密。

第六章　附　则

第十九条　各省、自治区、直辖市劳动（劳动人事）厅（局）可根据本规定制定实施办法。

第二十条　本规定由劳动部负责解释。

第二十一条　本规定自发布之日起施行。

（编者注：《社会保险统计报表制度》已被劳社厅发〔1999〕2号废止）

劳动部关于印发
《社会保险业务管理程序》的通知

（1997 年 4 月 8 日　劳部发〔1997〕108 号）

各省、自治区、直辖市及计划单列市、副省级省会城市劳动（劳动人事）厅（局），国务院有关部门，上海市、广东省、武汉市社会保险局：

自 1984 年在部分地区实行退休费用社会统筹试点以来，我国的社会保险事业有了很大发展，从最初的在国有企业固定职工中实行养老保险，发展到目前在城镇各类企业、各类职工中普遍实行养老保险、医疗保险、失业保险、工伤保险和生育保险。社会保险事业的发展迫切需要社会保险基金经办机构按规范化的业务程序对各项社会保险基金收支进行管理，以增强内部制约机制，提高工作效率，进而在全社会树立良好的社会形象。为此，我部拟定了《社会》，现印发给你们，请遵照执行。各省、自治区、直辖市和各有关部门应结合本地区、本部门社会保险业务管理的实际，提出贯彻实施《社会保险业务管理程序》的具体意见与要求，并报我部社会保险事业管理局备案。贯彻实施中的问题，请及时向我部社会保险事业管理局反映。

附件：1. 社会保险业务管理流程图

2. 表式目录

（附件本书略）

社会保险业务管理程序

为规范全国各级社会社会保险基金经办机构业务工作程序，提高工作效率，增强内部制约机制，并为统一社会保险业务的计算机管理程序奠定良好基础，同时在全社会树立社会保险的良好形象，根据国家关于社会保险的有关规定，特制定本管理程序。本管理程序适用于社会保险基金经办机构所承办的职工养老保险、医疗保险、工伤保险和生育保险的业务管理。

一、社会保险业务管理环节

《劳动法》规定“社会保险基金经办机构依照法律规定收支、管理和运营社会保险基金，并负有使社会保险基金保值增值的责任”，因而社会保险基金管理是社会保险业务管理的重要内容。依据社会保险基金的来源与流向，社会保险业务管理分为缴费核定、费用征集、费用记录处理、待遇核定、待遇支付、基金会计核算与财务管理等六个基本环节（社会保险业务管理流程图见附件一）。社会保险基金从筹集到支付的这六个环节，形成了社会保险业务管理的程序。各级社会保险基金经办机构应按业务管理的基本环节设置相应的管理岗位。

（一）缴费核定

本环节主要职责是：

——建立参加社会保险的单位和职工个人（以下简称单位、职工）的基本资料档案，作为缴费核定的依据；

——核定单位和职工的缴费工资与缴费金额；

——负责单位与职工变更后相关业务的处理及未参加社会保险的单位和职工的催办工作；

——对单位和职工各类报表项目进行复核；

——制订年度社会保险费征集计划 。

（二）费用征集

本环节主要职责是：

——依据缴费核定环节提供的单位开户银行、账号、账户名称及应征集数额，办理社会保险费托收业务，同时定期向机构内有关部门反馈征集信息；

——接待来社会保险基金经办机构缴费的单位，办理收款手续并登记；

——办理单位缓缴手续及向缓缴期满和未按时足额缴纳社会保险费的单位催收社会保险费业务；

——负责向本机构领导及有关部门提供单位缴费情况，提出加强社会保险费征集工作的建议。

（三）费用记录处理

本环节主要职责是：

——根据有关基础资料，建立健全各项基金管理台账和职工养老保险（包括基本养老保险、企业补充养老保险、个人储蓄养老保险，下同）及其医疗保险个人账户；

——根据社会保险费征集与分配到账情况，登记职工个人账户，按规定的记账利率计算和登记职工个人账户利息，并负责个人账户变更处理；

——对单位各类社会保险报表进行统计汇总、分析；

——定期公布单位缴费情况和职工个人账户情况。

（四）待遇审核

本环节主要职责是：

——建立离退休（职）人员、企业工伤职工、育龄女职工生育等情况档案；建立死亡离退休（职）人员、企业工伤职工、育龄女职工生育等情况档案；建立死亡离退休（职）人员和工伤与非工伤职工遗属档案；

——审核职工养老保险、医疗保险、工伤保险和生育保险待遇；对离退休（职）人员、工伤职工及其遗属津贴、一次性待遇予以认定并按规定进行调整；

——对上述各项待遇进行复核。

（五）待遇支付

本环节主要职责是：

——填制社会保险待遇支付花名册并确定各项待遇的支付方式；

——填制社会保险待遇拨付通知单，办理社会保险待遇支付手续并登记；

——协调待遇支付单位间的业务关系；

——对各项社会保险待遇落实情况进行跟踪调查与监督。

（六）基金会计核算与财务管理

本环节主要职责是：

——负责对各项社会保险费的收支进行审核及其会计核算；

——定期与银行对账并对实际到账金额予以认定，将对账信息及时通知有关部门；

——对各环节社会保险费收支记录予以核对和检查，汇总登记基金账簿；

——审核、登记、管理各种结算凭证；

——办理基金的存储及有价证券认购等事宜；

——编制各项基金的年度预决算草案及报告期会计报表。

二、业务管理程序

根据社会保险业务管理环节及其职责的划分，社会保险基金经办机构的业务管理应按下列程序进行：

（一）缴费核定

1. 及时建立和调整所辖地区单位和职工的基础档案资料。为保证社会保险费收、支的准确性，单位和职工基础资料应全面、详实。

（1）单位基础档案资料主要由以下项目组成：

①单位名称；

②单位编码；

③单位注册地址；
④单位现所在地地址；
⑤单位邮政编码；
⑥单位上级主管部门；
⑦单位隶属关系；
⑧单位所有制性质；
⑨单位所属行业；
⑩单位主管社会保险各个项目负责人及联系电话；
⑪单位具体经办社会保险各个项目业务人员名单；
⑫单位业务经办人员联系电话；
⑬单位的开户银行、账号、账户名称；
⑭单位实行基本养老保险基础情况；
⑮单位实行企业补充养老保险基础情况；
⑯单位实行个人储蓄养老保险基础情况；
⑰单位实行医疗保险基础情况；
⑱单位实行工伤保险基础情况；
⑲事业单位经费来源；
⑳事业单位经费来源；
㉑其他。
（2）职工基础档案资料主要由以下项目组成：
①姓名；
②性别；
③出生年月日；
④社会保障号码；
⑤所在单位代码；
⑥参加工作时间；
⑦用工形式；
⑧供养直系亲属情况；
⑨参加基本养老保险个人缴费情况；

⑩参加医疗保险个人缴费情况；

⑪女职工生育情况；

⑫参加企业补充养老保险个人缴费情况；

⑬参加个人储蓄养老保险缴费情况；

⑭异地转移情况；

⑮其他。

2. 于本缴费年度初根据上年度各单位各项社会保险的缴费、支付情况，制定本年度的各项社会保险费征集计划；并依据情况变化，适时提出调整缴费比例的建议。

单位和职工缴纳各项社会保险费比例按当地政府批准的缴费比例执行；其中，单位工伤保险缴费比例，应根据上一缴费年度各单位工伤保险费缴纳情况及单位工伤事故发生率，按国家及当地有关浮动费率的规定相应调整。经国务院批准实行养老保险行业统筹的部门，单位和职工基本养老保险费的缴纳，按财政部批准的比例执行。

3. 根据社会保险业务开展情况，参照单位和职工基础档案资料制定相关报表（劳动部统一规定的报表除外，下同），在审核单位报送的各项社会保险情况表时，应确认其在开户银行账号上结存的资金，足够缴纳当月各项社会保险费。

4. 对各单位上报的各类报表，应重点审核单位及职工缴费工资基数、缴费金额以及其他变动项目。

5. 对新建单位及应参加而未参加社会保险的单位和职工，业务人员应及时向其发出《办理社会保险手续通知单》，督促其尽快参加社会保险。

6. 单位补缴单位和职工以往欠缴月份的社会保险费时，应审核是否填报参加社会保险人员社会保险费补缴核定单，《核定单》由各地区社会保险基金经办机构制定。业务人员应根据补缴办法，核定单位和职工补缴各月的本金、利息及滞纳金。补缴本金、利息及滞纳金的办法，按国家统一规定执行；没有统一规定的，暂按各地区、各部门现行办法执行。

7. 职工在同一统筹范围内流动，业务人员应按规定审核转移其社会保险关系；职工跨统筹范围流动时，业务人员除按规定办理社会保险关系的转移外，还应同时审核转移其养老及医疗保险费，并填写《参加养老保险、医疗保险人员转移情况表》。基本养老保险转移办法按《职工基本养老保险个人账户管理暂行办法》执行；其他社会保险项目的转移，暂按各地区现行规定办理。

(二) 费用征集

1. 根据缴费核定环节提供的单位和职工的基础档案资料，整理、掌握单位开户银行、账号、账户名称、联系人、负责人姓名及联系电话等有关情况，并与单位建立业务联系。

2. 依据缴费核定环节提供的社会保险费征集数据，开具委托收款及其他结算凭证，通过银行或直接征集社会保险费；必要时，也可直接到单位征集。

3. 采用支票或现金结算方式征集社会保险费时，在收妥款项的同时必须开具”社会保险费收款收据”存根并按要求办理款项和收据的交接手续。

4. 及时了解社会保险费征集落实情况，对因单位名称、账号变更或账户存款不足等原因造成的社会保险费欠收，及时填发《社会保险费催缴通知书》，督促其尽快缴齐欠缴的社会保险费，并办理征集手续。

5. 对于符合缓缴条件的单位，按规定办理缓缴手续，并要求缓缴单位制定出补缴计划。在缓缴期内，随时了解该单位生产经营效益情况；缓缴期满，及时办理欠缴费用的补缴手续。

6. 通知费用记录处理环节，对欠缴及经批准缓缴养老、医疗保险费的单位在其欠缴及缓缴期内暂停记载职工个人账户，也不计算职工缴费年限，待其补齐缴费本金和利息后，及时通知下一环节补记职工个人账户。

7. 向本部门和有关领导报告社会保险费征集情况，提出加强社会保险费征集工作的意见和建议。

（三）费用记录处理

1. 根据缴费核定环节提供的单位和职工基础档案资料，业务人员应及时在计算机中为每个单位和职工建立基础档案库。

2. 根据基础档案库资料及单位和职工缴费情况，及时建立职工参加养老、医疗保险个人账户。

3. 根据其他各业务管理环节提供的统计资料，随时调整单位和职工各项社会保险基础数据，并确保数据记录的真实准确和安全。

4. 根据费用征集环节提供的数据，将实际征集到的社会保险费按规定分配到各项目下。根据待遇支付环节提供的数据，记载职工养老、医疗保险个人账户的实际支出情况，并按有关规定计算和登记职工养老保险、医疗保险个人账户的本息和职工缴费年限。

5. 对流动职工，随时向缴费核定环节提供职工社会保险基础资料和个人账户有关情况。

6. 整理、汇总、分析社会保险各类统计数据，按要求上报各类统计报表及相关报告。

7. 接待和办理单位及职工对其缴费情况及个人账户记录情况的查询。对缴费记录中出现的差错，经与相关业务管理环节核对后，及时予以调整。

8. 每一缴费年度初向单位和职工公布上一缴费年度单位缴费情况表和职工个人账户情况表，并发放对账单，以接受单位和职工的监督。

（四）待遇审核

1. 制定各项《社会保险待遇审批表》，单位在申报职工享受养老、医疗、工伤、生育保险待遇时，业务人员应指导单位按要求填写《社会保险待遇审批表》并要求提供相关的证明。

2. 根据单位填报的《社会保险待遇审批表》及有关证明，结合缴费记录处理环节所提供的单位和职工基础档案资料，依据社会保险有关法规、政策，逐项予以审查、核准。

3. 对申请享受医疗保险待遇人员，需审核其出具的医院有关证明和费用结算手续；对申请享受工伤保险待遇的人员，需审核其出具的当地劳动行政部门认定的工伤通知书及劳动鉴定机构提供的伤残鉴定结论证明；对申请享受生育保险待遇人员，需审核其出具的生育指标证明及医院证明；对申请享受养老保险待遇人员的审核办法，按国家有关规定执行。

4. 对需一次性支付待遇的人员，需审核单位及职工填写的《社会保险待遇一次性支付审批表》。

5. 根据有关政策，对享受社会保险待遇人员待遇标准的调整予以审核认定。

6. 为确保职工应享受的社会保险待遇准确无误，设专人对审查核准的《社会保险待遇审批表》及相关证明进行复核，认定无误后，方可转入下一个环节办理。

7. 根据各单位所报材料，结合单位和职工基础资料，业务人员应随时建立离退休（职）人员档案、职工医疗保险档案、工伤职工档案，死亡离退休（职）人员及工伤人员遗属档案，并定期调查离退休（职）人员及享受遗属津贴人员现状，定期审核、调整其应享受的待遇标准。

8. 对取得医疗保险定点服务资格的医院、药店等医疗服务机构执行医疗保险政策的有关情况进行监督检查，适时提出改进管理及调整医疗服务机构的意见。

9. 负责接待和办理单位及有关人员关于享受社会保险待遇问题的来信、来访与咨询事宜。

（五）待遇支付

1. 对待遇审核环节提供的单位及其职工享受社会保险待遇的有关资料予以确认，编制享受社会保险待遇人员名册与台账。

2. 根据有关规定，确定享受社会保险待遇人员社会保险待遇的具体支付方式和时间。

3. 及时填制社会保险待遇拨付通知单，按确定的时间办理支付手续，通过银行或其他方式，将应支付的社会保险待遇发放给享受对象。

4. 对各项社会保险待遇的支付情况，及时登记并妥善保管有关凭证和资料。

5. 与银行、代办所、社区或单位等承担待遇支付的部门建立并保持经常性的业务联系，适时协调相互间的工作关系，保证社会保险待遇支付渠道的畅通。

6. 对各项社会保险待遇落实情况进行跟踪调查，发现不落实问题，配合有关部门及时查明原因予以纠正，并对纠正情况实施监督。

（六）基金会计核算与财务管理

1. 按照会计制度认真审核整理原始凭证，并依据审核后的原始凭证及时编制证社会保险费收入和支出记账凭证，同时按规定对各项社会保险费的实际收支进行审核。

2. 定期汇总记账凭证，填制记账凭证科目汇总表，试算平衡后登记总账，并将明细账金额分别与总账进行核对，无误后进行结账。

3. 每月与开户银行对账并编制银行存款余额调节表，及时调整未达账项；对因银行退票等原因造成的社会保险费欠收，及时通知费用征集环节，查明原因，采取措施使社会保险费收缴到位。

4. 根据有关规定按期计算、提取各项费用，并编制凭证。

5. 根据基金实际结存情况，在满足周转需要的前提下，按规定和要求及时办理购买国债或基金存储手续；建立银行定期存款和各种有价证券备查账，掌握银行存款及有价证券的存储判时间与金额，按时办理银行存款及有价证券的转存、兑付及保管工作。

6. 定期清理基金应收暂付款和基金应付暂收款，及时收回和偿付。

7. 按照《会计法》要求妥善保管、发放、收回、销毁各种结算凭证、账簿以及其他有关财务管理资料。

8. 按上级主管部门的规定和要求，定期编制报送各种会计报表，正确反映基金的收支结存情况，并适时作出基金筹集、使用、管理等情况的分析报告，提出加强基金会计核算与财务管理的建议。

9. 年终，根据上年预算执行情况和本年度收支预测，分别编制年度预算草案和决算草案，报有关部门审核备案。遇有特殊情况需调整预算时，按要求编制调整方案，并报有关部门核准后执行。

10. 以《会计法》为依据，结合本单位实际制定内部基金财务管理制度，充分发挥会计的反映、监督职能。

劳动和社会保障部关于印发《社会保险经办机构内部控制暂行办法》的通知

（2007年1月17日 劳社部发〔2007〕2号）

各省、自治区、直辖市劳动和社会保障厅（局）：

为了加强社会保险经办机构内部管理与监督，提高内控执行力，确保社会保险基金安全，我部制定了《社会保险经办机构内部控制暂行办法》（以下简称《内控办法》）。现印发给你们，并就贯彻执行《内控办法》提出如下意见：

一、充分认识加强社会保险经办机构内部控制工作的重要性和必要性。社会保险基金的安全，始终是党中央、国务院高度重视的一个问题，也是社会各界关注的焦点。社会保险基金的安全与否，关系到社会保险事业的发展和社会保险经办机构（以下简称"社会保险机构"）基金管理的主体地位，关系到广大参保人员的切身利益和生活，关系到社会和谐与稳定。为了确保社会保险基金的安全，近年来，一些地区劳动保障部门及社会保险机构结合当地实际，探索建立了社会保险内部控制制度，并积极开展工作，取得了一定成效。但是个别地区风险防范意识薄弱，制度不健全，管理不到位，甚至有章不循、有令不行、有禁不止，重要岗位用人失察，违规操作，致使侵害社会保险基金的事件时有发生。实践证明，切实加强社会保险内部控制工作，是确保社保基金安全的本质要求，也是规范经办业务、保证社会保险各项工作顺利开展的重要举措。各级劳动保障部门要高度重视，把加强内部控制作为一项管长远、固根本、保安全的基础性工作来抓，把提高内控执行力作为加强社会保险机构能力建设的重要内容，通过建章立制，确保社会保险基金安全。

二、建立健全内控机制。各地要坚持与时俱进，及时、系统地梳理已有的内控制度并不断加以完善，着力规范经办业务工作，完善财务管理制度，优化操作流程。要寓内控办法于业务操作流程之中，建立岗位之间、业务环节之间相互监督、相互制衡的机制。要明确岗位职责，建立责任追究制度，确保内控机制的有效运行。要充分运用信息化手段加强对经办业务工作的监督控制，有效堵塞社保基金“跑、冒、滴、漏”，切实提高管理水平。

三、进一步加强对内部控制工作的监督管理。各省（区、市）社会保险机构要结合本地实际，建立健全考评机制，加大监督检查，稽核部门要切实履行内部审计职责，每年要对本单位及所辖机构内部控制工作进行检查评估。各地要认真贯彻落实《关于进一步加强社会保险稽核工作的通知》（劳社部发〔2005〕4号）的要求，高度重视稽核队伍建设，大力完善稽核组织体系，确保内部审计工作的有效开展。各级社会保险机构主要领导要着力推动内控制度建设，贯彻执行内控制度的规定，严肃处理违反内控制度的机构和责任人，并在一定范围内予以通报，维护内控制度的严肃性，防止流于形式。

四、建立内控制度运行情况定期报告制度。从2007年起，各地要于每年12月底前将当年的内控工作总结报送我部社会保险事业管理中心。总结要全面反映年度内部审计工作情况，重点反映内控制度建设存在的问题和典型审计案例。各地要制定贯彻落实《内控办法》的具体实施细则，指定专人负责，并于2007年3月31日前将实施细则报送我部社会保险事业管理中心。对《内控办法》贯彻实施中发现的问题和修改完善建议，请及时向我部反映。

社会保险经办机构内部控制暂行办法

第一章　总　则

第一条　为了加强社会保险经办机构（以下简称“社会保险机构”）内部管理与监督，防范和化解运行风险，规范社会保险管理服务工作，确保社会保险基金安全，根据《中华人民共和国劳动法》《中华人民共和国审计法》《社会保险费征缴暂行条例》《社会保险稽核办法》《关于内部审计工作的规定》《社会保险审计暂行规定》《内部审计基本准则》等法规制度，制订本办法。

第二条　本办法所称的内部控制是指各级社会保险机构对系统内部职能部门及其工作人员从事社会保险管理服务工作及业务行为进行规范、监控和评价的方法、程序、措施的总称。内部控制由组织机构控制、业务运行控制、基金财务控制、信息系统控制等组成。

第三条　本办法适用于各级社会保险机构。

第四条　各级社会保险机构应建立健全内部控制制度，业务部门负责本业务环节的内部控制工作；稽核部门负责组织实施本地区、本部门管理范围内社会保险内部控制的监督检查工作。上级社会保险机构对下级社会保险机构的内部控制工作进行指导、监督和检查。

第五条　内部控制建设的目标：在全系统内建立一个运作规范、管理科学、监控有效、考评严格的内部控制体系，对社会保险机构各项业务、各个环节进行全过程的监督，提高社会保险政策法规和各项规章制度的执行力，保证社会保险基金的安全完整，维护参保者的合法权益。

第六条　内部控制建设应遵循以下原则：

（一）合法性。内部控制的各项内容规范、统一，符合国家有关社会保险政策、法规的要求。

（二）完整性。各项业务管理行为都有相应的制度规定和监督制约。所有部门、岗位和人员，所有业务项目和操作环节都在内部控制的范围内。

（三）制衡性。从组织机构的设置上确保各部门和岗位权责分明、相互制约，通过有效的相互制衡措施消除内部控制中的盲点。

（四）有效性。在岗位、部门和单位三级内控管理模式的基础上，形成科学合理的内部控制决策机制、执行机制和监督机制。建立合理的内控程序，保障内控管理的有效执行。

（五）适应性。各项具体工作制度和流程都应与管理服务实际相结合，根据需要及时进行调整、修改和完善，适应社会保险管理服务的变化。

第二章　内部控制的内容

第七条　组织机构控制

（一）建立完善的组织决策控制制度。对内部机构、岗位设置、决策程序、法人授权等作出规定。

（二）建立科学的人事管理制度。对岗位设置与职责、人员调配与使用、干部培训、考核与奖惩作出规定。

（三）建立明确的领导授权控制制度。对授权范围、权力监督、定期轮岗、离任审计等内容作出规定。

（四）建立有效的内控考评制度。对业务风险控制情况的评价、违反内控规定的处罚等内容作出规定。

第八条　业务运行控制

（一）规范业务操作规程。按照社会保险有关政策和法规，规范参保登记管理、缴费核定、账户管理、待遇审核、待遇支付、社会化管理、基金财务管理、计划统计管理、稽核监督等业务环节的操作流程。

（二）建立业务审核制度。办理社会保险各项业务时应严格审核相关报表、凭证等资料的真实性、完整性和有效性，出具的相关资料和凭证应规范统一，数据的修改应有严格的审批制度和程序，同时进行登记备案。

（三）明确各业务环节的工作范围、责任。各部门、岗位的业务管理、操作人员都应在其职权范围内开展工作，不得超越所授权限。各项业务环节既独立操作，又相互衔接、相互制约，实行业务初审及复核制度。

（四）实行办事公开。社会保险政策、业务流程、办理时限和内容以及经办人等应公开透明。

（五）建立档案资料保管制度。社会保险业务的原始资料以及办理过程中涉及的相关资料按照档案管理规定及时留存、归档、立卷、保管。

第九条 基金财务控制

（一）依法进行基金财务管理和核算。基金财务管理严格按照国家的法律、法规、政策和社会保险基金财务会计制度，建立明确的会计操作规程，对财务处理的全过程实施监督。

（二）建立严密的会计控制系统。依法建账，按照不同险种分账核算，各险种之间、统筹基金与个人账户不得相互挤占。合理运用会计方法对发生的业务进行账务处理，记账依据的原始凭证、记账凭证合法有效，更正会计记录应履行必要的审批手续，并记录在案。

（三）建立分工明确的岗位责任制。财务会计部门应设立会计负责人（主管）、记账、复核、出纳和财务网管等岗位，明确各岗位的职责范围，财务收支审批实行分级授权，未经授权不得越岗代办。出纳员不得兼任稽核、会计档案保管和收入、支出、费用、债权债务账目的登录工作；财务印鉴、票据、空白凭证实行专人管理并有登记。会计人员轮岗或调离时，必须严格履行交接手续。

（四）建立合理的责任分离制度。货币、有价证券的保管与账务处理相分离；重要空白凭证的保管与使用相分离；资金收支的审批与具体业务办理相分离；资金受理发放或待遇支付与审查相分离；信息数据处理与业务办理及会计处理相分离。

（五）完善账务核对制度。对不同账务应定期核对，做到账证、账账、账表、账实相符。

第十条 信息系统控制

（一）严格按照劳动保障部有关社会保险信息系统建设的标准规范业务系统和数据库建设，制定明确的操作流程和管理制度。

（二）根据业务流程和业务系统功能划分各个部门和岗位的职能，明确业务操作人员和系统维护人员等各类人员的职责和使用权限，并建立相应的管理制度，明确数据操作所依据的有效凭证和必须履行的审批手续。

（三）建立数据录入、修改、访问、使用、保密、维护的权限管理制度，加强对信息系统数据的监控，建立数据远程备份机制，确保数据安全。

（四）建立有效的信息交流反馈制度。对业务数据等信息管理、交流和反馈做出明确规定，确保管理层及时了解各项业务的办理情况和综合数据。

（五）按照国家有关规定使用网络。对于涉密信息需要在网上传输的进行加密处理。加强网络和计算机病毒防护，确保网络安全。

（六）建立机房和相关设备的管理制度。做好防火、防尘、防水、防磁、防雷击等工作，落实定期维护、故障处理、安全值班和出入登记等制度，确保设备的正常运转。

第三章　内部控制的管理与监督

第十一条　稽核部门应履行内控的管理与监督职能，依照国家有关社会保险政策、法规以及法规性文件，制定内控检查年度及日常工作计划，报单位主要负责人批准后，定期或不定期地对内部控制体系的运行情况进行检查。同时，社会保险机构内控制度运行情况接受社会保险基金监督行政部门的监督。

第十二条 稽核部门在对内控制度运行情况的检查过程中可以查阅、复制有关文件资料，检查有关凭证、账簿以及其他相关资料和资产等，对检查事项有关问题进行调查，对违反内部控制制度的行为做出临时处理决定。

第十三条 稽核部门应按照内审程序进行检查，做好检查笔录。笔录由稽核人员和被检查部门负责人签字或盖章。对主要资料要进行复印并由被检查部门负责人签字或盖章。稽核部门应将检查结果定期进行公示。

第十四条 稽核部门应对内控制度运行的检查情况作出评价。对内部控制检查中发现的问题，及时报告主要领导，并提出整改建议。

第十五条 各部门、岗位和业务环节应建立责任人差错追究制度，强化内部监督制约。

第十六条 建立健全内控考评机制。内控考评工作由各省（区、市）统一组织，采取本级自评、上一级考评的形式进行。内控考评工作每年进行一次，考评时限为上年度。考评内容：

（一）单位领导是否重视内控建设。包括单位领导对内控建设的关注和要求，建立有利于控制风险的组织架构等内容。

（二）社会保险机构是否制订科学合理的内部控制制度，并按内部控制制度规定完善业务操作规程和岗位责任制。

（三）各项业务是否严格按照业务操作规程办理，岗位责任制是否落实，是否存在滥用职权、徇私舞弊、玩忽职守等行为。

（四）各项业务办理环节中的办理手续是否完备，相关凭证是否真实有效，数据录入是否完整准确，相关岗位之间的制约是否落实。

（五）基金的收支是否符合标准和规定；是否存在社会保险基金被贪污、挪用、截留等现象。

第十七条 建立奖惩制度。对内控工作好的社会保险机构和个人进行表扬和奖励。社会保险机构工作人员不遵守内部控制制度而造成不良后果的，应视情节轻重追究相应行政责任，并予以相应处罚；情节严重构成犯罪的，依法追究刑事责任。

第四章 附 则

第十八条 各省（区、市）劳动保障行政部门可根据本办法，结合当地实际制定具体实施细则。

第十九条 本办法自发布之日起执行。

人力资源和社会保障部关于推进社会保险标准贯彻实施工作的意见

（2015年7月7日　人社部发〔2015〕63号）

各省、自治区、直辖市及新疆生产建设兵团人力资源社会保障厅（局）：

《关于开展社会保险标准化工作的指导意见》（人社厅发〔2010〕41号）实施以来，社会保险标准体系架构基本形成，标准制定工作有序推进，标准贯彻实施也在部分地区进行有益探索。目前，随着标准发布数量不断增加，标准化建设工作重心将从以制定为主向制定与贯彻并重转变，现就推进社会保险标准贯彻实施工作提出如下意见：

一、指导思想

围绕“健全社会保障经办管理体制，建立更加便民快捷的服务体系和《社会管理和公共服务标准化工作‘十二五’行动纲要》”的总体要求，着眼于建立和完善社会保险领域统一规则和秩序，以优化服务形象、规范经办管理为重点，以宣传发动、完善技术平台、开展试点、检查评价等为主要手段，以标准化服务品牌建设为载体，在社会保险管理服务机构和领域全面推进标准化建设和标准的广泛使用，不断提升社会保险管理服务效率、质量和水平。

二、基本原则

（一）突出重点，急用先行。立足于社会保险经办管理服务现状和发展趋势，围绕提高管理水平、提升公共形象、提供便捷服务，以需求为导向，急用先行，有重点地推进社会保险标准的贯彻实施。

（二）以点带面，循序推进。以国家级社会管理和公共服务综合标准化试点为龙头，同时积极探索单项国家标准和行业标准试点，鼓励地方自行试点，带动社会保险标准化工作全面开展。坚持发布一批，实施一批，并从基础性和操作性强、改进服务和优化形象效果好的方面抓起，循序渐进地推进社会保险领域标准的贯彻实施。

（三）立足实际，提质增效。贯彻实施社会保险标准要为优化参保登记、征缴稽核、关系转续、待遇支付等经办管理服务，为队伍建设、信息化建设、档案管理、服务场所建设等基础管理服务，为社会保险经办机构推广行为规范、纪律要求、文明用语、视觉识别等品牌形象服务。同时，兼顾内外部监督体系的建立与完善。

（四）调动资源，形成合力。充分利用各方资源，积极争取有关部门的支持，借助标准化研究院的外脑和舆论媒体的外力，形成中央与地方上下联动、齐心协力、齐抓共管的良好氛围和工作机制。

三、主要目标

（一）总体目标。全面贯彻实施《人力资源和社会保障标准体系》（人社部发〔2010〕53号）规定的相关社会保险标准，不断提高各级社会保险经办机构对标准及标准化的认知和践行能力，逐步形成具有行业特点与优势的社会保险鲜明品牌。2015—2017年，《人力资源和社会保障标准化规划（2011—2015年）》中70%以上的社会保险标准在省级和地市级社会保险经办机构贯彻实施，带动县级社会保险经办机构试点，形成贯彻实施正常工作机制；到2020年，各级社会保险经办机构基本实现标准化建设，社会保险服务、评价、管理等全程纳入标准化管理轨道。

（二）近期目标。2015—2017年，在省级、地市级以及试点县级社会保险经办机构，社会保险标准贯彻实施实现“三统一”。

1. 统一业务术语。养老、医疗、工伤、失业、生育等术语类国家标准普遍应用于社会保险各类业务领域，实现社会保险专业术语的规范化和一致性。

2. 统一服务形象。全面完成《社会保险视觉识别系统》行业标准的贯彻实施，分类推进、分项实施《社会保障服务中心设施设备要求》国家标准，实现设施设备、标志标识等视觉识别元素规范统一。

3. 统一服务流程。全面实施《社会保险服务总则》和《社会保险经办业务流程总则》。在此框架下，社会保险费申报缴纳、城乡居民养老保险服务、社会保险待遇支付和享受、社会保险关系转移、社会保险咨询服务等业务的标准化普及率达到90%以上。

（三）中期目标。2018—2020年，在县以上社会保险经办机构全面落实“三统一”的基础上，社会保险标准贯彻实施实现“三规范”。

1. 规范基础管理。社会保险基金预算、个人账户、业务档案、精算支持、科技应用等基础工作基本实现标准化管理，推动运行和决策水平有效提升。

2. 规范风险防控。全面实施《社会保险内部风险防控业务规范》《社会保险征缴稽核业务规范》《社会保险待遇资格认证规范》等标准，有效推进社会保险管理领域的风险防控。

3. 规范评价体系。广泛应用《社会保险经办绩效评价规范》《社会保险信息披露要求》等标准，并结合社会保险窗口单位服务规范、纪律要求和文明用语的不断完善，形成依据合理、指标完善、方法科学的服务质量评价体系，并将评价结果与激励约束有机结合。

四、推进重点

（一）加速贯彻实施社会保险标准。对已出台的、以及“十三五”期间具备贯彻实施时间条件的国家标准和行业标准，要明确重点加速推进；在创建社会保险标准化建设“先行城市”的基础上，树立和打造社会保险服务标准化“示范城市”。

1. 推动重点标准全面应用。以《社会保险服务总则》框架为基础，到2020年底，全面应用《社会保险经办业务流程总则》《社会保险咨询服务规范》《社会保险视觉识别系统》《社会保障服务中心设施设备要求》《社会保险业务档案管理规范》《社会保险经办绩效评价规范》等重点标准。

2. 推进地方标准体系的建立和实施。已承担国家级社会管理和公共服务综合标准化试点项目的单位，要按照试点项目要求搭建并普遍运行地方标准体系；未承担试点项目的单位也要积极构建地方标准体系。力争到2020年底，地市以上城市全部建立和运行地方标准体系。

3. 培育标准化典型城市。以“三统一”和“三规范”为基础，创建100个社会保险标准化建设“先行城市”，市、县的比例分别为75%和25%。在此基础上，每个省份至少树立和打造一个“示范城市”。

（二）完善标准化技术平台。夯实全国社会保险标准化技术指导机构，建立省域标准化技术服务平台，不断完善全国资源汇集、省际交流协作、省域统筹指导的标准化技术支撑体系。

1. 加强全国社会保险标准化技术委员会建设。充分发挥“十三五”标准化建设工程重点项目的作用，不断充实专家和工作队伍，建立健全工作制度，拓宽资金筹集渠道，在标准制定和贯彻两个层面，从专业队伍培养、专项资金投入、专家技术服务等领域，加大对地方的扶持力度。

2. 搭建省域标准化技术服务平台。各省份要参照全国社会保险标准化技术委员会的组织框架和运行模式，充分考虑社会保险标准化工作实际，优先吸纳标准化技术人才和标准制定工作组成员，明确机构、人员、经费等工作条件，组建并不断完善省域技术服务平台，承担相应的标准制定和贯彻任务。

3. 建立与专业组织协作机制。借助各级标准化技术部门专业优势，引入“外脑”，做好标准制定工作的同时，共同推动标准的贯彻实施工作。同时，积极向有关部门申请社会保险标准化领域课题，研究社会保险标准化及其宣传贯彻方法，并及时将研究成果转化到实际工作中，提高标准化建设的效率和水平。

（三）营造标准贯彻工作氛围。推动社会保险标准化建设在系统内深入人心，推动社会保险标准知行合一，推动以制定为主向以贯彻为主的工作重心转换。同时，加大对标准化建设经验和效果的社会宣传力度。

1. 加强宣传引导。面向全社会和系统内部，重点宣传标准化在“形象”和“规范”建设方面所发挥的作用和取得的成效。完善工作简报、开辟专栏等传统宣传方式，开拓网络、微信息等新型宣传方式，通过主流媒体和系统内部媒体宣传标准贯彻实施的社会效益和典型经验。

2. 加大培训力度。充分发挥“社会保险人才队伍建设工程”项目优势，将标准化培训列入各级社会保险经办机构年度培训计划，引入标准化专业机构力量，借助全国和省域标准化技术平台，开展多渠道、多层次的标准化师资和专业技术人才培训。

3. 创新培训方式。近期，通过开发全国统一教材、进行实地培训、发放讲座光盘等形式开展标准化普及型培训和专项培训；中期，通过实施网络在线教育、实施网络互动交流等方式，开展全方位培训。建立共享网络平台，提供标准化的各类文件及各地区的优秀经验交流材料下载和讨论。

（四）开展标准应用评价。坚持综合评估与专项评估相结合、外部评估与内部评估相结合的原则，有计划、有步骤推进标准应用情况和效果的客观评价。

1. 实施综合评估。承担国家级社会管理和公共服务综合标准化试点项目的单位，要配合国家标准化管理委员会有关部门做好中期评估和试点验收工作。同时，部社保中心将组织制定

"先行城市"和"示范城市"评价办法和指标体系，并统一组织验收。

2. 组织专项评估。对重点标准，部社保中心将分别在2017年底和2020年底，严格对照相应国家标准或行业标准的要求，组织两次评估验收。

3. 开展自查自评。在近期和中期，由省级社会保险经办机构按年度分别对"三统一"和"三规范"目标进展情况开展自查自评，并于每年底将自评报告报部社保中心，部社保中心以专项调研、会议等形式组织抽查。

五、工作要求

（一）加强组织领导。各级人力资源社会保障部门要把社会保险相关标准贯彻实施作为重要工作，设立有关负责人和相关部门组成的专项工作组或建立联席会议制度；指定部门负责本系统、本单位的标准化管理工作，并配备专（兼）职标准化管理人员；制定完善标准化工作管理制度，建立长效管理机制，确保将社会保险领域相关标准落到实处。

（二）制定工作方案。各级社会保险经办机构要研究制定本地社会保险标准贯彻实施总体规划和方案，明确具体目标任务、工作措施和时间进度，落实责任，对执行中可能出现的问题进行预判，并制定应对预案。2015年9月底之前，各省份应将工作方案报送部社保中心。

（三）认真抓好落实。各地要按照工作规划和方案，严格进度与质量要求，跟踪贯彻实施标准进程，做好督导工作。稳步推进各类标准化试点工作，着力打造标准化服务和管理品牌。通过"十三五"规划立项，整合多方资源，争取当地政府以及发改、质监等部门的支持与帮助，拓展资金来源渠道，规范使用标准化建设资金，并向标准贯彻实施倾斜。

山东省劳动和社会保障厅 省档案局
关于印发《山东省工伤保险档案管理暂行办法》的通知

（2006 年 8 月 2 日　鲁劳社〔2006〕37 号）

各市劳动和社会保障局、档案局：

现将《山东省工伤保险档案管理暂行办法》印发给你们，并提出以下意见，请结合实际，一并贯彻执行。

一、切实加强领导。各市要统一思想，提高认识，进一步加强对工伤保险档案工作的领导。各级工伤认定、劳动能力鉴定、工伤保险业务经办机构要按照本办法要求，明确一名领导具体分管，并配备专（兼）职档案管理人员，负责档案管理工作。

二、严格档案管理制度。要以落实本办法为契机，进一步健全完善工伤保险档案的分类、登记、借阅、保存、保密、销毁等各项管理制度，使档案管理逐步规范化、制度化、科学化。

三、加强对档案管理工作的监督和指导。各级档案行政管理部门要加强对工伤保险档案的指导电各级工伤认定、劳动能力鉴定、工伤保险业务经办机构要做好对下一级机构档案工作的监督和业务指导。省里将定期对各市工伤保险档案管理情况进行检查。

四、各市要结合工作实际，制定适合本地特点的实施方案，并报省劳动保障厅备案。

山东省工伤保险档案管理暂行办法

第一章　总　则

第一条　为规范工伤保险档案管理，根据《中华人民共和国档案法》和《工伤保险条例》等法律法规，结合山东实际，特制定本办法。

第二条　本办法所称的工伤保险档案是指在工伤认定、劳动能力鉴定、工伤保险业务经办等工作中采用或形成的文字、图表、照片、声像、电子等形式具有保存价值的原始记录。具体包括工伤认定、劳动能力鉴定、工伤保险业务经办等三部分。

第三条　我省各级工伤认定、劳动能力鉴定、工伤保险业务经办机构应当按照本办法规定做好档案管理工作。

第四条　工伤保险档案是国家档案全宗的重要构成。各级劳动和社会保障部门、档案行政管理部门应做好对工伤保险档案工作的监督和指导；各级工伤认定、劳动能力鉴定、工伤保险业务经办机构应做好对下一级机构档案工作的业务指导。

第五条　各级工伤认定、劳动能力鉴定、工伤保险业务经办机构应明确一名领导分管档案工作，研究制定本单位档案工作计划和管理制度，解决档案管理工作中遇到的实际问题。

第六条　各级工伤认定、劳动能力鉴定、工伤保险业务经办机构应当设立档案室，配备政治素质高、业务技能强，数量充足的档案工作人员。具体负责以下工作：

（一）收集本单位形成的、应该归档的文书、科技、照片、声像、电子、实物等类文件材料，并按照要求整理归档。

（二）收集保管本单位业务活动中形成的业务、会计、电子等门类档案，编制相应的检索工具。

（三）指导和监督本单位各部门文件材料的形成、积累和整理归档工作。

（四）指导和监督下一级机构的档案管理工作。

（五）按规定向国家综合档案馆、劳动和社会保障部门或其他单位移交档案。

第七条 各级工伤认定、劳动能力鉴定、工伤保险业务经办机构应当建立健全各种文件材料归档以及档案保管、保密、登记统计、查阅利用、鉴定销毁等规章制度。

第八条 各级工伤认定、劳动能力鉴定、工伤保险业务经办机构应当建立档案工作岗位责任制，把文件材料的收集、积累、整理归档工作纳入相关工作程序，列入相关人员的岗位责任，并严格考核，与奖惩挂钩，确保应归档文件材料的齐全、准确、完整。

第二章 文件材料整理归档

第一节 整理归档总要求

第九条 各级工伤认定、劳动能力鉴定、工伤保险业务经办机构应当依据国家及本办法有关规定，结合本单位的实际，制定并严格执行本单位各类档案的归档范围和保管期限表。

第十条 各业务处（科、股）室或相关人员应按归档制度的要求认真收集整理应归档的文件材料，及时向档案室归档。业务档案应遵循办结归档、谁办理谁整理谁归档的原则，由具体业务承办人员负责，随办理随收集，办结整理，按时归档。

第十一条 工伤保险档案整理应当遵循文件材料的形成规律，保持文件之间有机联系，便于保管和利用。

第十二条 文书档案依照《归档文件整理规则。以件为单位进行整理。会计档案依照《会计档案管理办法》进行整理。照片档案依照《照片档案管理规范》进行整理。科技档案按照《科学技术档案案卷构成的一般要求》进行整理。

第二节　工伤认定文件材料整理归档

第十三条　工伤认定过程形成的工伤认定决定、调查笔录、送达回执和当事人、其他相关单位或人员提供的工伤认定申请表、单位职工工伤报告表、身份证明、医疗诊断证明或者职业病诊断证明书等文件材料，均应当收集归档。

第十四条　工伤认定文件材料实行一案一件，以件为单位进行整理。一个案件形成或采用的所有文件材料应组合到一起，视为一件。按照结论在前、证明材料在后的原则，一般按照认定决定、送达回执、审核调查顺序排列装订，认定决定排在最前面，其首页为本件档案的封面。在封面上天白处加盖归档章。归档章设全宗号、类别、年度、件号等项目。件号为认定决定编号。

区分年度，按照件号顺序编制工伤认定档案目录。工伤认定档案目录设置件号、申请人、所在单位、认定结论、认定时间、页数等项目。

区分年度，按照件号顺序装盒保管。档案盒的规格尺寸以及封面、脊背项目设置参见《归档文件整理规则（DA/T22-2000）附录。

工伤认定文件材料由专人负责收集，案结档成，按本单位归档制度要求向档案部门移交。

工伤认定档案一般应长期保存。

第三节　劳动能力鉴定文件材料整理归档

第十五条　劳动能力鉴定过程中形成的鉴定表、鉴定结论通知书、送达回执和当事人、相关单位提供的劳动能力鉴定申请、工伤认定决定、工伤诊治病历、出院小结、相关检查和其他证明材料等，以及委托鉴定的委托书，均应归档。

第十六条　劳动能力鉴定文件材料实行一案一件，以件为单位进行整理。一个案件形成或采用的所有文件材料应组合到一起，视为一件。结论在前、证明材料在后，一般按照鉴定结论、送达回执、审核鉴定顺序排列装订，鉴定结论排在最前面，其首页为本件档案的封面。在封面上天白处加盖归档章。归档章设全宗号、类别、年度、件号等项目。件号为鉴定结论编号。

区分年度，按照件号顺序编制劳动能力鉴定档案目录。目录设置件号、申请人、所在单位、鉴定结论、鉴定时间、页数等项目。

区分年度，按照件号顺序装盒保管。档案盒的规格尺寸以及封面、脊背项目设置参见《归档文件整理规则》（DA/T222000）附录。

劳动能力鉴定文件材料由专人负责收集积累，鉴定结论形成后装订成件，按单位归档制度规定向单位档案部门移交。

劳动能力鉴定档案一般应长期保存。

第四节　工伤保险经办文件材料整理归档

第十七条　工伤保险经办文件材料可以细分为工伤保险登记、工伤保险费征缴、工伤医疗康复与辅助器具配置管理、待遇审核、待遇支付、稽核监督等属类。

第十八条　工伤保险登记类档案记录和反映各参保单位的参保和变更变化情况，宜采用一单位一档的办法，分单位装盒，永久保管。其档号为参保单位登记号。同一单位的档案以件为单位进行装订，按工伤保险工作程序结合文件形成时间顺序排列，流水编写件号。

第十九条　工伤保险费征缴类档案应按缴费单据的编号顺序，或区分经办人结合工作月（周）分别装订成册，加封卷皮，分年度流水编写卷号，装盒短期保管。

第二十条　工伤医疗康复与辅助器具配置管理类档案应以件为单位进行装订，按工伤保险业务经办程序结合文件形成时间顺序排列，流水编写件号。

第二十一条 待遇审批过程中形成的工伤保险待遇审批表、工伤医疗费审核通知单等文件材料，申请人或相关单位提供的工伤认定决定，停工留薪审批表，工伤职工身份证复印件．医疗费原始发票（不可以是复印件）；职业病诊断证明，劳动能力鉴定结论，职工受伤前平均月缴费工资核定表，伤残疾辅助器具安装审批表；死亡证明、供养亲属户籍证明、身份证明和生前供养证明等申报证明材料（可以是复印件），均应归档。

每笔待遇审批业务形成和采用的文件材料应视为一件。工伤保险待遇审批表为正件，其他材料为附件，正件在前，附件在后，装订到一起。区分年度，按业务经办的时间先后顺序排列．顺序编制件号。在每件的封面即工伤保险待遇审批表上天白处加盖归档章。归档章设全宗号、类别、年度、件号。类别为“待遇审批”。

待遇审批档案应分年度按照件号顺序登记编制待遇审批档案目录。目录设置件号、申请人、所在单位、待遇审批类型，审批时间、页数等项目。

待遇审批档案应区分年度，按件号顺序装盒管理。档案盒的规格尺寸以及封面、脊背项目设置参见《归档文件整理规则》（DA/T22-2000）附录。

待遇审批档案一般应短期保存。

待遇审批文件材料按照谁经办谁负责的原则，由具体经办人员负责收集积累，随办随归，办结档成。按照本单位归档制度的规定，向档案部门移交。

第二十二条 待遇支付过程中形成的工伤保险待遇拨付表、拨付单位工伤待遇明细表（月）、工伤医疗费单位核定明细表、银行代发定期工伤待遇汇总表、工伤待遇医院拨付明细表、协议医院工伤保险统筹金拨付单等文件材料，均应归档。

待遇支付文件材料每自然件为一件，区分保管期限和拨付类型，按时间先后排列。分保管期限顺序编写件号，在每件封面的上天白处加盖归档章，填写全宗号、类别、保管期限、年度、件号。类别为“待遇支付”。

区分保管期限和年度，按件号顺序编制待遇支付档案目录。

目录设置件号、责任者、文件题名、时间、页数等项目。

待遇支付档案区分保管期限和年度，按件号顺序装盒管理。

档案盒的规格尺寸参见《归档文件整理规则》（DA/T22-2000）附录。脊背设置类别、保管期限、年度、起止件号等项目。

待遇支付单笔业务或明细表（月）一般保存5年。年度明细表长期保存。年度汇总表应永久保存。

待遇支付文件材料由经办机构兼职档案人员负责收集积累，于第二年年初整理归档。

第二十三条 稽核监督过程中形成的稽核结论、稽核通知书、稽核工作记录以及采用的各种证明材料均应归档。

稽核监督文件材料实行一案一卷方法整理。参照《审计文件材料立卷归档程序》进行整理，确定保管期限。档号由全宗号、类别、保管期限、卷号构成。

稽核监督档案应按照档号顺序编制稽核监督档案目录。目录格式及项目设置参照《文书档案案卷格式》规定的案卷目录格式。

稽核监督文件材料按照谁稽核谁立卷的原则由稽核人员负责收集整理。按照本单位归档制度规定向档案部门移交。

第五节 电子文件整理归档

第二十四条 工伤认定、劳动能力鉴定、工伤保险业务经办过程中形成的电子公文、电子报表、数码音像等电子文件，均应归档保存。

第二十五条 坚持纸质文件、电子文件长期并存原则，在收集电子文件的同时，能够形成纸质文件的应该输出至少一份纸质文件，与其一同归档保存。

第二十六条 应归档的电子文件按照《电子文件归档与管理规范》进行整理。

第二十七条 归档电子文件应一式3套，1套提供利用，1套封存，1套寄存到本地国家综合档案馆。

第三章 档案保管与利用

第二十八条 各级工伤认定、劳动能力鉴定、工伤保险业务经办机构应当设置专门的档案库房，配置符合国家标准要求的档案装具，集中保管所有档案。库房中的档案应区分门类，按档号顺序排列上架。档案库房应配备温湿度测量、除湿、空气调节、灭火、吸尘、消毒灭菌等设备，完善各种设施，达到防火、防盗、防尘、防强光、防高温、防高湿、防虫鼠、防污染、防水淹等“九防”要求。

第二十九条 档案人员每日应对库房温湿度进行记录，及时采取措施，使库房温度保持在14℃—24℃之间，相对湿度保持在45%—60%之间，最大限度地延长档案的寿命。

第三十条 档案收进移出应严格履行手续，认真填写收进移出登记簿。

第三十一条 档案人员应定期对所存档案进行检查，发现问题，及时向分管领导汇报，采取措施予以解决，并形成检查记录或检查报告。

第三十二条 根据工作需要配备计算机、复印机、扫描仪、光盘刻录机、磁带机等设备，采用功能齐全、性能稳定、数据安全的档案管理软件，有计划地开展档案著录和数字化工作，逐步实现档案整理编目和提供利用的现代化。

第三十三条 各单位设计开发的工伤保险管理信息系统应充分考虑档案管理的要求，逐步实现业务经办与归档管理的一体化。

第三十四条 档案人员应当熟悉室藏档案情况，主动了解单位各项工作对档案的利用需求，采取多种方式积极为各方面服务。提供利用时，要坚持原则，加强管理，确保档案安全使用。坚持做好查借阅登记和利用效果反馈登记，定期编写档案利用效果典型实例。

第三十五条 档案工作人员应根据单位工作需要，及时编写或配合有关部门编写文件汇集、业务信息等档案参考资料。

第三十六条 档案工作人员应当定期对档案的门类、数量及其保管利用情况进行统计和分析，提出改进管理的意见和措施。

第三十七条 档案工作人员应当及时提出档案鉴定建议，由单位分管领导组织相关人员对到期档案进行鉴定，判断存毁。经鉴定，确无需继续保存的，应进行登记造册，经单位负责人审查批准后，按规定进行销毁。

第四章 附 则

第三十八条 各级劳动和社会保障部门、档案行政管理部门可以根据《档案法》及其实施办法、《山东省档案条例》规定对在工伤保险档案收集、整理、保管、抢救和提供利用等工作中做出突出成绩的人员给予表彰和奖励。

第三十九条 本办法中“短期”是15年，“长期”是50年。

第四十条 本办法由山东省劳动和社会保障厅、山东省档案局负责解释。

第四十一条 本办法自发布之日起施行。

（二）经办规程

劳动和社会保障部关于印发城镇职工基本医疗保险业务管理规定的通知

（2000年1月5日　劳社部函〔2000〕4号）

各省、自治区、直辖市劳动（劳动和社会保障）厅（局）：

为了贯彻落实《国务院关于建立城镇职工基本医疗保险制度的决定》（国发〔1998〕44号），加快推进医疗保险制度改革，按照系统化、规范化、科学化的要求开展医疗保险经办业务，我部制定了《城镇职工基本医疗保险业务管理规定》（以下简称《管理规定》）。现印发给你们，请认真贯彻执行，并就有关问题通知如下：

一、各级劳动保障部门所属的社会保险经办机构负责统一经办基本医疗保险事务，特别是要做好基金的征缴、管理和支付工作。省级劳动保障部门和统筹地区劳动保障部门要组织社会保险经办机构认真执行《管理规定》，并结合本地实际，研究制定具体实施办法，建立各管理环节的岗位职责与工作制度，加强基金管理各操作环节的监控。省一级的实施办法要报我部社会保险事业管理局备案。

二、各级劳动保障部门要指导社会保险经办机构切实加强基本医疗保险的基础管理工作，建立健全统计信息、档案资料的管理制度，并按部的统一规划开发相关的数据库。

三、要注意做好基本医疗保险管理人员的业务培训。我部将有计划地组织各地及统筹地区经办医疗保险业务的骨干进行业务培训。各地劳动保障部门也要制定培训计划，组织对具体经办人员进行专业培训。

四、各地在落实《管理规定》的过程中，要善于发现、认真研究、及时解决基本医疗保险管理工作中的新情况、新问题，不断改进工作、完善管理，涉及全局的问题，请及时向我部社会保险事业管理局反映。

城镇职工基本医疗保险业务管理规定

为规范全国基本医疗保险业务管理工作，根据《国务院关于建立城镇职工基本医疗保险制度的决定》（国发〔1998〕44号）和其他有关规定，制定本规定。

一、登记与缴费核定

（一）受理缴费单位（或个人）填写的社会保险登记表及其所提供的证件和资料，并在自受理之日起10个工作日内审核完毕。对符合规定者予以登记，并发给社会保险登记证，负责办理社会保险登记的变更、注销事宜。

（二）建立和调整统筹地区内缴费单位和个人参加城镇职工基本医疗保险的基础档案资料（缴费单位与缴费个人的基础档案资料主要项目见附件2与附件3）。

（三）根据上年度基本医疗保险缴费情况，以及统筹基金和个人账户的支出情况，本着收支平衡的原则，制定本年度的基本医疗保险费征集计划。

（四）对缴费单位送达的申报表，代扣代缴明细表及其他有关资料进行审核，认真核定参保人数和缴费单位与个人的缴费工资基数、缴费金额等项目。向用人单位发放缴费核定通知单。

（五）对于按规定应参加而未参加基本医疗保险的单位（或个人），要及时发放《办理社会保险手续通知单》，督促其尽快补办参保手续。

（六）按规定为在统筹地区内流动的参保人员核转基本医疗

保险关系。对跨统筹地区流动的，除按规定核转其基本医疗保险关系外，还应通知费用记录处理和待遇支付环节，对个人账户进行结算，为其转移个人账户余额，并出具转移情况表。

（七）定期稽核基本医疗保险缴费单位的职工人数，工资基数和财务状况，以确认其是否依法足额缴纳基本医疗保险费。

（八）由税务机关征收基本医疗保险的地区，社会保险经办机构要逐月向税务机关提供缴费单位（或个人）的基本医疗保险登记情况及缴费核定情况。

二、费用征集

（一）根据基本医疗保险缴费单位和个人的基础档案资料，确认缴费单位（或个人）的开户银行、户名、账号、基本医疗保险主管负责人及专管员的姓名、联系电话等情况，并与缴费单位建立固定业务联系。

（二）依据核定的基本医疗保险费数额，开具委托收款及其他结算凭证，通过基本医疗保险基金收入户征集基本医疗保险费，或者由社会保险经办机构直接征集。

（三）以支票或现金形式征集基本医疗保险费时，必须开具“社会保险费收款收据”。

（四）及时整理汇总基本医疗保险费收缴情况，对已办理申报手续但未及时、足额缴纳基本医疗保险费的单位（或个人），经办机构要及时向其发出《社会保险费催缴通知书》；对拒不执行者，将有关情况及时上报劳动保障行政部门，由其下达《劳动保障限期改正指令书》；逾期不缴纳者，除责其补缴欠缴数额外，从欠缴之日起，按日加收2‰滞纳金。

（五）保费征集情况要及时通知待遇审核和费用记录处理环节。对欠缴基本医疗保险费的单位（或个人），从次月起暂停其享受社会统筹基金支付的待遇；欠缴期内暂停记载个人账户资金，不计算参保人员缴费年限，等补齐欠费和滞纳金后，方可恢复其待遇享受资格，补记个人账户。

（六）定期汇总、分析、上报基本医疗保险费征缴情况，提出加强基本医疗保险费征集工作的意见和建议。

三、费用记录处理

（一）根据缴费单位和个人的基础档案资料，及时建立基础档案库及个人账户。

（二）根据费用征集环节提供的数据，对单位和个人的缴费情况进行记录，及时建立并记录个人账户（个人账户主要记录项目见附件4）。个人缴纳的保险费计入个人账户；单位缴纳的保险费按规定分别计入个人账户和统筹基金。根据待遇支付环节提供的数据，对个人账户及统筹基金的支出情况进行记录，以反映个人账户和统筹基金的动态变更情况。

（三）由税务机关征收基本医疗保险费的地区，社会保险经办机构要根据税务机关提供的缴费单位（或个人）的缴费情况对个人账户进行记录，同时将有关情况汇总，报劳动保障行政部门。

（四）按有关规定计算并登记缴费个人的个人账户本息和缴费年限。

（五）负责向缴费单位和个人提供缴费情况及个人账户记录情况的查询服务。对缴费记录中出现的差错，要及时向相关业务管理环节核实后予以纠正。

（六）根据登记与缴费核定环节提供的缴费单位和个人的变动情况，向登记与缴费核定环节及待遇支付环节提供变动单位和个人的基础资料及个人账户的相关情况。

（七）对缴费单位、定点医疗机构、定点零售药店等报送的基本医疗保险统计报表，定期进行统计汇总与分析，按规定及时向上级社会保险经办机构报送。

（八）缴费年度初应向社会公布上一年度参保单位的缴费情况；每年至少向缴费单位或个人发送一次个人账户通知单，内容包括个人账户的划入、支出及结存等情况；每半年应向社会公布一次保险费征收情况和统筹基金支出情况，以接受社会监督。

四、待遇审核

（一）按照有关规定确定定点医疗机构和定点零售药店，并与之签订服务协议，发放定点标牌。

（二）向缴费单位和个人发放定点医疗机构选择登记表，并组织、指导其填报。根据参保人员的选择意向、定点医疗机构的服务能力及区域分布，进行统筹规划，为参保人员确定定点医疗机构。

（三）指导缴费单位的基本医疗保险专管员（或缴费个人）填写基本医疗保险待遇审批表，按规定进行审核，并向参保人员发放基本医疗保险证（卡），同时将相关信息及时提供给定点医疗机构和定点零售药店。

（四）及时掌握参保人员的缴费情况及医疗保险费用支出的相关信息。对欠缴基本医疗保险费的单位（或人个），从次月起暂停由社会统筹基金向参保人员支付待遇。

（五）接受定点医疗机构、定点零售药店的费用申报以及参保人员因急诊、经批准的转诊转院等特殊情况而发生的费用申报，按有关规定进行审核。核准后向待遇支付环节传送核准通知，对未被核准者发送拒付通知。

（六）负责建立参保人员的基本医疗保险档案，主要包括就医记录、个人账户及统筹基金的使用情况等。

（七）按照有关政策规定，负责定期审核、调整参保人员所应享受的保险待遇。

（八）按照有关法规和协议，对定点医疗机构和定点零售药店进行监督检查，对查出的问题及时处理。

五、待遇支付

（一）确认缴费单位或个人享受基本医疗保险待遇资料，编制人员名册与台账或数据库。

（二）根据有关规定，研究确定基本医疗保险待遇的支付方式以及与定点医疗机构、定点零售药店的结算方式和结算时间。

（三）根据待遇审核环节提供的核准通知及申报资料，按协议规定的时间与定点医疗机构和定点零售药店进行结算，及时拨付结算款。

根据有关规定，核退个人垫付的应由基本医疗保险统筹基金支付的款项；为跨统筹地区流动的参保人员转移个人账户余额；向参保人员继承人支付个人账户余额；

（四）对个人账户和统筹基金的支出情况及时进行登记，并将有关支出数据提供给费用记录处理环节。

（五）与银行、缴费单位、定点医疗机构和定点零售药店等建立经常性的业务联系，以便于相互协调配合。

六、基金会计核算与财务管理

（一）根据国家有关规定，在国有商业银行设立基金收入户和支出户，收入户只能向财政专户划转基金，不得发生其他支付业务；支出户只接受财政专户拨付的基金及该账户的利息收入，不得发生其他收入业务。

（二）根据审核后的原始凭证及时编制基本医疗保险费收入和支出记账凭证，同时按规定对基本医疗保险费的实际收支进行审核。

（三）根据原始凭证、汇总凭证或记账凭证，登记基本医疗保险明细分类账或现金日记账、收入户存款日记账、支出户存款日记账、财政专户存款日记账。定期汇总记账凭证，填制记账凭证科目汇总表，试算平衡后登记总账，并将明细账金额分别与总账进行核对，无误后进行结账。

（四）每月与开户银行对账，确保账账、账款相符；编制银行存款余额调节表，及时调整未达账项；对因银行退票等原因造成的保险费欠收，要及时通知费用征集环节，查明原因、采取措施，确保保险费收缴到位。按照有关规定，与财政部门（税务部门）定期对账。

（五）按照计算、提取保险费用，并编制凭证，保险基金当年入不敷出时，按《社会保险基金财务制度》有关条款的规定执行。

（六）根据保险基金的实际结存情况，在满足周转需要的前提下，按照有关规定，及时办理基金存储或购买国债的手续；建立银行定期存款和各种有价证券备查账，掌握银行存款及有价证卷的存储时间与金额，按时办理银行存款及有价证券的转存、兑付及保管工作。

（七）指导和监督费用征集、费用记录和处理和待遇支付等工作，建立应缴未缴、应付未付保险基金备查簿，以及各种业务台账，定期进行核对、清理，加强对各种暂付款、借入款、暂收款等的管理。

（八）按要求定期编报会计报表，正确反映基金的收支结存情况，并提供基金筹集、使用、管理等情况的分析报告。

（九）年度终了前，根据本年度基金预算执行情况和下年度基金收支预测，编制次年的基金预算草案。基金预算草案由劳动保障部门审核后报财政部门审核，经同级人民政府批准后执行。在预算执行中，遇有特殊情况需调整预算时，应编制预算调整方案，并按上述报批程序执行。定期向同级劳动保障行政部门和财政部门报告预算执行情况。

（十）年度终了后，编制年度基金财务报告。年度基金财务报告经劳动保障部门核准后报同级财政部门审核，经同级人民政府批准形成基金决算，并逐级上报。

（十一）制定、完善内部的财务管理制度，充分发挥会计的反映、监督职能。

（十二）建立和完善保险基金预警制度，定期组织有关人员对基金收支情况进行分析、预测。计算机管理系统要具备较为完善的基金监控、分析、评价、预测功能。

附件：1. 城镇职工基本医疗保险业务管理图

2. 缴费单位基础档案资料主要项目

3. 缴费个人基础档案资料主要项目

4. 个人账户主要记录项目

（附件本书略）

人力资源和社会保障部关于印发新型农村社会养老保险经办规程（试行）的通知

（2009年11月30日　人社部发〔2009〕161号）

各省、自治区、直辖市人力资源社会保障（劳动保障）厅（局）、新疆生产建设兵团劳动保障局：

为做好新型农村社会养老保险（以下简称“新农保”）试点的组织实施工作，规范新农保经办管理服务工作，按照《国务院关于开展新型农村社会养老保险试点的指导意见》（国发〔2009〕32号文件）确定的基本原则和主要政策，我部制定了《新型农村社会养老保险经办规程（试行）》（以下简称《规程》）。现印发你们，并就贯彻执行《规程》提出如下要求：

一、充分认识加强新农保经办管理服务工作的重要性和必要性。开展新农保试点工作，是深入贯彻落实科学发展观，加快建立覆盖城乡居民社会保障体系的重要工程，是党中央、国务院的一项重大决策部署。制定和施行统一规范的经办规程，是确保新农保试点顺利实施的重要基础性工作，对于规范经办行为、提高管理服务水平、加快推进新农保信息系统建设具有重要意义。各地要认真组织学习《国务院关于开展新型农村社会养老保险试点的指导意见》，深刻认识建立新农保制度的重大意义，深入了解新农保制度的基本原则和主要政策，深入了解新农保试点对经办管理服务工作的明确要求。各级社会保险经办机构和乡镇劳动保障工作平台的工作人员要充分认识统一和规范经办流程的重要性和必要性，认真学习《规程》的各项内容，熟练掌握《规程》

的具体要求。要采取通俗易懂、灵活多样的形式，广泛宣传国家的新农保政策和经办规程的相关内容，对涉及农民参保缴费、待遇领取、关系转移、信息咨询等问题，要深入乡镇、村组，上门入户，进行有针对性的宣传讲解，帮助农村居民增强参保意识，了解相关政策和主要业务流程，自觉配合和监督新农保经办管理服务工作的落实。

二、准确把握《规程》的各项规定和要求。各地要以方便群众为着眼点，准确把握经办规程的各项规定和要求。《规程》明确了参保登记、缴费申报、个人账户管理、待遇支付、基金管理、关系转移接续、统计管理、内控与稽核、咨询公示及举报受理等业务环节的主要内容，规定了具体操作程序、标准和要求。各地在贯彻落实《规程》的过程中，要注意整合现有农村社会服务资源，运用现代管理方式，为广大参保农民提供热情、周到、方便、快捷的服务。试点地区要结合本地实际，在保持统一规范的前提下，完善和细化业务流程，建立健全各种规章制度，明确经办岗位职责、权限和服务标准，保证新农保试点工作有章可循。要强化参保人员、社会各界对新农保经办管理服务工作的监督，确保经办规范、管理科学、服务到位。

三、切实加强新农保经办能力建设。要按照精简效能的原则，在现有社会保险经办机构和劳动保障工作平台的基础上，通过整合资源、调整补充等措施，加强经办能力建设。县级以上原则上要有经办农村社会养老保险的机构，乡镇劳动保障等工作平台要有相应的工作人员，各行政村要明确新农保协办员的工作职责。同时，还可通过政府购买服务方式缓解人员不足的问题。没有完成农村社会养老保险职能划转和工作移交的地方，要按照政事分开的原则，加强协调，尽快完成农保经办机构人员、档案、基金的整体移交。要积极争取有关部门的支持，保证新农保经办管理服务必要的工作条件，尽快实现机构、人员、经费、办公场地设施“四到位”。要切实加强对新农保经办工作人员的业务培训，提高他们的政策和经办业务水平。按照金保工程统一规划，大力推进全国统一的新农保信息系统建设。充分利用金保工程一期建设成果，在全国统一软件基础上，建设数据向省集中或省、市两级集中的业务经办系统，并与其他公民信息管理系统实现信息资源共享。将网络向乡镇延伸，实现省、市、县（区）、乡镇四级联网，有条件的地区要与村（居）委会联网。大力推行社会保障卡，方便参保缴费、待遇领取和信息查询。各级社会保险经办机构和乡镇劳动保障事务所要根据工作需要，配备必要的计算机设备。努力实现新农保业务处理计算机化、基金管理网络化、咨询服务人性化、决策支持科学化。

四、加强统计调度工作。统计调度工作是推进新农保试点工作的重要措施。各地人力资源和社会保障部门应进一步加强对农保统计工作的指导，社会保险经办机构要切实把农保统计工作列入重要工作日程，严格落实人力资源社会保障统计报表制度，按时上报各种统计报表。农保统计工作要明确分工、专人负责，健全工作制度，确保工作顺畅。各省级社会保险经办机构要加强对辖区内统计工作的组织领导、管理协调和业务指导，各级社会保险经办机构要认真履行农保统计工作职能，按照时限要求报送统计数据和信息。各地社会保险经办机构要定期对本辖区、本部门的统计数据质量进行分析评估，认真分析运用统计数据，加强对工作的指导和调度；要加强对统计工作的检查考核，对统计数据质量不高或迟报、漏报的单位和个人，要及时进行帮助指导，限期改正。

各地要注意跟踪了解《规程》的施行情况，及时发现问题并研究提出意见和建议，有关情况及时向人力资源社会保障部社会保险管理事业中心反馈。

新型农村社会养老保险经办规程（试行）

第一章 总 则

第一条 为确保新型农村社会养老保险（以下简称“新农保”）试点工作的顺利实施，规范和统一新农保业务操作程序，根据《国务院关于开展新型农村社会养老保险试点的指导意见》（国发〔2009〕32号），制定本规程。

第二条 新农保业务由社会保险经办机构（以下简称“社保机构”）、乡镇劳动保障事务所等（以下简称“乡镇事务所”）具体经办，村（居）民委员会协办人员（以下简称“村协办员”）协助办理，实行属地化管理。

第三条 新农保经办工作包括参保登记、保险费收缴、基金划拨、个人账户管理、待遇支付、基金管理、保险关系转移接续、统计管理、内控稽核、宣传咨询、举报受理等环节。

省级和地市级社保机构负责组织指导本地区各级社保机构开展新农保经办管理服务工作，协调财政补贴资金及时划拨；依据本规程制定本地区新农保业务经办管理办法；参与制定本地区新农保基金管理办法、财务管理细则；制定本地区新农保内控和稽核制度，开展内控和稽核工作；规范保险费的收缴、养老金的社会化发放和管理工作；编制、汇总、上报本级新农保基金财务、会计和统计报表；组织开展人员培训等工作；参与新农保信息化建设和管理工作。

县（市、区、旗）级社保机构负责新农保的参保登记、保险费收缴、基金划拨、基金管理、个人账户建立与管理、待遇核定与支付、保险关系转移接续、档案管理、制发卡证、统计管理、受理咨询、查询和举报等工作，并对乡镇事务所的业务经办情况进行指导和监督考核（地市级直接经办新农保业务的参照执行，下同）。

乡镇事务所负责对参保人员的参保资格、基本信息、缴费信息、待遇领取资格及关系转移资格等进行初审，录入有关信息，并负责受理咨询、查询和举报、政策宣传、情况公示等工作。

村协办员具体负责新农保参保登记、缴费档次选定、待遇领取、关系转移接续等业务环节所需材料的收集与上报，负责向参保人员发放有关材料，提醒参保人员按时缴费，通知参保人员办理待遇领取手续，并协助做好政策宣传与解释、待遇领取资格认证、摸底调查、农村居民基本信息采集、情况公示等工作。

第四条 新农保基金单独设立银行账户，单独记账、核算，纳入社会保障基金财政专户，实行收支两条线管理，专款专用，任何单位和个人不得挤占、挪用基金，基金结余按国家有关规定实现保值增值。

第二章 参保登记

第五条 年满16周岁、具有当地农业户籍、未参加城镇职工基本养老保险的农村居民（不含在校学生），需携带户口簿和居民身份证原件，到户籍所在地村（居）委会提出参加新农保申请，选择缴费档次，填写《新型农村社会养老保险参保登记表》（附表一，以下简称《参保表》）。若本人无法填写，可由亲属或村协办员代填，但须本人签字、签章或留指纹确认。

第六条 村协办员负责检查参保人员的相关材料是否齐全，在《参保表》上签字、加盖村（居）委会公章，并将《参保表》、户口簿及居民身份证复印件等材料，按规定时限一并上报乡镇事务所。参保农民本人也可到乡镇事务所直接办理相关手续。

第七条 乡镇事务所负责对参保人员的相关材料进行初审，无误后及时将参保登记信息录入农保信息系统，在《参保表》上加盖公章，并按规定时限将《参保表》、户口簿复印件、居民身份证复印件等材料一并上报县级社保机构。

第八条 县级社保机构应对参保人员的相关信息进行复核（可与公安部门的信息库进行信息比对），无误后，对登记信息进行确认，同时为其建立个人账户，并及时将有关材料归档备案。

第九条 参保变更登记的主要内容包括：姓名、性别、公民身份号码、出生年月、居住地址、联系电话、户籍性质、户籍所在地址及缴费档次等。以上内容之一发生变更时，参保人员应及时携带相关证件及材料到村（居）委会申请办理变更登记手续，填写《新型农村社会养老保险变更登记表》（附表二，以下简称《变更表》）。村协办员按规定时限将相关材料及《变更表》上报乡镇事务所。参保农民本人也可到乡镇事务所直接办理变更登记的相关手续。

乡镇事务所初审无误后，将需要变更的信息及时录入农保信息系统，并按规定时限将相关材料及《变更表》上报县级社保机构。县级社保机构复核无误后，对变更登记信息进行确认，并将有关材料归档备案。

第十条 参保人员出现出国（境）定居、户籍性质变更、跨县（市、区、旗）转移或死亡等情况的，应终止新农保关系，并进行注销登记。

参保人员（或指定受益人、法定继承人）应持相关证件、材料到村（居）委会提出注销登记申请，填写《新型农村社会养老保险注销登记表》（附表三，以下简称《注销表》）。

办理注销登记时应提供的材料有：

（1）本人的有效身份证明；

（2）出国（境）定居的，应提供出国（境）定居证明；

（3）变更为城镇户籍的，应提供户籍变更证明。

（4）跨县（市、区、旗）转出的，应提供户籍关系转移证明；

（5）参保人员死亡的，应提供医院出具的死亡证明，或民政部门出具的火化证明（非火化区除外），或公安部门出具的户籍注销证明，以及指定受益人或法定继承人的有效身份证明，能够确定其继承权的法律文书、公证文书等；人员失踪宣告死亡的，应提供司法部门出具的宣告死亡证明。

第十一条 村协办员应按规定时限将《注销表》及有关证明材料上报乡镇事务所。乡镇事务所初审无误后，将注销登记信息录入农保信息系统，并按规定时限将上述材料上报县级社保机构。

县级社保机构复核无误后，结算其个人账户资金余额，按照第二十七条有关规定，将除政府补贴外的个人账户资金余额支付给参保人员（或指定受益人、法定继承人），支付成功后，对注销信息进行确认，终止其新农保关系，并及时将有关材料归档备案。

第三章 保险费收缴

第十二条 县级社保机构应于每月月末前将当月新增参保人员、需更换银行存折人员的相关信息提供给指定金融机构，委托指定金融机构为新参保人员和姓名、公民身份号码等发生变更的人员制发《新型农村社会养老保险银行存折》（附件一，以下简称“银行存折”）。

已办理新农保参保登记和需要更换银行存折的人员，应于办理参保登记或变更登记的次月，持身份证到指定金融机构领取银行存折。或由县级社保机构负责发放到参保人员手中。

新农保养老保险费实行按年度（自然年度）缴纳，参保人员应于当地规定的缴费截止日前将当年的养老保险费存入银行存折。参保人员在新农保制度实施当年应缴纳本年度的养老保险费；对于达到领取待遇年龄的参保人员，到龄当年也可以缴纳本年度的养老保险费。

第十三条 县级社保机构定期生成扣款明细信息，并将扣款明细信息传递至指定金融机构。

金融机构根据县级社保机构提供的扣款明细信息从参保人员的银行存折上足额划扣养老保险费（不足额不扣款）。金融机构在扣款后的3个工作日内将扣款结果信息、资金到账凭证等反馈给县级社保机构。

县级社保机构应及时将金融机构反馈的扣款结果信息导入新农保信息系统，根据扣款结果信息、资金到账凭证核对扣款明细信息与实际到账金额是否一致。核对无误后，县级社保机构将扣款金额记入个人账户，打印《新型农村社会养老保险个人缴费汇总表》（附表四，两联），并从次月起开始计息。

县级社保机构应及时提示乡镇事务所将未缴纳养老保险费的人员名单反馈给村协办员，村协办员负责对参保人员进行缴费提醒。至缴费截止日，仍未缴纳养老保险费的，按中断缴费处理。

第十四条　村集体和其他经济组织、社会公益组织、个人对参保人员缴纳养老保险费给予补助或资助的，应按规定时限向乡镇事务所提交《新型农村社会养老保险集体补助明细表》（附表五，以下简称《集体补助表》），并将补助或资助金额存入县级社保机构指定账户。

乡镇事务所将《集体补助表》录入信息系统，并按规定时限将《集体补助表》上报县级社保机构。

金融机构在收到款项的3个工作日内，将资金到账凭证反馈县级社保机构。

县级社保机构收到到账凭证后，应及时将到账信息录入信息系统，对集体补助明细信息进行确认，将集体补助金额记入个人账户，打印《新型农村社会养老保险集体补助汇总表》（附表六，两联），并从次月起开始计息。

第十五条　新农保制度实施时，距领取年龄不足15年的参保人员，应按照第十二条第三款的规定按年缴费，也可补缴不足年限的缴费部分；对距领取年龄超过15年的，应按规定按年缴费，缴费不足15年的参保人员，也可补缴。

补缴养老保险费的参保人员，应及时到村（居）委会办理补缴手续，填写《补缴新型农村社会养老保险费申请表》（附表七，以下简称《补缴表》），由村协办员按规定时限将《补缴表》上报乡镇事务所，待审核通过后，通知补缴人将需补缴的保险费存入银行存折。

乡镇事务所应对参保人员的补缴资格进行审核，审核无误后，将补缴信息录入农保信息系统，按规定时限将有关材料上报县级社保机构。

县级社保机构复核无误后，应在当月月末生成补缴扣款明细清单，传递至指定金融机构。

金融机构根据第十三条第二款的有关规定进行扣款和信息反馈。

县级社保机构应按照第十三条第三款的有关规定，为参保人员记录个人账户，打印《新型农村社会养老保险补缴汇总表》（附表八，两联）。

第十六条 对于暂不具备通过金融机构直接进行养老保险费扣缴条件的地区，可暂由社保机构、乡镇事务所会同金融机构进行收缴，并由金融机构开具社会保险费专用缴费凭证。

第四章 个人账户管理

第十七条 县级社保机构应为每位参保人员建立个人账户。个人账户用于记录个人缴费、集体补助、地方政府补贴、其他补助及利息。参保人员缴纳的养老保险费作为“个人缴费”记入；村集体和其他社会经济组织对参保人员缴纳养老保险费的补助或资助作为“集体补助”记入；地方各级财政对个人账户的缴费补贴以“政府补贴”名义记入。个人账户记录项目应包括：个人基本信息、缴费信息、养老金支付信息、个人账户储存额信息、转移接续信息、终止注销信息等。老农保参保人员转入新农保时，可将老农保个人账户储存额记入新农保个人账户。

第十八条 参保人员个人缴费额到账后，县级社保机构将个人缴费额和地方财政对参保人员的缴费补贴同时记入个人账户，并从缴费的次月起开始计息。县级社保机构打印《新型农村社会养老保险地方财政补贴汇总表》（附表九，三联），其中一联交县财政部门。

第十九条 个人账户储存额目前每年参考中国人民银行公布的金融机构人民币一年期存款利率计息。个人账户储存额从缴费的次月起开始计息。每年的1月1日至12月31日为一个结息年度。

第二十条 县级社保机构应于一个结息年度结束时对当年度的个人账户储存额进行结算。

第二十一条 参保人员可到县级社保机构打印《新型农村社会养老保险个人账户明细表》（附表十，以下简称《个人账户表》），或登陆社会保障网站查询、下载本人的个人账户记账明细等相关信息，也可通过12333电话查询系统查询相关信息。

第二十二条 参保人员对个人账户记录提出异议的，各级社保机构都应及时受理并进行核实。经审核，确需调整的，应由县级社保机构及时处理并将更改的信息录入信息系统。信息系统保留处理前的记录，县级社保机构应通过村协办员及时将处理结果告诉参保人员。

第二十三条 个人账户储存额只能用于个人账户养老金支付，除出现第十条有关情况外，不得提前支取或挪作它用。

第五章 待遇支付

第二十四条 乡镇事务所按月通过农保信息系统查询生成下月符合领取养老金待遇条件参保人员的《新型农村社会养老保险待遇领取通知表》（附表十一），交村协办员通知参保人员办理领取养老金手续。

第二十五条 符合待遇领取条件的参保人员，应携带户口簿、本人居民身份证等材料，到户口所在地村（居）委会办理待遇领取手续。参保人员从到达领取年龄的次月起开始享受新农保待遇。村协办员负责检查参保人员提供的材料是否齐全，并于每月规定时限内将相关材料一并上报乡镇事务所。

第二十六条 乡镇事务所应审核参保人员的年龄、本人及其子女参保缴费情况等新农保待遇领取资格，并将符合待遇领取资格人员的相关材料上报县级社保机构。

第二十七条 县级社保机构应对有关材料进行复核，并按有关规定进行待遇领取资格认定，确认未享受其他社会保险待遇后，计算待遇领取人员的养老金领取金额，生成《新型农村社会养老保险待遇核定表》（附表十二）。

县级社保机构应于每月月末前根据领取新农保待遇、个人账户资金支付等情况，编制《新型农村社会养老保险基金支付审批表》（附表十三），送县财政部门。待财政部门将新农保基金划转到支出户后，金融机构应及时通知县级社保机构。

新农保待遇实行社会化发放。县级社保机构应将待遇支付明细清单、资金转账凭证等提供给指定金融机构。金融机构应及时将支付金额划入待遇领取人员银行存折等指定账户，同时向县级社保机构传送支付回执，并于3个工作日内，向县级社保机构反馈资金支付情况明细。每月月末前，县级社保机构核对无误后，将支付信息录入信息系统，进行支付确认处理并相应扣减待遇领取人员的个人账户记录额。

县级社保机构从参保人员办理待遇领取手续的次月起发放养老金。

第二十八条 对新农保制度实施时，已年满60周岁的农村居民，乡镇事务所应按照第二十四条有关规定，通知其在办理参保登记手续后，按照第二十五条有关规定办理待遇领取手续，并于次月按标准发放基础养老金；对于已经领取老农保个人账户养老金、年满60周岁的农村居民，在按标准发放新农保基础养老金之上，加发老农保个人账户养老金。

第二十九条 对于发生出国（境）定居、户籍性质变更、参加其他社会养老保险或死亡等情况，需要一次性领取除政府补贴外的个人账户资金余额的参保人员或其指定受益人或法定继承人，需到村（居）委会办理注销登记手续，填写《注销表》，提供有关证明材料。村协办员应于每月规定时限内将《注销表》及有关资料上报乡镇事务所。乡镇事务所审核无误后，应于每月规定时限内将上述资料一并上报县级社保机构。县级社保机构应按第二十七条有关规定办理。

第三十条 待遇领取人员对待遇领取额有异议，提出重新核定申请的，县级社保机构应对待遇领取标准重新进行核定，并将核定结果书面反馈待遇领取人员，确需调整的，经待遇领取人员签字、签章或留指纹确认后修改信息系统记录，系统保留处理前的记录。

第三十一条 待遇领取人员在领取养老金期间被判刑或劳动教养的，村协办员和乡镇事务所应及时提请县级社保机构停止为其发放养老保险待遇。待服刑期满后，再继续为其发放养老保险待遇，停发期间的待遇不予补发。

第三十二条 待遇领取人员自死亡次月起停止发放养老金，其指定受益人或法定继承人应在其死亡后60日内持相关证明材料，通过村协办员和乡镇事务所向县级社保机构申请办理养老保险关系注销登记和除政府补贴外的个人账户资金余额的一次性领取手续。

第三十三条 县级社保经办机构应按年度对新农保待遇领取人员进行资格认证。定期向享受待遇领取人员发放资格认证通知，规定认证时间和方式，要求提供的相关证明资料。没有通过资格认证的，社保机构应及时停止为其发放养老金，待其补办有关手续后，从停发之日起补发并续发养老保险待遇。

第六章　基金管理

第三十四条　各级社保机构应按照国家现行社会保险基金财务、会计制度的规定，加强基金管理。试点期间参照《社会保险基金财务制度》（财社字〔1999〕60号）、《社会保险基金会计制度》（财会字〔1999〕20号）执行。

第三十五条　各级社保机构内设财务管理部门或相应专业工作岗位，配备专职会计和出纳，财务人员应具有会计专业资格，持证上岗。

第三十六条　社保机构负责新农保基金的财务管理和会计核算。目前试点阶段，基金暂实行县级管理，随着试点扩大和推开，逐步提高管理层次；有条件的地方可实行省级管理。

第三十七条　新农保基金收入户、支出户、财政专户应在县级人力资源社会保障部门、财政部门共同认定的金融机构开设。收入户用于归集新农保基金，暂存该账户的利息收入及其他收入，除向财政专户划转基金外，不得发生其他支付业务，实行月末零余额管理。支出户用于支付和转出新农保基金，除接收财政专户拨入的基金及该账户的利息收入外，不得发生其他收入业务。支出户应留存1至2个月的周转金，确保新农保待遇按时足额发放。

第三十八条　每年年初，各级社保机构编制本年度新农保基金收支计划，报同级人力资源社会保障部门会同财政部门审核，经同级政府批准后执行。

第三十九条　财政补贴资金的申请与划拨。每年年初，县级社保机构应根据当年新农保参保计划人数、缴费补贴标准和60周岁以上农村户籍人口预测数、基础养老金补贴标准，提出财政补贴计划，并填写本年度《新型农村社会养老保险基金支出年度计划表》（附表十四），经县级人力资源社会保障部门会同财政部门初审后，逐级上报至省级社保机构汇总，由省级社保机构报省级人力资源社会保障部门会同财政部门审核。县级社保机构应协调同级财政部门在财政补助资金划拨至财政专户后5个工作日内将相关单据提交社保机构记收入账。财政补贴资金在“财政补贴收入”科目中核算，并按中央、省级、地（市）级、县级进行明细核算。社保机构应与财政部门按月对账。

一个结息年度结束时，县级社保机构应根据当年新农保实际参保人数、60周岁以上农村户籍人口数和缴费补贴标准、基础养老金补贴标准与同级财政部门进行结算。

各级社保机构要会同有关部门严格执行新农保基金给付有关政策规定，确保给付金额准确无误，及时足额下拨。

第四十条 每年年末，进行基金决算。社保机构应按统筹层次编制财务报告，逐级上报汇总，并向同级人力资源社会保障部门和财政部门报告计划执行情况。

第七章 关系转移接续

第四十一条 参保人员在缴费期间跨县（市、区、旗）转移的，转出地县级社保机构应将其新农保关系和个人账户储存额一次性转入新参保地，由新参保地为其办理参保缴费手续。

参保人员转移到尚未开展新农保试点地区的，其新农保关系暂不转移，个人账户做封存处理，储存额按有关规定继续计息。

第四十二条 参保人员须持户籍关系转移证明、居民身份证原件等有关材料，到转入地村（居）委会提出申请，填写《参保表》和《新型农村社会养老保险关系转入申请表》（附表十五，以下简称《转入表》）。村协办员负责检查其提供的材料是否齐全，并按规定时限将《参保表》和《转入表》及有关材料上报乡镇事务所。转入地乡镇事务所审核无误后，应将参保、转移信息及时录入农保信息系统，按规定时限将《参保表》和《转入表》及有关材料上报县级社保机构。转入地县级社保机构应按规定时限向转出地县级社保机构寄送《新型农村社会养老保险关系转入接收函》（附件二，以下简称《接收函》）。

第四十三条 转出地县级社保机构接到《接收函》后，应对申请转移人员相关信息进行核实，符合转移规定的，应按照第二十七条有关规定，于次月通过指定金融机构将参保人员个人账户储存额一次性划拨至转入地县级社保机构指定的银行账户，并注销申请转移人员参保信息。

第四十四条 转入地县级社保机构确认转入的个人账户储存额足额到账后，应及时告知转入人员，并进行实收处理、为转入人员记录个人账户。

第四十五条 参保人员达到待遇领取年龄，需要跨县（市、区、旗）迁移的，其养老保险关系不转移。

第八章　统计管理

第四十六条 各级社保机构和乡镇事务所要设置统计工作岗位，明确工作人员职责，进行定期和不定期的统计工作，按规定上报统计信息，及时准确地提供统计信息服务。

第四十七条 各级社保机构、乡镇事务所以及村协办员要按照统计报表制度，完成统计数据的采集和报表的编制、汇总、上报等工作。统计报表要做到内容完整、数据准确、上报及时。

第四十八条 各级社保机构和乡镇事务所应定期整理、汇总业务台账信息，并建立统计台账，编制统计报表，形成统计分析报告。

第九章　稽核与内控

第四十九条 各级社保机构应按照《社会保险稽核办法》和《社会保险经办机构内部控制暂行办法》建立健全新农保稽核制度和内控制度。

第五十条 上级社保机构要对下级社保机构的各项业务经办活动、基金收支行为等内部管理制度的执行情况进行有效监督，并对其执行制度的情况进行考评。

第五十一条 各级社保机构应重点稽核新农保的参保人数、缴费凭证相关票据、缴费补贴和基础养老金补贴金额是否真实且符合有关规定，认真核查虚报、冒领养老金情况和欺诈行为。

第五十二条 各级社保机构要按照内控制度的要求，合理设置工作岗位，建立岗位之间、业务环节之间相互监督、相互制衡的机制，明确岗位职责，建立责任追究制度。稽核部门应对各项业务的办理情况和基金管理、使用情况进行日常检查，督促各个岗位严格履行经办程序，准确、完整记录各类信息，并按照档案管理的要求进行归档。

第十章 咨询、公示及举报受理

第五十三条 各级社保机构应通过新闻媒体及印发宣传手册等手段，采取各种通俗易懂、灵活多样的方式，有针对性地向农民宣传新农保政策及办理流程。

第五十四条 各级社保机构和乡镇事务所要积极开展新农保政策咨询服务活动。实行首问负责制，及时受理咨询。对无法当场解答的问题，经办人员应将咨询人姓名、咨询内容及咨询人联系方式等内容记录在案，并尽快予以答复。

第五十五条 各级社保机构应建立举报奖励制度。社保机构每年应会同乡镇事务所和村协办员在行政村范围内对参保人员缴费和待遇领取资格进行公示，公示期不少于10天。社保机构应公布举报电话和监督电话，及时受理举报，并对举报情况及时进行处理。属于冒领养老金行为的，县级社保机构应封存被冒领人员的个人账户、追回被冒领的养老金，并按有关规定对当事人和相关责任人员进行处理。

第十一章 附 则

第五十六条 各级社保机构应按照人力资源社会保障部和国

家档案局制定的《社会保险业务档案管理规定（试行）》管理新农保档案。

第五十七条 新农保与其他养老保险制度衔接的业务经办工作，待有关政策办法出台后再做具体规定。

第五十八条 本规程由人力资源社会保障部负责解释。

第五十九条 本规程从 2009 年 12 月 1 日起实施。

人力资源和社会保障部关于印发工伤保险经办规程的通知

（2012年2月6日　人社部发〔2012〕11号）

各省、自治区、直辖市及新疆生产建设兵团人力资源社会保障厅：

为全面贯彻落实社会保险法、新修订的《工伤保险条例》以及相关的法规和配套政策，进一步规范、统一工伤保险经办管理工作，我们对《工伤保险经办业务管理规程（试行）》（劳社厅发〔2004〕6号）进行了重新修订，形成了《工伤保险经办规程》（以下简称《规程》）。现印发你们，请遵照执行。

各地在实施《规程》过程中，可结合本地实际需要，按照精确化管理和信息化手段的要求，因地制宜补充、完善有关内容。请各地注意跟踪、了解《规程》实施情况，及时发现问题并研究提出解决意见和办法，有关情况及时向人力资源和社会保障部社会保险事业管理中心反馈。

工伤保险经办规程

第一章　总　则

第一条　为加强工伤保险业务经办管理，规范和统一经办操作程序，依据《中华人民共和国社会保险法》和《工伤保险条例》等有关法律法规，制定本规程。

第二条　全国各统筹地区社会保险经办机构（以下简称“经办机构”）经办工伤保险业务适用本规程。

代征工伤保险费的税务机关征收部门（以下简称“税务机关”）应参照执行本规程的有关规定。

第三条　工伤保险经办业务划分为社会保险登记，工伤保险费征缴，工伤医疗、康复与辅助器具配置管理，工伤待遇审核，工伤待遇和专项费用支付，财务管理，信息管理，稽核监督，权益记录与服务等内容。

第四条　经办机构内设登记、征缴、业务、财务、信息、稽核、档案等管理部门（以下简称登记部门、征缴部门、业务部门、财务部门等）。

各级经办机构应明确岗位职责，建立管理、服务、监督、考核等工作制度，保证业务经办的规范、便捷、高效、优质。各地区应逐步实行社会保险费统一征缴和支付，已实现的地区可依据本规程简化相关程序。

第二章　社会保险登记

社会保险登记包括参保登记、变更登记、注销登记、社会保险登记证管理等内容。

第一节　参保登记

第五条　登记部门应与工商行政管理、民政和机构编制管理机关等用人单位登记管理部门建立信息沟通机制，及时获取用人单位成立、终止的信息。

获取的信息包括：工商注册号、单位名称、法定代表人、注册类型、成立日期、变更事项、地址、联系电话等内容。

第六条　登记部门应及时接收公安机关通报的参保人员出生、死亡，公民身份号码、姓名变更以及户口登记、迁移、注销等情况，掌握个人信息变动情况。

第七条　用人单位依法参加工伤保险时，登记部门为其办理工伤保险参保登记。用人单位需填报《社会保险登记表》（表2-1）并提供以下证件和资料：

（一）营业执照、事业单位法人证书、社会团体法人登记证书、民办非企业单位登记证书或批准成立证件；

（二）组织机构统一代码证书；

（三）省、自治区、直辖市经办机构规定的其他证件和资料。

对在统筹地区外参加其他社会保险项目而申请在本地区参加工伤保险的，还应提供其社会保险登记证及统筹地区外的参保缴费证明。

跨地区的特殊行业应采取相对集中的方式在统筹层次较高的地区异地参加工伤保险。

第八条 用人单位依法为其职工办理社会保险登记时，需填报《参加社会保险人员登记变动申报名册》（表2-2）并提供以下证件和资料：

（一）居民身份证原件及复印件；

（二）劳动合同等用工手续；

（三）省、自治区、直辖市经办机构规定的其他证件和资料。

第九条 登记部门应自受理用人单位申报之日起15日内审核完毕。审核通过后，根据用人单位营业执照或其他批准成立证件中登记的主要经营范围，对照《国民经济行业分类》（GB/T4754-2011）和《工伤保险行业风险分类表》（《关于工伤保险费率问题的通知》劳社部发〔2003〕29号），确定其行业风险类别。

经办机构向首次参加社会保险的用人单位核发社会保险登记证，为首次参加社会保险的职工个人建立社会保险关系，核发社会保障卡。

未通过参保审核的，登记部门应书面向用人单位说明原因。

第十条 用人单位要为本月申报缴费期结束后新招录的职工及时申报并补缴工伤保险费，登记部门根据其填报的《参加社会保险人员登记变动申报名册》及相关资料，为其办理职工参保预登记。并在下月申报缴费期办理职工参保登记手续。

第二节 变更登记

第十一条 用人单位在以下事项变更时，填报《社会保险变更登记表》（表2-3），并提供本规程第七条规定的证件和资料，登记部门为其办理工伤保险变更登记手续。

（一）单位名称；

（二）单位地址；

（三）法定代表人或负责人；

（四）单位类型；

（五）组织机构统一代码；

（六）主管部门或隶属关系；

（七）开户银行及账号；

（八）经营范围；

（九）省、自治区、直辖市经办机构规定的其他事项。

第十二条 用人单位用工情况发生变更时，需填报《参加社会保险人员登记变动申报名册》并提供以下证件和资料：

（一）新招录：劳动合同等用工手续；

其中属于招录外单位在册不在岗职工（含企事业单位停薪留职人员、未达到法定退休年龄人员、下岗待岗人员及经营性停产放长假人员）在本单位从事临时劳动，存在多重劳动关系参加工伤保险的，需提供劳动协议或事实劳动关系的证明；

（二）解除或终止劳动关系：劳动合同到期、开除、辞退、辞职、应征入伍等相关资料或证明；

（三）退休：退休审批表；

（四）死亡：居民死亡医学证明书或其他死亡证明材料；

（五）其他情形：省、自治区、直辖市经办机构规定的其他相关资料。

第十三条 登记部门对用人单位社会保险登记事项发生变化的，收回原社会保险登记证，并重新核发。对职工姓名、公民身份号码发生变更的，更新社会保障卡。

未通过变更审核的，登记部门应书面向用人单位说明原因。

第三节 注销登记

第十四条 用人单位发生以下情形时，填报《社会保险注销登记表》（表2-4），登记部门为其办理社会保险注销登记手续：

（一）营业执照被注销或吊销；

（二）被批准解散、撤消、合并、破产、终止；

（三）国家法律、法规规定的其他情形。

根据《社会保险登记管理办法》，用人单位营业执照被注销或吊销且连续 2 年未办理登记证验证，经办机构可强制进行注销登记。

第十五条 用人单位办理注销登记时，根据注销类型分别提供以下证件和资料：

（一）注销通知或人民法院判决单位破产等法律文书；

（二）用人单位主管部门或有关部门批准解散、撤消、终止或合并的有关文件；

（三）社会保险登记证；

（四）省、自治区、直辖市经办机构规定的其他证件和资料。

第十六条 登记部门审核上述证件和资料，并会同征缴部门确认用人单位结清欠费、滞纳金等，对符合注销条件的，办理注销社会保险登记手续。对已注销社会保险登记的用人单位职工信息另行管理。

第四节 社会保险登记证管理

第十七条 登记部门应定期对用人单位进行社会保险登记证验证，审核其社会保险登记项目变化、规范参保等情况，并要求其在规定的时间内提供以下证件和资料：

（一）社会保险登记证；

（二）营业执照、批准成立证件或其他核准执业证件；

（三）组织机构统一代码证书；

（四）省、自治区、直辖市经办机构规定的其他证件和资料。

第十八条 登记部门审核用人单位提供的证件和资料，核实用人单位为其职工办理应参加保险项目的登记、申报工资和缴费、社会保险变更登记或注销登记，以及经办机构规定的其他情况，生成《社会保险验证审核表》（表2-5），并会同征缴部门和稽核部门确定审核结果。

对确认存在违规情况的，暂不予办理验证签章；对相关证件和资料齐全的，在社会保险登记证验证记录页，签署验证日期，加盖经办机构验证专用章。

第十九条 社会保险登记证有效期满或符合本规程第十一条规定的用人单位，登记部门受理申请后，重新核发社会保险登记证，记载重新核发登记证原因及日期。

符合本规程第十六条规定的用人单位，经办机构应收回社会保险登记证，加盖作废章。

第二十条 遗失、损毁社会保险登记证的，用人单位需要提供遗失、损毁证明资料，并提出书面申请，登记部门审核用人单位提供的相关证件和资料，补发社会保险登记证。

第二十一条 未按规定办理社会保险年检验证与换证的用人单位，应转交稽核部门督促办理。

第三章 工伤保险费征缴

工伤保险费征缴包括基数核定、费率核定、缴费核定、缴费结算、欠费管理等内容。

第一节 基数核定

第二十二条 征缴部门按统筹地区规定时间受理用人单位填报的《工伤保险缴费基数申报核定表》（表3-1），并要求其提供以下资料：

（一）劳动工资统计月（年）报表；

（二）职工工资发放明细表；

（三）《缴费工资申报名册》（表3-2）；

（四）省、自治区、直辖市经办机构规定的其他资料。

第二十三条 征缴部门在规定时间审核用人单位提供的基数核定申报资料，确认职工人数、工资总额后，核定当期缴费基数，生成《缴费基数确认名册》（表3-3），由用人单位确认。

审核用人单位缴费基数确认情况时，根据用人单位填报的《缴费基数确认情况汇总表》（表3-4），审核由职工签字确认的《缴费工资申报名册》《缴费基数确认名册》或由用人单位签章确认的《缴费基数承诺书》（表3-5）。

第二十四条 核定缴费基数或审核基数确认情况时，若发现用人单位存在少报、漏报、瞒报情况的，征缴部门应要求用人单位限期补足，对拒不提供相关资料或不补足缴费的，转交稽核部门进行核查并责令补足。

第二节 费率核定

第二十五条 登记部门根据用人单位登记时确定的行业风险类别和国务院社会保险行政部门确定的行业差别费率标准（现行标准为《关于工伤保险费率问题的通知》），核定其工伤保险初次缴费的基准费率。

第二十六条 征缴部门根据当地的工伤保险费率浮动办法及《工伤保险费率浮动规程》（《关于印发工伤保险费率浮动规程的通知》人社险中心函〔2011〕101号），在核定基准费率的基础上，根据用人单位一定期限内工伤保险支缴率、工伤发生率、一至四级伤残人数或因工死亡人数等费率浮动考核指标，填写《工伤保险费率浮动明细表》（表3-6）确定用人单位缴费费率，并于5个工作日内填写《工伤保险费率浮动告知书》（表3-7）告知用人单位。用人单位对费率浮动结果有异议的，填写《重新核定工伤保险费率申请表》（表3-8）。

第二十七条 经办机构每年4月30日前填写《工伤保险费

率浮动情况汇总表》（表3-9），报上级经办机构。根据工伤保险基金收支情况及基金预算执行情况，建立费率浮动效果跟踪分析制度，及时调整浮动费率。

第三节　缴费核定

第二十八条　征缴部门根据用人单位当期缴费人数、缴费基数、缴费费率核定缴费金额，以及补缴金额、滞纳金，核定当期工伤保险费应缴总额。

用人单位核对无误后，根据《工伤保险缴费申报（核定）表》（表3-10A）或《社会保险费申报（核定）表》（表3-10B），按规定时限办理缴费结算。

第二十九条　用人单位存在少报、漏报、瞒报等情况，征缴（登记）部门审核用人单位申报的《参加工伤保险人员补缴申报名册》（表3-11）及相关资料，根据缴费人数、缴费基数、补缴期限核定应补缴金额。

第三十条　征缴部门核定加收的用人单位滞纳金，根据用人单位应缴起始时间，以及应补缴金额予以核定，将滞纳金金额计入用人单位应缴总额。

用人单位应缴起始时间按照统筹地区相关规定执行。

第三十一条　难以直接按照工资总额计算缴纳工伤保险费的建筑施工企业、小型服务企业、小型矿山等企业的缴费核定，按照参保地所在省（自治区、直辖市）社会保险行政部门制定的建筑施工企业、小型服务企业、小型矿山等企业工伤保险费缴费办法、标准，分别核定应缴金额。

第四节　缴费结算

第三十二条　由经办机构征收的统筹地区，经办机构与国有商业银行签订收款服务协议，由商业银行受理用人单位采用委托扣款、小额借记、电汇、本票、刷卡等方式缴费。财务部门对账无误后，开具专用收款凭证，生成《工伤保险费实缴清单》（表3-12），并通知征缴部门。

由税务机关代征的统筹地区，经办机构按月将《工伤保险缴费核定汇总表》（表3-13）及《工伤保险缴费核定明细表》（表3-14）传送给税务机关，作为征收依据。税务机关收款后，每月在规定时间内向经办机构传送到账信息、《工伤保险费实缴清单》，转交相关收款凭证。

第三十三条 征缴部门根据《工伤保险费实缴清单》，向申报后未及时缴纳工伤保险费的用人单位发出《社会保险费催缴通知书》（表3-15）。用人单位逾期未足额缴纳的，征缴部门建立欠费台账如实登记后转欠费管理。

第五节 欠费管理

第三十四条 征缴部门根据工伤保险欠费台账，生成《社会保险费还欠通知单》（表3-16），通知用人单位偿还欠费。

第三十五条 根据《社会保险费征缴管理办法》，用人单位拒不缴纳欠费的，征缴部门会同稽核部门按照本规程第一三五条的规定处理。

第三十六条 对因筹资困难，无法足额偿还欠费的用人单位，转交稽核部门进行缴费能力稽核。经核查情况属实的，征缴部门与其签订社会保险还欠协议（以下简称“还欠协议”）。如欠费单位发生被兼并、分立、破产等情况时，按下列方法签订还欠协议：

（一）欠费单位被兼并的，与兼并方签订还欠协议；

（二）欠费单位分立的，与各分立方签订还欠协议；

（三）欠费单位进入破产程序的，与清算组签订清偿协议；

（四）单位被拍卖出售或租赁的，与主管部门签订还欠协议。

第三十七条 用人单位根据《工伤保险费还欠通知单》或

还欠协议办理还欠的，由财务部门或税务机关按照本规程第三十二条收款。征缴部门根据还欠到账信息记载欠费台账。

破产单位无法完全清偿的欠费，征缴部门受理单位破产清算组提出的申请，转交财务部门按规定提请核销处理。

破产单位清算时应预留由用人单位支付的工伤保险待遇的相关费用。

第四章　工伤医疗、康复与辅助器具配置管理

工伤医疗、康复与辅助器具配置管理包括协议管理、工伤医疗管理、工伤康复管理、辅助器具配置管理等内容。

第一节　协议管理

第三十八条　经办机构与符合条件的医疗（康复）机构与辅助器具配置机构签订服务协议。

在公开、公正、平等协商的基础上，经办机构与获得执业许可证的医疗机构或康复机构签订医疗服务协议或康复服务协议；与符合条件的辅助器具配置机构签订辅助器具安装配置服务协议。

工伤医疗（康复）与辅助器具配置服务协议应包括服务人群、服务范围、服务内容、服务质量、费用结算办法、费用审核与控制、违约责任、监督考核、争议处理、协议有效期限等内容。

工伤医疗（康复）与辅助器具配置服务协议在履行过程中如遇情况变化，需要变更、补充或终止的，双方应及时协商议定。

第三十九条　业务部门应与签订服务协议的医疗（康复）机构和辅助器具配置机构（以下简称“工伤保险协议机构”）建立沟通机制，掌握工伤医疗（康复）及辅助器具配置情况，

并进行工伤保险经办政策的宣传、解释与培训。

业务部门应将已签订服务协议的工伤保险协议机构名单及时向社会公布。

第四十条 业务部门按照协议对工伤保险协议机构进行监督监控，定期考核通报，并建立诚信服务评价制度。

如严重违反协议，协议双方均可单方解除协议。提出解除协议的一方应按照协议规定时间通知另一方，并协助做好已收治工伤职工的医疗（康复）服务并按规定结算工伤医疗（康复）费。

第二节 工伤医疗管理

第四十一条 职工发生工伤后，应在工伤保险协议机构进行治疗，情况紧急时可以先到就近的医疗机构急救。

职工在统筹地区以外发生工伤的，应优先选择事故发生地工伤保险协议机构治疗，用人单位要及时向业务部门报告工伤职工的伤情及救治医疗机构情况，并待伤情稳定后转回统筹地区工伤保险协议机构继续治疗。

第四十二条 居住在统筹地区以外的工伤职工，经统筹地区劳动能力鉴定委员会鉴定或者经统筹地区社会保险行政部门委托居住地劳动能力鉴定委员会鉴定需要继续治疗的，工伤职工本人应在居住地选择一所县级以上工伤保险协议机构或同级医疗机构进行治疗，填报《工伤职工异地居住就医申请表》（表4-1），并经过业务部门批准。

第四十三条 工伤职工因工伤进行门（急）诊或住院诊疗时，工伤保险协议机构应严格遵守工伤保险诊疗项目目录、工伤保险药品目录、工伤保险住院服务标准（以下简称“三目录”）。

第四十四条 工伤职工因旧伤复发需要治疗的，填写《工伤职工旧伤复发治疗申请表》（表4-2），由就诊的工伤保险协议机构提出工伤复发的诊断意见，经业务部门核准后到工伤保险协议机构就医。

对旧伤复发有争议的，由劳动能力鉴定委员会确定。

第四十五条 工伤职工因伤情需要到统筹地区以外就医的，由经办机构指定的工伤保险协议机构提出意见，填写《工伤职工转诊转院申请表》（表 4-3），报业务部门批准。

第三节 工伤康复管理

第四十六条 工伤职工经治疗病情相对稳定后，因存在肢体、器官功能性障碍或缺陷，可以通过医疗技术、物理治疗、作业治疗、心理治疗、康复护理与职业训练等综合手段，使其达到功能部分恢复或完全恢复并获得就业能力，经办机构应鼓励其进行康复治疗，使其可以尽早重返工作岗位。

第四十七条 工伤职工需要进行身体机能、心理康复或职业训练的，应由工伤保险协议机构提出康复治疗方案，包括康复治疗项目、时间、预期效果和治疗费用等内容，用人单位、工伤职工或近亲属提出申请，填写《工伤职工康复申请表》（表 4-4），报业务部门批准。

第四十八条 工伤康复治疗的时间需要延长时，由工伤保险协议机构提出意见，用人单位、工伤职工或近亲属同意，并报业务部门批准。

第四十九条 工伤职工康复治疗结束后，应由工伤保险协议机构作出最终评价，制定社会康复方案，提供残疾适应指导、家庭康复指导等。业务部门应对工伤职工康复治疗情况进行跟踪管理。

业务部门应建立工伤康复评估专家数据库，随机抽取专家对申请工伤康复职工的康复价值、康复时限、康复效果进行评估。

第四节 辅助器具配置管理

第五十条 按照《工伤保险辅助器具配置管理办法》，工伤职工需要配置（更换）辅助器具的，由用人单位、工伤职工或近亲属填写《工伤职工配置（更换）辅助器具申请表》（表4-5），并持劳动能力鉴定委员会出具的配置辅助器具确认书，由业务部门核准后到工伤职工选定的工伤保险协议机构配置。

第五十一条 统筹地区无法提供所需种类的辅助器具的，报业务部门批准，工伤职工可以到其它地区的工伤保险协议机构配置辅助器具，业务部门按照本统筹地区规定的目录及配置标准核定费用。

第五十二条 辅助器具配置协议机构应建立产品质量承诺和跟踪服务制度。业务部门根据协议对辅助器具配置机构进行监督管理，对工伤职工配置辅助器具的情况进行核查，并将核查结果作为评价辅助器具配置机构的依据。

第五章 工伤待遇审核

工伤待遇审核包括工伤登记、医疗（康复）待遇审核、辅助器具配置费用审核、伤残待遇审核、工亡待遇审核、涉及第三人的工伤待遇审核、先行支付审核等内容。

第一节 工伤登记

第五十三条 职工发生事故伤害，用人单位可通过电话、传真、网络等方式及时向业务部门进行工伤事故备案，并根据事故发生经过和医疗救治情况，填写《工伤事故备案表》（表5-1）。

第五十四条 职工发生事故伤害或按照职业病防治法规定被诊断、鉴定为职业病，经社会保险行政部门认定工伤后，用人单位应及时到业务部门办理工伤职工登记，填写《工伤职工登记表》（表5-2），并提供以下证件和资料：

（一）居民身份证原件及复印件；

（二）认定工伤决定书；

（三）工伤职工停工留薪期确认通知；

（四）省、自治区、直辖市经办机构规定的其他证件和资料。

停工留薪期内因工伤导致死亡的，还需提供居民死亡医学证明书或其他死亡证明材料。

第五十五条 工伤职工经劳动能力鉴定委员会鉴定伤残等级或护理等级后，用人单位应办理劳动能力鉴定登记，提供以下证件和资料：

（一）劳动能力鉴定结论书；

（二）省、自治区、直辖市经办机构规定的其他证件和资料。

第五十六条 业务部门核查工伤职工的参保缴费情况，审核用人单位提供的证件与资料，核对工伤认定事实与事故备案是否相符，对符合相关条件的职工确认领取工伤待遇资格，进行工伤登记。

第五十七条 职工被借调期间发生工伤事故的，或职工与用人单位解除或终止劳动关系后被确诊为职业病的，由原用人单位为其办理工伤登记。

第五十八条 业务部门审核用人单位提出工伤认定申请时间，超出规定时限的，不支付此期间发生的工伤待遇等有关费用。

第五十九条 进城务工的农村居民申请一次性领取工伤保险长期待遇的，需本人和用人单位书面申请，业务部门应向其说明丧失按月领取长期待遇资格，并与待遇申请人签订一次性领取长期待遇协议，终止工伤保险关系。

第六十条 工伤职工因转移、解除或终止劳动关系，因工伤保险关系发生变动而变更工伤登记，相关用人单位填写《工伤保险关系变动表》（表5-3）并提供相关证明资料。

第二节 医疗（康复）待遇审核

第六十一条 用人单位申报医疗（康复）费，填写《工伤医疗（康复）待遇申请表》（表5-4）并提供以下资料：

（一）医疗机构出具的伤害部位和程度的诊断证明；

（二）工伤职工的医疗（康复）票据、病历、清单、处方及检查报告；

居住在统筹地区以外的工伤职工在居住地就医的，还需提供《工伤职工异地居住就医申请表》。

工伤职工因旧伤复发就医的，还需提供《工伤职工旧伤复发申请表》。

批准到统筹地区以外就医的工伤职工，还需提供《工伤职工转诊转院申请表》。

（三）省、自治区、直辖市经办机构规定的其他证件和资料。

第六十二条 业务部门审核医疗（康复）费的内容包括：

（一）各项检查治疗是否与工伤部位、职业病病情相符；

（二）是否符合工伤保险“三目录”的规定；

（三）是否符合工伤康复诊疗规范和工伤康复服务项目的规定；

（四）省、自治区、直辖市经办机构规定的其他需要审核的内容。

第六十三条 经办机构应推行与工伤保险协议机构的直接联网结算。

已登记的工伤职工持社会保障卡到工伤保险协议机构就诊，工伤保险协议机构按照服务协议传送就诊医疗（康复）费用明细，业务部门根据规定应对药品明细、治疗（康复）项目、检查项目、病程记录及医疗（康复）票据等进行网上审核。

第六十四条 工伤职工住院治疗的，业务部门根据统筹地区人民政府规定的伙食补助费标准及工伤职工的住院天数，核定住院伙食补助费。

业务部门批准到统筹地区以外就医的，根据统筹地区人民政府规定的交通、食宿费标准，核定交通、食宿费用。

第六十五条 业务部门根据核定的工伤（康复）待遇，汇总生成《工伤医疗（康复）待遇审核表》（表5-5），转经办机构财务部门。

第三节 辅助器具配置费用审核

第六十六条 工伤职工配置（更换）辅助器具，用人单位申报工伤职工的辅助器具配置费用时，提供以下资料：

（一）工伤职工配置（更换）辅助器具申请表；

（二）配置辅助器具确认书；

（三）辅助器具配置票据；

（四）省、自治区、直辖市经办机构规定的其他证件和资料。

第六十七条 业务部门根据辅助器具配置项目、标准，核定工伤职工的辅助器具安装、配置（更换）费用，生成《辅助器具配置费用核定表》（表5-6），转财务部门。

第四节 伤残待遇审核

第六十八条 业务部门根据劳动能力鉴定结论、工伤职工本人工资或统筹地区上年度职工月平均工资，核定一次性伤残补助金、伤残津贴和生活护理费。

工伤职工与用人单位解除或终止劳动关系时，业务部门根据解除或终止劳动关系的时间和伤残等级，按照省、自治区、直辖市人民政府制定的标准核定一次性工伤医疗补助金。

伤残等级为一至四级的工伤职工退休后，基本养老保险待遇低于伤残津贴的，业务部门根据其基本养老待遇核定与伤残津贴的差额。

业务部门根据核定的伤残待遇生成《伤残待遇核定表》（表5-7），转财务部门。

第五节　工亡待遇审核

第六十九条　职工因工死亡或停工留薪期内因工伤导致死亡的，业务部门根据工亡时间上年度全国城镇居民人均可支配收入和统筹地区上年度职工月平均工资，核定一次性工亡补助金和丧葬补助金。

伤残等级为一至四级的工伤职工，停工留薪期满死亡的，业务部门根据统筹地区上年度职工月平均工资，核定丧葬补助金。

业务部门根据核定的工亡待遇生成《一次性工亡、丧葬补助金核定表》（表5-8），转财务部门。

第七十条　申请领取供养亲属抚恤金的，应提供以下资料：

（一）居民身份证原件及复印件；

（二）与工亡职工关系证明；

（三）依靠工亡职工生前提供主要生活来源的证明；

（四）完全丧失劳动能力的提供劳动能力鉴定结论书；

（五）孤儿、孤寡老人提供民政部门相关证明；

（六）在校学生提供学校就读证明；

（七）省、自治区、直辖市经办机构规定的其他证件和资料。

供养亲属范围和条件根据国务院社会保险行政部门有关规定确定。

第七十一条　职工因工外出期间发生事故或在抢险救灾中造成下落不明被认定为工亡的，业务部门应在第4个月审核用人单位的证明和近亲属的申请资料，核定供养亲属抚恤金。

职工被人民法院宣告死亡的，业务部门核定其一次性工亡补助金和丧葬补助金。生活有困难的，经近亲属申请，可按照一次性工亡补助金的50%先进行核定，宣告死亡后核定其剩余的一次性工亡补助金和丧葬补助金。

第七十二条 业务部门审核供养亲属申请资料，根据本人工资，核定每个供养亲属享受的抚恤金金额。

核定的各供养亲属抚恤金之和不应高于因工死亡职工生前的本人工资。

业务部门根据核定的供养亲属抚恤金生成《供养亲属抚恤金核定表》（表5-9），转财务部门。

第六节 涉及第三人的工伤待遇审核

第七十三条 涉及第三人责任的，业务部门审核工伤待遇时，还应审核以下民事伤害赔偿法律文书：

（一）属于交通事故或者城市轨道交通、客运轮渡、火车事故的，需提供相关的事故责任认定书、事故民事赔偿调解书；

（二）属于遭受暴力伤害的，需提供公安机关出具的遭受暴力伤害证明和赔偿证明资料；

（三）经人民法院判决或调解的，需提供民事判决书或民事调解书等证明资料；

（四）省、自治区、直辖市经办机构规定的其他证件和资料。

第七十四条 业务部门根据民事伤害赔偿法律文书确定的医疗费与工伤待遇中的医疗费比较，不足部分予以补足，其工伤医疗待遇不得重复享受。

业务部门根据统筹地区社会保险行政部门制定的相关政策核定其他工伤待遇。

第七节 先行支付审核

第七十五条 按照《社会保险基金先行支付暂行办法》（人社部令15号），未依法缴纳工伤保险费的用人单位申请先行支付，需提供以下资料：

（一）社会保险登记证、工伤保险实缴清单或还欠协议；

（二）认定工伤决定书；

（三）先行支付书面申请资料；

（四）省、自治区、直辖市经办机构规定的其他资料。

用人单位拒不支付工伤待遇，工伤职工或近亲属申请先行支付的，需提供以下资料：

（一）工伤职工与用人单位的劳动关系证明；

（二）社会保险行政部门出具的用人单位拒不支付证明材料；

（三）认定工伤决定书；

（四）工伤职工或近亲属先行支付书面申请资料；

（五）省、自治区、直辖市经办机构规定的其他资料。

第七十六条 按照《社会保险基金先行支付暂行办法》，涉及第三人责任申请先行支付的，第三人不支付工伤医疗费用或者无法确定第三人的，业务部门审核以下资料：

（一）认定工伤决定书；

（二）工伤职工或近亲属先行支付书面申请资料；

（三）人民法院出具的民事判决书等材料；

（四）对肇事逃逸、暴力伤害等无法确定第三人的，需提供公安机关出具的证明材料；

（五）由社会保险行政部门提供的第三人不予支付的证明材料；

（六）由职工基本医疗保险先行支付的情况材料；

（七）省、自治区、直辖市经办机构规定的其他资料。

第七十七条 业务部门核定先行支付的工伤保险待遇，对本规程第七十五条规定的情况先行支付由工伤保险基金支付的各项工伤保险待遇；对本规程第七十六条规定的情况先行支付工伤医疗费。

业务部门应建立先行支付工伤保险待遇台账，通知稽核部门追偿。

第七十八条 职工申请工伤保险先行支付必须经过工伤认定，按照本规程第五十四条由用人单位、工伤职工或近亲属申请进行工伤登记。

第六章 工伤待遇和专项费用支付

工伤待遇和专项费用支付包括工伤待遇支付、专项费用支付、工伤待遇调整等内容。

第一节 工伤待遇支付

第七十九条 业务部门应将工伤待遇核定结果通知申请工伤待遇的用人单位或工伤职工、供养亲属，履行告知义务。

第八十条 业务部门每月根据工伤待遇、待遇调整、待遇重核等相关信息，建立当月工伤职工待遇支付台账，生成《工伤保险基金支出核定汇总表》(表6-1)，转财务部门。

伤残津贴、生活护理费从做出劳动能力鉴定的结论次月起计发；供养亲属抚恤金从死亡的次月起计发，下落不明的从事故发生的第4个月起计发。

用人单位或工伤职工垫付的工伤医疗费可通过签订代发协议的商业银行进行支付；在工伤保险协议机构发生的费用可通过与工伤协议机构网上审核后进行直接结算并支付。

第八十一条 工伤职工在享受工伤待遇期间被判刑收监的，其工伤待遇仍按照原渠道支付。

第八十二条 业务部门应建立工伤待遇支付数据库，为工伤保险经办管理的宏观决策提供支持。

有条件的地区，对部分病种的工伤医疗（康复）费可实行按病种付费、治疗周期限额控制等付费方式，对工伤职工在统筹地区外发生的工伤医疗（康复）费用可实行异地结算。

第八十三条 向医疗保险基金拨付应由工伤保险先行支付的费用、向工伤职工先行支付工伤保险待遇、涉及第三人的先行支付的医疗费的可参照以上程序执行。

第二节 劳动能力鉴定费工伤预防费支付

第八十四条 工伤职工进行劳动能力鉴定后，经办机构与劳动能力鉴定委员会应直接结算劳动能力鉴定费。

用人单位或工伤职工垫付劳动能力鉴定费的，可支付给用人单位或工伤职工。

第八十五条 工伤预防费用于工伤事故和职业病预防的宣传、培训、职业健康体检补助等项目。

业务部门根据社会保险行政部门制定的年度工伤预防工作计划，按照工伤预防费使用范围、项目，在费用指标范围内编制支出预算并根据支出计划按季度（月度）提出工伤预防费支出申请，转财务部门。

经办机构按照当地劳动能力鉴定和工伤预防工作有关管理办法的规定，与政府采购中标的或有资质的受委托社会组织（机构）签订协议，明确双方的权利和义务，确保相关项目实施的效果和质量。

第八十六条 业务部门根据当地人民政府或社会保险行政部门、财政机关批准的工伤预防费项目预算，按季度（月度）核定支出项目金额，生成《工伤预防费支出明细表》（表6-2），转财务部门支付。

第三节 工伤待遇调整

第八十七条 根据工伤待遇调整政策，业务部门对工伤职工或供养亲属的工伤待遇进行统一调整，并建立待遇调整台账。

第八十八条 业务部门可通过民政、卫生、公安等政府部门的证明，对工伤职工或供养亲属享受待遇资格定期验证，确定其继续享受待遇资格。

第八十九条 工伤职工或供养亲属不再具备享受工伤待遇的条件，工伤职工拒不接受劳动能力鉴定或拒绝治疗的，业务部门停止支付工伤待遇。

对待遇享受资格停止后又具备享受资格的，业务部门审核用人单位、工伤职工或供养亲属提供的相关资料，符合条件的恢复支付其工伤待遇。

第九十条 用人单位、工伤职工或近亲属、工伤保险协议机构对工伤待遇核定金额有异议提出复核的，业务部门应进行复核，确需调整的，予以调整。

第七章 财务管理

财务管理包括基金收入管理、支出管理、会计核算、预算、决算等内容。

第一节 收入管理

第九十一条 由经办机构征收的工伤保险费，暂存于工伤保险费收入账户，每月月末全部转入财政专户。

由税务机关代征的工伤保险费直接纳入财政专户。

第九十二条 财务部门应定期与财政、税务机关进行对账。对账有差异的，须逐笔查清原因，调整相符。

第九十三条 财务部门根据省、自治区、直辖市人民政府制定的工伤保险储备金提取比例及管理办法预留工伤保险储备金（以下简称“储备金”），用于经办机构支付统筹地区重大工伤事故的工伤待遇。

第九十四条 财务部门在确保工伤待遇支付及储备金留存的前提下，根据工伤预防费的提取比例及使用和管理办法提取工伤预防费，用于开展工伤预防工作，专款专用。

第二节 支出管理

第九十五条 财务部门于每月月末根据基金支出计划制定下月用款计划，填制《工伤保险基金使用申请表》（表 7-1）报同级财政机关审核，并确认资金到账情况。

财务部门对传来的支付凭证复核无误后及时办理支付。

第九十六条 对补助下级支出、上解上级支出、其他支出等款项，财务部门根据规定或支付凭证从“支出户”划拨或支付。

第九十七条 财务部门根据银行单据，将支出与退票情况及时反馈登记部门，登记部门对因银行开户信息错误造成退票的，重核银行开户信息，财务部门重新办理支付。

第九十八条 发生重大工伤事故，统筹地区工伤保险基金结余不足以支付工伤待遇时，财务部门填制《工伤保险储备金专项用款申请表》（表 7-2），报送财政机关审批，并按规定办理支付。

第九十九条 财务部门根据工伤预防费支出申请，填制《工伤预防费专项用款申请表》（表 7-3），报送社会保险行政部门、财政机关审批同意后，根据支出户开户行递送的银行单据确认到账。

财务部门根据《工伤预防费支出明细表》，将工伤预防费拨付到签订协议的委托单位。

第一〇〇条 对先行支付款项，按如下程序处理：

（一）用人单位或第三人在规定期限内偿还的，财务部门按相关规定处理；

（二）用人单位或第三人逾期未偿还或未足额偿还的，移交稽核部门进行核查并进行追偿；

（三）经人民法院判决破产或确无偿还能力的，经财政机关同意，财务部门按规定提请核销处理。

追偿办法及核销程序按照国家有关规定执行。

第三节 会计核算

第一〇一条 财务部门根据基金收入情况，做如下处理：

（一）由经办机构征收的，应根据开户行单据、专用收款收据、《工伤保险费实缴清单》，填制记账凭证；

由税务机关代征的，以财政专户开户行或税务机关传来的税收通用缴款书或税收完税凭证作为原始凭证，并根据税务机关传送的《工伤保险费实缴清单》，填制记账凭证；

（二）对“收入户存款”“支出户存款”生成的利息，以开户行递送的利息单据作为原始凭证，填制记账凭证；

（三）对上级下拨、下级上解收入，以财政专户缴拨凭证作为原始凭证，填制记账凭证。

（四）对滞纳金等其他收入，根据银行回单或财政机关转来的财政专户缴拨凭证等，填制记账凭证。

第一〇二条 财务部门根据基金支出情况，作如下处理：

（一）对工伤待遇支出，根据《工伤保险基金支出核定汇总表》，由开户行递送的单据及《工伤保险基金支出退票明细表》（表7-4），填制记账凭证；

（二）对先行支付的支出，按照《社会保险基金先行支付暂行办法》处理。

（三）对工伤预防费用的支出，按照《工伤保险预防费使用管理暂行办法》处理。

（四）对补助下级、上解上级和其他支出等，以开户行单据作为原始凭证，填制记账凭证。

第一〇三条 财务部门根据收付款凭证，按照业务发生顺序逐笔登记现金日记账、银行存款日记账，再按科目分类汇总记账凭证，制作科目汇总表，登记总分类账。

第一〇四条 每月月末，收到银行账户对账单后，财务部门与银行存款日记账核对，编制银行存款余额调节表，并将现金日记账、银行存款日记账、明细分类账与总分类账核对。

第一〇五条 财务部门根据总分类账、明细分类账等，编制月、季、年度会计报表。

第一〇六条 财务部门应按会计制度要求，不断优化部门内岗位设置及工作流程，在保证不相容岗位分离且无缝衔接的基础上，健全初审复核、轮岗互查、相互制约的风险控制机制。

经办机构可与开户行搭建数据交换专线，利用银行账户监控系统和风险预警系统，确保基金划拨及时、准确，切实保证基金安全。

第四节 预 算

第一〇七条 由经办机构征收的，财务部门负责编制统筹地区工伤保险基金预算草案（以下简称“基金预算草案”），基金预算草案包含收入预算草案与支出预算草案。

由税务机关代征的，收入预算草案由财务部门会同税务机关编制。

第一〇八条 按照“以支定收、收支平衡”的原则，综合考虑统筹地区近年基金预算执行情况，编制下一年度基金预算草案。

收入预算草案要与本地区经济社会发展水平相适应，与社会平均工资增长相协调；支出预算草案应严格按照规定的支出范围、项目和标准进行测算，考虑政策、享受待遇人员等影响支出变动因素。

第一〇九条 统筹地区工伤保险基金预算（以下简称“基金预算”），由本级社会保险行政部门和财政机关汇总、审核后，联合报本级人民政府审批，报上级社会保险行政部门和财政机关。

统筹地区的经办机构将本级人民政府批准后的基金预算草案报上级经办机构。

第一一〇条 财务部门应及时分析基金预算执行情况，查明收支变化原因。预算年度终了，应对本年度基金预算执行情况进行分析评估，编制基金预算执行情况报告。

第一一一条 基金预算不得随意调整。由于执行中特殊情况需要增加支出或减少收入，与预算偏差较大的，财务部门要及时编制基金预算调整方案，由本级社会保险行政部门和财政机关汇总、审核后，联合报本级人民政府审批。

第五节 决 算

第一一二条 统筹地区财务部门根据决算编制工作要求，于年度终了前核对各项收支，清理往来款项，同开户行、财政专户对账，并进行年终结账。

第一一三条 统筹地区财务部门根据本年度各账户余额，编制年终决算资产负债表和有关明细表，编写报表附注及收支情况说明书，对重要指标进行财务分析，形成年度会计决算报告，由本级社会保险行政部门和财政机关汇总、审核后，联合报本级人民政府审批，报上级社会保险行政部门和财政机关。

统筹地区的经办机构将本级人民政府批准后的基金决算草案报上级经办机构。

第一一四条 经办机构定期向社会公布工伤保险基金的收入、支出、结余和收益情况。

第八章 信息管理

信息管理包括统计、精算和信息系统建设等内容。

第一节 统 计

第一一五条 工伤保险统计包括建立统计台账、编制统计报表、撰写分析报告等内容。

第一一六条 信息部门定期根据统计指标和统计分组，对数据进行整理加工，建立统计台账，依据社会保险统计报表制度要求，编制统计报表。

统计指标应根据政策变化及时调整完善。

第一一七条 经办机构根据统计台账和统计报表，对工伤保险运行情况开展分析，根据分析结果撰写分析报告。

第一一八条 经办机构应定期向社会公布工伤保险参保情况等信息。

第二节 精 算

第一一九条 工伤保险精算包括工伤保险年度精算分析、工伤保险专项精算分析和其他日常测算分析等。

在工伤保险费率和待遇水平等进行调整时，应开展专项精算分析，支持政策决策，评估风险与效率。

第一二〇条 精算部门制定精算工作方案，采集精算数据，建立精算基础数据库和运行数据库，建立相关模型并设定合理的参数假设，开展精算分析工作。

第一二一条 精算分析涉及参数应以统筹地区相关数据为基础进行假设，在统筹地区数据不充分的情况下，可参照全国或情况相近地区的相关参数确定，但要对数据的可参照性及差异性进行对比分析。

每年要根据工伤保险运行状况的变化，对上年度参数假设进行科学评估，对未来的参数假设作出相应调整。

第一二二条 精算部门应对精算预测结果进行分析，以保证预测质量，分析的主要内容包括验证预测成果的可信程度、分析主要预测指标和评估预测的不确定性。

精算部门根据分析结果按相关技术标准撰写精算报告，阐述分析方法、提出专业结论和政策建议。

第三节　信息系统

第一二三条　经办机构应按照国家规划，建立社会保险经办信息系统。

第一二四条　信息部门根据本规程制定的业务流程，编制社会保险经办信息系统中工伤保险部分的业务需求。

第一二五条　经办机构通过信息沟通机制获取的各类信息，可作为社会保险登记、工伤保险费征缴、工伤待遇审核与社会保险稽核的信息比对依据。

第一二六条　信息部门按照《关于开展工伤保险联网指标上报工作的通知》（人社部函〔2008〕176 号）数据采集、审核、转换以及数据质量检查，并将交换库数据和数据质量检查表上报上级信息部门。

第一二七条　经办机构应与社会保险行政部门建立资源共享的信息网络，共享工伤职工参保、缴费、工伤认定、劳动能力鉴定、工伤待遇等情况的信息。

第九章　稽核监督

稽核监督包括对外稽核与内部监督，其中对外稽核包含稽核内容、稽核程序与处理。

第一节　稽核内容

第一二八条　参保登记稽核包括：

（一）核查用人单位是否依法办理工伤保险参保登记；

（二）查验用人单位社会保险登记证，审查用人单位工伤保险登记、变更是否符合规定。

第一二九条　缴费稽核内容包括：

（一）对用人单位的缴费检查，核实该单位的营业执照（副本）或登记证、职工工资发放明细表、劳动工资统计台账、财务相关账册（银行存款日记账、银行对账单、明细分类账）和相应的原始凭证、社会保险缴费申报（核定）表等有关资料；

（二）对建筑施工企业，按照本规程第三十一条确定缴费标准的，还应检查其建筑工程合同，核实其项目工程总造价。

对餐饮业、服务业、娱乐业等小型服务业以及有雇工的个体工商户，按照本规程第三十一条确定缴费标准的，还应核实其营业面积或营业额；

对小型矿山企业，按照本规程第三十一条确定缴费标准的，还应核实总产量、吨矿工资含量。

第一三〇条 对于欠缴工伤保险费的用人单位，在缴费稽核中应进行缴费能力稽核，其内容包括：

（一）查验用人单位的货币资金发生额和余额，重点查阅现金和银行存款情况；

（二）查验用人单位的各类对外投资情况；

（三）查验用人单位的各类债权情况；

（四）查验用人单位的实物资产。

第一三一条 待遇支付稽核的内容包括：

（一）对工伤职工待遇享受资格，核查其居民身份证、户口簿、户籍所在地公安机关或街道、乡镇政府提供的生存证明；

（二）对供养亲属待遇享受资格，按照本规程第七十条规定核查；

（三）对工伤保险协议机构执行协议情况进行核查：

1. 核查工伤职工就医身份的真实性；

2. 核查工伤保险协议机构提供各种资料的真实性，诊疗是否与伤情相符，费用是否符合工伤“三目录”规定；

3. 核查工伤保险协议机构为工伤职工配置辅助器具的情况。

（四）实行联网结算的统筹地区，可对工伤保险协议机构执行协议情况进行实时监控。

第二节　稽核程序与处理

第一三二条　稽核部门按照年度稽核工作计划，采取以下方式确定稽核对象：

（一）从数据库中随机抽取或根据信息异常情况确定；

（二）根据举报、有关部门转办、上级交办和异地协查信函等确定；

（三）根据民政、卫生、公安等部门提供的职工生存状况变动情况确定。

第一三三条　稽核部门对工伤保险登记缴费的稽核处理包括：

（一）对未办理社会保险登记的用人单位，报请社会保险行政部门督促其参保登记；

（二）对欠缴的用人单位，经缴费能力稽核后，初步认定无能力偿还的，按照本规程第一〇〇条第（三）款的规定处理，并通知征缴部门；

（三）对稽核对象少报、漏报、瞒报缴费基数和缴费人数的，应责令其补足，并通知征缴部门；

（四）稽核对象拒绝稽核或伪造、变造、故意毁灭有关账册、材料，拒不缴纳社会保险费的，应报请社会保险行政部门依法处罚。

第一三四条　稽核部门对工伤待遇支付的稽核处理包括：

（一）对工伤职工或供养亲属丧失待遇享受资格后仍继续领取的，应通知财务部门停止支付，并会同财务部门追回冒领的工伤待遇；

（二）对工伤职工或供养亲属骗取工伤待遇的，应通知财务部门停止支付，并会同财务部门追回骗取的工伤待遇，报请社会保险行政部门依法处罚；

（三）对工伤保险协议机构违反服务协议，以欺诈、伪造证明资料、医疗文书或其他手段骗取基金的，应会同财务部门根据情节轻重作如下处理：

1. 暂停直接责任人为参保人员服务的资格；

2. 暂停或解除工伤保险协议机构服务协议；

3. 报请社会保险行政部门处理。

第一三五条 对逾期仍未缴纳或补足工伤保险费的，稽核部门可采用如下程序处理：

（一）向银行和其他金融机构查询其存款账户；

（二）经社会保险行政部门批准，书面通知其开户行或其他金融机构划拨工伤保险费；

（三）用人单位账户余额不足缴纳工伤保险费的，可要求该用人单位提供担保，签订延期缴费协议；

（四）用人单位仍未足额缴纳工伤保险费且未提供担保的，可申请人民法院扣押、查封、拍卖其财产以抵缴工伤保险费；

对先行支付工伤待遇的追偿可参照以上程序处理。

第一三六条 对追偿或退还的工伤待遇，稽核部门填写《追偿（退还）工伤待遇审核表》（表9-1，表9-2），转财务部门处理。

第三节　内部监督

第一三七条 内部监督是指稽核部门对经办操作的合规性、准确性进行检查，防范经办风险。

第一三八条 内部监督的主要内容包括：

（一）参保登记监督包含用人单位类型、风险类别、浮动费率等信息登记的准确性；

（二）缴费监督包含缴费基数调整、还欠经办操作合规性；

（三）工伤待遇支付监督包含工伤登记及变动等资料的真实性和完整性，工伤待遇审核支付管理的合规性；

（四）财务监督包含检查工伤保险基金收入、支出凭证，会计账簿，核对账证是否相符；

（五）省、自治区、直辖市经办机构规定需内部监督的其他内容。

第一三九条 内部监督的主要方法包括检查核对法、抽查法、面询法、网上监督法。

稽核部门对内部监督中发现的问题提出整改意见，并跟踪监督落实情况。

第十章 权益记录与服务

权益记录与服务包括记录与查询、业务档案等内容。

第一节 记录与查询

第一四〇条 根据《社会保险个人权益记录管理办法》，经办机构应建立数据库，按照及时、完整、准确、安全、保密的管理原则，记载用人单位、参保职工登记信息和缴费情况，记载工伤职工和供养亲属享受工伤待遇情况，记载其它反映社会保险个人权益的信息。

第一四一条 经办机构应建立个人权益查询管理信息系统，通过专门窗口、自助终端、电话、网站等方式为工伤保险参保职工提供缴费记录和待遇记录查询服务。

参保职工需要书面查询个人权益记录的，经办机构应按规定提供。

参保职工对社会保险个人权益记录存在异议时，可以向经办机构提出核查申请，经办机构应按规定进行复核。

第一四二条 经办机构应每年至少一次将参保职工的个人权益记录通过邮寄方式寄送本人，也可以通过电子邮件、手机短信等多种方式向参保职工发送个人权益记录。

经办机构对参保职工的个人权益记录承担保密责任，不得违法泄露。

第二节　业务档案

第一四三条　工伤保险业务档案（以下简称“业务档案”），是指经办机构在办理工伤保险业务过程中，直接形成的具有保存和利用价值的专业性文字材料、电子文档、图表、声像等不同载体的历史记录。

第一四四条　经办机构各部门按照《社会保险业务档案管理规定（试行）》（人社部令3号）的规定及时对业务文件材料进行收集、整理、立卷、归档，确保业务档案齐全、完整、有效，并定期移交档案部门。

第一四五条　档案部门应按照业务档案保管、保密、利用、移交、鉴定、销毁等管理要求，保证业务档案妥善保管、有序存放，严防毁损、遗失和泄密。

档案部门对经过鉴定可以销毁的档案，编制销毁清册，按程序报社会保险行政部门备案后销毁。

第一四六条　业务档案的保管期限分为永久和定期两类，各类业务档案的具体保管期限按照《社会保险业务档案管理规定（试行）》规定的《社会保险业务材料归档范围与保管期限》执行。

第一四七条　经办机构应对业务档案进行影像化处理，实行档案数字化管理。

第十一章　附　则

第一四八条　对用人单位填写的表单，需经经办机构审核人、负责人签字或盖章。

对工伤保险申报缴费和待遇支付的核定结果需经审核人、负责人签字或盖章。

经办机构各部门之间传送的表单，需经办人、审核人、复核人、主管领导签字或盖章。

第一四九条 经办机构应规范票据管理，按照规定进行票据的填写、整理、保管等工作。

第一五〇条 在中国境内合法就业的外籍人员参加工伤保险，参照本规程经办。

第一五一条 各省、自治区、直辖市经办机构可根据本规程制定经办细则。

第一五二条 本规程由人力资源社会保障部负责解释。

第一五三条 本规程自发布之日起施行。

附：工伤保险经办业务用表

（本书略）

人力资源和社会保障部办公厅关于印发基本医疗保险付费总额控制经办规程的通知

（2012年12月17日　人社厅发〔2012〕113号）

各省、自治区、直辖市及新疆生产建设兵团人力资源社会保障厅（局）：

为落实人力资源社会保障部、财政部、卫生部《关于开展基本医疗保险付费总额控制的意见》（人社部发〔2012〕70号）要求，规范基本医疗保险付费总额控制经办工作，我们制定了《基本医疗保险付费总额控制经办规程》（以下简称《规程》。现印发你们，请遵照执行。

各地可结合医疗保险基金预算管理和支付方式改革，根据本地医疗保险信息系统建设和管理服务能力等情况，细化完善《规程》。有关情况及时向人力资源社会保障部社会保险事业管理中心报告。

基本医疗保险付费总额控制经办规程

第一章　总　则

第一条　为提升全民医保质量，加强和规范医疗保险付费总额控制的业务经办工作，体现规则公平，依据《关于进一步推进医疗保险付费方式改革的意见》和《关于开展基本医疗保险付费总额控制的意见》等有关文件，制定本规程。

第二条　基本医疗保险付费总额控制（以下简称“总额控

制”）是指统筹地区根据年度医疗保险基金（以下简称“基金”）收支预算，对定点医疗机构付费实行总额控制的管理行为。

第三条 统筹地区医疗保险经办机构（以下简称“经办机构”）应根据保障基本、科学合理、公开透明、激励约束、强化管理的原则，按照基金支出预算管理与费用支付相结合的方针，严格依照总额控制的工作程序开展总额控制工作。建立与定点医疗机构的沟通协商机制和费用分担机制。

医疗保险信息系统应为总额控制经办提供技术支撑。

第四条 总额控制管理全程应主动接受纪检、监察等部门及社会的监督，相关信息向社会公开。

第五条 经办机构应加强对定点医疗机构的监督检查和考核，督促定点医疗机构根据总额控制管理要求，健全内部管理机制，合理控制医疗费用，提高医疗服务质量，保障参保人员权益，减轻参保人员个人负担。

第二章 总额控制工作程序

第六条 总额控制工作程序是指总额控制经办管理的工作流程和要求。工作程序应明确各环节的责任主体、工作内容和方式，充分体现公开、公平、公正，杜绝暗箱操作。

第七条 经办机构的总额控制工作程序主要包括：

（一）确定年度总额控制方案，包括统筹地区年度基金支出预算总额、所有定点医疗机构的总额控制目标、各定点医疗机构总额控制指标的分配原则、超支分担与结余留用的原则等内容，与定点医疗机构沟通协商后，报同级人力资源社会保障部门领导讨论决定；

（二）确定各定点医疗机构总额控制指标并执行；

（三）根据年度中间出现的特殊情况，提出年中调整计划，经同级人力资源社会保障部门领导审定后执行；

（四）根据基金预算及总额控制指标执行情况，提出年终清算方案，包括超支与结余处理，经同级人力资源社会保障部门领导讨论决定后执行。（见附件 1）

第八条 总额控制工作程序应征求有关方面和参保人员代表意见，并报统筹地区人力资源社会保障部门确定，向社会公开。

第九条 经办机构应将总额控制目标、各定点医疗机构总额控制指标的分配原则、预算执行、费用结算和清算、定点医疗机构考核情况等内容纳入信息公开范围。有关情况告知同级医疗保险行政部门。

第三章 预算管理与总额控制目标

第十条 统筹地区的年度基金支出预算是确定总额控制目标、细化分解定点医疗机构总额控制指标、年终清算及确定定点医疗机构结余留用或超支分担的主要依据。

第十一条 统筹地区应根据《国务院关于试行社会保险基金预算的意见》，按照以收定支、收支平衡、略有结余的原则，认真编制年度基金收支预算并在编制基金收入预算的基础上强化支出预算。支出预算编制应考虑下列因素：

（一）本年度基金的收入测算；

（二）上年度基金的实际支出；

（三）参保人群变动和待遇标准等医保政策调整；

（四）卫生、物价等重大政策的变动；

（五）符合区域卫生规划的医疗卫生资源发展情况；

（六）参保单位和个人一次性趸交保费的跨年度支出分配；

（七）应对支出风险所预留的储备；

（八）其他影响支出的情况。

第十二条 实现市级统筹的地区，应根据市级和区县级经办机构的管理权限，对基金支出预算作进一步细化和分解，编制基本医疗保险待遇支出、补助下级支出和上解上级支出等预算。

应统筹考虑市级、区县级的基金支出预算分配和定点医疗机构的管理范围，明确与各自管理权限相一致的总额控制经办管理职责。

第十三条 在支出预算的基础上，扣除定点零售药店购药、统筹区域外就医、离休人员就医等费用，确定统筹区域内定点医疗机构基金支付的年度总额控制目标。年度总额控制目标中应包含预留的年中调整和年终清算资金及质量保证金。

第十四条 总额控制目标的覆盖范围原则上应包括统筹地区所有定点医疗机构。起步时可重点控制住院费用，逐步扩大到门诊费用；重点控制由统筹基金、个人账户支付的医疗费用，逐步扩大到全部医疗费用。

第四章 总额控制指标确定和调整

第十五条 经办机构在确定各定点医疗机构的总额控制指标时，应根据所提供的医疗保险医疗服务的数量和质量，结合区域卫生规划设置、医药分开、分级医疗服务体系建设和病人分流等因素进行合理分配，注重向基层医疗机构倾斜。

第十六条 应根据年度总额控制目标和统筹区内定点医疗机构的下列情况，预留相关资金后，确定各定点医疗机构的总额控制指标：

（一）级别、类别；

（二）承担的门诊、住院医疗服务量；

（二）服务范围和服务特色；

（四）有效服务量；

（五）首诊、转诊情况；

（六）上年（或近三年）医疗费用情况和增幅；

（七）同期、同级同类医疗机构的平均医疗费用水平；

（八）相关考核指标的执行情况；

（九）其他。

第十七条 总额控制指标由基数和调整系数计算生成。

总额控制指标 = A×（1+N%）

A 为基数，N 为调整系数。

第十八条 总额控制指标基数一般根据定点医疗机构上年度总额控制指标和实际执行情况确定。首次实行总额控制的定点医疗机构，可以该定点医疗机构近三年的医疗费用水平为基数，或参照同级同类定点医疗机构的平均医疗费用水平确定。

第十九条 总额控制指标调整系数反映与上年度相比指标的增减幅度。调整系数的确定，应综合考虑定点医疗机构的级别、类别、服务范围、服务特色、有效服务量、承担的首诊转诊任务、次均医疗费用等因素。有效服务量可通过剔除重复就诊、重复住院因素，或引入人次人头比等指标来测算。

第二十条 经办机构应按照以下程序确定总额控制指标：

（一）收集分析基础数据与信息；

（二）拟定各定点医疗机构总额控制指标的分配原则，与定点医疗机构进行集体沟通协商；

（三）报同级人力资源社会保障部门领导讨论决定；

（四）根据指标分配原则，确定各定点医疗机构的总额控制指标；

（五）将总额控制指标及相关管理要求纳入医疗服务协议，与定点医疗机构签订协议；

（六）按政务公开的有关要求将相关信息纳入公开范围。

（见附件 2）

第二十一条 经办机构应加强对医疗服务、医疗费用数据和总额控制指标执行情况等信息的采集、监控和分析。

第二十二条 有下列情况，可在年度中间适当调整总额控制指标，或在年终清算方案中予以考虑：

（一）发生重大政策调整、影响范围较大的突发事件、市场价格大幅变动等；

（二）定点医疗机构因内部大修关闭部分医疗服务等；

（三）定点医疗机构被暂停或终止服务协议；

（四）其他需调整总额控制指标的特殊情况。

第二十三条 定点医疗机构总额控制指标的调整，可在年度中期由经办机构根据所掌握的变化情况提出，或由定点医疗机构向经办机构提出书面申请。指标调整办法报同级人力资源社会保障部门领导审定。

第二十四条 对极少数影响总额控制指标执行的高额医疗费用病例，可由定点医疗机构向经办机构提出申请，经经办机构审核认定后予以妥善处理。

第五章 医疗服务监管和考核

第二十五条 经办机构在总额控制管理中，应确定定点医疗机构相关考核指标，加强医疗服务监管，防范可能出现的推诿拒收病人、减少服务内容、降低服务标准、增加个人负担、虚报服务量等行为，保证医疗服务质量。

第二十六条 对定点医疗机构的考核指标应包括：门急诊人次与重复就诊率、住院率与重复住院率、人次人头比、次均费用、自付率和自费率、手术率和择期手术率、高额住院费用病人比例、转诊（转院）率、参保人员医疗服务满意度调查和对定点医疗机构的投诉情况等。（见附件 4）

第二十七条 经办机构应采用多项指标联合应用的考核方式，以全面、客观地反映定点医疗机构执行总额控制的情况，重点关注定点医疗机构在医疗服务与医疗费用方面的指标异常变化，防止各种负面效应的发生，防范运行风险。

第六章 医疗费用结算和清算

第二十八条 经办机构将各定点医疗机构年度控制指标，按月平均分配或参照历年月度医疗费用变动规律进行分配，合理确定月度各定点医疗机构医疗费用的结算指标。

第二十九条 经办机构对定点医疗机构月度申报的医疗费用，在月度结算指标之内的，扣除审核与监督检查中查实的违规费用，依据规定结算，结余部分可滚存至下月；超出月度结算指标的，超支部分可暂缓支付，到年终清算时再予审核。

第三十条 经办机构应定期将拒付和缓付等情况告知定点医疗机构，提醒定点医疗机构及时采取措施。

第三十一条 经办机构可按协议约定，预拨一定额度的资金作为定点医疗机构的周转金，一般不超过一个月的结算指标。

第三十二条 经办机构应根据当年基金实际收入、年初确定的总额控制指标、年中调整情况，结合定点医疗机构年度考核结果，制定清算方案，明确结余留用或超支分担的比例、特殊情况的补偿等内容。

第三十三条 经办机构应按以下程序进行清算：

（一）对总额控制指标执行情况及相关数据进行分析；

（二）对定点医疗机构的协议执行情况进行考核；

（三）根据总额控制指标执行情况和考核结果，拟定清算方案；

（四）将清算方案报同级人力资源社会保障部门领导讨论决定；

（五）将清算方案向定点医疗机构公布；

（六）根据清算方案进行清算；

（七）清算结果报同级人力资源社会保障部门领导，并报上级经办机构备案；

（八）按政务公开的有关要求将相关信息纳入公开范围。

（见附件 3）

第三十四条 定点医疗机构年度实际发生医疗费用未超过总额控制指标，经考核合格的，结余部分按照清算方案确定的留用比例支付给定点医疗机构。

第三十五条　定点医疗机构年度实际发生医疗费用超出年度总额控制指标，原则上应承担主要责任，按照清算方案确定的比例分担。同时查明原因，并提出整改意见，书面报告经办机构。

第七章　与医疗机构沟通与协商

第三十六条　经办机构应就总额控制方案与定点医疗机构开展沟通协商。

第三十七条　经办机构与定点医疗机构的沟通与协商应集体进行，原则上不可“一院一谈”，以保证过程的公开透明。

第三十八条　经办机构在沟通与协商前，应向定点医疗机构公开年度基金收支预算和总额控制方案。

第三十九条　参加沟通与协商的定点医疗机构应具有代表性，能够充分反映不同级别、类型定点医疗机构的情况。

第四十条　有条件的统筹地区，可按级别、类型将定点医疗机构分为若干组，通过定点医疗机构推举代表进行组间和组内讨论，提出各定点医疗机构总额控制指标的分配原则，促进定点医疗机构之间公平竞争。

第八章　综合管理

第四十一条　经办机构应根据总额控制管理要求，细化和完善医疗服务协议相关内容，将总额控制指标、医疗服务监管和考核、医疗费用结算和清算等内容纳入协议。

第四十二条　经办机构应在实行总额控制的基础上，积极探索实施按病种付费、按人头付费、总额预付等多种方式相结合的复合型付费方式。

第四十三条　经办机构应将总额控制执行情况与定点医疗机构分级管理挂钩。对总额控制执行情况好的定点医疗机构，可优先定级或升级；对执行情况差的定点医疗机构，可延缓定级或降级。

第四十四条 经办机构应加大对各种违约、违规行为的查处力度，并通过相关行政部门对违法行为予以查处。

第九章 附 则

第四十五条 经办机构与定点医疗机构在总额控制实施过程中出现的纠纷，按医疗服务协议及相关法律法规处理。

第四十六条 各省、自治区、直辖市经办机构可根据本地实际对本规程进行细化完善。

第四十七条 本规程由人力资源社会保障部社会保险事业管理中心负责解释。

第四十八条 本规程自发布之日起施行。

附件：1. 医疗保险付费总额控制工作程序图

2. 确定总额控制指标流程图

3. 总额控制年终清算流程图

4. 定点医疗机构相关考核指标解释

（附件本书略）

人力资源和社会保障部关于印发《机关事业单位工作人员基本养老保险经办规程》的通知

（2015年3月25日　人社部发〔2015〕32号）

各省、自治区、直辖市及新疆生产建设兵团人力资源社会保障厅（局），部社保中心：

为做好机关事业单位养老保险经办管理服务工作，按照《国务院关于机关事业单位工作人员养老保险制度改革的决定》（国发〔2015〕2号，以下简称《决定》）确定的基本原则和主要政策，我部制定了《机关事业单位工作人员基本养老保险经办规程》（以下简称《规程》）。现印发给你们，并就贯彻执行《规程》提出如下要求：

一、充分认识做好机关事业单位养老保险经办管理服务工作的重要性。改革机关事业单位养老保险制度，是贯彻落实党的十八大和十八届三中全会精神的具体体现，是全面深化改革的重要内容，是统筹推进城乡社会保障体系建设的重要举措。制定和施行统一规范的经办规程，是确保机关事业单位养老保险顺利实施的重要基础性工作，对于规范经办行为、提高管理服务水平具有重要意义。各地要认真组织学习《决定》，深刻认识机关事业单位工作人员养老保险制度改革的重大意义，深入了解制度改革的基本原则和主要政策，准确把握机关事业单位养老保险经办管理服务工作的各项要求。各级社会保险经办机构要组织工作人员认真学习《规程》的内容，明确《规程》的具体要求。要采取通俗易懂、灵活多样的形式，广泛宣传机关事业单位养老保险政策和经办规程的相关内容，对涉及参保缴费、待遇领取、关系转移、信息咨询等问题，要组织参保单位进行有针对性的宣传讲解，帮助参保单位及其工作人员和参保群众了解相关政策和主要业务流程，自觉配合和监督机关事业单位养老保险经办管理服务工作的落实。

二、准确把握《规程》的规定和要求。《规程》明确了参保登记、申报核定、基金征缴、个人账户管理、保险关系转移、待遇管理、领取待遇资格认证、基金管理、统计分析、稽核和内控、档案管理、个人权益记录管理、信息管理等业务环节的主要内容，规定了具体操作程序、标准和要求。各地在贯彻落实《规程》的过程中，要准确把握《规程》的各项规定和要求。要做好参保资源管理和基金征缴工作，严格按照机关事业单位养老保险制度规定的参保范围和相关条件，厘清参保单位和人员，认真组织参保缴费等相关工作；加强参保人员的个人账户管理，做好退休人员基本养老金的核定发放工作；加强参保信息的保密工作，妥善保管好参保信息数据和业务档案等资料。要突出抓好基金安全管理，认真贯彻执行社会保险基金收支两条线管理的规定，机关事业单位养老保险基金实行单独记账、核算，按规定实现保值增值。各地要结合本地实际，在保持统一规范的前提下，完善和细化业务流程，建立健全各项规章制度，明确经办岗位职责、权限和服务标准，保证机关事业单位养老保险经办服务工作有章可循。

三、加强经办管理服务能力建设。社会保险经办管理服务是一项长期的日常工作，量大面广，涉及参保职工的切身利益。各级社会保险经办机构要做好机关事业单位养老保险经办管理服务工作，统一经办规程，建立健全业务财务安全风险防控机制；要下大力气抓好公共服务平台建设，建立全国统一的信息管理系统，纳入“金保工程”建设，由省级统一集中管理数据资源，实现规范化、信息化和专业化管理，大力推行电子社保和社会保障卡，方便参保缴费、领取待遇和权益查询；要精心做好机关事业单位养老保险统计工作，认真准确填写相关统计报表并按时上报；要根据机关事业单位养老保险制度改革的需要，合理整合现有经办管理服务资源，实行统一管理，适当充实工作力量，提供必要的经办和服务设施，为参保单位和个人提供优质高效便捷的服务。

四、切实加强组织领导。各级人社部门和社会保险经办机构要高度重视机关事业单位养老保险经办管理工作，切实加强领导，周密部署，精心组织，认真实施。各地要严格按照《决定》和《规程》的要求，研究制定实施方案，对组织领导、任务分工、配套措施等作出具体部署。要明确分工、专人负责，健全工作制度，确保工作顺畅。要建立联系人制度，及时与参保单位沟通协调，跟踪了解《规程》的施行情况。要加强对参保单位的业务经办培训。要及时研究、解决经办工作中出现的新情况、新问题，重要情况和重大问题请及时向部社保中心反馈。

机关事业单位工作人员基本养老保险经办规程

第一章　总　则

第一条　为做好机关事业单位基本养老保险经办管理服务工作，根据《国务院关于机关事业单位工作人员养老保险制度改革的决定》（国发〔2015〕2号，以下简称《决定》）和《人力资源社会保障部财政部关于贯彻落实〈国务院关于机关事业单位工作人员养老保险制度改革的决定〉的通知》（人社部发〔2015〕28号，以下简称《通知》），制定本规程。

第二条　本规程适用于经办机关事业单位基本养老保险的各级社会保险经办机构（以下简称社保经办机构）。

第三条　机关事业单位基本养老保险业务实行属地化管理，

由县级及以上社保经办机构负责办理。在京中央国家机关事业单位基本养老保险业务由人力资源社会保障部社会保险事业管理中心负责经办，京外的中央国家机关事业单位基本养老保险业务由属地社保经办机构负责经办。

第四条 各省（自治区、直辖市）、新疆生产建设兵团（以下简称省级）社保经办机构应依据本规程制定本地区机关事业单位基本养老保险业务经办管理办法、内控和稽核制度；会同财政部门制定本地区机关事业单位基本养老保险基金财务管理办法和会计核算办法实施细则；负责组织实施机关事业单位基本养老保险省级统筹工作；实行省级基金调剂制度的，编制机关事业单位基本养老保险基金调剂计划；参与机关事业单位基本养老保险信息系统建设和管理。省级和地（市、州，以下简称地级）社保经办机构负责组织指导和监督考核本地区各级社保经办机构开展机关事业单位基本养老保险经办管理服务工作；做好基金管理、财政补助资金的结算和划拨；编制、汇总、上报本地区机关事业单位基本养老保险基金预决算、财务和统计报表；负责机关事业单位基本养老保险个人权益记录管理和数据应用分析；组织开展宣传和人员培训等工作。

县（市、区、旗，以下简称县级）社保经办机构负责机关事业单位基本养老保险参保登记、申报核定、保险费征收、个人账户管理、关系转移、待遇核定与支付、基金管理；编制上报本级基金预、决算，财务和统计报表；数据应用分析；领取待遇资格认证；个人权益记录管理；审计稽核与内控管理；档案管理；咨询、查询和举报受理等工作。（地级及以上社保经办机构直接经办机关事业单位基本养老保险业务的参照执行。下同）

第五条 机关事业单位基本养老保险基金实行省级统筹，暂不具备条件的可先实行省级基金调剂制度。

每年的1月1日至12月31日为一个业务核算年度，按年核定缴费基数，按月缴费。核算以人民币为记账本位币，“元”为金额单位，元以下记至角分。核算期间的起讫日期采用公历日期。

第六条 机关事业单位基本养老保险管理信息系统（以下简称信息系统）纳入金保工程，由人力资源社会保障部组织开发，全国统一使用。数据信息实行省级集中管理。

第七条 机关事业单位基本养老保险关系转移接续经办规程另行制定。

第二章 参保登记

第八条 用人单位应当自成立之日起 30 日内向社保经办机构申请办理参保登记，填报《社会保险登记表》（附件 1），并提供以下证件和资料：

（一）有关职能部门批准单位成立的文件；

（二）《组织机构代码证》（副本）；

（三）事业单位还需提供《事业单位法人登记证书》（副本）；参照《公务员法》管理的单位还需提供参照《公务员法》管理相关文件；

（四）单位法定代表人（负责人）的任职文件和身份证；

（五）省级社保经办机构规定的其他证件、资料。

社保经办机构审核用人单位报送的参保登记资料，对符合条件的，在 15 日内为用人单位办理参保登记手续，确定社会保险登记编号，建立社会保险登记档案资料，登记用人单位基本信息，向用人单位核发《社会保险登记证》（具体样式详见《社会保险登记管理暂行办法》原劳动和社会保障部 1 号令附件 3）；对资料不全或不符合规定的，应一次性告知用人单位需要补充和更正的资料或不予受理的理由。

第九条 参保单位名称、地址、法定代表人（负责人）、机构类型、组织机构代码、主管部门、隶属关系、开户银行账号、参加险种以及法律法规规定的社会保险其他登记事项发生变更时，应当在登记事项变更之日起30日内，向社保经办机构申请办理变更登记，填报《机关事业单位基本养老保险参保单位信息变更申报表》（附件2），并提供以下证件和资料：

（一）与变更登记事项对应的相关资料；

（二）《社会保险登记证》；

（三）省级社保经办机构规定的其他证件、资料。

社保经办机构审核参保单位报送的变更登记申请资料，对符合条件的，在15日内为参保单位办理变更登记手续。变更内容涉及《社会保险登记证》登记事项的，收回参保单位原《社会保险登记证》，按变更后的内容重新核发《社会保险登记证》；对资料不全或不符合规定的，应一次性告知参保单位需要补充和更正的资料或不予受理的理由。

第十条 参保单位因发生撤销、解散、合并、改制、成建制转出等情形，依法终止社会保险缴费义务的，应自有关部门批准之日起30日内，向社保经办机构申请办理注销社会保险登记，填报《机关事业单位基本养老保险参保单位信息变更申报表》，并提供以下证件和资料：

（一）注销社会保险登记申请；

（二）《社会保险登记证》；

（三）批准撤销、解散、合并、改制的法律文书或文件或有关职能部门批准成建制转出的文件；

（四）省级社保经办机构规定的其他证件、资料。

社保经办机构审核参保单位报送的注销登记申请资料，参保单位有欠缴社会保险费的，社保经办机构应告知参保单位缴清应缴纳的社会保险费、利息、滞纳金等后，对符合条件的，在15日内为参保单位办理注销登记手续，收回《社会保险登记证》；对资料不全或不符合规定的，应一次性告知参保单位需要补充和更正的资料或不予受理的理由。

第十一条 社保经办机构对已核发的《社会保险登记证》

实行定期验证和换证制度。参保单位应按年填报《社会保险登记证验证表》（附件3），并提供以下证件和资料：

（一）《社会保险登记证》；

（二）《组织机构代码证》（副本）；

（三）事业单位还需提供《事业单位法人登记证书》（副本）；

（四）省级社保经办机构规定的其他证件、资料。

社保经办机构审核参保单位报送的验证登记申请资料，核查社会保险登记事项、社会保险费缴纳情况等内容。对符合条件的，及时为参保单位办理验证手续，在《社会保险登记证》和《社会保险登记证验证表》上加盖“社会保险登记证审核专用章”；对资料不全的，应一次性告知参保单位需要补充的资料。

《社会保险登记证》有效期4年。有效期满，社保经办机构应为参保单位更换。

第十二条 参保单位遗失《社会保险登记证》的，应及时向社保经办机构申请补办，填报《机关事业单位基本养老保险参保单位信息变更申报表》，并提供以下证件和资料：

（一）《组织机构代码证》（副本）；

（二）事业单位还需提供《事业单位法人登记证书》（副本）；

（三）省级社保经办机构规定的其他证件、资料。

社保经办机构审核参保单位报送的补证登记申请资料，对符合条件的，应在15日内为参保单位办理补证手续，重新核发《社会保险登记证》；对资料不全或不符合规定的，应一次性告知参保单位需要补充和更正的资料或不予受理的理由。

第十三条 社保经办机构为参保单位核发《社会保险登记证》后，参保单位向社保经办机构申报办理人员参保登记手续，填报《机关事业单位工作人员基本信息表》（附件4），并提供以下证件和资料：

（一）工作人员有效身份证件（复印件）；

（二）县级及以上党委组织部门、人力资源和社会保障行政部门正式录用通知书、调令、任职文件或事业单位聘用合同等；

（三）省级社保经办机构规定的其他证件、资料。

社保经办机构审核参保单位报送的人员参保登记资料，对符合条件的，录入人员参保登记信息，建立全国统一的个人社会保障号码（即公民身份号码），进行人员参保登记处理并为其建立个人账户，对资料不全或不符合规定的，应一次性告知参保单位需要补充和更正的资料或不予受理的理由。属于涉及国家安全、保密等特殊人群的，可采用专门方式采集相关信息，并作特殊标记。

第十四条 参保人员登记信息发生变化时，参保单位应当在30日内，向社保经办机构申请办理参保人员信息变更登记业务，填报《机关事业单位基本养老保险参保人员信息变更表》（附件5），并提供以下证件和资料：

（一）参保人员有效身份证件或社会保障卡；

（二）变更姓名、公民身份号码等关键基础信息的，需提供公安部门证明；变更出生日期、参加工作时间、视同缴费年限等特殊信息的，需提供本人档案及相关部门审批认定手续；

（三）省级社保经办机构规定的其他证件、资料。

社保经办机构审核参保单位报送的参保人员信息变更申请资料，对符合条件的，进行参保人员信息变更；对资料不全或不符合规定的，应一次性告知参保单位需要补充和更正的资料或不予受理的理由。

第十五条 对参保人员死亡、达到法定退休年龄前丧失中华人民共和国国籍等原因终止养老保险关系的，参保单位向社保经办机构申请办理参保人员养老保险关系终止业务，填报《机关事业单位基本养老保险参保人员业务申报表》（附件6），并提供以下证件和资料：

（一）参保人员死亡的，需提供社会保障卡、居民死亡医学证明书或其他死亡证明材料；

（二）丧失中华人民共和国国籍的，需提供定居国护照等相关资料；

（三）省级社保经办机构规定的其他证件、资料。

社保经办机构审核参保单位报送的参保人员终止登记申请资料，对符合条件的，录入参保人员终止登记信息，进行人员参保终止处理。

第三章　申报核定

第十六条　参保单位应每年统计上年度本单位及参保人员的工资总额，向社保经办机构申报《机关事业单位基本养老保险工资总额申报表》（附件7）。新设立的单位及新进工作人员的单位，应在办理社会保险登记或申报人员变更的同时，一并申报工作人员起薪当月的工资。

第十七条　参保单位按规定申报工资总额后，社保经办机构应及时进行审核，对审核合格的，建立参保单位及参保人员缴费申报档案资料及数据信息，生成参保单位及参保人员缴费基数核定数据；对资料不全或不符合规定的，应一次性告知参保单位需要补充和更正的资料或重新申报。

社保经办机构审核时，参保人员月缴费基数按照本人上年度月平均工资核定；新设立单位和参保单位新增的工作人员按照本人起薪当月的月工资核定。本人上年度月平均工资或起薪当月的月工资低于上年度全省在岗职工月平均工资60%的，按60%核定；超过300%的，按300%核定。单位月缴费基数为参保人员月缴费基数之和。

在上年度全省在岗职工月平均工资公布前，参保人员缴费基数暂按上年度月缴费基数执行。待上年度全省在岗职工月平均工资公布后，据实重新核定月缴费基数，并结算差额。

参保单位未按规定申报的，社保经办机构暂按上年度核定缴费基数的110%核定，参保单位补办申报手续后，重新核定并结算差额。在一个缴费年度内，参保单位初次申报后，其余月份应申报人员增减、缴费基数变更等规定事项的变动情况；无变动的，可以不申报。

第十八条 参保单位因新招录、调入、单位合并等原因增加人员或因工作调动、辞职、死亡等原因减少人员，应从起薪或停薪之月办理人员增加或减少。参保单位应及时填报《机关事业单位基本养老保险参保人员业务申报表》，并提供以下证件和资料：

（一）有关部门出具的相关手续；

（二）省级社保机构规定的其他证件、资料。

社保经办机构审核参保单位报送的人员增减资料，对符合条件的，办理人员增减手续，调整缴费基数并记录社会保险档案资料和数据信息；对资料不全或不符合规定的，应一次性告知参保单位需要补充更正的资料或不予受理的理由。

第十九条 因参保单位申报或根据人民法院、人事仲裁、社保稽核等部门的相关文书和意见，需变更缴费基数或缴费月数的，参保单位向社保经办机构申报办理，填报《机关事业单位基本养老保险参保人员业务申报表》，并提供以下资料：

（一）变更人员对应的工资记录；

（二）相关部门出具的文书和意见；

（三）省级社保经办机构规定的其他证件、资料。

社保经办机构审核参保单位报送的申请资料，对符合条件的，为其办理基本养老保险费补收手续，并记录相关信息，打印补缴通知；对资料不全或不符合规定的，应一次告知参保单位需要补充和更正的资料或不予受理的理由。

第二十条 因参保单位多缴、误缴基本养老保险费需退还的，参保单位向社保经办机构申报办理，填报《机关事业单位基本养老保险参保人员业务申报表》，并提供以下证件和资料：

（一）缴费凭证等相关资料；

（二）省级社保机构规定的其他证件、资料。

社保经办机构审核参保单位报送的申请资料，对符合条件的，为其办理基本养老保险费退还手续，并记录相关信息，打印退费凭证；对资料不全或不符合规定的，应一次告知参保单位需要补充和更正的资料或不予受理的理由。

第四章 基金征缴

第二十一条 社保经办机构负责征收基本养老保险费。社保经办机构应与参保单位和银行签订委托扣款协议，采取银行代扣方式进行征收；参保单位也可按照政策规定的其他方式缴纳。

第二十二条 社保经办机构根据参保单位申报的人员增减变化情况，及时办理基本养老保险关系建立、中断、恢复、转移、终止、缴费基数调整等业务，按月生成《机关事业单位基本养老保险费征缴通知单》（附件8），交参保单位；同时生成基本养老保险费征缴明细。实行银行代扣方式征收的，征缴明细按照社保经办机构与银行协商一致的格式传递给银行办理养老保险费征收业务。

第二十三条 参保单位和参保人员应按时足额缴纳基本养老保险费，参保人员个人应缴纳的基本养老保险费，由所在单位代扣代缴。

第二十四条 社保经办机构对银行反馈的基本养老保险费当月到账明细进行核对，无误后进行财务到账处理；及时据实登记应缴、实缴、当期欠费等，生成征收台账。

第二十五条 参保单位因不可抗力无力缴纳养老保险费的，应提出书面申请，经省级社会保险行政部门批准后，可以暂缓缴纳一定期限的养老保险费，期限不超过1年，暂缓缴费期间免收滞纳金。到期后，参保单位必须全额补缴欠缴的养老保险费。

第二十六条 参保单位欠缴养老保险费的，应按照《社会保险法》和《社会保险费申报缴纳管理规定》（人社部第20号令）有关规定缴清欠费。

第五章　个人账户管理

第二十七条　社保经办机构应为参保人员建立个人账户，用于记录个人缴费及利息等社会保险权益。个人账户包括个人基本信息、缴费信息和支付信息、转移接续信息、终止注销信息等内容。

《决定》实施时在机关事业单位工作的人员，个人账户建立时间从《决定》实施之月开始，之后参加工作的人员，从其参加工作之月起建立个人账户。

第二十八条　参保人员存在 2 个及以上个人账户的，其原个人账户储存额部分，应与现个人账户合并计算。存在重复缴费的，由现参保地社保经办机构与本人协商确定保留其中一个基本养老保险关系和个人账户，同时其他关系予以清理，个人账户储存额退还本人，相应的个人缴费年限不重复计算。

第二十九条　参保单位和参保人员按时足额缴费的，社保经办机构按月记入个人账户。参保单位或参保人员未按时足额缴费，视为欠缴，暂不记入个人账户，待参保单位补齐欠缴本息后，按补缴时段补记入个人账户。

第三十条　对按月领取基本养老金的退休人员，根据本人退休时个人账户养老金，按月冲减个人账户储存额。待遇调整增加的基本养老金，按本人退休时月个人账户养老金占月基本养老金的比例计算个人账户应支付金额，按月冲减个人账户储存额。

第三十一条　每年的 1 月 1 日至 12 月 31 日为一个结息年度，社保经办机构应于一个结息年度结束后根据上年度个人账户记账额及个人账户储存额，计算个人账户利息，并记入个人账户。记账利率由国家确定并公布。

参保人员办理退休或一次性领取个人账户储存额时，社保经办机构应对其个人账户储存额进行即时计息结转，以后每年按规定对退休人员个人账户支付养老金后的余额部分进行计息结转。办理跨统筹区、跨制度转移手续的参保人员，转出地社保经办机构在关系转出当年不计息结转；转入地社保经办机构从关系转入当年起计息。

当年个人记账利率公布前，发生待遇支付的，个人账户储存额按照公布的上一年度记账利率计算利息，当年个人账户记账利率公布后，不再重新核定。

第三十二条 社保经办机构对中断缴费的个人账户应进行封存，中断缴费期间按规定计息。社保经办机构对恢复缴费的参保人员个人账户记录进行恢复，中断缴费前后个人账户储存额合并计算。

第三十三条 办理参保人员终止登记手续后，参保单位可代参保人员或继承人向社保经办机构申领个人账户储存额（退休人员为个人账户余额）。社保经办机构完成支付手续后，终止参保人员基本养老保险关系。

第三十四条 参保人员养老保险关系发生跨统筹、跨制度范围转移时，转出地社保经办机构在基金转出后，终止参保人员个人账户；转入地社保经办机构在转入基金到账后，为转入人员记录个人账户。

第三十五条 参保人员对个人账户记录的信息有异议时，参保单位可凭相关资料向社保经办机构申请核查。社保经办机构核实后，对确需调整的，按规定程序审批后予以修改，保留调整前的记录，记录调查信息，将调整结果通知参保单位。

第六章 待遇管理

第三十六条 待遇核定主要包括参保人员退休待遇申报核定、待遇调整核定、遗属待遇支付核定、病残津贴支付核定、个人账户一次性支付核定等内容。

第三十七条 参保人员符合退休条件的，参保单位向社保经办机构申报办理退休人员待遇核定，填报《机关事业单位基本养老保险参保人员养老保险待遇申领表》(附件9)，并提供以下证件和资料：

(一) 参保人员有效身份证件或社会保障卡；

(二) 按现行人事管理权限审批的退休相关材料；

(三) 省级社保经办机构规定的其他证件、资料。

社保经办机构应及时对申报资料进行审核，对符合条件的，根据退休审批认定的参保人员出生时间、参加工作时间、视同缴费年限、退休类别以及实际缴费情况等计算退休人员的基本养老金，在过渡期内，应按《通知》的规定进行新老待遇计发办法对比，确定养老保险待遇水平，及时记录退休人员信息，打印《机关事业单位基本养老保险参保人员基本养老金计发表》(附件10)，交参保单位。对资料不全或不符合规定的，应一次告性知参保单位需要补充和更正的资料或不予受理的理由。参保单位应当将核定结果告知参保人员。

第三十八条 社保经办机构应依据国家政策规定和统一部署，按照本地区机关事业单位退休人员基本养老金调整的规定，对机关事业单位退休人员养老保险待遇进行调整。具体操作规程由省级社保经办机构制定。

第三十九条 参保单位应在参保人员符合国家政策规定的病残津贴领取条件时向社保经办机构申报办理病残津贴领取手续，填报《机关事业单位基本养老保险参保人员养老保险待遇申领表》，并提供以下证件和资料：

(一) 参保人员有效身份证件或社会保障卡；

(二) 按现行人事管理权限审批的相关材料；

(三) 省级社保经办机构规定的其他证件、资料。

社保经办机构应及时对申报资料进行审核，对符合领取病残津贴条件的，计算申报人员的病残津贴，核定金额，并及时记录数据信息，打印机关事业单位工作人员病残津贴计发表单，交参保单位。对资料不全或不符合规定的，应一次性告知参保单位需要补充和更正的资料或不予受理的理由。参保单位应当将核定结果告知参保人员。

第四十条 参保人员因病或非因工死亡后，参保单位向社保经办机构申请办理领取丧葬补助金、抚恤金手续，填报《机关事业单位基本养老保险参保人员一次性支付申报表》（附件11），并提供以下证件和资料：

（一）参保人员社会保障卡、居民死亡医学证明书或其他死亡证明材料；

（二）指定受益人或法定继承人有效身份证件、与参保人员关系证明；

（三）省级社保经办机构规定的其他证件、资料。

社保经办机构应及时对申报资料进行审核，对符合条件的，计算丧葬补助金、抚恤金，核定金额，打印《机关事业单位基本养老保险参保人员丧抚费核定表》（附件12），交参保单位。对资料不全或不符合规定的，应一次性告知参保单位需要补充和更正的资料或不予受理的理由。

第四十一条 办理参保人员终止登记手续后，参保单位向社保经办机构申请办理个人账户一次性支付手续，填报《机关事业单位基本养老保险参保人员一次性支付申报表》，并提供以下证件和资料：

（一）参保人员死亡的，需提供社会保障卡和居民死亡医学证明书或其他死亡证明材料；指定受益人或法定继承人有效身份证件；与参保人员关系证明；

（二）参保人员丧失中华人民共和国国籍的，需提供定居国护照等相关资料；

（三）省级社保机构规定的其他证件、资料。

社保经办机构应及时对申报资料进行审核。对符合条件的，计算并核定个人账户一次性支付金额，打印《机关事业单位基本养老保险个人账户一次性支付核定表》（附件 13），交参保单位，并及时记录支付信息，终止基本养老保险关系。对资料不全或不符合规定的，应一次告知参保单位或参保人员本人（指定受益人或法定继承人）需要补充和更正的资料或不予受理的理由。参保单位应当将核定结果告知领取人。

第四十二条 参保单位或参保人员本人（或指定受益人、法定继承人）对社保经办机构核定的待遇支付标准有异议，可在 60 个工作日内向社保经办机构提出重新核定申请。社保经办机构应予以受理复核，并在 15 日内告知其复核结果；对复核后确需调整的，应重新核定并保留复核及修改记录。

第四十三条 社保经办机构每月根据上月待遇支付记录、当月退休人员增减变化及待遇数据维护等信息，进行支付月结算。

第四十四条 基本养老金、病残津贴等按月支付的待遇由社保经办机构委托银行实行社会化发放；个人账户一次性支付和丧葬补助金、抚恤金等一次性支付待遇可委托参保单位发放，或委托银行实行社会化发放。

第四十五条 社保经办机构对银行每月反馈的发放明细核对无误后及时进行账务处理，编制支付台账，进行支付确认处理。对发放不成功的，及时会同银行查找原因，及时解决，并再次发放。

第七章　领取待遇资格认证

第四十六条 社保经办机构每年对退休人员开展基本养老金领取资格认证工作。社保经办机构在核发待遇时，主动告知退休人员应每年参加资格认证。

第四十七条 社保经办机构要与公安、卫计、民政部门及殡葬管理机构、街道（乡镇）、社区（村）、退休人员原工作单位等建立工作联系机制，全面掌握退休人员待遇领取资格的变化情况。

第四十八条 退休人员领取养老金资格认证可通过社保经办机构直接组织，依托街道、社区劳动就业和社会保障平台以及原工作单位协助等方式进行。退休人员因年老体弱或患病，本人不能办理资格认证的，由本人或委托他人提出申请，社保经办机构可派人上门办理。

异地居住的退休人员由参保地社保经办机构委托居住地社保经办机构进行异地协助认证。出境定居的退休人员，通过我国驻该居住国的使领馆申办健在证明或领事认证，居住地尚未与我国建交的，由我国驻该国有关机构或有关代管使领馆办理健在证明或领事认证。

第四十九条 社保经办机构应通过资格认证工作，不断完善退休人员信息管理，对发生变更的及时予以调整并根据资格认证结果进行如下处理：

（一）退休人员在规定期限内通过资格认证且符合养老保险待遇领取资格的，继续发放养老保险待遇。

（二）退休人员在规定期限内未认证的，社保经办机构应暂停发放基本养老金。退休人员重新通过资格认证后，从次月恢复发放并补发暂停发放月份的基本养老金。

（三）退休人员失踪、被判刑、死亡等不符合领取资格的，社保经办机构应暂停或终止发放基本养老金，对多发的养老金应予以追回。

第八章　基金管理

第五十条 机关事业单位基本养老保险基金按照管理层级，单独建账、独立核算，纳入社会保障基金财政专户，实行收支两条线管理，专款专用，任何部门、单位和个人均不得挤占挪用。

第五十一条 机关事业单位基本养老保险基金按照社会保险财务、会计制度相关规定及管理层级设立收入户、支出户、财政专户。

第五十二条 社保经办机构定期将收入户资金缴存财政专户。实行省级基金调剂制度的，上解的省级调剂金由下级社保经办机构支出户上解至省级社保经办机构收入户。

第五十三条 社保经办机构根据批准的基金年度预算及执行进度，按月向财政部门提出用款申请。经核准后，由财政部门及时将资金拨付至支出户。实行省级基金调剂制度的，下拨的调剂金由省级社保经办机构支出户拨付到下级社保经办机构收入户。

第五十四条 社保经办机构应定期与开户银行对账，保证账账、账款、账实相符。暂收、暂付款项应定期清理，及时予以偿付或收回。

第五十五条 机关事业单位基本养老保险基金的会计核算采用收付实现制，会计记账使用借贷记账法。

第五十六条 会计处理方法前后各期一致，会计科目口径一致。确需变更的，应将变更情况、原因和对会计报表的影响在财务情况说明中予以说明。

第五十七条 基金收入包括养老保险费收入、利息收入、财政补贴收入、转移收入、上级补助收入、下级上解收入、其他收入等。

社保经办机构根据银行回单、社会保险基金专用收据、财政专户缴拨凭证等原始凭证，按照《社会保险基金会计制度》的规定，及时填制记账凭证，进行会计核算。

第五十八条 基金支出包括养老保险待遇支出、转移支出、补助下级支出、上解上级支出、其他支出等。

社保经办机构根据银行回单、支出汇总表、财政专户缴拨凭证等原始凭证，按照《社会保险基金会计制度》的规定，及时填制记账凭证，进行会计核算。

第五十九条 社保经办机构根据记账凭证登记银行存款日记账和明细分类账。按照科目汇总记账凭证，编制科目汇总表，登记总分类账。

第六十条 社保经办机构根据总分类账、明细分类账等，编制月、季、年会计报表。

第六十一条 社保经办机构编制下一年度基金预算草案。预算草案经省级人力资源社会保障部门审核汇总，财政部门审核后，列入省级人民政府预算，报省级人民代表大会审议。实行省级调剂金制度的，基金预算编制程序由各省自行制定。

由于客观因素造成执行与预算偏差较大的，社保经办机构要及时编制基金预算调整方案，并按预算编报的程序上报。

第六十二条 省级社保经办机构每年年终进行基金决算。核对各项收支情况，清理往来款项，同开户银行、财政专户对账，并进行年终结账。年度终了后，根据规定的表式、时间和要求，编制年度基金财务报告，包括资产负债表、收支表、有关附表以及财务情况说明。

决算报告经省级人力资源社会保障部门审核汇总，财政部门审核后，列入省级人民政府决算报告，报省级人民代表大会审议。实行省级基金调剂制度的，基金决算报告编制程序由各省自行制定。

社保经办机构进行基金年度报告。年度终了后，根据规定的表式、时间和要求，编制机关事业单位基本养老保险基金年度报告。年度报告包括资产负债表、收支表和暂收、暂付款明细表，以及年度基金运行分析等。

第九章 统计分析

第六十三条 社保经办机构建立统计工作制度，完善统计指标体系，遵照全面、真实、科学、审慎和及时的原则开展统计工作。应用社会保险数据、社会经济数据，利用信息化手段和统计方法进行分析，结合联网数据，按季、年分主题开展精细化分析。根据制度改革和实际工作需要，开展必要的统计调查。

第六十四条 社保经办机构应根据统计指标、统计分组和精算基础数据采集要求，定期整理、加工各类业务数据，并汇总相关信息，建立台账，以此作为编制统计报表和撰写分析报告的主要依据，实现数据来源的可追溯查询。统计指标和精算基础数据采集指标应根据政策变化及时调整完善。

第六十五条 社保经办机构应按照《人力资源社会保障统计报表制度》和上级有关要求，做好定期统计和专项统计工作，认真收集统计数据，编制统计报表，做到内容完整，数据准确；严格审核，按程序汇总，及时上报。

第六十六条 加强数据比对分析，提高统计数据与基金数据、联网数据等同口径、同指标数据的一致性。

第六十七条 社保经办机构应定期或不定期进行统计、精算分析，根据实际工作需要进行专项分析和日常测算分析，形成分析报告，为政策决策、基金预算管理、收支计划管理、基金运行风险监测、政策和管理效率评估提供支持。

第六十八条 省级社保经办机构制定精算分析工作方案，采集并更新精算基础数据库，建立精算模型，确定参数假设，分析精算预测结果，撰写精算报告并及时报送。

第十章　稽核和内控

第六十九条 社保经办机构按照有关规定建立健全机关事业单位基本养老保险稽核制度和内控制度。县级及以上社保经办机构负责稽核、内控工作，依法对参保单位及其工作人员缴纳养老保险费情况、退休人员领取养老保险待遇情况进行核查；对社保经办机构内部职能部门、工作人员从事养老保险经办工作进行规范、监控和评价。

第七十条 社保经办机构应按照社会保险稽核办法及有关规定，开展养老保险费缴纳和待遇享受情况稽核。

第七十一条 社保经办机构核查发现未按时足额缴纳养老保险费或冒领养老保险待遇的，应责令补缴或退还被冒领待遇，不按规定补缴退还的，按照社会保险法等法律法规处理。

第七十二条 社保经办机构建立业务操作监控和内部监督机制。确定扫描时点或周期、监控范围、异常阈值、预警形式，对业务操作的合规性进行实时监控和内部监督。制定业务监控计划，对异常业务进行风险提示。制定内部监督计划，定期抽取或筛选业务复核检查，建立内部监督记录和台账。

第七十三条 社保经办机构应建立异常业务审查和处理机制。对疑似违规办理的业务，发出异常业务预警，进行核查处理。根据内部监督记录和有关证据提出整改意见，按程序报批后送相关环节执行，并跟踪监督。

第七十四条 社保经办机构应建立业务纠错机制。当发生业务经办错误，需要回退纠错时，对出错原因、错误类型、责任人等进行记录。相关经办人员填写回退纠错审批表，经负责人批准后，按照纠错时限要求，进行回退纠错业务处理。

第七十五条 社保经办机构根据业务风险程度实行分级管理，明确各项业务的经办权限和审批层级。

第十一章 档案管理

第七十六条 业务档案是指社保经办机构在办理业务过程中，直接形成的具有保存和利用价值的专业性文字材料、电子文档、图表、声像等不同载体的历史记录。

第七十七条 社保经办机构应按照《社会保险业务档案管理规定（试行）》（人社部令3号）的要求，对业务材料做好收集、整理、立卷、归档、保管、统计、利用、鉴定销毁、移交和数字化处理等工作，保证业务档案真实、完整、安全和有效。

第七十八条 业务材料收集遵循“谁经办谁收集”的原则。社保经办机构按照业务档案分类方案结合办结时间，按件收集办结的业务材料。一笔业务形成的业务表单和相关审核凭证为一件，每件业务材料按照“业务表单在前、审核凭证在后，重要凭证在前、次要凭证在后”的原则顺序排列；凭证排列顺序应与业务表单名册中人员顺序保持一致。电子业务材料的收集应与纸质业务材料同步。

第七十九条 社保经办机构应按照业务档案分类方案和档案整理要求，定期对应归档的业务材料进行收集、整理。整理后的业务材料应与业务经办系统中的经办明细进行核对，并打印业务经办明细目录。

第八十条 社保经办机构应对收集整理后的业务材料及时组卷，并通过信息系统进行编号和编目。组卷时视经办业务量大小可按月、季或年度组卷，但不能跨年组卷。案卷内材料应按照案卷封面、卷内文件目录（业务经办明细目录）、业务材料、卷内备考表的顺序依次排列。

第八十一条 业务档案立卷后应定期归集到档案管理部门集中保管。档案管理部门对归集的业务档案，通过业务经办明细核对归档业务材料数目并进行案卷质量审核。检验合格后，与业务部门办理归档交接手续，做到账物相符。

第八十二条 社保经办机构应按照相关规定对业务档案进行数字化处理。新生成业务材料应遵循“业务经办与档案数字化同步办结、同步收集、同步整理、同步归档”的原则，生成业务档案。

第八十三条 社保经办机构应定期对业务经办中初次采集、其他系统转入、业务系统转换产生的重要电子信息和系统元数据进行归档备份，并按照相关规定管理。

第八十四条 基金会计档案包括会计凭证、会计账簿和会计报表等资料。社保经办机构应按照《会计档案管理办法》的相关规定管理。

第八十五条 社保经办机构应设置专门的档案库房，指定专职档案管理人员进行管理。应按照档案管理“九防”要求，完善防护设备和管理措施，维护档案的完整安全。

第八十六条 档案管理部门应定期统计分析业务档案收集整理、归档移交、保管利用等情况。

第八十七条 社保经办机构应积极主动地依法依规就可开放的业务档案面向参保对象、行政管理等相关部门提供档案信息查询服务，并做好档案信息利用登记。在确保档案和信息安全的前提下，拓展业务档案利用渠道，提升利用效能。

第八十八条 应由相关负责人、档案管理人员和经办人员组成业务档案鉴定小组，负责业务档案鉴定。对达到或超过保管期限的业务档案定期组织销毁鉴定，提出销毁或延长保管期限的意见。对经过鉴定可以销毁的业务档案，应编制销毁清册，按规定销毁。

第十二章　个人权益记录管理

第八十九条 社保经办机构通过业务经办、统计、调查等方式获取参保人员相关社会保险个人权益信息，同时，应当与工商、民政、公安、机构编制等部门通报的情况进行核对。

第九十条 社保经办机构应当配备社会保险个人权益记录保管的场所和设施设备，安排专门工作人员对社会保险个人权益数据进行管理和日常维护，不得委托其他单位或者个人单独负责社会保险个人权益数据维护工作。社会保险个人权益信息的采集、保管和维护等环节涉及的书面材料应当存档备查。

第九十一条 社保经办机构每年应至少一次向参保人员寄送个人权益记录情况。

第九十二条 社保经办机构应向参保单位及参保人员开放社会保险个人权益记录查询程序，界定可供查询的内容，通过社保经办机构大厅、网点、自助终端、电话、网站、移动终端等方式提供公共服务。

第九十三条 参保人员持社会保障卡可以向社保经办机构查询个人权益信息、核对其缴费和享受社会保险待遇记录；领取养老保险待遇等。

第十三章　信息管理

第九十四条　社保经办机构和信息机构应做好数据采集、审核、保管、维护、查询、使用、保密、安全、备份等管理工作。

第九十五条　信息系统采用省级集中部署模式，按照省级集中的要求，由省级人社部门负责建设实施，通过业务专网支持省内各级社保经办机构开展机关事业单位基本养老保险业务。

第九十六条　应做好信息系统分级授权管理，按照“最小授权、权限分离”的原则进行划分，各岗位间的权限保持相互独立、相互制约、相互监督。数据库管理按照数据库安全有关规定执行。

第九十七条　建立健全信息系统安全防护体系和安全管理制度，加强应急预案管理和灾难恢复演练。针对信息系统数据集中、应用分散的特点，采取访问控制、病毒防范、入侵检测等基础安全防护措施。

第九十八条　社保经办机构可向参保单位提供网上申报、缴费、查询、下载等经办服务。网上经办业务包括：单位网上申报、单位网上查询；个人网上查询；网上支付；业务办理预约服务；投诉、建议及解答；个人权益记录打印等。通过互联网经办业务的，应当采取安全措施，确保数据安全。

第十四章　附　则

第九十九条　本规程由人力资源社会保障部负责解释。

第一百条　本规程从 2014 年 10 月 1 日起实施。

附件：1. 社会保险登记表

2. 机关事业单位基本养老保险参保单位信息变更申报表

3. 社会保险登记证验证表

4. 机关事业单位工作人员基本信息表

5. 机关事业单位基本养老保险参保人员信息变更表

6. 机关事业单位基本养老保险参保人员业务申报表

7. 机关事业单位基本养老保险工资总额申报表

8. 机关事业单位基本养老保险费征缴通知单

9. 机关事业单位基本养老保险参保人员养老保险待遇申领表

10. 机关事业单位基本养老保险参保人员基本养老金计发表

11. 机关事业单位基本养老保险参保人员一次性支付申报表

12. 机关事业单位基本养老保险参保人员丧抚费核定表

13. 机关事业单位基本养老保险个人账户一次性支付核定表

（附件本书略）

人力资源和社会保障部办公厅关于印发流动就业人员基本医疗保险关系转移接续业务经办规程的通知

（2016 年 6 月 22 日　人社厅发〔2016〕94 号）

各省、自治区、直辖市及新疆生产建设兵团人力资源社会保障厅（局）：

为落实人力资源社会保障部、国家发展改革委、财政部、国家卫生计生委《关于做好进城落户农民参加基本医疗保险和关系转移接续工作的办法》（人社部发〔2015〕80 号）要求，规范流动就业人员基本医疗保险关系转移接续经办工作，我们制定了《流动就业人员基本医疗保险关系转移接续业务经办规程》（以下简称《规程》）。现印发你们，请遵照执行。

各地可结合本地流动就业人员实际情况和管理服务能力，细化完善《规程》。有关情况请及时向我部社会保险事业管理中心报告。

流动就业人员基本医疗保险关系转移接续业务经办规程

第一条　为统一规范流动就业人员基本医疗保险关系转移接续业务办理流程，根据《流动就业人员基本医疗保障关系转移接续暂行办法》（人社部发〔2009〕191 号）和《关于做好进城落户农民参加基本医疗保险和关系转移接续工作的办法》（人社部发〔2015〕80 号），制定本规程。

第二条 本规程适用于职工基本医疗保险和城镇（城乡）居民基本医疗保险参保人员（以下简称参保人员）流动就业时跨制度、跨统筹地区转移接续基本医疗保险关系的业务经办。

第三条 本规程所称经办机构是指社会（医疗）保险经办机构。本规程所称参保（合）凭证是各统筹地区经办机构按照人力资源社会保障部、国家卫生计生委监制要求填写和打印的凭证（附件1）。

第四条 参保人员跨统筹地区流动前，参保人员或其所在用人单位到基本医疗保险关系所在地（以下简称“转出地”）经办机构办理中止参保手续，并按规定提供居民身份证等相关证明材料，申请开具参保（合）凭证。

转出地经办机构应核实参保人在本地的缴费年限和缴费情况，核算个人账户资金，生成并出具参保（合）凭证；对有欠费的参保人员，告知欠费情况并提醒其及时补缴。

转出地经办机构应保留其参保信息，以备核查。参保人遗失参保（合）凭证，转出地经办机构应予补办。

第五条 参保人员跨统筹地区流动就业后，按规定参加转入地基本医疗保险。参保人员或其新就业的用人单位向转入地经办机构提出转移申请并提供参保（合）凭证，填写《基本医疗保险关系转移接续申请表》（附件2，以下简称《申请表》），并按规定提供居民身份证等相关证明材料。

转入地经办机构受理申请后，对符合当地转移接续条件的，应在受理之日起15个工作日内与转出地经办机构联系，生成并发出《基本医疗保险关系转移接续联系函》（附件3，以下简称《联系函》）。

第六条 转出地经办机构在收到《联系函》之日起的15个工作日内完成以下转移手续：

1. 终止参保人员在本地的基本医疗保险关系。

2. 按规定处理个人账户，需办理个人账户余额划转手续的，划转时需标明转移人员姓名和社会保障号。

3. 生成并核对《参保人员基本医疗保险类型变更信息表》（附件4，以下简称《信息表》），并提供给转入地经办机构。

4. 转出地经办机构将参保人员有关信息转出后，仍需将该信息保留备份。

《联系函》信息不全或有误的，应及时联系转入地经办机构，转入地经办机构应予以配合更正或说明情况。不符合转移条件的，转出地经办机构应通知转入地经办机构。

第七条 转入地经办机构在收到《信息表》和个人账户余额后的15个工作日内办结以下接续手续：

1. 核对《信息表》列具的信息及转移的个人账户金额。

2. 将转移的个人账户金额计入参保人员的个人账户。

3. 根据《信息表》及用人单位或参保人员提供的材料，补充完善相关信息。

4. 将办结情况通知用人单位或参保人员。

5. 《信息表》按照社保档案管理规定存档备案。

参保（合）凭证、《信息表》或个人账户金额有误的，转入地经办机构应及时联系转出地经办机构，转出地经办机构应予以配合更正或说明情况。

第八条 人力资源社会保障部制定《基本医疗保障参保（合）凭证样张、标准格式和填写要求》（附件1），并将凭证样张公布在部网站上，各地经办机构按照标准打印。

第九条 各统筹地区经办人员可以登录人力资源社会保障部网址（http://www.mohrss.gov.cn）查询全国县级以上经办机构的邮寄地址、联系电话和传真号码，下载各地行政区划代码。经办机构联系方式发生变化，要及时通过系统变更或直报人力资源社会保障部社会保险事业管理中心，确保部网站上公布的县级以上经办机构信息的准确性。

第十条 关系转移接续函、表等材料应以纸质方式通过信函邮寄。为便于及时办理手续，经办机构间尚未实现信息系统互联的，可先通过传真方式传送相关材料；已经实现信息系统互联的，可先通过信息系统交换参保人员基本医疗保险关系转移接续的有关信息。

第十一条 进城落户农民和流动就业人员参加新农合或城镇（城乡）居民等基本医疗保险的信息应连续计入新参保地业务档案，保证参保记录的完整性和连续性。

第十二条 本规程从2016年9月1日起实施。原《流动就业人员基本医疗保险关系转移接续业务经办规程（试行）》（人社险中心函〔2010〕58号）同时废止。

附件：1. 基本医疗保障参保（合）凭证样张、标准格式和填写要求

2. 基本医疗保险关系转移接续申请表

3. 基本医疗保险关系转移接续联系函

4. 参保人员基本医疗保险类型变更信息表

（附件本书略）

（三）业务服务

社会保险个人权益记录管理办法

（2011年6月29日 人力资源和社会保障部令第14号）

第一章 总 则

第一条 为了维护参保人员的合法权益，规范社会保险个人权益记录管理，根据《中华人民共和国社会保险法》等相关法律法规的规定，制定本办法。

第二条 本办法所称社会保险个人权益记录，是指以纸质材料和电子数据等载体记录的反映参保人员及其用人单位履行社会保险义务、享受社会保险权益状况的信息，包括下列内容：

（一）参保人员及其用人单位社会保险登记信息；

（二）参保人员及其用人单位缴纳社会保险费、获得相关补贴的信息；

（三）参保人员享受社会保险待遇资格及领取待遇的信息；

（四）参保人员缴费年限和个人账户信息；

（五）其他反映社会保险个人权益的信息。

第三条 社会保险经办机构负责社会保险个人权益记录管理，提供与社会保险个人权益记录相关的服务。

人力资源社会保障信息化综合管理机构（以下简称信息机构）对社会保险个人权益记录提供技术支持和安全保障服务。

人力资源社会保障行政部门对社会保险个人权益记录管理实施监督。

第四条 社会保险个人权益记录遵循及时、完整、准确、安全、保密原则，任何单位和个人不得用于商业交易或者营利活动，也不得违法向他人泄露。

第二章　采集和审核

第五条　社会保险经办机构通过业务经办、统计、调查等方式获取参保人员相关社会保险个人权益信息，同时，应当与社会保险费征收机构、工商、民政、公安、机构编制等部门通报的情况进行核对。

与社会保险经办机构签订服务协议的医疗机构、药品经营单位、工伤康复机构、辅助器具安装配置机构、相关金融机构等（以下简称社会保险服务机构）和参保人员及其用人单位应当及时、准确提供社会保险个人权益信息，社会保险经办机构应当按照规定程序进行核查。

第六条　社会保险经办机构应当依据业务经办原始资料及时采集社会保险个人权益信息。

通过互联网经办社会保险业务采集社会保险个人权益信息的，应当采取相应的安全措施。

社会保险经办机构应当在经办前台完成社会保险个人权益信息采集工作，不得在后台数据库直接录入、修改数据。

社会保险个人权益记录中缴费数额、待遇标准、个人账户储存额、缴费年限等待遇计发的数据，应当根据事先设定的业务规则，通过社会保险信息系统对原始采集数据进行计算处理后生成。

第七条　社会保险经办机构应当建立社会保险个人权益信息采集的初审、审核、复核、审批制度，明确岗位职责，并在社会保险信息系统中进行岗位权限设置。

第三章　保管和维护

第八条　社会保险经办机构和信息机构应当配备社会保险个人权益记录保管的场所和设施设备，建立并完善人力资源社会保障业务专网。

第九条 社会保险个人权益数据保管应当符合以下要求：

（一）建立完善的社会保险个人权益数据存储管理办法；

（二）定期对社会保险个人权益数据的保管、可读取、备份记录状况等进行测试，发现问题及时处理；

（三）社会保险个人权益数据应当定期备份，备份介质异地存放；

（四）保管的软硬件环境、存储载体等发生变化时，应当及时对社会保险个人权益数据进行迁移、转换，并保留原有数据备查。

第十条 参保人员流动就业办理社会保险关系转移时，新参保地社会保险经办机构应当及时做好社会保险个人权益记录的接收和管理工作；原参保地社会保险经办机构在将社会保险个人权益记录转出后，应当按照规定保留原有记录备查。

第十一条 社会保险经办机构应当安排专门工作人员对社会保险个人权益数据进行管理和日常维护，检查记录的完整性、合规性，并按照规定程序修正和补充。

社会保险经办机构不得委托其他单位或者个人单独负责社会保险个人权益数据维护工作。其他单位或者个人协助维护的，社会保险经办机构应当与其签订保密协议。

第十二条 社会保险经办机构应当建立社会保险个人权益记录维护日志，对社会保险个人权益数据维护的时间、内容、维护原因、处理方法和责任人等进行登记。

第十三条 社会保险个人权益信息的采集、保管和维护等环节涉及的书面材料应当存档备查。

第四章 查询和使用

第十四条 社会保险经办机构应当向参保人员及其用人单位开放社会保险个人权益记录查询程序，界定可供查询的内容，通过社会保险经办机构网点、自助终端或者电话、网站等方式提供查询服务。

第十五条 社会保险经办机构网点应当设立专门窗口向参保人员及其用人单位提供免费查询服务。

参保人员向社会保险经办机构查询本人社会保险个人权益记录的，需持本人有效身份证件；参保人员委托他人向社会保险经办机构查询本人社会保险个人权益记录的，被委托人需持书面委托材料和本人有效身份证件。需要书面查询结果或者出具本人参保缴费、待遇享受等书面证明的，社会保险经办机构应当按照规定提供。

参保用人单位凭有效证明文件可以向社会保险经办机构免费查询本单位缴费情况，以及职工在本单位工作期间涉及本办法第二条第一项、第二项相关内容。

第十六条 参保人员或者用人单位对社会保险个人权益记录存在异议时，可以向社会保险经办机构提出书面核查申请，并提供相关证明材料。社会保险经办机构应当进行复核，确实存在错误的，应当改正。

第十七条 人力资源社会保障行政部门、信息机构基于宏观管理、决策以及信息系统开发等目的，需要使用社会保险个人权益记录的，社会保险经办机构应当依据业务需求规定范围提供。非因依法履行工作职责需要的，所提供的内容不得包含可以直接识别个人身份的信息。

第十八条 有关行政部门、司法机关等因履行工作职责，依法需要查询社会保险个人权益记录的，社会保险经办机构依法按照规定的查询对象和记录项目提供查询。

第十九条 其他申请查询社会保险个人权益记录的单位，应当向社会保险经办机构提出书面申请。申请应当包括下列内容：

（一）申请单位的有效证明文件、单位名称、联系方式；

（二）查询目的和法律依据；

（三）查询的内容。

第二十条 社会保险经办机构收到依前条规定提出的查询申请后，应当进行审核，并按照下列情形分别作出处理：

（一）对依法应当予以提供的，按照规定程序提供；

（二）对无法律依据的，应当向申请人作出说明。

第二十一条 社会保险经办机构应当对除参保人员本人及其用人单位以外的其他单位查询社会保险个人权益记录的情况进行登记。

第二十二条 社会保险经办机构不得向任何单位和个人提供数据库全库交换或者提供超出规定查询范围的信息。

第五章 保密和安全管理

第二十三条 建立社会保险个人权益记录保密制度。人力资源社会保障行政部门、社会保险经办机构、信息机构、社会保险服务机构、信息技术服务商及其工作人员对在工作中获知的社会保险个人权益记录承担保密责任，不得违法向他人泄露。

第二十四条 依据本办法第十八条规定查询社会保险个人权益记录的有关行政部门和司法机关，不得将获取的社会保险个人权益记录用作约定之外的其他用途，也不得违法向他人泄露。

第二十五条 信息机构和社会保险经办机构应当建立健全社会保险信息系统安全防护体系和安全管理制度，加强应急预案管理和灾难恢复演练，确保社会保险个人权益数据安全。

第二十六条 信息机构应当按照社会保险经办机构的要求，建立社会保险个人权益数据库用户管理制度，明确系统管理员、数据库管理员、业务经办用户和信息查询用户的职责，实行用户身份认证和权限控制。

系统管理员、数据库管理员不得兼职业务经办用户或者信息查询用户。

第六章　法律责任

第二十七条　人力资源社会保障行政部门及其他有关行政部门、司法机关违反保密义务的，应当依法承担法律责任。

第二十八条　社会保险经办机构、信息机构及其工作人员有下列行为之一的，由人力资源社会保障行政部门责令改正；对直接负责的主管人员和其他直接责任人员依法给予处分；给社会保险基金、用人单位或者个人造成损失的，依法承担赔偿责任；构成违反治安管理行为的，由公安机关依法予以处罚；构成犯罪的，依法追究刑事责任：

（一）未及时、完整、准确记载社会保险个人权益信息的；

（二）系统管理员、数据库管理员兼职业务经办用户或者信息查询用户的；

（三）与用人单位或者个人恶意串通，伪造、篡改社会保险个人权益记录或者提供虚假社会保险个人权益信息的；

（四）丢失、破坏、违反规定销毁社会保险个人权益记录的；

（五）擅自提供、复制、公布、出售或者变相交易社会保险个人权益记录的；

（六）违反安全管理规定，将社会保险个人权益数据委托其他单位或个人单独管理和维护的。

第二十九条　社会保险服务机构、信息技术服务商以及按照本办法第十九条规定获取个人权益记录的单位及其工作人员，将社会保险个人权益记录用于与社会保险经办机构约定以外用途，或者造成社会保险个人权益信息泄露的，依法对直接负责的主管人员和其他直接责任人员给予处分；给社会保险基金、用人单位或者个人造成损失的，依法承担赔偿责任；构成违反治安管理行为的，由公安机关依法予以处罚；构成犯罪的，依法追究刑事责任。

第三十条 任何组织和个人非法提供、复制、公布、出售或者变相交易社会保险个人权益记录，有违法所得的，由人力资源社会保障行政部门没收违法所得；属于社会保险服务机构、信息技术服务商的，可由社会保险经办机构与其解除服务协议；依法对直接负责的主管人员和其他直接责任人员给予处分；给社会保险基金、用人单位或者个人造成损失的，依法承担赔偿责任；构成违反治安管理行为的，由公安机关依法予以处罚；构成犯罪的，依法追究刑事责任。

第七章 附 则

第三十一条 社会保险个人权益记录管理涉及会计等材料，国家对其有特别规定的，从其规定。

法律、行政法规规定有关业务接受其他监管部门监督管理的，依照其规定执行。

第三十二条 本办法自2011年7月1日起施行。

社会保险基金先行支付暂行办法

（2011年6月29日　人力资源和社会保障部令第15号）

第一条　为了维护公民的社会保险合法权益，规范社会保险基金先行支付管理，根据《中华人民共和国社会保险法》（以下简称社会保险法）和《工伤保险条例》，制定本办法。

第二条　参加基本医疗保险的职工或者居民（以下简称个人）由于第三人的侵权行为造成伤病的，其医疗费用应当由第三人按照确定的责任大小依法承担。超过第三人责任部分的医疗费用，由基本医疗保险基金按照国家规定支付。

前款规定中应当由第三人支付的医疗费用，第三人不支付或者无法确定第三人的，在医疗费用结算时，个人可以向参保地社会保险经办机构书面申请基本医疗保险基金先行支付，并告知造成其伤病的原因和第三人不支付医疗费用或者无法确定第三人的情况。

第三条　社会保险经办机构接到个人根据第二条规定提出的申请后，经审核确定其参加基本医疗保险的，应当按照统筹地区基本医疗保险基金支付的规定先行支付相应部分的医疗费用。

第四条　个人由于第三人的侵权行为造成伤病被认定为工伤，第三人不支付工伤医疗费用或者无法确定第三人的，个人或者其近亲属可以持工伤认定决定书和有关材料向社会保险经办机构书面申请工伤保险基金先行支付，并告知第三人不支付或者无法确定第三人的情况。

第五条　社会保险经办机构接到个人根据第四条规定提出的申请后，应当审查个人获得基本医疗保险基金先行支付和其所在单位缴纳工伤保险费等情况，并按照下列情形分别处理：

（一）对于个人所在用人单位已经依法缴纳工伤保险费，且在认定工伤之前基本医疗保险基金有先行支付的，社会保险经办机构应当按照工伤保险有关规定，用工伤保险基金先行支付超出基本医疗保险基金先行支付部分的医疗费用，并向基本医疗保险基金退还先行支付的费用；

（二）对于个人所在用人单位已经依法缴纳工伤保险费，在认定工伤之前基本医疗保险基金无先行支付的，社会保险经办机构应当用工伤保险基金先行支付工伤医疗费用；

（三）对于个人所在用人单位未依法缴纳工伤保险费，且在认定工伤之前基本医疗保险基金有先行支付的，社会保险经办机构应当在 3 个工作日内向用人单位发出书面催告通知，要求用人单位在 5 个工作日内依法支付超出基本医疗保险基金先行支付部分的医疗费用，并向基本医疗保险基金偿还先行支付的医疗费用。用人单位在规定时间内不支付其余部分医疗费用的，社会保险经办机构应当用工伤保险基金先行支付；

（四）对于个人所在用人单位未依法缴纳工伤保险费，在认定工伤之前基本医疗保险基金无先行支付的，社会保险经办机构应当在 3 个工作日向用人单位发出书面催告通知，要求用人单位在 5 个工作日内依法支付全部工伤医疗费用；用人单位在规定时间内不支付的，社会保险经办机构应当用工伤保险基金先行支付。

第六条 职工所在用人单位未依法缴纳工伤保险费，发生工伤事故的，用人单位应当采取措施及时救治，并按照规定的工伤保险待遇项目和标准支付费用。

职工被认定为工伤后，有下列情形之一的，职工或者其近亲属可以持工伤认定决定书和有关材料向社会保险经办机构书面申请先行支付工伤保险待遇：

（一）用人单位被依法吊销营业执照或者撤销登记、备案的；

（二）用人单位拒绝支付全部或者部分费用的；

（三）依法经仲裁、诉讼后仍不能获得工伤保险待遇，法院出具中止执行文书的；

（四）职工认为用人单位不支付的其他情形。

第七条 社会保险经办机构收到职工或者其近亲属根据第六条规定提出的申请后，应当在3个工作日内向用人单位发出书面催告通知，要求其在5个工作日内予以核实并依法支付工伤保险待遇，告知其如在规定期限内不按时足额支付的，工伤保险基金在按照规定先行支付后，取得要求其偿还的权利。

第八条 用人单位未按照第七条规定按时足额支付的，社会保险经办机构应当按照社会保险法和《工伤保险条例》的规定，先行支付工伤保险待遇项目中应当由工伤保险基金支付的项目。

第九条 个人或者其近亲属提出先行支付医疗费用、工伤医疗费用或者工伤保险待遇申请，社会保险经办机构经审核不符合先行支付条件的，应当在收到申请后5个工作日内作出不予先行支付的决定，并书面通知申请人。

第十条 个人申请先行支付医疗费用、工伤医疗费用或者工伤保险待遇的，应当提交所有医疗诊断、鉴定等费用的原始票据等证据。社会保险经办机构应当保留所有原始票据等证据，要求申请人在先行支付凭据上签字确认，凭原始票据等证据先行支付医疗费用、工伤医疗费用或者工伤保险待遇。

个人因向第三人或者用人单位请求赔偿需要医疗费用、工伤医疗费用或者工伤保险待遇的原始票据等证据的，可以向社会保险经办机构索取复印件，并将第三人或者用人单位赔偿情况及时告知社会保险经办机构。

第十一条 个人已经从第三人或者用人单位处获得医疗费用、工伤医疗费用或者工伤保险待遇的，应当主动将先行支付金额中应当由第三人承担的部分或者工伤保险基金先行支付的工伤保险待遇退还给基本医疗保险基金或者工伤保险基金，社会保险经办机构不再向第三人或者用人单位追偿。

个人拒不退还的，社会保险经办机构可以从以后支付的相关待遇中扣减其应当退还的数额，或者向人民法院提起诉讼。

第十二条 社会保险经办机构按照本办法第三条规定先行支付医疗费用或者按照第五条第一项、第二项规定先行支付工伤医疗费用后，有关部门确定了第三人责任的，应当要求第三人按照确定的责任大小依法偿还先行支付数额中的相应部分。第三人逾期不偿还的，社会保险经办机构应当依法向人民法院提起诉讼。

第十三条 社会保险经办机构按照本办法第五条第三项、第四项和第六条、第七条、第八条的规定先行支付工伤保险待遇后，应当责令用人单位在10日内偿还。

用人单位逾期不偿还的，社会保险经办机构可以按照社会保险法第六十三条的规定，向银行和其他金融机构查询其存款账户，申请县级以上社会保险行政部门作出划拨应偿还款项的决定，并书面通知用人单位开户银行或者其他金融机构划拨其应当偿还的数额。

用人单位账户余额少于应当偿还数额的，社会保险经办机构可以要求其提供担保，签订延期还款协议。

用人单位未按时足额偿还且未提供担保的，社会保险经办机构可以申请人民法院扣押、查封、拍卖其价值相当于应当偿还数额的财产，以拍卖所得偿还所欠数额。

第十四条 社会保险经办机构向用人单位追偿工伤保险待遇发生的合理费用以及用人单位逾期偿还部分的利息损失等，应当由用人单位承担。

第十五条 用人单位不支付依法应当由其支付的工伤保险待遇项目的，职工可以依法申请仲裁、提起诉讼。

第十六条 个人隐瞒已经从第三人或者用人单位处获得医疗费用、工伤医疗费用或者工伤保险待遇，向社会保险经办机构申请并获得社会保险基金先行支付的，按照社会保险法第八十八条的规定处理。

第十七条 用人单位对社会保险经办机构作出先行支付的追偿决定不服或者对社会保险行政部门作出的划拨决定不服的，可以依法申请行政复议或者提起行政诉讼。

个人或者其近亲属对社会保险经办机构作出不予先行支付的决定不服或者对先行支付的数额不服的，可以依法申请行政复议或者提起行政诉讼。

第十八条 本办法自 2011 年 7 月 1 日起施行。

劳动部办公厅关于印发《职工基本养老保险个人账户管理暂行办法》的通知

（1997年12月22日　劳办发〔1997〕116号）

各省、自治区、直辖市及计划单列市、新疆生产建设兵团和副省级省会城市劳动（劳动人事）厅（局），国务院有关部委、直属机构，上海市、广东省、武汉市、广州市社会保险管理局：

自1995年《国务院关于深化企业职工养老保险制度改革的通知》（国发〔1995〕6号）发布以来，全国大部分地区陆续为参加养老保险的职工建立了基本养老保险个人账户。个人账户的建立，对于调动企业和职工参加养老保险的积极性、增强职工的自我保障意识、促进企业职工养老保险制度的深化改革具有十分重要的意义。当前，在个人账户管理工作中，存在着诸如个人账户规模、记账方法、转移及支付办法等不规范、不统一的问题，亟待改进完善。今年7月16日，《国务院关于建立统一的企业职工基本养老保险制度的决定》（国发〔1997〕26号）的发布，为统一规范个人账户管理办法奠定了基础。为此，我们制定了《职工基本养老保险个人账户管理暂行办法》，现印发给你们，请你们配合当前企业职工基础养老保险制度的统一工作，建好管好个人账户。实施中遇到的问题，请及时向我部社会保险事业管理局反映。

附件：1. 职工基本养老保险个人账户表式

2. 职工基本养老保险个人账户表式指标解释

3. 至本年底止个人账户累计储存额计算办法（月积数法）

（附件本书略）

职工基本养老保险个人账户管理暂行办法

为了规范职工基本养老保险个人账户（以下简称个人账户）的建立和使用，保障广大劳动者的合法权益，根据基本养老保险实行社会统筹与个人账户相结合的原则和《国务院关于建立统一的企业职工基本养老保险制度的决定》（国发〔1997〕26号）的有关规定，制定本办法。

一、个人账户的建立

1. 个人账户用于记录参加基本养老保险社会统筹的职工缴纳的基本养老保险费和从企业缴费中划转记入的基本养老保险费，以及上述两部分的利息金额。个人账户是职工在符合国家规定的退休条件并办理了退休手续后，领取基本养老金的主要依据。

2. 个人账户的建立由职工劳动关系所在单位到当地社会保险经办机构办理，由工资发放单位向该社会保险经办机构提供个人的工资收入等基础数据。

3. 各社会保险经办机构按照国家技术监督局发布的社会保障号码（国家标准GB11643-89），为已参加基本养老保险的职工每人建立一个终身不变的个人账户。目前国家技术监督局尚未公布社会保障号码校验码，在公布之前可暂用职工身份证号码。职工身份证号码因故更改时，个人账户号码不作变动。

4. 个人账户建立时间从各地按社会统筹与个人账户相结合的原则，建立个人账户时开始；之后新参加工作的人员，从参加工作当月起建立个人账户。

5. 1998年1月1日后才建立个人账户的单位，个人账户储存额除从1998年1月1日起开始按个人缴费工资的11%记账外，对1996年前参加工作的职工还应至少包括1996、1997两年个人缴费部分累计本息；对1996、1997年参加工作的职工，个人账户储存额应包括自参加工作之月到1997年底的个人缴费部分累计本息。

6. 个人账户主要内容包括：姓名、性别、社会保障号码、参加工作时间、视同缴费年限、个人首次缴费时间、当地上年职工平均工资、个人当年缴费工资基数、当年缴费月数、当年记账利息及个人账户储存额情况等（表式见《职工基本养老保险个人账户》）。

7. 职工本人一般以上一年度本人月平均工资为个人缴费工资基数（有条件的地区也可以本人上月工资收入为个人缴费工资基数，下同）。月平均工资按国家统计局规定列入工资总额统计的项目计算，包括工资、奖金、当贴、补贴等收入。本人月平均工资低于当地职工平均工资60%的，按当地职工月平均工资的60%缴费；超过当地职工平均工资300%的，按当地职工月平均工资的300%缴费，超过部分不记入缴费工资基数，也不记入计发养老金的基数。

8. 新招职工（包括研究生、大学生、大中专毕业生等）以起薪当月工资收入作为缴费工资基数；从第二年起，按上一年实发工资的月平均工资作为缴费工资基数。

单位派出的长期脱产学习人员、经批准请长假的职工，保留工资关系的，以脱产或请假的上年月平均工资作为缴费工资基数。

单位派到境外、国外工作的职工，按本人出境（国）上年在本单位领取的月平均工资作为缴费工资基数；次年的缴费工资基数按上年本单位平均工资增长率进行调整。

失业后再就业的职工，以再就业起薪当月的工资收入作为缴费工资基数；从第二年起，按上一年实发工资的月平均工资作为缴费工资基数。

以上人员的月平均缴费工资的上限和下限按照第7条规定执行。

9. 个人账户记入比例为按第 7 条确定的个人缴费工资基数的 11%，其中包括个人缴费的全部和社会保险经办机构从企业缴费中划转记入两部分。个缴费比例 1997 年不得低于本人缴费工资的 4%，企业划转部分相应补齐到个人缴费工资基数的 11%；从 1998 年起至少每两年个人缴费提高 1%，企业划转部分相应减少 1%，最终达到个人缴费为本人缴费工资基数的 8%，企业划转部分相应减少到个人缴费工资基数的 3%。有条件的地区和工资增长较快的年份，个人缴费提高的速度可以适当加快。

目前各地个人账户记账比例低于或高于个人缴费工资基数 11%的，要按国家有关规定做好向统一制度的并轨工作。

10. 个人账户的储存额按“养老保险基金记账利率”（以下简称“记账利率”）计算利息。记账利率暂由各省、自治区、直辖市人民政府参考银行同期存款利率等因素确定并每年公布一次。

二、个人账户的管理

11. 参加基本养老保险的单位按照各级社会保险经办机构的要求建立、健全职工基础资料，到当地社会保险经办机构办理基本养老保险参保手续，并按要求填报《参加基本养老保险单位登记表》、《参加基本养老保险人员缴费情况表》和《参加基本养老保险人员变化情况表》。

12. 社会保险经办机构根据单位申报情况将数据输入微机管理，同时相应建立参保单位缴费台账、职工基本养老保险个人账户，并根据《参加基本养老保险人员变化情况表》，相应核定调整单位和职工人缴费工资基数。

13. 对于因某种原因单位或个人不按时足额缴纳基本养老保险费的，视为欠缴。欠缴月份无论全额欠缴还是部分欠缴均暂不记入个人账户，待单位或个人按规定补齐欠缴金额后方可补记入个人账户。

职工所在企业欠缴养老保险费用期间，职工个人可以继续缴纳养老保险费用，所足额缴纳的费用记入个人账户，并计算为职工实际缴费年限。

出现欠缴情况后，以后缴费采用滚动分配法记账：即缴费先补缴以前欠缴费用及利息后，剩余部分作为当月缴费。

14. 社会保险经办机构在缴费年度结束后，应对职工个人账户进行结算，包括当年缴费额、实际缴费月数、当年利息额、历年缴费累计结转本息储存额等。利息按每年公布的记账利率计算。

15. 至本年底止个人账户累计储存额有两种计算方法。

方法一：年度计算法。即至本年底止个人账户累计储存额在每个缴费年度结束以后按年度计算（以上年月平均工资为缴费工资基数记账时适用此方法）。

计算公式：

至本年底止个人账户累计储存额=上年底止个人账户累计储存额×（1+本年记账利率）+个人账户本年记账金额×（1+本年记账利率×1. 083×1/2）

方法二：月积数法。至本年底止个人账户累计储存额在一个缴费年度内按月计算（以上月职工工资收入为缴费工资基数记账时适用此方法）。

计算公式：

至本年底止个人账户累计储存额=上年底止个人账户累计储存额×（1+本年记账利率）+本年记账额本金+本年记账额利息

其中：

本年记账额利息=本年记账月积数×本年记账利率×1/12

本年记账月积数=〔n 月份记账额×（12-n+1）〕

（n 为本年各记账月份，且 1≤n≤12）

补缴欠缴的利息或本息和的计算办法见附件 3。

16. 社会保险经办机构在缴费年度结束后，应根据《职工基本养老保险个人账户》的记录，为每个参保职工打印《职工基本养老保险个人账户对账单》，发给职工本人，由职工审核签字后，依年粘贴在《职工养老保险手册》中妥善保存。

17. 统一制度之前各地已为职工建立的个人账户储存额，与统一制度后职工个人账户储存额合并计算。

18. 职工由于各种原因而中断工作的，不缴纳基本养老保险费用，也不计算缴费年限，其个人账户由原经办机构予以保留，个人账户继续计息。职工调动或中断工作前后个人账户的储存额累计计算，不间断计息。

19. 个人账户储存额不能挪作他用，也不得提前支取（另有规定者除外）。

三、个人账户的转移

20. 职工在同一统筹范围内流动时，只转移基本养老保险关系和个人账户档案，不转移基金。

21. 职工跨统筹范围流动时，转移办法按如下规定：

（1）转移基本养老保险关系和个人账户档案。

（2）对职工转移时已建立个人账户的地区，转移基金额为个人账户中 1998 年 1 月 1 日之前的个人缴费部分累计本息加上从 1998 年 1 月 1 日起记入的个人账户全部储存额。

（3）对职工转移时仍未建立个账户的地区，1998 年 1 月 1 日之前转移的，1996 年之前参加工作的职工，转移基金额为 1996 年 1 月 1 日起至调转月止的职工个人缴费部分累计本息；1996、1997 年参加工作的职工，基金转移额为参加工作之月起至 1997 年底的个人缴费部分累计本息。

1998 年 1 月 1 日之后转移的，转移基金额为 1998 年之前按前述规定计算的职工个人缴费部分累计本息，加上从 1998 年 1 月 1 日起按职工个人缴费工资基数 11%计算的缴费额累计本息。未建个人账户期间，计算个人缴费部分的利息按中国人民银行一年期定期城乡居民储蓄存款利率计算。

（4）对年中调转职工调转当年的记账额，调出地区只转本金不转当年应记利息；职工调转后，由调入地区对职工调转当年记账额一并计息。计算方法按第15条规定执行。

（5）基金转移时，不得从转移额中扣除管理费。

（6）职工转出时，调出地社会保险经办机构应填写《参加基本养老保险人员转移情况表》（转移单）。

（7）职工转入时，调入地社会保险经办机构应依据转出地区提供的《参加基本养老保险人员转移情况表》和《职工基本养老保险个人账户》等资料，并结合本地基本养老保险办法，为职工续建个人账户，做好个人账户关系的前后衔接工作。

四、个人账户的支付

22. 当单位离退休人员发生变动时，单位应填写《离退休人员增减变化情况表》，报社会保险经办机构审核，社会保险经办机构对待遇给付情况应及时进行相应调整。

23. 按统一的基本养老保险办法办理退休的职工，其基本养老金中的基础养老金、过渡性养老金等由社会统筹基金支付；个人账户养老金由个人账户中支付。

24. 职工退休以后年度调整增加的养老金，按职工退休时个人账户养老金和基础养老金各占基本养老金的比例，分别从个人账户储存余额和社会统筹基金中列支。

25. 职工退休后，其个人账户缴费情况停止记录，个人账户在按月支付离退休金（含以后年度调整增加的部分）后的余额部分继息。利息计算有两种方法：

方法一：年度计算法。即离退休人员个人账户余额生成的利息在每个支付年度结束后按年度计算（支付年度内各月支付的养老金数额相同时适用此方法）。年利息计算公式如下：

年利息=（个人账户年初余额-当年支付养老金总额）×本年记账利率+当年支付养老金总额×本年记账利率×1.083×1/2

个人账户年终余额=个人账户年初余额-当年支付养老金总额+年利息

方法二：月积数法。即离退休人员个人账户余额生成的利息在每个支付年度内按月计算（支付年度内各月支付的养老金数额不同时适用此方法）。年利息计算公式如下：

年利息=个人账户年初余额×本年记账利率-本年度支付月积数×本年记账利率×1/12

本年度支付月积数=∑〔n月份支付额×（12-n+1）〕

（n为本年度各支付月份，且1≤n≤12）

26. 当职工个人缴费年限（含视同缴费年限）不满15年而达到法定退休年龄时，退休后不享受基础养老金待遇，其个人账户全部储存一次性支付给本人，同时终止养老保险关系。出现上述情况时，职工所在单位应及时向社会保险经办机构填报《个人账户一次性支付审批表》。社会保险经办机构核定后封存其个人账户档案。

五、个人账户的继承

27. 职工在职期间死亡时，其继承额为其死亡时个人账户全部储存额中的个人缴费部分本息。

28. 离退休人员死亡时，继承额按如下公式计算：

继承额=离退休人员死亡时个人账户余额×离退休时个人账户中个人缴费本息占个人账户全部储存额的比例

29. 继承额一次性支付给亡者生前指定的受益人或法定继承人。个人账户的其余部分，并入社会统筹基金。个人账户处理完后，应停止缴费或支付记录，予以封存。

六、其它

30. 新安置的军队复员、退伍军人、转业干部及从国家机关、事业单位调入企业人员，其个人账户的建立，待国家明确规定后，再按国家规定执行。

31. 本办法自1998年1月1日起实行。

劳动和社会保障部等部门关于印发城镇职工基本医疗保险定点医疗机构管理暂行办法的通知

（1999年5月11日　劳社部发〔1999〕14号）

各省、自治区、直辖市劳动（劳动和社会保障）厅（局）、卫生厅（局）、中医（药）管理局：

为了贯彻落实《国务院关于建立城镇职工基本医疗保险制度的决定》（国发〔1998〕44号），劳动保障部、卫生部、中医药局制定了《城镇职工基本医疗保险定点医疗机构管理暂行办法》，现印发给你们，请结合实际贯彻执行。

城镇职工基本医疗保险定点医疗机构管理暂行办法

第一条　为了加强和规范城镇职工基本医疗保险定点医疗机构管理，根据《国务院关于建立城镇职工基本医疗保险制度的决定》（国发〔1998〕44号），制定本办法。

第二条　本办法所称的定点医疗机构，是指经统筹地区劳动保障行政部门审查，并经社会保险经办机构确定的，为城镇职工基本医疗保险参保人员提供医疗服务的医疗机构。

第三条　定点医疗机构审查和确定的原则是：方便参保人员就医并便于管理；兼顾专科与综合、中医与西医，注重发挥社区卫生服务机构的作用；促进医疗卫生资源的优化配置，提高医疗卫生资源的利用效率，合理控制医疗服务成本和提高医疗服务质量。

第四条 以下类别的经卫生行政部门批准并取得《医疗机构执业许可证》的医疗机构，以及经军队主管部门批准有资格开展对外服务的军队医疗机构，可以申请定点资格：

（一）综合医院、中医医院、中西医结合医院、民族医医院、专科医院；

（二）中心卫生院、乡（镇）卫生院、街道卫生院、妇幼保健院（所）；

（三）综合门诊部、专科门诊部、中医门诊部、中西医结合门诊部、民族医门诊部；

（四）诊所、中医诊所、民族医诊所、卫生所、医务室；

（五）专科疾病防治院（所、站）；

（六）经地级以上卫生行政部门批准设置的社区卫生服务机构。

第五条 定点医疗机构应具备以下条件：

（一）符合区域医疗机构设置规划；

（二）符合医疗机构评审标准；

（三）遵守国家有关医疗服务管理的法律、法规和标准，有健全和完善的医疗服务管理制度；

（四）严格执行国家、省（自治区、直辖市）物价部门规定的医疗服务和药品的价格政策，经物价部门监督检查合格；

（五）严格执行城镇职工基本医疗保险制度的有关政策规定，建立了与基本医疗保险管理相适应的内部管理制度，配备了必要的管理人员和设备。

第六条 愿意承担城镇职工基本医疗保险定点服务的医疗机构，应向统筹地区劳动保障行政部门提出书面申请，并提供以下各项材料：

（一）执业许可证副本；

（二）大型医疗仪器设备清单；

（三）上一年度业务收支情况和门诊、住院诊疗服务量（包括门诊诊疗人次、平均每一诊疗人次医疗费、住院人数、出院者平均住院日，平均每一出院者住院医疗费、出院者平均每天住院医疗费等），以及可承担医疗保险服务的能力；

（四）符合医疗机构评审标准的证明材料；

（五）药品监督管理和物价部门监督检查合格的证明材料；

（六）由劳动保障行政部门规定的其他材料。

第七条 劳动保障行政部门根据医疗机构的申请及提供的各项材料对医疗机构进行审查。审查合格的发给定点医疗机构资格证书，并向社会公布，供参保人员选择。

第八条 参保人员在获得定点资格的医疗机构范围内，提出个人就医的定点医疗机构选择意向，由所在单位汇总后，统一报送统筹地区社会保险经办机构。社会保险经办机构根据参保人的选择意向统筹确定定点医疗机构。

第九条 获得定点资格的专科医疗机构和中医医疗机构（含中西医结合医疗机构和民族医医疗机构），可作为统筹地区全体参保人员的定点医疗机构。

除获得定点资格的专科医疗机构和中医医疗机构外，参保人员一般可再选择 3 至 5 家不同层次的医疗机构，其中至少应包括 1 至 2 家基层医疗机构（包括一级医院以及各类卫生院、门诊部、诊所、卫生所、医务室和社区卫生服务机构）。有管理能力的地区可扩大参保人员选择定点医疗机构的数量。

第十条 参保人员对选定的定点医疗机构，可在 1 年后提出更改要求，由统筹地区社会保险经办机构办理变更手续。

第十一条 社会保险经办机构要与定点医疗机构签订包括服务人群、服务范围、服务内容、服务质量、医疗费用结算办法、医疗费用支付标准以及医疗费用审核与控制等内容的协议，明确双方的责任、权利和义务。协议有效期一般为 1 年。任何一方违反协议，对方均有权解除协议，但须提前 3 个月通知对方和有关参保人，并报统筹地区劳动保障行政部门的备案。

第十二条 参保人员应在选定的定点医疗机构就医，并可自主决定在定点医疗机构购药或持处方到定点零售药店购药。除急诊和急救外，参保人员在非选定的定点医疗机构就医发生的费用，不得由基本医疗保险基金支付。

第十三条 参保人员在不同等级的定点医疗机构就医，个人负担医疗费用的比例可有所差别，以鼓励参保人员到基层定点医疗机构就医。

参保人员在不同等级定点医疗机构就医时个人负担医疗费用的具体比例和参保人员转诊、转院管理办法，由统筹地区劳动保障行政部门制定。

第十四条 定点医疗机构应配备专（兼）职管理人员，与社会保险经办机构共同做好定点医疗服务管理工作。对基本医疗保险参保人员的医疗费用要单独建账，并按要求及时、准确地向社会保险经办机构提供参保人员医疗费用的发生情况等有关信息。

第十五条 社会保险经办机构要加强对定点医疗机构参保人员医疗费用检查和审核。定点医疗机构有义务提供审核医疗费用所需的全部诊治资料及账目清单。

第十六条 社会保险经办机构要按照基本医疗保险的有关政策规定和与定点医疗机构签订的协议，按时足额与定点医疗机构结算医疗费用。对不符合规定的医疗费用，社会保险经办机构不予支付。

第十七条 劳动保障行政部门要组织卫生、物价等有关部门加强对定点医疗机构服务和管理情况的监督检查。对违反规定的定点医疗机构，劳动保障行政部门可视不同情况，责令其限期改正，或通报卫生行政部门给予批评，或取消定点资格。

第十八条 定点医疗机构申请书和定点医疗机构资格证书样式由劳动保障部制定。

第十九条 各省（自治区、直辖市）劳动保障行政部门可根据本办法组织卫生等有关部门制定实施细则。

第二十条 本办法自发布之日起施行。

劳动和社会保障部 国家药品监督管理局关于印发城镇职工基本医疗保险定点零售药店管理暂行办法的通知

（1999年4月26日 劳社部发〔1999〕16号）

各省、自治区、直辖市劳动（劳动和社会保障）厅（局）、药品监督管理局：

为了贯彻落实《国务院关于建立城镇职工基本医疗保险制度的决定》（国发〔1998〕44号），劳动保障部与药品监管局制定了《城镇职工基本医疗保险定点零售药店管理暂行办法》，现印发给你们，请结合实际贯彻执行。

城镇职工基本医疗保险定点零售药店管理暂行办法

第一条 为了加强和规范城镇职工基本医疗保险定点零售药店管理，根据《国务院关于建立城镇职工基本医疗保险制度的决定》（国发〔1998〕44号），制定本办法。

第二条 本办法所称的定点零售药店，是指经统筹地区劳动保障行政部门资格审查，并经社会保险经办机构确定的，为城镇职工基本医疗保险参保人员提供处方外配服务的零售药店。处方外配是指参保人员持定点医疗机构处方，在定点零售药店购药的行为。

第三条 定点零售药店审查和确定的原则是：保证基本医疗保险用药的品种和质量；引入竞争机制，合理控制药品服务成本；方便参保人员就医后购药和便于管理。

第四条 定点零售药店应具备以下资格与条件：

（一）持有《药品经营企业许可证》《药品经营企业合格证》和《营业执照》，经药品监督管理部门年检合格；

（二）遵守《中华人民共和国药品管理法》及有关法规，有健全和完善的药品质量保证制度，能确保供药安全、有效和服务质量；

（三）严格执行国家、省（自治区、直辖市）规定的药品价格政策，经物价部门监督检查合格；

（四）具备及时供应基本医疗保险用药、24 小时提供服务的能力；

（五）能保证营业时间内至少有一名药师在岗，营业人员需经地级以上药品监督管理部门培训合格；

（六）严格执行城镇职工基本医疗保险制度有关政策规定，有规范的内部管理制度，配备必要的管理人员和设备。

第五条 愿意承担城镇职工基本医疗保险定点服务的零售药店，应向统筹地区劳动保障行政部门提出书面申请，并提供以下各项材料：

（一）药品经营企业许可证、合格证和营业执照的副本；

（二）药师以上药学技术人员的职称证明材料；

（三）药品经营品种清单及上一年度业务收支情况；

（四）药品监督管理、物价部门监督检查合格的证明材料；

（五）劳动保障行政部门规定的其他材料。

第六条 劳动保障行政部门根据零售药店的申请及提供的各项材料，对零售药店的定点资格进行审查。

第七条 统筹地区社会保险经办机构在获得定点资格的零售药店范围内确定定点零售药店，统发定点零售药店标牌，并向社会公布，供参保人员选择购药。

第八条 社会保险经办机构要与定点零售药店签订包括服务

范围、服务内容、服务质量、药费结算办法以及药费审核与控制等内容的协议，明确双方的责任、权利和义务。协议有效期一般为1年。任何一方违反协议，对方均有权解除协议，但须提前通知对方和参保人，并报劳动保障行政部门备案。

第九条 外配处方必须由定点医疗机构医师开具，有医师签名和定点医疗机构盖章。处方要有药师审核签字，并保存2年以上以备核查。

第十条 定点零售药店应配备专（兼）职管理人员，与社会保险经办机构共同做好各项管理工作。对外配处方要分别管理、单独建账。定点零售药店要定期向统筹地区社会保险经办机构报告处方外配服务及费用发生情况。

第十一条 社会保险经办机构要加强对定点零售药店处方外配服务情况的检查和费用的审核。定点零售药店有义务提供与费用审核相关的资料及账目清单。

第十二条 社会保险经办机构要按照基本医疗保险有关政策规定和与定点零售药店签订的协议，按时足额结算费用。对违反规定的费用，社会保险经办机构不予支付。

第十三条 劳动保障行政部门要组织药品监督管理、物价、医药行业主管部门等有关部门，加强对定点零售药店处方外配服务和管理的监督检查。要对定点零售药店的资格进行年度审核。对违反规定的定点零售药店，劳动保障行政部门可视不同情况，责令其限期改正，或取消其定点资格。

第十四条 定点零售药店申请书样式由劳动保障部制定。

第十五条 各省（自治区、直辖市）劳动保障行政部门可根据本办法制定实施细则。

第十六条 本办法自发布之日起施行。

劳动和社会保障部等部门关于印发城镇职工基本医疗保险诊疗项目管理、医疗服务设施范围和支付标准意见的通知

（1999 年 6 月 30 日　劳社部发〔1999〕22 号）

各省、自治区、直辖市劳动（劳动和社会保障）厅（局）、财政厅（局）、卫生厅（局）、物价局（委员会）、中医（药）管理局：

为了贯彻落实《国务院关于建立城镇职工基本医疗保险制度的决定》（国发〔1998〕44 号），我们制定了《关于城镇职工基本医疗保险诊疗项目管理的意见》和《关于确定城镇职工基本医疗保险医疗服务设施范围和支付标准的意见》，现印发给你们，请结合实际贯彻执行。

关于城镇职工基本医疗保险诊疗项目管理的意见

为了指导各地确定城镇职工基本医疗保险诊疗项目，加强基本医疗保险基金的支出管理，根据《国务院关于建立城镇职工基本医疗保险制度的决定》（国发〔1998〕44 号），现提出以下意见。

一、基本医疗保险诊疗项目是指符合以下条件的各种医疗技术劳务项目和采用医疗仪器、设备与医用材料进行的诊断、治疗

项目：

（一）临床诊疗必需、安全有效、费用适宜的诊疗项目；

（二）由物价部门制定了收费标准的诊疗项目；

（三）由定点医疗机构为参保人员提供的定点医疗服务范围内的诊疗项目。

二、基本医疗保险诊疗项目通过制定基本医疗保险诊疗项目范围和目录进行管理。制定基本医疗保险诊疗项目范围和目录既要考虑临床诊断、治疗的基本需要，也要兼顾不同地区经济状况和医疗技术水平的差异，做到科学合理，方便管理。

三、劳动和社会保障部负责组织制定国家基本医疗保险诊疗项目范围（见附件），采用排除法分别规定基本医疗保险不予支付费用的诊疗项目范围和基本医疗保险支付部分费用的诊疗项目范围。

基本医疗保险不予支付费用的诊疗项目，主要是一些非临床诊疗必需、效果不确定的诊疗项目以及属于特需医疗服务的诊疗项目。

基本医疗保险支付部分费用的诊疗项目，主要是一些临床诊疗必需、效果确定但容易滥用或费用昂贵的诊疗项目。

四、各省（自治区、直辖市，下同）劳动保障行政部门要根据国家基本医疗保险诊疗项目范围的规定，组织制定本省的基本医疗保险诊疗项目目录。可以采用排除法，分别列基本医疗保险不予支付费用的诊疗项目目录和基本医疗保险支付部分费用的诊疗项目目录。也可以采用准入法，分别列基本医疗保险准予支付费用的诊疗项目目录和基本医疗保险支付部分费用的诊疗项目目录。

对于国家基本医疗保险诊疗项目范围规定的基本医疗保险不予支付费用的诊疗项目，各省可适当增补，但不得删减。对于国家基本医疗保险诊疗项目范围规定的基本医疗保险支付部分费用的诊疗项目，各省可根据实际适当调整，但必须严格控制调整的范围和幅度。

五、各统筹地区劳动保障部门要严格执行本省的基本医疗保险诊疗项目目录。对于本省基本医疗保险诊疗项目目录中所列的基本医疗保险支付部分费用的诊疗项目，各统筹地区劳动保障行政部门要根据当地实际规定具体的个人自付比例，并可结合区域卫生规划、医院级别与专科特点、临床适应症、医疗技术人员资格等限定使用和制定相应的审批办法。未列入当地区域卫生规划和按国家有关质量管理规定技术检测不合格的大型医疗设备，不得纳入基本医疗保险支付范围。

六、参保人员发生的诊疗项目费用，属于基本医疗保险不予支付费用诊疗项目目录以内的，基本医疗保险基金不予支付。属于基本医疗保险支付部分费用诊疗项目目录以内的，先由参保人员按规定比例自付后，再按基本医疗保险的规定支付。属于按排除法制定的基本医疗保险不予支付费用和支付部分费用诊疗项目目录以外的，或属于按准入法制定的基本医疗保险准予支付费用诊疗项目目录以内的，按基本医疗保险的规定支付。

七、国家基本医疗保险诊疗项目范围要根据基本医疗保险基金的支付能力和医学技术的发展进行适时调整。各省的基本医疗保险诊疗项目目录要在国家基本医疗保险诊疗项目范围调整的基础上作相应调整。

八、社区卫生服务中的基本医疗服务项目纳入基本医疗保险范围。随着社区卫生服务的发展，劳动和社会保障部将另行组织制定有关规定。

九、劳动保障部门在组织制定基本医疗保险诊疗项目范围和目录的工作中，要充分征求财政、卫生、物价、中医药管理部门和有关专家的意见。物价部门在组织制定有关基本医疗保险的医疗服务收费标准时，要充分征求劳动保障、财政、卫生部门的意见。各有关部门要密切配合，通力协作，共同做好城镇职工基本医疗保险诊疗项目的管理工作。

附件：国家基本医疗保险诊疗项目范围

国家基本医疗保险诊疗项目范围

一、基本医疗保险不予支付费用的诊疗项目范围

（一）服务项目类

1. 挂号费、院外会诊费、病历工本费等。

2. 出诊费、检查治疗加急费、点名手术附加费、优质优价费、自请特别护士等特需医疗服务。

（二）非疾病治疗项目类

1. 各种美容、健美项目以及非功能性整容、矫形手术等。

2. 各种减肥、增胖、增高项目。

3. 各种健康体检。

4. 各种预防、保健性的诊疗项目。

5. 各种医疗咨询、医疗鉴定。

（三）诊疗设备及医用材料类

1. 应用正电子发射断层扫描装置（PET）、电子束 CT、眼科准分子激光治疗仪等大型医疗设备进行的检查、治疗项目。

2. 眼镜、义齿、义眼、义肢、助听器等康复性器具。

3. 各种自用的保健、按摩、检查和治疗器械。

4. 各省物价部门规定不可单独收费的一次性医用材料。

（四）治疗项目类

1. 各类器官或组织移植的器官源或组织源。

2. 除肾脏、心脏瓣膜、角膜、皮肤、血管、骨、骨髓移植外的其他器官或组织移植。

3. 近视眼矫形术。

4. 气功疗法、音乐疗法、保健性的营养疗法、磁疗等辅助性治疗项目。

（五）其他

1. 各种不育（孕）症、性功能障碍的诊疗项目。

2. 各种科研性、临床验证性的诊疗项目。

二、基本医疗保险支付部分费用的诊疗项目范围

（一）诊疗设备及医用材料类

1. 应用χ-射线计算机体层摄影装置（CT）、立体定向放射装置（γ-刀、χ-刀）、心脏及血管造影χ线机（含数字减影设备）、核磁共振成像装置（MRI）、单光子发射电子计算机扫描装置（SPECT）、彩色多普勒仪、医疗直线加速器等大型医疗设备进行的检查、治疗项目。

2. 体外震波碎石与高压氧治疗。

3. 心脏起搏器、人工关节、人工晶体、血管支架等体内置换的人工器官、体内置放材料。

4. 各省物价部门规定的可单独收费的一次性医用材料。

（二）治疗项目类

1. 血液透析、腹膜透析。

2. 肾脏、心脏瓣膜、角膜、皮肤、血管、骨、骨髓移植。

3. 心脏激光打孔、抗肿瘤细胞免疫疗法和快中子治疗项目。

（三）各省劳动保障部门规定的价格昂贵的医疗仪器与设备的检查、治疗项目和医用材料。

关于确定城镇职工基本医疗保险医疗服务设施范围和支付标准的意见

为了指导各地确定基本医疗保险医疗服务设施范围和支付标准，根据《国务院关于建立城镇职工基本医疗保险制度的决定》(国发〔1998〕44号)，现提出以下意见。

一、基本医疗保险医疗服务设施是指由定点医疗机构提供的，参保人员在接受诊断、治疗和护理过程中必需的生活服务设施。

二、基本医疗保险医疗服务设施费用主要包括住院床位费及

门（急）诊留观床位费。对已包含在住院床位费或门（急）诊留观床位费中的日常生活用品、院内运输用品和水、电等费用，基本医疗保险基金不另行支付，定点医疗机构也不得再向参保人员单独收费。

三、基本医疗保险基金不予支付的生活服务项目和服务设施费用，主要包括：

（一）就（转）诊交通费、急救车费；

（二）空调费、电视费、电话费、婴儿保温箱费、食品保温箱费、电炉费、电冰箱费及损坏公物赔偿费；

（三）陪护费、护工费、洗理费、门诊煎药费；

（四）膳食费；

（五）文娱活动费以及其他特需生活服务费用。其他医疗服务设施项目是否纳入基本医疗保险基金支付范围，由各省（自治区、直辖市，下同）劳动保障行政部门规定。

四、基本医疗保险住院床位费支付标准，由各统筹地区劳动保障行政部门按照本省物价部门规定的普通住院病房床位费标准确定。需隔离以及危重病人的住院床位费支付标准，由各统筹地区根据实际情况确定。基本医疗保险门（急）诊留观床位费支付标准按本省物价部门规定的收费标准确定，但不得超过基本医疗保险住院床位费支付标准。

五、定点医疗机构要公开床位收费标准和基本医疗保险床位费支付标准，在安排病房或门（急）诊留观床位时，应将所安排的床位收费标准告知参保人员或家属。参保人员可以根据定点医疗机构的建议，自主选择不同档次的病房或门（急）诊留观床位。由于床位紧张或其他原因，定点医疗机构必须把参保人员安排在超标准病房时，应首先征得参保人员或家属的同意。

六、参保人员的实际床位费低于基本医疗保险住院床位费支付标准的，以实际床位费按基本医疗保险的规定支付；高于基本医疗保险住院床位费支付标准的，在支付标准以内的费用，按基本医疗保险的规定支付，超出部分由参保人员自付。

七、各省劳动保障行政部门要按照本意见的要求，组织制定基本医疗保险医疗服务设施项目范围。各统筹地区劳动保障行政部门要根据本省规定的基本医疗保险医疗服务设施项目，确定基本医疗保险基金的支付标准。统筹地区社会保险经办机构要加强对医疗服务设施费用的审核工作，严格按照基本医疗保险医疗服务设施项目范围和支付标准支付费用。

八、劳动保障部门在组织制定基本医疗保险医疗服务设施范围和支付标准时，要充分征求财政、卫生、物价、中医药管理部门和有关专家的意见。物价部门在组织制定有关基本医疗保险的医疗服务设施项目收费标准时，要充分征求劳动保障、财政、卫生部门的意见。各有关部门要加强联系，密切协作，共同做好基本医疗保险医疗服务设施项目的管理工作。

劳动和社会保障部等部门关于印发加强城镇职工基本医疗保险费用结算管理意见的通知

（1999 年 6 月 29 日　劳社部发〔1999〕23 号）

各省、自治区、直辖市劳动（劳动和社会保障）厅（局）、经贸委、财政厅（局）、卫生厅（局）、中医（药）管理局：

为了贯彻落实《国务院关于建立城镇职工基本医疗保险制度的决定》（国发〔1998〕44 号），我们制定了《关于加强城镇职工基本医疗保险费用结算管理的意见》，现印发给你们，请结合实际贯彻执行。

关于加强城镇职工基本医疗保险费用结算管理的意见

为加强城镇职工基本医疗保险基金支出管理，规范社会保险经办机构与定点医疗机构和定点零售药店的结算关系，指导各统筹地区制定基本医疗保险费用结算办法，根据《国务院关于建立城镇职工基本医疗保险制度的决定》（国发〔1998〕44 号），现提出以下意见：

一、加强城镇职工基本医疗保险费用结算管理，是为了有效地控制医疗费用，保证统筹基金收支平衡，规范医疗服务行为，保障参保人员的基本医疗，提高基本医疗保险的社会化管理服务水平。

二、各统筹地区要根据当地实际和基本医疗保险基金支出管理的需要，制定基本医疗保险费用结算办法。结算办法应包括结算方式和标准、结算范围和程序、审核办法和管理措施等有关内容。

统筹地区社会保险经办机构要按照以收定支、收支平衡的原则，合理确定基本医疗保险基金的支出总量，并根据定点医疗机构的不同级别和类别以及所承担的基本医疗保险服务量，预定各定点医疗机构的定额控制指标。社会保险经办机构在结算时，可根据具体采用的结算方式和实际发生的合理费用等情况对定额控制指标进行相应调整。

三、基本医疗保险费用的具体结算方式，应根据社会保险经办机构的管理能力以及定点医疗机构的不同类别确定，可采取总额预付结算、服务项目结算、服务单元结算等方式，也可以多种方式结合使用。各地要根据不同的结算方式，合理制定基本医疗保险费用的结算标准，并在社会保险经办机构和定点医疗机构签订的协议中明确双方的责任、权利和义务。采取总额预付结算方式的，要根据基本医疗保险的给付范围和参保人员的年龄结构，合理确定对定点医疗机构的预付总额。同时，要通过加强监督检查，防止为降低医疗成本而减少必需的医疗服务，确保参保人员获得基本医疗保险规定的、诊疗疾病所必需的、合理的医疗服务。采取服务项目结算方式的，要根据医疗服务的收费标准和基本医疗保险医疗服务管理的有关规定以及服务数量等进行结算。同时，要加强对医疗服务项目的监督和审查工作，防止发生大额处方、重复检查、延长住院、分解诊疗服务收费等过度利用医疗服务的行为。采取服务单元结算方式的，可以诊断病种、门诊诊疗人次和住院床日等作为结算的服务单元。具体结算标准可按同等级医疗机构的服务单元的平均费用剔除不合理因素后确定，并根据物价指数进行适时调整。同时，要加强基本医疗保险管理和费用审核，防止出现推诿病人、分解服务次数等现象。

四、属于基本医疗保险基金支付的医疗费用，应全部纳入结算范围，一般由社会保险经办机构与定点医疗机构和定点零售药店直接结算。暂不具备条件的，可先由参保人员或用人单位垫付，然后由社会保险经办机构与参保人员或用人单位结算。社会保险经办机构要规范结算程序，明确结算期限，简化结算手续，逐步提高社会化管理服务水平，减轻定点医疗机构、定点零售药店和用人单位的负担。社会保险经办机构要按与定点医疗机构和定点零售药店签订的协议的有关规定及时结算并拨付基本医疗保险费用。定点医疗机构和定点零售药店要配备相应的人员，负责核算参保人员的医疗费用，按协议规定提供费用结算所需的有关材料。

五、加强定点医疗机构门诊处方、入出院标准、住院病历和特殊检查治疗等基本医疗保险管理和费用支出审核。社会保险经办机构可按核定的各定点医疗机构定额控制指标暂扣不超过10%的费用，根据结算期末的审核情况，再相应拨付给定点医疗机构。社会保险经办机构对不符合基本医疗保险规定的医疗费用不予支付；对符合规定的费用要按时足额拨付，未按时足额拨付的按协议的有关规定处理。

六、要加强对转诊转院就医的医疗费用结算管理。在同一统筹地区内转诊转院的，发生的医疗费用按当地的统一规定结算。异地转诊转院的，应经定点医疗机构同意，并经当地社会保险经办机构批准。异地转诊转院发生的医疗费用可先由参保人员或用人单位垫付，经社会保险经办机构复核后，按参保人员所在地有关规定结算。

七、各统筹地区的基本医疗保险费用结算办法，由统筹地区劳动保障行政部门会同卫生、财政等有关部门制定。各地要及时总结经验，建立健全监督制约机制，不断完善基本医疗保险费用结算办法，加强基本医疗保险基金支出管理，保证基本医疗保险制度的健康运行。

劳动和社会保障部关于印发城镇职工基本医疗保险定点医疗机构和定点零售药店服务协议文本的通知

（2000 年 1 月 5 日　劳社部函〔2000〕3 号）

各省、自治区、直辖市劳动（劳动和社会保障）厅（局）：

为指导各地切实做好定点医疗机构和定点零售药店的确定和基本医疗保险服务管理工作，根据《国务院关于建立城镇职工基本医疗保险制度的决定》（国发〔1998〕44 号）和《城镇职工基本医疗保险定点医疗机构管理暂行办法》（劳社部发〔1999〕14 号）、《城镇职工基本医疗保险定点零售药店管理暂行办法》（劳社部发〔1999〕16 号），我部制定了《城镇职工基本医疗保险定点医疗机构医疗服务协议文本》和《城镇职工基本医疗保险定点零售药店服务协议文本》，现印发给你们，并就有关问题通知如下：

一、各统筹地区劳动保障部门负责认定基本医疗保险定点医疗机构和定点零售药店的资格。社会保险经办机构按规定在具备资格的医疗机构和零售药店范围内选择定点，并参照本通知印发的协议文本，依据本地区医疗机构、药店的实际情况，与定点医疗机构、定点零售药店签订服务协议。

二、在确定定点医疗机构和定点零售药店时，既要考虑医疗保险行政管理和事务经办的需要，更要考虑参保人员就医、购药的方便，并做好有关方面的协调工作，争取社会各界的理解和支持。

三、在协议执行中，社会保险经办机构应严格履行协议规定的职责，并监督定点单位遵守协议的有关条款。定点医疗机构或定点零售药店如果严重违反协议且影响到公共利益时，社会保险经办机构可以单方面解除协议，并做好有关善后工作。

四、各地要结合实际，研究制定对定点医疗机构和定点零售药店的综合考评办法，加强对医疗服务的监督，不断提高服务质量。

各地在执行过程中如发现问题，要及时研究解决，并向我部社会保险事业管理局反映。

附件：1. 城镇职工基本医疗保险定点医疗机构医疗服务协议文本

2. 城镇职工基本医疗保险定点零售药店服务协议文本

附件1

城镇职工基本医疗保险定点医疗机构医疗服务协议文本

甲方：统筹地区社会保险经办机构

乙方：定点医疗机构

为保证广大城镇参保人员享受基本医疗服务，促进社会保障及卫生事业的发展，按照劳动和社会保障部、卫生部、国家中医药管理局颁发的《关于印发城镇职工基本医疗保险定点医疗机构管理暂行办法的通知》（劳社部发〔1999〕14号）、《×城镇职工基本医疗保险实施方案》的有关规定，甲方确定乙方为基本医疗保险定点医疗机构，签订如下协议。

第一章　总　则

第一条　甲乙双方应认真贯彻国家的有关规定及统筹地区政府颁布的城镇职工基本医疗保险管理办法及各项配套规定。

第二条　甲乙双方应教育参保人员和医务工作者自觉遵守医疗保险的各项规定；甲乙双方有权向对方提出合理化建议；有权检举和投诉对方工作人员的违规行为。

第三条　乙方依据国家有关法律、法规及本协议为参保人员提供基本医疗服务，加强内部管理，制定执行基本医疗保险政策法规的相应措施，为参保人员就医提供方便；乙方必须有一名院级领导负责基本医疗保险工作，并配备专（兼）职管理人员，与社会保险经办机构共同做好定点医疗服务管理工作；乙方有责任为甲方提供与基本医疗保险有关的材料和数据；甲方如需查看参保人员病历及有关资料、询问当事人等，乙方应予以合作。

第四条　甲方应及时向乙方提供与乙方有关的参保人员名单及相关资料，按规定向乙方拨付应由甲方提供的医疗费用，及时向乙方通报基本医疗保险政策及管理制度、操作规程的变化情况。

第五条　本协议签订后，乙方在本单位显要位置悬挂甲方统一制作的定点医疗机构标牌，设置“基本医疗保险政策宣传栏”和“基本医疗保险投诉箱”，将基本医疗保险的主要政策规定和本协议的重点内容向参保人员公布。

第六条　乙方所使用的有关基本医疗保险的管理软件，应与甲方的管理软件相匹配，并留有同甲方管理系统相连接的接口，能够满足甲方的信息统计要求（甲方与乙方间的计算机通讯费用（网络费用）由甲乙双方协商解决）。甲方负责组织与基本医疗保险计算机管理有关的人员培训。

第二章　就　诊

第七条　乙方诊疗过程中应严格执行首诊负责制和因病施治的原则，合理检查、合理治疗、合理用药，不断提高医疗质量。

第八条　乙方应坚持“以病人为中心”的服务准则，热心为参保人员服务；参保人员投诉乙方工作人员态度恶劣的，乙方应认真查实，如情况属实，按照有关规定严肃处理。

第九条　参保人员在乙方就诊发生医疗事故时，乙方应自事故发生之日起×日内（具体期限由各统筹地区规定）通知甲方。乙方多次发生医疗责任事故并造成严重后果的，甲方可单方面解除协议。

第十条　乙方在参保人员就诊时应认真进行身份和证件识别。

（一）乙方在参保人员办理门诊挂号或住院登记手续时应认真审查医疗保险卡并根据甲方提供的名单审查该证件是否有效，凭无效证件就诊发生的医疗费用甲方不予支付；

（二）乙方在参保人员就诊时应进行身份识别，发现就诊者与所持医疗保险证身份不符时应拒绝记账并扣留医疗保险证件，并及时通知甲方。

第十一条　乙方应为参保人员建立门诊及住院病历，就诊记录应清晰、准确、完整，并妥善保存备查；门诊处方和病历至少应保存 2 年，住院病历至少应保存 15 年。

第十二条　乙方应使用由甲方规定的基本医疗保险专用处方笺、专用收据和结算单等。

第十三条　乙方必须保证为在本医疗机构就医的参保人员提供符合基本医疗服务范围的住院床位。

第十四条　乙方应严格掌握住院标准，如将不符合住院条件的参保人员收入院，其医疗费用甲方不予支付；乙方如拒收符合住院条件的参保人员，有关责任由乙方承担。

第十五条　乙方应及时为符合出院条件的参保人员办理出院手续，故意拖延住院时间所增加的医疗费用甲方不予支付；参保人员拒绝出院的，乙方应自通知其出院之日起，停止记账，按自费病人处理，并及时将有关情况通知甲方。

第十六条　乙方因限于技术和设备条件不能诊治的疾病，应按有关规定及时为参保人员办理转诊手续，对符合转诊条件，乙方未及时转诊造成参保人员损害的，乙方应承担相应的责任。乙方将有能力诊治的病人转出，转出后的医疗费用由乙方支付（病情已过危险期，经甲方及参保人员同意，转入级别较低的定点医疗机构的情况除外）；实行按病种付费的疾病，转出后的医疗费用由乙方负责支付。

第十七条 实行按病种付费的疾病，15日内因同一疾病重复住院的，只按住院一次结算费用，参保人员对出院决定有异议时，可向甲方提出，费用暂时自付。

第十八条 乙方向参保人员提供超出基本医疗保险支付范围的医疗服务，需由参保人员承担费用时，应征得参保人员或其家属同意（应签文字协议）。

第三章 诊疗项目管理

第十九条 乙方应严格执行国家、省、自治区、直辖市及统筹地区关于诊疗项目管理的有关规定。

第二十条 参保人员在甲方其他定点医疗机构所做检查的结果，乙方应充分利用，避免不必要的重复检查。

第二十一条 医生为参保人员进行检查治疗的收入不得与医生及医生所在科室收入直接挂钩，甲方查实乙方违反本条规定的，可拒付相关费用，并将相关项目排除在约定项目外，情节严重的，甲方可单方面中止协议。

第二十二条 在本协议签订后，乙方新开展超出协议规定的诊疗项目，如该项目在劳动保障部门规定的基本医疗保险诊疗项目内，按以下原则处理：

（一）乙方向甲方提出增加诊疗项目的申请；

（二）甲方根据乙方的申请进行审查，审查过程中乙方应提供甲方审查所需的有关资料，并为甲方进行实地考察提供方便；对于乙方提供的资料，甲方有保密的义务；

（三）甲方接到乙方申请后应在20个工作日内完成审查过

程（不含乙方因资料不齐补报的时间），如不同意申请，应通知乙方，并说明理由；如同意申请，应同时确定给付标准，及时通知乙方；如甲方超过时限未答复视为同意。

第四章　药品管理

第二十三条　乙方应严格执行本省、自治区、直辖市基本医疗保险用药范围的规定，超出的部分甲方不予支付。

第二十四条　乙方应按照急性疾病 3 天量，慢性疾病 7 天量，最长不超过 24 天量的原则给药。

第二十五条　乙方应允许参保人员持本医疗机构医生所开处方到定点零售药店外购药品，不得干涉参保人员的购药行为，外购药品的处方应书写规范，使用汉字，字迹工整，并加盖乙方门诊专用章。

第二十六条　乙方提供的药品应有小包装，符合基本医疗保险关于剂量的规定。

第二十七条　乙方使用本院生产的、并列入当地基本医疗保险用药范围的医院制剂，其费用甲方按照规定给予支付；乙方新生产的医院制剂如申请进入基本医疗保险用药范围可参照本协议第二十二条的规定办理申报手续。

第二十八条　报销范围内同类药品（通用名相同，商品名不同）有若干选择时，在质量标准相同（如符合 GMP 标准）的情况下，乙方应选择疗效好、价格较低的品种。

第二十九条　乙方违反物价政策，所售药品价格高于国家或省级物价部门定价的，差额部分甲方不予支付。

第三十条　乙方为参保人员提供的药品中出现假药、劣药时，药品费及因此而发生的相关的医疗费用甲方不予给付，并向药品监督管理部门反映；乙方或其工作人员非法收取药品回扣的，一经查实，甲方应扣除该种药品的全部费用。

第五章　费用给付

第三十一条　甲乙双方应严格执行统筹地区制定的基本医疗保险费用结算办法的有关规定。

第三十二条　乙方应在每月×日前，将参保人员上月的住院费用及清单报甲方，由甲方进行审核。

第三十三条　甲方定期对门诊及外购药品处方进行随机抽查，抽查比例不低于处方总量的5%，对违反规定的费用按比例放大后在给付时扣除。

第三十四条　参保人员在乙方就诊发生医疗事故的，按照医疗事故管理办法处理，由于医疗事故及后遗症所增加的医疗费用甲方不予支付。

第三十五条　参保人员投诉乙方违反规定不合理收费，甲方查实后，乙方应负责退还。

第三十六条　甲方查实乙方违反本协议规定虚报费用或医护人员串通参保人员骗取医疗保险基金的，应在偿付时扣除违约金额，并报有关行政部门处理；触犯刑律的，甲方应向司法机关举报。

第三十七条　乙方负责收取应由参保人员个人负担的医疗费用，并使用专用收据。

第三十八条　实行按病种付费的疾病按统筹地区费用结算的有关规定给付。

第三十九条　甲方应在接到乙方费用申报×天内向乙方拨付合理医疗费用的90%，其余10%留作保证金，根据年终考核审定结果最迟于次年×月×日前结清。

第六章　争议处理

第四十条　本协议执行过程中如发生争议，乙方可按照《中华人民共和国行政复议法》和《中华人民共和国行政诉讼法》的有关规定，向同级劳动保障行政部门申请行政复议或向人民法院提起行政诉讼。

第七章　附　则

第四十一条　本协议有效期自××年×月×日起至××年×月×日止（1年）。

第四十二条　协议执行期间，国家法律、法规有调整的，甲乙双方按照新规定修改本协议，如无法达成协议，双方可终止协议；协议执行期间，乙方的注册资金、服务条件、服务内容、法人代表等发生变化时应及时通知甲方。

第四十三条　甲乙双方无论以何种理由终止协议，必须提前×日通知对方。

第四十四条　协议期满前1个月内，甲乙双方可以续签本协议。

第四十五条　本协议未尽事宜，甲乙双方可以换文形式进行补充，效力与本协议相同。

第四十六条　本协议一式两份，甲乙双方各执一份，具有同等效力。

甲方：统筹地区社会保险经办机构　　　　（签 章）

法人代表：（签名）　　　　年　月　日

乙方：定点医疗机构　　　　（签 章）

法人代表：（签名）　　　　年　月　日

附件2

城镇职工基本医疗保险
定点零售药店服务协议文本

甲方：统筹地区社会保险经办机构

乙方：定点零售药店

根据劳动和社会保障部、国家药品监督管理局颁发的《基本医疗保险定点零售药店管理暂行办法》（劳社部发〔1999〕16号）的有关规定，为保证零售药店更好地为参保人员提供基本医疗保险范围内的用药服务，甲方确定乙方为基本医疗保险定点零售药店。经甲乙双方协商，签订协议如下：

第一条 甲乙双方应严格遵守《中华人民共和国药品管理法》《国务院关于建立城镇职工基本医疗保险制度的决定》《基本医疗保险定点零售药店管理暂行办法》《城镇职工基本医疗保险实施方案》及相关法律、法规，严格执行国家、省、自治区、直辖市规定的药品价格政策。

第二条 乙方根据国家有关法律、法规及本协议规定，为参保人员提供基本医疗保险用药处方外配服务，必须做到药品质量合格、安全有效。

乙方必须配备专（兼）职管理人员，并配备与基本医疗保险相配套的计算机硬件系统，相关的软件由甲方负责提供。

第三条 甲方应及时向乙方通报基本医疗保险政策的信息和调整情况以及参保人员的变动情况。

第四条 乙方应在药店的显要位置悬挂甲方统一制作的定点零售药店标牌，以方便患者辨认购药。

第五条 参保人员持本人定点医疗机构医生开具的处方（以下称外配处方）到乙方调剂，乙方需要查验其基本医疗保险证件有关项目是否与所持处方相符，准确无误后才能予以调剂。

第六条 参保人员持外配处方到乙方调剂，乙方要严格按照国家处方调剂的有关规定，给予认真调剂。如因调剂不当出现药事责任由乙方承担。

第七条 乙方无正当理由，不得拒绝参保人员按外配处方调剂的请求，若认定外配处方配伍或剂量有疑义时，要告知参保人员，由原开处方的医生修改后再给予调剂。

第八条 参保人员持外配处方到乙方调剂，乙方因各种原因不能完成处方调剂时，应告知参保人员并负责联系其他定点药店进行调剂。

第九条 参保人员持定点医疗机构外配处方到乙方调剂药品时，乙方调剂完毕后，应开具收据并留存根以备核查。

若需要支付现金（药品需参保人员个人负担部分）或其个人账户已用完需用现金支付时，乙方要开具现金收据。

第十条 乙方按规定（月、双月、季）将参保人员使用个人账户在乙方购药费清单交送给甲方以备核查（内容包括：参保人员姓名、保险证号、处方医疗机构、处方张数、药品品名、数量、药费等）。

第十一条 乙方向甲方交送审核的药费中，有下列情况之一者由乙方负责：

（一）处方与基本医疗保险证明相关的资料项目不符，乙方仍予以受理；

（二）参保人员持用伪造、变造或外观上足以辨认为不实处方，乙方仍予受理；

（三）未依照处方调剂；

（四）调剂的处方不属于基本医疗保险给付范围；

（五）出售的药品中出现假药、劣药；

（六）违反国家物价政策，售出药品价格高于国家定价，其差价部分应予追回。

第十二条 乙方有出售假药、劣药、以物代药等不依照处方调剂以及药店与医院合谋骗取医疗保险金等违规情况，相关费用甲方不予支付。并视情节轻重，建议劳动保障部门责令其限期改正或取消其定点资格。

第十三条 甲方如发现重复核付的药品费，应在下期支付款中扣除追回。

第十四条 甲方应于乙方送达药品费申请之日起×日内办理暂付事宜，暂付款按审核后总额的90%按期支付给定点药店，其余 10%留作保证金，根据年终考核审定情况最迟于次年×月×日前结算。

第十五条 乙方向甲方申请支付参保人员调剂处方药品费，应定期向甲方申报药品费清单申请核付。

第十六条 甲方为了审查医疗保险给付需要，请乙方提供说明，或派人赴乙方查询或调用调剂记录、处方、账单、收据及有关文件资料，乙方应详细说明并提供有关文件及资料，不得拒绝。

第十七条 在协议期内，乙方地址、名称变更应事先通知甲方，并终止协议，同时持变更登记相关证件到甲方重新办理申报手续。如乙方被吊销《药品经营企业许可证》《药品经营企业合格证》和《营业执照》，自吊销之日起终止协议。乙方变更法人代表者，自药品主管机关核定之日起，视同特约主体变更，甲乙双方应改签协议或终止原协议。

第十八条 双方无论以何种理由终止协议，必须提前×日通知对方。

第十九条 甲乙双方在药品费结算或遇违约出现争议时，可按照《中华人民共和国行政复议法》和《中华人民共和国行政诉讼法》的有关规定，向同级劳动保障行政部门申请行政复议或向人民法院提起行政诉讼。

第二十条 如乙方违反国家有关法律、法规，则按有关规定处理。

第二十一条 本协议未尽事宜，甲乙双方可以换文形式进行补充，效力与本协议相同。

第二十二条 本协议有效期 1 年，自××年×月×日起至××年×月×日止。

第二十三条 协议期满，经双方协商，可以在协议期满前 1 个月内续签。

第二十四条 本协议一式 2 份，甲乙双方各执 1 份，具有同等效力。

甲方：统筹地区社会保险经办机构　　　（签 章）
法人代表：（签名）　　　　　年　月　日

乙方：定点医疗机构　　　　　（签 章）
法人代表：（签名）　　　　　年　月　日

劳动和社会保障部办公厅关于进一步规范基本养老金社会化发放工作的通知

（2001 年 12 月 21 日　劳社厅发〔2001〕8 号）

各省、自治区、直辖市劳动和社会保障厅（局）：

自 2000 年我部《关于加快实行养老金社会化发放的通知》（劳社部发〔2000〕9 号）下发后，各地积极采取措施，目前全国基本养老金社会化发放的目标基本实现，有力地推进了建立和完善社会保障体系的进程，为进一步确保基本养老金按时足额发放和实现企业退休人员社会化管理创造了重要条件。为巩固和发展工作成果，解决工作中存在的业务流程不够规范、工作标准不尽统一等问题，进一步规范基本养老金社会化发放工作，现就有关问题通知如下：

一、各级劳动保障部门和社会保险经办机构要进一步加强对基本养老金社会化发放工作的领导和管理，确保有关工作措施的落实。基本养老金社会化发放的基本形式是由各统筹地区社会保险经办机构直接委托银行、邮局等社会服务机构发放，对于有特殊困难不能到银行、邮局领取基本养老金的离退休人员，社会保险经办机构可直接或委托社区服务组织送发。目前仍由原行业统筹企业经办机构组织发放或由企业退休人员管理组织代发养老金的，要立即进行调整和规范，改由社会保险经办机构直接委托社会服务机构发放。

二、各级社会保险经办机构要进一步完善离退休人员数据库，并使其与社会化发放数据库实现变更联动。要严格执行基本养老保险待遇的计算、审核程序，新增离退休人员从次月起发放基本养老金，死亡离退休人员从次月起停发基本养老金。

三、各级社会保险经办机构要保证基本养老金发放的有关数据和资金及时到位。每月基本养老金开始发放的日期一般应定于5日至25日之间，具体日期由各地社会保险经办机构确定。社会保险经办机构要在基本养老金发放日的2个工作日以前，将基本养老金发放数据传至代理发放业务的银行、邮局，同时汇入相应的资金。社会保险经办机构要督促银行、邮局等社会服务机构在资金汇入以后2日内，将资金划入离退休人员的个人储蓄账户。

四、在国内异地居住或出国定居的离退休人员，经向社会保险经办机构申请并办理相关手续后，其基本养老金可以委托亲属或他人代领。在国内异地居住的，也可以委托社会保险经办机构通过邮局、银行寄汇给本人；出国定居的，若国内无亲属或他人代领，本人要求社会保险经办机构将款寄汇至国外的，汇费由其个人负担。

五、已纳入社区管理的企业离退休人员死亡后，其亲属和户籍所在地（或常年居住地）的街道社区服务组织要在7日内向负责支付其基本养老金的社会保险经办机构报告；尚未纳入社区管理的企业离退休人员死亡后，其亲属要在3日内向死亡者原单位报告，原单位应在4日内向社会保险经办机构报告；异地居住的离退休人员死亡后，其亲属要在7日内向负责支付其基本养老金的社会保险经办机构报告。社会保险经办机构在接到报告并审核死亡证明材料有效后，应及时办理支付丧葬补助等项费用的手续，同时终止死亡离退休人员的基本养老保险关系。

六、各级社会保险经办机构应当定期对参加基本养老保险的离退休人员领取基本养老金的资格进行核查。在国内异地居住的离退休人员，每年向负责支付其基本养老金的社会保险经办机构提供一次居住地公安机关出具的居住证明。出国定居的离退休人员，每年向负责支付其基本养老金的社会保险经办机构提供一次由我国驻该国使领馆出具的居住证明（未与我国建立外交关系的国家，由当地公证机关出具）。

七、离退休人员发生下列情形之一，社会保险经办机构应停发或暂时停发其基本养老金：（一）无正当理由不按规定提供本人居住证明或其他相关证明材料的；（二）下落不明超过6个月，其亲属或利害关系人申报失踪或户口登记机关暂时注销其户口的；（三）被判刑收监执行或被劳动教养期间的；（四）法律、法规规定的其他情形。发生以上第（一）（二）（四）项情形的离退休人员，经社会保险经办机构确认仍具有领取基本养老金资格的，应从停发之月起补发并恢复发放基本养老金；发生以上第（三）项情形的离退休人员，服刑或劳动教养期满后可按服刑或劳动教养前最后一次领取的标准继续发给基本养老金。

八、对弄虚作假违规办理离退休手续的人员，社会保险经办机构应立即停发基本养老金，并限期收回或从其以后应领取的基本养老金中逐步扣除已经冒领的金额；离退休人员死亡后，其亲属或他人冒领基本养老金的，社会保险经办机构应责令冒领者退还冒领金额，劳动保障行政部门依法给予处罚；对拒不退还冒领金额者，社会保险经办机构可向人民法院申请强制执行。

九、各级社会保险经办机构应认真开展基本养老金社会化发放的查询服务，建立监督举报制度，向社会公布查询服务和举报电话。对群众举报的问题，社会保险经办机构应当及时调查处理。

劳动和社会保障部关于开展基本养老保险费征缴稽核和基本养老金领取资格核查工作的通知

（2002年2月22日　劳社部函〔2002〕39号）

各省、自治区、直辖市劳动和社会保障厅（局）：

根据全国劳动和社会保障工作会议精神和2002年劳动保障工作部署，我部决定2002年在全国范围内继续开展基本养老保险费征缴稽核和基本养老金领取资格核查工作。现就有关问题通知如下：

一、稽核内容

（一）稽核基本养老保险费征缴情况。重点稽核参保单位实际缴费人数是否与职工人数、参保人数一致，是否按照有关法律法规的规定缴费；缴费工资是否与单位实发工资总额和个人工资收入一致；缴费比例是否符合有关法规的规定等情况。

（二）核查虚报、冒领基本养老金问题。

二、稽核对象和范围

（一）基本养老保险费征缴情况稽核的对象为全部参保单位和个人。2001年稽核时完全符合要求的单位和个人，不再作为本次稽核对象。

（二）核查基本养老金领取资格情况的重点是未按规定的时间、要求提供（办理）领取资格证明（手续）的离退休人员，异地安置的离退休人员。

三、稽核方法和步骤

（一）准备阶段，3月上旬前完成。各地要成立稽核工作领导小组，研究制定工作方案，印制相关文书，有针对性地搞好培训和动员部署，保证稽核工作顺利开展。各地的稽核工作实施方案要在 2002 年 3 月 15 日前报我部社保中心备案。

（二）实施阶段，7 月底之前完成。基本养老保险费征缴情况的稽核采取书面稽核与实地稽核相结合的方式进行。

书面稽核：由稽核对象按照稽核内容逐项自查，以书面形式报送当地社会保险经办机构，社会保险经办机构按业务流程对本地区所有参保单位的参保人数和缴费工资基数进行审核复查。

实地稽核：根据书面稽核的疑点、群众举报的线索或采取随机抽样等方法确定实地稽核对象，实地稽核的数量应不少于书面稽核的 30%。实地稽核前，应对稽核对象认真分析，准备必要材料，书面通知被稽核单位，告知被稽核单位和个人有关稽核内容、时间和需要准备的资料等。稽核结束后，要写出稽核意见书。

稽核工作由劳动保障监察机构和社会保险经办机构按照《社会保险费征缴暂行条例》（国务院令第 259 号）、《社会保险费申报缴纳管理暂行办法》（劳动和社会保障部令第 2 号）和《社会保险费征缴监督检查办法》（劳动和社会保障部令第 3 号）的有关规定执行，具体方式由各省、自治区、直辖市确定。关于对基本养老金领取资格的核查，根据《关于进一步规范基本养老金社会化发放工作的通知》（劳社厅发〔2001〕8 号）的规定，结合本地实际情况实施。

（三）整改阶段，时间为 8 月至 9 月。各地对稽核中发现的问题，有关单位、人员要立即予以纠正；一时不能完全纠正的，要制定切实可行的措施限期改正。对少报、漏报缴费人数和工资基数的，要按重新核定的缴费基数予以补缴。对少缴养老保险费的，按法定程序清理收回。对弄虚作假领取基本养老金的，应立即停发，并依法追回已非法领取的基本养老金。

（四）总结验收阶段，四季度进行。各地要在 9 月底前将稽核情况汇总，填报《基本养老保险费征缴稽核和基本养老金领取资格核查情况汇总表》（见附表），并附书面总结汇报材料，报送我部社保中心。我部将于今年第四季度对各地稽核工作情况进行检查验收。

开展基本养老保险费征缴和基本养老金领取资格核查工作，是今年劳动保障部门和社会保险经办机构的一项重要工作，是规范管理、强化养老保险费征缴、增强基金支付能力的需要，也是管好用好基金、维护劳动者切身利益的具体措施。各级劳动保障部门要高度重视，明确专人负责，认真筹划，精心组织，依法办事。要借鉴2001年开展基本养老保险费征缴专项稽核的成功经验，切实把此次稽核抓出声势、抓出力度、抓出成效。各地可将此次稽核与社会保险登记年检结合起来，在进行专项稽核的同时，完成社会保险登记年检工作，并将专项稽核的有关内容逐步纳入年检范围，实现年检稽核工作的规范化、法制化和制度化。劳动保障系统内部各有关职能部门要密切配合，及时沟通情况，共同做好稽核工作。同时，要加强与财政、税务等有关部门的协调配合，有条件的地区还可以依法委托会计师事务所进行稽核。按规定应对稽核对象予以行政处罚的，劳动保障行政部门要依法及时予以行政处罚。

劳动和社会保障部关于印发城镇居民基本医疗保险经办管理服务工作意见的通知

（2007年9月4日　劳社部发〔2007〕34号）

各省、自治区、直辖市劳动和社会保障厅（局）：

为认真贯彻落实《国务院关于开展城镇居民基本医疗保险试点的指导意见》（国发〔2007〕20号），我们制定了《关于城镇居民基本医疗保险经办管理服务工作的意见》，现印发给你们，请结合实际贯彻执行。

关于城镇居民基本医疗保险经办管理服务工作的意见

为认真贯彻落实《国务院关于开展城镇居民基本医疗保险试点的指导意见》（国发〔2007〕20号）精神，切实做好城镇居民基本医疗保险经办管理服务工作，保证试点工作顺利开展，现提出如下意见：

一、经办管理服务的基本要求

（一）高度重视，精心组织城镇居民基本医疗保险经办管理服务工作是社会保险经办机构（以下简称“经办机构”）的一项新职能。各级劳动保障部门要高度重视，将其作为落实科学发展观、构建社会主义和谐社会的重要任务，精心组织实施，保证制度平稳运行。

（二）整合资源，探索创新

要充分利用城镇职工基本医疗保险管理基础，依托街道和社区劳动保障工作平台开展试点工作。在试点中要注意探索建立合理的筹资机制、健全的管理体制和规范的运行机制，加强指导，规范管理。探索建立城乡统筹医疗保障制度的地区，要整合现有的管理资源，加快建立统一高效的管理平台。

（三）把握特点，注重服务

城镇居民基本医疗保险经办管理服务工作要充分体现以人为本的理念，寓管理于服务，以管理促服务，不断强化服务意识，改进服务方式，提高服务质量和水平，简化缴费报销手续，着力推行各种便民利民的服务措施，为居民提供方便、快捷的优质服务。

（四）广泛宣传，加强咨询

要充分发挥报纸、电视、广播、网络等媒介的作用，印制简易宣传品，宣传城镇居民基本医疗保险政策，公开参保缴费、就医和医疗费用报销等程序。要依托12333劳动保障咨询热线，为城镇居民提供政策咨询。有条件的城市应在劳动保障网站开设专栏。

二、经办管理服务的主要内容

（一）参保登记和缴费

统筹地区经办机构负责统一组织管理城镇居民参保登记和缴费工作。符合参保条件的城镇居民持有效证件及资料，到经办机构服务窗口、社区劳动保障工作平台或经办机构委托的相关单位办理参保手续。对行动不便的老年人、残疾人应开展上门登记参保服务。社区劳动保障工作平台或受经办机构委托的单位对参保人员身份、缴费标准等进行初审，经办机构复核。

统筹地区经办机构要积极探索适合城镇居民特点的缴费方式，可与商业银行签订协议，方便参保人员到银行直接缴费或委托代扣缴费。医疗保险费原则上按年收缴，收费单位应出具统一的缴费凭证。

（二）信息采集与证件发放

在遵循金保工程信息结构通则和已有数据标准的基础上，经办机构要指导社区劳动保障工作平台按照统一要求采集、录入基础数据，指导协助办理参保手续的相关单位报送有关资料。要做好基础信息的核对工作，并及时维护更新。参保人员信息变更可由社区劳动保障工作平台或受委托的相关单位受理，经办机构统一负责变更处理。

省级经办机构要指导统筹地区经办机构，根据城镇居民的参保和缴费信息，制作统一的医疗保险证卡、专用医疗手册等相关证件，相关证件可通过社区劳动保障工作平台或委托的单位及时发给参保人员，保证参保人员就医和医疗费用结算。

统筹地区使用IC卡作为证卡的，须遵循全国统一标准发放中华人民共和国社会保障卡。

（三）定点就医与协议管理

统筹地区经办机构要按照有关规定，与定点医疗机构和定点零售药店签订服务协议，并及时向社会公布名单及其地址，为参保人员选择定点机构提供便利。要按照有关规定引导参保人员充分利用社区卫生服务和中医药服务。

参保人员按规定选择定点医疗机构就医，并按规定办理变更。参保人员在定点医疗机构就医时应按规定出示本人医疗保险证卡、专用医疗手册等有效证件。

经办机构与定点医疗机构和定点零售药店签订的定点医药服务协议，应就医疗服务范围、服务质量、结算办法、考核办法、考核指标和奖惩措施等内容作出规定，明确各自的责任、权利和义务。

各级经办机构要根据协议，对定点医疗机构、定点零售药店进行监督检查，对定点机构履行协议的情况作出评估。要不断完善定点机构协议管理办法，逐步建立诚信等级评定标准，试行分级管理，对公众应知情的信息实行披露制度，促进定点机构合理诊疗、合理用药、降低费用，提供优质医药服务。

（四）医疗费用支付与结算管理

参保人员的住院和门诊大病医疗费用，按规定由个人负担的医疗费用由个人支付，由基金支付的医疗费用，由定点医疗机构、定点零售药店向经办机构申报结算。急诊、转诊、异地就医等在非定点医疗机构发生的医疗费用，可先由参保人员垫付，再向经办机构申请审核报销，申请工作可由社区劳动保障工作平台或受委托的相关单位受理。

各级经办机构要探索各种有效的医疗费用结算办法。积极探索推行按病种付费、按总额预付等结算方式；探索协议确定医疗服务费用标准的办法。探索建立筹资水平、缴费年限和待遇水平相挂钩的机制，在保证基本医疗的前提下，合理控制医疗费用，遏制浪费。

（五）基金管理

城镇居民基本医疗保险基金实行收支两条线管理，纳入财政专户，单独列账，分别核算。各级经办机构要严格执行社会保险基金财务会计制度，建立完整的城镇居民基本医疗保险基金收入、支出账目，切实做好城镇居民基本医疗保险基金管理工作。

各级经办机构要加强城镇居民基本医疗保险基金征缴管理，准确、完整地向同级劳动保障行政部门和上级业务主管部门提供城镇居民参保缴费情况，以便财政补助资金及时足额到位，严禁骗取、套取财政补助资金的行为。基金支出要按照规定的支出项目严格管理。合理控制城镇居民基本医疗保险基金的结余规模，探索建立基金风险防范和调剂机制。

各级经办机构要建立健全城镇居民基本医疗保险基金管理和内部控制的规章制度，并严格执行，建立防范违规机制，保证基金安全。要定期向同级劳动保障行政部门和上级业务主管部门报告基金收支情况，涉及基金风险等重大事项要及时报告。

建立城镇居民基本医疗保险基金内部审计制度，自觉接受法定部门的外部审计。按规定定期向由政府机构、参保人员、社会团体、医药服务机构等方面代表组成的医疗保险社会监督组织报告城镇居民基本医疗保险基金收支和参保人员享受医疗保险待遇情况的基本信息，并向社会公布，接受社会监督。

三、经办管理服务体系建设

（一）加强经办机构能力建设

各级经办机构要在政府部门的支持下，努力适应城镇居民基本医疗保险事业发展的需要，加强机构建设，充实经办力量，落实管理经费，配置工作设施，开展人员培训。积极探索建立与服务人群和业务量挂钩的人员配备机制和经费保障机制，建立医疗保险经办管理服务的奖惩机制。研究制定医疗保险经办管理服务技术标准，实现经办管理的规范化、信息化、专业化。

（二）加强社区劳动保障工作平台建设

要拓展社区的城镇居民基本医疗保险管理服务功能，争取在相关单位支持下及时为社区劳动保障工作平台配备相应人员，保证工作经费。经办机构要加强对社区医疗保险管理人员的培训。社区劳动保障工作平台的工作人员要在经办机构指导下，认真开展城镇居民参保身份和缴费标准初审以及参保登记、基础信息采集录入和政策宣传等工作。

（三）规范经办管理服务规程

省级经办机构要按照国家对城镇居民基本医疗保险经办管理服务的要求，指导统筹地区制定统一的业务规程和管理办法，包括参保登记、保费收缴、就医管理、费用结算与报销等各项经办服务项目的办理流程，参保人员办理事务时需要提供的凭证资料，以及经办机构的审核管理责任等。统筹地区经办机构要通过有效渠道公开办事程序，开通监督电话，建立健全投诉受理机制。

（四）加强信息系统建设

各地信息系统建设要遵循金保工程统一规划，并有效发挥其信息网络和基础数据库的作用。

根据城镇居民基本医疗保险运行管理的需要，在现有城镇职工基本医疗保险系统基础上，增设城镇居民基本医疗保险管理功能。建立完善连接社区劳动保障工作平台的信息网络，拓展社区劳动保障工作平台系统功能。探索与公安、民政、卫生、医药、残疾人管理等信息系统联网，在社区建立城镇居民公共服务信息共享平台。

（五）加强基础数据建设和统计分析工作

各级经办机构要根据城镇居民的特点，建立基础台账，加强基础数据的采集与维护，保障参保人员个人信息安全。建立健全城镇居民基本医疗保险的专业档案管理制度，妥善保存各类档案资料。

建立城镇居民基本医疗保险统计报表制度。劳动和社会保障部会同有关部门统一制定报表，各级经办机构应当按照要求及时、完整、准确填报。

各级经办机构要根据城镇居民参保、缴费、财政补助、就医流向、医疗费用支出和定点机构管理等信息，开展综合分析工作，建立运行分析和风险预警制度，定期向同级劳动保障行政部门和上级业务主管部门报送分析报告。

人力资源和社会保障部等部门
关于企业年金养老金产品有关问题的通知

（2013年3月19日　人社部发〔2013〕24号）

各省、自治区、直辖市人力资源社会保障厅（局）、银监局、证监局、保监局，新疆生产建设兵团人力资源社会保障局，各计划单列市人力资源社会保障局、银监局、证监局、保监局，上海、深圳证券交易所，中国证券登记结算有限责任公司：

为促进企业年金市场健康发展，提高企业年金基金投资运营效率，根据《企业年金基金管理办法》（人力资源社会保障部第11号令，以下简称第11号令），现就企业年金养老金产品有关问题通知如下：

一、养老金产品定义和投资范围

（一）养老金产品是由企业年金基金投资管理人发行的、面向企业年金基金定向销售的企业年金基金标准投资组合。

（二）养老金产品限于境内投资，投资范围包括银行存款、国债、中央银行票据、债券回购、万能保险产品、投资连结保险产品、证券投资基金、股票、商业银行理财产品、信托产品、基础设施债权投资计划、特定资产管理计划、股指期货，以及信用等级在投资级以上的金融债、企业（公司）债、可转换债（含分离交易可转换债）、短期融资券和中期票据等金融产品。

养老金产品资产不得直接投资于权证，但因投资股票、分离交易可转换债等投资品种而衍生获得的权证，应当在权证上市交易之日起10个交易日内卖出。

二、养老金产品类型和投资比例

（一）养老金产品类型

1. 股票型：投资股票、股票基金、混合基金、投资连结保险产品（股票投资比例高于 30%）的比例，合计高于产品资产净值的 30%。债券正回购的资金余额在每个交易日均不得高于产品资产净值的 40%。

2. 混合型：投资股票、股票基金、混合基金、投资连结保险产品（股票投资比例高于 30%）的比例，合计不得高于产品资产净值的 30%。债券正回购的资金余额在每个交易日均不得高于产品资产净值的 40%。

3. 固定收益型：投资银行定期存款、协议存款、国债、金融债、企业（公司）债、可转换债（含分离交易可转换债）、短期融资券、中期票据、万能保险产品、商业银行理财产品、信托产品、基础设施债权投资计划、特定资产管理计划、债券基金、投资连结保险产品（股票投资比例不高于 30%）的比例，合计高于产品资产净值的 80%。债券正回购的资金余额在每个交易日均不得高于产品资产净值的 40%。可转换债（含分离交易可转换债）转股后应当于 10 个交易日内卖出。固定收益型养老金产品不得投资股票基金、混合基金、投资连结保险产品（股票投资比例高于 30%）；可以投资股票一级市场，且应当在上市流通后 10 个交易日内卖出，但不得投资股票二级市场。

4. 货币型：投资银行活期存款、1 年以内（含 1 年）的银行定期存款、剩余期限在 397 天以内（含 397 天）的债券、债券回购、期限在 1 年以内（含 1 年）的中央银行票据、货币市场基金、短期理财债券基金。债券正回购的资金余额在每个交易日均不得高于产品资产净值的 40%。

5. 产品名称显示投资方向的固定收益型养老金产品，应当有 80% 以上的非现金资产投资于投资方向确定的内容。可以包括存款型、债券型、债券基金型、商业银行理财产品型、信托产品型、基础设施债权投资计划型、特定资产管理计划型、保险产品型等类型。

6. 商业银行理财产品型、信托产品型、基础设施债权投资计划型养老金产品，可以投资于建立企业年金计划的大型企业或者其控股子公司发行的商业银行理财产品、信托产品、基础设施债权投资计划。

7. 人力资源社会保障部将根据市场需求和运行合规情况，适当增加养老金产品的类型。

（二）养老金产品投资比例

1. 单个企业年金计划基金资产或者单个投资组合委托投资资产，投资股票型养老金产品的比例，不得高于企业年金计划基金资产净值或者投资组合委托投资资产净值的30%。

2. 单个企业年金计划基金资产，投资商业银行理财产品型、信托产品型、基础设施债权投资计划型、特定资产管理计划型养老金产品的比例，合计不得高于企业年金计划基金资产净值的30%。其中，投资信托产品型养老金产品的比例，不得高于企业年金计划基金资产净值的10%。

3. 单个投资组合委托投资资产，投资商业银行理财产品型、信托产品型、基础设施债权投资计划型、特定资产管理计划型养老金产品的比例，合计不得高于投资组合委托投资资产净值的30%。其中，投资信托产品型养老金产品的比例，不得高于投资组合委托投资资产净值的10%。投资商业银行理财产品型、信托产品型、基础设施债权投资计划型或者特定资产管理计划型养老金产品的专门投资组合，可以不受此30%和10%规定的限制。

4. 单只养老金产品资产，投资于一家企业所发行的股票，单期发行的同一品种短期融资券、中期票据、金融债、企业（公司）债、可转换债（含分离交易可转换债），单只证券投资基金，单个万能保险产品或者投资连结保险产品，分别不得超过该企业上述证券发行量、该基金份额或者该保险产品资产管理规模的5%；按照公允价值计算，也不得超过该养老金产品资产净值的 10%。

5. 单只养老金产品资产，投资商业银行理财产品、信托产品、基础设施债权投资计划、特定资产管理计划的比例，合计不得超过养老金产品资产净值的 30%。其中，投资信托产品的比例，不得超过养老金产品资产净值的 10%。商业银行理财产品型、信托产品型、基础设施债权投资计划型或者特定资产管理计划型养老金产品，可以不受此 30%和 10%规定的限制。

6. 单只养老金产品资产，投资于单期商业银行理财产品、信托产品、基础设施债权投资计划或者特定资产管理计划，分别不得超过该期商业银行理财产品、信托产品、基础设施债权投资计划或者特定资产管理计划资产管理规模的 20%。其中，商业银行理财产品型、信托产品型、基础设施债权投资计划型或者特定资产管理计划型养老金产品，可以不受此规定的限制。

7. 单个投资组合委托投资资产，投资单只养老金产品的比例，可以不受第 11 号令第五十条有关 30%规定的限制。

三、养老金产品发行

（一）投资管理人申请发行养老金产品，应当报送人力资源社会保障部备案，备案时提供下列材料，一式 4 份。

1.《关于养老金产品备案的函》；

2.《养老金产品投资管理合同》；

3.《养老金产品投资说明书》；

4. 投资管理人和养老金产品托管人协商一致签订的《养老金产品托管合同》；

5. 投资管理人担任注册登记人的，应当提交注册登记业务规则；投资管理人委托中国证券登记结算有限责任公司等符合条件的机构担任注册登记人的，应当提交委托代理协议书；

6. 投资管理人、托管人的“企业年金基金管理机构资格”证书复印件；

7. 其他需要提供的材料。

（二）人力资源社会保障部在收到符合规定的养老金产品备案材料之日起60日内，根据第11号令和本通知等有关规定，做出通过或者不予通过的决定。不予通过的，说明理由并通知申请人；通过的，向申请人出具养老金产品备案确认函，给予养老金产品登记号。养老金产品登记号编制方法为：99+PF+4位数年份+4位数序列号。其中，序列号采用连续编排方法。

（三）养老金产品托管人应当以产品的名义在其营业机构开立资金托管账户，资金托管账户是用于清算交收所托管养老金产品资产而设立的专用存款账户。资金托管账户名称为“XX银行XX公司XX养老金产品资产”托管账户，“XX银行”为养老金产品托管人的简称，“XX公司”为养老金产品投资管理人的简称，“XX银行XX公司XX养老金产品”名称应当与养老金产品备案确认函中的名称一致。

资金托管账户预留银行签章为“XX银行XX公司XX养老金产品资产”专用章和托管人的授权人名章。专用章名称应当与资金托管账户名称一致，预留银行签章由托管人负责保管和代为使用。

托管人开立资金托管账户，应当向开户银行提供下列材料：

1. 投资管理人委托托管人开立养老金产品资金托管账户的委托书；

2.《关于××公司××养老金产品确认函》复印件；

3. 托管人营业执照复印件；

4. 托管人基本存款账户开户许可证复印件；

5. 托管人“企业年金基金管理机构资格”证书复印件；

6. 其他要求提供的材料。

资金托管账户开立之后，投资管理人可以面向企业年金计划或者企业年金计划投资组合（养老金产品投资人）定向销售养老金产品。投资人依据《养老金产品投资管理合同》取得产品份额后，即成为养老金产品份额持有人。

（四）养老金产品发行后，投资管理人不得变更养老金产品类型。

（五）发生下列情形之一的，养老金产品变更：

1. 养老金产品名称变更；

2. 养老金产品管理费率调高；

3. 养老金产品投资政策变更；

4. 备案材料的其他主要内容变更。

投资管理人与托管人协商一致后拟变更养老金产品的，应当充分保障份额持有人的知情权，事先以公告等方式通知份额持有人，并向人力资源社会保障部重新履行备案手续；备案通过后，变更生效。投资管理人应当自变更生效之日起15日内，以书面送达或者公告等方式通知份额持有人。养老金产品变更，原产品登记号不变。

（六）投资管理人可以在《养老金产品投资管理合同》中约定，在不损害份额持有人利益且与托管人协商一致的前提下，对养老金产品下列内容进行变更：

1. 调低养老金产品管理费率；

2. 因法律法规修订而应当收取增加的费用；

3. 因法律法规修订而应当修改《养老金产品投资管理合同》。

投资管理人应当自变更生效之日起15日内以书面送达或者公告等方式通知份额持有人，并同时向人力资源社会保障部报告。

（七）发生下列情形之一的，养老金产品终止：

1. 投资管理人与托管人协商一致决定终止的；

2. 人力资源社会保障部按照规定决定终止的。

养老金产品自人力资源社会保障部出具的同意或者决定终止函生效之日起终止。

（八）养老金产品终止的，投资管理人应当以公告等方式通知份额持有人，并组织清算组对养老金产品资产进行清算，清算费用从养老金产品资产中扣除。

清算组由投资管理人、托管人、份额持有人代表以及投资管理人聘请的会计师事务所、律师事务所等组成。

清算组应当自清算工作完成后3个月内，向人力资源社会保障部提交经会计师事务所审计以及律师事务所出具法律意见书的清算报告，该报告同时向份额持有人公告。

四、养老金产品管理运行

（一）投资管理人、托管人各自以养老金产品为主体，采用份额法计量方法，独立建账、独立核算，根据《企业会计准则第10号-企业年金基金》《企业会计准则第22号-金融工具确认和计量》及相关会计准则，参照《证券投资基金会计核算业务指引》等规定，分别在每个交易日进行会计核算和估值，托管人应当复核、审查和确认投资管理人计算的估值结果。

（二）注册登记人负责办理养老金产品的注册登记业务。注册登记业务指登记、存管、清算和结算业务，具体内容包括份额持有人账户建立和管理、份额注册登记、销售业务确认、清算及交易确认、建立并保管份额持有人名册等。注册登记人应当在份额持有人办理申购赎回业务时向其提供交易确认电子数据。投资管理人委托其他机构办理注册登记业务所支付的费用，不得从养老金产品资产中列支。

注册登记人负责定期向份额持有人报告账户的份额、净值、申购赎回明细等信息，报告方式可以是纸质对账单或者电子对账单。注册登记人应当确保报告信息的及时、准确、完整。

注册登记人应当提供网站专区供份额持有人自助查询或者下载对账单。同时，应当为份额持有人提供纸质对账单或者电子对账单订阅方式，并按照订阅要求向份额持有人发送月度、季度或者年度纸质对账单、电子对账单。

（三）根据投资管理人的投资安排，托管人应当以养老金产品名义开立交易所证券账户、银行间债券账户、上海清算所持有人账户等账户。

托管人开立养老金产品交易所证券账户、银行间债券账户、上海清算所持有人账户时，应当提供下列材料：

1. 投资管理人委托托管人开立养老金产品各类账户的委托书；

2.《关于××公司××养老金产品确认函》复印件；

3. 托管人“企业年金基金管理机构资格”证书复印件；

4.《养老金产品托管合同》复印件；

5. 其他要求提供的材料。

（四）托管人应当按照本通知及《养老金产品托管合同》规定，对养老金产品资产的投资范围、投资比例、会计核算与估值、费用计提与支付等事项进行监督。托管人发现投资管理人违反本通知或者《养老金产品托管合同》规定的，应当及时通知投资管理人予以调整；投资管理人逾期未调整的，托管人应当上报人力资源社会保障部。

（五）养老金产品投资管理费按照固定费率收取，不收取业绩报酬，不提取风险准备金。

（六）养老金产品的投资管理费、托管费和其他相关费用，包括证券交易费用、资金划拨费用以及证券账户、资金账户等的开户及变更费用等，从养老金产品资产中扣除。

养老金产品投资管理人、托管人应当综合考虑养老金性质、份额持有人利益和市场发展等因素，合理确定管理费收取标准。

五、投资养老金产品

（一）企业年金计划投资组合资产投资养老金产品

1. 企业年金计划投资组合（以下简称“投资组合”）的投资管理人，可以将投资组合的委托投资资产投资于一个或者多个养老金产品。

2. 投资管理人将投资组合的部分或者全部委托投资资产投资于养老金产品时，该部分或者全部委托投资资产不再计提投资管理费，也不提取风险准备金。

3. 规模较小投资组合的受托人或者投资管理人，应当优先考虑将该组合的委托投资资产全部投资于养老金产品。

4. 注册登记人负责以投资组合的名义开立养老金产品份额持有人账户，开户名称应当与投资组合名称一致，开户证件使用企业年金计划备案确认函，证件号码为企业年金计划登记号，组织机构代码证、税务登记证号码等使用投资组合投资管理人的信息。

5. 投资管理人将投资组合的委托投资资产投资于养老金产品时，应当经受托人同意。

（二）企业年金计划资产投资养老金产品

1. 法人受托机构可以将受托管理的企业年金基金资产，分配给一个或者多个养老金产品。法人受托机构应当在《企业年金计划受托管理合同》或者补充协议中说明将企业年金缴费分配给养老金产品的原则和方法。

法人受托机构应当与养老金产品投资管理人签订《企业年金计划投资管理合同》，《养老金产品投资管理合同》《养老金产品投资说明书》作为《企业年金计划投资管理合同》的附件。

2. 规模较小企业年金计划的委托人或者法人受托机构，应当优先考虑将企业年金计划基金资产全部投资于养老金产品。

3. 注册登记人负责以企业年金计划的名义开立养老金产品份额持有人账户，开户名称应当与企业年金计划名称一致，开户证件使用企业年金计划备案确认函，证件号码为企业年金计划登记号，组织机构代码证、税务登记证号码等使用法人受托机构的信息。

4. 企业年金计划法人受托机构和企业年金计划托管人应当分别完成企业年金计划的建账、估值核算、制作会计报表、信息报告等工作，法人受托机构对托管人出具的估值核算结果、会计报表及信息报告进行复核。

六、养老金产品信息披露和监管

（一）投资管理人应当在收到养老金产品备案确认函的下一个工作日，在指定网站及其公司官网上披露养老金产品信息。

养老金产品的投资经理发生变更，投资管理人应当自变更之日起3个工作日内，在指定网站及其公司官网上披露。

（二）养老金产品存续期间，投资管理人应当每个交易日在指定网站及其公司官网上披露经养老金产品托管人复核、审查和确认的单位净值。

（三）投资管理人应当按照有关规定，向份额持有人提供养老金产品季度报告和年度报告；如发生特殊情况，还应当提供临时报告或者进行重大信息披露。

（四）投资管理人、托管人应当按照有关规定，向人力资源社会保障部报告养老金产品的管理情况，同时抄报有关业务监管部门，并对所报告内容的真实性、准确性、完整性负责。

（五）养老金产品宣传推介材料应当含有明确、醒目的风险提示和警示性文字，提醒投资人注意投资风险。投资人应当仔细阅读《养老金产品投资管理合同》、《养老金产品投资说明书》、《养老金产品托管合同》，充分认知养老金产品的投资风险，审慎做出投资决策，自行承担投资损益。

（六）企业年金计划受托人，负责企业年金计划的投资比例控制；企业年金计划托管人负责监督。

企业年金计划投资组合投资管理人，负责投资组合的投资比例控制；企业年金计划托管人负责监督。

养老金产品投资管理人，负责养老金产品的投资比例控制；养老金产品托管人负责监督。

养老金产品投资管理人应当接受份额持有人和托管人的监督。

（七）养老金产品经人力资源社会保障部备案确认，并不表明其对养老金产品的价值和收益做出实质性的判断或者保证，也不表明养老金产品没有投资风险。

（八）投资管理人、托管人违反行政法规和本办法规定的，人力资源社会保障部根据第11号令规定进行处罚；对直接负责的主管人员和其他直接责任人员，可以采取监管谈话、出具警示函、记入诚信档案等监管措施。

（九）人力资源社会保障部、有关业务监管部门依法履行监督管理职责，对养老金产品的投资运作和管理情况进行定期或者不定期检查，投资管理人、托管人和注册登记人应当予以配合。

人力资源和社会保障部办公厅关于贯彻落实免收基本养老金商业银行本行异地取现手续费规定的通知

（2014 年 7 月 3 日　人社厅发〔2014〕235 号）

各省、自治区、直辖市及新疆生产建设兵团人力资源社会保障厅（局）：

为贯彻落实发展改革委、中国银监会发布的《关于印发商业银行服务政府指导价政府定价目录的通知》（发改价格〔2014〕268 号）（以下简称《政府定价目录通知》）中第二条“商业银行免收社会保险经办机构和本行签约开立的个人基本养老金（含退休金）账户，每月前 2 笔且每笔不超过 2500 元（含 2500 元）的本行异地（含本行柜台和 ATM）取现手续费”规定，现就有关问题通知如下：

一、充分认识免收基本养老金商业银行本行异地取现手续费规定的重要意义

《政府定价目录通知》做出了在较高限额内免收基本养老金账户的本行异地取现手续费的规定，体现了党和政府对广大领取养老保险待遇人员的关心和照顾，特别是使众多异地养老的离退休人员切实受益，体现了金融机构的社会责任感，是一项利民生、顺民意的好事实事。各地要高度关注，抓紧协调各地社会保险经办机构和代发基本养老金的金融机构，把这一规定宣传好落实好，充分保障广大离退休人员的合法权益。

二、准确把握免收基本养老金商业银行本行异地取现手续费规定的相关口径

免收基本养老金商业银行本行异地取现手续费的规定政策性和操作性都比较强，各地要认真学习领会《政府定价目录通知》的精神，准确把握第二条规定的相关口径，认真抓好落实。

（一）关于社会保险经办机构的界定

《政府定价目录通知》中所称社会保险经办机构，是指负责发放机关事业企业单位退休人员基本养老金（含退休金）和城乡居民基本养老金的社会保险经办机构。

（二）关于基本养老金范围的界定

《政府定价目录通知》中所称基本养老金，是指由社会保险经办机构负责发放的基本养老金（含退休金），不包括由企事业单位或商业保险机构发放的补充养老金（含企业年金和职业年金）等。

（三）关于“免收每月前2笔且每笔不超过2500元（含2500元）的本行异地取现手续费”的规定

按照《政府定价目录通知》第二条的规定，离退休人员个人基本养老金账户每月前2笔且每笔不超过2500元（含2500元）的部分免收本行异地取现手续费，而前2笔中每笔超过2500元的部分，以及第3笔之后的金额可收本行异地取现手续费。

三、努力做好相关经办服务工作

各地要加快推进使用社会保障卡发放基本养老金工作，积极落实免收基本养老金本行异地取现手续费规定。《政府定价目录通知》8月1日实施时，仍通过银行专用存折、借记卡发放基本养老金的，要在存折上和卡对账单上进行养老金标识。个人基本养老金账户变更时，各地要同步做好免收本行异地取现手续费的切换工作。

社会保险经办机构作为养老金发放的职能单位，要切实负起责任积极主动开展工作，确保在今年7月底前完成有关准备工作。要主动与代发基本养老金的商业银行协调沟通，配合他们抓紧完成相关业务流程和信息系统的升级改造，确保能在今年8月1日起顺利实施。《政府定价目录通知》开始执行后，要保持与相关商业银行和离退休人员的密切联系，随时发现和解决问题，不断增强服务意识，提升经办能力。

四、抓紧开展宣传培训工作

要充分利用各种传媒开展多种形式的宣传活动，各级社会保险经办机构和基层服务窗口要通过设立咨询台、印发宣传单、悬挂宣传标语、制作宣传图板等形式，使广大离退休人员特别是异地领取养老金的退休人员都了解这一惠民政策，切实保障他们每月能足额领取到基本养老金。同时，各地要结合实际，对经办人员进行培训，帮助业务人员掌握相关口径和经办流程，不断提高业务水平和经办能力。对实施过程中出现的新情况、新问题，请及时反馈我部社保中心。

人力资源和社会保障部关于完善基本医疗保险定点医药机构协议管理的指导意见

（2015 年 12 月 2 日　人社部发〔2015〕98 号）

各省（自治区、直辖市）及新疆生产建设兵团人力资源社会保障厅（局）：

城镇基本医疗保险制度建立以来，各地按照国家规定普遍实施了“基本医疗保险定点医疗机构资格审查”和“基本医疗保险定点零售药店资格审查”（以下简称“两定资格审查”），并在此基础上，社会保险经办机构与通过审查的医疗机构和零售药店（以下简称医药机构）签订定点服务协议，实行协议管理。这些措施对规范医药服务行为、维护参保人员权益等发挥了积极作用。目前，按照简政放权的精神，国务院决定取消两定资格审查。为此，现就取消社会保险行政部门实施的两定资格审查，完善基本医疗保险协议管理，提出以下指导意见：

一、目标任务和基本要求

（一）目标任务

2015 年底前，各地要按照《国务院关于第一批取消 62 项中央指定地方实施行政审批事项的决定》（国发〔2015〕57 号）文件要求，全面取消社会保险行政部门实施的两定资格审查项目。各统筹地区要在认真总结经验的基础上，完善经办机构与医药机构的协议管理，提高管理服务水平和基金使用效率，更好地满足参保人员的基本医疗需求。

（二）基本要求

一是简政放权。各地社会保险行政部门要坚决贯彻国务院要求，及时取消两定资格审查事项，转变行政管理方式，努力营造公开透明的市场环境，鼓励和引导各种所有制性质、级别和类别的医药机构公平参与竞争。

二是强化监管。及时转变工作重点，从重准入转向重管理，着重加强事中、事后监管，通过服务协议明确经办机构和医药机构双方的权利义务，规范医药机构服务行为，完善退出机制，提高管理效率。

三是优化服务。进一步简化办事程序，优化工作流程，提升服务质量。协议管理的医药机构条件及签约流程、规则、结果等面向社会公开。引入参保人和社会多方参与的评估和谈判机制。建立沟通协商和激励约束机制，促进医药机构为患者提供良好服务。

二、规范程序

（三）自愿申请

依法设立的各类医药机构均可根据医疗保险医药服务的需要和条件，根据自身服务能力，自愿向统筹地区经办机构提出申请，并如实提供服务范围、服务规模、服务质量、服务特色、价格收费等方面的材料，配合做好经办机构评估工作。

统筹地区人力资源社会保障部门要及时公开医药机构应具备的条件。有关条件要体现基本医疗保险制度与管理的要求，包括医药机构规划布局、服务能力、内部管理、财务管理、信息系统等方面的内容。

（四）多方评估

统筹地区人力资源社会保障部门要制定医药机构评估规则和程序。经办机构开展评估要注重听取参保人员、专家、行业协会等各方面意见，探索通过第三方评价的方式开展评估，保证程序公开透明，结果公正合理。

（五）协商签约

经办机构根据评估结果，统筹考虑医药服务资源配置、服务能力和特色、医疗保险基金的支撑能力和信息系统建设以及参保人员就医意向等因素，与医药机构平等沟通、协商谈判。要根据“公平、公正、公开”的原则，鼓励医药机构在质量、价格、费用等方面进行竞争，选择服务质量好、价格合理、管理规范的医药机构签订服务协议。双方签订的服务协议，应报同级社会保险行政部门备案。

三、完善服务协议

（六）规范协议内容

服务协议除应包括服务人群、服务范围、服务内容、服务质量、费用结算、违约处理等基本内容外，要适应预算管理、付费方式改革、医药价格改革、医保医疗行为监管、异地就医结算等政策和管理要求，进一步细化总额控制指标、具体付费方式、付费标准、费用审核与控制、药品和诊疗项目以及医用材料管理、监督检查、医保医生管理、信息数据传输标准等内容，并根据医保政策和管理的需要及时补充完善。

（七）探索动态管理

有条件的地方可以通过长期协议与短期（如年度）协议相结合的办法探索动态协议管理。经办机构和医药机构双方的基本权益和义务，购买的医疗、药品服务范围等可在长期协议中约定；医药机构一段时期（如年、季度、月）提供的服务量、付费方式、付费办法和标准、考核指标以及其他管理要求等可在短期协议中明确。

四、加强监督管理

（八）严格履行服务协议

经办机构和医药机构要严格遵循服务协议的约定，认真履行协议。对违反服务协议约定的，应当按照协议追究违约方责任。

（九）加强行政监督

社会保险行政部门根据社会保险法等相关法律法规的规定，可以通过调查、抽查等多种方式对经办机构和协议管理的医药机构执行医疗保险政策法规、履行服务协议情况以及各项监管制度落实情况进行监督检查。发现违法违规行为的，应提出整改意见，并依法作出行政处罚决定。涉及其他行政部门职责的，移交相关部门；涉嫌犯罪的，移送公安机关。

（十）创新监管方式

拓宽监督途径、创新监督方式，探索通过参保人员满意度调查、引入第三方评价、聘请社会监督员等方式，动员社会各界参与医疗保险监督。畅通举报投诉渠道，及时发现问题并进行处理。

各级人力资源社会保障部门要统一思想、提高认识，明晰社会保险行政部门和经办机构的职能分工，完善医药机构协议管理。要加强与有关部门的协调合作，促进各级各类医药机构依法为参保人员提供必要、合理的基本医疗服务，控制医疗费用不合理增长，提高医疗保险基金使用效率。省级人力资源社会保障部门要加强对统筹地区的指导。各统筹地区要细化协议管理的具体政策，着力增强经办能力，提升信息化水平，提高管理效率。改革过程中要注意做好政策宣传解释，合理引导人民群众和医药机构预期。同时，各地也要参照本意见精神，对工伤保险和生育保险医药服务机构的管理办法进行完善。

人力资源和社会保障部关于将36种药品纳入国家基本医疗保险、工伤保险和生育保险药品目录乙类范围的通知

（2017年7月13日　人社部发〔2017〕54号）

各省、自治区、直辖市及新疆生产建设兵团人力资源社会保障厅（局），福建省医保办：

按照《关于印发〈国家基本医疗保险、工伤保险和生育保险药品目录（2017年版）〉的通知》（人社部发〔2017〕15号）要求，我部组织专家对部分药品进行谈判，并确定了医保支付标准。现予以公布并通知如下：

一、将利拉鲁肽注射剂等36种药品（以下统称“有关药品”）纳入《国家基本医疗保险、工伤保险和生育保险药品目录（2017年版）》（以下简称药品目录）乙类范围，各省（区、市）社会保险主管部门不得将有关药品调出目录，也不得调整限定支付范围。

二、附表“医保支付标准”一栏规定的支付标准包括基本医疗保险基金和参保人员共同支付的全部费用，基本医疗保险基金和参保人员的分担比例由各统筹地区确定。规定的支付标准有效期截至2019年12月31日，有效期满后按照医保药品支付标准有关规定进行调整。有效期内，如有同通用名称药品（仿制药）上市，我部将根据仿制药价格水平调整该药品的医保支付标准并另行发布；如出现药品市场实际价格明显低于现行支付标准的，我部可以与企业协商重新制定支付标准并另行发布。

三、各省（区、市）要积极探索多种方式加强有关药品管

理，促进合理用药。对规定需“事前审查后方可使用”或其他需要严格管理的药品，要建立统一的事前审查规定；对用量大、费用高的药品要纳入基本医疗保险医疗服务智能监控系统进行重点监控，并做好费用分析；要采取有效措施鼓励定点零售药店为参保人员提供药品，发挥药店在医保药品供应保障方面的积极作用。

四、各省（区、市）要认真贯彻落实本通知要求，将有关药品纳入药品目录乙类范围，与药品目录一并执行。同时，要加快推进本省（区、市）乙类药品调整工作，尽快发布。

附件：36 种有关药品名单

（附件本书略）

山东省人民政府办公厅关于贯彻国办发〔2015〕70号文件推进分级诊疗制度建设的实施意见

（2015年12月7日　鲁政办发〔2015〕55号）

各市人民政府，各县（市、区）人民政府，省政府各部门、各直属机构，各大企业，各高等院校：

为贯彻落实《国务院办公厅关于推进分级诊疗制度建设的指导意见》（国办发〔2015〕70号）精神，加快建立分级诊疗制度，解决群众看病就医突出问题，经省政府同意，现提出以下实施意见：

一、目标任务

坚持保基本、强基层、建机制的基本原则，以提供系统性、连续性医疗服务为目标，以常见病、多发病、慢性病诊疗为突破口，综合运用医疗、医保、医药、价格等手段，提升服务能力，加强政策引导，强化约束激励，建立转诊通道，构建协作机制，稳步推进试点，逐步形成基层首诊、双向转诊、急慢分治、上下联动的分级诊疗制度。有效解决大医院人满为患问题，实现小病就医在基层、大病就医不出县。2015年，潍坊、东营、威海市在全市范围开展试点，其他市选择章丘等部分县（市、区）（名单详见附件1）开展试点，选择至少30种慢性病、常见病作为突破口推进。2016年，完善政策措施，扩大分级诊疗开展的区域和病种数，县（市、区）实现全覆盖，县域内就诊率达到90%左右。2017年，基本建成分级诊疗服务体系和体制机制，居民2周患病首选基层医疗卫生机构的比例达到70%以上。2020

年，建立健全符合我省实际的分级诊疗制度，全面实施分级诊疗。

二、提升基层服务能力

（一）完善分级诊疗服务体系。明确各级各类医疗卫生机构诊疗服务功能定位，加强服务体系建设。坚持群众自愿、政策引导，鼓励并逐步规范常见病、多发病患者首先到基层医疗卫生机构就诊，对于超出基层医疗卫生机构功能定位和服务能力的疾病，由基层医疗卫生机构为患者提供转诊服务。村卫生室、社区卫生服务中心（站）、乡镇卫生院以提供全科医疗服务为主，当好健康“守门人”；县级综合、中医、妇幼保健机构以常见病、多发病专科诊疗为主，负责急危重症患者抢救和疑难复杂疾病向上转诊。三级医院以提供急危重症和疑难复杂疾病诊疗服务为主，逐步减少普通门诊和常见病一般诊疗服务。充分发挥县级公立医院龙头和纽带作用，加强综合服务能力建设，鼓励部分实力较强的县级公立医院按照三级医院建设管理，达到三级医院服务能力和水平。加大调整力度，合理布局医疗资源，以三级综合医院为重点严控不符合功能定位的规模扩张。加快推进省级区域医疗中心建设，提供同质化医疗服务。

（二）提升基层医疗卫生机构服务能力。通过政府举办或购买服务等方式，科学布局基层医疗卫生机构，合理划分服务区域，实现城乡居民全覆盖。积极推进全省基层医疗卫生机构标准化建设，对尚未达标的，在中央预算内投资建设项目中优先予以安排。提升中心乡镇卫生院急诊急救、二级以下常规手术、正常分娩等医疗服务能力。增加医疗卫生资源投入，重点支持人才培养引进、设施设备改善。通过组建医疗联合体、对口支援、医师多点执业等方式，鼓励城市二级以上医院医师到基层医疗卫生机构多点执业，或者定期出诊、巡诊，提高基层服务能力。提升基层医疗卫生机构中医药服务能力和医疗康复能力，加强中医药特色诊疗区建设，推广中医药综合服务模式，充分发挥中医药在常见病、多发病和慢性病防治中的作用。到2017年，提供中医药服务的社区卫生服务中心、乡镇卫生院、社区卫生服务站、村卫生室占同类机构的比例分别达到100%、100%、85%、70%，基层医疗卫生机构中医诊疗量占同类机构诊疗总量的比例不低于30%。

（三）加强基层医疗卫生机构人才队伍建设。进一步加强以全科医师为重点的基层卫生人才队伍建设，提高全科医生、家庭医生医疗服务能力，引导全科医生到基层医疗卫生机构执业，优化城市社区卫生服务中心、乡镇卫生院和村卫生室医生队伍。研究制定适合基层医疗卫生机构发展的全科医生培养、收入分配改革等政策措施，探索县管乡用、县乡村一体化等基层人才管理模式。改革基层医疗卫生机构职称管理制度，在岗位设置方面向全科医生倾斜。完善基层医疗卫生机构绩效考核管理政策，调动基层医务人员积极性。到2017年，每万名城市居民拥有2名以上全科医生，每个乡镇卫生院拥有1名以上全科医生，城市全科医生签约服务率不低于30%。

（四）全面提升县级公立医院综合能力。根据服务人口、疾病谱、诊疗需求等因素，合理确定县级公立医院数量和规模。按照“填平补齐”原则，加强县级公立医院临床专科建设，重点加强县域内常见病、多发病相关专业，以及传染病、精神病、急诊急救、重症医学、肾脏内科（血液透析）等临床专科建设，提升县级公立医院综合服务能力，适当放开县级公立医院医疗技术临床应用限制。县级中医医院重点加强内科、外科、妇科、儿科、针灸、推拿、骨伤、肿瘤等中医特色专科和临床薄弱专科建设，提高中医优势病种诊疗能力和综合服务能力。通过上述措施，将县域内就诊率提高到90%左右，基本实现大病不出县。

（五）提高医疗资源整体利用效率。鼓励、支持医疗资源丰富地区部分二级医院转型为慢性病医疗机构或开展养老、康复服务，提供接续性医疗服务。推进建立区域性病理诊断、影像检查、医学检验机构，向医疗卫生机构提供集中化检查检验服务。二级以上医院现有检查检验、消毒供应等资源，向基层医疗卫生机构、慢性病医疗机构、社会办医疗卫生机构开放。加强医疗质量控制和质量评价，进一步扩大临床检验结果互认项目和机构范围，推进医学影像检查结果互认，整体提升资源利用效率。

（六）推进医疗服务信息化建设。利用信息化手段推进区域医疗协同发展，实现电子健康档案和电子病历的连续记录和不同医疗卫生机构之间的信息共享，探索建立基于区域人口健康信息平台的远程医疗服务体系。将远程医疗服务体系建设纳入区域卫生规划和医疗卫生机构设置规划，为远程医疗服务的发展营造适宜的政策环境。提升远程医疗服务能力，鼓励二、三级医院向基层医疗卫生机构提供远程会诊、远程诊断、远程培训、远程预约等服务，利用信息化手段促进优质医疗资源纵向流动，提高优质医疗资源可及性。到 2017 年，远程医疗服务覆盖全部县级公立医院和 80%以上的乡镇卫生院。

三、强化政策导向作用

（一）确定分级诊疗病种范围。各市要按照常见病、多发病和慢性病病人在基层医疗卫生机构诊疗为主，急危重症、疑难疾病病人在医院诊疗，康复期病人回基层医疗卫生机构诊疗的总体原则，参考《县域内住院诊疗病种参考目录》（见附件 2），研究确定分级诊疗试点病种范围。病种范围的确定要充分考虑当地实际和各级医疗卫生机构的功能定位、医疗服务能力等因素，有条件的可根据医疗卫生机构级别和服务能力，细化分级就诊病种目录，引导群众分级就诊。推进按病种收费方式改革，各市要在省卫生计生等部门规定的按病种收费病种（含中医优势病种）的基础上，在国家推荐按病种收费目录范围内确定不少于 50 种疾病按病种收费。以外科手术为主要治疗手段的疾病，要结合推进按病种收费改革，实现县域内诊疗。建立基层签约服务制度，推进居民或家庭自愿与签约医生团队签订服务协议。签约医生团队由二级以上医院医师与基层医疗卫生机构的医务人员组成，负责提供约定的基本医疗、公共卫生和健康管理服务。签约服务以老年人、慢性病和严重精神障碍患者、孕产妇、儿童、残疾人为重点人群，逐步扩展到普通人群。签约服务费主要由医保基金、签约居民付费和基本公共卫生服务经费等渠道解决。鼓励探索提供差异性服务、分类签约、有偿签约等多种签约服务形式。到2017年，基层医疗卫生机构诊疗量占总诊疗量的比例不低于65%。

（二）发挥医保对医疗行为的调控引导作用。按照保基本、促公平、兜底线的原则，完善与筹资水平相适应的补偿政策，重点保障大病和较大疾病，适度控制一般性疾病补偿费用，满足群众基本医疗需求。职工医保和居民医保政策范围内住院费用支付比例分别达到75%以上和70%左右，逐步缩小与实际住院费用支付比例之间的差距。按照分级诊疗工作要求，及时调整完善不同级别医疗卫生机构的医保差异化支付政策，适当提高基层医疗卫生机构医保支付比例，不同级别医疗卫生机构之间的报销比例原则上相差不低于10%；对符合规定的转诊住院参保患者可以连续计算起付线，对未经转诊的参保患者可适当降低医保基金支付比例，引导群众到基层医疗卫生机构看病就医，具体政策由各市根据当地实际制定。推进医保支付方式改革，强化医保基金收支预算，建立按病种付费、按人头付费、按服务单元付费等复合型付费方式，探索基层医疗卫生机构慢性病患者按人头打包付费。积极探索建立基于医疗联合体等分工协作机制的打包支付模式，促进医疗联合体内部的双向转诊。2016年，力争县级以上公立医院30%以上的出院病例实行按病种付费。到2017年，全面实施以按病种付费为主，按人头付费、按服务单元付费的复合付费方式。

（三）实行差异化医疗服务价格。对医疗服务价格进行结构性调整，合理设定医疗卫生机构的医疗服务价格，按照“总量控制，结构调整，有升有降，逐步到位”的原则，提高诊疗、手术、护理等体现医务人员技术劳务价值的项目价格，进一步拉开不同等级医疗卫生机构的医疗服务价格梯度，引导患者分流就诊，就近选择基层医疗卫生机构首诊。降低大型仪器检查、高值医用耗材、药品等价格。

四、畅通双向转诊渠道

（一）建立稳定转诊渠道。以畅通向下转诊为重点，充分利用医疗联合体、对口支援等条件，建立绿色通道，形成相对稳定、紧密衔接的双向转诊渠道。每所乡镇卫生院、社区卫生服务中心（站）根据自身情况和地理位置至少与2家以上的二级以上医院签订双向转诊协议。推进二级以上综合、中医医院与康复、护理等接续性服务机构和专科医院建立横向转诊关系。探索建立包括医疗联合体、对口支援在内的多种分工协作模式，充分发挥不同举办主体的医疗卫生机构在分工协作机制中的作用。由二、三级医院向基层医疗卫生机构、慢性病医疗机构转诊人数年增长率在10%以上。

（二）规范双向转诊管理。加强医疗、医保工作衔接，建立有效、畅通的转诊程序，制订合理的管理制度。上级转出医疗卫生机构要充分利用远程医疗、跟踪回访等形式做好对转出患者后续治疗、康复的指导。建立双向转诊沟通机制，各级医疗卫生机构确定职能部门及专人负责双向转诊管理。转诊时，必须征得患者同意并充分尊重自主选择权，按照就近转诊的原则，落实转诊制度，履行转诊程序。制定常见疾病双向转诊指南，指导医疗卫生机构规范转诊。

（三）优化转诊服务。建立不同层级医疗卫生机构之间的便捷转诊通道，为基层转诊患者提供优先就诊、优先检查、优先住院等便利。鼓励上级医院出具药物治疗方案，在下级医院或者基层医疗卫生机构实施治疗。完善预约诊疗服务，推进医疗卫生机构与医保经办机构信息互联互通，鼓励上下级医疗卫生机构间预约转诊。加强医保异地结算平台建设，简化转诊审批、出院结算流程。

五、健全工作保障机制

（一）加强组织领导。各级政府和医改领导小组要切实加强领导，将分级诊疗制度建设列入医改总体工作安排，加大推进力度，强化政策设计。发展改革、财政、人力资源社会保障、卫生计生、物价等部门要加强沟通协调，整体推进落实。卫生计生部门要加强对医疗卫生机构规划、设置、审批和医疗服务行为的监管，明确双向转诊制度，优化转诊流程，牵头制定常见疾病入、出院和双向转诊标准。人力资源社会保障部门要加强监管，完善医保支付政策，推进医保支付方式改革；完善绩效工资分配机制，会同卫生计生部门做好医疗卫生领域专业技术人才培养培训。财政部门要落实财政补助政策。物价部门要完善医药价格政策。其他有关部门要按照职责分工，及时采取措施，抓好贯彻落实。

（二）实施政策联动。要综合施策，加强医疗、医保、医药有关政策的联动。完善基本药物制度和医疗保险用药目录，做好二级以上医院与基层医疗卫生机构、综合医院与康复医疗卫生机构之间的用药衔接，保障分级诊疗用药需求。加强对公立医院的绩效考核，建立以运行效率、服务质量和功能定位履行情况为核心的考核机制，引导公立医院落实分级诊疗要求。

（三）稳妥推进试点。各市按照先行试点、稳步推进的原则，深入调查研究，加强研判评估，制定可操作性强的试点工作方案，2015 年年底前启动分级诊疗试点工作。鼓励各地探索多样化分级诊疗模式。各地要坚持边试点边总结，边试点边完善，及时总结成熟的经验措施，适时推广。

（四）搞好宣传引导。要广泛开展基层首诊、分级诊疗、双向转诊政策宣传，提高社会知晓率。主动回应群众关切，重点解读敏感政策措施，积极争取广大群众和社会各界的理解与支持。

广泛宣传疾病防治科普知识，引导群众按照疾病就诊规律进行科学有序就诊。加强培训教育和绩效考核，让医务人员牢固树立分级诊疗意识，自觉落实双向转诊。

（五）严格督导落实。各级政府要按照“三严三实”的要求，以工作落实为目标，将推进分级诊疗政策措施落实情况作为全面深化改革和深化医改的重点任务，建立督导机制，通过工作调研、专项督导、效果评估等方式，确保各项措施有效落实。

附件：1. 分级诊疗试点第一批县（市、区）名单

2. 县域内住院诊疗病种参考目录

（附件本书略）

山东省劳动和社会保障厅关于建立企业职工退休审批公示制度的通知

（2000 年 12 月 27 日　鲁劳社发〔2000〕351 号）

各市劳动和社会保障局，各养老保险省直管单位：

为进一步规范企业职工退休审批程序，严格控制提前退休行为，维护职工合法权益，公平、公正、公开地进行退休审批，根据国家和省有关规定，决定建立企业职工退休审批公示制度。现就有关问题通知如下：

一、职工退休资格和退休待遇审核完毕后，在正式审批前，应由劳动保障部门或由劳动保障部门委托企业劳资人事部门对拟审批退休人员的有关情况予以公示。委托企业公示的，企业纪检、工会部门要对公示情况给予监督。

二、公示范围为熟悉拟审批退休人员情况的本企业职工和离退休人员。

三、公示内容一般包括拟退休人员的姓名、性别、职务、出生年月、参加工作时间、申报退休类别、拟审批退休的时间、拟审批的养老金数额等。对于从事特殊工种的，还应包括特殊工种名称和从事特殊工种的累计年限；病退的，包括劳动能力鉴定级别等。

四、公示期一般为 10 天。公示期内，如发现公示内容与实际情况不符的，可向负责审批的劳动保障部门举报。经调查核实后，确有弄虚作假行为的，要立即纠正，并追究有关人员的责任。公示期满无异议或虽有异议但调查核实后无问题的，按规定程序办理退休审批手续。劳动保障部门委托企业公示的，该企业劳资人事、纪检、工会等部门还需联合出具公示证明。

各地、各企业要高度重视企业职工退休审批工作，切实加强领导，认真落实公示制度，严禁弄虚作假，真正把维护职工参加劳动和享受养老保险的合法权益落到实处。

附件：公示公告样式

（附件本书略）

山东省人力资源和社会保障厅 省财政厅关于基本医疗保险异地就医结算服务工作的意见

（2010年6月30日　鲁人社发〔2010〕34号）

各市人力资源和社会保障局、财政局：

为贯彻落实《中共山东省委、山东省人民政府关于贯彻落实中发〔2009〕6号文件精神进一步我省深化医药卫生体制改革的实施意见》（鲁发〔2009〕16号）、《山东省人民政府关于印发医药卫生体制改革近期重点实施方案（2009—2011年）的通知》（鲁政发〔2009〕90号）精神，根据人力资源和社会保障部、财政部《关于基本医疗保险异地就医结算服务工作的意见》（人社部发〔2009〕190号），结合我省实际，现就基本医疗保险异地就医（以下简称异地就医）结算服务工作提出以下意见：

一、加强和改进异地就医结算服务的基本原则和指导思想。以人为本、突出重点、循序渐进、多措并举，以异地安置退休人员为重点，提高参保地的异地就医结算服务水平和效率，加强就医地的医疗服务监控，大力推进市级统筹和建立异地协作机制，方便异地就医参保人员的医疗费用结算，减少个人垫付医疗费，逐步实现参保人员就地就医、持卡结算。

二、做好跨市、跨省异地就医结算工作，提高服务质量和效率。各市要认真组织调查，摸清本地参保人员跨市、跨省异地安置人员情况，加强对异地就医人员的政策宣传，完善告知制度，搞好跟踪服务，责任落实到人。未实行联网结算前，参保地医疗保险经办机构可采取邮寄报销、在参保人员较集中的地区设立代办点、委托就医地医疗保险经办机构代管等结算方式，改进服务，建立统筹地区间相互协作机制，方便参保人员。对异地安置的退休人员、常驻异地工作的人员和符合条件办理转诊转院的人员，参保地医疗保险经办机构要不断完善管理办法，简化手续，缩短报销结算时间，提高服务质量和效率。原则上自受理相关材料后的30个工作日要完成报销结算；对医疗费用有疑问的可适当延长审核结算时间，最长不超过60个工作日。

三、加快推进市级统筹，实行市内统一联网结算。各市要按照省里的统一安排部署，加快推进市级统筹步伐，在全市统一基本医疗保险的政策、标准、经办管理和结算方式，逐步实行统一结算。各市要积极创造条件，加快医疗保险信息系统建设，2010年底前，济南、青岛、淄博、威海等市要实现市内统一联网结算，2011年底前，其他各市都要实现市内统一联网结算。

四、加强就医管理和费用审核。参保人员短期出差、学习培训或探亲度假等期间，在异地发生疾病就诊；参保人员因当地医疗条件所限异地转诊；异地长期居住的退休人员在居住地就医和常驻异地工作的人员在工作地就医，医疗费用结算均按照参保地有关规定执行。各统筹地区医疗保险经办机构要认真履行就医管理和医疗费用审核结算的职责，并积极为在本地就医的异地参保人员和其参保地经办机构提供相应服务，对医疗服务行为进行监控。市级医疗保险经办机构要加强对县（市、区）经办机构的业务指导，做好医疗保险政策、信息系统建设、经办管理、医疗服务管理和技术标准等方面的衔接，保证异地就医结算服务工作顺利开展。

五、搞好医疗保险信息系统建设。各级要进一步完善计算机信息系统，配备必要的硬件设施，开发相关软件，积极推行社会保障“一卡通”，逐步扩大联网范围，实现持卡结算。加快建立省级异地就医结算平台，统一全省基本医疗保险药品、诊疗项目、服务设施和疾病病种编码，统一门诊慢性病种，规范异地就医结算、基金划转的业务流程。力争用3年左右的时间实现全省异地就医联网结算。鼓励有条件的市与省外异地就医较多的地区建立城市间或区域间的信息、资源共享和联网结算。各地可积极探索利用各种社会服务资源参与异地就医结算服务的措施和办法。

六、做好支边退休人员的就医结算服务工作。对经国家组织动员支援边疆等地建设，按国家有关规定办理退休手续后，已按户籍管理规定异地安置的参保退休人员，安置地要积极配合支边地协商探索医疗保障体系相衔接的办法，稳妥实施。

七、合理确定异地就医管理服务费。建立省内异地就医协作机制的地区，相关协作服务费标准由协作双方协商确定，各统筹地区要做好摸底测算，所需经费列入同级财政预算。

八、加强组织领导。各市人力资源社会保障部门和医疗保险经办机构要高度重视异地就医结算服务工作，切实加强组织领导，统一组织协调并实施市内参保人员异地就医结算服务工作，及时研究和解决实施过程中遇到的问题。各级财政部门要积极支持配合，保证相关资金投入，共同做好异地就医结算服务工作，为参保人员提供良好的服务。

山东省人力资源和社会保障厅等部门转发《关于印发流动就业人员基本医疗保障关系转移接续暂行办法的通知》的通知

（2010年6月30日　鲁人社发〔2010〕36号）

各市人力资源和社会保障局、卫生局、财政局：

现将人力资源和社会保障部、卫生部、财政部《关于印发流动就业人员基本医疗保障关系转移接续暂行办法的通知》（人社部发〔2009〕191号）转发给你们，结合我省实际，提出以下意见，请一并贯彻执行。

一、城镇职工基本医疗保险有关问题处理按以下办法执行。

（一）认可缴费年限。城镇职工基本医疗保险参保人员流动到本省其他统筹地区就业转移医疗保险关系，新就业地统筹地区要认可其在原统筹地区参加城镇职工基本医疗保险的缴费年限（含视同缴费年限），医疗保险关系转移前后的缴费年限连续累计计算。

（二）个人账户的转移。本省城镇职工基本医疗保险参保人员跨统筹地区转移医疗保险关系时，原设立的个人账户可以随同其医疗保险关系转移，个人账户余额通过社会（医疗）保险经办机构划转；也可以注销个人账户，由社会（医疗）保险经办机构将个人账户余额提现发给本人。具体办法由各市确定。

（三）最低缴费年限。城镇职工基本医疗保险参保人员医疗保险关系转入新就业地统筹地区后，达到法定退休年龄办理退休手续时，其享受退休人员基本医疗保险待遇的最低缴费年限（含实际缴费年限和视同缴费年限）执行新就业地统筹地区的规定，且其在新就业地实际缴费年限原则上要达到10年。累计缴费年限或实际缴费年限不足规定时间的，可由个人或单位按新就业地统筹地区基本医疗保险缴费率，以本人退休时统筹地区上年度在岗职工平均工资为基数，一次性补缴差额。成建制转移单位的参保人员或按照组织、单位安排转移的参保人员，由单位补缴。

二、中断缴费处理。流动就业人员办理医疗保险关系过程中，应连续缴费，不得中断。中断期间的医疗保险费应在新就业地续保时补足。无特殊原因中断缴纳医疗保险费3个月以上的，自续保之日起6个月后方可享受新就业地统筹基金支付待遇。

三、管理服务。负责办理医疗保险关系转移接续的经办机构，应将转移接续的相关规定明确告知参保转移人员，并切实做好管理服务工作。

人力资源和社会保障部等部门关于印发流动就业人员基本医疗保障关系转移接续暂行办法的通知

各省、自治区、直辖市人力资源社会保障（劳动保障）厅(局)、卫生厅（局)、财政厅（局)，新疆生产建设兵团劳动保障局、卫生局、财务局：

现将《流动就业人员基本医疗保障关系转移接续暂行办法》印发你们，请遵照执行。

流动就业人员基本医疗保障关系转移接续暂行办法

第一条 为保证城镇职工基本医疗保险、城镇居民基本医疗保险和新型农村合作医疗参保（合）人员流动就业时能够连续参保，基本医疗保障关系能够顺畅接续，保障参保（合）人员的合法权益，根据《中共中央 国务院关于深化医药卫生体制改革的意见》（中发〔2009〕6号）的要求，制定本办法。

第二条 城乡各类流动就业人员按照现行规定相应参加城镇职工基本医疗保险、城镇居民基本医疗保险或新型农村合作医疗，不得同时参加和重复享受待遇。各地不得以户籍等原因设置参加障碍。

第三条 农村户籍人员在城镇单位就业并有稳定劳动关系的，由用人单位按照《社会保险登记管理暂行办法》的规定办理登记手续，参加就业地城镇职工基本医疗保险。其他流动就业的，可自愿选择参加户籍所在地新型农村合作医疗或就业地城镇基本医疗保险，并按照有关规定到户籍所在地新型农村合作医疗经办机构或就业地社会（医疗）保险经办机构办理登记手续。

第四条 新型农村合作医疗参合人员参加城镇基本医疗保险后，由就业地社会（医疗）保险经办机构通知户籍所在地新型农村合作医疗经办机构办理转移手续，按当地规定退出新型农村合作医疗，不再享受新型农村合作医疗待遇。

第五条 由于劳动关系终止或其他原因中止城镇基本医疗保险关系的农村户籍人员，可凭就业地社会（医疗）保险经办机构出具的参保凭证，向户籍所在地新型农村合作医疗经办机构申请，按当地规定参加新型农村合作医疗。

第六条 城镇基本医疗保险参保人员跨统筹地区流动就业，新就业地有接收单位的，由单位按照《社会保险登记管理暂行办法》的规定办理登记手续，参加新就业地城镇职工基本医疗保险；无接收单位的，个人应在中止原基本医疗保险关系后的3个月内到新就业地社会（医疗）保险经办机构办理登记手续，按当地规定参加城镇职工基本医疗保险或城镇居民基本医疗保险。

第七条 城镇基本医疗保险参保人员跨统筹地区流动就业并参加新就业地城镇基本医疗保险的，由新就业地社会（医疗）保险经办机构通知原就业地社会（医疗）保险经办机构办理转移手续，不再享受原就业地城镇基本医疗保险待遇。建立个人账户的，个人账户原则上随其医疗保险关系转移划转，个人账户余额（包括个人缴费部分和单位缴费划入部分）通过社会（医疗）保险经办机构转移。

第八条 参保（合）人员跨制度或跨统筹地区转移基本医疗保障关系的，原户籍所在地或原就业地社会（医疗）保险或新型农村合作医疗经办机构应在其办理中止参保（合）手续时为其出具参保（合）凭证（样式见附件），并保留其参保（合）信息，以备核查。新就业地要做好流入人员的参保（合）信息核查以及登记等工作。

第九条 参保（合）凭证由人力资源社会保障部会同卫生部统一设计，由各地社会（医疗）保险及新型农村合作医疗经办机构统一印制。参保（合）凭证信息原则上通过社会（医疗）保险及新型农村合作医疗经办机构之间传递，因特殊原因无法传递的，由参保（合）人员自行办理有关手续。

第十条 社会（医疗）保险和新型农村合作医疗经办机构要指定窗口或专人，办理流动就业人员的基本医疗保障登记和关系接续等业务。要逐步将身份证号码作为各类人员参加城镇职工基本医疗保险、城镇居民基本医疗保险和新型农村合作医疗的唯一识别码，加强信息系统建设，及时记录更新流动人员参保（合）缴费的信息，保证参保（合）记录的完整性和连续性。

第十一条 社会（医疗）保险和新型农村合作医疗经办机构要加强沟通和协作，共同做好基本医疗保障关系转移接续管理服务工作，简化手续，规范流程，共享数据，方便参保（合）人员接续基本医疗保障关系和享受待遇。

第十二条 各省、自治区、直辖市要按照本办法，并结合当地实际制定流动就业人员基本医疗保障登记管理和转移接续的具体实施办法。

第十三条 本办法自2010年7月1日起实施。

山东省人力资源和社会保障厅关于调整省级医疗保险参保单位高值医用材料等支付政策的通知

（2010 年 12 月 22 日 鲁人社字〔2010〕819 号）

省级医疗保险参保单位：

经研究，现就省级医疗保险参保单位高值医用材料等的支付政策作如下调整：

一、对纳入一次性高值医用材料（含人工器官）管理的，采取按费用分段累加报销的支付办法。总费用低于 1000 元的，按基本医疗保险政策规定支付；总费用在 1000 元（含 1000）以上低于 5000 元的部分，个人先自付 10%，总费用在 5000 元（含 5000 元）至 2 万元的部分，个人先自付 20%，总费用在 2 万（含 2 万元）以上的部分，个人先负担 30%，再按基本医疗保险规定支付。

二、定点医疗机构的普通床位费基本医疗保险基金最高支付标准提高到每日 40 元。

三、一个医疗年度内门（急）诊费用超过基本医疗保险统筹基金支付最高限额以上的部分，由大额医疗补助金支付 50%，支付限额为 1000 元。

四、一个医疗年度内，基本医疗保险统筹基金支付住院费用的最高支付限额提高到 20 万元。

五、按照《关于印发〈山东省基本医疗保险、工伤保险和生育保险药品目录（2010 年版）〉的通知》，执行新版药品目录，做好新旧药品目录的衔接工作。2010 版药品目录中的第四代头孢菌素、β内酰胺酶抑制药物及复方青霉素制剂、三唑类抗菌药物、营养治疗药物、生物反应调节药物、中成药中的肿瘤辅助药物等个人自付比例调整为15%。

六、急诊留观治疗后转住院的，急诊留观室所发生的费用按普通门（急）诊费用支付标准结算。

本通知自2011年1月起执行，过去规定与本通知不一致的，以本通知为准。

山东省人力资源和社会保障厅关于转发人力资源和社会保障部办公厅《关于实行基本医疗保险定点医疗机构分级管理的意见》的通知

（2010年12月23日　鲁人社办发〔2010〕182号）

各市人力资源和社会保障局：

现将人力资源和社会保障部办公厅《关于实行基本医疗保险定点医疗机构分级管理的意见》（人社厅发〔2010〕9号）转发给你们，结合我省实际，提出以下实施意见，望一并贯彻。

一、实施范围

考虑到我省定点医疗机构信用等级管理工作已开展多年，二级及以上定点医疗机构都全面实行了信用等级管理，这次定点医疗机构分级管理实施范围可以逐步扩大到二级以下定点医疗机构，包括尚未定级的规模较大的社区卫生服务机构和其他基层医疗服务机构。

二、评价的主要内容和指标

结合我省实际，我们对部文件中的《基本医疗保险定点医疗机构评价参考指标》（附件1）中部分内容进行了补充完善，并对各项赋予了不同分值，并制定了《定点医疗机构服务满意率调查表》（附件2），原则上经考核达到90分以上，每百人服务满意率度达90%以上的可以评定为A级，各市可以结合当地情况，进一步对考核的内容和指标进行细化量化，使此项工作更具有可操作性和约束性。

三、分级管理与信用等级管理和目标规范化管理的衔接

过去定点医疗机构信用等级的评定结果可以作为 2010 年度分级管理考核的依据和参考，从 2011 年起统一过渡到分级管理。对定点结构实行目标规范化管理的考核自 2011 年起执行新的标准，原《山东省定点医疗机构目标规范化管理考核标准》（鲁社保发〔2003〕9 号）过渡为本文件中的《基本医疗保险定点医疗机构评价参考指标》，有关考核工作按原规定执行。

四、组织实施

各市人力资源和社会保障部门要提高认识，加强领导，制定实施办法，积极推进分级管理工作的开展。各市医疗保险经办机构要具体抓好分级管理的实施工作，结合日常监督、年度考核、执行医疗服务协议和定点医疗机构目标规范化管理等情况进行综合评价，确定定点医疗机构分级管理级别；同时，各市要根据部文件精神要求，结合当地实际，完善定点医疗机构分级管理激励机制。省社保局要加强对各地实施分级管理工作的组织推动和督促检查工作，根据部里规定和我省定点医疗机构的分布情况，确定各市 AA、AAA 级定点医疗机构的数量。

定点医疗机构分级管理办法自 2010 年起实施，请各市于每年 2 月底底前向省里报送上年度定点医疗机构分级管理考核情况，同时上报《AA、AAA 级定点医疗机构申请表》（附件 3）。对于各市推荐的 AA、AAA 级定点医疗机构省里要组织检查确认，并向社会公布，颁发牌证，暂定 3 年有效期。期间若发现存在弄虚作假和严重违规行为的要降低或取消评定级别。

附件：1. 人力资源和社会保障部办公厅关于实行基本医疗保险定点医疗机构分级管理的意见（人社厅发〔2010〕9 号）

2. 定点医疗机构服务满意率调查表

3. AA、AAA 级定点医疗机构申请表

（附件 2、3 本书略）

附件 1

人力资源和社会保障部办公厅关于实行基本医疗保险定点医疗机构分级管理的意见

各省、自治区、直辖市人力资源社会保障（劳动保障）厅（局），新疆生产建设兵团劳动保障局：

城镇职工基本医疗保险和城镇居民基本医疗保险制度实施以来，各地普遍建立了定点医疗机构协议管理制度，一些地区探索了依据协议对定点医疗机构的考核评价机制，对规范和引导定点医疗机构的医疗服务行为、抑制医疗费用过快增长、合理使用基本医疗保险基金起到了积极作用。但各地的具体作法、考核内容、评价标准差异较大。《中共中央国务院关于深化医药卫生体制改革的意见》（中发〔2009〕6 号）要求“强化医疗保障对医疗服务的监控作用”，“建立激励与惩戒并重的有效约束机制”；《国务院关于印发医药卫生体制改革近期重点实施方案的通知（2009—2011）》（国发〔2009〕12 号）也要求“探索建立由卫生行政部门、医疗保险机构、社会评估机构、群众代表和专家参与的公立医院质量监管和评价制度”。为贯彻落实党中央、国务院的要求，进一步加强医疗保险对医疗服务的监督制约作用，总结各地经验，现就实行基本医疗保险定点医疗机构分级管理提出如下意见：

一、凡人力资源社会保障部门负责管理的基本医疗保险，都应逐步实行对定点医疗机构的分级管理制度。工作目标是，建立基本医疗保险对医疗服务的监督评价体系，形成对定点医疗机构有效的激励约束机制，促进医疗服务质量提高，控制医疗费用不合理增长，保证参保人员得到合理的医疗服务。

二、定点医疗机构分级管理是对定点医疗机构按不同类别和级别分别确定评价内容和指标，并纳入履行医疗服务协议的考核，依据考核情况，将定点医疗机构分为 4 个等级（AAA 级、

AA级、A级、无级别），并实施相应的管理措施。各地可从二级以上定点医疗机构评价起步，有条件的地区也可以积极探索对社区卫生服务机构及其他基层医疗服务机构的评价与分级管理办法。

三、定点医疗机构评价的主要内容是，落实医疗保险政策法规及医疗服务协议履行情况，包括就医管理、医疗服务质量管理、医疗费用结算管理、目录管理、信息系统管理、医疗保险基础管理及社会监督等方面。AAA级、AA级和A级评价指标和标准由各省（区、市）结合《基本医疗保险定点医疗机构评价参考指标》（见附件）和当地实际情况确定。评价重点指标应全部纳入AAA级、AA级和A级评价指标范围。

四、定点医疗机构评价和分级管理要体现参保人员的关切。各地在开展评价工作时，必须进行参保人员满意度调查，充分考虑参保人员的意见。

五、定点医疗机构评价分级分为制定评价指标、审核、评定、公示、备案、公布等工作环节，所有程序均应坚持公开、公平、公正的原则。

定点医疗机构评价分级从A级起步，A级每年评价一次。连续两次评为A级的，可参加AA级评定，已开展分级管理的地区可直接启动AA级评定工作；连续两次评为AA级的，可参加AAA级评定。A级的资格审核和评价由市（地）级负责；AA级和AAA级由市（地）级推荐，省级统一组织协调。

评价结果在人力资源社会保障网站及当地主要媒体上公示；评价指标、标准和评价结果报送上一级医疗保险经办机构备案；评价结果以多种形式向社会公布。

六、定点医疗机构评价分级标准要坚持统一规范，评定为AAA级、AA级、A级的定点医疗机构各项指标综合评价应分别为全省、全市（地）同级同类医疗机构领先水平。AAA级、AA级、A级定点医疗机构的评定数量应兼顾地区发展水平、定点医疗机构分布和类别级别构成等因素，起步阶段，原则上不超过本地二级以上定点医疗机构总数的2%、10%、20%。

七、实行定点医疗机构分级激励机制。医疗保险经办机构对评定为A级以上的定点医疗机构可采取相应的激励措施，促进定点医疗机构实现自我管理、自我约束，如放宽参保人员定点选择限制、提高预付比例、适当提高总额预付资金分配标准、优先结算、简化费用审核与结算程序等。各地要将评定级别较高的定点医疗机构优先作为国内、省内参保人员异地就医的定点医疗机构。

对评定级别较高的定点医疗机构要采取以医疗机构自我管理为主与不定期的检查、抽查相结合的方式进行监督管理。对未获得级别的定点医疗机构，要加大监督检查力度。

八、建立定点医疗机构分级退出机制。对已获得级别的医疗机构，由评定机构进行跟踪监管。如有严重违规行为，或受到相关部门处理以及在考核评价时有弄虚作假等行为的，可以降低评定级别或取消评定资格，情节特别严重的，可中止、取消医疗服务协议，直至取消定点资格。在年度评价分级中，一次达不到A级的，应取消AA级或AAA级资格。定点医疗机构分级管理有关信息应定期向社会公布。

九、各省（区、市）人力资源社会保障部门要切实提高认识，加强领导，精心组织，拟定实施办法，稳步推进分级管理工作。省级医疗保险机构要全面加强对各市（地）的组织推动和督促检查工作，指导市（地）级医疗保险机构开展定点医疗机构的分级管理工作。

各地要认真研究工作中出现的新情况、新问题，积极探索解决办法，重要情况及时报告。各省（区、市）实施办法要报人力资源社会保障部备案。

附件：基本医疗保险定点医疗机构评价参考指标

（附件本书略）

山东省人力资源和社会保障厅转发人力资源和社会保障部《关于普遍开展城镇居民基本医疗保险门诊统筹有关问题的意见》的通知

（2011 年 8 月 1 日　鲁人社发〔2011〕65 号）

各市人力资源和社会保障局：

现将人力资源和社会保障部《关于普遍开展城镇居民基本医疗保险门诊统筹有关问题的意见》（人社部发〔2011〕59 号）转发给你们，并结合我省实际，提出以下意见，请一并贯彻执行。

一、高度重视城镇居民基本医疗保险门诊统筹工作

开展城镇居民基本医疗保险门诊统筹，将医疗保障范围由住院拓展到门诊，进一步增强医疗保险的保障功能，是医疗保险制度发展的必然要求，是广大人民群众的强烈愿望，是深化医药卫生体制改革、完善医疗保险管理机制的重要举措，有利于整体调控卫生资源，有利于促进基层医疗卫生机构的建设和发展，有利于基本药物制度、社区首诊和双向转诊制度的实施，有利于提高医疗保障水平，减轻参保人员的门诊医疗费用负担。各级人力资源社会保障部门要充分认识开展门诊统筹工作的重要意义，进一步统一思想，提高认识，抓住各级财政提高城镇居民参保补助标准的有利时机，精心制定实施方案，周密设计政策，认真组织落实。年底前，全省所有的市都要普遍建立城镇居民门诊统筹制度。

二、进一步明确门诊统筹制度的基本要求

（一）门诊统筹制度的保障范围。凡按规定参加城镇居民医疗保险的城镇居民，全部纳入门诊统筹制度的保障范围，按规定享受门诊医疗待遇。

（二）门诊统筹制度的筹资和保障重点。门诊统筹所需资金从居民医保基金划拨，各级财政 2011 年新增补助资金除安排一部分用于提高城镇居民住院医疗待遇外，主要用于开展门诊统筹，原则上各地门诊统筹基金筹集标准不低于居民医保基金总额的 20%。门诊统筹基金重点保障参保群众负担较重的门诊多发病、慢性病。要严格限定保障范围，保障最基本的服务项目和药品，主要支付定点基层医疗卫生机构就医的医保甲类药品、基本药物、一般诊疗费和其他基层医疗服务必须的医疗费用。要科学设计起付线、报销比例和封顶线，对在定点基层医疗卫生机构发生的符合规定的医疗费用，原则上支付比例不低于 50%。同时各地要做好城镇居民门诊统筹与门规病种报销政策的衔接。

（三）门诊统筹的医疗服务管理。各市要根据当地基层医疗卫生资源布局和参保居民的分布情况，合理确定基层医疗机构定点。优先将实施国家基本药物制度的基层医疗卫生机构纳入定点范围，对参保人员多但基层医疗卫生机构少的地区，可将部分二级以下医院作为基层定点医疗机构，方便参保居民就近就医。为便于管理和结算，一个医疗年度内参保人员只能选一所基层医疗卫生机构作为定点，一年一定。各级选择定点要综合考虑医疗机构的服务能力、参保居民选择意愿、是否建立与上级医院的协作关系等因素，并与其通过谈判签订包括服务数量、服务质量、费用结算方式、奖惩措施等内容的定点服务协议，明确双方的权利义务，共同履行协议。各市要通过完善政策，积极探索建立基层首诊、双向转诊制，推动分级医疗体系的形成。

（四）门诊统筹的基金管理。门诊统筹基金要实行单独列账、分开统计。各地要改革门诊统筹费用结算方式，通过采取按人头付费、定额包干以及总额预付等方式，建立定点医疗机构与医保机构门诊医疗费用支出风险共担机制，防止基金超支。要加强基金预决算管理，提高基金使用效率，门诊统筹基金原则上实行零结余。

三、认真组织落实

普遍开展城镇居民医保门诊统筹工作是今年我省深化医药卫生体制改革的一项重点任务，尚未建立门诊统筹制度的市，要按照人社部发〔2009〕66号、〔2011〕59号和鲁人社发〔2010〕35号文件精神，加强组织领导，加快工作步伐，力争8月底前制定出台实施意见，10月1日起组织实施。已经开展门诊统筹的市，要按照部和省的意见要求，进一步完善相关政策措施，扩大实施范围，不断提高保障水平。省厅年底前将对各市开展门诊统筹工作情况进行专项调度和检查。

人力资源和社会保障部关于普遍开展城镇居民基本医疗保险门诊统筹有关问题的意见

各省、自治区、直辖市人力资源社会保障厅（局），新疆生产建设兵团劳动保障局：

近年来，部分地区积极开展城镇居民基本医疗保险（以下简称居民医保）门诊统筹工作，减轻了居民门诊医疗费用负担，增强了制度保障能力，受到群众广泛欢迎。按照国务院办公厅医药卫生体制五项重点改革2011年主要安排的要求，今年要普遍开展居民医保门诊统筹工作。现就有关问题提出以下意见：

一、充分认识门诊统筹的重要意义

普遍开展居民医保门诊统筹是提高医疗保障水平的重要举措，有利于拓宽保障功能，减轻群众门诊医疗费用负担；是完善医疗保险管理机制的重要内容，有利于整体调控卫生资源，提高保障绩效；是落实“保基本、强基层、建机制”要求的重要抓手，有利于支持基层医疗机构建设，促进基本药物制度实施，推动医药卫生体制各项改革协调发展。

开展门诊统筹要坚持以下原则：坚持基本保障，重点保障群众负担较重的门诊多发病、慢性病，避免变成福利补偿；坚持社会共济，实现基金调剂使用和待遇公平；坚持依托基层医疗卫生资源，严格控制医疗服务成本，提高基金使用效率。

各地要统一思想，落实责任，加强组织实施，确保完成今年普遍开展门诊统筹的工作任务。要按照《关于开展城镇居民基本医疗保险门诊统筹的指导意见》（人社部发〔2009〕66号）的要求，加强管理，创新机制，努力提高门诊统筹保障绩效。要充分发挥医疗保险在医药卫生体制改革中的重要作用，着眼于调结构、建机制，降低医疗服务成本，优化卫生资源配置。

二、合理确定保障范围和支付政策

门诊统筹所需资金由居民医保基金解决。各地要综合考虑居民医疗需求、费用水平、卫生资源分布等情况，认真测算、合理安排门诊和住院资金。2011年新增财政补助资金，在保证提高住院医疗待遇的基础上，重点用于开展门诊统筹。

门诊统筹立足保障参保人员基本医疗需求，主要支付在基层医疗卫生机构发生的符合规定的门诊医疗费用，重点保障群众负担较重的多发病、慢性病。困难地区可以从纳入统筹基金支付范围的门诊大病起步逐步拓展门诊保障范围。

合理确定门诊统筹支付比例、起付标准（额）和最高支付限额。对在基层医疗卫生机构发生的符合规定的医疗费用，支付比例原则上不低于50%；累计门诊医疗费较高的部分，可以适当提高支付比例。对于在非基层医疗机构发生的门诊医疗费用，未经基层医疗机构转诊的原则上不支付。根据门诊诊疗和药品使用特点，探索分别制定诊疗项目和药品的支付办法。针对门诊发生频率较高的特点，可以采取每次就诊定额自付的办法确定门诊统筹起付额。要根据基金承受能力，综合考虑当地次均门诊费用、居民就诊次数、住院率等因素，合理确定门诊统筹最高支付限额，并随着基金承受能力的增强逐步提高。要结合完善就医机制，统筹考虑门诊、住院支付政策，做好相互之间的衔接，提高基金使用效率。

对恶性肿瘤门诊放化疗、尿毒症透析、器官移植术后抗排异治疗、糖尿病患者胰岛素治疗、重性精神病人药物维持治疗等特殊治疗，以及在门诊开展比住院更经济方便的部分手术，要采取措施鼓励患者在门诊就医。各地可以针对这些特殊治疗和手术的特点，单独确定定点医疗机构（不限于基层医疗机构），并参照住院制定相应的管理和支付办法，减轻他们的医疗费用负担。

三、完善医疗服务管理措施

根据门诊保障需要，建立健全适合门诊特点的医疗服务管理和考核体系，加强对门诊就诊率、转诊率、次均费用、费用结构等的考核，规范基层定点医疗机构医疗服务行为。做好与基层医疗服务体系建设、基本药物制度、全科医生制度等其他改革的衔接，做到相互促进。

居民医保门诊统筹执行基本医疗保险药品目录，在定点基层医疗机构保证《国家基本医疗保险药品目录》甲类药品（包括基本药物）的使用。对定点基层医疗机构医保甲类药品的配备和使用要提出明确要求，并纳入定点基层医疗机构考核体系。对部分患者门诊基本医疗必需的乙类药品，有条件的地区可以研究探索制订基层医疗机构医生处方外购药品的支付和管理办法。严格执行政府办基层医疗机构基本药物零差率销售政策，降低药品使用成本。

将一般诊疗费全额纳入医疗保险支付范围，按规定比例予以支付。建立健全门诊统筹诊疗服务规范和监管措施，加强对定点基层医疗机构服务行为监管，合理控制诊疗服务数量和费用，避免分解就诊、重复收费等不规范诊疗行为的发生。

四、创新就医管理和付费机制

创新门诊统筹就医管理和付费机制，管理重点逐步由费用控制向成本控制转变，降低服务成本，提高保障绩效。要充分利用基层医疗机构，引导群众基层就医，促进分级医疗体系形成。发挥医疗保险对卫生资源的调控作用，合理使用门诊和住院资源，降低住院率，从总体上控制医疗费用。

积极探索基层首诊和双向转诊就医管理机制。确定首诊基层医疗机构要综合考虑医疗机构服务能力、参保居民意愿、是否与上级医院建立协作关系等因素，一般一年一定，参保人只能选择一家。积极探索双向转诊，明确首诊、转诊医疗机构责任，逐步建立风险控制和费用分担机制。规范基层医疗机构上转病人，促进医院下转病人，推动形成分工合理的就医格局。

充分发挥医疗保险团购优势，通过谈判，控制医疗服务成本，减轻患者费用负担。各统筹地区要研究制定门诊统筹团购办法，明确规则、内容、流程等，在人头服务、慢病管理、常用药品、常规诊疗项目等方面探索团购工作。在实施总额预算管理的基础上，探索实行按人头付费等付费方式，建立风险共担的机制，促进医疗机构和医生主动控制费用。要根据不同付费方式的特点，明确监管重点，提高医疗质量，保障参保居民基本医疗权益。

五、加强经办管理

加强居民医保基金预算管理，统筹安排门诊和住院资金，提高基金使用效率。在统一进行预算管理的基础上，对门诊和住院医疗费用支出单独列账、分开统计。完善门诊和住院费用支出监测指标体系，建立动态分析制度。

完善门诊统筹协议管理。随着门诊统筹付费机制的完善，充实细化协议内容，将门诊统筹政策要求、管理措施、服务质量、考核办法、奖惩机制等落实到定点协议中，通过协议强化医疗服务监管。定期公布定点医疗机构医疗服务费用、质量、群众满意度等情况，充分发挥社会监督作用。加大考核力度，将考核结果与费用结算、奖励处罚挂钩。

加强信息系统建设。各统筹地区要加快发行社会保障卡，尽快将网络延伸到全部定点基层医疗机构和街道（乡镇）、社区（村）服务网点，利用信息化手段强化运行监控，方便即时结算。提高医疗保险信息系统建设部署层级，数据至少集中到地市一级。对定点医疗机构信息系统与医保信息系统的衔接提出明确要求，定点医疗机构向医保机构传输就诊结算信息，逐步由定时回传提高到实时回传，内容应包括个人就诊基本信息和各项医疗服务的汇总及明细信息（含自费项目）。

六、积极稳妥开展门诊统筹工作

各省（区、市）人力资源社会保障厅（局）要高度重视门诊统筹工作，研究制定具体落实措施和工作方案，加强对各统筹地区的工作指导和政策协调。尚未开展居民医保门诊统筹的地区，要抓紧出台相关政策，尽快启动实施；已开展居民医保门诊统筹的地区，要根据本通知要求进一步完善政策、加强管理。门诊统筹重点联系城市要做好重点专题探索工作，破解重点难点问题，实现体制机制创新。有条件的地区可以调整职工医保个人账户使用办法，探索职工门诊保障统筹共济办法。

门诊统筹工作政策性强、涉及面广，各级人力资源社会保障部门要主动加强与发展改革、财政、卫生、民政等部门的沟通协调，促进医改各项工作协同推进。各省（区、市）要充分发挥重点联系城市的作用，及时推广好的经验做法，形成上下互动的合力。

各地在推进居民医保门诊统筹过程中，遇有新情况、新问题请及时向我部报告。

山东省人力资源和社会保障厅 省卫生厅关于建立全省基本医疗保险定点医疗机构分级管理卫生信用档案的意见

（2011 年 9 月 15 日　鲁人社发〔2011〕76 号）

各市人力资源和社会保障局、卫生局：

城镇基本医疗保险制度实施以来，为加强对定点医疗机构的管理，各地普遍实行了协议管理、目标规范化管理和分级管理制度，对规范和引导定点医疗机构医疗服务行为、控制医疗费用不合理增长、合理使用基本医疗保险基金发挥了积极作用。中共中央、国务院在进一步深化医药卫生体制改革方案中提出“探索建立由卫生行政部门、医疗保险机构、社会评估机构、群众代表和专家参与的医疗机构质量监管和评价制度”，人力资源和社会保障部《关于实行基本医疗保险定点医疗机构分级管理的意见》（人社厅发〔2010〕9 号）提出对定点医疗机构执行医疗保险政策情况建立分级管理制度。最近，国家对建立健全覆盖全社会的征信系统提出了明确的要求。为贯彻落实好国家有关规定精神，全面考核评价定点医疗机构执行医疗保险政策法规及医院综合管理情况，进一步探索完善对定点医疗机构的激励和评价制度，结合我省实际，拟从 2011 年起，在全省建立基本医疗保险定点医疗机构分级管理卫生信用档案，现提出以下意见，望各市认真贯彻执行。

一、工作目标

通过建立定点医疗机构分级管理卫生信用档案，客观、公正的记录评价医疗机构的执业行为，为医疗保险管理机构、卫生行政部门综合评价定点医疗机构提供依据，为社会公众的监督提供信息，促进医疗机构提高医疗服务质量，控制不合理医疗费用支出，努力实现“服务好、质量好、医德好，群众满意”的目标。

二、实施范围

原则上一级以上定点医疗机构均应按要求建立分级管理卫生信用档案。尚未定级、规模较大的社区卫生服务机构也可参照执行。

三、卫生信用档案的考核评价

卫生信用档案的考核评价依据《山东省基本医疗保险定点医疗机构分级管理卫生信用档案考核评价标准》（见附件1），包括两部分：一是医疗保险管理部分；二是医院管理综合部分，各占100分。经考核达到180分以上的为“卫生信用档案优秀”单位，达到150分以上的为“卫生信用档案良好”单位，达到120分以上的为“卫生信用档案合格”单位。考核评价标准可根据业务工作的情况变化适时调整。

四、卫生信用档案的使用

（一）作为定点医疗机构分级管理的参考依据。原则上达到“卫生信用档案合格”的定点医疗机构具备评审定点医疗机构A级资格；达到“卫生信用档案良好”的定点医疗机构具备评审定点医疗机构AA级资格；达到“卫生信用档案优秀”的定点医疗机构具备评审定点医疗机构AAA级资格。

（二）发挥信用信息的监督和约束作用。建立全省卫生信用档案数据库和山东省卫生信用网，实现信息共享，供医疗保险参保人员及社会各界就有关信息进行查询。在《山东人力资源和社会保障》《山东卫生经济》杂志及相关媒体上发布有关信息。

（三）作为卫生管理部门考核相关工作和评先评优参考依据。

（四）作为医疗机构校验评估参考依据。

（五）作为国家和省有关卫生扶持政策参照依据。

五、卫生信用档案考核评价工作的实施

凡符合评定范围的医疗保险定点医疗机构，均可申请参加卫生信用档案评定，填报《山东省基本医疗保险定点医疗机构分级管理卫生信用档案考核评价申报书》（见附件2），于每年6月底前将自评材料上报市医疗保险经办机构。卫生信用档案考核评价工作由各市医疗保险经办机构负责组织实施，同时聘请卫生部门、卫生信用评定机构、医院等方面的专家参与。各市考核完毕后，填写《山东省基本医疗保险定点医疗机构分级管理卫生信用档案考核情况表》（见附件3）将考核情况报送省社会保险事业局、卫生厅卫生经济协会卫生信用管理办公室。经复核确认后，由省人力资源社会保障厅、卫生厅公布卫生信用档案考核结果，并颁发证书和匾牌。考核标准中涉及医疗保险、医疗质量等量化指标由省卫生经济协会卫生信用管理办公室负责分析、比较、核实、统计，并提供各市参考，同时建立山东省定点医疗机构卫生信用档案数据库和山东省卫生信用网。卫生信用档案评价结果有效期为3年，到期应进行复审。申请提高级别的应在上一级别满一年后进行考核评价。期间若发现有存在违法违规，弄虚作假等情况的，视情节轻重给予降级或取消评定级别处理。

附件：1. 山东省基本医疗保险定点医疗机构分级管理卫生信用档案考核评价标准

2. 山东省基本医疗保险定点医疗机构分级管理卫生信用档案考核评价申报书

3. 山东省基本医疗保险定点医疗机构分级管理卫生信用档案考核情况表

（附件本书略）

山东省人力资源和社会保障厅关于各市转诊及异地安置人员在济南住院医疗费用联网结算有关问题的通知

（2011 年 10 月 24 日　鲁人社办发〔2011〕147 号）

各市人力资源社会保障局：

按照 2011 年省政府深化医药卫生体制改革工作部署和省人力资源社会保障厅、财政厅《关于基本医疗保险异地就医结算服务工作的意见》（鲁人社发〔2010〕34 号）要求，省厅确定年底前通过省内异地就医结算信息系统平台实现各地转诊及异地安置人员（含长期驻外工作，下同）在济南住院医疗费用联网即时结算。现就有关问题通知如下：

一、适用人员。各市参加城镇基本医疗保险符合转诊及异地安置条件的职工、退休人员和城镇居民。

二、实施步骤。淄博、泰安、滨州、临沂先行试点，今年 11 月实现到济南转诊及异地安置人员住院医疗费用的联网结算；今年年底，其他市实现到济南转诊及异地安置人员住院医疗费用联网即时结算。参保人员出院结算时，只需缴纳个人按照政策应该负担的部分，应由统筹基金支付的费用暂由参保地医疗保险经办机构与定点医疗机构定期结算。

三、统一结算支付政策。为提高医疗保险待遇的公平性，同时便于做好联网结算工作，各地转诊及异地安置人员在济南住院的医疗费用结算执行下列政策：

（一）转诊住院医疗费用结算。住院起付标准：一个医疗年度内首次住院为 700 元，第二次以后为 300 元。起付标准以上至统筹基金最高支付限额之间符合基本医疗规定的费用，职工个人负担28%，统筹基金支付72%；退休人员个人负担23%，统筹基金支付77%；城镇居民个人负担43%，统筹基金支付57%。统筹基金最高支付限额以上由大额医疗补助金支付的费用，参保人员个人负担13%，大额医疗补助金支付87%。

（二）异地安置人员住院医疗费用结算。一个医疗年度内三级医疗机构住院起付标准：首次住院为500元，第二次以后为200元；二级及以下医疗机构住院起付标准：首次为400元，第二次以后为150元。三级医疗机构起付标准至统筹基金最高支付限额之间的费用，职工个人负担22%，统筹基金支付78%；退休人员个人负担17%，统筹基金支付83%；城镇居民个人负担37%，统筹基金支付63%。二级及以下医疗机构住院起付标准至统筹基金最高支付限额之间的费用，以上类别人员个人负担分别降低3个百分点。统筹基金最高支付限额以上由大额医疗补助金支付的费用，参保人员均个人负担8%，大额医疗补助金支付92%。

（三）城镇职工基本医疗保险统筹基金最高支付限额、大额医疗补助金支付限额及城镇居民基本医疗保险基金最高支付限额由各市确定。

上述结算支付政策适用于省内各市之间转诊转院和异地安置人员的就医结算。

四、完善相关管理办法。实现异地联网结算后，各市要结合省里的规定要求，进一步完善对转诊人员、异地安置人员的管理办法及相关政策。

五、加强组织领导。实现医疗费用异地联网结算，是解决异地就医难、医疗费用报销难的一项重要措施，各市要切实加强组织领导，从大局出发，统一思想认识，完善管理流程，投入必要资金，切实做好各地转诊及异地安置人员在济南住院医疗费用的联网结算工作，为下一步实现全省各市之间医疗费用联网结算积累经验，奠定基础。

山东省人力资源和社会保障厅转发《关于进一步利用异地退管系统开展领取社会保险待遇资格协助认证工作的通知》的通知

（2013年2月19日　鲁人社字〔2013〕89号）

各市人力资源和社会保障局：

为进一步推动退休人员社会化管理工作，促进领取社会保险待遇资格协助认证工作逐步走向规范化、信息化、高效化，现将《关于进一步利用异地退管系统开展领取社会保险待遇资格协助认证工作的通知》（人社厅发〔2012〕97号）转发给你们，并提出以下意见，请一并贯彻执行。

一、领取社会保险待遇资格认证工作是退休人员社会化管理服务的重要内容。各市要充分认识利用信息化手段开展领取待遇资格协助认证工作的重要性和必要性，把这项工作列入重要议事日程，积极推进异地退管系统建设和应用工作。按照逐步推进的原则，2013年济南、青岛、淄博、济宁、聊城5市先行开展，2014年其余市全面启动。

二、各级信息部门要按照指标项和业务功能调整要求，做好规划设计工作，完善相关制度，申请数字证书，做好联调测试工作。各级社保经办机构要按照指标要求，梳理退休人员及遗属的各项数据信息，并进行补录采集。

三、根据人社厅发〔2012〕97号文件要求，利用异地退管系统进行认证的，于每年3月1日前完成数据准备，3月31日前完成数据文件上传、协助认证表信函打印邮寄等工作，4月1日至6月30日居住地受理并完成协助认证工作。

各市执行过程中如遇问题，请及时与我们联系。

附件：《关于进一步利用异地退管系统开展领取社会保险待遇资格协助认证工作的通知》（人社厅发〔2012〕97号）

人力资源社会保障部办公厅关于进一步利用异地退管系统开展领取社会保险待遇资格协助认证工作的通知

各省、自治区、直辖市及新疆生产建设兵团人力资源社会保障厅（局）：

按照《关于利用异地退管系统开展领取社会保险待遇资格协助认证工作的通知》（人社厅发〔2011〕12号）、《关于做好异地退管系统入网准备工作的通知》（人社信息函〔2011〕10号）的有关要求，为进一步规范领取社会保险待遇资格协助认证工作，充分利用部级异地居住人员领取社会保险待遇资格协助认证系统（以下简称异地退管系统）开展网上认证，现将有关问题通知如下：

一、统一协助认证表样式，规范业务经办流程

在原劳社厅发〔2004〕8号文原样式的基础上，结合网上认证的特点，对协助认证表进行统一调整，区分网上认证和非网上认证样式。凡是在居住地参加网上认证、通过部级异地退管系统办理业务的，参保地应向参保人员寄发带有“网上认证”字样的表单，并将参保人员基本信息打印在表单上，具体表单样式（见附表1）。居住地尚未参加网上认证的，参保地寄发表单样式（见附表2）。

二、统一关键时点，按时完成阶段性工作

为保证在认证周期内完成协助认证工作，各地应提前部署数据、工作安排等准备工作，执行统一的工作周期。每年3月1日前完成数据准备等工作，每年3月1日至3月31日完成数据文件上传、协助认证表信函打印邮寄等工作。每年4月1日至6月30日，居住地受理并完成协助认证工作。部级异地退管系统将按上述关键时点进行操作控制，请各地社保经办机构在规定周期内完成相应工作。

三、统一协助认证机构，理顺认证工作机制

为保障认证工作的真实有效，协助认证工作应在县（区）级社会保险经办机构或街道（乡镇）劳动就业社会保障服务中心（所）受理和办理。开展网上认证的地区，街道一级办理业务后，应将留存表单转送上级社保经办机构，统一进行网上反馈和工作量统计。

四、提前规划部署，做好系统启用准备工作

力争在明后2年完成异地退管系统的全面应用工作，"十二五"期末在全国基本实现网上认证。各省级社保经办机构和信息化综合管理机构应做好组织工作，根据当地的工作基础，明确时间安排和工作计划，原则上应以省（区、市）为单位统一参加网上认证，也可以地市为单位入网。新参加网上认证工作的地区，应在当年2月20日前向部里申请。各地要做好工作任务分解、数据补录采集、基层网络连接、数字证书申请、业务操作培训等准备工作，保证网上认证工作的及早启动和有效开展。

附表：1. 异地居住人员领取社会保险待遇资格协助认证表（网上认证）

2. 异地居住人员领取社会保险待遇资格协助认证表

（附表本书略）

山东省人力资源和社会保障厅 省财政厅关于调整参加省直离休干部医药费统筹的离休干部医药费个人账户管理办法的通知

（2014 年 12 月 29 日 鲁人社字〔2014〕714 号）

省直有关部门（单位）：

2012 年，省委组织部、省委老干部局、省财政厅、省人力资源社会保障厅、省卫生厅印发《关于完善省属驻济机关事业单位离休干部医疗保障有关政策的通知》（鲁人社字〔2012〕811 号），对省属驻济机关事业单位及特困企业离休干部医药费实行单独统筹，并为统筹范围内离休干部按每人每年 8000 元的额度建立了虚拟个人账户。为进一步强化个人账户管理、完善个人账户功能，经研究决定，自 2014 年起，参加离休干部医药费统筹的离休干部，年底结算时虚拟个人账户资金额度有结余的，结余资金全部奖励给离休干部本人。

山东省人力资源和社会保障厅关于调整转诊及异地安置（居住）人员住院医疗费用联网结算支付标准的通知

（2014 年 12 月 31 日　鲁人社办发〔2014〕157 号）

各市人力资源社会保障局：

为进一步做好异地就医联网结算与各地基本医疗保险政策的衔接工作，根据省人力资源社会保障厅、省财政厅《关于基本医疗保险异地就医结算服务工作的意见》（鲁人社发〔2010〕34 号）和省人力资源社会保障厅《关于各市转诊及异地安置人员在济南住院医疗费用联网结算有关问题的通知》（鲁人社办发〔2011〕147 号）的有关规定，现就调整我省异地就医联网结算支付标准问题通知如下：

一、居民转诊和异地居住住院医疗费用联网结算支付标准

城乡居民医保制度整合后实行两档缴费的市，居民转诊的，起付标准以上至统筹基金最高支付限额之间符合基本医疗保险规定的住院医疗费用，高、低档缴费居民统筹基金支付标准分别为 55%、45%。异地居住的，起付标准以上至统筹基金最高支付限额之间符合基本医疗保险规定的住院医疗费用，高、低档缴费居民在三级医院住院统筹基金支付标准分别为 60%、50%；在二级及以下医院住院统筹基金支付标准分别为 65%、55%。

居民转诊和异地居住住院统筹基金起付标准、最高支付限额，仍按鲁人社办发〔2011〕147 号文件规定执行。对实行一个缴费档次的市，各市可根据当地实际，自行选择按高档或低档确定转诊及异地居住居民住院医疗费用联网结算支付标准。

二、职工转诊及异地安置（居住）人员住院医疗费用联网结算支付标准

职工转诊及异地安置（居住）人员住院医疗费用联网结算支付标准，仍按鲁人社办发〔2011〕147号文件规定执行。

本通知自2015年1月1日起施行。

山东省人力资源和社会保障厅等部门关于将0—6岁残疾儿童抢救性康复治疗项目纳入居民基本医疗保险基金支付范围的通知

（2015年3月6日　鲁人社发〔2015〕11号）

各市人力资源社会保障局、财政局、残疾人联合会：

为提高残疾儿童医疗保障水平，切实降低残疾儿童家庭医药费用负担，根据《山东省人民政府办公厅关于印发山东省残疾人“整体赶平均、共同奔小康”行动方案（2014—2017年）的通知》（鲁政办发〔2014〕34号）和省政府《残疾人工作专题会议纪要》（〔2014〕32号）精神，经研究，确定将0—6岁残疾儿童康复治疗项目纳入居民基本医疗保险基金支付范围，现将有关事宜通知如下：

一、对已参加居民基本医疗保险符合条件的0—6周岁（含6周岁）听力语言残疾儿童、脑瘫儿童、白内障儿童、智力残疾儿童、孤独症儿童、肢残儿童、低视力儿童和因预防接种异常反应导致的残疾儿童，经二级以上医疗机构诊断证明符合康复治疗条件的，将其康复、医疗费用纳入基本医疗保险支付范围，具体支付办法由各市确定。不足部分由当地政府给予补助。

二、对符合国家和省残疾儿童抢救性康复救助条件的儿童，仍按照《关于印发山东省0—6岁残疾儿童抢救性康复救助实施办法的通知》（鲁残联发〔2013〕4号）规定给予救助，有关费用不再纳入居民基本医疗保险基金支付范围。

三、将0—6岁残疾儿童康复治疗项目纳入居民基本医疗保险基金支付范围后，各市人力资源社会保障部门要按照康复治疗需要，将符合条件的医疗康复机构纳入基本医疗保险定点范围，根据康复医疗机构的特点，有针对性制定管理办法，实行协议管理。要加强动态管理考核，并建立退出机制，对违反管理规定的医疗康复机构，按规定严肃处理，直至取消定点资格。

四、将（0—6岁）残疾儿童康复项目纳入居民基本医疗保险，对残疾儿童进行抢救性康复治疗，是保障残疾人权益、提高人口质量、弘扬人道主义、促进社会和谐和文明进步的重要举措。各级各有关部门一定要从坚持立党为公、执政为民的高度，充分认识做好残疾儿童抢救性康复工作的重要性，加强联系，密切配合，认真研究相关标准和具体实施办法，对符合条件的残疾儿童给予必要的医疗保障。

山东省人力资源和社会保障厅等部门关于转发人社部发〔2014〕93号文件进一步做好基本医疗保险异地就医医疗费用结算工作的通知

（2015年3月31日　鲁人社发〔2015〕19号）

各市人力资源社会保障局、财政局、卫生和计划生育委员会：

现将人力资源社会保障部、财政部、国家卫生和计划生育委员会《关于进一步做好基本医疗保险异地就医医疗费用结算工作的指导意见》（人社部发〔2014〕93号）转发给你们，并结合实际，就进一步做好我省基本医疗保险异地就医医疗费用结算工作通知如下：

一、明确推进异地就医结算工作的目标任务

2015年，进一步完善省内异地住院医疗费用直接结算办法和经办流程。2016年，实现省内异地就医住院联网结算执行参保地政策；根据国家跨省异地就医结算工作部署，改造省级异地就医结算信息系统，做好与国家级异地就医结算平台对接工作，按要求实现跨省异地安置退休人员住院医疗费用直接结算。

二、规范省内异地就医直接结算

目前，省内异地就医结算仍按《关于各市转诊及异地安置人员在济南住院医疗费用联网结算有关问题的通知》（鲁人社办发〔2011〕147号）、《关于调整转诊及异地安置（居住）人员住院医疗费用联网结算支付标准的通知》（鲁人社办发〔2014〕157号）规定执行。各市要按本通知要求做好异地就医直接结算工作，避免出现手工报销问题。要严格规范异地转诊转院程序，在分级诊疗、转诊率、按病种付费、医疗保险基金总量控制等方面细化要求，加强监管，提高医疗保险基金的使用效率。对符合要求且已办理长期异地安置（居住）手续的参保人员，经本人申请，参保地医疗保险经办机构可将个人账户资金划转给个人，以方便参保人员门诊就医、购药时使用。

研究探索通过预付备用金等方式，逐步实现市与市、省与市医疗保险经办机构之间异地就医费用直接结算。对异地就医造成的就医地经办机构增加的必要工作经费，由就医地经办机构同级财政统筹安排。

三、推进跨省异地就医直接结算

根据国家跨省异地就医工作部署，推进跨省异地安置退休人员住院医疗费用直接结算，并逐步将其他长期跨省异地居住人员纳入住院医疗费用直接结算范围。

四、提升异地就医信息化管理水平

积极推进全省统一的药品、诊疗项目、医疗服务设施、医用材料、门诊大病疾病、定点医疗机构数据库建设。进一步完善全省异地就医结算信息系统，做好与国家级异地就医结算平台对接工作，为实现跨省异地就医住院医疗费用联网结算提供信息化支撑。

五、完善异地就医医疗服务监控机制

各市要进一步采取有效措施，强化异地就医监督管理，将异地就医人员身份确认、费用控制、服务质量等纳入就医地协议管理和定点医疗机构考核内容；完善总量控制、单病种付费与定额管理相结合的复合型付费方式，加大稽核监督力度，积极探索利用商业保险机构的专业力量开展就医费用核查，防范和打击各种医疗保险欺诈行为。各市人力资源社会保障、财政、卫生和计划生育行政部门要加强协调配合，共同推进异地就医医疗费用结算工作的开展。

人力资源和社会保障部等部门关于进一步做好基本医疗保险异地就医医疗费用结算工作的指导意见

各省、自治区、直辖市及新疆生产建设兵团人力资源社会保障厅（局）、财政（财务）厅（局）、卫生计生委：

2009年《关于基本医疗保险异地就医结算服务工作的意见》（人社部发〔2009〕190号）印发以来，各地积极探索推进异地就医结算工作，为参保群众提供便捷服务。目前，在全国范围内，基本医疗保险市级统筹基本实现，大多数省份建立了省内异地就医结算平台并开展了直接结算，一些地区还进行了“点对点”跨省结算的尝试。但此项工作与群众期盼还存在差距，异地就医结算手续依然比较复杂，异地医疗服务监管尚不到位。根据党的十八届三中全会决定精神，现就进一步做好基本医疗保险异地就医医疗费用结算（以下简称异地就医结算）工作，提升基本医疗保险管理服务水平，提出以下意见：

一、进一步明确推进异地就医结算工作的目标任务

（一）总体思路。完善市（地）级（以下简称市级）统筹，规范省（自治区、直辖市，以下简称省）内异地就医结算，推进跨省异地就医结算，着眼城乡统筹，以异地安置退休人员和异地住院费用为重点，依托社会保险信息系统，分层次推进异地就医结算服务。要根据分级诊疗的要求，做好异地转诊病人的医疗费用结算管理。要不断提高医疗保险管理服务水平，完善医疗服务监控机制，在方便参保人员异地就医结算的同时，严防欺诈骗保行为，维护广大参保人合法权益。

（二）近期目标。2014年，在现有工作基础上，完善基本医疗保险市级统筹，基本实现市级统筹区内就医直接结算，规范和建立省级异地就医结算平台；2015年，基本实现省内异地住院费用直接结算，建立国家级异地就医结算平台；2016 年，全面实现跨省异地安置退休人员住院医疗费用直接结算。有条件的地区可以加快工作节奏，积极推进。

二、完善市级统筹，实现市域范围内就医直接结算

以全面实现市域范围内医疗费用直接结算为目标，推进和完善基本医疗保险市级统筹。首先做到基本医疗保险基金预算和筹资待遇政策、就医管理的统一和信息系统的一体化衔接，逐步提升基本医疗保险服务便利性。实现城乡基本医疗保险制度整合的地区，要同步推动城乡居民医保实现市级统筹。

已经实行市级统筹的地区要进一步提高市级统筹质量。采取统收统支模式的，要明确地市和区县级社会保险经办机构（以下简称经办机构）职责，落实分级管理责任；采取调剂金模式的，要规范调剂金的收取和调剂管理办法，以逐步实现制度政策、基金管理、就医结算、经办服务、信息系统方面的统一。有条件的地方要加快推进省级统筹。

三、规范省内异地就医直接结算

各省要按照国家统一规范，建立完善省级异地就医结算平台，支持省内统筹地区之间就医人员信息、医疗服务数据以及费用结算数据等信息的交换，并通过平台开展省内异地就医直接结算工作。

各省人力资源社会保障部门要加强对各统筹地区医疗保险政策的指导，按照国家要求建立统一的药品目录、诊疗项目和医疗服务设施信息标准库，完善与异地就医相关的结算办法和经办流程。要完善定点医疗机构管理，建立并维护支持异地就医直接结算的定点医疗机构数据库。定点医疗机构名单应向社会公布。

异地就医人员的医疗保险待遇执行参保地政策。各统筹地区要建立规范的异地就医报送办法。符合条件的参保人员经同意异地就医后，参保地经办机构应将人员信息通过省级平台传送给就医地经办机构。就医地经办机构负责为异地就医人员提供经办服务，对相关医疗服务行为进行监管，并将相关信息及时如实传送给参保地经办机构。

四、完善跨省异地就医人员政策

加强跨省异地就医的顶层设计，统筹考虑各类跨省异地就医人员需求，逐步推进跨省异地就医直接结算。当前重点解决跨省异地安置退休人员的住院费用，有条件的地方可以在总结经验的基础上，结合本地户籍和居住证制度改革，探索将其他长期跨省异地居住人员纳入住院医疗费用直接结算范围。

跨省异地安置退休人员是指离开参保统筹地区长期跨省异地居住，并根据户籍管理规定已取得居住地户籍的参保退休人员。这部分人员可自愿向参保地经办机构提出异地医疗费用直接结算申请，经审核同意并由居住地经办机构登记备案后，其住院医疗费用可以在居住地实行直接结算。

跨省异地安置退休人员在居住地发生的住院医疗费用，原则上执行居住地规定的支付范围（包括药品目录、诊疗项目和医疗服务设施标准）。医疗保险统筹基金的起付标准、支付比例和支付限额原则上执行参保地规定的本地就医时的标准，不按照转外就医支付比例执行。经本人申请，可以将个人账户资金划转给个人，供门诊就医、购药时使用。

五、做好异地就医人员管理服务

各统筹地区经办机构应当根据跨省异地安置退休人员、异地转诊人员、异地急诊人员等不同人群的特点，落实管理责任，加强医疗服务监管，做好服务。

对经登记备案的跨省异地安置退休人员，居住地的经办机构应一视同仁地将其纳入管理，在定点医疗机构和零售药店确定、医疗信息记录、医疗行为监控等方面提供与本地参保人相同的服务和管理。跨省异地安置退休人员发生的应由统筹基金支付的住院医疗费用，通过各省级异地就医结算平台实行跨省直接结算。

对于异地转诊的参保人员，经办机构要适应分级诊疗模式和转诊转院制度，建立参保地与就医地之间的协作机制，引导形成合理的就医秩序。就医地经办机构应协助参保地经办机构进行医疗票据核查等工作，保证费用的真实性，防范和打击伪造医疗票据和文书等欺诈行为。

对于异地急诊的参保人员，原则上在参保地按规定进行报销；需要通过医疗机构对费用真实性进行核查的，就医地经办机构应予以协助。

参保人员异地就医费用按规定实行直接结算的，应由医疗保险基金支付的部分，原则上先由就医地医疗保险基金垫付，再由参保地经办机构与就医地经办机构按月结算。

对异地就医造成的就医地经办机构增加的必要工作经费，由就医地经办机构同级财政统筹安排。鼓励各地探索委托商业保险机构经办等购买服务的方式，提高异地就医结算管理和服务水平。

六、大力提升异地就医信息化管理水平

按照国家电子政务建设和信息惠民工程建设的要求，着力推进社会保险业务信息管理系统省级集中，建立完善中央和省级异地就医费用结算平台，统一信息系统接口、操作流程、数据库标准和信息传输规则，推进《社会保险药品分类与代码》等技术标准的应用。通过省级异地就医结算平台或省级集中社会保险业务管理系统，支持省内统筹地区之间的异地就医结算数据传输和问题协调。国家级异地就医结算平台与各省级异地就医平台对接，逐步通过平台实现跨省异地就医数据交换等功能。

七、加强组织落实

各级人力资源社会保障部门负责异地就医结算的统筹协调工作。各省人力资源社会保障部门要按照国家统一要求，协调省内有关部门制定本省份推进异地就医结算的工作计划，要加强与其他省份的沟通，积极推进跨省异地就医结算工作。统筹地区人力资源社会保障部门要树立全局观念，积极为来本地就医的参保人员提供医疗保险管理服务。有条件的省要统筹考虑生育保险、工伤保险等其他涉及医疗服务的社会保险，制定统一的社会保险异地就医管理办法。

财政部门要结合异地就医结算工作的开展，完善有关会计核算办法，会同有关部门完善社会保险基金财务制度。根据经办机构用款计划，及时足额划拨异地就医结算资金。加大资金支持力度，确保异地就医工作经费的落实。

卫生计生部门要会同有关部门，研究制定分级诊疗办法，建立健全转诊转院制度，引导形成合理的就医流向。要加大监管力度，规范医疗行为，促进合理规范诊疗。

医疗保险异地就医费用结算工作是健全全民医保体系的重要任务之一，事关人民群众切身利益。各有关部门要高度重视，加强配合，密切协作，确保工作落到实处，同时注意全面准确地做好宣传工作，合理引导社会预期。各地在工作中遇有重要情况要及时报告，有关部门要加强专项督查，推动工作进展。

本意见适用于人力资源社会保障部门负责的基本医疗保险。

山东省人力资源和社会保障厅关于进一步做好定点医疗机构医保费用结算拨付工作的通知

（2015 年 12 月 9 日　鲁人社字〔2015〕499 号）

各市人力资源社会保障局：

近年来，各级人力资源社会保障部门不断加大就医管理、医保费用审核工作力度，优化工作流程，提升信息化智能审核水平，较好地保证了参保人员医疗费用的即时结算和定点医疗机构费用结算拨付工作。但目前也存在少数市、县（市、区）对定点医疗机构医保费用拨付不及时问题，导致医疗机构垫付资金压力大，影响到医疗机构的正常运转。为进一步做好定点医疗机构医保费用结算拨付工作，确保医疗保险制度健康运行，促进定点医疗机构的改革发展，现将有关问题通知如下：

一、不断完善医保服务协议，进一步明确医疗费用结算拨付时限

各市要按照社会保险法以及人力资源社会保障部《关于进一步推进医疗保险付费方式改革的意见》（人社部发〔2011〕63 号）、《关于开展基本医疗保险付费总额控制的意见》（人社部发〔2012〕70 号）、《关于印发基本医疗保险付费总额控制经办规程的通知》（人社厅发〔2012〕113 号）、《关于印发基本医疗保险定点医疗机构医疗服务协议范本（试行）的通知》（人社险中心函〔2014〕112 号）等文件规定和省里提出的贯彻意见要求，不断完善协议内容，在与定点医疗机构充分协商的基础上，将医疗费用付费方式、支付标准和审核结算时间进一步具体化，明确费用申报、费用拨付时限要求，双方严格履行协议规定。

各市都要根据基金收支预算实行总额控制，不断探索完善总额预付办法。要根据不同定点医疗机构级别、类别、特点以及承担的服务量等因素，将总控指标落实到每一个定点医疗机构，以及每一结算周期（一般按月），并体现在医保经办机构和定点医疗机构的协议中。医保经办机构要根据协议的规定，及时足额向定点医疗机构拨付医疗费用。对按照结算办法规定，由医疗机构分担的超支医疗费用，要明确医疗机构不得计算为经办机构拖欠医疗费用。要根据基金总控预算和结算周期，进一步加大周转金拨付力度，保证医疗机构正常运转需要。对于因发现违规等情况一时难以定性的费用，应按照违规费用“追溯以往”原则，待核实确认后，可在下月或年度费用清算时中予以扣除。

二、优化居民大病保险经办流程，实现大病保险费用统一结算拨付

各市要按照《关于居民大病保险资金拨付有关问题的通知》(鲁人社字〔2015〕296号）要求，及时将大病保险资金拨付至承办商业保险机构，确保居民大病保险工作顺利进行。各市人力资源社会保障部门与承办商业保险机构要密切配合协调，按照“一条龙、一站式、一个窗口”服务的要求，开发完善大病保险结算功能模块及信息化管理系统，优化居民大病保险经办流程，确保定点医疗机构发生的医保费用及时足额结算拨付。2015年在定点医疗机构发生的大病费用，最迟要于2016年2月底前结清。从2016年开始，对定点医疗机构费用的结算拨付做到月结月清。

要把居民基本医保、大病保险纳入一体化结算拨付系统和医疗服务监管体系。各市要将大病保险费用与基本医保费用一并纳入定点医疗机构总控预算管理，根据预算指标，由保险公司按月将大病保险资金拨付医保经办机构，医保经办机构与定点医疗机构一并结算拨付基本医保和大病保险资金。要按照省、市医保政策规定和协议要求，由医保经办机构统一组织或进行必要授权，与商业保险公司密切配合，充分发挥商业保险公司优势，共同做好定点医疗机构医疗服务监督工作，避免多头检查、重复检查。

三、建立沟通协调机制，确保全省异地联网费用及时结算拨付

各市要根据《关于各市转诊及异地安置人员在济南住院医疗费联网结算有关问题的通知》（鲁人社办发〔2011〕147号）和《关于做好各市转诊及异地安置人员在济南住院医疗费联网结算有关业务经办工作的通知》（鲁社保函〔2012〕11号）等有关规定要求，医保经办机构与异地联网定点医疗机构之间、各市医保经办机构之间都要建立起沟通协调机制及相互协查机制，密切配合，共同做好省内异地就医联网费用审核结算工作。

异地联网定点医疗机构每月要在规定的时限内将发生费用的有关申请、汇总表单等寄送医疗保险经办机构；各市经办机构对费用进行审核并与医疗机构核对无误后，每月将费用及时足额拨付相关医疗机构；对于审核对账有问题的，各市要及时与定点医疗机构进行沟通，一次性告知补寄的相关材料，需要较长时间审核的医疗费用，应先行拨付，待审核明确后从次月及以后的拨付费用中予以扣除。各市要对2015年度发生的异地联网费用进行一次认真的核对，并于年底前结清。

各市要组织对2015年以来定点医疗机构发生的职工医保、居民医保及异地联网费用结算拨付情况进行一次全面认真自查，按照本通知要求，逐一落实责任，对按规定应结未结的费用抓紧审核拨付，于年底前全部拨付到位；对因结算拨付费用不及时，影响参保人员正常就医和造成其他不良社会影响的，省里将予以通报并严格追责问责；对以往制度形成的拖欠费用，要分清责任，向定点医疗机构说明原因，积极帮助做好相关工作。请各市将自查情况，包括本地医保费用结算拨付办法、费用结算拨付及工作措施等情况，于2015年12月25日前报省厅职工医保处。

山东省人力资源和社会保障厅转发人力资源社会保障部《关于完善基本医疗保险定点医药机构协议管理的指导意见》的通知

（2016 年 1 月 13 日　鲁人社发〔2016〕5 号）

各市人力资源社会保障局：

现将人力资源社会保障部《关于完善基本医疗保险定点医药机构协议管理的指导意见》（人社部发〔2015〕98 号）转发给你们，并结合我省实际提出以下要求，请一并抓好贯彻落实。

一、全面取消“两定资格审查”项目。各市要按照国务院和人力资源社会保障部的要求，从 2016 年 1 月 1 日起，全面取消由人力资源社会保障行政部门实施的“基本医疗保险定点医疗机构资格审查”和“基本医疗保险定点零售药店资格审查”（简称“两定资格审查”）。医疗机构和零售药店的基本医疗保险定点通过医药机构自愿申请、组织评估、协商签约等环节，实行协议管理。

二、明确定点条件、规则和程序。“两定资格审查”取消后，人力资源社会保障行政部门要转变行政管理方式，努力营造公开透明的市场环境，鼓励和引导各类医药机构公平参与竞争。各市要结合本地实际，在总结经验的基础上，于 2016 年 4 月底前制定并公开医药机构纳入基本医疗保险定点的条件、评估规则和工作程序。条件、规则和程序既要体现简政放权要求，避免繁文缛节，也要宽严相济，防止门槛过高或过低，确保条件公开，程序透明，结果公正。

三、完善定点协议管理。医疗保险经办机构要进一步加强和完善与定点医药机构的协议管理。在医药机构自愿申请的基础上，按照当地规定的评估规则，组织开展多方评估，积极探索通过第三方评价的方式开展评估。要根据评估结果搞好与医药机构的协商谈判，鼓励医药机构在质量、价格、费用等方面进行竞争，将符合规划布局要求、服务质量好、价格合理、管理规范的医药机构纳入定点，签订服务协议。要规范协议内容，根据不同医疗机构规模、服务范围、服务内容及服务特色等，分别明确医保支付范围，体现差异化管理。要对协议进行动态管理，完善退出机制。经办机构与医药机构双方签订的服务协议，要报同级人力资源社会保障行政部门备案。

四、强化定点工作的监管。各级人力资源社会保障部门要根据社会保险法等相关法律法规的规定，着重加强事中、事后监管，通过调查、抽查等多种方式对经办机构和协议管理的医药机构执行医疗保险政策法规、履行服务协议情况以及各项监管制度落实情况进行监督检查。要创新管理方式，动员社会各界人士参与监督，畅通举报投诉渠道。对违法违规行为，应提出整改意见，依法作出行政处罚决定。涉及其他部门的，提请相关部门处理；涉嫌犯罪的，及时移交司法机关。

五、稳妥组织实施。各级人力资源社会保障部门要统一思想、提高认识，加强组织协调，明确行政科（处）室和经办机构的职能分工，搞好工作衔接，加快实施步伐，避免工作断档。积极推进取消定点医药机构非行政许可审批工作。要注意做好政策宣传解释工作，合理引导参保人员和医药机构预期。各级人力资源社会保障部门要参照本通知精神，对工伤保险和生育保险医药服务机构的管理办法进行完善。工作推进中遇到的问题，要及时向省人力资源社会保障厅报告。

人力资源社会保障部关于完善基本医疗保险定点医药机构协议管理的指导意见

各省（自治区、直辖市）及新疆生产建设兵团人力资源社会保障厅（局）：

城镇基本医疗保险制度建立以来，各地按照国家规定普遍实施了“基本医疗保险定点医疗机构资格审查”和“基本医疗保险定点零售药店资格审查”（以下简称“两定资格审查”），并在此基础上，社会保险经办机构与通过审查的医疗机构和零售药店（以下简称医药机构）签订定点服务协议，实行协议管理。这些措施对规范医药服务行为、维护参保人员权益等发挥了积极作用。目前，按照简政放权的精神，国务院决定取消两定资格审查。为此，现就取消社会保险行政部门实施的两定资格审查，完善基本医疗保险协议管理，提出以下指导意见：

一、目标任务和基本要求

（一）目标任务

2015年底前，各地要按照《国务院关于第一批取消62项中央指定地方实施行政审批事项的决定》（国发〔2015〕57号）文件要求，全面取消社会保险行政部门实施的两定资格审查项目。各统筹地区要在认真总结经验的基础上，完善经办机构与医药机构的协议管理，提高管理服务水平和基金使用效率，更好地满足参保人员的基本医疗需求。

（二）基本要求

一是简政放权。各地社会保险行政部门要坚决贯彻国务院要求，及时取消两定资格审查事项，转变行政管理方式，努力营造公开透明的市场环境，鼓励和引导各种所有制性质、级别和类别的医药机构公平参与竞争。

二是强化监管。及时转变工作重点，从重准入转向重管理，着重加强事中、事后监管，通过服务协议明确经办机构和医药机构双方的权利义务，规范医药机构服务行为，完善退出机制，提高管理效率。

三是优化服务。进一步简化办事程序，优化工作流程，提升服务质量。协议管理的医药机构条件及签约流程、规则、结果等面向社会公开。引入参保人和社会多方参与的评估和谈判机制。建立沟通协商和激励约束机制，促进医药机构为患者提供良好服务。

二、规范程序

（三）自愿申请

依法设立的各类医药机构均可根据医疗保险医药服务的需要和条件，根据自身服务能力，自愿向统筹地区经办机构提出申请，并如实提供服务范围、服务规模、服务质量、服务特色、价格收费等方面的材料，配合做好经办机构评估工作。

统筹地区人力资源社会保障部门要及时公开医药机构应具备的条件。有关条件要体现基本医疗保险制度与管理的要求，包括医药机构规划布局、服务能力、内部管理、财务管理、信息系统等方面的内容。

（四）多方评估

统筹地区人力资源社会保障部门要制定医药机构评估规则和程序。经办机构开展评估要注重听取参保人员、专家、行业协会等各方面意见，探索通过第三方评价的方式开展评估，保证程序公开透明，结果公正合理。

（五）协商签约

经办机构根据评估结果，统筹考虑医药服务资源配置、服务能力和特色、医疗保险基金的支撑能力和信息系统建设以及参保人员就医意向等因素，与医药机构平等沟通、协商谈判。要根据“公平、公正、公开”的原则，鼓励医药机构在质量、价格、费用等方面进行竞争，选择服务质量好、价格合理、管理规范的医药机构签订服务协议。双方签订的服务协议，应报同级社会保险行政部门备案。

三、完善服务协议

（六）规范协议内容

服务协议除应包括服务人群、服务范围、服务内容、服务质量、费用结算、违约处理等基本内容外，要适应预算管理、付费方式改革、医药价格改革、医保医疗行为监管、异地就医结算等政策和管理要求，进一步细化总额控制指标、具体付费方式、付费标准、费用审核与控制、药品和诊疗项目以及医用材料管理、监督检查、医保医生管理、信息数据传输标准等内容，并根据医保政策和管理的需要及时补充完善。

（七）探索动态管理

有条件的地方可以通过长期协议与短期（如年度）协议相结合的办法探索动态协议管理。经办机构和医药机构双方的基本权益和义务，购买的医疗、药品服务范围等可在长期协议中约定；医药机构一段时期（如年、季度、月）提供的服务量、付费方式、付费办法和标准、考核指标以及其他管理要求等可在短期协议中明确。

四、加强监督管理

（八）严格履行服务协议

经办机构和医药机构要严格遵循服务协议的约定，认真履行协议。对违反服务协议约定的，应当按照协议追究违约方责任。

（九）加强行政监督

社会保险行政部门根据社会保险法等相关法律法规的规定，可以通过调查、抽查等多种方式对经办机构和协议管理的医药机构执行医疗保险政策法规、履行服务协议情况以及各项监管制度落实情况进行监督检查。发现违法违规行为的，应提出整改意见，并依法作出行政处罚决定。涉及其他行政部门职责的，移交相关部门；涉嫌犯罪的，移送公安机关。

（十）创新监管方式

拓宽监督途径、创新监督方式，探索通过参保人员满意度调查、引入第三方评价、聘请社会监督员等方式，动员社会各界参与医疗保险监督。畅通举报投诉渠道，及时发现问题并进行处理。

各级人力资源社会保障部门要统一思想、提高认识，明晰社会保险行政部门和经办机构的职能分工，完善医药机构协议管理。要加强与有关部门的协调合作，促进各级各类医药机构依法为参保人员提供必要、合理的基本医疗服务，控制医疗费用不合理增长，提高医疗保险基金使用效率。省级人力资源社会保障部门要加强对统筹地区的指导。各统筹地区要细化协议管理的具体政策，着力增强经办能力，提升信息化水平，提高管理效率。改革过程中要注意做好政策宣传解释，合理引导人民群众和医药机构预期。同时，各地也要参照本意见精神，对工伤保险和生育保险医药服务机构的管理办法进行完善。

山东省人力资源和社会保障厅关于省级直管单位基本医疗保险医药机构实行协议管理的通知

（2016 年 8 月 29 日　鲁人社办发〔2016〕55 号）

各有关省直部门（单位），各有关医疗机构、零售药店：

为规范省级直管单位基本医疗保险医药机构协议的订立、履行等行为，根据人力资源社会保障部《关于完善基本医疗保险定点医药机构协议管理的指导意见》（人社部发〔2015〕98 号）规定，现就省级直管单位基本医疗保险医药机构协议管理有关问题通知如下：

一、协议管理

取消“基本医疗保险定点医疗机构资格审查”和“基本医疗保险定点零售药店资格审查”后，省社会保险事业局根据省级直管单位医疗保险服务的需要、条件，确定服务协议订立要求。医药机构可根据省社会保险事业局要求，依照自身资质及服务能力，提出纳入协议管理的申请。

二、服务协议内容

省社会保险事业局根据国家协议范本，研究制定服务协议格式合同。服务协议内容应当包括协议签订主体、医疗机构和零售药店应当具备的条件、双方权利义务、协议履行方式以及违约责任等内容，并在省人力资源社会保障厅门户网站公布。

三、协议签订程序

医药机构申请与省社会保险事业局订立省级直管单位基本医疗保险服务协议，应当按照省社会保险事业局公布的格式服务协议要求，提交有关材料。省社会保险事业局按照以下程序办理：

（一）受理申请。省社会保险事业局收到医药机构的材料后，对材料齐全的当场受理；材料不全或材料不符合要求的，应当在收到材料时一次性告知医药机构需补正的材料。

（二）组织评估。省社会保险事业局通过组织专家评估或探索建立第三方评估机制等方式进行评估。评估包括材料评估、现场查验和综合评估。评估的主要内容有：

1. 基本条件。包括从业资格、营业面积、科室设置、设备及服务设施配备情况等。

2. 信息系统。包括信息管理系统、HIS 系统、电子病历建设情况等。

3. 人员配备。包括人员配备数量、技术职称、技术服务能力、执业地点等。

4. 经营状况。包括持续经营时间、业务范围、服务质量、服务价格、社会信誉等。

5. 内部管理。包括遵守医疗服务管理相关法律、法规及规定情况，内部规章制度建设情况等。

（三）结果公示。省社会保险事业局将评估结果通过省人力资源社会保障厅门户网站向社会公示，公示期 7 天。

（四）协商谈判。公示期满无异议的，省社会保险事业局组织与医药机构就医保服务管理、费用结算办法、费用支付标准、费用审核与控制等内容进行平等沟通、协商谈判。

（五）签订协议。经谈判协商达成一致的，双方签订服务协议。

（六）公布名单。协议签订后，省社会保险事业局将医药机构名单在省人力资源社会保障厅门户网站公布。

四、基金支付方式

与省社会保险事业局订立省级直管单位医疗保险协议的医药机构，其医疗保险基金支付方式分为两类：一是统筹基金支付。

省直参保人员在此类医药机构就医发生的医疗费用，由医疗保险基金按照服务协议规定支付。二是个人账户支付。省直参保人员在此类医药机构就医发生的费用，由参保人员个人账户支付，个人账户资金不足部分，由个人现金支付。

省社会保险事业局根据医药服务资源配置、经办管理服务能力、医疗保险基金支撑能力和信息系统建设以及参保人员就医意向等因素，分别在医疗机构协议中予以明确。

五、监督检查

省社会保险事业局与签订服务协议的医药机构应当严格履行协议内容，根据协议约定的权利义务，对违反协议约定的医药机构，按照协议约定的违约责任依法处理。省人力资源社会保障厅根据《社会保险法》等有关法律规定，对医疗保险基金实施监督检查，对骗取医疗保险待遇和骗取医疗保险基金支出的行为依法进行查处。

六、其他要求

原已取得定点资格的医药机构，省社会保险事业局要进一步完善服务协议内容。省社会保险事业局应当建立健全协议管理退出机制，对与其签订服务协议的医药机构定期评估，经评估不符合协议管理条件的医药机构，应当及时解除协议管理。

山东省人力资源和社会保障厅关于将注射用地西他滨等18种药品纳入大病保险支付范围的通知

（2016年12月29日　鲁人社字〔2016〕426号）

各市人力资源社会保障局：

根据《山东省人民政府办公厅关于建立职工大病保险制度的意见》（鲁政办发〔2016〕55号）、《山东省人力资源和社会保障厅等6部门关于印发山东省职工大病保险实施方案的通知》（鲁人社发〔2016〕50号）和《山东省人力资源和社会保障厅山东省财政厅关于完善居民大病保险政策有关问题的通知》（鲁人社字〔2016〕412号）文件精神，经组织专家对药品价格、赠药方案及服务等内容进行评审谈判，确定将注射用地西他滨等18种药品纳入山东省大病保险支付范围（药品名单见附件）。参保人员在定点医疗机构或凭外配处方到定点药店购买使用上述药品产生的符合报销政策的费用，纳入大病保险合规医疗费范围，按谈判确定的价格支付。

省里与纳入药品企业签订协议，明确药品适应症、价格（含赠药方案）、配送办法及售后服务等内容，明确双方权利和义务。各市要做好政策衔接，针对相关药品做好责任医师、定点医疗机构和定点药店的确定工作，积极协商定点医药机构、有关企业做好药品配送和后续服务，及时更新信息系统，确保参保人员按时享受相关待遇。

2016年12月1日后上市的纳入谈判范围的药品（通用名、剂型、规格相同），经企业申请，按谈判确定的原则签订协议纳入大病保险支付范围，不再另行发文。

本通知自2017年1月1日起执行。

附件

纳入山东省大病保险支付范围药品名单

序号	通用名	商品名	剂型/规格/包装	生产商（供应商）
1	注射用地西他滨	达珂	注射剂，50mg＊1瓶	西安杨森制药有限公司
		晴唯可	注射剂，10mg＊1瓶、25mg＊1瓶	正大天晴药业集团股份有限公司
		思达欣	注射剂，10mg＊1瓶、25mg＊1瓶、50mg＊1瓶	齐鲁制药（海南）有限公司
		昕美	注射剂，10mg＊1瓶	江苏豪森药业集团有限公司
		祥珂	注射剂，50mg＊1瓶	杭州中美华东制药有限公司
		奥地西	注射剂，25mg＊1瓶、50mg＊1瓶	江苏奥赛康药业股份有限公司
2	培门冬酶注射液	艾阳	注射剂，5ml：3750IU＊1瓶	江苏恒瑞医药股份有限公司
3	注射用硼替佐米	万珂	注射剂，3.5mg＊1瓶	西安杨森制药有限公司
4	来那度胺胶囊	瑞复美	胶囊剂，10mg＊21粒、25mg＊21粒	新基医药信息咨询（上海）有限公司

续表

序号	通用名	商品名	剂型/规格/包装	生产商（供应商）
5	达沙替尼片	施达赛	片剂，20mg * 60 片、50mg * 60 片	百时美施贵宝（中国）医药有限公司
		依尼舒	片剂，20mg * 7 片、50mg * 7 片	正大天晴药业集团股份有限公司
6	吉非替尼片	易瑞沙	片剂，0.25g * 10 片	阿斯利康制药有限公司
7	盐酸厄洛替尼片	特罗凯	片剂，150mg * 7 片	上海罗氏制药有限公司
8	盐酸埃克替尼片	凯美纳	片剂，125mg * 21 片	贝达药业股份有限公司
9	重组人血管内皮抑制素注射液	恩度	注射剂，15mg/3ml * 1 支	山东先声麦得津生物制药有限公司
10	贝伐珠单抗注射液	安维汀	注射剂，100mg（4ml） * 1 瓶	上海罗氏制药有限公司
11	西妥昔单抗注射液	爱必妥	注射液，100mg/20ml * 1 瓶	默克雪兰诺有限公司
12	注射用雷替曲塞	赛维健	注射剂，2mg * 1 瓶	南京正大天晴制药有限公司
13	注射用曲妥珠单抗	赫赛汀	注射剂，440mg（20ml） * 1 瓶	上海罗氏制药有限公司
14	甲磺酸阿帕替尼片	艾坦	片剂，0.25g * 10 片	江苏恒瑞医药股份有限公司

续表

序号	通用名	商品名	剂型/规格/包装	生产商（供应商）
15	苹果酸舒尼替尼胶囊	索坦	胶囊剂，12.5mg * 28粒	辉瑞投资有限公司
16	波生坦片	全可利	片剂，125mg * 56片	爱可泰隆医药贸易（上海）有限公司
17	注射用重组人凝血因子Ⅸ	贝赋	注射剂，250IU * 1瓶	辉瑞投资有限公司
18	富马酸替诺福韦二吡呋酯片	韦瑞德	片剂，300mg * 30片	葛兰素史克（中国）投资有限公司

山东省人力资源和社会保障厅 省财政厅关于做好基本医疗保险跨省异地就医住院医疗费用直接结算工作有关问题的通知

（2017 年 4 月 26 日　鲁人社发〔2017〕13 号）

各市人力资源社会保障局、财政局、省社会保险事业局：

为全面推进跨省异地就医直接结算工作，按照人力资源社会保障部、财政部《关于做好基本医疗保险跨省异地就医住院医疗费用直接结算工作的通知》（人社部发〔2016〕120 号）及有关配套文件要求，结合我省实际，现就有关问题通知如下：

一、强化跨省异地就医管理服务工作

（一）明确目标任务。2017 年重点解决跨省异地安置退休人员住院医疗费用直接结算，年底扩大到符合转诊规定人员的异地就医住院医疗费用直接结算。结合本地户籍和居住证制度改革，逐步将异地长期居住人员和常驻异地工作人员纳入异地就医住院医疗费用直接结算覆盖范围。

（二）加快系统改造升级。各市要严格按照要求及时完成本地医疗保险业务系统和定点医疗机构系统的改造升级工作，重点对开通跨省异地就医直接结算的医院读写终端进行改造。同时，要建立社会保障卡出省检查机制，确保跨省异地就医人员能够持社保卡办理住院登记、出院结算等业务。

（三）规范经办流程。参保人员跨省异地就医前，应到参保地社会保险经办机构（以下简称经办机构）按规定办理异地就医登记备案手续，并对所持有的社会保障卡进行出省检测。参保人员异地就医出院结算时，就医地经办机构根据全国统一的大类费用清单，将异地就医人员住院医疗费用等信息经国家异地就医结算系统实时传送至参保地经办机构（或省异地就医平台），按照参保地规定进行计算，并将计算结果经国家异地就医结算系统回传至就医地定点医疗机构，用于定点医疗机构与参保人员直接结算。跨省异地就医执行就医地支付范围及有关规定（基本医疗保险药品目录、诊疗项目和医疗服务设施标准）。基本医疗保险统筹基金的起付标准、支付比例和最高支付限额执行参保地政策。

（四）落实就医地管理责任。各市经办机构要落实就医地管理责任，将跨省异地就医统一纳入协议管理。指导跨省定点医疗机构对异地和当地参保人员的医疗服务一视同仁，提供合理、必要的医疗服务。加强异地就医医疗费用审核监督，积极探索实行与本地付费方式改革相一致的异地就医费用结算办法。

（五）规范转诊转院程序。各市经办机构要结合落实分级诊疗有关政策规定，规范双向转诊制度，制定异地转诊规定细则，出台跨省异地就医直接结算相关文件，在方便就医的同时积极引导合理就医，提高基金使用效率。

二、切实做好费用清算资金收付工作

（一）跨省异地就医费用医保基金支付部分在地区间实行先预付后清算。部级经办机构根据往年跨省异地就医医保基金支付金额，核定预付金额度。预付金额度为可支付两个月资金。2017年全省应付应收预付金由省级统一垫付和收取，不再分解到市。跨省异地就医医疗费清算按照部级统一清分，省、市两级清算的方式，按月全额清算。省社保局通过省异地就医平台对各市跨省异地就医费用进行清分。

1. 跨省清算流程。跨省异地就医预付及清算资金由参保地省级财政专户与就医地省级财政专户进行划拨。省社保局将收到的预付及清算单和收款人信息（收款人名称、收款人账号、收款人开户银行、大额支付行号），于5个工作日内提交给省财政厅。省财政厅在确认跨省异地就医资金全部缴入省级财政专户，对省社保局提交的预付及清算单审核无误后，在10个工作日内向就医地省级财政部门划拨预付和清算资金。如因收款人信息有误发生退款的，省财政厅应及时向省社保局反馈，省社保局应在2个工作日内将正确收款人信息提供给省财政厅，省财政厅在2个工作日内划拨资金。省财政厅在完成预付和清算资金划拨及收款后，5个工作日内将划拨及收款信息以书面形式反馈省社保局，省社保局据此进行会计核算，并将划拨及收款信息及时反馈部级经办机构。

2. 省内清算流程。市级经办机构通过省异地就医平台查询本市跨省异地就医应付应收医疗费用具体数额，确认后生成基金收款和付款单据。省、市级经办机构通过收入户、支出户及时完成清算资金的付款和收款，及时在省异地就医平台确认付款、收款信息，并据此进行会计核算。各市经办机构应将市级收入户、支出户账户信息以正式文件报省社保局备案，如变更账户，需要提前书面告知省社保局。

（二）加强对账确认工作。省财政厅根据省社保局提供的医疗费用收付款信息，向外省及时足额划拨跨省结算资金和确认收款，并将收付款信息反馈省社保局。各级经办机构与财政部门要定期核对异地就医结算账目和款项，确保账账相符、账实一致。市级经办机构要及时在省异地就医平台进行收付款的确认，并加强与省级对账、与业务部门对账。各市经办机构应及时完成与本统筹区跨省异地就医定点医疗机构的对账确认工作，并按服务协议约定，及时拨付确认的费用。在同属省级和市级跨省定点医疗机构发生的费用，由省社保局结算；在同属市级和县（市、区）跨省定点医疗机构发生的费用，由市级经办机构结算。

（三）其他问题。因费用审核发生的争议及纠纷，按人社部发〔2016〕120号文件所附经办规程规定妥善处理。划拨跨省异地就医资金过程中发生的银行手续费、银行票据工本费不得在基金中列支。跨省异地就医医疗费用结算和清算过程中形成的预付款项和暂收款项按相关会计制度规定进行核算。

三、工作要求

（一）加强组织领导。跨省异地就医工作是深化医药卫生体制改革的一项重要任务，涉及广大人民群众的切身利益，各市要高度重视、加强领导、统筹谋划、密切配合、精心组织、协调推进，纳入目标任务考核管理，确保按时完成任务。

（二）强化保障措施。各市经办机构要根据管理服务的需要，加强机构、人员和办公条件保障，合理配置业务、财务人员，保证服务质量，提高工作效率。

（三）做好宣传引导。各地要充分利用现有 12333 咨询服务电话和门户网站等多种渠道加强政策解读和舆论引导，澄清医保“全国漫游”等不当提法，合理引导群众预期。各地经办机构要加强信息公开，提供就医地定点医疗机构分布信息、参保地报销政策信息、跨统筹地区基本医疗保险业务经办指南、查询投诉等服务。

（四）关系转接

国务院办公厅关于转发人力资源社会保障部 财政部城镇企业职工基本养老保险关系转移接续暂行办法的通知

（2009年12月28日 国办发〔2009〕66号）

各省、自治区、直辖市人民政府，国务院各部委、各直属机构：

人力资源社会保障部、财政部《城镇企业职工基本养老保险关系转移接续暂行办法》已经国务院同意，现转发给你们，请结合实际，认真贯彻执行。

城镇企业职工基本养老保险关系转移接续暂行办法

第一条 为切实保障参加城镇企业职工基本养老保险人员（以下简称参保人员）的合法权益，促进人力资源合理配置和有序流动，保证参保人员跨省、自治区、直辖市（以下简称跨省）流动并在城镇就业时基本养老保险关系的顺畅转移接续，制定本办法。

第二条 本办法适用于参加城镇企业职工基本养老保险的所有人员，包括农民工。已经按国家规定领取基本养老保险待遇的人员，不再转移基本养老保险关系。

第三条 参保人员跨省流动就业的，由原参保所在地社会保险经办机构（以下简称社保经办机构）开具参保缴费凭证，其基本养老保险关系应随同转移到新参保地。参保人员达到基本养老保险待遇领取条件的，其在各地的参保缴费年限合并计算，个人账户储存额（含本息，下同）累计计算；未达到待遇领取年龄前，不得终止基本养老保险关系并办理退保手续；其中出国定居和到香港、澳门、台湾地区定居的，按国家有关规定执行。

第四条 参保人员跨省流动就业转移基本养老保险关系时，按下列方法计算转移资金：

（一）个人账户储存额：1998 年 1 月 1 日之前按个人缴费累计本息计算转移，1998 年 1 月 1 日后按计入个人账户的全部储存额计算转移。

（二）统筹基金（单位缴费）：以本人 1998 年 1 月 1 日后各年度实际缴费工资为基数，按 12%的总和转移，参保缴费不足 1 年的，按实际缴费月数计算转移。

第五条 参保人员跨省流动就业，其基本养老保险关系转移接续按下列规定办理：

（一）参保人员返回户籍所在地（指省、自治区、直辖市，下同）就业参保的，户籍所在地的相关社保经办机构应为其及时办理转移接续手续。

（二）参保人员未返回户籍所在地就业参保的，由新参保地的社保经办机构为其及时办理转移接续手续。但对男性年满 50 周岁和女性年满 40 周岁的，应在原参保地继续保留基本养老保险关系，同时在新参保地建立临时基本养老保险缴费账户，记录单位和个人全部缴费。参保人员再次跨省流动就业或在新参保地达到待遇领取条件时，将临时基本养老保险缴费账户中的全部缴费本息，转移归集到原参保地或待遇领取地。

（三）参保人员经县级以上党委组织部门、人力资源社会保障行政部门批准调动，且与调入单位建立劳动关系并缴纳基本养老保险费的，不受以上年龄规定限制，应在调入地及时办理基本养老保险关系转移接续手续。

第六条 跨省流动就业的参保人员达到待遇领取条件时，按下列规定确定其待遇领取地：

（一）基本养老保险关系在户籍所在地的，由户籍所在地负责办理待遇领取手续，享受基本养老保险待遇。

（二）基本养老保险关系不在户籍所在地，而在其基本养老保险关系所在地累计缴费年限满10年的，在该地办理待遇领取手续，享受当地基本养老保险待遇。

（三）基本养老保险关系不在户籍所在地，且在其基本养老保险关系所在地累计缴费年限不满10年的，将其基本养老保险关系转回上一个缴费年限满10年的原参保地办理待遇领取手续，享受基本养老保险待遇。

（四）基本养老保险关系不在户籍所在地，且在每个参保地的累计缴费年限均不满10年的，将其基本养老保险关系及相应资金归集到户籍所在地，由户籍所在地按规定办理待遇领取手续，享受基本养老保险待遇。

第七条 参保人员转移接续基本养老保险关系后，符合待遇领取条件的，按照《国务院关于完善企业职工基本养老保险制度的决定》（国发〔2005〕38号）的规定，以本人各年度缴费工资、缴费年限和待遇领取地对应的各年度在岗职工平均工资计算其基本养老金。

第八条 参保人员跨省流动就业的，按下列程序办理基本养老保险关系转移接续手续：

（一）参保人员在新就业地按规定建立基本养老保险关系和缴费后，由用人单位或参保人员向新参保地社保经办机构提出基本养老保险关系转移接续的书面申请。

（二）新参保地社保经办机构在15个工作日内，审核转移接续申请，对符合本办法规定条件的，向参保人员原基本养老保险关系所在地的社保经办机构发出同意接收函，并提供相关信息；对不符合转移接续条件的，向申请单位或参保人员作出书面说明。

（三）原基本养老保险关系所在地社保经办机构在接到同意

接收函的15个工作日内，办理好转移接续的各项手续。

（四）新参保地社保经办机构在收到参保人员原基本养老保险关系所在地社保经办机构转移的基本养老保险关系和资金后，应在15个工作日内办结有关手续，并将确认情况及时通知用人单位或参保人员。

第九条 农民工中断就业或返乡没有继续缴费的，由原参保地社保经办机构保留其基本养老保险关系，保存其全部参保缴费记录及个人账户，个人账户储存额继续按规定计息。农民工返回城镇就业并继续参保缴费的，无论其回到原参保地就业还是到其他城镇就业，均按前述规定累计计算其缴费年限，合并计算其个人账户储存额，符合待遇领取条件的，与城镇职工同样享受基本养老保险待遇；农民工不再返回城镇就业的，其在城镇参保缴费记录及个人账户全部有效，并根据农民工的实际情况，或在其达到规定领取条件时享受城镇职工基本养老保险待遇，或转入新型农村社会养老保险。

农民工在城镇参加企业职工基本养老保险与在农村参加新型农村社会养老保险的衔接政策，另行研究制定。

第十条 建立全国县级以上社保经办机构联系方式信息库，并向社会公布，方便参保人员查询参保缴费情况，办理基本养老保险关系转移接续手续。加快建立全国统一的基本养老保险参保缴费信息查询服务系统，发行全国通用的社会保障卡，为参保人员查询参保缴费信息提供便捷有效的技术服务。

第十一条 各地已制定的跨省基本养老保险关系转移接续相关政策与本办法规定不符的，以本办法规定为准。在省、自治区、直辖市内的基本养老保险关系转移接续办法，由各省级人民政府参照本办法制定，并报人力资源社会保障部备案。

第十二条 本办法所称缴费年限，除另有特殊规定外，均包括视同缴费年限。

第十三条 本办法从2010年1月1日起施行。

劳动和社会保障部办公厅关于对非上海户籍失业人员失业保险关系转移问题的复函

（1999年8月11日　劳社厅函〔1999〕87号）

上海市劳动和社会保障局：

你局《关于纳入上海社会保险范围的单位中非上海户籍职工失业保险转移问题的请示》（沪劳保就字〔1999〕27号）收悉。经研究，现答复如下：

一、根据《失业保险条例》（国务院令第258号）、《社会保险费征缴暂行条例》（国务院令第259号）和《劳动保障部令第1号》的有关规定，失业保险实行属地管理。在上海市行政区域内的所有城镇企业事业单位及其职工（包括非上海户籍职工）都应参加上海市的失业保险统筹，并按规定缴纳失业保险费。

二、非上海户籍职工失业后，符合享受失业保险待遇条件的，按照上海市的有关规定确定其享受期限和待遇标准。由上海市经办失业保险业务的社会保险经办机构将其失业保险关系转至本人户籍所在地，享受失业保险待遇所需资金随失业保险关系一并划转；同时，应告知失业人员到户籍所在地申领失业保险金。

三、需划转的失业保险待遇包括失业保险金、医疗补助金和职业培训、职业介绍补贴。医疗补助金和职业培训、职业介绍补贴按其应享受失业保险金总额的二分之一计算。

四、非上海户籍失业人员的失业保险待遇由其户籍所在地负责发放，并提供相应的再就业服务。

劳动和社会保障部等部门关于职工在机关事业单位与企业之间流动时社会保险关系处理意见的通知

（2001年9月28日　劳社部发〔2001〕13号）

各省、自治区、直辖市人民政府，国务院各部委、各直属机构：

为促进职工在机关事业单位与企业之间合理流动，推进市、县、乡机构改革，根据《国务院关于印发完善城镇社会保障体系试点方案的通知》（国发〔2000〕42号）和《中共中央办公厅、国务院办公厅关于市县乡人员编制精简的意见》（中办发〔2000〕30号）的规定，职工在机关事业单位和企业单位之间流动，要相应转移各项社会保险关系，并执行调入单位的社会保险制度。经国务院同意，现就职工流动时社会保险关系的处理意见通知如下：

一、养老保险关系处理

职工由机关事业单位进入企业工作之月起，参加企业职工的基本养老保险，单位和个人按规定缴纳基本养老保险费，建立基本养老保险个人账户，原有的工作年限视同缴费年限，退休时按企业的办法计发基本养老金。其中，公务员及参照和依照公务员制度管理的单位工作人员，在进入企业并按规定参加企业职工基本养老保险后，根据本人在机关（或单位）工作的年限给予一次性补贴，由其原所在单位通过当地社会保险经办机构转入本人的基本养老保险个人账户，所需资金由同级财政安排。补贴的标准为：本人离开机关上年度月平均基本工资×在机关工作年限×0.3%×120个月。

职工由企业进入机关事业单位工作之月起，执行机关事业单位的退休养老制度，其原有的连续工龄与进入机关事业单位后的工作年限合并计算，退休时按机关事业单位的办法计发养老金。已建立的个人账户继续由社会保险经办机构管理，退休时，其个人账户储存额每月按 1/120 计发，并相应抵减按机关事业单位办法计发的养老金。

公务员进入企业工作后再次转入机关事业单位工作的，原给予的一次性补贴的本金和利息要上缴同级财政。其个人账户管理、退休后养老金计发等，比照由企业进入机关事业单位工作职工的相关政策办理。

二、失业保险关系处理

职工由机关进入企业、事业单位工作之月起，按规定参加失业保险，其原有的工作年限视同缴费年限。职工由企业、事业单位进入机关工作，原单位及个人缴纳的失业保险费不转移，其失业保障按《人事部关于印发〈国家公务员被辞退后有关问题的暂行办法〉的通知》（人发〔1996〕64 号）规定执行。

三、医疗保险关系处理

职工在机关事业单位和企业之间流动，在同一统筹地区内的基本医疗保险关系不转移，跨统筹地区的基本医疗保险关系及个人账户随同转移。职工流动后，除基本医疗保险之外，其他医疗保障待遇按当地有关政策进行调整。

本通知从下发之日起执行。各地区、各部门要切实加强组织领导，有关部门要密切配合，抓紧制定具体办法，认真组织实施。

劳动和社会保障部办公厅关于单位成建制跨统筹地区转移和职工在职期间跨统筹地区转换工作单位时失业保险关系转迁有关问题的通知

（2002年3月19日　劳社厅函〔2002〕117号）

各省、自治区、直辖市劳动和社会保障厅（局）：

现就城镇企业事业单位成建制跨统筹地区转移或职工在职期间跨统筹地区转换工作单位时转迁失业保险关系的有关问题通知如下：

城镇企业事业单位成建制跨统筹地区转移或职工在职期间跨统筹地区转换工作单位的，失业保险关系应随之转迁。其中，跨省、自治区、直辖市的，其在转出前单位和职工个人缴纳的失业保险费不转移；在省、自治区内跨统筹地区的，是否转移失业保险费由省级劳动保障行政部门确定。转出地失业保险经办机构应为转出单位或职工开具失业保险关系转迁证明。转出单位或职工应在开具证明后60日内到转入地经办机构办理失业保险关系接续手续，并自在转出地停止缴纳失业保险费的当月起，按转入地经办机构核定的缴费基数缴纳失业保险费。转出前后的缴费时间合并计算。转入地经办机构应及时办理有关手续，并提供相应服务。

人力资源和社会保障部关于贯彻落实国务院办公厅转发城镇企业职工基本养老保险关系转移接续暂行办法的通知

（2009年12月30日　人社部发〔2009〕187号）

各省、自治区、直辖市人力资源社会保障（劳动保障）厅（局），新疆生产建设兵团劳动保障局：

近日，国务院办公厅印发了《国务院办公厅关于转发人力资源社会保障部财政部城镇企业职工基本养老保险关系转移接续暂行办法的通知》（国办发〔2009〕66号，以下简称《暂行办法》）。为做好《暂行办法》的贯彻落实工作，现就有关问题通知如下：

一、认真学习领会《暂行办法》精神。做好城镇企业职工基本养老保险关系转移接续工作，事关参保人员的切身利益，党中央、国务院高度重视。《暂行办法》的出台实施，是一项重大的惠民政策，是一件利民生的好事、顺民意的实事。全面贯彻落实《暂行办法》，有利于维护参保人员特别是广大农民工的养老保险权益，有利于完善社会保障体系建设，也有利于促进城乡统筹和推动工业化、城镇化发展。各级人力资源社会保障部门要认真学习和准确把握《暂行办法》的政策要点，从党和国家工作大局出发，从深入贯彻落实科学发展观的高度，从建立覆盖城乡居民社会保障体系的高度，从保障和改善民生、促进社会公平与和谐的高度，充分认识实施《暂行办法》的重要意义，将思想认识统一到国务院的决策上来，积极主动、认真细致、不折不扣地做好《暂行办法》的贯彻落实工作。

二、抓紧研究制定实施方案。各地要结合本地区实际，研究制定贯彻落实《暂行办法》的实施方案，对组织领导、任务安排、工作进度、配套措施、应急预案和检查监督等作出具体安排。特别是元旦、春节将至，这一期间也是参保人员转移接续基本养老保险关系的高峰期，要抓紧作出具体部署，做到有预案、有措施，重点加强经办服务一线窗口的工作力量，确保实施工作有序进行。各地贯彻落实《暂行办法》的实施方案，请于 2010 年 1 月底前报人力资源社会保障部备案。

三、全力做好经办服务工作。为保障《暂行办法》实施到位，部里制定了关于城镇企业职工基本养老保险关系转移接续若干问题的意见和城镇企业职工基本养老保险关系转移接续业务经办规程。各地要按照《暂行办法》和若干问题的意见、经办规程的要求，坚持统一规范、维护权益、方便群众、按时准确的原则，在发凭证、接电话、办手续、转基金等各个环节上，增强服务意识，提高服务水平，认真做好经办管理工作。各地要服从大局，严格按照统一的业务经办规程执行，并调整完善本地区的经办管理程序。

四、深入开展宣传解释工作。各地要在本地区党委、政府的领导下，配合宣传部门，集中一段时间深入开展专项宣传活动，把宣传工作做在前、做到位。要总体筹划，突出重点，注重对转移接续人员特别是农民工的面对面宣传和政策解读释疑；要采取多种方式开展宣传，既注重利用平面、电子媒体，也可印发小册子、宣传单等；要深入到企业基层开展宣传，指导和督促企业相关管理人员到车间、工地一线，对职工特别是农民工解读政策；要注重政策宣传通俗易懂，做到政策口语化、权益数量化、流程形象化，通过举实例、算细账等方式，让职工特别是农民工看得明白，心中有数；要加强与媒体沟联络，大力开展正面宣传，同时制订相关工作预案，积极妥善地应对可能出现的负通面情况，确保维护社会稳定。

五、大力开展业务培训工作。《暂行办法》的实施，政策性和操作性都很强，特别是实施的时间紧、任务重，开展业务培训工作十分重要。部里将举办《暂行办法》培训班，对地市级以上人力资源社会保障部门及社会保险经办机构的业务骨干进行培训。各地也要结合实际，对县以下人力资源社会保障部门及社会保险经办机构、基层单位和业务骨干、企业相关管理人员进行培训，力求使所有管理和经办人员全面、准确掌握政策和经办业务流程，不断提高贯彻落实《暂行办法》的政策水平和业务能力

六、认真抓好信息系统建设和统计工作。各地要按照《暂行办法》的要求，进一步完善养老保险信息系统，提升管理手段和水平，为参保单位和个人提供方便快捷的服务。已实现与部金保工程联网的，要调整完善本地信息系统，实现本地业务系统与部里金保工程“异地业务系统”无缝连接，通过电子化方式办理转移手续；尚未与部金保工程联网的，暂通过纸质方式办理转移，同时要加快本地信息系统建设步伐，尽早实现转续业务操作的信息化。要认真做好相关的统计工作，特别是要做好在新就业地建立临时缴费账户参保人员的统计工作，在信息系统中做出相应标识，避免出现重复统计的问题。

七、切实加强组织领导。《暂行办法》的实施工作，直接关系到广大参保职工特别是农民工的切身利益，事关社会稳定大局。各级人力资源社会保障部门及社会保险经办机构，要高度重视，加强领导，精心组织，认真实施，主要负责同志要亲自抓，及时向当地党委政府报告《暂行办法》的贯彻实施情况，争取领导支持，在党委政府领导下，加强与有关部门的协调配合，组织相关方面的力量，全力抓好实施工作。要及时研究解决《暂行办法》实施工作中出现的新情况、新问题，重要情况和重大问题请及时报告人力资源社会保障部。

人力资源和社会保障部等部门关于印发流动就业人员基本医疗保障关系转移接续暂行办法的通知

（2009年12月31日　人社部发〔2009〕191号）

各省、自治区、直辖市人力资源社会保障（劳动保障）厅（局）、卫生厅（局）、财政厅（局），新疆生产建设兵团劳动保障局、卫生局、财务局：

现将《流动就业人员基本医疗保障关系转移接续暂行办法》印发你们，请遵照执行。

流动就业人员基本医疗保障关系转移接续暂行办法

第一条　为保证城镇职工基本医疗保险、城镇居民基本医疗保险和新型农村合作医疗参保（合）人员流动就业时能够连续参保，基本医疗保障关系能够顺畅接续，保障参保（合）人员的合法权益，根据《中共中央、国务院关于深化医药卫生体制改革的意见》（中发〔2009〕6号）的要求，制定本办法。

第二条　城乡各类流动就业人员按照现行规定相应参加城镇职工基本医疗保险、城镇居民基本医疗保险或新型农村合作医疗，不得同时参加和重复享受待遇。各地不得以户籍等原因设置参加障碍。

第三条　农村户籍人员在城镇单位就业并有稳定劳动关系的，由用人单位按照《社会保险登记管理暂行办法》的规定办理登记手续，参加就业地城镇职工基本医疗保险。其他流动就业的，可自愿选择参加户籍所在地新型农村合作医疗或就业地城镇基本医疗保险，并按照有关规定到户籍所在地新型农村合作医疗经办机构或就业地社会（医疗）保险经办机构办理登记手续。

第四条 新型农村合作医疗参合人员参加城镇基本医疗保险后，由就业地社会（医疗）保险经办机构通知户籍所在地新型农村合作医疗经办机构办理转移手续，按当地规定退出新型农村合作医疗，不再享受新型农村合作医疗待遇。

第五条 由于劳动关系终止或其他原因中止城镇基本医疗保险关系的农村户籍人员，可凭就业地社会（医疗）保险经办机构出具的参保凭证，向户籍所在地新型农村合作医疗经办机构申请，按当地规定参加新型农村合作医疗。

第六条 城镇基本医疗保险参保人员跨统筹地区流动就业，新就业地有接收单位的，由单位按照《社会保险登记管理暂行办法》的规定办理登记手续，参加新就业地城镇职工基本医疗保险；无接收单位的，个人应在中止原基本医疗保险关系后的3个月内到新就业地社会（医疗）保险经办机构办理登记手续，按当地规定参加城镇职工基本医疗保险或城镇居民基本医疗保险。

第七条 城镇基本医疗保险参保人员跨统筹地区流动就业并参加新就业地城镇基本医疗保险的，由新就业地社会（医疗）保险经办机构通知原就业地社会（医疗）保险经办机构办理转移手续，不再享受原就业地城镇基本医疗保险待遇。建立个人账户的，个人账户原则上随其医疗保险关系转移划转，个人账户余额（包括个人缴费部分和单位缴费划入部分）通过社会（医疗）保险经办机构转移。

第八条 参保（合）人员跨制度或跨统筹地区转移基本医疗保障关系的，原户籍所在地或原就业地社会（医疗）保险或新型农村合作医疗经办机构应在其办理中止参保（合）手续时为其出具参保（合）凭证（样式见附件），并保留其参保（合）信息，以备核查。新就业地要做好流入人员的参保（合）信息核查以及登记等工作。

第九条 参保（合）凭证由人力资源社会保障部会同卫生部统一设计，由各地社会（医疗）保险及新型农村合作医疗经办机构统一印制。参保（合）凭证信息原则上通过社会（医疗）保险及新型农村合作医疗经办机构之间传递，因特殊原因无法传递的，由参保（合）人员自行办理有关手续。

第十条 社会（医疗）保险和新型农村合作医疗经办机构要指定窗口或专人，办理流动就业人员的基本医疗保障登记和关系接续等业务。要逐步将身份证号码作为各类人员参加城镇职工基本医疗保险、城镇居民基本医疗保险和新型农村合作医疗的唯一识别码，加强信息系统建设，及时记录更新流动人员参保（合）缴费的信息，保证参保（合）记录的完整性和连续性。

第十一条 社会（医疗）保险和新型农村合作医疗经办机构要加强沟通和协作，共同做好基本医疗保障关系转移接续管理服务工作，简化手续，规范流程，共享数据，方便参保（合）人员接续基本医疗保障关系和享受待遇。

第十二条 各省、自治区、直辖市要按照本办法，并结合当地实际制定流动就业人员基本医疗保障登记管理和转移接续的具体实施办法。

第十三条 本办法自2010年7月1日起实施。

人力资源和社会保障部 财政部关于印发《城乡养老保险制度衔接暂行办法》的通知

（2014 年 2 月 24 日　人社部发〔2014〕17 号）

各省、自治区、直辖市人民政府，新疆生产建设兵团：

经国务院同意，现将《城乡养老保险制度衔接暂停办法》印发给你们，请认真贯彻执行。

实现城乡养老保险制度衔接，是贯彻落实党的十八届三中全会精神和社会保险法规定，进一步完善养老保险制度的重要内容，做好城乡养老保险制度衔接工作，有利于促进劳动力的合理流动，保障广大城乡参保人员的权益，对于健全和完善城乡统筹的社会保障体系具有重要意义。各地区要高度重视，加强组织领导，明确职责分工，密切协调配合，研究制定具体实施办法，深入开展政策宣传解释和培训，全力做好经办服务，抓好信息系统建设，确保城乡养老保险制度衔接工作平稳实施。

城乡养老保险制度衔接暂行办法

第一条　为了解决城乡养老保险制度衔接问题，维护参保人员的养老保险权益，依据《中华人民共和国社会保险法》和《实施〈中华人民共和国社会保险法〉若干规定》（人力资源和社会保障部令第 13 号）的规定，制定本办法。

第二条　本办法适用于参加城镇职工基本养老保险（以下简称城镇职工养老保险）两种制度需要办理衔接手续的人员。已经按照国家规定领取养老保险待遇的人员，不再办理城乡养老保险制度衔接手续。

第三条 参加城镇职工养老保险和城乡居民养老保险人员，达到城镇职工养老保险法定退休年龄后，城镇职工养老保险缴费年限满 15 年（含延长缴费至 15 年）的，可以申请从城乡居民养老保险转入城镇职工养老保险，按照城镇职工养老保险办法计发相应待遇；城镇职工养老保险缴费年限不足 15 年的，可以申请从城镇职工养老保险转入城乡居民养老保险，待达到城乡居民养老保险规定领取条件时，按照城乡居民养老保险办法计发相应待遇。

第四条 参保人员需办理城镇职工养老保险和城乡居民养老保险制度衔接手续的，先按城镇职工养老保险有关规定确定待遇领取地，并将城镇职工养老保险关系归集至待遇领取地，再办理制度衔接手续。

参保人员申请办理制度衔接手续时，从城乡居民养老保险转入城镇职工养老保险的，在城镇职工养老保险待遇领取地提出申请办理；从城镇职工养老保险转入城乡居民养老保险的，在转入城乡居民养老保险待遇领取地提出申请办理。

第五条 参保人员从城乡居民养老保险转入城镇职工养老保险的，城乡居民养老保险个人账户全部储存额并入城镇职工养老保险个人账户，城乡居民养老保险缴费年限不合并计算或折算为城镇职工养老保险缴费年限。

第六条 参保人员从城镇职工养老保险转入城乡居民养老保险的，城镇职工养老保险个人账户全部储存额并入城乡居民养老保险个人账户，参加城镇职工养老保险的缴费年限合并计算为城乡居民养老保险的缴费年限。

第七条 参保人员若在同一年度内同时参加城镇职工养老保险和城乡居民养老保险的，其重复缴费时段（按月计算，下同）只计算城镇职工养老保险缴费年限，并将城乡居民养老保险重复缴费时段相应个人缴费和集体补助退还本人。

第八条 参保人员不得同时领取城镇职工养老保险和城乡居民养老保险待遇。对于同时领取城镇职工养老保险和城乡居民养老保险待遇的。终止并解除城乡居民养老保险关系，除政府补贴外的个人账户余额退还本人，已领取的城乡居民养老保险基础养老金应予以退还；本人不予退还的，由社会保险经办机构负责从城乡居民养老保险个人账户余额或者城镇职工养老保险基本养老金中抵扣。

第九条 参保人员办理城乡养老保险制度衔接手续时，按下列程序办理：

（一）由参保人员本人向待遇领取地社会保险经办机构提出养老保险制度衔接的书面申请。

（二）待遇领取地社会保险经办机构受理并审核参保人员书面申请，对符合本办法固定条件的，在 15 个工作日内，向参保人员原城镇职工养老保险、城乡居民养老保险关系所在的社会保险经办机构发出联系函，并提供相关信息；对不符合本办法规定条件的，向申请人作出说明。

（三）参保人员原城镇职工养老保险、城乡居民养老保险关系所在地社会保险经办机构在接到联系函的 15 个工作日内，完成制度衔接的参保缴费信息传递和基金划转手续。

（四）待遇领取地社会保险经办机构受到参保人员原城镇职工养老保险、城乡居民养老保险关系所在地社会保险经办机构转移的资金后，应在 15 个工作日内办结有关手续，并将情况及时通知申请人。

第十条 健全完善全国县级以上社会保险经办机构联系方式信息库，并向社会公布，方便参保人员办理城乡养老保险制度衔接手续。建立全国统一的基本养老保险参保缴费信息查询服务系统，进一步完善全国社会保险关系转移系统，加快普及全国通用的社会保障卡，为参保人员查询参保缴费信息、办理城乡养老保险制度衔接提供便捷有效的技术服务。

第十一条 本办法从 2014 年 7 月 1 日起施行。各地已出台政策与本办法不符的，以本办法规定为准。

人力资源和社会保障部办公厅关于贯彻实施《城乡养老保险制度衔接暂行办法》有关问题的通知

（2014 年 2 月 24 日　人社厅发〔2014〕25 号）

各省、自治区、直辖市、新疆生产建设兵团人力资源社会保障厅（局）：

近日，人力资源社会保障部、财政部印发了《关于印发〈城乡养老保险制度衔接暂行办法〉的通知》（人社部发〔2014〕17 号）（以下简称《暂行办法》）。为做好《暂行办法》的贯彻落实工作，现就有关问题通知如下：

一、充分认识《暂行办法》的重要性

近年来，随着我国城乡养老保险制度全面实施，覆盖范围不断扩大，加上城乡劳动力流动就业加速，城乡养老保险制度的衔接问题迫切需要解决。对此，党中央、国务院高度重视。《暂行办法》的出台实施，顺应民意，利于民生，是一项重大的惠民政策。全面贯彻落实《暂行办法》，有利于健全和完善统筹城乡的社会保障体系，有利于促进劳动力的合理流动，有利于更好地保障城乡参保人员特别是广大农民工的养老保险权益。各级人力资源社会保障部门要认真学习和准确把握《暂行办法》的政策要点，从党和国家工作大局出发，从更好地保障和改善民生、促进社会公平正义出发，充分认识做好城乡养老保险制度衔接工作的重要意义，统一思想，提高认识，切实做好《暂行办法》的贯彻落实工作。

二、深入开展宣传培训工作

《暂行办法》政策性和操作性都很强，及时开展政策宣传和业务培训工作十分重要。各地要配合宣传部门，集中一段时间开展专项宣传活动。要突出重点，采取更灵活的方式，深入到企业基层、乡镇社区和广大劳动者中间，帮助参保人员特别是农民工全面准确了解政策、释疑解惑。要加强与媒体沟通联络，正确引导舆论，营造良好的社会氛围。要制订相关工作预案，积极妥善地应对可能出现的热点舆情，确保社会稳定。部里将举办《暂行办法》培训班，对省级以上人力资源社会保障部门及社会保险经办机构的业务骨干进行培训。各地也要结合实际，进行相应的培训，使各级管理和经办人员准确理解、全面掌握政策和经办业务流程，确保《暂行办法》落实到位。

三、全力做好经办服务工作

为保障《暂行办法》实施到位，部里制定了城乡养老保险制度衔接经办规程。各地要严格按照经办规程的要求，精心设计，周密安排，分工负责，制定具体工作方案。要根据统一规范、及时准确的原则，按照简化操作、方便群众的要求，及时调整完善本地区的经办管理程序，做好相关流程的对接。要切实加强社保经办机构之间的沟通配合，增强服务意识，简化办理手续，缩短办理时间，努力提高服务水平。

四、认真抓好信息系统建设和统计工作

部里将进一步完善社会保险关系转移信息系统，增加城乡养老保险制度衔接有关功能，统一有关电子化流程和接口规范。各地要按照要求，做好本地业务管理系统调整工作，与部社会保险关系转移信息系统实现无缝衔接，构建全国统一的经办服务信息化工作网络，提高城乡养老保险制度衔接电子化应用水平。要切实组织好所属地区的数据统计、核实、汇总和上报工作，确保数据真实、及时和准确。

五、切实加强组织领导

做好城乡养老保险制度衔接工作，直接关系到广大参保人员特别是农民工的切身利益，事关改革发展稳定大局。各级人力资源社会保障部门要高度重视，加强领导，精心组织，认真实施。各地要严格按照《暂行办法》的要求，研究制定贯彻落实工作的实施方案，对组织领导、任务分工、配套措施等作出具体部署，并请于5月 底前将实施方案报人力资源社会保障部备案。要及时研究解决《暂行办法》实施工作中出现的新情况、新问题，重要情况和重大问题请及时报告人力资源社会保障部

附件：1. 城乡养老保险制度衔接暂行办法宣传提纲

2. 城乡养老保险制度衔接经办规程（试行）

（附件 1 本书略）

附件 2

城乡养老保险制度衔接经办规程（试行）

第一条 为统一和规范城乡养老保险制度衔接业务经办程序，根据《城乡养老保险制度衔接暂行办法》，制定本规程。

第二条 本规程适用于参加城镇职工基本养老保险（以下简称城镇职工养老保险）、城乡居民基本养老保险（以下简称城乡居民养老保险）两种制度的人员办理跨制度衔接养老保险关系。

第三条 县级以上社会保险经办机构（以下简称社保机构）负责城乡养老保险制度衔接业务经办。

第四条 参保人员达到城镇职工养老保险法定退休年龄，如有分别参加城镇职工养老保险、城乡居民养老保险情形，在申请领取养老保险待遇前，向待遇领取地社保机构申请办理城乡养老保险制度衔接手续。

（一）城镇职工养老保险缴费年限满 15 年（含延长缴费至 15 年）的，应向城镇职工养老保险待遇领取地社保机构申请办

理从城乡居民养老保险转入城镇职工养老保险。

（二）城镇职工养老保险缴费年限不足 15 年或按规定延长缴费仍不足 15 年的，应向城乡居民养老保险待遇领取地社保机构申请办理从城镇职工养老保险转入城乡居民养老保险。

第五条 办理参保人员城镇职工养老保险和城乡居民养老保险制度衔接手续的，社保机构应首先按照《国务院办公厅关于转发人力资源社会保障部财政部城镇企业职工基本养老保险关系跨省转移接续暂行办法的通知》（国办发〔2009〕66 号）等有关规定，确定城镇职工养老保险待遇领取地，由城镇职工养老保险待遇领取地（即城镇职工养老保险关系归集地）负责归集参保人员城镇职工养老保险关系，告知参保人员办理相关手续，并为其开具包含各参保地缴费年限的《城镇职工基本养老保险参保缴费凭证》（附件 1，简称《参保缴费凭证》）。

第六条 参保人员办理城乡居民养老保险转入城镇职工养老保险，按以下程序办理相关手续：

（一）参保人员向城镇职工养老保险待遇领取地社保机构提出转入申请，填写《城乡养老保险制度衔接申请表》（附件 2，以下简称《申请表》），出示社会保障卡或居民身份证并提交复印件。

参保人员户籍地与城镇职工养老保险待遇领取地为不同统筹地区的，可就近向户籍地负责城乡居民养老保险的社保机构提出申请，填写《申请表》，出示社会保障卡或居民身份证，并提交复印件。户籍地负责城乡居民养老保险的社保机构应及时将相关材料传送给其城镇职工养老保险待遇领取地社保机构。

（二）城镇职工养老保险待遇领取地社保机构受理并审核《申请表》及相关资料，对符合制度衔接办法规定条件的，应在 15 个工作日内，向参保人员城乡居民养老保险关系所在地社保机构发出《城乡养老保险制度衔接联系函》（附件 3，以下简称《联系函》）。不符合制度衔接办法规定条件的，应向参保人员作出说明。

（三）城乡居民养老保险关系所在地社保机构在收到《联系函》之日起的15个工作日内办结以下手续：

1. 核对参保人员有关信息并生成《城乡居民基本养老保险信息表》（附件4），传送给城镇职工养老保险待遇领取地社保机构；

2. 办理基金划转手续；

3. 终止参保人员在本地的城乡居民养老保险关系。

（四）城镇职工养老保险待遇领取地社保机构在收到《城乡居民基本养老保险信息表》和转移基金后的15个工作日内办结以下手续：

1. 核对《城乡居民基本养老保险信息表》及转移基金额；

2. 录入参保人员城乡居民养老保险相关信息；

3. 确定重复缴费时段及金额，按规定将城乡居民养老保险重复缴费时段相应个人缴费和集体补助（含社会资助，下同）予以清退；

4. 合并记录参保人员个人账户；

5. 将办结情况告知参保人员。

第七条 参保人员办理城镇职工养老保险转入城乡居民养老保险，按以下程序办理相关手续：

（一）参保人员向城乡居民养老保险待遇领取地社保机构提出申请，填写《申请表》，出示社会保障卡或居民身份证并提交复印件，提供城镇职工养老保险关系归集地开具的《参保缴费凭证》。

（二）城乡居民养老保险待遇领取地社保机构受理并审核《申请表》及相关资料，对符合制度衔接办法规定条件的，应在15个工作日内，向城镇职工养老保险关系归集地社保机构发出《联系函》。对不符合制度衔接办法规定条件的，应向参保人员作出说明。

（三）城镇职工养老保险关系归集地社保机构收到《联系函》之日起的15个工作日内，办结以下手续：

1. 生成《城镇职工基本养老保险信息表》（附件5），传送给城乡居民养老保险待遇领取地社保机构；

2. 办理基金划转手续；

3. 终止参保人员在本地的城镇职工养老保险关系。

（四）城乡居民养老保险关系所在地社保机构在收到《城镇职工基本养老保险信息表》和转移基金后的15个工作日内办结以下手续：

1. 核对《城镇职工基本养老保险信息表》及转移基金额；

2. 录入参保人员城镇职工养老保险相关信息；

3. 确定重复缴费时段及金额，按规定予以清退；

4. 合并记录参保人员个人账户；

5. 将办结情况告知参保人员。

第八条 参保人员存在同一年度内同时参加城镇职工养老保险和城乡居民养老保险情况的，由转入地社保机构清退城乡居民养老保险重复缴费时段相应的个人缴费和集体补助，按以下程序办理：

（一）进行信息比对，确定重复缴费时段。重复时段为城乡居民养老保险各年度与城镇职工养老保险重复缴费的月数。

（二）确定重复缴费清退金额，生成并打印《城乡养老保险重复缴费清退表》（附件6）。重复缴费清退金额计算方法：

年度重复缴费清退金额=（年度个人缴费本金+年度集体补助本金）/12×重复缴费月数；

清退总额=各年度重复缴费清退金额之和。

（三）将重复缴费清退金额退还参保人员，并将有关情况通知本人。

第九条 参保人员同时领取城镇职工养老保险和城乡居民养老保险待遇的，由城乡居民养老保险待遇领取地社保机构负责终止其城乡居民养老保险关系，核定重复领取的城乡居民养老保险基础养老金金额，通知参保人员退还。参保人员退还后，将其城乡居民养老保险个人账户余额（扣除政府补贴，下同）退还本人。

参保人员不退还重复领取的城乡居民养老保险基础养老金的，城乡居民养老保险待遇领取地社保机构从其城乡居民养老保险个人账户余额中抵扣，抵扣后的个人账户余额退还本人。

参保人员个人账户余额不足抵扣的，城乡居民养老保险待遇领取地社保机构向其领取城镇职工养老保险待遇的社保机构发送《重复领取养老保险待遇协助抵扣通知单》（附件 7），通知其协助抵扣。

参保人员城镇职工养老保险待遇领取地社保机构完成抵扣后，应将协助抵扣款项全额划转至城乡居民养老保险待遇地社保机构指定银行账户，同时传送《重复领取养老保险待遇协助抵扣回执》（见附件 7）。

第十条 负责城镇职工养老保险、城乡居民养老保险的社保机构办理参保人员城乡养老保险制度衔接手续后，应将参保人员有关信息予以保留和备份。

第十一条 人力资源和社会保障部建立健全完善全国县级以上社保机构联系方式信息库，并向社会公布相关信息。同时，进一步完善全国社会保险关系转移信息系统，各地社保机构应积极应用该系统开展城乡养老保险制度衔接业务。建立全国统一的基本养老保险参保缴费查询服务系统，加快普及全国通用的社会保障卡，为参保人员查询参保缴费信息、办理制度衔接提供便捷、高效的服务。

第十二条 本规程从 2014 年 7 月 1 日起施行。

第十三条 本规程由人力资源社会保障部负责解释。

附件：1. 城镇职工基本养老保险参保缴费凭证

2. 城乡养老保险制度衔接申请表

3. 城乡养老保险制度衔接联系函
4. 城乡居民基本养老保险信息表
5. 城镇职工基本养老保险信息表
6. 城乡养老保险重复缴费清退表
7. 重复领取养老保险待遇协助抵扣通知单
（附件本书略）

人力资源和社会保障部等部门关于印发《关于做好进城落户农民参加基本医疗保险和关系转移接续工作的办法》的通知

（2015年8月27日　人社部发〔2015〕80号）

各省、自治区、直辖市人力资源社会保障厅（局）、发展改革委、财政厅（局）、卫生计生委，新疆生产建设兵团人力资源社会保障局、发展改革委、财务局、卫生局：

现将《关于做好进城落户农民参加基本医疗保险和关系转移接续工作的办法》印发你们，请遵照执行。

关于做好进城落户农民参加基本医疗保险和关系转移接续工作的办法

健全进城落户农民参加基本医疗保险和关系转移接续政策，是落实中央全面深化改革任务的重要举措，有利于推动和统筹城乡发展，促进社会正义和谐；有利于全面提升城镇化质量，促进城镇化健康发展；有利于深入健全全民医保，促进基本医疗保障公平可及。为进一步做好进城落户农民参加基本医疗保险和流动就业人员等基本医疗保险关系转移接续工作，切实维护各类参保人员合法权益，依据《中华人民共和国社会保险法》和基本医疗保险制度有关规定，制定本办法。

一、做好进城落户农民参保工作

进城落户农民是指按照户籍管理制度规定，已将户口由农村迁入城镇的农业转移人口。各级人力资源社会保障部门要积极配合和支持相关部门，做好农业转移人口落户工作，把进城落户农民纳入城镇基本医疗保险制度体系，在农村参加的基本医疗保险规范接入城镇基本医疗保险，确保基本医保待遇连续享受。

进城落户农民根据自身实际参加相应的城镇基本医疗保险。在城镇单位就业并有稳定劳动关系的，按规定随所在单位参加职工基本医疗保险（以下简称职工医保）；以非全日制、临时性工作等灵活形式就业的，可以灵活就业人员身份按规定参加就业地职工医保，也可以选择参加户籍所在地城镇（城乡）居民基本医疗保险（以下简称居民医保）。其他进城落户农民可按规定在落户地参加居民医保，执行当地统一政策。对参加居民医保的进城落户农民按规定给予参保补助，个人按规定缴费。

已参加新型农村合作医疗（以下简称新农合）或居民医保的进城落户农民，实现就业并参加职工医保的，不再享受原参保地新农合或居民医保待遇。要进一步完善相关政策衔接措施，引导进城落户农民及时参保，同时避免重复参保。

二、规范医保关系转移接续手续

进城落户农民和流动就业人员等参加转入地基本医疗保险后，转入地社会（医疗）保险经办机构应依据参保人申请，通知转出地经办机构办理医保关系转移手续，确保管理服务顺畅衔接，避免待遇重复享受。

转出地社会（医疗）保险或新农合经办机构应在参保人办理中止参保（合）手续时为其开具参保（合）凭证。参保（合）凭证是参保人员的重要权益记录，由参保人妥善保管，用于转入地受理医保关系转移申请时，核实参保人身份和转出地社会（医疗）保险经办机构记录的相关信息。

三、妥善处理医保关系转移接续中的有关权益

进城落户农民和流动就业人员等办理基本医疗保险关系转移

接续前后，基本医疗保险参保缴费中断不超过3个月且补缴中断期间医疗保险费的，不受待遇享受等待期限制，按参保地规定继续参保缴费并享受相应的待遇。

进城落户农民在农村参加新农合等基本医疗保险的参保缴费和权益享受信息等连续记入新参保地业务档案，保证参保记录的完整性和连续性。流动就业人员参加职工医保的缴费年限各地互认，参保人在转出地职工医保记录的缴费年限累计计入转入地职工医保缴费年限记录。

参保人转移基本医疗保险关系时，建立个人账户的，个人账户随本人基本医疗保险关系一同转移。个人账户资金原则上通过经办机构进行划转。

四、做好医保关系转移接续管理服务工作

进一步规范医保关系转移接续业务经办程序。逐步统一各类人员参加基本医疗保险的标识。积极探索推行网上经办、自助服务、手机查询等经办服务模式，引导和帮助用人单位和个人依规主动更新参保信息。加强经办服务管理平台建设，完善和推广社会保险（医疗保险）关系转移接续信息系统，推进标准化建设和数据信息跨地区、跨部门共享，确保跨地区、跨制度参保信息互认和顺畅传递。

社会（医疗）保险经办机构和新农合经办机构要加强沟通协作，进一步做好基本医疗保险关系转移接续管理服务工作。

五、落实组织实施工作

各地人力资源社会保障部门要结合本地区实际，以进城落户农民为重点，做好参保和关系转移接续工作，细化完善政策措施，优化管理服务流程。卫生计生部门要做好进城落户农民医保关系转移接续经办服务工作。财政部门要继续做好居民医保和新农合财政补助工作，确保资金及时足额到位。发展改革部门要积极支持配合相关部门，将进城落户农民在农村参加的社会保险规范接入城镇社保体系，支持社保经办平台建设。各相关部门加强统筹协调，做好政策衔接，确保基本医疗保险参保人跨制度、跨地区流动时能够连续参保。

本办法从2016年1月1日起执行。《流动就业人员基本医疗保障关系转移接续暂行办法》（人社部发〔2009〕191号）与本办法不符的，按本办法执行。

附件：基本医疗保障参保（合）凭证样式

（附件本书略）

人力资源和社会保障部办公厅关于城乡居民养老保险关系转移接续有关问题处理意见的复函

（2016年5月30日　人社厅函〔2016〕206号）

广东省人力资源社会保障厅：

你厅《关于户籍转移人员城乡居民养老保险关系转移接续和制度衔接有关问题的请示》（粤人社函〔2016〕1025号）收悉。经研究，现函复如下：

《国务院关于建立统一的城乡居民基本养老保险制度的意见》（国发〔2014〕8号）对城乡居民参保、缴费、转移及享受待遇的条件有明确规定，原户籍地新农保或城居保制度实施后才年满60周岁的城乡居民，均符合在原户籍地参保缴费的条件。在迁移户籍前已满60周岁的城乡居民，应由原户籍地负责其城乡居民养老保险参保缴费和待遇发放。

人力资源和社会保障部办公厅关于养老保险关系跨省转移视同缴费年限计算地有关问题的复函

（2017年6月26日　人社厅函〔2017〕151号）

广东省人力资源和社会保障厅：

你厅《关于养老保险关系跨省转移视同缴费年限计算地有关问题的请示》（粤人社报〔2017〕69号）收悉。经研究，现函复如下：

《人力资源社会保障部关于城镇企业职工基本养老保险关系转移接续若干问题的通知》（人社部规〔2016〕5号，以下简称5号规）明确规定："曾经在机关事业单位和企业工作的视同缴费年限，计算为当时工作地的视同缴费年限；在多地有视同缴费年限的，分别计算为各地的视同缴费年限。"按此规定，参保人员曾经在机关事业单位和企业工作的视同缴费年限，在确定计算地时与当时工作地有关，并不以工作地和参保地或户籍地一致为前提。

关于广远、广海成建制转移的问题，5号规明确规定："城镇企业成建制跨省转移，按照《暂行办法》的规定转移接续养老保险关系。在省级政府主导下的规模以上企业成建制转移，可根据两省协商，妥善转移接续养老保险关系。"对于参保人员离开成建制转移企业的，不应使用成建制转移企业协商的相关规定，而应该执行国家统一规定。

请你们严格按照5号规政策，责成广州市核实朱国森同志视同缴费年限期间工作地，明确视同缴费年限计算为当时工作地的年限，确定养老保险待遇领取地，核发相应的养老保险待遇，切实保障其养老保险权益。

山东省人民政府办公厅关于转发省人力资源社会保障厅 省财政厅《山东省企业职工基本养老保险关系转移接续实施办法》的通知

（2010 年 8 月 29 日　鲁政办发〔2010〕50 号）

各市人民政府，各县（市、区）人民政府，省政府各部门、省直属机构，各大企业，各高等院校：

省人力资源社会保障厅、省财政厅《山东省企业职工基本养老保险关系转移接续实施办法》已经省政府同意，现转发给你们，请认真贯彻执行。

做好企业职工基本养老保险关系转移接续工作，事关参保人员切身利益。各级、各有关部门要充分认识做好这项工作的重要意义，切实加强领导，精心组织实施，结合本地区实际研究制定实施方案。要着力做好宣传工作，采取多种方式和渠道，面向企业和职工，特别是农民工解读政策，争取他们的理解和支持，维护社会稳定。要积极创造条件，加快建立全省统一的企业职工基本养老保险参保缴费信息查询服务系统，为参保人员查询参保缴费信息提供便捷有效的技术服务；加快建立省、市基本养老保险关系转移接续信息平台，为转移接续提供技术支撑。要准确把握政策，加强监督检查，确保国家和省的各项政策措施落实到位。要按照统一规范、维护权益、方便群众、按时准确的原则，增强服务意识，提高服务水平，确保养老保险关系转移接续工作顺利实施。各市要及时掌握工作中遇到的新情况、新问题，遇有重要情况和重大问题，要及时报告省人力资源社会保障厅。

山东省企业职工基本养老保险关系转移接续实施办法

第一条 为切实保障参加企业职工基本养老保险人员（以下简称参保人员）的合法权益，促进人力资源合理配置和有序流动，保证参保人员流动就业时基本养老保险关系顺畅转移接续，根据《国务院办公厅关于转发人力资源社会保障部财政部城镇企业职工基本养老保险关系转移接续暂行办法的通知》（国办发〔2009〕66号）和人力资源社会保障部《关于贯彻落实国务院办公厅转发城镇企业职工基本养老保险关系转移接续暂行办法的通知》（人社部发〔2009〕187号）精神，结合我省实际，制定本办法。

第二条 本办法适用于参加企业职工基本养老保险的所有人员，包括农民工。已经按国家规定领取基本养老保险待遇的人员，不再转移基本养老保险关系。

第三条 参保人员跨省、自治区、直辖市（以下简称跨省）流动就业的，按国办发〔2009〕66号和人社部发〔2009〕187号文件规定办理。其中，参保人员从省外转至我省，在确定省内基本养老保险关系接续地或待遇领取地时，按本办法有关规定办理。

参保人员在省内跨市（指设区的市，含养老保险省直管企业，下同）流动就业的，按本办法办理。

第四条 参保人员省内跨市流动就业的，由原参保所在地社会保险经办机构（以下简称社保经办机构）开具参保缴费凭证，其基本养老保险关系应随同转移到新参保地。参保人员达到基本养老保险待遇领取条件的，其在各地的参保缴费年限合并计算，个人账户储存额（含本息，下同）累计计算；未达到待遇领取年龄前，不得终止基本养老保险关系并办理退保手续，其中出国定居和到香港、澳门、台湾地区定居的，按国家有关规定执行。

第五条 参保人员省内跨市流动就业转移基本养老保险关系时，按下列方法计算转移资金：

（一）个人账户储存额：1998 年 1 月 1 日之前的，按个人账户中个人缴费累计本息计算转移；1998 年 1 月 1 日至 2005 年 12 月 31 日期间的，按个人缴费工资基数 11%记入个人账户的全部储存额（含本息，下同）转移；2006 年 1 月 1 日之后的，按个人缴费工资基数 8%记入个人账户的全部储存额转移。

（二）统筹基金：以本人 1998 年 1 月 1 日后各年度实际缴费工资为基数，按 12%的总和转移，参保缴费不足 1 年的，按实际缴费月数计算转移。

第六条 参保人员省内跨市流动就业，其基本养老保险关系转移接续按下列规定办理：

（一）参保人员返回户籍所在地（指设区的市，下同）就业参保的，户籍所在地的相关社保经办机构应为其及时办理转移接续手续。

（二）参保人员未返回户籍所在地就业参保的，由新参保地的社保经办机构为其及时办理转移接续手续。但对男性年满 50 周岁和女性年满 40 周岁的，应在原参保地继续保留基本养老保险关系，同时在新参保地建立临时基本养老保险缴费账户，记录单位和个人全部缴费。参保人员再次跨市流动就业或在新参保地达到待遇领取条件时，将临时基本养老保险缴费账户中的全部缴费（含个人账户利息）转移归集到原参保地或待遇领取地。

（三）参保人员经县级以上党委组织部门、人力资源社会保障行政部门批准调动，且与调入单位建立劳动关系并缴纳基本养老保险费的，不受以上年龄规定限制，应在调入地及时办理基本养老保险关系转移接续手续。

第七条 我省户籍的参保人员从省外返回本省就业参保时，

如就业地（含养老保险省直管企业，下同）与户籍所在地属于不同的市，其基本养老保险关系应转移到就业地。但对男性年满50周岁和女性年满40周岁的参保人员，可根据本人申请，将其基本养老保险关系转移到户籍所在地或省内最后一个缴费年限满10年的参保地，同时在非基本养老保险关系所在的就业地建立临时基本养老保险缴费账户，记录单位和个人全部缴费。其在省内再次跨市就业参保或达到待遇领取条件时，将临时基本养老保险缴费账户的全部缴费（含个人账户利息）转移归集到其基本养老保险关系所在地。

本条上述参保人员符合本办法第六条第（三）项规定的，按该项规定办理。

第八条 省内跨市流动就业的参保人员达到待遇领取条件时，按下列规定确定其待遇领取地：

（一）基本养老保险关系在户籍所在地的，由户籍所在地负责办理待遇领取手续，享受基本养老保险待遇。

（二）基本养老保险关系不在户籍所在地，而在其基本养老保险关系所在地累计缴费年限满10年的，在该地办理待遇领取手续，享受当地基本养老保险待遇。

（三）基本养老保险关系不在户籍所在地，且在其基本养老保险关系所在地累计缴费年限不满10年的，将其基本养老保险关系转回上一个缴费年限满10年的原参保地办理待遇领取手续，享受基本养老保险待遇。

（四）基本养老保险关系不在户籍所在地，且在每个参保地的累计缴费年限均不满10年的，将其基本养老保险关系及相应资金归集到户籍所在地，由户籍所在地按规定办理待遇领取手续，享受基本养老保险待遇。

第九条 省外参保人员达到待遇领取条件时，按国办发〔2009〕66号文件确定待遇领取地为我省的，其基本养老保险关系应转回我省，在我省领取基本养老保险待遇。其中，我省户籍的，待遇领取地可根据本人申请，按户籍所在地或省内最后一个缴费年限满10年的参保地确定；非我省户籍的，待遇领取地根据原在省内有关市的缴费年限，按最后一个缴费年限满10年的市确定，缴费年限都不满10年的，按“从长”的原则确定，缴费年限相同的，按最后一个市确定。

第十条 参保人员转移接续基本养老保险关系后，符合待遇领取条件的，按照《国务院关于完善企业职工基本养老保险制度的决定》（国发〔2005〕38号）及《山东省人民政府关于印发山东省完善企业职工基本养老保险制度实施意见的通知》（鲁政发〔2006〕92号）等有关规定，核定其基本养老金。其中，缴费工资指数以本人在各参保地的缴费工资和待遇领取地相对应各年度在岗职工平均工资（2006年1月1日以前按职工平均工资）计算确定，并以此计算本人指数化平均缴费工资和基础养老金。

第十一条 参保人员省内跨市流动就业的，按下列程序办理基本养老保险关系转移接续手续：

（一）参保人员在新就业地按规定建立基本养老保险关系和缴费后，由用人单位或参保人员向新参保地社保经办机构提出基本养老保险关系转移接续的书面申请。

（二）新参保地社保经办机构在15个工作日内，审核转移接续申请，对符合本办法规定条件的，向参保人员原基本养老保险关系所在地的社保经办机构发出同意接收函，并提供相关信息；对不符合转移接续条件的，向申请单位或参保人员作出书面说明。

（三）原基本养老保险关系所在地社保经办机构在接到同意接收函的15个工作日内，办理好转移接续的各项手续。

（四）新参保地社保经办机构在收到参保人员原基本养老保险关系所在地社保经办机构转移的基本养老保险关系和资金后，应在15个工作日内办结有关手续，并将确认情况及时通知用人单位或参保人员。

第十二条 农民工中断就业或返乡没有继续缴费的，由原参保地社保经办机构保留其基本养老保险关系，保存其全部参保缴费记录及个人账户，个人账户储存额继续按规定计息。农民工返回城镇就业并继续参保缴费的，无论其回到原参保地就业还是到其他城镇就业，均按前述规定累计计算其缴费年限，合并计算其个人账户储存额，符合待遇领取条件的，与城镇职工同样享受基本养老保险待遇；农民工不再返回城镇就业的，其在城镇参保缴费记录及个人账户全部有效，并根据农民工的实际情况，或在其达到规定领取条件时享受城镇职工基本养老保险待遇，或转入新型农村社会养老保险。农民工在城镇参加企业职工基本养老保险与在农村参加新型农村社会养老保险的衔接政策，待国家研究确定后执行。

第十三条 参保人员在设区的市内流动就业，只转移接续基本养老保险关系，不转移资金。具体实施细则，原则上参照本办法执行。

第十四条 本办法所称缴费年限，除另有特殊规定外，均包括视同缴费年限。

第十五条 本办法涉及跨省转移接续的规定自 2010 年 1 月 1 日起施行，涉及省内跨市转移接续的规定自 2010 年 10 月 1 日起施行。此前有关企业职工基本养老保险关系转移接续的政策，凡与本办法不一致的，一律按本办法执行。本办法施行前已流动就业，但尚未办理基本养老保险关系转移接续手续的，按本办法规定办理。

山东省劳动保障厅等部门转发劳动和社会保障部等部门《关于职工在机关事业单位与企业之间流动时社会保险关系处理意见的通知》的通知

（2001 年 12 月 17 日　鲁劳社〔2001〕55 号）

各市人民政府，省政府各部门、各单位，各大企业，各高等院校：

现将劳动和社会保障部、财政部、人事部、中央机构编制委员会办公室《关于职工在机关事业单位与企业之间流动时社会保险关系处理意见的通知》（劳社部发〔2001〕13 号）转发给你们，并结合我省实际，提出以下意见，请一并贯彻执行。

一、养老保险关系处理

1. 公务员及参照和依照公务员制度管理的单位工作人员进入企业，按规定给予的一次性补贴，在职工办理调动手续时，可先由本人原所在单位向进入的企业参加统筹的社会保险经办机构为其垫付所需补贴资金，然后再向财政部门申请下拨为职工垫付的补贴资金。计算补贴标准时，在机关工作年限不满整年的要换算成年。

2. 公务员进入企业后再次转入机关事业单位工作的，原给予的一次性补贴的本金和利息，由社会保险经办机构在为其办理有关手续时，从其个人账户资金中提出，上缴同级财政。

二、失业保险关系处理

1. 机关工勤人员必须参加失业保险统筹，并按规定缴纳失业保险费，失业后到劳动保障部门所属的失业保险经办机构申请办理失业保险登记手续，并按规定享受失业保险待遇。

2. 国家公务员及参照和依照公务员制度管理的工作人员，进入企业、事业单位工作，自进入之月起，按规定参加失业保险，其原有的工作年限视同缴费年限。企业、事业单位职工进入国家机关成为公务员及参照和依照公务员制度管理的工作人员，不再享受失业保险待遇，原单位及个人缴纳的失业保险费不转移，其失业保障按鲁人〔1996〕13号文件办理。

三、医疗保险关系处理

1. 职工在同一统筹地区流动的，基本医疗保险关系不转移。职工由机关事业单位（含全额、差额拨款事业单位，下同）向企业流动的，从进入企业当月起，不再享受公务员医疗补助待遇，享受所在企业同等条件人员的医疗待遇；职工由企业向机关事业单位流动的，进入机关事业单位当月起，享受机关事业单位同等条件人员的医疗待遇。

2. 职工跨统筹地区流动的，转移基本医疗保险关系，个人账户金随同转移。享受转入地同等条件人员的医疗待遇，享受时间和标准同上款规定。

劳动和社会保障部等部门《关于职工在机关事业单位与企业之间流动时社会保险关系处理意见》的通知

各省、自治区、直辖市人民政府，国务院各部委、各直属机构：

为促进职工在机关事业单位与企业之间合理流动，推进市、县、乡机构改革。

根据《国务院关于印发完善城镇社会保障体系试点方案的通知》（国发〔2000〕42号）和《中共中央办公厅、国务院办公厅关于市县乡人员编制精简的意见》（中办发〔2000〕30号）

的规定，职工在机关事业单位和企业单位之间流动，要相应转移各项社会保险关系，并执行调入单位的社会保险制度。经国务院同意，现就职工流动时社会保险关系的处理意见通知如下：

一、养老保险关系处理

职工由机关事业单位进入企业工作之月起，参加企业职工的基本养老保险，单位和个人按规定缴纳基本养老保险费，建立基本养老保险个人账户，原有的工作年限视同缴费年限，退休时按企业的办法计发基本养老金。其中，公务员及参照和依照公务员制度管理的单位工作人员，在进入企业并按规定参加企业职工基本养老保险后，根据本人在机关（或单位）工作的年限给予一次性补贴，由其原所在单位通过当地社会保险经办机构转入本人的基本养老保险个人账户，所需资金由同级财政安排。补贴的标准为：本人离开机关上年度月平均基本工资×在机关工作年限×0.3%×120个月。

职工由企业进入机关事业单位工作之月起，执行机关事业单位的退休养老制度，其原有的连续工龄与进入机关事业单位后的工作年限合并计算，退休时按机关事业单位的办法计发养老金。已建立的个人账户继续由社会保险经办机构管理，退休时，其个人账户储存额每月按1/120计发，并相应抵减按机关事业单位办法计发的养老金。

公务员进入企业工作后再次转入机关事业单位工作的，原给予的一次性补贴的本金和利息要上缴同级财政。其个人账户管理、退休后养老金计发等，比照由企业进入机关事业单位工作职工的相关政策办理。

二、失业保险关系处理

职工由机关进入企业、事业单位工作之月起，按规定参加失业保险，其原有的工作年限视同缴费年限。职工由企业、事业单位进入机关工作，原单位及个人缴纳的失业保险费不转移，其失业保障按《人事部关于印发〈国家公务员被辞退后有关问题的暂行办法〉的通知》（人发〔1996〕64号）规定执行。

三、医疗保险关系处理

职工在机关事业单位和企业之间流动，在同一统筹地区内的基本医疗保险关系不转移，跨统筹地区的基本医疗保险关系及个人账户随同转移。职工流动后，除基本医疗保险之外，其他医疗保障待遇按当地有关政策进行调整。

本通知从下发之日起执行。各地区、各部门要切实加强组织领导，有关部门要密切配合，抓紧制定具体办法，认真组织实施。

山东省人力资源和社会保障厅关于转发《关于印发城镇企业职工基本养老保险关系转移接续若干具体问题意见的通知》的通知

（2010 年 11 月 11 日　鲁人社发〔2010〕69 号）

各市人力资源和社会保障局：

现将人力资源和社会保障部《关于印发〈城镇企业职工基本养老保险关系转移接续若干具体问题意见〉的通知》（人社部发〔2010〕70 号）转发给你们，并结合我省实际，提出以下意见，请一并贯彻执行。

一、参保人员省内跨市（指设区的市，含养老保险省直管企业）流动就业的，亦按国家跨省转移接续的有关政策规定执行。

二、各地要认真清理自行出台的养老保险关系转移接续政策，实现基本养老保险政策的统一规范。要按照国家的规定要求做好信息系统建设和应用工作，统一规范业务经办程序，按照统一部署，尽快与部级异地转移系统对接。要进一步做好经办管理工作，不断提高工作效率和服务水平，严格执行政策和经办程序，确保跨省和省内跨市流动就业人员养老保险关系顺畅转移接续。

关于印发城镇企业职工基本养老保险关系转移接续若干具体问题意见的通知

各省、自治区、直辖市人力资源社会保障厅（局），新疆生产建设兵团劳动保障局：

《国务院办公厅转发〈人力资源社会保障部、财政部城镇企业职工基本养老保险关系转移接续暂行办法〉的通知》（国办发〔2009〕66号，以下简称《暂行办法》）下发以来，各地高度重视，认真组织实施，工作取得明显成效，总体形势平稳趋好。但在实施工作中还存在进展不平衡、对国家政策和经办规程理解不一致、信息化建设滞后等问题。为进一步做好相关工作，我们研究制定了《关于城镇企业职工基本养老保险关系转移接续若干具体问题的意见》，现印发给你们，请遵照执行，并抓紧做好以下工作：

一、尽快制定基本养老保险关系转移接续的实施办法。各地要结合完善省级统筹工作，按照《暂行办法》的统一要求，对本地区自行出台的养老保险关系转移接续政策进行清理规范，在今年底前制定出台城镇企业职工基本养老保险关系转移接续实施办法，并经人力资源社会保障部养老保险司、社保中心审核后，再上报省（自治区、直辖市）人民政府批准实施。各地正式下发的实施办法要及时报人力资源社会保障部备案。

二、调整规范农民工参加养老保险政策。各地要结合《暂行办法》的贯彻落实，采取可行措施，将在城镇企业就业并建立劳动关系的农民工，按照国家统一规定纳入城镇企业职工基本养老保险制度。在《暂行办法》实施前已自行出台农民工参加养老保险办法的地区，要抓紧调整相关政策，实现与城镇企业职工基本养老保险政策的统一规范，切实做好农民工参加城镇企业职工养老保险工作。

三、做好信息系统建设和应用工作。各地要按照《关于贯彻落实国务院办公厅转发城镇企业职工基本养老保险关系转移接续暂行办法的通知》(人社部发〔2009〕187号)和《关于开展城镇企业职工基本养老保险关系转移接续系统建设和应用工作的通知》(人社部函〔2010〕124号)的要求，抓紧统一规范业务经办程序，加快与部级异地转移系统的接入步伐，力争2010年底前三分之一以上地市入网接入服务，2011年底前全部地市(包括所属区县)入网接入服务，实现电子化转移业务模式，努力提高转移接续经办工作效率，为参保人员提供便捷的服务。

四、进一步做好经办管理工作。各地要严格执行国家政策及有关业务经办规定，为应对2011年元旦、春节期间可能出现的转移接续养老保险关系的高峰期，提前做好充分准备。要确保全国转移接续工作的统一和规范，不得随意调整和更改经办规程中的程序和表格；要简化、优化业务流程，提高工作效率，落实好办理时限；要通过国内各新闻媒体、互联网、热线电话、现场解答等多种形式，为参保人员提供咨询服务。各级社保经办机构要安排专人值守，确保向社会公布的联系渠道畅通。遇有单位地址、经办科室、电话号码等信息发生变更或需要补充的，要及时报告人力资源社会保障部社保中心，保持向社会公布信息的完整和准确。

关于城镇企业职工基本养老保险关系转移接续若干具体问题的意见

一、关于统筹基金(单位缴费)

参保人员跨省流动就业转移统筹基金时，属于临时基本养老保险缴费账户的，单位缴费比例超过12%的，按实际缴费比例计算转移金额；低于12%的，按12%计算转移金额。

以个人身份参加城镇企业职工基本养老保险的参保人员，在跨省流动就业转移统筹基金时．除记入个人账户的部分外，缴费比例高于或低于12%的，均按12%的标准计算转移金额。转移时为临时基本养老保险缴费账户的，缴费比例高于12%的，按实际缴费比例计算转移金额；低于12%的，按12%计算转移金额。

参保人员跨省流动就业转移的统筹基金不计利息。

二、关于个人账户记账利息

参保人员跨省流动就业转移个人账户储存额时，当地1998年1月1日之前已建立个人账户的，从本人建账之日起计算个人账户利息；之后建立个人账户的，统一从1998年1月1日计算个人账户利息（含放大或调整到规定账户规模调整额的利息）。转出地计算利息的截止时点为办理关系转移手续的上年末（指自然年度，下同），当年的缴费（含当年补缴历史欠费）和上年末累计个人账户储存额应在当年产生的利息，由转入地一并计算。

转移个人账户储存额时，转出地上年记账利率未公布的，按再上一年记账利率计算利息。

三、关于个人账户记账额

参保人员跨省流动就业转移个人账户储存额时，个人账户记账额与按规定计算的资金转移额不一致的，1998年1月1日之前已建立个人账户的，转出地和转入地均保留原个人账户记录；1998年1月1日至2005年12月31日期间，个人账户记账比例高于11%的部分不计算为转移资金，个人账户记录不予调整，低于11%的，转出地按11%计算转移资金，并相应调整个人账户记录；2006年1月1日之后个人账户记账比例高于8%的部分不转移，个人账户记录不予调整，低于8%的，转出地按8%计算转移资金，并相应调整个人账户记录。个人账户记录按规定调整后，参保人员又发生跨省流动的，不再作调整。

四、关于临时基本养老保险缴费账户

参保人员在2010年1月1日之前在非户籍所在地（以省为单位，下同）就业参保、2010年1月1日之后男性年满50周岁和女性年满40周岁的，参保人员在中断缴费期间男性年满50周岁和女性年满40周岁的，参保地不得将其基本养老保险关系调整为临时基本养老保险缴费账户。

男性年满50周岁和女性年满40周岁的人员，首次参保地为非户籍所在地的，参保地应为其建立临时基本养老保险缴费账户。

参保人员在建立临时基本养老保险缴费账户期间达到待遇领取条件时，原保留基本养老保险关系所在地负责将其临时基本养老保险缴费账户进行归集归并。其中，只有临时基本养老保险缴费账户的。由户籍所在地负责归集归并，并在办理转入手续的同时进行参保信息登记。

五、关于户籍所在地

参保人员在建立临时基本养老保险缴费账户期间迁入户藉的，从迁入的次月起将其1%时基本养老保险缴费账户调整为基本养老保险关系。

参保人员达到待遇领取来件、尚未办理待遇领取手续期间，户籍发生变动的，在确定户籍所在地时，以其达到待遇领取条件的年龄时点为准。

六、关于参保皱费年限

在确定参保人员待遇领取地时，一地（省、自治区、直辖市为单位，下同）的累计缴费年限应包括在本地的实际缴费年限和计算在本地的视同缴费年限。其中，曾经在机关事业单位和企业工作的视同缴费年限，计算在首次建立基本养老保险关系所在地，只有临时基本养老保险缴费账户的，计算在户籍所在地；曾经在部队服役的军龄，按国家规定安置就业的，计算为本人退出现役后首次就业参保所在地的视同缴费年限，接国家规定不安置就业的（不包括自主择业的军队干部），计算为本人达到特遇领取条件时户籍所在地的视同缴费年限。

参保人员曾发生多次符合《暂行办法》第五条第（三）款规定的组织人事调动，在确定待遇领取地时，应将其累计缴费年限（含视同缴费年限）计算在最后调入地的参保缴费年限中。

七、关于待遇领取地

参保人员在《暂行办法》实施前已办理过基本养老保险关系转移的，实施后没有再跨省流动就业转移基本养老保险关系，在达到待遇领取条件时，其当前基本养老保险关系所在地为待遇领取地；实施后又再次跨省流动就业转移基本养老保险关系，在达到待遇领取条件时，按《暂行办法》规定确定待遇领取地。

八、关于缴费工资指数

参保人员跨省流动就业转移基本养老保险关系时，转入地对转出地记录的缴费基数不进行“封顶保底”计算和调整。参保人员达到待遇领取条件时，待遇领取地在计算该参保人员在其他地区参保缴费时段的缴费工资指数时上不封顶，下不保底。

九、关于欠费补缴

参保人员（含建立临时基本养老保险缴费账户的人员）跨省流动就业申请开具参保缴费凭证时，转出地社会保险经办机构对有欠费记录的应履行告知义务，在参保人员补缴欠费或明确放弃补缴欠费后，再开具参保凭证。参保人员本人明确放弃补缴个人欠费的，需本人书面签字确认，单位欠费仍由转出地社会保险费征缴机构负责清理。

十、关于多重养老保险关系

参保人员在两地以上同时存续基本养老保险关系或重复缴纳基本养老保险费的，应按照“先转后清”的原则，由转入地社会保险经办机构负责按规定清理。

十一、关于预缴养老保险费

参保人员在跨省流动就业转移基本养老保险关系时．曾办理一坎性预缴养老保险费的，先按规定比例计算转移金额；余额部分由转出地暂时保留封存。待本人达到待遇领取条件时再按有关规定处理。

十二、关于遗留问题

参保人员在《暂行办法》实施前跨省流动就业未按国家规定办理基本养老保险关系转移接续手续，已达到待遇领取条件且没有领取基本养老保险待遇的，应比照《暂行办法》的规定确定待遇领取地，并补办基本养老保险关系转续手续。待遇领取地应按规定将本地和异地的缴费年限（含视同缴费年限）合并计算，并核发基本养老保险待遇。

参保人员在《暂行办法》实施前已办理了基本养老保险关系转移接续手续，且已达到待遇领取条件，由当前基本养老保险关系所在地负责按规定将本地和异地缴费年限（含视同缴费年限）合并计算，并办理基本养老保险待遇核发手续。

山东省人力资源和社会保障厅 省财政厅关于失业人员失业保险关系省内跨统筹地区转迁问题的通知

（2011年9月28日 鲁人社办发〔2011〕138号）

各市人力资源社会保障局、财政局，省社会保险事业局：

从2011年7月1日起，领取失业保险金人员按规定参加职工基本医疗保险，不再享受原由失业保险基金支付的医疗补助金待遇。因此，原劳动保障厅《关于实施〈失业保险金申领发放办法〉有关问题的通知》（鲁劳社发〔2000〕345号）中有关失业人员失业保险关系跨统筹地区转迁失业保险费用划转的规定不再适用。现结合我省实际，就有关问题通知如下：

失业人员失业保险关系在山东省内跨统筹地区转迁的，失业保险费用应随失业保险关系相应划转。需划转的失业保险费用包括失业保险金、基本医疗保险费、职业培训补贴和职业介绍补贴。其中，失业人员应享受的失业保险金和应缴纳的基本医疗保险费按迁出地的标准，职业培训和职业介绍补贴分别按1500元和200元的标准，由迁出地失业保险基金一次性划入迁入地失业保险基金。迁入地的社会保险经办机构应当按照本地的标准计算并核发失业人员剩余期限的失业保险待遇，迁出地划转的资金支付转迁失业人员失业保险待遇不足的部分，由迁入地失业保险基金予以补足，超出部分并入迁入地失业保险基金。

山东省人力资源和社会保障厅省财政厅关于城乡养老保险制度衔接有关事项的通知

（2014年7月2日　鲁人社发〔2014〕36号）

各市人民政府：

《人力资源社会保障部财政部关于印发〈城乡养老保险制度衔接暂行办法〉的通知》（人社部发〔2014〕17号）（以下简称《暂行办法》）已公开发布，请认真贯彻落实。经省政府同意，现就有关事项通知如下：

一、参加城镇职工基本养老保险、城乡居民基本养老保险需要办理衔接手续的人员（以下简称参保人员），两种制度的参保地在同一设区市或县（市、区）的，在办理衔接手续时，亦应按《暂行办法》规定划转个人账户基金（含本金及利息）。

二、参保人员达到城镇职工基本养老保险法定退休年龄后，城镇职工基本养老保险缴费年限不足15年的，可以按规定申请延长缴费至满15年，再按《暂行办法》规定办理。

三、参保人员不得同时领取城镇职工基本养老保险和城乡居民基本养老保险待遇。对于已经同时领取的，应当按照《暂行办法》第八条规定处理，具体程序和办法由设区市研究制定。

四、《暂行办法》施行前，已经超过国家规定的领取养老保险待遇年龄，但尚未领取养老保险待遇的人员，可以按照《暂行办法》规定办理。

各市要认真解读和准确把握《暂行办法》各项规定，广泛开展社会宣传，切实加强业务培训，提升经办服务能力，抓好信息系统建设，确保工作平稳顺利开展。

山东省人力资源和社会保障厅关于转发人社部规〔2016〕5号文件明确城镇企业职工基本养老保险关系转移接续有关问题的通知

（2017年5月23日　鲁人社规〔2017〕13号）

各市人力资源社会保障局，省社会保险事业局：

现将《人力资源社会保障部关于城镇企业职工基本养老保险关系转移接续若干问题的通知》（人社部规〔2016〕5号）转发给你们，并结合我省实际对有关问题予以明确，请一并贯彻执行。

一、关于省内跨市流动就业人员转移接续。参加企业职工基本养老保险人员（以下简称参保人员）省内跨市（指设区的市，含养老保险省直管企业，下同）流动就业的，其养老保险关系转移接续，执行人社部规〔2016〕5号文件对跨省流动就业人员的规定。

二、关于缴费信息历史遗留问题的处理。参保人员按人社部规〔2016〕5号文件第二条规定，将1998年1月1日之前的缴费相应年度计为视同缴费年限的，退休时相应计发过渡性养老金，不重复计发个人账户养老金。

三、关于重复领取基本养老金的处理。对《国务院办公厅关于转发人力资源社会保障部、财政部城镇企业职工基本养老保险关系转移接续暂行办法的通知》（国办发〔2009〕66号）实施后重复领取基本养老金的参保人员，社会保险经办机构在按规定清理其养老保险关系时，凡与本人协商不一致或难以取得联系的，经相关社会保险经办机构沟通确认后，可以先保留其数额最高的基本养老金继续发放，其它暂停发放；待协商一致后，再按规定办理。

四、关于退役军人养老保险关系转移接续。退役军人跨省或省内跨市流动就业的，在转移其 1998 年 1 月 1 日至 2005 年 12 月 31 日期间的退役养老保险补助时，个人账户规模（比例）由缴费工资的 8%调整至 11%，并按 11%计算转移；统筹基金，仍按缴费工资的 12%转移。

五、关于城镇企业成建制省内跨市转移养老保险关系的处理。在省、市政府主导下的规模以上企业成建制转移，按照省政府统一要求或根据两市协商，合理确定方案，妥善转移接续养老保险关系。

本通知自 2016 年 11 月 30 日开始执行，已有规定与本通知不一致的，按本通知执行，有效期至 2021 年 11 月 29 日。

人力资源和社会保障部关于城镇企业职工基本养老保险关系转移接续若干问题的通知

各省、自治区、直辖市及新疆生产建设兵团人力资源社会保障厅（局）：

国务院办公厅转发的人力资源社会保障部、财政部《城镇企业职工基本养老保险关系转移接续暂行办法》（国办发〔2009〕66 号，以下简称《暂行办法》）实施以来，跨省流动就业人员的养老保险关系转移接续工作总体运行平稳，较好地保障了参保人员的养老保险权益。但在实施过程中，也出现了一些新情况和新问题，导致部分参保人员养老保险关系转移接续存在困难。为进一步做好城镇企业职工养老保险关系转移接续工作，现就有关问题通知如下：

一、关于视同缴费年限计算地问题

参保人员待遇领取地按照《暂行办法》第六条和第十二条执行，即，基本养老保险关系在户籍所在地的，由户籍所在地负责办理待遇领取手续；基本养老保险关系不在户籍所在地，而在其基本养老保险关系所在地累计缴费年限满 10 年的，在该地办理待遇领取手续；基本养老保险关系不在户籍所在地，且在其基本养老保险关系所在地累计缴费年限不满 10 年的，将其基本养老保险关系转回上一个缴费年限满 10 年的原参保地办理待遇领取手续；基本养老保险关系不在户籍所在地，且在每个参保地的累计缴费年限均不满 10 年的，将其基本养老保险关系及相应资金归集到户籍所在地，由户籍所在地按规定办理待遇领取手续。缴费年限，除另有特殊规定外，均包括视同缴费年限。

一地（以省、自治区、直辖市为单位）的累计缴费年限包括在本地的实际缴费年限和计算在本地的视同缴费年限。其中，曾经在机关事业单位和企业工作的视同缴费年限，计算为当时工作地的视同缴费年限；在多地有视同缴费年限的，分别计算为各地的视同缴费年限。

二、关于缴费信息历史遗留问题的处理

由于各地政策或建立个人账户时间不一致等客观原因，参保人员在跨省转移接续养老保险关系时，转出地无法按月提供 1998 年 1 月 1 日之前缴费信息或者提供的 1998 年 1 月 1 日之前缴费信息无法在转入地计发待遇的，转入地应根据转出地提供的缴费时间记录，结合档案记载将相应年度计为视同缴费年限。

三、关于临时基本养老保险缴费账户的管理

参保人员在建立临时基本养老保险缴费账户地按照社会保险法规定，缴纳建立临时基本养老保险缴费账户前应缴未缴的养老保险费的，其临时基本养老保险缴费账户性质不予改变，转移接续养老保险关系时按照临时基本养老保险缴费账户的规定全额转移。

参保人员在建立临时基本养老保险缴费账户期间再次跨省流动就业的，封存原临时基本养老保险缴费账户，待达到待遇领取条件时，由待遇领取地社会保险经办机构统一归集原临时养老保险关系。

四、关于一次性缴纳养老保险费的转移

跨省流动就业人员转移接续养老保险关系时，对于符合国家规定一次性缴纳养老保险费超过3年（含）的，转出地应向转入地提供人民法院、审计部门、实施劳动保障监察的行政部门或劳动争议仲裁委员会出具的具有法律效力证明一次性缴费期间存在劳动关系的相应文书。

五、关于重复领取基本养老金的处理

《暂行办法》实施之后重复领取基本养老金的参保人员，由本人与社会保险经办机构协商确定保留其中一个养老保险关系并继续领取待遇，其他的养老保险关系应予以清理，个人账户剩余部分一次性退还本人。

六、关于退役军人养老保险关系转移接续

军人退役基本养老保险关系转移至安置地后，安置地应为其办理登记手续并接续养老保险关系，退役养老保险补助年限计算为安置地的实际参保缴费年限。

退役军人跨省流动就业的，其在1998年1月1日至2005年12月31日间的退役养老保险补助，转出地应按11%计算转移资金，并相应调整个人账户记录，所需资金从统筹基金中列支。

七、关于城镇企业成建制跨省转移养老保险关系的处理

城镇企业成建制跨省转移，按照《暂行办法》的规定转移接续养老保险关系。在省级政府主导下的规模以上企业成建制转移，可根据两省协商，妥善转移接续养老保险关系。

八、关于户籍所在地社会保险经办机构归集责任

跨省流动就业人员未在户籍地参保，但按国家规定达到待遇领取条件时待遇领取地为户籍地的，户籍地社会保险经办机构应为参保人员办理登记手续并办理养老保险关系转移接续手续，将各地的养老保险关系归集至户籍地，并核发相应的养老保险待遇。

九、本通知从印发之日起执行

人力资源社会保障部《关于贯彻落实国务院办公厅转发城镇企业职工基本养老保险关系转移接续暂行办法的通知》（人社部发〔2009〕187号)、《关于印发城镇企业职工基本养老保险关系转移接续若干具体问题意见的通知》（人社部发〔2010〕70号)、《人力资源社会保障部办公厅关于职工基本养老保险关系转移接续有关问题的函》（人社厅函〔2013〕250号）与本通知不一致的，以本通知为准。参保人员已经按照原有规定办理退休手续的，不再予以调整。

山东省人力资源和社会保障厅 省财政厅关于转发人社部规〔2017〕1号文件明确机关事业单位基本养老保险关系和职业年金转移接续有关问题的通知

（2017年6月2日 鲁人社规〔2017〕12号）

各市人力资源社会保障局、财政局，省社会保险事业局：

现将《人力资源社会保障部财政部关于机关事业单位基本养老保险关系和职业年金转移接续有关问题的通知》（人社部规〔2017〕1号）转发给你们，并结合我省实际提出如下意见，请一并贯彻执行。

一、我省同一设区的市和省本级按规定建立的机关事业单位工作人员养老保险制度统筹范围，属于人社部规〔2017〕1号文件规定的“同一统筹范围”。

二、高校、科研院所等事业单位专业技术人员离岗创业保留人事关系期间，可暂不转移基本养老保险关系，继续缴纳基本养老保险费和职业年金，缴费基数参照原单位在岗同类人员的标准和办法核定。

三、参保人员在转移接续原机关事业单位养老保险统筹试点期间的基本养老保险关系时，编制内工作人员按人社部规〔2017〕1号文件第一条第（六）部分规定执行；已参保的编制外人员按《关于印发山东省机关事业单位工作人员养老保险制度改革实施办法的通知》（鲁人社发〔2015〕46号）规定，划转至企业养老保险继续参保。

四、按照人社部规〔2017〕1号文件规定补记职业年金后，有关人员不再按《关于转发劳动和社会保障部、财政部、人事部、中央机构编制委员会办公室〈关于职工在机关事业单位与企业之间流动时社会保险关系处理意见的通知〉的通知》（鲁劳社〔2001〕55号）规定给予基本养老保险一次性补贴。

五、参保人员从机关事业单位流动到企业参保的，其视同缴费指数按照历年参加企业养老保险和改革后参加机关事业单位养老保险的实际缴费指数的加权平均值确定。

六、改革后，参保人员从企业流动到机关事业单位，过渡期内达到退休年龄的，按照鲁人社发〔2015〕46号文件等规定确定老办法待遇标准，具体办法另行制定。

七、参保人员从机关事业单位流动到企业的，达到退休年龄时，按照《关于转发人力资源社会保障部、财政部城镇企业职工基本养老保险关系转移接续暂行办法的通知》（国办发〔2009〕66号）、《关于转发省人力资源社会保障厅、省财政厅〈山东省企业职工基本养老保险关系转移接续实施办法〉的通知》（鲁政办发〔2010〕50号）等国家和我省规定确定待遇领取地。

八、参保人员在我省原机关事业单位养老保险统筹试点期间的个人缴费，按鲁政发〔2015〕4号、鲁人社发〔2015〕46号文件规定一次性发放给本人的，其职业年金个人账户中不再包含人社部规〔2017〕1号文件规定的“划转缴费”。

本通知自2014年10月1日开始执行，有效期至2019年9月30日。已有规定与本通知不一致的，按本通知执行。

附件：人力资源社会保障部、财政部关于机关事业单位基本养老保险关系和职业年金转移接续有关问题的通知

附件

人力资源和社会保障部 财政部关于机关事业单位基本养老保险关系和职业年金转移接续有关问题的通知

各省、自治区、直辖市及新疆生产建设兵团人力资源社会保障厅(局)、财政（务）厅（局）：

按照《国务院关于机关事业单位工作人员养老保险制度改革的决定》（国发〔2015〕2号）和《国务院办公厅关于印发机关事业单位职业年金办法的通知》（国办发〔2015〕18号）的规定，为做好机关事业单位养老保险参保人员基本养老保险关系和职业年金转移接续工作，切实维护流动就业人员的养老保险权益，现就有关问题通知如下：

一、关于机关事业单位基本养老保险关系转移接续

（一）参保人员在同一统筹范围内的机关事业单位之间流动的，只转移基本养老保险关系，不转移基金。

（二）参保人员在机关事业单位养老保险制度内跨统筹范围流动的，在转移基本养老保险关系的同时，转移基金。

（三）参保人员从机关事业单位流动到企业的，在转移基本养老保险关系的同时，转移基金。其中，参保人员经组织批准从机关事业单位调动到企业的，基本养老保险关系转移至调入企业参保地的企业职工基本养老保险社保经办机构；参保人员因辞职、辞退等原因离开机关事业单位的，基本养老保险关系转移至户籍所在地的企业职工基本养老保险社保经办机构。以后在户籍所在地以外就业参保的，基本养老保险关系转移接续按照《国务院办公厅关于转发人力资源社会保障部、财政部城镇企业职工基本养老保险关系转移接续暂行办法的通知》（国办发〔2009〕

66号）相关规定执行；高校、科研院所等事业单位专业技术人员离岗创业保留人事关系期间，可暂不转移基本养老保险关系。待其正式办理离职后，根据其重新就业情况，按照上述办法相应转移接续基本养老保险关系。

（四）参保人员跨统筹范围流动或从机关事业单位流动到企业的，个人缴费部分按计入本人基本养老保险个人账户的全部储存额计算转移；单位缴费部分以本人改革后各年度实际缴费工资为基数，按12%的总和转移，参保缴费不足1年的，按实际缴费月数计算转移。

（五）参保人员从企业流动到机关事业单位的，在转移基本养老保险关系的同时，个人缴费部分和单位缴费部分转移比照国办发〔2009〕66号文件相关规定执行。其中，改革前曾参加企业职工基本养老保险、改革后参加机关事业单位基本养老保险的参保人员，按照上述办法转移接续在企业参保期间的基本养老保险关系。

（六）改革前参加地方原有机关事业单位养老保险试点、改革后纳入机关事业单位基本养老保险的人员，在转移接续基本养老保险关系时，不转移参加试点期间的单位缴费和个人缴费，改革前的个人缴费本息按照《人力资源社会保障部、财政部关于贯彻落实〈国务院关于机关事业单位工作人员养老保险制度改革的决定〉的通知》（人社部发〔2015〕28号）有关规定执行。

二、关于机关事业单位参保人员养老保险关系转移接续后的职业年金补记

（一）参保人员办理了正式调动或辞职、辞退手续离开机关事业单位的，根据改革前本人在机关事业单位工作的年限长短补记职业年金，以实账方式划转至本人职业年金个人账户，所需资金由其原所在单位按现行经费保障渠道解决。

（二）参保人员从企业再次流动到机关事业单位的，本人退休时，按照机关事业单位养老保险办法计发待遇，同时补记职业年金的本金及投资收益划转到待遇领取地机关事业单位基本养老保险统筹基金。若参保人员在退休前从机关事业单位又流动到企业的，不再重复补记职业年金，原补记的职业年金转移和管理运营按照国办发〔2015〕18号文件规定执行。

三、关于养老保险关系转移接续后的相关待遇计发参数

（一）参保人员在机关事业单位之间跨统筹范围流动的，待达到退休年龄时，视同缴费指数根据本人退休时的职务职级（技术职称）所对应的待遇领取地的视同缴费指数标准确定；过渡期内老办法待遇标准中的退休补贴标准，根据2014年9月本人的职务职级（技术职称）对应的待遇领取地退休补贴标准确定；在其他统筹地区参保缴费时段的实际缴费指数，可以按照本人相应年度缴费工资基数和待遇领取地对应的上年度在岗职工平均工资计算，也可以按照本人相应年度缴费工资基数和其他统筹地区对应的上年度在岗职工平均工资计算，就高不就低。

（二）参保人员从机关事业单位流动到企业参保的，其视同缴费指数按企业职工基本养老保险有关政策确定。

（三）改革后，参保人员从企业流动到机关事业单位，过渡期内达到退休年龄的，可参照待遇领取地同等条件（如职务、技术职称等）人员的标准，确定其老办法待遇标准，实行新老办法对比计发养老待遇，具体办法由各地根据实际制定。过渡期之后达到退休年龄的，直接按照新办法计发养老待遇。其他类似人员，按照上述办法处理。

（四）参保人员在机关事业单位与企业之间流动的，养老保险关系转移接续后的基本养老保险缴费年限（含视同缴费年限）、个人账户储存额累计计算。

四、关于养老保险关系转移接续后的待遇领取地确定

（一）参加机关事业单位养老保险制度的人员达到退休年龄时，其退休时的基本养老保险关系所在地为待遇领取地。

（二）参保人员从机关事业单位流动到企业的，待达到退休年龄时，按照国办发〔2009〕66号文件等规定确定待遇领取地。

五、关于处理多重养老保险关系

参保人员同时存续多重基本养老保险关系或重复缴纳基本养老保险费的，应按照“先转后清”的原则，由转入地社保经办机构负责按规定清理。

六、关于职业年金转移接续

职业年金个人账户实账部分按照国办发〔2015〕18号文件的规定转移接续，职业年金单位缴费采取记账方式管理的部分，按以下办法转移接续：

（一）参保人员在由相应的同级财政全额供款的单位之间流动时，可转移本人的职业年金单位缴费部分的累计记账额，继续由转入单位采取记账方式管理。

（二）参保人员由机关事业单位流动到企业、在非同级财政全额供款的单位之间流动，或者由财政全额供款单位流动到非财政全额供款单位的，应当由转出单位相应的同级财政保障拨付资金记实后转移接续。

（三）参保人员由非财政全额供款单位流动到财政全额供款单位后，原实账积累的个人账户资金按规定转移接续，同时其到新就业单位后的职业年金单位缴费部分可采取记账方式管理。

七、关于职业年金、企业年金个人账户管理和待遇计发

（一）参保人员在机关事业单位与企业之间流动时，本人职业年金或者企业年金个人账户包含的按照规定正常缴费形成的职业年金（以下简称正常缴费）、参加本地机关事业单位养老保险试点的个人缴费本息划转的资金（以下简称划转缴费）、补记的职业年金（以下简称补记缴费）和企业年金分别管理并计算收益。

（二）参保人员从机关事业单位流动到企业并在企业职工养老保险制度内达到退休年龄，参加所在企业建立企业年金计划的，将正常缴费、补记缴费和企业年金累计储存额合并计算，按照企业年金制度相关规定领取企业年金待遇，同时将划转缴费累计储存额一次性支付给本人。

（三）参保人员从机关事业单位流动到企业并在企业职工养老保险制度内达到退休年龄，所在企业没有建立企业年金计划并由原管理机构管理运营正常缴费、划转缴费和补记缴费的，将正常缴费和补记缴费累计储存额合并计算，按照国办发〔2015〕18号文件规定领取职业年金待遇，同时将划转缴费累计储存额一次性支付给本人。

（四）参保人员从企业流动到机关事业单位的，原在企业建立的企业年金按规定转移并投资运营。在机关事业单位养老保险制度内达到退休年龄的，过渡期内，企业年金累计储存额不计入新老办法标准对比范围，按照企业年金制度相关规定领取企业年金待遇，同时按照国办发〔2015〕18号文件规定领取职业年金待遇；过渡期之后，将职业年金、企业年金累计储存额合并计算，按照国办发〔2015〕18号文件规定领取职业年金待遇。

（五）参保人员在职期间或退休后死亡的，其正常缴费、划转缴费、补记缴费和企业年金累计储存余额可以继承。

机关事业单位基本养老保险关系和职业年金转移接续经办规程另行制定。

本通知自2014年10月1日开始执行，已有规定与本通知不一致的，按本通知执行。

山东省人力资源和社会保障厅关于职工基本医疗保险关系转移接续有关问题的通知

（2017年6月14日　鲁人社规〔2017〕14号）

各市人力资源社会保障局：

根据社会保险法以及人力资源社会保障部等部委《关于印发〈流动就业人员基本医疗保障关系转移接续暂行办法〉的通知》（人社部发〔2009〕191号）和山东省人民政府《关于完善城镇医疗保障体系有关问题的通知》（鲁政发〔2003〕108号）等有关规定，现就职工基本医疗保险关系转移接续有关问题通知如下：

一、参加职工基本医疗保险的个人按规定经组织、人力资源社会保障部门批准跨统筹地区调动，或者其所在单位跨统筹地区整建制转移的，社会保险经办机构在办理职工基本医疗保险关系转移接续时，对其达到退休年龄时的缴费年限达到国家规定的缴费年限（含视同缴费年限），但未达到转入地统筹地区规定的职工基本医疗保险实际缴费年限的，不再要求其补缴职工基本医疗保险费。

二、符合《国务院办公厅关于转发人力资源社会保障部财政部城镇企业职工基本养老保险关系转移接续暂行办法的通知》（国办发〔2009〕66号）和《山东省企业职工基本养老保险关系转移接续实施办法》（鲁政办发〔2010〕50号）规定在省本级办理退休、且退休时未参加省级直管单位或其他市、县（市、区）职工基本医疗保险的人员，在户籍所在地的县（市、区）

参加职工基本医疗保险，按照当地规定补缴医疗保险费，享受当地退休人员医疗保险待遇；或者参加当地居民基本医疗保险，享受居民医疗保险待遇。

本通知自 2017 年 7 月 14 日起施行，有效期至 2022 年 7 月 13 日。